[개정증보판]

古文觀止
고문관지
역주

(2)

吳楚材·吳調侯 編
崔奉源 譯注

明文堂

[개정판]
앞머리에

　지난날 필자는 퇴직 후 강의 부담 없이 하고 싶은 일에 집중하는 것이 작은 바람이었다. 그중 가장 먼저 하고 싶었던 일이 양질의 중국 고문 학습서를 펴내는 일이었다. 그 이유는 중국 고전문학을 전공한 필자가 학창 시절 독학으로 공부할 수 있는 마땅한 학습서가 없어 너무도 많은 어려움을 겪었는데, 오랜 세월이 흐른 후에도 여전히 필자가 겪었던 애로를 충족시켜줄 만한 적절한 학습서를 발견하지 못했기 때문이었다.
　주지하다시피 중국은 선진(先秦)에서 청대(淸代)에 이르기까지 수천 년 동안 모든 문장에 문언문(文言文)을 사용했고, 간혹 어록체의 문장이 있기는 했지만 본격적으로 문장에 백화문(白話文)을 사용하기 시작한 것은 겨우 20세기 오사(五四) 이후에 불과하다. 따라서 중국 고전을 연구하는 사람이라면 무엇보다 중요한 일이 자료에 대한 해독 능력이다. 이것이 선행되지 않으면 깊이 있는 연구를 진행한다는 것은 사실상 매우 어려운 일이다. 이에 필자는 중국 고전에 입문하는 독자들에게 필자가 과거에 겪었던 어려움을 다소나마 극복해 나갈 수 있도록 방법을 생각해 낸 첫 과제가 《고문관지》에 대한 상세한 역주 작업이었다.

그리하여 필자는 2008년 작업에 착수하여 5년이 지난 2013년 도서출판 역락에서 《고문관지 역주》(1-5권) 초판을 출간했다. 그러나 초판을 출간하고 나서도 여전히 부족한 부분이 적지 않을 것을 우려하여, 꾸준히 내용을 연구 검토하고 수정 보완하며 보다 나은 역주서가 되기 위해 많은 노력을 기울여 왔다. 그 결과 일부 번역의 오류나 문맥이 원활하지 못한 부분을 찾아 수정한 곳도 적지 않았지만, 특히 필자가 가장 관심을 두었던 각주 부분에서 대폭적인 체제 개편을 단행했다. 우선 각주의 모든 표제어에 우리말 독음과 중국어 발음(한어병음자모)을 표기했고, 다음으로 각주 처리가 미진한 부분을 찾아 많은 양의 각주를 보충했다. 공을 들인 만큼 이전에 비해 면모가 한결 새로워지고 충실해졌다.

　수정 작업을 마치고 개정판 출간을 위해 명문당 김동구 사장님과 상의했다. 요즈음 전자책이 유행하면서 출판 여건이 열악한데도 불구하고 졸저의 출간을 쾌히 승낙해 주셨다. 이 자리를 빌려 김 사장님께 깊은 감사를 드린다.

2025년 9월

최봉원

서문

　《고문관지(古文觀止)》는 청초(淸初) 강희(康熙) 연간에 절강(浙江) 산음(山陰) 사람인 오초재(吳楚材)·오조후(吳調侯) 숙질이 글방 훈장(訓長)을 하면서 서생들을 가르치기 위해 편찬한 일종의 고문선본(古文選本)이다.

　「고문(古文)」이란 본래 당대(唐代) 한유(韓愈)와 유종원(柳宗元)이 고문운동(古文運動)을 제창할 때 육조(六朝)와 당초(唐初)의 변려문(駢麗文)에 대해 선진(先秦)·양한(兩漢)의 산문(散文)을 가리킨 명칭이었으나, 후에는 이러한 고문을 본보기로 하여 지은 모든 산문 작품을 일컫는 말로 사용되었다. 따라서 고문의 기본 개념은 곧 산문을 말하며, 《고문관지》에 수록한 문장 또한 대부분이 이에 속한다. 그러면 오초재 숙질은 어째서 자신들의 선본(選本)에 「관지(觀止)」라는 말을 붙여 서명(書名)으로 삼았는가? 어원을 살펴보면, 관지(觀止)라는 말은 《좌전(左傳)·양공 29년(襄公 二十九年)》「계찰관주악(季札觀周樂)」에 보인다.

　《소소(韶箾)》가무(歌舞) 연기를 보고 계찰(季札)이 말했다 : 「덕행이 극치에 도달했도다! 위대하도다! 마치 하늘이 모든 것을 덮은 것과도 같고,

땅이 모든 것을 실은 것과도 같다. 비록 훌륭한 덕망을 충실히 갖추었다 해도, 아마 이를 능가하지는 못할 것이다. 감상을 이만 멈추리라! 만일 다른 가무(歌舞)가 있다 해도, 나는 감히 더 감상하기를 청하지 않으리라.」

(見舞《韶箾》者, 曰:「德至矣哉! 大矣, 如天之無不幬也, 如地之無不載也. 雖甚盛德, 其蔑以加於此矣. 觀止矣! 若有他樂, 吾不敢請已!」)

이는 오(吳)나라 공자 계찰(季札)이 노(魯)나라에서 《소소(韶箾)》라는 가무(歌舞)의 연기를 보고 한 말이다. 여기서 「감상을 이만 멈추리라!(觀止矣!)」라고 한 것은, 즉 연기가 너무 완벽하여 더 이상 보탤 것이 없다고 여겨 칭찬한 말이다. 따라서 오초재·오조후가 「관지」라는 말을 원용한 것 또한 바로 자신들이 선택한 문장보다 더 뛰어난 문장이 없다는 것을 비유한 것이다.

예로부터 중국에는 고문에 관한 선본들이 많았지만 사람들의 기억에 남는 것은 그리 흔치 않다. 그러나 《고문관지》는 잘 알려지지 않은 평범한 문인들에 의해 편찬된 통속적인 선본임에도 불구하고, 세상에 출현한 이후 지속적으로 읽히면서 독자들에게 지대한 영향을 미쳤다. 《고문관지》는 선진(先秦)으로부터 명말(明末)에 이르기까지 222편의 문장을 수록했는데, 그 구성을 보면: 《좌전(左傳)》·《공양전(公羊傳)》·《곡량전(穀梁傳)》·《예기(禮記)》 등의 경전과 《국어(國語)》·《전국책(戰國策)》·《사기(史記)》·《한서(漢書)》·《후한서(後漢書)》 등 사서(史書)의 문장을 비롯하여 《초사(楚辭)》, 진(秦)·한(漢) 이후 명대(明代)에 이르기까지 47인의 개인 작품으로 엮어져 있다. 이 중 《좌전》이 34편, 당송팔대가(唐宋八大家)의 작품이 78편을 차지하고 있는데, 이는 편자(編者)가 《좌전》이 옛날 고문가(古文家)들로부터 작문의 본보기로 중시되었다는 점과 당송팔대가의 문장이 중국 산문의 중심에 자리하고 있다는 점을 반영한 것이다. 그리고 시대적으로는, 선진(先秦) 73편을 비롯하여 한대(漢代) 29편, 삼국(三國)시대 6편, 육조(六朝)시대 6편, 당대(唐代) 43편, 송대(宋代) 51편, 명대(明代) 18편 등으로 구성되어 있다. 이 중 당송(唐宋)의 작품이 94편으로, 총 222편 가운데 《좌전》 34편을 빼고 나면 전체 편수의 절반을 차지하고 있다. 이 또한 편자가 그만큼 당송 문인들의 작품을 중국 고문의 전범(典範)으로 간주하고 있음을 보여주는 것이다.

　이 문장들은 대부분 사상성이나 예술성이 뛰어나 오랜 세월에 걸쳐 줄곧 인구(人口)에 회자(膾炙)되어 왔고, 오랜 세월의 시험을 거쳐 오늘에 남아 있는 훌륭한 문화유산이다. 그리고 《고문관지》에 수록된 문장들은 제재(題材)나 문체(文體) 방면에 있어서도 다양한 면모를 갖추고 있다. 예컨대, 사전(史傳)·논설(論說)을 비롯하여 서발(序跋)·주의(奏議)·증서(贈序)·조령(詔令)·비지(碑誌)·제문(祭文)·잠명(箴銘)·송찬(頌讚)·사부(辭賦)·서찰(書札)·산수유기(山水遊記)·기타 잡문(雜文) 등을 고루 수록하여 고문의 화려하고 다채로운 면모를 반영했다. 문장의 편집 또한 시대 순으로 배열하여 두서(頭緖)가 분명하며, 편폭에 있어서도 장문(長文)과 단문(短文)을 적절히 배합하고, 총체적인 분량 또한 독자들이 읽기에 양적인 부담을 주지 않는다. 대체로 이러한 요인들이 독자들로부터 오래도록 환영을 받아온 이유일 것이다. 물론 《고문관지》가 오늘날 우리가 보기에 결코 결점이 없는 것은 아니다. 가장 먼저 눈에 띄는 것은, 문선(文選)에 있어서 《상서(尙書)》를 비롯하여 장자(莊子)·순자(荀子)·묵자(墨子)·한비자(韓非子) 등 선진제자(先秦諸子)의 작품들이 한 편도 수록되지 않았고, 청대 초기 고염무(顧炎武)·황종희(黃宗羲)·왕부지(王夫之) 등의 경세치용(經世致用)에 관한 문장이나 후방역(侯方域)·위희(魏禧)·왕완(汪琬) 등 청초삼대가(淸初三大家)의 문장들도 수록되지 않았다는 점이다. 또한 《고문관지》에 이미 수록된 유명 작가의 작품들도 모두 다 그들의 대표적인 작품은 아니다.

그러나 종합적으로 볼 때, 《고문관지》는 고문의 내용이나 문체 및 풍격을 이해하고, 이를 통해 역사와 문학에 대한 인식을 증진하며, 고대 사회를 알고 고문의 독해력을 증진하는데 있어, 그 나름대로 상당한 가치를 지니고 있다. 그래서 중국이나 대만의 각급 학교에서는 《고문관지》를 고문 학습을 위한 텍스트로 사용하고 있으며, 현재까지 백화(白話)로 번역하그 주석한 교본들도 이미 십여 종에 달하고 있다.

《고문관지》의 판본은 강희 34년(1695) 봄에 처음으로 간행되었다. 오초재·오조후는 《고문관지》를 편찬한 후, 이를 양광총독(兩廣總督)으로 있는 오초재의 백부 오흥조(吳興祚)에게 보냈다. 오흥조는 이를 받아 읽고 높이 평가한 후 바로 출간하도록 했는데, 이것이 《고문관지》의 최초 판본이다. 그러나 원각본(原刻本)은 이미 망실되고, 당시 전해진 것은 홍문당본(鴻文堂本)과 영설당본(映雪堂本) 두 번각본(翻刻本)이다. 그 후 강희 37년(1698) 음력 11월, 오초재 숙질은 절강(浙江) 고향 마을 훈장의 요청에 따라 문부당본(文富堂本) 《고문관지》를 판각(版刻)했는데, 이 판본은 대체로 앞의 판본들과 동일하지만 약간의 차이가 있고, 이후의 각종 판본들은 대부분 이 판본들로부터 파생되어 나온 것들이다.

《고문관지》에 수록된 문장들은 오초재·오조후가 편집할 당시에 이미 증산(增刪)하거나 개자(改字)한 정황이 있었다. 그것이 후에 널리 유포되면서 여러 종의 새로운 판본이 출현했고, 판본 간에도 간혹 일부 문자상의 출입이 발견되기도 했다. 그리하여 근래 학자들이 《고문관지》에 수록된 문장들을 다른 원전(原典)과의 대조·교감·고증을 통해 그러한 문제들을 수정·정리한 후, 현재 여러 출판사에서 다양한 《고문관지》 역주본(譯注本)이 출간되었다.

본서(本書)는 2008년 6월판 대만(臺灣) 삼민서국(三民書局)의 《신역고문관지(新譯古文觀止)》를 저본(底本)으로 하고 기타 여러 출판사의 역주본들을 참고하여 정리했다. 역주(譯注) 방법에 있어서는 고문 학습을 위해 편찬한 텍스트라는 취지에 맞추어 필자 나름의 색다른 방법을 채택했다. 우리말 번역은 기본적으로 직역을 원칙으로 하되, 원저자의 문자 생략 또는 의미가 함축된 용어 사용으로 인해 직역이 매끄럽지 못할 경우에는 부분적으로 약간의 의역과 의미 보충을 함으로써 이해를 돕고자 했고, 주석(注釋)은 인명·지명이나 전고(典故) 등에 대한 일반적인 풀이 외에, 특히 고문학습에 요긴한 문법이나 기타 허사(虛詞) 및 일반 단어에 이르기까지 상세하게 설명함으로써, 어느 정도 한자를 공부한 사람이라면 본서를 가지고 독학이 가능할 수 있도록 심혈을 기울였다.

　　이러한 노력에도 불구하고 여전히 우려되는 것은, 고문 해석상의 난해한 점으로 인해 적지 않은 오류가 있을 것이라는 점이다. 이는 물론 필자의 천학비재(淺學菲才)가 가장 큰 원인이기도 하지만, 역주 과정에서 동일한 문구에 대해 여러 학자들의 견해가 일치하지 않아 어려움을 겪는 경우도 적지 않았다. 이럴 때는 난감한 마음에, 작품을 쓴 작자에게 직접 문의하고 싶은 적도 한두 번이 아니었다. 이러한 난제들은 독자들의 부단한 관심과 아낌없는 질정(叱正)으로 부단히 개선되기를 바랄 뿐이다.

2025년 10월
최봉원

>> 일러두기 <<

• 본서는 《고문관지》 222편의 방대한 분량을 편의상 1~5권으로 나누어 엮었다. 2008년 6월판 대만(臺灣) 삼민서국(三民書局)의 《신역고문관지(新譯古文觀止)》를 저본(底本)으로 하되, 다만 원문을 제외한 문장의 단락·구두점의 위치·문장부호의 표기 등은 상황에 따라 저본 외에 여러 출판사의 역주본들을 참고하여 필자 나름대로 가장 문의(文意)에 적합하다고 판단되는 방향으로 정리하였으며, 간혹 저본과 기타 판본 간에 나타나는 이자(異字)에 대해서는 각주에 설명을 첨가하였다. 그 외에 매 작품에 대해서는 '작자', '원문 및 주석', '번역문', '해제(解題) 및 본문 요지 설명'의 네 부분으로 나누어 다음과 같은 원칙을 적용하였다.

1. 공통부분
   1) 본서의 '작자', '번역문', '해제(解題) 및 본문 요지 설명' 부분의 우리말 설명에 한자 표기가 필요할 경우 우리말 뒤의 ( ) 속에 표기했다.
      ㉠ 가의(賈誼, B.C. 200-B.C. 168)는 낙양(洛陽) 사람으로 서한(西漢)의 정론가(政論家)요 문학가(文學家)이다.
   2) 인용문 또는 드러낼 필요가 있는 문구에 대해서는「 」『 』를 사용하여 표시하였다.
      ㉠ 1) 원매(袁枚)는 「시는 성정으로, 성정을 제외한 시는 존재할 수 없다. (詩者, 性情也, 性情之外無詩。)」라고 할 정도로 시의 성령(性靈)을 중시하여 청대(淸代) 시단에서 「성령설(性靈說)」의 창도자로 …
      2) 속담에 『덧방나무와 수레는 서로 의존하고, 입술이 없으면 이가 시리다.』라고 한 것은, 바로 우나라와 괵나라를 두고 한 말입니다.
   3) 서명(書名), 작품 등은 《 》로 표시하였다.

㉑《예기(禮記)》·《상서(尙書)》·《춘추(春秋)》·《논어(論語)》

4) 옛 지명 또는 용어 등에 간단한 해석이 필요할 경우 [ ] 안에 처리했다.

㉑ 고종(高宗)의 노여움을 사서 쫓겨나 월주(越州)[지금의 절강성 소흥(紹興)]로 갔다가, 총장 2년(669) 촉(蜀)[지금의 사천성]으로 갔다.

왕숙문은 順宗 때 同中書門下平章事[재상]의 자리에 올라…

5) 본서에 나오는 인명·지명·작품명 등은 모두 우리말 독음으로 표기하고 ( ) 안에 한자를 넣되, 같은 것이 자주 나올 경우 처음에만 한자를 표기하고 나머지는 주로 우리말 독음으로 표기했다.

㉑ 문왕(文王)·무왕(武王)·주공(周公)·공자(孔子)의 배척을 받지 않았고, 그들은 또한 불행히도 삼대 이전에 태어나지 않아 문왕·무왕·주공·공자의 교정을 받지 못했다.

6) 중국의 현행 성(省) 이름은 모두 우리말 발음으로 표기했다.

甘肅省→감숙성 江西省→강서성 江蘇省→강소성 廣東省→광동성
廣西省→광서성 貴州省→귀주성 吉林省→길림성 福建省→복건성
四川省→사천성 山東省→산동성 山西省→산서성 陝西省→섬서성
新疆省→신강성 安徽省→안휘성 寧夏省→영하성 遼寧省→요녕성
雲南省→운남성 浙江省→절강성 靑海省→청해성 河南省→하남성
河北省→하북성 湖南省→호남성 湖北省→호북성 黑龍江省→흑룡강성

2. '작자' 부분

1) 본서의 작자에 관한 소개는 작품을 《좌전(左傳)》·《국어(國語)》·《공양전(公羊傳)》·《곡량전(穀梁傳)》·《예기(禮記)》·《전국책(戰國策)》·《초사(楚辭)》·

《사기(史記)》·《한서(漢書)》·《후한서(後漢書)》 등에서 발췌하였을 경우 그 서명(書名)과 저자를 함께 소개하고, 단일 작품의 경우 작자 개인을 소개했다.
2) 《좌전(左傳)》이나 한유(韓愈) 등의 예처럼 한 책이나 한 사람의 작품이 다수일 경우, 맨 앞의 작품에 작자를 소개하고 나머지는 맨 앞을 참조하도록 했다.

3. '원문 및 주석' 부분
1) 원문에 한하여 인명·지명·국명 등 고유명사는 밑줄 '＿'로 표시했다.
　　예 秦孝公據殽函之固, 擁雍州之地, 君臣固守而窺周室 ; …
2) 주석은 각주 형식을 취하되, 원문에서 한 문구를 따온 후 번역을 첨가하고, 그 문구 중에서 필요한 부분을 취해【 】〖 〗로 묶어 설명하였다.【 】 안의 표제어 한자(漢字)에 한해 한글과 한어병음자모(漢語拼音字母) 2종의 독음(讀音)을 달았으며, 기타 설명 부분에서는 한자를 노출시켰다.
　　예 賓媚人致賂, 晉人不可, 曰 :「必以蕭同叔子爲質, 而使齊之封內盡東其畝。」→ 빈미인이 뇌물을 바치자, 晉나라가 수락하지 않고, 말했다 :「반드시 蕭同叔의 딸을 인질로 삼고, 齊나라 경내의 모든 밭이랑이 동쪽을 향하도록 해야 하오.」
　　【蕭同叔子(소동숙자, xiāo tóng shū zǐ)】: 蕭나라 군주 동숙의 딸. 齊頃公의 어머니.〖蕭〗: 蕭나라.〖同叔〗: 蕭나라 군주의 字. 齊頃公의 외조부.〖子〗: 자식. 여기서는「딸」을 가리킨다.
3) 인명이나 관직 명칭, 주(州)·군(郡)·현(縣) 등의 행정단위 및 일반 지명, 산이나 강 등의 자연 지명은 명칭 앞에 식별이 용이하지 않을 경우에 한해

[인명] [지명] [州 이름] [산 이름] 등을 별도로 표기하여 알기 쉽게 했다.
4) 보충 설명이 필요하다고 여겨지는 경우에는 '※' 표를 사용하여 설명을 추가했다.

　예 徐孺下陳蕃之榻 : 徐孺가 陳蕃의 걸상을 내려놓게 하다.
　※ 陳蕃은 豫章太守로 있으면서 줄곧 빈객을 맞아들이지 않았으나 특별히 徐穉를 위해 걸상을 만들어 벽에 걸어두었다가 徐穉가 찾아오면 그것을 내려 그를 접대했다.

4. '번역문' 부분
  1) 본서의 우리말 번역은 직역을 원칙으로 하되, 직역으로 인해 문맥이 매끄럽지 못할 경우, 본래의 뜻을 훼손하지 않는 범위 안에서 약간의 의역을 했다.
  2) 원문에 문자의 생략 또는 의미의 함축으로 인해 보충설명이 필요할 경우 ( ) 안에 넣어 문맥을 원활하도록 했다.

　　예 (연회에 참석하는 손님들의) 마차는 길에서 정연하게 왕래하고, (고적을 관람하는 사람들은) 좋은 경치를 찾아 높은 산에 오른다.

5. '해제(解題) 및 본문 요지 설명' 부분
  1) '해제(解題)' 부분에서는 먼저 작품의 출처를 밝히고 나서, 다음에 작품 전체의 요지를 간략히 설명했다.
  2) '본문 요지 설명' 부분에서는 본문 전체를 단락으로 나누어 각 단락의 요지를 구체적으로 설명했다.

>> 차례 <<

• [개정판] 앞머리에 3
• 서문 5
• 일러두기 10

권4   진문(秦文)

• 《전국책(戰國策)》

　　057 소진이연횡세진(蘇秦以連橫說秦) 20

　　058 사마착논벌촉(司馬錯論伐蜀) 44

　　059 범저세진왕(范雎說秦王) 54

　　060 추기풍제왕납간(鄒忌諷齊王納諫) 67

　　061 안촉세제왕(顔斶說齊王) 74

　　062 풍훤객맹상군(馮諼客孟嘗君) 81

　　063 조위후문제사(趙威后問齊使) 98

　　064 장신논행신(莊辛論幸臣) 104

　　065 촉룡세조태후(觸龍說趙太后) 115

066 노중련의불제진(魯仲連義不帝秦) 127

067 노공공택언(魯共公擇言) 152

068 당저세신릉군(唐雎說信陵君) 158

069 당저불욕사명(唐雎不辱使命) 162

070 악의보연왕서(樂毅報燕王書) 170

• 이사(李斯)

071 간축객서(諫逐客書) 189

• 굴원(屈原)

072 복거(卜居) 208

• 송옥(宋玉)

073 대초왕문(對楚王問) 217

권5 한문(漢文)

• 《사기(史記)》

074 오제본기찬(五帝本紀贊) 226

075 항우본기찬(項羽本紀贊) 234

076 진초지제월표(秦楚之際月表) 240

077 고조공신후연표(高祖功臣侯年表) 248

078 공자세가찬(孔子世家贊) 258

079 외척세가서(外戚世家序) 262

080 백이열전(伯夷列傳) 268

081 관안열전(管晏列傳) 284

082 굴원열전(屈原列傳) 304

083 혹리열전서(酷吏列傳序) 329

084 유협열전서(游俠列傳序) 335

085 골계열전(滑稽列傳) 351

086 화식열전서(貨殖列傳序) 364

087 태사공자서(太史公自序) 378

- 사마천(司馬遷)

088 보임소경서(報任少卿書) 400

| 권6 | 한문(漢文) |

- 한고조(漢高祖)

089 고제구현조(高帝求賢詔) 450

• 한문제(漢文帝)

    090 문제의좌백성조(文帝議佐百姓詔) 456

• 한경제(漢景帝)

    091 경제영이천석수직조(景帝令二千石修職詔) 462

• 한무제(漢武帝)

    092 무제구무재이등조(武帝求茂才異等詔) 468

• 가의(賈誼)

    093 과진론상(過秦論上) 472

    094 치안책일(治安策一) 494

• 조착(晁錯)

    095 논귀속소(論貴粟疏) 521

• 추양(鄒陽)

    096 옥중상양왕서(獄中上梁王書) 540

• 사마상여(司馬相如)

    097 상서간렵(上書諫獵) 570

- 이릉(李陵)

    098 답소무서(答蘇武書)　578

- 노온서(路溫舒)

    099 상덕완형서(尙德緩刑書)　605

- 양운(楊惲)

    100 보손회종서(報孫會宗書)　623

- 한광무제(漢光武帝)

    101 임치로경감(臨淄勞耿弇)　639

- 마원(馬援)

    102 계형자엄돈서(誡兄子嚴敦書)　644

- 제갈량(諸葛亮)

    103 전출사표(前出師表)　651

    104 후출사표(後出師表)　668

- 《고문관지》편명 색인　682

권4

진문(秦文)

057 소진이연횡세진
058 사마착논벌촉
059 범저세진왕
060 추기풍제왕납간
061 안촉세제왕
062 풍훤객맹상군
063 조위후문제사
064 장신논행신
065 촉룡세조태후

066 노중련의불제진
067 노공공택언
068 당저세신릉군
069 당저불욕사명
070 악의보연왕서
071 간축객서
072 복거
073 대초왕문

057 소진이연횡세진(蘇秦以連橫說秦)
《戰國策》

작 자

　《전국책(戰國策)》은 전국시대(戰國時代)의 역사적 사실을 기록한 일종의 역사책으로 서한(西漢) 말 유향(劉向)이 정리하여 완성한 것이다. 체제는 동주책(東周策)·서주책(西周策)·진책(秦策)·제책(齊策)·초책(楚策)·조책(趙策)·위책(魏策)·한책(韓策)·연책(燕策)·송책(宋策)·위책(衛策)·중산책(中山策) 등 12책 33권(卷)으로 구성되어 있는데, 유향의《전국책(戰國策)·서(序)》에 의하면, 이 책은 본래《국책(國策)》·《국사(國事)》·《단장(短長)》·《사어(事語)》등 여러 이름으로 불리었으나, 책의 내용이 대체로 전국시대 여러 나라의 제후들에 대해 유세객들이 계책을 도모한 언론이란 점을 감안하여 유향이「책(策)」자를 붙여《전국책(戰國策)》이란 이름으로 불리게 된 것이다.

　현재 통행되고 있는《전국책》외에, 1973년 호남성 장사(長沙) 마왕퇴(馬王堆)의 삼호(三號) 한묘(漢墓)에서 출토된《전국책》과 비슷한 백서(帛書)는 서명(書名)이 없이 총 27장으로 구성되어 있는데, 그중 10장은《전국책》에 보이고, 8장은《사기(史記)》에 보인다. 따라서 두 책에서 중복된 것을 빼고 나면 11장만 수록되어 있는 셈이며, 그 나머지 16장은 모두 일서(佚書)들로서 상당한 사료적(史料的) 가치를 지니고 있다.

원문 및 주석

蘇秦以連橫說秦[1]

蘇秦始將連橫說秦惠王曰:「大王之國, 西有巴蜀漢中之利; 北有胡貉代馬之用; 南有巫山黔中之限; 東有殽函之固;[2] 田肥美,

1 蘇秦以連橫說秦 → 蘇秦이 連橫의 전략으로 秦王에게 遊說하다
  【蘇秦(소진, sū qín)】: [인명] 戰國시대의 종횡가. ※'해제(解題) 및 본문 요지 설명' 참조.
  【以(이, yǐ)】: …으로. …을 가지고.
  【連橫(연횡, lián héng)】: 東西 연합 책략. ※'해제(解題) 및 본문 요지 설명' 참조.
  【說(세, shuì)】: 유세하다.

2 蘇秦始將連橫說秦惠王曰:「大王之國, 西有巴蜀漢中之利; 北有胡貉代馬之用; 南有巫山黔中之限; 東有殽函之固; → 蘇秦이 처음에 連橫의 전략을 가지고 秦惠王에게 유세하여 말했다:「대왕의 나라는, 서쪽으로는 巴·蜀과 漢中의 풍부한 자원을 가지고 있고; 북쪽으로는 胡 지방의 담비, 代 지방의 좋은 말과 같은 가용 자원을 가지고 있으며; 남쪽으로는 巫山·黔中 등의 장애물이 있고; 동쪽으로는 殽山과 函谷關의 요새가 있습니다.
  【始(시, shǐ)】: 처음에.
  【將(장, jiāng)】: …로써. …을 가지고.
  【秦惠王(진혜왕, qín huì wáng)】: 秦나라의 군주. 이름은 駟(사, sì). 秦孝公의 아들.
  ※秦나라는 惠王 때부터 王이란 호칭을 사용했다.
  【巴蜀(파촉, bā shǔ)】: [국명]「巴」는 지금의 사천성 동쪽,「蜀」은 지금의 사천성 서쪽에 있던 나라.
  ※巴·蜀은 후에 秦나라가 점령하여 郡으로 삼았다.
  【漢中(한중, hàn zhōng)】: [지명] 지금의 섬서성 남쪽 일대.
  【利(리, lì)】: 풍부한 자원.
  【胡(호, hú)】: 북쪽 오랑캐의 통칭.
  【貉(학, hé)】: 담비. ※담비의 모피는 갑옷의 재료로 쓰인다.
  【代(대, dài)】: [지명] 지금의 산서성 북쪽과 하북성 서북쪽 일대. 말의 산출지로 유명하다.
  【用(용, yòng)】: 가용 자원.

民殷富, 戰車萬乘, 奮擊百萬; 沃野千里, 蓄積饒多, 地勢形便, 此所謂天府, 天下之雄國也!³ 以大王之賢, 士民之眾, 車騎之用, 兵法之敎, 可以幷諸侯, 呑天下, 稱帝而治.⁴ 願大王少留意, 臣請奏其效.」⁵

【巫山(무산, wū shān)】: [산 이름] 지금의 사천성 巫山縣 동쪽.
【黔中(검중, qián zhōng)】: [지명] 지금의 호남성 북부와 귀주성 동북 일대.
【限(한, xiàn)】: 경계. 여기서는「장애물, 장벽, 장막」을 뜻한다.
【殽(효, yáo)】: [산 이름] 殽山. 지금의 하남성 洛寧縣 북쪽에 위치.
【函(함, hán)】: [지명] 函谷關. 지금의 하남성 靈寶縣 서남쪽.
【固(고, gù)】: 요새.

3 田肥美, 民殷富, 戰車萬乘, 奮擊百萬; 沃野千里, 蓄積饒多, 地勢形便, 此所謂天府, 天下之雄國也!→ 땅이 기름지고, 백성들은 부유하며, 병거가 만 대에, 정병이 백만입니다. 비옥한 땅이 천 리나 되고, 비축된 자원이 풍부하며, 지세가 (공격과 수비 양면에 모두) 편리하니, 이는 이른바 천연의 보고요, 천하제일의 강국입니다.
【肥美(비미, féi měi)】: 기름지다. 비옥하다.
【殷富(은부, yīn fù)】: 부유하다.
【戰車(전거, zhàn jū)】: 병거.
【乘(승, shèng)】: [양사] 대. 량.
※ 옛날 4필의 말이 끄는 兵車를 세는 단위로 병거가 많고 적음에 따라 나라의 크고 작음을 나타냈다. 周나라 때 천자는「萬乘之國」, 제후는「千乘之國」이라 했다.
【奮擊(분격, fèn jī)】: 戰士. 정병.
【沃野(옥야, wò yě)】: 비옥한 땅.
【蓄積(축적, xù jī)】: (자원을) 비축하다.
【饒多(요다, ráo duō)】: 풍부하다. 넉넉하다.
【形便(형편, xíng biàn)】: 형세가 攻守 양면에 편리하다.
【天府(천부, tiān fǔ)】: 천연의 寶庫.
【雄國(웅국, xióng guó)】: 제일의 강국.

4 以大王之賢, 士民之眾, 車騎之用, 兵法之敎, 可以幷諸侯, 呑天下, 稱帝而治.→ 대왕의 현명함과, 많은 군사와 백성, 車馬 등의 군수 장비와, 숙련된 병법으로, 제후들을 합병하여, 천하를 손에 넣고, 황제가 되어 다스릴 수 있습니다.
【以(이, yǐ)】: …으로. …을 가지고.
【士民(사민, shì mín)】: 군사와 백성.
【眾(중, zhòng)】: 많다.
【車騎之用(거기지용, jū jì zhī yòng)】: 車馬 등의 군수 장비. 【用】: 물자. 장비.
【兵法之敎(병법지교, bīng fǎ zhī jiào)】: 병법의 숙련.
【幷(병, bìng)】: 합병하다.
【呑(탄, tūn)】: 삼키다. 손에 넣다.
【稱帝(칭제, chēng dì)】: 황제에 오르다.

秦王曰:「寡人聞之, 毛羽不豐滿者, 不可以高飛; 文章不成者, 不可以誅罰; 道德不厚者, 不可以使民; 政教不順者, 不可以煩大臣。⁶ 今先生儼然不遠千里而庭教之, 願以異日。」⁷

蘇秦曰:「臣固疑大王之不能用也!⁸ 昔者神農伐補遂, 黃帝伐

---

5 願大王少留意, 臣請奏其效。」→ 원컨대 대왕께서 좀 유념하시어, 제가 그 효과를 설명할 수 있도록 허락해 주시기 바랍니다.
  【奏(주, zòu)】: 진언하다. 설명하다.
  【效(효, xiào)】: 효능. 효과. 즉「秦나라가 천하를 합병하는 효과」.

6 秦王曰:「寡人聞之, 毛羽不豐滿者, 不可以高飛; 文章不成者, 不可以誅罰; 道德不厚者, 不可以使民; 政教不順者, 不可以煩大臣。→ 秦王이 말했다:「과인은, 깃털이 풍만하지 못하면, 높이 날 수 없고; 법령이 완비되지 않으면, 함부로 처벌할 수 없으며; 덕망이 두텁지 못하면, 백성을 부릴 수 없고; 정치의 교화가 순조롭지 못하면, 大臣을 고생시킬 수 없다고 들었소.
  【秦王(진왕, qín wáng)】: 여기서는 秦惠王을 가리킨다.
  【寡人(과인, guǎ rén)】: 寡德之人이란 뜻으로, 임금이 자신을 낮추어 부르는 말.
  【毛羽(모우, máo yǔ)】: 깃털.
  【文章(문장, wén zhāng)】: 법령.
  【成(성, chéng)】: 완비되다.
  【誅罰(주벌, zhū fá)】: 처벌하다.
  【厚(후, hòu)】: 두텁다.
  【使(사, shǐ)】: 부리다.
  【政教(정교, zhèng jiào)】: 정치 교화.
  【不順(불순, bù shùn)】: 순조롭지 못하다. 즉「백성이 잘 따르는 경지에 이르지 못하다」의 뜻.
  【煩(번, fán)】: 수고를 끼치다. 고생시키다.

7 今先生儼然不遠千里而庭教之, 願以異日。」→ 지금 선생이 정중하게 불원천리하고 이곳까지 찾아와 나에게 가르침을 주고자 하지만, 다음으로 미루었으면 하오.」
  【儼然(엄연, yǎn rán)】: 정중히. 공손히.
  【庭教(정교, tíng jiào)】: 뜰 앞에서 가르치다. 즉「이곳에 와서 가르쳐 주다」의 뜻.
  【異日(이일, yì rì)】: 다른 날. 이후.

8 蘇秦曰:「臣固疑大王之不能用也! → 소진이 말했다:「저는 본래부터 왕께서 (저의 계략을) 채택하지 못할 것이라 의심하고 있었습니다!
  【固(고, gù)】: 본래부터.
  【疑(의, yí)】: 의심하다.
  【用(용, yòng)】: 채택하다. 채용하다.

涿鹿而禽蚩尤, 堯伐驩兜, 舜伐三苗, 禹伐共工, 湯伐有夏, 文王伐崇, 武王伐紂, 齊桓任戰而霸天下。⁹ 由此觀之, 惡有不戰者乎?¹⁰ 古

> 9 昔者神農伐補遂, 黃帝伐涿鹿而禽蚩尤, 堯伐驩兜, 舜伐三苗, 禹伐共工, 湯伐有夏, 文王伐崇, 武王伐紂, 齊桓任戰而霸天下。→ 옛날에 神農氏는 補遂를 토벌하고, 黃帝는 涿鹿을 공격하여 蚩尤를 사로잡고, 堯는 驩兜를 토벌하고, 舜은 三苗를 정벌하고, 禹는 共工을 토벌하고, 湯은 夏의 桀王을 토벌하고, 文王은 崇王 虎를 토벌하고, 武王은 商의 紂王을 토벌하고, 齊나라의 桓公은 무력에 의존하여 천하를 제패했습니다.
> 【神農(신농, shén nóng)】: 신농씨. 처음으로 쟁기를 만들어 백성에게 농사짓는 법을 가르쳤다는 옛 임금.
> 【伐(벌, fá)】: 치다. 공격하다. 토벌하다.
> 【補遂(보수, bǔ suì)】: [국명] 옛 나라 이름.
> 【黃帝(황제, huáng dì)】: 중국 신화에 나오는 三皇五帝 중의 한 사람. 성은 公孫씨. 軒轅의 언덕에서 출생했다 하여 軒轅氏라고도 한다.
> 【涿鹿(탁록, zhuō lù)】: [산 이름] 지금의 하북성 涿鹿縣 동남쪽에 위치.
> 【禽(금, qín)】: 擒. 사로잡다. 생포하다.
> 【蚩尤(치우, chī yóu)】: 九黎族의 우두머리 이름.
> ※《史記·五帝本紀》正義에《尤魚河圖》를 인용하여 설명한 바에 의하면, 蚩尤는 형제가 81명으로 모두 짐승의 몸에 사람의 말을 사용하며, 구리로 된 머리와 쇠로 된 이마에 모래와 돌을 먹고, 창·칼·화살 등의 무기를 잘 만들어 그 위세가 천하에 떨쳤다. 후에 黃帝와 涿鹿에서 싸우다가 사로잡혀 죽었다.
> 【堯(요, yáo)】: 요임금. 고대 唐나라의 군주.
> 【驩兜(환두, huān dōu)】: [인명] 堯임금의 신하로, 共工과 작당하여 나쁜 짓을 일삼자, 堯임금이 그를 토벌하여 崇山으로 추방했다.
> 【舜(순, shùn)】: 순임금. 고대 虞나라의 군주.
> 【三苗(삼묘, sān miáo)】: [국명] 고대의 苗族 국가. 지금의 호남성 岳陽·호북성 武昌·강서성의 九江 일대.
> ※ 堯임금이 섭정할 때 삼묘가 반란을 일으키자 三危에서 그 왕을 죽였다.
> 【禹(우, yǔ)】: 우임금. 고대 夏나라의 군주.
> 【共工(공공, gōng gōng)】: 堯舜시대 治水를 맡았던 관리. 驩兜·三苗·鯀과 더불어 四凶의 하나. 음탕하고 나태하여 舜이 禹에게 명하여 토벌하도록 했다.
> 【湯(탕, tāng)】: 탕왕. 商의 개국 군주.
> 【有夏(유하, yǒu xià)】: 夏나라.
> ※ 옛날에는 朝代의 앞에「有」자를 붙이는 습관이 있었다. 여기서는 夏의 桀王을 가리킨다.
> 【文王(문왕, wén wáng)】: 周나라의 군주. 주문왕.
> 【崇(숭, chóng)】: [국명] 지금의 섬서성 鄠縣 일대.
> ※ 崇王 虎가 夏王 紂를 포악해지도록 도와주어 文王이 그를 죽였다.
> 【紂(주, zhòu)】: 紂王. 포악하기로 이름난 商나라의 군주.

者使車轂擊馳, 言語相結, 天下爲一。[11] 約從連橫, 兵革不藏, 文士
並飾, 諸侯亂惑, 萬端俱起, 不可勝理。[12] 科條旣備, 民多僞態; 書策
稠濁, 百姓不足; 上下相愁, 民無所聊。[13] 明言章理, 兵甲愈起; 辯言

- 【齊桓(제환, qí huán)】: 齊나라의 군주. 齊桓公.
  ※ 齊는 春秋시대 五覇의 하나. 환공은 일찍이 郯을 멸하고, 魯를 굴복시키고, 山戎을 정벌하고, 蔡를 침략했다.
- 【任戰(임전, rèn zhàn)】: 전쟁에 맡기다. 무력에 의존하다.
- 【覇(패, bà)】: 제패하다.

10 由此觀之, 惡有不戰者乎? → 이로 미루어 보건대, 어찌 전쟁을 하지 않을 수 있겠습니까?
- 【由此觀之(유차관지, yóu cǐ guān zhī)】: 이로 미루어 보건대. 이로써 볼진대.
- 【惡(오, wū)】: 豈. 어찌.

11 古者使車轂擊馳, 言語相結, 天下爲一。 → 옛날에는 사신들의 수레바퀴가 서로 부딪치며 달릴 정도로 매우 빈번하게 왕래하며, 대화로서 서로 맹약을 맺어, 천하가 하나로 통일되었습니다.
- 【車轂(거곡, jū gǔ)】: 수레바퀴 중심의 볼록 튀어나온 부분. 여기서는 「수레바퀴」를 가리킨다.
- 【擊馳(격치, jī chí)】: 부딪치며 질주하다.

12 約從連橫, 兵革不藏, 文士並飾, 諸侯亂惑, 萬端俱起, 不可勝理。 → (그러나 후에는) 合縱이니 連橫이니 하여, 오히려 전쟁이 사라지지 않고, (기용한) 문사들이 서로 다투어 교묘한 말재주로 유세하여, 오히려 제후들을 혼란과 미혹에 빠지게 했습니다. 수많은 문제가 동시에 발생하니, 능히 감당하여 처리할 수가 없었습니다.
- 【約從(약종, yuē zòng)】: 合縱. ※'해제(解題) 및 본문 요지 설명' 참조.
- 【兵革(병혁, bīng gé)】: 전쟁.
- 【藏(장, cáng)】: 사라지다. 없어지다.
- 【並(병, bìng)】: 서로 다투다.
- 【飾(칙, chì)】: 飾. 꾸미다. 여기서는 「교묘한 말재주로 유세하다」의 뜻. ※판본에 따라서는 「飾」을 「餙(shì)」이라 했다.
- 【萬端(만단, wàn duān)】: 수많은 문제.
- 【俱(구, jù)】: 함께. 동시에.
- 【起(기, qǐ)】: 일어나다. 발생하다.
- 【勝理(승리, shēng lǐ)】: 능히 감당하여 처리하다. [勝]: 능히 감당하다. 능히 …할 수 있다.

13 科條旣備, 民多僞態; 書策稠濁, 百姓不足; 上下相愁, 民無所聊。 → 법령이 이미 완비되었지만, 백성들은 대부분 거짓 태도를 취했고; 문헌은 많아서 혼란스러울 지경이지만, 백성의 생활은 오히려 빈곤해졌으며, 임금과 신하가 서로 근심만 하니, 백성들은 의지할 곳이 없었습니다.

偉服, 戰攻不息; 繁稱文辭, 天下不治; 舌敝耳聾, 不見成功; 行義約信, 天下不親。¹⁴ 於是乃廢文任武, 厚養死士, 綴甲厲兵, 效勝於戰場。¹⁵ 夫徒處而致利, 安坐而廣地, 雖古五帝、三王、五霸, 明主賢

【科條(과조, kē tiáo)】: 법률의 조문. 법령.
【備(비, bèi)】: 완비되다.
【僞態(위태, wěi tài)】: 거짓 태도.
【書策(서책, shū cè)】: 문헌. 책자.
【稠濁(조탁, chóu zhuó)】: 많아서 혼란을 일으키다.
【不足(부족, bù zú)】: 생활이 풍족하지 못하다.
【上下(상하, shàng xià)】: 위아래. 즉「임금과 신하」.
【愁(수, chóu)】: 근심하다. 걱정하다.
【聊(료, liáo)】: 의지하다. 기대다.

14 明言章理, 兵甲愈起; 辯言偉服, 戰攻不息; 繁稱文辭, 天下不治; 舌敝耳聾, 不見成功; 行義約信, 天下不親。→ 말을 명백하게 하고 이치를 분명하게 밝힐수록, 전쟁이 더욱 일어났고; 말재주가 뛰어난 사절들이 있어도, 전쟁이 여전히 그치지 않았습니다. (古書의) 훌륭한 문구를 많이 들어 말을 하지만, 천하는 여전히 잘 다스려지지 않았고; 말하는 사람의 혀가 헤지고 듣는 사람의 귀가 먹을 정도가 되어도, 끝내 성공을 거두지 못하였으며; 인의를 행하고 신의를 강구해도, 천하는 여전히 화목하지 않았습니다.
【明言(명언, míng yán)】: 말을 명백히 하다.
【章理(장리, zhāng lǐ)】: 彰理. 이치를 분명하게 밝히다.
【兵甲(병갑, bīng jiǎ)】: 전쟁.
【愈(유, yù)】: 더욱.
【辯言(변언, biàn yán)】: 언변이 능하다. 말재주가 뛰어나다.
【偉服(위복, wěi fú)】: 예복. 훌륭한 복장. 여기서는「외교사절」을 가리킨다.
【戰攻(전공, zhàn gōng)】: 공격. 전쟁.
【不息(불식, bù xí)】: 멈추지 않다. 그치지 않다.
【繁稱(번칭, fán chēng)】: 많이 인용하다. 많이 들어 말하다.
【文辭(문사, wén cí)】: 문장. 문구.
【敝(폐, bì)】: 헤지다.
【聾(농, lóng)】: 귀가 먹다.
【約信(약신, yuē xìn)】: 신의를 강구하다.
【不親(불친, bù qīn)】: 화목하지 못하다.

15 於是乃廢文任武, 厚養死士, 綴甲厲兵, 效勝於戰場。→ 그리하여 결국 문치를 폐지하고 무력에 의존하여, 후한 예우로 목숨을 바칠 수 있는 武士를 양성하는 한편, 갑옷을 꿰매고 병기를 갈아, 전장에서 승부를 겨루었습니다.
【於是(어시, yú shì)】: 그리하여.

君, 常欲坐而致之, 其勢不能, 故以戰續之。¹⁶ 寬則兩軍相攻, 迫則杖戟相撞, 然後可建大功。¹⁷ 是故兵勝於外, 義強於內, 威立於上,

---

【乃(내, nǎi)】: 결국. 마침내.
【文(문, wén)】: 文治. 禮治.
【任(임, rèn)】: 맡기다. 의존하다.
【武(무, wǔ)】: 무력.
【厚養(후양, hòu yǎng)】: 후한 예우로 양성하다.
【死士(사사, sǐ shì)】: 목숨을 바칠 수 있는 武士.
【綴(철, zhuì)】: 꿰매다.
【甲(갑, jiǎ)】: 갑옷.
【厲(려, lì)】: 갈다.
【兵(병, bīng)】: 병기. 무기.
【效勝(효승, xiào shèng)】: 승부를 다투다. 승패를 겨루다.

16 夫徒處而致利, 安坐而廣地, 雖古五帝·三王·五覇, 明主賢君, 常欲坐而致之, 其勢不能, 故以戰續之。→ 대저 아무 하는 일 없이 이익을 얻고, 편히 앉아서 국토를 넓히는 일은, 비록 옛날 五帝·三王·五覇 등, 현명한 군주들도, 항상 가만히 앉아서 그것을 얻고자 했습니다. 그러나 그 상황이 불가능했기 때문에, 그래서 전쟁으로써 文治를 이어나갔습니다.
【夫(부, fú)】: [발어사] 대저. 무릇.
【徒處(도처, tú chǔ)】: 가만히. 하는 일 없이.
【致利(치리, zhì lì)】: 이익을 얻다.
【安坐(안좌, ān zuò)】: 안주하다. 편히 앉다.
【地(지, dì)】: 국토.
【五帝(오제, wǔ dì)】: 고대 전설 속의 다섯 임금. 《史記·五帝本紀》에 黃帝·顓頊·帝嚳·堯·舜을 五帝라 했다.
【三王(삼왕, sān wáng)】: 三代의 聖君. 夏의 禹王·商의 湯王·周의 文王.
【五覇(오패, wǔ bà)】: 춘추시대 제후의 맹주로서 패업을 이룩한 다섯 사람. 즉 齊의 桓公·晉의 文公·秦의 穆公·楚의 莊王·宋의 襄公.
【明主賢君(명주현군, míng zhǔ xián jūn)】: 현명한 군주.
【常(상, cháng)】: 항상.
【欲(욕, yù)】: ···하고자 하다.
【致之(치지, zhì zhī)】: 이것을 얻다. 【之】: [대명사] 이것. 즉「徒處而致利, 安坐而廣地。」.
【勢(세, shì)】: 형세. 상황.
【續之(속지, xù zhī)】: 이것을 이어나가다. 【之】: [대명사] 이것. 즉「文治」.

17 寬則兩軍相攻, 迫則杖戟相撞, 然後可建大功。→ 거리가 멀면 양측의 군대가 서로 대치하여 공격하고, 가까이 접근하면 백병전을 벌여, 그런 다음에 비로소 큰 공을 세울 수가 있었습니다.

民服於下。¹⁸ 今欲幷天下, 凌萬乘, 詘敵國, 制海內, 子元元, 臣諸侯, 非兵不可。¹⁹ 今之嗣主, 忽于至道, 皆惛於敎, 亂於治, 迷於言, 惑於語, 沈於辯, 溺於辭。以此論之, 王固不能行也。」²⁰

【寬(관, kuān)】: 넓다. 즉「거리가 멀다」의 뜻.
【相攻(상공, xiāng gōng)】: 서로 대치하여 공격하다.
【迫(박, pò)】: 가까이 접근하다.
【杖戟相撞(장극상당, zhàng jǐ xiāng zhuàng)】: 몽둥이와 창이 서로 부딪치다. 즉「백병전을 벌이다」의 뜻. 【杖】: 몽둥이. 【戟】: 창. 【相撞】: 서로 부딪치다.

18 是故兵勝於外, 義強於內, 威立於上, 民服於下。→ 그러므로 밖에서 전쟁에 이겨야만, 도의 명분이 안에서 강한 힘을 얻고, (군주의) 권위가 위에서 세워지며, 백성들이 아래에서 복종하게 됩니다.
【是故(시고, shì gù)】: 그러므로. 그래서.
【兵勝(병승, bīng shèng)】: 전쟁에 이기다.
【義(의, yì)】: 道義 명분.
【威(위, wēi)】: 권위. 위엄.
【服(복, fú)】: 복종하다.

19 今欲幷天下, 凌萬乘, 詘敵國, 制海內, 子元元, 臣諸侯, 非兵不可。→ 오늘날에는 천하를 합병하고, 帝位를 찬탈하고, 적을 굴복시키고, 천하를 제압하고, 백성을 자식으로 만들고, 제후를 신하로 만들고자 한다면, 무력이 아니면 안 됩니다.
【欲(욕, yù)】: …하고자 하다. …하길 바라다.
【幷(병, bìng)】: 합병하다.
【凌(릉, líng)】: 빼앗다. 차지하다.
【萬乘(만승, wàn shèng)】: 천자. 帝位.
※ 周나라의 제도에서 천자는 사방 천리의 땅과 만 대의 병거를 보유할 수 있었으므로, 「萬乘」은 곧「천자」를 가리킨다.
【詘(굴, qū)】: 굴복시키다.
【制(제, zhì)】: 통제하다. 제압하다.
【海內(해내, hǎi nèi)】: 천하. 세상.
【子(자, zǐ)】: [동사 용법] 자식으로 만들다.
【元元(원원, yuán yuán)】: 서민. 백성.
【臣(신, chén)】: [동사 용법] 신하로 만들다.
【非(비, fēi)…不可(불가, bù kě)】: …이 아니면 안 된다.
【兵(병, bīng)】: 무력의 사용.

20 今之嗣主, 忽于至道, 皆惛於敎, 亂於治, 迷於言, 惑於語, 沈於辯, 溺於辭。以此論之, 王固不能行也。」→ 오늘날의 왕위 계승자들은, 用兵의 중요한 이치를 소홀히 하고, 모두가 정치 교화에 밝지 못하며, 멋대로 다스리고, 꾸며대는 말에 허둥대는가 하면, 말장난

說秦王書十上而說不行。²¹ 黑貂之裘敝, 黃金百斤盡, 資用乏絶, 去秦而歸。²² 羸縢履蹻, 負書擔橐, 形容枯槁, 面目犁黑, 狀有愧色。²³

에 현혹되고, 궤변에 깊이 빠져 있습니다. 이러한 것을 가지고 말한다면, 대왕께서는 당연히 (저의 건의를) 실행할 수 없습니다.」
【嗣主(사주, sì zhǔ)】: 왕위 계승자.
【忽(홀, hū)】: 소홀히 하다.
【至道(지도, zhì dào)】: 가장 중요한 이치. 즉「무력 사용의 이치」.
【惛(혼, hūn)】: 昏. 어둡다. 밝지 못하다. ※판본에 따라서는「惛」을「惽」이라 했다.
【敎(교, jiào)】: 정치 교화.
【迷(미, mí)】: 미혹되다. 허둥대다.
【言(언, yán)】: 巧言. 꾸며대는 말.
【惑(혹, huò)】: 현혹되다.
【語(어, yǔ)】: 말장난. 논설.
【沈(침, chén)】: 빠지다. 잠기다.
【辯(변, biàn)】: 궤변. 변론.
【溺(익, nì)】: 빠지다.
【辭(사, cí)】: 문장.
【固(고, gù)】: 당연히.
【行(행, xíng)】: 실행하다.

21 說秦王書十上而說不行。→ (소진은) 秦王에게 유세하는 글을 열 차례나 올렸지만 유세에 성공하지 못했다.
【十上(십상, shí shàng)】: 열 번을 올리다.
【說不行(세불행, shuì bù xíng)】: 유세에 성공하지 못하다.

22 黑貂之裘敝, 黃金百斤盡, 資用乏絶, 去秦而歸。→ 검은 담비 가죽옷이 다 헤지고, 황금 백 근을 다 써버린 후, 여비가 떨어지자, 하는 수 없이 秦나라를 떠나 귀갓길에 올랐다.
【貂(초, diāo)】: 담비.
【裘(구, qiú)】: 가죽옷.
【敝(폐, bì)】: 헤지다. 남루하게 떨어지다.
【資用(자용, zī yòng)】: 여비. 노자.
【乏絶(핍절, fá jué)】: 고갈되다. 떨어지다.
【去(거, qù)】: 떠나다.

23 羸縢履蹻, 負書擔橐, 形容枯槁, 面目犁黑, 狀有愧色。→ 각반을 매고, 짚신을 신고, 책을 짊어지고, 행낭을 걸머멨는데, 몰골이 바싹 마르고, 얼굴이 검게 변하고, 모습은 부끄러운 기색이 역력했다.
【羸(리, léi)】: 縲. 묶다. 매다. ※판본에 따라서는「羸」를「嬴(영, yíng)」이라 했다.
【縢(등, téng)】: 각반. 대님.

歸至家, 妻不下紝, 嫂不爲炊, 父母不與言。²⁴ 蘇秦喟然歎曰：「妻不以我爲夫, 嫂不以我爲叔, 父母不以我爲子, 是皆秦之罪也！」²⁵

乃夜發書, 陳篋數十, 得太公《陰符》之謀, 伏而誦之, 簡練以爲揣摩。²⁶ 讀書欲睡, 引錐自刺其股, 血流至足, 曰：「安有說人主, 不

- 【履(리, lǚ)】: (신을) 신다.
- 【蹻(갹, juē)】: 짚신.
- 【負(부, fù)】: 짊어지다.
- 【擔(담, dān)】: 짊어지다. 등에 메다.
- 【橐(탁, tuó)】: 전대. 행낭. ※판본에 따라서는「橐」을「囊(낭, náng)」이라 했다.
- 【形容(형용, xíng róng)】: 몰골. 꼴. 모습.
- 【枯槁(고고, kū gǎo)】: 바싹 마르다.
- 【黧(려, lí)】: 검다.
- 【狀(상, zhuàng)】: 모습. 모양.
- 【愧色(괴색, kuì sè)】: 부끄러운 기색.

24 歸至家, 妻不下紝, 嫂不爲炊, 父母不與言。→ 집에 돌아오니, 아내는 베틀에서 내려오지 않고, 형수는 밥을 해주지 않았으며, 부모는 더불어 말을 하지 않았다.
- 【紝(임, rèn)】: 베를 짜다. 여기서는「베틀」을 가리킨다.
- 【炊(취, chuī)】: 밥을 짓다.
- 【不與言(불여언, bù yǔ yán)】: 더불어 말을 하지 않다.

25 蘇秦喟然歎曰:「妻不以我爲夫, 嫂不以我爲叔, 父母不以我爲子, 是皆秦之罪也！」→ 소진이 탄식하며 말했다:「아내는 나를 남편으로 여기지 않고, 형수는 나를 시동생으로 여기지 않으며, 부모는 나를 자식으로 여기지 않으니, 이는 모두가 나의 죄로다!」
- 【喟然(위연, kuì rán)】: 한숨 쉬는 모양. 탄식하는 모양.
- 【以(이, yǐ)…爲(위, wéi)…】: …을 …으로 여기다.
- 【叔(숙, shū)】: 시동생.
- 【是(시, shì)】: 이. 이것. 즉「자신을 남편·시동생·자식으로 여기지 않는 것」.
- 【秦之罪(진지죄, qín zhī zuì)】: 나의 죄. [秦]: 소진이 자기 이름을「나」라는 의미르 사용한 것. ※혹자는「秦」을「秦나라의 죄」라고 풀이했다.

26 乃夜發書, 陳篋數十, 得太公《陰符》之謀, 伏而誦之, 簡練以爲揣摩。→ 그리하여 밤새 책을 찾아, 케케묵은 상자 수십 개에서 太公의《陰符》兵法을 찾아냈다. 책상에 엎드려 읽고, 요점을 발췌하여 숙독하는 방법으로 이치를 탐구했다.
- 【乃(내, nǎi)】: 이에. 그리하여.
- 【發書(발서, fā shū)】: 책을 찾다.
- 【陳篋(진협, chén qiè)】: 케케묵은 상자.
- 【太公(태공, tài gōng)】: 姜太公. 齊나라의 시조 呂尙.

能出其金玉錦繡, 取卿相之尊者乎?」²⁷ 朞年, 揣摩成, 曰:「此眞可以說當世之君矣。」²⁸

於是乃摩燕烏集闕, 見說趙王於華屋之下, 抵掌而談。²⁹ 趙王大

【《陰符(음부, yīn fú)》】: 兵書 이름.
【謀(모, móu)】: 계략. 여기서는 「兵法」을 의미한다.
【伏(복, fú)】: 엎드리다.
【誦(송, sòng)】: 소리 내어 읽다. 암송하다.
【之(지, zhī)】: 그것. 즉《陰符》.
【簡練(간련, jiǎn liàn)】: 요점을 발췌하여 숙독하다. 〖簡〗: 고르다. 뽑다. 발췌하다. 선택하다. 〖練〗: 연마하다. 익히다. 숙련하다.
【揣摩(췌마, chuǎi mó)】: 탐구하다. 연구하다.

27 讀書欲睡, 引錐自刺其股, 血流至足, 曰:「安有說人主, 不能出其金玉錦繡, 取卿相之尊者乎?」→ 책을 읽다가 졸리면, 송곳을 가지고 자기 허벅지를 찔러, 피가 발목까지 흐르는데, 스스로 말하길:「어찌 제후들에게 유세하여, 그들의 금옥 비단을 내놓게 하고, 재상의 존귀한 자리를 얻지 못하겠는가?」라고 했다.
【欲睡(욕수, yù shuì)】: 잠을 자려고 하다. 즉「졸리다」의 뜻. 〖欲〗: …하려고 하다. …하고자 하다. 〖睡〗: 잠을 자다.
【引(인, yǐn)】: 끌어당기다. 들다.
【錐(추, zhuī)】: 송곳.
【刺(자, cì)】: 찌르다.
【股(고, gǔ)】: 허벅지. 넓적다리.
【安(안, ān)】: 어찌.
【人主(인주, rén zhǔ)】: 제후.
【錦繡(금수, jǐn xiù)】: 비단.
【卿相(경상, qīng xiàng)】: 재상.

28 朞年, 揣摩成, 曰:「此眞可以說當世之君矣。」→ 일 년 후, 탐구를 끝내고 나서, 소진이 말했다:「이번에는 진정 當代의 군주들에게 유세를 할 수 있을 것이다.」
【朞年(기년, jī nián)】: 1년 후. ※판본에 따라서는「朞」를「期」라 했다.
【成(성, chéng)】: 끝내다.
【當世(당세, dāng shì)】: 當代.

29 於是乃摩燕烏集闕, 見說趙王於華屋之下, 抵掌而談。→ 그리하여 곧 燕烏集闕에 이르러, 화려한 궁전에서 趙王을 알현하고 유세하는데, 손뼉을 치며 이야기했다.
【於是(어시, yú shì)】: 이에. 그리하여.
【乃(내, nǎi)】: 곧. 이내.
【摩(마, mó)】: 이르다. 도달하다.
【燕烏集闕(연오집궐, yān wū jí quē)】: ① 燕나라의 지명「烏集闕」이라는 설. ② 趙나라의

권4 진문秦文 *31*

悅, 封爲武安君, 受相印.³⁰ 革車百乘, 錦繡千純, 白璧百雙, 黃金萬鎰, 以隨其後.³¹ 約從散橫, 以抑强秦. 故蘇秦相於趙, 而關不通.³² 當此之時, 天下之大, 萬民之衆, 王侯之威, 謀臣之權, 皆欲決於蘇秦之策.³³ 不費斗糧, 未煩一兵, 未戰一士, 未絕一弦, 未折一矢, 諸

　　궁궐 이름 또는 關門 要塞라는 설.
　【見說(현세, xiàn shuì)】: 알현하고 유세하다.
　【華屋(화옥, huá wū)】: 화려한 궁전.
　【抵掌(지장, dǐ zhǎng)】: 손뼉을 치다.

30　趙王大悅, 封爲武安君, 受相印。→ 趙王이 크게 기뻐하여, (소진을) 武安君에 봉하고, 宰相의 印章을 주었다.
　【悅(열, yuè)】: 기뻐하다. ※판본에 따라서는「悅」을「說」이라 했다.
　【封爲(봉위, fēng wéi)…】: …으로 봉하다. …에 봉하다.
　【武安(무안, wǔ ān)】: [지명] 趙나라의 읍 이름. 지금의 하남성 武安縣 서남쪽.
　【受(수, shòu)】: 授. 주다.
　【相印(상인, xiàng yìn)】: 재상의 인장.

31　革車百乘, 錦繡千純, 白璧百雙, 黃金萬鎰, 以隨其後。→ 병거 백 량과 비단 천 필과, 백옥 백 쌍과, 황금 이십만 량이, 그의 뒤를 따랐다.
　【革車(혁거, gé jū)】: 兵車.
　【純(돈, tún)】: 필. 묶음.
　【鎰(일, yì)】: [무게 단위] 1鎰은 20량. ※24량이라는 설도 있다.
　【隨(수, suí)】: 따르다. 좇다.

32　約從散橫, 以抑强秦。故蘇秦相於趙, 而關不通。→ 合縱을 맺고 連橫을 해산시켜, 강한 秦나라를 억제했다. 그래서 소진이 趙나라에서 재상을 지내는 동안, 六國과 秦나라는 서로 왕래를 하지 않았다.
　※즉 진나라가 여섯 나라와 내왕하지 못했다는 말이다.
　【約(약, yuē)】: 맺다. 약속하다.
　【從(종, zòng)】: 합종.
　【橫(횡, héng)】: 연횡.
　【抑(억, yì)】: 억제하다.
　【相(상, xiàng)】: [동사 용법] 재상을 지내다.
　【關不通(관불통, guān bù tōng)】: 函谷關의 교통이 두절되다. 즉「六國이 秦나라와 왕래를 하지 않다」의 뜻.

33　當此之時, 天下之大, 萬民之衆, 王侯之威, 謀臣之權, 皆欲決於蘇秦之策。→ 그 당시, 비록 천하가 그처럼 크고, 백성이 그처럼 많고, 제후가 그처럼 위엄이 있고, 중신들이 그

侯相親, 賢於兄弟。³⁴ 夫賢人在而天下服, 一人用而天下從。³⁵ 故曰：「式於政, 不式於勇; 式於廊廟之內, 不式於四境之外。」³⁶ 當秦之隆, 黃金萬鎰爲用, 轉轂連騎, 炫熿於道; 山東之國, 從風而服, 使趙大重。³⁷ 且夫蘇秦特窮巷、掘門、桑戶、棬樞之士耳。³⁸ 伏軾撙銜, 橫歷

처럼 권력이 있어도, 모두가 소진의 책략에 따라 결정하고자 했다.
【當此之時(당차지시, dāng cǐ zhī shí)】: 그 당시. 그때. 즉「소진이 趙나라 재상을 지낼 당시」.
【王侯(왕후, wáng hóu)】: 제후.
【謀臣(모신, móu chén)】: 重臣. 지모가 뛰어난 신하.

34 不費斗糧, 未煩一兵, 未戰一士, 未絕一弦, 未折一矢, 諸侯相親, 賢於兄弟。→ 한 말의 양식도 소비하지 않고, 한 사람의 병사도 고생시키지 않고, 한 사람의 장수도 전쟁터에 나가지 않고, 활시위 하나도 끊어지지 않고, 화살 한 개도 꺾지 않았으나, 제후들이 서로 화목하기가 형제보다 나았다.
【費(비, fèi)】: 쓰다. 소비하다.
【斗糧(두량, dǒu liáng)】: 한 말의 양식.
【煩(번, fán)】: 귀찮게 하다. 고생시키다.
【戰(전, zhàn)】: [동사 용법] 전쟁에 나가다.
【弦(현, xián)】: 활줄. 활의 시위.
【折(절, zhé)】: 부러지다. 꺾다.
【矢(시, shǐ)】: 화살.
【相親(상친, xiāng qīn)】: 서로 화목하다.
【賢(현, xián)】: 능가하다. 낫다.

35 夫賢人在而天下服, 一人用而天下從。→ 무릇 현명한 사람이 자리에 있으면 천하가 복종하고, 한 사람이 중용되면 천하가 따른다.
【夫(부, fú)】: [발어사] 무릇. 대저.
【服(복, fú)】: 복종하다.
【用(용, yòng)】: [피동 용법] 중용되다.

36 故曰：「式於政, 不式於勇; 式於廊廟之內, 不式於四境之外。」→ 그래서 :「정치에 힘쓰고, 무력에 힘쓰지 말아야 하며; 조정 내의 일에 힘쓰고, 나라 밖의 일에 힘쓰지 말아야 한다.」라고 한 것이다.
【式(식, shì)】: 用. 힘쓰다.
【勇(용, yǒng)】: 무력. 전쟁.
【廊廟(낭묘, láng miào)】: 조정.
【四境之外(사경지외, sì jìng zhī wài)】: 나라 밖의 일. 즉「국경 밖에서의 전쟁」을 말한다.

37 當秦之隆, 黃金萬鎰爲用, 轉轂連騎, 炫熿於道; 山東之國, 從風而服, 使趙大重。→ 소진

天下, 庭說諸侯之主, 杜左右之口, 天下莫之伉。³⁹

將說楚王, 路過洛陽。⁴⁰ 父母聞之, 清宮除道, 張樂設飲, 郊迎

───

이 한창 득세하던 시절에는, 황금 1만 鎰을 마음대로 쓰고, 거마가 줄을 이어 끊임없이 왕래하였으며; 殽山 동쪽의 나라들이, 그의 뜻에 따라 복종하여, 趙나라의 지위를 크게 높였다.

【當秦之隆(당진지륭, dāng qín zhī lóng)】: 소진의 전성시대. 〖當〗: 在. …할 당시. 〖隆〗: 전성시대. 한창 득세하던 때.

【爲用(위용, wéi yòng)】: 마음대로 쓰다.

【轉轂連騎(전곡련기, zhuǎn gǔ lián jì)】: 수레가 굴러가고 기마가 줄을 잇다. 〖轉〗: 굴러가다. 〖轂〗: 수레바퀴. 여기서는「수레」를 가리킨다. 〖騎〗: 기병.

【炫熿(현황, xuàn huáng)】: 현란하다. 휘황찬란하다.

【山東之國(산동지국, shān dōng zhī guó)】: 殽山 동쪽의 나라들. 六國 中 趙를 제외한 다섯 나라.

【從風(종풍, cóng fēng)】: 바람이 부는 대로 순응하다. 즉「남의 뜻에 따르다」의 뜻.

【大重(대중, dà zhòng)】: 매우 중시되다. 크게 존중받다. 즉「지위가 크게 높아지다」의 뜻.

38 且夫蘇秦特窮巷、掘門、桑戶、棬樞之士耳。→ 그런데 소진은 가난한 골목에서 벽에 구멍을 뚫어 출입문을 만들고, 뽕나무를 엮어 사립문을 달고, 굽은 나무로 문지도리를 한 가난한 집안의 선비일 뿐이었다.

【且夫(차부, qiě fú)】: 그런데. 한편.

【特(특, tè)】: 다만. 단지.

【窮巷(궁항, qióng xiàng)】: 가난한 골목.

【掘門(궐문, jué mén)】: 벽을 뚫어 출입문을 만들다.

【桑戶(상호, sāng hù)】: 뽕나무를 엮어 만든 사립문.

【棬樞(권추, quān shū)】: 굽은 나무로 만든 문지도리.

【耳(이, ěr)】: …일 뿐이다.

39 伏軾撙銜, 橫歷天下, 庭說諸侯之主, 杜左右之口, 天下莫之伉。→ 수레에 앉아 말고삐를 움켜잡고, 천하를 누비고 다니며, 각국의 제후들을 조정으로 찾아가 유세하여, 제후 측근들의 입을 막아버리지만, 천하 어디에도 그와 대항할 사람이 없었다.

【伏(복, fú)】: 엎드리다.

【軾(식, shì)】: 수레 앞에 기댈 수 있게 만든 橫木.

【撙(준, zǔn)】: 움켜잡다. 통제하다.

【銜(함, xián)】: 말의 재갈. 여기서는「말고삐」를 의미한다.

【橫歷(횡력, héng lì)】: 누비고 다니다. 횡행하다.

【庭說(정세, tíng shuì)】: 조정으로 찾아가 유세하다.

【杜(두, dù)】: 막다.

【左右(좌우, zuǒ yòu)】: 측근. 주변 인물.

【伉(항, kàng)】: 抗. 대항하다. 필적하다.

三十里。⁴¹ 妻側目而視, 側耳而聽; 嫂蛇行匍伏, 四拜自跪而謝。⁴² 蘇秦曰:「嫂何前倨而後卑也?」嫂曰:「以季子之位尊而多金。」⁴³ 蘇秦曰:「嗟乎! 貧窮則父母不子, 富貴則親戚畏懼。人生世上, 勢位富

40 將說楚王, 路過洛陽。→ 楚王에게 유세를 하려고, 가는 길에 洛陽을 지나게 되었다.
【將(장, jiāng)】: (장차) …하려 하다.
【楚王(초왕, chǔ wáng)】: 여기서는「楚成王」을 가리킨다.
【路過(노과, lù guò)】: 지나다. 경유하다.
【洛陽(낙양, luò yáng)】: [지명] 지금의 하남성 洛陽市.

41 父母聞之, 淸宮除道, 張樂設飮, 郊迎三十里。→ 부모가 이 소식을 듣고, 집안을 청소하고 길을 쓸고, 주악을 베풀고 음식을 차리고, 성 밖 삼십 리까지 나아가 맞이했다.
【淸宮(청궁, qīng gōng)】: 집안을 청소하다.
【除道(제도, chú dào)】: 길을 깨끗이 쓸다.
【張樂(장악, zhāng yuè)】: 주악을 베풀다.
【設飮(설음, shè yǐn)】: 음식을 차리다.
【郊(교, jiāo)】: 교외. 성 밖.

42 妻側目而視, 側耳而聽; 嫂蛇行匍伏, 四拜自跪而謝。→ 아내는 (감히 정면으로 보지 못해) 곁눈으로 보고, (감히 정면으로 듣지 못해) 귀를 기울여 들었으며; 형수는 뱀처럼 기어 와서 엎드린 채, 네 번을 절하고 나서 스스로 무릎을 꿇고 사죄했다.
【側目(측목, cè mù)】: 곁눈질하다, 곁눈으로 보다. ※감히 정면으로 쳐다보지 못함을 비유한 말.
【側耳(측이, cè ěr)】: 귀를 옆으로 기울여 듣다. ※감히 정면으로 대하고 듣지 못함을 비유한 말.
【蛇行(사행, shé xíng)】: 뱀처럼 기다.
【匍伏(포복, pú fú)】: 포복하다. 엎드리다.
【跪(궤, guì)】: 무릎을 꿇다.
【謝(사, xiè)】: 사죄하다.

43 蘇秦曰:「嫂何前倨而後卑也?」嫂曰:「以季子之位尊而多金。」→ 소진이 물었다 :「형수는 어째서 전에는 교만하더니 지금은 겸손합니까?」형수가 대답했다 :「서방님의 지위가 높아지고 돈이 많아졌기 때문입니다.」
【倨(거, jù)】: 교만하다.
【後(후, hòu)】: 나중. 즉「현재」를 가리킨다.
【卑(비, bēi)】: 자세를 낮추다. 겸손하다.
【嫂(수, sǎo)】: 형수.
【以(이, yǐ)】: 因. 왜냐하면 … 때문에.
【季子(계자, jì zǐ)】: 소진의 字.
【位尊(위존, wèi zūn)】: 지위가 높다.

厚, 蓋可以忽乎哉?」⁴⁴

> 번역문

소진(蘇秦)이 연횡(連橫)의 전략으로 진왕(秦王)에게 유세하다

　소진(蘇秦)이 처음에 연횡(連橫)의 전략을 가지고 진혜왕(秦惠王)에게 유세하여 말했다 : 「대왕의 나라는 서쪽으로는 파(巴)·촉(蜀)과 한중(漢中)의 풍부한 자원을 가지고 있고, 북쪽으로는 호(胡) 지방의 담비, 대(代) 지방의 좋은 말과 같은 가용 자원을 가지고 있으며, 남쪽으로는 무산(巫山)·검중(黔中) 등의 장애물이 있고, 동쪽으로는 효산(殽山)과 함곡관(函谷關)의 요새가 있습니다. 땅이 기름지고 백성들은 부유하며, 병거(兵車)가 만 대에 정병이 백만입니다. 비옥한 땅이 천 리나 되고 비축된 자원이 풍부하며, 지세가 (공격과 수비 양면에 모두) 편리하니, 이는 이른바 천연의 보고요 천하제일의 강국입니다. 대왕의 현명함과 많은 군사와 백성, 거마(車馬) 등의 군수 장비와 숙련된 병법으로, 제후들을 합병하여 천하를 손에 넣고 황제가 되어 다스릴 수 있습니다. 원컨대, 대왕께서 좀 유념하시어 제가 그 효과를 설명할

---

44 蘇秦曰 :「嗟乎! 貧窮則父母不子, 富貴則親戚畏懼。人生世上, 勢位富厚, 蓋可以忽乎哉?」
→ 소진이 말했다 :「아! 가난하면 부모조차도 자식으로 여기지 않았는데, 부귀해지니 친척까지도 (나를) 두려워하는구나. (그러니) 사람이 세상을 살아가면서, 권세와 부귀를, 어찌 소홀히 할 수 있겠는가?」
【不子(부자, bù zǐ)】: [동사 용법] 자식으로 여기지 않다.
【畏懼(외구, wèi jù)】: 두려워하다.
【勢位(세위, shì wèi)】: 권세와 지위.
【富厚(부후, fù hòu)】: 부귀.
【蓋(합, hé)】: 盍. 어찌.

수 있도록 허락해 주시기 바랍니다.」

진왕(秦王)이 말했다 :「과인은, 깃털이 풍만하지 못하면 높이 날 수 없고, 법령이 완비되지 않으면 함부로 처벌할 수 없으며, 덕망이 두텁지 못하면 백성을 부릴 수 없고, 정치의 교화가 순조롭지 못하면 대신(大臣)을 고생시킬 수 없다고 들었소. 지금 선생이 정중하게 불원천리하고 이곳까지 찾아와 나에게 가르침을 주고자 하지만, 다음으로 미루었으면 하오.」

소진이 말했다 :「저는 본래부터 왕께서 (저의 계략을) 채택하지 못할 것이라 의심하고 있었습니다! 옛날에 신농씨(神農氏)는 보수(補遂)를 토벌하고, 황제(黃帝)는 탁록(涿鹿)을 공격하여 치우(蚩尤)를 사로잡고, 요(堯)는 환두(驩兜)를 토벌하고, 순(舜)은 삼묘(三苗)를 정벌하고, 우(禹)는 공공(共工)을 토벌하고, 탕(湯)은 하(夏)의 걸왕(桀王)을 토벌하고, 문왕(文王)은 숭왕(崇王) 호(虎)를 토벌하고, 무왕(武王)은 상(商)의 주왕(紂王)을 토벌하고, 제(齊)나라의 환공(桓公)은 무력에 의존하여 천하를 제패했습니다. 이로 미루어 보건대, 어찌 전쟁을 하지 않을 수 있겠습니까? 옛날에는 사신들의 수레바퀴가 서로 부딪치며 달릴 정도로 매우 빈번하게 왕래하며, 대화로서 서로 맹약을 맺어 천하가 하나로 통일되었습니다. (그러나 후에는) 합종(合縱)이니 연횡(連橫)이니 하여 오히려 전쟁이 사라지지 않고 (기용한) 문사들이 서로 다투어 교묘한 말재주로 유세하여, 오히려 제후들을 혼란과 미혹에 빠지게 했습니다. 수많은 문제가 동시에 발생하니, 능히 감당하여 처리할 수가 없었습니다. 법령이 이미 완비되었지만 백성들은 대부분 거짓 태도를 취했고, 문헌은 많아서 혼란스러울 지경이지만 백성의 생활은 오히려 빈곤해졌으며, 임금과 신하가 서로 근심만 하니 백성들은 의지할 곳이 없었습니다. 말을 명백하게 하고 이치를 분명하게 밝힐수록 전쟁이 더욱 일어났고, 말재주가 뛰어난 사절들이 있어도 전쟁이 여전히 그치지 않았습니다.

(고서의) 훌륭한 문구를 많이 들어 말을 하지만 천하는 여전히 잘 다스려지지 않았고, 말하는 사람의 혀가 헤지고 듣는 사람의 귀가 먹을 정도가 되어도 끝내 성공을 거두지 못하였으며, 인의(仁義)를 행하고 신의(信義)를 강구해도 천하는 여전히 화목하지 않았습니다. 그리하여 결국 문치를 폐지하고 무력에 의존하여 후한 예우로 목숨을 바칠 수 있는 무사를 양성하는 한편, 갑옷을 꿰매고 병기를 갈아 전장에서 승부를 겨루었습니다. 대저 아무 하는 일 없이 이익을 얻고 편히 앉아서 국토를 넓히는 일은, 비록 옛날 오제(五帝)·삼왕(三王)·오패(五覇) 등 현명한 군주들도 항상 가만히 앉아서 그것을 얻고자 했습니다. 그러나 그 상황이 불가능했기 때문에, 그래서 전쟁으로써 문치(文治)를 이어나갔습니다. 거리가 멀면 양측의 군대가 서로 대치하여 공격하고 가까이 접근하면 백병전을 벌여, 그런 다음에 비로소 큰 공을 세울 수가 있었습니다. 그러므로 밖에서 전쟁에 이겨야만 도의(道義) 명분이 안에서 강한 힘을 얻고, (군주의) 권위가 위에서 세워지며 백성들이 아래에서 복종하게 됩니다. 오늘날에는 천하를 합병하고, 제위(帝位)를 찬탈하고, 적을 굴복시키고, 천하를 제압하고, 백성을 자식으로 만들고, 제후를 신하로 만들고자 한다면 무력이 아니면 안 됩니다. 오늘날의 왕위 계승자들은 용병(用兵)의 중요한 이치를 소홀히 하고 모두가 정치 교화에 밝지 못하며, 멋대로 다스리고 꾸며대는 말에 허둥대는가 하면, 말장난에 현혹되고 궤변에 깊이 빠져 있습니다. 이러한 것을 가지고 말한다면 대왕께서는 당연히 (저의 건의를) 실행할 수 없습니다.」

(소진은) 진왕(秦王)에게 유세하는 글을 열 차례나 올렸지만 유세에 성공하지 못했다. 검은 담비 가죽옷이 다 헤지고 황금 백 근을 다 써버린 후, 여비가 떨어지자 하는 수 없이 진(秦)나라를 떠나 귀갓길에 올랐다. 각반을 매고, 짚신을 신고, 책을 짊어지고, 행낭을 걸머멨는데, 몰골이 바싹 마르

고 얼굴이 검게 변하고, 모습은 부끄러운 기색이 역력했다. 집에 돌아오니 아내는 베틀에서 내려오지 않고 형수는 밥을 해주지 않았으며, 부모는 더불어 말을 하지 않았다. 소진이 탄식하며 말했다 : 「아내는 나를 남편으로 여기지 않고, 형수는 나를 시동생으로 여기지 않으며, 부모는 나를 자식으로 여기지 않으니, 이는 모두가 나의 죄로다!」

그리하여 밤새 책을 찾아, 케케묵은 상자 수십 개에서 태공(太公)의《음부(陰符)》병법(兵法)을 찾아냈다. 책상에 엎드려 읽고 요점을 발췌하여 숙독하는 방법으로 이치를 탐구했다. 책을 읽다가 졸리면 송곳을 가지고 자기 허벅지를 찔러 피가 발목까지 흐르는데, 스스로 말하길 : 「어찌 제후들에게 유세하여 그들의 금옥 비단을 내놓게 하고 재상의 존귀한 자리를 얻지 못하겠는가?」라고 했다. 일 년 후 탐구를 끝내고 나서 소진이 말했다 : 「이번에는 진정 당대(當代)의 군주들에게 유세를 할 수 있을 것이다.」

그리하여 곧 연오집궐(燕烏集闕)에 이르러, 화려한 궁전에서 조왕(趙王)을 알현하고 유세하는데, 손뼉을 치며 이야기했다. 조왕이 크게 기뻐하여 (소진을) 무안군(武安君)에 봉하고 재상(宰相)의 인장(印章)을 주었다. 병거 백 량과 비단 천 필과 백옥 백 쌍과 황금 이십만 량이 그의 뒤를 따랐다. 합종(合縱)을 맺고 연횡(連橫)을 해산시켜 강한 진(秦)나라를 억제했다. 그래서 소진이 조(趙)나라에서 재상을 지내는 동안 육국(六國)과 진(秦)나라는 서로 왕래를 하지 않았다. 그 당시, 비록 천하가 그처럼 크고 백성이 그처럼 많고, 제후가 그처럼 위엄이 있고 중신들이 그처럼 권력이 있어도, 모두가 소진의 책략에 따라 결정하고자 했다. 한 말의 양식도 소비하지 않고, 한 사람의 병사도 고생시키지 않고, 한 사람의 장수도 전쟁터에 나가지 않고, 활시위 하나도 끊어지지 않고, 화살 한 개도 꺾지 않았으나, 제후들이 서로 화목하기가 형제보다 나았다. 무릇 현명한 사람이 자리에 있으면 천하가 복종하고, 한 사람이 중용되면 천하가 따른다. 그래서 :「정치에 힘쓰고 무력에 힘쓰지 말아야 하며, 조정 내의 일에 힘쓰고 나라 밖의 일에 힘쓰지 말아야 한다.」라고 한 것이다. 소진이 한창 득세하던 시절에는 황금 1만 일(鎰)을 마음대로 쓰고 거마가 줄을 이어 끊임없이 왕래하였으며, 효산(殽山) 동쪽의 나라들이 그의 뜻에 따라 복종하여 조(趙)나라의 지위를 크게 높였다. 그런데 소진은 가난한 골목에서 벽에 구멍을 뚫어 출입문을 만들고, 뽕나무를 엮어 사립문을 달고 굽은 나무로 문지도리를 한 가난한 집안의 선비일 뿐이었다. 수레에 앉아 말고삐를 움켜잡고 천하를 누비고 다니며 각국의 제후들을 조정으로 찾아가 유세하여 제후 측근들의 입을 막아버리지만 천하 어디에도 그와 대항할 사람이 없었다.

초왕(楚王)에게 유세를 하려고 가는 길에 낙양(洛陽)을 지나게 되었다. 부모가 이 소식을 듣고 집안을 청소하고 길을 쓸고, 주악을 베풀고 음식을 차리고 성 밖 삼십 리까지 나아가 맞이했다. 아내는 (감히 정면으로 보지 못해) 곁눈으로 보고 (감히 정면으로 듣지 못해) 귀를 기울여 들었으며, 형수는 뱀처럼 기어 와서 엎드린 채 네 번을 절하고 나서 스스로 무릎을 꿇고 사죄했다. 소진이 물었다 :「형수는 어째서 전에는 교만하더니, 지금은 겸손합니까?」형수가 대답했다 :「서방님의 지위가 높아지고 돈이 많아졌기 때문입니다.」소진이 말했다 :「아! 가난하면 부모조차도 자식으로 여기지 않았는데, 부귀해지니 친척까지도 (나를) 두려워하는구나. (그러니) 사람이 세상을 살아가면서 권세와 부귀를 어찌 소홀히 할 수 있겠는가?」

해제解題 및 본문 요지 설명

　본문은 《전국책(戰國策)·진책(秦策)》의 일부분으로, 전국시대(戰國時代)의 종횡가 소진(蘇秦)이 진혜왕(秦惠王)에게 유세하다가 실패한 후, 다시 조숙후(趙肅侯)에게 유세하여 성공한 사례를 서술한 것이다.

　소진은 자가 계자(季子)이며, 동주(東周) 낙양(洛陽) 사람으로, 어려서 장의(張儀)와 함께 제(齊)나라의 귀곡자(鬼谷子)에게 사사(師事)했다. 학업을 마친 후 주현왕(周顯王) 32년(B.C. 337) 조(趙)나라로부터 진(秦)나라로 들어가 진혜왕(秦惠王)에게 연횡(連橫)의 전략을 써서 연(燕)·한(韓)·위(魏)·제(齊)·초(楚)·조(趙) 등 육국(六國)을 정복하도록 권했으나 시기가 무르익지 아니한 데다 진(秦)나라가 마침 변법유신(變法維新)의 상앙(商鞅)을 처형했던 시기였기 때문에 유세객들이 건의하는 모든 책략을 거부했다. 따라서 소진의 책략 역시 벽에 부딪칠 수밖에 없었다. 진혜왕이 듣지 않자, 소진은 다시 연(燕)·조(趙) 두 나라에 가서 주숙후(趙肅侯)에게 「합종(合縱)」의 전략으로 육국이 단결하여 진(秦)에 저항하도록 유세한 것이 성공하여 15년 동안 진나라가 감히 동쪽의 함곡관(函谷關)을 넘보지 못하였다.

　후에 진나라가 장의(張儀)를 기용하여 육국의 합종을 와해시켜 제·위 두 나라가 조나라를 공격하자, 소진은 조나라에서 빠져나와 연나라를 거쳐 제나라로 갔다가 제나라 사대부의 자객에 의해 살해되었다.

　이른바 「연횡(連橫)」이란 진나라의 입장에서 「동서(東西)를 연결(連結)한다.」라는 말로, 즉 효산(殽山) 서쪽에 위치한 진나라가 효산 동쪽에 위치한 육국의 제후들과 각기 단독으로 연합하면서, 한편으로는 자기 쪽으로 끌어들이고, 다른 한편으로는 그들 사이를 이간시키는 방법으로 각개 격파하여 최후에 천하를 석권한다는 전략이다.

그리고 이른바「합종(合縱)」이란 육국의 입장에서「남북으로 연합한다」는 말로, 즉 효산 동쪽에 남북으로 걸쳐 있는 육국이 연합하여 함께 진나라에 대항한다는 전략이다. 이렇게 볼 때「합종」은「연횡」과 서로 정반대의 개념이며, 종횡가(縱橫家)라는 명칭은 바로 여기에서 취한 것이다.

진나라가 후에 장의(張儀)를 기용하여 육국의 연합을 파괴해 버린 것도, 실은 바로「연횡」의 전략을 사용한 것이었다. 그래서 《한서(漢書)·예문지(藝文誌)·제자략(諸子略)》에는 합종의 대표적 인물 소진과 연횡의 대표적 인물 장의를 함께 종횡가로 분류했다. 이러한 종횡가는 결코 어떤 학술사상이 있다고 할 수가 없고, 다만 자신의 부귀를 추구할 목적으로 세 치의 혀로써 제후들을 기쁘게도 하고, 또는 이간질을 하여 제후들 간의 전쟁을 유발시키기도 했다. 그래서 맹자(孟子)는 그들의 행위를「첩부지도(妾婦之道)」라 하여 배척하였다.

본문은 일곱 단락으로 나눌 수 있는데, 첫째 단락에서는 소진이 연횡(連橫)의 책략으로 진혜왕(秦惠王)에게 유세한 상황을 기술했고; 둘째 단락에서는 진왕(秦王)이 진(秦)나라의 어려운 상황을 이유로 소진의 제안을 완곡하게 거절한 것을 기술했고; 셋째 단락에서는 소진이 예로부터 천하를 제패한 군주들이 모두 용병으로써 성공한 사례를 밝히며 당대(當代)의 군주들이 자신의 주장을 채택하지 않은 것에 대해 애석해하는 것을 기술했고; 넷째 단락에서는 소진이 진왕(秦王)에 대한 유세에 실패하고 집에 돌아와 가족들로부터 냉대받은 것을 기술했고; 다섯째 단락에서는 소진이 발분하여 《태공음부(太公陰符)》를 찾아내 각고 노력하며 탐구한 것을 기술했고; 여섯째 단락에서는 소진이 합종(合縱)의 책략으로 조왕(趙王)에게 유세하여 연횡(連橫)을 와해시키고 천하의 제후들을 화목하게 함으로써 조(趙)나라의 지위를 크게 높이는 동시에 자신의 명성과 권위를 확고히 한 것을 기술했고; 마지막 단락에서는 소진이 초왕(楚王)에게 유세하러 가는 길에 낙양을 지나는 과정에서 집안 식구들이 소진에게 극진히 공손한 태도로 대한 것을 기술했다.

다만 《전국책》에 기록된 소진의 사적은 《사기(史記)·소진열전(蘇秦列傳)》의 기록과 비교할 때 상당한 차이가 있으나, 여기서는 사실(史實)의 중요성보다 문장을 위주로 하고 있기 때문에 진위에 대한 규명을 생략하였다.

058 사마착논벌촉(司馬錯論伐蜀)
《戰國策》

작 자

057 소진이연횡세진(蘇秦以連橫說秦) 참조.

원문 및 주석

司馬錯論伐蜀[1]

司馬錯與張儀爭論於秦惠王前。[2] 司馬錯欲伐蜀, 張儀曰:「不

---

1 司馬錯論伐蜀 → 司馬錯이 蜀나라 정벌에 대해 논하다
   【司馬錯(사마착, sī mǎ cuò)】: [인명] 전국시대 秦나라 장수.
   【伐(벌, fā)】: 정벌하다. 토벌하다.
   【蜀(촉, shǔ)】: [국명] 지금의 사천성 成都 일대에 있던 周代의 제후국.
2 司馬錯與張儀爭論於秦惠王前。→ 司馬錯과 張儀가 秦惠王 앞에서 논쟁을 벌였다.
   【張儀(장의, zhāng yí)】: [인명] 전국시대 魏나라 사람. 連橫說을 주장한 종횡가의 대표 인물로, 여러 차례 秦의 재상을 지냈다. 그는 각개 격파하는 책략을 써서 六國의 세력을 삭감함으로써 秦을 강국으로 만들어야 한다고 주장했다.
   【秦惠王(진혜왕, qín huì wáng)】: 전국시대 秦나라의 군주. 성은 嬴, 이름은 駟이며, 秦孝

如伐韓。」王曰:「請聞其說。」³

對曰:「親魏善楚, 下兵三川, 塞轘轅、緱氏之口, 當屯留之道, 魏絕南陽, 楚臨南鄭, 秦攻新城、宜陽, 以臨二周之郊, 誅周主之罪, 侵楚、魏之地。⁴ 周自知不救, 九鼎寶器必出。⁵ 據九鼎, 按圖籍, 挾天

　　公의 아들로 27년간(B.C. 337-B.C. 311) 재위했다. ※秦나라는 惠王때부터 王이란 호칭을 사용했다.

3 司馬錯欲伐蜀, 張儀曰:「不如伐韓。」王曰:「請聞其說。」→ 사마착이 촉나라를 정벌하고자 하니, 장의가 말했다:「韓나라를 정벌하는 것만 못합니다.」진혜왕이 말했다:「그 이유를 들어봅시다.」
【不如(불여, bù rú)…】: …만 못하다. …하는 것이 낫다.
【韓(한, hán)】: [국명] 지금의 하남성 중부와 산서성 동남부에 있던 周代의 제후국. 戰國七雄의 하나로 서쪽은 秦과 이웃하고 있다.

4 對曰:「親魏善楚, 下兵三川, 塞轘轅、緱氏之口, 當屯留之道, 魏絕南陽, 楚臨南鄭, 秦攻新城、宜陽, 以臨二周之郊, 誅周主之罪, 侵楚、魏之地。→ 장의가 대답했다:「우선 魏·楚 두 나라와 친하고, 다음에 三川으로 출병하여, 轘轅·緱氏의 길목을 막고, 屯留로 통하는 길을 막습니다. 魏나라로 하여금 南陽의 교통을 차단하게 하고, 楚나라로 하여금 南鄭에 가까이 다가가도록 한 후, 秦나라가 新城·宜陽을 공격하여 西周와 東周의 근교에 바짝 다가가, 周나라 군주의 죄를 성토하고, 그런 다음에 점차 초나라·위나라의 영토를 공격하는 것입니다.
【魏(위, wèi)】: [국명] 지금의 하남성 북부·섬서성 동부·산서성 서남부 및 하북성 남부 일대에 있던 周代의 제후국. 본래 晉나라에 속했으나 B.C. 375년 趙氏·韓氏·魏氏가 晉의 영토를 삼분하여 각기 趙·韓·魏 세 나라로 독립했다.
【楚(초, chǔ)】: [국명] 지금의 호남성·호북성과 강서성·절강성 및 하남성 남부에 걸쳐 있던 周代의 제후국. 전성기에는 영토를 지금의 호남성·호북성·안휘성·강소성·절강성·사천성 일부·광서성 일부·섬서성 일부까지 확장하였다.
【兵(병, bīng)】: 출병하다.
【三川(삼천, sān chuān)】: 黃河·伊水·洛水의 三水 지역. 즉 지금의 하남성 黃河 이남과 靈寶縣 동쪽.
【塞(새, sài)…之口(지구, zhī kǒu)】: …의 길목을 막다. 【塞】: 막다.
【轘轅(환원, huàn yuán)】: [산 이름] 지금의 하남성 登封 북쪽에 위치.
【緱氏(구씨, gōu shì)】: [산 이름] 지금의 하남성 偃師 동남쪽에 위치.
【當(당, dāng)…之道(지도, zhī dào)】: …의 길목을 막다. 【當】: 擋. 막다. 차단하다.
【屯留(둔류, tún liú)】: [지명] 지금의 산서성 屯留 남쪽.
【絕(절, jué)】: 끊다. 차단하다.
【臨(림, lín)】: (어떤 장소에) 임하다. 다가가다.

子以令天下, 天下莫敢不聽, 此王業也.⁶ 今夫蜀, 西僻之國, 而戎狄之長也. 敝兵勞眾, 不足以成名; 得其地, 不足以爲利.⁷ 臣聞爭名者

【南陽(남양, nán yáng)】: [지명] 지금의 하남성 焦作・博愛 일대.
【南鄭(남정, nán zhèng)】: [지명] 지금의 하남성 新鄭.
【新城(신성, xīn chéng)】: [지명] 지금의 하남성 伊川 서남쪽.
【宜陽(의양, yí yáng)】: [지명] 지금의 하남성 宜陽 서쪽.
【二周(이주, èr zhōu)】: 전국시대의 西周와 東周.
【誅(주, zhū)】: 성토하다.
【周主(주주, zhōu zhǔ)】: 西周와 東周의 군주.

5 周自知不救, 九鼎寶器必出. → 周王은 스스로 구제할 수 없음을 알고, 九鼎을 반드시 내놓을 것입니다.
【九鼎(구정, jiǔ dǐng)】:「鼎」은 세 발에 두 귀가 달린 솥. 전설에 의하면, 夏나라 禹임금이 9州[전국을 아홉으로 나눈 행정단위]에서 조공으로 받은 銅을 녹여 모두 아홉 개의 鼎을 주조한 후, 이를 전국 九州를 상징하는 보물로 여겼다. 夏가 멸망한 후 殷商이 이어 받았고, 은상이 멸망한 후 周武王이 雒邑으로 옮겼다가, 周成王이 成王城을 건립하여 보존하였다. 따라서 고대의 통치자들은 鼎을 나라를 세우는 중요한 기구인 동시에 천자의 권위와 정권의 상징으로 여겨왔다.
【寶器(보기, bǎo qì)】: 보물.

6 據九鼎, 按圖籍, 挾天子以令天下, 天下莫敢不聽, 此王業也. → 九鼎을 점유하고, 地圖와 戶籍을 장악한 후, 周天子를 등에 업고 천하를 호령하면, 천하는 감히 듣지 않을 자가 없을 것입니다. 이것이 바로 王業입니다.
【據(거, jù)】: 점유하다. 차지하다.
【按(안, àn)】: 장악하다.
【圖籍(도적, tú jí)】: 지도와 호적.
【挾(협, xié)】: 끼다. 등에 업다.
【莫敢不(막감불, mò gǎn bù)…】: 감히 …하지 않을 수 없다.
【王業(왕업, wáng yè)】: 제왕의 사업.

7 今夫蜀, 西僻之國, 而戎狄之長也. 敝兵勞眾, 不足以成名; 得其地, 不足以爲利. → 지금 蜀은, 서쪽에 편벽된 나라로, 오랑캐의 우두머리에 불과합니다. 군사를 지치게 하고 백성들을 힘들게 해보았자, 명성을 이루기에 부족하고, 그 영토를 얻는다 해도, 이익을 도모하기에 부족합니다.
【僻(벽, pì)】: 편벽되다.
【戎狄(융적, róng dí)】: 西戎과 北狄. 여기서는「오랑캐」를 가리킨다.
【長(장, zhǎng)】: 우두머리.
【敝(폐, bì)】: 지치다. 피곤하다. ※판본에 따라서는 「敝」를 「弊」라 했다.
【眾(중, zhòng)】: 백성.
【不足以(부족이, bù zú yǐ)…】: …하기에 부족하다.

於朝, 爭利者於市。今三川、周室, 天下之市朝也, 而王不爭焉, 顧爭於戎狄, 去王業遠矣。」⁸

司馬錯曰:「不然。臣聞之: 欲富國者, 務廣其地; 欲強兵者, 務富其民; 欲王者, 務博其德。三資者備, 而王隨之矣。⁹ 今王之地小民貧, 故臣願從事於易。¹⁰ 夫蜀, 西僻之國也, 而戎狄之長也, 而有桀紂之亂; 以秦攻之, 譬如使豺狼逐群羊也。¹¹ 取其地, 足以廣國也,

---

8 臣聞爭名者於朝, 爭利者於市。今三川、周室, 天下之市朝也, 而王不爭焉, 顧爭於戎狄, 去王業遠矣。」→ 제가 듣건대 이름을 다투는 사람은 朝廷에 모이고, 이익을 다투는 사람은 市場에 모인다고 합니다. 지금 三川·周王朝는, 천하의 시장이요 조정인데, 왕께서 그것을 다투지 않고, 오히려 오랑캐에 대해 다툴 것을 생각하신다면, 왕업과는 거리가 멀게 됩니다.」
【臣(신, chén)】: 신하나 백성이 군주에 대해 자신을 낮추어 부르는 말.
【朝(조, cháo)】: 조정.
【顧(고, gù)】: 오히려. 반대로.
【去(거, qù)】: …와 떨어지다. …로부터.

9 司馬錯曰:「不然。臣聞之: 欲富國者, 務廣其地; 欲強兵者, 務富其民; 欲王者, 務博其德。三資者備, 而王隨之矣。→ 사마착이 말했다「그렇지 않습니다. 제가 듣건대, 나라를 부강하게 하려면, 그 영토를 넓히는 데 힘써야 하고; 군사를 강하게 하려면, 그 백성이 부유하도록 힘써야 하며; 제왕이 되고자 한다면, 그 덕을 넓히는 데 힘써야 합니다. 세 가지 조건이 구비되면, 왕업은 이를 좇아 실현될 것입니다.
【欲(욕, yù)】: …하고자 하다. …하기를 바라다.
【富(부, fù)】: [사동 용법] 부유하게 하다.
【務(무, wù)】: 힘쓰다.
【廣(광, guǎng)】: [사동 용법] 넓히다.
【資(자, zī)】: 조건.

10 今王之地小民貧, 故臣願從事於易。→ 지금 왕의 영토는 작고 백성은 빈곤하기 때문에, 그래서 저는 쉬운 일부터 종사할 것을 원하는 것입니다.
【故(고, gù)】: 그래서. 그러므로.
【易(이, yì)】: 용이한 일. 쉬운 일.

11 夫蜀, 西僻之國也, 而戎狄之長也, 而有桀紂之亂; 以秦攻之, 譬如使豺狼逐群羊也。→ 대저 촉은, 서쪽에 편벽되어 있는 나라로, 오랑캐의 우두머리에 불과하며, 夏桀·商紂 시대와 같은 변란이 발생하였습니다. 秦의 군사로 이를 공격한다면, 이는 마치 승냥이와 이리로 하여금 양 떼를 쫓게 하는 것과 같습니다.

得其財, 足以富民繕兵, 不傷眾而彼已服矣。¹² 故拔一國, 而天下不以爲暴; 利盡西海, 諸侯不以爲貪。是我一舉而名實兩附, 而又有禁暴正亂之名。¹³ 今攻韓, 劫天子, 劫天子, 惡名也, 而未必利也, 又有不義之名。¹⁴ 而攻天下之所不欲, 危。臣請謁其故。周, 天下之宗室也; 韓, 周之與國也。¹⁵ 周自知失九鼎, 韓自知亡三川, 則必將二國

【夫(부, fú)】: [발어사] 대저. 무릇.
【桀紂(걸주, jié zhòu)】: 夏나라의 桀王과 商나라의 紂王. 두 사람 모두 포악한 군주.
【譬如(비여, pì rú)…】: 마치 …와(과) 같다.
【使(사, shǐ)】: …하여금 …하게 하다.
【豺狼(시랑, chái láng)】: 승냥이와 이리.
【逐(축, zhú)】: 몰다. 쫓다.

12 取其地, 足以廣國也, 得其財, 足以富民繕兵, 不傷眾而彼已服矣。→ 그 땅을 취하면, 족히 국토를 넓힐 수 있고, 그 재물을 얻으면, 족히 백성을 부유하게 하고 군대를 정비할 수 있습니다. 그러면 백성을 다치지 않고도 그들이 이미 항복해 올 것입니다.
【足以(족이, zú yǐ)…】: 족히 …할 수 있다.
【繕(선, shàn)】: 손보다. 정비하다.
【彼(피, bǐ)】: 그들. 저들. 즉「蜀」.
【服(복, fú)】: 굴복하다. 항복하다.

13 故拔一國, 而天下不以爲暴; 利盡西海, 諸侯不以爲貪。是我一舉而名實兩附, 而又有禁暴正亂之名。→ 그래서 한 나라를 빼앗으면, 천하가 이를 폭력으로 여기지 않고; 蜀의 재물을 다 취한다 해도, 제후들이 우리를 탐한다고 여기지 않을 것입니다. 이는 우리가 일거에 명성과 실리 두 가지를 얻게 되고, 또 폭거를 막고 혼란을 바로잡았다는 명성을 얻게 될 것입니다.
【拔(발, bá)】: 쳐서 빼앗다. 탈취하다.
【以爲(이위, yǐ wéi)…】: …라고 여기다. …라고 생각하다.
【利盡西海(이진서해, lì jìn xī hǎi)】: 蜀의 재물을 모두 취하다. 〖西海〗: 서해. 여기서는 「蜀」을 가리킨다.
【名實兩附(명실양부, míng shí liǎng fù)】: 명분과 실리 두 가지를 얻다.
【禁暴正亂(금폭정란, jìn bào zhèng luàn)】: 폭거를 막고 혼란을 바로잡다.

14 今攻韓, 劫天子, 劫天子, 惡名也, 而未必利也, 又有不義之名。→ 지금 韓나라를 공격하고, 天子를 협박하려 하는데, 천자를 협박하면, 악명을 얻게 되어, 반드시 유리한 것도 아니며, 또 의롭지 못하다는 이름을 얻게 될 것입니다.
【劫(겁, jié)】: 협박하다. 윽박지르다.
【未必(미필, wèi bì)…】: 반드시 …하지는 않다.

幷力合謀, 以因于齊、趙, 而求解乎楚、魏, 以鼎與楚, 以地與魏, 王不能禁。[16] 此臣所謂危, 不如伐蜀之完也。」[17]

惠王曰:「善! 寡人聽子。」卒起兵伐蜀, 十月取之, 遂定蜀。[18] 蜀主更號爲侯, 而使陳莊相蜀。蜀旣屬, 秦益强富厚, 輕諸侯。[19]

---

15 而攻天下之所不欲, 危。臣請謁其故。周, 天下之宗室也; 韓, 周之與國也。→ 천하가 모두 공격하기를 원치 않는 周나라를 공격하는 것은, 위험합니다. 제가 그 이유를 말씀드리고자 합니다. 周나라는, 천하의 宗室이요; 韓나라는, 周나라의 우방입니다.
【不欲(불욕, bù yù)】: 바라지 않다. 원하지 않다. 여기서는「공격하기를 원하지 않다」의 뜻.
【謁(알, yè)】: 설명하다. 알려주다.
【故(고, gù)】: 연고. 이유.
【與國(여국, yǔ guó)】: 우방. 동맹국.

16 周自知失九鼎, 韓自知亡三川, 則必將二國幷力合謀, 以因于齊、趙, 而求解乎楚、魏, 以鼎與楚, 以地與魏, 王不能禁。→ 周나라가 스스로 九鼎을 잃는다는 것을 알고, 韓나라가 스스로 三川을 잃게 된다는 것을 알면, 반드시 두 나라가 협력하여 공동으로 대책을 세워, 齊나라와 趙나라에 의지하고, 楚나라와 魏나라에 구원을 청할 것이니, 鼎을 楚나라에 주고, 영토를 魏나라에 주어도, 왕께서는 막을 수가 없을 것입니다.
【亡(망, wáng)】: 잃다.
【必將(필장, bì jiāng)】: 반드시 …할 것이다.
【幷力合謀(병력합모, bìng lì hé móu)】: 협력하여 공동으로 대책을 세우다.
【因于(인우, yīn yú)…】: 因於…. …에 의지하다. 【于】: [개사] 於. …에.
【求解(구해, qiú jiě)】: 구원을 청하다.
【與(여, yǔ)】: 주다.
【禁(금, jìn)】: 금지하다. 막다.

17 此臣所謂危, 不如伐蜀之完也。」→ 이것이 제가 위험하다고 말하는 것인데, 완벽하게 蜀나라를 정벌하는 것만 못합니다.」
【不如(불여, bù rú)…】: …만 못하다. …하는 것이 낫다.
【完(완, wán)】: 완벽하다. 완전무결하다.

18 惠王曰:「善! 寡人聽子。」卒起兵伐蜀, 十月取之, 遂定蜀。→ 秦惠王이 말했다:「훌륭하오! 과인은 그대의 의견을 따를 것이오.」결국 군사를 일으켜 蜀나라를 정벌하여, 이 해 10월에 그 땅을 취하고, 마침내 楚나라를 평정했다.
【寡人(과인, guǎ rén)】: 寡德之人이란 뜻으로, 임금이 자신을 낮추어 부르는 말.
【卒(졸, zú)】: 결국. 끝내.
【遂(수, suì)】: 마침내.
【定(정, dìng)】: 평정하다.

> 번역문

사마착(司馬錯)이 촉(蜀)나라 정벌에 대해 논하다

사마착(司馬錯)과 장의(張儀)가 진혜왕(秦惠王) 앞에서 논쟁을 벌였다. 사마착이 촉나라를 정벌하고자 하니, 장의가 말했다 :「한(韓)나라를 정벌하는 것만 못합니다.」진혜왕이 말했다 :「그 이유를 들어봅시다.」

장의가 대답했다 :「우선 위(魏)·초(楚) 두 나라와 친하고, 다음에 삼천(三川)으로 출병하여 환원(轘轅)·구씨(緱氏)의 길목을 막고 둔류(屯留)로 통하는 길을 막습니다. 위(魏)나라로 하여금 남양(南陽)의 교통을 차단하게 하고 초(楚)나라로 하여금 남정(南鄭)에 가까이 다가가도록 한 후, 진(秦)나라가 신성(新城)·의양(宜陽)을 공격하여 서주(西周)와 동주(東周)의 근교에 바짝 다가가 주(周)나라 군주의 죄를 성토하고, 그런 다음에 점차 초나라·위나라의 영토를 공격하는 것입니다. 주왕(周王)은 스스로 구제할 수 없음을 알고 구정(九鼎)을 반드시 내놓을 것입니다. 구정(九鼎)을 점유하고 지도(地圖)와 호적(戶籍)을 장악한 후, 주천자(周天子)를 등에 업고 천하를 호령하면

---

19 蜀主更號爲侯, 而使陳莊相蜀。蜀旣屬, 秦益强富厚, 輕諸侯。→ 蜀나라의 군주는 호칭을「侯」로 바꾸고, 陳莊을 파견하여 蜀의 재상으로 임명했다. 촉나라가 귀속된 후, 秦나라는 더욱 강대하고 부유해져서, 다른 제후들을 경시했다.
【蜀主(촉주, shǔ zhǔ)】: 촉나라의 군주.
【更號(경호, gēng hào)】: 호칭을 바꾸다.
【侯(후, hóu)】: 후작. 공·후·백·자·남 5등급 작위의 두 번째.
【使(사, shǐ)】: 보내다. 파견하다.
【陳莊(진장, chén zhuāng)】: [인명] 秦나라의 관리.
【相蜀(상촉, xiàng shǔ)】: 촉나라의 재상으로 삼다. 〖相〗: [동사] 재상으로 삼다.
【旣屬(기속, jì shǔ)】: 귀속된 이후. 〖旣〗: …한 후. …하고 나서.
【益(익, yì)】: 더욱.
【輕(경, qīng)】: 경시하다. 깔보다.

천하는 감히 듣지 않을 자가 없을 것입니다. 이것이 바로 왕업(王業)입니다. 지금 촉(蜀)은 서쪽에 편벽된 나라로 오랑캐의 우두머리에 불과합니다. 군사를 지치게 하고 백성들을 힘들게 해보았자 명성을 이루기에 부족하고, 그 영토를 얻는다 해도 이익을 도모하기에 부족합니다. 제가 듣건대, 이름을 다투는 사람은 조정(朝廷)에 모이고, 이익을 다투는 사람은 시장에 모인다고 합니다. 지금 삼천(三川)·주왕조(周王朝)는 천하의 시장이요 조정인데, 왕께서 그것을 다투지 않고 오히려 오랑캐에 대해 다툴 것을 생각하신다면 왕업과는 거리가 멀게 됩니다.」

사마착이 말했다 :「그렇지 않습니다. 제가 듣건대, 나라를 부강하게 하려면 그 영토를 넓히는 데 힘써야 하고, 군사를 강하게 하려면 그 백성이 부유하도록 힘써야 하며, 제왕이 되고자 한다면 그 덕을 넓히는 데 힘써야 합니다. 세 가지 조건이 구비되면 왕업은 이를 좇아 실현될 것입니다. 지금 왕의 영토는 작고 백성은 빈곤하기 때문에, 그래서 저는 쉬운 일부터 종사할 것을 원하는 것입니다. 대저 촉(蜀)은 서쪽에 편벽되어 있는 나라로 오랑캐의 우두머리에 불과하며, 하걸(夏桀)·상주(商紂) 시대와 같은 변란이 발생하였습니다. 진(秦)의 군사로 이를 공격한다면, 이는 마치 승냥이와 이리로 하여금 양 떼를 쫓게 하는 것과 같습니다. 그 땅을 취하면 족히 국토를 넓힐 수 있고, 그 재물을 얻으면 족히 백성을 부유하게 하고 군대를 정비할 수 있습니다. 그러면 백성을 다치지 않고도 그들이 이미 항복해 올 것입니다. 그래서 한 나라를 빼앗으면 천하가 이를 폭력으로 여기지 않고, 촉(蜀)의 재물을 다 취한다 해도 제후들이 우리를 탐한다고 여기지 않을 것입니다. 이는 우리가 일거에 명성과 실리 두 가지를 얻게 되고, 또 폭거를 막고 혼란을 바로잡았다는 명성을 얻게 될 것입니다. 지금 한(韓)나라를 공격하고 천자(天子)를 협박하려 하는데, 천자를 협박하면 악명을 얻게 되어

반드시 유리한 것도 아니며, 또 의롭지 못하다는 이름을 얻게 될 것입니다. 천하가 모두 공격하기를 원치 않는 주(周)나라를 공격하는 것은 위험합니다. 제가 그 이유를 말씀드리고자 합니다. 주(周)나라는 천하의 종실(宗室)이요, 한(韓)나라는 주나라의 우방입니다. 주나라가 스스로 구정(九鼎)을 잃는다는 것을 알고, 한(韓)나라가 스스로 삼천(三川)을 잃게 된다는 것을 알면, 반드시 두 나라가 협력하여 공동으로 대책을 세워 제(齊)나라와 조(趙)나라에 의지하고 초(楚)나라와 위(魏)나라에 구원을 청할 것이니, 정(鼎)을 초나라에 주고 영토를 위나라에 주어도 왕께서는 막을 수가 없을 것입니다. 이것이 제가 위험하다고 말하는 것인데, 완벽하게 촉나라를 정벌하는 것만 못합니다.」

진혜왕(秦惠王)이 말했다 :「훌륭하오! 과인은 그대의 의견을 따를 것이오.」 결국 군사를 일으켜 촉(蜀)나라를 정벌하여 이 해 10월에 그 땅을 취하고 마침내 초(楚)나라를 평정했다. 촉나라의 군주는 호칭을 「후(侯)」로 바꾸고 진장(陳莊)을 파견하여 촉의 재상으로 임명했다. 촉나라가 귀속된 후 진(秦)나라는 더욱 강대하고 부유해져서 다른 제후들을 경시했다.

해제解題 및 본문 요지 설명

본문은 《전국책(戰國策)·진책(秦策)》의 일부분으로, 사마착(司馬錯)과 장의(張儀)가 진혜왕(秦惠王) 앞에서 벌인 논쟁을 기술한 것이다.

본문은 네 단락으로 나눌 수 있는데, 첫째 단락에서는 논쟁의 발단으로 촉(蜀)나라를 정벌해야 한다는 사마착의 주장과 한(韓)나라를 정벌해야 한다는 장의의 주장을 기술했고; 둘째·셋째 단락에서는 장의와 사마착이 각자 자신의 주장에 대해 구체적으로 변론한 것을 기술했고; 마지막 단락에서는 진혜왕이 사마착의 의견을 받아들여 촉나라를 정벌한 후, 진(秦)나라가 강성해지자 다른 제후들을 경시한 상황을 기술했다.

059 범저세진왕(范雎說秦王)
《戰國策》

작자

057 소진이연횡세진(蘇秦以連橫說秦) 참조.

원문 및 주석

范雎說秦王¹

范雎至, 秦王庭迎范雎, 敬執賓主之禮, 范雎辭讓.² 是日見范

---

1 范雎說秦王 → 范雎가 秦王에게 유세하다
  【范雎(범저, fàn jū)】: [인명] 전국시대 魏나라 사람으로, 자는 叔. 처음에는 魏나라 대부 須賈를 섬겼는데, 須賈를 따라 齊나라에 사절로 나갔다가 齊나라와 내통했다는 혐의로 귀국 후 笞刑을 받고 죽은 체하여 죽음을 면했다. 그 후 秦나라로 도주하여 秦昭王에게 遠交近攻의 책략으로 유세에 성공하여 재상이 되고, 應지방에 봉해져 應侯라 했다.
  【說(세, shuì)】: 유세하다.
  【秦王(진왕, qín wáng)】: 秦昭王. 이름은 稷. 秦惠王의 아들이자 秦武王의 이복동생으로, 56년간(B.C. 306-B.C. 251) 재위했다.

2 范雎至, 秦王庭迎范雎, 敬執賓主之禮, 范雎辭讓. → 范雎가 (秦나라에) 도착하여, 秦昭

雎, 見者無不變色易容者。秦王屛左右, 宮中虛無人。³ 秦王跪而請曰:「先生何以幸敎寡人?」范雎曰:「唯唯。」有間, 秦王復請, 范雎曰:「唯唯。」⁴ 若是者三, 秦王跽曰:「先生不幸敎寡人乎?」⁵

　　范雎謝曰:「非敢然也。臣聞始時呂尙之遇文王也, 身爲漁父, 而釣於渭陽之濱耳。⁶ 若是者交疏也已, 一說而立爲太師, 載與俱歸

　　王이 뜰 앞까지 나와 맞이하며, 공손히 손님과 주인의 예를 행하자, 범저가 이를 사양했다.
【庭迎(정영, tíng yíng)】: 뜰 앞에서 맞이하다.
【敬執(경집, jìng zhí)…】: 공손히 …을 행하다.

3 是日見范雎, 見者無不變色易容者。秦王屛左右, 宮中虛無人。→ (범저가 이미 죽었다고 소문이 났기 때문에) 이날 범저를 보자, 본 사람들은 안색이 변하지 않은 사람이 없었다. 진소왕이 주변 사람을 내보내어, 궁 안에는 아무도 없었다.
【是日(시일, shì rì)】: 이날.
【變色易容(변색역용, biàn sè yì róng)】: 안색이 변하다.
【屛(병, bǐng)】: 물리다, 내보내다.
【虛無人(허무인, xū wú rén)】: 아무도 없다.

4 秦王跪而請曰:「先生何以幸敎寡人?」范雎曰:「唯唯。」有間, 秦王復請, 范雎曰:「唯唯。」→ 진소왕이 무릎을 꿇고 청했다:「선생께서는 과인에게 무엇을 가르쳐 주시겠습니까?」그러자 범저가:「예예.」라고 했다. 잠시 후, 진소왕이 다시 청하니, 범저가 또「예예.」라고 했다.
【跪(궤, guì)】: 무릎을 꿇다.
【幸敎(행교, xìng jiào)】: 가르치다. ※「幸」은 단순히 겸손을 나타내기 위해 붙인 말.
【寡人(과인, guǎ rén)】: 寡德之人이란 뜻으로, 임금이 자신을 낮추어 부르는 말.
【唯唯(유유, wéi wéi)】: [공손히 대답하는 모양] 예 예.
【有間(유문, yǒu wèn)】: 잠시. 잠깐.

5 若是者三, 秦王跽曰:「先生不幸敎寡人乎?」→ 이처럼 세 번을 반복하자, 진소왕이 무릎을 꿇은 채 몸을 곧추세우고 말했다:「선생께서는 과인을 가르쳐 주지 않으시겠습니까?」
【若是(약시, ruò shì)】: 이처럼, 이와 같이.
【跽(기, jì)】: 윗몸을 곧추세우고 무릎을 꿇다.

6 范雎謝曰:「非敢然也。臣聞始時呂尙之遇文王也, 身爲漁父, 而釣於渭陽之濱耳。→ 범저가 사죄하고 말했다:「감히 그렇지 않습니다. 제가 듣건대 처음 呂尙이 周文王을 만났을 때는, 일개 어부로, 渭水 북쪽의 물가에서 고기를 낚을 뿐이었습니다.
【謝曰(사왈, xiè yuē)】: 사죄하고 말하다.
【始時(시시, shǐ shí)】: 처음. 당초. ※ 판본에 따라서는「始時」를「昔者」라 했다.
【臣(신, chén)】: 신하나 백성이 군주에 대해 자신을 낮추어 부르는 말.

者, 其言深也。⁷ 故文王果收功於呂尙, 卒擅天下, 而身立爲帝王。⁸
鄕使文王疏呂望而弗與深言, 是周無天子之德, 而文、武無與成其
王也。⁹ 今臣羇旅之臣也, 交疏於王, 而所願陳者, 皆匡君臣之事, 處

【呂尙(여상, lǚ shàng)】: [인명] 姜尙. 姜太公. 呂尙.
※ 본래 姜씨 부락의 후대로 이름은 望, 자는 子牙이며, 呂 지방에 봉해져 呂尙이라고도 한다. 전설에 따르면, 그는 渭水의 물가에서 낚시를 했는데, 周文王이 그를 보자 마치 오랜 知己처럼 여겨 군대를 통괄하는 太師로 임명했다. 후에 武王을 도와 紂王을 멸하고 齊에 봉해져 齊의 시조가 되었다.
【遇(우, yù)】: 만나다.
【文王(문왕, wén wáng)】: 周文王. 周武王의 아버지.
※ 商나라 紂王 때 西伯이 되었는데, 후에 羑里에 구금되었다가 석방된 후 힘을 축적하여 周왕조의 건립을 위한 기초를 다졌다.
【渭(위, wèi)】: [강 이름] 渭水. 지금의 섬서성 岐山縣 남쪽의 강. 전설에 의하면, 姜太公 呂尙이 여기서 낚시를 했다고 한다.
【陽(양, yáng)】: 강의 북쪽이나 산의 남쪽을 「陽」이라 하고, 강의 남쪽이나 산의 북쪽을 「陰」이라 한다.
【濱(빈, bīn)】: 물가.
【耳(이, ěr)】: ⋯뿐.

7 若是者交疏也已, 一說而立爲太師, 載與俱歸者, 其言深也。→ 이처럼 쌍방의 교분이 소원했으나, 한번 대화를 나누고 나서 그를 太師로 삼고, 수레에 태워 함께 돌아갔는데, 이는 여상의 말에 깊은 이치가 담겨있었기 때문입니다.
【若是(약시, ruò shì)】: 이처럼. 이와 같이.
【交疏(교소, jiāo shū)】: 교분이 소원하다.
【也已(야이, yě yǐ)】: [어조사] ※ 긍정이나 감탄을 표시한다.
【立爲(입위, lì wéi)⋯】: ⋯로 삼다. ⋯로 임명하다.
【太師(태사, tài shī)】: 군의 총사령관. 周代 최고의 관직인 三公[太師·太傅·太保]의 하나.
【載(재, zài)】: 싣다. 태우다.
【與(여, yǔ)】: ⋯와(과) 더불어.
【俱(구, jū)】: 모두. 함께.

8 故文王果收功於呂尙, 卒擅天下, 而身立爲帝王。→ 그래서 주문왕은 과연 여상으로부터 도움을 얻어, 마침내 천하를 차지하고, 제왕의 자리에 올랐습니다.
【果(과, guǒ)】: 과연.
【收功(수공, shōu gōng)】: 도움을 얻다.
【卒(졸, zú)】: 마침내. 드디어.
【擅(천, shàn)】: 차지하다. 점유하다.
【立爲(입위, lì wéi)⋯】: ⋯으로 옹립되다. ⋯의 자리에 오르다.

人骨肉之間。¹⁰ 願以陳臣之陋忠, 而未知王心也。所以王三問而不對者, 是也。¹¹

「臣非有所畏而不敢言也。知今日言之於前, 而明日伏誅於後, 然臣弗敢畏也。¹² 大王信行臣之言, 死不足以爲臣患, 亡不足以爲

9 鄕使文王疏呂望而弗與深言, 是周無天子之德, 而文、武無與成其王也。→ 그때 만일 주문왕이 여상을 소홀히 여겨 그와 더불어 깊은 대화를 나누지 않았다면, 이는 周나라가 천자의 덕이 없는 것이며, 주문왕과 周武王은 더불어 王業을 이룰 사람이 없었을 것입니다.
  【鄕(향, xiàng)】: 嚮. 이전. 종전. ※판본에 따라서는「鄕」을「卽」이라 했다.
  【使(사, shǐ)】: 만일. 만약.
  【呂望(여망, lǚ wàng)】: 呂尙. 주 6 참조.
  【弗(불, fú)】: 不.
  【與深言(여심언, yǔ shēn yán)】: 더불어 깊은 대화를 나누다.
  【是(시, shì)】: [대명사] 이. 이것. 즉「文王疏呂望而弗與深言」.
  【無與(무여, wú yǔ)】: 더불어 …할 사람이 없다.

10 今臣羈旅之臣也, 交疏於王, 而所願陳者, 皆匡君臣之事, 處人骨肉之間。→ 지금 저는 다만 타향에 거주하는 신하의 신분으로, 대왕과의 교분도 소원하고, 진술하고자 원하는 바도, 모두가 임금과 신하를 바로잡고자 하는 일이요, 관련된 사람들도 모두 骨肉之間입니다.
  【羈旅(기려, jī lǚ)】: 객지에 머물다. 타향살이 하다.
  【陳(진, chén)】: 진술하다.
  【匡(광, kuāng)】: 바로잡다.
  【骨肉之間(골육지간, gǔ ròu zhī jiān)】: 부모, 형제, 자녀 등의 관계. 여기서는 秦昭王과 宣太后의 母子關係를 말하는데, 秦의 재상 穰侯(魏冉)는 宣太后의 異父 동생인 동시에 昭王의 외숙이다.

11 願以陳臣之陋忠, 而未知王心也。所以王三問而不對者, 是也。→ 저의 미천한 충심을 진술하고자 원하지만, 아직 대왕의 마음을 알지 못합니다. 대왕께서 세 번을 물으셨어도 대답을 하지 못한 까닭은, 바로 이 때문입니다.
  【陳(진, chén)】: 진술하다.
  【陋忠(누충, lòu zhōng)】: 미천한 충심.
  【所以(소이, suǒ yǐ)…】: …한 까닭.
  【是(시, shì)】: 此. 이것.

12 臣非有所畏而不敢言也。知今日言之於前, 而明日伏誅於後, 然臣弗敢畏也。→ 제가 두려워서 감히 말을 못하는 것이 아닙니다. 오늘 말하고, 내일 죽임을 당한다는 것을 안다 해도, 저는 감히 두려워하지 않습니다.
  【…於前(어전, yú qián), …於後(어후, yú hòu)】: 말한 것이 오늘이고 죽는 것이 내일이라

臣憂; 漆身而爲厲, 被髮而爲狂, 不足以爲臣恥。¹³ 五帝之聖而死, 三王之仁而死, 五霸之賢而死, 烏獲之力而死, 賁、育之勇而死。¹⁴ 死者, 人之所必不免也。處必然之勢, 可以少有補於秦, 此臣之所大願也, 臣何患乎?¹⁵ 伍子胥橐載而出昭關, 夜行而晝伏, 至於陵水,

---

고 볼 때, 이는 다만 행위의 선후를 가리키는 시간적 의미로 사용한 말이다.
【伏誅(복주, fú zhū)】: 죽임을 당하다.
【弗(불, fú)】: 不.
【畏(외, wèi)】: 두려워하다.

13 大王信行臣之言, 死不足以爲臣患, 亡不足以爲臣憂; 漆身而爲厲, 被髮而爲狂, 不足以爲臣恥。→ 대왕께서 저의 말을 믿고 실행하신다면, 죽는다 해도 저의 재앙이 되기에 부족하고, 도망한다 해도 저의 근심이 되기에 부족하며; 몸에 옻칠을 하여 문둥이가 되고, 머리를 풀어헤쳐 미치광이가 된다 해도, 저의 수치가 되기에 부족합니다.
【信行(신행, xìn xíng)】: 믿고 실행하다.
【足以(족이, zú yǐ)】: 족히 …할 수 있다. …하기에 족하다.
【患(환, huàn)】: 재앙. 재난.
【亡(망, wáng)】: 도망하다. 달아나다.
【漆(칠, qī)】: [동사 용법] 옻칠을 하다.
【厲(라, lài)】: 癩. 문둥이.

14 五帝之聖而死, 三王之仁而死, 五霸之賢而死, 烏獲之力而死, 賁、育之勇而死。→ 五帝와 같은 성인도 죽고, 三王과 같은 어진 사람도 죽고, 五霸과 같은 현인도 죽고, 烏獲과 같은 장사도 죽고, 孟賁 · 夏育과 같은 용맹한 사람도 죽습니다.
【五帝(오제, wǔ dì)】: 전설상의 상고시대 다섯 제왕으로, 일설에는 黃帝 · 顓頊 · 帝嚳 · 堯 · 舜이라 하고, 일설에는 太昊 · 神農 · 黃帝 · 小昊 · 顓頊이라고 하는 등 몇 가지 설이 있다.
【三王(삼왕, sān wáng)】: 夏 · 商 · 周 三代의 개국 군주로, 일설에는 夏禹 · 商湯 · 周文王과 武王이라 하고, 일설에는 夏禹 · 商湯 · 周文王이라고도 한다.
【五霸(오패, wǔ bà)】: 춘추시대 맹주가 되었던 다섯 제후. 일설에는 齊桓公 · 晉文公 · 楚莊王 · 秦穆公 · 宋襄公이라 하고, 일설에는 齊桓公 · 晉文公 · 楚莊王 · 吳闔閭 · 越句踐이라고도 한다.
【烏獲(오획, wū huò)】: [인명] 秦武王 때의 力士.
【賁、育(분육, bēn yù)】: [인명] 孟賁과 夏育. 衛나라의 용사.

15 死者, 人之所必不免也。處必然之勢, 可以少有補於秦, 此臣之所大願也, 臣何患乎?→ 죽음은, 사람이 반드시 피하지 못하는 것입니다. (반드시 죽는다는) 필연적인 추세에 처하여, 秦나라에 대해 다소 도움이 될 수 있다면, 이는 제가 가장 바라는 바인데, 제가 무엇을 걱정하겠습니까?

無以餌其口, 膝行蒲伏, 乞食於吳市, 卒興吳國, 闔廬爲霸。¹⁶ 使臣得進謀如伍子胥, 加之以幽囚, 終身不復見, 是臣說之行也, 臣何憂乎?¹⁷ 箕子、接輿漆身而爲厲, 被髮而爲狂, 無益於殷、楚。¹⁸ 使臣得

【不免(불면, bù miǎn)】: 피하지 못하다.
【處(처, chǔ)】: 처하다. 놓이다.
【有補於(유보어, yǒu bǔ yú)…】: …에게 도움이 되다.〖補〗: 이익. 도움.〖於〗: [개사] …에게.

16 伍子胥橐載而出昭關, 夜行而晝伏, 至於淩水, 無以餌其口, 膝行蒲伏, 乞食於吳市, 卒興吳國, 闔廬爲霸。→ 伍子胥는 자루에 담아 수레에 실려 昭關을 탈출한 후, 낮에는 숨고 밤에는 걸어, 淩水에 이르렀으나, 먹을 것이 없어, 무릎을 꿇고 기어다니며 吳나라 시장에서 구걸했습니다. 그러나 끝내 吳나라를 부흥시켰고, 吳王 闔廬는 盟主가 되었습니다.
【伍子胥(오자서, wǔ zǐ xū)】: [인명] 춘추시대 楚나라 사람으로, 이름은 員(운, yún), 자는 子胥. 아버지와 형이 楚平王에게 살해되자 몰래 吳나라로 도주하여 오왕 闔閭를 도와 楚를 정벌하고 원수를 갚았다.
【橐載(탁재, tuó zài)】: 자루에 담아 수레에 싣다.〖橐〗: 자루. 부대. 여기서는 동사 용법으로 「자루에 담다」의 뜻.〖載〗: (수레에) 싣다.
【昭關(소관, zhāo guān)】: [지명] 楚나라의 지명. 吳・楚의 경계 지점으로, 지금의 안휘성 含山縣 서북쪽.
【伏(복, fú)】: 숨다.
【淩水(능수, líng shuǐ)】: [강 이름] 지금의 강소성 漂陽縣의 漂水. ※ 판본에 따라서는 「淩」을 「菱」이라 했다.
【無以(무이, wú yǐ)…】: …할 방법이 없다. …할 수가 없다.
【餌(이, ěr)】: 먹다.
【膝行蒲伏(슬행포복, xī xíng pú fú)】: 무릎을 꿇고 기어다니다.〖膝行〗: 무릎을 꿇고 나아가다.〖蒲伏〗: 匍匐. 엎드려 기다.
【闔廬(합려, hé lú)】: [인명] 춘추시대 吳나라의 군주. 오자서를 기용하여 초나라를 물리친 후, 越王 句踐에게 패하고 중상을 당해 죽었다.
【霸(패, bà)】: [명사] 패자. 맹주.

17 使臣得進謀如伍子胥, 加之以幽囚, 終身不復見, 是臣說之行也, 臣何憂乎? → 만일 제가 오자서처럼 책략을 올릴 수 있다면, 저를 가두어, 평생 다시 대왕을 뵐 수 없다 해도, 이는 저의 주장이 이미 실행된 것이니, 제가 무엇을 걱정하겠습니까?
【使(사, shǐ)】: 만일. 만약.
【得(득, dé)】: 能. …할 수 있다.
【進謀(진모, jìn móu)】: 책략을 올리다. 계책을 진상하다.
【加之以幽囚(가지이유수, jiā zhī yǐ yōu qiú)】: 저에게 감금하는 형벌을 가하다.〖幽囚〗:

同行于箕子、接輿, 可以補所賢之主, 是臣之大榮也, 臣又何恥乎?¹⁹

「臣之所恐者, 獨恐臣死之後, 天下見臣盡忠而身蹶也, 是以杜口裹足, 莫肯卽秦耳!²⁰ 足下上畏太后之嚴, 下惑姦臣之態, 居深宮之中, 不離保傅之手, 終身闇惑, 無與照姦。²¹ 大者宗廟滅覆, 小者

　　감금하다. 가두다.
　　【說(설, shuō)】: 주장.
　　【行(행, xíng)】: 실행되다.
　　【憂(우, yōu)】: 걱정하다. 우려하다.

18　箕子、接輿漆身而爲厲, 被髮而爲狂, 無益於殷、楚。→ 箕子와 接輿는 몸에 칠을 하여 문둥이가 되고, 머리를 풀어 미치광이가 되었어도, 殷나라와 楚나라에는 이익이 되지 못했습니다.
　　【箕子(기자, jī zǐ)】: [인명] 이름은 胥餘. 商나라 紂王의 외숙으로 太師를 지냈으며, 箕[지금의 산서성 太谷縣 동쪽]에 봉해져서 기자라 불리었다. 주왕이 무도하여 여러 차례 충간했으나 주왕이 거절하자 머리를 풀어헤치고 미친 척하며 노예가 되었다.
　　【接輿(접여, jiē yú)】: [인명] 춘추시대 楚나라의 隱士. 성은 陸, 이름은 通, 자는 接輿. 楚 昭王의 정치가 道를 잃자, 머리를 풀어헤치고 미친 척하며 농사를 짓고 벼슬에 나가지 않았다.

19　使臣得同行于箕子、接輿, 可以補所賢之主, 是臣之大榮也, 臣又何恥乎? → 만일 제가 기자·접여와 같이 행동하여, 현명하신 군주께 도움이 될 수 있다면, 이는 저의 크나큰 영광인데, 제가 또 어찌 치욕이라 하겠습니까?
　　【使(사, shǐ)】: 만일. 만약.
　　【同行(동행, tóng xíng)】: 똑같이 행동하다.

20　臣之所恐者, 獨恐臣死之後, 天下見臣盡忠而身蹶也, 是以杜口裹足, 莫肯卽秦耳! → 제가 두려워하는 것은, 다만 제가 죽은 뒤에, 세상 사람들이 제가 충성을 다하고도 죽는 것을 보고, 이로 인해 입을 열지 않고 앞으로 나아가지 않으며, 秦나라와의 접근을 꺼리지 않을까 하는 것뿐입니다.
　　【獨(독, dú)】: 다만.
　　【蹶(궐, jué)】: 넘어지다. 여기서는「죽다」의 뜻.
　　【是以(시이, shì yǐ)】: 그래서. 이로 인해.
　　【杜口裹足(두구과족, dù kǒu guǒ zú)】: 입을 봉하고 발을 싸매다. 즉「두려워서」입을 열지 않고 앞으로 나서려 하지 않다」.
　　【莫肯卽秦(막궁즉진, mò kěn jí qín)】: 秦나라와 접근하려 들지 않다. 【莫肯】: …하려 들지 않다. 【卽】: 접근하다, 다가오다. ※판본에 따라서는「莫肯卽秦」을「莫敢向秦」이라 했다.
　　【耳(이, ěr)】: …뿐.

身以孤危, 此臣之所恐耳.²² 若夫窮辱之事, 死亡之患, 臣弗敢畏也. 臣死而秦治, 賢於生也.」²³

　秦王跽曰:「先生是何言也! 夫秦國僻遠, 寡人愚不肖, 先生乃幸至此, 此天以寡人憖先生, 而存先王之廟也.²⁴ 寡人得受命於先生, 此天所以幸先王而不棄其孤也, 先生奈何而言若此?²⁵ 事無大

21 足下上畏太后之嚴, 下惑姦臣之態, 居深宮之中, 不離保傅之手, 終身闇惑, 無與照姦. → 족하께서는 위로는 태후의 위엄을 두려워하고, 아래로는 간신들의 작태에 미혹되어 있습니다. 궁중 깊숙한 곳에 살아, 보부의 손에서 벗어나지 못하고, 종신토록 어둠 속에 미혹되어 있다 보니, 더불어 간신배를 밝혀낼 사람이 없습니다.
【足下(족하, zú xià】: [상대방에 대한 존칭] 족하. 귀하.
【態(태, tài)】: 작태. 농간.
【離(리, lí)】: 벗어나다. 떠나다.
【保傅(보부, bǎo fù)】: 궁중에서 군주의 교양을 담당하는 여관.
【闇惑(암혹, àn huò)】: 어둠 속에 미혹되다.
【無與(무여, wú yǔ)…】: 더불어 …할 사람이 없다.
【照姦(조간, zhào jiān)】: 간신을 밝혀내다. 간신배를 변별해내다.

22 大者宗廟滅覆, 小者身以孤危, 此臣之所恐耳. → (이렇게 되면) 크게는 종묘사직이 멸망하게 되고, 작게는 자신이 고립되어 위태로울 것이니, 이것이 제가 두려워하는 바입니다.
【滅覆(멸복, miè fù)】: 멸망하다.
【孤危(고위, gū wéi)】: 고립되어 위험하다.

23 若夫窮辱之事, 死亡之患, 臣弗敢畏也. 臣死而秦治, 賢於生也.」 → 곤궁하고 치욕적인 일이나, 죽고 도망하는 재앙 같은 것은, 저는 감히 두려워하지 않습니다. 제가 죽어 秦나라가 다스려진다면, 살아있는 것보다 낫습니다.」
【若夫(약부, ruò fú)】: …같은 그러한.
【死亡(사망, sǐ wáng)】: 죽거나 도망하다. 〖亡〗: 달아나다. 도망하다.
【治(치, zhì)】: [피동 용법] 다스려지다.
【賢於(현어, xián yú)…】: …보다 낫다. 〖於〗: [개사] …에 비해. …보다.

24 秦王跽曰:「先生是何言也! 夫秦國僻遠, 寡人愚不肖, 先生乃幸至此, 此天以寡人憖先生, 而存先王之廟也. → 진소왕이 꿇어앉아 말했다:「선생, 이게 무슨 말씀이오! 秦나라는 멀리 외진 곳에 있고, 과인이 어리석고 무능한데, 선생께서 다행히 여기에 오셨으니, 이는 하늘이 과인으로 하여금 선생께 폐를 끼쳐, 선왕의 종묘를 보존토록 한 것입니다.
【僻遠(피원, pì yuǎn)】: 멀고 외지다. 편벽되고 멀다.
【愚不肖(우불초, yú bù xiào)】: 어리석고 무능하다. 〖不肖〗: 현명하지 못하다. 무능하다.
【憖(흔, hùn)】: 폐를 끼치다.

小, 上及太后, 下至大臣, 願先生悉以敎寡人, 無疑寡人也。」²⁶ 范雎再拜, 秦王亦再拜。²⁷

>번역문

범저(范雎)가 진왕(秦王)에게 유세하다

 범저(范雎)가 진(秦)나라에 도착하여 진소왕(秦昭王)이 뜰 앞까지 나와 맞이하며 공손히 손님과 주인의 예를 행하자, 범저가 이를 사양했다. (범저가 이미 죽었다고 소문이 났기 때문에) 이날 범저를 보자, 본 사람들은 안색이 변하지 않은 사람이 없었다. 진소왕이 주변 사람을 내보내어 궁 안에

25 寡人得受命於先生, 此天所以幸先王而不棄其孤也, 先生奈何而言若此? → 과인이 선생의 가르침을 받을 수 있다면, 이는 하늘이 선왕을 총애하여 그 자손을 버리지 않으려는 까닭입니다. 선생께서는 어찌 이와 같은 말씀을 하십니까?
【得(득, dé)】: 能. …할 수 있다.
【受命(수명, shòu mìng)】: 명을 받다. 여기서는「가르침을 받다」의 뜻.
【所以(소이, suǒ yǐ)…】: … 까닭.
【幸(행, xìng)】: 총애하다.
【孤(고, gū)】: 고아. 여기서는「자손, 후예」를 말한다. ※「孤」를 昭王 자신을 가리키는 것이라고 볼 수도 있다.
【奈何(내하, nài hé)】: 어찌.
26 事無大小, 上及太后, 下至大臣, 願先生悉以敎寡人, 無疑寡人也。」→ (조정의 일은) 대소를 막론하고, 위로는 太后, 아래로는 大臣에 이르기까지, 선생께서 모두 과인에게 가르쳐 주시고, 과인을 의심하지 않기 바랍니다.」
【及(급, jí)】: 이르다.
【悉(실, xī)】: 모두. 다.
【無疑(무의, wú yí)】: 의심하지 않다.
27 范雎再拜, 秦王亦再拜。 → 범저가 재배하자, 진소왕도 따라서 재배했다.

는 아무도 없었다. 진소왕이 무릎을 꿇고 청했다 :「선생께서는 과인에게 무엇을 가르쳐 주시겠습니까?」그러자 범저가 :「예예.」라고 했다. 잠시 후 진소왕이 다시 청하니, 범저가 또「예예.」라고 했다. 이처럼 세 번을 반복하자, 진소왕이 무릎을 꿇은 채 몸을 곧추세우고 말했다 :「선생께서는 과인을 가르쳐 주지 않으시겠습니까?」

범저가 사죄하고 말했다 :「감히 그렇지 않습니다. 제가 듣건대, 처음 여상(呂尙)이 주문왕(周文王)을 만났을 때는 일개 어부로 위수(渭水) 북쪽의 물가에서 고기를 낚을 뿐이었습니다. 이처럼 쌍방의 교분이 소원했으나 한 번 대화를 나누고 나서 그를 태사(太師)로 삼고 수레에 태워 함께 돌아갔는데, 이는 여상의 말에 깊은 이치가 담겨있었기 때문입니다. 그래서 주문왕은 과연 여상으로부터 도움을 얻어 마침내 천하를 차지하고 제왕의 자리에 올랐습니다. 그때 만일 주문왕이 여상을 소홀히 여겨 그와 더불어 깊은 대화를 나누지 않았다면, 이는 주(周)나라가 천자의 덕이 없는 것이며, 주문왕과 주무왕(周武王)은 더불어 왕업(王業)을 이룰 사람이 없었을 것입니다. 지금 저는 다만 타향에 거주하는 신하의 신분으로, 대왕과의 교분도 소원하고 진술하고자 원하는 바도 모두가 임금과 신하를 바로잡고자 하는 일이요, 관련된 사람들도 모두 골육지간(骨肉之間)입니다. 저의 미천한 충심을 진술하고자 원하지만 아직 대왕의 마음을 알지 못합니다. 대왕께서 세 번을 물으셨어도 대답을 하지 못한 까닭은 바로 이 때문입니다.

「제가 두려워서 감히 말을 못하는 것이 아닙니다. 오늘 말하고 내일 죽임을 당한다는 것을 안다 해도 저는 감히 두려워하지 않습니다. 대왕께서 저의 말을 믿고 실행하신다면 죽는다 해도 저의 재앙이 되기에 부족하고, 도망한다 해도 저의 근심이 되기에 부족하며, 몸에 옻칠을 하여 문둥이가 되고, 머리를 풀어 헤쳐 미치광이가 된다 해도, 저의 수치가 되기에 부족합니다. 오제(五帝)와 같은 성인도 죽고, 삼왕(三王)과 같은 어진 사람도 죽고, 오패(五覇)과 같은 현인도 죽고, 오획(烏獲)과 같은 장사도 죽고, 맹분(孟賁)·하육(夏育)과 같은 용맹한 사람도 죽습니다. 죽음은 사람이 반드시 피하지 못하는 것입니다. (반드시 죽는다는) 필연적인 추세에 처하여 진(秦)나라에 대해 다소 도움이 될 수 있다면, 이는 제가 가장 바라는 바인데, 제가 무엇을 걱정하겠습니까? 오자서(伍子胥)는 자루에 담아 수레에 실려 소관(昭關)을 탈출한 후, 낮에는 숨고 밤에는 걸어 능수(薐水)에 이르렀으나 먹을 것이 없어 무릎을 꿇고 기어다니며 오(吳)나라 시장에서 구걸했습니다. 그러나 끝내 오나라를 부흥시켰고 오왕(吳王) 합려(闔廬)는 맹주(盟主)가 되었습니다. 만일 제가 오자서처럼 책략을 올릴 수 있다면 저를 가두어 평생 다시 대왕을 뵐 수 없다 해도, 이는 저의 주장이 이미 실행된 것이니 제가 무엇을 걱정하겠습니까? 기자(箕子)와 접여(接輿)는 몸에 칠을 하여 문둥이가 되고 머리를 풀어 미치광이가 되었어도, 은(殷)나라와 초(楚)나라에는 이익이 되지 못했습니다. 만일 제가 기자·접여와 같이 행동하여 현명하신 군주께 도움이 될 수 있다면, 이는 저의 크나큰 영광인데, 제가 또 어찌 치욕이라 하겠습니까?

「제가 두려워하는 것은 다만 제가 죽은 뒤에 세상 사람들이 제가 충성을 다하고도 죽는 것을 보고, 이로 인해 입을 열지 않고 앞으로 나아가지 않으며 진(秦)나라와의 접근을 꺼리지 않을까 하는 것뿐입니다. 족하께서는 위로는 태후의 위엄을 두려워하고, 아래로는 간신들의 작태에 미혹되어 있습니다. 궁중 깊숙한 곳에 살아 보부(保傅)의 손에서 벗어나지 못하고 종신토록 어둠 속에 미혹되어 있다 보니 더불어 간신배를 밝혀낼 사람이 없습니다. (이렇게 되면) 크게는 종묘사직이 멸망하게 되고 작게는 자신이 고립되어 위태로울 것이니, 이것이 제가 두려워하는 바입니다. 곤궁하고 치욕적인 일이나 죽고 도망하는 재앙 같은 것은, 저는 감히 두려워하지 않습니다. 제가 죽어 진(秦)나라가 다스려진다면 살아있는 것보다 낫습니다.」

진소왕이 꿇어앉아 말했다 :「선생, 이게 무슨 말씀이오! 진나라는 멀리 외진 곳에 있고 과인이 어리석고 무능한데, 선생께서 다행히 여기에 오셨으니, 이는 하늘이 과인으로 하여금 선생께 폐를 끼쳐 선왕의 종묘를 보존토록 한 것입니다. 과인이 선생의 가르침을 받을 수 있다면, 이는 하늘이 선왕을 총애하여 그 자손을 버리지 않으려는 까닭입니다. 선생께서는 어찌 이와 같은 말씀을 하십니까? (조정의 일은) 대소를 막론하고 위로는 태후(太后), 아래로는 대신(大臣)에 이르기까지, 선생께서 모두 과인에게 가르쳐 주시고 과인을 의심하지 않기 바랍니다.」 범저가 재배(再拜)하자, 진소왕도 따라서 재배했다.

해제解題 및 본문 요지 설명

진소왕(秦昭王)은 진무왕(秦武王)의 동생으로, 무왕이 죽은 후 그 형제들 간에 왕위 쟁탈이 벌어졌을 때 외숙 위염(魏冉)의 도움으로 왕위를 차지했다. 이로 인해 조정의 대권은 자연히 위염과 그의 누이이자 소왕의 어머니인 선태후(宣太后)의 손으로 넘어갔다.

본문은 《전국책(戰國策)·진책(秦策)》의 일부분으로, 위(魏)나라로부터 진(秦)나라로 달아나 구사일생으로 살아난 범저(范雎)가 진(秦)나라 왕실의 권력구조를 소상히 알고 조심스럽게 진소왕(秦昭王)의 의견을 타진한 후 진소왕의 신임을 확인하자, 위염(魏冉)을 제거하고 어머니 선태후(宣太后)와 단절하여 왕실을 강화해야 한다고 충간한 일을 기술한 것이다.

본문은 네 단락으로 나눌 수 있는데, 첫째 단락에서는 범저가 진나라로 도망해 오자, 진소왕이 손님과 주인의 예를 갖추어 재삼 가르침을 청하고, 범저가 진소왕의 의중을 타진하기 위해 계속 주저하며 완곡히 사양한 것을 기술했고; 둘째 단락에서는 진소왕이 범저에게 세 번이나 가르침을 요청했음에도 범저가 계속 사양하여 진소왕이 불쾌한 심정을 나타내자, 범저가 진소왕의 요청에 대해 재삼 사양한 이유를 소상히 설명한 것을 기술했고; 셋째 단락에서는 진소왕이 범저에게 진심으로 가르침을 요청한 것에 대해 기술했고; 마지막 단락에서는 범저가 자신을 신임한 진소왕에게 재배(再拜)하며 감사를 표하고, 이에 대해 진소왕이 재배하며 답례한 것을 기술했다.

060 추기풍제왕납간(鄒忌諷齊王納諫)
《戰國策》

작 자

057 소진이연횡세진(蘇秦以連橫說秦) 참조.

원문 및 주석

鄒忌諷齊王納諫[1]

　　鄒忌脩八尺有餘, 而形貌昳麗。朝服衣冠, 窺鏡, 謂其妻曰:「我孰與城北徐公美?」其妻曰:「君美甚, 徐公何能及公也!」[2] 城北徐公,

---

1　鄒忌諷齊王納諫 → 鄒忌가 풍자하여 齊王이 충간을 받아들이다
　【鄒忌(추기, zōu jì)】: [인명]《史記》에는 騶忌子라 했다. 전국시대 齊나라의 대부로, 호는 成侯. 齊威王 때 재상을 지내고 下邳에 봉해졌다.
　【諷(풍, fěng)】: 풍자하다.
　【齊王(제왕, qí wáng)】: 여기서는 齊威王을 가리킨다.《齊》: [국명] 지금의 산동성 북부와 하북성 남부에 걸쳐 있던 周代의 제후국.
　【納諫(납간, nà jiàn)】: 충간을 받아들이다.

齊國之美麗者也。³ 忌不自信, 而復問其妾曰:「吾孰與徐公美?」妾曰:「徐公何能及君也!」⁴ 旦日, 客從外來, 與坐談。問之曰:「吾與徐公孰美?」客曰:「徐公不若君之美也。」⁵

明日, 徐公來, 熟視之, 自以爲不如, 窺鏡而自視, 又弗如遠甚。⁶

---

2 鄒忌脩八尺有餘, 而形貌昳麗。朝服衣冠, 窺鏡, 謂其妻曰:「我孰與城北徐公美?」其妻曰:「君美甚, 徐公何能及公也!」→ 鄒忌는 키가 8척이 넘고, 용모가 매우 준수했다. 아침에 의관을 갖추고, 거울을 비춰보고 나서, 자기 처에게 물었다:「나와 城北의 徐公과 누가 더 잘생겼소?」그의 처가 대답했다:「당신이 훨씬 잘생겼어요. 서공이 어찌 당신에 미칠 수 있겠어요!」

【脩(수, xiū)】: 長. 길다. 여기서는「키」를 말한다.
【形貌(형모, xíng mào)】: 용모. 【貌】: 貌.
【昳麗(일려, yì lì)】: 매우 아름답다. 준수하다. 잘생기다.
【服(복, fú)】: 갖추다. ※옷을 입고 관모를 쓰는 것을 말한다.
【窺鏡(규경, kuī jìng)】: 거울을 비춰보다.
【我孰與城北徐公美(아숙여성북서공미, wǒ shú yǔ chéng běi xú gōng měi)】:「我與城北徐公孰美?」의 도치 형태.

3 城北徐公, 齊國之美麗者也。→ 성북의 서공은, 齊나라의 미남자이다.
【美麗者(미려자, měi lì zhě)】: 아름다운 사람. 여기서는「미남자」를 말한다.

4 忌不自信, 而復問其妾曰:「吾孰與徐公美?」妾曰:「徐公何能及君也!」→ 추기는 스스로 믿음이 가지 않아, 다시 자기 첩에게 물었다:「나와 서공은 누가 더 잘생겼소?」첩이 대답했다:「서공이 어찌 당신에 미치겠어요!」
【復問(부문, fù wèn)】: 다시 묻다.
【何能(하능, hé néng)】: 어찌 …할 수 있는가?
【及(급, jí)】: 미치다. 따라가다.
【君(군, jūn)】: [아내가 자기 남편을 가리키는 말] 당신.

5 旦日, 客從外來, 與坐談。問之曰:「吾與徐公孰美?」客曰:「徐公不若君之美也。」→ 다음날, 밖에서 손님이 찾아와, 함께 앉아서 이야기를 나누었다. 손님에게 물었다:「나와 서공은 누가 잘생겼습니까?」손님이 대답했다:「서공이 당신보다 잘생기지 못했습니다.」
【旦日(단일, dàn rì)】: 다음날. 이튿날.
【不若(불약, bù ruò)】: 不如. …만 못하다.

6 明日, 徐公來, 熟視之, 自以爲不如, 窺鏡而自視, 又弗如遠甚。→ 그 다음날, 서공이 찾아오자, 그를 자세히 살펴보고, 자신이 서공보다 못하다고 여겨, 다시 거울에 비쳐 스스로 살펴보니, 역시 (서공보다) 훨씬 못했다.
【明日(명일, míng rì)】: 그 다음날.
【熟視(숙시, shú shì)】: 자세히 살펴보다.

暮, 寢而思之曰:「吾妻之美我者, 私我也; 妾之美我者, 畏我也; 客之美我者, 欲有求於我也。」⁷

　於是入朝見威王曰:「臣誠知不如徐公美, 臣之妻私臣, 臣之妾畏臣, 臣之客欲有求於臣, 皆以美於徐公。⁸ 今齊, 地方千里, 百二十城, 宮婦左右莫不私王, 朝廷之臣莫不畏王, 四境之內莫不有求於王。⁹ 由此觀之, 王之蔽甚矣。」¹⁰ 王曰:「善!」乃下令:「群臣

　　【之(지, zhī)】: [대명사] 그. 즉 「서공」.
　　【以爲(이위, yǐ wéi)】: …라고 여기다. …라고 생각하다.
　　【弗如(불여, fú rú)】: 不如 …만 못하다. 《弗》: 不.
　　【遠甚(원심, yuǎn shèn)】: 현격한 차이가 나다. 훨씬 못하다.

7　暮, 寢而思之曰:「吾妻之美我者, 私我也; 妾之美我者, 畏我也; 客之美我者, 欲有求於我也。」
　→ 저녁 때, 잠자리에 누워 곰곰이 생각하고 나서 말했다:「나의 아내가 나를 잘생겼다고 하는 것은, 나를 편드는 것이고; 첩이 나를 잘생겼다고 하는 것은, 나를 두려워하는 것이고; 손님이 나를 잘생겼다고 하는 것은, 나에게 바라는 것이 있기 때문이다.」
　　【寢(침, qǐn)】: 잠자리에 눕다.
　　【美(미, měi)】: [동사 용법] 잘생겼다고 하다.
　　【私(사, sī)】: 편들다.
　　【畏(외, wèi)】: 두려워하다.
　　【欲有求(욕유구, yù yǒu qiú)】: 바라는 바가 있다.

8　於是入朝見威王曰:「臣誠知不如徐公美, 臣之妻私臣, 臣之妾畏臣, 臣之客欲有求於臣, 皆以美於徐公。 → 그리하여 추기가 입조하여 齊威王을 알현하고 말했다:「제가 실로 서공보다 잘생기지 못했다는 것을 알고 있는데, 저의 처는 저의 편을 들고, 저의 첩은 저를 두려워하고, 저의 손님은 저에게 바라는 바가 있어, 모두 제가 서공보다 잘생겼다고 말합니다.
　　【於是(어시, yú shì)】: 이에. 그리하여.
　　【見(견, jiàn)】: 뵙다. 알현하다.
　　【威王(위왕, wēi wáng)】: 齊威王. 성은 田, 이름은 嬰齊, 또는 因齊라고도 하며, 齊桓公의 아들이다.
　　【誠(성, chéng)】: 실로. 확실히.
　　【以(이, yǐ)】: 以爲. …라고 여기다. …라고 생각하다. 즉「…라고 말하다」의 뜻.

9　今齊, 地方千里, 百二十城, 宮婦左右莫不私王, 朝廷之臣莫不畏王, 四境之內莫不有求於王。 → 지금 齊나라는, 땅이 사방 천 리요, 城이 백이십 곳이나 되는데, 궁내의 후비와 왕 주변의 신하들은 왕을 편들지 않는 사람이 없고, 조정의 신하들은 왕을 두려워하지 않는

吏民能面刺寡人之過者, 受上賞; 上書諫寡人者, 受中賞; 能謗議於市朝, 聞寡人之耳者, 受下賞。」[11]

令初下, 群臣進諫, 門庭若市; 數月之後, 時時而間進; 朞年之後, 雖欲言, 無可進者。[12] 燕、趙、韓、魏聞之, 皆朝於齊。此所謂戰

　　사람이 없으며, 나라 안의 백성들은 왕에게 바라지 않는 사람이 없습니다.
　【方(방, fāng)】: 四方.
　【宮婦(궁부, gōng fù)】: 궁내의 后妃.
　【左右(좌우, zuǒ yòu)】: 대왕 주변의 신하들.
　【莫不(막불, mò bù)…】: …가(이) 아닌 사람이 없다. 모두 …하다.
　【四境之內(사경지내, sì jìng zhī nèi)】: 사방 境內. 국내. 나라 안.

10　由此觀之, 王之蔽甚矣。→ 이로 미루어 보건대, 왕께서는 심하게 가려져 있습니다.
　【由此觀之(유차관지, yóu cǐ guān zhī)】: 이로 미루어 보건대. 이로부터 보면.
　【蔽(폐, bì)】: 덮어 가려지다.

11　王曰:「善!」乃下令「群臣吏民能面刺寡人之過者, 受上賞; 上書諫寡人者, 受中賞; 能謗議於市朝, 聞寡人之耳者, 受下賞。」→ 齊威王이 :「옳소!」라고 말한 후, 즉시 명을 내렸다.「여러 대신·관리·백성들 가운데 면전에서 과인의 잘못을 지적하는 자는, 상등상을 주고; 글을 올려 과인에게 간하는 자는, 중등상을 주고; 저자와 조정에서 비방하는 말을 듣고, 과인의 귀에 들려주는 자는, 하등상을 주겠다.」
　【乃(내, nǎi)】: 바로. 즉시.
　【面刺(면자, miàn cì)】: 면전에서 지적하다.
　【過(과, guò)】: 잘못. 허물.
　【受(수, shòu)】: 授. 주다.
　【諫(간, jiàn)】: 간하다.
　【謗議(방의, bàng yì)】: 비방하는 말.
　【市朝(시조, shì cháo)】: 저자와 조정.
　【聞(문, wén)】: [사동 용법] 들려주다.

12　令初下, 群臣進諫, 門庭若市; 數月之後, 時時而間進; 朞年之後, 雖欲言, 無可進者。→ 명령이 처음 내려졌을 때는, 군신들이 다투어 간하여, 문전성시를 이루었고; 수개월이 지난 후에는, 때때로 간혹 진언하였으며; 일 년이 지난 후에는, 비록 의견을 말하고 싶어도, 진언할 만한 말이 없었다.
　【進諫(진간, jìn jiàn)】: 간하다. 간언을 올리다.
　【門庭若市(문정약시, mén tíng ruò shì)】: [동사 용법] 문전성시를 이루다.
　【時時(시시, shí shí)】: 때때로.
　【間進(간진, jiàn jìn)】: 간혹 진언하다.
　【朞年(기년, jī nián)】: 일 년.

勝於朝廷。¹³

번역문

추기(鄒忌)가 풍자하여 제왕(齊王)이 충간을 받아들이다

　추기(鄒忌)는 키가 8척이 넘고 용모가 매우 준수했다. 아침에 의관을 갖추고 거울을 비춰보고 나서 자기 처에게 물었다 :「나와 성북(城北)의 서공(徐公)과 누가 더 잘생겼소?」그의 처가 대답했다 :「당신이 훨씬 잘생겼어요. 서공이 어찌 당신에 미칠 수 있겠어요!」성북의 서공은 제(齊)나라의 미남자이다. 추기는 스스로 믿음이 가지 않아 다시 자기 첩에게 물었다 :「나와 서공은 누가 더 잘생겼소?」첩이 대답했다 :「서공이 어찌 당신에 미치겠어요!」

　【欲(욕, yù)】 : …하고자 하다. …하려고 하다. …하길 바라다.
13　燕、趙、韓、魏聞之, 皆朝於齊。此所謂戰勝於朝廷。→ 燕・趙・韓・魏나라가 이러한 상황을 듣고, 모두 齊나라에 입조했다. 이것이 이른바 조정에서 싸워 이긴다는 것이다.
　【燕(연, yān)】 : [국명] 지금의 하북성 북부와 요녕성 남부에 걸쳐 있던 周代의 제후국.
　【趙(조, zhào)】 : [국명] 지금의 산서성 북부와 중부 및 하북성 서부와 남부 지역에 있던 周代의 제후국. 본래 晉나라에 속했으나, B.C. 375년 趙氏・韓氏・魏氏가 晉의 영토를 삼분하여 각기 趙・韓・魏 세 나라로 독립했다.
　【韓(한, hán)】 : [국명] 지금의 하남성 중부와 산서성 동남부에 있던 周代의 제후국. 본래 晉나라에 속했으나, B.C. 375년 趙氏・韓氏・魏氏가 晉의 영토를 삼분하여 각기 趙・韓・魏 세 나라로 독립했다.
　【魏(위, wèi)】 : [국명] 지금의 하남성 북부・섬서성 동부・산서성 서남부 및 하북성 남부 일대에 있던 周代의 제후국. 본래 晉나라에 속했으나, B.C. 375년 趙氏・韓氏・魏氏가 晉의 영토를 삼분하여 각기 趙・韓・魏 세 나라로 독립했다.
　【朝(조, cháo)】 : 入朝하다.
　【所謂(소위, suǒ wèi)】 : 이른바.
　【戰勝於朝廷(전승어조정, zhàn shèng yú cháo tíng)】 : 조정에서 전쟁에 승리하다. 즉 國事를 잘 다스림으로써 무력을 동원하지 않고 다른 나라를 제압함을 말한다.

다음날, 밖에서 손님이 찾아와 함께 앉아서 이야기를 나누었다. 손님에게 물었다 :「나와 서공은 누가 잘생겼습니까?」손님이 대답했다 :「서공이 당신보다 잘생기지 못했습니다.」

그 다음날, 서공이 찾아오자 그를 자세히 살펴보고 자신이 서공보다 못하다고 여겨, 다시 거울에 비쳐 스스로 살펴보니 역시 (서공보다) 훨씬 못했다. 저녁때 잠자리에 누워 곰곰이 생각하고 나서 말했다 :「나의 아내가 나를 잘생겼다고 하는 것은 나를 편드는 것이고, 첩이 나를 잘생겼다고 하는 것은 나를 두려워하는 것이고, 손님이 나를 잘생겼다고 하는 것은 나에게 바라는 것이 있기 때문이다.」

그리하여 추기가 입조(入朝)하여 제위왕(齊威王)을 알현하고 말했다 :「제가 실로 서공보다 잘생기지 못했다는 것을 알고 있는데, 저의 처는 저의 편을 들고, 저의 첩은 저를 두려워하고, 저의 손님은 저에게 바라는 바가 있어, 모두 제가 서공보다 잘생겼다고 말합니다. 지금 제(齊)나라는 땅이 사방 천 리요 성(城)이 백이십 곳이나 되는데, 궁내의 후비와 왕 주변의 신하들은 왕을 편들지 않는 사람이 없고, 조정의 신하들은 왕을 두려워하지 않는 사람이 없으며, 나라 안의 백성들은 왕에게 바라지 않는 사람이 없습니다. 이로 미루어 보건대, 왕께서는 심하게 가려져 있습니다.」제위왕(齊威王)이 :「옳소!」라고 말한 후 즉시 명을 내렸다 :「여러 대신·관리·백성들 가운데 면전에서 과인의 잘못을 지적하는 자는 상등상(上等賞)을 주고, 글을 올려 과인에게 간하는 자는 중등상(中等賞)을 주고, 저자와 조정에서 비방하는 말을 듣고 과인의 귀에 들려주는 자는 하등상(下等賞)을 주겠다.」

명령이 처음 내려졌을 때는 군신들이 다투어 간하여 문전성시를 이루었고, 수개월이 지난 후에는 때때로 간혹 진언하였고, 일 년이 지난 후에는 비록 의견을 말하고 싶어도 진언할 만한 말이 없었다. 연(燕)·조(趙)·한(韓)·

위(魏)나라가 이러한 상황을 듣고 모두 제(齊)나라에 입조했다. 이것이 이른바 조정에서 싸워 이긴다는 것이다.

해제解題 및 본문 요지 설명

본문은 《전국책(戰國策)·제책(齊策)》의 일부분으로, 내용은 추기(鄒忌)가 자기의 아내와 첩과 자기를 찾아온 손님으로부터 들은 자신에 대한 찬사를 통해, 다른 사람으로부터 진실된 말과 직언을 듣는다는 것이 참으로 쉽지 않다는 것을 느끼고 나서, 제위왕(齊威王)에게 찾아가 왕의 눈과 귀를 가리는 주변의 장막을 제거하고 널리 충간을 받아들여야 국가의 대사를 원만히 처리할 수 있다고 풍자적으로 권고한 일을 기술한 것이다.

본문은 세 단락으로 나눌 수 있는데, 첫째 단락에서는 추기가 제(齊)나라의 미남자 서공(徐公)과 자신의 용모를 비교하기 위해 자기의 아내와 첩과 자기를 찾아온 손님을 대상으로 세 차례에 걸쳐 문답 결과를 통해, 자기 측근은 누구를 막론하고 자기편이라는 결론을 얻어 제위왕(齊威王)에게 충간할 빌미를 끌어낸 과정을 기술했고; 둘째 단락에서는 추기가 자신의 개인적인 일을 국가의 대사에 비유하여 제위왕 역시 주변의 장막을 제거하고 여러 의견을 청취해야 한다고 충간한 것을 기술했고; 마지막 단락에서는 제위왕이 추기의 간언을 흔쾌히 받아들여 대신·관리 및 백성들과의 언로를 개방함으로써 나라가 잘 다스려지고, 또한 여러 제후들이 제나라에 입조함으로써 제나라가 「전쟁을 치루지 않고 승리」한 상황을 기술했다.

061 안촉세제왕(顔斶說齊王)
《戰國策》

작자

057 소진이연횡세진(蘇秦以連橫說秦) 참조.

원문 및 주석

顔斶說齊王[1]

齊宣王見顔斶曰:「斶前!」斶亦曰:「王前!」宣王不說。[2] 左右曰

---

1 顔斶說齊王 → 顔斶이 齊王을 설득하다
　【顔斶(안촉, yán chù)】: [인명] 齊나라의 隱士.
　【說(세, shuì)】: 설득하다. 설복하다.
　【齊王(제왕, qí wáng)】: 전국시대 齊나라의 군주. 여기서는 「齊宣王」을 가리킨다. ※주 2 참조.【齊】: [국명] 지금의 산동성 북부와 하북성 남부에 걸쳐 있던 周代의 제후국.

2 齊宣王見顔斶曰:「斶前!」斶亦曰:「王前!」宣王不說。→ 齊宣王이 顔斶을 보고:「안촉, 내 앞으로 오시오!」라고 하자, 안촉도:「왕께서 제 앞으로 오십시오!」라고 하여, 제선왕이 불쾌하게 생각했다.
　【齊宣王(제선왕, qí xuān wáng)】: 전국시대 齊나라의 군주. 齊威王의 아들로 성은 田, 이

:「王, 人君也; 斶, 人臣也。王曰『斶前』, 斶亦曰『王前』, 可乎?」[3] 斶對曰:「夫斶前爲慕勢, 王前爲趨士; 與使斶爲慕勢, 不如使王爲趨士。」[4] 王忿然作色曰:「王者貴乎? 士貴乎?」對曰:「士貴耳, 王者不貴。」[5] 王曰:「有說乎?」斶曰:「有。昔者秦攻齊, 令曰:『有敢去柳下季壟五十步而樵采者, 死不赦。』[6] 令曰:『有能得齊王頭者, 封萬戶

름은 辟疆이며, 19년간(B.C. 319-B.C. 301) 재위했다.
【前(전, qián)】: [동사 용법]: 앞으로 나오다.
【說(열, yuè)】: 悅. 기뻐하다.

3 左右曰:「王, 人君也; 斶, 人臣也。王曰『斶前』, 斶亦曰『王前』, 可乎?」→ 측근 사람들이 말했다:『왕은, 군주이고; 안촉은, 신하요. 왕께서『안촉, 내 앞으로 오시오!』라고 했다 하여, 안촉 역시『왕께서 내 앞으로 오십시오!』라고 하면, 됩니까?』
【左右(좌우, zuǒ yòu)】: 주변 사람들. 주위에 가까이 있던 사람들.
【可乎(가호, kě hū)】: 되는가? 괜찮은가?

4 斶對曰:「夫斶前爲慕勢, 王前爲趨士; 與使斶爲慕勢, 不如使王爲趨士。」→ 안촉이 대답했다:『대저 제가 왕 앞으로 가면 권세를 흠모하는 것이요, 왕께서 제 앞으로 오시면 선비에게 다가가는 것입니다. 저로 하여금 권세를 흠모하는 것보다는, 왕으로 하여금 선비에게 다가가도록 하는 것이 낫습니다.』
【夫(부, fú)】: [발어사] 대저. 무릇.
【爲(위, wéi)】: …이다.
【慕勢(모세, mù shì)】: 권세를 흠모하다.
【趨士(추사, qū shì)】: 선비에게 다가가다. 【趨】: 향하다. 쏠리다. 다가가다.
【與(여, yǔ)…, 不如(불여, bù rú)…】:「與其…, 不如…」…하는 것보다 차라리 …하는 것이 낫다.

5 王忿然作色曰:「王者貴乎? 士貴乎?」對曰:「士貴耳, 王者不貴。」→ 제선왕이 화가 나서 안색이 변하며 말했다:『왕이 존귀한가? 아니면 선비가 존귀한가?』안촉이 대답했다:『선비가 존귀할 뿐, 왕은 존귀하지 않습니다.』
【忿然(분연, fèn rán)】: 화가 난 모양.
【作色(작색, zuò sè)】: 안색이 변하다.
【耳(이, ěr)】: …뿐.

6 王曰:「有說乎?」斶曰:「有。昔者秦攻齊, 令曰:『有敢去柳下季壟五十步而樵采者, 死不赦。』→ 제선왕이 말했다:『근거가 있는가?』안촉이 말했다:『있습니다. 옛날 秦나라가 齊나라를 공격할 때, 秦王이 명을 내려:『감히 柳下季의 묘소 오십 보 떨어진 곳까지 가서 나무를 하는 자가 있으면, 사형에 처하고 용서받지 못할 것이다.』라고 했습니다.
【說(설, shuō)】: 이론, 주장, 학설. 즉「근거」를 말한다.

侯, 賜金千鎰。』由是觀之, 生王之頭, 曾不若死士之壟也。」⁷

　　宣王曰:「嗟乎! 君子焉可侮哉? 寡人自取病耳。願請受爲弟子。⁸ 且顔先生與寡人遊, 食必太牢, 出必乘車, 妻子衣服麗都。」⁹

　　顔斶辭去, 曰:「夫玉生於山, 制則破焉, 非弗寶貴矣, 然太璞

【去(거, qù)】: (거리가) …로부터 떨어지다.
【柳下季(유하계, liǔ xià jì)】: 춘추시대 魯나라의 賢士로 성은 展, 이름은 禽, 자는 季, 시호는 惠이며, 식읍이 柳下에 있어 柳下惠라고도 한다.
【壟(롱, lǒng)】: 무덤. 묘소.
【樵采(초채, qiáo cǎi)】: 나무를 하다. 땔감을 취하다.
【赦(사, shè)】: 사면하다. 용서하다.

7 令曰:『有能得齊王頭者, 封萬戶侯, 賜金千鎰。』由是觀之, 生王之頭, 曾不若死士之壟也。」→ 그리고 또 명을 내려:『능히 齊王의 머리를 취해 올 수 있는 자가 있으면, 萬戶侯에 봉하고, 황금 천 鎰을 상으로 하사한다.』고 하셨습니다. 이로 미루어 볼 때, 살아있는 왕의 머리가, 결코 죽은 선비의 무덤보다 못합니다.」
【萬戶侯(만호후, wàn hù hóu)】: 식읍 1만 호를 가진 작위.
【賜(사, cì)】: 하사하다. 내리다.
【鎰(일, yì)】: [중량 단위] 20냥, 또는 24냥.
【曾不若(증불약, céng bù ruò)…】: 결코 …만 못하다.

8 宣王曰:「嗟乎! 君子焉可侮哉? 寡人自取病耳。願請受爲弟子。→ 선왕이 말했다:「아! 군자를 어찌 모욕할 수 있겠소? (이는) 과인이 모욕을 자초한 것일 뿐이오. 청컨대. (과인을) 제자로 받아주기 바라오.
【嗟乎(차호, jiē hū)!】: [감탄사] 아!
【焉可(언가, yān kě)】: 어찌 …할 수 있는가?
【侮(모, wǔ)】: 모독하다.
【病(병, bìng)】: 모욕. 치욕.
【願請(원청, yuàn qǐng)…】: 청컨대 …하기 바란다.

9 且顔先生與寡人遊, 食必太牢, 出必乘車, 妻子衣服麗都。」→ 그리고 顔 선생과 과인이 교유하면, 식사는 반드시 소·양·돼지고기를 올리고, 외출할 때는 반드시 수레를 타고, 아내와 자녀는 모두 화려한 옷을 입을 것이오.」
【且(차, qiě)】: 또한. 그리고.
【遊(유, yóu)】: 교유하다.
【太牢(태뢰, tài láo)】: 옛날 제왕이나 제후가 종묘사직에 제사 지낼 때 올리는 제품 가운데, 소·양·돼지 세 가지 희생이 완전히 갖추어진 것을「太牢」라 했다.
【麗都(여도, lì dū)】: 화려하다. 〖都〗: 美.

不完.¹⁰ 士生乎鄙野, 推選則祿焉, 非不尊遂也, 然而形神不全.¹¹ 斶願得歸, 晚食以當肉, 安步以當車, 無罪以當貴, 淸淨貞正以自虞.」則再拜而辭去.¹²

君子曰:「斶知足矣! 歸眞反璞, 則終身不辱.」¹³

---

10 顏斶辭去, 曰:「夫玉生於山, 制則破焉, 非弗寶貴矣, 然太璞不完。→ 안촉이 사양하고 떠나면서, 말했다: 「대저 옥은 산에서 나와, 가공하면 깨지게 되는데, (그렇다고) 귀중하지 않은 것은 아니지만, 그러나 옥돌 본래의 모습은 아닙니다.
   【辭去(사거, cí qù)】: 사양하고 떠나다.
   【夫(부, fú)】: [발어사] 대저. 무릇.
   【制(제, zhì)】: 가공하다.
   【非弗(비불, fēi fú)】: 非不. …않은 것은 아니다.
   【太璞(태박, tài pú)】: 가공하지 않은 옥돌. 옥돌 본래의 모습.
   【不完(불완, bù wán)】: 온전하지 못하다. 즉, 본래의 모습이 아니다.

11 士生乎鄙野, 推選則祿焉, 非不尊遂也, 然而形神不全。→ 선비는 초야에서 성장하여, 추천을 거쳐 선발되면 녹을 받는데, 그렇게 되면 존귀하고 현달하지 않은 것은 아니지만, 그러나 육체와 정신은 보전하지 못합니다.
   【鄙野(비야, bǐ yě)】: 초야. 시골 마을.
   【推選(추선, tuī xuǎn)】: [피동 용법] 추천을 거쳐 선발되다.
   【祿(록, lù)】: [동사 용법] 녹봉을 받다. 여기서는「벼슬길에 오르다」의 뜻.
   【尊遂(존수, zūn suì)】: 존귀하고 현달하다.
   【形神(형신, xíng shén)】: 육체와 정신.

12 斶願得歸, 晚食以當肉, 安步以當車, 無罪以當貴, 淸淨貞正以自虞。」則再拜而辭去。→ 저는 돌아갈 수 있기를 원합니다. 늦도록 기다렸다가 (맛있게) 식사를 하여 고기를 먹는 것으로 여기고, 천천히 편안하게 걸어서 수레를 탄 것으로 여기며, 죄를 짓지 않아 귀하게 된 것으로 여기고, 깨끗하고 올바르게 살아 스스로 즐거움을 얻을 것입니다.」 말을 마치자 (제선왕에게) 재배한 후 작별을 고하고 떠났다.
   【斶(촉, chù)】: 안촉이「나, 저」라는 말 대신 자기 이름을 사용한 것.
   【晚食(만식, wǎn shí)】: 늦도록 기다렸다가 (맛있게) 식사를 하다.
   【當(당, dāng)】: 여기다. 간주하다.
   【肉(육, ròu)】: [동사 용법] 고기를 먹다.
   【安步(안보, ān bù)】: 편안하게 걷다.
   【淸淨貞正(청정정정, qīng jìng zhēn zhèng)】: 깨끗하고 올바르다.
   【虞(우, yú)】: 娛. 즐거워하다.

13 君子曰:「斶知足矣! 歸眞反璞, 則終身不辱。」→ 군자가 말했다:「안촉은 만족을 아는구나! 가식을 버리고 본래의 순수하고 순박한 모습으로 돌아가니, 평생 모욕을 당하지 않

> 번역문

안촉(顔斶)이 제왕(齊王)을 설득하다

　제선왕(齊宣王)이 안촉(顔斶)을 보고 : 「안촉, 내 앞으로 오시오!」라고 하자, 안촉도 : 「왕께서 제 앞으로 오십시오!」라고 하여 제선왕이 불쾌하게 생각했다. 측근 사람들이 말했다 : 「왕은, 군주이고 안촉은 신하요. 왕께서『안촉, 내 앞으로 오시오!』라고 했다 하여, 안촉 역시『왕께서 내 앞으로 오십시오!』라고 하면 됩니까?」 안촉이 대답했다 : 「대저 제가 왕 앞으로 가면 권세를 흠모하는 것이요, 왕께서 제 앞으로 오시면 선비에게 다가가는 것입니다. 저로 하여금 권세를 흠모하는 것보다는 왕으로 하여금 선비에게 다가가도록 하는 것이 낫습니다.」 제선왕이 화가 나서 안색이 변하며 말했다 : 「왕이 존귀한가? 아니면 선비가 존귀한가?」 안촉이 대답했다 : 「선비가 존귀할 뿐 왕은 존귀하지 않습니다.」 제선왕이 말했다 : 「근거가 있는가?」 안촉이 말했다 : 「있습니다. 옛날 진(秦)나라가 제(齊)나라를 공격할 때 진왕(秦王)이 명을 내려 :『감히 유하계(柳下季)의 묘소 오십 보 떨어진 곳까지 가서 나무를 하는 자가 있으면 사형에 처하고 용서받지 못할 것이다.』라고 했습니다. 그리고 또 명을 내려 :『능히 제왕(齊王)의 머리를 취해 올 수 있는 자가 있으면 만호후(萬戶侯)에 봉하고 황금 천 일(鎰)을 상으로 하사한다.』고 하셨습니다. 이로 미루어 볼 때, 살아있는 왕의 머리가 결코 죽은 선비의 무덤보다 못합니다.」

　　을 것이다.」
　【知足(지족, zhī zú)】 : 만족을 알다.
　【歸眞反璞(귀진반박, guī zhēn fǎn pú)】 : 가식을 버리고 본래의 순수하고 순박한 모습으로 돌아가다. 〖反〗: 返. 돌아가다. 〖璞〗: 순박하다. 질박하다.
　【則(즉, zé)】 : 그러면.

선왕이 말했다 :「아! 군자를 어찌 모욕할 수 있겠소? (이는) 과인이 모욕을 자초한 것일 뿐이오. 청컨대, (과인을) 제자로 받아주기 바라오. 그리고 안(顏) 선생과 과인이 교유하면 식사는 반드시 소·양·돼지고기를 올리고, 외출할 때는 반드시 수레를 타고, 아내와 자녀는 모두 화려한 옷을 입을 것이오.」안촉이 사양하고 떠나면서 말했다 :「대저 옥은 산에서 나와 가공하면 깨지게 되는데 (그렇다고) 귀중하지 않은 것은 아니지만, 그러나 옥돌 본래의 모습은 아닙니다. 선비는 초야에서 성장하여 추천을 거쳐 선발되면 녹을 받는데, 그렇게 되면 존귀하고 현달하지 않은 것은 아니지만, 그러나 육체와 정신은 보전하지 못합니다. 저는 돌아갈 수 있기를 원합니다. 늦도록 기다렸다가 (맛있게) 식사를 하여 고기를 먹는 것으로 여기고, 천천히 편안하게 걸어서 수레를 탄 것으로 여기며, 죄를 짓지 않아 귀하게 된 것으로 여기고, 깨끗하고 올바르게 살아 스스로 즐거움을 얻을 것입니다.」말을 마치자, (제선왕에게) 재배한 후 작별을 고하고 떠났다.

군자(君子)가 말했다 :「안촉은 만족을 아는구나! 가식을 버리고 본래의 순수하고 순박한 모습으로 돌아가니 평생 모욕을 당하지 않을 것이다.」

해제解題 및 본문 요지 설명

본문은《전국책(戰國策)·제책(齊策)》의 일부분으로, 내용은 안촉(顏斶)과 제선왕(齊宣王)의 태도 및 사상 인식에서의 대립을 통해「왕귀사천(王貴士賤)」의 그릇된 관점을 비판하고 권력자에게 아부하며 빌붙지 않고, 자신의 순결을 지키며 절조를 숭상하는 옛 선비의 형상을 묘사한 것이다.

본문은 세 단락으로 나눌 수 있는데, 첫째 단락에서는 안촉이 선비의 존엄이 군왕보다 중요하다고 생각하기 때문에 제선왕에게 굴종하지 않고 무례하게 행동한 것을 기술했고; 둘째 단락에서는 안촉이 차라리 본러의 모습을 보전하며 농락을 당하지 않겠다는 것을 기술했고; 마지막 단락에서는 안촉이 만족할 줄 알기 때문에 평생 치욕을 당하지 않을 것이라는 군자의 논평을 기술했다.

062 풍훤객맹상군(馮諼客孟嘗君)
《戰國策》

작 자

057 소진이연횡세진(蘇秦以連橫說秦) 참조.

원문 및 주석

馮諼客孟嘗君[1]

齊人有馮諼者, 貧乏不能自存, 使人屬孟嘗君, 願寄食門下。[2]

---

1 馮諼客孟嘗君 → 馮諼이 孟嘗君의 식객이 되다
【馮諼(풍훤, féng xuān)】: [인명] 전국시대 齊나라 사람.
※《史記》에는「諼」을「驩(환, huān)」이라 했고, 판본에 따라서는「煖(훤, xuān)」이라 했다.
【客(객, kè)】: [동사 용법] 식객이 되다.
【孟嘗君(맹상군, mèng cháng jūn)】: 성은 田, 이름은 文. 전국시대 齊나라 靖郭君 田嬰의 아들로, 부친의 封爵을 세습하고, 齊湣王의 재상을 지냈다. 재능 있는 선비들과 교유하기를 좋아하여, 그의 문하에는 식객이 수천 명에 달했다.
2 齊人有馮諼者, 貧乏不能自存, 使人屬孟嘗君, 願寄食門下。→ 齊나라에 馮諼이라는 사람이 있었는데, 가난하여 스스로 살아갈 수가 없게 되자, 다른 사람으로 하여금 孟嘗君에

孟嘗君曰:「客何好?」曰:「客無好也。」曰:「客何能?」曰:「客無能也。」³ 孟嘗君笑而受之, 曰:「諾。」左右以君賤之也, 食以草具。⁴ 居有頃, 倚柱彈其劍, 歌曰:「長鋏歸來乎! 食無魚。」⁵ 左右以告, 孟嘗君曰:「食之, 比門下之客。」⁶ 居有頃, 復彈其鋏, 歌曰:「長鋏歸來

게 부탁하여, 맹상군의 문하에서 기식하기를 원했다.
【貧乏(빈핍, pín fá)】: 빈곤하다. 가난하다.
【自存(자존, zì cún)】: 스스로 살아가다.
【使(사, shǐ)】: …로 하여금 …하게 하다.
【屬(촉, zhǔ)】: 囑. 청탁하다.

3 孟嘗君曰:「客何好?」曰:「客無好也。」曰:「客何能?」曰:「客無能也。」 → 맹상군이 물었다 :「객은 무엇을 좋아하시오?」부탁한 사람이 대답했다 :「객은 좋아하는 것이 없습니다.」맹상군이 물었다 :「객은 무슨 재능을 가지고 있소?」부탁한 사람이 대답했다 :「객은 아무 재능도 없습니다.」
【何好(하호, hé hào)】: 무엇을 좋아하는가?【好】: [동사] 좋아하다.

4 孟嘗君笑而受之, 曰:「諾。」左右以君賤之也, 食以草具。 → 맹상군이 웃으며 그를 받아들이고, 말했다 :「좋소.」맹상군의 측근 사람들은 맹상군이 풍훤을 경시한다고 여겨, 거친 음식으로 식사를 제공했다.
【之(지, zhī)】: [대명사] 그. 즉「馮諼」.
【諾(락, nuò)】: [동의하는 대답] 예. 응. 좋아.
【左右(좌우, zuǒ yòu)】: 측근 사람들.
【以(이, yǐ)】: 以爲. …라 여기다. …라 생각하다.
【食(사, sì)】: 먹이다. 즉「식사를 제공하다」의 뜻.
【草具(초구, cǎo jù)】: 거친 음식.

5 居有頃, 倚柱彈其劍, 歌曰:「長鋏歸來乎! 食無魚。」 → 풍훤이 얼마 동안 지내다가, 기둥에 몸을 기대고 검을 튕기며, 노래했다 :「長劍아 돌아가자! 식사하는데 생선이 없구나.」
【居(거, jū)】: 살다. 거주하다. 지내다.
【有頃(유경, yǒu qǐng)】: 얼마 동안. 잠시.
【倚(의, yǐ)】: 기대다.
【柱(주, zhù)】: 기둥.
【彈(탄, tán)】: (손가락으로) 튕기다.
【長鋏(장협, cháng jiá)】: 長劍. 긴 칼.
【歸來乎(귀래호, guī lái hū)!】: 돌아가자!【來】: [어조사].

6 左右以告, 孟嘗君曰:「食之, 比門下之客。」 → 측근 사람들이 이를 (맹상군에게) 알리자, 맹상군이 말했다 :「생선을 먹여주고, 일반 식객들과 똑같이 대접하시오.」
【以(이, yǐ)】: 以(之). 이를. 이것을.

乎! 出無車。」⁷ 左右皆笑之, 以告。孟嘗君曰:「爲之駕, 比門下之車客。」⁸ 於是乘其車, 揭其劍, 過其友, 曰:「孟嘗君客我。」⁹ 後有頃, 復彈其劍鋏, 歌曰:「長鋏歸來乎! 無以爲家。」左右皆惡之, 以爲貪而不知足。¹⁰ 孟嘗君問:「馮公有親乎?」對曰:「有老母。」孟嘗君使人給其食用, 無使乏。於是, 馮諼不復歌。¹¹

【比(비, bǐ)】: 비교하다. 여기서는「똑같이 대접하다」의 뜻.

7 居有頃, 復彈其鋏, 歌曰:「長鋏歸來乎! 出無車。」→ 얼마 동안 지내다가, 다시 장검을 퉁기며, 노래했다:「장검아 돌아가자! 외출을 하는데 수레가 없구나.」
【復(부, fù)】: 다시.
【出(출, chū)】: 외출하다.

8 左右皆笑之, 以告。孟嘗君曰:「爲之駕, 比門下之車客。」→ 측근 사람들이 모두 그를 비웃으며, 이를 맹상군에게 알렸다. 그러자 맹상군이 말했다:「그에게 수레를 타게 해주고, 수레를 타는 문객들과 똑같이 대접하시오.」
【笑(소, xiào)】: 비웃다.
【爲之(위지, wèi zhī)】: 그를 위해. 그에게.【之】:[대명사] 그, 즉「馮諼」.
【駕(가, jià)】:[사동 용법](수레를) 타게 해주다.
【車客(거객, jū kè)】: 문객 중 수레를 타는 사람.

9 於是乘其車, 揭其劍, 過其友, 曰:「孟嘗君客我。」→ 그리하여 (풍훤은) 자기의 수레를 타고, 장검을 높이 들고, 자기 친구를 방문하여:「맹상군이 나를 빈객으로 대접했다.」고 말했다.
【於是(어시, yú shì)】: 이에. 그리하여.
【乘(승, chéng)】: 타다.
【揭(게, jiē)】: 높이 들다.
【過(과, guò)】: 방문하다.
【客(객, kè)】:[동사 용법] 빈객으로 대접하다.

10 後有頃, 復彈其劍鋏, 歌曰:「長鋏歸來乎! 無以爲家。」左右皆惡之, 以爲貪而不知足。→ 그 후 얼마 있다가, 다시 자기의 장검을 퉁기며, 노래했다:「장검아 돌아가자! 가족을 부양할 수가 없구나.」측근 사람들이 모두 그를 증오하며, 탐욕으로 인해 만족을 모른다고 여겼다.
【無以(무이, wú yǐ)…】:…할 방법이 없다.…할 수가 없다.…할 도리가 없다.
【爲家(위가, wéi jiā)】: 가족을 부양하다.
【惡(오, wù)】: 증오하다. 싫어하다.
【以爲(이위, yǐ wéi)…】:…라고 여기다.…라고 생각하다.

11 孟嘗君問:「馮公有親乎?」對曰:「有老母。」孟嘗君使人給其食用, 無使乏。於是, 馮諼不

後孟嘗君出記, 問門下諸客 :「誰習計會, 能爲文收責於薛者乎?」馮諼署曰 :「能。」¹² 孟嘗君怪之, 曰 :「此誰也?」左右曰 :「乃歌夫『長鋏歸來』者也。」¹³ 孟嘗君笑曰 :「客果有能也! 吾負之, 未嘗見也。」¹⁴ 請而見之, 謝曰 :「文倦於事, 憒於憂, 而性懧愚, 沉於國家之

復歌。→ 맹상군이 물었다 :「馮公은 부모가 계시오?」풍훤이 대답했다 :「노모가 계십니다.」맹상군이 사람을 보내 풍훤 모친에게 먹고 쓸 것을 제공하고, 모자라지 않도록 해 주었다. 그리하여, 풍훤은 다시 노래를 부르지 않았다.
【親(친, qīn)】 : 부모.
【使(사, shǐ)】 : 보내다. 파견하다.
【給(급, jǐ)】 : 공급하다. 제공하다.
【食用(식용, shí yòng)】 : 먹고 쓰는 것.
【無使(무사, wú shǐ)…】 : …하지 않도록 하다.
【乏(핍, fá)】 : 모자라다. 부족하다.
【於是(어시, yú shì)】 : 이에. 그리하여.

12 後孟嘗君出記, 問門下諸客 :「誰習計會, 能爲文收責於薛者乎?」馮諼署曰 :「能。」→ 그 후 맹상군이 공문을 보내, 모든 문하의 식객들에게 물었다 :「누가 會計에 능하여, 나를 대신해 薛 지방에 가서 빚을 받아올 수 있겠소?」풍훤이 이름을 적고, 말했다 :「할 수 있습니다.」
【出記(출기, chū jì)】 : 공문을 보내다. 《記》 : 공문. 문서.
【習(습, xí)】 : 능하다. 익숙하다. 능숙하다.
【計會(회계, jì kuài)】 : 회계. 경리.
【爲文(위문, wèi wén)】 : 나를 대신하여. 나를 위해. 《文》 : 맹상군의 이름. ※ 맹상군이 자신의 이름을「나, 저」라는 의미로 사용한 것.
【收責(수채, shōu zhài)】 : 빚을 받다. 《責》 : 債. 빚.
【薛(설, xuē)】 : 맹상군의 封地. 지금의 산동성 滕縣 동남쪽.
【署(서, shǔ)】 : 서명하다. 이름을 적다.

13 孟嘗君怪之, 曰 :「此誰也?」左右曰 :「乃歌夫『長鋏歸來』者也。」→ 맹상군이 이를 이상하게 여겨, 물었다 :「이게 누구요?」측근 사람들이 말했다 :「바로『장검아 돌아가자』를 노래한 그 사람입니다.」
【怪(괴, guài)】 : 이상히 여기다.
【乃(내, nǎi)】 : 바로 …이다.
【夫(부, fú)】 : 그. 저.

14 孟嘗君笑曰 :「客果有能也! 吾負之, 未嘗見也。」→ 맹상군이 웃으며 말했다 :「그 식객이 과연 능력이 있구나! 내가 그를 저버리고, 한 번도 만나보지 못했다.」
【果(과, guǒ)】 : 과연.

事, 開罪於先生。先生不羞, 乃有意欲爲收責於薛乎?」[15] 馮諼曰:「願之。」於是約車治裝, 載券契而行, 辭曰:「責畢收, 以何市而反?」[16] 孟嘗君曰:「視吾家所寡有者。」[17]

驅而之薛, 使吏召諸民當償者, 悉來合券。[18] 券徧合, 起矯命以

【負(부, fù)】: 저버리다.
【之(지, zhī)】: [대명사] 그. 즉「馮諼」.
【未嘗(미상, wèi cháng)…】: …한 적이 없다. 아직 …하지 못하다.

15 請而見之, 謝曰:「文倦於事, 憒於憂, 而性懧愚, 沉於國家之事, 開罪於先生。先生不羞, 乃有意欲爲收責於薛乎?」→ 맹상군은 풍훤을 만나자고 청해, 사죄하며 말했다:「제가 일에 지치고, 걱정으로 마음이 어지러운 데다, 천성이 나약하고 우둔하여, 나라의 일에 푹 빠졌다가, 선생께 죄를 지었습니다. 선생께서는 수치로 여기지 않고, 오히려 저를 위해 薛에 가서 빚을 받아오겠다는 생각을 갖고 계십니까?」
【文(문, wén)】: 맹상군이 자신의 이름을「나, 저」라는 의미로 사용한 것.
【倦(권, juàn)】: 지치다. 피곤하다.
【憒(궤, kuì)】: 심란하다. 마음이 어지럽다.
【懧愚(나우, nuò yú)】: 나약하고 우둔하다.
【沉於(침어, chén yú)】: …에 푹 빠지다. 〖於〗: [개사] …에.
【開罪(개죄, kāi zuì)】: 죄를 짓다.
【不羞(불수, bù xiū)】: 수치로 여기지 않다.
【乃(내, nǎi)】: 오히려.
【欲(욕, yù)】: …하고자 하다. …하려 하다. …하길 원하다.
【爲(위, wèi)】: 爲(我). 나를 위해.

16 馮諼曰:「願之。」於是約車治裝, 載券契而行, 辭曰:「責畢收, 以何市而反?」→ 풍훤이 대답했다:「원합니다.」그리하여 수레를 준비하고 행장을 정리한 다음, 券契를 싣고 떠나면서, (맹상군에게) 작별 인사로 말했다:「빚을 다 받으면, 무엇을 사가지고 돌아올까요?」
【於是(어시, yú shì)】: 이에. 그리하여.
【約車(약거, yuē jū)】: 수레를 준비하다.
【治裝(치장, zhì zhuāng)】: 행장을 갖추다.
【載(재, zài)】: 싣다.
【券契(권계, quàn qì)】: 채권 증서.
【市(시, shì)】: [동사] 사다. 구매하다.
【反(반, fǎn)】: 返. 돌아오다.

17 孟嘗君曰:「視吾家所寡有者。」→ 맹상군이 말했다:「우리 집을 살펴보고 부족한 것을 사 오시지요.」

責賜諸民, 因燒其券, 民稱萬歲。¹⁹

長驅到齊, 晨而求見。孟嘗君怪其疾也, 衣冠而見之, 曰:「責畢收乎? 來何疾也?」²⁰ 曰:「收畢矣。」「以何市而反?」馮諼曰:「君云『視吾家所寡有者』。」²¹ 臣竊計, 君宮中積珍寶, 狗馬實外廄, 美人充

---

18 驅而之薛, 使吏召諸民當償者, 悉來合券。→ (풍훤이) 수레를 몰아 薛에 가자마자, 관리로 하여금 백성들 가운데 채무자들을 불러 모으게 하고, 모두 모이자 券契를 서로 합쳐 대조했다.
【驅(구, qū)】: 몰다.
【之(지, zhī)】: 往. 가다.
【使(사, shǐ)】: …하여금 …하게 하다.
【召(소, zhào)】: 불러 모으다.
【當償者(당상자, dāng cháng zhě)】: 마땅히 빚을 갚아야 하는 사람. 즉「채무자」.【當】: 마땅히.【償】: 갚다. 상환하다.
【悉(실, xī)】: 모두. 다.
【合券(합권, hé quàn)】: 권계를 서로 합쳐 대조하다.
※ 옛날의 券契는 대나무 판에 문자 부호나 도안을 새기고, 그것을 반으로 쪼개어 채권자와 채무자가 각기 한쪽씩 가지고 있다가, 빚을 갚을 때 두 쪽을 하나로 합쳐 양자의 계약을 확인하는데, 이를 합권이라 했다.

19 券徧合, 起矯命以責賜諸民, 因燒其券, 民稱萬歲。→ 권계를 모두 합쳐 대조한 후, 일어나 (맹상군의) 명령을 가탁하여 채권을 모든 사람에게 돌려주고, 이를 근거로 그 권계를 모두 불살라버리니, 백성들이 만세를 외쳤다.
【徧(편, piàn)】: 두루. 모두.
【矯命(교명, jiǎo mìng)】: 명령을 가탁하다. 거짓으로 명령을 전달하다.
【賜(사, cì)】: 주다. 하사하다.
【因(인, yīn)】: 근거하다. 의거하다.
【稱(칭, chēng)】: 부르다. 외치다.

20 長驅到齊, 晨而求見。孟嘗君怪其疾也, 衣冠而見之, 曰:「責畢收乎? 來何疾也?」— 풍훤은 오래도록 수레를 몰아 齊나라에 도착하여, 아침 일찍 (맹상군에게) 뵙기를 청했다. 맹상군이 그가 빨리 돌아온 것을 이상하게 여겨, 의관을 갖추고 나아가 그를 보며 말했다 :「빚은 다 받았습니까? 어찌 이렇게 빨리 돌아오셨습니까?」
【長驅(장구, cháng qū)】: 오래도록 수레를 몰다.
【求見(구견, qiú jiàn)】: 뵙기를 청하다.
【怪(괴, guài)】: 이상하게 여기다.
【疾(질, jí)】: 빠르다. 여기서는「풍훤이 빨리 돌아온 것」을 말한다.
【衣冠(의관, yī guān)】: [동사 용법] 의관을 갖추다.

下陳。君家所寡有者以義耳! 竊以爲君市義。」²² 孟嘗君曰:「市義奈何?」²³ 曰:「今君有區區之薛, 不拊愛子其民, 因而賈利之。²⁴ 臣竊矯君命, 以責賜諸民, 因燒其券, 民稱萬歲, 乃臣所以爲君市義也。」²⁵

21 曰:「收畢矣。」「以何市而反?」馮諼曰:「君云『視吾家所寡有者』。→ 풍훤이 대답했다 : 「다 받았습니다.」 (맹상군이 물었다) : 「무엇을 사가지고 돌아오셨습니까?」 풍훤이 대답했다 : 「당신께서는 저에게 『우리 집을 살펴보고 부족한 것을 사 오라.』고 말씀하셨습니다.」
【畢(필, bì)】: 마치다. 끝내다. 완료하다.
【君(군, jūn)】: [상대방에 대한 존칭] 당신. 그대. 귀하.

22 臣竊計, 君宮中積珍寶, 狗馬實外廐, 美人充下陳。君家所寡有者以義耳! 竊以爲君市義。」 → 제가 은밀히 헤아려보니, 당신의 집안에는 진귀한 보물들이 쌓여 있고, 개와 말이 바깥 마구간에 가득하며, 미녀들이 계단 아래를 가득 메우고 있습니다. 당신의 집에 부족한 것은 「義」뿐입니다. 그래서 제가 당신을 위해 義를 사 왔습니다.」
【竊(절, qiè)】: 몰래. 은밀히. 가만히. 비밀리에.
【計(계, jì)】: 헤아리다.
【宮中(궁중, gōng zhōng)】: 집안.
【實(실, shí)】: [동사] 가득 차다.
【外(외, wài)】: 바깥.
【廐(구, jiù)】: 마구간.
【下陳(하진, xià chén)】: 계단 아래.
【以義耳(이의이, yǐ yì ěr)】: 오직 義뿐. 【以】: 오직. 【耳】: …뿐.
【竊以爲君(절이위군, qiè yǐ wèi jūn)】: 제가 그래서 당신을 위해. 【竊】: [겸어] 저(나). 【以】: 因此. 그래서. 이로 인해. 【爲】: …을 위해.

23 孟嘗君曰:「市義奈何?」 → 맹상군이 물었다 :「어떻게 義를 사셨습니까?」
【奈何(내하, nài hé)】: 어떻게.

24 曰:「今君有區區之薛, 不拊愛子其民, 因而賈利之。 → 풍훤이 대답했다 :「지금 당신께서는 조그만 薛 땅을 가지고 있는데, 그 백성들을 자식처럼 어루만져 사랑하지 않기 때문에, 그래서 그들로부터 이익을 취하는 것입니다.
【區區(구구, qū qū)】: 작은 모양.
【拊(부, fǔ)】: 어루만지다. 애호하다.
【子(자, zǐ)】: [동사 용법] 자식처럼 여기다.
【因而(인이, yīn ér)】: 이로 인해. 그래서.
【賈利(고리, gǔ lì)】: 이익을 취하다.

25 臣竊矯君命, 以責賜諸民, 因燒其券, 民稱萬歲, 乃臣所以爲君市義也。」 → 그래서 제가 몰래 당신의 명령을 가탁하여, 채권을 모든 사람에게 돌려주고, 이를 근거로 그 권계를

孟嘗君不說, 曰:「諾, 先生休矣!」²⁶

　　後朞年, 齊王謂孟嘗君曰:「寡人不敢以先王之臣爲臣。」²⁷ 孟嘗君就國於薛, 未至百里, 民扶老攜幼, 迎君道中。²⁸ 孟嘗君顧謂馮諼曰:「先生所爲文市義者, 乃今日見之。」²⁹

　　馮諼曰:「狡兔有三窟, 僅得免其死耳。今君有一窟, 未得高枕而臥也。請爲君復鑿二窟。」³⁰ 孟嘗君予車五十乘, 金五百斤, 西遊於

　　불살라버리니, 백성들이 만세를 불렀습니다. 이것이 바로 제가 당신을 위해 義를 산 이유입니다.」
　　【乃(내, nǎi)】: 바로 …이다.
　　【所以(소이, suǒ yǐ)】: 이유. 까닭.
26　孟嘗君不說, 曰:「諾, 先生休矣!」→ 맹상군이 불쾌하게 여기며, 말했다:「좋소, 선생 그만두시오!」
　　【不說(불열, bù yuè)】: 불쾌하게 여기다. 〖說〗: 悅. 기쁘다. 즐겁다.
　　【休(휴, xiū)】: 그만두다.
27　後朞年, 齊王謂孟嘗君曰:「寡人不敢以先王之臣爲臣。」→ 일 년이 지나, 齊王이 맹상군에게 말했다:「과인은 감히 선왕의 신하를 (과인의) 신하로 삼지 못하겠소.」
　　【朞年(기년, jī nián)】: 期年. 만 1년이 되는 해.
　　【齊王(제왕, qí wáng)】: 여기서는「齊湣王」을 가리킨다. 이름은 地. 齊宣王의 아들로, 17년간(B.C. 300-B.C. 284) 재위했다.
　　【寡人(과인, guǎ rén)】: 寡德之人이란 뜻으로, 임금이 자신을 낮추어 부르는 말.
　　【以(이, yǐ)…爲(위, wéi)…】: …을 …로 삼다.
　　【先王(선왕, xiān wáng)】: 여기서는「齊宣王」을 가리킨다. 이름은 辟疆. 齊威王의 아들로 19년간(B.C. 319-B.C. 301) 재위했다.
28　孟嘗君就國於薛, 未至百里, 民扶老攜幼, 迎君道中。→ 맹상군은 자신의 봉지인 薛로 가는데, 아직 (설 지방으로부터) 백 리 떨어진 곳에 이르기도 전에, 백성들이 노인을 부축하고 어린아이들을 이끌고 나와, 길에서 맹상군을 맞이했다.
　　【就國於薛(취국어설, jiù guó yú xuē)】: 봉지인 설을 향해 가다. 〖就〗: 往. 가다. 다가가다.
　　〖國〗: 封地. 〖於〗: [개사] …로. …을(를) 향해.
　　【扶老攜幼(부로휴유, fú lǎo xié yòu)】: 노인들을 부축하고 아이들을 이끌다.
29　孟嘗君顧謂馮諼曰:「先生所爲文市義者, 乃今日見之。」→ 맹상군이 고개를 돌려 풍원에게 말했다:「선생께서 저를 위해 사신 義라는 것을, 마침내 오늘 보게 되었습니다.」
　　【顧(고, gù)】: 고개를 돌리다. 뒤돌아보다.
　　【乃(내, nǎi)】: 마침내. 드디어.

梁, 謂梁王曰 :「齊放其大臣孟嘗君於諸侯, 諸侯先迎之者富而兵强。」³¹ 於是梁王虛上位, 以故相爲上將軍, 遣使者黃金千斤、車百乘, 往聘孟嘗君。³²

---

30 馮諼曰:「狡兔有三窟, 僅得免其死耳。今君有一窟, 未得高枕而臥也。請爲君復鑿二窟。」
→ 풍훤이 말했다:「약삭빠른 토끼가 세 개의 굴을 가지고 있어도, 겨우 죽음을 면할 수 있을 뿐입니다. 지금 당신께서는 한 개의 굴을 가지고 있어, 아직 베개를 높이고 편히 누워 잠을 잘 수 없습니다. 청컨대 당신을 위해 다시 두 개의 굴을 더 파게 해주십시오.」
【狡(교, jiǎo)】: 교활하다. 약삭빠르다.
【窟(굴, kū)】: 굴.
【僅得(근득, jǐn dé)…】: 겨우 …할 수 있다.
【耳(이, ěr)】: …뿐.
【未得(미득, wèi dé)】: 未能. 아직 …할 수 없다.
【高枕而臥(고침이와, gāo zhěn ér wò)】: 베개를 높이고 편히 잠을 자다.
【復(부, fù)】: 다시.
【鑿(착, záo)】: 파다.

31 孟嘗君予車五十乘, 金五百斤, 西遊於梁, 謂梁王曰:「齊放其大臣孟嘗君於諸侯, 諸侯先迎之者富而兵强。」→ 그리하여 맹상군이 (풍훤에게) 수레 오십 량과, 황금 오백 근을 주고, 서쪽 魏나라에 가서 유세하도록 하니, (풍훤이) 梁惠王에게 말했다:「齊나라가 대신 맹상군을 제후들에게 추방했는데, 제후 중에 먼저 그를 맞아들이는 자는 부국강병할 수 있을 것입니다.」
【予(여, yǔ)】: 주다.
【乘(승, shèng)】: [양사] 대. 량.
【遊(유, yóu)】: [사동 용법] 유세하게 하다.
【梁(양, liáng)】: 魏나라. ※ 魏나라는 원래 安邑[지금의 산서성 夏縣 북쪽]에 도읍을 정했으나, B.C. 361년 惠王때 도읍을 大梁[지금의 하남성 開封市]으로 옮겼다. 그래서 魏를 梁이라 칭하기도 한다.
【梁王(양왕, liáng wáng)】: 여기서는 「梁惠王」을 가리킨다. 양혜왕은 이름이 罃이며, 魏武侯의 아들로 51년간(B.C. 369–B.C. 319) 재위했다.
【放(방, fàng)】: 추방하다.

32 於是梁王虛上位, 以故相爲上將軍, 遣使者黃金千斤、車百乘, 往聘孟嘗君。→ 그리하여 梁惠王이 재상의 자리를 비워두고, 원래의 재상을 상장군으로 임명한 후, 사신을 파견하여 황금 천 근과 수레 백 량을 가지고, 가서 맹상군을 초빙해 오도록 했다.
【於是(어시, yú shì)】: 이에, 그리하여.
【虛(허, xū)】: 비워두다.
【上位(상위, shàng wèi)】: 재상의 자리.
【以(이, yǐ)…爲(위, wéi)…】: …을 …으로 삼다.

馮諼先驅, 誡孟嘗君曰:「千金, 重幣也; 百乘, 顯使也。齊其聞之矣。」梁使三反, 孟嘗君固辭不往也。³³ 齊王聞之, 君臣恐懼, 遣太傅齎黃金千斤, 文車二駟, 服劍一, 封書謝孟嘗君曰 :³⁴「寡人不祥, 被於宗廟之祟, 沉於諂諛之臣, 開罪於君。寡人不足爲也, 願君顧先王之宗廟, 姑反國統萬人乎!」³⁵

【故相(고상, gù xiàng)】: 원래의 재상.
【遣(견, qiǎn)】: 파견하다.
【使者(사자, shǐ zhě)】: 사신.
【聘(빙, pìn)】: 초빙하다. 초청하다.

33 馮諼先驅, 誡孟嘗君曰:「千金, 重幣也; 百乘, 顯使也。齊其聞之矣。」梁使三反, 孟嘗君固辭不往也。→ 풍훤이 (사신보다) 먼저 가서, 맹상군에게 주의를 시키며 말했다:「황금 천 근은, 중후한 예물이요; 수레 백 량은, 매우 비중 있는 사절입니다. 齊나라가 아마도 이 소식을 들을 것입니다.」梁나라 사신이 세 번을 왕복했으나, 맹상군이 고사하고 가지 않았다.
【先驅(선구, xiān qū)】: 먼저 가다.
【誡(계, jiè)】: 주의시키다. 경계하도록 하다.
【幣(폐, bì)】: 예물.
【顯使(현사, xiǎn shǐ)】: 비중 있는 사절.
【其(기, qí)】: 아마도.
【三反(삼반, sān fǎn)】: 세 번을 왕복하다.

34 齊王聞之, 君臣恐懼, 遣太傅齎黃金千斤, 文車二駟, 服劍一, 封書謝孟嘗君曰:→ 齊王이 이 소식을 듣고, 군주와 신하 모두 두려워하며, 太傅를 파견하여 황금 천 근과, 문양을 그린 화려한 수레 두 대와, 佩劍 한 자루를 보내고, 편지를 써서 맹상군에게 사죄하여 말했다:
【太傅(태부, tài fù)】: 태부.
※太傅는 太師·太保와 더불어 최고위 관직인 三公의 하나로, 천자를 보좌하는 일을 관장했다.
【齎(재, jī)】: 물건을 보내다.
【文車(문거, wén jū)】: 화려하게 문양을 그린 수레.
【駟(사, sì)】: 네 마리의 말이 끄는 한 대의 수레.
【服劍(복검, fú jiàn)】: 佩劍. 자기 몸에 차는 보검.
【封書(봉서, fēng shū)】: 서신.

35「寡人不祥, 被於宗廟之祟, 沉於諂諛之臣, 開罪於君。寡人不足爲也, 願君顧先王之宗廟, 姑反國統萬人乎!」→「과인이 운이 좋지 못해, 조상이 내린 재앙을 당하고, 아첨하는 신

馮諼誡孟嘗君曰:「願請先王之祭器, 立宗廟於薛。」³⁶ 廟成, 還報孟嘗君曰:「三窟已就, 君姑高枕爲樂矣。」³⁷

孟嘗君爲相數十年, 無纖介之禍者, 馮諼之計也。³⁸

하에게 깊이 빠져, 그대에게 죄를 지었습니다. 과인은 도와줄 가치가 없는 사람이지만, 원컨대 그대가 先王의 종묘를 생각해서, 잠시 조정에 돌아와, 만민을 다스려주시기 바랍니다.」
【不祥(불상, bù xiáng)】: 운이 좋지 않다.
【被於(피어, bèi yú)…】: …을 받다. …을 당하다.
【宗廟之祟(종묘지수, zōng miào zhī suì)】: 조상이 내린 재앙.
【沉於(침어, chén yú)…】: …에 깊이 빠지다.〖於〗: [개사] …에.
【諂諛(첨유, chǎn yú)】: 아첨하다. 아부하다.
【君(군, jūn)】: [상대방에 대한 존칭] 그대. 당신.
【不足爲(부족위, bù zú wéi)】: 도와줄 가치가 없다.
【顧(고, gù)】: 생각하다. 고려하다. 염려하다.
【姑(고, gū)】: 잠시.
【反國(반국, fǎn guó)】: 조정으로 돌아오다.〖反〗: 返.〖國〗: 여기서는「朝廷」을 가리킨다.
【統(통, tǒng)】: 다스리다.

36 馮諼誡孟嘗君曰:「願請先王之祭器, 立宗廟於薛。」→ 풍훤이 맹상군에게 경계시키며 말했다:「齊王에게 先王의 祭器를 요청하여, 薛에 종묘를 세우시기 바랍니다.」
【請(청, qǐng)】: 요청하다. 요구하다.

37 廟成, 還報孟嘗君曰:「三窟已就, 君姑高枕爲樂矣。」→ 종묘가 완성되자, 풍훤이 돌아와 맹상군에게 보고했다:「세 개의 굴이 이미 완성되었으니, 당신께서는 잠시 베개를 높이고 즐겁게 지내셔도 됩니다.」
【還報(환보, huán bào)】: 돌아와 보고하다.
【已就(이취, yǐ jiù)】: 이미 완성되다.

38 孟嘗君爲相數十年, 無纖介之禍者, 馮諼之計也。→ 맹상군이 재상을 지낸 수십 년 동안, 작은 재앙도 없었던 것은, 풍훤의 계략이었다.
【纖介(섬개, xiān jiè)】: 작은. 미세한.〖纖〗: 가늘다. 작다.〖介〗: 芥. 매우 작은 것.

> 번역문

풍훤(馮諼)이 맹상군(孟嘗君)의 식객이 되다

제(齊)나라에 풍훤(馮諼)이라는 사람이 있었는데, 가난하여 스스로 살아갈 수가 없게 되자 다른 사람으로 하여금 맹상군(孟嘗君)에게 부탁하여 맹상군의 문하에서 기식하기를 원했다. 맹상군이 물었다:「객은 무엇을 좋아하시오?」부탁한 사람이 대답했다:「객은 좋아하는 것이 없습니다.」맹상군이 물었다:「객은 무슨 재능을 가지고 있소?」부탁한 사람이 대답했다:「객은 아무 재능도 없습니다.」맹상군이 웃으며 그를 받아들이고 말했다:「좋소.」맹상군의 측근 사람들은 맹상군이 풍훤을 경시한다고 여겨 거친 음식으로 식사를 제공했다. 풍훤이 얼마 동안 지내다가 기둥에 몸을 기대고 검을 퉁기며 노래했다:「장검(長劍)아 돌아가자! 식사하는데 생선이 없구나.」측근 사람들이 이를 (맹상군에게) 알리자, 맹상군이 말했다:「생선을 먹여주고 일반 식객들과 똑같이 대접하시오.」얼마 동안 지내다가 다시 장검을 퉁기며 노래했다:「장검아 돌아가자! 외출을 하는데 수레가 없구나.」측근 사람들이 모두 그를 비웃으며 이를 맹상군에게 알렸다. 그러자 맹상군이 말했다:「그에게 수레를 타게 해주고 수레를 타는 문객들과 똑같이 대접하시오.」그리하여 (풍훤은) 자기의 수레를 타고 장검을 높이 들고 자기 친구를 방문하여:「맹상군이 나를 빈객으로 대접했다.」고 말했다. 그 후 얼마 있다가 다시 자기의 장검을 퉁기며 노래했다:「장검아 돌아가자! 가족을 부양할 수가 없구나.」측근 사람들이 모두 그를 증오하며 탐욕으로 인해 만족을 모른다고 여겼다. 맹상군이 물었다:「풍공(馮公)은 부모가 계시오?」풍훤이 대답했다:「노모가 계십니다.」맹상군이 사람을 보내 풍훤 모친에게 먹고 쓸 것을 제공하고 모자라지 않도록 해주었다. 그리하여 풍훤은 다시 노래를 부르지 않았다.

그 후 맹상군이 공문을 보내 모든 문하의 식객들에게 물었다 :「누가 회계(會計)에 능하여 나를 대신해 설(薛) 지방에 가서 빚을 받아올 수 있겠소?」풍훤이 이름을 적고 말했다 :「할 수 있습니다.」맹상군이 이를 이상하게 여겨 물었다 :「이게 누구요?」측근 사람들이 말했다 :「바로『장검아 돌아가자』를 노래한 그 사람입니다.」맹상군이 웃으며 말했다 :「그 식객이 과연 능력이 있구나! 내가 그를 저버리고 한 번도 만나보지 못했다.」맹상군은 풍훤을 만나자고 청해 사죄하며 말했다 :「제가 일에 지치고 걱정으로 마음이 어지러운 데다 천성이 나약하고 우둔하여 나라의 일에 푹 빠졌다가 선생께 죄를 지었습니다. 선생께서는 수치로 여기지 않고 오히려 저를 위해 설(薛)에 가서 빚을 받아오겠다는 생각을 갖고 계십니까?」풍훤이 대답했다 :「원합니다.」그리하여 수레를 준비하고 행장을 정리한 다음, 권계(券契)를 싣고 떠나면서 (맹상군에게) 작별 인사로 말했다 :「빚을 다 받으면 무엇을 사가지고 돌아올까요?」맹상군이 말했다 :「우리 집을 살펴보고 부족한 것을 사 오시지요.」

(풍훤이) 수레를 몰아 설(薛)에 가자마자 관리로 하여금 백성들 가운데 채무자들을 불러 모으게 하고 모두 모이자 권계(券契)를 서로 합쳐 대조했다. 권계를 모두 합쳐 대조한 후 일어나 (맹상군의) 명령을 가탁하여 채권을 모든 사람에게 돌려주고, 이를 근거로 그 권계를 모두 불살라버리니 백성들이 만세를 외쳤다.

풍훤은 오래도록 수레를 몰아 제(齊)나라에 도착하여 아침 일찍 (맹상군에게) 뵙기를 청했다. 맹상군이 그가 빨리 돌아온 것을 이상하게 여겨 의관을 갖추고 나아가 그를 보며 말했다 :「빚은 다 받았습니까? 어찌 이렇게 빨리 돌아오셨습니까?」풍훤이 대답했다 :「다 받았습니다.」(맹상군이 물었

다) :「무엇을 사가지고 돌아오셨습니까?」 풍훤이 대답했다 :「당신께서는 저에게 『우리 집을 살펴보고 부족한 것을 사 오라.』고 말씀하셨습니다.」 제가 은밀히 헤아려보니 당신의 집안에는 진귀한 보물들이 쌓여 있고, 개와 말이 바깥 마구간에 가득하며, 미녀들이 계단 아래를 가득 메우고 있습니다. 당신의 집에 부족한 것은 「의(義)」뿐입니다. 그래서 제가 당신을 위해 의(義)를 사왔습니다.」 맹상군이 물었다 :「어떻게 의(義)를 사셨습니까?」 풍훤이 대답했다 :「지금 당신께서는 조그만 설(薛) 땅을 가지고 있는데, 그 백성들을 자식처럼 어루만져 사랑하지 않기 때문에, 그래서 그들로부터 이익을 취하는 것입니다. 그래서 제가 몰래 당신의 명령을 가탁하여 채권을 모든 사람에게 돌려주고, 이를 근거로 그 권계를 불살라버리니 백성들이 만세를 불렀습니다. 이것이 바로 제가 당신을 위해 의(義)를 산 이유입니다.」 맹상군이 불쾌하게 여기며 말했다 :「좋소, 선생 그만두시오!」

일 년이 지나 제왕(齊王)이 맹상군에게 말했다 :「과인은 감히 선왕의 신하를 (과인의) 신하로 삼지 못하겠소.」 맹상군은 자신의 봉지인 설(薛)로 가는데, 아직 (설 지방으로부터) 백 리 떨어진 곳에 이르기도 전에 백성들이 노인을 부축하고 어린아이들을 이끌고 나와 길에서 맹상군을 맞이했다. 맹상군이 고개를 돌려 풍훤에게 말했다 :「선생께서 저를 위해 사신 의(義)라는 것을 마침내 오늘 보게 되었습니다.」

풍훤이 말했다 :「약삭빠른 토끼가 세 개의 굴을 가지고 있어도 겨우 죽음을 면할 수 있을 뿐입니다. 지금 당신께서는 한 개의 굴을 가지고 있어 아직 베개를 높이고 편히 누워 잠을 잘 수 없습니다. 청컨대, 당신을 위해 다시 두 개의 굴을 더 파게 해주십시오.」 그리하여 맹상군이 (풍훤에게) 수레 오십 량과 황금 오백 근을 주고 서쪽 위(魏)나라에 가서 유세하도록 하니, (풍훤이) 양혜왕(梁惠王)에게 말했다 :「제(齊)나라가 대신 맹상군을 제

후들에게 추방했는데 제후 중에 먼저 그를 맞아들이는 자는 부국강병 할 수 있을 것입니다.」 그리하여 양혜왕이 재상의 자리를 비워두고 원래의 재상을 상장군(上將軍)으로 임명한 후, 사신을 파견하여 황금 천 근과 수레 백 량을 가지고 가서 맹상군을 초빙해 오도록 했다.

풍훤이 (사신보다) 먼저 가서 맹상군에게 주의를 시키며 말했다 : 「황금 천 근은 중후한 예물이요, 수레 백 량은 매우 비중 있는 사절입니다. 제(齊)나라가 아마도 이 소식을 들을 것입니다.」 양(梁)나라 사신이 세 번을 왕복했으나 맹상군이 고사하고 가지 않았다. 제왕(齊王)이 이 소식을 듣고 군주와 신하 모두 두려워하며 태부(太傅)를 파견하여 황금 천 근과 문양을 그린 화려한 수레 두 대와 패검(佩劍) 한 자루를 보내고, 편지를 써서 맹상군에게 사죄하여 말했다 : 「과인이 운이 좋지 못해 조상이 내린 재앙을 당하고, 아첨하는 신하에게 깊이 빠져 그대에게 죄를 지었습니다. 과인은 도와줄 가치가 없는 사람이지만, 원컨대 그대가 선왕(先王)의 종묘를 생각해서 잠시 조정에 돌아와 만민을 다스려주시기 바랍니다.」

풍훤이 맹상군에게 경계시키며 말했다 : 「제왕(齊王)에게 선왕(先王)의 제기(祭器)를 요청하여 설(薛)에 종묘를 세우시기 바랍니다.」 종묘가 완성되자, 풍훤이 돌아와 맹상군에게 보고했다 : 「세 개의 굴이 이미 완성되었으니 당신께서는 잠시 베개를 높이고 즐겁게 지내셔도 됩니다.」

맹상군이 재상을 지낸 수십 년 동안 작은 재앙도 없었던 것은 풍훤의 계략이었다.

> 해제解題 및 본문 요지 설명

　전국시대(戰國時代)는 사회의 변혁이 심했던 시기로, 각국의 통치 계층은 자기의 권익을 보호하고 확장하기 위해 심복을 양성하는 데 전력을 기울여 양사(養士)의 풍조가 매우 성했다. 제(齊)나라의 맹상군(孟嘗君)은 전국시대 사공자(四公子) 가운데 식객이 가장 많기로 이름이 났으며, 풍훤(馮諼)은 바로 맹상군 식객 중의 한 사람이다.

　본문은 《전국책(戰國策)·제책(齊策)》의 일부분으로, 맹상군이 풍훤의 계략에 힘입어 파직의 위기를 모면하고 제(齊)나라의 재상에 복귀하여 수십 년 동안 정치적 지위를 누린 역사 고사를 기술한 것이다.

　본문은 여섯 단락으로 나눌 수 있는데, 첫째 단락에서는 맹상군이 자기 문하의 식객으로 들어와 접대가 소홀하다고 불만을 표하는 풍훤의 요구를 질책하지 않고 모두 해결해 준 상황을 기술했고; 둘째 단락에서는 풍훤이 자천하여 맹상군의 봉지인 설(薛) 지방 백성들로부터 맹상군의 빚을 받아 맹상군의 집에 필요한 물건을 사 오기로 하고 떠난 후, 자기 마음대로 맹상군의 명령을 가탁하여 백성들의 빚을 면제해 주고 그 대가로 설지 백성들의 민심(民心)을 얻어 맹상군에게 부족한「의(義)」를 사 온 상황을 기술했고; 셋째 단락에서는 맹상군이 제왕(齊王)으로부터 파직을 당하고 설(薛)에 와서 비로소 풍훤이 사 온 의(義)의 효과를 목격한 상황을 기술했고; 넷째 단락에서는 풍훤이 맹상군을 위해 양왕(梁王)에게 유세하여 성공한 일을 기술했고; 다섯째 단락에서는 맹상군이 제왕(齊王)의 사과를 받고 복귀하는 한편, 풍훤의 계략에 따라 선왕(先王)의 제기(祭器)를 요구하여 설(薛)에 종묘(宗廟)를 세운 일을 기술했고; 마지막 단락에서는 풍훤의 계략에 힘입어 맹상군이 제(齊)나라의 재상을 지내는 수십 년 동안 아무런 재앙이 없었던 것을 기술했다.

063 조위후문제사(趙威后問齊使)
《戰國策》

작 자

057 소진이연횡세진(蘇秦以連橫說秦) 참조.

원문 및 주석

趙威后問齊使[1]

齊王使使者問趙威后。[2] 書未發, 威后問使者曰:「歲亦無恙耶?

---

1 趙威后問齊使 → 趙威后가 齊나라 사신에게 묻다
   【趙威后(조위후, zhào wēi hòu)】: 趙나라 惠文王의 왕후이자 孝成王의 모친. 태자 丹이 효성왕으로 즉위할 때 나이가 어려 威后가 섭정했다.

2 齊王使使者問趙威后。→ 齊王이 사신을 파견하여 趙威后의 안부를 물었다.
   【齊王(제왕, qí wáng)】: 여기서는「齊나라의 마지막 군주 田建」을 가리킨다.
   ※ 齊襄王의 아들로 44년간(B.C. 264-B.C. 221) 재위했으며, 마지막 군주이기 때문에 시호가 없다. 齊의 멸망을 끝으로 六國이 모두 멸망하고 秦이 전국을 통일했다.
   【使使者(사사자, shǐ shǐ zhě)】: 사신을 파견하다.【使】: 파견하다.【使者】: 사신.
   【問(문, wèn)】: 묻다. 여기서는「안부를 묻다」의 뜻.

民亦無恙耶? 王亦無恙耶?」³ 使者不說, 曰:「臣奉使使威后, 今不問王而先問歲與民, 豈先賤而後尊貴者乎?」⁴ 威后曰:「不然。苟無歲, 何以有民? 苟無民, 何以有君? 故有問, 舍本而問末者耶。」⁵

乃進而問之曰:「齊有處士曰鍾離子, 無恙耶?⁶ 是其爲人也, 有糧者亦食, 無糧者亦食; 有衣者亦衣, 無衣者亦衣。⁷ 是助王養其

3 書未發, 威后問使者曰:「歲亦無恙耶? 民亦無恙耶? 王亦無恙耶?」 → 서신을 개봉하기 전에, 조위후가 사신에게 물었다:「수확도 별 탈 없습니까? 백성들도 별일 없습니까? 齊王께서도 무고하십니까?」
【書(서, shū)】: 편지. 즉 齊王이 조위후에게 보낸 편지를 말한다.
【發(발, fā)】: 열다. 개봉하다.
【歲(세, suì)】: 수확.
【無恙(무양, wú yàng)】: 무고하다. 별고 없다. 별 탈 없다. 〖恙〗: 탈. 우환.

4 使者不說, 曰:「臣奉使使威后, 今不問王而先問歲與民, 豈先賤而後尊貴者乎?」 → 사신이 불쾌하여, 말했다:「저는 사명을 받들고 威后께 사신으로 왔는데, 지금 왕의 안부를 묻지 않으시고 먼저 수확과 백성을 물으시니, 어찌 비천한 것을 먼저 물으시고 존귀한 것을 뒤에 물으십니까?」
【不說(불열, bù yuè)】: 不悅. 불쾌하게 여기다.
【奉使(봉사, fèng shǐ)】: 사명을 받들다.
【豈(기, qǐ)】: 어찌.
【先(선, xiān)】: [동사 용법] 먼저 묻다.
【後(후, hòu)】: [동사 용법] 뒤에 묻다.

5 威后曰:「不然。苟無歲, 何以有民? 苟無民, 何以有君? 故有問, 舍本而問末者耶。」 → 조위후가 말했다:「그렇지 않습니다. 만일 수확이 없다면, 어찌 백성이 있겠습니까? 만일 백성이 없다면, 어찌 임금이 있겠습니까? 예전의 안부를 묻는 방법은, 중요한 것을 버리고 중요하지 않은 것을 물은 것입니다.」
【苟(구, gǒu)】: 만일.
【故(고, gù)】: 예전. 과거.
【舍本而問末(사본이문말, shě běn ér wèn mò)】: 근본을 버리고 말초를 묻다. 즉「중요한 것을 버리고, 중요하지 않은 것을 묻다」의 뜻. 〖舍〗: 捨. 버리다.

6 乃進而問之曰:「齊有處士曰鍾離子, 無恙耶? → 그리하여 (조위후가) 한 걸음 더 나아가 그에게 물었다:「齊나라에 鍾離子라는 處士가 있는데, 별고 없으십니까?
【乃(내, nǎi)】: 이에, 그리하여.
【進而(진이, jìn ér)】: 한 걸음 더 나아가.
【處士(처사, chǔ shì)】: 도덕과 재능을 지니고 있으나 은거하며 벼슬길에 나서지 않는 사람.
【鍾離子(종리자, zhōng lí zǐ)】: [인명] 齊나라의 어진 선비. ※「鍾離」는 복성.

民者也, 何以至今不業也?⁸ 葉陽子無恙乎? 是其爲人, 哀鰥寡, 卹孤獨, 振困窮, 補不足.⁹ 是助王息其民者也, 何以至今不業也?¹⁰ 北宮之女嬰兒子無恙耶? 徹其環瑱, 至老不嫁, 以養父母.¹¹ 是皆率民

---

7 是其爲人也, 有糧者亦食, 無糧者亦食; 有衣者亦衣, 無衣者亦衣. → 그의 사람 됨됨이는, 양식이 있는 자에게도 먹을 것을 주고, 양식이 없는 자에게도 먹을 것을 주며; 옷이 있는 자에게도 입을 옷을 주고, 옷이 없는 자에게도 입을 옷을 줍니다.
【是(시, shì)】: [어조사].
【爲人(위인, wéi rén)】: 사람 됨됨이.
【食(사, sì)】: [동사 용법] 먹이다. 먹을 것을 주다.
【有衣者亦衣(유의자역의, yǒ yī zhě yì yì)】: 옷이 있는 자에게도 입을 옷을 주다. ※ 앞의 「衣」는 명사로「옷」, 뒤의「衣」는 동사로「입을 옷을 주다」의 뜻.

8 是助王養其民者也, 何以至今不業也? → 이는 왕을 도와 그 백성을 부양하는 것인데, 어째서 지금까지 직책을 맡기지 않습니까?
【是(시, shì)】: 此. 이. 이것.
【何以(하이, hé yǐ)】: 어째서. 왜.
【至今(지금, zhì jīn)】: 지금까지.
【不業(불업, bù yè)】: 직책을 맡기지 않다.

9 葉陽子無恙乎? 是其爲人, 哀鰥寡, 卹孤獨, 振困窮, 補不足. → 葉陽子도 별고 없습니까? 그의 사람 됨됨이는, 홀아비와 과부를 불쌍히 여기고, 고아와 홀로 된 노인을 가엽게 여기며, 가난한 사람을 구제하고, 衣食이 부족한 사람을 보태줍니다.
【葉陽子(섭양자, yè yáng zǐ)】: [인명] 齊나라의 처사. ※「葉陽」은 복성.
【哀(애, āi)】: 불쌍히 여기다.
【鰥寡(환과, guān guǎ)】: 홀아비와 과부.
【卹(휼, xù)】: 가엽게 여기다.
【孤獨(고독, gū dú)】: 고아와 홀로 된 노인.
【振(진, zhèn)】: 구제하다.

10 是助王息其民者也, 何以至今不業也? → 이는 왕을 도와 그 백성을 양육하는 것인데, 어째서 지금까지 직책을 맡기지 않습니까?
【息(식, xī)】: 양육하다.

11 北宮之女嬰兒子無恙耶? 徹其環瑱, 至老不嫁, 以養父母. → 北宮氏의 딸 嬰兒子는 별고 없습니까? 그녀는 자기의 장식품을 없애버리고, 늙도록 시집을 가지 않으며, 부모를 봉양하였습니다.
【北宮(북궁, běi gōng)】: 複姓.
【女(여, nǚ)】: 딸.
【嬰兒子(영아자, yīng ér zǐ)】: [인명].

而出於孝情者也, 胡爲至今不朝也?¹² 此二士弗業, 一女不朝, 何以王齊國、子萬民乎?¹³ 於陵子仲尙存乎? 是其爲人也, 上不臣於王, 下不治其家, 中不索交諸侯。¹⁴ 此率民而出於無用者, 何爲至今不殺乎?」¹⁵

【徹(철, chè)】: 撤. 제거하다. 없애버리다.
【環瑱(환전, huán tiàn)】: 귀고리와 귀에 다는 옥 장식. 여기서는 여자의「장식품」을 말한다.

12 是皆率民而出於孝情者也, 胡爲至今不朝也? → 이는 모두가 백성을 이끌어 효행으로 나아가게 하는 것인데, 어째서 지금까지 入朝하지 못하고 있습니까?
【率(솔, shuài)】: 이끌다. 인도하다.
【出於孝情(출어효정, chū yú xiào qíng)】: 효행으로 나아가다. 〖於〗: [개사] …으로. …을 향해.
【胡爲(호위, hú wéi)】: 어째서. 왜.
【不朝(부조, bù cháo)】: 입조하지 못하다.
※ 옛날에 여자는 오직 천자로부터 封號를 받아 命婦가 되어야 비로소 입조하여 왕을 알현할 수 있었다. 따라서「입조하지 못했다」는 것은 실제로「봉호를 받지 못했다」는 것을 뜻한다.

13 此二士弗業, 一女不朝, 何以王齊國、子萬民乎? → 이들 두 선비는 직책을 갖지 못했고, 한 여자는 입조하지 못했는데, 어떻게 齊나라를 다스리고 만민을 자식처럼 부양하겠습니까?
【弗業(불업, bù yè)】: 不業. 직책을 갖지 못하다.
【王(왕, wàng)】: [동사 용법] 다스리다. 통치하다.
【子(자, zǐ)】: [동사 용법] 자식처럼 부양하다.

14 於陵子仲尙存乎? 是其爲人也, 上不臣於王, 下不治其家, 中不索交諸侯。→ 於陵의 子仲은 아직도 살아있습니까? 그의 사람 됨됨이는, 위로는 왕에 대해 신하 노릇을 못하고, 아래로는 자기 집안을 다스리지 못하며, 가운데로는 제후와 교유하지도 못했습니다.
【於陵(오릉, wú líng)】: [지명] 오릉. 지금의 산동성 長山縣 서쪽.
※「於」는 지명일 경우「오」로 읽는다.
【子仲(자중, zǐ zhòng)】: [인명] 자중. 齊나라의 隱士.
【尙存(상존, shàng cún)】: 아직 살아있다. 〖尙〗: 아직.
【不臣(불신, bù chén)】: [동사 용법] 신하 노릇을 못하다.
【索交(색교, suǒ jiāo)】: 교유하다. 교제하다. 왕래하다. 〖索〗: 求. 찾다. 구하다.

15 此率民而出於無用者, 何爲至今不殺乎? → 이는 백성들을 이끌어 쓸데없는 곳으로 나아가게 하는 자인데, 어째서 지금까지 죽이지 않습니까?
【率(솔, shuài)】: 이끌다. 인솔하다. 거느리다.

번역문

조위후(趙威后)가 제(齊)나라 사신에게 묻다

　제왕(齊王)이 사신을 파견하여 조위후(趙威后)의 안부를 물었다. 서신을 개봉하기 전에 조위후가 사신에게 물었다 :「수확도 별 탈 없습니까? 백성들도 별일 없습니까? 제왕(齊王)께서도 무고하십니까?」사신이 불쾌하여 말했다 :「저는 사명을 받들고 위후(威后)께 사신으로 왔는데, 지금 왕의 안부를 묻지 않으시고 먼저 수확과 백성을 물으시니, 어찌 비천한 것을 먼저 물으시고 존귀한 것을 뒤에 물으십니까?」조위후가 말했다 :「그렇지 않습니다. 만일 수확이 없다면 어찌 백성이 있겠습니까? 만일 백성이 없다면 어찌 임금이 있겠습니까? 예전의 안부를 묻는 방법은 중요한 것을 버리고 중요하지 않은 것을 물은 것입니다.」

　그리하여 (조위후가) 한 걸음 더 나아가 그에게 물었다 :「제(齊)나라에 종리자(鍾離子)라는 처사(處士)가 있는데 별고 없으십니까? 그의 사람 됨됨이는 양식이 있는 자에게도 먹을 것을 주고, 양식이 없는 자에게도 먹을 것을 주며, 옷이 있는 자에게도 입을 옷을 주고, 옷이 없는 자에게도 입을 옷을 줍니다. 이는 왕을 도와 그 백성을 부양하는 것인데, 어째서 지금까지 직책을 맡기지 않습니까? 섭양자(葉陽子)도 별고 없으십니까? 그의 사람 됨됨이는 홀아비와 과부를 불쌍히 여기고, 고아와 홀로 된 노인을 가엾게 여기며, 가난한 사람을 구제하고 의식(衣食)이 부족한 사람을 보태줍니다. 이는

　【出於無用(출어무용, chū yú wú yòng)】: 쓸데없는 곳으로 나아가다. 〖於〗: [개사] …으로. …을 향해.
　【何爲(하위, hé wéi)】: 어째서. 왜.
　【至今(지금, zhì jīn)】: 지금까지. 여태까지.

왕을 도와 그 백성을 양육하는 것인데, 어째서 지금까지 직책을 맡기지 않습니까? 북궁씨(北宮氏)의 딸 영아자(嬰兒子)는 별고 없습니까? 그녀는 자기의 장식품을 없애버리고 늙도록 시집을 가지 않으며 부모를 봉양하였습니다. 이는 모두가 백성을 이끌어 효행으로 나아가게 하는 것인데, 어째서 지금까지 입조(入朝)하지 못하고 있습니까? 이들 두 선비는 직책을 갖지 못했고 한 여자는 입조하지 못했는데, 어떻게 제(齊)나라를 다스리고 만민을 자식처럼 부양하겠습니까? 오릉(於陵)의 자중(子仲)은 아직도 살아있습니까? 그의 사람 됨됨이는 위로는 왕에 대해 신하 노릇을 못하고, 아래로는 자기 집안을 다스리지 못하며, 가운데로는 제후와 교유하지도 못했습니다. 이는 백성들을 이끌어 쓸데없는 곳으로 나아가게 하는 자인데, 어째서 지금까지 죽이지 않습니까?」

해제解題 및 본문 요지 설명

　　본문은 《전국책(戰國策)·제책(齊策)》의 일부분으로, 내용은 조위후(趙威后)가 제왕(齊王)에 대한 우회적인 비난을 기술한 것이다.

　　본문은 두 단락으로 나눌 수 있는데, 첫째 단락에서는 조위후가 자신의 안부를 묻기 위해 방문한 제(齊)나라 사신에게 제나라의 농작물 수확과 백성들의 상황을 먼저 묻고 왕의 안부를 뒤에 물어, 제나라 사신이 조위후에게 안부를 묻는 순서가 부당하다고 항의하자, 조위후가 이에 대해 해명한 것을 기술했고; 둘째 단락에서는 조위후가 민본군말(民本君末)의 사상 관념으로부터 출발하여 제왕(齊王)의 인물 기용에 대한 실책을 지적한 것에 대해 기술했다.

064 장신논행신(莊辛論幸臣)
《戰國策》

작 자

057 소진이연횡세진(蘇秦以連橫說秦) 참조.

원문 및 주석

莊辛論幸臣[1]

臣聞鄙語曰:「見兎而顧犬, 未爲晚也; 亡羊而補牢, 未爲遲也。」[2]

---

1 莊辛論幸臣 → 莊辛이 寵臣에 대해 논하다
  【莊辛(장신, zhuāng xīn)】: [인명] 楚莊王의 후손이기 때문에 성을 莊이라 했으며, 후에 成陵君에 봉해졌다.
  【幸臣(행신, xìng chén)】: 총신. 임금의 총애를 받는 신하.

2 臣聞鄙語曰:「見兎而顧犬, 未爲晚也; 亡羊而補牢, 未爲遲也。」 → 저는 속담에「토끼를 보고 나서 되돌아가 개를 불러와도, 늦지 않고; 양을 잃고 우리를 고쳐도, 늦지 않는다.」라고 한 말을 들었습니다.
  【臣(신, chén)】: 신하. 여기서는 莊辛이 자신에 대해「저(나)」라는 의미로 사용한 호칭.
  【鄙語(비어, bǐ yǔ)】: 속담. 속어.

臣聞昔湯、武以百里昌, 桀、紂以天下亡。³ 今楚國雖小, 絶長續短, 猶以數千里, 豈特百里哉?⁴

王獨不見夫蜻蛉乎? 六足四翼, 飛翔乎天地之間, 俛啄蚊虻而食之, 仰承甘露而飲之, 自以爲無患, 與人無爭也。⁵ 不知夫五尺童

【顧(고, gù)】: 돌이켜보다, 뒤돌아보다. 여기서는 「되돌아가 불러오다」의 뜻.
【未爲(미위, wèi wéi)】: 아직 …이지 않다. …라고 할 수 없다.
【晚(만, wǎn)】: 늦다.
【亡羊而補牢(망양이보뢰, wáng yáng ér bǔ láo)】: 양을 잃고 우리를 고치다. 〖亡〗: 잃다. 〖補〗: 고치다. 수리하다. 〖牢〗: 우리. 외양간.
※ 한국 속담에「소 잃고 외양간 고치다」라는 말과 같다.
【遲(지, chí)】: 늦다.

3 臣聞昔湯、武以百里昌, 桀、紂以天下亡。→ 제가 듣건대 옛날의 湯王과 武王은 백 리의 작은 땅을 가지고도 흥성했고, 桀과 紂王은 천하를 가지고도 멸망했습니다.
【湯(탕, tāng)】: 商의 개국 군주 湯王.
【武(무, wǔ)】: 周의 개국 군주 武王.
【以(이, yǐ)】: …로써. …을(를) 가지고.
【百里(백리, bǎi lǐ)】: 여기서는 「백 리의 땅, 즉 백 리밖에 안 되는 작은 땅」을 의미한다.
【昌(창, chāng)】: 일어나다. 흥성하다.
【桀(걸, jié)】: 夏의 마지막 임금 桀王.
【紂(주, zhòu)】: 商의 마지막 임금 紂王.

4 今楚國雖小, 絶長續短, 猶以數千里, 豈特百里哉? → 지금 楚나라가 비록 작지만, 긴 쪽을 잘라 짧은 쪽에 이어붙이면, 여전히 수천 리에 이르는데, 어찌 다만 백 리에 불과하다 하겠습니까?
【雖(수, suī)】: 비록.
【絶長續短(절장속단, jué cháng xù duǎn)】: 긴 쪽을 잘라 짧은 쪽에 이어붙이다. 絶長補短 하다.
【猶(유, yóu)】: 여전히.
【以(이, yǐ)】: 有. 있다. 되다.
【豈(기, qǐ)】: 어찌.
【特(특, tè)】: 다만.

5 王獨不見夫蜻蛉乎? 六足四翼, 飛翔乎天地之間, 俛啄蚊虻而食之, 仰承甘露而飲之, 自以爲無患, 與人無爭也。→ 폐하께서 설마 그 잠자리를 못 보신 것은 아니겠지요? 여섯 개의 다리와 네 개의 날개로, 천지를 날아다니며, 고개를 숙여 모기와 등에를 잡아 쪼아먹고, 고개를 들어 감로를 받아 마시며, 스스로 우환이 없고, 다른 사람과 다툴 일도 없다고 생각합니다.

子, 方將調飴膠絲, 加己乎四仞之上, 而下爲螻蟻食也。⁶

蜻蛉其小者也, 黃雀因是以。⁷ 俯噣白粒, 仰棲茂樹, 鼓翅奮翼, 自以爲無患, 與人無爭也。⁸ 不知夫公子王孫, 左挾彈, 右攝丸, 將加

【獨(독, dú)】: 설마 …하겠는가? 설마 …은 아니겠지?
【夫(부, fú)】: 그. 저.
【蜻蛉(청령, qīng líng)】: 잠자리.
【飛翔乎(비상호, fēi xiáng hū)…】: …에서 날아다니다. …를 날아다니다. 【乎】: [개사] 於. …에서.
【俛(부, fǔ)】: 俯. 내려보다. 고개를 숙이다. 아래를 향하다.
【啄(탁, zhuó)】: 쪼다.
【蚊(문, wén)】: 모기.
【虻(맹, méng)】: 등에.
【仰(앙, yǎng)】: 올려보다. 머리를 들다. 위를 향하다.
【承(승, chéng)】: 받아 마시다.
【以爲(이위, yǐ wéi)】: …라 여기다. …라고 생각하다.

6 不知夫五尺童子, 方將調飴膠絲, 加己乎四仞之上, 而下爲螻蟻食也。→ 잠자리는 그 5척 동자가, 이제 막 엿을 배합하여 실에 발라, 4仞 높이의 공중에서 자기를 해쳐, 아래로 떨어뜨려 땅강아지나 개미의 먹이가 되게 하려는 것을 모르고 있습니다.
【夫(부, fú)】: 그. 저.
【方將(방장, fāng jiāng)…】: 이제 막 …하려 하다.
【調(조, tiáo)】: 고루 섞다. 배합하다.
【飴(이, yí)】: 엿.
【膠(교, jiāo)】: [동사 용법] 바르다. 칠하다.
【加(가, jiā)】: 해치다. 加害하다.
【仞(인, rèn)】: [길이 단위] 1仞은 7尺 또는 8尺.
【螻(루, lú)】: 땅강아지.
【蟻(의, yǐ)】: 개미.
【食(식, shí)】: 먹이.

7 蜻蛉其小者也, 黃雀因是以。→ 잠자리의 경우는 작은 일에 불과하고, 참새도 이와 마찬가지입니다.
【黃雀(황작, huáng què)】: 참새의 일종.
【因(인, yīn)】: 猶. …과 같다. …과 마찬가지다.
【是(시, shì)】: [대명사] 이것. 즉「잠자리의 경우」.
【以(이, yǐ)】: [어조사] 已.

8 俯噣白粒, 仰棲茂樹, 鼓翅奮翼, 自以爲無患, 與人無爭也。→ 고개를 숙여 쌀알을 쪼아먹고, 고개를 들어 무성한 나무에 서식하며, 날개를 펴서 힘껏 날아올라, 스스로 아무 우환

106 고문관지古文觀止 역주 (2)

己乎十仞之上, 以其類爲招。⁹ 晝游乎茂樹, 夕調乎酸醎, 倏忽之間, 墜於公子之手。¹⁰

夫雀其小者也, 黃鵠因是以。¹¹ 游於江海, 淹乎大沼, 俯噣鱔鯉, 仰囓陵衡, 奮其六翮, 而凌淸風, 飄搖乎高翔, 自以爲無患, 與人無爭也。¹² 不知夫射者, 方將脩其碆盧, 治其矰繳, 將加己乎百仞之上。¹³

　　이 없고, 다른 사람과 다툴 일도 없다고 생각합니다.
　　【俯(부, fǔ)】: 내려보다, 아래를 향하다.
　　【噣(주, zhuó)】: 啄. 쪼아먹다.
　　【白粒(백립, bái lì)】: 쌀알.
　　【仰(앙, yǎng)】: 머리를 치켜들다. 고개를 들다.
　　【棲(서, qī)】: 서식하다.
　　【茂樹(무수, mào shù)】: 무성한 나무숲.
　　【鼓翅奮翼(고시분익, gǔ chì fèn yì)】: 날개를 펼쳐 힘껏 날다.
　　【以爲(이위, yǐ wéi)】: …라고 생각하다. …라고 여기다.
　　【患(환, huàn)】: 걱정. 근심.
　　【與(여, yǔ)】: …와(과).

9　不知夫公子王孫, 左挾彈, 右攝丸, 將加己乎十仞之上, 以其類爲招。→ 참새는 그 公子・王孫들이, 왼손에 彈弓을 잡고, 오른손으로 탄환을 장전하여, 10仞 높이의 공중에서 자기를 해치고, 새들을 표적으로 삼는다는 것을 모릅니다.
　　【挾(협, xié)】: 끼다. 잡다.
　　【彈(탄, dàn)】: 탄궁.
　　【攝(섭, shè)】: 당기다.
　　【以(이, yǐ)…爲(위, wéi)…】: …을 …로 삼다.
　　【招(초, zhāo)】: 표적. 목표물. 과녁.

10　晝游乎茂樹, 夕調乎酸醎, 倏忽之間, 墜於公子之手。→ 낮에는 무성한 나무숲에서 노닐지만, 저녁에는 양념에 조리되어, 잠깐 사이에, 公子의 수중에 떨어집니다.
　　【調乎酸醎(조호산함, tiáo hū suān xián)】: 양념에 조리되다. 양념을 넣어 요리하다. 〖酸醎〗: 시고 짠 것. 즉「양념」을 가리킨다.
　　【倏忽(숙홀, shū hū)】: 잠깐 사이. 순간.
　　【墜於(추어, zhuì yú)…】: …로 떨어지다. …에 떨어지다. 〖於〗: [개사] …으로. …에.

11　夫雀其小者也, 黃鵠因是以。→ 그 참새의 경우는 작은 일에 불과하고, 고니도 이와 마찬가지입니다.
　　【黃鵠(황혹, huáng hú)】: 고니.

12　游於江海, 淹乎大沼, 俯噣鱔鯉, 仰囓陵衡, 奮其六翮, 而凌淸風, 飄搖乎高翔, 自以爲無

被礛磻, 引微繳, 折清風而抎矣。故晝游乎江河, 夕調乎鼎鼐。[14]

患, 與人無爭也。→ 강과 바다에서 노닐다가, 큰 연못에서 쉬며, 고개를 숙여 드렁허리와 잉어를 쪼아먹고, 고개를 들어 마름과 향초를 씹으며, 날개를 활짝 펴서, 맑은 바람을 타고, 바람에 나부끼듯 고공에서 날면서, 자신은 우환이 없고, 다른 사람과 다툴 일도 없다고 생각합니다.

【游於(유어, yóu yú)…】: …에서 노닐다. 〖於〗: [개사] …에서.
【淹乎(엄호, yān hū)…】: …에서 쉬다. 〖淹〗: 쉬다. 휴식하다. 〖乎〗: [개사] 於. …에서.
【鱔(선, shàn)】: [민물고기] 드렁허리.
【鯉(리, lǐ)】: 잉어.
【嚙(설, niè)】: 물다. 씹다.
【菱(릉, líng)】: [식물] 마름.
【衡(형, héng)】: [식물] 蘅. 향초.
【奮(분, fèn)】: 분발하다. 힘을 쓰다.
【六翮(육핵, liù hé)】: 여섯 개의 깃촉. 즉 「날개」를 가리킨다. 〖翮〗: 깃촉. 깃털의 줄기. ※ 새의 날개는 보통 여섯 개의 큰 깃털이 있다.
【凌(릉, líng)】: 마음껏 돌아다니다.
【飄搖乎(표요호, piāo yáo hū)…】: …에 나부끼다. 〖飄搖〗: 한들거리다. 바람에 나부끼다. 〖乎〗: [개사] 於. …에서.
【高翔(고상, gāo xiáng)】: 높이 날다.

13 不知夫射者, 方將脩其碆盧, 治其矰繳, 將加己乎百仞之上。→ 그러나 그 활잡이가, 이제 막 그 돌살촉과 검은색 활을 손질하고, 명주실 끈을 맨 화살을 챙겨, 100仞 높이의 공중에서 자기를 해치려 하고 있다는 것을 모릅니다.

【射者(사자, shè zhě)】: 활잡이.
【脩(수, xiū)】: 고치다. 수리하다. 손질하다.
【碆(파, bō)】: 돌살촉.
【盧(로, lú)】: 검은색. 여기서는 「검은색 활」을 가리킨다.
【治(치, zhì)】: 준비하다. 챙기다.
【矰繳(증작, zēng zhuó)】: 명주실 끈을 맨 화살. 〖矰〗: 주살. 화살. 〖繳〗: 화살에 매는 명주실 끈.

14 被礛磻, 引微繳, 折清風而抎矣。故晝游乎江河, 夕調乎鼎鼐。→ 그리하여 예리한 돌살촉에 맞아, (화살에 매어 있는) 가느다란 실을 끌고, 청풍을 가르며 아래로 떨어집니다. 그래서 낮에는 강에서 노닐지만, 저녁에는 솥에서 요리로 변합니다.

【被(피, pī)】: 맞다.
【礛(감, jiān)】: 예리하다. 날카롭다.
【磻(파, bō)】: 碆. 돌살촉.
【微繳(미작, wēi zhuó)】: 가느다란 실.
【折(절, zhé)】: 가르다.
【抎(운, yǔn)】: 隕. 떨어지다. 추락하다.

夫黃鵠其小者也, 蔡靈侯之事因是以。¹⁵ 南游乎高陂, 北陵乎巫山, 飲茹谿之流, 食湘波之魚, 左抱幼妾, 右擁嬖女, 與之馳騁乎高蔡之中, 而不以國家爲事。¹⁶ 不知夫子發方受命乎靈王, 繫己以朱絲而見之也。¹⁷

【故(고, gù)】: 그래서.
【游乎(유호, yóu hū)…】: …에서 노닐다. 【乎】: [개사] 於. …에서.
【調(조, tiáo)】: 요리하다. 조리하다.
【鼎鼐(정내, dǐng nài)】: 솥. 【鼐】: 세 발 달린 솥.

15 夫黃鵠其小者也, 蔡靈侯之事因是以。→ 그 고니의 경우는 작은 일에 불과하고, 蔡靈侯의 일도 이와 마찬가지입니다.
【夫(부, fú)】: 그. 저.
【蔡靈侯(채영후, cài líng hóu)】: 춘추시대 蔡나라의 군주. 楚靈王에게 유혹되어 申[지금의 하남성 南陽 북쪽]에서 죽었다.

16 南游乎高陂, 北陵乎巫山, 飲茹谿之流, 食湘波之魚, 左抱幼妾, 右擁嬖女, 與之馳騁乎高蔡之中, 而不以國家爲事。→ 남쪽은 高陂에서 노닐고, 북쪽은 巫山에 오르며, 茹谿의 물을 마시고, 상수의 물고기를 먹는가 하면, 왼쪽에는 젊은 애첩, 오른쪽에는 총애하는 여자를 끌어안고, 그들과 더불어 수레를 타고 高蔡의 길을 내달리며, 나랏일을 염두에 두지 않습니다.
【高陂(고피, gāo pí/bēi)】: ①「楚나라의 지명」이라는 설. ②「높은 언덕」이라는 설.
【巫山(무산, wū shān)】: [산 이름] 지금의 사천성 巫山縣 동쪽에 위치.
【陵(릉, líng)】: 登. 오르다.
【茹谿(여계, rú xī)】: [강 이름] 지금의 사천성 巫山縣 동쪽에 있는 강.
【流(류, liú)】: 물.
【食(식, shí)】: [동사] 먹다.
【湘波(상파, xiāng bō)】: 湘水. 지금의 호남성 零陵에서 洞庭湖로 흘러 들어가는 강.
【抱(포, bào)】: 품다. 끌어안다.
【幼妾(유첩, yòu qiè)】: 젊은 애첩.
【擁(옹, yǒng)】: 끌어안다.
【嬖女(폐녀, bì nǚ)】: 총애하는 여자.
【馳騁(치빙, chí chěng)】: (말을 타고) 내달리다. 질주하다.
【高蔡(고채, gāo cài)】: [지명] 지금의 하남성 上蔡縣.
【不以國家爲事(불이국가위사, bù yǐ guó jiā wéi shì)】: 나라를 일로 여기지 않다. 즉「나랏일을 염두에 두지 않다」의 뜻. 【以…爲…】: …을(를) …로 여기다. …을(를) …로 삼다.

17 不知夫子發方受命乎靈王, 繫己以朱絲而見之也。→ (채영후는) 子發이 방금 楚靈王으로부터 명을 받아, 붉은 밧줄로 자기를 포박하여 초영왕에게 보이려 한다는 것을 모르

蔡靈侯之事其小者也, 君王之事因是以.[18] 左州侯, 右夏侯, 輦從鄢陵君與壽陵君, 飯封祿之粟, 而戴方府之金, 與之馳騁乎雲夢之中, 而不以天下國家爲事.[19] 不知夫穰侯方受命乎秦王, 填黽塞之內, 而投己乎黽塞之外.[20]

고 있습니다.
【子發(자발, zǐ fā)】: [인명] 楚나라의 대부.
【方(방, fāng)】: 이제. 방금.
【靈王(영왕, líng wáng)】: 楚나라의 군주.
【繫(계, xì)】: 묶다. 포박하다.
【朱絲(주사, zhū sī)】: 붉은 밧줄.
【見之(견지, jiàn zhī)】: 초영왕에게 보이다. 《之》: [대명사] 그. 즉 「楚靈王」.

18 蔡靈侯之事其小者也, 君王之事因是以. → 채영후의 일은 작은 것에 불과하고, 폐하의 일도 이와 마찬가지입니다.

19 左州侯, 右夏侯, 輦從鄢陵君與壽陵君, 飯封祿之粟, 而戴方府之金, 與之馳騁乎雲夢之中, 而不以天下國家爲事. → 폐하의 왼쪽에는 州侯가 있고, 오른쪽에는 夏侯가 있으며, 수레 뒤에는 鄢陵君과 壽陵君이 따릅니다. 봉지에서 바치는 양식을 먹으며, 사방에서 조공으로 보내오는 金銀을 싣고, 그들과 함께 말을 타고 雲夢湖를 내달리며, 國事에는 마음을 두지 않습니다.
【州侯(주후, zhōu hóu)】: 楚나라 頃襄王의 총신.
【夏侯(하후, xià hóu)】: 楚나라 頃襄王의 총신.
【輦從(연종, niǎn cóng)】: 楚王의 수레 뒤에서 따르다.
【鄢陵君(언릉군, yān líng jūn)】: 楚나라 頃襄王의 총신.
【壽陵君(수릉군, shòu líng jūn)】: 楚나라 頃襄王의 총신.
【飯(반, fàn)】: [동사 용법]: 먹다.
【封祿之粟(봉록지속, fēng lù zhī sù)】: 봉지에서 공급하는 양식.
【戴(대, dài)】: 「載(재, zài)」의 오류로 보인다. ※다른 판본에는 「戴」를 「載」라 했다. 「載」: 싣다. 적재하다.
【方府之金(방부지금, fāng fǔ zhī jīn)】: 사방에서 國庫에 바치는 金銀.
【雲夢(운몽, yún mèng)】: 楚나라의 큰 연못 이름. 지금의 호북성 安陸縣 남쪽에 위치.

20 不知夫穰侯方受命乎秦王, 填黽塞之內, 而投己乎黽塞之外. → (폐하께서는) 그 穰侯가 방금 秦昭王의 명을 받아, 군대를 黽塞 안에 배치하고, 자기를 黽塞 밖으로 추방하려 한다는 것을 모르고 계십니다.
【穰侯(양후, ráng hóu)】: 魏冉. 秦의 장군. 秦昭王의 모친 宣太后의 異父 동생으로 穰[지금의 하남성 鄧縣 동남쪽]에 봉해졌다.
【秦王(진왕, qín wáng)】: 여기서는 「秦昭王」을 가리킨다. 진소왕은 秦惠王의 아들이자

> 번역문

장신(莊辛)이 총신(寵臣)에 대해 논하다

저는 속담에 「토끼를 보고 나서 되돌아가 개를 불러와도 늦지 않고, 양을 잃고 우리를 고쳐도 늦지 않는다.」라고 한 말을 들었습니다. 제가 듣건대, 옛날의 탕왕(湯王)과 무왕(武王)은 백 리의 작은 땅을 가지고도 흥성했고, 걸왕(桀王)과 주왕(紂王)은 천하를 가지고도 멸망했습니다. 지금 초(楚)나라가 비록 작지만 긴 쪽을 잘라 짧은 쪽에 이어붙이면 여전히 수천 리에 이르는데, 어찌 다만 백 리에 불과하다 하겠습니까?

폐하께서 설마 그 잠자리를 못 보신 것은 아니겠지요? 여섯 개의 다리와 네 개의 날개로 천지를 날아다니며 고개를 숙여 모기와 등에를 잡아 쪼아 먹고 고개를 들어 감로를 받아 마시며, 스스로 우환이 없고 다른 사람과 다툴 일도 없다고 생각합니다. 잠자리는 그 5척 동자가 이제 막 엿을 배합하여 실에 발라 4인(仞) 높이의 공중에서 자기를 해쳐 아래로 떨어뜨려 땅강아지나 개미의 먹이가 되게 하려는 것을 모르고 있습니다.

잠자리의 경우는 작은 일에 불과하고 참새도 이와 마찬가지입니다. 고

秦武王의 동생이다.
【塡(전, tián)】: 채우다. 여기서는 「군대를 배치하다, 포진하다」의 뜻.
【黽塞(맹새, méng sài)】: [요새 이름] 冥塞라고도 하며, 楚나라 도읍의 북쪽[지금의 하남성 信陽縣 서남쪽의 平靖關]에 위치해 있는데, 「黽塞內外」라고 한 말은, 즉 楚나라를 기준으로 한 말로, 「黽塞之內」는 黽塞 남쪽의 楚나라를 가리키고, 「黽塞之外」는 黽塞 북쪽의 秦나라를 가리킨다.
【投(투, tóu)】: 추방하다. 쫓아내다.
【己(기, jǐ)】: 자기. 즉 「楚나라 頃襄王」.
※ 秦昭王 29년(B.C. 278), 秦나라의 장수 白起가 초나라의 도읍을 격파하자 楚나라 頃襄王이 陳나라로 탈출했다. 陳나라가 맹새의 북쪽에 있었으므로 黽塞之外라 한 것이다.

개를 숙여 쌀알을 쪼아먹고 고개를 들어 무성한 나무에 서식하며 날개를 펴서 힘껏 날아올라, 스스로 아무 우환이 없고 다른 사람과 다툴 일도 없다고 생각합니다. 참새는 그 공자(公子)·왕손(王孫)들이 왼손에 탄궁(彈弓)을 잡고 오른손으로 탄환을 장전하여 10인(仞) 높이의 공중에서 자기를 해치고 새들을 표적으로 삼는다는 것을 모릅니다. 낮에는 무성한 나무숲에서 노닐지만, 저녁에는 양념에 조리되어 잠깐 사이에 공자(公子)의 수중에 떨어집니다.

　그 참새의 경우는 작은 일에 불과하고 고니도 이와 마찬가지입니다. 강과 바다에서 노닐다가 큰 연못에서 쉬며 고개를 숙여 드렁허리와 잉어를 쪼아먹고 고개를 들어 마름과 향초(香草)를 씹으며, 날개를 활짝 펴서 맑은 바람을 타고 바람에 나부끼듯 고공에서 날면서, 자신은 우환이 없고 다른 사람과 다툴 일도 없다고 생각합니다. 그러나 그 활잡이가 이제 막 드 돌살촉과 검은색 활을 손질하고 명주실 끈을 맨 화살을 챙겨 100인(仞) 높이의 공중에서 자기를 해치려 하고 있다는 것을 모릅니다. 그리하여 예리한 돌살촉에 맞아 (화살에 매어 있는) 가느다란 실을 끌고 청풍을 가르며 아래로 떨어집니다. 그래서 낮에는 강에서 노닐지만 저녁에는 솥에서 오리로 변합니다.

　그 고니의 경우는 작은 일에 불과하고 채영후(蔡靈侯)의 일도 이와 마찬가지입니다. 남쪽은 고피(高陂)에서 노닐고 북쪽은 무산(巫山)에 오르며, 여계(茹谿)의 물을 마시고 상수(湘水)의 물고기를 먹는가 하면, 왼쪽에는 젊은 애첩, 오른쪽에는 총애하는 여자를 끌어안고, 그들과 더불어 수레를 타고 고채(高蔡)의 길을 내달리며 나랏일을 염두에 두지 않습니다. (채영후는) 자발(子發)이 방금 초영왕(楚靈王)으로부터 명을 받아 붉은 밧줄로 자기를 포박하여 초영왕에게 보이려 한다는 것을 모르고 있습니다.

채영후의 일은 작은 것에 불과하고 폐하의 일도 이와 마찬가지입니다. 폐하의 왼쪽에는 주후(州侯)가 있고 오른쪽에는 하후(夏侯)가 있으며, 수레 뒤에는 언릉군(鄢陵君)과 수릉군(壽陵君)이 따릅니다. 봉지에서 바치는 양식을 먹으며 사방에서 조공으로 보내오는 금은(金銀)을 싣고 그들과 함께 말을 타고 운몽호(雲夢湖)를 내달리며 국사(國事)에는 마음을 두지 않습니다. (폐하께서는) 그 양후(穰侯)가 방금 진소왕(秦昭王)의 명을 받아 군대를 맹새(黽塞) 안에 배치하고 자기를 맹새(黽塞) 밖으로 추방하려 한다는 것을 모르고 계십니다.

해제解題 및 본문 요지 설명

초회왕(楚懷王)은 진소왕(秦昭王)에게 잡혀있다가 진(秦)나라에서 죽었다. 초(楚)나라는 경양왕(頃襄王)이 즉위했으나 부국강병을 도모하여 원수를 갚고 설욕할 생각은 하지 않고, 오히려 소인배들을 믿고 황음무도(荒淫無道)한 생활에 빠짐으로써, 진(秦)나라의 거듭된 공격을 받아 군사는 패배하고 영토는 줄어들어 망국의 위험한 상황에 처했다.

본문은 《전국책(戰國策)·초책(楚策)》의 일부분으로, 초(楚)나라가 연달아 언(鄢)·채(蔡)·진(陳)·영(郢) 등 큰 땅을 잃자, 이를 안타깝게 여긴 초나라의 대부 장신(莊辛)이 경양왕에게 충간한 것을 기술한 것이다.

본문은 여섯 단락으로 나눌 수 있는데, 첫째 단락에서는 장신이 경양왕에게 능히 「망양보뢰(亡羊補牢)」할 수 있다면 초나라는 여전히 일어날 가능성이 있다고 격려한 것을 기술했고; 둘째 단락에서 넷째 단락까지는 물건을 가지고 비유하는 방법으로 작은 일로부터 큰일에 이르기까지 편안하게 살 때 위험에 대비하지 않으면 반드시 재앙이 온다는 것을 역설했고; 다섯째 단락에서는 사람을 증거로 들어 간신배를 총애하고 놀기를 탐하면, 그것이 바로 채영후(蔡靈侯)가 망한 까닭이라는 것을 지적했고; 마지막 단락에서는 직접 경양왕에 대해 소인배를 가까이하고 놀기를 즐기는 경양왕의 행위가 마치 채영후의 행위와 같아 도읍이 함락되고 자신이 도망하는 원인이 된다는 것을 지적했다.

065 촉룡세조태후(觸龍說趙太后)
《戰國策》

작자

057 소진이연횡세진(蘇秦以連橫說秦) 참조.

원문 및 주석

觸龍說趙太后[1]

趙太后新用事, 秦急攻之。趙氏求救于齊, 齊曰:「必以長安君爲質, 兵乃出。」[2] 太后不肯, 大臣强諫。太后明謂左右:「有復言令長

---

1 觸龍說趙太后 → 觸龍이 趙太后를 설득하다
  【觸龍(촉룡, chù lóng)】: [인명] 趙나라의 左師. ※「龍」은 원전에는 「讋」으로 되어 있으나, 여러 註釋書들이 호남성 長沙 馬王堆 漢墓에서 출토된 帛書《戰國策縱橫家書》및《史記・趙世家》를 근거로「龍」으로 고쳤다.
  【說(세, shuì)】: 설득하다.
  【趙太后(조태후, zhào tài hòu)】: 여기서는「趙威后」를 가리킨다.
2 趙太后新用事, 秦急攻之。趙氏求救于齊, 齊曰:「必以長安君爲質, 兵乃出。」 → 趙太后가

安君爲質者, 老婦必唾其面。」³

　　左師觸龍言願見太后, 太后盛氣而揖之。⁴ 入而徐趨, 至而自謝, 曰:「老臣病足, 曾不能疾走。不得見久矣, 竊自恕, 而恐太后玉體之有所郄也, 故願望見太后。⁵ 太后曰:「老婦恃輦而行。」曰:「日食

새로 執政하자, 秦나라가 급히 趙나라를 공격했다. 趙氏가 齊나라에 구원을 청하니, 齊나라가 「반드시 長安君을 인질로 삼아야, 군대가 비로소 출병할 것입니다.」라고 했다.
【用事(용사, yòng shì)】: 執政하다.
【之(지, zhī)】: [대명사] 그. 즉 「趙나라」.
【求救(구구, qiú jiù)】: 구원을 청하다.
【長安君(장안군, cháng ān jūn)】: 趙威后 아들의 封號.
【以(이, yǐ)…爲(위, wéi)…】: …을 …로 삼다.
【質(질, zhì)】: 인질.
【乃(내, nǎi)】: 비로소.

3 太后不肯, 大臣強諫。太后明謂左右:「有復言令長安君爲質者, 老婦必唾其面。」→ 조태후가 불응하려 하자, 大臣이 강력하게 간했다. 조태후가 측근들에게 분명하게 말했다:「장안군으로 하여금 인질이 되도록 해야 한다고 또다시 말하는 자가 있으면, 내가 반드시 그 사람 얼굴에 침을 뱉을 것이오.」
【不肯(불긍, bù kěn)】: …하려 들지 않다. 불응하려 하다.
【明謂(명위, míng wèi)】: 분명히 말하다.
【左右(좌우, zuǒ yòu)】: 측근.
【復言(부언, fù yán)】: 또다시 말하다.
【令(령, lìng)…爲(위, wéi)…】: …로 하여금 …가 되도록 하다.
【老婦(노부, lǎo fù)】: 늙은 부인이「나」라는 의미로 자신을 부르는 호칭.
【唾(타, tuò)】: 침을 뱉다.

4 左師觸龍言願見太后, 太后盛氣而揖之。→ 左師 觸龍이 조태후에게 뵙기를 원한다고 하자, 조태후가 노기등등하여 그를 기다렸다.
【左師(좌사, zuǒ shī)】: [관직명].
【盛氣(성기, shèng qì)】: 노기등등하다.
【揖(읍, yī)】: 기다리다. ※《史記 · 趙世家》에는「揖」을「胥」라 했다.「胥」는「須」와 통하며「기다리다」의 뜻.
【之(지, zhī)】: [대명사] 그. 즉「촉룡」.

5 入而徐趨, 至而自謝, 曰:「老臣病足, 曾不能疾走。不得見久矣, 竊自恕, 而恐太后玉體之有所郄也, 故願望見太后。」→ (촉룡이) 문에 들어서 천천히 걸어가, 조태후 면전에 이르러 스스로 사죄하고, 말했다:「제가 다리에 병이 나서, 끝내 빨리 걸을 수 없게 되었습니다. 오랫동안 뵐 수 없었는데, 제멋대로 자신을 용서하고, 태후님의 옥체에 별고 없으신

飲得無衰乎?」曰:「恃鬻耳。」⁶ 曰:「老臣今者殊不欲食, 乃自強步, 日三、四里, 少益嗜食, 和於身也。」⁷ 太后曰:「老婦不能。」太后之色少解。⁸

지 걱정되어, 그래서 태후님 뵙기를 원했습니다.」
【徐趨(서추, xú qū)】: 천천히 걸어가다.
【謝(사, xiè)】: 사죄하다.
【老臣(노신, lǎo chén)】: 늙은 신하가 「나」라는 의미로 자신을 부르는 호칭.
【病(병, bìng)】: [동사] 병이 나다.
【曾(증, zēng)】: 乃. 마침내. 끝내.
【疾走(질주, jí zǒu)】: 빨리 걷다.
【竊(절, qiè)】: 자기 멋대로.
【自恕(자서, zì shù)】: 스스로 용서하다.
【恐(공, kǒng)】: 두려워하다. 즉 「걱정하다, 염려하다」의 뜻.
【郄(극, xì)】: 隙. 틈. 결함. 여기서는 「문제, 별고」의 뜻.
【望見(망견, wàng jiàn)】: 멀리서 바라보다. ※ 상대방에 대해 매우 겸손하게 표현한 말.

6 太后曰:「老婦恃輦而行。」曰:「日食飲得無衰乎?」曰:「恃鬻耳。」→ 조태후가 대답했다: 「나는 손수레에 의지하여 다니고 있소.」촉룡이 여쭈었다:「매일 드시는 음식은 양이 줄지는 않으셨지요?」조태후가 대답했다:「죽에 의지하고 있을 뿐이오.」
【恃(시, shì)】: 의지하다. 의존하다.
【輦(련, niǎn)】: 손수레.
【食飲(음식, shí yǐn)】: 먹고 마시는 것. 즉 「음식」.
【得無(득무, dé wú)…乎(호, hū)?】: …은 아니겠지? …은 않았겠지?
【衰(쇠, shuāi)】: 쇠락하다. 여기서는 「양이 줄다」의 뜻.
【鬻(죽, zhù)】: 粥. 죽.
【耳(이, ěr)】: …뿐.

7 曰:「老臣今者殊不欲食, 乃自強步, 日三、四里, 少益嗜食, 和於身也。」→ 촉룡이 말했다:「저는 요즈음 특히 먹고 싶은 생각이 없습니다. 그리하여 스스로 하루 3~4리를 억지로 걷는데, 식욕을 돋우기에 다소 도움이 되고, 몸에도 알맞습니다.」
【今者(금자, jīn zhě)】: 요즈음.
【殊(수, shū)】: 특히. 매우.
【欲(욕, yù)】: …하고자 하다. …하고 싶어하다.
【乃(내, nǎi)】: 이에. 그리하여.
【強步(강보, qiǎng bù)】: 억지로 걷다.
【少益(소익, shǎo yì)】: 다소 도움이 되다.
【嗜食(기식, shì shí)】: 식욕을 돋우다.
【和(화, hé)】: 適. 알맞다. 적합하다.

左師公曰：「老臣賤息舒祺, 最少, 不肖。而臣衰, 竊愛憐之, 願令得補黑衣之數, 以衛王宮。沒死以聞。」⁹ 太后曰：「敬諾。年幾何矣?」對曰：「十五歲矣。雖少, 願及未塡溝壑而託之。」¹⁰ 太后曰：「丈夫亦愛憐其少子乎?」對曰：「甚於婦人。」¹¹ 太后笑曰：「婦人異甚!」

8 太后曰：「老婦不能。」太后之色少解。→ 조태후가 말했다 :「나는 그렇게 할 수가 없소.」태후의 안색이 약간 풀렸다.
【色(색, sè)】: 안색. 기색.
【少解(소해, shǎo xiè)】: 약간 풀리다. 〖少〗: 다소. 약간. 〖解〗: 懈. 느슨하다. 풀리다. 이완하다.

9 左師公曰：「老臣賤息舒祺, 最少, 不肖。而臣衰, 竊愛憐之, 願令得補黑衣之數, 以衛王宮。沒死以聞。」→ 촉룡이 말했다 :「저의 자식 舒祺는, 나이가 가장 어리고, 변변하지도 못합니다. 그러나 제가 늙으니, 마음속으로 그 애를 사랑하고 가여운 생각에, 그 애로 하여금 近衛兵의 자리에 충원되어, 왕궁을 지킬 수 있도록 해주길 바라고 있습니다. 그래서 죽음을 무릅쓰고 (태후께) 말씀드립니다.」
【左師公(좌사공, zuǒ shī gōng)】: 여기서는 촉룡을 가리킨다. 〖左師〗: 촉룡의 관직.
【賤息(천식, jiàn xī)】: 천한 자식. ※남과 대화할 때 자기 자식을 낮추어 부르는 말.
【不肖(불초, bù xiào)】: 현명하지 못하다. 변변치 못하다. 그릇이 되지 못하다.
【竊(절, qiè)】: 마음속으로. 개인적으로.
【愛憐(애련, ài lián)】: 사랑하고 가엾게 생각하다.
【令得(영득, lìng dé)】: …로 하여금 …할 수 있게 하다.
【補(보, bǔ)】: 충원되다. 보충되다.
【黑衣(흑의, hēi yī)】: 近衛兵의 제복. ※왕궁의 근위병 검은 제복을 입는다. 여기서는「근위병」을 가리킨다.
【數(수, shù)】: 자리. 定員.
【沒死(몰사, mò sǐ)】: 죽음을 무릅쓰다.
【聞(문, wén)】: 말씀드리다.

10 太后曰：「敬諾。年幾何矣?」對曰：「十五歲矣。雖少, 願及未塡溝壑而託之。」→ 조태후가 말했다 :「좋소. 나이가 몇이오?」촉룡이 대답했다 :「열다섯 살입니다. 비록 나이는 어리지만, 원컨대 제가 죽기 전에 부탁드리고자 합니다.」
【敬諾(경락, jìng nuò)】: [경에] 좋소. 좋습니다.
【及(급, jí)】: 틈타다. 이용하다.
【未塡溝壑(미전구학, wèi tián gōu hè)】: 죽기 전. 살아 있을 때.「塡溝壑」은「(시신을 버려) 산골짜기를 채우다」라는 말로, 촉룡이 자신의 죽음을 낮추어 한 말. 〖塡〗: 채우다. 메우다. 〖溝壑〗: 계곡. 산골짜기.

11 太后曰：「丈夫亦愛憐其少子乎?」對曰：「甚於婦人。」→ 조태후가 말했다 :「남자드 자기

對曰:「老臣竊以爲媼之愛燕后, 賢於長安君。」¹² 曰:「君過矣! 不若長安君之甚。」¹³

左師公曰:「父母之愛子, 則爲之計深遠。媼之送燕后也, 持其踵, 爲之泣, 念悲其遠也, 亦哀之矣。¹⁴ 已行, 非弗思也, 祭祀必祝之,

의 어린 아들을 사랑하고 가엽게 생각하는가요?」촉룡이 대답했다 :「여자들보다 더합니다.」
【丈夫(장부, zhàng fū)】: 남자.
【甚於(심어, shèn yú)…】: …보다 더하다. 〖於〗:[개사] …보다. …에 비해.

12 太后笑曰:「婦人異甚!」對曰:「老臣竊以爲媼之愛燕后, 賢於長安君。」→ 조태후가 웃으며 말했다 :「여자가 특히 더하지요!」촉룡이 대답했다 :「저는 개인적으로 태후께서 燕后를 사랑하시는 마음이, 長安君을 사랑하시는 것보다 더하다고 생각합니다.」
【異甚(이심, yì shèn)】: 특히 심하다. 즉「더욱더 사랑하다」의 뜻.
【竊(절, qiè)】: 마음속으로. 개인적으로.
【以爲(이위, yǐ wéi)…】: …라고 여기다. …라고 생각하다.
【媼(오, ǎo)】: 노모. 어머니. 여기서는「태후」를 가리킨다.
【燕后(연후, yān hòu)】: 趙威后의 딸로 燕王에게 시집갔다.
【賢於(현어, xián yú)…】: …보다 더하다. …을(를) 능가하다. 〖於〗:[개사] …보다. …에 비해.

13 曰:「君過矣! 不若長安君之甚。」→ 조태후가 말했다 :「그대가 틀렸소! 장안군을 깊이 사랑하는 것만 못하오.」
【過(과, guò)】: 틀리다. 잘못 생각하다.
【不若(불약, bù ruò)】: 不如. …만 못하다.

14 左師公曰:「父母之愛子, 則爲之計深遠。媼之送燕后也, 持其踵, 爲之泣, 念悲其遠也, 亦哀之矣。→ 촉룡이 말했다 :「부모가 자식을 사랑하면, 그들을 위해 심원한 계획을 세워야 합니다. 태후께서는 燕后를 시집보내실 때, 그녀의 발꿈치를 잡고, 그녀를 위해 눈물을 흘리며, 멀리 떠나는 것을 염려하고 슬퍼하셨는데, 역시 그녀를 애틋하게 생각하는 것입니다.
【計(계, jì)】:[동사 용법] 계획을 세우다.
【深遠(심원, shēn yuǎn)】: 심원한. 원대한.
【送(송, sòng)】: 보내다. 여기서는「시집 보내다」의 뜻.
【持(지, chí)】: 잡다.
【踵(종, zhǒng)】: 발꿈치. ※「踵」을「수레바퀴의 끝부분」이라 풀이하기도 한다.
【念悲(염비, niàn bēi)】: 염려하고 슬퍼하다.
【哀(애, āi)】: 애틋하게 생각하다.

祝曰:『必勿使反!』豈非計久長, 有子孫相繼爲王也哉?」太后曰: 「然。」¹⁵

左師公曰:「今三世以前, 至於趙之爲趙, 趙主之子孫侯者, 其繼有在者乎?」¹⁶ 曰:「無有。」曰:「微獨趙, 諸侯有在者乎?」曰:「老婦不聞也。」¹⁷「此其近者禍及身, 遠者及其子孫。豈人主之子孫則必不善哉?¹⁸ 位尊而無功, 奉厚而無勞, 而挾重器多也。¹⁹ 今媼尊長安

---

15 已行, 非弗思也, 祭祀必祝之, 祝曰:『必勿使反!』豈非計久長, 有子孫相繼爲王已哉?」太后曰:「然。」→ 그녀가 떠나고 나서도, (태후께서) 그녀를 생각하지 않은 것은 아니지만, 제사 때가 되면 반드시 그녀에게 축복을 빌고, 축원하길:『반드시 딸이 돌아오지 않게 하여 주옵소서!』라고 하십니다. 이것이 어찌 장구한 앞날을 헤아려, 그녀의 자손이 계속 왕의 자리를 이어나가도록 바라기 때문이 아니겠습니까?」 조태후가 말했다:「그렇소.」
【已行(이행, yǐ xíng)】: 이미 떠나다. 떠나고 나서.
【非弗(비불, fēi fú)…】: 非不…. …하지 않은 것이 아니다.
【勿使(물사, wù shǐ)…】: …하지 않게 하다.
【反(반, fǎn)】: 返. 돌아오다.
【豈非(기비, qǐ fēi)…哉(재, zāi)?】: 어찌 …가 아니겠는가?
【計(계, jì)】: 헤아리다.
【久長(구장, jiǔ cháng)】: 장구한 앞날.
【相繼爲王(상계위왕, xiāng jì wéi wáng)】: 왕의 자리를 계속 이어가다.

16 左師公曰:「今三世以前, 至於趙之爲趙, 趙主之子孫侯者, 其繼有在者乎?」→ 촉룡이 말했다「지금 三代 이전부터, 趙氏가 趙나라를 건립한 때까지, 조나라 군주의 자손으로 諸侯에 봉해진 사람 가운데, 그 후손이 이어받아 존재하는 경우가 있습니까?」
【三世(삼세, sān shì)】: 三代.
【至於(지어, zhì yú)…】: …에 이르기까지. 〖於〗: [개사] …에.
【趙之爲趙(조지위조, zhào zhī wéi zhào)】: 조씨가 조나라를 건립하다. ※ 앞의 趙는 趙氏를 말하고, 뒤의 趙는 趙나라를 말한다.
【趙主(조주, zhào zhǔ)】: 조나라 군주. ※ 판본에 따라서는「趙主」를「趙王」이라 했다.
【繼有在者(계유재자, jì yǒu zài zhě)】: 왕의 자리를 이어가고 있는 사람.

17 曰:「無有。」曰:「微獨趙, 諸侯有在者乎?」曰:「老婦不聞也。」→ 조태후가 말했다:「없소.」촉룡이 말했다:「다만 趙나라뿐 아니라, 다른 제후들 가운데도 (그 후손이 이어받아) 존재하는 경우가 있습니까?」조태후가 말했다:「나는 들어보지 못했소.」
【微獨(미독, wēi dú)】: 不獨. 非但. 다만 …뿐만 아니라. 〖微〗: 非. 〖獨〗: 다만.

18 「此其近者禍及身, 遠者及其子孫。豈人主之子孫則必不善哉? → (촉룡이 말했다):「이

君之位, 而封之以膏腴之地, 多予之重器, 而不及今令有功於國。一旦山陵崩, 長安君何以自託於趙?²⁰ 老臣以媼爲長安君計短也, 故以爲其愛不若燕后。」²¹ 太后曰:「諾。恣君之所使之。」於是爲長安

렇게 볼 때 가깝게는 화가 자신에게 미치고, 멀게는 자손에게 미칩니다. 어찌 군주의 자손이 반드시 안 좋은 것이겠습니까?
【及身(급신, jí shēn)】: 자신에게 미치다.
【豈(기, qǐ)】: 어찌.
【人主(인주, rén zhǔ)】: 군주. 임금.

19 位尊而無功, 奉厚而無勞, 而挾重器多也。→ 지위는 존귀하나 공훈이 없고, 봉록은 후하나 업적이 없는데도, 귀중한 보물들을 많이 지니고 있습니다.
【奉(봉, fèng)】: 俸. 봉록.
【勞(로, láo)】: 업적.
【挾(협, xiá)】: 가지다. 지니다.
【重器(중기, zhòng qì)】: 귀중한 보물.

20 今媼尊長安君之位, 而封之以膏腴之地, 多予之重器, 而不及今令有功於國。一旦山陵崩, 長安君何以自託於趙? → 지금 태후께서는 장안군의 지위를 존귀하게 만들어, 그에게 비옥한 땅을 봉지로 주고, 귀중한 보물을 많이 주었지만, 지금의 기회를 이용하여 그로 하여금 나라에 공을 세우도록 하지 않고 계십니다. 일단 태후께서 세상을 떠나시면, 장안군이 어떻게 스스로 趙나라에 몸을 의탁하겠습니까?
【尊(존, zūn)】: [사동 용법] 존귀하게 만들다.
【封(봉, fēng)】: [동사] 봉지로 주다.
【膏腴(고유, gāo yú)】: 비옥하다. 기름지다.
【多予(다여, duō yǔ)】: 많이 주다.
【及(급, jí)】: 틈타다. 이용하다.
【令(령, lìng)】: 使. …로 하여금 …하게 하다.
【山陵崩(산릉붕, shān líng bēng)】: 산이 무너지다. 즉「죽다, 세상을 떠나다」의 비유.【崩】: 무너지다. 붕괴하다.
【何以(하이, hé yǐ)】: 어찌. 어떻게.
【託(탁, tuō)】: 의탁하다.

21 老臣以媼爲長安君計短也, 故以爲其愛不若燕后。」→ 저는 태후께서 장안군을 위한 계획이 원대하시지 못하다고 여겨, 그래서 그 사랑이 燕后에 대한 사랑만 못하다고 생각하는 것입니다.」
【以(이, yǐ)】: 以爲. …라 여기다. …라고 생각하다.
【短(단, duǎn)】: 짧다. 원대하지 못하다.
【以爲(이위, yǐ wéi)】: …라 여기다. …라고 생각하다.

君約車百乘, 質於齊, 齊兵乃出。²²

　　子義聞之曰:「人主之子也, 骨肉之親也, 猶不能恃無功之尊, 無勞之奉, 而守金玉之重也, 而況人臣乎?」²³

---

22 太后曰:「諾。恣君之所使之。」於是爲長安君約車百乘, 質於齊, 齊兵乃出。→ 조태후가 말했다:「알겠소. 그대가 그 아이에게 시키는 대로 맡기겠소.」그리하여 장안군을 위해 수레 백 량을 준비하여, 齊나라에 인질로 보내자, 齊나라 군대가 비로소 출동했다.
【諾(낙, nuò)】: [동의를 표하는 소리] 좋소. 알겠소.
【恣(자, zì)】: …하는 대로 맡기다.
【使(사, shǐ)】: (…에게) 시키다. 하게 하다.
【於是(어시, yú shì)】: 이에. 그리하여.
【約(약, yuē)】: 준비하다. 안배하다.
【乘(승, shèng)】: [양사] 량. 대.
【質(질, zhì)】: [동사] 인질로 보내다.
【乃(내, nǎi)】: 비로소.

23 子義聞之曰:「人主之子也, 骨肉之親也, 猶不能恃無功之尊, 無勞之奉, 而守金玉之重也, 而況人臣乎?」→ 子義가 이 말을 듣고 말했다:「군주의 아들도, 골육지친도, 여전히 공훈이 없는 존귀한 지위와, 업적이 없는 봉록에 의지하여, 금옥 보배를 지킬 수 없는데, 하물며 신하야 말할 나위가 있겠는가?」
【子義(자의, zǐ yì)】: [인명] 趙나라의 어진 선비.
【猶(유, yóu)】: 여전히.
【恃(시, shì)】: 믿다. 의지하다.
【尊(존, zūn)】: 존귀한 지위.
【勞(로, láo)】: 업적.
【奉(봉, fèng)】: 봉록.
【金玉之重(금옥지중, jīn yù zhī zhòng)】: 금옥 보물.
【而況(이황, ér kuàng)】: 하물며.

> 번역문

촉룡(觸龍)이 조태후(趙太后)를 설득하다

　조태후(趙太后)가 새로 집정(執政)하자, 진(秦)나라가 급히 조(趙)나라를 공격했다. 조씨(趙氏)가 제(齊)나라에 구원을 청하니 제(齊)나라가 : 「반드시 장안군(長安君)을 인질로 삼아야 군대가 비로소 출병할 것입니다.」라고 했다. 조태후가 불응하려 하자, 대신(大臣)이 강력하게 간했다. 조태후가 측근들에게 분명하게 말했다 : 「장안군으로 하여금 인질이 되도록 해야 한다고 또다시 말하는 자가 있으면 내가 반드시 그 사람 얼굴에 침을 뱉을 것이오.」

　좌사(左師) 촉룡(觸龍)이 조태후에게 뵙기를 원한다고 하자, 조태후가 노기등등하여 그를 기다렸다. (촉룡이) 문에 들어서 천천히 걸어가 조태후 면전에 이르러 스스로 사죄하고 말했다 : 「제가 다리에 병이 나서 끝내 빨리 걸을 수 없게 되었습니다. 오랫동안 뵐 수 없었는데, 제멋대로 자신을 용서하고 태후님의 옥체에 별고 없으신지 걱정되어, 그래서 태후님 뵙기를 원했습니다.」 조태후가 대답했다 : 「나는 손수레에 의지하여 다니고 있소.」 촉룡이 여쭈었다 : 「매일 드시는 음식은 양이 줄지는 않으셨지요?」 조태후가 대답했다 : 「죽에 의지하고 있을 뿐이오.」 촉룡이 말했다 : 「저는 요즈음 특히 먹고 싶은 생각이 없습니다. 그리하여 스스로 하루 3~4리를 억지로 걷는데, 식욕을 돋우기에 다소 도움이 되고 몸에도 알맞습니다.」 조태후가 말했다 : 「나는 그렇게 할 수가 없소.」 태후의 안색이 약간 풀렸다.

　촉룡이 말했다 : 「저의 자식 서기(舒祺)는 나이가 가장 어리고 변변하지도 못합니다. 그러나 제가 늙으니 마음속으로 그 애를 사랑하고 가여운 생각에 그 애로 하여금 근위병(近衛兵)의 자리에 충원되어 왕궁을 지킬 수 있

도록 해주길 바라고 있습니다. 그래서 죽음을 무릅쓰고 (태후께) 말씀드립니다.」 조태후가 말했다 :「좋소. 나이가 몇이오?」 촉룡이 대답했다 :「열다섯 살입니다. 비록 나이는 어리지만, 원컨대 제가 죽기 전에 부탁드리고자 합니다.」 조태후가 말했다 :「남자도 자기의 어린 아들을 사랑하고 가엾게 생각하는가요?」 촉룡이 대답했다 :「여자들보다 더합니다.」 조태후가 웃으며 말했다 :「여자가 특히 더하지요!」 촉룡이 대답했다 :「저는 개인적으로 태후께서 연후(燕后)를 사랑하시는 마음이 장안군(長安君)을 사랑하시는 것보다 더하다고 생각합니다.」 조태후가 말했다 :「그대가 틀렸소! 장안군을 깊이 사랑하는 것만 못하오.」

촉룡이 말했다 :「부모가 자식을 사랑하면 그들을 위해 심원한 계획을 세워야 합니다. 태후께서는 연후(燕后)를 시집보내실 때 그녀의 발꿈치를 잡고 그녀를 위해 눈물을 흘리며 멀리 떠나는 것을 염려하고 슬퍼하셨는데, 역시 그녀를 애틋하게 생각하는 것입니다. 그녀가 떠나고 나서도 (태후께서) 그녀를 생각하지 않은 것은 아니지만 제사 때가 되면 반드시 그녀에게 축복을 빌고 축원하길 :『반드시 딸이 돌아오지 않게 하여 주옵소서!』라고 하십니다. 이것이 어찌 장구한 앞날을 헤아려 그녀의 자손이 계속 왕의 자리를 이어나가도록 바라기 때문이 아니겠습니까?」 조태후가 말했다 :「그렇소.」

촉룡이 말했다 :「지금 삼대(三代) 이전부터 조씨(趙氏)가 조(趙)나라를 건립한 때까지, 조나라 군주의 자손으로 제후(諸侯)에 봉해진 사람 가운데 그 후손이 이어받아 존재하는 경우가 있습니까?」 조태후가 말했다 :「없소.」 촉룡이 말했다 :「다만 조나라뿐 아니라, 다른 제후들 가운데도 (그 후손이 이어받아) 존재하는 경우가 있습니까?」 조태후가 말했다 :「나는 들어보지 못했소.」(촉룡이 말했다) :「이렇게 볼 때 가깝게는 화가 자신에게 미치고

멀게는 자손에게 미칩니다. 어찌 군주의 자손이 반드시 안 좋은 것이겠습니까? 지위는 존귀하나 공훈이 없고, 봉록은 후하나 업적이 없는데도 귀중한 보물들을 많이 지니고 있습니다. 지금 태후께서는 장안군의 지위를 존귀하게 만들어 그에게 비옥한 땅을 봉지로 주고 귀중한 보물을 많이 주었지만, 지금의 기회를 이용하여 그로 하여금 나라에 공을 세우도록 하지 않고 계십니다. 일단 태후께서 세상을 떠나시면 장안군이 어떻게 스스로 조나라에 몸을 의탁하겠습니까? 저는 태후께서 장안군을 위한 계획이 원대하시지 못하다고 여겨, 그래서 그 사랑이 연후(燕后)에 대한 사랑만 못하다고 생각하는 것입니다.」 조태후가 말했다 :「알겠소. 그대가 그 아이에게 시키는 대로 맡기겠소.」그리하여 장안군을 위해 수레 백 량을 준비하여 제(齊)나라에 인질로 보내자, 제나라 군대가 비로소 출동했다.

자의(子義)가 이 말을 듣고 말했다 :「군주의 아들도, 골육지친(骨肉之親)도, 여전히 공훈이 없는 존귀한 지위와 업적이 없는 봉록에 의지하여 금옥 보배를 지킬 수 없는데, 하물며 신하야 말할 나위가 있겠는가?」

해제解題 및 본문 요지 설명

본문은 《전국책(戰國策)・조책(趙策)》의 일부분으로, 조태후(趙太后)가 새로 집정했을 때 진(秦)나라가 조(趙)나라를 공격하자, 조나라의 좌사(左師) 촉룡(觸龍)이 조태후를 설득하여 조태후의 어린 아들 장안군(長安君)을 제나라에 인질로 보내고, 대신 제나라 군사의 도움을 받아 진나라의 공격을 막아낸 고사를 기술한 것이다.

본문은 다섯 단락으로 나눌 수 있는데, 첫째 단락에서는 진나라가 조나라를 공격하여 조나라가 위급한 상황에서, 조태후가 어린 아들 장안군을 제나라에 인질로 보내야 출병할 수 있다는 제나라의 요구 조건을 완강히 거절한 것을 기술했고; 둘째 단락에서는 조나라의 좌사 촉룡이 조태후를 접견한 후, 조태후와 가정사(家庭事)에 대해 한담을 나누면서 조태후의 노기를 가라앉힌 상황을 기술했고; 셋째 단락에서는 촉룡이 자기의 어린 아들을 조태후에게 부탁하면서 부모의 자식 사랑에 대한 화제(話題)를 끌어낸 것을 기술했고; 넷째 단락에서는 촉룡이 이번 기회에 장안군으로 하여금 공을 세우도록 함으로써, 훗날 조태후가 세상을 떠났을 때 장안군이 자신의 능력으로 조나라에 발을 붙일 수 있도록 해야 한다는 말로 조태후를 설득하여 조태후가 이를 깨달아 장안군을 인질로 보내고 제나라 군대의 도움을 받은 상황을 기술했고; 마지막 단락에서는 조나라의 어진 선비 자의(子義)가 이에 대해 논평한 것을 기술했다.

066 노중련의불제진(魯仲連義不帝秦)
《戰國策》

작 자

057 소진이연횡세진(蘇秦以連橫說秦) 참조.

원문 및 주석

魯仲連義不帝秦[1]

秦圍趙之邯鄲, 魏安釐王使將軍晉鄙救趙, 畏秦, 止於蕩陰, 不進。[2]

---

1 魯仲連義不帝秦 → 魯仲連의 正義가 秦나라를 황제로 존중하지 않다
   【魯仲連(노중련, lǔ zhòng lián)】: [인명] 일명 魯連이라고도 하며, 齊나라의 고명한 선비이다. 일생 동안 벼슬을 하지 않고 남을 위해 분쟁을 해결해 주는 역할을 좋아했다.
   【帝秦(제진, dì qín)】: 진나라를 황제로 존중하다. 【帝】: [동사 용법] 황제로 존중하다.
2 秦圍趙之邯鄲, 魏安釐王使將軍晉鄙救趙, 畏秦, 止於蕩陰, 不進。→ 秦나라의 군대가 趙나라의 邯鄲을 포위했다. 魏나라 安釐王이 장군 晉鄙를 파견하여 趙나라를 구하려 했으나, (진비가) 秦나라 군대를 두려워하여, 蕩陰에서 멈추고, 전진하지 않았다.

魏王使客將軍辛垣衍間入邯鄲, 因平原君謂趙王曰 :³「秦所以
急圍趙者, 前與齊湣王爭强爲帝, 已而復歸帝, 以齊故。⁴ 今齊益弱,

※ 秦이 조나라의 한단을 포위한 것은 趙 孝成王 8년(B.C. 258)이다.
【秦(진, qín)】: 진나라. 여기서는 「진나라 군대」를 가리킨다.
【邯鄲(한단, hán dān)】: [지명] 趙나라의 도읍. 지금의 하북성 邯鄲 서남쪽.
【安釐王(안희왕, ān xī wáng)】: 魏나라의 군주로 34년간(B.C. 276-B.C. 243) 재위했다. 【釐】: 僖.
【使(사, shǐ)】: 파견하다.
【晉鄙(진비, jìn bǐ)】: [인명] 魏나라의 장군.
【止於(지어, zhǐ yú)…】: …에서 멈추다. 【於】: [개사] …에서.
【蕩陰(탕음, dàng yīn)】: [지명] 지금의 하남성 蕩陰. 당시 魏나라와 趙나라의 국경 지역.

3 魏王使客將軍辛垣衍間入邯鄲, 因平原君謂趙王曰 : → (이에) 魏王이 다시 客將軍 辛垣衍을 파견하여 은밀하게 邯鄲에 들어가, 平原君을 통해 趙王에게 말했다 :
【客將軍(객장군, kè jiāng jūn)】: 다른 나라 사람으로 魏에서 장군을 지낼 경우, 이를 가리켜 객장군이라 했다.
【辛垣衍(신원연, xīn yuán yǎn)】: [인명] 성은 辛垣, 이름은 衍.
【間入(간입, jiàn rù)】: 은밀하게 진입하다.
【因(인, yīn)】: [개사] …을 통해. …을 거쳐서.
【平原君(평원군, píng yuán jūn)】: 趙나라 孝成王의 숙부로 이름은 勝이며, 평원군은 그의 封號. 당시 조나라의 재상을 지냈으며, 戰國四公子의 한 사람으로 3천 명의 식객을 거느리고 있었다.
【趙王(조왕, zhào wáng)】: 여기서는 趙나라 孝成王을 가리킨다.

4 「秦所以急圍趙者, 前與齊湣王爭强爲帝, 已而復歸帝, 以齊故。→「秦나라가 서둘러 趙나라를 포위한 까닭은, (秦昭王이) 전에 齊湣王과 帝位를 다투다가, 얼마 후 다시 稱帝를 취소했는데, 이는 齊나라가 稱帝를 취소했기 때문입니다.
【所以(소이, suǒ yǐ)…】: …한 까닭.
【急圍(급위, jí wéi)】: 서둘러 포위하다.
【齊湣王(제민왕, qí mǐn wáng)】: 齊宣王의 아들, 이름은 田遂. ※ 판본에 따라서는 「湣」을 「閔」이라 했다.
【爭强爲帝(쟁강위제, zhēng qiáng wéi dì)】: 제위를 다투다.
※ 당시 戰國七雄이라 불리는 나라들은 명분상으로는 周의 제후국들로 천자의 호칭을 사용할 수 없었지만, 周의 천자가 힘이 없어 제후들이 周의 명령을 듣지 않았다. 齊와 秦은 제후국 가운데 가장 강성한 나라로 제위를 다투었다.
【已而(이이, yǐ ér)】: 얼마 후.
【歸帝(귀제, guī dì)】: 稱帝를 취소하다.
【以齊故(이제고, yǐ qí gù)】: 제나라 때문. 【以…故】: …때문.
※ 제나라가 먼저 칭제를 취소하자, 秦昭王도 어쩔 수 없이 칭제를 포기한 것을 말한다.

方今唯秦雄天下, 此非必貪邯鄲, 其意欲求爲帝。⁵ 趙誠發使尊秦昭王爲帝, 秦必喜, 罷兵去。」⁶ 平原君猶豫未有所決。⁷

此時魯仲連適游趙, 會秦圍趙, 聞魏將欲令趙尊秦爲帝, 乃見平原君曰:「事將奈何矣?」⁸ 平原君曰:「勝也何敢言事? 百萬之眾折於外, 今又內圍邯鄲而不能去。⁹ 魏王使客將軍辛垣衍令趙帝秦,

---

5 今齊益弱, 方今唯秦雄天下, 此非必貪邯鄲, 其意欲求爲帝。→ 오늘의 齊나라는 (그 당시보다) 더욱 약해지고, 지금은 오직 秦나라가 천하를 호령하고 있으니, 이번의 침공은 꼭 邯鄲을 탐내서가 아니라, 그 의도는 황제가 되고자 하는 것입니다.
　【益(익, yì)】: 더욱.
　【方今(방금, fāng jīn)】: 현재. 지금.
　【唯(유, wéi)】: 오직.
　【雄天下(웅천하, xióng tiān xià)】: 천하를 호령하다.
　【此(차, cǐ)】: 이. 이것. 즉「이번의 침공」을 말한다.
　【欲求(욕구, yù qiú)】: …을 추구하고자 하다.

6 趙誠發使尊秦昭王爲帝, 秦必喜, 罷兵去。」→ 趙나라가 진정으로 사신을 파견하여 秦昭王을 황제로 존중한다면, 秦나라는 반드시 기뻐하며, 군사를 거두어 철수할 것입니다.」
　【誠(성, chéng)】: 진실로. 진정으로.
　【發使(발사, fā shǐ)】: 사신을 파견하다.
　【罷兵(파병, bà bīng)】: 전쟁을 그만두다. 군사를 거두다.
　【去(거, qù)】: 떠나다. 철수하다.

7 平原君猶豫未有所決。→ 평원군은 주저하며 결정하지 못했다.
　【猶豫(유예, yóu yù)】: 주저하다. 머뭇거리다.

8 此時魯仲連適游趙, 會秦圍趙, 聞魏將欲令趙尊秦爲帝, 乃見平原君曰:「事將奈何矣?」→ 이때 魯仲連이 마침 趙나라를 유람하다가, 秦나라가 趙나라를 포위한 상황을 만났는데, 魏나라 장수가 趙나라로 하여금 秦나라를 황제로 존중하도록 강요하려 한다는 말을 듣고, 곧 평원군을 찾아가 말했다:「일을 장차 어찌하시렵니까?」
　【適(적, shì)】: 마침.
　【會(회, huì)】: 만나다.
　【將欲(장욕, jiāng yù)…】: 장차 …하려 하다.
　【令(령, lìng)】: …하여금 …하게 하다.
　【乃(내, nǎi)】: 곧. 바로.
　【奈何(내하, nài hé)】: 어찌하다.

9 平原君曰:「勝也何敢言事? 百萬之眾折於外, 今又內圍邯鄲而不能去。→ 평원군이 말했다:「제가 어찌 감히 이 일을 말하겠습니까? 우리의 백만 군사가 이미 밖에서 손실을 입

今其人在是。勝也何敢言事?」¹⁰

　　魯連曰:「始吾以君爲天下之賢公子也, 吾乃今然後知君非天下之賢公子也。梁客辛垣衍安在? 吾請爲君責而歸之。」¹¹ 平原君曰:「勝請爲召而見之於先生。」¹² 平原君遂見辛垣衍曰:「東國有魯連

　　었고, 지금 또 안에서 (秦나라 군대가) 邯鄲을 포위했지만 철수시킬 수가 없습니다.
　　【勝(승, shèng)】: 평원군 趙勝이 자신의 이름을「나」라는 의미로 사용한 것.
　　【百萬之眾折於外(백만지중절어외, bǎi wàn zhī zhòng zhé yú wài)】: 백만 대군이 밖에서 손실을 입다.【眾】: 군사.【折】: 손실을 입다.【於】: [개사] …에서.
　　※ 이는「長平의 전쟁」을 말한다. B.C. 260년 秦나라 장수 白起가 趙나라의 長平[지금의 산서성 高平縣]에서 조나라 군사를 포위하여 조나라 장수 趙括이 전사하고, 백기가 투항한 조나라 병사 40만 명을 장평에서 생매장했다.
　　【去(거, qù)】: [사동 용법] 철수시키다.

10 魏王使客將軍辛垣衍令趙帝秦, 今其人在是。勝也何敢言事?」→ 魏王이 객장군 辛垣衍을 파견하여 趙王으로 하여금 秦나라를 황제로 존중하도록 요구하고 있는데, 지금 그 사람이 아직 이곳에 머물고 있습니다. 그런데 제가 어찌 감히 이 일을 말하겠습니까?」
　　【令(령, lìng)】: …로 하여금 …하게 하다.
　　【是(시, shì)】: 이곳. 여기.

11 魯連曰:「始吾以君爲天下之賢公子也, 吾乃今然後知君非天下之賢公子也。梁客辛垣衍安在? 吾請爲君責而歸之。」→ 노중련이 말했다:「당초에 저는 당신을 천하의 현명한 公子라고 여겼었는데, 지금 당신의 말을 듣고 나서 비로소 당신이 천하의 현명한 공자가 아니라는 것을 알았습니다. 魏나라의 객장 신원연이 어디에 있습니까? 내가 당신을 대신해 그를 꾸짖어 돌아가도록 하겠습니다.」
　　【始(시, shǐ)】: 당초. 처음.
　　【以(이, yǐ)…爲(위, wéi)…】: …을 …으로 여기다.
　　【君(군, jūn)】: 당신. 그대.
　　【乃(내, nǎi)】: 비로소.
　　【今然後(금연후, jīn rán hòu)】: 지금 이후. 즉「지금 당신의 말을 듣고 난 후」.
　　【梁(양, liáng)】: 魏나라. 魏나라는 원래 安邑[지금의 산서성 夏縣 북쪽]에 도읍을 정했으나 B.C. 361년 惠王 때 도읍을 大梁[지금의 하남성 開封市]으로 옮겼다. 그래서 魏를 梁이라 칭하기도 한다.
　　【安在(안재, ān zài)】: 어디에 있는가?
　　【責(책, zé)】: 꾸짖다.
　　【之(지, zhī)】: [대명사] 그. 그 사람. 즉「위나라 장수 신원연」.

12 平原君曰:「勝請爲召而見之於先生。」→ 평원군이 말했다:「제가 그를 불러 선생을 만나 뵐 수 있도록 하겠습니다.」

先生。其人在此, 勝請爲紹介而見之於將軍。」¹³ 辛垣衍曰:「吾聞魯連先生, 齊國之高士也。衍, 人臣也, 使事有職, 吾不願見魯連先生也。」¹⁴ 平原君曰:「勝已泄之矣。」辛垣衍許諾。¹⁵

魯連見辛垣衍而無言。¹⁶ 辛垣衍曰:「吾視居此圍城之中者, 皆有求於平原君者也。¹⁷ 今吾視先生之玉貌, 非有求於平原君者, 曷爲久居此圍城之中而不去也?」¹⁸ 魯連曰:「世以鮑焦無從容而死者,

13 平原君遂見辛垣衍曰:「東國有魯連先生。其人在此, 勝請爲紹介而見之於將軍。」→ 평원군이 곧 신원연을 만나 말했다 :「齊나라에 노중련이란 분이 있습니다. 그분이 지금 이곳에 있는데, 제가 그를 장군께 소개하여 만나 뵐 수 있도록 하겠습니다.」
【遂(수, suì)】: 곧. 바로. 즉시.
【東國(동국, dōng guó)】: 동쪽 나라. 여기서는「齊나라」를 가리키며, 이는 제나라가 동쪽에 위치하여 붙여진 이름이다.
【紹介(소개, shào jiè)】: 소개하다.

14 辛垣衍曰:「吾聞魯連先生, 齊國之高士也。衍, 人臣也, 使事有職, 吾不願見魯連先生也。」→ 신원연이 말했다 :「저는 노중련 선생이 齊나라의 고명한 선비라 들었습니다. 저는, 魏나라 신하의 한 사람으로, (趙나라에) 파견되어 일하면서 직무가 있기 때문에, 노중련 선생을 만나고 싶지 않습니다.」
【高士(고사, gāo shì)】: 고명한 선비.
【衍(연, yǎn)】: 신원연이「나, 저」라는 의미로 자신의 이름을 사용한 것.
【使(사, shǐ)】: 파견되다.
【職(직, zhí)】: 직무. 임무.

15 平原君曰:「勝已泄之矣。」辛垣衍許諾。→ 평원군이 :「제가 이미 당신이 여기에 오신 것을 누설했습니다.」라고 말하자, 신원연이 (하는 수 없이) 승낙했다.
【泄(설, xiè)】: 누설하다.
【之(지, zhī)】: [대명사] 그것. 즉「신원연에 관한 일」.
【許諾(허락, xǔ nuò)】: 승낙하다. 허락하다.

16 魯連見辛垣衍而無言。→ 노중련은 신원연을 만났으나 아무 말도 하지 않았다.

17 辛垣衍曰:「吾視居此圍城之中者, 皆有求於平原君者也。→ 신원연이 말했다 :「제가 이 포위된 성에 살고 있는 사람들을 보니, 모두 평원군에게 요청할 일이 있는 사람들입니다.
【圍城(위성, wéi chéng)】: 포위된 성.
【求於(구어, qiú yú)…】: …에게 청하다. …에게 요구하다. 【於】: [개사] …에게.

18 今吾視先生之玉貌, 非有求於平原君者, 曷爲久居此圍城之中而不去也? → 그런데 지금 제가 선생의 모습을 보니, 평원군에게 요청하러 오신 분이 아닌데, 어째서 오래도록 이

皆非也。¹⁹ 今眾人不知, 則爲一身。²⁰ 彼秦者, 棄禮義而上首功之國也, 權使其士, 虜使其民。²¹ 彼則肆然而爲帝, 過而遂正於天下, 則連有赴東海而死耳, 吾不忍爲之民也。²² 所爲見將軍者, 欲以助趙

　　포위된 성에 머물며 떠나지 않으십니까?」
　【玉貌(옥모, yù mào)】: 용모. 모습. ※「玉」은 다른 사람에 대한 존칭.
　【曷爲(갈위, hé wéi)】: 어째서. 왜.
　【久居(구거, jiǔ jū)】: 오래 머물다.
　【去(거, qù)】: 떠나다.

19　魯連曰：「世以鮑焦無從容而死者, 皆非也。→ 노중련이 말했다：「세상 사람들은 鮑焦가 도량이 좁아서 자살했다고 여기는데, 모두 옳지 않습니다.
　【世(세, shì)】: 세상 사람들.
　【以(이, yǐ)】: 以爲. …라고 여기다. …라고 생각하다.
　【鮑焦(포초, bào jiāo)】: [인명] 춘추시대의 은사. 청렴결백하여 스스로를 지키며 당시의 정치 현실에 만족하지 못해 나무를 끌어안고 굶어 죽었다. 세상 사람들은 포초가 도량이 좁아 자살했다고 여겼으나, 노중련은 반증으로 신원연에게 답했다.
　【無從容(무종용, wú cóng róng)】: 침착하지 못하다. 도량이 좁다.

20　今眾人不知, 則爲一身。→ 지금 일반 사람들은 잘 알지도 못하면서, 포초가 자기 한 몸을 위해 죽었다고 여기고 있습니다.
　【眾人(중인, zhòng rén)】: 일반 사람들.

21　彼秦者, 棄禮義而上首功之國也, 權使其士, 虜使其民。→ 秦나라는, 예의를 포기하고 적을 살상하는 戰功만을 숭상하는 나라로, 권모술수를 써서 그 병사들을 부리고, 그 백성을 포로처럼 부리고 있습니다.
　【彼(피, bǐ)】: 그. 저.
　※ 句의 첫머리 명사 앞에 놓일 경우, 일반적으로 번역할 필요가 없다.
　【上首功(상수공, shàng shǒu gōng)】: 적의 목을 베는 功을 숭상하다. 〖上〗: 尙. 숭상하다. 〖首功〗: 斬首之功. 적의 목을 베는 戰功.
　※ 秦나라의 제도는 벼슬을 12등급으로 나누고, 적의 목을 베면 한 등급을 賞으로 주어 병사들을 독려했다.
　【權使(권사, quán shǐ)】: 권모술수를 써서 부리다.
　【虜使(노사, lǔ shǐ)】: 포로처럼 부리다.

22　彼則肆然而爲帝, 過而遂正於天下, 則連有赴東海而死耳, 吾不忍爲之民也。→ 秦王이 만약 멋대로 황제가 되고, 심지어 끝내 천하에서 秦나라의 정치가 행해진다면, 동해에 가서 빠져 죽을 뿐, 저는 차마 그 백성이 되지는 않을 것입니다.
　【彼(피, bǐ)】: 그. 즉「秦王」.
　【則(즉, zé)】: 만일. 만약.

也。」²³

　　辛垣衍曰:「先生助之奈何?」²⁴ 魯連曰:「吾將使梁及燕助之, 齊、楚則固助之矣。」²⁵ 辛垣衍曰:「燕則吾請以從矣。若乃梁, 則吾乃梁人也, 先生惡能使梁助之邪?」²⁶ 魯連曰:「梁未睹秦稱帝之害

【肆然(사연, sì rán)】: 멋대로. 함부로.
【爲帝(위제, wéi dì)】: 천자가 되다. 稱帝하다.
【過而(과이, guò ér)】: 심지어.
【遂(수, suì)】: 끝내. 마침내.
【正於天下(정어천하, zhèng yú tiān xià)】: 천하에 秦나라의 정치가 행해지다. 【正】: 政. [동사 용법] 정치가 행해지다.
【連(련, lián)】: 노중련이 자신의 이름을 「나, 저」라는 의미로 사용한 것.
【赴(부, fù)】: (…로) 가다.
【耳(이, ěr)】: …뿐.
【不忍(불인, bù rěn)】: 차마 …하지 못하다.
【之民(지민, zhī mín)】: 그의 백성. 【之】: 그. 이. 저.

23 所爲見將軍者, 欲以助趙也。」→ 제가 장군을 만나고자 한 까닭은, 이 기회를 빌려 趙나라를 돕고자 하는 것입니다.」
【所爲(소위, suǒ wéi)】: 所以. 까닭. 이유.
【欲(욕, yù)】: …하고자 하다. …하려고 하다.
【以(이, yǐ)】: 以(之). 이로써. 이 기회를 빌려.

24 辛垣衍曰:「先生助之奈何?」→ 신원연이 말했다:「선생은 趙나라를 어떻게 도울 것입니까?」
【之(지, zhī)】: [대명사] 그것. 즉「趙나라」.
【奈何(내하, nài hé)】: 어찌. 어떻게.

25 魯連曰:「吾將使梁及燕助之, 齊、楚則固助之矣。」→ 노중련이 말했다:「제가 장차 魏나라와 燕나라로 하여금 趙나라를 돕도록 할 것입니다. 그리고 齊나라와 楚나라는 본래 趙나라를 도왔던 적이 있습니다.」
【使(사, shǐ)】: …하여금 …하게 하다.
【固(고, gù)】: 본래.
【之(지, zhī)】: [대명사] 그. 즉「趙나라」.

26 辛垣衍曰:「燕則吾請以從矣。若乃梁, 則吾乃梁人也, 先生惡能使梁助之耶?」→ 신원연이 말했다:「燕나라는 우리의 요청으로 이미 우리 魏나라를 따르기로 했습니다. 그리고 魏나라로 말하면, 제가 바로 위나라 사람인데, 선생은 어떻게 위나라로 하여금 조나라를 돕도록 할 수 있겠습니까?」
【燕則吾請以從(연즉오청이종, yān zé wú qǐng yǐ cóng)】: 燕나라가 우리의 요청으로 이

故也。使梁睹秦稱帝之害, 則必助趙矣。」²⁷

　　辛垣衍曰:「秦稱帝之害將奈何?」²⁸ 魯仲連曰:「昔齊威王嘗爲仁義矣, 率天下諸侯而朝周。²⁹ 周貧且微, 諸侯莫朝, 而齊獨朝之。³⁰ 居歲餘, 周烈王崩, 諸侯皆弔, 齊後往。³¹ 周怒, 赴於齊曰:『天崩地

미 魏나라를 따르기로 하다. 즉「연나라는 나의 요청에 따라 이미 진나라를 황제로 존중하기로 한 위나라를 따르기로 했다」는 뜻.【以】: 已. 이미.
【若乃(약내, ruò nǎi)】: 至於. …로 말하면. …에 관해 말하면. ※주로 화제를 바꿀 때 사용한다.
【惡(오, wū)】: 어찌. 어떻게.

27 魯連曰:「梁未睹秦稱帝之害故也。使梁睹秦稱帝之害, 則必助趙矣。」→ 노중련이 말했다:「魏나라는 아직 秦나라의 稱帝로 인한 피해를 보지 못했기 때문입니다. 만일 위나라가 秦王의 칭제로 인한 피해를 보았다면, 반드시 조나라를 도울 것입니다.」
【睹(도, dǔ)】: 보다. 목격하다.
【稱帝(칭제, chēng dì)】: 칭제하다. 황제로 칭하다.
【…故(고, gù)】: …한 때문.
【使(사, shǐ)】: 만일. 만약.

28 辛垣衍曰:「秦稱帝之害將奈何?」→ 신원연이 말했다:「진나라의 칭제로 인한 피해는 장차 어떠할 것 같습니까?」
【奈何(내하, nài hé)】: 어떠한가?

29 魯仲連曰:「昔齊威王嘗爲仁義矣, 率天下諸侯而朝周。→ 노중련이 말했다:「옛날에 齊威王은 일찍이 仁義를 실행하여, 천하의 제후들을 인솔하고 周나라의 천자를 알현했습니다.
【齊威王(제위왕, qí wēi wáng)】: 제나라의 군주. 성은 田, 이름은 嬰齊.
【率(솔, shuài)】: 인솔하다. 통솔하다.
【朝(조, cháo)】: 입조하다. 알현하다.
【周(주, zhōu)】: 周나라. 여기서는「周의 천자」를 가리킨다.

30 周貧且微, 諸侯莫朝, 而齊獨朝之。→ (당시) 周나라는 가난하고 쇠약하여, 제후들이 알현하지 않았으나, 齊威王만 홀로 주나라의 천자를 알현하였습니다.
【且(차, qiě)】: 또한. …하고 또.
【微(미, wēi)】: 쇠약하다. 무력하다.
【莫朝(막조, mò cháo)】: 입조하지 않다. 알현하지 않다.
【齊(제, qí)】: 여기서는「齊威王」을 가리킨다.
【獨(독, dú)】: 홀로.
【之(지, zhī)】: [대명사] 그. 즉「周의 천자」.

坼, 天子下席, 東藩之臣田嬰齊後至, 則斮之。』³² 威王勃然怒曰:『叱嗟! 而母婢也!』卒爲天下笑。³³ 故生則朝周, 死則叱之, 誠不忍其求也。彼天子固然, 其無足怪。』³⁴

---

31 居歲餘, 周烈王崩, 諸侯皆弔, 齊後往。 → 일 년여가 지나, 周烈王이 붕어하여, 제후들이 모두 조문했는데, 齊威王이 가장 나중에 갔습니다.
　【居(거, jū)】: 지나다. 경과하다.
　【歲餘(세여, suì yú)】: 일 년여.
　【齊(제, qí)】: 여기서는「齊威王」을 가리킨다.
　【後往(후왕, hòu wǎng)】: 나중에 가다. 늦게 가다.

32 周怒, 赴於齊曰:『天崩地坼, 天子下席, 東藩之臣田嬰齊後至, 則斮之。』 → 周顯王이 분노하여, 제나라에 부고를 보내 말하길:「하늘이 무너지고 땅이 꺼져, 천자께서 거적을 깔고 영전을 지키고 계시는데, 동방 속국의 신하 田嬰齊가 문상에 늦었으니, 마땅히 그를 참수해야 할 것이다.」라고 했습니다.
　【赴(부, fù)】: 訃. 訃告를 보내다.
　【天崩地坼(천붕지탁, tiān bēng dì chè)】: 하늘이 무너지고 땅이 꺼지다. 즉「천자의 죽음」을 비유한 말.
　【天子(천자, tiān zǐ)】: 여기서는 周烈王을 이어 즉위한 주열왕의 동생 周顯王을 가리킨다.
　【下席(하석, xià xí)】: 궁중을 떠나 거적을 깔고 영전을 지키는 것을 말한다.
　【藩(번, fān)】: 속국. 속지.
　【斮(착, zhuò)】: 참수하다. 베다.
　【之(지, zhī)】: [대명사] 그. 즉「田嬰齊」.

33 威王勃然怒曰:『叱嗟! 而母婢也!』卒爲天下笑。 → 이에 齊威王이 버럭 화를 내며:『체! 당신의 모친은 노비요!』라고 말했다가, 결국 (제위왕은) 천하의 웃음거리가 되고 말았습니다.
　【勃然(발연, bó rán)】: 갑자기 화내는 모양.
　【叱嗟(질차, chì jiū)】: [화가 나서 내는 소리] 체!
　【而(이, ér)】: 爾. 너. 당신.
　【卒(졸, zú)】: 결국. 마침내.
　【爲(위, wéi)…笑(소, xiào)】: [피동형] …의 웃음거리가 되다.

34 故生則朝周, 死則叱之, 誠不忍其求也。彼天子固然, 其無足怪。』 → 그러므로 (주열왕이) 살았을 때 주왕실을 알현하고, 죽고 나서 그를 욕한 것은, 실로 周顯王의 가혹한 요구를 참을 수 없었기 때문입니다. 그러나 천자는 본래 그렇기 때문에, 그것은 탓할 만한 일이 못됩니다.」
　【叱(질, chì)】: 욕하다.
　【誠(성, chéng)】: 실로.
　【其(기, qí)】: [대명사] 그. 즉「周顯王」.

辛垣衍曰:「先生獨未見夫僕乎? 十人而從一人者, 寧力不勝, 智不若耶? 畏之也。」[35] 魯仲連曰:「然梁之比於秦, 若僕耶?」[36] 辛垣衍曰:「然。」魯仲連曰:「然則吾將使秦王烹醢梁王。」[37] 辛垣衍怏然不說, 曰:「嘻! 亦太甚矣, 先生之言也。先生又惡能使秦王烹醢梁王?」[38]

【固(고, gù)】: 본래.
【無足怪(무족괴, wú zú guài)】: 탓할 만한 일이 못되다.

35 辛垣衍曰:「先生獨未見夫僕乎? 十人而從一人者, 寧力不勝, 智不若耶? 畏之也。」→ 신원연이 말했다:「선생께서 설마 그 하인들을 보지 못하신 것은 아니겠지요? 열 사람이 한 사람에게 복종하는 것이, 어찌 힘으로 이기지 못하거나, 지혜가 모자라서 그렇겠습니까? 그를 두려워하기 때문입니다.」
【獨(독, dú)…乎(호, hū)?】: 설마 …은 아니겠지?
【夫(부, fú)】: 그. 저.
【僕(복, pú)】: 하인.
【從(종, cóng)】: 복종하다. 순종하다.
【寧(녕, níng)】: 어찌.
【不若(불약, bù ruò)】: 못하다. 모자라다.
【之(지, zhī)】: [대명사] 그. 즉「하인을 부리는 사람」.

36 魯仲連曰:「然梁之比於秦, 若僕邪?」→ 노중련이 말했다:「그러면 魏나라를 秦나라와 비교할 경우, (위나라는) 하인과 같습니까?」
【然(연, rán)】: 그러면.
【比於(비어, bǐ yú)…】: …와 (과) 비교하다. …에 비교하다. 【於】: [개사] …과. …에.
【若(약, ruò)…】: …과 같다.

37 辛垣衍曰:「然。」魯仲連曰:「然則吾將使秦王烹醢梁王。」→ 신원연이:「그렇습니다.」라고 말하자, 노중련이 말했다:「그러면 내가 장차 진왕으로 하여금 魏王을 삶아서 젓갈을 담그도록 할 것입니다.」
【然(연, rán)】: 맞다. 그렇다.
【然則(연즉, rán zé)】: 그러면. 그렇다면.
【使(사, shǐ)】: …로 하여금 …하게 하다.
【烹醢(팽해, pēng hǎi)】: 삶아서 젓갈을 담그다.

38 辛垣衍怏然不說, 曰:「嘻! 亦太甚矣, 先生之言也。先生又惡能使秦王烹醢梁王?」→ 신원연이 불쾌한 표정으로 말했다:「어! 선생의 말씀이, 너무 지나치십니다. 선생이 또 어떻게 秦王으로 하여금 魏王을 삶아서 젓갈을 담그도록 할 수 있습니까?」
【怏然(앙연, yàng rán)】: 불쾌한 모양.

魯仲連曰:「固也, 待吾言之。昔者, 鬼侯、鄂侯、文王, 紂之三公也。³⁹ 鬼侯有子而好, 故入之於紂, 紂以爲惡, 醢鬼侯。⁴⁰ 鄂侯爭之急, 辨之疾, 故脯鄂侯。⁴¹ 文王聞之, 喟然而歎, 故拘之於牖里之庫百日, 而欲舍之死。⁴² 曷爲與人俱稱帝王, 卒就脯醢之地也?⁴³ 齊湣

- 【不說(불열, bù yuè)】: 불쾌하다. 〖說〗: 悅.
- 【嘻(희, xī)】: [감탄사] 어!
- 【太甚(태심, tài shèn)】: 너무 지나치다.
- 【惡(오, wū)】: 어찌. 어떻게.

39 魯仲連曰:「固也, 待吾言之。昔者, 鬼侯、鄂侯、文王, 紂之三公也。→ 노중련이 말했다:「물론 할 수 있습니다. 제 말씀을 들어보십시오. 옛날에, 鬼侯·鄂侯·文王은, 商나라 紂王의 三公이었습니다.
- 【固(고, gù)】: 물론이다. 당연히 할 수 있다.
- 【待吾言之(대오언지, dài wú yán zhī)】: 내가 말하는 것을 기다려 보시오. 즉「내 말을 들어보시오」라는 뜻.
- 【鬼侯(귀후, guǐ hóu)】: 殷나라 때의 제후로 鬼[지금의 하남성 臨·縣] 지방에 봉해졌다.
- 【鄂侯(악후, è hóu)】: 殷나라 때의 제후로 鄂[지금의 호북성 武昌縣] 지방에 봉해졌다.
- 【文王(문왕, wén wáng)】: 周文王.
- 【紂(주, zhòu)】: 商의 포악한 군주.
- 【三公(삼공, sān gōng)】: 최고위 관직으로 太師·太傅·太保를 가리킨다.

40 鬼侯有子而好, 故入之於紂, 紂以爲惡, 醢鬼侯。→ 귀후는 딸이 있었는데 매우 예쁘게 생겼기 때문에, 그래서 그녀를 紂王에게 바쳤으나, 주왕은 그녀를 밉다고 여겨, 귀후를 잘게 썰어 젓갈을 담았습니다.
- 【子(자, zǐ)】: 자식. 여기서는「딸」을 말한다.
- 【好(호, hǎo)】: 예쁘다. 아름답다.
- 【入(입, rù)】: 들여보내다. 즉「바치다, 진상하다」의 뜻.
- 【以爲(이위, yǐ wéi)…】: …라 여기다. …라고 생각하다.
- 【惡(악, è)】: 아름답지 않다. 밉다.

41 鄂侯爭之急, 辨之疾, 故脯鄂侯。→ 악후는 귀후를 위해 극력으로 간하고, 극력으로 변호했기 때문에, 그래서 악후를 죽여 포를 떴습니다.
- 【爭之急(쟁지급, zhēng zhī jí)】: 극력으로 간하다. 적극적으로 간하다. 〖爭〗: 諍. 간하다. 〖急〗: 극력으로. 적극적으로.
- 【辨之疾(변지질, biàn zhī jí)】: 극력으로 변호하다. 〖辨〗: 辯. 변호하다. 〖疾〗: 극력으로. 적극적으로.
- 【脯(포, pú)】: [동사 용법] 포를 뜨다.

42 文王聞之, 喟然而歎, 故拘之於牖里之庫百日, 而欲舍之死。→ 문왕이 이 소식을 듣고,

王將之魯, 夷維子執策而從, 謂魯人曰 : 『子將何以待吾君?』⁴⁴ 魯人曰 : 『吾將以十太牢待子之君。』⁴⁵ 夷維子曰 : 『子安取禮而來待吾君? 彼吾君者, 天子也。天子巡狩, 諸侯避舍, 納于筦鍵, 攝衽抱几, 視膳於堂下; 天子已食, 乃退而聽朝也。』⁴⁶ 魯人投其籥, 不果納, 不得

한숨을 쉬며 탄식했기 때문에, 그래서 문왕을 유리의 감옥에 백 일 동안 가두어, 그를 죽이려 했습니다.
【喟然(위연, kuì rán)】: 한숨을 쉬는 모양.
【牖里(유리, yǒu lǐ)】: [지명] 지금의 하남성 湯陰縣 牖城. ※판본에 따라서는 「牖里」를 「羑里」라 했다.
【庫(고, kù)】: 곳집. 여기서는 「감옥」의 뜻.
【欲(욕, yù)】: …하고자 하다. …하려고 생각하다.
【舍(사, shè)】: 처치하다. ※판본에 따라서는 「舍」를 「令」이라 했다.

43 曷爲與人俱稱帝王, 卒就脯醢之地也? → 어째서 다른 사람과 함께 帝王이라 불렸는데, 끝내 살해되어 육포가 되고 젓갈이 되는 지경에 이르렀을까요?
【曷爲(갈위, hé wèi)】: 어째서. 왜.
【俱(구, jū)】: 함께. 같이.
【卒(졸, zú)】: 끝내.
【就(취, jiù)】: 다다르다. 이르다.
【地(지, dì)】: 지경. 경지.

44 齊湣王將之魯, 夷維子執策而從, 謂魯人曰 : 『子將何以待吾君?』 → 齊湣王이 魯나라에 가려고 할 때, 夷維子가 말채찍을 들고 수행하면서, 노나라 사람에게 : 『당신들은 장차 어떻게 우리의 임금을 접대하려 합니까?』라고 물었습니다.
【之(지, zhī)】: 往. 가다.
【夷維子(이유자, yí wéi zǐ)】: [인명] 齊나라 사람.
 ※지명을 가지고 사람의 이름을 삼은 경우이다. 성은 夷維[지금의 산동성 濰縣],「子」는 남자의 미칭.
【執(집, zhí)】: 들다. 잡다.
【策(책, cè)】: 말채찍.
【從(종, cóng)】: 따르다. 수행하다.
【子(자, zǐ)】: 너. 당신. 그대.
【何以(하이, hé yǐ)】: 어떻게. 어찌.
【待(대, dài)】: 접대하다.

45 魯人曰 : 『吾將以十太牢待子之君。』 → 노나라 사람이 : 『우리는 소·양·돼지 각 열 마리로 귀국의 임금을 접대하려 합니다.』라고 대답했습니다.
【太牢(태뢰, tài láo)】: 소·양·돼지 각 한 마리로 준비한 祭物.

入於魯。⁴⁷ 將之薛, 假涂於鄒。⁴⁸ 當是時, 鄒君死, 湣王欲入弔, 夷維子謂鄒之孤曰:『天子弔, 主人必將倍殯柩, 設北面於南方, 然後天子南面弔也。』⁴⁹ 鄒之羣臣曰:『必若此, 吾將伏劍而死。』故不敢入

46 夷維子曰:『子安取禮而來待吾君? 彼吾君者, 天子也。天子巡狩, 諸侯避舍, 納于筦鍵, 攝衽抱几, 視膳於堂下; 天子已食, 乃退而聽朝也。』→ 그러자 이유자가 : 『당신들은 어디서 이러한 예절을 가져와서 우리 임금을 접대하려는 것입니까? 우리 임금은, 천자이십니다. 천자께서 (제후를) 순수하실 때, 제후들은 자기의 거처를 피해 밖에서 거주하고, 국고의 열쇠를 헌납하고, 옷깃을 걷어올리고 직접 책상을 들고 와, 당하에서 (천자께서) 식사하는 것을 살피다가, 천자께서 식사를 끝내고 나면, 비로소 물러 나와 政事를 돌보아야 합니다.』라고 말했습니다.
【安取禮而來(안취례이래, ān qǔ lǐ ér lái)】: 어디서 이러한 예를 취해 와서. 【安】: 어디.
【巡狩(순수, xún shòu)】: 순수하다. ※옛날에 천자가 제후들의 지방을 순시하는 것을 말한다.
【舍(사, shè)】: 거처. 숙소.
【納(납, nà)】: 헌납하다. 바치다.
【于(우, yú)】: [어조사].
【筦鍵(관건, guǎn jiàn)】: 열쇠. 【筦】: 管.
【攝衽(섭임, shè rèn)】: 옷깃을 걷어올리다. 【攝】: 걷어올리다. 【衽】: 옷깃. 옷섶.
【抱几(포궤, bào jī)】: 책상을 들고 오다. 【抱】: 捧. 들다. 【几】: 책상.
【視膳(시선, shì shàn)】: 식사하는 것을 살피다.
【已(이, yǐ)】: 끝내다.
【乃(내, nǎi)】: 비로소. ※판본에 따라서는「乃」자가 없다.
【聽朝(청조, tīng cháo)】: 政事를 돌보다.

47 魯人投其籥, 不果納, 不得入於魯。→ 魯나라 사람들이 (이 말을 듣자) 성문을 잠가버리고, 끝내 받아들이지 않아, 노나라에 들어갈 수 없었습니다.
【投其籥(투기약, tóu qí yuè)】: 열쇠를 다른 곳에 두다. 즉「성문을 잠그다」의 뜻. 【籥】: 鎖. 열쇠.
【不果納(불과납, bù guǒ nà)】: 끝내 받아들이지 않다. 【果】: 끝내.
【不得(부득, bù dé)】: 不能. …할 수 없다.

48 將之薛, 假涂於鄒。→ (齊湣王은) 薛나라로 가려고, 鄒나라에 길을 빌려달라고 했습니다.
【將(장, jiāng)】: (장차) …하려 하다.
【之(지, zhī)】: 往. 가다.
【薛(설, xuē)】: [국명] 지금의 산동성 滕縣에 있던 나라로, 후에 齊나라에 멸망했다.
【假涂(가도, jiǎ tú)】: 길을 빌리다. 【涂】: 途. 길.
【鄒(추, zōu)】: [국명] 춘추시대에는「邾」라 했다가, 전국시대에 이르러 국호를「鄒」로 고쳤다.

於鄒.⁵⁰ 鄒、魯之臣, 生則不得事養, 死則不得飯含, 然且欲行天子之禮於鄒、魯之臣, 不果納.⁵¹ 今秦萬乘之國, 梁亦萬乘之國.⁵² 俱據萬乘之國, 交有稱王之名, 賭其一戰而勝, 欲從而帝之, 是使三晉之

49 當是時, 鄒君死, 湣王欲入弔, 夷維子謂鄒之孤曰:『天子弔, 主人必將倍殯柩, 設北面於南方, 然後天子南面弔也.』→ 이때, 추나라의 군주가 죽어, 齊湣王이 조문하고자 하니, 이 유자가 죽은 추나라의 군주 아들에게:『천자께서 조문하려면, 상주는 반드시 관을 등진 상태로, 남쪽에서 북쪽을 향하도록 배치하고, 그런 다음에 천자께서 남쪽을 보고 조문을 해야 합니다.』라고 말했습니다.
【孤(고, gū)】: 부친이 죽은 사람을 孤子라 하는데, 여기서는 鄒임금의 아들을 가리킨다.
【主人(주인, zhǔ rén)】: 여기서는「喪主」를 말한다.
【倍(배, pèi)】: 背. 등지다.
【殯柩(빈구, bìn jiù)】: 영구. 관.
【設(설, shè)】: 설치하다. 배치하다.
【北面(북면, běi miàn)】: 북쪽을 향하다.
【南面(남면, nán miàn)】: 남쪽을 향하다.

50 鄒之羣臣曰:『必若此, 吾將伏劍而死.』故不敢入於鄒. → 추나라의 여러 신하들이:『꼭 이와 같이 해야 한다면, 우리는 칼로 자결하여 죽을 것입니다.』라고 하여, 그래서 (제민왕이) 감히 추나라에 들어가지 못했습니다.
【將(장, jiāng)】: (장차) …할 것이다.
【伏劍(복검, fú jiàn)】: 칼로 자결하다.

51 鄒、魯之臣, 生則不得事養, 死則不得飯含, 然且欲行天子之禮於鄒、魯之臣, 不果納. → 추나라와 노나라의 신하들은, (자기들의 군주가) 살아 있을 때 공양할 수 없었고, 죽고 나서도 飯含의 예를 올릴 수 없었지만, 그러나 또한 (제민왕이) 추나라와 노나라의 신하들에게 천자의 예를 행하도록 요구하자, 끝내 받아들이지 않았습니다.
【不得(부득, bù dé)】: 不能. …할 수 없다.
【事養(사양, shì yǎng)】: 공양하다.
【飯含(반함, fàn hán)】: 옛날의 殯禮. 죽은 사람의 입에 쌀과 조개를 넣는 것을「飯」이라 하고, 주옥을 넣는 것을「含」이라 한다.
【且(차, qiě)】: 또한.
【欲行(욕행, yù xíng)】: 행하도록 요구하다.

52 今秦萬乘之國, 梁亦萬乘之國. → 지금 秦이 兵車 만 량을 보유한 나라지만, 魏나라 역시 兵車 만 량을 보유한 나라입니다.
【萬乘之國(만승지국, wàn shèng zhī guó)】: 兵車 만 량을 보유한 나라. 즉「천자의 나라」.
《萬乘》: 周나라의 제도에서 천자는 사방 천리의 땅과 만 량의 병거를 보유할 수 있었으므로,「萬乘」은 곧「천자」를 가리킨다.

140 고문관지古文觀止 역주 (2)

大臣不如鄒、魯之僕妾也。⁵³ 且秦無已而帝, 則且變易諸侯之大臣。彼將奪其所謂不肖, 而予其所謂賢; 奪其所憎, 而予其所愛。⁵⁴ 彼又將使其子女讒妾爲諸侯妃姬, 處梁之宮, 梁王安得晏然而已乎? 而將軍又何以得故寵乎?」⁵⁵

53 俱據萬乘之國, 交有稱王之名, 睹其一戰而勝, 欲從而帝之, 是使三晉之大臣不如鄒、魯之僕妾也。→ (양국) 모두가 兵車 만 량을 보유한 나라로, 피차 왕이라 칭할 명분을 가지고 있는데, 秦나라가 한 번 전쟁에서 승리한 것을 보고, 복종하며 秦王을 황제로 받들도록 요구한다면, 이는 三晉의 대신들을 추나라 노나라의 노복이나 비첩의 신분만도 못하도록 만드는 것입니다.
【俱(구, jū)】: 모두. 다.
【據(거, jù)】: 보유하다.
【交(교, jiāo)】: 피차. 서로.
【睹(도, dǔ)】: 보다. 목격하다.
【其(기, qí)】: 그들. 즉「秦나라」.
【欲(욕, yù)】: …하고자 하다. …하기를 바라다.
【從(종, cóng)】: 복종하다.
【帝(제, dì)】: [동사 용법] 황제로 받들다.
【使(사, shǐ)】: …하여금 …하게 하다.
【三晉(삼진, sān jìn)】: 韓·趙·魏 세 나라. ※晉나라는 본래 춘추시대의 강국이었으나 후에 韓·趙·魏 세 나라로 분열되었다. 여기서 三晉이라 한 것은 비난의 뜻을 담고 있다.
【僕妾(복첩, pú qiè)】: 奴僕과 婢妾.

54 且秦無已而帝, 則且變易諸侯之大臣。彼將奪其所謂不肖, 而予其所謂賢; 奪其所憎, 而予其所愛。→ 그리고 秦昭王은 욕심이 한이 없어 황제가 되고 나면, 또한 제후의 대신들을 교체할 것입니다. 그는 자기가 현명하지 못하다고 한 자들의 봉록을 박탈하여, 자신이 현명하다고 한 자들에게 주고; 자기가 싫어하는 자들의 봉록을 박탈하여, 자기가 좋아하는 자들에게 줄 것입니다.
【且(차, qiě)】: 그리고. 또한.
【秦(진, qín)】: 여기서는 秦昭王을 가리킨다.
【無已(무이, wú yǐ)】: (야심이) 한이 없다.
【帝(제, dì)】: [동사 용법] 황제가 되다.
【變易(변이, biàn yì)】: 바꾸다. 교체하다.
【將(장, jiāng)】: (장차) …할 것이다.
【不肖(불초, bù xiào)】: 현명하지 못하다.
【予(여, yǔ)】: 與. 주다.
【憎(증, zēng)】: 싫어하다. 증오하다.

於是辛垣衍起, 再拜謝曰 :「始以先生爲庸人, 吾乃今日而知先生爲天下之士也。吾請去, 不敢復言帝秦。」⁵⁶ 秦將聞之, 爲卻軍五十里。⁵⁷ 適會魏公子無忌奪晉鄙軍以救趙擊秦, 秦軍引而去。⁵⁸

55 彼又將使其子女讒妾爲諸侯妃姬, 處梁之宮, 梁王安得晏然而已乎? 而將軍又何以得故寵乎? → 그가 또 자기의 딸들과 남을 헐뜯기 잘하는 첩실들로 하여금 제후들의 비빈이나 총희가 되도록 하여, 魏나라의 궁에 거처하도록 한다면, 魏王께서 어찌 편안할 수 있겠습니까? 그리고 장군께서도 어찌 과거와 같은 총애를 받을 수 있겠습니까?」
【子女(자녀, zǐ nǚ)】: 자녀. 여기서는 딸을 가리킨다.
【讒妾(참첩, chán qiè)】: 남을 헐뜯기 잘하는 첩실.
【處(처, chǔ)】: [사동 용법] 살게 하다.
【安得(안득, ān dé)…】: 어찌 …할 수 있겠는가?
【晏然(안연, yàn rán)】: 편안한 모양.
【故寵(고총, gù chǒng)】: 과거의 은총.

56 於是辛垣衍起, 再拜謝曰「始以先生爲庸人, 吾乃今日而知先生爲天下之士也。吾請去, 不敢復言帝秦。」→ 이에 신원연이 일어나, 두 번 절하고 잘못을 사죄하며 말했다 :「처음에는 선생을 평범한 사람이라 생각했는데, 제가 지금 비로소 선생이 천하의 어진 선비라는 것을 알았습니다. 저는 (조나라를) 떠날 것이며, 감히 다시는 진나라를 황제로 존중하라는 말을 하지 않을 것입니다.」
【於是(어시, yú shì)】: 이에. 그리하여.
【以(이, yǐ)】: …라 여기다. …라고 생각하다.
【乃(내, nǎi)】: 비로소. 처음으로.
【請去(청거, qǐng qù)】: [겸어] 철수하도록 허락해 주기를 청하다. 〖去〗: 떠나다. 철수하다.
 ※ 실제로는 자신이 결정하면서도 상대방을 존중하는 의미에서 상대방의 허락을 받아 행하는 것처럼 표현하는 중국인의 話法.

57 秦將聞之, 爲卻軍五十里。→ 진나라 장수가 이 말을 전해 듣자, 이로 인해 군대를 오십 리 밖으로 철수했다.
【之(지, zhī)】: [대명사] 그것. 즉「신원연이 한 말」.
【爲(위, wèi)】: 因. 이로 인해.
【卻軍(각군, què jūn)】: 군대를 철수하다. 〖卻〗: 퇴각하다. 철수하다.

58 適會魏公子無忌奪晉鄙軍以救趙擊秦, 秦軍引而去。→ 이때 마침 晉鄙의 군대를 빼앗아 조나라를 구하고 진나라를 공격해 오는 魏公子 無忌와 조우하자, 진나라 군사는 철수하여 (邯鄲을) 떠나버렸다.
【適(적, shì)】: 마침.
【會(회, huì)】: 만나다. 조우하다.
【魏公子無忌(위공자무기, wèi gōng zǐ wú jì)】: 위나라 공자 信陵君. 이름은 無忌. 魏昭王의 아들이자 魏 安釐王의 배다른 동생으로, 신릉군은 그의 封號이다. 사람됨이 인자하

142 고문관지古文觀止 역주 (2)

於是平原君欲封魯仲連, 魯仲連辭讓者三, 終不肯受。⁵⁹ 平原君乃置酒, 酒酣, 起, 前, 以千金爲魯連壽。⁶⁰ 魯連笑曰:「所貴於天下之士者, 爲人排患、釋難, 解紛亂而無所取也。⁶¹ 卽有所取者, 是商賈之人也, 仲連不忍爲也。」⁶² 遂辭平原君而去, 終身不復見。⁶³

고 아랫사람에게 후덕하여 식객이 3천에 달했다. 信陵君은 누이가 平原君의 부인이었는데 侯生의 계략을 써서 魏王의 애첩 如姬에게 兵符를 훔쳐오도록 한 후, 왕명을 가탁하여 진비를 죽이고 군대를 접수하여 조나라를 구했다.
【引(인, yīn)】: 철수하다. 퇴각하다.
【去(거, qù)】: 떠나다.

59 於是平原君欲封魯仲連, 魯仲連辭讓者三, 終不肯受。→ 그리하여 평원군은 노중련에게 (사례하는 뜻으로) 작위와 토지를 하사하려 했다. 노중련은 재삼 사양하며, 끝내 받으려 하지 않았다.
【欲(욕, yù)】: …하고자 하다. …하려고 하다.
【封(봉, fēng)】: 봉하다. 작위와 토지를 하사하다.
【辭讓者三(사양자삼, cí ràng zhě sān)】: 재삼 사양하다.
【不肯(불긍, bù kěn)】: …하려 들지 않다.

60 平原君乃置酒, 酒酣, 起, 前, 以千金爲魯連壽。→ 이에 평원군은 주연을 베풀고, 주흥이 무르익었을 때, 자리에서 일어나, 노중련 앞으로 가서, 천금의 후한 예물로 노중련을 위해 장수를 축원했다.
【乃(내, nǎi)】: 이에.
【置酒(치주, zhì jiǔ)】: 주연을 베풀다.
【酣(감, hān)】: 무르익다. 고조에 달하다.

61 魯連笑曰:「所貴於天下之士者, 爲人排患、釋難, 解紛亂而無所取也。→ 노중련이 웃으며 말했다:「천하의 선비에게 고귀한 것은, 사람들을 위해 우환을 없애주고 고난을 풀어주며, 분란을 해결해 주되 아무런 대가를 취하지 않는 것입니다.
【排(배, pái)】: 없애다. 제거하다.
【患(환, huàn)】: 우환. 근심. 걱정.
【釋(석, shì)】: 풀어주다.
【無所取(무소취, wú suǒ qǔ)】: 대가를 취하지 않다.

62 卽有所取者, 是商賈之人也, 仲連不忍爲也。」→ 만일 무엇을 취한다면, 이는 장사꾼이며, 저는 차마 그렇게 하지 못합니다.」
【卽(즉, jí)】: 만일. 만약.
【商賈(상고, shāng gǔ)】: 상인. 장사꾼.
【不忍(불인, bù rěn)…】: 차마 …하지 못하다.

번역문

노중련(魯仲連)의 정의(正義)가 진(秦)나라를 황제로 존중하지 않다

진(秦)나라의 군대가 조(趙)나라의 한단(邯鄲)을 포위했다. 위(魏)나라 안희왕(安釐王)이 장군 진비(晉鄙)를 파견하여 조(趙)나라를 구하려 했으나, (진비가) 진(秦)나라 군대를 두려워하여 탕음(蕩陰)에서 멈추고 전진하지 않았다.

(이에) 위왕(魏王)이 다시 객장군(客將軍) 신원연(辛垣衍)을 파견하여 은밀하게 한단(邯鄲)에 들어가 평원군(平原君)을 통해 조왕(趙王)에게 말했다 : 「진(秦)나라가 서둘러 조(趙)나라를 포위한 까닭은 진소왕(秦昭王)이 전에 제민왕(齊湣王)과 제위(帝位)를 다투다가 얼마 후 다시 칭제(稱帝)를 취소했는데, 이는 제나라가 칭제를 취소했기 때문입니다. 오늘의 제나라는 (그 당시보다) 더욱 약해지고 지금은 오직 진나라가 천하를 호령하고 있으니, 이번의 침공은 꼭 한단(邯鄲)을 탐내서가 아니라 그 의도는 황제가 되고자 하는 것입니다. 조나라가 진정으로 사신을 파견하여 진소왕(秦昭王)을 황제로 존중한다면 진나라는 반드시 기뻐하며 군사를 거두어 철수할 것입니다.」 평원군은 주저하며 결정하지 못했다.

이때 노중련(魯仲連)이 마침 조나라를 유람하다가 진나라가 조나라를 포위한 상황을 만났는데, 위(魏)나라 장수가 조나라로 하여금 진나라를 황제로 존중하도록 강요하려 한다는 말을 듣고, 곧 평원군을 찾아가 말했다 : 「일

---

63 遂辭平原君而去, 終身不復見。→ 그리하여 평원군에게 작별을 고하고 떠나, 종신토록 다시 만나지 않았다.
【遂(수, suì)】 : 이에. 그리하여.
【辭(사, cí)】 : 작별을 고하다.
【復(부, fù)】 : 또. 다시.

을 장차 어찌하시렵니까?」 평원군이 말했다 :「제가 어찌 감히 이 일을 말하겠습니까? 우리의 백만 군사가 이미 밖에서 손실을 입었고, 지금 또 안에서 (진나라 군대가) 한단을 포위했지만 철수시킬 수가 없습니다. 위왕(魏王)이 객장군 신원연을 파견하여 조왕(趙王)으로 하여금 진나라를 황제로 존중하도록 요구하고 있는데, 지금 그 사람이 아직 이곳에 머물고 있습니다. 그런데 제가 어찌 감히 이 일을 말하겠습니까?」

노중련이 말했다 :「당초에 저는 당신을 천하의 현명한 공자(公子)라고 여겼었는데, 지금 당신의 말을 듣고 나서 비로소 당신이 천하의 현명한 공자가 아니라는 것을 알았습니다. 위나라의 객장 신원연이 어디에 있습니까? 내가 당신을 대신해 그를 꾸짖어 돌아가도록 하겠습니다.」 평원군이 말했다 :「제가 그를 불러 선생을 만나 뵐 수 있도록 하겠습니다.」 평원군이 곧 신원연을 만나 말했다 :「제나라에 노중련이란 분이 있습니다. 그분이 지금 이곳에 있는데, 제가 그를 장군께 소개하여 만나 뵐 수 있도록 하겠습니다.」 신원연이 말했다 :「저는 노중련 선생이 제나라의 고명한 선비라 들었습니다. 저는 위나라 신하의 한 사람으로 (조나라에) 파견되어 일하면서 직무가 있기 때문에 노중련 선생을 만나고 싶지 않습니다.」 평원군이 :「제가 이미 당신이 여기에 오신 것을 누설했습니다.」라고 말하자, 신원연이 (하는 수 없이) 승낙했다.

노중련은 신원연을 만났으나 아무 말도 하지 않았다. 신원연이 말했다 :「제가 이 포위된 성에 살고 있는 사람들을 보니 모두 평원군에게 요청할 일이 있는 사람들입니다. 그런데 지금 제가 선생의 모습을 보니 평원군에게 요청하러 오신 분이 아닌데, 어째서 오래도록 이 포위된 성에 머물며 떠나지 않으십니까?」 노중련이 말했다 :「세상 사람들은 포초(鮑焦)가 도량이 좁아서 자살했다고 여기는데, 모두 옳지 않습니다. 지금 일반 사람들은 잘 알지도 못하면서 포초가 자기 한 몸을 위해 죽었다고 여기고 있습니다. 진(秦)나라는 예의를 포기하고 적을 살상하는 전공(戰功)만을 숭상하는 나라로 권모술수를 써서 그 병사들을 부리고 그 백성을 포로처럼 부리고 있습니다. 진왕(秦王)이 만약 멋대로 황제가 되고 심지어 끝내 천하에서 진나라의 정치가 행해진다면 동해에 가서 빠져 죽을 뿐 저는 차마 그 백성이 되지는 않을 것입니다. 제가 장군을 만나고자 한 까닭은 이 기회를 빌려 조나라를 돕고자 하는 것입니다.」

신원연이 말했다 :「선생은 조나라를 어떻게 도울 것입니까?」 노중련이 말했다 :「제가 장차 위(魏)나라와 연(燕)나라로 하여금 조(趙)나라를 돕도록 할 것입니다. 그리고 제(齊)나라와 초(楚)나라는 본래 조나라를 도왔던 적이 있습니다.」 신원연이 말했다 :「연나라는 우리의 요청으로 이미 우리 위나라를 따르기로 했습니다. 그리고 위나라로 말하면 제가 바로 위나라 사람인데, 선생은 어떻게 위나라로 하여금 조나라를 돕도록 할 수 있겠습니까?」 노중련이 말했다 :「위나라는 아직 진나라의 칭제로 인한 피해를 보지 못했기 때문입니다. 만일 위나라가 진왕(秦王)의 칭제로 인한 피해를 보았다면 반드시 조나라를 도울 것입니다.」

신원연이 말했다 :「진나라의 칭제로 인한 피해는 장차 어떠할 것 같습니까?」 노중련이 말했다 :「옛날에 제위왕(齊威王)은 일찍이 인의(仁義)를 실행하여 천하의 제후들을 인솔하고 주(周)나라의 천자를 알현했습니다. (당시) 주나라는 가난하고 쇠약하여 제후들이 알현하지 않았으나 제위왕만 홀로 주나라의 천자를 알현하였습니다. 일 년여가 지나 주열왕(周烈王)이 붕어하여 제후들이 모두 조문했는데 제위왕이 가장 나중에 갔습니다.」 주현왕(周顯王)이 분노하여 제나라에 부고를 보내 말하길 :「하늘이 무너지고 땅이 꺼져 천자께서 거적을 깔고 영전을 지키고 계시는데, 동방 속국의 신

하 전영제(田嬰齊)가 문상에 늦었으니 마땅히 그를 참수해야 할 것이다.」라고 했습니다. 이에 제위왕이 버럭 화를 내며 :『체! 당신의 모친은 노비요!』라고 말했다가 결국 (제위왕은) 천하의 웃음거리가 되고 말았습니다. 그러므로 (주열왕이) 살았을 때 주왕실(周王室)을 알현하고, 죽고 나서 그를 욕한 것은 실로 주현왕의 가혹한 요구를 참을 수 없었기 때문입니다. 그러나 천자는 본래 그렇기 때문에 그것은 탓할 만한 일이 못됩니다.

신원연이 말했다 :「선생께서 설마 그 하인들을 보지 못하신 것은 아니겠지요? 열 사람이 한 사람에게 복종하는 것이 어찌 힘으로 이기지 못하거나 지혜가 모자라서 그렇겠습니까? 그를 두려워하기 때문입니다.」 노중련이 말했다 :「그러면 위나라를 진나라와 비교할 경우, (위나라는) 하인과 같습니까?」 신원연이 :「그렇습니다.」라고 말하자, 노중련이 말했다 :「그러면 내가 장차 진왕(秦王)으로 하여금 위왕(魏王)을 삶아서 젓갈을 담그도록 할 것입니다.」 신원연이 불쾌한 표정으로 말했다 :「어! 선생의 말씀이 너무 지나치십니다. 선생이 또 어떻게 진왕으로 하여금 위왕을 삶아서 젓갈을 담그도록 할 수 있습니까?」

노중련이 말했다 :「물론 할 수 있습니다, 제 말씀을 들어보십시오. 옛날에 귀후(鬼侯)·악후(鄂侯)·문왕(文王)은 상(商)나라 주왕(紂王)의 삼공(三公)이었습니다. 귀후는 딸이 있었는데 매우 예쁘게 생겼기 때문에, 그래서 그녀를 주왕에게 바쳤으나 주왕은 그녀를 밉다고 여겨 귀후를 잘게 썰어 젓갈을 담았습니다. 악후는 귀후를 위해 극력으로 간하고 극력으로 변호했기 때문에, 그래서 악후를 죽여 포를 떴습니다. 문왕이 이 소식을 듣고 한숨을 쉬며 탄식했기 때문에, 그래서 문왕을 유리의 감옥에 백 일 동안 가두어 그를 죽이려 했습니다. 어째서 다른 사람과 함께 제왕(帝王)이라 불렸는데, 끝내 살해되어 육포가 되고 젓갈이 되는 지경에 이르렀을까요? 제민왕

(齊湣王)이 노(魯)나라에 가려고 할 때 이유자(夷維子)가 말채찍을 들고 수행하면서 노나라 사람에게 :『당신들은 장차 어떻게 우리의 임금을 접대하려 합니까?』라고 물었습니다. 노나라 사람이 :『우리는 소·양·돼지 각 열 마리로 귀국의 임금을 접대하려 합니다.』라고 대답했습니다. 그러자 이유자가 :『당신들은 어디서 이러한 예절을 가져와서 우리 임금을 접대하려는 것입니까? 우리 임금은 천자이십니다. 천자께서 (제후를) 순수하실 때 제후들은 자기의 거처를 피해 밖에서 거주하고, 국고의 열쇠를 헌납하고, 옷깃을 걷어올리고 직접 책상을 들고 와 당하에서 (천자께서) 식사하는 것을 살피다가 천자께서 식사를 끝내고 나면 비로소 물러 나와 정사(政事)를 돌보아야 합니다.』라고 말했습니다. 노(魯)나라 사람들이 (이 말을 듣자) 성문을 잠가버리고 끝내 받아들이지 않아 노나라에 들어갈 수 없었습니다. (제민왕은) 설(薛)나라로 가려고 추(鄒)나라에 길을 빌려달라고 했습니다. 이때 추나라의 군주가 죽어 제민왕이 조문하고자 하니, 이유자가 죽은 추나라의 군주 아들에게 :『천자께서 조문하려면 상주는 반드시 관을 등진 상태로 남쪽에서 북쪽을 향하도록 배치하고, 그런 다음에 천자께서 남쪽을 보고 조문을 해야 합니다.』라고 말했습니다. 추나라의 여러 신하들이 :『꼭 이와 같이 해야 한다면 우리는 칼로 자결하여 죽을 것입니다.』라고 하여, 그래서 (제민왕이) 감히 추나라에 들어가지 못했습니다. 추나라와 느나라의 신하들은 (자기들의 군주가) 살아 있을 때 공양할 수 없었고, 죽고 나서도 반함(飯含)의 예를 올릴 수 없었지만, 그러나 또한 (제민왕이) 추나라와 노나라의 신하들에게 천자의 예를 행하도록 요구하자 끝내 받아들이지 않았습니다. 지금 진(秦)나라가 병거(兵車) 만 량을 보유한 나라지만 위(魏)나라 역시 병거 만 량을 보유한 나라입니다. (양국) 모두가 병거 만 량을 보유한 나라로 피차 왕이라 칭할 명분을 가지고 있는데, 진나라가 한 번 전쟁에서 승

리한 것을 보고 복종하며 진왕(秦王)을 황제로 받들도록 요구한다면, 이는 삼진(三晉)의 대신들을 추나라 노나라의 노복이나 비첩의 신분만도 못하도록 만드는 것입니다. 그리고 진소왕(秦昭王)은 욕심이 한이 없어 황제가 되고 나면 또한 제후의 대신들을 교체할 것입니다. 그는 자기가 현명하지 못하다고 한 자들의 봉록을 박탈하여 자신이 현명하다고 한 자들에게 주고, 자신이 싫어하는 자들의 봉록을 박탈하여 자기가 좋아하는 자들에게 줄 것입니다. 그가 또 자기의 딸들과 남을 헐뜯기 잘하는 첩실들로 하여금 제후들의 비빈이나 총희가 되도록 하여 위(魏)나라의 궁에 거처하도록 한다면, 위왕(魏王)께서 어찌 편안할 수 있겠습니까? 그리고 장군께서도 어찌 과거와 같은 총애를 받을 수 있겠습니까?」

이에 신원연이 일어나 두 번 절하고 잘못을 사죄하며 말했다 : 「처음에는 선생을 평범한 사람이라 생각했는데, 제가 지금 비로소 선생이 천하의 어진 선비라는 것을 알았습니다. 저는 (조나라를) 떠날 것이며, 감히 다시는 진나라를 황제로 존중하라는 말을 하지 않을 것입니다.」 진나라 장수가 이 말을 전해 듣자, 이로 인해 군대를 오십 리 밖으로 철수했다. 이때 마침 진비(晉鄙)의 군대를 빼앗아 조나라를 구하고 진나라를 공격해 오는 위공자(魏公子) 무기(無忌)와 조우하자, 진나라 군사는 철수하여 (한단을) 떠나버렸다.

그리하여 평원군이 노중련에게 (사례하는 뜻으로) 작위와 토지를 하사하려 하자, 노중련은 재삼 사양하며 끝내 받으려 하지 않았다. 이에 평원군은 주연을 베풀고 주흥이 무르익었을 때 자리에서 일어나 노중련 앞으로 가서 천금의 후한 예물로 노중련을 위해 장수를 축원했다. 노중련이 웃으며 말했다 : 「천하의 선비에게 고귀한 것은 사람들을 위해 우환을 없애주고 고난을 풀어주며 분란을 해결해 주되 아무런 대가를 취하지 않는 것입니다. 만일 무엇을 취한다면 이는 장사꾼이며, 저는 차마 그렇게 하지 못합니다.」 그리하여 평원군에게 작별을 고하고 떠나 종신토록 다시 만나지 않았다.

해제解題 및 본문 요지 설명

　동주(東周) 난왕(赧王) 57년[조(趙) 효성왕(孝成王) 8년, B.C. 258], 진(秦)나라 장군 왕흘(王齕)이 군대를 이끌고 조(趙)나라의 도읍인 한단(邯鄲)을 포위했다. 위(魏)나라와 조(趙)나라는 본래 진(晉)에서 분리되어 나온 나라로 형제지국이다. 그러나 위나라는 강력한 진(秦)나라를 두려워하여 조나라의 지원 요청에 원군을 파견하지 못하고 오히려 신원연(辛垣衍)을 보내 진왕(秦王)을 황제로 받들도록 조왕(趙王)에게 압력을 가했다.

　본문은 《전국책(戰國策)·조책삼(趙策三)》의 일부분으로, 조(趙)나라가 이처럼 생사존망의 고비에 처한 상황에서 반진파(反秦派)인 노중련(魯仲連)이 과감히 나서 투항파인 신원연과 일대 논쟁을 벌여 신원연을 설득한 일을 기술한 것이다.

　본문은 여덟 단락으로 나눌 수 있는데, 첫째 단락에서는 진(秦)나라의 군대가 조나라의 한단을 포위하여 위(魏)나라 안희왕(安釐王)이 장군 진비(晉鄙)를 보내 조나라를 구하려 했으나, 진비가 진(秦)나라의 군대를 두려워하여 전진하지 못하고 머뭇거리자, 위왕이 다시 객장군(客將軍) 신원연을 파견하여 은밀하게 한단에 들어가 평원군(平原君)을 통해 조왕(趙王)에게 진(秦)나라를 황제로 존중하도록 설득하려 한 상황을 기술했고; 둘째 단락에서는 노중련이 평원군에게 자신이 신원연을 설득하겠다고 나선 것을 기술했고; 셋째 단락에서는 평원군이 신원연에게 노중련과 만나줄 것을 부탁하여 동의를 얻어낸 것을 기술했고; 넷째 단락에서는 노중련이 진나라를 황제로 존중하지 않고 조나라를 도와주려 한다고 표명한 것을 기술했고; 다섯째 단락에서는 노중련이 진나라를 황제로 받들 수 없는 이유로 ① 진나라는 늑대의 마음을 품고 호전적이며 탐욕이 지나치다는 것, ② 제위왕(齊威王)이 주현왕(周顯王) 왕에게 반항했다가 천하의 웃음거리가 되었던 일과, 귀후(鬼侯)가 살해되어 젓갈로 변한 일, 그리고 악후(鄂侯)가 살해되어 육포로 변한 일 등의 역사적 사실을 예로 들어, 만약 진나라를 황제로 받들 경우 위나라와 조나라 역시 비참한 상황을 맞게 된다는 것을 말했고; 여섯째 단락에서는 추(鄒)나라와 노(魯)나라가 투쟁을 고수하고 절조를 지키며 차라리 죽을지언정 굴복하지 않겠다는 정신으로 버텨 마침내 승리를 거둔 사례를 들어, 비록 약소국이라도 진나라의 압력에 굴하지 않고 대항해야만 오히려 살길이 있다는 것을 증거로 제시했고; 일곱째 단락에서는 신원연이 노중련에게 설득되고, 신릉군(信陵君)이 원군을 이끌고 와서 조나라가 마침내 위기에서 벗어나게 된 것을 기술했고; 마지막 단락에서는 노중련이 평원군의 사례를 받아들이지 않고 떠나 종신토록 평원군을 찾지 않은 것을 기술했다.

    오직 정의를 위해 헌신할 뿐 일체의 대가를 바라지 않는 노중련의 숭고한 협의정신(俠義精神)이 국난을 당해 속수무책인 평원군이나 명리만을 도모하고 식견이 없는 신원연의 형상과 선명한 대비를 이루고 있다.

067 노공공택언(魯共公擇言)
《戰國策》

작 자

057 소진이연횡세진(蘇秦以連橫說秦) 참조.

원문 및 주석

魯共公擇言[1]

梁王魏嬰觴諸侯於范臺, 酒酣, 請魯君擧觴.[2] 魯君興, 避席擇

---

1 魯共公擇言 → 魯共公이 유익한 말을 골라 致辭를 하다
 【魯共公(노공공, lǔ gōng gōng)】: 魯나라의 군주. 이름은 奮. 魯穆公의 아들로 22년간 (B.C. 374-B.C. 353) 재위했다.
 【擇言(택언, zé yán)】: 유익한 말을 골라 致辭를 하다.

2 梁王魏嬰觴諸侯於范臺, 酒酣, 請魯君擧觴. → 梁王 魏嬰이 제후들을 范臺에 초대하여 술을 마시는데, 주흥이 무르익자, 잔을 들어 魯나라 군주에게 권했다.
 【梁王魏嬰(양왕위영, liáng wáng wèi yīng)】: 梁惠王. 즉 魏惠王. 이름은 嬰. 전국시대 魏나라의 군주로 51년간(B.C. 369-B.C. 319) 재위했다. 【梁】: 魏나라. ※ 魏나라는 원래 安邑[지금의 산서성 夏縣 북쪽]에 도읍을 정했으나 B.C. 361년 惠王 때 도읍을 大梁[지금

152 고문관지古文觀止 역주 (2)

言曰:「昔者帝女令儀狄作酒而美, 進之禹。³ 禹飲而甘之, 遂疏儀狄, 絕旨酒, 曰:後世必有以酒亡其國者。』⁴ 齊桓公夜半不嗛, 易牙乃煎敖燔炙, 和調五味而進之,⁵ 桓公食之而飽, 至旦不覺, 曰:『後世必

의 하남성 開封市]으로 옮겼다. 그래서 魏를 梁이라 칭하기도 한다.
【觴(상, shāng)】: 술잔. 여기서는 동사 용법으로「주연을 베풀고 사람을 청해 술을 마시다」의 뜻.
【范臺(범대, fàn tái)】: 魏나라의 臺 이름.
【酒酣(주감, jiǔ hān)】: 주흥이 무르익다.
【魯君(노군, lǔ jūn)】: 노나라 군주. 여기서는「魯共公」을 가리킨다.
【擧觴(거상, jǔ shāng)】: 잔을 들어 술을 권하다.

3 魯君興, 避席擇言曰:「昔者帝女令儀狄作酒而美, 進之禹。→ 노나라 군주가 일어나, 자리에서 물러서며 유익한 말을 골라 치사를 했다:「옛날에 夏나라 禹王의 딸이, 儀狄을 시켜 술을 담갔는데, 술맛이 매우 좋아, 그것을 禹王에게 진상했습니다.
【興(흥, xīng)】: 일어나다.
【避席(피석, bì xí)】: 피석하다. 자리에서 물러서다.
※ 상대방을 공경하는 뜻에서 자리에서 일어나 물러서는 것을 말한다.
【帝女(제녀, dì nǚ)】: 夏나라 禹王의 딸.
【令(령, lìng)】: 使. …로 하여금 …하게 하다.
【儀狄(의적, yí dí)】: [인명] 夏나라 禹王 때 술을 잘 빚던 사람.
【美(미, měi)】: 맛이 좋다.
【進(진, jìn)】: 바치다. 진상하다.

4 禹飲而甘之, 遂疏儀狄, 絕旨酒, 曰:『後世必有以酒亡其國者。』→ 우왕이 마셔보니 맛이 매우 좋아, 이에 의적을 멀리하여, 맛있는 술을 끊고, 말하길:『후세에는 반드시 술로 인해 나라를 망치는 군주가 있을 것이다.』라고 했습니다.
【甘之(감지, gān zhī)】: 그것을 달다고 여기다. 즉「맛이 좋다」의 뜻.
【遂(수, suì)】: 이에. 그리하여.
【疏(소, shū)】: 멀리하다.
【旨酒(지주, zhǐ jiǔ)】: 美酒. 맛좋은 술.
【以(이, yǐ)…】: 因. …로 인해.

5 齊桓公夜半不嗛, 易牙乃煎敖燔炙, 和調五味而進之, → 齊桓公이 한밤중에 출출하여, 이에 易牙가 졸이고 달이고 삶고 구워서, 다섯 가지 별미를 고루 만들어 제환공께 올렸습니다.
【齊桓公(제환공, qí huán gōng)】: 춘추시대 齊나라의 군주. 齊僖公의 아들로 이름은 小白이며, 晉文公·秦穆公·宋襄公·楚莊王과 더불어 春秋五覇의 하나이다. 43년간 (B.C. 685-B.C. 643) 재위했다.
【不嗛(불혐, bù qiè)】: 만족스럽지 못하다. 여기서는「출출하다, 배가 고프다」의 뜻.

有以味亡其國者。』⁶ 晉文公得南之威, 三日不聽朝, 遂推南之威而遠之, 曰:『後世必有以色亡其國者。』⁷ 楚王登强臺而望崩山, 左江而右湖, 以臨彷徨, 其樂忘死, 遂盟强臺而弗登, 曰:『後世必有以高臺陂池亡其國者。』⁸ 今主君之尊, 儀狄之酒也; 主君之味, 易牙之

【乃(내, nǎi)】: 이에. 그리하여.
【易牙(역아, yì yá)】: [인명] 제환공의 寵臣으로 요리에 능했다.
【煎敖燔炙(전오번적, jiān áo fán zhì)】: 졸이고, 달이고, 볶고, 굽는 요리 방법.
【和調(화조, hé tiáo)】: 고루 만들다.
【五味(오미, wǔ wèi)】: 맵고, 시고, 짜고, 쓰고, 단맛의 다섯 가지 별미.
【進(진, jìn)】: 진상하다. 올리다.

6 桓公食之而飽, 至旦不覺, 曰:『後世必有以味亡其國者。』→ 제환공이 그것을 먹고 배가 불러서, 날이 샐 때까지 잠에서 깨어나지 못하더니, 말하길:『후세에 반드시 맛있는 음식으로 인해 나라를 망치는 군주가 있을 것이다.』라고 했습니다.
【不覺(불각, bù jué)】: 잠에서 깨어나지 못하다.
【以(이, yǐ)】: 因. …으로 인해.
【味(미, wèi)】: 맛있는 음식.

7 晉文公得南之威, 三日不聽朝, 遂推南之威而遠之, 曰:『後世必有以色亡其國者。』→ 晉文公은 南威를 얻고 나서, 사흘 동안 조정에 나와 정사를 돌보지 못하자, 마침내 남위를 버리고 그녀를 멀리한 후, 말하길:『후세에 반드시 여색으로 인해 나라를 망치는 군주가 있을 것이다.』라고 했습니다.
【南之威(남지위, nán zhī wēi)】: [인명] 춘추시대 美女로, 일명「南威」라고도 한다.
【不聽朝(불청조, bù tīng cháo)】: 조정에서 정사를 돌보지 못하다.
【推(추, tuī)】: 밀어내다.
【遠(원, yuǎn)】: 멀리하다.

8 楚王登强臺而望崩山, 左江而右湖, 以臨彷徨, 其樂忘死, 遂盟强臺而弗登, 曰:『後世必有以高臺陂池亡其國者。』→ 楚王이 强臺에 올라 崩山을 바라보니, 왼쪽은 강이 흐르고 오른쪽은 호수가 있는데, 아래를 내려다보며 구경하다가 아쉬워 떠나지 못하고, 즐거운 나머지 生死도 잊는 듯했습니다. 그리하여 강대에 오르지 않기로 맹세하고 말하길:『후세에 반드시 높은 대와 호수로 인해 나라를 망치는 군주가 있을 것이다.』라고 했습니다.
【强臺(강대, qiáng tái)】: 楚나라의 章華臺.
【望(망, wàng)】: 바라보다.
【崩山(붕산, bēng shān)】: [산 이름] 楚나라의 산 이름으로, 지금의 호북성에 위치.
【臨(임, lín)】: 위에서 아래를 내려보다.
【彷徨(방황, fǎng huáng)】: 배회하다. 아쉬워하며 떠나지 못하다.
【盟(맹, méng)】: 맹세하다.

調也;⁹ 左白臺而右閭須, 南威之美也; 前夾林而後蘭臺, 强臺之樂也。¹⁰ 有一於此, 足以亡其國, 今主君兼此四者, 可無戒與?」梁王稱善相屬。¹¹

번역문

노공공(魯共公)이 유익한 말을 골라 치사(致辭)를 하다

양왕(梁王) 위영(魏嬰)이 제후들을 범대(范臺)에 초대하여 술을 마시는데,

【陂池(피지, pí chí)】: 호수. 못.

9 今主君之尊, 儀狄之酒也; 主君之味, 易牙之調也; → 지금 君王의 잔에 있는 것은, 의적이 담근 술과 같고; 군왕의 맛있는 별미는, 역아가 조리한 음식과 같습니다.
  【尊(존, zūn)】: 술잔.
  【味(미, wèi)】: 맛있는 별미.
  【調(조, tiáo)】: 요리하다. 조리하다.

10 左白臺而右閭須, 南威之美也; 前夾林而後蘭臺, 强臺之樂也。 → 왼쪽에 있는 白臺와 오른쪽에 있는 閭須는, 南威처럼 아름다운 미녀들이고; 앞쪽의 夾林과 뒤쪽의 蘭臺는, 强臺에 오른 즐거움과 같습니다.
  【白臺(백대, bái tái)】: [인명] 미녀 이름.
  【閭須(여수, lǘ xū)】: [인명] 미녀 이름.
  【夾林(협림, jiā lín)】: 魏나라의 숲 이름.
  【蘭臺(난대, lán tái)】: 魏나라의 臺 이름.

11 有一於此, 足以亡其國, 今主君兼此四者, 可無戒與?」梁王稱善相屬。 → 이 가운데 하나만 있어도, 족히 나라를 망칠 수 있는데, 지금 군왕께서는 이 네 가지를 모두 겸비하고 계시니, 경계하지 않을 수 있겠습니까?」梁王은 연거푸 훌륭하다고 칭찬했다.
  【足以(족이, zú yǐ)】: 족히 …할 수 있다. …하기에 충분하다.
  【可無(가무, kě wú)…】: …하지 않을 수 있겠는가?
  【稱善(칭선, chēng shàn)】: 훌륭하다고 칭찬하다.
  【相屬(상촉, xiāng zhǔ)】: 연거푸. 끊임없이.

주흥이 무르익자, 잔을 들어 노(魯)나라 군주에게 권했다. 노나라 군주가 일어나 자리에서 물러서며 유익한 말을 골라 치사를 했다 : 「옛날에 하(夏)나라 우왕(禹王)의 딸이 의적(儀狄)을 시켜 술을 담갔는데, 술맛이 매우 좋아 그것을 우왕에게 진상했습니다. 우왕이 마셔보니 맛이 매우 좋아, 이에 의적을 멀리하여 맛있는 술을 끊고 말하길 :『후세에는 반드시 술로 인해 나라를 망치는 군주가 있을 것이다.』라고 했습니다. 제환공(齊桓公)이 한밤중에 출출하여, 이에 역아(易牙)가 졸이고 달이고 삶고 구워서 다섯 가지 별미를 고루 만들어 제환공께 올렸습니다. 제환공이 그것을 먹고 배가 불러서 날이 샐 때까지 잠에서 깨어나지 못하더니 말하길 :『후세에 반드시 맛있는 음식으로 인해 나라를 망치는 군주가 있을 것이다.』라고 했습니다. 진문공(晉文公)은 남위(南威)를 얻고 나서 사흘 동안 조정에 나와 정사를 돌보지 못하자, 마침내 남위를 버리고 그녀를 멀리한 후 말하길 :『후세에 반드시 여색으로 인해 나라를 망치는 군주가 있을 것이다.』라고 했습니다. 초왕(楚王)이 강대(强臺)에 올라 붕산(崩山)을 바라보니 왼쪽은 강이 흐르고 오른쪽은 호수가 있는데, 아래를 내려다보며 구경하다가 아쉬워 떠나지 못하고 즐거운 나머지 생사(生死)도 잊은 듯했습니다. 그리하여 강대에 오르지 않기로 맹세하고 말하길 :『후세에 반드시 높은 대와 호수로 인해 나라를 망치는 군주가 있을 것이다.』라고 했습니다. 지금 군왕(君王)의 잔에 있는 것은 의적이 담근 술과 같고, 군왕의 맛있는 별미는 역아가 조리한 음식과 같습니다. 왼쪽에 있는 백대(白臺)와 오른쪽에 있는 여수(閭須)는 남위(南威)처럼 아름다운 미녀들이고, 앞쪽의 협림(夾林)과 뒤쪽의 난대(蘭臺)는 강대(强臺)에 오른 즐거움과 같습니다.

이 가운데 하나만 있어도 족히 나라를 망칠 수 있는데, 지금 군왕께서는 이 네 가지를 모두 겸비하고 계시니 경계하지 않을 수 있겠습니까?」양왕(梁

王)은 연거푸 훌륭하다고 칭찬했다.

해제解題 및 본문 요지 설명

본문은《전국책(戰國策)·위책이(魏策二)》의 일부분으로, 양혜왕(梁惠王)이 노(魯)·위(衛)·송(宋)·정(鄭)의 제후들을 범대(范臺)에 초청하여 베푼 연회석상에서 주흥이 한창 무르익어 갈 무렵 노공공(魯共公)에게 술을 권하자, 노공공이 자리에서 일어나 예를 표하고 치사를 통해 경계해야 할 네 가지를 들어 양혜왕에게 권고한 일을 기술한 것이다.

본문은 세 단락으로 나눌 수 있는데, 첫째 단락에서는 양혜왕이 노(魯)·위(衛)·송(宋)·정(鄭)의 제후들을 초청하여 연회를 베풀고 주흥이 무르익자, 노공공에게 술을 권한 것을 기술했고; 둘째 단락에서는 노공공이 자리에서 일어나 예를 표하고 하우(夏禹)·제환공(齊桓公)·진문공(晉文公)·초장왕(楚莊王)의 고사를 들어 미주(美酒)·미식(美食)·미색(美色)·미경(美景)을 경계하도록 권고한 것을 기술했고; 마지막 단락에서는 양혜왕이 노공공의 치사에 대해 연거푸 칭찬한 것을 기술했다.

068 당저세신릉군(唐雎說信陵君)
《戰國策》

작 자

057 소진이연횡세진(蘇秦以連橫說秦) 참조.

원문 및 주석

唐雎說信陵君[1]

信陵君殺晉鄙, 救邯鄲, 破秦人, 存趙國, 趙王自郊迎。[2] 唐雎謂

---

1 唐雎說信陵君 → 唐雎가 信陵君을 설득하다
 【唐雎(당저, táng jū)】: [인명] 전국시대 魏나라 사람.
 【說(세, shuì)】: 설득하다.
 【信陵君(신릉군, xìn líng jūn)】: 전국시대 四公子의 한 사람으로, 이름은 無忌. 魏昭王의 아들이자 魏나라 安釐王(안희왕, ān xī wáng)의 배다른 동생.

2 信陵君殺晉鄙, 救邯鄲, 破秦人, 存趙國, 趙王自郊迎。→ 信陵君이 晉鄙를 죽이고, 邯鄲을 구출한 후, 秦나라를 물리치고, 趙나라를 보존토록 하니, 趙王이 친히 교외까지 나와 그를 영접하였다.
 【晉鄙(진비, jìn bǐ)】: [인명] 魏나라 장군.

信陵君曰:「臣聞之曰:『事有不可知者, 有不可不知者; 有不可忘者, 有不可不忘者。』」³ 信陵君曰:「何謂也?」對曰:「人之憎我也, 不可不知也; 吾憎人也, 不可得而知也。⁴ 人之有德於我也, 不可忘也; 吾有德於人也, 不可不忘也。⁵ 今君殺晉鄙, 救邯鄲, 破秦人, 存趙國, 此大德也。⁶ 今趙王自郊迎, 卒然見趙王, 臣願君之忘之也。」⁷ 信陵君曰:「無忌謹受教。」⁸

【邯鄲(한단, hán dān)】: [지명] 趙나라의 도읍. 지금의 하북성 邯鄲縣.
【趙王(조왕, zhào wáng)】: 여기서는 「趙나라 孝成王」을 가리킨다.
【郊迎(교영, jiāo yíng)】: 교외까지 나와 영접하다.

3 唐雎謂信陵君曰:「臣聞之曰:『事有不可知者, 有不可不知者; 有不可忘者, 有不可不忘者。』」→ 唐雎가 신릉군에게 말했다:「저는『일에는 알아서는 안 되는 것이 있고, 알지 않으면 안 되는 것이 있으며; 잊어서는 안 되는 것이 있고, 잊지 않으면 안 되는 것이 있다.』고 들었습니다.」

4 信陵君曰:「何謂也?」對曰:「人之憎我也, 不可不知也; 吾憎人也, 不可得而知也。→ 신릉군이 말했다:「무슨 말씀인지요?」당저가 대답했다:「다른 사람이 나를 증오하는 일은, 알지 않으면 안 되고; 내가 다른 사람을 증오하는 일은, 다른 사람이 알게 해서는 안 됩니다.
【憎(증, zēng)】: 증오하다. 싫어하다.

5 人之有德於我也, 不可忘也; 吾有德於人也, 不可不忘也。→ 다른 사람이 나에게 덕을 베풀면, 잊어서는 안 되고; 내가 다른 사람에게 덕을 베풀면, 잊지 않으면 안 됩니다.
【德(덕, dé)】: [동사 용법] 덕을 베풀다.
【於(어, yú)】: [개사] …에게.

6 今君殺晉鄙, 救邯鄲, 破秦人, 存趙國, 此大德也。→ 지금 귀하께서는 진비를 죽여, 한단을 구하고, 秦나라 군사를 물리쳐, 趙나라를 보전하였으니, 이는 큰 덕을 베푼 것입니다.
【破(파, pò)】: 파괴하다. 물리치다.
【存(존, cún)】: 보존하다. 보전하다.

7 今趙王自郊迎, 卒然見趙王, 臣願君之忘之也。」→ 지금 조왕이 친히 교외까지 나와 영접함에, 급히 조왕을 만나려 하는데, 저는 귀하께서 조나라를 구출한 것을 잊으시기 바랍니다.」
【卒然(졸연, zú rán)】: 급히.
【忘之(망지, wàng zhī)】: 조나라를 구출한 것을 잊다. 【之】: [대명사] 그것. 즉「조나라를 구출한 것」.

8 信陵君曰:「無忌謹受教。」→ 신릉군이 말했다:「저 無忌는 삼가 가르침을 받아들이겠습니다.」

> 번역문

당저(唐雎)가 신릉군(信陵君)을 설득하다

신릉군(信陵君)이 진비(晉鄙)를 죽이고 한단(邯鄲)을 구출한 후, 진(秦)나라를 물리치고 조(趙)나라를 보존토록 하니, 조왕(趙王)이 친히 교외까지 나와 그를 영접하였다. 당저(唐雎)가 신릉군에게 말했다 : 「저는 『일에는 알아서는 안 되는 것이 있고 알지 않으면 안 되는 것이 있으며, 잊어서는 안 되는 것이 있고 잊지 않으면 안 되는 것이 있다.』고 들었습니다.」 신릉군이 말했다 : 「무슨 말씀인지요?」 당저가 대답했다 : 「다른 사람이 나를 증오하는 일은 알지 않으면 안 되고, 내가 다른 사람을 증오하는 일은 다른 사람이 알게 해서는 안 됩니다. 다른 사람이 나에게 덕을 베풀면 잊어서는 안 되고, 내가 다른 사람에게 덕을 베풀면 잊지 않으면 안 됩니다. 지금 귀하께서는 진비를 죽여 한단을 구하고, 진(秦)나라 군사를 물리쳐 조(趙)나라를 보전하였으니, 이는 큰 덕을 베푼 것입니다. 지금 조왕이 친히 교외까지 나와 영접함에 급히 조왕을 만나려 하는데, 저는 귀하께서 조나라를 구출한 것을 잊으시기 바랍니다.」 신릉군이 말했다 : 「저 무기(無忌)는 삼가 가르침을 받아들이겠습니다.」

> 해제(解題) 및 본문 요지 설명

진(秦)나라 군사는 B.C. 260 조(趙)나라의 주력군을 섬멸한 후, 조나라의

【無忌(무기, wú jì)】: 신릉군이 「나, 저」라는 의미로 자신의 이름을 사용한 것.
【受教(수교, shòu jiào)】: 가르침을 받아들이다.

도읍인 한단(邯鄲)을 포위했다. 조나라의 효성왕(孝成王)은 위(魏)나라에 위급한 상황을 알렸다. 위나라 안희왕(安釐王)은 조나라를 구원하기 위해 대장 진비(晉鄙)를 파견했으나 진비가 진(秦)나라 군사를 두려워하여 전진하지 못했다. 이러한 상황에서 위공자(魏公子) 신릉군(信陵君)은 사람을 시켜 위왕(魏王)의 병부(兵符)를 훔쳐 진비를 죽인 다음, 친히 조나라 군사를 이끌고 가서 조나라를 구출했다.

본문은《전국책(戰國策)·위책사(魏策四)》의 일부분으로, 신릉군이 조왕(趙王)으로부터 성대한 환영을 받으려 할 때 당저(唐雎)가 신릉군에게 은인으로 자처하는 행위를 삼가도록 충고한 것을 기술한 것이다.

본문은 두 단락으로 나눌 수 있는데, 첫째 단락에서는 사건의 발단을 기술했고; 둘째 단락에서는 당저가 신릉군과의 문답을 통해 신릉군에게 충고하자, 신릉군이 당저의 충고를 기꺼이 받아들인 것을 기술했다.

069 당저불욕사명(唐雎不辱使命)
《戰國策》

작 자

O57 소진이연횡세진(蘇秦以連橫說秦) 참조.

원문 및 주석

唐雎不辱使命[1]

秦王使人謂安陵君曰:「寡人欲以五百里之地易安陵, 安陵君其許寡人!」[2] 安陵君曰:「大王加惠, 以大易小, 甚善。雖然, 受地於

---

1 唐雎不辱使命 → 唐雎가 使命을 욕되지 않게 하다
   【唐雎(당저, táng jū)】: [인명] 전국시대 魏나라 사람.
   【不辱(불욕, bù rǔ)】: [사동 용법] 욕되게 하지 않다.
2 秦王使人謂安陵君曰:「寡人欲以五百里之地易安陵, 安陵君其許寡人!」→ 秦王이 사람을 파견하여 安陵의 君主에게 말했다:「과인이 오백 리의 땅을 安陵과 바꾸려 하는데, 안릉의 군주는 반드시 과인에게 허락해야 하오!」
   【秦王(진왕, qín wáng)】: 秦始皇을 가리킨다. 그러나 당시에는 아직 황제라는 호칭을 사

先王, 願終守之, 弗敢易。」³ 秦王不說。安陵君因使唐雎使於秦。⁴

　　秦王謂唐雎曰:「寡人以五百里之地易安陵, 安陵君不聽寡人, 何也?⁵ 且秦滅韓亡魏, 而君以五十里之地存者, 以君爲長者, 故不錯意也。⁶ 今吾以十倍之地, 請廣於君, 而君逆寡人者, 輕寡人與?」⁷

　　　용하지 않았다.
　　【安陵君(안릉군, ān líng jūn)】: 안릉의 군주.〖安陵〗: [국명] 전국시대 魏나라가 分封한 속국으로「鄢陵」이라고도 한다. 지금의 하남성 鄢陵縣 서북쪽.
　　【寡人(과인, guǎ rén)】: 寡德之人이란 뜻으로, 임금이 자신을 낮추어 부르는 말.
　　【欲(욕, yù)】: …하고자 하다. …하려고 하다.
　　【其(기, qí)】: 당연히 …해야 한다. 반드시 …해야 한다.
　　【許(허, xǔ)】: 허락하다. 동의하다.

3 安陵君曰:「大王加惠, 以大易小, 甚善。雖然, 受地於先王, 願終守之, 弗敢易。」→ 안릉의 군주가 말했다:「대왕께서 은혜를 베풀어, 큰 땅으로 작은 땅과 바꾸어 주시니, 매우 좋습니다. 비록 그렇지만, 이 땅을 先王으로부터 물려받아, 끝까지 그것을 지키길 원하기 때문에, 감히 바꾸지 못합니다.」
　　【加惠(가혜, jiā huì)】: 은혜를 베풀다.
　　【以(이, yǐ)…易(역, yì)】: …로(으로) …을 바꾸다.
　　【終守(종수, zhōng shǒu)】: 끝까지 지키다.
　　【之(지, zhī)】: [대명사] 그것. 즉「安陵」.
　　【弗敢(불감, fú gǎn)】: 不敢. 감히 …하지 못하다.〖弗〗: 不.

4 秦王不說。安陵君因使唐雎使於秦。→ 진왕이 불쾌하게 여겼다. 안릉의 군주는 이로 인해 唐雎를 秦나라에 사절로 파견했다.
　　【不說(불열, bù yuè)】: 不悅. 불쾌하게 여기다.
　　【因(인, yīn)】: 因(之). 이로 인해.
　　【使(사, shǐ)】: 앞의 使는「보내다, 파견하다」의 뜻이고, 뒤의 使는「사신, 사절」의 뜻.

5 秦王謂唐雎曰:「寡人以五百里之地易安陵, 安陵君不聽寡人, 何也? → 진왕이 당저에게 물었다:「과인이 오백 리의 땅으로 안릉과 바꾸려 하는데, 안릉의 군주가 과인의 말에 따르지 않는 것은, 무슨 까닭이오?
　　【不聽(불청, bù tīng)】: 따르지 않다. 듣지 않다.

6 且秦滅韓亡魏, 而君以五十里之地存者, 以君爲長者, 故不錯意也。→ 그리고 秦나라가 韓나라와 魏나라를 멸하고도, 안릉의 군주가 오십 리의 작은 땅을 가지고 생존할 수 있었던 것은, 내가 안릉의 군주를 어른으로 여겼기 때문에, 그래서 마음에 두지 않은 것이오.
　　【且(차, qiě)】: 또한.
　　【以(이, yǐ)…爲(위, wéi)…】: …을 …로 여기다.
　　【錯意(조의, cuò yì)】: 염두에 두다. 마음에 두다.〖錯〗: 措. 두다.

唐雎對曰:「否, 非若是也。安陵君受地於先王而守之, 雖千里不敢易也, 豈直五百里哉?」⁸

秦王怫然怒, 謂唐雎曰:「公亦嘗聞天子之怒乎?」唐雎對曰:「臣未嘗聞也。」⁹ 秦王曰:「天子之怒, 伏屍百萬, 流血千里。」唐雎曰:「大王嘗聞布衣之怒乎?」¹⁰ 秦王曰:「布衣之怒, 亦免冠徒跣, 以頭搶地耳。」¹¹ 唐雎曰:「此庸夫之怒也, 非士之怒也。夫專諸之刺王僚也, 彗

---

7 今吾以十倍之地, 請廣於君, 而君逆寡人者, 輕寡人與? → 지금 내가 열 배의 땅으로, 안릉의 군주에게 (영토를) 넓히도록 청했으나, 안릉의 군주가 과인을 거스른 것은, 과인을 경시한 것 아닌가?」
  【廣(광, guǎng)】: [사동 용법] 넓히다. 여기서는 영토를 넓히는 것을 말한다.
  【逆(역, nì)】: 거스르다. 거역하다.
  【輕(경, qīng)】: 경시하다. 무시하다.

8 唐雎對曰:「否, 非若是也。安陵君受地於先王而守之, 雖千里不敢易也, 豈直五百里哉?」→ 당저가 대답했다:「아닙니다, 그런 것이 아닙니다. 안릉의 군주는 선왕으로부터 땅을 물려받아 그것을 지키고 있어, 비록 천 리의 땅이라 해도 감히 바꾸지 못하는 것인데, 어찌 다만 오백 리뿐이겠습니까?」
  【若是(약시, ruò shì)】: 이와 같다. 〖若〗: 如. ⋯와 같다. 〖是〗: 此. 이. 이것.
  【直(직, zhí)】: 只. 다만. 겨우.

9 秦王怫然怒, 謂唐雎曰:「公亦嘗聞天子之怒乎?」唐雎對曰:「臣未嘗聞也。」→ 진왕이 노기등등하여, 당저에게 말했다:「당신도 일찍이 천자가 화냈다는 말을 들어본 적이 있소?」당저가 대답했다:「저는 들어본 적이 없습니다.」
  【怫然(불연, fú rán)】: 발끈 화를 내는 모습.
  【公(공, gōng)】: [남자에 대한 존칭] 여기서는 「당저」를 가리킨다.
  【嘗(상, cháng)】: 일찍이.
  【臣(신, chén)】: 신. 저. ※군주에 대한 신하나 백성의 자칭.
  【未嘗(미상, wèi cháng)】: ⋯한 적이 없다.

10 秦王曰:「天子之怒, 伏屍百萬, 流血千里。」唐雎曰:「大王嘗聞布衣之怒乎?」→ 진왕이 말했다:「천자가 화를 내면, 엎어진 시체가 백만이고, 흐르는 피가 천 리요.」당저가 말했다:「대왕께서는 일찍이 평민이 화내는 것을 들어보신 적이 있습니까?」
  【伏屍(복시, fú shī)】: 엎어진 시체.
  【布衣(포의, bù yī)】: 평민. ※옛날에 평민들은 麻布 옷을 입었기 때문에 이렇게 불렀다.

11 秦王曰:「布衣之怒, 亦免冠徒跣, 以頭搶地耳。」→ 진왕이 말했다:「평민이 화를 내면, 다만 모자를 벗고 맨발로, 머리를 땅에 부딪칠 뿐이오.」

星襲月; 聶政之刺韓傀也, 白虹貫日; 要離之刺慶忌也, 蒼鷹擊於殿上。¹² 此三子皆布衣之士也, 懷怒未發, 休祲降於天, 與臣而將四矣。¹³

【亦(역, yì)】: 다만.
【免冠(면관, miǎn guān)】: 모자를 벗다.
【徒跣(도선, tú xiǎn)】: 맨발.
【搶(창, qiāng)】: 부딪다.
【耳(이, ěr)】: …뿐.

12 唐雎曰:「此庸夫之怒也, 非士之怒也。夫專諸之刺王僚也, 彗星襲月; 聶政之刺韓傀也, 白虹貫日; 要離之刺慶忌也, 蒼鷹擊於殿上。→ 당저가 말했다:「이는 범인이 내는 화이고, 士人이 내는 화가 아닙니다. 무릇 專諸가 吳王 僚를 살해할 때는, 혜성이 달을 침습하였고; 聶政이 韓傀를 살해할 때는, 하얀 무지개가 해를 관통했으며; 要離가 慶忌를 살해할 때는, 참매가 궁전 위를 덮쳤습니다.
【庸夫(용부, yōng fū)】: 범인. 평범한 사람.
【夫(부, fú)】: [발어사] 무릇. 대저.
【專諸(전저, zhuān zhū)】: [인명] 춘추시대 吳나라 사람.
※ 吳公子 光[훗날의 吳王 闔閭]이 왕위를 쟁취하기 위해 伍子胥가 천거한 자객 專諸를 보내 吳王 僚를 죽이고 전저 역시 호위병에게 살해되었다.
【刺(자, cì)】: 찌르다.
【王僚(왕료, wáng liáo)】: 吳王 僚. 춘추시대 吳나라 군주.
【彗星襲月(혜성습월, huì xīng xí yuè)】: 혜성이 달을 침습하다. 【襲】: 침습하다.
※ 전설에 의하면, 專諸가 오왕 僚를 살해할 때 하늘을 놀라게 하여 혜성의 밝은 빛으로 하여금 달을 가리게 했다고 한다.
【聶政(섭정, niè zhèng)】: [인명] 전국시대 韓나라 사람. 韓나라의 대부 嚴仲子가 재상 韓傀와 원한이 있어, 섭정을 자객으로 보내 한괴를 살해했다. 섭정 또한 한괴를 죽인 후 자살했다.
【韓傀(한괴, hán kuǐ)】: [인명] 韓나라의 재상.
【貫(관, guàn)】: 관통하다. 지나가다.
【要離(요리, yāo lí)】: [인명] 춘추시대 吳나라 사람. 吳公子 光이 吳王 僚를 죽인 후, 僚의 아들 慶忌가 衛나라로 달아나자, 光이 또 要離를 衛나라로 보내 경기를 죽였다. 경기가 죽자 요리 역시 자살했다.
【慶忌(경기, qìng jì)】: [인명] 춘추시대 吳王 僚의 아들.
【蒼鷹(창응, cāng yīng)】: 참매.
【擊(격, jī)】: 덮쳐들다.

13 此三子皆布衣之士也, 懷怒未發, 休祲降於天, 與臣而將四矣。→ 이 세 사람은 모두 평민 士人들로서, 이들이 노기를 품으면 발산하기 전에, 하늘에서 징조가 내려오는데, 저와 더불어 장차 네 사람이 될 것입니다.
【三子(삼자, sān zǐ)】: 세 사람.

若士必怒, 伏屍二人, 流血五步, 天下縞素, 今日是也.」挺劍而起.¹⁴

　秦王色撓, 長跪而謝之, 曰:「先生坐, 何至於此? 寡人諭矣.¹⁵ 夫韓、魏滅亡, 而安陵以五十里之地存者, 徒以有先生也.」¹⁶

【休祲(휴침, xiū jīn)】: 징조. ※본래「休」는 길조,「祲」은「흉조」이나, 여기서는 이를 통틀어「징조」를 가리킨다.

14 若士必怒, 伏屍二人, 流血五步, 天下縞素, 今日是也.」挺劍而起. → 만일 士人이 정말 노하면, 엎어진 시체가 두 사람이고, 흐르는 피가 다섯 걸음에 불과하지만, 천하가 흰색 상복을 입어야 하며, 오늘이 바로 그렇습니다.」(말을 마치자) 칼을 뽑아 들고 일어섰다.
【若(약, ruò)】: 만일. 만약.
【必(필, bì)】: 정말. 진실로.
【伏屍(복시, fú shī)】: 엎어진 시체.
【縞素(호소, gǎo sù)】: 흰색 喪服. 여기서는 동사 용법으로「흰색 상복을 입다」의 뜻.
【挺(정, tǐng)】: 빼다. 뽑다.

15 秦王色撓, 長跪而謝之, 曰:「先生坐, 何至於此? 寡人諭矣. → 진왕의 안색이 부드러워지며, 길게 무릎을 꿇고 사죄하여, 말했다「선생 앉으시오. 어찌 이렇게까지 하시오? 과인이 잘 깨달았소.
【色撓(색뇨, sè náo)】: 안색이 부드러워지다. 오만한 기가 사라지다.
【長跪(장궤, cháng guì)】: 길게 무릎을 꿇다. ※무릎을 꿇을 때 엉덩이를 뒤꿈치에 대지 않고 일어선 자세를 말한다.
【謝(사, xiè)】: 사죄하다.
【諭(유, yù)】: 잘 알다. 분명히 이해하다. 깨닫다.

16 夫韓、魏滅亡, 而安陵以五十里之地存者, 徒以有先生也.」→ 무릇 韓나라·魏나라가 망했는데도, 安陵이 오십 리의 작은 땅으로 보존할 수 있었던 것은, 오직 선생이 계셨기 때문이오.」
【徒(도, tú)】: 오직. 다만.
【以(이, yǐ)】: 因. …때문.

> 번역문

당저(唐雎)가 사명(使命)을 욕되지 않게 하다

　진왕(秦王)이 사람을 파견하여 안릉(安陵)의 군주(君主)에게 말했다 :「과인이 오백 리의 땅을 안릉과 바꾸려 하는데, 안릉의 군주는 반드시 과인에게 허락해야 하오!」안릉의 군주가 말했다 :「대왕께서 은혜를 베풀어 큰 땅으로 작은 땅과 바꾸어 주시니 매우 좋습니다. 비록 그렇지만 이 땅을 선왕(先王)으로부터 물려받아 끝까지 그것을 지키길 원하기 때문에 감히 바꾸지 못합니다.」진왕이 불쾌하게 여겼다. 안릉의 군주는 이로 인해 당저(唐雎)를 진(秦)나라에 사절로 파견했다.

　진왕이 당저에게 물었다 :「과인이 오백 리의 땅으로 안릉과 바꾸려 하는데, 안릉의 군주가 과인의 말에 따르지 않는 것은 무슨 까닭이오? 그리고 진(秦)나라가 한(韓)나라와 위(魏)나라를 멸하고도 안릉의 군주가 오십 리의 작은 땅을 가지고 생존할 수 있었던 것은 내가 안릉의 군주를 어른으로 여겼기 때문에, 그래서 마음에 두지 않은 것이오. 지금 내가 열 배의 땅으로 안릉의 군주에게 (영토를) 넓히도록 청했으나 안릉의 군주가 과인을 거스른 것은 과인을 경시한 것 아닌가?」당저가 대답했다 :「아닙니다, 그런 것이 아닙니다. 안릉의 군주는 선왕(先王)으로부터 땅을 물려받아 그것을 지키고 있어, 비록 천 리의 땅이라 해도 감히 바꾸지 못하는 것인데, 어찌 다만 오백 리뿐이겠습니까?」

　진왕이 노기등등하여 당저에게 말했다 :「당신도 일찍이 천자가 화냈다는 말을 들어본 적이 있소?」당저가 대답했다 :「저는 들어본 적이 없습니다.」진왕이 말했다 :「천자가 화를 내면 엎어진 시체가 백만이고, 흐르는 피가 천 리요.」당저가 말했다 :「대왕께서는 일찍이 평민이 화내는 것을 들어보신 적이 있습니까?」진왕이 말했다 :「평민이 화를 내면 다만 모자를 벗고 맨발로 머리를 땅에 부딪칠 뿐이오.」당저가 말했다 :「이는 범인이 내는 화이고, 사인(士人)이 내는 화가 아닙니다. 무릇 전저(專諸)가 오왕(吳王) 요(僚)를 살해할 때는 혜성이 달을 침습하였고, 섭정(聶政)이 한괴(韓傀)를 살해할 때는 하얀 무지개가 해를 관통했으며, 요리(要離)가 경기(慶忌)를 살해할 때는 참매가 궁전 위를 덮쳤습니다.」이 세 사람은 모두 평민 사인(士人)들로서, 이들이 노기를 품으면 발산하기 전에 하늘에서 징조가 내려오는디, 저와 더불어 장차 네 사람이 될 것입니다. 만일 사인이 정말 노하면 엎어진 시체가 두 사람이고 흐르는 피가 다섯 걸음에 불과하지만 천하가 흰색 상복을 입어야 하며 오늘이 바로 그렇습니다.」(말을 마치자) 칼을 뽑아 들고 일어섰다.

진왕의 안색이 부드러워지며 길게 무릎을 꿇고 사죄하여 말했다 :「선생 앉으시오, 어찌 이렇게까지 하시오? 과인이 잘 깨달았소. 무릇 한(韓)나라 · 위(魏)나라가 망했는데도 안릉(安陵)이 오십 리의 작은 땅으로 보존할 수 있었던 것은 오직 선생이 계셨기 때문이오.」

해제(解題) 및 본문 요지 설명

본문은 《전국책(戰國策) · 위책사(魏策四)》의 일부분으로, 내용은 당저(唐雎)가 안릉군(安陵君)의 사신으로 진(秦)나라에 가서 진왕(秦王)의 위협에 굴복하지 않고 오히려 진왕을 협박하여 사명을 완수한 상황을 기술한 것이다.

본문은 네 단락으로 나눌 수 있는데, 첫째 단락에서는 안릉군이 진나라 땅 일부와 안릉을 바꾸고자 하는 진왕의 요구를 거절한 것을 기술했고; 둘째 단락에서는 당저가 진왕에게 안릉군이 땅을 바꿀 수 없는 이유를 설명했고; 셋째 단락에서는 당저가 진왕의 위협에 굴복하지 않고 오히려 필사의 결심으로 칼을 뽑아 들고 진왕을 찌르려 한 것을 기술했고; 마지막 단락에서는 진왕이 기가 꺾여 사죄한 것을 기술했다.

070 악의보연왕서(樂毅報燕王書)
《戰國策》

> 작 자

O57 소진이연횡세진(蘇秦以連橫說秦) 참조.

> 원문 및 주석

樂毅報燕王書[1]

　昌國君樂毅爲燕昭王合五國之兵而攻齊, 下七十餘城, 盡郡縣之以屬燕.[2] 三城未下, 而燕昭王死. 惠王卽位, 用齊人反間, 疑樂毅,

---

1　樂毅報燕王書 → 樂毅가 燕惠王에게 답한 글
　【樂毅(악의, yuè yì)】: [인명] 魏나라 사람으로 戰國시대의 名將. 燕昭王의 은혜에 보답하기 위해 齊나라 군대를 대파하고 燕나라를 일으켜 昌國君에 봉해졌다.
　【報(보, bào)…書(서, shū)】: …에게 답하는 글. 【書】: 서신. 글.
　【燕王(연왕, yān wáng)】: 燕나라의 군주. 여기서는「燕昭王의 아들 燕惠王」을 가리킨다.
2　昌國君樂毅爲燕昭王合五國之兵而攻齊, 下七十餘城, 盡郡縣之以屬燕. → 昌國君 樂毅가 燕昭王을 위해 다섯 나라의 군사를 규합한 후 齊나라를 공략하여, 칠십여 개 성을 점령

而使騎劫代之將。³ 樂毅奔趙, 趙封以爲望諸君。齊田單詐騎劫, 卒敗燕軍, 復收七十餘城以復齊。⁴

燕王悔, 懼趙用樂毅, 承燕之敝以伐燕。⁵ 燕王乃使人讓樂毅,

하고, 이를 모두 郡縣으로 삼아 燕나라에 귀속시켰다.
【昌國君(창국군, chāng guó jūn)】: 樂毅의 封號.
【燕昭王(연소왕, yān zhāo wáng)】: 전국시대 燕나라의 군주. 이름은 平이며, 燕王 噲의 아들로 33년간(B.C. 313-B.C. 279) 재위했다.
【五國(오국, wǔ guó)】: 趙・楚・魏・韓・燕의 다섯 나라.
【下(하, xià)】: 점령하다. 함락시키다.
【盡(진, jìn)】: 모두. 다.
【郡縣(군현, jùn xiàn)】: [동사 용법] 郡縣으로 삼다.
【屬(속, shǔ)】: [사동 용법] 귀속시키다.

3 三城未下, 而燕昭王死。惠王卽位, 用齊人反間, 疑樂毅, 而使騎劫代之將。 → 세 개의 성이 아직 함락되기 전에, 燕昭王이 죽었다. 惠王이 즉위했는데, 齊나라 사람의 이간책으로 인해, 악의를 의심하고, 騎劫으로 하여금 악의를 대신하여 군을 통솔하게 했다.
【三城(삼성, sān chéng)】: 聊城[지금의 산동성 동남쪽], 莒城[지금의 산동성 동남쪽], 卽墨城[지금의 산동성 平度縣 동남쪽]. ※ 당시에 함락되지 않은 성은 실제로는 莒城과 卽墨城 두 개 성이었다.
【惠王(혜왕, huì wáng)】: 燕惠王. 燕昭王의 아들.
【用(용, yòng)】: 因. …로 인해. …때문에.
【反間(반간, fǎn jiàn)】: 이간책. ※ 적의 간첩을 이용하여 부실한 정보를 제공함으로써 적을 이간시키는 일.
【騎劫(기겁, qí jié)】: [인명] 燕나라 장군.
【將(장, jiàng)】: 통솔하다. 거느리다.

4 樂毅奔趙, 趙封以爲望諸君。齊田單詐騎劫, 卒敗燕軍, 復收七十餘城以復齊。 → 樂毅가 趙나라로 달아나자, 조나라는 악의를 望諸君으로 봉했다. 齊나라의 田單은 騎劫을 속여, 마침내 燕나라 군대를 물리치고, 칠십여 개 성을 수복하여 齊나라에 복귀시켰다.
※ 연소왕은 樂毅를 기용하여 齊를 격파하고 燕을 부흥시켰으나, 昭王이 죽고 惠王이 즉위한 후 樂毅와 사이가 벌어져, 악의가 趙나라로 귀순하여 望諸君에 봉해졌다.
【奔(분, bēn)】: 달아나다.
【以爲(이위, yǐ wéi)…】: 以(之)爲…. 이를 …로 삼다.
【望諸君(망제군, wàng zhū jūn)】: 악의가 趙나라에서 받은 封號.
【田單(전단, tián dān)】: [인명] 전국시대 齊나라 사람. 燕을 격파하고 齊를 부흥시켜 이 공로로 재상에 임명되고 安平君에 봉해졌다.
【詐(사, zhà)】: 속이다. 기만하다.
【復收(복수, fù shōu)】: 수복하다. 되찾다.

且謝之曰:「先王擧國而委將軍, 將軍爲燕破齊, 報先王之讎, 天下
莫不振動.⁶ 寡人豈敢一日而忘將軍之功哉? 會先王棄群臣, 寡人新
卽位, 左右誤寡人.⁷ 寡人之使騎劫代將軍者, 爲將軍久暴露於外,
故召將軍, 且休計事.⁸ 將軍過聽, 以與寡人有隙, 遂捐燕而歸趙.⁹

---

5 燕王悔, 懼趙用樂毅, 承燕之敝以伐燕. → 燕惠王은 후회하며, 趙나라가 악의를 기용하
여, 연나라가 지쳐버린 틈을 타서 연나라를 공격해 오지 않을까 매우 두려워했다.
【燕王(연왕, yān wáng)】: 여기서는「燕惠王」을 가리킨다.
【懼(구, jù)】: 두려워하다.
【承(승, chéng)】: 틈타다.
【敝(폐, bì)】: 지치다. 피폐하다. ※ 판본에 따라서는「敝」를「弊」라 했다.
【伐(벌, fá)】: 공격하다. 침공하다.

6 燕王乃使人讓樂毅, 且謝之曰:「先王擧國而委將軍, 將軍爲燕破齊, 報先王之讎, 天下莫不
振動. → 연혜왕은 이에 사람을 파견하여 악의를 꾸짖고, 또한 그에게 사죄하여 말했다
:「선왕께서 온 나라를 장군께 맡겨, 장군께서는 연나라를 위해 제나라를 물리치고, 선왕
의 원수를 갚아, 천하에 놀라지 않은 사람이 없었습니다.
【乃(내, nǎi)】: 이에. 그리하여.
【讓(양, ràng)】: 꾸짖다.
【且(차, qiě)】: 또한. …하고 또.
【謝(사, xiè)】: 사죄하다.
【先王(선왕, xiān wáng)】: 燕昭王. ※ 이후에 나오는「先王」역시 모두 燕昭王을 가리킨다.
【擧國(거국, jǔ guó)】: 나라를 들어. 전국. 온 나라.
【報(보, bào)…之讎(지수, zhī chóu)】: …의 원수를 갚다.
【莫不(막불, mò bù)】: …하지 않는 자가 없다. 모두 …하다.

7 寡人豈敢一日而忘將軍之功哉? 會先王棄群臣, 寡人新卽位, 左右誤寡人. → 과인이 어찌
감히 하루 만에 장군의 공을 잊겠습니까? 마침 선왕께서 세상을 떠나시고, 과인이 새로
즉위하니, 측근들이 과인을 그르치게 했습니다.
【寡人(과인, guǎ rén)】: 寡德之人이란 뜻으로, 임금이 자신을 낮추어 부르는 말.
【豈(기, qǐ)】: 어찌.
【會(회, huì)】: 마침. 때마침.
【棄群臣(기군신, qì qún chén)】: 신하들을 버리다. 즉「세상을 떠나다, 죽다」의 뜻.
【誤(오, wù)】: [사동 용법] 그르치게 하다.

8 寡人之使騎劫代將軍者, 爲將軍久暴露於外, 故召將軍, 且休計事. → 과인이 騎劫을 보내
장군을 대신하게 한 것은, 장군이 오랫동안 전장에서 고생했기 때문에, 그래서 장군을
불러들여, 잠시 쉬며 나라의 일을 상의하려 한 것입니다.
【使(사, shǐ)】: 보내다. 파견하다.

將軍自爲計則可矣, 而亦何以報先王之所以遇將軍之意乎?」¹⁰

　　望諸君乃使人獻書報燕王曰:「臣不佞, 不能奉承先王之敎, 以順左右之心, 恐抵斧質之罪, 以傷先王之明, 而又害於足下之義, 故遁逃奔趙。¹¹ 自負以不肖之罪, 故不敢爲辭說。¹² 今王使使者數之

　　【爲(위, wèi)】: 因. …로 인해. … 때문에.
　　【暴露於外(폭로어외, pù lù yú wài)】: 밖에서 비바람에 노출되다. 風餐露宿하다. 즉「전장에서 고생하며 지내다」의 뜻.
　　【且(차, qiě)】: 잠시.
　　【計事(계사, jì shì)】: 일을 상의하다.
9　將軍過聽, 以與寡人有隙, 遂捐燕而歸趙。→ 장군께서는 잘못 듣고 오해하여, 과인과 틈이 생겼다고 생각하여, 마침내 연나라를 버리고 조나라로 귀순한 것입니다.
　　【過聽(과청, guò tīng)】: 잘못 듣고 오해하다.
　　【以(이, yǐ)】: 以爲. …라고 여기다. …라고 생각하다.
　　【隙(극, xì)】: 틈. 사이.
　　【遂(수, suì)】: 마침내.
　　【捐(연, juān)】: 버리다.
　　【歸(귀, guī)】: 귀순하다.
10　將軍自爲計則可矣, 而亦何以報先王之所以遇將軍之意乎?」→ 장군께서 자신을 위해 고려했다면 그럴 수 있지만, 그러나 또한 선왕이 장군께 대해주신 후의는 어떻게 보답하겠습니까?」
　　【自爲計(자위계, zì wéi jì)】: 자신을 위해 고려하다.
　　【所以(소이, suǒ yǐ)】: …한 바.
　　【遇(우, yù)】: 대우하다.
　　【意(의, yì)】: 후의.
11　望諸君乃使人獻書報燕王曰:「臣不佞, 不能奉承先王之敎, 以順左右之心, 恐抵斧質之罪, 以傷先王之明, 而又害於足下之義, 故遁逃奔趙。→ 이에 망제군 악의가 사람을 보내 서신을 올려 연혜왕에게 답했다:「제가 재능이 모자라, 선왕의 가르침을 받들 수 없어, 대왕 측근 대신들의 뜻에 따랐으나, (이로 인해) 죽을죄를 지어, 선왕의 밝으심을 상하게 하고, 또 폐하의 의로움에 대해 해를 끼칠 것이 두려워, 그래서 달아나 조나라에 귀순하였습니다.
　　【乃(내, nǎi)】: 이에. 그리하여. 그래서.
　　【使(사, shǐ)】: 보내다. 파견하다.
　　【獻書(헌서, xiàn shū)】: 서신을 올리다.
　　【報(보, bào)】: 알리다. 답하다.
　　【不佞(불녕, bù nìng)】: 재능이 모자라다.

罪, 臣恐侍御者之不察先王之所以畜幸臣之理, 而又不白於臣之所以事先王之心, 故敢以書對。¹³

「臣聞賢聖之君, 不以祿私其親, 功多者授之; 不以官隨其愛, 能當者處之。¹⁴ 故察能而授官者, 成功之君也; 論行而結交者, 立名

【奉承(봉승, fèng chéng)】: 받들다.
【順(순, shùn)】: 從. 따르다.
【恐(공, kǒng)】: 두려워하다.
【抵(저, dǐ)】: 범하다. (죄를) 짓다.
【斧質之罪(부질지죄, fǔ zhì zhī zuì)】: 죽을죄. 〖斧質〗: 허리를 자르는 형구의 하나. 〖質〗: 鑕. 모루.
【足下(족하, zú xià)】: [상대방에 대한 존칭] 귀하.
【遁逃(둔도, dùn táo)】: 달아나다. 도망하다.

12 自負以不肖之罪, 故不敢爲辭說。→ 저 스스로가 현명하지 못한 죄를 떠맡기로 했기 때문에, 그래서 감히 자신을 위해 변명하지 않았습니다.
【負(부, fù)】: 지다. 떠맡다. 감당하다.
【不肖(불초, bù xiào)】: 현명하지 못하다.
【辭說(사설, cí shuō)】: 변명하다.

13 今王使使者數之罪, 臣恐侍御者之不察先王之所以畜幸臣之理, 而又不白於臣之所以事先王之心, 故敢以書對。→ 지금 폐하께서 사신을 보내 저의 죄를 열거하셨지만, 저는 폐하의 측근들이 선왕께서 저를 기용하고 중시하신 까닭을 살피지 못하고, 또 제가 선왕을 섬길 마음을 갖게 된 까닭에 대해 분명히 알지 못할 것을 우려하여, 그래서 감히 서신으로 대답하는 것입니다.
【使使者(사사자, shǐ shǐ zhě)】: 사신을 파견하다. 〖使〗: 보내다. 파견하다. 〖使者〗: 사신. 외교 사절.
【之罪(지죄, zhī zuì)】: 그 죄. 〖之〗: 그.
【數(수, shǔ)】: 열거하다.
【恐(공, kǒng)】: 우려하다. 걱정하다.
【侍御者(시어자, shì yù zhě)】: 왕을 가까이서 모시는 사람. 왕의 측근 대신들.
※악의가 감히 직접 燕惠王을 지적할 수 없기 때문에「측근 대신들」로 대신 지적한 것이다.
【所以(소이, suǒ yǐ)…理(리, lǐ)】: …한 이유. …한 까닭.
【畜幸(흑행, xù xìng)】: 임용하고 총애하다. 〖畜〗: 기르다. 여기서는「임용하다」의 뜻. 〖幸〗: 총애하다.
【白(백, bái)】: 분명히 알다. 이해하다.

14「臣聞賢聖之君, 不以祿私其親, 功多者授之; 不以官隨其愛, 能當者處之。→「제가 듣건

174 고문관지古文觀止 역주 (2)

之士也。¹⁵ 臣以所學者觀之, 先王之擧錯, 有高世之心。故假節於魏
王, 而以身得察於燕。¹⁶ 先王過擧, 擢之乎賓客之中, 而立之乎羣臣
之上, 不謀於父兄, 而使臣爲亞卿。¹⁷ 臣自以爲奉令承教, 可以幸無

대 현명하고 성스러운 군주는, 봉록을 사사로이 자기 가까운 사람에게 주지 않고, 공이
많은 자에게 주며; 관직을 마음대로 자기가 총애하는 사람에게 주지 않고, 능히 감당할
수 있는 자가 그 자리에 있도록 했다고 합니다.
【私其親(사기친, sī qí qīn)】: 사사로이 가까운 사람에게 주다.
【隨其愛(수기애, suí qí ài)】: 마음대로 자기가 총애하는 사람에게 주다. 〖隨〗: 마음대로. 자기 멋대로.
【能當者(능당자, néng dāng zhě)】: 능히 감당할 수 있는 자. 능력 있는 자.
【處(처, chǔ)】: 머물게 하다. 있게 하다.

15 故察能而授官者, 成功之君也; 論行而結交者, 立名之士也。→ 그러므로 능력을 살펴 관직을 주어야, 성공한 군주요; 품행을 따져보고 친구를 사귀어야, 이름을 세운 선비라고 할 수 있습니다.
【察能(찰능, chá néng)】: 능력을 살피다.
【論行(논행, lùn xíng)】: 품행을 따져보다. 품행을 평가하다.
【結交(결교, jié jiāo)】: 사귀다.

16 臣以所學者觀之, 先王之擧錯, 有高世之心。故假節於魏王, 而以身得察於燕。→ 제가 배운 바를 근거로 볼 때, 선왕의 거동과 조치는, 세상 사람들의 생각을 훨씬 능가하고 계십니다. 그래서 제가 魏王의 사절로 출사하는 기회를 이용하여, 친히 燕나라에 대해 살필 수 있었습니다.
【以(이, yǐ)】: …에 의해. …을 근거로.
【擧錯(거조, jǔ cuò)】: 거동과 조치. 〖錯〗: 措.
【高世之心(고세지심, gāo shì zhī xīn)】: 세상 사람들의 생각을 훨씬 능가하다.
【假節(가절, jiǎ jié)】: 부절을 빌리다. 즉 외교 사절로 출사하는 기회를 이용하다. 〖假〗: 빌리다. 이용하다. 〖節〗: 옛날 외교 사절이 지참하는 符節.
【魏王(위왕, wèi wáng)】: 여기서는「魏昭王」을 가리킨다.
【以身(이신, yǐ shēn)】: 몸으로. 직접. 친히.
【得(득, dé)】: 能. …할 수 있다.

17 先王過擧, 擢之乎賓客之中, 而立之乎羣臣之上, 不謀於父兄, 而使臣爲亞卿。→ 선왕께서는 파격적으로, 빈객 중에서 저를 발탁하시어, 여러 신하들의 윗자리에 세우시고, 종실 대신들과 상의도 없이, 저를 亞卿에 임명하셨습니다.
【過擧(과거, guò jǔ)】: 파격적으로 천거하다.
【擢(탁, zhuó)】: 발탁하다.
【謀(모, móu)】: 상의하다.
【父兄(부형, fù xiōng)】: 宗室 대신.

罪矣, 故受命而不辭。¹⁸

「先王命之曰:『我有積怨深怒於齊, 不量輕弱, 而欲以齊爲事。』¹⁹ 臣對曰:『夫齊, 霸國之餘教, 而驟勝之遺事也。閑於兵甲, 習於戰攻。²⁰ 王若欲攻之, 則必舉天下而圖之。舉天下而圖之, 莫徑於結趙矣。²¹

【使(사, shǐ)…爲(위, wéi)…】: …로 하여금 …가 되게 하다.
【亞卿(아경, yà qīng)】: [관직] 上卿의 바로 아래 자리.

18 臣自以爲奉令承教, 可以幸無罪矣, 故受命而不辭。→ 저 자신은 선왕의 명을 받들고 가르침을 받으면, 다행히 죄를 면할 수 있다고 생각했기 때문에, 그래서 명을 받고 사양하지 않았습니다.
【以爲(이위, yǐ wéi)】: …라 여기다. …라고 생각하다.
【奉令承教(봉령승교, fèng lìng chéng jiào)】: 명을 받들고 가르침을 받다.
【幸(행, xìng)】: 요행히. 다행히.
【辭(사, cí)】: 고사하다. 사양하다.

19「先王命之曰:『我有積怨深怒於齊, 不量輕弱, 而欲以齊爲事。』→「선왕께서는 저에게 명하시길:『나는 齊나라에 대해 쌓인 원한과 깊은 분노가 있어, 힘이 미약하다는 것을 고려하지 않고, 제나라에 대한 앙갚음을 나의 일로 삼고자 하오。』라고 하셨습니다.
【積怨深怒(적원심노, jī yuàn shēn nù)】: 쌓인 원한과 깊은 분노.
【不量(불량, bù liáng)】: 고려하지 않다. 헤아리지 않다.
【輕弱(경약, qīng ruò)】: 미약하다.
【以齊爲事(이제위사, yǐ qí wéi shì)】: 제나라에 대한 앙갚음을 일로 삼다.〖以…爲…〗: …을 …으로 삼다.

20 臣對曰:『夫齊, 霸國之餘教, 而驟勝之遺事也。閑於兵甲, 習於戰攻。→ 저는 이렇게 대답했습니다:『무릇 제나라는, 맹주국의 遺教와, 여러 차례 전쟁에서 승리한 遺業을 지니고 있습니다. 용병에 정통하고, 작전에도 익숙합니다.
【霸國(패국, bà guó)】: 맹주국. ※齊나라는 桓公 시절 한때 맹주가 되었다.
【餘教(여교, yú jiào)】: 遺教. 남긴 교훈.
【驟勝(취승, zhòu shèng)】: (전쟁에서) 여러 차례 승리하다.
【遺事(유사, yí shì)】: 遺業. 남긴 업적.
【閑(한, xián)】: 정통하다.
【習(습, xí)】: 능하다. 익숙하다.
【戰攻(전공, zhàn gōng)】: 공격. 작전.

21 王若欲攻之, 則必舉天下而圖之。舉天下而圖之, 莫徑於結趙矣。→ 만일 폐하께서 제나라를 토벌하고자 하신다면, 반드시 천하의 역량을 규합하여 그것을 도모하셔야 합니다. 천하의 역량을 규합하여 그것을 도모하려면, 조나라와 결합하는 것보다 지름길은 없습니다.

且又淮北、宋地, 楚、魏之所同願也。趙若許約, 楚、魏、宋盡力, 四國攻之, 齊可大破也。』先王曰:『善。』²²

「臣乃口受令, 具符節, 南使臣於趙, 顧反命, 起兵隨而攻齊。²³ 以天之道, 先王之靈, 河北之地, 隨先王舉而有之於濟上。²⁴ 濟上之

【若(약, ruò)】: 만일. 만약.
【舉(거, jǔ)】: 들다. 여기서는「연합하다, 규합하다」의 뜻.
【圖(도, tú)】: 도모하다.
【徑(경, jìng)】: 지름길.
【於(어, yú)】: [개사] …보다. …에 비해.

22 且又淮北、宋地, 楚、魏之所同願也。趙若許約, 楚、魏、宋盡力, 四國攻之, 齊可大破也。』先王曰:『善。』 → 또한 (제나라가 합병한) 淮北과 옛 宋나라 지역은, 楚나라와 魏나라가 똑같이 원하는 곳입니다. 趙나라가 만일 맹약에 동의할 경우, 楚·魏·宋 세 나라가 힘을 다해, 네 나라가 齊나라를 공격하면, 제나라를 대파할 수 있습니다.」그러자 선왕께서:『좋소!』라고 말씀하셨습니다.
【且又(차우, qiě yòu)】: [복합 허사] 그리고. 또한.
【若(약, ruò)】: 만일. 만약.
【許約(허약, xǔ yuē)】: 맹약에 동의하다. 약속에 응하다.
【攻之(공지, gōng zhī)】: 齊나라를 공격하다. 《之》: [대명사] 그것. 즉「제나라」.

23 「臣乃口受令, 具符節, 南使臣於趙, 顧反命, 起兵隨而攻齊。→「그리하여 저는 구두로 명령을 받고 나서 符節을 지참하고, 남쪽으로 조나라에 사절로 나갔다가, 돌아와 복명한 후, 군사를 일으켜 바로 제나라를 공격했습니다.
【乃(내, nǎi)】: 이에. 그리하여. 그래서.
【口受令(구수령, kǒu shòu lìng)】: 구두로 명령을 받다.
【具(구, jù)】: 갖추다. 지참하다.
【符節(부절, fú jié)】: 부절. 신표. ※옛날 외교 사절이 지참하여 신분을 증명하는 물건.
【顧(고, gù)】: 돌아오다.
【反命(반명, fǎn mìng)】: 復命. 명령 집행의 결과를 보고하다.
【隨(수, suí)】: 바로. 즉시.

24 以天之道, 先王之靈, 河北之地, 隨先王舉而有之於濟上。→ 하늘의 保佑와, 선왕의 위세, 황하 이북의 지리적 이점 등에 힘입어, (우리는) 선왕을 따라 일거에 濟水 상류까지 점령하였습니다.
【以(이, yǐ)】: 의지하다. 힘입다.
【天之道(천지도, tiān zhī dào)】: 하늘의 도리. 여기서는「하늘의 보호」를 말한다.
【靈(령, líng)】: 위세. 위력.
【河北之地(하북지지, hé běi zhī dì)】: 하북의 땅. 즉「황하 이북의 齊나라 땅」을 가리킨다.

軍, 奉令擊齊, 大勝之。輕卒銳兵, 長驅至國, 齊王逃遁走莒, 僅以身免。²⁵ 珠玉財寶, 車甲珍器, 盡收入燕。大呂陳於元英, 故鼎反於曆室; 齊器設於寧臺, 薊丘之植, 植於汶篁。²⁶ 自五伯以來, 功未有及先王者也。²⁷ 先王以爲順于其志, 以臣爲不頓命, 故裂地而封之,

---

【擧而有之(거이유지, jǔ ér yǒu zhī)】: 일거에 차지하다. 단번에 점령하다.
【濟上(제상, jǐ shàng)】: 濟水 부근. 즉「齊나라 변경 지역」. 【濟】: [강 이름] 濟水.

25 濟上之軍, 奉令擊齊, 大勝之。輕卒銳兵, 長驅至國, 齊王逃遁走莒, 僅以身免。→ 濟水 상류의 군대는, 명령을 받들어 齊나라를 공격하여, 크게 이겼습니다. 경쾌하고 예리한 병사들이, 파죽지세로 쳐들어가 제나라의 도읍에 이르니, 齊王은 달아나 莒城으로 가서, 겨우 몸을 피했습니다.
【輕卒銳兵(경졸예병, qīng zú ruì bīng)】: 경쾌하고 예리한 병사.
【長驅(장구, cháng qū)】: 먼 거리를 신속히 쳐들어가다. 파죽지세로 쳐들어가다.
【國(국, guó)】: 도읍. 여기서는「齊나라의 도읍 臨淄」를 가리킨다.
【齊王(제왕, qí wáng)】: 여기서는「齊閔王」을 가리킨다.
【逃遁(도둔, táo dùn)】: 달아나다. 도망하다.
【走莒(주거, zǒu jǔ)】: 莒城으로 달아나다. 【莒】: 齊나라 땅. 지금의 산동성 莒縣.
【僅(근, jǐn)】: 간신히. 겨우.

26 珠玉財寶, 車甲珍器, 盡收入燕。大呂陳於元英, 故鼎反於曆室; 齊器設於寧臺, 薊丘之植, 植於汶篁。→ 주옥 보배와, 차량과 갑옷 및 진귀한 기물은, 모두 연나라로 거두어들였습니다. 大呂鍾은 元英宮에 진열하고, 故鼎은 曆室宮으로 되돌아왔으며; 제나라의 기물들을 寧臺에 두고, (연나라 도읍) 薊丘의 수목들은, 齊나라 汶水 강변의 竹田으로 옮겨 심었습니다.
【大呂(대려, dà lǚ)】: [종 이름] 大呂鍾.
【元英(원영, yuán yīng)】: 燕나라 궁전 이름.
【故鼎(고정, gù dǐng)】: 옛날에 齊나라에 빼앗겼던 鼎.
【反(반, fǎn)】: 返. 되돌아오다.
【曆室(역실, lì shì)】: 燕나라 궁전 이름.
【寧臺(영대, níng tái)】: 燕나라의 臺 이름. 지금의 하북성 薊縣 부근.
【薊丘(계구, jì qiū)】: [지명] 燕나라의 도읍. 지금의 하북성 大興縣.
【植(식, zhí)】: 앞의「植」은 명사로「樹木」의 뜻이고, 뒤의「植」은 동사로「심다」의 뜻.
【汶篁(문황, wèn huáng)】: 齊나라 汶水 강변의 竹田. ※관본에 따라서는「篁」을「簧」이라 했다.

27 自五伯以來, 功未有及先王者也。→ 五覇 이래, 공로가 선왕에 미치는 사람이 없었습니다.
【五伯(오패, wǔ bà)】: 五覇. 춘추시대 맹주가 되었던 다섯 제후.
※이에 대해서는 세 가지 설이 있다. ① 齊桓公・宋襄公・晉文公・秦穆公・楚莊王이

使之得比乎小國諸侯。²⁸ 臣不佞, 自以爲奉令承敎, 可以幸無罪矣, 故受命而弗辭。²⁹

「臣聞賢明之君, 功立而不廢, 故著於春秋; 蚤知之士, 名成而不毁, 故稱於後世。³⁰ 若先王之報怨雪恥, 夷萬乘之强國, 收八百歲之蓄積, 及至棄群臣之日, 遺令詔後嗣之餘義,³¹ 執政任事之臣, 所

라는 설. ② 齊桓公・晉文公・楚莊王・吳闔閭・越句踐이라는 설. ③ 齊桓公・晉文公・秦穆公・楚莊王・吳闔閭이라는 설.
【未有及(미유급, wèi yǒu jí)…】: …에 미치지 못하다.

28 先王以爲順於其志, 以臣爲不頓命, 故裂地而封之, 使之得比乎小國諸侯。→ 선왕께서는 이미 자신의 뜻에 부합하다 여기시고, 또 제가 선왕의 명을 욕되게 하지 않았다고 여기셨기 때문에, 그래서 토지를 갈라 저에게 봉해주시고, 저로 하여금 작은 나라의 제후에 비할 수 있을 만큼 배려해 주셨습니다.
【以爲(이위, yǐ wéi)】: …라고 여기다. …라 생각하다.
【順(순, shùn)】: 순응하다. 부합하다.
【頓命(돈명, dùn mìng)】: 명을 욕되게 하다.
【裂(렬, liè)】: 쪼개다. 가르다.
【得比乎(득비호, dé bǐ hū)…】: …에 비할 수 있다. 〖得〗: 能. …할 수 있다. 〖乎〗: [개사] 於. …에.

29 臣不佞, 自以爲奉令承敎, 可以幸無罪矣, 故受命而弗辭。→ 저는 재능이 부족하여, 스스로 선왕의 명령을 받들고 가르침을 받으면, 다행히 죄를 면할 수 있다고 생각했기 때문에, 그래서 임명을 받아들이고 사양하지 않았습니다.
【以爲(이위, yǐ wéi)】: …라고 여기다. …라고 생각하다.
【弗辭(불사, fú cí)】: 不辭. 사양하지 않다.

30 「臣聞賢明之君, 功立而不廢, 故著於春秋; 蚤知之士, 名成而不毁, 故稱於後世。→ 「제가 듣건대 현명한 군주는, 공을 세우면 그것을 폐기하지 않기 때문에, 그래서 역사에 기록되고; 선견지명이 있는 선비는, 명성을 이루면 훼손하지 않기 때문에, 그래서 후세 사람들로부터 칭찬을 받는다고 합니다.
【著於(저어, zhù yú)…】: …에 기록되다. 〖於〗: [개사] …에.
【春秋(춘추, chūn qiū)】: 본래는 중국 고대 魯나라의 역사책으로 孔子가 수정했다고 전하며, 후세에 와서「역사 저술」을 가리키는 명칭으로도 사용했다. 여기서는「역사」를 뜻한다.
【蚤知(조지, zǎo zhī)】: 선견지명. 〖蚤〗: 早.

31 若先王之報怨雪恥, 夷萬乘之强國, 收八百歲之蓄積, 及至棄群臣之日, 遺令詔後嗣之餘義, → 선왕처럼 원수를 갚아 설욕을 하시고, 萬乘의 强國을 평정하여, 팔백 년 동안 축

권4 진문秦文 *179*

以能循法令, 順庶孽者, 施及萌隷, 皆可以敎於後世。³²

「臣聞善作者不必善成; 善始者不必善終。³³ 昔者伍子胥說聽乎闔閭, 故吳王遠迹至於郢; 夫差弗是也, 賜之鴟夷而浮之江。³⁴ 故吳

적된 재물을 몰수하고, 세상을 떠나시는 날까지, 명령을 남겨 후계자에게 정치의 도리를 가르치셨으며,
【報怨(보원, bào yuàn)】: 원한을 갚다.
【雪恥(설치, xuě chǐ)】: 설욕하다.
【夷(이, yí)】: 평정하다.
【萬乘(만승, wàn shèng)】: 옛날에는 乘[네 마리의 말이 끄는 수레]의 많고 적음을 가지고 국가의 강약을 나타냈다. 여기서는 齊나라를 가리킨다.
【八百歲(팔백세, bā bǎi suì)】: 팔백 년. ※齊나라는 太公으로부터 齊閔王까지 약 800년 동안 존속했다.
【棄群臣(기군신, qì qún chén)】: 여러 신하들을 버리다. 즉「죽다」의 뜻.
【遺(유, yí)】: 남기다.
【令詔(영조, lìng zhào)】: 가르치다. 알려주다.
【後嗣(후사, hòu sì)】: 후손.
【餘義(여의, yú yì)】: 정치의 도리.

32 執政任事之臣, 所以能循法令, 順庶孽者, 施及萌隷, 皆可以敎於後世。 → 정치를 집행하고 일을 맡아하는 신하들이, 능히 법령에 따라, 서자 출신들을 위무하고, 일반 백성들에게 은혜를 베풀 수 있도록 하셨는데, 이 모두가 후세에 대해 가르칠 수 있는 것들입니다.
【所以(소이, suǒ yǐ)】: 以之. 이로써.
【循(순, xún)】: 따르다.
【順(순, shùn)】: 위무하다. 위안하다.
【庶孽(서얼, shù niè)】: 서자. 서출.
【施及(시급, shī jí)】: 은혜를 베풀다.
【萌隷(맹예, méng lì)】: 평민과 노예. 즉「일반 백성」.

33 「臣聞善作者不必善成; 善始者不必善終。 →「저는 일을 잘하는 사람이 반드시 성공을 하는 것이 아니고; 시작을 잘하는 사람이 반드시 마무리를 잘하는 것이 아니라고 들었습니다.
【善作(선작, shàn zuò)】: 일을 잘하다.
【善成(선성, shàn chéng)】: 성공을 잘하다.
【善始(선시, shàn shǐ)】: 시작을 잘하다.
【善終(선종, shàn zhōng)】: 마무리를 잘하다.

34 昔者伍子胥說聽乎闔閭, 故吳王遠迹至於郢; 夫差弗是也, 賜之鴟夷而浮之江。 → 옛날 伍子胥의 의견이 闔閭에게 받아들여졌기 때문에, 그래서 吳王은 멀리 (楚나라의 도읍) 郢까지 족적을 남겼는데; 夫差는 오자서의 의견을 듣지 않고, 오히려 그에게 가죽 자루를

王夫差不悟先論之可以立功, 故沈子胥而不悔; 子胥不蚤見主之不同量, 故入江而不改.³⁵ 夫免身全功, 以明先王之迹者, 臣之上計也; 離毀辱之非, 墮先王之名者, 臣之所大恐也; 臨不測之罪, 以幸爲利者, 義之所不敢出也.³⁶

　　하사하여 그를 자루에 넣어 강물에 던졌습니다.
　　※ B.C. 505 吳나라는 楚나라의 도읍 郢을 점령했고; 吳王 夫差는 오자서를 죽일 때 자루에 넣어 강물에 던졌다.
【伍子胥(오자서, wǔ zǐ xū)】: [인명] 성은 伍, 이름은 員(운, yún), 자는 子胥. 吳나라가 申지방에 봉하여 申胥라 했다. 楚의 대부 伍奢의 아들로, 그의 아버지와 형이 모두 楚平王에게 살해되자 吳로 탈출하여 闔閭를 도와 吳王에 오르게 한 후, 楚나라를 정벌하여 父兄의 원한을 갚았다. 그 후 吳越전쟁에서 越을 멸할 것을 주장하다가 吳王 夫差의 미움을 사서 부차의 명에 따라 자살했다.
【說(세, shuì)】: 유세. 즉「주장, 의견」.
【聽乎(청호, tīng hū)…】: …에게 받아들여지다.〖乎〗: [개사] 於. …에게.
【闔閭(합려, hé lǘ)】: [인명] 춘추시대 吳나라의 군주. 夫差의 아버지.
【遠迹(원적, yuǎn jī)】: 멀리 족적을 남기다.
【郢(영, yǐng)】: [지명] 楚나라의 도읍. 지금의 호북성 江陵.
【夫差(부차, fú chā)】: [인명] 춘추시대 吳나라의 군주.
【弗是(불시, fú shì)】: 不是. 그렇게 하지 않다. 즉「오자서의 의견을 듣지 않다」의 뜻.〖弗〗: 不.
【賜(사, cì)】: 내리다. 하사하다.
【鴟夷(치이, chī yí)】: 革囊. 가죽 자루.
【浮(부, fú)】: 띄우다.

35 故吳王夫差不悟先論之可以立功, 故沈子胥而不悔; 子胥不蚤見主之不同量, 故入江而不改。→ 오왕 부차는 공을 세울 수 있다고 한 오자서의 선견지명을 깨닫지 못했기 때문에, 그래서 오자서를 강물에 던지고 이를 후회하지 않았으며; 오자서는 군주 父子 간에 도량이 같지 않은 것을 일찍 파악하지 못했기 때문에, 그래서 강물에 던져질 때까지도 (初志를) 바꾸지 않았습니다.
【先論(선론, xiān lùn)】: 예견하다. 즉, 오자서가 생전에 부차에게 越나라와의 화해를 거절하고 齊나라에 대한 공격을 멈추지 말라고 권한 것을 말한다.
【沈(침, chén)】: 가라앉히다. 여기서는「던지다」의 뜻.
【蚤見(조견, zǎo jiàn)】: 일찍 파악하다. 일찍 알다.〖蚤〗: 早.
【不同量(부동량, bù tóng liàng)】: 도량이 같지 않다. 즉「夫差의 도량이 그의 아버지 闔閭만 못하다」는 말.
【不改(불개, bù gǎi)】: 바꾸지 않다. 즉「初志를 바꾸지 않다」의 뜻.

36 夫免身全功, 以明先王之迹者, 臣之上計也; 離毀辱之非, 墮先王之名者, 臣之所大恐也; 臨

「臣聞古之君子, 交絶不出惡聲; 忠臣之去也, 不潔其名。[37] 臣雖不佞, 數奉教於君子矣。[38] 恐侍御者之親左右之說, 而不察疏遠之行也, 故敢以書報, 唯君之留意焉。」[39]

不測之罪, 以幸爲利者, 義之所不敢出也。→ 대저 죽음을 면하고 공적을 보전하여, 선왕의 위업을 밝히는 것이, 저의 上策이요; 비방과 모욕적인 비난을 받아, 선왕의 이름을 훼손하는 것이, 제가 가장 두려워하는 것이며; 예측할 수 없는 죄명을 앞에 놓고, (연나라를 공격하여) 요행으로 이익을 도모하는 것은, (제가) 도의상 감히 할 수 없는 일입니다.
【夫(부, fú)】: [발어사] 대저. 무릇.
【免身(면신, miǎn shēn)】: 죽음을 면하다.
【迹(적, jī)】: 업적. 위업.
【上計(상계, shàng jì)】: 상책. 가장 좋은 계책.
【離(리, lí)】: 罹. 당하다. 받다.
【毀辱(훼욕, huǐ rǔ)】: 비방과 모욕.
【非(비, fēi)】: 비난.
【墮(휴, huī)】: 부수다. 훼손하다. 무너뜨리다.
【臨(임, lín)】: 면대하다. 직면하다. 앞에 놓다.
【爲利(위리, wéi lì)】: 이익을 도모하다.

37 「臣聞古之君子, 交絶不出惡聲; 忠臣之去也, 不潔其名。→「저는 옛날의 군자는, 절교해도 악의에 찬 말을 하지 않고; 충신은 (나라를) 떠나더라도, (군주를 비방하여) 자신의 이름을 깨끗이 하지 않는다고 들었습니다.
【惡聲(악성, è shēng)】: 악의에 찬 말.
【去(거, qù)】: 떠나다.
【不潔其名(불결기명, bù jié qí míng)】: 자기 이름을 깨끗이 하지 않는다. 즉「군주를 비방하여 자신의 이름을 깨끗이 하려고 변명하지 않는다」는 말.

38 臣雖不佞, 數奉教於君子矣。→ 제가 비록 재능은 부족하지만, 항상 군자로부터 가르침을 받았습니다.
【數(삭, shuò)】: 자주. 여러 차례. 항상.
【奉教(봉교, fèng jiào)】: 가르침을 받다.

39 恐侍御者之親左右之說, 而不察疏遠之行也, 故敢以書報, 唯君之留意焉。」→ 폐하께서 측근의 말만 믿고, 소외당한 저의 행위를 살피시지 않을 것을 우려하여, 그래서 감히 서신으로 말씀드리며, 오직 폐하께서 유념하시길 바랄 뿐입니다.」
【恐(공, kǒng)】: 두려워하다. 염려하다. 우려하다.
【侍御者(시어자, shì yù zhě)】: 주 13 참조.
【親(친, qīn)】: 믿다.
【疏遠之行(소원지행, shū yuǎn zhī xíng)】: 소외당한 저의 행위.
【唯(유, wéi)】: 다만. 오직.

번역문

악의(樂毅)가 연혜왕(燕惠王)에게 답한 글

창국군(昌國君) 악의(樂毅)가 연소왕(燕昭王)을 위해 다섯 나라의 군사를 규합한 후 제(齊)나라를 공략하여 칠십여 개 성을 점령하고, 이를 모두 군현(郡縣)으로 삼아 연(燕)나라에 귀속시켰다. 세 개의 성이 아직 함락되기 전에 연소왕이 죽었다. 혜왕(惠王)이 즉위했는데, 제나라 사람의 이간책으로 인해 악의를 의심하고 기겁(騎劫)으로 하여금 악의를 대신하여 군을 통솔하게 했다. 악의가 조(趙)나라로 달아나자, 조나라는 악의를 망제군(望諸君)으로 봉했다. 제나라의 전단(田單)은 기겁을 속여 마침내 연나라 군대를 물리치고 칠십여 개 성을 수복하여 제나라에 복귀시켰다.

연혜왕은 후회하며 조나라가 악의를 기용하여 연나라가 지쳐버린 틈을 타서 연나라를 공격해 오지 않을까 매우 두려워했다. 연혜왕은 이에 사람을 파견하여 악의를 꾸짖고, 또한 그에게 사죄하여 말했다 :「선왕께서 온 나라를 장군께 맡겨 장군께서는 연나라를 위해 제나라를 물리치고 선왕의 원수를 갚아 천하에 놀라지 않은 사람이 없었습니다. 과인이 어찌 감히 하루 만에 장군의 공을 잊겠습니까? 마침 선왕께서 세상을 떠나시고 과인이 새로 즉위하니 측근들이 과인을 그르치게 했습니다. 과인이 기겁을 보내 장군을 대신하게 한 것은 장군이 오랫동안 전장에서 고생했기 때문에, 그래서 장군을 불러들여 잠시 쉬며 나라의 일을 상의하려 한 것입니다. 장군께서는 잘못 듣고 오해하여 과인과 틈이 생겼다고 생각하여 마침내 연나라를 버리고 조나라로 귀순한 것입니다. 장군께서 자신을 위해 고려했다

【留意(유의, liú yì)】: 유념하다. 유의하다.

면 그럴 수 있지만, 그러나 또한 선왕이 장군께 대해주신 후의는 어떻게 보답하겠습니까?」

이에 망제군 악의가 사람을 보내 서신을 올려 연혜왕에게 답했다 :「제가 재능이 모자라 선왕의 가르침을 받들 수 없어 대왕 측근 대신들의 뜻에 따랐으나 (이로 인해) 죽을죄를 지어 선왕의 밝으심을 상하게 하고, 또 폐하의 의로움에 대해 해를 끼칠 것이 두려워, 그래서 달아나 조나라에 귀순하였습니다. 저 스스로가 현명하지 못한 죄를 떠맡기로 했기 때문에, 그래서 감히 자신을 위해 변명하지 않았습니다. 지금 폐하께서 사신을 보내 저의 죄를 열거하셨지만, 저는 폐하의 측근들이 선왕께서 저를 기용하고 중시하신 까닭을 살피지 못하고, 또 제가 선왕을 섬길 마음을 갖게 된 까닭에 대해 분명히 알지 못할 것을 우려하여, 그래서 감히 서신으로 대답하는 것입니다.

「제가 듣건대, 현명하고 성스러운 군주는 봉록을 사사로이 자기 가까운 사람에게 주지 않고 공이 많은 자에게 주며, 관직을 마음대로 자기가 총애하는 사람에게 주지 않고 능히 감당할 수 있는 자가 그 자리에 있도록 했다고 합니다. 그러므로 능력을 살펴 관직을 주어야 성공한 군주요, 품행을 따져보고 친구를 사귀어야 이름을 세운 선비라고 할 수 있습니다. 제가 배운 바를 근거로 볼 때, 선왕의 거동과 조치는 세상 사람들의 생각을 훨씬 능가하고 계십니다. 그래서 제가 위왕(魏王)의 사절로 출사하는 기회를 이용하여 친히 연(燕)나라에 대해 살필 수 있었습니다. 선왕께서는 파격적으로 빈객 중에서 저를 발탁하시어 여러 신하들의 윗자리에 세우시고 종실 대신들과 상의도 없이 저를 아경(亞卿)에 임명하셨습니다. 저 자신은 선왕의 명을 받들고 가르침을 받으면 다행히 죄를 면할 수 있다고 생각했기 때문에, 그래서 명을 받고 사양하지 않았습니다.

「선왕께서는 저에게 명하시길 :『나는 제(齊)나라에 대해 쌓인 원한과 깊은 분노가 있어 힘이 미약하다는 것을 고려하지 않고 제나라에 대한 앙갚음을 나의 일로 삼고자 하오.』라고 하셨습니다. 저는 이렇게 대답했습니다 :『무릇 제나라는 맹주국의 유교(遺教)와 여러 차례 전쟁에서 승리한 유업(遺業)을 지니고 있습니다. 용병에 정통하고 작전에도 익숙합니다. 만일 폐하께서 제나라를 토벌하고자 하신다면 반드시 천하의 역량을 규합하여 그것을 도모하셔야 합니다. 천하의 역량을 규합하여 그것을 도모하려면 조나라와 결합하는 것보다 지름길은 없습니다. 또한 (제나라가 합병한) 회북(淮北)과 옛 송(宋)나라 지역은 초(楚)나라와 위(魏)나라가 똑같이 원하는 곳입니다. 조(趙)나라가 만일 맹약에 동의할 경우, 초·위·송 세 나라가 힘을 다해 네 나라가 제나라를 공격하면 제나라를 대파할 수 있습니다.』 그러자 선왕께서 :『좋소!』라고 말씀하셨습니다.

「그리하여 저는 구두로 명령을 받고 나서 부절(符節)을 지참하고 남쪽으로 조나라에 사절로 나갔다가 돌아와 복명(復命)한 후, 군사를 일으켜 바로 제나라를 공격했습니다. 하늘의 보우(保佑)와 선왕의 위세, 황하 이북의 지리적 이점 등에 힘입어, (우리는) 선왕을 따라 일거에 제수(濟水) 상류까지 점령하였습니다. 제수 상류의 군대는 명령을 받들어 제나라를 공격하여 크게 이겼습니다. 경쾌하고 예리한 병사들이 파죽지세로 쳐들어가 제나라의 도읍에 이르니, 제왕(齊王)은 달아나 거성(莒城)으로 가서 겨우 몸을 피했습니다. 주옥 보배와 차량과 갑옷 및 진귀한 기물은 모두 연나라로 거두어 들였습니다. 대려종(大呂鍾)은 원영궁(元英宮)에 진열하고 고정(故鼎)은 역실궁(曆室宮)으로 되돌아왔으며, 제나라의 기물들은 영대(寧臺)에 두고 (연나라 도읍) 계구(薊丘)의 수목들은 제나라 문수(汶水) 강변의 죽전(竹田)으로 옮겨 심었습니다. 오패(五覇) 이래, 공로가 선왕에 미치는 사람이 없었습니다. 선왕께서는 이미 자신의 뜻에 부합하다 여기시고, 또 제가 선왕의 명을 욕되게 하지 않았다고 여기셨기 때문에, 그래서 토지를 갈라 저에게 봉해 주시고 저로 하여금 작은 나라의 제후에 비할 수 있을 만큼 배려해 주셨습니다. 저는 재능이 부족하여 스스로 선왕의 명령을 받들고 가르침을 받으면 다행히 죄를 면할 수 있다고 생각했기 때문에, 그래서 임명을 받아들이고 사양하지 않았습니다.

「제가 듣건대, 현명한 군주는 공을 세우면 그것을 폐기하지 않기 때문에, 그래서 역사에 기록되고, 선견지명이 있는 선비는 명성을 이루면 훼손하지 않기 때문에, 그래서 후세 사람들로부터 칭찬을 받는다고 합니다. 선왕처럼 원수를 갚아 설욕을 하시고 만승(萬乘)의 강국(强國)을 평정하여 팔백 년 동안 축적된 재물을 몰수하고, 세상을 떠나시는 날까지 명령을 남겨 후계자에게 정치의 도리를 가르치셨으며, 정치를 집행하고 일을 맡아 하는 신하들이 능히 법령에 따라 서자 출신들을 위무하고 일반 백성들에게 은혜를 베풀 수 있도록 하셨는데, 이 모두가 후세에 대해 가르칠 수 있는 것들입니다.

「저는 일을 잘하는 사람이 반드시 성공을 잘하는 것이 아니고, 시작을 잘하는 사람이 반드시 마무리를 잘하는 것이 아니라고 들었습니다. 옛날 오자서(伍子胥)의 의견이 합려(闔閭)에게 받아들여졌기 때문에, 그래서 오왕(吳王)은 멀리 초(楚)나라의 도읍 영(郢)까지 족적을 남겼는데, 부차(夫差)는 오자서의 의견을 듣지 않고 오히려 그에게 가죽 자루를 하사하여 그를 자루에 넣어 강물에 던졌습니다. 오왕 부차는 공을 세울 수 있다고 한 오자서의 선견지명을 깨닫지 못했기 때문에, 그래서 오자서를 강물에 던지고 이를 후회하지 않았으며, 오자서는 군주 부자(父子) 간에 도량이 같지 않은 것을 일찍 파악하지 못했기 때문에, 그래서 강물에 던져질 때까지도 초지(初

志)를 바꾸지 않았습니다. 대저 죽음을 면하고 공적을 보전하여 선왕의 위업을 밝히는 것이 저의 상책(上策)이요, 비방과 모욕적인 비난을 받아 선왕의 이름을 훼손하는 것이 제가 가장 두려워하는 것이며, 예측할 수 없는 죄명을 앞에 놓고 (연나라를 공격하여) 요행으로 이익을 도모하는 것은 (제가) 도의상 감히 할 수 없는 일입니다.

「저는 옛날의 군자는 절교해도 악의에 찬 말을 하지 않고, 충신은 (나라를) 떠나더라도 (군주를 비방하여) 자신의 이름을 깨끗이 하지 않는다고 들었습니다. 제가 비록 재능은 부족하지만 항상 군자로부터 가르침을 받았습니다. 폐하께서 측근의 말만 믿고 소외당한 저의 행위를 살피시지 않을 것을 우려하여, 그래서 감히 서신으로 말씀드리며 오직 폐하께서 유념하시길 바랄 뿐입니다.」

해제解題 및 본문 요지 설명

본문은 《전국책(戰國策)·연책(燕策)》의 일부분으로, 내용은 위(魏)나라의 장군 악의(樂毅)가 연소왕(燕昭王)의 은혜에 보답하기 위해 제(齊)나라 군대를 대파하고 연(燕)나라를 일으켜 창국군(昌國君)에 봉해졌으나, 연소왕이 죽고 그 뒤를 이은 연혜왕(燕惠王)이 제나라의 이간책에 넘어가 악의의 직위를 해임함으로 인해 겁을 먹은 악의가 조(趙)나라로 귀순하자, 서신을 보내 악의의 이러한 행위를 꾸짖는 한편 자기의 잘못을 사죄하는 연혜왕에게, 악의가 서신으로 답한 것이다.

본문은 세 단락으로 나눌 수 있는데, 첫째 단락에서는 악의가 제(齊)나라를 격파하고 공을 세웠으나, 연혜왕이 제나라의 이간책에 넘어가 악의를 의심하자 악의가 조나라로 도망한 것을 기술했고; 둘째 단락에서는 연혜왕이 사람을 보내 악의에게 해명과 동시에 해칠 마음이 없었다는 것과 아울러 연소왕에 대한 배신행위를 꾸짖은 것을 기술했고; 마지막 단락에서는 악의가 연혜왕에게 답한 서신 내용을 기술했다.

071 간축객서(諫逐客書)
[秦] 李斯

작자

이사(李斯:?-B.C.208)는 초(楚)나라 상채(上蔡)[지금의 하남성 상채현(上蔡縣)] 사람이다. 어려서 군(郡)의 낮은 벼슬아치 생활을 하다가 난릉(蘭陵)으로 건너가 대유학자 순경(荀卿)에게 제왕지술(帝王之術)을 배웠다. 그 후 진(秦)나라로 건너가 장양왕(莊襄王)에게 유세하려 했으나 장양왕이 죽어 재상 여불위(呂不韋)의 사인(舍人)이 되었다. 여불위가 그를 뛰어나다고 여겨 낭(郎)으로 임명하자, 이사는 이로 인해 장양왕을 이어 진왕(秦王)이 된 영정(嬴政)에게 유세할 기회를 얻어 육국합병책(六國合併策)을 건의했다.

진왕 영정은 이사를 장사(長史)에 임명하고 그의 계책을 많이 채택하였으며, 진왕 10년(B.C.237)에는 진나라 종실 대신들이 타국 출신 관리들을 추방하라는 이른바 축객(逐客)을 건의하자, 진왕이 이사의 말을 받아들여 대신들의 건의를 묵살했다. 이사는 관직이 정위(廷尉)까지 올랐는데, 벼슬길 20여 년 만에 진왕을 도와 천하를 통일하는 데 큰 공을 세웠다.

진왕은 B.C.221년 전국을 통일한 후 스스로 황제가 되어 시황제(始皇帝)라 칭하고, 이사를 재상으로 삼아 봉건제도를 폐지하고 군현제도(郡縣制度)를 시행하는 한편, 북쪽 흉노를 몰아내고 만리장성을 쌓아 변방을 튼튼히 하였으며, 분서갱유(焚書坑儒)를 단행하여 사상을 통일하고, 또한 문자를 통일하고 법률을 제정하는 등 제업(帝業)을 영원히 유지하고자 도모했는데, 이 모두가 이사의 계략에서 나왔다.

B.C. 210년 진시황(秦始皇)이 사구(沙丘)에서 죽자, 이사는 환관 조고(趙高)와 함께 공모하여 허위로 황제의 조서(詔書)를 만들어, 이사의 분서갱유에 반대했다는 이유로 상곡군(上谷郡)에 유배되어 있던 태자 부소(扶蘇)와 상곡군의 장군인 몽염(蒙恬)에게 가짜 조서를 보내 두 사람 모두 자살토록 하고, 진시황을 이어 왕자 호해(胡亥)를 황제로 옹립했다. 후에 조고가 정치를 어지럽게 하여 함곡관(函谷關) 동쪽의 진나라에 반대하는 자들이 봉기했는데, 이때 이사의 아들을 태수로 임명하여 반란군을 진압하려 했으나 실패하고 말았다. 이후 조고와 이사는 사이가 벌어져 서로 공박하더니 조고가 이사를 적과 내통 모반했다고 무고하여 하옥시킨 후 B.C. 208년 7월 함양(咸陽)의 장터에서 처형했다. 이사가 죽고 나서 얼마 후 진나라도 멸망했는데, 이전에 이사가 창안한 통일제국의 각종 제도는 한(漢)나라가 일어난 후에도 대부분 습용(襲用)되었다.

> 원문 및 주석

諫逐客書[1]

秦宗室大臣皆言秦王曰:「諸侯人來事秦者, 大抵爲其主遊間

---

1 諫逐客書 → 타국 출신 관리들을 추방하려는 데 대해 간한 글
【諫(간, jiàn)…書(서, shū)】: …대해 간한 글.

於秦耳, 請一切逐客。」李斯議亦在逐中。²

　　斯乃上書曰:「臣聞吏議逐客, 竊以爲過矣。³ 昔穆公求士, 西取由余於戎, 東得百里奚於宛, 迎蹇叔於宋, 來邳豹、公孫支於晉。⁴ 此

- 【逐客(축객, zhú kè)】: 타국 출신 관리를 추방하다. 〖逐〗: 축출하다. 몰아내다. 〖客〗: 빈객. 여기서는「秦나라에 들어와 벼슬하는 타국 출신 관리」를 가리킨다.

2　秦宗室大臣皆言秦王曰:「諸侯人來事秦者, 大抵爲其主遊間於秦耳, 請一切逐客。」李斯議亦在逐中。→ 秦나라의 종실 대신들이 모두 秦王에게 말하길:「다른 나라 제후의 사람들이 와서 秦나라를 섬기는 것은, 대체로 그들의 군주를 위해 유세하여 秦나라를 이간시키는 것뿐이니, 청컨대 타국 출신 관리들을 모두 축출하십시오.」라고 했는데, 李斯도 논의 결과 역시 축출 대상에 포함되어 있었다.
- 【皆(개, jiē)】: 모두. 다.
- 【事(사, shì)】: 섬기다.
- 【者(자, zhě)】: …는 것.
- 【大抵(대저, dà dǐ)】: 대개. 대체로.
- 【遊間(유간, yóu jiàn)】: 유세하여 이간시키다.
- 【耳(이, ěr)】: …뿐.
- 【議(의, yì)】: 논의하다. 협의하다.
- 【在逐中(재축중, zài zhú zhōng)】: 축출 대상에 포함되다.

3　斯乃上書曰:「臣聞吏議逐客, 竊以爲過矣。→ 이에 이사가 글을 올려 말했다「저는 관리들이 타국 출신 관리들을 몰아내는 일에 대해 논의했다고 들었는데, 저는 이를 잘못된 것이라 생각합니다.
- 【乃(내, nǎi)】: 이에. 그리하여.
- 【臣(신, chén)】: 저. ※신하나 백성이 임금에게 자기를 낮춰 부르는 호칭.
- 【逐(축, zhú)】: 축출하다. 내쫓다.
- 【客(객, kè)】: 客卿. 남의 나라에 가서 벼슬하는 사람. 여기서는「다른 나라 사람들이 진나라에 와서 벼슬하는 사람」을 가리킨다.
- 【竊(절, qiè)】: 저. 저의 견해.
- 【以爲(이위, yǐ wéi)】: …라 여기다. …라고 생각하다.
- 【過(과, guò)】: 과오. 잘못.

4　昔穆公求士, 西取由余於戎, 東得百里奚於宛, 迎蹇叔於宋, 來邳豹、公孫支於晉。→ 예전에 秦穆公께서 인재를 구할 때, 서쪽으로는 戎에서 由余를 초빙했고, 동쪽으로는 宛에서 百里奚를 얻었으며, 宋나라에서는 蹇叔을 맞이했고, 晉나라에서는 丕豹와 公孫支를 청해왔습니다.
- 【昔(석, xī)】: 옛날. 예전.
- 【穆公(목공, mù gōng)】: 秦穆公.
- 【求士(구사, qiú shì)】: 인재를 구하다.

五子者, 不産於秦而穆公用之, 幷國二十, 遂霸西戎.⁵ 孝公用商鞅
之法, 移風易俗, 民以殷盛, 國以富彊; 百姓樂用, 諸侯親服; 獲楚、
魏之師, 擧地千里, 至今治彊.⁶ 惠王用張儀之計, 拔三川之地, 西幷

【由余(유여, yóu yú)】: [인명] 晉나라 사람으로 일찍이 戎으로 도망했는데, 戎王이 그를 秦에 사절로 보냈을 때, 진목공이 그를 극진히 대하자, 후에 秦에 투항했다. 秦나라가 유여의 계책을 써서 戎을 멸했다.
【取(취, qǔ)】: 초빙하다.
【戎(융, róng)】: 西戎. 여기서는 서융의 일부 작은 나라를 가리킨다.
【百里奚(백리해, bǎi lǐ xī)】: [인명] 자는 井伯. 秦나라에서 7년 동안 재상을 지내면서 秦나라가 패권을 누리는 데 지대한 역할을 했다.
【宛(완, wǎn)】: [지명] 지금의 하남성 南陽縣.
【蹇叔(건숙, jiǎn shū)】: [인명] 岐州 사람으로 宋에 유세한 적이 있는데, 百里奚가 그를 穆公에게 추천했다.
【來(래, lái)】: 청해오다.
【邳豹(비표, pī bào)】: [인명] 晉나라 사람. 邳鄭의 아들. 晉의 君主 夷吾가 邳鄭을 죽이자, 비표가 秦나라로 도망했다.
【公孫支(공손지, gōng sūn zhī)】: [인명] 秦의 대부 子桑. 公孫枝라고도 한다. 岐州 사람으로 晉나라에 갔다가 후에 秦나라에 귀화했다. 일찍이 秦穆公에게 좁쌀을 보내 晉나라를 구제하도록 권한 적이 있다.

5 此五者, 不産於秦而穆公用之, 幷國二十, 遂霸西戎. → 이들 다섯 사람은, 모두 秦나라에서 태어나지 않았으나 秦穆公께서 그들을 기용하여, 20개 나라를 병합하고, 마침내 西戎을 제패했습니다.
【産於(산어, chǎn yú)】: …에서 태어나다. 〖於〗: [개사] …에서.
【用(용, yòng)】: 기용하다. 채용하다.
【之(지, zhī)】: [대명사] 그들. 즉 「다섯 사람」.
【幷(병, bìng)】: 병합하다.
【國二十(국이십, guó èr shí)】: 20개 나라.
※당시 융족은 甘肅·陝西 등지의 골짜기에 흩어져 살았는데 100여 개의 나라가 있었다. 통일이 되지 않아 점차 秦나라에 정복되었다.
【遂(수, suì)】: 마침내. 결국.
【霸(패, bà)】: 제패하다. 패자가 되다.
【西戎(서융, xī róng)】: 서쪽 융족 오랑캐에 대한 총칭.

6 孝公用商鞅之法, 移風易俗, 民以殷盛, 國以富彊; 百姓樂用, 諸侯親服; 獲楚、魏之師, 擧地千里, 至今治彊. → 孝公께서는 商鞅의 變法을 채택하여, 풍속을 개선함으로써, 백성은 이로 인해 넉넉해지고, 나라는 이로 인해 부강해졌습니다; 백성들은 기꺼이 나라를 위해 일하고, 각국의 제후들은 친히 복종했는가 하면; 楚나라·魏나라의 군사를 포로로 얻고,

巴、蜀, 北收上郡, 南取漢中, 包九夷, 制鄢、郢, 東據成皋之險, 割膏腴之壤; 遂散六國之從, 使之西面事秦, 功施到今。[7] 昭王得范雎,

천 리의 땅을 점령하여, 지금까지 잘 다스려지고 강합니다.

【孝公(효공, xiào gōng)】: 秦나라의 군주. 秦獻公의 아들이자 秦穆公의 16世孫으로 이름은 渠梁이며 24년간(B.C. 361-B.C. 338) 재위했다.

【商鞅(상앙, shāng yǎng)】: [인명] 衛나라 사람으로, 이름은 公孫鞅. 秦孝公이 商鞅의 變法을 채택하여 井田을 폐하고 農路를 개척하며 稅制를 개혁하는 등 내정·외교에서 중대한 개혁을 단행하여 秦이 이로부터 부강해졌는데, 秦孝公이 그를 商[지금의 섬서성 商縣 동쪽]에 봉함으로써 商鞅이라 불렀다.

【以(이, yǐ)】: 因. …로 인해.

【殷盛(은성, yīn shèng)】: 풍성하다. 넉넉하다.

【富彊(부강, fù qiáng)】: 부강하다. 〖彊〗: 强. 강하다.

【樂用(낙용, lè yòng)】: 기꺼이 나라를 위해 일하다.

【親服(친복, qīn fú)】: 친히 복종하다.

【獲(획, huò)】: 얻다. 획득하다. 점령하다.

【師(사, shī)】: 군사. 군대.

【舉(거, jǔ)】: 점령하다. 탈취하다. 차지하다.

【治(치, zhì)】: 잘 다스려지다.

7 惠王用張儀之計, 拔三川之地, 西幷巴、蜀, 北收上郡, 南取漢中, 包九夷, 制鄢、郢, 東據成皋之險, 割膏腴之壤; 遂散六國之從, 使之西面事秦, 功施到今。→ 惠文王께서는 張儀의 계책을 채택하여, 三川 지역을 탈취한 후, 서로는 巴·蜀을 병합하고, 북으로는 上郡을 거두고, 남으로는 漢中을 취한 다음, 변방의 여러 부족을 포위하여, 鄢·郢 일대를 제압했는가 하면, 동으로는 成皋의 요새를 점거하여, 비옥한 토지를 빼앗아, 마침내 六國의 合縱을 해산하고, 제후들로 하여금 서쪽을 향해 秦나라를 섬기도록 했는데, 그 공이 지금까지 이어지고 있습니다.

【惠王(혜왕, huì wáng)】: 秦나라 惠文王. 이름은 嬴駟. 孝公의 아들로 27년간(B.C. 337-B.C. 311) 재위했다.

【張儀(장의, zhāng yí)】: [인명] 魏나라 사람으로, 秦나라에 들어가 秦惠王의 재상이 되어 魏나라를 압박해 上郡의 땅을 바치게 하고, 連橫의 책략으로 제후들의 합종을 와해시켜 楚나라의 漢中 땅을 점령했다.

【拔(발, bá)】: 탈취하다. 빼앗다.

【三川(삼천, sān chuān)】: [지명] 秦나라의 郡이름[지금의 하남성 북부 黃河 양안 일대]. 이곳에 河·洛·伊 세 강이 흘러 붙여진 이름이다.

【巴、蜀(파촉, bā shǔ)】: [국명] 지금의 사천성 일대에 있던 周代의 작은 두 제후국.

【上郡(상군, shàng jùn)】: [지명] 魏나라의 영토로 모두 15개 縣. 지금의 섬서성 서북부와 내몽고 자치구 일부.

【漢中(한중, hàn zhōng)】: [지명] 楚나라의 영토. 지금의 섬서성 남부 및 호북성 서북부.

廢穰侯, 逐華陽, 彊公室, 杜私門, 蠶食諸侯, 使秦成帝業.⁸ 此四君

【包(포, bāo)】: 에워싸다. 포위하다.
【九夷(구이, jiǔ yí)】: 東夷의 여러 부족.
※「九」는 아홉이라는 수의 개념이 아니고, 수가 매우 많은 것을 뜻한다.
【制(제, zhì)】: 제압하다. 통제하다.
【鄢(언, yān)】: [지명] 楚나라의 지명으로, 지금의 호북성 宜城縣.
【郢(영, yǐng)】: [지명] 楚나라의 도읍. 지금의 호북성 江陵縣.
【據(거, jù)】: 점거하다. 점령하다.
【成皋(성고, chéng gāo)】: [지명] 지금의 하남성 氾水縣. 춘추시대는 鄭나라의 경토였고, 전국시대는 韓나라의 영토였다.
【險(험, xiǎn)】: 험준한 요새.
【割(할, gē)】: 빼앗다. 취하다.
【膏腴(고유, gāo yú)】: 비옥한. 기름진.
【壤(양, rǎng)】: 땅. 토지.
【散(산, sàn)】: [사역 동사] 해산시키다, 흩어지게 하다.
【六國之從(육국지종, liù guó zhī zòng)】: 六國의 合縱.
※ 이른바「合縱」이란 六國[燕·韓·魏·齊·楚·趙]의 입장에서「南北으로 연합하다」라는 말로, 즉 太行山 동쪽에 남북으로 걸쳐 있는 六國이 연합하여 함께 秦나라에 대항한다는 전략이다. 이와의 반대 개념으로 이른바「連橫」이란 秦나라의 입장에서「東西를 連結한다」는 말로, 즉 太行山 서쪽에 위치한 秦나라가 太行山 동쪽에 위치한 六國의 제후들과 각기 단독으로 연합하면서, 한편으로는 자기 쪽으로 끌어들이고 다른 한편으로는 그들 사이를 이간시키는 방법으로 각개 격파하여 최후에 천하를 석권한다는 전략이다.
【使之(사지, shǐ zhī)】: 그들로 하여금 …하게 하다. 【之】: [대명사] 그들. 즉「六國」.
【西面(서면, xī miàn)】: 서쪽을 바라보다. 서쪽을 향하다.
【事(사, shì)】: 섬기다.
【施(시, shī)】: 이어지다. 계속되다.

8 昭王得范雎, 廢穰侯, 逐華陽, 彊公室, 杜私門, 蠶食諸侯, 使秦成帝業. → 昭王께서는 范雎를 얻자, 穰侯를 파면하고 華陽君을 축출하여, 왕실을 강화함과 동시에, 權臣 가문의 세력을 막고, 제후들을 잠식하여, 秦나라로 하여금 왕업을 이루게 하셨습니다.
【昭王(소왕, zhāo wáng)】: 秦昭王. 이름은 稷. 秦 惠文王의 아들로 56년간(B.C. 306-B.C. 251) 재위했다.
【范雎(범저, fàn jū)】: [인명] 전국시대 魏나라 사람으로, 자는 叔. 후에 秦으로 망명하여 이름을 張祿으로 바꾸고, 遠交近攻 책략으로 秦昭王을 설득하여 재상이 되었다.
【廢(폐, fèi)】: 폐하다. 파면하다.
【穰侯(양후, ráng hóu)】: 이름은 魏冉. 昭王母 宣太后의 異父弟. 秦의 재상으로 穰[지금의 하남성 鄧縣]에 봉해져 穰侯라 했다. 전권을 휘두르다가 范雎가 소왕에게 건의하여 그를 파면했다.

者, 皆以客之功, 由此觀之, 客何負於秦哉!⁹ 向使四君卻客而不內, 疏士而不用, 是使國無富利之實, 而秦無彊大之名也。¹⁰

「今陛下致昆山之玉, 有隨和之寶, 垂明月之珠, 服太阿之劍, 乘纖離之馬, 建翠鳳之旗, 樹靈鼉之鼓。¹¹ 此數寶者, 秦不生一焉,

【華陽(화양, huá yáng)】: 華陽君. 이름은 羋戎(미융, mǐ róng). 소왕의 외숙. 秦의 장군으로 華陽[지금의 섬서성 商縣]에 봉해져 華陽君이라 불렀다. 穰侯와 결탁하여 전권을 휘두르자, 범저가 소왕을 설득하여 그를 축출했다.
【彊(강, qiáng)】: 強. 강화하다.
【公室(공실, gōng shì)】: 왕실.
【杜(두, dù)】: 막다. 근절하다.
【私門(사문, sī mén)】: 權臣의 가문. 여기서는「穰侯와 華陽의 문중」을 가리킨다.
【帝業(제업, dì yè)】: 왕업.

9 此四君者, 皆以客之功, 由此觀之, 客何負於秦哉? → 이 네 분의 군주는, 모두 타국 출신 관리들의 功에 의존했는데, 이로 미루어 보면, 타국 출신 관리가 秦나라에 대해 무슨 누를 끼쳤습니까?
【以(이, yǐ)】: 기대다. 의존하다.
【由此觀之(유차관지, yóu cǐ guān zhī)】: 이로 미루어 보면.
【負於(부어, fù yú)】: …에 대해 누를 끼치다.〖於〗: [개사] …에 대해.

10 向使四君卻客而不內, 疏士而不用, 是使國無富利之實, 而秦無彊大之名也。 → 만약 네 분의 임금께서 타국 출신의 관리를 거부하여 받아들이지 않고, 인재를 멀리하여 기용하지 않았다면, 이는 나라로 하여금 富의 열매를 거두지 못하게 했을 뿐만 아니라, 秦나라가 강대한 명성을 얻지도 못했을 것입니다.
【向使(향사, xiàng shǐ)】: 만일. 만약.
【卻(각, què)】: 거부하다. 거절하다.
【不內(불납, bù nà)】: 용납하지 않다. 받아들이지 않다.〖內〗: [納의 本字] 용납하다. 받아들이다.
【疏(소, shū)】: 멀리하다. 가까이 하지 않다.
【是(시, shì)】: 이. 이것.
【使(사, shǐ)】: …로 하여금 …하게 하다.
【彊大之名(강대지명, qiáng dà zhī míng)】: 강대한 명성.

11 「今陛下致昆山之玉, 有隨和之寶, 垂明月之珠, 服太阿之劍, 乘纖離之馬, 建翠鳳之旗, 樹靈鼉之鼓。→ 지금 폐하께서는 昆山玉을 얻고, 和 · 隨의 보석을 가지셨으며, 明月珠를 달고, 太阿劍을 차고, 纖離馬를 타고, 翠鳳旗를 꽂고, 靈鼉鼓를 설치하셨습니다.
【陛下(폐하, bì xià)】: 신하가 임금을 부르는 호칭.
【致昆山之玉(치곤산지옥, zhì kūn shān zhī yù)】: 곤산옥을 얻다.〖致〗: 招致하다. 불러들

而陛下說之, 何也?¹² 必秦國之所生然後可, 則是夜光之璧不飾朝
廷; 犀象之器不爲玩好;¹³ 鄭衛之女不充後宮; 而駿馬駃騠不實外

이다. 여기서는「얻다」의 뜻.【昆山】: 崑崙山.
【隨和之寶】(화수지보, suí hé zhī bǎo)】: 수화의 보석. 즉「隨侯의 구슬과 和氏의 옥」.【隨】: [국명] 隨는 춘추시대의 나라 이름.《淮南子》의 기록에 의하면, 姬氏 성을 가진 隨의 제후가 허리를 잘린 큰 뱀을 보고 치료를 해서 살려준 일이 있는데, 그 후 뱀이 입에 구슬을 물고 와 제후에게 보답하여 그 구슬을「隨侯之珠」라 했다.【和】:《韓非子·和氏》와 《淮南子·覽冥》에 의하면, 楚나라 사람 卞和는 楚山에서 옥돌을 얻어 厲王에게 바쳤는데, 玉匠이 돌이라고 하자 왕은 변화의 왼쪽 다리를 잘랐다. 그 후 武王이 즉위하여 다시 그 옥돌을 바쳤으나 옥장이 또 돌이라 하여 왕은 변화의 오른쪽 다리를 잘랐다. 文王이 즉위한 후, 변화는 荊山 아래에서 옥돌을 끌어안고 사흘 밤낮을 울었다. 이에 문왕이 다시 옥장을 불러 자세히 살펴보고 그 돌에서 옥을 얻었다.
【垂(수, chuí)】: 달다. 걸다.
【明月之珠(명월지주, míng yuè zhī zhū)】: 명월주. ※밤에 빛이 나는 구슬이 달과 같아 붙여진 이름.
【服(복, fú)】: 차다.
【太阿(태아, tài ē)】: 보검 이름. ※옛날 吳나라 干將이 만들었다고 전한다.《越絶書·外傳記》:「楚王召歐冶子·干將, 作鐵劍三枚, 其二曰太阿.(초왕이 구야자와 간장을 불러, 철검 3매를 만들었는데, 그중 두 매를 태아라 했다.)」
【纖離(섬리, xiān lí)】: 北狄의 纖犁國에서 생산되는 駿馬 이름.
【建(건, jiàn)】: 꽂다. 세우다.
【翠鳳之旗(취봉지기, cuì fèng zhī qí)】: 취봉기. 취봉은 기이한 鳥類의 일종인데, 이 새의 깃털로 장식한 깃발이다.
【樹(수, shù)】: 설치하다. 가설하다.
【靈鼉之鼓(영타지고, líng tuó zhī gǔ)】: 영타고. 영타의 가죽으로 만든 북.【鼉】악어처럼 생긴 동물. 가죽이 질겨서 북을 만드는 재료로 쓰인다. 옛날에 이 동물을 신령스럽게 여겨「靈鼉」라 했다.

12 此數寶者, 秦不生一焉, 而陛下說之, 何也? → 이 여러 가지 보물들은 진나라에서 하나도 나지 않는데, 폐하께서는 그것을 좋아하시니, 왜 그렇습니까?
【說(열, yuè)】: 悅. 좋아하다.
【之(지, zhī)】: [대명사] 그것. 그것들. 즉「여러 가지 보물」.

13 必秦國之所生然後可, 則夜光之璧不飾朝廷; 犀象之器不爲玩好; → 반드시 秦나라에서 생산된 연후에 되는 것이라면, 夜光玉은 조정에 장식하지 말아야 하고; 무소뿔이나 상아로 만든 기물들은 노리개로 삼지 말아야 하며;
【所生(소생, suǒ shēng)】: 산물. 생산되는 것.
【夜光之璧(야광지벽, yè guāng zhī bì)】: 야광옥. ※《戰國策》의 기록에 의하면, 楚王이 秦王에게 야광옥을 바쳤다고 한다.

廐;¹⁴ 江南金錫不爲用; 西蜀丹靑不爲采。¹⁵ 所以飾後宮、充下陳、娛心意、說耳目者, 必出於秦然後可,¹⁶ 則是宛珠之簪、傅璣之珥, 阿縞之衣、錦繡之飾, 不進於前;¹⁷ 而隨俗雅化, 佳冶窈窕, 趙女不

【飾(식, shì)】: 장식하다.
【犀(서, xī)】: 무소뿔.
【象(상, xiàng)】: 상아.
【玩好(완호, wán hào)】: 노리개. 애완물.

14 鄭衛之女不充後宮; 駿馬駃騠不實外廐; → 鄭나라 衛나라의 미녀는 후궁에 들이지 말아야 합니다. 駃騠와 같은 駿馬는 마구간에서 기르지 말아야 하고;
【鄭衛之女(정위지녀, zhèng wèi zhī nǚ)】: 정나라와 위나라의 여자. ※정과 위는 모두 춘추전국시대의 나라로, 두 나라의 풍습이 음란했기 때문에 여자의 아름다움을 말할 때 「鄭衛之女」라 했다.
【充(충, chōng)】: 들이다. 충당하다.
【駿馬(준마, jùn mǎ)】: 명마. 좋은 말.
【駃騠(결제, jué tí)】: 北狄의 명마 이름.
【實(실, shí)】: 채우다. 여기서는 「기르다」의 뜻.
【外廐(외구, wài jiù)】: 마구간.
※본래 「廐」가 마구간이란 뜻이나, 궁궐 밖에 두기 때문에 外廐라 했다.

15 江南金錫不爲用; 西蜀丹靑不爲采。→ 江南의 황금과 주석은 사용하지 말아야 하며; 西蜀의 단청은 채색에 사용하지 말아야 합니다.
【江南(강남, jiāng nán)】: 옛날에 큰 강의 남쪽을 이른 말.
【金錫(금석, jīn xī)】: 황금과 주석.
【西蜀(서촉, xī shǔ)】: [국명] 지금의 사천성 일대.
【丹靑(단청, dān qīng)】: 단청. 여기서는 「물감의 재료」를 가리킨다.
【采(채, cǎi)】: 彩. 채색하다. 도색하다.

16 所以飾後宮、充下陳、娛心意、說耳目者, 必出於秦然後可, → 後宮을 장식하고, 姬妾을 충당하고, 마음을 즐겁게 하고, 귀와 눈을 즐겁게 하는 데 사용하는 것들이, 반드시 秦나라에서 생산된 연후에 되는 것이라면,
【所以(소이, suǒ yǐ)…者(자, zhě)】: …에 사용하는 것들.
【飾(식, shì)】: 장식하다.
【充(충, chōng)】: 채우다. 충당하다.
【下陳(하진, xià chén)】: 姬妾. 후궁.
【娛(오, yú)】: 즐겁게 하다.
【心意(심의, xīn yì)】: 마음. 기분.
【說(열, yuè)】: 悅. 즐겁게 하다.

立於側也。¹⁸ 夫擊甕叩缶, 彈箏搏髀, 而歌呼嗚嗚快耳者, 眞秦之聲也; 鄭衛桑間, 韶虞武象者, 異國之樂也。¹⁹ 今棄擊甕叩缶而就鄭衛,

---

17 則是宛珠之簪、傅璣之珥、阿縞之衣、錦繡之飾, 不進於前; → 이들 宛珠 비녀와 구슬 달린 귀고리, 東阿의 명주옷과 수놓은 비단 장식은, (임금의) 앞에 진상하지 말아야 하고,
【是(시, shì)】: 이. 이들.
【宛(완, wǎn)】: [지명] 南陽 또는 漢水 부근.
【簪(잠, zān)】: 비녀.
【傅(부, fù)】: 달다. 부착하다.
【璣(기, jī)】: 작은 구슬, 또는 둥글지 않은 구슬.
【珥(이, ěr)】: 귀고리.
【阿(아, ē)】: [지명] 지금의 산동성 東阿.
【縞(호, gǎo)】: 명주.
【錦繡(금수, jǐn xiù)】: 수놓은 비단.
【進(진, jìn)】: 올리다. 바치다. 진상하다.

18 而隨俗雅化, 佳冶窈窕, 趙女不立於側也。→ 세련되고 우아하고, 아름답고 정숙한, 趙나라의 여인들은 (임금의) 옆에 서있지도 말아야 합니다.
【隨俗(수속, suí sú)】: 유행에 따르다. 세련되다.
【雅化(아화, yǎ huà)】: 우아하다.
【佳冶(가야, jiā yě)】: 용모가 아름답다.
【窈窕(요조, yǎo tiǎo)】: 얌전하다. 정숙하다.
【趙女(조녀, zhào nǚ)】: 조나라의 여자. 【趙】: 지금의 하북성 남쪽에서 산서성 동쪽 및 하남성 황하 북쪽까지 걸쳐 있던 周代의 제후국으로, 미녀가 많기로 이름이 났다. 진시황의 어머니는 趙의 도읍 邯鄲의 호족 집안 딸로 노래와 춤에 능했는데, 진시황의 아버지 莊襄王이 趙에 인질로 갔을 때 취했다.
【側(측, cè)】: 옆. 곁.

19 夫擊甕叩缶, 彈箏搏髀, 而歌呼嗚嗚快耳者, 眞秦之聲也; 鄭衛桑間, 韶虞武象者, 異國之樂也。→ 무릇 항아리를 치고 질장구를 두드리고, 쟁을 타고 넓적다리를 치고, 우~우~하고 노래하며 귀를 즐겁게 하는 것이, 진정 秦나라의 음악이며; 鄭나라 衛나라 桑間의 음악과, 韶虞·武象 등은, 다른 나라의 음악입니다.
【夫(부, fú)】: 무릇. 대저.
【擊(격, jī)】: 치다. 때리다.
【甕(옹, wèng)】: 독. 항아리.
【叩(고, kòu)】: 두드리다. 치다.
【缶(부, fǒu)】: [타악기] 장군. 질장구.
【彈箏(탄쟁, tán zhēng)】: 쟁을 타다. 【彈】: 타다. 【箏】: [현악기] 쟁.
【搏髀(박비, bó bì)】: 넓적다리를 치다. 【搏】: 치다. 때리다. 【髀】: 넓적다리. 허벅다리.

退彈箏而取韶虞, 若是者何也?²⁰ 快意當前, 適觀而已矣.²¹ 今取人則不然.²² 不問可否, 不論曲直, 非秦者去, 爲客者逐.²³ 然則是所重

【嗚嗚(오오, wū wū)】: 우-우- 하는 소리.
【快耳(쾌이, kuài ěr)】: 귀를 즐겁게 하다.
【聲(성, shēng)】: 음악.
【鄭衛(정위, zhèng wèi)】: 鄭나라와 衛나라. 여기서는「정나라와 위나라의 음악」을 가리킨다.
【桑間(상간, sāng jiān)】: [지명] 衛나라의 지명으로, 지금의 하남성 濮陽. 여기서는「桑間」의 음악을 가리킨다.
【韶虞(소우, sháo yú)】: 虞舜의 음악.
【武象(무상, wǔ xiàng)】: 周武王의 음악.

20 今棄擊甕叩缶而就鄭衛, 退彈箏而取韶虞, 若是者何也? → 지금 항아리를 치고 질장구 치는 것을 버리고 정나라 위나라의 음악을 따르며, 쟁을 타는 것을 물리치고 韶虞를 취했는데, 이와 같은 것은 어째서입니까?
【棄(기, qì)】: 버리다. 포기하다.
【就(취, jiù)】: 따르다. 채택하다.
【退(퇴, tuì)】: 물리치다. 그만두다.
【若是(약시, ruò shì)】: 이와 같다. 【若】: …같다. 【是】: 이. 이것.

21 快意當前, 適觀而已矣. → 다만 지금 당장 마음을 즐겁게 하고, 감상하기에 적합할 따름입니다.
【快意(쾌의, kuài yì)】: 마음을 즐겁게 하다.
【當前(당전, dāng qián)】: 목전. 지금 당장.
【適觀(적관, shì guān)】: 감상하기에 적합하다.
【而已(이이, ér yǐ)】: …뿐이다.

22 今取人則不然. → (그러나) 지금 인재를 기용함에 있어서는 오히려 그렇지 않습니다.
【取人(취인, qǔ rén)】: 인재를 기용하다.
【則(즉, zé)】: 오히려. 반대로.
【不然(불연, bù rán)】: 그렇지 않다.

23 不問可否, 不論曲直, 非秦者去, 爲客者逐. → 재능의 우열을 불문하고, 품성의 선악을 논하지도 않은 채, 秦나라 사람이 아니면 배척하고, 타국 출신으로 관리가 된 사람은 추방하려고 합니다.
【可否(가부, kě fǒu)】: 적합과 부적합. 여기서는「재능의 우열」을 말한다.
【曲直(곡직, qū zhí)】: 사리의 옳고 그름. 여기서는「품성의 선악」을 말한다.
【去(거, qù)】: 제거하다. 배척하다.
【爲客者(위객자, wéi kè zhě)】: 타국 출신으로 관리가 된 사람.
【逐(축, zhú)】: 축출하다. 몰아내다.

者在乎色樂珠玉, 而所輕者在乎民人也。²⁴ 此非所以跨海內、制諸侯之術也。²⁵

「臣聞地廣者粟多, 國大者人眾, 兵彊則士勇。²⁶ 是以泰山不讓土壤, 故能成其大; 河海不擇細流, 故能就其深; 王者不卻眾庶, 故能明其德。²⁷ 是以地無四方, 民無異國, 四時充美, 鬼神降福, 此五

---

24 然則是所重者在乎色樂珠玉, 而所輕者在乎民人也。→ 그렇다면 이는 여색과 음악과 진주와 보옥을 중시하고, 오히려 사람을 경시하는 것입니다.
【然則(연즉, rán zé)】: 그렇다면.
【是(시, shì)】: [대명사] 이. 이것. 즉「외국 물건을 좋아하고, 외국 사람을 싫어하는 것」.
【在乎(재호, zài hū)】: 在於. …에 있다.《乎》: [개사] 於. …에.
【色(색, sè)】: 여색.
【樂(악, yuè)】: 음악.
【而(이, ér)】[연사] 그리고.
【所輕者(소경자, suǒ qīng zhě)】: 가볍게 여기는 바의 것. 경시하는 것.
【民人(민인, mín rén)】: 사람.

25 此非所以跨海內、制諸侯之術也。→ 이는 천하를 통일하고 제후를 통제하는 방법이 아닙니다.
【所以(소이, suǒ yǐ)...之術(지술, zhī shù)】: …하는 방법.《術》: 방법, 기술, 수단.
【跨海內(과해내, kuà hǎi nèi)】: 천하를 통일하다.《跨》: 넘다. 건너다.《海內》: 四海之內. 즉「천하」.
【制(제, zhì)】: 제압하다. 제어하다. 통제하다.

26 「臣聞地廣者粟多, 國大者人眾, 兵彊則士勇。→ 저는 땅이 넓으면 곡식이 많이 나고, 나라가 크면 인구가 많고, 군대가 강하면 병사가 용감하다고 들었습니다.
【粟(속, sù)】: 곡식.
【兵(병, bīng)】: 군대. 병력.
【彊(강, qiáng)】: 强. 강하다.
【士(사, shì)】: 병사. 병졸.

27 是以泰山不讓土壤, 故能成其大; 河海不擇細流, 故能就其深; 王者不卻眾庶, 故能明其德。→ 그래서 태산은 흙을 마다하지 않아야, 비로소 그 높이를 이룰 수 있고; 강과 바다는 작은 개울을 가리지 않아야, 비로소 그 깊이를 이룰 수 있으며; 임금은 민중을 물리치지 않아야, 비로소 그 덕을 밝힐 수 있는 것입니다.
【是以(시이, shì yǐ)】: 이로 인해. 그래서. 그러므로.
【泰山(태산, tài shān)】: [산 이름] 태산. 중국 五嶽의 하나로, 지금의 산동성에 있다.
※ 五岳은 東岳인 산동성의 泰山, 西岳인 섬서성의 華山, 南岳인 호남성의 衡山, 北岳인

帝三王之所以無敵也.²⁸ 今乃棄黔首以資敵國, 卻賓客以業諸侯, 使天下之士退而不敢西向, 裹足不入秦; 此所謂藉寇兵而齎盜糧者也.²⁹

　　　산서성의 恒山, 中岳인 하남성의 嵩山.
【讓(양, ràng)】: 마다하다. 사양하다.
【土壤(토양, tǔ rǎng)】: 흙.
【大(대, dà)】: 높이.
【擇(택, zé)】: 가리다. 고르다.
【細流(세류, xì liú)】: 작은 개울.
【就(취, jiù)】: 이루다. 달성하다.
【卻(각, què)】: 물리치다. 마다하다.
【眾庶(중서, zhòng shù)】: 민중.

28　是以地無四方, 民無異國, 四時充美, 鬼神降福, 此五帝三王之所以無敵也. → 그래서 땅은 동서남북을 구별하지 말고, 백성은 본국과 타국을 구별하지 말며, 항상 充實하고 아름다워야, 귀신이 복을 내리는데, 이것이 바로 五帝三王이 敵이 없었던 까닭입니다.
【無(무, wú)】: 勿. …하지 말라. …해서는 안 된다.
【四方(사방, sì fāng)】: 동서남북.
【四時(사시, sì shí)】: 사계절. 여기서는「사시사철, 항상」을 뜻한다.
【充美(충미, chōng měi)】: 充實하고 아름답다.
【降福(강복, jiàng fú)】: 복을 내리다.
【五帝(오제, wǔ dì)】: 전설상의 상고시대 다섯 제왕으로, 일설에는 즉 黃帝·顓頊·帝嚳·堯·舜이라 하고, 일설에는 太昊·神農·黃帝·少昊·顓頊이라고 하는 등 몇 가지 설이 있다.
【三王(삼왕, sān wáng)】: 夏·商·周 三代의 개국 군주로, 일설에는 夏禹·商湯·周文王과 武王이라 하고, 일설에는 夏禹·商湯·周文王이라고도 한다.
【所以(소이, suǒ yǐ)…】: …한 까닭.

29　今乃棄黔首以資敵國, 卻賓客以業諸侯, 使天下之士退而不敢西向, 裹足不入秦, 此所謂藉寇兵而齎盜糧者也. → 지금 (폐하께서는) 오히려 백성을 포기하여 적을 돕고, 빈객을 배척하여 다른 나라의 제후를 섬기게 하며, 천하의 선비들로 하여금 물러나 감히 서쪽을 향하지 못하게 하고, 발을 동여매어 秦나라로 들어오지 못하게 합니다. 이것은 바로 이른바 적에게 무기를 빌려주고 도적에게 양식을 보내주는 것입니다.
【乃(내, nǎi)】: 반대로. 오히려.
【棄(기, qì)】: 버리다. 포기하다.
【黔首(검수, qián shǒu)】: 백성.
※「黔」은 검다는 뜻으로, 사람의 머리가 검기 때문에 한 말이다.
【資(자, zī)】: 助. 돕다.

권4 진문秦文　201

「夫物不產於秦, 可寶者多; 士不產於秦, 而願忠者眾。[30] 今逐客以資敵國, 損民以益讎, 內自虛而外樹怨於諸侯, 求國無危, 不可得也。」[31]

秦王乃除逐客之令, 復李斯官。[32]

【卻(각, què)】: 축출하다. 배척하다.
【業(업, yè)】: 事. 섬기다.
【諸侯(제후, zhū hóu)】: 여기서는「다른 나라의 제후」를 가리킨다.
【西向(서향, xī xiàng)】: 서쪽을 향하다. 즉 진나라의 편이 되다.
【裹足(과족, guǒ zú)】: 발을 싸매다.
【所謂(소위, suǒ wèi)】: 이른바.
【藉(자, jiè)】: 借. 빌리다.
【寇(구, kòu)】: 적. 적군.
【兵(병, bīng)】: 병기. 무기.
【齎(재, jī)】: 送. 보내다.

30 夫物不產於秦, 可寶者多; 士不產於秦, 而願忠者眾。→ 대저 물건은 秦나라에서 나오지 않아도, 보배로운 것이 많고; 선비는 秦나라에서 나오지 않아도, 충성하고자 하는 사람이 많습니다.
【夫(부, fú)】: [발어사] 무릇. 대저.
【願忠(원충, yuàn zhōng)】: 충성하고자 하다.
【眾(중, zhòng)】: 많다.

31 今逐客以資敵國, 損民以益讎, 內自虛而外樹怨於諸侯, 求國無危, 不可得也。→ 지금 타국 출신 관리들을 추방하여 적을 도와주고, 백성에게 손해를 끼쳐 적에게 이익이 되게 하고, 대내적으로 자신이 허약한데 대외적으로 제후들과 원한을 맺으면서, 나라가 위태롭지 않기를 추구한다면, 그것은 불가능한 일입니다.」
【資(자, zī)】: 돕다. 도와주다.
【讎(수, chóu)】: 적. 원수.
【樹怨(수원, shù yuàn)】: 원한을 맺다.
【無危(무위, wú wēi)】: 위험이 없다. 안전하다. 위태롭지 않다.
【不可得(불가득, bù kě dé)】: 不可能. …할 수 없다. 불가능하다.

32 秦王乃除逐客之令, 復李斯官。→ 진왕은 이에 逐客令을 취소하고, 李斯의 관직을 회복시켰다.
【乃(내, nǎi)】: 이에. 그리하여.
【除(제, chú)】: 취소하다.
【復(복, fù)】: 회복하다. 복원하다.

번역문

타국 출신 관리들을 추방하려는 데 대해 간한 글

진(秦)나라의 종실 대신들이 모두 진왕(秦王)에게 말하길 :「다른 나라 제후의 사람들이 와서 진나라를 섬기는 것은 대체로 그들의 군주를 위해 유세하여 진나라를 이간시키는 것뿐이니, 청컨대 타국 출신 관리들을 모두 축출하십시오.」라고 했는데, 이사(李斯)도 논의 결과 역시 축출 대상에 포함되어 있었다.

이에 이사가 글을 올려 말했다 :「저는 관리들이 타국 출신 관리들을 몰아내는 일에 대해 논의했다고 들었는데, 저는 이를 잘못된 것이라 생각합니다. 예전에 진목공(秦穆公)께서 인재를 구할 때 서쪽으로는 융(戎)에서 유여(由余)를 초빙했고, 동쪽으로는 완(宛)에서 백리해(百里奚)를 얻었으며, 송(宋)나라에서는 건숙(蹇叔)을 맞이했고, 진(晉)나라에서는 비표(丕豹)와 공손지(公孫支)를 청해왔습니다. 이들 다섯 사람은 모두 진(秦)나라에서 태어나지 않았으나 진목공께서 그들을 기용하여 20개 나라를 병합하고 마침내 서융(西戎)을 제패했습니다. 효공(孝公)께서는 상앙(商鞅)의 변법(變法)을 채택하여 풍속을 개선함으로써 백성은 이로 인해 넉넉해지고 나라는 이로 인해 부강해졌습니다. 백성들은 기꺼이 나라를 위해 일하고 각국의 제후들은 친히 복종했는가 하면, 초(楚)나라·위(魏)나라의 군사를 포로로 얻고 천 리의 땅을 점령하여 지금까지 잘 다스려지고 강합니다. 혜문왕(惠文王)께서는 장의(張儀)의 계책을 채택하여 삼천(三川) 지역을 탈취한 후, 서로는 파(巴)·촉(蜀)을 병합하고, 북으로는 상군(上郡)을 거두고, 남으로는 한중(漢中)을 취한 다음, 변방의 여러 부족을 포위하여 언(鄢)·영(郢) 일대를 제압하였는가 하면, 동으로는 성고(成皋)의 요새를 점거하여 비옥한 토지를 빼앗아, 마침내 육국(六國)의 합종(合縱)을 해산하고 제후들로 하여금 서쪽을 향해 진(秦)나라를 섬기도록 했는데, 그 공이 지금까지 이어지고 있습니다. 소왕(昭王)께서는 범저(范雎)를 얻자, 양후(穰侯)를 파면하고 화양군(華陽君)을 축출하여 왕실을 강화함과 동시에 권신(權臣) 가문의 세력을 막고, 제후들을 잠식하여 진(秦)나라로 하여금 왕업을 이루게 하셨습니다. 이 네 분의 군주는 모두 타국 출신 관리들의 공(功)에 의존했는데, 이로 미루어 보면 타국 출신 관리가 진나라에 대해 무슨 누를 끼쳤습니까? 만약 네 분의 임금께서 타국 출신의 관리를 거부하여 받아들이지 않고 인재를 멀리하여 기용하지 않았다면, 이는 나라로 하여금 부(富)의 열매를 거두지 못하게 했을 뿐만 아니라 진나라가 강대한 명성을 얻지도 못했을 것입니다.

「지금 폐하께서는 곤산옥(崑山玉)을 얻고 화(和)·수(隨)의 보석을 가지셨으며, 명월주(明月珠)를 달고 태아검(太阿劍)을 차고 섬리마(纖離馬)를 타고 취봉기(翠鳳旗)를 꽂고 영타고(靈鼉鼓)를 설치하셨습니다. 이 여러 가지 보물들은 진나라에서 하나도 나지 않는데, 폐하께서는 그것을 좋아하시니 왜 그렇습니까? 반드시 진나라에서 생산된 연후에 되는 것이라면 야광옥(夜光玉)은 조정에 장식하지 말아야 하고, 무소뿔이나 상아로 만든 기물들은 노리개로 삼지 말아야 하고, 정(鄭)나라 위(衛)나라의 미녀는 후궁에 들이지 말아야 하고, 결제(駃騠)와 같은 준마(駿馬)는 마구간에서 기르지 말아야 하고, 강남(江南)의 황금과 주석은 사용하지 말아야 하고, 서촉(西蜀)의 단청은 채색에 사용하지 말아야 합니다. 후궁(後宮)을 장식하고 희첩(姬妾)을 충당하고 마음을 즐겁게 하고 귀와 눈을 즐겁게 하는데 사용하는 것들이 반드시 진나라에서 생산된 연후에 되는 것이라면, 이들 완주(宛珠) 비녀와 구슬 달린 귀고리, 동아(東阿)의 명주옷과 수놓은 비단 장식은 (임금의) 앞에 진상하지 말아야 하고, 세련되고 우아하고 아름답고 정숙한 조(趙)나라의 여인들은 (임금의) 옆에 서있지도 말아야 합니다. 무릇 항아리를 치고 질장구를 두드리고, 쟁을 타고 넓적다리를 치고, 우~우~하고 노래하며 귀를 즐겁게 하는 것이 진정 진(秦)나라의 음악이며, 정(鄭)나라 위(衛)나라 상간(桑間)의 음악과 소우(韶虞)·무상(武象) 등은 다른 나라의 음악입니다. 지금 항아리를 치고 질장구 치는 것을 버리고 정나라 위나라의 음악을 따르며 쟁을 타는 것을 물리치고 소우(韶虞)를 취했는데, 이와 같은 것은 어째서입니까? 다만 지금 당장 마음을 즐겁게 하고 감상하기에 적합할 따름입니다. (그러나) 지금 인재를 기용함에 있어서는 오히려 그렇지 않습니다. 재능의 우열을 불문하고 품성의 선악(善惡)을 논하지도 않은 채, 진(秦)나라 사람이 아니면 배척하고 타국 출신으로 관리가 된 사람은 추방하려고 합니다. 그렇다면 이는 여색과 음악과 진주와 보옥을 중시하고 오히려 사람을 경시하는 것입니다. 이는 천하를 통일하고 제후를 통제하는 방법이 아닙니다.

「저는 땅이 넓으면 곡식이 많이 나고, 나라가 크면 인구가 많고, 군대가 강하면 병사가 용감하다고 들었습니다. 그래서 태산은 흙을 마다하지 않아야 비로소 그 높이를 이룰 수 있고, 강과 바다는 작은 개울을 가리지 않아야 비로소 그 깊이를 이룰 수 있으며, 임금은 민중을 물리치지 않아야 비로소 그 덕을 밝힐 수 있는 것입니다. 그래서 땅은 동서남북을 구별하지 말고, 백성은 본국과 타국을 구별하지 말며, 항상 충실하고 아름다워야 귀신이 복을 내리는데, 이것이 바로 오제삼왕(五帝三王)이 적(敵)이 없었던 까닭입니다. 지금 (폐하께서는) 오히려 백성을 포기하여 적을 돕고, 빈객을 배척하여 다른 나라의 제후를 섬기게 하며, 천하의 선비들로 하여금 물러나 감히 서쪽을 향하지 못하게 하고, 발을 동여매어 진나라로 들어오지 못하게 합니다. 이것은 바로 이른바 적에게 무기를 빌려주고 도적에게 양식을 보내주는 것입니다.

「대저 물건은 진나라에서 나오지 않아도 보배로운 것이 많고, 선비는 진나라에서 나오지 않아도 충성하고자 하는 사람이 많습니다. 지금 타국 출신 관리들을 추방하여 적을 도와주고, 백성에게 손해를 끼쳐 적에게 이익이 되게 하고, 대내적으로 자신이 허약한데 대외적으로 제후들과 원한을 맺으면서 나라가 위태롭지 않기를 추구한다면, 그것은 불가능한 일입니다.」

진왕은 이에 축객령(逐客令)을 취소하고 이사(李斯)의 관직을 회복시켰다.

해제解題 및 본문 요지 설명

본문은 《사기(史記)·이사열전(李斯列傳)》·《소명문선(昭明文選)》·《고문사류찬(古文辭類纂)》 등에 모두 실려 있다. 전국시대(戰國時代)는 식객을 양성하는 풍조가 성했다. 위(魏)의 신릉군(信陵君)·조(趙)의 평원군(平原君)·제(齊)의 맹상군(孟嘗君)·초(楚)의 춘신군(春申君) 등 역사상 유명한 사공자(四公子) 외에 진(秦)의 재상 여불위(呂不韋)도 3천 명의 식객을 양성했다. 여불위가 자살한 후, 그의 식객들 가운데 상당수는 그대로 진(秦)나라에 머물렀다.

진왕(秦王) 영정(嬴政 : 후의 진시황) 10년(B.C. 236), 한(韓)나라가 정국(鄭國)이라는 수공(水工)을 진(秦)나라에 파견했는데 간첩행위를 하다가 발각되었다. 그리하여 많은 진나라 종실 대신들이 들고일어나 진나라에 머물고 있는 타국 출신 관리들을 믿을 수 없다는 이유로 모두 추방할 것을 진언했다.

본문은 추방 대상에 들어 있던 이사(李斯)가 진왕(秦王)에게 축객의 부당함을 진언하여 진왕이 축객령(逐客令)을 취소하고 이사의 관직을 회복한 상황을 기술한 것이다.

본문은 다섯 단락으로 나눌 수 있는데, 첫째 단락에서는 진(秦)나라의 역사적 사실을 증거로 들어 목공(穆公)·효공(孝公)·혜공(惠公)·소공(昭公) 모두 외국인 인재를 기용했기 때문에 나라가 부강했다는 것을 말했고; 둘째 단락에서는 진왕의 진귀한 노리개가 모두 진나라에서 나는 물건이 아닌데, 유독 인재의 기용에 있어서만 진나라 사람이 아니라 해서 추방하려는 것은 천하에 군림하려는 군왕의 계책이 아니라는 것을 말했고; 셋째 단락에서는 우주 자연의 섭리와 오제삼왕(五帝三王)의 성공 사례를 들어 축객(逐客)의 부당함을 반증했고; 넷째 단락에서는 축객으로 인한 해로운 점을 총괄적으로 설명했고; 마지막 단락에서는 진왕이 이사의 건의를 받아들여 축객령을 취소하고 이사의 관직을 회복시킨 것을 말했다.

072 복거(卜居)
[楚] 屈原

작 자

　굴원(屈原 : B.C. 343-278)은 전국시대(戰國時代) 초(楚)나라의 왕족 출신이다. 《사기(史記)》에서는 그의 이름을 평(平)이라 했고, 《이소(離騷)》에서는 자신의 이름을 정칙(正則), 자를 영균(靈均)이라 했다. 굴원의 생졸 연대는 확실히 알 수 없으나 육간여(陸侃如)의 고증에 의하면, 초(楚) 선왕(宣王) 27년에 나서 경양왕(頃襄王) 9년에 죽었다고 한다.

　굴원은 일찍이 고향을 떠나 도읍인 영(郢)으로 갔다. 그때 회왕(懷王)은 굴원이 견문이 넓고 치란(治亂)에 밝다는 말을 듣고 좌도(左徒)에 임명했다. 그리하여 대내적으로는 왕과 국사를 논하며 법률을 만들고, 대외적으로는 여러 나라로부터 내왕하는 사절이나 빈객을 접대했는데, 능력이 뛰어나 회왕의 지극한 총애와 신임을 받았다. 그러자 회왕 주변의 신하들이 이를 몹시 시기하고 질투했다.

　어느 날 회왕이 굴원에게 헌령(憲令)을 만들도록 명했는데, 초고를 완성하기도 전에 상관대부(上官大夫) 근상(靳尙)이 이를 자기 것으로 삼으려 하여 굴원이 완강히 거절하자, 근상이 갖은 방법으로 굴원을 무고하여 굴원이 결국 회왕에게 추방을 당하고 말았다. 굴원은 울분을 참지 못해 울적한 심정을 시로 표현했는데, 이것이 바로 《이소(離騷)》이다.

한편, 이 시대는 여러 나라들이 한창 패권을 다투던 때였다. 진(秦)나라는 초(楚)나라에 간신배가 득세하여 정국이 혼란한 약점을 알고, 장의(張儀)를 보내 이간을 부리게 했다. 장의는 초나라에 도착하자 회왕의 애첩인 정수(鄭袖)와 상관대부 근상을 꾀어, 초나라가 우방인 제(齊)나라와의 관계를 끊는다면 진나라의 땅 600리를 초나라에 바치겠다고 했다. 회왕이 이 말을 믿고 제나라와의 단교를 선언했으나 진나라가 약속을 지킬 리 없었다. 회왕이 분노하여 두 차례나 진나라를 공격했지만 모두 실패했다.

회왕이 다시 굴원을 불러들여 단교했던 제나라와의 관계를 회복하자, 이를 우려한 진나라가 초나라에 화친을 청해왔다. 회왕은 이 기회를 이용하여 장의를 잡아 분풀이를 하려 했으나, 회왕이 또 장의의 계책에 넘어가 결국 장의를 되돌려 보내고 말았다. 굴원이 제나라에 사절로 갔다가 돌아와 이 사실을 알고 회왕에게 장의를 죽이지 않은 까닭을 묻자, 회왕도 후회는 했으나 어쩔 수가 없었다.

얼마 후 진왕(秦王)이 초회왕을 초청하여, 굴원이 호랑이와 같은 진나라에 가서는 안 된다고 만류했으나, 회왕은 아들 자란(子蘭)이 진왕의 호의를 거절하지 말라고 권유하는 바람에 마지못해 들어갔다가 결국 진나라에 잡혀 돌아오지 못하고 그곳에서 객사하고 말았다.

초나라에서는 태자가 경양왕(頃襄王)으로 즉위했다. 굴원은 경양왕이 불러주기를 기다렸으나 자란과 근상의 참소로 다시 추방되었다. 그 후 굴원은 양자강을 따라 동정호(洞庭湖)에 와서 조국을 바라보며 감개했지만 자기를 알아주지 않는 조국에 다시 돌아갈 수는 없었다. 그리하여 자신의 운명을 한탄하며 우울한 심정을 《회사(懷沙)》에 남기고 멱라수(汨羅水)에 몸을 던져 죽었다. 이때가 경양왕 9년 5월 5일이었다.

굴원이 멱라에 투신했다는 소문이 알려지자, 백성들은 그의 넋을 건지고자 강에 배를 띄우고, 물고기가 굴원의 시체를 먹지 않도록 대나무 통에 쌀을 넣어 물고기 밥으로 강에 던졌다. 그 후 중국에서는 매년 5월 5일이 되면 굴원을 추모하는 뜻에서 종자(粽子)를 해 먹고 이를 강물에 던지며 용선(龍船) 시합을 하는 풍습이 생겨났는데, 이것이 단오절의 유래이다.

원문 및 주석

卜居[1]

屈原既放, 三年不得復見.[2] 竭知盡忠, 而蔽鄣於讒, 心煩慮亂, 不知所從.[3] 乃往見太卜鄭詹尹, 曰:「余有所疑, 願因先生決之。」[4] 詹

1 卜居 → 처세 방법을 점치다
   【卜(복, bǔ)】: 점치다.
   【居(거, jū)】: 살다. 거주하다. 여기서는 「處世 방법」을 말한다.
2 屈原既放, 三年不得復見。→ 屈原은 추방되고 나서, 삼 년 동안 (楚懷王을) 다시 알현하지 못했다.
   【屈原(굴원, qū yuán)】: [인명] ※ 본문 '작자' 참조.
   【放(방, fàng)】: [피동 용법] 추방되다.
   【不得(부득, bù dé)】: 不能. …할 수 없다. …하지 못하다.
   【復見(부견, fù jiàn)】: 다시 알현하다. 여기서는 楚懷王을 알현한 것을 말한다.
3 竭知盡忠, 而蔽鄣於讒, 心煩慮亂, 不知所從。→ 지혜를 다 짜내고 충성을 다했지만, 참소자들에게 가리어져, 마음이 답답하고 생각이 혼란스러워서, 어찌해야 좋을지를 몰랐다.
   【竭知(갈지, jié zhì)】: 지혜를 다 짜내다. 【知】: 智. 지혜.
   【蔽鄣(폐장, bì zhāng)】: [피동 용법] 가리다. 차단되다. 【鄣】: 障. 가로막다.
   【讒(참, chán)】: 참소하다. 여기서는 「참소자」를 말한다.
   【所從(소종, suǒ cóng)】: 따를 바. 쫓을 바.
4 乃往見太卜鄭詹尹, 曰:「余有所疑, 願因先生決之。」→ 그리하여 太卜 鄭詹尹을 찾아가,

210 고문관지古文觀止 역주 (2)

尹乃端策拂龜, 曰:「君將何以敎之?」⁵

屈原曰:「吾寧悃悃款款朴以忠乎? 將送往勞來, 斯無窮乎?⁶ 寧誅鋤草茅以力耕乎? 將游大人以成名乎?⁷ 寧正言不諱以危身乎?

말했다:「내가 의혹이 있어, 선생에 의지하여 해결하길 원합니다.」
【乃(내, nǎi)】: 이에. 그리하여.
【往見(왕견, wǎng jiàn)】: 찾아가다.
【太卜(태복, tài bǔ)】: [관직명] 점치는 일을 맡은 책임자. 卜官의 우두머리.
【鄭詹尹(정첨윤, zhèng zhān yǐn)】: [인명] 太卜의 姓名.
【因(인, yīn)】: …에 의지하여. …을 통하여.
【之(지, zhī)】: [대명사] 그것. 즉「의혹」.

5 詹尹乃端策拂龜, 曰:「君將何以敎之?」 → 이에 정첨윤이 蓍草를 바로 하고 龜甲의 먼지를 털며, 말했다:「당신은 무슨 말씀을 하려고 하십니까?」
【乃(내, nǎi)】: 이에. 그리하여.
【端(단, duān)】: 바로 놓다.
【策(책, cè)】: 蓍草. 가새풀. ※옛날 점칠 때 그 줄기를「점대」로 사용했다.
【拂(불, fú)】: (먼지를) 털다.
【龜(귀, guī)】: 거북. 여기서는 龜甲. 즉, 거북의 등 껍데기를 말한다. ※옛날 점칠 때 사용하던 도구.
【君(군, jūn)】: 당신. 그대.
【將何以敎之(장하이교지, jiāng hé yǐ jiào zhī)】: [겸어] 무엇으로 가르침을 주고자 하십니까? 즉 무슨 말씀을 하시려는 겁니까?〖將〗: (장차) …하려 하다.〖何以敎之〗: 以何敎之의 도치 형태.

6 屈原曰:「吾寧悃悃款款朴以忠乎? 將送往勞來, 斯無窮乎? → 굴원이 대답했다:「내가 차라리 정성을 다해 순박하게 나라에 충성할까요? 아니면 왕래하고 교제하며, 이로써 곤궁에 처하지 않도록 할까요?
【寧(녕, nìng)】: 차라리.
【悃悃款款(곤곤관관, kǔn kǔn kuǎn kuǎn)】: 정성을 다하는 모양. 충직한 모양.
【朴(박, pú)】: 순박하다.
【將(장, jiāng)】: 아니면. 그렇지 않으면.
【送往勞來(송왕로래, sòng wǎng láo lái)】: 가는 사람을 배웅하고 오는 사람을 맞아 수고를 위로하다. 즉「왕래하고 교제하다」의 뜻.
【斯(사, sī)】: 이로써. 이렇게 하여.
【無窮(무궁, wú qióng)】: 곤궁에 처하지 않다.

7 寧誅鋤草茅以力耕乎? 將游大人以成名乎? → 차라리 잡초를 제거하며 농사에 힘쓸까요? 아니면 권력자들과 교제하며 이름을 날릴까요?
【誅鋤(주서, zhū chú)】: 뽑아 없애다. 제거하다.

將從俗富貴以婾生乎?⁸ 寧超然高擧以保眞乎? 將哫訾栗斯, 喔咿儒兒以事婦人乎?⁹ 寧廉潔正直以自淸乎? 將突梯滑稽, 如脂如韋以潔楹乎?¹⁰ 寧昂昂若千里之駒乎? 將氾氾若水中之鳧, 與波上下, 偸以全吾軀乎?¹¹ 寧與騏驥亢軛乎? 將隨駑馬之跡乎?¹² 寧與黃鵠比

【力耕(역경, lì gēng)】: 농사에 힘쓰다.
【游(유, yóu)】: 교유하다. 교제하다.
【大人(대인, dà rén)】: 권력자. 세도가.
【成名(성명, chéng míng)】: 이름을 날리다. 유명해지다.

8 寧正言不諱以危身乎? 將從俗富貴以婾生乎? → 차라리 직언을 피하지 않아 자신을 위태롭게 할까요? 아니면 세속에 영합하여 부귀를 추구하며 구차하게 살까요?
【正言(정언, zhèng yán)】: 직언하다. 바른말을 하다.
【諱(휘, huì)】: 꺼리다. 회피하다.
【危(위, wēi)】: [사동 용법] 위태롭게 하다. 돌보지 않다.
【從俗富貴(종속부귀, cóng sú fù guì)】: 세속에 영합하여 부귀를 추구하다.
【婾生(투생, tōu shēng)】: 구차하게 살다. 《婾》: 偸. 구차하다.

9 寧超然高擧以保眞乎? 將哫訾栗斯, 喔咿儒兒以事婦人乎? → 차라리 초연하게 은거하여 자신의 본성을 보전할까요? 아니면 아첨하고 아양 떨며, 억지로 미소 짓고 뜻을 굽혀 부인을 섬길까요?
【高擧(고거, gāo jǔ)】: 은거하다. 숨어 살다.
【保眞(보진, bǎo zhēn)】: 본성을 보전하다. 《眞》: 본성. 본마음.
【哫訾(족자, zú zǐ)】: 아첨하다.
【栗斯(율사, lì sī)】: 아양 떨다. 《斯》: [허사].
【喔咿(악이, wò yī)】: 억지로 미소 짓다.
【儒兒(유아, rú ní)】: 뜻을 굽혀 순종하는 모양. ※ 판본에 따라서는 「儒兒」를 「嚅唲」라 했다.
【婦人(부인, fù rén)】: 楚懷王의 총희 「鄭袖」를 가리킨다.

10 寧廉潔正直以自淸乎? 將突梯滑稽, 如脂如韋以潔楹乎? → 차라리 청렴결백하고 정직하여 자신을 깨끗하게 할까요? 아니면 모나지 않고 익살을 부리며, 기름처럼 鞣皮처럼 원활하게 살까요?
【廉潔(염결, lián jié)】: 청렴결백하다.
【突梯滑稽(돌제골계, tú tī gǔ jī)】: 모나지 않고 익살스럽다. 《突梯》: 원만하다. 모나지 않다. 《滑稽》: 익살을 부리다.
【脂(지, zhī)】: 기름기. 지방질.
【韋(위, wéi)】: 鞣皮. 다루어진 짐승의 가죽.
【潔楹(결영, jié yíng)】: 태도가 원활한 모양.

11 寧昂昂若千里之駒乎? 將氾氾若水中之鳧, 與波上下, 偸以全吾軀乎? → 차라리 기세 당

翼乎? 將與雞鶩爭食乎?¹³ 此孰吉孰凶? 何去何從?¹⁴ 世溷濁而不淸,
蟬翼爲重, 千鈞爲輕; 黃鐘毀棄, 瓦釜雷鳴; 讒人高張, 賢士無名。¹⁵

당하게 천리마처럼 살까요? 아니면 정처 없이 떠돌아다니며 마치 물오리처럼, 파도와 더불어 오르내리며, 구차하게 나의 한 몸을 보전할까요?

【昂昂(앙앙, áng áng)】: 기세 당당한 모양.
【駒(구, jū)】: 말.
【氾氾(범범, fàn fàn)】: 정처 없이 떠도는 모양.
【鳧(부, fú)】: 물오리.
【偸以全(투이전, tōu yǐ quán)】: 구차하게 보전하다. 〖偸〗: 구차하다.
【軀(구, qū)】: 몸.

12 寧與騏驥亢軛乎? 將隨駑馬之跡乎? → 차라리 준마와 더불어 나란히 달릴까요? 아니면 열등한 말의 발자국을 뒤쫓을까요?
【騏驥(기기, qí jì)】: 준마. 좋은 말.
【亢軛(항액, kàng è)】: 抗衡. 나란히 달리다. 맞먹다. 〖亢〗: 抗. 맞서다. 필적하다. 〖軛〗: 멍에.
【駑馬(노마, nú mǎ)】: 둔한 말. 열등한 말.
【跡(적, jī)】: 발자국. 족적.

13 寧與黃鵠比翼乎? 將與雞鶩爭食乎? → 차라리 백조와 날기를 겨룰까요? 아니면 닭이나 오리와 더불어 먹이를 다툴까요?
【黃鵠(황혹, huáng hú)】: 백조.
【比翼(비익, bǐ yì)】: 날기를 겨루다.
【鶩(목, wù)】: 집오리.

14 此孰吉孰凶? 何去何從? → 이 가운데 어느 것이 길하고 어느 것이 불길합니까? 무엇을 버리고 무엇을 쫓아야 합니까?
【孰(숙, shú)】: 어느. 무엇.
【去(거, qù)】: 버리다. 포기하다.

15 世溷濁而不淸, 蟬翼爲重, 千鈞爲輕; 黃鐘毀棄, 瓦釜雷鳴; 讒人高張, 賢士無名。→ 세상이 혼탁하고 맑지 못하면, 매미의 날개를 무겁게 여기고, 삼만 근의 무게를 가볍게 여기는가 하면; 黃鐘이 파기되고, 瓦釜가 우레 소리를 내며; 참소자가 득세하고, 어진 선비가 이름을 드러내지 못합니다.
【溷濁(혼탁, hùn zhuó)】: 혼탁하다.
【蟬(선, chán)】: 매미.
【千鈞(천균, qiān jūn)】: 삼만 근. 〖鈞〗: 옛날의 무게 단위. 1鈞은 30근.
【黃鐘(황종, huáng zhōng)】: [악기] 악기의 하나로, 소리가 가장 우렁차다.
【毀棄(훼기, huǐ qì)】: [피동 용법] 파기되다.
【瓦釜(와부, wǎ fǔ)】: 흙으로 빚은 가마솥.

吁嗟默默兮, 誰知吾之廉貞?」[16]

　　詹尹乃釋策而謝曰:「夫尺有所短, 寸有所長; 物有所不足, 智有所不明; 數有所不逮, 神有所不通。用君之心, 行君之意。龜策誠不能知此事。[17]

　　【雷鳴(뇌명, léi míng)】: [동사 용법] 우레 소리를 내다.
　　【讒人(참인, chán rén)】: 남을 헐뜯기 좋아하는 사람. 참소 잘하는 사람. 참소자.
　　【高張(고장, gāo zhāng)】: 득세하다.
16 吁嗟默默兮, 誰知吾之廉貞?」→ 탄식하며 침묵을 지키면, 어느 누가 나의 청렴과 충정을 알겠습니까?
　　【吁嗟(우차, xū jiē)】: 탄식하다. 한숨 쉬다.
　　【默默(묵묵, mò mò)】: 침묵을 지키다.
　　【廉貞(염정, lián zhēn)】: 청렴과 충정.
17 詹尹乃釋策而謝曰:「夫尺有所短, 寸有所長; 物有所不足, 智有所不明; 數有所不逮, 神有所不通。用君之心, 行君之意。龜策誠不能知此事。」→ 이에 정첨윤이 蓍草를 내려놓고 사죄하며 말했다:「대저 尺은 그 나름대로 단점이 있고, 寸은 그 나름대로 장점이 있으며; 만물은 그 나름대로 부족한 곳이 있고, 지혜로운 사람은 그 나름대로 밝지 못한 곳이 있는가 하면; 술수는 그 나름대로 미치지 못하는 곳이 있고, 신령은 그 나름대로 통하지 못하는 곳이 있습니다. 당신의 본심을 가지고, 당신의 뜻하는 바를 실행하십시오. 귀갑과 蓍草로는 실로 이 일을 알 수가 없습니다.」
※ 이 말은 卜官이 점을 쳐서 굴원이 제기한 문제를 해결할 수 없음을 설명한 것이다.
　　【乃(내, nǎi)】: 이에. 그리하여.
　　【釋(석, shì)】: (손에서) 놓다.
　　【謝(사, xiè)】: 사과하다. 사죄하다.
　　【夫(부, fú)】: [발어사] 대저.
　　【尺有所短(척유소단, chǐ yǒu suǒ duǎn), 寸有所長(촌유소장, cūn yǒu suǒ cháng)】: 尺은 그 나름대로 단점이 있고, 寸은 그 나름대로 장점이 있다. 《尺》: [길이 단위] 자. 《寸》: [길이 단위] 치.
　　※ 이는 자와 치가 각기 단점도 있고 장점도 있다는 말로, 즉 자는 치보다 길지만 가늘고 짧은 것을 잴 때는 자가 불편하여 단점이라 할 수 있고, 치가 편리하여 장점이라 할 수 있다는 말이다.
　　【逮(태, dài)】: 미치다. 이르다.
　　【心(심, xīn)】: 본심.
　　【意(의, yì)】: 뜻하는 바.
　　【誠(성, chéng)】: 실로. 진실로.

> 번역문

처세 방법을 점치다

　굴원(屈原)은 추방되고 나서 삼 년 동안 초회왕(楚懷王)을 다시 알현하지 못했다. 지혜를 다 짜내고 충성을 다했지만 참소자들에게 가리어져 마음이 답답하고 생각이 혼란스러워서 어찌해야 좋을지를 몰랐다. 그리하여 태복(太卜) 정첨윤(鄭詹尹)을 찾아가 말했다 : 「내가 의혹이 있어 선생께 의지하여 해결하길 원합니다.」 이에 정첨윤이 시초(蓍草)를 바로 하고 귀갑(龜甲)의 먼지를 털며 말했다 : 「당신은 무슨 말씀을 하려고 하십니까?」

　굴원이 대답했다 : 「내가 차라리 정성을 다해 순박하게 나라에 충성할까요? 아니면 왕래하고 교제하며, 이로써 곤궁에 처하지 않도록 할까요? 차라리 잡초를 제거하며 농사에 힘쓸까요? 아니면 권력자들과 교제하며 이름을 날릴까요? 차라리 직언을 피하지 않아 자신을 위태롭게 할까요? 아니면 세속에 영합하여 부귀를 추구하며 구차하게 살까요? 차라리 초연하게 은거하여 자신의 본성을 보전할까요? 아니면 아첨하고 아양 떨며 억지로 미소 짓고 뜻을 굽혀 부인을 섬길까요? 차라리 청렴결백하고 정직하여 자신을 깨끗하게 할까요? 아니면 모나지 않고 익살을 부리며 기름처럼 유피(鞣皮)처럼 원활하게 살까요? 차라리 기세 당당하게 천리마처럼 살까요? 아니면 정처 없이 떠돌아다니며 마치 물오리처럼 파도와 더불어 오르내리며 구차하게 나의 한 몸을 보전할까요? 차라리 준마(駿馬)와 더불어 나란히 달릴까요? 아니면 열등한 말의 발자국을 뒤쫓을까요? 차라리 백조와 날기를 겨룰까요? 아니면 닭이나 오리와 더불어 먹이를 다툴까요? 이 가운데 어느 것이 길하고, 어느 것이 불길합니까? 무엇을 버리고, 무엇을 쫓아야 합니까? 세상이 혼탁하고 맑지 못하면 매미의 날개를 무겁게 여기고 삼만 근의 무

게를 가볍게 여기는가 하면, 황종(黃鐘)이 파기되고 와부(瓦釜)가 우레 소리를 내며, 참소자가 득세하고 어진 선비가 이름을 드러내지 못합니다. 탄식하며 침묵을 지키면, 어느 누가 나의 청렴과 충정을 알겠습니까?」

이에 정첨윤이 시초를 내려놓고 사죄하며 말했다 :「대저 척(尺)은 그 나름대로 단점이 있고, 촌(寸)은 그 나름대로 장점이 있으며, 만물은 그 나름대로 부족한 곳이 있고, 지혜로운 사람은 그 나름대로 밝지 못한 곳이 있는가 하면, 술수는 그 나름대로 미치지 못하는 곳이 있고, 신령은 그 나름대로 통하지 못하는 곳이 있습니다. 당신의 본심을 가지고 당신의 뜻하는 바를 실행하십시오. 귀갑과 시초로는 실로 이 일을 알 수가 없습니다.」

해제解題 및 본문 요지 설명

《복거(卜居)》는 《초사(楚辭)》의 한 편명으로, 내용은 굴원(屈原)이 자신의 처신에 관한 복잡한 갈등을 점복에 의존하려다 스스로 결단하는 입장으로 되돌아온 상황을 기술한 것이다.

본문은 네 단락으로 나눌 수 있는데, 첫째 단락에서는 굴원이 자신의 처신을 점괘에 묻게 된 이유와 복관이 점치는 일을 승낙한 것에 대해 기술했고; 둘째 단락에서는 굴원이 복관에게 질문한 여덟 가지 갈등을 기술했고; 셋째 단락에서는 굴원이 세상이 혼탁하여 경중(輕重)을 구별하지 못하고, 우열(優劣)이 전도되고, 시비(是非)가 분명하지 못한 상황에 대해 직언한 것을 기술했고; 마지막 단락에서는 복관이 헛되이 점치기를 거절하며 굴원에게 자신의 본심을 가지고 뜻하는 바를 실행하도록 권면한 것을 기술했다.

073 대초왕문(對楚王問)
[楚] 宋玉

작자

송옥(宋玉)은 전국시대(戰國時代) 초(楚)나라의 사부(辭賦) 작가로 생졸 연대를 알 수 없다. 왕일(王逸)의 《초사장구서(楚辭章句序)》에는 굴원(屈原)의 제자라 했고, 초회왕(楚懷王)과 초양왕(楚襄王) 때 문학시종(文學侍從)을 지낸 것으로 전해지고 있다. 그의 작품은 《한서(漢書)·예문지(藝文志)》에 송옥부(宋玉賦) 16편이라 기재되어 있으나, 지금은 《초사장구(楚辭章句)》·《문선(文選)》·《고문원(古文苑)》 등에 13편이 전한다.

원문 및 주석

對楚王問[1]

楚襄王問於宋玉曰:「先生其有遺行與? 何士民眾庶不譽之甚

---

1 對楚王問 → 楚王의 물음에 답하다
【對(대, duì)】: 답하다. 대답하다.

也?」²

　　宋玉對曰:「唯, 然, 有之。願大王寬其罪, 使得畢其辭。³ 客有歌於郢中者, 其始曰《下里》《巴人》, 國中屬而和者數千人;⁴ 其爲《陽阿》《薤露》, 國中屬而和者數百人;⁵ 其爲《陽春》《白雪》, 國中屬而

【楚王(초왕, chǔ wáng)】: 초나라의 군주. 여기서는 「楚襄王」을 가리킨다.

2 楚襄王問於宋玉曰:「先生其有遺行與? 何士民眾庶不譽之甚也?」→ 楚襄王이 宋玉에게 물었다:「선생은 혹시 잘못한 행동이 있는 것 아닙니까? 어째서 士人과 백성들이 당신을 심하게 비난합니까?」
【楚襄王(초양왕, chǔ xiāng wáng)】: 楚나라 頃襄王. 戰國時代 말기 楚나라의 군주. 楚懷王의 아들로 이름은 橫이며, 36년간(B.C. 298-B.C. 263) 재위했다.
【問於(문어, wèn yú)…】: …에게 묻다. 〖於〗: [개사] …에게.
【宋玉(송옥, sòng yù)】: [인명] ※'해제(解題) 및 본문 요지 설명' 참조.
【其(기, qí)】: 혹시 …이 아닐까?
【遺行(유행, yí xíng)】: 품행을 잃다. 즉「잘못한 행동」을 말한다. 〖遺〗: 잃다.
【士民(사민, shì mín)】: 士人.
【眾庶(중서, zhòng shù)】: 백성.
【不譽(불예, bù yù)】: 칭찬하지 않다. 비난하다. 비방하다.

3 宋玉對曰:「唯, 然, 有之。願大王寬其罪, 使得畢其辭。→ 송옥이 대답했다:「아, 예, 그런 일이 있습니다. 원컨대 대왕께서 저의 죄를 너그럽게 용서하시고, 저로 하여금 그 말을 다할 수 있도록 해주시기 바랍니다.」
【唯(유, wéi)】: [대답하는 소리] 예.
【然(연, rán)】: 그렇습니다.
【寬(관, kuān)】: 너그럽다, 관대하다.
【使(사, shǐ)】: …로 하여금 …하게 하다.
【得(득, dé)】: 能. …할 수 있다.
【畢其辭(필기사, bì qí cí)】: 그 말을 다하다. 〖畢〗: 다하다.

4 客有歌於郢中者, 其始曰《下里》《巴人》, 國中屬而和者數千人; → 나그네로 郢에서 노래하는 자가 있었는데, 그가 처음에《下里》《巴人》이라는 노래를 부르자, 都城에 도여 따라 부르는 자가 수천 명에 달했고;
【郢(영, yǐng)】: [지명] 楚나라의 도읍. 지금의 호북성 江陵 동북쪽.
【《下里》(하리, xià lǐ)《巴人》(파인, bā rén)】: 당시 민간에서 유행하던 가곡 이름.
【國(국, guó)】: 도읍. 都城.
【屬(촉, zhǔ)】: 모이다. 운집하다.
【和(화, hè)】: 화창하다. 따라 부르다.

5 其爲《陽阿》《薤露》, 國中屬而和者數百人; → 그다음에《陽阿》《薤露》를 부르자, 도성에

和者不過數十人;⁶ 引商刻羽, 雜以流徵, 國中屬而和者, 不過數人而已。是其曲彌高, 其和彌寡。⁷

「故鳥有鳳而魚有鯤。鳳凰上擊九千里, 絶雲霓, 負蒼天, 足亂浮雲, 翱翔乎杳冥之上。⁸ 夫蕃籬之鷃, 豈能與之料天地之高哉?⁹ 鯤

    모여 따라 부르는 자가 수백 명에 달했으며;
    【《陽阿(양아, yáng ē)》《薤露(해로, xiè lù)》】: 楚나라의 비교적 고상하고 수준 있는 가곡 이름.

6 其爲《陽春》《白雪》, 國中屬而和者不過數十人; → 그다음에 《陽春》《白雪》을 부르자, 도성에 모여 따라 부르는 자가 수십 명에 달했으나;
    【《陽春(양춘, yáng chūn)》《白雪(백설, bái xuě)》】: 楚나라의 비교적 고상하고 수준 있는 가곡 이름.

7 引商刻羽, 雜以流徵, 國中屬而和者, 不過數人而已。是其曲彌高, 其和彌寡。→ (마지막에) 商聲을 길게 끌고 羽聲을 짧게 줄이며, 중간에 억양이 유동하는 徵聲(치성)을 섞자, 도성에 모여 따라 부르는 자가, 몇 사람에 불과할 뿐이었습니다. 이는 그 곡조가 고상할수록, 따라 부르는 자가 줄어든다는 것을 뜻합니다.
    ※ 고대에는 「宮·商·角·徵(치)·羽」의 五聲이 있었다.
    【引商刻羽(인상각우, yǐn shāng kè yǔ)】: 상성을 길게 끌고 우성을 짧게 줄이다. 〖引〗: 길게 끌다. 〖商〗: 商聲. 五聲의 하나로 소리가 빠르다. 〖刻〗: 짧게 줄이다. 〖羽〗: 羽聲. 五聲의 하나로 소리가 낮고 평탄하다.
    【雜以流徵(잡이유치, zá yǐ liú zhǐ)】: 중간에 억양이 유동하는 치성을 섞다. 〖雜以〗: …을 섞다. 〖流徵〗: 徵聲(치성). 五聲의 하나로, 억양이 이리저리 유동하기 때문에 流徵(유치)라 했다.
    【不過(불과 bù guò)…而已(이이, ér yǐ)】: …에 불과할 뿐이다.
    【彌(미, mí)…彌(미, mí)】: …할수록 점점 …하다.
    【高(고, gāo)】: 고상하다. 高雅하다.
    【寡(과, guǎ)】: 적어지다. 줄어들다.

8 「故鳥有鳳而魚有鯤。鳳凰上擊九千里, 絶雲霓, 負蒼天, 足亂浮雲, 翱翔乎杳冥之上。→ 「그래서 새 중에는 봉황이 있고 물고기 중에는 鯤鰤가 있습니다. 봉황은 날개를 쳐서 구천 리를 높이 날아, 구름을 뚫고, 푸른 하늘을 등지고, 발로 뜬구름을 어지럽히며, 지극히 멀고 높은 곳에서 납니다.
    【鳳(봉, fèng)】: 봉황. ※ 전설에 나오는 상서로운 새. 기린, 거북, 용과 함께 四靈 또는 四瑞로 불린다.
    【鯤(곤, kūn)】: 전설에 나오는 큰 물고기.
    【上擊(상격, shàng jī)】: 날개를 쳐서 높이 날다.
    【絶(절, jué)】: 뚫고 지나다.

魚朝發崑崙之墟, 暴鬐於碣石, 暮宿於孟諸.¹⁰ 夫尺澤之鯢, 豈能與之量江海之大哉?。¹¹

「故非獨鳥有鳳而魚有鯤也, 士亦有之。¹² 夫聖人瑰意琦行, 超

【雲霓(운예, yún ní)】: 구름과 무지개. 여기서는 「구름」을 가리킨다.
【負(부, fù)】: 등지다.
【浮雲(부운, fú yún)】: 뜬구름.
【翱翔(고상, áo xiáng)】: 날다.
【乎(호, hū)】: [개사] 於. …에서.
【杳冥(묘명, yǎo míng)】: 지극히 멀고 높은 곳.

9 夫蕃籬之鷃, 豈能與之料天地之高哉? → 그 울타리에서 노는 메추라기가, 어찌 봉황과 더불어 천지의 높고 낮음을 예측할 수 있겠습니까?
【夫(부, fú)】: 그. 저.
【蕃籬(번리, fán lí)】: (나무나 대나무로 엮은) 울타리.
【鷃(안, yàn)】: 메추라기.
【豈能(기능, qǐ néng)…】: 어찌 …할 수 있겠는가?
【與之(여지, yǔ zhī)】: 봉황과 더불어. 【之】: [대명사] 그것. 즉 「鳳凰」.
【料(료, liào)】: 예측하다. 짐작하다.
【高(고, gāo)】: 높이. 즉 「높고 낮음」을 말한다.

10 鯤魚朝發崑崙之墟, 暴鬐於碣石, 暮宿於孟諸。→ 鯤鮞는 아침에 崑崙山의 기슭에서 출발하여, 碣石山에서 지느러미를 드러내고, 저녁에는 孟諸에서 잠을 잡니다.
【崑崙(곤륜, kūn lún)】: [산 이름] 곤륜산. 중국 서남 지역에 있는 유명한 산 이름.
【墟(허, xū)】: 기슭.
【暴(폭, pù)】: 드러내다.
【鬐(기, qí)】: 지느러미.
【碣石(갈석, jié shí)】: [산 이름] 갈석산. 지금의 하북성 昌黎 북쪽 渤海 부근에 위치.
【孟諸(맹저, mèng zhū)】: 지금의 하남성 商丘縣에 있는 못 이름.
※「諸」의 古音은 「저」.

11 夫尺澤之鯢, 豈能與之量江海之大哉? → 그 얕은 못에서 노는 작은 물고기가, 어찌 이들과 더불어 강과 바다의 크고 작음을 가늠할 수 있겠습니까?
【尺澤(척택, chǐ zé)】: 한 척 깊이의 못. 즉 「얕은 물」.
【鯢(예, ní)】: 도룡뇽. 여기서는 「작은 물고기」를 가리킨다.
【量(량, liáng)】: 가늠하다. 헤아리다. 예측하다.
【大(대, dà)】: 크기. 즉 「크고 작음」을 말한다.

12 「故非獨鳥有鳳而魚有鯤也, 士亦有之。→ 「그래서 다만 새 중에 봉황이 있고 물고기 중에 곤이가 있을 뿐만 아니라, 선비 중에도 역시 봉황·곤이와 같은 걸출한 인자가 있습니다.

然獨處, 世俗之民, 又安知臣之所爲哉?」[13]

번역문

초왕(楚王)의 물음에 답하다

초양왕(楚襄王)이 송옥(宋玉)에게 물었다:「선생은 혹시 잘못한 행동이 있는 것 아닙니까? 어째서 사인(士人)과 백성들이 당신을 심하게 비난합니까?」

송옥이 대답했다:「아, 예, 그런 일이 있습니다. 원컨대, 대왕께서 저의 죄를 너그럽게 용서하시고 저로 하여금 그 말을 다할 수 있도록 해주시기 바랍니다.」나그네로 영(郢)에서 노래하는 자가 있었는데, 그가 처음에《하리(下里)》《파인(巴人)》이라는 노래를 부르자 도성(都城)에 모여 따라 부르는 자가 수천 명에 달했고, 그다음에《양아(陽阿)》《해로(薤露)》를 부르자 도성에 모여 따라 부르는 자가 수백 명에 달했으며, 그다음에《양춘(陽春)》

【非獨(비독, fēi dú)…】: 다만 …뿐 아니라.
【之(지, zhī)】: [대명사] 그것. 즉「봉황과 곤어」. 여기서는「봉황·곤어와 같은 걸출한 인재」를 가리킨다.

13 夫聖人瑰意琦行, 超然獨處, 世俗之民, 又安知臣之所爲哉?」→ 그 성인들의 위대한 의지와 아름다운 덕행은, 범상을 초월하여 홀로 존재하는데, 세속 사람들이, 또 어찌 제가 행하는 바를 알겠습니까?

【瑰意琦行(괴의기행, guī yì qí xíng)】: 위대한 의지와 아름다운 덕행.
【超然獨處(초연독처, chāo rán dú chǔ)】: 범상을 초월하여 홀로 존재하다.
【安(안, ān)】: 어찌.
【臣(신, chén)】: 신하. ※작자가「나, 저」라는 의미로 사용한 말.
【所爲(소위, suǒ wéi)】: 행하는 바. 행위.

《백설(白雪)》을 부르자 도성에 모여 따라 부르는 자가 수십 명에 달했으나, (마지막에) 상성(商聲)을 길게 끌고 우성(羽聲)을 짧게 줄이며 중간에 억양이 유동하는 치성(徵聲)을 섞자, 도성에 모여 따라 부르는 자가 몇 사람에 불과할 뿐이었습니다. 이는 그 곡조가 고상할수록 따라 부르는 자가 줄어든다는 것을 뜻합니다.

「그래서 새 중에는 봉황이 있고, 물고기 중에는 곤이(鯤鮞)가 있습니다. 봉황은 날개를 쳐서 구천 리를 높이 날아 구름을 뚫고 푸른 하늘을 등지고 발로 뜬구름을 어지럽히며 지극히 멀고 높은 곳에서 납니다. 그 울타리에서 노는 메추라기가 어찌 봉황과 더불어 천지의 높고 낮음을 예측할 수 있겠습니까? 곤이(鯤鮞)는 아침에 곤륜산(崑崙山)의 기슭에서 출발하여 갈석산(碣石山)에서 지느러미를 드러내고 저녁에는 맹저(孟諸)에서 잠을 잡니다. 그 얕은 못에서 노는 작은 물고기가, 어찌 이들과 더불어 강과 바다의 크고 작음을 가늠할 수 있겠습니까?

「그래서 다만 새 중에 봉황이 있고 물고기 중에 곤이가 있을 뿐만 아니라, 선비 중에도 역시 봉황·곤이와 같은 걸출한 인재가 있습니다. 그 성인들의 위대한 의지와 아름다운 덕행은 범상을 초월하여 홀로 존재하는데, 세속 사람들이 또 어찌 제가 행하는 바를 알겠습니까?」

해제解題 및 본문 요지 설명

본문은 《초사(楚辭)》의 일부분으로, 내용은 초회왕(楚懷王)이 송옥(宋玉)에게 :「선생은 혹시 잘못한 행동이 있지 않습니까? 어째서 사인(士人)과 백성들이 당신을 그처럼 비난합니까?」라고 묻자, 송옥이 그 원인에 대해 해명한 것이다.

　본문은 두 단락으로 나눌 수 있는데, 첫째 단락에서는 초회왕이 송옥에게 잘못한 행동이 있는지 물은 것을 기술했고; 둘째 단락에서는 송옥이 초회왕의 물음에 대해 봉황(鳳凰)과 곤이(鯤鱺)를 들어 비유하면서 자신의 뛰어난 사상과 비범한 행동이 범상을 초월하기 때문에 속세의 사람들이 알지 못한다고 해명한 것을 기술했다.

권5

한문(漢文)

074 오제본기찬
075 항우본기찬
076 진초지제월표
077 고조공신후연표
078 공자세가찬
079 외척세가서
080 백이열전
081 관안열전

082 굴원열전
083 혹리열전서
084 유협열전서
085 골계열전
086 화식열전서
087 태사공자서
088 보임소경서

074 오제본기찬(五帝本紀贊)
《史記》

작 자

 《사기(史記)》는 한(漢) 사마천(司馬遷 : B.C. 145-B.C. 90?, 사마천의 졸년에 대해서는 B.C. 86이라는 설과 B.C. 93 이후라는 설이 있다)이 지은 역사책이다. 사마천은 하양(夏陽)[지금의 섬서성 한성(韓城) 남쪽] 사람으로, 고대 중국의 걸출한 사학가요 문인이다. 부친 사마담(司馬談)이 박학다식하여 한무제(漢武帝) 초기에 태사령(太史令)에 임명되었는데, 이로 인해 사마천은 어려서부터 고대 문헌을 읽을 수 있는 기회가 많았다. 10세 때 부친을 따라 장안(長安)에 와서 경학(經學)의 대가인 공안국(孔安國)·동중서(董仲舒)에게 고대 문헌을 배웠고, 20세 이후에는 강산 대천을 자유롭게 유람하면서 각지의 인정 풍토와 사적들을 고찰하고 역사 자료를 수집하여 이후 저술을 위한 견고한 기초를 확립했다. 얼마 후 장안으로 돌아와 낭중(郞中)에 임명되어 무제(武帝)를 따라 순시에 나섰다가 서남 지방에 출사하기도 했다. 부친이 죽은 후 무제(武帝) 원봉(元封) 4년(B.C. 108), 그는 부친의 직책을 계승하여 태사령(太史令)이 되었고, 그로부터 3년 뒤 《사기》를 집필하기 시작했다. 천한(天漢) 2년(B.C. 99), 무제(武帝)의 물음에 대답하는 과정에서 이릉(李陵)이 흉노에 패하여 항복한 것을 변호하다가 무제의 노여움을 사서 그 죄과로 궁형(宮刑)을 당했다.

그는 이처럼 말할 수 없는 모욕을 당하면서도 시종 저술에 대한 집념을 잊은 적이 없었다. 감옥에서 나와 중서령(中書令)에 임명된 후 계속 저술에 몰두하여 45세에 때 마침내 만고에 길이 남을 거작 《사기》를 완성하였다.

《사기》는 본래 정해진 명칭이 없이 태사공(太史公)이 지었다 하여 《태사공기(太史公記)》 또는 《태사공서(太史公書)》라 하던 것을 《후한서(後漢書)·반표전(班彪傳)》에 「사마천이 《사기》를 지었다」라 하고, 오균(吳均)의 《서경잡기(西京雜記)》에 「사마천이 발분하여 《사기》를 지었다」라고 말함으로써 비로소 《사기》라는 명칭이 생겨나게 되었다.

《사기》는 중국 제일의 기전체(紀傳體) 통사(通史)로, 전설적인 황제(黃帝)로부터 한무제(漢武帝)에 이르기까지 약 3천 년간의 역사를 기록했다. 전서(全書)는 12본기(本紀), 10표(表), 8서(書), 30세가(世家), 70열전(列傳) 등 모두 130편으로 구성되어 있는데, 그중 「본기」는 역대 제왕의 사적을 기술한 것이고, 「표」는 각 시기의 큰 사건을 표로써 열거한 것이고, 「서」는 천문(天文)·지리(地理)와 전장제도(典章制度)를 기술한 것이고, 「세가」는 선진 제후들과 이에 버금가는 인물들의 사적을 기술한 것이고, 「열전」은 역대 명인들의 사적을 기술한 것이다.

《사기》는 노신(魯迅)이 「역사가의 빼어난 시문(詩文)이요, 무운(無韻)의 《이소(離騷)》」라고 했듯이, 상당히 완벽한 중국통사(中國通史)로 기전체(紀傳體)의 선하요, 중국 역사와 문학의 위대한 성취라 하겠다.

원문 및 주석

五帝本紀贊[1]

太史公曰:「學者多稱五帝尙矣.[2] 然《尙書》獨載堯以來, 而百家言黃帝, 其文不雅馴, 薦紳先生難言之.[3] 孔子所傳《宰予問五帝德》及《帝繫姓》, 儒者或不傳.[4] 余嘗西至空桐, 北過涿鹿, 東漸於海,

---

1 五帝本紀贊 → 五帝本紀에 대한 논평
 【五帝(오제, wǔ dì)】: 전설상의 중국 상고시대 다섯 제왕. 즉 黃帝·顓頊·帝嚳·堯·舜.
 【本紀(본기, běn jì)】: 제왕의 사적에 관한 기록.
 【贊(찬, zàn)】: 본문 뒤에 쓰는 논평 형식의 짤막한 글.
 ※「贊」형식의 논평은 사마천이 최초로 쓰기 시작했다.

2 太史公曰:「學者多稱五帝尙矣. → 太史公이 말했다:「학자들 대부분은 五帝의 연대가 매우 오래되었다고 말한다.
 【太史公(태사공, tài shǐ gōng)】: 漢의 史官을「太史令」이라 했는데, 지위는 비록 낮지만 朝會 시에 항상 황제의 좌우에서 公보다 윗자리에 있었기 때문에「태사공」이라 불렸다. 여기서는 司馬遷 자신을 가리킨다.
 【稱(칭, chēng)】: 말하다.
 【尙(상, shàng)】: 매우 오래되다.

3 然《尙書》獨載堯以來, 而百家言黃帝, 其文不雅馴, 薦紳先生難言之. → 그러나 《尙書》는 다만 唐堯 이후를 기록했고, 제자백가는 黃帝에 대해 서술했으나, 그 문사가 우아하지 못하고 사리에도 맞지 않아, 縉紳들조차 그것을 말하기 어려워했다.
 【然(연, rán)】: 그러나.
 【《尙書(상서, shàng shū)》】: [서명] 현존하는 중국 최초의 역사책으로, 堯·舜시대로부터 夏·殷·周 三代에 걸쳐 임금이나 제후의 공식 발언을 후의 사관들이 기록한 것인데, 漢代 유가들이 이를 경전으로 받들어 《書經》이라 했다.
 【獨(독, dú)】: 다만.
 【百家(백가, bǎi jiā)】: 先秦 諸子百家.
 【雅馴(아순, yǎ xún)】: 우아하고 사리에 맞다.
 【薦紳(천신, jiàn shēn)】: 搢紳. 縉紳. 벼슬아치의 총칭.
  ※ 옛날의 관리들은 入朝할 때 손에 들고 들어가는 笏을 퇴조한 후에는 옷깃에 끼고 있는데, 이를「縉紳」또는「搢紳」이라 했으며, 이는 곧「관리, 벼슬아치」를 가리키는 의미로 사용되었다.
 【之(지, zhī)】: [대명사] 그것. 즉「《尙書》」.

南浮江淮矣。⁵ 至長老皆各往往稱黃帝、堯、舜之處, 風敎固殊焉; 總之, 不離古文者近是。⁶

4 孔子所傳《宰予問五帝德》及《帝繫姓》, 儒者或不傳。→ 孔子가 전한 《宰予問五帝德》과 《帝繫姓》은, 유학자들 가운데 어떤 사람들은 (성인의 말로 믿기 어렵다 하여) 이를 傳授하지 않았다.
   【宰予問五帝德(재여문오제덕, zǎi yú wèn wǔ dì dé)】:《五帝德》.《大戴禮記》와《孔子家語》중의 편명. 공자의 제자 宰予와 공자가 문답하는 형식으로 五帝의 史略에 대해 개술했다. 그러나 유가들 중에는 이를 성인의 말이 아니라 여겨 후학들에게 傳授하지 않았다.【宰予】: [인명] 춘추시대 魯나라 사람으로, 자는 子我 또는 宰我라 하며, 공자의 제자이다.
   【帝繫姓(제계성, dì xì xìng)】:《大戴禮記》중의 편명으로, 五帝의 家譜를 기록한 것이다.
   【或(혹, huò)】: 어떤 사람.

5 余嘗西至空桐, 北過涿鹿, 東漸於海, 南浮江淮矣。→ (그래서) 나는 일찍이 서쪽은 空桐山에 이르고, 북쪽은 涿鹿山을 경유하고, 동쪽은 바다에 이르고, 남쪽은 배를 타고 長江과 淮水를 유람했다.
   【余(여, yú)】: 我. 나.
   【嘗(상, cháng)】: 일찍이.
   【空桐(공동, kōng tóng)】: [산 이름] 空桐山, 崆峒山이라고도 한다. 지금의 감숙성 平涼縣 서쪽. ※판본에 따라서는「桐」을「峒」이라 했다.
   【過(과, guò)】: 경유하다. 지나가다.
   【涿鹿(탁록, zhuō lù)】: [산 이름] 지금의 하북성 涿鹿縣 동남쪽.
   【漸(점, jiàn)】: 入. 들어가다. 여기서는「이르다, 가다」의 뜻.
   【浮(부, fú)】: (물에) 뜨다. 여기서는「배를 타고 유람하다」의 뜻.
   【江淮(강회, jiāng huái)】: [강 이름] 長江과 淮河.

6 至長老皆各往往稱黃帝、堯、舜之處, 風敎固殊焉; 總之, 不離古文者近是。→ 나이 많은 어른들이 모두 왕왕 黃帝・堯・舜을 언급한 곳에 가보면, 그 지방의 풍속 교화는 본래 서로 다르지만, 총괄해 볼 때, (《五帝德》·《帝繫姓》등과 같은) 고문의 기록에서 벗어나지 않고 사실에 가깝다.
   【長老(장로, zhǎng lǎo)】: 나이 많은 어른.
   【往往(왕왕, wǎng wǎng)】: 항상. 늘.
   【固(고, gù)】: 본래. 본디.
   【殊(수, shū)】: 다르다.
   【總之(총지, zǒng zhī)】: 총괄해 보건대. 요컨대.
   【不離(불리, bù lí)】: 벗어나지 않다.
   【古文(고문, gǔ wén)】: 古文으로 쓴 전적. ※漢代에 隸書로 쓴 것을 今文이라 하고, 선진시대 籒文으로 쓴 것을 古文이라 한다. 예를 들어,《今文尙書》와《古文尙書》가 그것이다.

「予觀《春秋》、《國語》, 其發明《五帝德》、《帝繫姓》, 章矣.⁷ 顧弟弗深考, 其所表見皆不虛.⁸ 《書》缺有間矣, 其軼乃時時見於他說.⁹ 非好學深思, 心知其意, 固難爲淺見寡聞道也.¹⁰ 余幷論次, 擇其言

【是(시, shì)】: 사실. 진실.

7 予觀《春秋》、《國語》, 其發明《五帝德》、《帝繫姓》, 章矣. → 내가《春秋》·《國語》를 보건대, 두 책은《五帝德》·《帝繫姓》에 대한 설명이, 매우 명료하다.
  【予(여, yú)】: 我. 나.
  【《春秋(춘추, chūn qiū)》】: [서명] 춘추시대 魯나라 隱公 원년(B.C. 722)부터 哀公 14년(B.C. 481)까지의 事跡을 魯나라 사관이 편년체로 기록한 것을, 孔子가 윤리적 관점에서 다시 정리했다고 전한다.《春秋》는 내용이 매우 간단하게 기록되어 의미를 파악하기가 쉽지 않았기 때문에, 많은 학자들이 이해를 돕고자 그 의미를 해석하고 풀이하는 註釋書인「傳」을 지었는데, 이 가운데 戰國時代 公羊高가 지은《公羊傳》, 穀梁赤이 지은《穀梁傳》, 左丘明이 지은《左氏傳》[약칭으로《左傳》이라 한다]이「春秋三傳」이라 하여 대표적이며, 그중《左傳》이 가장 유명하다.《공양전》과《곡량전》은 주로《춘추》의 經文을 해석한 것이고,《좌전》은《춘추》에 기록된 史實에 대한 역사적 해석을 중심으로 하고 있다.
  【《國語(국어, guó yǔ)》】: [서명] 左丘明이 지었다고 하는 西周末～春秋時期 周·魯·齊·晉·鄭·楚·吳·越 여덟 나라의 國別史.
  【其(기, qí)】: [대명사] 그것. 즉「《春秋》와《國語》」.
  【發明(발명, fā míng)】: 설명하다. 밝히다.
  【章(장, zhāng)】: 명료하다. 분명하다.

8 顧弟弗深考, 其所表見皆不虛. → 다만 (학자들이) 깊이 고찰하지 않았을 뿐이지,《五帝德》과《帝繫姓》이 표현한 바는 모두 허위가 아니다.
  【顧弟(고제, gù dì)】: 다만.〖顧〗: 但. 단지. 다만.〖弟〗: 第. 다만.
  【弗(불, fú)】: 不.
  【深考(심고, shēn kǎo)】: 깊이 고찰하다.
  【其(기, qí)】: [대명사] 그것. 즉《五帝德》와《帝繫姓》」.
  【表見(표현, biǎo xiàn)】: 발표하다. 표현하다.〖見〗: 現.
  【虛(허, xū)】: 허위. 거짓.

9 《書》缺有間矣, 其軼乃時時見於他說. →《尙書》에는 완전하지 못하고 누락된 부분이 있는데, 그 일실된 기록은 또한 왕왕 다른 典籍에서 산견된다.
  【間(간, jiàn)】: 間隙. 틈. 결손. 즉「빠지다, 누락되다」의 뜻.
  【軼(일, yì)】: 逸失되다. 散失되다. 흩어져 없어지다.
  【乃(내, nǎi)】: 또한.
  【時時(시시, shí shí)】: 때때로. 왕왕.
  【他說(타설, tā shuō)】: 다른 典籍.

尤雅者, 故著爲本紀書首。」[11]

> 번역문

오제본기(五帝本紀)에 대한 논평

태사공(太史公)이 말했다 :「학자들 대부분은 오제(五帝)의 연대가 매우 오래되었다고 말한다. 그러나 《상서(尙書)》는 다만 당요(唐堯) 이후를 기록했고, 제자백가(諸子百家)는 황제(黃帝)에 대해 서술했으나 그 문사가 우아하지 못하고 사리에도 맞지 않아 진신(縉紳)들조차 그것을 말하기 어려워했다. 공자(孔子)가 전한 《재여문오제덕(宰予問五帝德)》과 《제계성(帝繫姓)》은 유학자들 가운데 어떤 사람들은 (성인의 말로 믿기 어렵다 하여) 이를

---

10 非好學深思, 心知其意, 固難爲淺見寡聞道也。 → 만일 배우기를 싫어하고 깊이 생각하지 않아, 마음으로 그 뜻을 알지 못한다면, 본래 지식이 얄팍한 사람에게 설명하기란 매우 어려운 일이다.
【固(고, gù)】: 본래.
【爲(위, wèi)…道(도, dào)】: …에게 설명하다. 【爲】: …에게.
【淺見寡聞(천견과문, qiǎn jiàn guǎ wén)】: 견문이 부족하다. 지식이 천박하다.

11 余幷論次, 擇其言尤雅者, 故著爲本紀書首。」 → 나는 (자료들을) 모아 (시대순에 따라) 차례대로 기술하면서, 典籍의 내용 가운데 문사가 가장 우아한 것을 선택했고, 그래서 五帝本紀를 지어 그것을 本紀 중의 제1편으로 삼았다.」
【幷(병, bìng)】: 모으다.
【論次(논차, lùn cì)】: 차례대로 논하다.
【其言(기언, qí yán)】: 그 말. 즉「典籍의 내용」.
【尤雅(우아, yóu yǎ)】: 우아하다. 고상하다.
【著(저, zhù)】: 짓다. 저술하다. 여기서는「《五帝本紀》를 짓다」의 뜻.
【爲(위, wéi)…】: …로 삼다.
【書首(서수, shū shǒu)】: 책의 서두. 제1편.

전수하지 않았다. (그래서) 나는 일찍이 서쪽은 공동산(崆峒山)에 이르고, 북쪽은 탁록산(涿鹿山)을 경유하고, 동쪽은 바다에 이르고, 남쪽은 배를 타고 장강(長江)과 회수(淮水)를 유람했다. 나이 많은 어른들이 모두 왕왕 황제(黃帝)·요(堯)·순(舜)을 언급한 곳에 가보면 그 지방의 풍속 교화는 본래 서로 다르지만, 총괄해 볼 때 (《오제덕》·《제계성》 등과 같은) 고문의 기록에서 벗어나지 않고 사실에 가깝다.

「내가 《춘추(春秋)》·《국어(國語)》를 보건대, 두 책은 《오제덕》·《제계성》에 대한 설명이 매우 명료하다. 다만 (학자들이) 깊이 고찰하지 않았을 뿐이지 《오제덕》과 《제계성》이 표현한 바는 모두 허위가 아니다. 《상서(尙書)》에는 완전하지 못하고 누락된 부분이 있는데, 그 일실된 기록은 또한 왕왕 다른 전적(典籍)에서 산견된다. 만일 배우기를 싫어하고 깊이 생각하지 않아 마음으로 그 뜻을 알지 못한다면, 본래 지식이 얄팍한 사람에게 설명하기란 매우 어려운 일이다. 나는 (자료들을) 모아 (시대순에 따라) 차례대로 기술하면서 전적의 내용 가운데 문사가 가장 우아한 것을 선택했고, 그래서 오제본기를 지어 그것을 본기 중의 제1편으로 삼았다.」

해제解題 및 본문 요지 설명

「찬(贊)」은 본문 뒤에 쓰는 논평 형식의 짤막한 글로, 이러한 형식은 사마천(司馬遷)이 최초로 시작했다.

본문은 《사기(史記)·오제본기(五帝本紀)》 중의 마지막 부분으로, 사마천이 《오제본기》를 쓴 이유와 관련 문헌자료를 고증한 것에 대해 간략히 논평한 글이다.

본문은 두 단락으로 나눌 수 있는데, 첫째 단락에서는 후세 사람들이 오제(五帝)의 사적을 불신하는 것에 대해, 작자가 각 지방의 현지답사와 고증을 통해 오제의 사적이 모두 믿을 수 없는 것이 아니라는 것을 말했고; 둘째 단락에서는 《상서(尙書)》의 내용이 비록 부족하고 누락된 부분이 있긴 하지만 다른 전적을 통해 일실된 부분을 보완할 수 있다는 것을 알고 《상서》 가운데 문사가 우아한 것을 골라 《오제본기》를 지었다는 것을 말했다.

075 항우본기찬(項羽本紀贊)
《史記》

작 자

074 오제본기찬(五帝本紀贊) 참조.

원문 및 주석

項羽本紀贊[1]

太史公曰:「吾聞之周生曰:『舜目蓋重瞳子。』又聞項羽亦重瞳子。羽豈其苗裔邪?[2] 何興之暴也? 夫秦失其政, 陳涉首難, 豪傑蠭

---

1 項羽本紀贊 → 項羽本紀에 대한 논평
【項羽(항우, xiàng yǔ)】: [인명] 성은 項, 이름은 籍, 자는 羽. 秦나라 말기 下相[지금의 강소성 宿遷縣 서쪽] 사람으로, 楚나라 장수 項燕의 후손이다. 숙부 項梁을 쫓아 군사를 일으켜 秦나라를 멸하고 王侯에 봉해져 스스로 西楚霸王이라 칭했다. 후에 劉邦에게 패하자 스스로 목숨을 끊었다.
【本紀(본기, běn jì)】: 제왕의 사적에 관한 기록.
【贊(찬, zàn)】: 본문 뒤에 쓰는 논평 형식의 짤막한 글.
※「贊」형식의 논평은 사마천이 최초로 쓰기 시작했다.

起, 相與並爭, 不可勝數.³ 然羽非有尺寸, 乘勢起隴畝之中, 三年, 遂將五諸侯滅秦, 分裂天下而封王侯, 政由羽出, 號爲霸王.⁴ 位雖

2 太史公曰:「吾聞之周生曰:『舜目蓋重瞳子.』又聞項羽亦重瞳子. 羽豈其苗裔邪?→ 太史公이 말했다:「나는 周生이『舜의 눈은 아마도 눈동자가 두 개일 것이다.』라고 한 말을 들었고, 또 項羽도 눈동자가 두 개라는 말을 들었다. 그렇다고 항우가 어찌 그의 후예이겠는가?
【太史公(태사공, tài shǐ gōng】: 漢의 史官을「太史令」이라 했는데, 지위는 비록 낮지만 朝會 시에 항상 황제의 좌우에서 公보다 윗자리에 있었기 때문에「태사공」이라 불렸다. 여기서는 司馬遷 자신을 가리킨다.
【周生(주생, zhōu shēng)】: 漢代 周씨 성의 儒生.
【蓋(개, gài)】: 아마도.
【重瞳子(중동자, chóng tóng zǐ)】: 하나의 눈에 두 개의 눈동자가 있는 것.
【苗裔(묘예, miáo yì)】: 후예. 후손.

3 何興之暴也? 夫秦失其政, 陳涉首難, 豪傑蠭起, 相與並爭, 不可勝數。→ (항우는) 어째서 그렇게 빨리 일어났는가? 秦나라가 失政하여, 陳涉이 가장 먼저 난을 일으키자, 호걸들이 벌떼처럼 일어나, 서로 천하를 다투는데, 수를 헤아릴 수가 없었다.
【暴(포, bào)】: 갑자기. 창졸간에.
【夫(부, fú)】: [어조사].
【秦失其政(진실기정, qín shī qí zhèng)】: 秦나라가 失政하다. ※이는 秦始皇의 폭정으로 말미암아 백성들의 원성이 일고, 二世가 즉위한 후 趙高가 권력을 휘둘러 내정이 혼란해지자 사방에서 호걸들이 일어났던 것을 가리킨다.
【陳涉(진섭, chén shè)】: [인명] 성은 陳, 이름은 勝, 자는 涉. 陽城[지금의 하남성 登封縣] 사람으로, 秦二世 원년(B.C. 209)에 吳廣과 함께 난을 일으킨 후, 스스로 왕위에 올랐으나, 후에 자신의 馬夫인 莊賈에게 살해되었다.
【首難(수난, shǒu nàn)】: 가장 먼저 난을 일으키다.
【蠭起(봉기, fēng qǐ)】: 봉기하다. 벌떼처럼 일어나다.
【不可勝數(불가승수, bù kě shèng shǔ)】: 많아서 일일이 셀 수가 없다. 수를 헤아릴 수가 없을 정도로 많다.

4 然羽非有尺寸, 乘勢起隴畝之中, 三年, 遂將五諸侯滅秦, 分裂天下而封王侯, 政由羽出, 號爲霸王.→ 그러나 항우는 한 자 한 치의 땅도 없이, 형세를 틈타 민간에서 일어나, 삼 년 만에, 마침내 다섯의 제후를 거느리고 秦을 멸한 후, 천하를 분할하여 王侯를 봉하고, 모든 政令이 항우 자신으로부터 나오게 하더니, 스스로 霸王이라 불렀다.
【尺寸(척촌, chǐ cùn)】: 한 자 한 치. 즉「작은 것」을 가리킨다.
【乘(승, chéng)】: 틈타다. 이용하다.
【隴畝(농무, lóng mǔ)】: 밭이랑. 여기서는「민간」을 가리킨다.
【遂(수, suì)】: 마침내. 드디어.
【將(장, jiàng)】: 거느리다.

不終, 近古以來未嘗有也.⁵ 及羽背關懷楚, 放逐義帝而自立, 怨王侯叛己, 難矣.⁶ 自矜功伐, 奮其私智而不師古, 謂霸王之業, 欲以力征, 經營天下.⁷ 五年, 卒亡其國, 身死東城, 尙不覺寤, 而不自責, 過

【五諸侯(오제후, wǔ zhū hóu)】: 다섯 제후. 여기서는「齊・趙・韓・魏・燕」의 제후를 가리킨다.
【政(정, zhèng)】: 政令.
【由(유, yóu)】: …로부터.
【號爲(호위, hào wéi)…】: …라고 부르다.
【霸王(패왕, bà wáng)】: 춘추전국시대에 제후를 거느리고 천하를 다스리던 사람.

5 位雖不終, 近古以來未嘗有也. → 그의 지위는 비록 오래가지 않았지만, 근고 이래 일찍이 이러한 인물이 없었다.
【近古(근고, jìn gǔ)】: 그리 오래되지 않은 옛날. ※ 여기서는「춘추전국시대」를 가리킨다.
【未嘗(미상, wèi cháng)】: …한 적이 없다. 아직 …하지 못하다.

6 及羽背關懷楚, 放逐義帝而自立, 怨王侯叛己, 難矣. → 항우는 (秦나라 땅인) 關中을 포기하고 (고향인) 楚나라를 그리워하여, (楚나라 王) 義帝를 몰아내고 스스로 왕위에 오른 상황에 이르러, 오히려 왕들이 자기를 배반했다고 원망함으로써, 매우 곤란한 처지가 되었다.
【及(급, jí)】: 이르다. 도달하다.
【背(배, bèi)】: 포기하다.
【關(관, guān)】: 關中. 秦나라의 요새지로, 지금의 函谷關 서쪽의 西安 咸陽 일대. 즉「秦나라의 땅」을 가리킨다.
【懷楚(회초, huái chǔ)】: 초나라를 그리워하다.
※ 이는 項羽가 자신이 점령한 秦나라를 포기하고 고향인 楚나라로 돌아가 彭城[지금의 강소성 徐州]을 도읍으로 정한 것을 말한다.
【放逐(방축, fàng zhú)】: 몰아내다. 쫓아내다.
【義帝(의제, yì dì)】: 楚懷王의 손자로 성은 熊, 이름은 心. B.C. 208년 項羽의 숙부 項梁은 楚懷王의 손자인 熊心을 왕으로 옹립하고 여전히 楚懷王이라 불렀다. 항우는 겉으로는 초회왕 웅심을 존경하여 義帝로 삼고 자신은 西楚霸王이라 했는데, 자신이 彭城을 도읍으로 정하고 義帝로 하여금 도읍을 팽성에서 郴縣으로 천도하도록 한 후, 사람을 보내 도중에서 의제를 살해했다.
【自立(자립, zì lì)】: 스스로 왕위에 오르다.
【怨(원, yuàn)】: 원망하다.
【王侯(왕후, wáng hóu)】: 왕후. 여기서는「韓廣・劉邦」등을 가리킨다.
【叛(반, pàn)】: 배반하다.

7 自矜功伐, 奮其私智而不師古, 謂霸王之業, 欲以力征, 經營天下. → 스스로 공을 자랑하고, 개인의 지혜만 운용할 뿐 옛사람들을 본받지 않으면서, 패왕의 사업은, 무력으로 정

矣。⁸ 乃引『天亡我, 非用兵之罪也』, 其不謬哉?』⁹

번역문

항우본기(項羽本紀)에 대한 논평

태사공(太史公)이 말했다 : 「나는 주생(周生)이 『순(舜)의 눈은 아마도 눈동자가 두 개일 것이다.』라고 한 말을 들었고, 또 항우(項羽)도 눈동자가 두 개라는 말을 들었다. 그렇다고 항우가 어찌 그의 후예이겠는가? (항우는)

벌해야, 천하를 다스릴 수 있다고 생각했다.
【矜(긍, jīn)】: 자랑하다.
【功伐(공벌, gōng fá)】: 공로. 공훈.
【奮(분, fèn)】: 펼치다. 운용하다.
【師(사, shī)】: 본받다. 모방하다.
【謂(위, wèi)】: …라 여기다. …라고 생각하다.
【欲(욕, yù)】: …해야 한다.
【經營(경영, jīng yíng)】: 다스리다. 통치하다.

8 五年, 卒亡其國, 身死東城, 尙不覺寤, 而不自責, 過矣。→ (겨우) 5년 만에, 결국 자기 나라를 망치고, 東城에서 죽을 때까지도, 여전히 깨닫지 못하고, 자책할 줄을 몰랐으니, 실로 잘못된 일이다.
【卒(졸, zú)】: 결국. 끝내.
【東城(동성, dōng chéng)】: [지명] 지금의 안휘성 定遠縣 동남쪽.
【尙(상, shàng)】: 아직. 여전히.
【過(과, guò)】: 과오. 잘못.

9 乃引『天亡我, 非用兵之罪也』, 其不謬哉? → 그래도 『하늘이 나를 망하게 한 것이지, 용병을 잘못한 것이 아니다.』라는 구실을 끌어대니, 어찌 황당하지 않은가?』
【乃(내, nǎi)】: 그래도. 오히려.
【引(인, yǐn)】: 인용하다. 구실을 끌어대다.
【其(기, qí)】: 豈. 어찌.
【謬(류, miù)】: 황당하다.

어째서 그렇게 빨리 일어났는가? 진(秦)나라가 실정(失政)하여 진섭(陳涉)이 가장 먼저 난을 일으키자, 호걸들이 벌떼처럼 일어나 서로 천하를 다투는데, 수를 헤아릴 수가 없었다. 그러나 항우는 한 자 한 치의 땅도 없이 형세를 틈타 민간에서 일어나, 삼 년 만에 마침내 다섯의 제후를 거느리고 진(秦)을 멸한 후, 천하를 분할하여 왕후(王侯)를 봉하고 모든 정령(政令)이 항우 자신으로부터 나오게 하더니 스스로 패왕(霸王)이라 불렀다. 그의 지위는 비록 오래가지 않았지만 근고(近古) 이래 일찍이 이러한 인물이 없었다. 항우는 (진나라 땅인) 관중(關中)을 포기하고 (고향인) 초(楚)나라를 그리워하여 (초나라 왕) 의제(義帝)를 몰아내고 스스로 왕위에 오른 상황에 이르러, 오히려 왕후들이 자기를 배반했다고 원망함으로써 매우 곤란한 처지가 되었다. 스스로 공(功)을 자랑하고 개인의 지혜만 운용할 뿐 옛사람들을 본받지 않으면서, 패왕의 사업은 무력으로 정벌해야 천하를 다스릴 수 있다고 생각했다. (겨우) 5년 만에 결국 자기 나라를 망치고 동성(東城)에서 죽을 때까지도 여전히 깨닫지 못하고 자책할 줄을 몰랐으니 실로 잘못된 일이다. 그래도 『하늘이 나를 망하게 한 것이지 용병을 잘못한 것이 아니다.』라는 구실을 끌어대니 어찌 황당하지 않은가?」

해제解題 및 본문 요지 설명

본문은 《사기(史記)・항우본기(項羽本紀)》 중의 마지막 부분으로, 내용은 사마천(司馬遷)이 항우(項羽)의 성공과 실패에 대해 논평한 것이다.

본문은 두 단락으로 나눌 수 있는데, 첫째 단락에서는 항우의 성패를 논하면서 성공한 점에 대해, 민간에서 일어나 진(秦)나라를 멸망시킨 위대한 공적을 긍정적으로 평가하여 근래 역사에서 볼 수 없는 위대한 인물이라 극찬하며, 그를 「세가(世家)」로 분류하지 않고 「본기(本紀)」에 넣어 제왕(帝王)의 부류로 간주한 것을 기술했고; 둘째 단락에서는 항우의 실패한 점에 대해, 그 요인을 다섯 가지로 요약하여 ① 안목이 짧아 봉토를 제후들에게 나누어주고 천하통일의 의지가 없어 다시 투쟁의 혼란 속으로 빠져들게 했고, ② 진(秦)나라 영토인 관중(關中)을 포기하고 고향인 초(楚)나라로 돌아감으로써 지리적 이점을 상실했고, ③ 의제(義帝)를 몰아내고 스스로 왕위에 올라 제후들의 반감을 일으켰고, ④ 스스로 공로를 자랑하며 옛사람들을 본받아 널리 덕정(德政)을 베푸는 일을 하지 못했고, ⑤ 오직 무력만을 믿다가 민심을 잃은 것을 기술했다.

076 진초지제월표(秦楚之際月表)
《史記》

작자

074 오제본기찬(五帝本紀贊) 참조.

원문 및 주석

秦楚之際月表¹

太史公讀秦、楚之際曰:「初作難, 發於陳涉; 虐戾滅秦, 自項氏; 撥亂誅暴, 平定海內, 卒踐帝祚, 成於漢家.² 五年之間, 號令三

---

1 秦楚之際月表 → 秦나라와 楚나라 시기의 月表
  【秦楚之際(진초지제, qín chǔ zhī jì)】: 진나라와 초나라 시기. 여기서는 秦二世의 失政과 項羽의 흥성 시기를 가리킨다. 【際】: 시기. 때.
  【月表(월표, yuè biǎo)】:「表」는《史記》가 창안해낸 일종의 史書 서술 방식으로, 역사 사실이나 인물 등을 서식 형태로 나타낸 것을 말한다. 연대를 고증할 수 없는 것은「世表」로 만들고, 연대를 고증할 수 있는 것은「年表」로 만들고, 변화가 극심한 것은「月表」로 만들었다.

嬗, 自生民以來, 未始有受命若斯之亟也。³

「昔虞、夏之興, 積善累功數十年, 德洽百姓, 攝行政事, 考之於天, 然後在位。⁴ 湯、武之王, 乃由契、后稷, 修仁行義十餘世, 不期

2 太史公讀秦、楚之際曰:「初作難, 發於陳涉; 虐戾滅秦, 自項氏; 撥亂誅暴, 平定海內, 卒踐帝祚, 成於漢家。→ 太史公이 秦·楚 시기의 역사 기록을 읽고 말했다:「최초의 반란은, 陳涉에서 비롯되었고; 포악하게 진나라를 멸망시킨 것은, 항우이며; 혼란을 진압하고 포악한 자를 처단한 후, 천하를 평정하여, 마침내 제위에 오른 것은, 漢의 劉邦에서 이루어졌다.
【太史公(태사공, tài shǐ gōng)】: 漢의 史官을「太史令」이라 했는데, 지위는 비록 낮지만 朝會 시에 항상 황제의 좌우에서 公보다 윗자리에 있었기 때문에「태사공」이라 불렸다. 여기서는 司馬遷 자신을 가리킨다.
【作難(작난, zhò nàn)】: 반란을 일으키다. 여기서는「秦에 항거하기 위한 반란」을 말한다.
【發於(발어, fā yú)…】: …로부터 비롯되다.〖於〗: [개사] …에서. …으로부터.
【陳涉(진섭, chén shè)】: [인명] 이름은 勝, 자는 涉. 陽城[지금의 하남성 登封縣] 사람으로, 秦二世 원년(B.C.209)에 吳廣과 함께 농민을 이끌고 난을 일으켜, 얼마 후 스스로 왕위에 올랐으나, 후에 자신의 馬夫인 莊賈에게 살해되었다.
【虐戾(학려, nüè lì)】: 포악하다. 흉포하다.
【撥(발, bō)】: 다스리다. 진압하다.
【誅暴(주포, zhū bào)】: 포악한 자를 처단하다.
【卒(졸, zú)】: 끝내. 마침내.
【踐(천, jiàn)】: 오르다. 부임하다.
【帝祚(제조, dì zuò)】: 帝位.
【漢家(한가, hàn jiā)】: 漢나라. 여기서는 漢의 劉邦을 가리킨다.

3 五年之間, 號令三嬗, 自生民以來, 未始有受命若斯之亟也。→ 5년 동안에, 호령하는 자가 세 번이 바뀌었는데, 인류가 생긴 이래, 이처럼 빨리 天命을 받은 적이 없었다.
【五年之間(오년지간, wǔ nián zhī jiān)】: 5년 동안. ※劉邦이 漢王에 오른 漢高祖 원년~5년(B.C. 206-B.C. 202), 즉 항우가 황제를 칭한 때부터 烏江에서 자살한 때까지의 5년 동안.
【號令(호령, hào lìng)】: 호령하다. 여기서는「호령하는 자」의 뜻.
【嬗(선, shàn)】: 바뀌다.
【自生民以來(자생민이래, zì shēng mín yǐ lái)】: 인류가 생겨난 이래. 유사 이래.〖自…以來〗: …이래.
【未始(미시, wèi shǐ)】: 未嘗. …한 적이 없다.
【受命(수명, shòu mìng)】: 天命을 받다.
【若斯(약사, ruò sī)】: 如此. 이처럼. 이와 같이.
【亟(극, jí)】: 빠르다. 급속하다.

而會孟津八百諸侯, 猶以爲未可, 其後乃放弑。[5] 秦起襄公, 章於文、繆、獻、孝之後, 稍以蠶食六國, 百有餘載, 至始皇乃能幷冠帶之倫。[6]

4 「昔虞、夏之興, 積善累功數十年, 德洽百姓, 攝行政事, 考之於天, 然後在位。→「옛날 虞舜・夏禹가 일어날 때는, 수십 년 동안 선행과 공적을 쌓고, 은덕을 베풀어 백성들을 윤택하게 하며, 君主의 政事를 대행하여, 하늘로부터 그것을 시험받고, 그런 다음에 즉위했다.
 【虞(우, yú)】: 虞舜. 즉「虞나라 순임금」.
 【夏(하, xià)】: 夏禹. 즉「夏나라 禹임금」.
 【洽(흡, qià)】: 윤택하게 하다.
 【攝行(섭행, shè xíng)】: 대행하다.
 【考(고, kǎo)】: 시험받다.
 【之(지, zhī)】: [대명사] 그것. 즉「君主의 정사를 대행한 것」.

5 湯、武之王, 乃由契、后稷, 修仁行義十餘世, 不期而會孟津八百諸侯, 猶以爲未可, 其後乃放弑。→ 商의 湯王・周의 武王이 왕업을 이룬 것은, 바로 (선조인) 契・后稷 이래, 십여 대에 걸쳐 仁義를 수행하고, 약속도 없이 팔백 명의 제후들이 孟津에 모임으로서 말미암은 것인데, 그들은 그래도 아직 때가 무르익지 않았다고 여겨, 한참 후에야 비로소 夏의 桀王을 추방하고 殷의 紂王을 죽였다.
 【湯(탕, tāng)】: 商의 湯王. 商나라 건립자.
 【武(무, wǔ)】: 周武王. 周나라 건립자.
 【乃(내, nǎi)】: 이 句에서, 앞의「乃」는 동사로「바로 …이다」라는 뜻이고, 뒤의「乃」는 부사로서「비로소」라는 뜻이다.
 【由(유, yóu)】: …으로 말미암다.
 【契(설, xiè)】: [인명] 帝嚳의 아들로, 商나라의 시조.
 【后稷(후직, hòu jì)】: 周나라의 시조.
 ※ 后稷은 본래 虞舜 때의 農官 명칭이었으나, 周나라의 시조 姬棄가 舜의 后稷을 지냈기 때문에 棄를 后稷이라 불렀다.
 【不期而會(불기이회, bù qī ér huì)】: 약속 없이 모이다.
 【孟津(맹진, mèng jīn)】: 옛 황하의 나루터 이름. 지금의 하남성 孟津縣 동북쪽 및 孟縣 서남쪽. ※ 周武王이 殷의 紂王을 토벌할 때, 이곳에서 제후들과 회맹했다.
 【猶(유, yóu)】: 그래도. 여전히.
 【以爲(이위, yǐ wéi)】: …라 여기다. …라고 생각하다.
 【乃(내, nǎi)】: 비로소.
 【放弑(방시, fàng shì)】: 내쫓고 죽이다. 여기서는「夏의 桀王을 내쫓고, 殷의 紂王을 죽인 것」을 말한다.

6 秦起襄公, 章於文、繆、獻、孝之後, 稍以蠶食六國, 百有餘載, 至始皇乃能幷冠帶之倫。→ 秦나라는 襄公 때부터 흥기하여, 文公・繆公 때 (강국의 면모를) 드러냈고, 獻公・孝公 이후에, 점차 여섯 나라를 잠식하다가, 백여 년이 지나, 秦始皇에 이르러 비로소 여섯 나라의 제후들을 합병할 수 있었다.

以德若彼, 用力如此, 蓋一統若斯之難也.⁷

「秦旣稱帝, 患兵革不休, 以有諸侯也.⁸ 於是無尺土之封, 墮壞名城, 銷鋒鏑, 鉏豪傑, 維萬世之安.⁹ 然王跡之興, 起於閭巷, 合從

【起(기, qǐ)】: 흥기하다. 일어서다.
【章(장, zhāng)】: 彰. 드러내다.
【繆(무, mù)】: 秦穆公. 【繆】: 穆.
【稍(초, shāo)】: 점차.
【載(재, zǎi)】: 해. 년.
【始皇(시황, shǐ huáng)】: 秦始皇. 성은 嬴, 이름은 政. 秦王朝의 건립자.
【乃(내, nǎi)】: 비로소.
【幷(병, bìng)】: 합병하다.
【冠帶之倫(관대지륜, guān dài zhī lún)】: 禮教에 익숙한 무리들. 여기서는 「山東 六國 [燕·韓·魏·齊·楚·趙]」을 가리킨다. 《冠帶》: [동사 용법] 관모를 쓰고 띠를 두르다. 즉 「禮儀를 중시함」을 뜻한다. 《倫》: 輩. 類. 부류.

7 以德若彼, 用力如此, 蓋一統若斯之難也. → 德治에 의존하려면 虞·夏·商·周와 같이 해야 하고, 무력을 사용하려면 秦나라와 같이 해야 하니, 천하를 통일한다는 것은 이처럼 어려운 일이다.
【以(이, yǐ)】: 의지하다. 의존하다.
【若(약, ruò)】: 如. …과 같다.
【彼(피, bǐ)】: 저들. 즉 「虞·夏·商·周」.
【此(차, cǐ)】: 이. 즉 「秦」.
【蓋(개, gài)】: 대체로. ※ 句의 첫머리에 놓여 말한 내용에 대해 확실한 긍정을 피하고 개략적인 상황을 나타낸다. 상황에 따라 번역을 하거나 번역을 생략할 수 있다.
【一統(일통, yī tǒng)】: (천하를) 통일하다.
【若斯(약사, ruò sī)】: 이와 같이. 이처럼. 《若》: …와 같이. …처럼. 《斯》: 此. 이. 이것.

8 「秦旣稱帝, 患兵革不休, 以有諸侯也. → 秦나라는 稱帝 이후, 전란이 멈추지 않을 것을 걱정했는데, 이는 제후들이 존재하고 있었기 때문이다.
【秦(진, qín)】: 진나라. 여기서는 「진시황」을 가리킨다.
【旣(기, jì)】: 이미. …이후. …하고 나서.
【患(환, huàn)】: 우려하다. 걱정하다.
【兵革(병혁, bīng gé)】: 戰亂. 兵變.
【休(휴, xiū)】: 그치다. 멈추다.
【以(이, yǐ)】: …라 여기다. …라고 생각하다.

9 於是無尺土之封, 墮壞名城, 銷鋒鏑, 鉏豪傑, 維萬世之安. → 그리하여 (공신과 종실에 대해) 한 자의 땅도 봉하지 않고, 이름있는 城을 부수었으며, 병기를 녹여버리고, 호걸들을 죽여, 자손만대의 안정을 도모했다.

討伐, 軼於三代.¹⁰ 鄉秦之禁, 適足以資賢者爲驅除難耳.¹¹ 故憤發其所爲天下雄, 安在無土不王?¹² 此乃傳之所謂大聖乎! 豈非天哉? 豈非天哉? 非大聖孰能當此受命而帝者乎?」¹³

【於是(어시, yú shì)】: 이에. 그리하여.
【隳壞(휴괴, huī huài)】: 부수다. 파괴하다.
【銷(소, xiāo)】: 녹이다.
【鋒鏑(봉적, fēng dí)】: 칼과 화살촉. 여기서는「兵器」를 가리킨다.
【鉏(서, chú)】: 鋤. 죽이다. 살해하다. 제거하다. 죽여 없애다.
【維(유, wéi)】: 惟. 도모하다. 계획하다.

10 然王跡之興, 起於閭巷, 合從討伐, 軼於三代。→ 그러나 漢代 왕업의 흥성은, (제후가 아닌) 민간에서 일어나, 서로 연합하여 (진나라를) 토벌한 것이며, 그 성취는 夏·商·周 삼대를 능가했다.
【王跡(왕적, wáng jī)】: 王業.
【閭巷(여항, lǘ gǎng)】: 골목. 여기서는「민간」을 뜻한다.
【合從(합종, hé zòng)】: 연합하다. ※이는 본래「連橫」과 상대적인 말로, 戰國時代 말기 남북에 걸쳐있던 燕·齊·韓·趙·魏·楚 등 여섯 나라가 연합하여 秦에 대항한 책략인데, 여기서는 다만「연합하다」의 뜻으로 사용되었다.
【軼(일, yì)】: 초월하다. 능가하다. 앞지르다.
【三代(삼대, sān dài)】: 夏·商·周 三代.

11 鄉秦之禁, 適足以資賢者爲驅除難耳。→ (그리고) 과거 秦나라가 시행한 禁令들은, 공교롭게도 漢高祖 劉邦이 고난을 제거하는데 족히 도움을 주었을 뿐이다.
【鄉(향, xiàng)】: 向. 이전. 종전. 과거.
【適(적, shì)】: 마침. 공교롭게도.
【足以(족이, zú yǐ)】: 족히 …하다. …하기에 충분하다.
【資(자, zī)】: 돕다.
【賢者(현자, xián zhě)】: 현명한 사람. 여기서는「漢高祖 劉邦」을 가리킨다.
【驅除(구제, qū chú)】: 제거하다.
【耳(이, ěr)】: …뿐.

12 故憤發其所爲天下雄, 安在無土不王?→ 그러므로 분발하여 강해지면 천하의 영웅이 될 수 있는데, 어찌 封地가 없으면 왕이 되지 못한다고 말할 수 있겠는가?
【憤發(분발, fèn fā)】: 분발하다.
【安在(안재, ān zài)】: 어찌 …라 말할 수 있는가?
【無土不王(무토불왕, wú tǔ bù wáng)】: 封地가 없으면 왕이 되지 못하다.

13 此乃傳之所謂大聖乎! 豈非天哉? 豈非天哉? 非大聖孰能當此受命而帝者乎?」→ 이처럼 유능한 사람은 바로 古書에서 말하는 위대한 성인이리라! 어찌 하늘의 뜻이 아니겠는가? 어찌 하늘의 뜻이 아니겠는가? 만일 위대한 성인이 아니라면 어느 누가 이러한 난

> 번역문

진(秦)나라와 초(楚)나라 시기의 월표(月表)

　태사공(太史公)이 진(秦)나라・초(楚)나라 시기의 역사 기록을 읽고 말했다：「최초의 반란은 진섭(陳涉)에서 비롯되었고, 포악하게 진나라를 멸망시킨 것은 항우이며, 혼란을 진압하고 포악한 자를 처단한 후 천하를 평정하여 마침내 제위에 오른 것은 한(漢)나라 유방(劉邦)에서 이루어졌다. 5년 동안에 호령하는 자가 세 번이 바뀌었는데, 인류가 생긴 이래 이처럼 빨리 천명(天命)을 받은 적이 없었다.

　「옛날 우순(虞舜)・하우(夏禹)가 일어날 때는 수십 년 동안 선행과 공적을 쌓고 은덕을 베풀어 백성들을 윤택하게 하며, 군주(君主)의 정사(政事)를 대행하여 하늘로부터 그것을 시험받고, 그런 다음에 즉위했다. 상(商)의 탕왕(湯王)・주(周)의 무왕(武王)이 왕업을 이룬 것은 바로 (선조인) 설(契)・후직(后稷) 이래 십여 대에 걸쳐 인의(仁義)를 수행하고, 약속도 없이 팔백 명의 제후들이 맹진(孟津)에 모임으로써 말미암은 것인데, 그들은 그래도 아직 때가 무르익지 않았다고 여겨 한참 후에야 비로소 하(夏)의 걸왕(桀王)을 추방하고 은(殷)의 주왕(紂王)을 죽였다. 진(秦)나라는 양공(襄公) 때부터 흥기(興起)하여 문공(文公)・목공(繆公) 때 (강국의 면모를) 드러냈고, 헌공(獻公)・효공(孝公) 이후에 점차 여섯 나라를 잠식하다가 백여 년이 지나 진시

　　세에 天命을 받아 제왕이 될 수 있겠는가?
　　【乃(내, nǎi)】: 바로 …이다.
　　【傳(전, zhuàn)】: 古書. 옛 서적.
　　【當此(당차, dāng cǐ)】: 이러한 국면을 맞아. 이러한 형세에 직면하여.
　　【受命(수명, shòu mìng)】: 天命을 받다.
　　【帝者(제자, dì zhě)】: [동사 용법] 제왕이 되다.

황(秦始皇)에 이르러 비로소 여섯 나라의 제후들을 합병할 수 있었다. 덕치(德治)에 의존하려면 우(虞)・하(夏)・상(商)・주(周)와 같이 해야 하고, 무력을 사용하려면 진(秦)나라와 같이 해야 하니, 천하를 통일한다는 것은 이처럼 어려운 일이다.

「진(秦)나라는 칭제(稱帝) 이후 전란이 멈추지 않을 것을 걱정했는데, 이는 제후들이 존재하고 있기 때문이다. 그리하여 (공신과 종실에 대해) 한 자의 땅도 봉하지 않고, 이름있는 성(城)을 부수었으며, 병기를 녹여버리고, 호걸들을 죽여 자손만대의 안정을 도모했다. 그러나 한대(漢代) 왕업의 흥성은 (제후가 아닌) 민간에서 일어나 서로 연합하여 (진나라를) 토벌한 것이며, 그 성취는 하(夏)・상(商)・주(周) 삼대를 능가했다. (그리고) 과거 진나라가 시행한 금령(禁令)들은 공교롭게도 한고조(漢高祖) 유방(劉邦)이 고난을 제거하는 데 족히 도움을 주었을 뿐이다. 그러므로 분발하여 강해지면 천하의 영웅이 될 수 있는데, 어찌 봉지(封地)가 없으면 왕이 되지 못한다고 말할 수 있겠는가? 이처럼 유능한 사람은 바로 고서(古書)에서 말하는 위대한 성인이리라! 어찌 하늘의 뜻이 아니겠는가? 어찌 하늘의 뜻이 아니겠는가? 만일 위대한 성인이 아니라면 어느 누가 이러한 난세에 천명(天命)을 받아 제왕이 될 수 있겠는가?」

해제解題 및 본문 요지 설명

《진초지제월표(秦楚之際月表)》는 《사기(史記)》「십표(十表)」중의 하나이며, 본문은 《진초지제월표》의 서문이다.

사마천은 《사기》「십표」를 정리하면서 연대를 고증할 수 없는 것은 「세표(世表)」로, 고증할 수 있는 것은 「연표(年表)」로 하고, 변화가 극심한 것은 「월표(月表)」로 처리했다. 「십표」에서는 진한(秦漢) 시기 정세의 급변 상황을 개술했는데, 예를 들어 진섭(陳涉)이 난을 일으키고 항우(項羽)가 진(秦)을 멸하고 유방(劉邦)이 제위에 오르는 등, 이러한 일련의 변화가 「오년지간, 호령삼선(五年之間, 號令三嬗)」이라고 한 말처럼 매우 짧은 시간 동안에 발생했다. 그래서 사마천은 「월표」를 창안하여 이 시기의 급변 상황을 상세히 기록했다.

본문은 세 단락으로 나눌 수 있는데, 첫째 단락에서는 진초(秦楚)시기 8년간의 역사를 정치 변천의 특별한 시기로 간주하고, 진섭의 기의(起義)·항우의 멸진(滅秦)·유방의 한(漢)나라 건립 등 세 가지 주요한 사실(史實)을 가지고 이 시기의 복잡한 역사를 개괄했고; 둘째 단락에서는 역사를 회고해 볼 때, 덕치(德治)로써 백성을 설득한 우(虞)·하(夏)·상(商)·주(周)와 무력으로 정복한 진(秦)이 천하를 얻은 방법은 비록 서로 다르지만, 모두가 장구한 시간의 노력과 합병이라는 어려운 과정을 거쳤다고 볼 때, 진(秦)·초(楚) 시기의 「오년지간, 호령삼선(五年之間, 號令三嬗)」은 실로 전대와 강렬한 대비를 이루고 있다는 것을 기술했고; 마지막 단락에서는 진시황이 폭정을 자행하면서 자손만대까지 안정을 도모하려 했으나, 이처럼 시대의 흐름에 역행하는 폭정이 오히려 유방의 한(漢)나라 건립에 유리한 조건을 제공했다는 점을 통해 진나라의 「실(失)」과 한나라의 「득(得)」을 대비하여 기술했다.

077 고조공신후연표(高祖功臣侯年表)
《史記》

작자

074 오제본기찬(五帝本紀贊) 참조.

원문 및 주석

高祖功臣侯年表¹

太史公曰:「古者人臣, 功有五品 : 以德立宗廟、定社稷曰勳,

---

1 高祖功臣侯年表 → 高祖의 功臣들에 대한 封侯 年表
 【高祖(고조, gāo zǔ)】: 여기서는 漢高祖 劉邦을 가리킨다.
 【功臣侯(공신후, gōng chén hóu)】: 공을 세워 侯에 봉해진 신하. 〖侯〗: 후작. 公·侯·伯·子·男 다섯 5등급 작위 중의 두 번째.
 ※ 한나라 초기에 한고조 유방을 추종한 공신들 가운데 백여 명이 侯에 봉해졌다.
 【年表(연표, nián biǎo)】: 「表」는《史記》가 창안해낸 일종의 史書 서술 방식으로, 역사 사실이나 인물 등을 서식 형태로 나타낸 것을 말한다. 연대를 고증할 수 없는 것은 「世表」로 만들고, 연대를 고증할 수 있는 것은 「年表」로 만들고, 변화가 극심한 것은 「月表」로 만들었다.

以言曰勞, 用力曰功, 明其等曰伐, 積日曰閱.² 封爵之誓曰 :『使河如帶, 泰山若厲, 國以永寧, 爰及苗裔.』³ 始未嘗不欲固其根本, 而枝葉稍陵夷衰微也.⁴ 余讀高祖侯功臣, 察其首封, 所以失之者, 曰 :

2 太史公曰 :「古者人臣, 功有五品 : 以德立宗廟、定社稷曰勳, 以言曰勞, 用力曰功, 明其等曰伐, 積日曰閱. → 太史公이 말했다 :「옛날의 신하들은, 공적을 다섯 등급으로 나누었는데, 덕행으로 군주를 도와 정권을 수립하고 나라를 안정시킨 것을「勳」이라 하고, 언론으로써 공을 세운 것을「勞」라 하고, 무력으로써 공을 세운 것을「功」이라 하고, (제도를 만들어) 등급의 高下를 밝힌 것을「伐」이라 하고, 오랫동안 쌓은 업적을 합쳐 공로를 계산한 것을「閱」이라 했다.
【太史公(태사공, tài shǐ gōng)】 : 漢의 史官을「太史令」이라 했는데, 지위는 비록 낮지만 朝會 시에 항상 황제의 좌우에서 公보다 윗자리에 있었기 때문에「태사공」이라 불렸다. 여기서는 司馬遷 자신을 가리킨다.
【品(품, pǐn)】 : 등급.
【立宗廟(입종묘, lì zōng miào)】 : 종묘를 세우다. 여기서는「왕업을 세우다, 정권을 수립하다」의 뜻. 【宗廟】 : 옛날 제왕이나 제후 또는 대부 등이 조상에게 제사 지내던 사당을 말하나, 여기서는「帝業, 王業」을 가리킨다.
【社稷(사직, shè jì)】 :「社」는 본래 地神이고「稷」은 穀神이나, 지신과 곡신을 제사하는 장소 역시 社稷이라 했다. 당시 나라를 건립하면 반드시 社稷을 설치하기 때문에 社稷은 곧「국가, 조정」을 상징하는 말로 사용되었다.
【積日(적일, jī rì)】 : 오랫동안 쌓은 업적.
3 封爵之誓曰 :『使河如帶, 泰山若厲, 國以永寧, 爰及苗裔.』 → 작위를 봉할 때의 誓約에는 :『黃河가 허리띠처럼 가늘어지고, 泰山이 숫돌처럼 작아질 때까지, 封國들도 영원히 평안하여, 후손에 이르도록 하라.』라고 했다.
【誓(서, shì)】 : 誓約. 誓言.
【使(사, shǐ)】 : 설사. 가령.
【河(하, hé)】 : 황하.
【帶(대, dài)】 : 衣帶.
【泰山(태산, tài shān)】 : 중국 五岳의 하나인 東岳. 지금의 산동성 서쪽. ※【五岳】 : 東岳인 산동성의 泰山, 西岳인 섬서성의 華山, 南岳인 호남성의 衡山, 北岳인 산서성의 恒山, 中岳인 하남성의 嵩山을 말한다.
【厲(려, lì)】 : 礪. 숫돌.
【爰(원, yuán)】 : 그리하여.
【苗裔(묘예, miáo yì)】 : 자손. 후손.
4 始未嘗不欲固其根本, 而枝葉稍陵夷衰微也. → 처음 分封할 때는, 그들의 기반을 튼튼하게 하려고 했지만, 그러나 그 후손들은 점차 쇠약해졌다.
【始(시, shǐ)】 : 처음, 최초. 여기서는「처음 分封할 때」를 가리킨다.

異哉所聞。[5]

　《書》曰:『協和萬國。』遷于夏、商, 或數千歲。[6] 蓋周封八百, 幽、厲之後, 見於《春秋》。[7]《尙書》有唐、虞之侯伯, 歷三代千有餘載, 自

【未嘗不(미상불, wèi cháng bù)…】: …하지 않은 적이 없다.
【固(고, gù)】: 튼튼히 하다. 공고하게 하다.
【根本(근본, gēn běn)】: 기반. 기초.
【枝葉(지엽, zhī yè)】: (가업을 이어받는) 자손. 후손.
【稍(초, shāo)】: 점차.
【陵夷(능이, líng yí)】: 쇠퇴하다. 쇠약해지다.
【衰微(쇠미, shuāi wēi)】: 쇠퇴하다. 쇠락하다.

5 余讀高祖侯功臣, 察其首封, 所以失之者, 曰: 異哉所聞。→ 나는 高祖가 공신들에게 봉후한 기록을 읽고, 처음 봉했을 때의 상황과 후에 작위를 잃은 까닭을 살펴본 후, (실제의 상황이) 내가 들은 바와 너무 다르다고 말했다.
【侯(후, hóu)】: [동사 용법] 봉후하다. 후작의 작위를 봉하다.
【首封(수봉, shǒu fēng)】: 처음 봉했을 때의 상황.
【所以失之(소이실지, suǒ yǐ shī zhī)】: 작위를 잃은 까닭.【所以】: 까닭. 원인.【之】: [대명사] 그것. 즉「작위」.

6 《書》曰:『協和萬國。』遷于夏、商, 或數千歲。→《尙書》에 이르길:『여러 나라 제후들을 서로 화목하게 지내게 했다.』라고 했는데, (이러한 상황은) 夏·商까지 계속 유지되었고, 어떤 封國은 이때까지 수천 년 동안 여전히 제후의 자리를 이어갔다.
【《書(서, shū)》】:《書經》.《尙書》. ※ 인용한 말은《尙書·堯典》에 보인다.
【協和(협화, xié hé)】: 서로 화목하게 지내다.
【萬國(만국, wàn guó)】: 여러 나라. 즉「여러 나라의 제후」를 가리킨다.
※ 지금의《尙書·堯典》에는「萬國」을「萬邦」이라 했다.
【遷于(천우, qiān yú)…】: …까지 계속 유지되다.【于】: [개사] 於. …에, …까지.
【或(혹, huò)】: 어떤 나라. 어떤 封國.
【歲(세, suì)】: 년. 해.

7 蓋周封八百, 幽、厲之後, 見於《春秋》。→ 周나라의 8백의 제후를 봉했는데, 幽王과 厲王 이후까지,《春秋》에 기록이 보인다.
【蓋(개, gài)】: 대체로.
※ 句의 첫머리에 놓여 말한 내용에 대해 확실한 긍정을 피하고 개략적인 상황을 나타낸다. 상황에 따라 번역을 하거나 번역을 생략할 수 있다.
【幽、厲(유려, yōu lì)】: 幽王과 厲王. 西周의 두 포악한 군주.
【《春秋(춘추, chūn qiū)》】: [서명] 춘추시대 魯나라 隱公 원년(B.C. 722)부터 哀公 14년(B.C. 481)까지의 事跡을 魯나라 사관이 편년체로 기록한 것을, 孔子가 윤리적 관점에서 다시 정리했다고 전한다.《춘추》는 내용이 매우 간단하게 기록되어 의미를 파악하

全以蕃衛天子, 豈非篤于仁義, 奉上法哉?[8]

「漢興, 功臣受封者, 百有餘人, 天下初定, 故大城名都散亡, 戶口可得而數者十二三, 是以大侯不過萬家, 小者五六百戶。[9] 後數世, 民咸歸鄉里, 戶益息, 蕭、曹、絳、灌之屬, 或至四萬, 小侯自倍, 富厚如之。[10] 子孫驕溢, 忘其先, 淫嬖。[11] 至太初, 百年之間, 見侯五, 餘

기가 쉽지 않았기 때문에, 수많은 학자들이 이해를 돕고자 그 의미를 해석하고 풀이하는 註釋書인 「傳」을 지었는데, 이 가운데 戰國時代 公羊高가 지은 《公羊傳》, 穀梁赤이 지은 《穀梁傳》, 左丘明이 지은 《左氏傳》[약칭으로 《左傳》이라 한다]이 「春秋三傳」이라 하여 대표적이며, 그중 《左傳》이 가장 유명하다. 《공양전》과 《곡량전》은 주로 《춘추》의 經文을 해석한 것이고, 《좌전》은 《춘추》에 기록된 史實에 대한 역사적 해석을 중심으로 하고 있다.

8 《尙書》有唐、虞之侯伯, 歷三代千有餘載, 自全以蕃衛天子, 豈非篤于仁義, 奉上法哉? → 《尙書》에는 唐堯·虞舜의 후예가 侯·伯을 지낸 기록이 있는데, 夏·商·周 삼대를 거쳐 천여 년이 되었어도, 아직도 스스로 (그 지위를) 보전하며 천자를 보위하고 있으니, 어찌 仁義에 충실하며, 天子의 법령을 받든 것이라 하지 않겠는가?
【唐(당, táng)】: 唐堯.
【虞(우, yú)】: 虞舜.
【侯伯(후백, hóu bó)】: 侯爵과 伯爵. 5작(公·侯·伯·子·男) 중의 두 작위.
【歷(력, lì)】: 거치다.
【載(재, zǎi)】: 해. 년.
【蕃衛(번위, fán wèi)】: 보위하다. 〖蕃〗: 藩. 가려서 막다.
【篤(독, dǔ)】: 독실하다. 성실하다.
【法(법, fǎ)】: 천자의 법령.

9 「漢興, 功臣受封者, 百有餘人, 天下初定, 故大城名都散亡, 戶口可得而數者十二三, 是以大侯不過萬家, 小者五六百戶。→ 「漢이 건국할 때, 封地를 받은 공신들이, 백여 명이 되었으나, 천하가 방금 평정되었기 때문에, 그래서 큰 성이나 이름난 도시는 백성들이 흩어지고 죽고 하여, 셀 수 있는 호구가 10분의 2~3에 불과했다. 이로 인해 큰 나라 제후는 封邑이 만 戶를 넘지 못하고, 작은 나라 제후는 5~6백 호에 불과했다.
【初定(초정, chū dìng)】: 방금 평정되다.
【可得而(가득이, kě dé ér)】: 能. …할 수 있다.
【十二三(십이삼, shí èr sān)】: 10분의 2~3.
【是以(시이, shì yǐ)】: 그래서. 이로 인해.
【不過(불과, bù guò)】: 넘지 못하다.
【萬家(만가, wàn jiā)】: 만 戶.

10 後數世, 民咸歸鄉里, 戶益息, 蕭、曹、絳、灌之屬, 或至四萬, 小侯自倍, 富厚如之。→ 그

皆坐法隕命亡國, 耗矣。¹² 罔亦少密焉, 然皆身無兢兢於當世之禁云。¹³

「居今之世, 志古之道, 所以自鏡也, 未必盡同。¹⁴ 帝王者, 各殊

후 몇 세대가 지나자, 백성들이 모두 고향으로 돌아오고, 호구도 점점 늘어나, 蕭何·曹參·周勃·灌嬰과 같은 큰 나라 제후들 중, 어떤 이는 4만 호에 달했고, 작은 나라의 제후들도 자연히 (호구가 처음보다) 배로 늘어났으며, 재산도 이와 마찬가지로 증가했다.
【數世(수세, shù shì)】: 몇 代.
【咸(함, xián)】: 모두.
【益(익, yì)】: 더욱. 날로. 점점.
【息(식, xī)】: 늘어나다. 증가하다.
【蕭(소, xiāo)、曹(조, cáo)、絳(강, jiàng)、灌(관, guàn)】: [인명] 蕭何·曹參··絳侯周勃·灌嬰. 이들은 漢나라 초기의 주요 공신들로서, 모두「侯」에 봉해졌다.
【…之屬(지속, zhī shǔ)】: …과 같은 부류.
【或(혹, huò)】: 어떤 사람. 어떤 이.
【自倍(자배, zì bèi)】: 자연히 배로 늘어나다.
【富厚(부후, fù hòu)】: 재산.

11 子孫驕溢, 忘其先, 淫嬖。→ 그들의 자손은 지나치게 교만하여, 자기 조상들의 고난을 잊은 채, 음란하고 방탕한 생활을 했다.
【驕(교, jiāo)】: 교만하다.
【溢(일, yì)】: 넘치다. 지나치다.
【淫嬖(음폐, yín bì)】: 음란하고 방탕하다.

12 至太初, 百年之間, 見侯五, 餘皆坐法隕命亡國, 耗矣。→ 漢武帝 太初 연간에 이르자, 불과 백 년 사이에, 현존하는 제후는 다섯에 불과하고, 나머지는 모두 법을 위반하여 죽거나 나라를 잃어, 남아 있지 않았다.
【太初(태초, tài chū)】: 漢武帝의 연호.
【見侯五(현후오, xiàn hóu wǔ)】: 현존하는 제후 다섯. 즉 平陽侯 曹宗·曲周侯 酈終根·陽河侯 卞仁·戴侯 祕蒙·汾陽侯 靳石. 이밖에 谷陵侯 馮偃는 기록에서 빠졌고, 나머지 137명의 제후는 모두 나라를 잃었다. 『見』: 現. 현존.
【坐法(좌법, zuò fǎ)】: 죄를 짓다. 법을 위반하다.
【耗(모, hào)】: 다하다. 없어지다. 남아 있지 않다.

13 罔亦少密焉, 然皆身無兢兢於當世之禁云。→ 나라의 법망 또한 다소 엄밀했지만, 그들은 모두 당시의 禁令에 대해 신중하고 조심스러운 태도를 보이지 않았다.
【罔(망, wǎng)】: 網. 법망.
【少密(소밀, shǎo mì)】: 다소 엄밀하다.
【兢兢(긍긍, jīng jīng)】: 신중하고 조심하는 모양.
【禁(금, jìn)】: 금령. 법.

禮而異務, 要以成功爲統紀, 豈可緄乎?¹⁵ 觀所以得尊寵及所以廢辱, 亦當世得失之林也, 何必舊聞?¹⁶ 於是謹其終始, 表見其文, 頗有所不盡本末, 著其明, 疑者闕之。¹⁷ 後有君子, 欲推而列之, 得以

14 「居今之世, 志古之道, 所以自鏡也, 未必盡同。→「오늘의 시대를 살면서, 옛 도리를 마음에 새겨두는 것은, 이로써 스스로 거울을 삼는 것이지, 반드시 모두 (옛날과) 같아야 하는 것은 아니다.
　【志(지, zhì)】: 誌. 기억하다. 마음에 새기다.
　【所以(소이, suǒ yǐ)】: 以之. 이로써.
　【自鏡(자경, zì jìng)】: 스스로 거울을 삼다.
　【未必(미필, wèi bì)】: 반드시 …해야 하는 것은 아니다.
　【盡(진, jìn)】: 모두. 다.

15 帝王者, 各殊禮而異務, 要以成功爲統紀, 豈可緄乎? → 제왕들은, 각기 禮敎가 다르고 업무가 다른데, 要旨는 성공을 綱領으로 삼는 일이지, 어찌 일치하기를 강요하겠는가?
　【殊禮(수례, shū lǐ)】: 예법이 다르다.
　【異務(이무, yì wù)】: 치중하는 바가 다르다. 업무가 다르다.
　【以(이, yǐ)…爲(위, wéi)…】: …을 …으로 삼다.
　【要(요, yào)】: 요지. 요체.
　【統紀(통기, tǒng jì)】: 강령. 표준.
　【緄(곤, gǔn)】: 봉합하다. 즉「억지로 일치하도록 하다, 일치하기를 강요하다」의 뜻.

16 觀所以得尊寵及所以廢辱, 亦當世得失之林也, 何必舊聞? → 그들이 존중과 총애를 받는 까닭과 버림과 치욕을 당하는 까닭을 살펴보면, 當代에 존재하는 득실의 많은 사례가 있는데, 굳이 과거의 사례를 참고할 필요가 있는가?
　【所以(소이, suǒ yǐ)】: 까닭. 원인.
　【得尊寵(득존총, dé zūn chǒng)】: 존중과 총애를 받다.
　【廢辱(폐욕, fèi rǔ)】: 버림과 치욕을 당하다.
　【當世(당세, dāng shì)】: 當代. 당시 사회.
　【林(림, lín)】: (사람이나 사물의) 집단. 여기서는「많은 事例」를 가리킨다.
　【何必(하필, hé bì)】: 굳이 …할 필요가 있는가? …할 필요가 없다.
　【舊聞(구문, jiù wén)】: 과거에 일어났던 일. 즉「과거의 사례」.

17 於是謹其終始, 表見其文, 頗有所不盡本末, 著其明, 疑者闕之。→ 그리하여 나는 신중하게 (高祖가 봉한 공신들의) 자초지종을 기록하고, 표로써 문장을 표현했는데, 본말을 상세히 규명하지 못한 바가 제법 있어, 분명한 것만을 기록하고, 의문이 가는 것은 비워 두었다.
　【於是(어시, yú shì)】: 이에. 그리하여.
　【謹(근, jǐn)】: 신중히 하다. 삼가다. 여기서는「신중히 기록하다」의 뜻.
　【終始(종시, zhōng shǐ)】: 자초지종.

覽焉。」¹⁸

번역문

고조(高祖)의 공신(功臣)들에 대한 봉후(封侯) 연표(年表)

태사공(太史公)이 말했다 :「옛날의 신하들은 공적을 다섯 등급으로 나누었는데, 덕행으로 군주를 도와 정권을 수립하고 나라를 안정시킨 것을「훈(勳)」이라 하고, 언론으로써 공을 세운 것을「노(勞)」라 하고, 무력으로써 공을 세운 것을「공(功)」이라 하고, (제도를 만들어) 등급의 고하를 밝힌 것을「벌(伐)」이라 하고, 오랫동안 쌓은 업적을 합쳐 공로를 계산한 것을「열(閱)」이라 했다. 작위를 봉할 때의 서약(誓約)에는 :『황하(黃河)가 허리띠처럼 가늘어지고 태산(泰山)이 숫돌처럼 작아질 때까지 봉국(封國)들도 영원히 평

【見(현, xiàn)】: 現. 표명하다. 나타내다.
【頗(파, pō)】: 제법. 매우.
【不盡(부진, bù jìn)】: 상세히 규명하지 못하다.
【著(저, zhù)】: 기록하다.
【闕(궐, quē)】: 비워두다.

18 後有君子, 欲推而列之, 得以覽焉。 → 이후에 뜻있는 군자가 있어, 이를 보다 깊이 추구하여 서술하고자 한다면, (이 표를) 참고할 수 있을 것이다.
【欲(욕, yù)】: …하고자 하다.
【推(추, tuī)】: 추구하다. 탐구하다.
【列(렬, liè)】: 열거하다. 서술하다.
【之(지, zhī)】: [대명사] 이것. 즉「공신들에 관한 사적」.
【得以(득이, dé yǐ)】: …할 수 있다.
【覽(람, lǎn)】: 읽다. 참고하다.
【焉(언, yān)】: [어조사].

안하여 후손에 이르도록 하라.』라고 했다. 처음 분봉(分封)할 때는 그들의 기반을 튼튼하게 하려고 했지만, 그러나 그 후손들은 점차 쇠약해졌다. 나는 고조(高祖)가 공신들에게 봉후(封侯)한 기록을 읽고 처음 봉했을 때의 상황과 후에 작위를 잃은 까닭을 살펴본 후 (실제의 상황이) 내가 들은 바와 너무 다르다고 말했다.

《상서(尙書)》에 이르길 :『여러 나라 제후들을 서로 화목하게 지내게 했다.』라고 했는데, (이러한 상황은) 하(夏)·상(商)까지 계속 유지되었고, 어떤 봉국(封國)은 이때까지 수천 년 동안 여전히 제후의 자리를 이어갔다. 주(周)나라는 8백의 제후를 봉했는데, 유왕(幽王)과 여왕(厲王) 이후까지 《춘추(春秋)》에 기록이 보인다. 《상서》에 당요(唐堯)·우순(虞舜)의 후예가 후(侯)·백(伯)을 지낸 기록이 있는데, 하(夏)·상(商)·주(周) 삼대를 거쳐 천여 년이 되었어도 아직도 스스로 (그 지위를) 보전하며 천자를 보위하고 있으니, 어찌 인의(仁義)에 충실하며 천자(天子)의 법령을 받든 것이라 하지 않겠는가?

「한(漢)이 건국할 때 봉지(封地)를 받은 공신들이 백여 명이 되었으나 천하가 방금 평정되었기 때문에, 그래서 큰 성이나 이름난 도시는 백성들이 흩어지고 죽고 하여 셀 수 있는 호구가 10분의 2~3에 불과했다. 이로 인해 큰 나라 제후는 봉읍(封邑)이 만 호(戶)를 넘지 못하고, 작은 나라 제후는 5~6백 호에 불과했다. 그 후 몇 세대가 지나자 백성들이 모두 고향으로 돌아오고 호구도 점점 늘어나 소하(蕭何)·조참(曹參)·주발(周勃)·관영(灌嬰)과 같은 큰 나라 제후들 중 어떤 이는 4만 호에 달했고, 작은 나라의 제후들도 자연히 (호구가 처음보다) 배로 늘어났으며 재산도 이와 마찬가지로 증가했다. 그들의 자손은 지나치게 교만하여 자기 조상들의 고난을 잊은 채 음란하고 방탕한 생활을 했다. 한무제(漢武帝) 태초(太初) 연간에 이르자, 불과 백 년 사이에 현존하는 제후는 다섯에 불과하고 나머지는 모두 법을 위반하여 죽거나 나라를 잃어 남아 있지 않았다. 나라의 법망 또한 다소 엄밀했지만, 그들은 모두 당시의 금령(禁令)에 대해 신중하고 조심스러운 태도를 보이지 않았다.

　오늘의 시대를 살면서 옛 도리를 마음에 새겨두는 것은, 이로써 스스로 거울을 삼는 것이지, 반드시 모두 (옛날과) 같아야 하는 것은 아니다. 제왕들은 각기 예교(禮敎)가 다르고 업무가 다른데, 요지(要旨)는 성공을 강령(綱領)으로 삼는 일이지, 어찌 일치하기를 강요하겠는가? 그들이 존중과 총애를 받는 까닭과 버림과 치욕을 당하는 까닭을 살펴보면, 당대(當代)에 존재하는 득실의 많은 사례가 있는데, 굳이 과거의 사례를 참고할 필요가 있는가? 그리하여 나는 신중하게 (고조가 봉한 공신들의) 자초지종을 기록하고 표(表)로써 문장을 표현했는데, 본말을 상세히 규명하지 못한 바가 제법 있어 분명한 것만을 기록하고 의문이 가는 것은 비워두었다. 이후에 뜻있는 군자가 있어, 이를 보다 깊이 추구하여 서술하고자 한다면 (이 표를) 참고할 수 있을 것이다.」

해제解題 및 본문 요지 설명

　한(漢)나라 초기에 한고조(漢高祖) 유방(劉邦)을 따랐던 공신들 가운데 백여 명이 제후로 봉해졌다. 《사기(史記)·고조공신후연표(高祖功臣侯年表)》는 그들의 경력과 그 후손들의 상황을 기술한 것이며, 본문은《사기·고조공신후연표》 앞에 쓴 서문이다.
　본문은 세 단락으로 나눌 수 있는데, 첫째 단락에서는 작자가 한초(漢初) 봉후(封侯)의 본래 목적을 추적해 보니, 그것은 공신들을 격려하고 그들의 공적을 밝히는 동시에 국가의 기반을 튼튼히 하고 봉국(封國)을 후손들에게 물려주기 위한 것이었으나, 현실을 살펴보면, 「당초 듣던 바와 너무 달라」 깊이 생각해 볼 필요가 있다는 것을 말했고; 둘째 단락에서는 《상서(尙書)》와 《춘추(春秋)》의 기록을 통해, 고대의 봉국이 그 지위를 오래도록 누릴 수 있었던 까닭이 「인의(仁義)에 충실하고, 천자의 법령을 받들었기 때문」이라는 것을 제기하면서, 한고조 때 백여 명의 공신이 제후에 봉해졌으나 한무제 태초(太初)까지 겨우 백여 년 만에 다섯 가문(家門)만 그 지위를 이어가고 나머지는 법을 위반하여 죽거나 나라를 잃은 것을 비교하면서, 그 원인을 한(漢)나라의 법망이 날로 엄밀해진 것도 있지만, 그보다는 공신의 후손들이 조상의 간난(艱難)을 망각하고 교만 방탕에 빠졌기 때문이라는 것을 지적했고; 마지막 단락에서는 「오늘날의 세상에 살면서, 옛날의 도리를 마음에 새겨두는 것은, 이를 거울로 삼기 위한 것」이라는 말로 「고조공신후연표」를 창안하게 된 동기를 밝혔다.

078 공자세가찬(孔子世家贊)
《史記》

작자

074 오제본기찬(五帝本紀贊) 참조.

원문 및 주석

孔子世家贊[1]

太史公曰:「《詩》有之:『高山仰止, 景行行止。』雖不能至, 然心鄉往之。[2] 余讀孔氏書, 想見其爲人。[3] 適魯, 觀仲尼廟堂、車服禮

---

1 孔子世家贊 → 孔子世家에 대한 논평
  【孔子(공자, kǒng zǐ)】: 춘추시대 魯나라 사람으로 이름은 丘, 자는 仲尼이며, 위대한 철학자인 동시에 유가(儒家)학파의 창시자.
  【世家(세가, shì jiā)】: 선진 제후들과 이에 버금가는 인물들의 사적에 관한 기록.
  【贊(찬, zàn)】: 본문 뒤에 쓰는 논평 형식의 짧막한 글.
  ※「贊」형식의 논평은 司馬遷이 최초로 쓰기 시작했다.
2 太史公曰:「《詩》有之:『高山仰止, 景行行止。』雖不能至, 然心鄉往之。→ 太史公이 말했

器, 諸生以時習禮其家, 余低回留之, 不能去云。[4]

「天下君王, 至於賢人, 眾矣, 當時則榮, 沒則已焉。[5] 孔子布衣, 傳十餘世, 學者宗之。[6] 自天子王侯, 中國言六藝者, 折中於夫子, 可

다 :「《詩經》에 『높은 산은 올려다보고, 큰길은 따라 걷는다.』라고 한 말이 있다. 우리가 비록 그러한 경지에 이를 수는 없지만, 그러나 마음만은 동경하고 있다.
【太史公(태사공, tài shǐ gōng)】: 漢의 史官을 「太史令」이라 했는데, 지위는 비록 낮지만 朝會 시에 항상 황제의 좌우에서 공보다 윗자리에 있었기 때문에 「태사공」이라 불렀다. 여기서는 司馬遷 자신을 가리킨다.
【『高山仰止(고산앙지, gāo shān yǎng zhǐ), 景行行止(경행행지, jǐng xíng xíng zhǐ)。』】:『높은 산은 우러러보고, 큰길은 따라간다.』※ 이는 《詩經・小雅・車舝(거할)》에 나오는 말로, 孔子의 숭고하고 위대함을 비유한 것이다. 【止】: [어기사] 句末에 놓여 결정의 어기를 표시한다. 【景行】: 大道. 큰길.
【鄕往(향왕, xiàng wǎng)】: 嚮往. 동경하다. 흠모하다.

3 余讀孔氏書, 想見其爲人。→ 나는 孔子의 책을 읽고, 그 사람됨을 보고 싶어 했다.
【想見(상견, xiǎng jiàn)】: 보고 싶어 하다.
【爲人(위인, wéi rén)】: 사람됨.

4 適魯, 觀仲尼廟堂, 車服禮器, 諸生以時習禮其家, 余低回留之, 不能去云。→ (그리하여) 魯나라에 가서, 공자의 사당과 수레・의복・祭器 등 공자의 유물을 참관했는데, 학생들이 때에 맞추어 공자의 家宅에 와서 禮를 학습했다는 생각에, 나는 아쉬워 머뭇거리며 그곳에 남아, 차마 떠날 수가 없었다.
【適(적, shì)】: 往. 가다.
【仲尼(중니, zhòng ní)】: 孔子의 자.
【廟堂(묘당, miào táng)】: 祠堂.
【車服禮器(거복예기, jū fú lǐ qì)】: 수레・의복・祭器 등 공자의 유물. 【禮器】: 祭器.
【諸生(제생, zhū shēng)】: 學官 제자. 학생. 유생.
【以時(이시, yǐ shí)】: 때에 맞추어. 제때에.
【低回(저회, dī huí)】: 아쉬워 머뭇거리다.
【去(거, qù)】: 떠나다.

5 「天下君王, 至於賢人, 眾矣, 當時則榮, 沒則已焉。→「천하의 군주로부터, 현인에 이르기까지, 그 수가 매우 많은데, 살아 있을 당시에는 영광스럽지만, 죽고 나면 그만이다.
【眾(중, zhòng)】: 매우 많다.
【當時(당시, dāng shí)】: 살아 있을 당시.
【沒(몰, mò)】: 歿. 죽다.
【已(이, yǐ)】: 끝나다. 그만이다.

6 孔子布衣, 傳十餘世, 學者宗之。→ 공자는 평민 신분으로, 명성이 십여 대를 전해 내려오며, 배우는 사람들이 모두 그를 숭배한다.

謂至聖矣!」7

번역문

공자세가(孔子世家)에 대한 논평

　태사공(太史公)이 말했다 :「《시경(詩經)》에『높은 산은 올려다보고, 큰길은 따라 걷는다.』라고 한 말이 있는데, 우리가 비록 그러한 경지에 이를 수는 없지만, 그러나 마음만은 동경하고 있다. 나는 공자(孔子)의 책을 읽고 그 사람됨을 보고 싶어 했다. (그리하여) 노(魯)나라에 가서 공자의 사당과 수레 · 의복 · 제기(祭器) 등 공자의 유물을 참관했는데, 학생들이 때에 맞추어 공자의 가택(家宅)에 와서 예(禮)를 학습했다는 생각에 나는 아쉬워 머뭇거리며 그곳에 남아 차마 떠날 수가 없었다.

　【布衣(포의, bù yī)】: 평민. 서민.
　　※ 옛날 서민들이 베옷을 입었기 때문에, 이는 곧 서민을 상징했다.
　【世(세, shì)】: 代.
　【宗(종, zōng)】: 숭배하다. 尊崇하다.
　【之(지, zhī)】: [대명사] 그. 즉「孔子」.
7　自天子王侯, 中國言六藝者, 折中於夫子, 可謂至聖矣!」→ 천자 · 왕후로부터, 전국에서 六藝를 말하는 사람들이, 모두 공자를 준칙으로 삼고 있으니, 가히 至聖이라 할 만하다.」
　【中國(중국, zhōng guó)】: 全國.
　【六藝(육예, liù yì)】: 두 가지 설이 있다. ① 六藝 : 禮 · 樂 · 射 · 御 · 書 · 數. ② 六經 : 《詩》·《書》·《易》·《禮》·《樂》·《春秋》. 여기서는 六經을 가리킨다.
　【折中(절중, zhé zhōng)】: 절충하다. ※ 지나치지도 않고 모자라지도 않는 것을 비유한 말로,「사물의 정확 여부를 판단하는 표준」을 가리킨다.
　【夫子(부자, fū zǐ)】: [남자에 대한 존칭] 선생님. 여기서는「공자」를 가리킨다.
　【可謂(가위, kě wèi)…】: 가히 …라 할 만하다.
　【至聖(지성, zhì shèng)】: 최고의 경지에 도달한 성인.

「천하의 군주로부터 현인에 이르기까지 그 수가 매우 많은데, 살아 있을 당시에는 영광스럽지만 죽고 나면 그만이다. 공자는 평민으로 명성이 십여 대를 전해 내려오며 배우는 사람들은 모두 그를 숭배한다. 천자・왕후로부터 전국에서 육예(六藝)를 말하는 사람들이 모두 공자를 준칙으로 삼고 있으니 가히 지성(至聖)이라 할 만하다.」

해제解題 및 본문 요지 설명

「세가(世家)」란 주로 선진 제후들과 이에 버금가는 인물들의 사적에 관한 기록으로, 본문은 사마천이 《사기(史記)・공자세가(孔子世家)》의 마지막에 쓴 공자에 대한 총평이라 할 수 있다.

본문은 두 단락으로 나눌 수 있는데, 첫째 단락에서는 《시경》 중의 두 구절을 인용하여 공자의 숭고한 덕행이 사람들로 하여금 한없이 우러러보게 함은 물론 공자의 해박한 학문을 배우는 사람들이 모두 인생의 지도 원칙으로 따를 수 있다는 것을 말했고; 둘째 단락에서는 군주와 일반 현인을 공자와 대비하여 「천하의 군주로부터, 현인에 이르기까지, 그 수가 매우 많은데, 살아 있을 당시에는 영광스럽지만, 죽고 나면 그만」이라는 말로 권세를 조소하는 한편, 공자는 배우는 사람들이 모두 그를 숭배하며, 천자・왕후로부터 전국에서 육예(六藝)를 말하는 사람들이 모두 공자를 준칙으로 삼고 있어 가히 지성(至聖)이라 할 수 있다는 말로 공자의 위대함을 극찬했다.

사마천이 일개 서민인 공자를 「세가」로 열거한 것은, 항우(項羽)를 「본기(本紀)」에 열거한 것과 마찬가지로 모두 관례를 깬 극진한 예우라 하겠다.

079 외척세가서(外戚世家序)
《史記》

작자

074 오제본기찬(五帝本紀贊) 참조.

원문 및 주석

外戚世家序[1]

　　自古受命帝王, 及繼體守文之君, 非獨內德茂也, 蓋亦有外戚之助焉.[2] 夏之興也以塗山, 而桀之放也以末喜;[3] 殷之興也以有娀,

---

1　外戚世家序 → 外戚世家 序文
　【外戚(외척, wài qī)】: 외가 쪽의 친척. ※역사적으로는 주로 왕후 혹은 후궁의 친족을 가리킨다.
　【世家(세가, shì jiā)】: 선진 제후들과 이에 버금가는 인물들의 사적에 관한 기록.
　【序(서, xù)】: 序文.
2　自古受命帝王, 及繼體守文之君, 非獨內德茂也, 蓋亦有外戚之助焉. → 예로부터 天命을 받아 나라를 세운 제왕과, 王位를 계승하여 법도를 준수한 군주는, 다만 자신이 지닌 德

紂之殺也嬖妲己;⁴ 周之興也以姜原及大任, 而幽王之禽也淫於褒
姒.⁵ 故《易》基《乾》、《坤》,《詩》始《關雎》,《書》美釐降,《春秋》譏不

> 行이 아름다울 뿐만 아니라, 또한 대체로 外戚의 도움을 받았다.
> 【受命帝王(수명제왕, shòu mìng dì wáng)】: 천명을 받은 제왕. 즉 천명을 받아 나라를 세운 제왕.
> 【繼體(계체, jì tǐ)】: 체제를 계승하다. 즉 帝位를 계승하다.
> 【守文(수문, shǒu wén)】: 법도를 준수하다. 〖文〗: 文物制度. 법도.
> 【獨(독, dú)】: 다만.
> 【內德(내덕, nèi dé)】: 자신이 지닌 덕행.
> 【茂(무, mào)】: 아름답다.
> 【蓋(개, gài)】: 대체로.

3 夏之興也以塗山, 而桀之放也以末喜; → 夏나라가 흥한 것은 塗山氏의 딸을 맞이했기 때문이고, 桀王이 쫓겨난 것은 末喜를 총애했기 때문이며;
> 【以(이, yǐ)】: 因. …로 인해서. …때문.
> 【塗山(도산, tú shān)】: [국명] 고대 국가. 지금의 안휘성 境内. 이곳에 살던 부락을 도산씨라 했는데, 전설에 의하면, 夏禹는 도산씨의 딸을 아내로 맞아 夏啓를 낳았다. 여기서는「도산씨의 딸」을 가리킨다.
> 【桀(걸, jié)】: 夏의 마지막 임금. 포악무도하여 商의 湯王이 그를 南巢[지금의 안휘성 巢縣 서남쪽]로 추방했다.
> 【放(방, fàng)】: 추방하다. 쫓아내다.
> 【末喜(말희, mò xǐ)】: [인명] 夏나라 桀王의 총희. 妹喜라고도 한다.

4 殷之興也以有娀, 紂之殺也嬖妲己; → 殷나라가 흥한 것은 有娀氏의 딸을 맞이했기 때문이고, 紂王이 살해된 것은 妲己를 총애했기 때문이며;
> 【有娀(유융, yǒu sōng)】: [국명] 고대 국가. 지금의 산서성 運城 蒲州鎭. 전설에 의하면, 帝嚳이 유융씨의 딸 簡狄을 妃로 맞아 契를 낳았는데, 殷의 시조가 되었다.
> 【紂(주, zhòu)】: 商의 마지막 임금. 夏의 桀王과 더불어 대표적인 폭군으로 일컬어지고 있다.
> 【嬖(폐, bì)】: 총애하다. 사랑하다.
> 【妲己(달기, dá jǐ)】: [인명] 商나라 紂王의 총희.

5 周之興也以姜原及大任, 而幽王之禽也淫於褒姒. → 周나라가 흥한 것은 姜原과 太任이 있었기 때문이고, 周나라 幽王이 사로잡힌 것은 褒姒와 음란에 빠졌기 때문이다.
> 【姜原(강원, jiāng yuán)】: [인명] 周의 시조 后稷의 어머니. 帝嚳의 元妃로 姜嫄이라고도 한다.
> 【大任(태임, tài rén)】: 太任. 周文王의 모친. 〖大〗: 太.
> 【幽王(유왕, yōu wáng)】: 西周의 마지막 임금.
> 【禽(금, qín)】: [피동 용법] 擒. 사로잡히다.

親迎。⁶ 夫婦之際, 人道之大倫也; 禮之用, 唯婚姻爲兢兢。⁷ 夫樂調而四時和。陰陽之變, 萬物之統也, 可不愼與?⁸ 人能弘道, 無如命

【褒姒(포사, bāo sì)】: [인명] 褒國[지금의 섬서성 褒城 동남쪽] 여자로 성은 姒씨이다. 周나라 幽王이 포국을 토벌했을 때 포인이 유왕에게 바쳐 유왕의 총희가 되었다. 전설에 의하면, 포사가 잘 웃지 않아 유왕이 그녀를 웃기기 위해 함부로 봉화를 올려 제후를 희롱했는데, 후에 犬戎이 침입했을 때 유왕이 재차 봉화를 올리자, 제후들이 이를 장난으로 알고 오지 않아 결국 견용에게 살해되고 포사는 포로가 되었다.

6 故《易》基《乾》、《坤》,《詩》始《關雎》,《書》美釐降,《春秋》譏不親迎。 → 그래서《易經》은《乾卦》와《坤卦》를 기초로 삼았고,《詩經》은《關雎》로부터 시작했으며,《書經》은 釐降을 찬미했고,《春秋》는 紀侯가 親迎하지 않은 것을 비난했다.
【《乾》、《坤》(건곤, qián kūn)】:《周易》의《乾卦》와《坤卦》.
【《關雎》(관저, guān jū)》】:《詩經》의 제1편. 后妃의 덕을 찬미한 시로써, 이를 가지고 천하의 부부를 교화했다고 한다.
【美(미, měi)】: [동사 용법] 찬미하다.
【釐降(이강, lí jiàng)】: 딸을 시집보내다. 여기서는「堯임금이 두 딸을 舜에게 시집보낸 것」을 가리킨다. 〖釐〗: 처리하다. 〖降〗: 내려가다. 여기서는「신분이 낮은 사람에게 시집보내다」의 뜻.
【譏(기, jī)】: 비난하다.
【親迎(친영, qīn yìng)】: 신랑이 신부의 집에 가서 신부를 직접 맞이하는 의식.
※ 魯隱公 2년(B.C. 721)에, 紀侯는 魯나라의 여인을 신부로 맞이하면서 親迎하지 않았는데,《춘추》는 이를 기록하고 비난했다.

7 夫婦之際, 人道之大倫也; 禮之用, 唯婚姻爲兢兢。 → 부부 사이의 관계는, 인간의 도리에서 가장 큰 윤리이고; 예의의 운용은, 유독 혼인 방면에서 특히 조심스럽고 신중해야 한다.
【際(제, jì)】: …사이. …지간.
【大倫(대륜, dà lún)】: 큰 윤리. 부부는 五倫의 하나로, 부부가 있어야 父子·형제의 윤리가 있는 것이기 때문에 가장 큰 윤리이다.
【用(용, yòng)】: 운용. 사용.
【唯(유, wéi)】: 특히. 유독.
【兢兢(긍긍, jīng jīng)】: 조심스럽고 신중한 모양.

8 夫樂調而四時和。陰陽之變, 萬物之統也, 可不愼與? → 대저 음악이 조화를 이루어야 네 계절이 비로소 평온하다. 陰陽의 변화는, 만물의 법칙이니, 어찌 신중하지 않을 수 있겠는가?
【夫(부, fú)】: [발어사] 대저. 무릇.
【和(화, hé)】: 양순하다. 평온하다.
【統(통, tǒng)】: 법칙.
【可不(가불, kě bù)…】: 어찌 …이 아니겠는가?
【愼(신, shèn)】: 신중하다.

何?⁹ 甚哉妃匹之愛, 君不能得之於臣, 父不能得之於子, 況卑下乎?¹⁰
旣驩合矣, 或不能成子姓; 能成子姓矣, 或不能要其終, 其非命也
哉?¹¹ 孔子罕稱命, 蓋難言之也! 非通幽明之變, 惡能識乎性命哉?¹²

【與(여, yǔ)】: [어조사].

9 人能弘道, 無如命何。→ 사람은 능히 도를 넓힐 수는 있지만, 그러나 운명은 어쩔 수 없다.
  【人能弘道(인능홍도, rén néng hóng dào)】: 사람은 능히 도를 넓힐 수 있다. 〖弘〗: 넓히다.
  ※ 이 말은 《論語·衛靈公》에 보인다.
  【無如(무여, wú rú)…何(하, hé)】: 어쩔 수 없다.
  【命(명, mìng)】: 운명.

10 甚哉妃匹之愛, 君不能得之於臣, 父不能得之於子, 況卑下乎? → 부부의 사랑은 지극한
   것이라, 임금도 신하로부터 그것을 얻을 수 없고, 아버지도 아들에게서 그것을 얻을 수
   없는데, 하물며 더욱 비천한 사람이야 말할 것이 있겠는가?
   【甚(심, shèn)】: 지극하다.
   【妃匹(배필, pèi pǐ)】: 부부. 〖妃〗: 配. 짝. 배우자.
   【於(어, yú)…】: [개사] …에게서. …로부터.
   【況(황, kuàng)】: 하물며.
   【卑下(비하, bēi xià)】: 비천한 사람.

11 旣驩合矣, 或不能成子姓; 能成子姓矣, 或不能要其終, 其非命也哉? → (부부가) 이미 서
   로 사랑하여 결합은 했지만, 어떤 사람은 자손을 낳을 수 없고; 자손을 낳을 수 있어도,
   어떤 사람은 백년해로를 할 수 없으니, 어찌 운명이 아니겠는가?
   【驩合(환합, huān hé)】: 부부가 서로 사랑하여 결합하다.
   【子姓(자성, zǐ xìng)】: 자손.
   【要其終(요기종, yāo qí zhōng)】: 百年偕老하다. 天壽를 다하다. 〖要〗: 구해 얻다. 〖終〗:
   천수를 다하다.
   【其(기, qí)】: 豈. 어찌.

12 孔子罕稱命, 蓋難言之也! 非通幽明之變, 惡能識乎性命哉? → 孔子는 운명에 대해 별로
   언급하지 않았는데, 아마도 그것을 말하기가 어려웠기 때문이리라! 음양의 변화에 통
   달하지 않으면, 어찌 본성과 천명에 대해 알 수 있겠는가?
   【罕稱(한칭, hǎn chēng)】: 별로 언급하지 않다. 적게 말하다.
   【蓋(개, gài)】: 대체로. 아마도.
   【通(통, tōng)】: 통달하다. 잘 알다.
   【幽明(유명, yōu míng)】: 어둡고 밝음. 陰陽.
   【惡(오, wū)】: 어찌.
   【識乎(식호, shí hū)…】: …에 대해 알다. 〖乎〗: [개사] 於. …에 대해.
   【性命(성명, xìng mìng)】: 本性과 天命.

> 번역문

외척세가(外戚世家) 서문(序文)

　　예로부터 천명(天命)을 받아 나라를 세운 제왕과 왕위를 계승하여 법도를 준수한 군주는 다만 자신이 지닌 덕행(德行)이 아름다울 뿐만 아니라 또한 대체로 외척(外戚)의 도움을 받았다. 하(夏)나라가 흥한 것은 도산씨(塗山氏)의 딸을 맞이했기 때문이고, 걸왕(桀王)이 쫓겨난 것은 말희(末喜)를 총애했기 때문이며, 은(殷)나라가 흥한 것은 유융씨(有娀氏)의 딸을 맞이했기 때문이고, 주왕(紂王)이 살해된 것은 달기(妲己)를 총애했기 때문이며, 주(周)나라가 흥한 것은 강원(姜原)과 태임(太任)이 있었기 때문이고, 주(周)나라 유왕(幽王)이 사로잡힌 것은 포사(褒姒)와 음란에 빠졌기 때문이다. 그래서 《역경(易經)》은 건괘(乾卦)와 곤괘(坤卦)를 기초로 삼았고, 《시경(詩經)》은 《관저(關雎)》로부터 시작했으며, 《서경(書經)》은 이강(釐降)을 찬미했고, 《춘추(春秋)》는 기후(紀侯)가 친영(親迎)하지 않은 것을 비난했다. 부부 사이의 관계는 인간의 도리에서 가장 큰 윤리이고, 예의(禮義)의 운용은 유독 혼인 방면에서 특히 조심스럽고 신중해야 한다. 대저 음악이 조화를 이루어야 네 계절이 비로소 평온하다. 음양의 변화는 만물의 법칙이니, 어찌 신중하지 않을 수 있겠는가? 사람은 능히 도를 넓힐 수는 있지만, 그러나 운명은 어쩔 수 없다. 부부의 사랑은 지극한 것이라 임금도 신하로부터 그것을 얻을 수 없고, 아버지도 아들에게서 그것을 얻을 수 없는데, 하물며 더욱 비천한 사람이야 말할 것이 있겠는가? (부부가) 이미 서로 사랑하여 결합은 했지만, 어떤 사람은 자손을 낳을 수 없고, 자손을 낳을 수 있어도 어떤 사람은 백년해로(百年偕老)를 할 수 없으니, 어찌 운명이 아니겠는가? 공자(孔子)는 운명에 대해 별로 언급하지 않았는데, 아마도 그것을 말하기가 어려웠기 때문이리라! 음양의 변화에 통달하지 않으면, 어찌 본성과 천명에 대해 알 수 있겠는가?

해제解題 및 본문 요지 설명

본문은 《사기(史記)·외척세가(外戚世家)》의 서문으로, 작자가 자고이래 제왕의 성공과 실패는 모두 후비(后妃)·외척(外戚)과 밀접한 관계가 있음을 논증하고 제왕의 신중한 간택(揀擇)의 의미를 기술한 것이다.

본문은 세 단락으로 나눌 수 있는데, 첫째 단락에서는 한 왕조의 흥망성쇠가 후비·외척과 관련이 있으며, 성공한 군주는 개인의 덕을 쌓아야 할 뿐만 아니라 또한 외척의 도움에 의존해야 한다는 것을 말했고; 둘째 단락에서는 하(夏)·은(殷)·주(周) 삼대의 흥망 원인 원인에 대해, 좋은 배우자를 만나면 성공하고 음탕한 여인을 만나면 실패한다는 것과 아울러, 육경(六經)의 취지와 부부관계를 결부시켜 무릇 혼인 관계는 모든 인륜의 근본이기 때문에 조심스럽고 신중하지 않을 수 없다는 것을 말했고; 마지막 단락에서는 육경(六經)이 비록 미리 인류 질서에 대한 장악을 통해 우주 질서의 균형을 유지하지만, 그러나 그 안에서 돌발적인 변수가 출현하기 때문에 이러한 우연성을「운명」이라 하여 역사는 본래 필연성과 우연성이 교차한다는 것을 시사했다.

080 백이열전(伯夷列傳)
《史記》

작 자

074 오제본기찬(五帝本紀贊) 참조.

원문 및 주석

伯夷列傳[1]

夫學者載籍極博, 猶考信於六藝.[2] 《詩》《書》雖缺, 然虞、夏之

---

1 伯夷列傳 → 伯夷 傳記
  【伯夷(백이, bó yí)】: [인명] 孤竹國 君主의 맏아들. 고죽국은 殷나라 때의 제후국으로, 지금의 하북성 盧龍縣 일대.
  【列傳(열전, liè zhuàn)】: 역대 명인들의 傳記.
2 夫學者載籍極博, 猶考信於六藝。→ 대저 학자들은 읽은 서적이 매우 많지만, 여전히 六經에서 믿을 수 있는 근거를 찾는다.
  【夫(부, fú)】: [발어사] 무릇. 대저.
  【載籍(재적, zài jí)】: 서적. 책.
  【極博(극박, jí bó)】: 극히 광범위하다. 매우 많다.

文可知也。³ 堯將遜位, 讓於虞舜, 舜、禹之間, 岳牧咸薦, 乃試之於位,⁴ 典職數十年, 功用旣興, 然後授政。⁵ 示天下重器, 王者大統, 傳天下若斯之難也。⁶ 而說者曰:「堯讓天下於許由, 許由不受, 恥之逃

【猶(유, yóu)】: 여전히.
【考信(고신, kǎo xìn)】: 믿을 수 있는 근거를 찾다.
【於(어, yú)】: [개사] …에서. …으로부터.
【六藝(육예, liù yì)】: 두 가지 설이 있다. ① 六藝: 禮·樂·射·御·書·數. ② 六經: 《詩》·《書》·《易》·《禮》·《樂》·《春秋》. 여기서는 六經을 가리킨다.

3 《詩》《書》雖缺, 然虞、夏之文可知也。→《詩經》과《書經》이 비록 완전하지 못한 결함은 있지만, 그러나 虞·夏에 관한 기록은 (그런대로) 알 수 있다.
【缺(결, quē)】: 모자라다. 완전하지 못하다.
【虞、夏(우하, yú xià)】: 여기서는「虞舜과 夏禹」를 가리킨다.
【文(문, wén)】: 기록. 즉《尙書》중의《堯典》·《舜典》·《大禹謨》등을 가리킨다.
※ 전하는 바에 의하면,《詩經》과《尙書》는 모두 孔子의 손을 거쳐,《시경》은 305편,《상서》는 100편으로 정리되었다. 그 후 秦始皇의 焚書로 말미암아《상서》는 많이 훼손되어 漢初 伏生이 전한《今文尙書》에 겨우 28편만 남아 있었다.

4 堯將遜位, 讓於虞舜, 舜、禹之間, 岳牧咸薦, 乃試之於位, → 堯임금이 장차 퇴위하여, 虞의 舜임금에게 양위할 때와, 舜임금이 禹임금에게 양위할 때는, 四岳과 九牧 모두가 천거해야, 비로소 그들을 미리 자리에 앉혀 (능력을) 시험하고,
【堯(요, yáo)】: 唐의 堯임금.
【遜位(손위, xùn wèi)】: 퇴위하다.
【舜、禹之間(순우지간, shùn yǔ zhī jiān)】: 舜과 禹 사이의 양위.
【岳(악, yuè)】: 四岳. 四方 諸侯의 長.
【牧(목, mù)】: 九牧. 九州의 長.
【咸(함, xián)】: 모두.
【乃(내, nǎi)】: 비로소.
【試之於位(시지어위, shì zhī yú wèi)】: 그들을 자리에 앉혀놓고 시험하다.【之】: [대명사] 그들. 즉「제위 계승자」.【於】: [개사] …에.

5 典職數十年, 功用旣興, 然後授政。→ 수십 년 동안 직책을 맡겨, 공적이 현저하면, 그런 다음에 정권을 넘겨주었다.
【典職(전직, diǎn zhí)】: 직책을 맡다.
【功用(공용, gōng yòng)】: 공적.
【興(흥, xīng)】: 현저하다. 두드러지다.
【授政(수정, shòu zhèng)】: 정권을 물려주다.

6 示天下重器, 王者大統, 傳天下若斯之難也。→ 이는 천하가 귀중한 보물이요, 王은 중대한 법통으로, 천하를 물려주는 것이 이처럼 어렵다는 것을 보여준 것이다.

隱。及夏之時, 有卞隨、務光者。」此何以稱焉?⁷ 太史公曰：余登箕山, 其上蓋有許由冢云。孔子序列古之仁聖賢人, 如吳太伯、伯夷之倫, 詳矣。⁸ 余以所聞, 由、光義至高, 其文辭不少概見, 何哉?⁹

【重器(중기, zhòng qì)】: 귀중한 보물.
【大統(대통, dà tǒng)】: 중대한 법통.
【傳(전, chuán)】: 물려주다.
【若斯(약사, ruò sī)】: 이처럼. 이와 같이.

7 而說者曰：「堯讓天下於許由, 許由不受, 恥之逃隱。及夏之時, 有卞隨、務光者。」此何以稱焉? → 그러나 어떤 사람들은 :「堯임금이 천하를 許由에게 물려주려 하니, 허유가 받지 않고, 그것을 부끄럽다 하여 도망쳐 숨어버렸다. 夏代에 이르러서도, 卞隨와 務光 같은 사람이 있었다.」라고 했는데, 이는 무엇을 근거로 한 말인가?
【說者(설자, shuō zhě)】: 말하는 사람. 여기서는「諸子百家」를 가리킨다.
【許由(허유, xǔ yóu)】: [인명] 상고시대의 隱士. 堯임금이 허유에게 제위를 물려주려 하였으나 받기를 거부하고 穎水의 북쪽 箕山 아래에 숨어 살았다. 堯가 다시 그를 불러 九州의 長을 삼으려 했으나 허유는 이 말을 듣기가 싫어 영수의 물가에서 귀를 씻었다. 죽고 나서 箕山의 정상에 묻혔다.
【逃隱(도은, táo yǐn)】: 도망쳐 숨다.
【卞隨(변수, biàn suí)】: [인명] 夏나라 桀王 때의 고매한 선비. 전하는 바로는, 商의 湯王이 夏의 桀王을 토벌한 후 천하를 변수에게 맡기려 하자, 변수가 받기를 거부하고 穎水에 몸을 던져 자살했다고 한다.
【務光(무광, wù guāng)】: [인명] 夏나라 桀王 때의 고매한 선비. 전하는 바로는, 商의 湯王이 夏의 桀王을 토벌한 후 천하를 무광에게 맡기려 하자, 무광이 이 말을 듣고 蓼水에 몸을 던져 자살했다고 한다.
【稱(칭, chēng)】: 말하다.

8 太史公曰：余登箕山, 其上蓋有許由冢云。孔子序列古之仁聖賢人, 如吳太伯、伯夷之倫, 詳矣。 → 太史公이 말했다 : 내가 箕山에 올라가 보니, 그 정상에 아마도 許由의 무덤이 있었던 듯했다. 孔子는 옛날의 성현들을 차례대로 기술했는데, 吳太伯과 伯夷 같은 이들에 관해, 매우 상세히 밝혔다.
【太史公(태사공, tài shǐ gōng)】: 漢의 史官을「太史令」이라 했는데, 지위는 비록 낮지만 朝會 시에 항상 황제의 좌우에서 公보다 윗자리에 있었기 때문에「태사공」이라 불렀다. 여기서는 司馬遷이 부친 司馬談의 말을 전한 것이다. 따라서 여기서 태사공은 사마담을 가리킨다.
【箕山(기산, jī shān)】: [산 이름] 지금의 하남성 登村 남쪽에 있는 산.
【蓋(개, gài)】: 아마도.
【冢(총, zhǒng)】: 무덤.
【序列(서열, xù liè)】: 차례대로 열거하다.

孔子曰:「伯夷、叔齊, 不念舊惡, 怨是用希。」「求仁得仁, 又何怨乎?」¹⁰ 余悲伯夷之意, 睹軼詩, 可異焉。¹¹ 其傳曰:「伯夷、叔齊, 孤竹君之二子也。父欲立叔齊。及父卒, 叔齊讓伯夷。¹² 伯夷曰:『父

【吳太伯(오태백, wú tài bó)】: [인명] 周太王 古公亶父(고공단보)의 큰아들로, 막냇동생 季歷의 아들 昌[周文王]이 비범한 것을 보고, 자기가 계승해야 할 왕위를 季歷에게 물려주고 자신은 吳나라로 달아났다. 《論語·泰伯》에 보면, 孔子는 吳太伯의 덕행을 매우 칭찬했다.

【…之倫(지륜, zhī lún)】: …와 같은 부류. …와 같은 사람들. 〖倫〗: 무리. 부류.

9 余以所聞, 由、光義至高, 其文辭不少概見, 何哉? → 내가 들은 바에 의하면, 許由와 務光은 義가 지극히 높은 분이다. 그런데 (孔子가 정리한 《詩經》이나 《書經》 등에) 그들에 관한 기록이 조금도 보이지 않는다. 어째서인가?

【以(이, yǐ)】: …에 의하면.

【其文辭(기문사, qí wén cí)】: 그들에 관한 기록.

【不少概見(불소개견, bù shǎo gài jiàn)】: 조금도 보이지 않는다. 〖概〗: 개략. 대략.

10 孔子曰:「伯夷、叔齊, 不念舊惡, 怨是用希。」「求仁得仁, 又何怨乎?」→ 孔子가 말하길:「백이와 숙제는, (남의) 지난날의 잘못을 마음에 두지 않아, 이로 인해 (남에 대한) 원한이 매우 적었다.」라고 했고, 또「仁을 추구하면 仁을 얻는데, 또 무슨 원한이 있겠는가?」라고 했다.

【孔子曰(공자왈, kǒng zǐ yuē)】: 공자가 말한 이 두 마디 중 전자는 《論語·公冶長》에 보이고, 후자는 《論語·述而》에 보인다.

【叔齊(숙제, shū qí)】: [인명] 孤竹君의 작은아들.

【念(념, niàn)】: 기억하다. 마음에 두다.

【舊惡(구악, jiù è)】: 남의 지난날의 잘못.

【是用(시용, shì yòng)】: 是以. 이로 인해. 그래서.

【希(희, xī)】: 稀. 드물다. 적다.

11 余悲伯夷之意, 睹軼詩, 可異焉。→ 나는 백이의 뜻을 슬퍼하면서, 《시경》에 수록되지 않은 그의 시를 보고, 이상하게 생각했다.

【睹(도, dǔ)】: 보다. 읽다.

【軼詩(일시, yì shī)】: 逸詩. 일실된 시. 여기서는 「采薇歌」를 가리킨다. 이 시는 《시경》에 보이지 않기 때문에 「軼詩」라 했다. 〖軼〗: 逸. 散失되다. 흩어져 없어지다.

【可異(가이, kě yì)】: 이상하게 생각하다.

12 其傳曰:「伯夷、叔齊, 孤竹君之二子也。父欲立叔齊。及父卒, 叔齊讓伯夷。→ 그들의 傳記에는 이렇게 말했다「伯夷와 叔齊는, 孤竹君의 두 아들이다. 아버지가 숙제를 왕으로 옹립하려 했다. 부친이 세상을 떠나자, 숙제는 왕위를 백이에게 양보했다.

【傳(전, zhuàn)】: 여기서는 《韓詩外傳》과 《呂氏春秋》를 가리킨다.

【孤竹君(고죽군, gū zhú jūn)】: 孤竹國의 군주.

命也.』遂逃去。叔齊亦不肯立而逃之。國人立其中子。[13] 於是伯夷、叔齊聞西伯昌善養老,『盍往歸焉!』及至, 西伯卒, 武王載木主, 號爲文王, 東伐紂。[14] 伯夷、叔齊叩馬而諫曰:『父死不葬, 爰及干戈, 可謂孝乎? 以臣弒君, 可謂仁乎?』左右欲兵之。[15] 太公曰:『比義人

【及(급, jí)】: …에 이르다.
【卒(졸, zú)】: 죽다. 세상을 떠나다.

13 伯夷曰:『父命也。』遂逃去。叔齊亦不肯立而逃之。國人立其中子。 → 그러자 백이가:『아버지의 명령이시다.』라 말하고, 마침내 도망쳐버렸다. 숙제 또한 왕위에 오르는 것을 마다하여 도망쳐버렸다. (이에) 백성들이 고죽군의 둘째 아들을 왕으로 옹립했다.
【遂(수, suì)】: 마침내. 끝내.
【不肯(불긍, bù kěn)…】: …하려 들지 않다.
【中子(중자, zhōng zǐ)】: 次子. 둘째 아들. 즉, 맏아들 백이와 작은아들 숙제 사이의 가운데 아들을 가리킨다.

14 於是伯夷、叔齊聞西伯昌善養老,『盍往歸焉!』及至, 西伯卒, 武王載木主, 號爲文王, 東伐紂。 → 그리하여 백이와 숙제는 西伯 昌이 노인들을 잘 봉양한다는 말을 듣고,『어찌 그곳으로 가서 의탁하지 않겠는가?』라 하고, 그곳에 이르러 보니, 西伯은 이미 세상을 떠나고, 武王이 서백의 神主를 수레에 실어, 文王이라 칭하고, 동쪽으로 紂王을 토벌하러 나서는 중이었다.
【於是(어시, yú shì)】: 이에. 그리하여.
【西伯昌(서백창, xī bó chāng)】: 周文王 姬昌. ※周文王이 殷나라 紂王 때 雍州의 州長을 지냈는데, 州長을「伯」이라 했고, 雍州가 서쪽에 위치했으므로「西伯」이라 했다.
【善養老(선양로, shàn yǎng lǎo)】: 노인을 잘 봉양하다.
【盍(합, hé)】: 何不. 어찌 …하지 않겠는가?
【往歸(왕귀, wǎng guī)】: 가서 의탁하다.
【焉(언, yān)】: [어조사].
【武王(무왕, wǔ wáng)】: 周武王. 周文王의 아들.
【載(재, zài)】: (수레에) 싣다.
【木主(목주, mù zhǔ)】: 나무 위패. 여기서는「西伯의 神主」를 가리킨다.
【號爲(호위, hào wéi)…】: …라 칭하다.
【文王(문왕, wén wáng)】: 周文王 姬昌.
【伐(벌, fá)】: 토벌하다. 공격하다.
【紂(주, zhòu)】: 殷나라 마지막 임금.

15 伯夷、叔齊叩馬而諫曰:『父死不葬, 爰及干戈, 可謂孝乎? 以臣弒君, 可謂仁乎?』左右欲兵之。 → 백이와 숙제는 말고삐를 잡아 멎게 하고 간하여 말했다:『부친께서 돌아가시어 장례도 치르지 않았는데, 의외로 무력을 동원하기에 이르니, 孝라 할 수 있습니까?

也。』扶而去之。¹⁶ 武王已平殷亂, 天下宗周, 而伯夷、叔齊恥之, 義不食周粟, 隱於首陽山, 采薇而食之。¹⁷ 及餓且死, 作歌, 其辭曰：『登彼西山兮, 采其薇矣。以暴易暴兮, 不知其非矣。神農、虞、夏, 忽焉沒兮；我安適歸矣？于嗟徂兮, 命之衰矣！』¹⁸ 遂餓死於首陽山。」由

신하로써 임금을 시해하면, 어질다고 할 수 있습니까?」(그러자) 武王 주변의 시종들이 백이와 숙제를 죽이려 했다.

【叩馬(고마, kòu mǎ)】: 扣馬. 말고삐를 잡아 멈추게 하다.
【爰(원, yuán)】: 의외로. 뜻밖에.
【干戈(간과, gān gē)】: [동사 용법] 무기를 동원하다. 전쟁을 일으키다.
【可謂(가위, kě wèi)】: …라고 할 수 있다.
【弒(시, shì)】: 죽이다. 시해하다.
【左右(좌우, zuǒ yòu)】: 주변. 여기서는 「武王 주변의 시종들」을 가리킨다.
【欲(욕, yù)】: …하고자 하다. …하려고 하다.
【之(지, zhī)】: [대명사] 그들. 즉 「백이와 숙제」.

16 太公曰：『此義人也。』扶而去之。→ (이때) 太公이：『이들은 의로운 사람들이다.』라고 하여, 그들을 부축하여 떠나보냈다.

【太公(태공, tài gōng)】: 姜太公. 성은 姜, 이름은 子牙 또는 呂尙. 周武王을 보좌하여 殷의 紂王을 토벌하고 周왕조를 건립하는 데 큰 공을 세웠다. 후에 齊에 봉해져 齊나라의 시조가 되었다.
【扶(부, fú)】: 부축하다.

17 武王已平殷亂, 天下宗周, 而伯夷、叔齊恥之, 義不食周粟, 隱於首陽山, 采薇而食之。→ 武王이 이미 殷나라의 혼란을 평정하여, 천하가 모두 周나라로 귀순하자, 백이와 숙제는 이를 부끄럽다고 여겨, 義를 지키며 周나라의 곡식을 먹지 않고, 首陽山에 숨어, 고사리를 뜯어먹고 살았다.

【宗(종, zōng)】: 귀순하다.
【恥(치, chǐ)】: 부끄럽게 여기다.
【粟(속, sù)】: 조. 여기서는 「곡식, 양식」을 뜻한다.
【首陽山(수양산, shǒu yáng shān)】: [산 이름] 지금의 산서성 永濟縣 남쪽에 있는 산.
【采(채, cǎi)】: 채취하다. 캐다. 따다.
【薇(미, wēi)】: 고사리.
【食(식, shí)】: [동사] 먹다.

18 及餓且死, 作歌, 其辭曰：『登彼西山兮, 采其薇矣。以暴易暴兮, 不知其非矣。神農、虞、夏, 忽焉沒兮；我安適歸矣？于嗟徂兮, 命之衰矣！』→ 그들이 굶어죽기에 이르러, 노래를 지었는데, 가사는 이렇다：『저 서산에 올라가, 고사리나 꺾자. 폭군으로 폭군을 바꾸니, 자신의 잘못을 알지 못하네. 神農・虞・夏 시대 홀연히 사라졌으니, 우리는 어디

此觀之, 怨邪非邪?[19]

或曰:「天道無親, 常與善人。」若伯夷、叔齊, 可謂善人者非邪?[20] 積仁絜行, 如此而餓死。[21] 且七十子之徒, 仲尼獨薦顏淵爲好學, 然回也屢空, 糟糠不厭, 而卒蚤夭。[22] 天之報施善人, 其何如哉?[23] 盜蹠

　　로 돌아갈거나? 아! 오로지 죽음뿐, 운명이 쇠하는구나!」
　　【餓且死(아차사, è qiě sǐ)】: 굶어죽다.
　　【西山(서산, xī shān)】: 여기서는「首陽山」을 가리킨다.
　　【兮(혜, xī)】: [어기사] 고대 시가에 주로 많이 사용했다.
　　【神農(신농, shén nóng)】: 神農氏. 상고시대의 제왕. 전설에 의하면, 백성들에게 농사짓는 법을 가르쳐 주어, 신농씨라 했다.
　　【虞(우, yú)】: 虞舜 시대.
　　【夏(하, xià)】: 夏禹 시대.
　　【忽(홀, hū)】: 홀연히. 갑자기.
　　【沒(몰, mò)】: 사라지다.
　　【安適歸(안적귀, ān shì guī)】: 어디로 돌아가나? 〖安〗: 어디. 〖適〗: 往. 가다.
　　【于嗟(우차, xū jiē)】: [감탄사] 아! 〖于〗: 吁.
　　【徂(조, cú)】: 가다. 여기서는「죽음」을 뜻한다.

19 遂餓死於首陽山。」由此觀之, 怨邪非邪? → 끝내 수양산에서 굶어죽었다.」이로 미루어 보면, 원망하는 것인가 원망하지 않는 것인가?
　　【遂(수, suì)】: 끝내. 마침내.
　　【餓死於(아사어, è sǐ yú)】: …에서 굶어죽다. 〖於〗: [개사] …에서.
　　【由此觀之(유차관지, yóu cǐ guān zhī)】: 이로 미루어 보건대.

20 或曰:「天道無親, 常與善人。」若伯夷、叔齊, 可謂善人者非邪? → 어떤 사람이 갈하길:「하늘의 도리는 편애하는 법이 없고, 항상 착한 사람을 돕는다.」라고 했는데, 벅이·숙제와 같은 사람은, 착한 사람이라고 말할 수 있는가 없는가?
　　【無親(무친, wú qīn)】: 편애하지 않다.
　　【與(여, yǔ)】: 돕다. 지지하다.
　　【若(약, ruò)】: 如. …과 같은.
　　【可謂(가위, kě wèi)】: …라 말할 수 있다.

21 積仁絜行, 如此而餓死。→ 人德을 쌓고 품행을 바르게 했어도, 이와 같이 굶어죽었다.
　　【絜(결, jié)】: 潔. 바르게 하다. 깨끗이 하다. 고결하게 하다.

22 且七十子之徒, 仲尼獨薦顏淵爲好學, 然回也屢空, 糟糠不厭, 而卒蚤夭。→ 또한 칠십 제자들 중에, 孔子는 유독 顏回만이 배우기를 좋아한다고 천거했지만, 그러나 안회는 항상 가난하여, 거친 음식도 배불리 먹지 못하고, 끝내 요절하고 말았다.
　　【且(차, qiě)】: 또한.

日殺不辜, 肝人之肉, 暴戾恣睢, 聚黨數千人, 橫行天下, 竟以壽終, 是遵何德哉?²⁴ 此其尤大彰明較著者也。²⁵ 若至近世, 操行不軌, 專犯忌諱, 而終身逸樂, 富厚累世不絶。²⁶ 或擇地而蹈之, 時然後出言,

【仲尼(중니, zhòng ní)】: 孔子의 자.
【獨(독, dú)】: 유독. 오직.
【薦(천, jiàn)】: 천거하다. 추천하다.
【顔淵(안연, yán yuān)】: [인명] 顔回. 자는 子淵. 춘추시대 魯나라 사람으로 孔子의 제자.
【屢空(누공, lǚ kōng)】: 항상 가난하다.
【糟糠(조강, zāo kāng)】: 술지게미와 겨. 즉「거친 음식」.
【不厭(불염, bù yàn)】: 싫어하지 않다. 마다하지 않다. 즉「배불리 먹지 못하다」의 뜻.
【卒(졸, zú)】: 끝내.
【蚤夭(조요, zǎo yāo)】: 일찍 죽다. 요절하다.【蚤】: 早.

23 天之報施善人, 其何如哉? → 하늘이 착한 사람에게 베푸는 것이란, 또한 어떤 것인가?
【報施(보시, bào shī)】: 베풀다. 보답하다. 보상하다.
【其(기, qí)】: 又. 또한.

24 盜蹠日殺不辜, 肝人之肉, 暴戾恣睢, 聚黨數千人, 橫行天下, 竟以壽終, 是遵何德哉? → 盜跖은 날마다 무고한 사람들을 죽이고, 사람의 간을 고기처럼 먹을 정도로, 사납고 방자했다. 무리 수천 명을 모아, 천하를 횡행하다가, 마침내 천수를 다하고 죽었는데, 이는 어떤 덕행을 근거로 한 것인가?
【盜蹠(도척, dào zhí)】: [인명] 춘추시대의 大盜, 이름은 蹠. ※「蹠」은「跖」이라고도 쓴다.
【不辜(불고, bù gū)】: 무고하다. 죄가 없다.
【肝(간, gān)】: [동사 용법] 간을 먹다.
【暴戾(포려, bào lì)】: 포악하다. 사납다.
【恣睢(자휴, zì suī)】: 방자하다.
【聚(취, jù)】: 모으다.
【黨(당, dǎng)】: 무리.
【竟(경, jìng)】: 마침내.
【遵(준, zūn)】: 따르다. 근거로 하다.

25 此其尤大彰明較著者也。 → 이는 특히 명백하고 두드러진 사례들이다.
【尤大(우대, yóu dà)】: 특히. 특별히.
【彰明較著(창명교저, zhāng míng jiào zhù)】: 명백하고 두드러지다. 아주 확실하고 뚜렷하다.

26 若至近世, 操行不軌, 專犯忌諱, 而終身逸樂, 富厚累世不絶。 → 근세로 말하면, 어떤 사람은 품행이 올바르지 못하고, 전문적으로 법규를 위반하지만, 그러나 평생 안락하게 살며, 부귀가 여러 대 동안 끊이지 않고 있다.
【若至(약지, ruò zhì)…】: …로 말하면.

行不由徑, 非公正不發憤, 而遇禍災者, 不可勝數也。余甚惑焉。[27]
儻所謂天道, 是邪非邪?[28]

　　子曰:「道不同, 不相爲謀。」亦各從其志也。[29] 故曰:「富貴如可

【操行(조행, cāo xíng)】: 품행.
【不軌(불궤, bù guǐ)】: 법규를 위반하다.
【專(전, zhuān)】: 전문적으로.
【犯(범, fàn)】: 범하다. 위반하다.
【忌諱(기휘, jì huì)】: 금기. 법규.
【逸樂(일락, yì lè)】: 안락하게 지내다.
【富厚(부후, fù hòu)】: 부유하다. 재물이 풍족하다.
【累世(누세, lěi shì)】: 여러 代.

27　或擇地而蹈之, 時然後出言, 行不由徑, 非公正不發憤, 而遇禍災者, 不可勝數也。余甚惑焉。→ 어떤 사람은 디딜 땅을 골라 발을 밟고, 말할 때가 된 후에야 말을 하고, 다닐 때는 작은 길로 가지 않고, 공정하지 않으면 분발하지 않지만, 그러나 재앙을 당하는 자가, 셀 수 없이 많다. (이로 인해) 나는 실로 의혹스럽기 이를 데 없다.
【擇(택, zé)】: 고르다. 선택하다.
【蹈(도, dǎo)】: (발을) 딛다. 밟다.
【由(유, yóu)】: …로부터.
【徑(경, jìng)】: 작은 길. 좁은 길. 소로.
【發憤(발분, fā fèn)】: 분발하다.
【遇(우, yù)】: 만나다. 당하다.
【不可勝數(불가승수, bù kě shèng shǔ)】: (많아서) 일일이 셀 수가 없다.
【余(여, yú)】: 我. 나.
【甚(심, shèn)】: 심히. 매우.
【焉(언, yān)】: [어조사].

28　儻所謂天道, 是邪非邪? → 만일 (이를) 이른바 天道라고 한다면, 옳은 것인가 그른 것인가?
【儻(당, tǎng)】: 倘. 만일. 만약.
【所謂(소위, suǒ wèi)】: 이른바.
【是(시, shì)】: 옳다.
【非(비, fēi)】: 그르다. 옳지 못하다.

29　子曰:「道不同, 不相爲謀。」亦各從其志也。→ 孔子가 말하길:「지향하는 목표가 같지 않으면, 함께 도모할 수 없다.」라고 했는데, 이 역시 사람은 각기 자기의 뜻에 따라야 한다는 것이다.
　　※ 공자의 이 말은《論語 · 衛靈公》에 보인다.
【子(자, zǐ)】: [존칭] 선생님. 여기서는「孔子」를 가리킨다.

求, 雖執鞭之士, 吾亦爲之; 如不可求, 從吾所好。」「歲寒, 然後知松柏之後凋。」³⁰ 擧世混濁, 淸士乃見。豈以其重若彼, 其輕若此哉?³¹「君子疾沒世而名不稱焉。」³² 賈子曰:「貪夫徇財, 烈士徇名, 夸者死權, 衆庶馮生。」同明相照, 同類相求。³³「雲從龍, 風從虎。聖人作而萬物

【道(도, dào)】: 지향하는 목표. 주장.
【從其志(종기지, cóng qí zhì)】: 자기의 뜻에 따르다.

30 故曰:「富貴如可求, 雖執鞭之士, 吾亦爲之; 如不可求, 從吾所好。」「歲寒, 然後知松柏之後凋。」→ 그래서 (공자는) 또 말하길:「부귀가 만일 얻을 수 있는 것이라면, 설사 채찍을 잡는 마부라도, 나 또한 그 일을 할 것이요; 만일 얻을 수 없는 것이라면, 내가 좋아하는 바를 따를 것이다.」라 했고,「날이 추워져야, 그런 다음에 소나무와 잣나무가 최후에 시든다는 것을 안다.」라고 했다.
※ 공자의 이 말은 모두《論語·衛靈公》에 보인다.
【如(여, rú)】: 만일. 만약.
【雖(수, suī)】: 설사. 비록.
【執鞭之士(집편지사, zhí biān zhī shì)】: 채찍을 잡는 마부.【執】: 잡다. 들다.【鞭】: 채찍.
【後凋(후조, hòu diāo)】: 최후에 시들다.

31 擧世混濁, 淸士乃見。豈以其重若彼, 其輕若此哉? → 온 세상이 혼탁해지면, 청렴한 선비가 비로소 드러난다. 어찌 그들이 속인들처럼 부귀를 중시하고, 고결한 사람들처럼 부귀를 경시했기 때문이겠는가?
【擧世(거세, jǔ shì)】: 온 세상.
【淸士(청사, qīng shì)】: 청렴한 선비.
【乃(내, nǎi)】: 비로소.
【見(현, xiàn)】: 現. 나타나다.
【以(이, yǐ)】: 因. …로 인해. …때문.
【彼(피, bǐ)】: 저들. 즉「盜跖」또는「操行不軌…하는 俗人들」.
【此(차, cǐ)】: 이들. 즉「顔回」또는「擇地而蹈…하는 고결한 사람들」.

32「君子疾沒世而名不稱焉。」→「君子는 죽은 후에 이름이 칭송되지 않는 것을 우려한다.」
※ 공자의 이 말은《論語·衛靈公》에 보인다.
【疾(질, jí)】: 患. 걱정하다. 우려하다.
【沒世(몰세, mò shì)】: 죽다.
【不稱(불칭, bù chēng)】: [피동 용법] 칭송되지 못하다. 칭찬받지 못하다.

33 賈子曰:「貪夫徇財, 烈士徇名, 夸者死權, 衆庶馮生。」同明相照, 同類相求。→ 賈誼는:「탐욕을 부리는 자는 재물 때문에 죽고, 烈士는 이름을 위해 죽고, 뽐내기 좋아하는 자는 권세 때문에 죽고, 평범한 서민은 살아남기를 갈구한다.」라고 했다. 똑같이 밝은 것은 서로 비추어 주고, 같은 부류는 서로 감응한다.

覩。」³⁴ 伯夷、叔齊雖賢, 得夫子而名益彰; 顔淵雖篤學, 附驥尾而行益顯。³⁵ 巖穴之士, 趣舍有時若此, 類名堙滅而不稱, 悲夫!³⁶ 閭巷之人, 欲砥行立名者, 非附青雲之士, 惡能施於後世哉!³⁷

※ 賈誼의 이 말은 《鵩鳥賦》에 보인다.
【賈子(가자, jiǎ zǐ)】: [인명] 賈誼. 西漢 초기의 저명한 政論家.
【徇(순, xùn)】: 殉. 죽다. 목숨을 잃다.
【夸者(과자, kuā zhě)】: 뽐내기 좋아하는 자. ※《莊子・雜篇・徐無鬼》曰:「權勢不尤, 則夸者悲。(권세가 강해지지 않으면, 뽐내기 좋아하는 자는 슬퍼한다.)」
【眾庶(중서, zhòng shù)】: 보통 사람. 서민.
【馮(빙, píng)】: 憑. 기대다. 여기서는「갈구하다」의 뜻.
【相求(상구, xiāng qiú)】: 서로 감응하다.

34 「雲從龍, 風從虎, 聖人作而萬物覩。」→「구름은 용을 따르고, 바람은 범을 따르며, 성인이 나타나면 만물이 우러러본다.」
※ 이 말은《周易・文言傳・乾卦九五》에 보인다.
【作(작, zuò)】: 일어나다. 나타나다.
【覩(도, dǔ)】: 보다. 여기서는「우러러보다」의 뜻.

35 伯夷、叔齊雖賢, 得夫子而名益彰; 顔淵雖篤學, 附驥尾而行益顯。→ 백이와 숙제는 비록 현명했지만, 공자의 칭찬을 받아 이름이 더욱 드러났고; 안회는 비록 학문에 충실했지만, 공자의 문하에 몸담은 덕분에 품행이 더욱 돋보이게 되었다.
【得(득, dé)】: 얻다. 여기서는「칭찬을 받다」의 뜻.
【夫子(부자, fū zǐ)】: 선생님. 제자의 스승에 대한 호칭. 여기서는「공자」를 가리킨다.
【益(익, yì)】: 더욱.
【彰(창, zhāng)】: 드러나다. 뚜렷해지다.
【篤學(독학, dǔ xué)】: 학문에 충실하다.
【附驥尾(부기미, fù jì wěi)】: 천리마의 꼬리에 달라붙다. 이는「파리가 천리마의 꼬리에 붙어 천리를 간다」라는 말로, 여기서는「공자의 문하에 몸담은 덕분」을 비유한 말.【附】: 붙다.【驥】: 천리마.
【顯(현, xiǎn)】: 현저하다. 돋보이다.

36 巖穴之士, 趣舍有時若此, 類名堙滅而不稱, 悲夫! → 산림에 거주하는 隱士들도, 나아가고 물러남에 있어서 이와 같을 때가 있는데, 대체로 이름이 매몰되어 칭송을 받지 못하니, 슬픈 일이다!
【巖穴之士(암혈지사, yán xué zhī shì)】: 산림에 거주하는 隱士.
【趣舍(추사, qū shě)】: 進退. 나아가고 물러남.
【類(류, lèi)】: 대개. 대체로.
【堙滅(인멸, yīn miè)】: 인멸되다. 매몰되다.

37 閭巷之人, 欲砥行立名者, 非附青雲之士, 惡能施於後世哉! → 서민으로서, 덕행을 닦고

> 번역문

백이(伯夷) 전기(傳記)

　대저 학자들은 읽은 서적이 매우 많지만 여전히 육경(六經)에서 믿을 수 있는 근거를 찾는다. 《시경(詩經)》과 《서경(書經)》이 비록 완전하지 못한 결함은 있지만, 그러나 우(虞)·하(夏)에 관한 기록은 (그런대로) 알 수 있다. 요(堯)임금이 장차 퇴위하여 우(虞)의 순(舜)에게 양위할 때와, 순(舜)임금이 우(禹)임금에게 양위할 때는 사악(四岳)과 구목(九牧) 모두가 천거해야 비로소 그들을 미리 자리에 앉혀 (능력을) 시험하고, 수십 년 동안 직책을 맡겨 공적이 현저하면 그런 다음에 정권을 넘겨주었다. 이는 천하가 귀중한 보물이요 왕은 중대한 법통으로, 천하를 물려주는 것이 이처럼 어렵다는 것을 보여준 것이다. 그러나 어떤 사람들은 : 「요임금이 천하를 허유(許由)에게 물려주려 하니, 허유가 받지 않고 그것을 부끄럽다 하여 도망쳐 숨어버렸다. 하대(夏代)에 이르러서도 변수(卞隨)와 무광(務光) 같은 사람이 있었다.」라고 했는데, 이는 무엇을 근거로 한 말인가? 태사공(太史公)이 말했다 : 내가 기산(箕山)에 올라가 보니 그 정상에 아마도 허유의 무덤이 있었던 듯했다. 공자(孔子)는 옛날의 성현들을 차례대로 기술했는데, 오태백(吳太伯)과 백이(伯夷) 같은 이들에 관해 매우 상세히 밝혔다. 내가 들은 바에 의하

　명성을 수립하고자 할 경우, 덕망이 높은 사람을 쫓지 않는다면, 어찌 후세에 이름을 전할 수 있겠는가?
【閭巷之人(여항지인, lǘ xiàng zhī rén)】: 보통 사람. 서민.
【砥(지, dǐ)】: 갈다. 연마하다. 닦다.
【附(부, fù)】: 쫓다. 의탁하다.
【靑雲之士(청운지사, qīng yún zhī shì)】: 덕망이 높은 사람.
【惡(오, wū)】: 어찌.
【施於(시어, shī yú)…】: …에 전하다. …에 이어가다. 〖於〗: [개사] …에.

면, 허유와 무광은 의(義)가 지극히 높은 분이다. 그런데 (공자가 정리한《시경》이나《서경》등에) 그들에 관한 기록이 조금도 보이지 않는다. 어째서인가?

　공자가 말하길 :「백이(伯夷)와 숙제(叔齊)는 (남의) 지난날의 잘못을 마음에 두지 않아, 이로 인해 (남에 대한) 원한이 매우 적었다.」라고 했고, 또「인(仁)을 추구하면 인(仁)을 얻는데, 또 무슨 원한이 있겠는가?」라그 했다. 나는 백이의 뜻을 슬퍼하면서《시경》에 수록되지 않은 그의 시를 보고 이상하게 생각했다. 그들의 전기(傳記)에는 이렇게 말했다 :「백이와 숙제는 고죽군(孤竹君)의 두 아들이다. 아버지가 숙제를 왕으로 옹립하려 했다. 부친이 세상을 떠나자 숙제는 왕위를 백이에게 양보했다. 그러자 백이가 :『아버지의 명령이시다.』라 말하고 마침내 도망쳐 버렸다. 숙제 또한 왕위에 오르는 것을 마다하여 도망쳐 버렸다. (이에) 백성들이 고죽군의 둘째 아들을 왕으로 옹립했다. 그리하여 백이와 숙제는 서백(西伯) 창(昌)이 노인들을 잘 봉양한다는 말을 듣고『어찌 그곳으로 가서 의탁하지 않겠는가?』라 하고 그곳에 이르러 보니, 서백은 이미 세상을 떠나고 무왕(武王)이 서백의 신주(神主)를 수레에 실어 문왕(文王)이라 칭하고, 동쪽으로 주왕(紂王)을 토벌하러 나서는 중이었다. 백이와 숙제는 말고삐를 잡아 멎게 하고 간하여 말했다 :『부친께서 돌아가시어 장례도 치르지 않았는데, 의외로 무력을 동원하기에 이르니 효(孝)라 할 수 있습니까? 신하로써 임금을 시해하면 어질다고 할 수 있습니까?』(그러자) 무왕(武王) 주변의 시종들이 백이와 숙제를 죽이려 했다. (이때) 태공(太公)이 :『이들은 의로운 사람들이다.』라고 하여 그들을 부축하여 떠나보냈다. 무왕이 이미 은(殷)나라의 혼란을 평정하여 천하가 모두 주(周)나라로 귀순하자, 백이와 숙제는 이를 부끄럽다고 여겨 의(義)를 지키며 주(周)나라의 곡식을 먹지 않고 수양산(首陽山)에 숨어 고

사리를 뜯어먹고 살았다. 그들이 굶어죽기에 이르러 노래를 지었는데, 가사는 이렇다 : 『저 서산에 올라가 고사리나 꺾자! 폭군으로 폭군을 바꾸니 자신의 잘못을 알지 못하네. 신농(神農)·우(虞)·하(夏)의 시대 홀연히 사라졌으니, 우리는 어디로 돌아갈거나? 아! 오로지 죽음뿐, 운명이 쇠하는구나!』 끝내 수양산에서 굶어죽었다.」 이로 미루어 보면 원망하는 것인가 원망하지 않는 것인가?

어떤 사람이 말하길 :「하늘의 도리는 편애하는 법이 없고, 항상 착한 사람을 돕는다.」라고 했는데, 백이·숙제와 같은 사람은 착한 사람이라고 말할 수 있는가 없는가? 인덕(人德)을 쌓고 품행을 바르게 했어도 이와 같이 굶어죽었다. 또한 칠십 제자들 중에 공자(孔子)는 유독 안회(顔回)만이 배우기를 좋아한다고 천거했지만, 그러나 안회는 항상 가난하여 거친 음식도 배불리 먹지 못하고 끝내 요절하고 말았다. 하늘이 착한 사람에게 베푸는 것이란 또한 어떤 것인가? 도척(盜跖)은 날마다 무고한 사람들을 죽이고, 사람의 간을 고기처럼 먹을 정도로 사납고 방자했다. 무리 수천 명을 모아 천하를 횡행하다가 마침내 천수를 다하고 죽었는데, 이는 어떤 덕행을 근거로 한 것인가? 이는 특히 명백하고 두드러진 사례들이다. 근세로 말하면, 어떤 사람은 품행이 올바르지 못하고 전문적으로 법규를 위반하지만, 그러나 평생 안락하게 살며 부귀가 여러 대 동안 끊이지 않고 있다. 어떤 사람은 디딜 땅을 골라 발을 밟고, 말할 때가 된 후에야 말을 하고, 다닐 때는 작은 길로 가지 않고, 공정하지 않으면 분발하지 않지만, 그러나 재앙을 당하는 자가 셀 수 없이 많다. (이로 인해) 나는 실로 의혹스럽기 이를 데 없다. 만일 (이를) 이른바 천도(天道)라고 한다면 옳은 것인가 그른 것인가?

공자가 말하길 :「지향하는 목표가 같지 않으면 함께 도모할 수 없다.」라고 했는데, 이 역시 사람은 각기 자기의 뜻에 따라야 한다는 것이다. 그래

서 (공자는) 또 말하길 :「부귀가 만일 얻을 수 있는 것이라면, 설사 채찍을 잡는 마부라도 나 또한 그 일을 할 것이요, 만일 얻을 수 없는 것이라면 내가 좋아하는 바를 따를 것이다.」라 했고,「날이 추워져야 그런 다음에 소나무와 잣나무가 최후에 시든다는 것을 안다.」라고 했다. 온 세상이 혼탁해지면 청렴한 선비가 비로소 드러난다. 어찌 그들이 속인들처럼 부귀를 중시하고 고결한 사람들처럼 부귀를 경시했기 때문이겠는가?「군자(君子)는 죽은 후에 이름이 칭송되지 않는 것을 우려한다.」가의(賈誼)는 :「탐욕을 부리는 자는 재물 때문에 죽고, 열사(烈士)는 이름을 위해 죽고, 뽐내기 좋아하는 자는 권세 때문에 죽고, 평범한 서민은 살아남기를 갈구한다.」라고 했다. 똑같이 밝은 것은 서로 비추어 주고, 같은 부류는 서로 감응한다.「구름은 용을 따르고, 바람은 범을 따르며, 성인이 나타나면 만물이 우러러본다.」백이와 숙제는 비록 현명했지만 공자의 칭찬을 받아 이름이 더욱 드러났고, 안회는 비록 학문에 충실했지만 공자의 문하에 몸담은 덕분에 품행이 더욱 돋보이게 되었다. 산림에 거주하는 은사들도 나아가고 물러남에 있어서 이와 같을 때가 있는데, 대체로 이름이 매몰되어 칭송을 받지 못하니 슬픈 일이다! 서민으로서, 덕행을 닦고 명성을 수립하고자 할 경우, 덕망이 높은 사람을 쫓지 않는다면, 어찌 후세에 이름을 전할 수 있겠는가?

해제解題 및 본문 요지 설명

　본문은《사기(史記)》열전(列傳) 중의 한 편으로, 백이(伯夷)를 편명으로 했으나 백이(伯夷)와 숙제(叔齊)의 사적에 대한 기록은 일부분에 불과하고 거의가 작자의 감개한 심사(心思)를 의론(議論)으로 펼친 것이다.

　본문은 네 단락으로 나눌 수 있는데, 첫째 단락에서는 당요(唐堯)가 천하를 물려준 것을 빌어 백이가 나라를 양보한 미덕을 더욱 돋보이게 했고; 둘째 단락에서는 앞 단락의 문맥을 이어받아, 여기에 다시 경전(經典)의 기록을 잡다하게 인용하여 백이의 고매한 형상을 선명하게 묘사했고; 셋째 단락에서는 천도(天道)에 대한 질의(質疑)로 들어가, 안연(安淵)·도척(盜蹠)의 정반인물(正反人物)을 빌어 백이를 더욱 돋보이게 하는 한편, 또한 근세의 시비(是非)가 전도된 비애를 개괄한 후, 이로부터「만일 하늘의 도리가 명확하고 유효하게 그 공정성을 펼쳐 보이지 못한다면 생명의 의의는 도대체 어떻게 확정해야 하는가?」를 추궁했고; 마지막 단락에서는「지향하는 목표가 같지 않으면, 함께 도모할 수 없다.(道不同, 不相爲謀。)」라고 한 공자(孔子)의 말을 인용하여 객관적인 정세(情勢)는 결국 개인이 전환시킬 수 있는 것이 아니며, 자신의 이념에 대한 고수(固守)만이 바로 우리가 유일하게 장악할 수 있는 것이기 때문에, 그래서 덕행을 닦아 후세에 이름을 남겨 절망 중 최후의 위안(慰安)이 된다는 것을 밝혔다.

081 관안열전(管晏列傳)
《史記》

작자

074 오제본기찬(五帝本紀贊) 참조.

원문 및 주석

管晏列傳[1]

管仲夷吾者, 潁上人也。少時, 常與鮑叔牙游, 鮑叔知其賢。[2] 管

---

1 管晏列傳 → 管仲·晏嬰 傳記
   【管(관, guǎn)】: 管仲. 성은 管, 자는 仲, 이름은 夷吾. 齊나라의 재상으로, 齊桓公을 보필하여 환공으로 하여금 제후의 맹주가 되게 했다. 환공은 그를 존중하여 仲父라 했다.
   【晏(안, yàn)】: 晏嬰. 성은 晏, 이름은 嬰, 자는 중(仲), 시호는 평(平)이며, 역사에서는 안평중(晏平仲)이라 칭한다. 제(齊)나라의 대부로 영공(靈公)·장공(莊公)·경공(景公) 삼대에 걸쳐 벼슬을 했으며, 유능하고 근면 검소한 인품으로 세상에 널리 알려졌는데, 후인들이 그의 행적과 간언(諫言)을 모아《안자춘추(晏子春秋)》를 펴냈다.
2 管仲夷吾者, 潁上人也。少時, 常與鮑叔牙游, 鮑叔知其賢。→ 管仲은, 潁上 사람이다. 젊었을 때, 항상 鮑叔牙와 어울렸는데, 鮑叔은 그가 현명하다는 것을 알았다.

仲貧困, 常欺鮑叔, 鮑叔終善遇之, 不以爲言.³ 已而鮑叔事齊公子小白, 管仲事公子糾.⁴ 及小白立爲桓公, 公子糾死, 管仲囚焉. 鮑叔遂進管仲.⁵ 管仲旣用, 任政于齊, 齊桓公以霸, 九合諸侯, 一匡天下,

【管仲夷吾(관중이오, guǎn zhòng yí wú)】: 주 1 참조.
【潁上(영상, yǐng shàng)】: [지명] 지금의 안휘성 潁上縣.
【鮑叔牙(포숙아, bào shū yá)】: [인명] 포숙아. 성은 鮑, 자는 叔, 이름은 牙. 齊나라의 대부로 관중과 절친했다.
【游(유, yóu)】: 교유하다. 어울리다.
【賢(현, xián)】: 재능이 많다. 현명하다.

3 管仲貧困, 常欺鮑叔, 鮑叔終善遇之, 不以爲言。→ 관중은 가난하여, 항상 포숙을 속이고 자기 몫을 많이 취했으나, 포숙은 시종일관 그를 잘 대해주며, 이를 가지고 어떤 말도 하지 않았다.
【欺(기, qī)】: 속이다. 여기서는「장사하여 번 돈을 나누는 과정에서 관중이 포숙을 속이며 자기 몫을 많이 취한 것」을 말한다.
【終(종, zhōng)】: 시종일관. 끝까지.
【善遇(선우, shàn yù)】: 잘 대해주다.
【之(지, zhī)】: [대명사] 그. 즉「관중」.
【以(이, yǐ)】: 以(之). 이를 가지고.

4 已而鮑叔事齊公子小白, 管仲事公子糾。→ 후에 포숙은 齊나라의 公子 小白을 섬기고, 관중은 公子 糾를 섬겼다.
【已而(이이, yǐ ér)】: 그 후, 후에.
【事(사, shì)】: 섬기다.
【小白(소백, xiǎo bái)】: [인명] 성은 姜, 이름이 小白이며, 齊襄公의 동생으로, 후의 齊桓公이다. 제환공은 관중을 기용하여 개혁을 단행하고 춘추시대의 霸者가 되었다.
【糾(규, jiū)】: [인명] 齊襄公의 동생. 公子 小白과 왕위를 다투다가 실패하여 죽임을 당했다.

5 及小白立爲桓公, 公子糾死, 管仲囚焉。鮑叔遂進管仲。→ 소백이 齊桓公으로 즉위하기에 이르러, 공자 규는 살해되고, 관중은 감옥에 갇혔다. 그리하여 포숙은 관중을 (제환공에게) 천거했다.
 ※ 齊나라에 반란이 일어날 기미가 보이자, 포숙은 公子 小白을 보필하여 莒로 달아나고, 公子 糾는 管仲과 召忽이 보필하여 魯로 달아났다. 반란이 일어난 후, 소백이 먼저 莒로부터 돌아왔고, 魯나라는 공자 규를 받아들였는데, 소백이 제나라 군사를 이끌고 魯나라 군사를 격퇴했다. 소백은 환공으로 즉위한 후 魯에 서신을 보내 공자 糾를 죽이도록 요청했다. 관중이 옥에 갇히자, 포숙이 관중을 제환공에게 추천하여 관중은 제환공의 재상이 되었다.
【及(급, jí)】: …에 이르다.
【囚(수, qiú)】: 갇히다. 구금되다.

管仲之謀也。⁶

　管仲曰:「吾始困時, 嘗與鮑叔賈, 分財利, 多自與, 鮑叔不以我爲貪, 知我貧也。⁷吾嘗爲鮑叔謀事, 而更窮困, 鮑叔不以我爲愚, 知時有利不利也。⁸吾嘗三仕三見逐於君, 鮑叔不以我爲不肖, 知我不遭時也。⁹吾嘗三戰三走, 鮑叔不以我爲怯, 知我有老母也。¹⁰公子

【遂(수, suì)】: 그리하여.
【進(진, jìn)】: 추천하다. 천거하다.

6　管仲既用, 任政于齊, 齊桓公以霸, 九合諸侯, 一匡天下, 管仲之謀也。→ 관중이 기용되어, 齊나라에서 政事를 맡자, 제환공이 이로 인해 霸者가 되어, 제후들과 여러 차례 회합한 후, 천하를 바로잡았는데, 이는 관중의 지략에 의한 것이었다.
【既(기, jì)】: 이미 …하다. …한 이후.
【以(이, yǐ)】: 因. 이로 인해.
【霸(패, bà)】: [동사 용법] 패자가 되다.
【九合(구합, jiǔ hé)】: 여러 차례 회합하다.《論語·憲問》:「桓公九合諸侯, 不以兵車.(환공은 제후들과 여러 차례 회합하면서, 무력을 사용하지 않았다.)」【九】: 여기서는「아홉」이라는 수의 개념이 아니라「여러 차례, 여러 번」의 뜻이다.
※ 혹은「九」를「糾」로 보아「糾合하다」라 풀이하기도 한다.
【一匡天下(일광천하, yī kuāng tiān xià)】: 천하를 바로잡다.【匡】: 바로잡다.
【謀(모, móu)】: 지모. 지략.

7　管仲曰:「吾始困時, 嘗與鮑叔賈, 分財利, 多自與, 鮑叔不以我爲貪, 知我貧也。→ 관중이 말했다:「나는 처음 가난했을 때, 일찍이 포숙과 더불어 장사를 했는데, 이익을 나누면서, 내가 많이 가졌으나, 포숙은 나를 욕심쟁이로 여기지 않고, 나의 가난한 처지를 이해했다.
【賈(고, gǔ)】: 장사하다.
【多自與(다자여, duō zì yǔ)】: 자신에게 더 많이 주다. 자신이 더 많이 가지다.
【以(이, yǐ)…爲(위, wéi)…】: …을 …로 여기다.
【知(지, zhī)】: 알다. 이해하다.

8　吾嘗爲鮑叔謀事, 而更窮困, 鮑叔不以我爲愚, 知時有利不利也。→ 나는 일찍이 포숙을 위해 일을 꾀하다가, 그를 더욱 곤궁하게 만들었는데, 포숙은 나를 어리석다 여기지 않고, 時運이 유리할 때도 있고 불리할 때도 있다는 것을 이해했다.
【嘗(상, cháng)】: 일찍이.
【謀事(모사, móu shì)】: 일을 꾀하다.
【更(경, gèng)】: 더욱.
【窮困(궁곤, qióng kùn)】: [사동 용법] 곤궁하게 하다.

糾敗, 召忽死之, 吾幽囚受辱, 鮑叔不以我爲無恥, 知我不羞小節, 而恥功名不顯於天下也。¹¹ 生我者父母, 知我者鮑子也!」¹² 鮑叔旣進管仲, 以身下之。¹³ 子孫世祿於齊, 有封邑者十餘世, 常爲名大夫。¹⁴

---

9 吾嘗三仕三見逐於君, 鮑叔不以我爲不肖, 知我不遭時也。→ 나는 일찍이 세 번 관직 생활을 했고 임금으로부터 세 번 쫓겨났는데, 포숙은 나를 현명하지 못하다고 여기지 않고, 내가 때를 못 만난 것을 이해했다.
 【仕(사, shì)】: 관직 생활을 하다. 벼슬을 지내다.
 【見逐(견축, jiàn zhú)】: 쫓겨나다. ※ 見+동사=피동형
 【於(어, yú)】: [개사] …로부터.
 【不肖(불초, bù xiào)】: 현명하지 못하다.
 【遭時(조시, zāo shí)】: 때를 만나다.

10 吾嘗三戰三走, 鮑叔不以我爲怯, 知我有老母也。→ 나는 일찍이 세 번을 싸워 세 번을 달아났는데, 포숙은 나를 비겁하다고 여기지 않고, 나의 노모가 계시다는 것을 이해했다.
 【以(이, yǐ)…爲(위, wéi)…】: …을 …라 여기다.
 【怯(겁, qiè)】: 비겁하다.

11 公子糾敗, 召忽死之, 吾幽囚受辱, 鮑叔不以我爲無恥, 知我不羞小節, 而恥功名不顯於天下也。→ 公子 糾가 실패하자, 召忽이 그를 위해 자살하고, 나는 감옥에 갇혀 모욕을 감수했는데, 포숙은 나를 몰염치하다 여기지 않고, 내가 사소한 일을 부끄러워하지 않고, 功名이 천하에 드러나지 않음을 부끄러워한다고 이해했다.
 【召忽(소홀, shào hū)】: [인명] 齊나라 사람으로, 관중과 함께 公子 糾를 섬기다가 규가 죽자 소홀도 자살했다. ※ 주 5 참조.
 【幽囚(유수, yōu qiú)】: [피동 용법] 갇히다. 구금되다.
 【無恥(무치, wú chǐ)】: 몰염치하다. 부끄럼이 없다.
 【小節(소절, xiǎo jié)】: 사소한 일. 대수롭지 않은 일.
 【顯(현, xiǎn)】: 드러나다. 나타나다.

12 生我者父母, 知我者鮑子也!」→ 나를 낳은 사람은 부모이고, 나를 이해한 사람은 포숙이다!」
 【知(지, zhī)】: 알아주다. 이해하다.

13 鮑叔旣進管仲, 以身下之。→ 포숙은 관중을 천거한 후, 자신을 관중의 아래에 두었다.
 【身(신, shēn)】: 자신.
 【下(하, xià)】: [동사 용법] 아래에 두다.
 【之(지, zhī)】: [대명사] 그. 즉「관중」.

14 子孫世祿於齊, 有封邑者十餘世, 常爲名大夫。→ 그의 자손은 대대로 齊나라에서 봉록을 받아, 封邑을 가진 자가 십여 대에 달했으며, 항상 유명한 대부가 되었다.
 【世祿(세록, shì lù)】: 대대로 봉록을 받다.

天下不多管仲之賢, 而多鮑叔能知人也。¹⁵

管仲既任政相齊, 以區區之齊在海濱, 通貨積財, 富國彊兵, 與俗同好惡。¹⁶ 故其稱曰:「倉廩實而知禮節, 衣食足而知榮辱, 上服度則六親固。」「四維不張, 國乃滅亡。」「下令如流水之原, 令順民心。」故論卑而易行。¹⁷ 俗之所欲, 因而予之; 俗之所否, 因而去之。¹⁸ 其爲

【常(상, cháng)】: 항상. 언제나.

15 天下不多管仲之賢, 而多鮑叔能知人也。→ 그래서 천하 사람들은 관중의 현덕함을 칭찬하지 않고, 포숙이 능히 사람을 알아볼 줄 아는 것을 칭찬했다.
【多(다, duō)】: 칭찬하다.
【知人(지인, zhī rén)】: 사람을 알아보다. 사람의 됨됨이를 알다.

16 管仲既任政相齊, 以區區之齊在海濱, 通貨積財, 富國彊兵, 與俗同好惡。→ 관중은 齊나라의 재상이 되어 政事를 맡은 후, 해변의 조그만 齊나라를 가지고, 화물을 유통시키고 재물을 쌓아, 부국강병을 이루었으며, 항상 백성들과 고락을 함께했다.
【相齊(상제, xiàng qí)】: 齊나라의 재상이 되다.【相】: [동사 용법] 재상이 되다.
【區區(구구, qū qū)】: 작은 모양.
【彊兵(강병, qiáng bīng)】: 强兵.【彊】: 强.
【俗(속, sú)】: 백성.
【同(동, tóng)】: 함께하다.
【好惡(호오, hào wù)】: 좋아함과 싫어함. 苦樂.

17 故其稱曰:「倉廩實而知禮節, 衣食足而知榮辱, 上服度則六親固。」「四維不張, 國乃滅亡。」「下令如流水之原, 令順民心。」故論卑而易行。→ 그래서 그는:「곡식 창고가 충실해야 예절을 알게 되고, 입고 먹는 것이 풍족해야 영예와 치욕을 알게 되며, 임금이 법도를 준수해야 六親이 화목하고 단결하게 된다.」「禮·義·廉·恥가 伸張되지 않으면, 나라가 곧 멸망한다.」「명령을 하달할 때는, 마치 물이 위에서 아래로 내려오듯이, 민심을 따르게 해야 한다.」라고 했다. 그러므로 논리가 평이해야 실행하기가 쉬운 것이다.
【倉廩(창름, cāng lǐn)】: 창고.
【實(실, shí)】: 충실하다. 가득 차다.
【上(상, shàng)】: 군주. 임금.
【服度(복도, fú dù)】: 법도를 지키다. 법을 따르다.【服】: 따르다. 복종하다.【度】: 법도.
【六親(육친, liù qīn)】: 父·母·兄·弟·妻·子.
【固(고, gù)】: 굳어지다. 즉 화목하고 단결하다.
【四維(사유, sì wéi)】: 禮·義·廉·恥.
【張(장, zhāng)】: 펴다. 확장하다.
【乃(내, nǎi)】: 곧. 바로.

政也, 善因禍而爲福, 轉敗而爲功; 貴輕重, 愼權衡.¹⁹ 桓公實怒少姬, 南襲蔡, 管仲因而伐楚, 責包茅不入貢於周室.²⁰ 桓公實北征山

【令(령, lìng)】: …로 하여금 …하게 하다.
【卑(비, bēi)】: 낮다. 저속하다. 여기서는「平易하다, 평범하다」의 뜻.

18 俗之所欲, 因而予之; 俗之所否, 因而去之。→ 백성들이 원하는 것이 있으면, 그들이 원하는 바에 따라 그것을 제공해 주고; 백성들이 반대하는 것이 있으면, 그들이 반대하는 바에 따라 그것을 제거했다.
【所欲(소욕, suǒ yù)】: 원하는 바. 바라는 바.
【因(인, yīn)】: 따르다. 순응하다.
【予(여, yǔ)】: 주다.
【之(지, zhī)】: [대명사] 그들. 즉「백성」.
【否(부, fǒu)】: 반대하다. 부정하다.
【去(거, qù)】: 제거하다. 폐지하다.

19 其爲政也, 善因禍而爲福, 轉敗而爲功; 貴輕重, 愼權衡。→ 관중은 나라를 다스리면서, 화를 복으로 만들고, 실패를 성공으로 돌리는데 능했으며; 일의 경중을 중시하고, 득실을 저울질하는데 신중했다.
【善(선, shàn)】: 능숙하다. 능하다.
【因禍而爲福(인화이위복, yīn huò ér wéi fú)】: 轉禍爲福. 화가 바뀌어 복이 되다.
【貴(귀, guì)】: 귀하게 여기다. 중시하다.
【輕重(경중, qīng zhòng)】: 가볍고 무거움. 중요하고 중요하지 않음.
【愼(신, shèn)】: 신중하다.
【權衡(권형, quán héng)】: 저울질하다.

20 桓公實怒少姬, 南襲蔡, 管仲因而伐楚, 責包茅不入貢於周室。→ 齊桓公이 사실은 少姬에게 화가 나서, 남쪽으로 蔡나라를 습격했는데, 관중은 이를 이용하여 楚나라를 공격하고, 초나라가 周나라에 包茅를 바치지 않은 것을 꾸짖었다.
※ 齊桓公 29년(B.C. 657), 환공이 부인 少姬와 더불어 배를 타고 놀이를 하던 중, 소희가 배를 흔들어 환공을 놀라게 하여 蔡나라로 돌려보냈다. 후에 蔡나라가 소희를 다른 곳으로 시집보냈다. 이에 환공이 대노하여 환공 30년(B.C. 658)에 군사를 일으켜 채를 공격했다.
【實(실, shí)】: 실제로. 사실은.
【少姬(소희, shào jī)】: [인명] 蔡나라에서 데려온 제환공의 姬妾.
【襲(습, xí)】: 습격하다. 공격하다.
【蔡(채, cài)】: [국명] 지금의 하남성 上蔡縣 및 안휘성 風台 일대에 있던 周代의 제후국.
【因(인, yīn)】: 틈타다. 이용하다.
【伐(벌, fá)】: 공격하다.
【包茅(포모, bāo máo)】: 다발로 묶은 띠. 옛날 제사를 지낼 때 다발로 묶은 띠를 가지고

戎, 而管仲因而令燕修召公之政。²¹ 於柯之會, 桓公欲背曹沫之約,
管仲因而信之, 諸侯由是歸齊。²² 故曰:「知與之爲取, 政之寶也。」²³
　　管仲富擬於公室, 有三歸、反坫, 齊人不以爲侈。²⁴ 管仲卒, 齊

　　　술 찌꺼기를 걸렀기 때문에 이를 包茅라 불렀다.
　　【入貢(입공, rù gòng)】: 공물로 바치다.

21　桓公實北征山戎, 而管仲因而令燕修召公之政。→ 제환공이 사실은 북쪽으로 山戎을 토
　　벌하러 나섰는데, 관중은 이를 이용하여 燕나라로 하여금 召公 시절의 政敎를 시행하
　　도록 했다.
　　※周惠王 14년(B.C. 663), 山戎이 燕나라를 침략하여 齊桓公이 燕나라를 돕기 위해 북
　　　쪽으로 산융 토벌에 나섰는데, 관중이 이 기회를 이용하여 燕莊公으로 하여금 周의
　　　天子에게 공물을 바치도록 했다.
　　【山戎(산융, shān róng)】: 북쪽 오랑캐의 일부로, 지금의 하북성 遷安 일대에 거주했다.
　　【修(수, xiū)】: 시행하다.
　　【召公(소공, shào gōng)】: 周成王 시절의 名臣으로 燕에 봉해졌다.

22　於柯之會, 桓公欲背曹沫之約, 管仲因而信之, 諸侯由是歸齊。→ 제환공이 魯나라와 柯
　　에서 회맹하고, 후에 曹沫과의 약속을 배반하려 하자, 관중이 당시의 상황을 근거로 환
　　공에게 약속을 이행토록 하니, 제후들이 이로 말미암아 모두 齊나라로 귀의했다.
　　※《史記・齊世家》및《史記・刺客列傳》등의 기록을 종합해 보면, 周僖王 원년(B.C.
　　　681) 魯나라가 齊나라와의 전쟁에서 패하여 魯莊公이 遂邑을 떼어주고 강화를 요청
　　　하자, 환공이 이를 허락하고 柯에서 회동했다. 곧 맹약을 체결하려는 순간, 노나라
　　　장군 曹沫이 비수를 들고 단상으로 올라가 환공을 위협하여 땅을 돌려줄 것을 요구
　　　하자, 제환공이 이를 허락했다. 후에 환공이 이를 후회하고 약속을 배반하려 하자,
　　　관중이 조말을 죽이는 것은 작은 일이고, 대의를 지켜 권위를 세우는 것만 못하다는
　　　논리로 환공을 설득하여 약속을 이행함으로써, 모든 제후들이 제나라에 귀의했다.
　　【柯(가, kē)】: [지명] 지금의 하남성 內黃縣 동북쪽.
　　【背(배, bèi)】: 배반하다. 파기하다.
　　【曹沫(조말, cáo mò)】: [인명] 魯나라 장군.
　　【因(인, yīn)】: 의거하다. 근거하다.
　　【信(신, xìn)】: [사동 용법] 믿게 하다. 여기서는「지키도록 하다, 이행토록 하다」의 뜻.
　　【由是(유시, yóu shì)】: 이로 말미암아.
　　【歸(귀, guī)】: 귀의하다.

23　故曰:「知與之爲取, 政之寶也。」→ 그래서 말하길:「주는 것을 아는 것이 바로 얻는 것
　　이요, 그것이 바로 정치의 法寶이다.」라고 했다.
　　※이 말은《管子・牧民》에 보인다.
　　【與(여, yǔ)】: 주다.
　　【寶(보, bǎo)】: 法寶.

國遵其政, 常彊於諸侯。後百餘年而有晏子焉。²⁵

晏平仲嬰者, 萊之夷維人也。²⁶ 事齊靈公、莊公、景公, 以節儉力行重于齊。²⁷ 既相齊, 食不重肉, 妾不衣帛。其在朝, 君語及之, 卽危言; 語不及之, 卽危行。²⁸ 國有道, 卽順命; 無道, 卽衡命。以此三

24 管仲富擬於公室, 有三歸、反坫, 齊人不以爲侈。→ 관중의 재산은 제나라의 군주에 비할 만큼, 三歸와 反坫을 소유했다. 그러나 제나라 사람들은 이를 사치라고 여기지 않았다.
※본래 三歸와 反坫은 제후들만 소유할 수 있는 것들이며, 대부인 관중이 소유해서는 안 된다.
【富(부, fù)】: 재산.
【擬於(의어, nǐ yú)…】: 比於…. …에 비할 만하다. 〖於〗: [개사] …에.
【公室(공실, gōng shì)】:「齊의 군주」를 가리킨다.
【三歸(삼귀, sān guī)】: 세 채의 누대.
【反坫(반점, fǎn diàn)】: 건물의 양 기둥 사이에 흙으로 쌓아 만든 臺. ※제후들이 향연을 베풀 때 술잔을 놓는 자리로 사용했다.
【以爲(이위, yǐ wéi)】: …라 여기다. …라고 생각하다.
【侈(치, chǐ)】: 사치.

25 管仲卒, 齊國遵其政, 常彊於諸侯。後百餘年而有晏嬰焉。→ 관중이 죽은 뒤에도, 제나라는 그의 政令을 준수하여, 항상 다른 제후국들보다 강성했다. 백여 년이 지난 후 (齊나라에) 晏嬰이 있었다.
【遵(준, zūn)】: 준수하다. 따르다.
【彊於(강어, qiáng yú)…】: …보다 강하다. 〖彊〗: 强. 〖於〗: [개사] …보다. …에 비해.
【晏子(안자, yàn zǐ)】: [인명] 안영(晏嬰). 주 1 참조.「子」는 존칭.

26 晏平仲嬰者, 萊之夷維人也。→ 안영은, 萊나라 夷維 사람이다.
【晏平仲嬰(안평중영, yàn píng zhòng yīng)】: 주 1 참조.
【萊(래, lái)】: 옛 나라 이름. 지금의 산동성 黃縣 동남쪽.
【夷維(이유, yí wéi)】: [지명] 지금의 산동성 高密縣.

27 事齊靈公、莊公、景公, 以節儉力行重于齊。→ 齊나라 靈公·莊公·景公을 섬겼는데, 근검절약하고 힘써 노력하여 제나라에서 존경을 받았다.
【節儉(절검, jié jiǎn)】: 근검절약하다.
【力行(역행, lì xíng)】: 힘써 행하다. 노력하다.
【重于(중우, zhòng yú)】: …에서 존경받다. 〖重〗: 존중받다. 존경받다. 〖于〗: [개사] 於. …에서. …로부터.

28 既相齊, 食不重肉, 妾不衣帛。其在朝, 君語及之, 卽危言; 語不及之, 卽危行。→ 제나라의 제상이 된 후에는, 식사할 때 두 가지 이상의 고기를 먹지 않고, 첩은 비단옷을 입히지 않았다. 그는 조정에서, 임금이 그에게 물으면, 바로 정직하게 말을 하고; 묻지 않을

世顯名於諸侯。²⁹

　　越石父賢, 在縲絏中, 晏子出, 遭之塗, 解左驂贖之, 載歸。³⁰ 弗謝, 入閨, 久之, 越石父請絶。³¹ 晏子懼然, 攝衣冠謝曰:「嬰雖不仁, 免子於厄, 何子求絶之速也?」³² 石父曰:「不然, 吾聞君子詘於不知

때는, 정직하게 행동했다.
【重肉(중육, chóng ròu)】: 두 종류의 고기. 즉「두 가지 이상의 고기」.
【衣(의, yì)】: [피동 용법] 입히다.
【帛(백, bó)】: 비단.
【語及之(어급지, yǔ jí zhī)】: 말이 그에게 미치다. 즉「그에게 묻다」의 뜻.
【危言(위언, wēi yán)】: 정직하게 말하다. 직언하다.
【危行(위행, wēi xíng)】: 정직하게 행동하다.

29 國有道, 卽順命; 無道, 卽衡命。以此三世顯名於諸侯。→ 나라에 道가 있으면, 명령에 순종하고; 나라에 도가 없으면, 명령의 옳고 그름을 헤아려 시행했다. 이로 인해 안자는 靈公·莊公·景公 삼대에 걸쳐 제후들 사이에서 이름을 날렸다.
【衡命(형명, héng mìng)】: 명령을 헤아린 다음에 시행하다. 〖衡〗: 가늠하다. 따져보다. 헤아리다.
【以此(이차, yǐ cǐ)】: 因此. 이로 인해. 이로 말미암아.
【三世(삼세, sān shì)】: 삼대. 즉「靈公·莊公·景公의 삼대」.
【顯名(현명, xiǎn míng)】: 이름을 날리다.

30 越石父賢, 在縲絏中, 晏子出, 遭之塗, 解左驂贖之, 載歸。→ 越石父는 현명한 사람이었으나, 죄를 지어 포승줄로 묶여있는데, 晏嬰이 외출하던 중, 길에서 그를 만나, 수레를 끄는 말 중 왼쪽 말을 풀어 그를 속죄시키고, 수레에 태워 함께 집으로 돌아왔다.
【越石父(월석보, yuè shí fǔ)】: [인명] 齊나라의 어진 선비.
※「父」는 이름자로 쓰일 때「보」로 읽는다.
【縲絏(유설, léi xiè)】: 포승줄. 죄인을 묶는 밧줄. 여기서는「죄를 지어 포승줄로 묶이다」의 뜻.
【遭(조, zāo)】: 만나다.
【塗(도, tú)】: 途. 길.
【驂(참, cān)】: 수레를 끄는 말.
【贖(속, shú)】: 속바치다. 속죄하다. 재물이나 노동 등의 대가를 치르고 죄를 면제받다.
【載(재, zài)】: 싣다. 적재하다. 여기서는「태우다」의 뜻.

31 弗謝, 入閨, 久之, 越石父請絶。→ 안영이 인사도 없이, 내실로 들어가, 한참 동안 나오지 않자, 월석보가 절교를 청했다.
【弗(불, fú)】: 不.
【閨(규, guī)】: 내실.
【請絶(청절, qǐng jué)】: 절교를 청하다.

己, 而信於知己者。方吾在縲紲中, 彼不知我也。³³ 夫子旣已感寤而贖我, 是知己; 知己而無禮, 固不如在縲紲之中。」晏子於是延入爲上客。³⁴

晏子爲齊相, 出, 其御之妻從門間而闚其夫。³⁵ 其夫爲相御, 擁

---

32 晏子懼然, 攝衣冠謝曰:「嬰雖不仁, 免子於厄, 何子求絕之速也?」→ 안영이 매우 놀라는 모습으로, 의관을 갖추고 사과하며 말했다:「저 안영이 비록 어질지는 못하지만, 그대를 도와 곤경에서 벗어나도록 해주었는데, 그대는 어찌 그처럼 속히 절교를 청하십니까?」
【攝(섭, shè)】: 갖추다.
【嬰(영, yīng)】: 안자가 자신의 이름을「나, 저」라는 의미로 사용한 것.
【子(자, zǐ)】: 너. 당신. 그대.
【厄(액, è)】: 곤경. 재앙.
【求絕之速(구절지속, qiú jué zhī sù)】: 속히 절교를 요구하다.

33 石父曰:「不然, 吾聞君子詘於不知己, 而信於知己者。方吾在縲紲中, 彼不知我也。→ 월석보가 말했다:「그렇지 않습니다. 제가 듣기로, 군자는 자기를 알지 못하는 사람에게는 뜻을 굽히지만, 자기를 아는 사람에게는 뜻을 편다고 들었습니다. 방금 제가 포승줄로 묶여있을 때, 그들은 저를 알지 못했습니다.
【詘(굴, qū)】: 屈. 굽히다.
【於(어, yú)】: [개사] …에게. …에 대해.
【信(신, xìn)】: 伸. 뜻을 펴다.
【彼(피, bǐ)】: 그들. 저들. 즉「석보를 체포한 사람들」.

34 夫子旣已感寤而贖我, 是知己; 知己而無禮, 固不如在縲紲之中。」晏子於是延入爲上客。→ 선생께서는 이미 느끼어 깨달은 바가 있어 저를 속죄시켜 주셨으니, 이는 저를 아는 것이요; 저를 알고 무례했으니, 당연히 포승줄로 묶여 있는 것만 못합니다.」안영은 이에 그를 안으로 모시고 상객으로 대했다.
【夫子(부자, fū zǐ)】: [상대방에 대한 존칭] 선생님.
【旣已(기이, jì yǐ)】: 이미.
【感寤(감오, gǎn wù)】: 感悟. 느끼어 깨닫다.
【延入(연입, yán rù)】: 안으로 들도록 청하다. 안으로 모시다.
【上客(상객, shàng kè)】: 귀한 손님.

35 晏子爲齊相, 出, 其御之妻從門間而闚其夫。→ 안영이 齊나라 제상을 지낼 때, 외출을 하는데, 그 마부의 아내가 문틈으로 자기 남편을 몰래 엿보았다.
【御(어, yù)】: 마부.
【從(종, cóng)】: …로부터.
【門間(문간, mén jiàn)】: 문틈.

大蓋, 策駟馬, 意氣揚揚, 甚自得也。旣而歸, 其妻請去。³⁶ 夫問其故, 妻曰:「晏子長不滿六尺, 身相齊國, 名顯諸侯。今者妾觀其出, 志念深矣, 常有以自下者。³⁷ 今子長八尺, 乃爲人僕御, 然子之意, 自以爲足, 妾是以求去也。」³⁸ 其後, 夫自抑損, 晏子怪而問之, 御以實對。晏子薦以爲大夫。³⁹

【闚(규, kuī)】: 엿보다.

36 其夫爲相御, 擁大蓋, 策駟馬, 意氣揚揚, 甚自得也。旣而歸, 其妻請去。→ 그의 남편은 재상의 마부였는데, 수레의 큰 日傘 아래에 앉아, 네 필의 말을 채찍질하며 의기양양하고, 매우 자신만만했다. 잠시 후 집에 돌아오자, 그의 아내가 헤어질 것을 요청했다.
【擁大蓋(옹대개, yōng dà gài)】: 큰 日傘을 끌어안다. 즉「큰 일산 아래에 앉다」의 뜻.〖擁〗: 끌어안다.〖蓋〗: 수레의 日傘.
【策(책, cè)】: 채찍질하다.
【駟馬(사마, sì mǎ)】: 네 필의 말.
【意氣揚揚(의기양양, yì qì yáng yáng)】: 의기양양하다.
【甚(심, shèn)】: 매우.
【自得(자득, zǐ dé)】: 자신만만하다.
【旣而(기이, jì ér)】: 잠시 후. 그 후.
【請去(청거, qǐng qù)】: 헤어질 것을 요청하다.〖去〗: 떠나다. 여기서는「헤어지다」의 뜻.

37 夫問其故, 妻曰:「晏子長不滿六尺, 身相齊國, 名顯諸侯。今者妾觀其出, 志念深矣, 常有以自下者。→ 남편이 그 이유를 묻자, 아내가 대답했다:「晏子는 키가 여섯 자도 안 되지만, 齊나라의 재상이 되어, 제후들 사이에서 이름을 떨치고 있어요. 오늘 내가 그의 외출하는 모습을 보니, 사려가 깊고, 항상 겸손한 태도를 지니고 있었어요.
【故(고, gù)】: 이유. 까닭. 연고.
【顯(현, xiǎn)】: 드러내다. 떨치다.
【妾(첩, qiè)】: 아내가「저, 나」라는 의미로 자신을 호칭한 말.
【志念(지념, zhì niàn)】: 사려. 심지.
【自下(자하, zì xià)】: 자신을 낮추다. 겸손한 태도를 지니다.

38 今子長八尺, 乃爲人僕御, 然子之意, 自以爲足, 妾是以求去也。→ 지금 당신은 키가 8척으로, 겨우 남의 밑에서 마부 노릇을 하고 있지만, 그러나 당신의 뜻은, 스스로 만족스럽게 여기고 있으니, 나는 그래서 헤어지기를 청하는 것입니다.」
【乃(내, nǎi)】: 단지. 겨우.
【僕御(복어, pú yù)】: 마부.
【以爲(이위, yǐ wéi)】: …라 여기다. …라고 생각하다.
【是以(시이, shì yǐ)】: 그래서. 이로 인해.
【求(구, qiú)】: 요구하다. 요청하다.

太史公曰:「吾讀管氏《牧民》、《山高》、《乘馬》、《輕重》、《九府》,及《晏子春秋》,詳哉其言之也。⁴⁰ 旣見其著書,欲觀其行事,故次其傳。至其書,世多有之,是以不論,論其軼事。⁴¹ 管仲世所謂賢臣,然孔子小之。豈以爲周道衰微,桓公旣賢,而不勉之至王,乃稱霸哉?⁴² 語曰:『將順其美,匡救其惡,故上下能相親也。』豈管仲之

---

39 其後, 夫自抑損, 晏子怪而問之, 御以實對, 晏子薦以爲大夫。→ 그 후, 남편은 스스로 신중하고 겸손해졌는데, 안영이 이상히 여겨 그 이유를 물어, 마부가 사실대로 대답하자, 안영이 그를 추천하여 대부가 되었다.
【抑損(억손, yì sǔn)】: 신중하고 겸손하다.
【怪(괴, guài)】: 이상히 여기다.
【以實對(이실대, yǐ shí duì)】: 사실대로 대답하다.
【薦(천, jiàn)】: 추천하다. 천거하다.

40 太史公曰:「吾讀管氏《牧民》、《山高》、《乘馬》、《輕重》、《九府》,及《晏子春秋》,詳哉其言之也。→ 太史公이 말했다:「내가 관중의 《牧民》·《山高》·《乘馬》·《輕重》·《九府》와 《晏子春秋》를 읽어보니, 그 내용이 매우 상세했다.
【太史公(태사공, tài shǐ gōng)】: 漢의 史官을 「太史令」이라 했는데, 지위는 비록 낮지만 朝會 시에 항상 황제의 좌우에서 公보다 윗자리에 있었기 때문에 「태사공」이라 불렀다. 여기서는 司馬遷 자신을 가리킨다.
【牧民(목민, mù mín)》、《山高(산고, shān gāo)》、《乘馬(승마, chéng mǎ)》、《輕重(경중, qīng zhòng)》、《九府(구부, jiǔ fǔ)》】: 모두 《管子》 중의 편명으로, 《牧民》은 백성을 다스리는 도리를 기술했고, 《乘馬》는 立國 體制에 관해 기술했고, 《輕重》은 나라의 씀씀이와 재정에 관한 것을 기술했다. 이 중 《山高》와 《九府》는 현존하는 《管子》 86편에 들어있지 않은데, 이는 아마도 본래의 《管子》 389편을 劉向이 정리하면서 제외한 것이 아닌가 여겨진다.
【晏子春秋(안자춘추, yàn zǐ chūn qiū)》】: [서명] 춘추시대 齊나라 晏嬰의 언행을 모아 후인들이 편찬한 책.

41 旣見其著書, 欲觀其行事, 故次其傳。至其書, 世多有之, 是以不論, 論其軼事。→ 그들이 저술한 책을 보고 나서, 그 행적을 보고 싶은 생각에, 그래서 그들의 傳記를 지었다. 그들의 책으로 말하면, 세상에 이미 많이 있기 때문에, 그래서 기술하지 않고, 그들의 알려지지 않은 사적을 기술했다.
【行事(행사, xíng shì)】: 행적.
【次(차, cì)】: 차례대로 배열하다. 여기서는 「쓰다, 저술하다」의 뜻.
【是以(시이, shì yǐ)】: 그래서.
【軼事(일사, yì shì)】: 알려지지 않은 사적.

42 管仲世所謂賢臣, 然孔子小之。豈以爲周道衰微, 桓公旣賢, 而不勉之至王, 乃稱霸哉? →

謂乎?⁴³ 方晏子伏莊公尸哭之, 成禮然後去, 豈所謂『見義不爲無勇』
者邪?⁴⁴ 至其諫說, 犯君之顔, 此所謂『進思盡忠, 退思補過』者哉!⁴⁵

관중은 세상이 말하는 賢臣이지만, 그러나 孔子는 그를 경시했다. 어찌 周나라의 국운
이 쇠잔하는 상황에서, 제환공이 현명한데도, 환공에게 王道를 시행하도록 권면하지
않고, 오히려 패자가 되게 했다고 여긴 것이 아니겠는가?

【小(소, xiǎo)】: 경시하다. 무시하다.
【豈(기, qǐ)】: 莫非. 아마도 …일 것이다. 어찌 …이 아니겠는가?
【周道(주도, zhōu dào)】: 周나라의 國運
【勉(면, miǎn)】: 권면하다. 힘쓰다. 권하다.
【至王(지왕, zhì wáng)】: 왕도에 이르다. 왕도를 시행하다.
【乃(내, nǎi)】: 오히려.
【稱霸(칭패, chēng bà)】: 패자가 되다. 패권을 잡다.

43 語曰: 『將順其美, 匡救其惡, 故上下能相親也。』豈管仲之謂乎? → 옛말에:『군주의 미
덕은 助長하고, 군주의 잘못은 바로잡기 때문에, 그래서 위아래가 서로 친할 수 있는
것이다.』라고 했는데, 어찌 관중을 두고 한 말이 아니겠는가?
※ 인용한 말은《孝經·事君章》에 보인다.
【將順(장순, jiāng shùn)】: 助長하다. 도와서 북돋우다.
【匡救(광구, kuāng jiù)】: 바로잡다.
【豈(기, qǐ)】: 莫非. 아마도 …일 것이다. 어찌 …이 아니겠는가?
【管仲之謂(관중지위, guǎn zhòng zhī wèi)】: 관중을 두고 한 말.

44 方晏子伏莊公尸哭之, 成禮然後去, 豈所謂『見義不爲無勇』者邪? → 안영이 齊莊公의
시신에 엎드려 곡을 할 때, 예를 다하고 나서 자리를 떠났다. 어찌 이른바『옳은 일을
보고도 행하지 않는 용기 없는』사람이겠는가?
※《左傳》의 기록에 의하면, 周靈王 20년(B.C. 548) 齊나라 대부 崔杼가 자기의 첩과 사
통했다는 이유로 齊莊公을 시해하자, 晏嬰이 장공의 시신에 엎드려 통곡하고, 군신
의 예를 다한 후 자리를 떠났다.
【方(방, fāng)】: 當. …때에. …적에
【見義不爲無勇(견의불위무용, jiàn yì bù wéi wú yǒng)】: 옳은 일을 보고도 행하지 않는
것은 용기가 없는 것이다. ※《論語·爲政》에 子曰:「非其鬼而祭之, 諂也; 見義不爲,
無勇也.(공자가 말하길:「조상의 혼령이 아닌 것을 제사 지내는 것은 아첨이요; 옳은
일을 보고도 행하지 않는 것은 용기가 없는 것이다.」라고 했다.)

45 至其諫說, 犯君之顔, 此所謂『進思盡忠, 退思補過』者哉! → 그의 평소 諫言으로 말하
면, 군주의 존엄에 구애받지 않았으니, 이는 이른바『관직에 나가면 충성을 다할 것을
생각하고, 물러나면 잘못을 고치려 생각하는』사람이리라!
【至(지, zhì)】: 至於. …으로 말하면.
【諫說(간설, jiàn shuō)】: 諫言.
【犯君之顔(범군지안, fàn jūn zhī yán)】: 군주의 존엄을 침범하다. 즉「군주의 존엄에 구

假令晏子而在, 余雖爲之執鞭, 所忻慕焉。」⁴⁶

번역문

관중(管仲)·안영(晏嬰) 전기(傳記)

　관중(管仲)은 영상(潁上) 사람이다. 젊었을 때 항상 포숙아(鮑叔牙)와 어울렸는데, 포숙(鮑叔)은 그가 현명하다는 것을 알았다. 관중은 가난하여 항상 포숙을 속이고 자기 몫을 많이 취했으나 포숙은 시종일관 그를 잘 대해주며 이를 가지고 어떤 말도 하지 않았다. 후에 포숙은 제(齊)나라의 공자(公子) 소백(小白)을 섬기고 관중은 공자(公子) 규(糾)를 섬겼다. 소백이 제환공(齊桓公)으로 즉위하기에 이르러 공자 규는 살해되고 관중은 감옥에 갇혔다. 그리하여 포숙은 관중을 (제환공에게) 천거했다. 관중이 기용되어 제(齊)나라에서 정사(政事)를 맡자, 제환공이 이로 인해 패자(霸者)가 되어 제후들과 여러 차례 회합한 후 천하를 바로잡았는데, 이는 관중의 지략에 의한 것이었다.

　관중이 말했다 : 「나는 처음 가난했을 때, 일찍이 포숙과 더불어 장사를

　　애받지 않다」의 뜻.
　【進(진, jìn)】 : 나아가다. 즉 「관직에 나아가다」의 뜻.
　【補過(보과, bǔ guò)】 : 잘못을 고치다. 잘못을 바로잡다.
　※ 인용한 말은 《孝經·事君章》에 보인다.

46 假令晏子而在, 余雖爲之執鞭, 所忻慕焉。」→ 만일 晏子가 아직 살아 있다면, 내가 비록 그를 위해 수레를 몬다고 해도, 나는 그를 흠모할 것이다.」
　【假令(가령, jiǎ lìng)】 : 가령. 만일. 만약.
　【執鞭(집편, zhí biān)】 : 채찍을 잡다. 즉 「수레를 몰다, 마부 노릇을 하다」의 뜻.
　【忻慕(흔모, xīn mù)】 : 欣慕. 기뻐하고 부러워하다.

했는데, 이익을 나누면서 내가 많이 가졌으나 포숙은 나를 욕심쟁이로 여기지 않고 나의 가난한 처지를 이해했다. 나는 일찍이 포숙을 위해 일을 꾀하다가 그를 더욱 곤궁하게 만들었는데, 포숙은 나를 어리석다 여기지 않고 시운(時運)이 유리할 때도 있고 불리할 때도 있다는 것을 이해했다. 나는 일찍이 세 번 관직 생활을 했고 임금으로부터 세 번 쫓겨났는데, 포숙은 나를 현명하지 못하다고 여기지 않고 내가 때를 못 만난 것을 이해했다. 나는 일찍이 세 번을 싸워 세 번을 달아났는데, 포숙은 나를 비겁하다고 여기지 않고 나의 노모가 계시다는 것을 이해했다. 공자 규가 실패하자, 소홀(召忽)이 그를 위해 자살하고 나는 감옥에 갇혀 모욕을 감수했는데, 포숙은 나를 몰염치하다 여기지 않고, 내가 사소한 일을 부끄러워하지 않고 공명(功名)이 천하에 드러나지 않음을 부끄러워한다고 이해했다. 나를 낳은 사람은 부모이고 나를 이해한 사람은 포숙이다!」포숙은 관중을 천거한 후 자신을 관중의 아래에 두었다. 그의 자손은 대대로 제나라에서 봉록을 받아 봉읍(封邑)을 가진 자가 십여 대에 달했으며 항상 유명한 대부가 되었다. 그래서 천하 사람들은 관중의 현명함을 칭찬하지 않고 포숙이 능히 사람을 알아볼 줄 아는 것을 칭찬했다.

 관중은 제나라의 재상이 되어 정사를 맡은 후, 해변의 조그만 제나라를 가지고 화물을 유통시키고 재물을 쌓아 부국강병을 이루었으며, 항상 백성들과 고락을 함께했다. 그래서 그는 :「곡식 창고가 충실해야 예절을 알게 되고, 입고 먹는 것이 풍족해야 영예와 치욕을 알게 되며, 임금이 법도를 준수해야 육친(六親)이 화목하고 단결하게 된다.」「예(禮)·의(義)·염(廉)·치(恥)가 신장(伸張)되지 않으면 나라가 곧 멸망한다.」「명령을 하달할 때는 마치 물이 위에서 아래로 내려오듯이 민심을 따르게 해야 한다.」라고 했다. 그러므로 논리가 평이해야 실행하기가 쉬운 것이다. 백성들이 원하는 것이 있으면 그들이 원하는 바에 따라 그것을 제공해 주고, 백성들이 반대하는 것이 있으면 그들이 반대하는 바에 따라 그것을 제거했다. 관중은 나라를 다스리면서 화(禍)를 복(福)으로 만들고 실패를 성공으로 돌리는데 능했으며, 일의 경중(輕重)을 중시하고 득실을 저울질하는 데 신중했다. 제환공이 사실은 소희(少姬)에게 화가 나서 남쪽으로 채(蔡)나라를 습격했는데, 관중은 이를 이용하여 초(楚)나라를 공격하고, 초나라가 주(周)나라에 포모(包茅)를 바치지 않은 것을 꾸짖었다. 제환공이 사실은 북쪽으로 산융(山戎)을 토벌하러 나섰는데, 관중은 이를 이용하여 연(燕)나라로 하여금 소공(召公) 시절의 정교(政敎)를 시행하도록 했다. 제환공이 노(魯)나라와 가(柯)에서 회맹하고, 후에 조말(曹沫)과의 약속을 배반하려 하자, 관중이 당시의 상황을 근거로 환공에게 약속을 이행토록 하니, 제후들이 이로 말미암아 모두 제나라로 귀의했다. 그래서 말하길 :「주는 것을 아는 것이 바로 얻는 것이요, 그것이 바로 정치의 법보(法寶)이다.」라고 했다.

관중의 재산은 제나라의 군주에 비할 만큼 삼귀(三歸)와 반점(反坫)을 소유했다. 그러나 제나라 사람들은 이를 사치라고 여기지 않았다. 관중이 죽은 뒤에도 제나라는 그의 정령(政令)을 준수하여 항상 다른 제후국들보다 강성했다. 백여 년이 지난 후 (제나라에) 안영(晏嬰)이 있었다.

안영은 내(萊)나라 이유(夷維) 사람이다. 제(齊)나라 영공(靈公)·장공(莊公)·경공(景公)을 섬겼는데, 근검절약하고 힘써 노력하여 제나라에서 존경을 받았다. 제나라의 재상이 된 후에는 식사할 때 두 가지 이상의 고기를 먹지 않고, 첩은 비단옷을 입히지 않았다. 그는 조정에서 임금이 그에게 물으면 바로 정직하게 말을 하고, 묻지 않을 때는 정직하게 행동했다. 나라에 도(道)가 있으면 명령에 순종하고, 나라에 도(道)가 없으면, 명령의 옳고 그름을 헤아려 시행했다. 이로 인해 안자는 영공·장공·경공 삼대에 걸쳐 제후들 사이에서 이름을 날렸다.

　월석보(越石父)는 현명한 사람이었으나 죄를 지어 포승줄로 묶여있는데, 안영(晏嬰)이 외출하던 중 길에서 그를 만나, 수레를 끄는 말 중 왼쪽 말을 풀어 그를 속죄시키고 수레에 태워 함께 집으로 돌아왔다. 안영이 인사도 없이 내실로 들어가 한참 동안 나오지 않자, 월석보가 절교를 청했다. 안영이 매우 놀라는 모습으로 의관을 갖추고 사과하며 말했다 : 「저 안영이 비록 어질지는 못하지만 그대를 도와 곤경에서 벗어나도록 해주었는데, 그대는 어찌 그처럼 속히 절교를 청하십니까?」 월석보가 말했다 : 「그렇지 않습니다. 제가 듣기로, 군자는 자기를 알지 못하는 사람에게는 뜻을 굽히지만 자기를 아는 사람에게는 뜻을 편다고 들었습니다. 방금 제가 포승줄로 묶여있을 때 그들은 저를 알지 못했습니다. 선생께서는 이미 느끼어 깨달은 바가 있어 저를 속죄시켜 주셨으니, 이는 저를 아는 것이요, 저를 알고 무례했으니 당연히 포승줄로 묶여있는 것만 못합니다.」 안영은 이에 그를 안으로 모시고 상객으로 대했다.

　안영이 제나라 제상을 지낼 때 외출을 하는데, 그 마부의 아내가 문틈으로 자기 남편을 몰래 엿보았다. 그의 남편은 재상의 마부였는데, 수레의 큰 일산(日傘) 아래에 앉아 네 필의 말을 채찍질하며 의기양양하고 매우 자신만만했다. 잠시 후 집에 돌아오자 그의 아내가 헤어질 것을 요청했다. 남편이 그 이유를 묻자, 아내가 대답했다 : 「안자(晏子)는 키가 여섯 자도 안 되지만 제나라의 재상이 되어 제후들 사이에서 이름을 떨치고 있어요. 오늘 내가 그의 외출하는 모습을 보니 사려가 깊고 항상 겸손한 태도를 지니고 있었어요. 지금 당신은 키가 8척으로 겨우 남의 밑에서 마부 노릇을 하고 있지만, 그러나 당신의 뜻은 스스로 만족스럽게 여기고 있으니, 나는 그래서 헤어지기를 청하는 것입니다.」 그 후 남편은 스스로 신중하고 겸손해졌는데, 안영이 이상히 여겨 그 이유를 물어 마부가 사실대로 대답하자, 안영이 그를 추천하여 대부(大夫)가 되었다.

　　태사공(太史公)이 말했다 :「내가 관중(管仲)의《목민(牧民)》·《산고(山高)》·《승마(乘馬)》·《경중(輕重)》·《구부(九府)》와《안자춘추(晏子春秋)》를 읽어보니 그 내용이 매우 상세했다. 그들이 저술한 책을 보고 나서 그 행적을 보고 싶은 생각에, 그래서 그들의 전기(傳記)를 지었다. 그들의 책으로 말하면, 세상에 이미 많이 있기 때문에 그래서 기술하지 않고 그들의 알려지지 않은 사적을 기술했다. 관중은 세상이 말하는 현신(賢臣)이지만 그러나 공자(孔子)는 그를 경시했다. 어찌 주(周)나라의 국운이 쇠잔하는 상황에서 제환공이 현명한데도 환공에게 왕도(王道)를 시행하도록 권면하지 않고 오히려 패자(霸者)가 되게 했다고 여긴 것이 아니겠는가? 옛말에 :『군주의 미덕은 조장(助長)하고 군주의 잘못은 바로잡기 때문에, 그래서 위아래가 서로 친할 수 있는 것이다.』라고 했는데, 어찌 관중을 두고 한 말이 아니겠는가? 안영이 제장공(齊莊公)의 시신에 엎드려 곡을 할 때 예(禮)를 다하고 나서 자리를 떠났다. 어찌 이른바『옳은 일을 보고도 행하지 않는 용기 없는』사람이겠는가? 그의 평소 간언(諫言)으로 말하면, 군주의 존엄에 구애받지 않았으니, 이는 이른바『관직에 나가면 충성을 다할 것을 생각하고 물러나면 잘못을 고치려고 생각하는』사람이리라! 만일 안자(晏子)가 아직 살아 있다면, 내가 비록 그를 위해 수레를 몬다고 해도 나는 그를 흠모할 것이다.」

해제解題 및 본문 요지 설명

　본문은 《사기(史記)》 열전(列傳) 가운데 둘째 편이다. 첫 편인 《백이열전(伯夷列傳)》이 「부자(父子)의 효(孝)」와 「형제의 제(悌)」 및 「군신(君臣)의 의(義)」를 중심으로 논한 것이라면, 본문은 「친구의 우의(友誼)」에 치중하여 관중(管仲)과 안자(晏子)를 통해 사마천이 자신의 처지를 탄식하는 의미에서 쓴 작자 개인의 「지기론(知己論)」이라 할 수 있다.

　본문은 여덟 단락으로 나눌 수 있는데, 첫째 단락에서는 관중이 전후에 걸쳐 포숙(鮑叔)과 제환공(齊桓公)으로부터 인정을 받아 마침내 제후들을 규합하고 천하를 통일한 공적을 기술했고; 둘째 단락에서는 관중이 자신의 말을 통해, 자신을 알아보는 포숙의 혜안(慧眼)과 자신의 비행을 알면서도 덮고 감싸준 포숙의 포용력을 다섯 가지의 사례를 들어 구체적으로 표현하면서 「나를 낳은 사람은 부모이고, 나를 이해한 사람은 포숙이다.(生我者父母, 知我者鮑叔也。)」라는 말로 지우(知遇)에 대한 감정을 토로했고; 셋째 단락에서는 관중의 논정(論政)에 대한 요지와 공적을 대조하여, 「논리가 평이해야 실행하기가 쉬운 것(論卑而易行)」과 「화를 복으로 만드는 것(因禍而爲福)」을 성공 요인으로 들고, 동시에 제(齊)나라 정치의 원활한 특질을 폭로하면서 제환공의 평범함을 빌어 관중의 임기응변 능력을 드러나도록 묘사했고; 넷째 단락에서는 제나라 사람들이 관중의 사치에 대해 관용하는 바를 통해, 그가 추대를 받고 있음과 아울러 제나라가 관중의 치국이념(治國理念)을 관철함으로써 오래도록 안정을 유지할 수 있었다는 것을 말했고; 다섯째 단락에서는 안자(晏子)의 근검절약은 관중의 사치와 대비되지만, 그러나 득실을 저울질하는 데 신중한 점은 안자와 관중이 매우 비슷하다는 것을 말했고; 일곱째 단락에서는 안자가 마부를 알아보고 대부(大

夫)로 발탁한 희극적인 과정을 기술했고; 마지막 단락에서는 태사공의 논평으로 취재(取材)의 원칙을 설명함과 아울러 안자(晏子)에 대해 극진한 평가를 했다.

082 굴원열전(屈原列傳)
《史記》

작 자

074 오제본기찬(五帝本紀贊) 참조.

원문 및 주석

屈原列傳¹

屈原者, 名平, 楚之同姓也。爲楚懷王左徒。² 博聞彊志, 明於治

---

1 屈原列傳 → 屈原 傳記
 【屈原(굴원, qū yuán)】: [인명] 전국시대 楚나라 사람으로, 懷王 때 左徒·三閭大夫를 지 냈으나 참소를 당해 頃襄王 때 추방되었다. 중국 역사상 대시인으로 《離騷》의 작가이 며, 《史記》에 그의 列傳이 있다.
2 屈原者, 名平, 楚之同姓也。爲楚懷王左徒。→ 屈原은, 이름이 平이며, 楚王과 同姓으로, 楚懷王의 左徒를 지냈다.
 【楚之同姓(초지동성, chǔ zhī tóng xìng)】: 초나라 왕족의 성은 본래 芈(미, mǐ)씨였으나, 후에 屈·景·昭 三氏가 생겨났다. 楚武王의 아들 瑕가 처음 屈地에 봉해지면서, 이후 부터 그 자손들은 屈을 성으로 삼았다. 굴원의 조상이 초무왕의 아들이었으므로, 그래

亂, 嫻于辭令。³ 入則與王圖議國事, 以出號令; 出則接遇賓客, 應對諸侯, 王甚任之。⁴ 上官大夫與之同列, 爭寵而心害其能。⁵ 懷王使屈原造爲憲令, 屈平屬草藁未定, 上官大夫見而欲奪之, 屈平不與。⁶

    서 同姓이라 한 것이다. 【楚】: [국명] 지금의 호남성·호북성과 강서성·절강성 및 하남성 남부에 걸쳐있던 周代의 제후국.
    【楚懷王(초회왕, chǔ huái wáng)】: 전국시대 楚나라의 군주. 楚威王의 아들로, 이름은 槐이다.
    【左徒(좌도, zuǒ tú)】: [관직] 楚나라의 관직.

3 博聞彊志, 明於治亂, 嫻于辭令。→ 견문이 넓고 기억력이 뛰어났으며, 治亂에 밝고, 外交 辭令에 능했다.
    【博聞(박문, bó wén)】: 견문이 넓다. 지식이 해박하다.
    【彊志(강지, qiáng zhì)】: 기억력이 뛰어나다. 【彊】: 强. 강하다. 여기서는 「뛰어나다」의 뜻. 【志】: 誌. 기억력.
    【明於治亂(명어치란, míng yú zhì luàn)】: 治亂에 밝다. 【於】: [개사] …에. 【治亂】: 나라를 다스리는 도리.
    【嫻(한, xián)】: 익다. 익숙하다. 능하다.
    【于(우, yú)】: 於. [개사] …에.
    【辭令(사령, cí lìng)】: 외교사령. 외교적 言辭.

4 入則與王圖議國事, 以出號令; 出則接遇賓客, 應對諸侯, 王甚任之。→ 조정에 들어오면 회왕과 국사를 상의하여, 각종 명령을 발포하고; 출타하면 빈객을 접대하고, 제후들을 응대하여, 왕이 그를 매우 신임했다.
    【王(왕, wáng)】: 여기서는 「楚懷王」을 가리킨다.
    【圖議(도의, tú yì)】: 상의하다. 협의하다.
    【號令(호령, hào lìng)】: 각종 명령.
    【接遇(접우, jiē yù)】: 접대하다.
    【甚任(심임, shèn rèn)】: 매우 신임하다.
    【之(지, zhī)】: [대명사] 그. 즉 「굴원」.

5 上官大夫與之同列, 爭寵而心害其能。→ 上官大夫는 굴원과 직급이 같았는데, (왕의) 총애를 다투어 마음속으로 굴원의 재능을 시기했다.
    【上官大夫(상관대부, shàng guān dà fū)】: 楚나라의 대부. 이름은 靳尙. 上官은 複姓.
    【同列(동렬, tóng liè)】: 직급이 동등하다.
    【害(해, hài)】: 시기하다. 질투하다.

6 懷王使屈原造爲憲令, 屈平屬草藁未定, 上官大夫見而欲奪之, 屈平不與。→ 懷王이 굴원으로 하여금 法令을 만들도록 했다. 굴원이 아직 초안을 다 작성하기도 전에, 상관대부가 그것을 보고 빼앗으려 하여, 굴원이 주지 않았다.
    【造爲(조위, zào wéi)】: 제정하다. 만들다.

因讒之曰:「王使屈平爲令, 衆莫不知。每一令出, 平伐其功曰:『以爲非我莫能爲也。』」王怒而疏屈平。[7]

屈平疾王聽之不聰也, 讒諂之蔽明也, 邪曲之害公也, 方正之不容也, 故憂愁幽思而作《離騷》。[8]「離騷」者, 猶離憂也。[9] 夫天者,

---

【憲令(헌령, xiàn lìng)】: 법령.
【屬(촉, zhǔ)】: (문장을) 쓰다. 작성하다.
【草藁(초고, cǎo gǎo)】: 초안. 기초.【藁】: 稿.
【欲(욕, yù)】: …하려고 하다. …하고자 하다.
【之(지, zhī)】: [대명사] 그것. 즉「草藁」.
【與(여, yǔ)】: 주다.

7 因讒之曰:「王使屈平爲令, 衆莫不知。每一令出, 平伐其功曰:『以爲非我莫能爲也。』」王怒而疏屈平。→ 이로 인해 (상관대부가) 굴원을 참소하길:「대왕께서 굴원으로 하여금 법령을 만들도록 하신 것은, 모두가 알고 있습니다. 그런데 하나의 법령이 나올 때마다, 굴원은 자기의 공을 자랑하며『내가 아니면 할 수 있는 사람이 없다.』고 여기고 있습니다.」라고 하니, 왕이 노하여 굴원을 멀리했다.
【爲令(위령, wéi lìng)】: 법령을 만들다.
【莫不(막불, mò bù)…】: …하지 않음이 없다. 모두 …하다.
【伐(벌, fá)】: 과시하다. 자랑하다.
【以爲(이위, yǐ wéi)】: …라고 여기다.
【能爲(능위, néng wéi)】: 능히 할 수 있다. 여기서는「능히 할 수 있는 사람」을 가리킨다.
【疏(소, shū)】: 멀리하다.

8 屈平疾王聽之不聰也, 讒諂之蔽明也, 邪曲之害公也, 方正之不容也, 故憂愁幽思而作《離騷》。→ 굴원은 회왕이 귀가 여리어 시비를 가리지 못해, 남을 헐뜯고 아첨하는 말이 왕의 현명한 판단을 가리고, 사악한 자가 공정한 사람을 해치며, 정직한 사람이 용납되지 않음을 마음 아파하여, 그래서 걱정하고 깊이 생각한 끝에《離騷》를 지었다.
【疾(질, jí)】: 마음 아파하다.
【聽之不聰(청지불총, tīng zhī bù cōng)】: 귀가 여리어 시비를 가리지 못하다.
【讒諂(참첨, chán chǎn)】: 참소와 아첨. 헐뜯는 말과 아부하는 말.
【蔽明(폐명, bì míng)】: 밝음을 가리다.
【邪曲(사곡, xié qū)】: 사악하다. 그릇되다.
【方正(방정, fāng zhèng)】: 정직하다.
【憂愁(우수, yōu chóu)】: 근심하다. 걱정하다.
【幽思(유사, yōu sī)】: 깊이 생각하다.

9「離騷」者, 猶離憂也。→「離騷」란,「憂患을 만나다」라는 말과 같다.
【猶(유, yóu)】: 마치 …와(과) 같다.

人之始也; 父母者, 人之本也.¹⁰ 人窮則反本, 故勞苦倦極, 未嘗不呼天也; 疾痛慘怛, 未嘗不呼父母也.¹¹ 屈平正道直行, 竭忠盡智, 以事其君, 讒人間之, 可謂窮矣.¹² 信而見疑, 忠而被謗, 能無怨乎? 屈平之作《離騷》, 蓋自怨生也.¹³ 《國風》好色而不淫, 《小雅》怨誹而不亂, 若《離騷》者, 可謂兼之矣.¹⁴ 上稱帝嚳, 下道齊桓, 中述湯、

【離憂(이우, lí yōu)】: 우환을 만나다. 〖離〗: 遭. 만나다.

10 夫天者, 人之始也; 父母者, 人之本也. → 대저 하늘은, 인류의 시초이며; 부모는, 사람의 근본이다.
【夫(부, fú)】: [발어사] 무릇. 대저.
【始(시, shǐ)】: 시초. 기원.

11 人窮則反本, 故勞苦倦極, 未嘗不呼天也; 疾痛慘怛, 未嘗不呼父母也. → 사람은 궁하면 근본으로 돌아가려는 생각을 하기 때문에, 그래서 힘들고 피곤할 때면, 하늘을 부르지 않는 적이 없고; 아파서 괴로울 때면, 부모를 부르지 않는 적이 없다.
【反本(반본, fǎn běn)】: 근본으로 돌아가다. 〖反〗: 返. 돌아가다.
【勞苦(노고, láo kǔ)】: 힘들다.
【倦極(권극, juàn jí)】: 피곤하다.
【未嘗(미상, wèi cháng)】: …한 적이 없다.
【疾痛(질통, jí tòng)】: 아프다.
【慘怛(참달, cǎn dá)】: 근심으로 괴로워하다.

12 屈平正道直行, 竭忠盡智, 以事其君, 讒人間之, 可謂窮矣. → 굴원은 바른길로 똑바로 나아가고, 충성과 지혜를 다해, 임금을 섬겼으나, 아첨하는 자가 그들을 이간시켜, 곤궁에 처했다고 할 수 있다.
【竭(갈, jié)】: 다하다.
【間(간, jiàn)】: 이간시키다.
【之(지, zhī)】: [대명사] 그들. 즉「懷王과 굴원」.
【可謂(가위, kě wèi)】: …라고 말할 수 있다.

13 信而見疑, 忠而被謗, 能無怨乎? 屈平之作《離騷》, 蓋自怨生也. → 신의를 지키고도 의심을 받고, 충성을 다하고도 비방을 당하니, 원망이 없을 수 있겠는가? 굴원이《離騷》를 지은 것은, 아마도 원한으로부터 나왔을 것이다.
【見疑(견의, jiàn yí)】: 의심을 받다. ※見+동사=피동형.
【蓋(개, gài)】: 아마도.
【自(자, zì)】: …로부터.

14 《國風》好色而不淫, 《小雅》怨誹而不亂, 若《離騷》者, 可謂兼之矣. →《國風》의 시는 여색을 좋아하지만 음란하지 않고, 《小雅》의 시는 원망과 비방을 하지만 어지럽지 않으

武, 以刺世事, 明道德之廣崇, 治亂之條貫, 靡不畢見。[15] 其文約, 其辭微, 其志潔, 其行廉。其稱文小而其指極大, 擧類邇而見義遠。[16]

며,《離騷》같은 시는, 이 두 가지를 모두 겸했다고 할 수 있다.
- 【《國風(국풍, guó fēng)》】:《詩經·國風》. 각 지방에서 수집한 민간 가요.
- 【《小雅(소아, xiǎo yǎ)》】:《詩經·小雅》. 사대부들이 부르던 노래.
- 【怨誹(원비, yuàn fěi)】: 원망하고 비방하다.
- 【之(지, zhī)】: [대명사] 그것. 즉「《국풍》과《소아》의 장점」.

15 上稱帝嚳, 下道齊桓, 中述湯、武, 以刺世事, 明道德之廣崇, 治亂之條貫, 靡不畢見。→ 위로는 帝嚳을 찬양하고, 아래로는 齊桓公을 언급하고, 중간으로는 湯王과 武王을 기술하여, 이로써 당시 사회의 일에 대한 풍자와 아울러, 도덕의 광대하고 숭고함과, 치란의 조리를 밝혔는데, 하나도 빠짐없이 표현해냈다.
- 【帝嚳(제곡, dì kù)】: 五帝의 한 사람. ※오제는 전설상의 중국 상고시대 다섯 제왕. 즉 黃帝·顓頊·帝嚳·堯·舜.
- 【稱(칭, chēng)】: 칭찬하다. 찬양하다.
- 【道(도, dào)】: 말하다. 언급하다.
- 【齊桓(제환, qí huán)】: 齊桓公. 춘추시대 齊나라의 군주. 齊僖公의 아들로, 이름은 小白이며, 晉文公·秦穆公·宋襄公·楚莊王과 더불어 春秋五霸의 하나이다 43년간 (B.C. 685-B.C. 643) 재위했다.
- 【刺(자, cì)】: 풍자하다.
- 【世事(세사, shì shì)】: 당시 사회의 일. 당시 세태.
- 【廣崇(광숭, guǎng chóng)】: 광대하고 숭고함.
- 【條貫(조관, tiáo guàn)】: 條理.
- 【靡不(미불, mǐ bù)…】:…하지 않음이 없다.
- 【畢見(필현, bì xiàn)】: 다 들추어내다. 빠짐없이 표현하다.【見】: 現.

16 其文約, 其辭微, 其志潔, 其行廉。其稱文小而其指極大, 擧類邇而見義遠。→ 그 문장은 간략하고, 그 문사는 미묘하며, 그 뜻은 고결하고, 그 행위는 청렴하다. 그 문장은 비록 사소한 것들을 말했지만 내포한 뜻은 광대하며, 열거한 사례는 卑近하지만 보여준 뜻은 심원하다.
- 【約(약, yuē)】: 간략하다.
- 【微(미, wēi)】: 미묘하다.
- 【潔(결, jié)】: 고결하다.
- 【廉(렴, lián)】: 청렴하다.
- 【小(소, xiǎo)】: 잘다. 자질구레하다.
- 【指(지, zhǐ)】: 旨. 뜻.
- 【擧類(거류, jǔ lèi)】: 사례를 열거하다.
- 【邇(이, ěr)】: 가깝다. 여기서는「卑近하다. 평이하다. 통속적이다」의 뜻.
- 【遠(원, yuǎn)】: 멀다. 여기서는「심원하다, 오묘하다」의 뜻.

其志潔, 故其稱物芳; 其行廉, 故死而不容自疏。[17] 濯淖汙泥之中, 蟬蛻於濁穢, 以浮游塵埃之外, 不獲世之滋垢, 皭然泥而不滓者也。[18] 推此志也, 雖與日月爭光可也。[19]

屈原旣絀, 其後秦欲伐齊。齊與楚從親。[20] 惠王患之, 乃令張儀

---

[17] 其志潔, 故其稱物芳; 其行廉, 故死而不容自疏。 → 그의 뜻이 고결했기 때문에, 그래서 그가 언급한 물건은 모두 향기가 나는 것들이고, 그의 행위가 청렴했기 때문에, 그래서 죽어도 스스로 게을리하는 것을 용납하지 않았다.
【芳(방, fāng)】: 향기롭다. ※《이소》 중에는 대부분 蘭·桂 등의 향초를 가지고 자신의 뜻을 비유했다.
【不容(불용, bù róng)】: 용납하지 않다. 허용하지 않다.
【疏(소, shū)】: 소홀하다. 게을리하다.

[18] 濯淖汙泥之中, 蟬蛻於濁穢, 以浮游塵埃之外, 不獲世之滋垢, 皭然泥而不滓者也。 → 더러운 진창 속에서도, 매미가 허물을 벗듯이 더러운 것이 묻지 않아, 먼지 바깥에 떠다니며, 속세의 더러움에 물들지 않으니, 맑고 깨끗한 모습으로 진창에서도 더럽혀지지 않은 사람이다.
【濯淖(탁뇨, zhuó nào)】: 더럽다. 혼탁하다.
【汙泥(오니, wū ní)】: 진창. 흙탕.
【蟬蛻(선세, chán shuì)】: 매미가 허물을 벗다. 여기서는「벗어나다」의 뜻.
【濁穢(탁예, zhuó huì)】: 혼탁하고 더럽다.
【浮游(부유, fú yóu)】: 떠다니다.
【塵埃(진애, chén āi)】: 먼지.
【獲(획, huò)】: 물들다. 오염되다.
【滋垢(자구, zī gòu)】: 더러움.
【皭然(작연, jiào rán)】: 결백한 모양.
【泥而不滓(이이불치, ní ér bù zǐ)】: 진창에 빠져서도 더럽혀지지 않다.

[19] 推此志也, 雖與日月爭光可也。 → 이러한 뜻을 추진해 나간다면, 비록 해·달과 빛을 다투어도 될 것이다.
【推(추, tuī)】: 추진하다. 밀고 나가다.
【爭光(쟁광, zhēng guāng)】: 빛을 다투다.

[20] 屈原旣絀, 其後秦欲伐齊。齊與楚從親。 → 굴원이 쫓겨나고, 그 후 秦나라가 齊나라를 공략하려 했다. 齊나라와 楚나라는 合縱 동맹의 가까운 관계였다.
【絀(출, chù)】: 파직되다. 쫓겨나다.
【伐(벌, fá)】: 공략하다. 정벌하다.
【從親(종친, zōng qīn)】: 합종 동맹의 가까운 관계.
※ 당시 楚·齊를 비롯하여 六國[韓·趙·魏·齊·楚·燕]이 合縱 동맹을 맺고 秦나라

詳去秦, 厚幣委質事楚, 曰:「秦甚憎齊, 齊與楚從親, 楚誠能絶齊, 秦願獻商、於之地六百里。」²¹ 楚懷王貪而信張儀, 遂絶齊, 使使如秦受地, 張儀詐之曰:「儀與王約六里, 不聞六百里。」²² 楚使怒去,

에 대항했는데, 이때 楚懷王이 縱長 역할을 맡았다. 【從】: 縱. 합종.

21 惠王患之, 乃令張儀詳去秦, 厚幣委質事楚, 曰:「秦甚憎齊, 齊與楚從親, 楚誠能絶齊, 秦願獻商、於之地六百里。」→ 秦惠王은 이를 걱정하여, 곧 張儀로 하여금 秦나라와 결별하고 떠난 것처럼 가장시켜, 많은 물건을 예물로 바치고 楚나라를 섬기며:「진나라는 제나라를 매우 싫어하는데, 제나라는 초나라와 합종 동맹을 맺고 있습니다. (만일) 초나라가 진실로 제나라와 관계를 끊을 수 있다면, 진나라는 商과 於의 땅 육백 리를 (초나라에) 바치고자 합니다.」라고 말하도록 했다.

【惠王(혜왕, huì wáng)】: 秦惠王. 秦孝公의 아들.
【患(환, huàn)】: 우려하다. 걱정하다.
【乃(내, nǎi)】: 곧. 즉시.
【令(령, lìng)】: …로 하여금 …하게 하다.
【張儀(장의, zhāng yí)】: [인명] 魏나라의 說客으로, 六國이 각기 秦을 섬기도록 하는「連橫」전략을 주장했다.
【詳(양, yáng)】: 佯. 거짓. …한 체하다.
【去(거, qù)】: 떠나다. 결별하다.
【幣(폐, bì)】: 예물. 수레·말·옥·비단 등의 물건.
【委質(위지, wěi zhì)】: 예물을 바치다. 【委】: 바치다. 【質】: 贄. 예물.
【事(사, shì)】: 섬기다.
【憎(증, zēng)】: 증오하다. 싫어하다.
【誠(성, chéng)】: 진실로.
【商(상, shāng)】: [지명] 秦나라의 지명으로, 지금의 섬서성 商縣 동남쪽.
【於(오, wū)】: [지명] 秦나라의 지명으로, 지금의 하남성 內鄕縣 동쪽.
※「於」는 지명으로 쓰일 때「오」로 읽는다.

22 楚懷王貪而信張儀, 遂絶齊, 使使如秦受地, 張儀詐之曰:「儀與王約六里, 不聞六百里。」→ 楚懷王은 욕심을 내어 장의를 믿고, 마침내 제나라와 관계를 끊었다. (초회왕이) 사신을 파견하여 진나라에 가서 땅을 받아오도록 하자, 장의가 그를 속여 말했다:「저는 왕과 6리를 약속했지, 6백 리는 들어보지 못했습니다.」
【貪(탐, tān)】: 탐하다. 욕심내다.
【使使(사사, shǐ shǐ)】: 사신을 파견하다. ※ 앞의「使」는「파견하다」라는 동사이고, 뒤의「使」는「使臣,使節」이라는 명사이다.
【如(여, rú)】: 往. 가다.
【詐(사, zhà)】: 속이다.
【儀(의, yí)】: 張儀가 자기 이름을「나, 저」라는 의미로 사용한 것.

歸告懷王, 懷王怒, 大興師伐秦。²³ 秦發兵擊之, 大破楚師於丹、淅, 斬首八萬, 虜楚將屈匄, 遂取楚之漢中地。²⁴ 懷王乃悉發國中兵, 以深入擊秦, 戰於藍田。²⁵ 魏聞之, 襲楚至鄧, 楚兵懼, 自秦歸。而齊竟怒, 不救楚, 楚大困。²⁶

明年, 秦割漢中地與楚以和。楚王曰:「不願得地, 願得張儀而

23 楚使怒去, 歸告懷王, 懷王怒, 大興師伐秦。→ 초나라 사신이 분노하여 (진나라를) 떠나, (초나라로) 돌아와 회왕에게 고하니, 회왕이 화가 나서, 크게 군사를 일으켜 진나라를 공격했다.
【大興師(대흥사, dà xīng shī)】: 크게 군사를 일으키다. 대거 군사를 동원하다.
【伐(벌, fá)】: 공격하다.

24 秦發兵擊之, 大破楚師於丹、淅, 斬首八萬, 虜楚將屈匄, 遂取楚之漢中地。→ 진나라도 군대를 동원하여 초나라를 공격했는데, 丹水·淅水에서 초나라 군사를 대파하여, 8만 명의 목을 베고, 초나라 장군 屈匄를 사로잡은 후, 마침내 초나라의 漢中 땅을 점령했다.
【發兵(발병, fā bīng)】: 병력을 동원하다.
【丹(단, dān)】: [강 이름] 丹江. 섬서성 商縣 서쪽에서 발원하여 하남성으로 흘러들어간다.
【淅(석, xī)】: [강 이름] 淅水. 석수는 丹江의 지류로, 하남성 盧氏縣에서 발원하여 하남성 淅川縣에서 丹江과 만난다.
【斬首(참수, zhǎn shǒu)】: 목을 베다.
【虜(로, lǔ)】: 사로잡다. 생포하다.
【屈匄(굴개, qū gài)】: [인명] 초나라의 장군.
【漢中(한중, hàn zhōng)】: [지명] 초나라의 郡.

25 懷王乃悉發國中兵, 以深入擊秦, 戰於藍田。→ 이에 楚懷王은 나라 안의 군대를 모두 동원하여, 진나라 군대를 깊이 공격해 들어가, 藍田에서 격전을 벌렸다.
【乃(내, nǎi)】: 이에. 그리하여.
【悉發(실발, xī fā)】: 모두 동원하다. 〖悉〗: 모두. 〖發〗: 동원하다.
【戰於(전어, zhàn yú)…】: …에서 전쟁을 벌이다. 〖於〗: [개사] …에서.
【藍田(남전, lán tián)】: [지명] 秦나라의 縣으로, 지금의 섬서성 藍田 서쪽.

26 魏聞之, 襲楚至鄧, 楚兵懼, 自秦歸。而齊竟怒, 不救楚, 楚大困。→ 魏나라가 이 소식을 듣고, 楚나라를 습격하여 鄧에 이르자, 초나라 군사가 두려워서, 진나라로부터 철수했다. 그리고 제나라는 끝내 화가 나서, 초나라를 구하지 않아, 초나라가 크게 곤경에 처했다.
【之(지, zhī)】: [대명사] 그것. 즉「초나라와 진나라가 남전에서 격전을 벌렸다는 소식」.
【襲(습, xí)】: 습격하다.
【鄧(등, dèng)】: [지명] 춘추시대 蔡나라 땅이었으나 후에 楚나라에 귀속되었다. 지금의 하남성 鄧城 동남쪽.

甘心焉!」²⁷ 張儀聞, 乃曰:「以一儀而當漢中地, 臣請往如楚。」²⁸ 如楚, 又因厚幣用事者臣靳尙, 而設詭辯於懷王之寵姬鄭袖。²⁹ 懷王竟聽鄭袖, 復釋去張儀。是時屈平旣疏, 不復在位, 使於齊。³⁰ 顧反, 諫懷王曰:「何不殺張儀?」懷王悔, 追張儀不及。³¹ 其後諸侯共擊楚,

---

27 明年, 秦割漢中地與楚以和。楚王曰:「不願得地, 願得張儀而甘心焉!」→ 그 이듬해, 진나라는 漢中의 땅을 베어 초나라에 주고 화친을 청했다. 이에 초회왕이 말했다:「땅 얻는 것을 원하지 않고, 張儀를 원하며 그것으로 흡족합니다.」
【明年(명년, míng nián)】: 이듬해. 즉 초회왕 18년(B.C. 311).
【割(할, gē)】: 베다. 쪼개다.
【與(여, yǔ)】: 주다.
【和(화, hé)】: 화친을 청하다.
【甘心(감심, gān xīn)】: 흡족하다. 만족하다.

28 張儀聞, 乃曰:「以一儀而當漢中地, 臣請往如楚。」→ 장의가 이 말을 듣자, 곧 말했다:「장의 한 사람이 한중의 땅과 맞먹는다면, 저는 초나라로 가기를 청할 것입니다.」
【乃(내, nǎi)】: 곧. 바로.
【以(이, yǐ)…當(당, dāng)…】: …으로써 …을 저당하다. …이 …과 맞먹다. …이 …에 상당하다.
【往如(왕여, wǎng rú)】: …를 향해 가다.

29 如楚, 又因厚幣用事者臣靳尙, 而設詭辯於懷王之寵姬鄭袖。→ (장의는) 초나라로 가서, 또 후한 뇌물을 주어 권력자인 총신 靳尙을 매수하고, 초회왕의 총희 鄭袖에게 궤변을 늘어놓았다.
【如(여, rú)】: 往. 가다.
【因(인, yīn)】: 의존하다. 의지하다.
【厚幣(후폐, hòu bì)】: 후한 뇌물. 여기서는「후한 뇌물로 매수하다」의 뜻.
【用事者(용사자, yòng shì zhě)】: 권력자.
【靳尙(근상, jìn shàng)】: [인명] 주 5 참조.
【設(설, shè)】: 늘어놓다. 펼치다.
【鄭袖(정수, zhèng xiù)】: [인명] 楚懷王의 寵妃. 鄭나라의 여자로, 미모가 뛰어나고 가무에 능하여 懷王이 南后로 책봉했다.

30 懷王竟聽鄭袖, 復釋去張儀。是時屈平旣疏, 不復在位, 使於齊。→ 초회왕은 마침내 정수의 말을 듣고, 다시 장의를 석방하여 돌려보냈다. 이때 굴원은 이미 (임금으로부터) 소외되어, 다시는 (조정의) 자리에 있지 못하고, 齊나라에 사신으로 가 있었다.
【竟(경, jìng)】: 마침내. 결국.
【釋去(석거, shì qù)】: 석방하여 돌려보내다.
【使於(사어, shǐ yú)…】: …에 사신으로 나가다. 【於】: [개사] …에.

312 고문관지古文觀止 역주 (2)

大破之, 殺其將唐昧。³²

時秦昭王與楚婚, 欲與懷王會。³³ 懷王欲行, 屈平曰：「秦, 虎狼之國, 不可信, 不如無行。」³⁴ 懷王稚子子蘭勸王行：「奈何絕秦歡?」懷王卒行。³⁵ 入武關, 秦伏兵絕其後, 因留懷王, 以求割地。³⁶ 懷王怒,

---

31 顧反, 諫懷王曰：「何不殺張儀?」懷王悔, 追張儀不及。→ (굴원이 제나라에서) 돌아와, 초회왕에게 간했다 :「어찌하여 장의를 죽이지 않았습니까?」회왕은 후회하고, 장의를 뒤쫓았으나 따라잡지 못했다.
  【顧反(고반, gù fǎn)】: 돌아오다. 【顧】: 還. 【反】: 返.
  【不及(불급, bù jí)】: 미치지 못하다. 따라잡지 못하다.

32 其後諸侯共擊楚, 大破之, 殺其將唐昧。→ 그 후 제후들이 함께 초나라를 공격하여, 이를 대파하고, 초나라 장수 唐昧을 죽였다.
  【共擊(공격, gòng jī)】: 함께 공격하다.
  【之(지, zhī)】: [대명사] 그것. 즉「楚나라」.
  【唐昧(당말, táng mò)】: [인명] 楚나라의 장수. 楚懷王 28년(B.C. 301), 秦·齊·韓·魏 가 楚를 공격하여 당말을 죽였다. ※판본에 따라서는「昧」을「眛」라 했다.

33 時秦昭王與楚婚, 欲與懷王會。→ 이때 秦昭王이 초나라와 통혼하기 위해, 초회왕과 회동하고자 했다.
  【與(여, yǔ)】: …와(과).
  【婚(혼, hūn)】: 통혼하다.
  【欲(욕, yù)】: …하고자 하다. …하려고 하다.

34 懷王欲行, 屈平曰：「秦, 虎狼之國, 不可信, 不如無行。」→ 초회왕이 가려고 하자, 굴원이 말했다 :「진나라는, 호랑이 이리와 같은 나라로, 믿을 수가 없으니, 가시지 않는 것이 좋습니다.」
  【不如(불여, bù rú)】: …만 못하다. …하는 것이 낫다.
  【無(무, wú)】: 不.

35 懷王稚子子蘭勸王行：「奈何絕秦歡?」懷王卒行。→ 초회왕의 어린 아들 子蘭이 회왕에게 :「어떻게 진나라의 호의를 거절합니까?」라고 하며 갈 것을 권하자, 회왕은 마침내 길을 떠났다.
  【稚子(치자, zhì zǐ)】: 어린 아들.
  【奈何(내하, nài hé)】: 어떻게. 어찌.
  【絕(절, jué)】: 끊다. 거절하다.
  【歡(환, huān)】: 환심. 호의.
  【卒(졸, zú)】: 마침내. 결국.

36 入武關, 秦伏兵絕其後, 因留懷王, 以求割地。→ (초회왕이) 무관에 들어서자, 진나라의

不聽, 亡走趙, 趙不內, 復之秦, 竟死於秦而歸葬。³⁷

　　長子頃襄王立, 以其弟子蘭爲令尹。楚人旣咎子蘭以勸懷王入秦而不反也。³⁸ 屈平旣嫉之, 雖放流, 睠顧楚國, 繫心懷王, 不忘欲反, 冀幸君之一悟, 俗之一改也。³⁹ 其存君興國而欲反覆之, 一篇之

　　복병이 그의 퇴로를 차단하고, 이를 틈타 초회왕을 억류한 후, 땅을 베어줄 것을 요구했다.
　【武關(무관, wǔ guān)】 : [지명] 지금의 섬서성 商縣 동쪽.
　【後(후, hòu)】 : 뒤. 여기서는「퇴로, 귀로」를 말한다.
　【因(인, yīn)】 : 틈타다.
　【留(류, liú)】 : 억류하다.
　【求(구, qiú)】 : 요구하다. 요청하다.

37　懷王怒, 不聽, 亡走趙, 趙不內, 復之秦, 竟死於秦而歸葬。→ 초회왕이 화가 나서, 거절하고, 趙나라로 도망했으나, 조나라가 받아주지 않고, 그를 진나라로 돌려보내니 결국 진나라에서 죽고 (시신만) 초나라로 돌아와 장례를 치렀다.
　【不聽(불청, bù tīng)】 : 듣지 않다. 거절하다.
　【亡走(망주, wáng zǒu)】 : 도망하다.
　【內(납, nà)】 : 納. 받아주다.
　【復之秦(복지진, fù zhī qín)】 : 회왕을 진나라로 돌려보내다. 〖復〗: 돌려보내다. 〖之〗: [대명사] 그. 즉「회왕」.
　【竟(경, jìng)】 : 결국. 끝내.
　【歸葬(귀장, guī zàng)】 : 돌아와 장례를 치르다.
　※ 타향에서 죽은 사람을 고향으로 가져다 장례를 치르는 것을 말한다.

38　長子頃襄王立, 以其弟子蘭爲令尹。楚人旣咎子蘭以勸懷王入秦而不反也。→ (초회왕의) 맏아들 頃襄王이 즉위하여, 자기의 동생 子蘭을 令尹으로 임명했다. 초나라 사람들은 이미 子蘭이 회왕에게 진나라에 가도록 권했기 때문에 돌아오지 못하게 된 것을 꾸짖고 있었다.
　【頃襄王(경양왕, qǐ xiāng wáng)】 : 楚나라 군주. 이름은 橫.
　【令尹(영윤, lìng yǐn)】 : [관직] 초나라의 최고 행정 장관.
　【咎(구, jiù)】 : 나무라다. 책망하다.
　【以(이, yǐ)】 : 因. …로 인해. … 때문에.
　【反(반, fǎn)】 : 返. 돌아오다.

39　屈平旣嫉之, 雖放流, 睠顧楚國, 繫心懷王, 不忘欲反, 冀幸君之一悟, 俗之一改也。→ 굴원도 이미 그를 미워했고, 비록 추방되어 유랑하고 있었지만, 그러나 초나라를 그리워하고, 회왕을 생각하며, 돌아오고 싶은 생각을 잊지 못해, 요행히 임금께서 깨달아, 세상이 바뀌기를 염원했다.

中三致志焉.⁴⁰ 然終無可奈何, 故不可以反, 卒以此見懷王之終不
悟也.⁴¹ 人君無愚智賢不肖, 莫不欲求忠以自爲, 擧賢以自佐.⁴² 然

【嫉(질, jí)】: 미워하다. 싫어하다.
【放流(방류, fàng liú)】: 추방되어 떠돌다.
【睠顧(권고, juàn gù)】: 그리워하다. 미련을 두다. ※판본에 따라서는 「睠」을 「眷」이라 했다.
【繫心(계심, xì xīn)】: 관심을 갖다. 생각하다.
【反(반, fǎn)】: 返. 돌아오다.
【冀(기, jì)】: 바라다. 염원하다.
【俗(속, sú)】: 世俗. 세상.

40 其存君興國而欲反覆之, 一篇之中三致志焉。→ 임금을 보호하고 (초)나라를 부흥시켜 기울어진 것을 바로 세우고자 했던 만큼, 《離騷》한 편의 작품 속에 그러한 소망을 여러 차례 표현했다.
【存君(존군, cún jūn)】: (위험에 처해 있는) 군주를 보호하다.
【反覆(반복, fǎn fù)】: 기울어진 것을 바로 세우다. 넘어진 것을 도로 일으키다. 〖反〗: 거꾸로. 반대로. 도로. 〖覆〗: 기울다. 엎어지다. 넘어지다.
【一篇(일편, yī piān)】: 한 편. 즉《離騷》한 편의 작품.
【三致(삼치, sān zhì)】: 여러 차례 표현하다. 〖三〗: 셋이라는 수의 개념보다는 「여러 차례」를 의미한다. 〖致〗: 표현하다.
【志(지, zhì)】: 뜻. 소망. 바람.

41 然終無可奈何, 故不可以反, 卒以此見懷王之終不悟也。→ 그러나 끝내 어찌할 도리가 없었기 때문에, 그래서 (조정으로) 돌아갈 수가 없었다. 결국 이를 근거로 초회왕이 끝내 깨닫지 못했다는 것을 알 수 있다.
【終(종, zhōng)】: 끝내.
【無可奈何(무가내하, wú kě nài hé)】: 어찌할 도리가 없다. 어찌할 방법이 없다.
【反(반, fǎn)】: 返. 돌아가다.
【卒(졸, zú)】: 결국.
【以(이, yǐ)】: …을 근거로.
【見(견, jiàn)】: 보다. 알다.

42 人君無愚智賢不肖, 莫不欲求忠以自爲, 擧賢以自佐。→ 군주는 우둔하고 지혜롭고 현명하고 현명치 못하고를 막론하고, 모두가 충신을 얻어 자기를 위해 일하고, 현인을 발탁하여 자기를 보필해 주기를 원하지 않는 사람이 없다.
【無(무, wú)】: …하든 간에. …를 막론하고.
【莫不(막불, mò bù)…】: …하지 않는 자가 없다. 모두 … 하다.
【自爲(자위, zì wéi)】: 자기를 위해 일하다.
【擧(거, jǔ)】: 선발하다. 발탁하다.

亡國破家相隨屬, 而聖君治國, 累世而不見者, 其所謂忠者不忠, 而所謂賢者不賢也。⁴³ 懷王以不知忠臣之分, 故內惑於鄭袖, 外欺於張儀, 疏屈平而信上官大夫、令尹子蘭。⁴⁴ 兵挫地削, 亡其六郡, 身客死於秦, 爲天下笑, 此不知人之禍也。⁴⁵《易》曰:「井渫不食 爲我心惻。可以汲。王明, 並受其福。」王之不明, 豈足福哉?⁴⁶ 令尹子蘭

【自佐(자좌, zì zuǒ)】: 자기를 보필하다.

43 然亡國破家相隨屬, 而聖君治國, 累世而不見者, 其所謂忠者不忠, 而所謂賢者不賢也。→ 그러나 나라가 망하고 가정이 파괴되는 일이 연이어 발생하고, 聖君이 나라를 다스리는 시대가, 여러 대에 걸쳐 출현하지 않는 것은, 이른바 충신이란 자들이 불충하고, 이른바 현명하다는 자들이 현명하지 못하기 때문이다.
【隨屬(수속, suí zhǔ)】: 연이어 발생하다. 꼬리를 물고 일어나다. 〖隨〗: 뒤따르다. 꼬리를 물다. 〖屬〗: 연속되다. 연이어 일어나다.
【累世(누세, lěi shì)】: 여러 세대.
【見(현, xiàn)】: 現. 나타나다. 출현하다.

44 懷王以不知忠臣之分, 故內惑於鄭袖, 外欺於張儀, 疏屈平而信上官大夫、令尹子蘭。→ 초회왕은 충신에 대한 분별을 몰랐기 때문에, 그래서 안으로는 총희 정수에게 미혹되고, 밖으로는 장의에게 속았으며, 굴원을 멀리하고 상관대부와 영윤 자란을 믿었던 것이다.
【以(이, yǐ)】: 因. … 때문에.
【分(분, fēn)】: 분별. 구별.
【惑(혹, huò)】: 미혹되다.
【欺(기, qī)】: 속다.
【疏(소, shū)】: 멀리하다.

45 兵挫地削, 亡其六郡, 身客死於秦, 爲天下笑, 此不知人之禍也。→ (결국) 전쟁에 패하고 땅은 삭감되어, 여섯 郡을 잃고, 몸은 秦나라에서 객사하여, 천하의 웃음거리가 되었는데, 이는 사람을 알아보지 못해 일어난 재앙이다.
【兵挫(병좌, bīng cuò)】: 전쟁에 패하다. 〖挫〗: 꺾이다. 즉「패하다」의 뜻.
【削(삭, xuē)】: [피동 용법] 깎이다. 삭감되다.
【亡(망, wáng)】: 잃다.
【六郡(육군, liù jùn)】: 漢中 일대의 지역.

46《易》曰:「井渫不食 爲我心惻。可以汲。王明, 並受其福。」王之不明, 豈足福哉? →《周易》에 이르길:「우물을 깨끗이 쳐내도 그 물을 먹지 않으니, 나의 마음을 슬프게 한다. 쳐낸 우물은 길어다가 마실 수 있다. 만일 왕이 현명하면, 인재를 임용하여 천하의 사람들이 그 복을 함께 받을 것이다.」라고 했다. 왕이 현명하지 못하니, 어찌 족히 복을 누릴

聞之, 大怒, 卒使上官大夫短屈原於頃襄王, 頃襄王怒而遷之。⁴⁷

屈原至於江濱, 被髮行吟澤畔, 顏色憔悴, 形容枯槁。⁴⁸ 漁父見而問之曰:「子非三閭大夫歟? 何故而至此?」⁴⁹ 屈原曰:「舉世混濁而我獨淸, 衆人皆醉而我獨醒, 是以見放。」⁵⁰ 漁父曰:「夫聖人者,

---

수 있겠는가?
※ 인용한 말은 《周易・水風井卦》의 爻辭이다.
【渫(설, xiè)】: 처내다. 즉 「더러운 것을 쳐내어 깨끗하게 만들다」의 뜻.
【爲(위, wéi)】: 使. …로 하여금 …하게 하다.
【汲(급, jí)】: (물을) 긷다.
【並受(병수, bìng shòu)】: 함께 받다.

47 令尹子蘭聞之, 大怒, 卒使上官大夫短屈原於頃襄王, 頃襄王怒而遷之。→ 영윤 자란은 이 말을 듣고, 크게 노하여, 마침내 상관대부로 하여금 경양왕 앞에서 굴원을 헐뜯게 하자, 경양왕이 분노하여 굴원을 추방했다.
【卒(졸, zú)】: 마침내.
【短(단, duǎn)】: 헐뜯다. 비방하다.
【遷(천, qiān)】: 추방하다.
【之(지, zhī)】: [대명사] 그. 즉 「굴원」.

48 屈原至於江濱, 被髮行吟澤畔, 顏色憔悴, 形容枯槁。→ 굴원은 강가에 와서, 머리를 풀어 헤치고 연못가를 걸으면서 노래를 읊조리는데, 안색은 초췌하고, 몸은 바싹 야위어 있었다.
【江濱(강빈, jiāng bīn)】: 강가. 물가.
【被髮(피발, pī fà)】: 머리를 풀어헤치다. 〖被〗: 披. 풀어헤치다.
【行吟(행음, xíng yín)】: 걸으며 노래를 읊조리다.
【澤畔(택반, zé pàn)】: 호반. 연못가.
【憔悴(초췌, qiáo cuì)】: 초췌하다.
【形容(형용, xíng róng)】: 몸. 신체.
【枯槁(고고, kū gǎo)】: 마르다. 야위다.

49 漁父見而問之曰:「子非三閭大夫歟? 何故而至此?」→ 어부가 보고 굴원에게 물었다:「그대는 三閭大夫가 아닙니까? 어찌하여 여기까지 오셨습니까?」
【子(자, zǐ)】: 너. 그대. 당신.
【三閭大夫(삼려대부, sān lǘ dà fū)】: 楚나라 왕족인 昭・屈・景 三姓의 사무를 관장하는 직책.
【何故(하고, hé gù)】: 무슨 연유로. 어찌하여.

50 屈原曰:「擧世混濁而我獨淸, 衆人皆醉而我獨醒, 是以見放。」→ 굴원이 대답했다:「온 세상이 혼탁한데 나만 홀로 맑고, 많은 사람이 취해 있는데 나만 홀로 깨어 있어, 이로

不凝滯於物, 而能與世推移。舉世混濁, 何不隨其流而揚其波?⁵¹ 眾人皆醉, 何不餔其糟而歠其醨? 何故懷瑾握瑜, 而自令見放爲?⁵² 屈原曰:「吾聞之:『新沐者必彈冠, 新浴者必振衣。』人又誰能以身之察察, 受物之汶汶者乎?⁵³ 寧赴常流, 而葬乎江魚腹中耳, 又安能

인해 쫓겨났다오.」
【舉世(거세, jǔ shì)】: 온 세상.
【獨(독, dú)】: 홀로. 유독.
【醒(성, xǐng)】: 깨다. 깨어나다.
【是以(시이, shì yǐ)】: 이로 인해. 그래서.
【見放(견방, jiàn fàng)】: 추방되다. 쫓겨나다. ※ 見+동사=피동형

51 漁父曰:「夫聖人者, 不凝滯於物, 而能與世推移。舉世混濁, 何不隨其流而揚其波? → 어부가 말했다:「대저 聖人은, 사물에 얽매이지 말고, 세상과 더불어 움직일 수 있어야 합니다. 온 세상이 혼탁한데, 어찌 그 흐름을 따라 그 물결에 합류하지 않습니까?
【夫(부, fú)】: [발어사] 대저. 무릇.
【凝滯(응체, níng zhì)】: 구애받다. 얽매이다.
【推移(추이, tuī yí)】: 이동하다. 움직이다. 변화하다.
【揚其波(양기파, yáng qí bō)】: 그 물결을 치켜올리다. 즉「그 물결에 합류하다. 그 물결을 타다」의 뜻.

52 眾人皆醉, 何不餔其糟而歠其醨? 何故懷瑾握瑜, 而自令見放爲?」→ 많은 사람이 모두 취해 있는데, 어째서 그 술지게미라도 먹고 박주라도 마시지 않습니까? 무슨 연유로 훌륭한 자질을 지니고 있으면서, 스스로 추방되도록 하셨습니까?」
【餔(포, bù)】: 먹다.
【糟(조, zāo)】: 술지게미.
【歠(철, chuò)】: 마시다. 먹다.
【醨(리, lí)】: 薄酒. 맛이 싱거운 술.
【懷瑾握瑜(회근악유, huái jǐn wuò yú)】: 아름다운 옥을 간직하다. 여기서는「탁월한 재능을 지니다, 훌륭한 덕망을 지니다」의 비유.【瑾, 瑜】: 모두 美玉 이름.
【何故(하고, hé gù)】: 어째서. 무슨 연고로. 무슨 까닭으로.
【自令(자령, zì lìng)···】: 스스로 ···하도록 하다.
【爲(위, wéi)】: 의문문에 사용되는 句末 助詞.

53 屈原曰:「吾聞之:『新沐者必彈冠, 新浴者必振衣。』人又誰能以身之察察, 受物之汶汶者乎? → 굴원이 대답했다:「나는:『방금 머리를 감은 사람은 반드시 관모의 먼지를 털고, 방금 목욕을 한 사람은 반드시 옷의 먼지를 턴다.』고 들었소. 사람이면 또 누가 자신의 깨끗한 몸에, 세속의 더러운 물건을 받아들일 수 있겠소?
【沐(목, mù)】: 머리를 감다.

以皓皓之白而蒙世之溫蠖乎?」⁵⁴ 乃作《懷沙》之賦。於是懷石, 遂自沈汨羅以死。⁵⁵

　　屈原旣死之後, 楚有宋玉、唐勒、景差之徒者, 皆好辭而以賦見稱。⁵⁶ 然皆祖屈原之從容辭令, 終莫敢直諫。其後楚日以削, 數十

【彈(탄, tán)】: 털다.
【浴(욕, yù)】: 목욕하다.
【振(진, zhèn)】: 털다.
【察察(찰찰, chá chá)】: 결백한 모양. 깨끗한 모양.
【汶汶(문문, mén mén)】: 더러운 모양. 혼탁한 모양.

54 寧赴常流, 而葬乎江魚腹中耳, 又安能以皓皓之白而蒙世之溫蠖乎?」 → 차라리 강물에 몸을 던져, 물고기 뱃속에 장사를 지낼망정, 또 어찌 희고 결백한 몸으로 세상의 쌓인 먼지를 덮어쓰려 하겠소?」
【寧(녕, níng)】: 차라리 …할지언정. 차라리 …할망정.
【赴(부, fù)】: 나아가다. 여기서는「투신하다, 몸을 던지다」의 뜻.
【常流(상류, cháng líu)】: 長流. 강물.
【安能(안능, ān néng)】: 어찌 …할 수 있는가?
【皓皓(호호, hào hào)】: 새하얀 모양.
【蒙(몽, méng)】: 받다. 덮어쓰다.
【溫蠖(온확, wēn huò)】: 쌓인 먼지.

55 乃作《懷沙》之賦。於是懷石, 遂自沈汨羅以死。 → 그리하여《懷沙》賦를 지었다. 이때 돌을 끌어안고, 끝내 스스로 汨羅江에 몸을 던져 죽었다.
【乃(내, nǎi)】: 이에. 그리하여.
【懷沙(회사, huái shā)】:《楚辭·九章》의 편명.
【於是(어시, yú shì)】: 이때.
【懷石(회석, huái shí)】: 돌을 품에 끌어안다.
【遂(수, suì)】: 마침내. 끝내.
【沈(침, chén)】: 빠지다. ※판본에 따라서는「沈」을「投」라 했다.
【汨羅(멱라, mì luó)】: [강 이름] 지금의 호남성 湘陰縣 북쪽.

56 屈原旣死之後, 楚有宋玉、唐勒、景差之徒者, 皆好辭而以賦見稱。 → 굴원이 죽은 뒤에, 초나라에는 宋玉·唐勒·景差와 같은 사람들이 있었는데, 모두 文辭를 좋아하여 賦로써 이름이 났다.
【宋玉(송옥, sòng yù)】: [인명] 楚 頃襄王 때의 사람으로, 굴원의 제자라고 전한다.
【唐勒(당륵, táng lè)】: [인명] 楚나라 의 대부. ※현재 전하는 작품이 없다.
【景差(경차, jǐng cuō)】: [인명] 楚나라의 대부. ※《楚辭》중《大招》를 경차의 작품으로 보기도 한다.

年, 竟爲秦所滅。⁵⁷ 自屈原沈汨羅後百有餘年, 漢有賈生, 爲長沙王太傅, 過湘水, 投書以弔屈原。⁵⁸

太史公曰:「余讀《離騷》、《天問》、《招魂》、《哀郢》, 悲其志。⁵⁹ 適長沙, 觀屈原所自沈淵, 未嘗不垂涕, 想見其爲人。⁶⁰ 及見賈生弔

【見稱(견칭, jiàn chēng)】: 이름이 나다.

57 然皆祖屈原之從容辭令, 終莫敢直諫。其後楚日以削, 數十年, 竟爲秦所滅。→ 그러나 모두 굴원의 완곡하고 함축된 문사를 모방했을 뿐, 끝내 감히 直諫을 하지 못했다. 그 후 초나라는 날로 쇠약해져, 수십 년이 지나자, 결국 秦나라에 멸망했다.
【祖(조, zǔ)】: 본받다. 모방하다.
【從容(종용, cóng róng)】: 침착하다. 완곡하다.
【辭令(사령, cí lìng)】: 응대하는 말. 여기서는「문체, 문사」의 뜻.
【莫敢(막감, mò gǎn)】: 감히…하지 못하다.
【削(삭, xuē)】: 쇠약해지다.
【竟(경, jìng)】: 끝내. 결국. 마침내.
【爲(위, wéi)…所(소, suǒ)…】: [피동형] …에 의해 …되다.

58 自屈原沈汨羅後百有餘年, 漢有賈生, 爲長沙王太傅, 過湘水, 投書以弔屈原。→ 굴원이 멱라강에 투신한 뒤로부터 백여 년이 지나, 漢나라에 賈誼라는 사람이 있었는데, 長沙王의 太傅가 되어, 湘水를 지나다가, 글을 지어 강물에 던져 굴원을 추모했다.
【沈(침, chén)】: 가라앉다. 빠지다. 잠기다. 여기서는「투신하다」의 뜻.
【賈生(가생, jiǎ shēng)】: 賈誼. 洛陽[지금의 하남성 洛陽 동쪽] 사람으로, 西漢의 政論家이자 문인.
【長沙王(장사왕, cháng shā wáng)】: 이름은 吳差. 漢의 개국공신인 吳芮의 현손.
【太傅(태부, tài fù)】: [관직] 군주를 보좌하는 직책.
【湘水(상수, xiāng shuǐ)】: [강 이름] 호남성 경내에 있는 강.
【書(서, shū)】: 글. 여기서는 賈誼가 지은《弔屈原賦》를 가리킨다.
【弔(조, diào)】: 추모하다.

59 太史公曰:「余讀《離騷》、《天問》、《招魂》、《哀郢》, 悲其志。→ 태사공이 말했다:「나는《離騷》·《天問》·《招魂》·《哀郢》을 읽고, 굴원의 뜻을 슬퍼했다.
【太史公(태사공, tài shǐ gōng)】: 漢의 史官을「太史令」이라 했는데, 지위는 비록 낮지만 朝會 시에 항상 황제의 좌우에서 公보다 윗자리에 있었기 때문에「태사공」이라 불렀다. 여기서는 司馬遷 자신을 가리킨다.
【《天問(천문, tiān wèn)》、《招魂(초혼, zhāo hún)》、《哀郢(애영, āi yǐng)》】: 세 작품 모두 굴원이 지은《楚辭》중의 편명.
【志(지, zhì)】: 뜻. 여기서는「실현되지 못한 뜻」을 말한다.

60 適長沙, 觀屈原所自沈淵, 未嘗不垂涕, 想見其爲人。→ 長沙에 가서, 굴원이 투신한 못

之, 又怪屈原以彼其材, 游諸侯, 何國不容, 而自令若是?⁶¹ 讀《服鳥賦》, 同生死, 輕去就, 又爽然自失矣。」⁶²

번역문

굴원(屈原) 전기(傳記)

굴원(屈原)은 이름이 평(平)이며, 초왕(楚王)과 동성(同姓)으로 초회왕(楚懷王)의 좌도(左徒)를 지냈다. 견문이 넓고 기억력이 뛰어났으며 치란(治亂)

을 볼 때면, 눈물을 흘리며 그의 사람됨을 회상하지 않은 적이 없다.
【適(적, shì)】: 至. 가다. 도착하다.
【自沈(자침, zì chén)】: 스스로 투신하다.
【未嘗不(미상불, wèi cháng bù)…】: …하지 않은 적이 없다.
【垂涕(수체, chuí tì)】: 눈물을 흘리다.
【想見(상견, xiǎng jiàn)】: 회상하다. 생각하다.

61 及見賈生弔之, 又怪屈原以彼其材, 游諸侯, 何國不容, 而自令若是? → 賈誼가 굴원을 추모한 글을 보자, 또다시 굴원이 그러한 자신의 재능을 가지고 제후들에게 유세했더라면, 어느 나라가 수용하지 않아, 자신을 이와 같이 죽음으로 몰아가게 하였겠는가? 라며 이상하게 생각했다.
【怪(괴, guài)】: 이상하게 생각하다.
【彼其(피기, bǐ qí)】: 그의 그러한.
【游(유, yóu)】: 유세하다.
【自令(자령, zì lìng)…】: 자신을 …하게 하다.

62 讀《服鳥賦》, 同生死, 輕去就, 又爽然自失矣。 → 賈誼의《服鳥賦》를 읽고 나서는, 굴원이 삶과 죽음을 동일시하고, 거취를 가볍게 여긴 것을 알고, 또 망연자실했다.」
【《服鳥賦》(복조부, fú niǎo fù)】: 賈誼의 작품.
【同(동, tóng)】: 동일시하다. 동등하게 여기다.
【輕(경, qīng)】: 가볍게 여기다.
【去就(거취, qù jiù)】: 거취. 즉「관직에 나가고 물러남」.
【爽然自失(상연자실, shuǎng rán zì shī)】: 망연자실하다. 멍하니 정신을 잃다.

에 밝고 외교사령(外交辭令)에 능했다. 조정에 들어오면 회왕과 국사를 상의하여 각종 명령을 발포하고, 출타하면 빈객을 접대하고 제후들을 응대하여 왕이 그를 매우 신임했다. 상관대부(上官大夫)는 굴원과 직급이 같았는데, (왕의) 총애를 다투어 마음속으로 굴원의 재능을 시기했다. 회왕이 굴원으로 하여금 법령(法令)을 만들도록 했다. 굴원이 아직 초안을 다 작성하기도 전에 상관대부가 그것을 보고 빼앗으려 하여 굴원이 주지 않았다. 이로 인해 (상관대부가) 굴원을 참소하길 :「대왕께서 굴원으로 하여금 법령을 만들도록 하신 것은 모두가 알고 있습니다. 그런데 하나의 법령이 나올 때마다 굴원은 자기의 공을 자랑하며『내가 아니면 할 수 있는 사람이 없다.』고 여기고 있습니다.」라고 하니, 왕이 노하여 굴원을 멀리했다.

　굴원은 회왕이 귀가 여리어 시비를 가리지 못해, 남을 헐뜯고 아첨하는 말이 왕의 현명한 판단을 가리고, 사악한 자가 공정한 사람을 해치며, 정직한 사람이 용납되지 않음을 마음 아파하여, 그래서 걱정하고 깊이 생각한 끝에《이소(離騷)》를 지었다.「이소」란「우환(憂患)을 만나다.」라는 말과 같다. 대저 하늘은 인류의 시초이며 부모는 사람의 근본이다. 사람은 궁하면 근본으로 돌아가려는 생각을 하기 때문에, 그래서 힘들고 피곤할 때면 하늘을 부르지 않는 적이 없고, 아파서 괴로울 때면 부모를 부르지 않는 적이 없다. 굴원은 바른길로 똑바로 나아가고 충성과 지혜를 다해 임금을 섬겼으나, 아첨하는 자가 그들을 이간시켜 곤궁에 처했다고 할 수 있다. 신의를 지키고도 의심을 받고, 충성을 다하고도 비방을 당하니 원망이 없을 수 있겠는가? 굴원이《이소》를 지은 것은 아마도 원한으로부터 나왔을 것이다.《국풍(國風)》의 시는 여색을 좋아하지만 음란하지 않고,《소아(小雅)》의 시는 원망과 비방을 하지만 어지럽지 않으며,《이소》같은 시는 이 두 가지를 모두 겸했다고 할 수 있다. 위로는 제곡(帝嚳)을 찬양하고, 아래로는 제환공(齊桓公)을 언급하고, 중간으로는 탕왕(湯王)과 무왕(武王)을 기술하여, 이로써 당시 사회의 일에 대한 풍자와 아울러 도덕의 광대하고 숭고함과 치란의 조리를 밝혔는데, 하나도 빠짐없이 표현해냈다. 그 문장은 간략하고 그 문사는 미묘하며 그 뜻은 고결하고 그 행위는 청렴하다. 그 문장은 비록 사소한 것들을 말했지만 내포한 뜻은 광대하며, 열거한 사례는 비근(卑近)하지만 보여준 뜻은 심원하다. 그의 뜻이 고결했기 때문에, 그래서 그가 언급한 물건은 모두 향기가 나는 것들이고, 그의 행위가 청렴했기 때문에, 그래서 죽어도 스스로 게을리하는 것을 용납하지 않았다. 더러운 진창 속에서도 매미가 허물을 벗듯이 더러운 것이 묻지 않아, 먼지 바깥에 떠다니며 속세의 더러움에 물들지 않으니 맑고 깨끗한 모습으로 진창에서도 더럽혀지지 않은 사람이다. 이러한 뜻을 추진해 나간다면 비록 해·달과 빛을 다투어도 될 것이다.

굴원이 쫓겨나고 그 후 진(秦)나라가 제(齊)나라를 공략하려 했다. 제(齊)나라와 초(楚)나라는 합종(合縱) 동맹의 가까운 관계였다. 진혜왕(秦惠王)은 이를 걱정하여, 곧 장의(張儀)로 하여금 진나라와 결별하고 떠난 것처럼 가장시켜 많은 물건을 예물로 바치고 초나라를 섬기며 : 「진나라는 제나라를 매우 싫어하는데, 제나라는 초나라와 합종 동맹을 맺고 있습니다. (만일) 초나라가 진실로 제나라와 관계를 끊을 수 있다면 진나라는 상(商)과 오(於)의 땅 6백 리를 (초나라에) 바치고자 합니다.」라고 말하도록 했다. 초회왕은 욕심을 내어 장의를 믿고, 마침내 제나라와 관계를 끊었다. (초회왕이) 사신을 파견하여 진나라에 가서 땅을 받아오도록 하자, 장의가 그를 속여 말했다 : 「저는 왕과 6리를 약속했지, 6백 리는 들어보지 못했습니다.」 초나라 사신이 분노하여 (진나라를) 떠나 (초나라로) 돌아와 회왕에게 고하니, 회왕이 화가 나서 크게 군사를 일으켜 진나라를 공격했다. 진나라도 군대를 동원하여 초나라를 공격했는데, 단강(丹江)·석수(淅水)에서 초나라 군사를 대파하여, 8만 명의 목을 베고 초나라 장군 굴개(屈匄)를 사로잡은 후 마침내 초나라의 한중(漢中) 땅을 점령했다. 이에 초회왕은 나라 안의 군대를 모두 동원하여 진나라 군대를 깊이 공격해 들어가 남전(藍田)에서 격전을 벌렸다. 위(魏)나라가 이 소식을 듣고 초(楚)나라를 습격하여 등(鄧)에 이르자, 초나라 군사가 두려워서 진나라로부터 철수했다. 그리고 제나라는 끝내 화가 나서 초나라를 구하지 않아 초나라가 크게 곤경에 처했다.

그 이듬해, 진나라는 한중(漢中)의 땅을 베어 초나라에 주고 화친을 청했다. 이에 초회왕이 말했다 :「땅 얻는 것을 원하지 않고 장의(張儀)를 원하며 그것으로 흡족합니다.」장의가 이 말을 듣자, 곧 말했다 :「장의 한 사람이 한중의 땅과 맞먹는다면 저는 초나라로 가기를 청할 것입니다.」(장의는) 초나라로 가서, 또 후한 뇌물을 주어 권력자인 총신 근상(靳尙)을 매수하고, 초회왕의 총희 정수(鄭袖)에게 궤변을 늘어놓았다. 초회왕은 마침내 정수의 말을 듣고 다시 장의를 석방하여 돌려보냈다. 이때 굴원은 이미 (임금으로부터) 소외되어 다시는 (조정의) 자리에 있지 못하고 제(齊)나라에 사신으로 가있었다. (굴원이 제나라에서) 돌아와 초회왕에게 간했다 :「어찌하여 장의를 죽이지 않았습니까?」회왕은 후회하고 장의를 뒤쫓았으나 따라잡지 못했다. 그 후 제후들이 함께 초나라를 공격하여 이를 대파하고 초나라 장수 당매(唐昧)를 죽였다.

이때 진소왕(秦昭王)이 초나라와 통혼하기 위해 초회왕과 회동하고자 했다. 초회왕이 가려고 하자, 굴원이 말했다 :「진나라는 호랑이 이리와 같은 나라로 믿을 수가 없으니 가시지 않는 것이 좋습니다.」초회왕의 어린 아들 자란(子蘭)이 회왕에게 :「어떻게 진나라의 호의를 거절합니까?」라고 하며 갈 것을 권하자, 회왕은 마침내 길을 떠났다. (초회왕이) 무관에 들어서

자 진나라의 복병이 그의 퇴로를 차단하고, 이를 틈타 초회왕을 억류한 후 땅을 베어줄 것을 요구했다. 초회왕이 화가 나서 거절하고 조(趙)나라로 도망했으나 조나라가 받아주지 않고 그를 진나라로 돌려보내니, 결국 진나라에서 죽고 (시신만) 초나라로 돌아와 장례를 치렀다.

　(초회왕의) 맏아들 경양왕(頃襄王)이 즉위하여 자기의 동생 자란을 영윤(令尹)으로 임명했다. 초나라 사람들은 이미 자란이 회왕에게 진나라에 가도록 권했기 때문에 돌아오지 못하게 된 것을 꾸짖고 있었다. 굴원도 이미 그를 미워했고, 비록 추방되어 유랑하고 있었지만, 그러나 초나라를 그리워하고 회왕을 생각하며 돌아오고 싶은 생각을 잊지 못해, 요행히 임금께서 깨달아 세상이 바뀌기를 염원했다. 임금을 보호하고 (초)나라를 부흥시켜 기울어진 것을 바로 세우고자 했던 만큼,《이소》한 편의 작품 속에 그러한 소망을 여러 차례 표현했다. 그러나 끝내 어찌할 도리가 없었기 때문에, 그래서 (조정으로) 돌아갈 수가 없었다. 결국 이를 근거로 초회왕이 끝내 깨닫지 못했다는 것을 알 수 있다. 군주는 우둔하고 지혜롭고 현명하고 현명치 못하고를 막론하고, 모두가 충신을 얻어 자기를 위해 일하고, 현인을 발탁하여 자기를 보필해 주기를 원하지 않는 사람이 없다. 그러나 나라가 망하고 가정이 파괴되는 일이 연이어 발생하고, 성군(聖君)이 나라를 다스리는 시대가 여러 대에 걸쳐 출현하지 않는 것은, 이른바 충신이란 자들이 불충하고, 이른바 현명하다는 자들이 현명하지 못하기 때문이다. 초회왕은 충신에 대한 분별을 몰랐기 때문에, 그래서 안으로는 총희 정수에게 미혹되고 밖으로는 장의에게 속았으며, 굴원을 멀리하고 상관대부와 영윤 자란을 믿었던 것이다. (결국) 전쟁에 패하고 땅은 삭감되어 여섯 군(郡)을 잃고 몸은 진(秦)나라에서 객사하여 천하의 웃음거리가 되었는데, 이는 사람을 알아보지 못해 일어난 재앙이다.《주역(周易)》에 이르길 :「우물을 깨끗

이 쳐내도 그 물을 먹지 않으니, 나의 마음을 슬프게 한다. 쳐낸 우물은 길어다가 마실 수 있다. 만일 왕이 현명하면, 인재를 임용하여 천하의 사람들이 그 복을 함께 받을 것이다.」라고 했다. 왕이 현명하지 못하니, 어찌 족히 복을 누릴 수 있겠는가? 영윤 자란은 이 말을 듣고 크게 노하여, 마침내 상관대부로 하여금 경양왕 앞에서 굴원을 헐뜯게 하자, 경양왕이 분노하여 굴원을 추방했다.

굴원은 강가에 와서 머리를 풀어헤치고 연못가를 걸으면서 노래를 읊조리는데, 안색은 초췌하고 몸은 바싹 야위어 있었다. 어부가 보고 굴원에게 물었다 :「그대는 삼려대부(三閭大夫)가 아닙니까? 어찌하여 여기까지 오셨습니까?」굴원이 대답했다 :「온 세상이 혼탁한데 나만 홀로 맑고, 많은 사람이 취해 있는데 나만 홀로 깨어 있어, 이로 인해 쫓겨났다오.」어부가 말했다 :「대저 성인(聖人)은 사물(事物)에 얽매이지 말고 세상과 더불어 움직일 수 있어야 합니다. 온 세상이 혼탁한데, 어찌 그 흐름을 따라 그 물결에 합류하지 않습니까? 많은 사람이 모두 취해 있는데, 어째서 그 술지게미라도 먹고 박주라도 마시지 않습니까? 무슨 연유로 훌륭한 자질을 지니고 있으면서 스스로 추방되도록 하셨습니까?」굴원이 대답했다 :「나는 :『방금 머리를 감은 사람은 반드시 관모의 먼지를 털고, 방금 목욕을 한 사람은 반드시 옷의 먼지를 턴다.』고 들었소. 사람이면 또 누가 자신의 깨끗한 몸에 세속의 더러운 물건을 받아들일 수 있겠소? 차라리 강물에 몸을 던져 물고기 뱃속에 장사를 지낼망정, 또 어찌 희고 결백한 몸으로 세상의 쌓인 던지를 덮어쓰려 하겠소?」그리하여《회사(懷沙)》부(賦)를 지었다. 이때 돌을 끌어안고 끝내 스스로 멱라강(汨羅江)에 몸을 던져 죽었다.

굴원이 죽은 뒤에 초나라에는 송옥(宋玉)・당륵(唐勒)・경차(景差)와 같은 사람들이 있었는데, 모두 문사(文辭)를 좋아하여 부(賦)로써 이름이 났다. 그러나 모두 굴원의 완곡하고 함축된 문사를 모방했을 뿐, 끝내 감히 직간(直諫)을 하지 못했다. 그 후 초나라는 날로 쇠약해져 수십 년이 지나자 결국 진(秦)나라에 멸망했다. 굴원이 멱라강에 투신한 뒤로부터 백여 년이 지나 한(漢)나라에 가의(賈誼)라는 사람이 있었는데, 장사왕(長沙王)의 태부(太傅)가 되어 상수(湘水)를 지나다가 글을 지어 강물에 던져 굴원을 추모했다.

　　태사공이 말했다 :「나는 《이소(離騷)》·《천문(天問)》·《초혼(招魂)》·《애영(哀郢)》을 읽고, 굴원의 뜻을 슬퍼했다. 장사(長沙)에 가서 굴원이 투신한 못을 볼 때면 눈물을 흘리며 그의 사람됨을 회상하지 않은 적이 없다. 가의가 굴원을 추모한 글을 보자, 또다시 굴원이 그러한 자신의 재능을 가지고 제후들에게 유세했더라면 어느 나라가 수용하지 않아 자신을 이와 같이 죽음으로 몰아가게 하였겠는가? 라며 이상하게 생각했다. 가의(賈誼)의 《복조부(服鳥賦)》를 읽고 나서는 굴원이 삶과 죽음을 동일시하고 거취를 가볍게 여긴 것을 알고, 또 망연자실(茫然自失)했다.」

해제解題 및 본문 요지 설명

　　본문은 《사기(史記)·굴원가생열전(屈原賈生列傳)》 중에서 굴원(屈原)과 관련된 부분인데, 그중에서도 또 굴원의 《회사(懷沙)》 부(賦)를 제외시켰다.
　　굴원은 2천여 년 전 초(楚)나라의 위대한 시인이다. 그가 생활했던 시대는 대략 B.C. 340-B.C. 278년으로 전국시대(戰國時代) 후기에 속한다. 당시 제(齊)·초(楚)·연(燕)·한(韓)·조(趙)·위(魏)·진(秦) 등은 서로 공방을 벌이며 패권을 다투고 있었다. 굴원은 초나라가 몰락해 가던 시기에 나라를 사랑하는 자신의 충정과 진보적 주장이 왕과 권신들로부터 지지를 받지 못해, 초회왕(楚懷王)의 마음을 돌려 나라를 부흥시키려던 자신의 염원을 이루지 못한 채 일생을 비극으로 마감했다. 굴원의 작품은 《한서(漢書)·예문지(藝文志)》의 기록에 의하면, 《이소(離騷)》·《구가(九歌)》·《천문(天問)》 등 25편이 있다.

본문은 아홉 단락으로 나눌 수 있는데, 첫째 단락에서는 굴원 가인의 재능을 중심으로 굴원이 회왕의 신임을 받은 것으로부터 간신의 참소로 인해 추방되기까지의 과정을 기술했고; 둘째 단락에서는 근심과 원망을 《이소》의 창작 동기로 삼아 문(文: 문장)·사(辭: 문사)·지(志: 뜻)·행(行: 행위) 네 방면에서 《이소》의 특색을 개괄했고; 셋째 단락에서 여섯째 단락까지는 회왕이 땅에 대한 탐욕으로 인해 치욕을 당한 일과 장수를 빼앗기고 영토를 잃은 것을 들어, 굴원이 나라의 간성(干城)이라는 것을 역설적으로 밝히는 동시에 자란(子蘭)의 무지(無知)가 회왕을 죽음으로 몰아넣었다는 것을 기술했고; 일곱째 단락에서는 굴원과 어부의 대화를 빌어 굴원이 자살하게 된 경위를 분석했고; 여덟째 단락에서는 굴원을 사부(辭賦)의 시조로 추앙했고; 마지막 단락에서는 태사공(太史公)의 논평을 통해 작자의 굴원에 대한 감정을 기술했다.

083 혹리열전서(酷吏列傳序)
《史記》

작 자

074 오제본기찬(五帝本紀贊) 참조.

원문 및 주석

酷吏列傳序¹

孔子曰:「道之以政, 齊之以刑, 民免而無恥; 道之以德, 齊之以禮, 有恥且格。」² 老氏稱:「上德不德, 是以有德; 下德不失德, 是

---

1 酷吏列傳序 → 酷吏 傳記 序文
  【酷吏(혹리, kù lì)】: 법의 집행을 가혹하게 하는 관리.
  【序(서, xù)】: 序文.
2 孔子曰:「道之以政, 齊之以刑, 民免而無恥; 道之以德, 齊之以禮, 有恥且格。」 → 孔子가 말하길:「법령으로 이끌고, 형벌로써 다스리면, 백성들은 (법령과 형벌을) 피해 가도 부끄럽게 여기지 않고; 덕으로 이끌고, 예로 다스리면, 부끄럽게 여기고 또한 올바르게 된다.」라고 했다.
  ※공자의 이 말은《論語 · 爲政》에 보인다.

以無德。」「法令滋章, 盜賊多有。」³ 太史公曰 :「信哉! 是言也。」⁴

　　法令者治之具, 而非制治清濁之源也。⁵ 昔天下之網嘗密矣, 然姦偽萌起, 其極也, 上下相遁, 至於不振。⁶ 當是之時, 吏治若救火揚

【道(도, dào)】: 導. 이끌다, 인도하다.
【政(정, zhèng)】: 政令. 법령.
【齊(제, qí)】: 다스리다.
【免(면, miǎn)】: 면하다. 피해가다.
【且(차, qiě)】: 또한.
【格(격, gé)】: 올바르다. 단정하다.

3 老氏稱:「上德不德, 是以有德; 下德不失德, 是以無德。」「法令滋章, 盜賊多有。」→ 老子는 말하길 :「가장 덕이 있는 사람은 자기가 덕이 있다는 것을 드러내지 않으니, 그러므로 덕이 있는 것이며; 가장 덕이 없는 사람은 자기가 덕이 있다고 드러내니, 그러므로 덕이 없는 것이다.」라 하고, 또「법령이 엄하면 엄할수록, 도둑은 더욱 많아진다.」라고 했다.
　 ※ 앞의 구절은《老子》38章에 보이고, 뒤의 구절은《老子》57章에 보인다.
　【老氏(노씨, lǎo shì)】: 老子. 성은 李, 이름은 耳이며, 老聃이라고도 부른다. 전국시대의 저명한 사상가이자 道家의 창시자이다.
　【上德(상덕, shàng dé)】: 가장 덕이 있는 사람.
　【是以(시이, shì yǐ)】: 그러므로. 그래서.
　【滋章(자장, zī zhāng)】: 더욱 엄격하다. 〖滋〗: 더욱. 〖章〗: 엄하다. 엄격하다.

4 太史公曰 :「信哉! 是言也。」→ 太史公이 말했다 :「이 말은, 실로 믿을 만하다!」
　【太史公(태사공, tài shǐ gōng)】: 漢의 史官을「太史令」이라 했는데, 지위는 비록 낮지만 朝會 시에 항상 황제의 좌우에서 公보다 윗자리에 있었기 때문에「태사공」이라 불렀다. 여기서는 司馬遷 자신을 가리킨다.
　【是言(시언, shì yán)】: 이 말.

5 法令者治之具, 而非制治清濁之源也。→ 법령이란 (나라를) 다스리는 도구이지, 정치의 清濁을 다스리는 근본이 아니다.
　【制治(제치, zhì zhì)】: 다스리다. 통치하다.

6 昔天下之網嘗密矣, 然姦偽萌起, 其極也, 上下相遁, 至於不振。→ 옛날 천하의 법망은 이미 매우 엄밀했지만, 그러나 간사하고 속이는 일이 끊임없이 일어났고, 가장 심할 때는, 위아래가 서로 책임을 회피하여, 나라가 부진한 상황에 이르기도 했다.
　【昔天下之網(석천하지망, xī tiān xià zhī wǎng)】: 지난날 천하의 법망. 여기서는「秦나라 시절의 법망」을 가리킨다. 〖昔〗: 옛날. 지난날. 과거. 종전. 〖網〗: 법망. 법령.
　【嘗(상, cháng)】: 이미. 벌써.
　【姦偽(간위, jiān wěi)】: 간사하고 속이다.
　【萌起(맹기, méng qǐ)】: 새싹이 돋아나듯 끊임없이 일어나다. 자주 일어나다.
　【遁(둔, dùn)】: 逃. 달아나다. 여기서는「회피하다」의 뜻.

沸, 非武健嚴酷, 惡能勝其任而愉快乎? 言道德者, 溺其職矣。⁷ 故曰:「聽訟, 吾猶人也, 必也使無訟乎。」「下士聞道, 大笑之。」非虛言也。⁸

漢興, 破觚而爲圜, 斵雕而爲朴, 網漏於呑舟之魚, 而吏治烝烝, 不至於姦, 黎民艾安。⁹ 由是觀之, 在彼不在此。¹⁰

【至於(지어, zhì yú)…】: …에 이르다. …에 도달하다. 【於】: [개사] …에.

7 當是之時, 吏治若救火揚沸, 非武健嚴酷, 惡能勝其任而愉快乎? 言道德者, 溺其職矣。→ 당시, 관리들의 일 처리는 마치 장작을 안고 불을 끄거나 끓는 물을 퍼냈다가 다시 부어 끓는 것을 막는 것과 같은 상황이었는데, 만일 가혹한 수단을 취하지 않았다면, 어떻게 그 직무를 감당하며 원만히 처리할 수 있었겠는가? 이로 인해 도덕을 주장하던 사람들은, 자기의 직책을 잃었다.
【吏治(이치, lì zhì)】: 관리의 공무집행. 관리의 일 처리.
【救火(구화, jiù huǒ)】:「抱薪救火」의 준말. 장작을 안고 불을 끄다. 즉「재난을 없애려다 (방법이 잘못되어) 재난을 더 크게 만들다」의 뜻.
【揚沸(양비, yáng fèi)】:「揚湯止沸」의 준말. 끓는 물을 퍼냈다가 다시 부어 끓는 것을 막다. 즉「방법이 철저하지 못해 문제를 근본적으로 해결하지 못하다」의 뜻.
【武健(무건, wǔ jiàn)】: 강경하다.
【嚴酷(엄혹, yán kù)】: 엄혹하다. 엄격하고 혹독하다.
【惡(오, wù)】: 어찌. 어떻게.
【勝(승, shèng)】: 견디어내다. 감당하다. 이겨내다.
【溺其職(익기직, nì qí zhí)】: 그 직책을 잃다. 할 일이 없어지다. 【溺】: 沒. 상실하다. 잃다.

8 故曰:「聽訟, 吾猶人也, 必也使無訟乎。」「下士聞道, 大笑之。」非虛言也。→ 그래서 (孔子는)「訟事를 심의하여 처리하는 것은, 나도 다른 사람과 같지만, (다른 점이 있다면) 반드시 송사가 없도록 하는 것이다.」라고 했고, 老子는「어리석은 사람은 도를 들으면, 크게 웃는다.」라고 했는데, 거짓말이 아니다.
※ 孔子의 말은 《論語‧顔淵》에 보이고, 老子의 말은 《道德經》 41章에 보인다.
【聽訟(청송, tīng sòng)】: 사건을 심의하여 처리하다.
【猶(유, yóu)】: …와 같다.
【使(사, shǐ)…】: …하도록 하다. …하게 하다.
【下士(하사, xià shì)】: 어리석은 사람.
【虛言(허언, xū yán)】: 거짓말. 허튼소리.

9 漢興, 破觚而爲圜, 斵雕而爲朴, 網漏於呑舟之魚, 而吏治烝烝, 不至於姦, 黎民艾安。→ 漢나라가 일어나자, 가혹한 법령을 폐지하고 법제를 관대하게 완화하는가 하면, 간사한 행위를 억제하여 백성들로 하여금 순박한 성품으로 돌아가게 하였으며, 법망은 관대하여 배를 삼킬만한 큰 물고기조차 빠져나갈 정도였지만, 관리들의 일 처리는 날로 진보하고, 사악한 일이 일어나지 않았으며, 백성들은 평안한 생활을 누렸다.

> 번역문

혹리(酷吏) 전기(傳記) 서문(序文)

　공자(孔子)가 말하길 : 「법령으로 이끌고 형벌로써 다스리면 백성들은 (법령과 형벌을) 피해 가도 부끄럽게 여기지 않고, 덕으로 이끌고 예로 다스리면 부끄럽게 여기고 또한 올바르게 된다.」라고 했다. 노자(老子)는 말하길 : 「가장 덕이 있는 사람은 자기가 덕이 있다는 것을 드러내지 않으니 그러므로 덕이 있는 것이며, 가장 덕이 없는 사람은 자기가 덕이 있다고 드러내니 그러므로 덕이 없는 것이다.」라 하고, 또 「법령이 엄하면 엄할수록 도둑은 더욱 많아진다.」라고 했다. 태사공(太史公)이 말했다 : 「이 말은 실로 믿을 만하다!」

　【破觚而爲圜(파고이위원, pò gū ér wéi yuán)】: 모난 것을 부수어 둥글게 만들다. 즉 「가혹한 법령을 폐지하고 법제를 관대하게 완화하다」의 뜻. 【觚】: 모. 角. 【圜】: 둥글다.
　【斲雕而爲朴(착조이위박, zhuó diāo ér wéi pú)】: 화려한 무늬를 깎아내어 소박한 모양으로 만들다. 즉 「간사한 행위를 억제하여 백성들로 하여금 순박한 성품으로 돌아가게 하다」의 뜻. 【斲】: 깎다. 【朴】: 소박하다.
　【網漏於吞舟之魚(망루어탄주지어, wǎng lù yú tūn zhōu zhī yú)】: 그물눈이 배를 삼킬만한 큰 물고기조차 빠져나갈 정도로 크다. 즉 「법령이 매우 관대하다」의 뜻. 【網】: 그물. 【漏】: 새다. 즉 「빠져나가다」의 뜻. 【吞】: 삼키다.
　【烝烝(증증, zhēng zhēng)】: 흥성하는 모양. 왕성하게 일어나는 모양. 여기서는 「나날이 발전하다, 날로 진보하다」의 뜻.
　【不至於姦(부지어간, bù zhì yú jiān)】: 사악한 일에 이르지 않다. 즉 「사악한 일이 일어나지 않다」의 뜻. 【至於…】: …에 이르다. 【姦】: 사악하다. 간사하다.
　【黎民(여민, lí mín)】: 서민. 백성.
　【艾安(예안, yì ān)】: 평안한 생활을 누리다.

10　由是觀之, 在彼不在此. → 이로 미루어 보건대, 나라가 다스려지는 것은 도덕에 있지 엄한 법령에 있는 것이 아니다.
　【由是觀之(유시관지, yóu shì guān zhī)】: 由此觀之. 이로 미루어 보건대. 이로써 볼진대.
　【彼(피, bǐ)】: 저것. 즉 「도덕」.
　【此(차, cǐ)】: 이것. 즉 「가혹한 형벌」.

법령이란 (나라를) 다스리는 도구이지 정치의 청탁(淸濁)을 다스리는 근본이 아니다. 옛날 천하의 법망은 이미 매우 엄밀했지만, 그러나 간사하고 속이는 일이 끊임없이 일어났고, 가장 심할 때는 위아래가 서로 책임을 회피하여 나라가 부진한 상황에 이르기도 했다. 당시 관리들의 일 처리는 마치 장작을 안고 불을 끄거나 끓는 물을 퍼냈다가 다시 부어 끓는 것을 막는 것과 같은 상황이었는데, 만일 가혹한 수단을 취하지 않았다면 어떻게 그 직무를 감당하며 원만히 처리할 수 있었겠는가? 이로 인해 도덕을 주장하던 사람들은 자기의 직책을 잃었다. 그래서 공자(孔子)는 :「송사(訟事)를 심의하여 처리하는 것은 나도 다른 사람과 같지만, (다른 점이 있다면) 반드시 송사가 없도록 하는 것이다.」라고 했고, 노자(老子)는 「어리석은 사람은 도(道)를 들으면 크게 웃는다.」라고 했는데, 거짓말이 아니다.

　　한(漢)나라가 일어나자 가혹한 법령을 폐지하고 법제를 관대하게 완화하는가 하면, 간사한 행위를 억제하여 백성들로 하여금 순박한 성품으로 돌아가게 하였으며, 법망은 관대하여 배를 삼킬만한 큰 물고기조차 빠져나갈 정도였지만, 관리들의 일 처리는 날로 진보하고 사악한 일이 일어나지 않았으며 백성들은 평안한 생활을 누렸다. 이로 미루어 보건대, 나라가 다스려지는 것은 도덕에 있지 엄한 법령에 있는 것이 아니다.

해제解題 및 본문 요지 설명

　　이른바 혹리(酷吏)란 법령을 혹독하게 집행하기로 이름난 관리를 말한다. 한무제(漢武帝) 때는 형벌을 엄격히 하여 혹리를 중용하고 포악한 정치를 자행함으로써 백성들이 편안한 생활을 누리지 못했다. 사마천(司馬遷)은

《사기(史記)·혹리열전(酷吏列傳)》을 지어 한무제 수하(手下)의 장양(張揚)·두주(杜周) 등 혹리 열 명의 행위 사실 및 그들과 한무제의 친밀한 관계를 기술하여 그들의 잔혹한 행위를 폭로함과 동시에 법을 숭상하고 형벌을 가혹하게 하는 한무제의 통치 정책을 비판했다.

  본문은 세 단락으로 나눌 수 있는데, 첫째 단락에서는 공자(孔子)와 노자(老子)의 말을 인용하여 덕(德)과 형(刑)을 대비하는 방식으로 그 본말의 관계를 밝혔고; 둘째 단락에서는 진(秦)나라 관리들의 가혹한 풍조를 빌어, 은연중 한무제의 혹리 임용이 실제로는 장작을 안고 불을 끄려 하는 행위와 같다는 것을 지적했으며; 셋째 단락에서는 한초(漢初) 관리들의 일 처리가 관대하고 너그러워 나라가 태평하고 백성들이 평안했다는 사실을 들어, 나라가 다스려지는 것은 도덕에 있는 것이지 결코 엄한 법령에 있는 것이 아니라는 논리로 결론을 맺었다.

084 유협열전서(游俠列傳序)
《史記》

작자

074 오제본기찬(五帝本紀贊) 참조.

원문 및 주석

游俠列傳序[1]

韓子曰:「儒以文亂法, 而俠以武犯禁。」[2] 二者皆譏, 而學士多

---

1 游俠列傳序 → 游俠 인물 傳記 序文
   【游俠(유협, yóu xiá)】: 유협. 협객의 한 부류.
2 韓子曰:「儒以文亂法, 而俠以武犯禁。」 → 韓非子가 말했다:「儒家는 글로써 법을 어지럽히고, 협객은 무력으로써 禁令을 위반한다.」
   【韓子(한자, hán zǐ)】: [인명] 韓非. 韓非子. 戰國時代 韓나라의 왕자. ※젊어서 秦의 李斯와 함께 荀子에게 배워 法家 사상을 집대성했다. 후에 韓나라가 秦나라의 공격을 받자 화평의 사신으로 진나라에 갔다가, 이사가 진시황에게 참언하여 한비를 옥에 가둔 후 독약을 주어 자살하게 했다. 저서로《韓非子》가 있다.
   【禁(금, jìn)】: 禁令.

稱於世云。³ 至如以術取宰相、卿、大夫, 輔翼其世主, 功名俱著於春秋, 固無可言者。⁴ 及若季次、原憲, 閭巷人也, 讀書懷獨行君子之德, 義不苟合當世, 當世亦笑之。⁵ 故季次、原憲, 終身空室蓬戶, 褐

---

3 二者皆譏, 而學士多稱於世云。→ 양자 모두가 비난을 받았지만, 그러나 儒家 선비들은 대체로 세상 사람들로부터 칭찬을 받고 있다.
  【譏(기, jī)】: [피동 용법] 비난을 받다.
  【學士(학사, xué shì)】: 선비. 독서인. 즉「儒家」를 가리킨다.
  【多(다, duō)】: 대체로. 대부분.
  【稱於(칭어, chēng yú)…】: …로부터 칭찬을 받다. 〖於〗: [개사] …로부터. …에게.
  【云(운, yún)】: [어조사].

4 至如以術取宰相、卿、大夫, 輔翼其世主, 功名俱著於春秋, 固無可言者。→ 권모술수로 宰相‧卿‧大夫의 지위를 얻고, 當代의 군주를 보좌하여, 공과 이름이 모두 역사에 기록된 사람들로 말하면, 굳이 할 말이 없다.
  【至如(지여, zhì rú)…】: …로 말하면. …에 관해 말하면.
  【以(이, yǐ)】: …로써. …을 가지고.
  【術(술, shù)】: 권모술수.
  【輔翼(보익, fǔ yì)】: 보좌하다. 보필하다.
  【世主(세주, shì zhǔ)】: 當代의 군주.
  【俱著於(구저어, jū zhù yú)…】: 역사에 함께 기록되다. 〖俱〗: 함께. 〖著〗: 기록하다. 〖於〗: [개사] …에.
  【春秋(춘추, chūn qiū)】: 본래 魯나라의 역사를 기록한 책의 이름이나, 여기서는「역사, 靑史」라는 보통 명사의 의미로 사용되었다.
  【固(고, gù)】: 굳이. 본래.
  【可言者(가언자, kě yán zhě)】: 말할만한 것. 할만한 말.

5 及若季次、原憲, 閭巷人也, 讀書懷獨行君子之德, 義不苟合當世, 當世亦笑之。→ 季次‧原憲과 같은 사람들로 말하면, 평민 신분으로, 독서에 열중하며 홀로 군자의 덕행을 실천한다는 생각을 품고, 義를 고집하며 당시의 세속과 영합하지 않았는데, 당시 사람들 역시 그들을 비웃었다.
  【及若(급약, jí ruò)】: …로 말하면. …로 말할 것 같으면.
  【季次(계차, jì cì)】: [인명] 公皙哀. 춘추시대 齊나라 사람으로, 孔子의 제자.
  【原憲(원헌, yuán xiàn)】: [인명] 춘추시대 魯나라 사람. 공자의 제자로, 자는 子思.
  【閭巷(여항, lǘ xiàng)】: 평민이 사는 지역.
  ※ 민가 25집을 一閭라 했고, 「巷」은 동네의 거리를 말한다.
  【懷(회, huái)】: 지니다. 품다.
  【獨行(독행, dú xíng)】: 홀로 실천하다. ※「독행」을「獨善, 獨善其身」이라 해석한 경우도 있다.

衣疏食不厭.⁶ 死而已四百餘年, 而弟子志之不倦.⁷ 今游俠, 其行雖
不軌於正義, 然其言必信, 其行必果, 已諾必誠, 不愛其軀, 赴士之
阨困, 旣已存亡死生矣,⁸ 而不矜其能, 羞伐其德, 蓋亦有足多者焉.⁹

【苟合(구합, gǒu hé)】: 결탁하다.
【笑(소, xiào)】: 비웃다.
【之(지, zhī)】: [대명사] 그. 그들. 즉「계차・원헌」.

6 故季次, 原憲, 終身空室蓬戶, 褐衣疏食不厭。→ 그래서 계차・원헌은, 종신토록 텅 빈 집에 쑥으로 엮은 대문을 달고, 천한 베옷이나 거친 음식조차 넉넉하지 못한 채 살았다.
【蓬戶(봉호, péng hù)】: 쑥으로 엮은 대문. 즉 매우 초라함을 비유한 말.
【褐衣(갈의, hè yī)】: 거친 베옷.
【疏食(소식, shū shí)】: 거친 음식. 변변치 못한 음식.
【厭(염, yàn)】: 차다. 넉넉하다.

7 死而已四百餘年, 而弟子志之不倦。→ (그럼에도) 그들이 죽은 지 이미 사백여 년이 지났지만, 제자들은 그들을 기억하며 싫증내지 않고 있다.
【志(지, zhì)】: 기억하다. 마음에 두다.
【之(지, zhī)】: [대명사] 그들. 즉「계차・원헌」.
【倦(권, juàn)】: 싫증내다.

8 今游俠, 其行雖不軌於正義, 然其言必信, 其行必果, 已諾必誠, 不愛其軀, 赴士之阨困, 旣已存亡死生矣, → 오늘날의 유협은, 그 행위가 비록 법도에 부합하지는 않지만, 그러나 그들의 말은 반드시 신용이 있고, 그들의 행동은 반드시 과감하며, 이미 승낙한 바에 대해서는 반드시 성의를 다하고, 자기 몸을 돌보지 않을 뿐만 아니라, 다른 사람의 곤경에 뛰어들면, 이미 자신의 생사존망을 초월한다.
【軌(궤, guǐ)】: 부합하다. 맞다.
【正義(정의, zhèng yì)】: 정의. 여기서는「법도, 법규」를 가리킨다.
【果(과, guǒ)】: 과감하다. ※「果」를「결과가 있다」라고 풀이하기도 한다.
【諾(낙, nuò)】: 승낙하다. 응낙하다.
【赴(부, fù)】: 나아가다. 뛰어들다.
【士(사, shì)】: 일반 사람에 대한 존칭.
【阨困(액곤, è kùn)】: 곤경. 재난. 위기.
【旣已(기이, jì yǐ)】: 이미.
【存亡死生(존망사생, cún wáng sǐ shēng)】: 生死存亡. 여기서는 자신의 생사존망을 초월한다는 말이다. ※「存亡死生」을「망하려는 것을 보존하고 죽게 된 것을 회생시킨다」라고 풀이한 경우도 있다.

9 而不矜其能, 羞伐其德, 蓋亦有足多者焉。→ 그러나 자신의 능력을 자랑하지 않고, 자신의 공덕을 찬양하는 것을 부끄러워하니, 역시 족히 칭찬할 만한 점이 있다.
【而(이, ér)】: 그러나.

且緩急人之所時有也。¹⁰ 太史公曰:「昔者虞舜窘于井廩, 伊尹負於鼎俎, 傅說匿於傅險, 呂尙困於棘津,¹¹ 夷吾桎梏, 百里飯牛,

【矜(긍, jīn)】: 자랑하다. 뽐내다.
【羞(수, xiū)】: 부끄러워하다.
【伐(벌, fá)】: 찬양하다. 떠벌리다.
【蓋(개, gài)】: [어기사]. ※ 句의 첫머리에 놓여 말한 내용에 대해 확실한 긍정을 피하고 개략적인 상황을 나타낸다. 상황에 따라 번역을 하거나 번역을 생략할 수 있다.
【多(다, duō)】: 칭찬하다.

10 且緩急人之所時有也。→ 또한 급박한 상황은 사람에게 자주 있는 일이다.
【且(차, qiě)】: 그리고. 또한.
【緩急(완급, huǎn jí)】: 급박한 상황. 어려운 처지.
【時有(시유, shí yǒu)】: 자주 있다. 때때로 겪다.

11 太史公曰:「昔者虞舜窘于井廩, 伊尹負於鼎俎, 傅說匿於傅險, 呂尙困於棘津, → 태사공(太史公)이 말했다:「옛날 虞의 舜임금은 우물과 곡식 창고에서 곤경에 처한 적이 있고, 伊尹은 솥과 도마를 지고 부엌일을 한 적이 있고, 傅說은 傅險에 숨어 살았던 적이 있고, 呂尙은 棘津에서 곤란을 당한 적이 있고,
【太史公(태사공, tài shǐ gōng)】: 漢의 史官을「太史令」이라 했는데, 지위는 비록 낮지만 朝會 시에 항상 황제의 좌우에서 公보다 윗자리에 있었기 때문에「태사공」이라 불렀다. 여기서는 司馬遷 자신을 가리킨다.
【虞舜(우순, yú shùn)】: 虞나라의 舜임금.
※ 전설에 의하면, 舜의 아버지 瞽叟는 후처의 소생인 象을 총애하여 항상 舜을 죽이려고 생각하던 중, 한 번은 두 사람이 舜에게 곡식 창고를 보수하도록 시켜, 舜이 창고의 꼭대기에 올라가자 밑에서 불을 질렀다. 舜이 순간 기지를 발휘하여 삿갓 두 개를 새의 날개처럼 펴고 뛰어내려 위기를 모면했고, 한 번은 순으로 하여금 우물을 파내도록 시키고 흙을 덮어 죽이려 했으나, 순이 미리 다른 탈출구를 파서 지혜롭게 탈출한 적이 있었다.
【窘(군, jiǒng)】: 어려움을 당하다.
【廩(름, lǐn)】: 곡식 창고.
【伊尹(이윤, yī yǐn)】: [인명] 商나라의 어진 재상.
※ 이윤은 본래 商나라 湯王의 노예로, 요리를 잘 만들어 湯에게 요리를 올리는 기회에, 治國의 이치를 강술하여 湯의 큰 신임을 얻고 마침내 재상이 되었다. 그 후 湯을 보필하여 夏의 桀王을 토벌하고 대업을 이루었다.
【負(부, fù)】: 메다. 짊어지다.
【鼎(정, dǐng)】: 솥.
【俎(조, zǔ)】: 도마.
【傅說(부열, fù yuè)】: [인명] 殷王 武丁의 宰相.
※ 부열은 일찍이 傅巖에 숨어 토목 일을 하고 살았는데, 殷王 武丁이 찾아와 인재를 구

仲尼畏匡, 菜色陳、蔡。¹² 此皆學士所謂有道仁人也, 猶然遭此菑, 況以中材而涉亂世之末流乎?¹³ 其遇害何可勝道哉!」¹⁴ 鄙人有言曰

　　하던 중, 발탁되어 재상에 임명되었다. 그 후 殷나라는 중흥의 국면을 맞았다. 傅巖에서 부열을 얻었기 때문에 무정은 傅를 그의 성씨로 하도록 명했다.
【匿(닉, nì)】: 숨다. 은닉하다.
【傅險(부험, fù xiǎn)】: [지명] 傅巖. 지금의 산서성.
【呂尙(여상, lǚ shàng)】: [인명] 원래의 성은 姜씨, 이름은 尙, 자는 子牙. 呂 지방[후의 齊나라에 봉해졌으므로, 지방을 성씨로 하여 呂尙이라 했다. 일찍이 棘津에서 음식 장사를 한 적이 있었는데, 渭水에 은거할 때 周文王이 발탁하여 軍師를 삼고, 호를 太公望이라 했다. 흔히 말하는 姜太公은 이를 가리킨다. 후에 周武王을 도와 殷을 멸하고 周를 세우는 데 큰 공을 세웠으며, 齊나라의 시조가 되었다.
【棘津(극진, jí jīn)】: [지명] 지금의 하남성.

12 夷吾桎梏, 百里飯牛, 仲尼畏匡, 菜色陳、蔡。 → 管仲은 족쇄와 수갑을 찬 적이 있고, 百里奚는 남의 소 기르는 일을 한 적이 있으며, 孔子는 匡에서 생명의 위협을 당하고, 陳·蔡에서 굶주려 안색이 누렇게 변한 적이 있다.
【夷吾(이오, yí wú)】: 管仲의 자. 관중은 춘추시대 齊桓公의 재상.
【桎梏(질곡, zhì gù)】: [동사 용법] 족쇄와 수갑을 차다. 【桎】: 족쇄. 【梏】: 수갑.
※ 公子 糾가 패하여 管仲이 齊桓公에게 잡혀갈 때 족쇄와 수갑을 채웠는데, 관중은 이로 인해 제환공과 인연을 맺는 계기가 되었다.
【百里(백리, bǎi lǐ)】: [인명] 百里奚. 秦穆公의 재상.
※ 백리해는 원래 虞國의 대부였으나, 晉 獻公이 虞를 멸하고 백리해를 포로로 잡아가 秦穆公 부인의 하인으로 삼자, 백리해가 치욕으로 여기고 宛으로 도망갔다가 楚나라 사람에게 붙잡혀 남의 소를 사육하는 일을 했다. 진목공이 그의 현명함을 알고 다섯 필의 검은 양가죽을 贖罪物로 바친 후, 그를 데려와 국정을 맡기자, 후에 蹇叔·由余 등과 더불어 진목공을 보필하여 패업을 이루었다.
【飯牛(반우, fàn niú)】: 소를 먹이다.
【仲尼(중니, zhòng ní)】: 孔子의 이름은 丘, 자는 仲尼.
【畏匡(외광, wèi kuāng)】: 匡에서 생명의 위협을 당하다.
※ 陽貨가 일찍이 匡에서 난폭한 행동을 한 적이 있는데, 匡 사람이 공자를 양화로 잘못 보아 그를 포위하고 해치려 하여, 공자는 생명이 위태로웠다. 【匡】: [지명] 춘추시대 衛나라의 땅. 지금의 하남성 雎縣 서쪽.
【菜色(채색, cài sè)】: 굶주려서 안색이 누렇게 변한 모습.
※ 공자는 魯哀公 4년 陳·蔡에서 양식이 떨어져 얼굴에 굶주린 기색이 역력했다.
【陳(진, chén)】: [국명] 지금의 하남성 淮陽 일대에 있던 周代의 제후국.
【蔡(채, cài)】: [국명] 지금의 하남성 上蔡縣 일대에 있던 周代의 제후국.

13 此皆學士所謂有道仁人也, 猶然遭此菑, 況以中材而涉亂世之末流乎? → 이들은 모두가 선비들이 말하는 덕망을 지닌 어진 사람인데도, 여전히 이러한 재난을 당했는데, 하

:「何知仁義, 已饗其利者爲有德。」¹⁵ 故伯夷醜周, 餓死首陽山, 而文、武不以其故貶王; 跖、蹻暴戾, 其徒誦義無窮。¹⁶ 由此觀之,「竊鈎者

물며 보통 사람으로서 난세의 말기를 살아가는 데 있어서야 말해 무엇하겠는가?
【有道仁人(유도인인, yǒu dào rén rén)】: 덕망을 지닌 군자. 어진 사람.
【猶然(유연, yóu rán)】: 여전히.
【遭(조, zāo)】: 만나다. 당하다.
【菑(재, zāi)】: 災. 재난.
【中材(중재, zhōng cái)】: 보통 사람.
【涉(섭, shè)】: 건너다. 즉「살아가다」의 뜻.
【末流(말류, mò liú)】: 말기. 마지막 국면.

14 其遇害何可勝道哉! → 그들이 당한 피해를 어찌 말로 다 할 수 있으랴!」
【遇害(우해, yù hài)】: 피해를 당하다.
【何可(하가, hé kě)】: 어찌 …할 수 있겠는가?
【勝道(승도, shèng dào)】: 능히 다 말해 내다.

15 鄙人有言曰:「何知仁義, 已饗其利者爲有德。」→ 어떤 시골 사람이 말했다:「어찌 仁義를 알겠는가? 이미 그 사람의 도움을 받았으면 그가 바로 덕이 있는 사람이다.」
【鄙人(비인, bǐ rén)】: 시골 사람.
【何知(하지, hé zhī)】: 어찌 알겠는가?
【饗(향, xiǎng)】: 享. 받다. 누리다. ※판본에 따라서는「饗」을「嚮」이라 했다.

16 故伯夷醜周, 餓死首陽山, 而文、武不以其故貶王; 跖、蹻暴戾, 其徒誦義無窮。→ 그래서 伯夷가 周나라를 싫어하여, 首陽山에서 굶어죽었지만, 文王과 武王은 그 일로 인해 왕위가 손상되지 않았고; 盜跖과 莊蹻은 포악하고 잔인하지만, 그 무리들은 (두 사람의) 의리를 한없이 칭찬한다.
【伯夷(백이, bó yí)】: [인명] 殷末 孤竹君의 長子.
※부친 고죽군이 작은아들인 叔齊에게 양위하려는 것을 알고, 백이는 고죽군이 죽은 뒤 도망하여 동생인 숙제가 부친의 자리를 계승하도록 도왔다. 그러나 숙제도 즉위를 거부하고 형제 모두가 周나라로 도망쳤다. 이때 周武王이 商의 紂王을 토벌하려 하여, 백이와 숙제가 만류하다가 무왕이 끝내 출병하여 商을 멸하자, 백이와 숙제는 周나라의 양식을 먹고사는 것을 수치로 생각하고 수양산에 숨어살다가 굶어 죽었다. 《史記》에 그의 列傳이 있다.
【醜(추, chǒu)】: 싫어하다. 미워하다.
【以(이, yǐ)】: …로 인하여. …로 말미암아.
【其故(기고, qí gù)】: 그 연고. 즉「백이가 수양산에서 굶어 죽은 일」.
【貶(폄, biǎn)】: 격하되다. 손상되다. 추락하다.
【跖(척, zhí)】: [인명] 盜跖(도척, dào zhí). 春秋시대의 大盜.
【蹻(갹, juē)】: [인명] 莊蹻(장갹, zhuāng juē). 전국시대의 大盜. 楚莊王의 동생.

誅, 竊國者侯; 侯之門, 仁義存。」非虛言也。[17] 今拘學或抱咫尺之義, 久孤於世, 豈若卑論儕俗, 與世沈浮而取榮名哉?[18] 而布衣之徒, 設取予然諾, 千里誦義, 爲死不顧世, 此亦有所長, 非苟而已也。[19] 故士

【暴戾(폭려, bào lì)】: 흉폭하다. 포악하고 잔인하다.
【誦(송, sòng)】: 칭송하다. 칭찬하다.

[17] 由此觀之,「竊鉤者誅, 竊國者侯; 侯之門, 仁義存。」非虛言也。→ 이로 미루어 보건대, 「갈고리를 훔친 자는 죽임을 당하고, 나라를 훔친 자는 제후가 되며, 오직 제후의 집안에만, 仁義가 존재한다.」라고 한 말은, 빈말이 아니다.
※ 이 말은 《莊子·胠篋》에 보인다.
【由此觀之(유차관지, yóu cǐ guān zhī)】: 이로 미루어 보건대. 이로써 볼진대.
【竊(절, qiè)】: 훔치다. 절도하다.
【鉤(구, gōu)】: 갈고리. ※「옷걸이」,「허리띠의 고리」라고 풀이한 경우도 있다.
【誅(주, zhū)】: 베다. 죽이다.
【侯(후, hóu)】: [동사 용법] 제후가 되다.
【虛言(허언, xū yán)】: 빈말.

[18] 今拘學或抱咫尺之義, 久孤於世, 豈若卑論儕俗, 與世沈浮而取榮名哉? → 지금 편협하고 고지식한 선비가 혹여 하찮은 의리를 품고, 오래도록 세상에서 외롭게 살아가는 것이, 어찌 논조를 낮추어 세속과 영합하고, 세속과 더불어 부침하며 영예와 명성을 취하는 것만 하겠는가?
【拘學(구학, jū xué)】: 편협하고 고지식한 선비.
【咫尺之義(지척지의, zhǐ chǐ zhī yì)】: 하찮은 의리.
【豈若(기약, qǐ ruò)】: 어찌… 와(과) 같겠는가? 어찌 …만하겠는가?
【卑論(비론, bēi lùn)】: 논조를 낮추다.
【儕俗(제속, chái sú)】: 세속과 영합하다.
【浮沉(부침, fú chén)】: 부침하다. 적당히 살아가다.
【榮名(영명, róng míng)】: 영예와 명성.

[19] 而布衣之徒, 設取予然諾, 千里誦義, 爲死不顧世, 此亦有所長, 非苟而已也。→ 그러나 평민 출신의 遊俠은, 주고받는 일이나 약속한 일을 중시하여, 천 리 머나먼 곳에서도 그들의 의리를 칭찬하고 있으며, 또한 죽는 한이 있어도 세상의 비난을 염두에 두지 않는다. 이 또한 장점을 지닌 것이며, 결코 아무렇게나 하는 일이 아니다.
【布衣之徒(포의지도, bù yī zhī tú)】: 평민의 무리. 즉 평민 출신의 유협.
【設(설, shè)】: 확립하다. 여기서는「중시하다, 성실히 지키다」의 뜻.
【取予(취여, qǔ yǔ)】: 주고받는 일. 〖取〗: 받다. 〖予〗: 與. 주다.
【然諾(연낙, rán nuò)】: 승낙. 약속.
【誦(송, sòng)】: 칭찬하다. 찬양하다.
【苟(구, gǒu)】: 적당히 하다. 아무렇게나 하다.

窮窘而得委命, 此豈非人之所謂賢豪間者邪?²⁰ 誠使鄉曲之俠, 予季次、原憲比權量力, 效功於當世, 不同日而論矣。²¹ 要以功見言信, 俠客之義, 又曷可少哉!²²

古布衣之俠, 靡得而聞已。²³ 近世延陵、孟嘗、春申、平原、信陵之徒, 皆因王者親屬, 藉於有土卿相之富厚, 招天下賢者, 顯名諸侯, 不可謂不賢者矣。²⁴ 此如「順風而呼, 聲非加疾」, 其勢激也。²⁵ 至

20 故士窮窘而得委命, 此豈非人之所謂賢豪間者邪? → 그래서 사람들이 급박해지면 그들에게 생명을 맡길 수가 있으니, 이 어찌 사람들이 말하는 현인 호걸과 같은 부류의 인물이 아니겠는가?
【窮窘(궁군, qióng jiǒng)】: 곤란에 처하다. 사정이 급박해지다.
【得(득, dé)】: 能. 할 수 있다.
【委(위, wěi)】: 맡기다.
【豈非(기비, qǐ fēi)…邪(야, yé)?】: 어찌 …이 아니겠는가?
【賢豪(현호, xián háo)】: 현인 호걸.
【…間者(간자, jiān zhě)】: …과 같은 부류의 인물. …에 속하는 사람.

21 誠使鄉曲之俠, 予季次、原憲比權量力, 效功於當世, 不同日而論矣。 → 만약 서민 협객들로 하여금, 季次·原憲과 권세나 역량을 비교해 본다면, 당시 사회에 대한 공헌은, (계차·원헌과) 함께 취급하여 논할 수 없을 정도로 뛰어나다.
【誠(성, chéng)】: 만일. 만약.
【鄉曲之俠(향곡지협, xiāng qū zhī xiá)】: 서민 협객.
【予(여, yǔ)】: 與. …과(와).
【比權量力(비권양력, bǐ quán liáng lì)】: 권세와 역량을 비교하다.
【效功(효공, xiào gōng)】: 공을 세우다. 공헌하다.
【同日而論(동일이론, tóng rì ér lùn)】: 함께 제기하여 논하다. 같이 취급하여 논하다.

22 要以功見言信, 俠客之義, 又曷可少哉! → 요컨대 사회에 대한 공헌과 말에 대한 신용을 가지고 볼 때, 협객의 의리를, 또 어찌 경시할 수 있겠는가?
【要(요, yào)】: 요컨대. 하여간. 어쨌거나.
【以(이, yǐ)】: …로써. …을(를) 가지고.
【功見(공현, gōng xiàn)】: 공헌. 공과.
【曷可(갈가, hé kě)】: 어찌 …할 수 있는가?
【少(소, shǎo)】: 경시하다. 忽視하다.

23 古布衣之俠, 靡得而聞已。 → 옛 서민 협객에 대해서는, 이미 들을 수가 없다.
【靡得(미득, mǐ dé)】: 不能. …할 수가 없다.

24 近世延陵、孟嘗、春申、平原、信陵之徒, 皆因王者親屬, 藉於有土卿相之富厚, 招天下賢

如閭巷之俠, 脩行砥名, 聲施於天下, 莫不稱賢, 是爲難耳。[26] 然儒、墨皆排擯不載, 自秦以前, 匹夫之俠, 湮滅不見, 余甚恨之。[27] 以余

者, 顯名諸侯, 不可謂不賢者矣。→ 근세의 季札·孟嘗君·春申君·平原君·信陵君과 같은 사람들은, 모두 왕의 친족들이었기 때문에, 봉토와 재상의 지위 등 풍족한 조건에 의존하여, 천하의 재능 있는 사람들을 (수하에) 불러들여, 제후들 사이에서 명성을 들어내고 있는데, 현자가 아니라고 말할 수는 없다.

【延陵(연릉, yán líng)】: 춘추시대 吳나라 왕자 季札. 연릉에 봉해졌으므로 延陵季子라고도 한다.
【孟嘗(맹상, mèng cháng)】: 齊나라 孟嘗君. 이름은 田文.
【春申(춘신, chūn shēn)】: 楚나라 春申君. 이름은 黃歇.
【平原(평원, píng yuán)】: 趙나라 平原君. 이름은 趙勝.
【信陵(신릉, xìn líng)】: 魏나라 信陵君. 이름은 無忌.
【藉於(자어, jiè yú)】: …에 의지하다. …에 의존하다. …에 기대다.【於】: [개사] …에.
【卿相(경상, qīng xiàng)】: 재상.
【富厚(부후, fù hòu)】: 부유하다. 풍족하다. 여기서는「풍족한 조건」을 말한다.
【招(초, zhāo)】: 초빙하다. 불러들이다.
【顯(현, xiǎn)】: 드러내다. 나타내다.

25 此如「順風而呼, 聲非加疾」, 其勢激也。→ 이는 마치「바람을 따라 소리를 지르면, 소리를 보다 크게 내지 않아도」, 그 기세가 더욱 격렬해지는 것과 같다.
※「順風而呼, 聲非加疾」이란 말은《荀子·勸學》에 보인다.
【如(여, rú)】: 마치 …와(과) 같다.
【呼(호, hū)】: 소리를 지르다.
【加疾(가질, jiā jí)】: 보다 크게 소리내다.
【激(격, jī)】: 격렬하다. 세차다.

26 至如閭巷之俠, 脩行砥名, 聲施於天下, 莫不稱賢, 是爲難耳。→ 서민 협객들로 말하면, 행실을 닦고 이름을 갈아, 명성이 천하에 널리 전하여져, 어질다고 칭찬하지 않는 사람이 없다. 이는 실로 어려운 일이다.
【至如(지여, zhì rú)】: …으로 말하면. …로 말할 것 같으면.
【脩行(수행, xiū xíng)】: 修行. 행실을 닦다.
【砥名(지명, dǐ míng)】: 이름을 갈다.【砥】: 숫돌. 여기서는 동사 용법으로「갈다, 연마하다」의 뜻.
【施(시, shī)】: 두루 전하다. 널리 전파하다.
【莫不(막불, mò bù)】: …하지 않음이 없다. 모두 …하다.
【稱(칭, chēng)】: 칭찬하다.
【是(시, shì)】: [대명사] 이것. 즉 서민 협객이 행실을 닦아 칭찬받는 일.
【耳(이, ěr)】: [어조사] 句末에 놓여 制限, 판단, 긍정을 표시.

27 然儒、墨皆排擯不載, 自秦以前, 匹夫之俠, 湮滅不見, 余甚恨之。→ 그러나 儒家·墨家

권5 한문漢文 *343*

所聞, 漢興, 有朱家、田仲、王公、劇孟、郭解之徒, 雖時扞當世之文罔, 然其私義, 廉潔退讓, 有足稱者。²⁸ 名不虛立, 士不虛附。²⁹ 至如朋黨宗彊比周, 設財役貧, 豪暴侵凌孤弱, 恣欲自快, 游俠亦醜之。³⁰

  모두가 (그들을) 배척하고 기록하지 않아, 秦나라 이전부터, 평민의 협객이, 인멸되어 보이지 않으니, 나는 이를 매우 애석하게 생각한다.
  【排擯(배빈, pái bìn)】: 배척하다. 물리치다.
  【載(재, zǎi)】: 기록하다.
  【湮滅(인멸, yān miè)】: 인멸되다. 없어지다.
  【恨(한, hèn)】: 한스럽게 여기다. 애석하게 생각하다.

28 以余所聞, 漢興, 有朱家、田仲、王公、劇孟、郭解之徒, 雖時扞當世之文罔, 然其私義, 廉潔退讓, 有足稱者。 → 내가 들은 바에 의하면, 漢나라가 일어난 후, 朱家·田仲·王公·劇孟·郭解 등의 무리가 있었는데, 비록 때때로 당시의 법망을 위반하기는 했지만, 그러나 그들 개인의 의리는, 청렴결백하고 사양할 줄 알아, 족히 칭찬할 만한 점이 있다.
  【以(이, yǐ)】: 依. …을 근거로 하다. …에 의하다.
  【朱家(주가, zhū jiā)】: [인명] 漢初 魯 지방 사람. 곤경에 빠진 수많은 호걸을 살려주었다.
  【田仲(전중, tián zhòng)】: [인명] 漢初 楚 지방 사람. 검술을 좋아했다.
  【王公(왕공, wáng gōng)】: [인명] 王孟으로 여겨지나 확실치 않다. 江淮에서 협객으로 이름이 났다.
  【劇孟(극맹, jù mèng)】: [인명] 漢 洛陽 사람. 장사로 돈을 벌어 이름이 났다.
  【郭解(곽해, guō xiè/jiě)】: [인명] 漢 軹 지방 사람.
  【扞(한, hàn)】: 捍. 어기다. 위반하다. 거스르다.
  【文罔(문망, wén wǎng)】: 법령. 법망. 법률.
  【私義(사의, sī yì)】: 개인의 의리. 개인의 도의.
  【廉潔(염결, lián jié)】: 청렴결백하다.
  【退讓(퇴양, tuì ràng)】: 사양하다. 양보하다.
  【足稱(족칭, zú chéng)】: 족히 칭찬할 만하다.

29 名不虛立, 士不虛附。 → 이름은 근거 없이 세워지는 것이 아니며, 사람들도 근거 없이 (그들에게) 의탁하는 것이 아니다.
  【虛立(허립, xū lì)】: 근거 없이 세워지다.
  【虛附(허부, xū fù)】: 무작정 의탁하다. 근거 없이 기대다.

30 至如朋黨宗彊比周, 設財役貧, 豪暴侵凌孤弱, 恣欲自快, 游俠亦醜之。 → 당파를 만들어 개인의 이익을 꾀하는 무리들과 호족들이 서로 결탁하여, 재물을 이용해 가난한 자를 부리고, 권세 있는 포악한 자가 약한 자를 능멸하며, 멋대로 자신만의 쾌락을 추구하고자 하는 사람들로 말하면, 유협 역시 그들을 증오한다.
  【至如(지여, zhì rú)】: …으로 말하면.

余悲世俗不察其意, 而猥以朱家、郭解等令與暴豪之徒同類而共笑之也。[31]

번역문

유협(游俠) 인물 전기(傳記) 서문(序文)

한비자(韓非子)가 말했다 : 「유가(儒家)는 글로써 법을 어지럽히고 협객은 무력으로써 금령(禁令)을 위반한다.」 양자 모두가 비난을 받았지만, 그러나

【朋黨(붕당, péng dǎng)】: 파벌을 만들다. 당파를 조성하다. 여기서는 「당파를 만들어 개인의 이익을 추구하는 자들」을 가리킨다.
【宗彊(종강, zōng qiáng)】: 토호. 호족. ※판본에 따라서는 「彊」을 「强」이라 했다.
【比周(비주, bǐ zhōu)】: 서로 결탁하다.
【設財役貧(설재역빈, shè cái yì pín)】: 재물을 모아 가난한 자를 부리다.
【豪暴(호포, háo bào)】: 권세 있는 포악한 자.
【侵凌(침릉, qīn líng)】: 능멸하다. 침해하다.
【恣(자, zì)】: 멋대로 하다. 방자하게 굴다.
【欲(욕, yù)】: …추구하고자 하다.
【自快(자쾌, zì kuài)】: 자기의 쾌락.
【醜(추, chǒu)】: 증오하다. 싫어하다.
【之(지, zhī)】: [대명사] 그들. 즉「권세를 갖고 멋대로 행동하는 자들」.

31 余悲世俗不察其意, 而猥以朱家、郭解等令與暴豪之徒同類而共笑之也。→ 나는 세상 사람들이 그 뜻을 살피지 못하고, 오히려 함부로 朱家・郭解 등을 포악한 무리들과 더불어 같은 부류로 취급하여 싸잡아 비웃는 것을 슬퍼한다.
【世俗(세속, shì sú)】: 세상 사람들. 일반 사람들.
【察(찰, chá)】: 살피다.
【而(이, ér)】: 오히려.
【猥(외, wěi)】: 함부로.
【令與(영여, lìng yú)】: 함께 더불다.
【同類(동류, tóng lèi)】: [동사 용법] 같은 부류로 취급하다.
【共笑(공소, gòng xiào)】: 싸잡아 비웃다. 함께 비웃다.

유가 선비들은 대체로 세상 사람들로부터 칭찬을 받고 있다. 권모술수로 재상(宰相)·경(卿)·대부(大夫)의 지위를 얻고, 당대(當代)의 군주를 보좌하여 공(功)과 이름이 모두 역사에 기록된 사람들로 말하면 굳이 할 말이 없다. 계차(季次)·원헌(原憲)과 같은 사람들로 말하면, 평민 신분으로 독서에 열중하며 홀로 군자의 덕행을 실천한다는 생각을 품고, 의(義)를 고집하며 당시의 세속과 영합하지 않았는데, 당시 사람들 역시 그들을 비웃었다. 그래서 계차·원헌은 종신토록 텅 빈 집에 쑥으로 엮은 대문을 달고 천한 베옷이나 거친 음식조차 넉넉하지 못한 채 살았다. (그럼에도) 그들이 죽은 지 이미 사백여 년이 지났지만 제자들은 그들을 기억하며 싫증 내지 않고 있다. 오늘날의 유협(遊俠)은 그 행위가 비록 법도에 부합하지는 않지만, 그러나 그들의 말은 반드시 신용이 있고, 그들의 행동은 반드시 과감하며, 이미 승낙한 바에 대해서는 반드시 성의를 다하고 자기 몸을 돌보지 않을 뿐만 아니라, 다른 사람이 곤경에 뛰어들면 이미 자신의 생사존망을 초월한다. 그러나 자신의 능력을 자랑하지 않고 자신의 공덕을 찬양하는 것을 부끄러워하니, 역시 족히 칭찬할 만한 점이 있다.

또한 급박한 상황은 사람에게 자주 있는 일이다. 태사공(太史公)이 말했다:「옛날 우(虞)의 순(舜)임금은 우물과 곡식 창고에서 곤경에 처한 적이 있고, 이윤(伊尹)은 솥과 도마를 지고 부엌일을 한 적이 있고, 부열(傅說)은 부험(傅險)에 숨어 살았던 적이 있고, 여상(呂尙)은 극진(棘津)에서 곤란을 당한 적이 있고, 관중(管仲)은 족쇄와 수갑을 찬 적이 있고, 백리해(百里奚)는 남의 소 기르는 일을 한 적이 있으며, 공자(孔子)는 광(匡)에서 생명의 위협을 당하고, 진(陳)·채(蔡)에서 굶주려 안색이 누렇게 변한 적이 있다. 이들은 모두가 선비들이 말하는 덕망을 지닌 어진 사람들인데도 여전히 이러한 재난을 당했는데, 하물며 보통 사람으로서 난세의 말기를 살아가는

데 있어서야 말해 무엇하겠는가? 그들이 당한 피해를 어찌 말로 다 할 수 있으랴!」어떤 시골 사람이 말했다 :「어찌 인의(仁義)를 알겠는가? 이미 그 사람의 도움을 받았으면 그가 바로 덕이 있는 사람이다.」그래서 백이(伯夷)가 주(周)나라를 싫어하여 수양산(首陽山)에서 굶어 죽었지만 문왕(文王)과 무왕(武王)은 그 일로 인해 왕위가 손상되지 않았고, 도척(盜跖)과 장갹(莊蹻)은 포악하고 잔인하지만 그 무리들은 (두 사람의) 의리를 한없이 칭찬한다. 이로 미루어 보건대,「갈고리를 훔친 자는 죽임을 당하고 나라를 훔친 자는 제후가 되며, 오직 제후의 집안에만 인의(仁義)가 존재한다.」라고 한 말은 빈말이 아니다. 지금 편협하고 고지식한 선비가 혹여 하찮은 의리를 품고, 오래도록 세상에서 외롭게 살아가는 것이, 어찌 논조를 낮추어 세속과 영합하고, 세속과 더불어 부침하며 영예와 명성을 취하는 것만 하겠는가? 그러나 평민 출신의 유협(遊俠)은 주고받는 일이나 약속한 일을 중시하여 천 리 머나먼 곳에서도 그들의 의리를 칭찬하고 있으며, 또한 죽는 한이 있어도 세상의 비난을 염두에 두지 않는다. 이 또한 장점을 지닌 것이며 결코 아무렇게나 하는 일이 아니다. 그래서 사람들이 급박해지면 그들에게 생명을 맡길 수가 있으니, 이 어찌 사람들이 말하는 현인 호걸과 같은 부류의 인물이 아니겠는가? 만약 서민 협객들로 하여금 계차·원헌과 권세나 역량을 비교해 본다면, 당시 사회에 대한 공헌은 (계차·원헌과) 함께 취급하여 논할 수 없을 정도로 뛰어나다. 요컨대 사회에 대한 공헌과 말에 대한 신용을 가지고 볼 때, 협객의 의리를 또 어찌 경시할 수 있겠는가?

 옛 서민 협객에 대해서는 이미 들을 수가 없다. 근세의 계찰(季札)·맹상군(孟嘗君)·춘신군(春申君)·평원군(平原君)·신릉군(信陵君)과 같은 사람들은 모두 왕의 친족들이었기 때문에 봉토와 재상의 지위 등 풍족한 조건에 의존하여 천하의 재능 있는 사람들을 (수하에) 불러들여 제후들 사이에서 명성을 드러내고 있는데, 현자(賢者)가 아니라고 말할 수는 없다. 이는 마치「바람을 따라 소리를 지르면 소리를 보다 크게 내지 않아도」그 기세가 더욱 격렬해지는 것과 같다. 서민 협객들로 말하면, 행실을 닦고 이름을 갈아 명성이 천하에 널리 전하여져 어질다고 칭찬하지 않는 사람이 없다. 이는 실로 어려운 일이다. 그러나 유가(儒家)·묵가(墨家) 모두가 (그들을) 배척하고 기록하지 않아 진(秦)나라 이전부터 평민의 협객이 인멸되어 보이지 않으니, 나는 이를 매우 애석하게 생각한다. 내가 들은 바에 의하면, 한(漢)나라가 일어난 후 주가(朱家)·전중(田仲)·왕공(王公)·극맹(劇孟)·곽해(郭解) 등의 무리가 있었는데, 비록 때때로 당시의 법망을 위반하기는 했지만, 그러나 그들 개인의 의리는 청렴결백하고 사양할 줄 알아 족히 칭찬할 만한 점이 있다. 이름은 근거 없이 세워지는 것이 아니며 사람들도 근거 없이 (그들에게) 의탁하는 것이 아니다. 당파를 만들어 개인의 이익을 꾀하는 무리들과 호족들이 서로 결탁하여 재물을 이용해 가난한 자를 부리고, 권세 있는 포악한 자가 약한 자를 능멸하며 멋대로 자신만의 쾌락을 추구하고자 하는 사람들로 말하면, 유협 역시 그들을 증오한다. 나는 세상 사람들이 그 뜻을 살피지 못하고 오히려 함부로 주가·곽해 등을 포악한 무리들과 더불어 같은 부류로 취급하여 싸잡아 비웃는 것을 슬퍼한다.

해제解題 및 본문 요지 설명

본문은 《사기(史記)·유협열전(游俠列傳)》의 전반부로, 내용은 유협의 의로운 행위를 찬양하는 동시에 이를 통해 사회의 모순을 비판한 것이다.

사마천은 《사기(史記)·태사공자서(太史公自序)》에서「사람을 곤경에서

건져주고, 사람이 고생할 때 구해주는 것은 인자(仁者)의 도리이다. 믿음을 잃지 않고 승낙한 바를 저버리지 않아 사람들이 그들의 의로운 행위에 탄복한다. 그래서 유협열전을 지었다.(游俠救人於厄, 振人不贍, 仁者有采; 不旣信, 不倍言, 義者有取焉, 作游俠列傳。)」라고 유협열전의 창작 배경을 밝혔다. 이는 한비자가 법가(法家)의 관점에서 유가(儒家)와 유협(游俠)을 동시에 비난했음에도 불구하고, 당시 사회에서 유가만이 존경받는 것을 보고, 이에 대한 반론을 펴낸 것이라 할 수 있다.

　본문은 세 단락으로 나눌 수 있는데, 첫째 단락에서는 한비자(韓非子)의 말을 인용하여 유가와 유협을 함께 비교하는 방식으로 유협의 지위를 높이는 동시에 유협의 미덕을 부각시켰고; 둘째 단락에서는 사람들의 위기가 도처에 산재해 있는 상황으로부터 세속의 도덕관이 공정한가에 대해 의문을 제기하고 나서 방향을 돌려 유협의 존재 필요성을 강조했고; 마지막 단락에서는 서민 협객이 유가(儒家)와 묵가(墨家)의 배척을 받아 당시의 법망에서 용납되지 않았지만, 그러나 그들이 행실을 닦고 이름을 갈아 명성이 천하에 널리 전하여지는 것을 보면, 그들의 행위는 당파를 만들어 가난한 자를 부리며 개인의 이익을 챙기는 호족들이나, 약한 자들을 능멸하는 권세 있는 자들에 비해 훨씬 고귀하다는 것을 강조했다.

　사마천의 관점에 의하면, 본래 법의 질서가 만민에게 평등하게 적용되어 정의가 구현되는 사회에서는 유협이 존재하지 않는다. 따라서 사마천이「급박한 상황은 사람에게 자주 있는 일이다.」라고 한 것은, 정의가 행하여지지 않는 당시 사회에서 약자가 당하는 어려운 상황이 빈번했음을 지적한 것이다. 이때 약자를 돕기 위한 유협의 행위는 봉건 통치가 용납할 수 있는 한계를 초월하여, 법의 존재는 물론 자신의 생명까지도 돌보지 않는 희생정신의 극치라고 할 수 있다.

따라서 사마천의 이 글은「갈고리를 훔친 자는 죽임을 당하고, 나라를 훔친 자는 제후가 되어, 오직 제후의 집안에만 인의가 존재한다.」라고 하는 당시 사회의 모순을 통해 협의 존재 이유를 설명하면서 정의가 구현되는 사회에 대한 소망을 간접적으로 표현한 것이라 하겠다.

085 골계열전(滑稽列傳)
《史記》

작자

074 오제본기찬(五帝本紀贊) 참조.

원문 및 주석

滑稽列傳¹

孔子曰:「六藝於治一也。《禮》以節人,《樂》以發和,《書》以道事,《詩》以達意,《易》以神化,《春秋》以道義。」² 太史公曰:「天道恢

---

1 烏滑稽列傳 → 滑稽 인물 傳記
【滑稽(골계, gǔ jī)】: 익살. 익살스럽다. 여기서는 「滑稽 인물」을 가리킨다.

2 孔子曰:「六藝於治一也。《禮》以節人,《樂》以發和,《書》以道事,《詩》以達意,《易》以神化,《春秋》以道義。」 → 孔子가 말했다:「六藝는 세상을 다스리는 이치에 있어서 모두 한 가지이다. 《禮》로써 사람의 행동을 절제시키고, 《樂》으로써 화합하는 감정을 일으키게 하고, 《書》로써 사실을 기술하고, 《詩》로써 뜻을 전달하고, 《易》으로써 천지 만물의 변화를 표현하고, 《春秋》로써 義理를 설명했다.」

恢, 豈不大哉? 談言微中, 亦可以解紛。」³

　　淳于髡者, 齊之贅壻也, 長不滿七尺, 滑稽多辯, 數使諸侯, 未嘗屈辱。⁴ 齊威王之時, 喜隱, 好爲淫樂長夜之飮, 沈湎不治, 委政卿大夫。⁵ 百官荒亂, 諸侯並侵, 國且危亡, 在於旦暮。左右莫敢諫。⁶ 淳

【六藝(육예, liù yì)】: 六經. 즉 《詩經》·《書經》·《周易》·《禮記》·《樂經》·《春秋》.
【節(절, jié)】: 절제하다.
【發(발, fā)】: 일으키다.
【和(화, hé)】: 화합하다.
【道事(도사, dào shì)】: 사실을 기술하다. 【道】: 기술하다. 서술하다.
【神化(신화, shén huà)】: 변화를 표현하다.
【道義(도의, dào yì)】: 義理를 설명하다.

3　太史公曰:「天道恢恢, 豈不大哉? 談言微中, 亦可以解紛。」→ 太史公이 말했다:「天道는 광대하여 끝이 없으니, 어찌 위대하다고 하지 않겠는가? (그러나) 일상의 대화로서도 미묘하고 이치에 들어맞으면, 또한 분란을 해결할 수가 있다.」
【太史公(태사공, tài shǐ gōng)】: 漢의 史官을「太史令」이라 했는데, 지위는 비록 낮지만 朝會 시에 항상 황제의 좌우에서 公보다 윗자리에 있었기 때문에「태사공」이라 불렀다. 여기서는 司馬遷 자신을 가리킨다.
【天道(천도, tiān dào)】: 우주 자연의 법칙.
【恢恢(회회, huī huī)】: 매우 광대한 모양. 즉「매우 광대하여 포함하지 않는 것이 없음」을 말한다.
【豈不(기불, qǐ bù)…哉(재, zāi)】: 어찌 …하지 않겠는가?
【微中(미중, wēi zhòng)】: 미묘하고 이치에 들어맞다.
【解紛(해분, jiě fēn)】: 분란을 해결하다.

4　淳于髡者, 齊之贅壻也, 長不滿七尺, 滑稽多辯, 數使諸侯, 未嘗屈辱。→ 淳于髡이란 자는, 齊나라의 데릴사위로, 신장은 7척이 되지 않는데, 익살스럽고 말재간이 좋아서, 여러 차례 사신으로 나가 제후들을 방문했지만, 한 번도 굴욕을 당한 적이 없었다.
【淳于髡(순우곤, chún yú kūn)】: [인명] 전국시대 齊나라 사람으로, 성은 淳于, 이름은 髡.
【贅壻(췌서, zhuì xù)】: 데릴사위. ※ 결혼 후 여자의 집으로 들어와 사는 남자를 말하며, 태어난 자녀는 母姓을 따랐다.
【長(장, cháng)】: 신장. 키.
【滑稽(골계, gǔ jī)】: 익살스럽다.
【多辯(다변, duō biàn)】: 말재주가 좋다. 변론에 능하다.
【未嘗(미상, wèi cháng)】: …한 적이 없다.

5　齊威王之時, 喜隱, 好爲淫樂長夜之飮, 沈湎不治, 委政卿大夫。→ 齊나라 威王 때, (왕은) 은어를 좋아하고, 음탕한 향락으로 밤새 술 마시기를 즐기며, 주색에 흠씬 빠져 정사를

于髡說之以隱曰:「國中有大鳥, 止王之庭, 三年不蜚, 又不鳴, 王知此鳥何也?」⁷ 王曰:「此鳥不飛則已, 一飛冲天; 不鳴則已, 一鳴驚人。」⁸ 於是乃朝諸縣令長七十二人, 賞一人, 誅一人, 奮兵而出, 諸候振驚, 皆還齊侵地, 威行三十六年。語在《田完世家》中。⁹

돌보지 않고, 국정을 卿·大夫에게 맡겼다.
【隱(은, yǐn)】: 은어. 수수께끼.
【好爲(호위, hào wéi)】: …하기를 즐기다.
【淫樂(음락, yín lè)】: 음탕한 향락.
【長夜之飮(장야지음, cháng yè zhī yǐn)】: 밤새 술을 마시다.
【沈湎(침면, chén miǎn)】: 沈溺. 흠씬 빠지다. 여기서는 주색에 빠진 것을 말한다.
【不治(불치, bù zhì)】: 政事를 돌보지 않다.
【委(위, wěi)】: 맡기다.
【卿(경, qīng)】: 고위 관리. 대부(大夫) 위의 서열.

6 百官荒亂, 諸侯並侵, 國且危亡, 在於旦暮。左右莫敢諫。→ (이로 인해) 모든 관리들이 태만하고 문란하여, 다른 나라의 제후들이 일제히 침공해 오니, 나라가 바야흐로 위기에 빠져, (멸망이) 경각에 달려있었다. 주변에서는 감히 충고하는 사람이 아무도 없었다.
【荒亂(황란, huāng luàn)】: 태만하고 문란하다.
【並(병, bìng)】: 함께. 일제히.
【且(차, qiě)】: 바야흐로. 이제 막.
【在於(재어, zài yú)…】: …에 달려있다. …에 놓이다.
【旦暮(단모, dàn mù)】: 아침과 저녁 사이. 즉「경각, 아주 짧은 시간」.
【左右(좌우, zuǒ yòu)】: 측근. 주변.
【諫(간, jiàn)】: 충고하다. 충간하다.

7 淳于髡說之以隱曰:「國中有大鳥, 止王之庭, 三年不蜚, 又不鳴, 王知此鳥何也?」→ 순우곤이 은어를 써서 齊威王에게 풍간하여 물었다:「나라 안에 큰 새 한 마리가 있는데, 왕의 정원에 서식하며, 삼 년 동안 날지도 않고, 또 울지도 않습니다. 대왕께서는 이 새가 어째서 그런지 아십니까?」
【說(세, shuì)】: 풍간하다. 완곡하게 충고하다.
【之(지, zhī)】: [대명사] 그. 즉「제위왕」.
【止(지, zhǐ)】: 멈추다. 즉「서식하다」의 뜻.
【蜚(비, fēi)】: 飛. 날다.

8 王曰:「此鳥不飛則已, 一飛冲天; 不鳴則已, 一鳴驚人。」→ 齊威王이 대답했다:「이 새는 날지 않으면 않았지, 한 번 날았다 하면 하늘을 치솟아 오르고; 울지 않으면 않았지, 한 번 울었다 하면 사람을 놀라게 할 것이오.」
【已(이, yǐ)】: 그만두다. 그치다.

威王八年, 楚大發兵加齊.¹⁰ 齊王使淳于髡之趙請救兵, 齎金百斤, 車馬十駟, 淳于髡仰天大笑, 冠纓索絶.¹¹ 王曰 :「先生少之乎?」 髡曰 :「何敢!」¹² 王曰 :「笑豈有說乎?」¹³ 髡曰 :「今者臣從東方來, 見道傍有禳田者, 操一豚蹄, 酒一盂, 而祝曰 :『甌窶滿篝, 汙邪滿

---

9 於是乃朝諸縣令長七十二人, 賞一人, 誅一人, 奮兵而出, 諸候振驚, 皆還齊侵地, 威行三十六年. 語在《田完世家》中. → 그리하여 곧 여러 縣의 장관 72인을 불러들여, 한 사람은 상을 주고, 한 사람은 처형한 후, 군사를 일으켜 출정하니, 제후들이 벌벌 떨고 두려워하며, 모두가 이전에 빼앗았던 땅을 齊나라에 돌려주고, (제나라의) 위엄이 36년 동안 떨쳤다. 이 말은《田完世家》에 기록되어 있다.

【於是(어시, yú shì)】: 이에. 그리하여.
【乃(내, nǎi)】: 곧. 바로.
【縣令長(현령장, xiàn lìng zhǎng)】: 현의 우두머리. 인구가 1만 戶 이상일 경우 縣令이라 하고, 1만 戶 이하일 경우 縣長이라 했다.
【誅(주, zhū)】: 죽이다. 처형하다.
【奮兵(분병, fèn bīng)】: 군사를 일으키다.
【還(환, huán)】: 돌려주다. 반환하다.
【侵地(침지, qīn dì)】: 빼앗았던 땅. 침략한 땅.
【行(행, xíng)】: 떨치다.
【《田完世家》(전완세가, tián wán shì jiā)】:《史記·田敬仲完世家》

10 威王八年, 楚大發兵加齊. → 齊威王 8년에, 楚나라가 크게 군사를 일으켜 齊나라를 공격했다.

【大發(대발, dà fā)】: 크게 일으키다.
【加(가, jiā)】: 침략하다. 공격하다.

11 齊王使淳于髡之趙請救兵, 齎金百斤, 車馬十駟, 淳于髡仰天大笑, 冠纓索絶. → 齊威王이 순우곤을 파견하여 趙나라에 가서 구원병을 요청하는데, 황금 백 근과, 대를 네 마리의 말이 끄는 수레 열 대를 선물하도록 했다. 이에 순우곤이 하늘을 쳐다보며 크게 웃다가, 갓끈이 다 끊어졌다.

【之趙(지조, zhī zhào)】: 조나라에 가다. 〖之〗: 往. 가다.
【齎(재, jī)】: 선물하다.
【駟(사, sì)】: 한 대당 네 마리의 말이 끄는 수레.
【冠纓(관영, guān yīng)】: 갓끈.
【索(삭, suǒ)】: 모두. 다.

12 王曰 :「先生少之乎?」髡曰 :「何敢!」 → 위왕이 물었다 :「선생은 그것을 적다고 생각하오?」순우곤이 대답했다 :「어찌 감히 적다 하겠습니까!」

13 王曰 :「笑豈有說乎?」 → 위왕이 물었다 :「웃은 것은 어찌 할 말이 있어서가 아니겠소?」

車, 五穀蕃熟, 穰穰滿家!』臣見其所持者狹, 而所欲者奢, 故笑之。」[14]
於是齊威王乃益齎黃金千鎰, 白璧十雙, 車馬百駟。[15] 髡辭而行, 至
趙, 趙王與之精兵十萬, 革車千乘。[16] 楚聞之, 夜引兵而去。[17]

14 髡曰:「今者臣從東方來, 見道傍有禳田者, 操一豚蹄, 酒一盂, 而祝曰:『甌窶滿篝, 汙邪滿車, 五穀蕃熟, 穰穰滿家!』臣見其所持者狹, 而所欲者奢, 故笑之。」→ 순우곤이 말했다:「오늘 제가 동쪽에서 오다가, 길가에서 풍작을 비는 사람을 보았는데, 돼지 발굽 하나와 술 한 주전자를 들고, 축원하길:『高地의 좁은 땅에서는 광주리에 가득 차고, 저습한 밭에서는 수레에 가득 차고, 오곡이 무성하고 잘 익어, 풍성한 수확이 집안에 가득하게 해주옵소서!』라고 빌고 있었습니다. 저는 그가 손에 들고 있는 것은 적은데, 바라는 바가 지나친 것을 보았기 때문에, 그래서 웃었습니다.」
   【臣(신, chén)】: 신하. ※신하가 왕에게「저(나)」라는 의미로 사용한 말.
   【禳田者(양전자, ráng tián zhě)】: 풍작을 비는 사람.〖禳〗: 신에게 복을 빌다. ※판본에 따라서는「禳」을「穰」이라 했다.
   【操(조, cāo)】: 들다. 잡다.
   【豚蹄(돈제, tún tí)】: 돼지 발굽.〖蹄〗: 발굽.
   【盂(우, yú)】: 주전자.
   【甌窶(구루, ōu lóu)】: 高地의 좁은 땅.
   【篝(구, gōu)】: 광주리.
   【汙邪(오야, wū yé)】: 지세가 저습한 밭.
   【蕃熟(번숙, fán shú)】: 무성하고 잘 익다.
   【穰穰(양양, ráng ráng)】: 풍성한 수확.
   【狹(협, xiá)】: 少. 적다.
   【奢(사, shē)】: 많다. 과분하다. 지나치다.
   【之(지, zhī)】: [대명사] 그. 즉「풍작을 기도한 사람」.

15 於是齊威王乃益齎黃金千鎰, 白璧十雙, 車馬百駟。→ 그리하여 제위왕은 곧 황금 천 일과 백옥 열 쌍과, 대당 네 마리의 말이 끄는 수레 백 대를 추가하여 보냈다.
   【於是(어시, yú shì)】: 이에. 그리하여.
   【益齎(익재, yì jī)】: 추가하여 보내다.
   【鎰(일, yì)】: [중량 단위] 20兩. 혹은 24兩이라고도 한다.

16 髡辭而行, 至趙, 趙王與之精兵十萬, 革車千乘。→ 순우곤이 작별을 고하고 떠나, 조나라에 이르자, 조왕이 순우곤에게 정병 십만과 병거 천 대를 주었다.
   【辭(사, cí)】: 작별을 고하다.
   【與之(여지, yǔ zhī)…】: 순우곤에게 …을 주다.〖之〗: [대명사] 그. 즉「순우곤」.
   【革車(혁거, gé jū)】: 兵車.
   【乘(승, shèng)】: [양사] 대. 량.

17 楚聞之, 夜引兵而去。→ 楚나라는 이 소식을 듣고, 밤중에 군사를 이끌고 철수했다.

威王大說, 置酒後宮, 召髡賜之酒.¹⁸ 問曰:「先生能飲幾何而醉?」對曰:「臣飲一斗亦醉, 一石亦醉.」¹⁹ 威王曰:「先生飲一斗而醉, 惡能飲一石哉? 其說可得聞乎?」²⁰ 髡曰:「賜酒大王之前, 執法在傍, 御史在後, 髡恐懼俯伏而飲, 不過一斗徑醉矣.²¹ 若親有嚴客, 髡帣韝鞠䠆, 侍酒於前, 時賜餘瀝, 奉觴上壽, 數起, 飲不過二斗徑醉矣.²² 若朋友交遊, 久不相見, 卒然相覩, 歡然道故, 私情相語, 飲

【去(거, qù)】: 철수하다.

18 威王大說, 置酒後宮, 召髡賜之酒. → 제위왕은 크게 기뻐하며, 후궁에 술상을 차리고, 순우곤을 불러 그에게 술을 하사했다.
【說(열, yuè)】: 悅. 기뻐하다.
【置(치, zhì)】: 차리다.
【之(지, zhī)】: [대명사] 그. 즉「순우곤」.

19 問曰:「先生能飲幾何而醉?」對曰:「臣飲一斗亦醉, 一石亦醉.」→ 위왕이 물었다:「선생은 술을 얼마나 마셔야 취하오?」순우곤이 대답했다:「저는 한 말을 마셔도 취하고, 한 섬을 마셔도 취합니다.」
【幾何(기하, jǐ hé)】: 얼마.
【一石(일석, yī shí/dàn)】: 한 섬. 열 말. [石]: [용량 단위] 10斗.

20 威王曰:「先生飲一斗而醉, 惡能飲一石哉? 其說可得聞乎?」→ 위왕이 말했다:「선생은 한 말을 마셔도 취하는데, 어찌 한 섬을 마실 수 있소? 그 이유를 들려줄 수 있겠소?」
【惡(오, wū)】: 어찌. 어째서.
【說(설, shuō)】: 이유. 까닭. 이치.
【可得(가득, kě dé)】: 能. …할 수 있다.

21 髡曰:「賜酒大王之前, 執法在傍, 御史在後, 髡恐懼俯伏而飲, 不過一斗徑醉矣. → 순우곤이 말했다:「대왕의 앞에서 술상을 하사받으면, 법을 집행하는 관리가 옆에 있고, 御史가 뒤에 있을 것이니, 제가 두려워서 고개를 숙이고 엎드려 마시기 때문에, 한 말을 채 마시기도 전에 곧 취하고 말 것입니다.
【執法(집법, zhí fǎ)】: 법을 집행하는 관리.
【傍(방, bàng)】: 곁. 옆.
【御史(어사, yù shǐ)】: 규찰을 담당하는 관리. 여기서는「음주의 예절을 감찰하는 사람」을 가리킨다.
【俯伏(부복, fǔ fú)】: 고개를 숙이고 땅에 엎드리다.
【徑(경, jìng)】: 곧. 바로.

22 若親有嚴客, 髡帣韝鞠䠆, 侍酒於前, 時賜餘瀝, 奉觴上壽, 數起, 飲不過二斗徑醉矣. →

可五六斗徑醉矣。²³ 若乃州閭之會, 男女雜坐, 行酒稽留, 六博投壺, 相引爲曹, 握手無罰, 目眙不禁, 前有墮珥, 後有遺簪, 髡竊樂此, 飮可八斗而醉二參。²⁴ 日暮酒闌, 合尊促坐, 男女同席, 履舃交錯,

---

만일 부친에게 귀한 손님이 있어, 제가 소매를 걷고 몸을 굽히고 꿇어앉아, 앞에서 술 시중을 들면서, 가끔 잔에 남은 술을 (저에게) 주고, (다시 제가) 잔을 들어 장수를 빌며 권하고, (이렇게) 자주 일어나다 보면, 두 말을 마시기도 전에 곧 취하게 될 것입니다.

【若(약, ruò)】: 만일. 만약.
【嚴客(엄객, yán kè)】: 귀빈. 귀한 손님.
【髡(곤, kūn)】: 순우곤이「나, 저」라는 의미로, 자신의 이름을 사용한 것.
【袗鞲(권구, juǎn gōu)】: 소매를 걷다. 〖袗〗: 捲. 걷다. 〖鞲〗: 소매.
【鞠(국, jū)】: 몸을 굽히다.
【䠐(기, jì)】: 꿇어앉다.
【侍酒(시주, shì jiǔ)】: 술 시중을 들다.
【餘瀝(여력, yú lì)】: 餘酒. 잔에 남은 술.
【觴(상, shāng)】: 술잔.
【上壽(상수, shàng shòu)】: 장수를 빌며 술을 권하다.
【數起(삭기, shuò qǐ)】: 자주 일어나다. 여러 번 일어나다. 〖數〗: 여러 번. 자주.

23 若朋友交遊, 久不相見, 卒然相覩, 歡然道故, 私情相語, 飮可五六斗徑醉矣。→ 만일 친구들과 사귀면서, 오랫동안 만나지 못하다가, 갑자기 만나, 즐겁게 지난 일을 이야기하고, 사사로운 정담을 나누게 되면, 대여섯 말을 마셔야 비로소 취하게 될 것입니다.
【若(약, ruò)】: 만일. 만약.
【卒然(졸연, cù rán)】: 갑자기. 돌연. 〖卒〗: 猝. 갑자기.
【相覩(상도, xiāng dǔ)】: 보다. 만나다. 〖覩〗: 見.
【歡然(환연, huān rán)】: 즐거운 모양. 기뻐하는 모양.
【道故(도고, dào gù)】: 지난 일을 이야기하다.

24 若乃州閭之會, 男女雜坐, 行酒稽留, 六博投壺, 相引爲曹, 握手無罰, 目眙不禁, 前有墮珥, 後有遺簪, 髡竊樂此, 飮可八斗而醉二參。→ 만일 마을의 모임에 대해 말한다면, 남녀가 섞여 앉아, 서로 술을 권하고 함께 머물러, 장기와 투호를 즐기며, 서로 끌려 한 짝이 되어, 손을 잡아도 벌하지 않고, 똑바로 쳐다보아도 말리지 않으며, 앞에는 귀고리가 떨어져 있고, 뒤에는 잃어버린 비녀가 있습니다. (그러면) 저는 마음속으로 이러한 장면을 즐거하여, 능히 여덟 말을 마셔도 2~3할 정도만 취할 것입니다.
【若乃(약내, ruò nǎi)】: 至於. 만일 …에 대해 말한다면.
【州閭(주려, zhōu lǘ)】: 향리. 마을.
【雜坐(잡좌, zá zuò)】: 섞여 앉다.
【行酒(행주, xíng jiǔ)】: 서로 술을 권하다.
【稽留(계류, jī liú)】: 머물다.

杯盤狼藉, 堂上燭滅, 主人留髡而送客, 羅襦襟解, 微聞薌澤, 當此之時, 髡心最歡, 能飲一石。²⁵ 故曰:『酒極則亂, 樂極則悲。』萬事盡然。²⁶ 言不可極, 極之而衰, 以諷諫焉。²⁷ 齊王曰:「善。」乃罷長夜之

- 【六博(육박, liù bó)】: 옛날 놀이의 하나로, 지금의 將棋와 비슷하다.
- 【投壺(투호, tóu hú)】: 투호. ※옛날 연회를 베풀 때 행하던 놀이로, 통에 화살을 던져 승부를 가리고 지는 사람이 벌주를 마신다.
- 【曹(조, cáo)】: 짝. 반려자.
- 【目眙(목치, mù chì)】: 정면으로 바라보다.
- 【墮(타, duò)】: (바닥에) 떨어지다.
- 【珥(이, ěr)】: 귀고리.
- 【簪(잠, zān)】: 비녀.
- 【竊樂(절락, qiè lè)】: 마음속으로 즐기다.
- 【二參(이삼, èr sān)】: 2~3할.

25 日暮酒闌, 合尊促坐, 男女同席, 履舄交錯, 杯盤狼藉, 堂上燭滅, 主人留髡而送客, 羅襦襟解, 微聞薌澤, 當此之時, 髡心最歡, 能飲一石。→ 날이 저물어, 주연이 끝날 무렵, 남은 술을 한곳에 모으고 좁혀 앉아 마시며, 남녀가 자리를 함께하여, 신발이 서로 뒤섞여 엇갈리고, 술잔과 접시가 마구 흩어져 있는 상황에서, 대청의 촛불이 꺼집니다. 주인이 나를 머물게 하고 다른 손님들을 보낸 후, 비단 속옷의 옷깃을 풀어, 향기가 은은히 풍기면, 이때, 저는 마음이 가장 즐거워서, 한 섬도 마실 수 있을 것입니다.
- 【酒闌(주란, jiǔ lán)】: 주연이 끝날 무렵. 【闌】: 盡. 다하다.
- 【合尊(합준, hé zūn)】: 술잔을 모으다. 【尊】: 樽. 술잔.
- 【促坐(촉좌, cù zuò)】: 좁혀 앉다.
- 【履舄(이석, lǚ xì)】: 신발.
- 【交錯(교착, jiāo cuò)】: 뒤섞여 엇갈리다.
- 【杯盤(배반, bēi pán)】: 술잔과 접시.
- 【狼藉(낭자, láng jí)】: 마구 흐트러지다.
- 【羅襦(나유, luó rú)】: 비단 속옷.
- 【襟解(금해, jīn jiě)】: 옷깃을 풀다.
- 【微聞(미문, wēi wén)】: 은은히 풍기다.
- 【薌澤(향택, xiāng zé)】: 향기.

26 故曰:『酒極則亂, 樂極則悲。』萬事盡然。→ 그래서:『술이 지나치면 어지러워지고, 즐거움이 극에 달하면 슬퍼진다.』라고 했는데, 만사가 모두 그러한 것입니다.」
- 【盡然(진연, jìn rán)】: 다 그렇다. 모두 그렇다. 【盡】: 다. 모두.

27 言不可極, 極之而衰, 以諷諫焉。→ 이는 극에 달해서는 안 되며, 극에 달하게 되면 쇠한다는 것을 말하여, 이로써 (齊威王을) 풍간한 것이었다.
- 【諷諫(풍간, fěng jiàn)】: 풍간하다. 완곡하게 충고하다.

飮, 以髡爲諸侯主客。²⁸ 宗室置酒, 髡嘗在側。²⁹

번역문

골계(滑稽) 인물 전기(傳記)

공자(孔子)가 말했다 :「육예(六藝)는 세상을 다스리는 이치에 있어서 모두 한 가지이다. 《예(禮)》로써 사람의 행동을 절제시키고, 《악(樂)》으로써 화합하는 감정을 일으키게 하고, 《서(書)》로써 사실을 기술하고, 《시(詩)》로써 뜻을 전달하고, 《역(易)》으로써 천지 만물의 변화를 표현하고, 《춘추(春秋)》로써 의리(義理)를 설명했다.」태사공(太史公)이 말했다 :「천도(天道)는 광대하여 끝이 없으니, 어찌 위대하다고 하지 않겠는가? (그러나) 일상의 대화로서도 미묘하고 이치에 들어맞으면, 또한 분란을 해결할 수가 있다.」

순우곤(淳于髡)이란 자는 제(齊)나라의 데릴사위로, 신장은 7척이 되지 않는데 익살스럽고 말재간이 좋아서 여러 차례 사신으로 나가 제후들을

---

28 齊王曰 :「善。」乃罷長夜之飮, 以髡爲諸侯主客。→ 제위왕이 :「좋소.」라고 말한 후, 마침내 밤새도록 마시는 일을 그만두고, 순우곤을 제후의 主客으로 임명했다.
【乃(내, nǎi)】: 마침내. 결국.
【罷(파, bà)】: 그만두다.
【主客(주객, zhǔ kè)】: [관직] 제후의 빈객을 접대하는 관리.

29 宗室置酒, 髡嘗在側。→ 齊나라 왕족이 연회를 베풀 때는, 순우곤이 항상 옆에서 시중을 들었다.
【宗室(종실, zōng shì)】: 왕족.
【置酒(치주, zhì jiǔ)】: 연회를 베풀다.
【嘗(상, cháng)】: 常. 항상.
【側(측, cè)】: 옆. 곁.

방문했지만, 한 번도 굴욕을 당한 적이 없었다. 제(齊)나라 위왕(威王) 때, (왕은) 은어(隱語)를 좋아하고 음탕한 향락으로 밤새 술 마시기를 즐기며, 주색에 흠씬 빠져 정사를 돌보지 않고 국정을 경(卿)·대부(大夫)에게 맡겼다. (이로 인해) 모든 관리들이 태만하고 문란하여 다른 나라의 제후들이 일제히 침공해 오니 나라가 바야흐로 위기에 빠져 (멸망이) 경각에 달려 있었다. 주변에서는 감히 충고하는 사람이 아무도 없었다. 순우곤이 은어를 써서 제위왕(齊威王)에게 풍간하여 물었다 :「나라 안에 큰 새 한 마리가 있는데, 왕의 정원에 서식하며 삼 년 동안 날지도 않고 또 울지도 않습니다. 대왕께서는 이 새가 어째서 그런지 아십니까?」제위왕이 대답했다 :「이 새는 날지 않으면 않았지 한 번 날았다 하면 하늘을 치솟아 오르고, 울지 않으면 않았지 한 번 울었다 하면 사람을 놀라게 할 것이오.」그리하여 곧 여러 현(縣)의 장관 72인을 불러들여 한 사람은 상을 주고, 한 사람은 처형한 후 군사를 일으켜 출정하니, 제후들이 벌벌 떨고 두려워하며 모두가 이전에 빼앗았던 땅을 제(齊)나라에 돌려주고 (제나라의) 위엄이 36년 동안 떨쳤다. 이 말은《전완세가(田完世家)》에 기록되어 있다.

 제위왕(齊威王) 8년에 초(楚)나라가 크게 군사를 일으켜 제(齊)나라를 공격했다. 제위왕이 순우곤을 파견하여 조(趙)나라에 가서 구원병을 요청하는데, 황금 백 근과 대당 네 마리의 말이 끄는 수레 열 대를 선물하도록 했다. 이에 순우곤이 하늘을 쳐다보며 크게 웃다가 갓끈이 다 끊어졌다. 위왕이 물었다 :「선생은 그것을 적다고 생각하오?」순우곤이 대답했다 :「어찌 감히 적다 하겠습니까!」위왕이 물었다 :「웃은 것은 어찌 할 말이 있어서가 아니겠소?」순우곤이 말했다 :「오늘 제가 동쪽에서 오다가 길가에서 풍작을 비는 사람을 보았는데, 돼지 발굽 하나와 술 한 주전자를 들고 축원하길 :『고지(高地)의 좁은 땅에서는 광주리에 가득 차고, 저습한 밭에서는 수레에 가득 차고, 오곡이 무성하고 잘 익어 풍성한 수확이 집안에 가득하게 해주옵소서!』라고 빌고 있었습니다. 저는 그가 손에 들고 있는 것은 적은데, 바라는 바가 지나친 것을 보았기 때문에 그래서 웃었습니다.」 그리하여 제위왕은 곧 황금 천 일(鎰)과 백옥 열 쌍과 대당 네 마리의 말이 끄는 수레 백 대를 추가하여 보냈다. 순우곤이 작별을 고하고 떠나 조(趙)나라에 이르자, 조왕(趙王)이 순우곤에게 정병 십만과 병거(兵車) 천 대를 주었다. 초(楚)나라는 이 소식을 듣고, 밤중에 군사를 이끌고 철수했다.

　제위왕은 크게 기뻐하며 후궁에 술상을 차리고 순우곤을 불러 그에게 술을 하사했다. 위왕이 물었다 : 「선생은 술을 얼마나 마셔야 취하오?」 순우곤이 대답했다 : 「저는 한 말을 마셔도 취하고, 한 섬을 마셔도 취합니다.」 위왕이 말했다 : 「선생은 한 말을 마셔도 취하는데, 어찌 한 섬을 마실 수 있소? 그 이유를 들려줄 수 있겠소?」 순우곤이 말했다 : 「대왕의 앞에서 술상을 하사받으면 법을 집행하는 관리가 옆에 있고 어사(御史)가 뒤에 있을 것이니, 제가 두려워서 고개를 숙이고 엎드려 마시기 때문에 한 말을 채 마시기도 전에 곧 취하고 말 것입니다. 만일 부친에게 귀한 손님이 있어 제가 소매를 걷고 몸을 굽히고 꿇어앉아 앞에서 술 시중을 들면서, 가끔 잔에 남은 술을 (저에게) 주고 (다시 제가) 잔을 들어 장수를 빌며 권하고 (이렇게) 자주 일어나다 보면 두 말을 마시기도 전에 곧 취하게 될 것입니다. 만일 친구들과 사귀면서 오랫동안 만나지 못하다가 갑자기 만나 즐겁게 지난 일을 이야기하고 사사로운 정담을 나누게 되면, 대여섯 말을 마셔야 비로소 취하게 될 것입니다. 만일 마을의 모임에 대해 말한다면, 남녀가 섞여 앉아 서로 술을 권하고 함께 머물러 장기와 투호(投壺)를 즐기며, 서로 끌려 한 짝이 되어 손을 잡아도 벌하지 않고 똑바로 쳐다보아도 말리지 않으며, 앞에는 귀고리가 떨어져 있고 뒤에는 잃어버린 비녀가 있습니다. (그러면) 저는 마음속으로 이러한 장면을 즐겨하여 능히 여덟 말을 마셔도 2~3할 정도만 취할 것입니다. 날이 저물어 주연이 끝날 무렵, 남은 술을 한곳에 모으고 좁혀 앉아 마시며 남녀가 자리를 함께하여, 신발이 서로 뒤섞여 엇갈리고 술잔과 접시가 마구 흩어져 있는 상황에서, 대청의 촛불이 꺼집니다. 주인이 나를 머물게 하고 다른 손님들을 보낸 후 비단 속옷의 옷깃을 풀어 향기가 은은히 풍기면, 이때 저는 마음이 가장 즐거워서 한 섬도 마실 수 있을 것입니다. 그래서 :『술이 지나치면 어지러워지고 즐거움이 극에 달하면 슬퍼진다.』라고 했는데, 만사가 모두 그러한 것입니다.」이는 극에 달해서는 안 되며 극에 달하게 되면 쇠한다는 것을 말하여, 이로써 (제위왕을) 풍간한 것이었다. 제위왕이 :「좋소.」라고 말한 후, 마침내 밤새도록 마시는 일을 그만두고 순우곤을 제후의 주객(主客)으로 임명했다. 제(齊)나라 왕족이 연회를 베풀 때는 순우곤이 항상 옆에서 시중을 들었다.

해제解題 및 본문 요지 설명

《사기(史記)·골계열전(滑稽列傳)》은 전국시대 제(齊)나라의 순우곤(淳于髡)과 초(楚)나라의 우맹(優孟) 및 진(秦)나라의 우전(優旃) 등 골계 인물들의 일사(逸事)를 기록한 것이다. 사마천(司馬遷)이 말하는 골계 인물이란 주견(主見) 없이 시대조류에 좌우되지 않고 권력이나 이익을 다투지 않으며 위아래와 통할 수 있는 사람을 가리킨다.

본문은 그중 서언(序言)과 순우곤 고사에 관한 부분으로, 내용은 순우곤이 은어(隱語)를 빌려 제위왕(齊威王)을 풍간(諷諫)함으로써 제위왕의 방탕한 행실을 바로잡은 것을 기술한 것이다.

본문은 네 단락으로 나눌 수 있는데, 첫째 단락에서는 육예(六藝)의 정치적 효용에 대한 공자(孔子)의 개괄을 통해, 세상에 이익이 된다는 점에 있어서 물론 육예의 작용이 크지만,「일상의 대화로서도 미묘하고 이치에 들어맞으면, 또한 분란을 해결할 수가 있다.」라고 하는 점에서 볼 때, 골계의 정치적 효용 또한 육예와 비할 수 있다고 간주하여 골계 인물에 대해 높이 평가한 것을 기술했고; 둘째 단락에서 마지막 단락까지는 순우곤이 세 개의 은어를 빌려 제위왕을 풍간하여, 제위왕으로 하여금 대범하게 재물을 쓰게 함으로써 조(趙)나라의 지원을 얻는 데 성공하고, 또한 제위왕이 밤새 술 마시는 습성을 고치도록 한 것을 기술했다.

086 화식열전서(貨殖列傳序)
《史記》

작 자

074 오제본기찬(五帝本紀贊) 참조.

원문 및 주석

貨殖列傳序[1]

　　老子曰:「至治之極, 鄰國相望, 雞狗之聲相聞, 民各甘其食, 美其服, 安其俗, 樂其業, 至老死不相往來。」[2] 必用此爲務, 輓近世,

---

1 貨殖列傳序 → 貨殖 인물 傳記 序文
 【貨殖(화식, huò zhí)】: 생산과 교환을 통해 재물을 증식하는 일. 여기서는 이러한 일에 종사한「貨殖 인물」을 가리킨다.

2 老子曰:「至治之極, 鄰國相望, 雞狗之聲相聞, 民各甘其食, 美其服, 安其俗, 樂其業, 至老死不相往來。」→ 老子가 말했다:「治世의 극치에 도달하면, 이웃 나라들이 서로 바라다 보이고, 닭 울음소리나 개 짖는 소리가 서로 들릴 정도로 가깝게 있어도, 백성들은 각기 자기들의 밥을 맛있게 먹고, 자기들의 옷을 아름답게 꾸며 입고, 자기들의 습속을 편안

塗民耳目, 則幾無行矣。³

　太史公曰:「夫神農以前, 吾不知已。⁴ 至若《詩》、《書》所述, 虞、夏以來, 耳目欲極聲色之好, 口欲窮芻豢之味, 身安逸樂, 而心誇矜勢能之榮, 使俗之漸民久矣。⁵ 雖戶說以眇論, 終不能化。故善者因

　　하게 여기고, 자기들의 직업에 즐겁게 종사하며, 늙어 죽을 때까지 서로 왕래를 하지 않는다.」
　　※노자의 이 말은《老子・八十章》에서 나왔으나, 字句상 약간의 차이가 있다.
【老子(노자, lǎo zǐ)】: [인명] 楚나라 사람으로 성은 李, 이름은 耳, 자는 聃이며, 道家의 창시자이다.
【治之極(치지극, zhì zhī jí)】: 治世의 극치. 즉「치세가 가장 잘되는 시기」.
【相望(상망, xiāng wàng)】: 서로 바라다보다.
【甘(감, gān)】: [동사 용법] 달게 먹다. 맛있게 먹다.
【美(미, měi)】: [동사 용법] 아름답게 꾸며 입다.
【安(안, ān)】: 편안하게 여기다.
【樂(락, lè)】: 즐겁게 종사하다.

3　必用此爲務, 輓近世, 塗民耳目, 則幾無行矣。→ 만일 반드시 이렇게 하고자 한다면, 근대의 상황으로 볼 때, 백성들의 귀와 눈을 막아야 하는데, 이는 거의 실행되지 못할 것이다.
【用此爲務(용차위무, yòng cǐ wéi wù)】: 이로써 중요한 업무로 삼다. 즉「이렇게 하고자 하다」의 뜻.〖用〗: 以. …로써. …를 가지고.
【輓近世(만근세, wǎn jìn shì)】: 근대.〖輓〗: 晚.
【塗(도, tú)】: 막다.
【幾(기, jǐ)】: 거의.
【無行(무행, wú xíng)】: 실행되지 못하다.

4　太史公曰:「夫神農以前, 吾不知已。→ 太史公이 말했다:「대저 神農氏 이전의 일은, 내가 알지 못한다.
【太史公(태사공, tài shǐ gōng)】: 漢의 史官을「太史令」이라 했는데, 지위는 비록 낮지만 朝會 시에 항상 황제의 좌우에서 공보다 윗자리에 있었기 때문에「태사공」이라 불렀다. 여기서는 司馬遷 자신을 가리킨다.
【夫(부, fú)】: [발어사] 대저. 무릇.
【神農(신농, shén nóng)】: 고대 전설상의 제왕. 최초로 쟁기를 만들어 백성들에게 농사짓는 법을 가르쳤다고 한다.
【已(이, yǐ)】: [어조사] 矣.

5　至若《詩》、《書》所述, 虞、夏以來, 耳目欲極聲色之好, 口欲窮芻豢之味, 身安逸樂, 而心誇矜勢能之榮, 使俗之漸民久矣。→ (그러나)《詩經》《尙書》의 기록으로 말하면, 虞・夏 이래로, 사람들의 귀와 눈은 음악과 여색을 마음껏 듣고 보고 즐기려 하고, 입은 맛있는 고

之, 其次利道之, 其次敎誨之, 其次整齊之, 最下者與之爭。」⁶

　　夫山西饒材、竹、穀、纑、旄、玉石, 山東多魚、鹽、漆、絲、聲色,⁷ 江南出柟、梓、薑、桂、金、錫、連、丹沙、犀、瑇瑁、珠璣、齒、

　　기를 양껏 먹으려 하며, 몸은 편안하고 즐겁기를 추구하고, 마음은 권세와 능력의 영예를 자랑하고자 했는데, 백성들의 마음속에 이러한 풍조가 스며들게 한 지 이미 오래되었다.
　　【至若(지약, zhì ruò)…】:…로 말하면. …에 관해서는.
　　【虞(우, yú)】: 虞의 舜임금 시대.
　　【夏(하, xià)】: 夏의 禹임금 시대.
　　【欲(욕, yù)】:…하고자 하다. …하려고 하다. …하기를 바라다.
　　【極(극, jí)】: 마음껏 즐기다.
　　【聲色(성색, shēng sè)】: 음악과 여색.
　　【窮(궁, qióng)】: 양껏 먹다.
　　【芻豢(추환, chú huàn)】: 가축. 여기서는「가축의 고기」를 말한다. 【芻】: 소·양과 같이 풀을 먹는 가축. 【豢】: 돼지·개와 같이 곡식을 먹는 가축.
　　【逸樂(일락, yì lè)】: 즐겁다.
　　【誇矜(과긍, kuā jīn)】: 과시하다. 뽐내다. 자랑하다.
　　【勢能(세능, shì néng)】: 권세와 능력.
　　【俗(속, sú)】: 풍조. 습속.
　　【漸(점, jiān)】: 浸. 스며들다. 배다.

6　雖戶說以眇論, 終不能化。故善者因之, 其次利道之, 其次敎誨之, 其次整齊之, 最下者與之爭。」→ 설사 (노자의) 기묘한 논리를 가지고 집집마다 설득한다 해도, 끝내 바꿀 수가 없을 것이다. 그래서 (백성들에 대해) 최선의 방법은 순리대로 내맡기는 것이고, 그다음은 상황에 따라 유리하게 이끄는 것이고, 그다음은 그들을 가르치는 것이고, 그다음은 그들을 단속하는 것이고, 최악의 방법은 그들과 다투는 것이다.」
　　【戶說(호설, hù shuō)】: 집집마다 설득하다. 집집마다 권유하다.
　　【眇論(묘론, miǎo lùn)】: 妙論. 기묘한 논리.
　　【化(화, huà)】: 바꾸다. 고치다.
　　【善者(선자, shàn zhě)】: 최선의 방법.
　　【因(인, yīn)】: 따르다.
　　【之(지, zhī)】: [대명사] 그것. 즉「자연의 이치, 순리」의 뜻.
　　【利道(이도, lì dào)】: 상황에 따라 유리하게 인도하다. 【道】: 導.
　　【敎誨(교회, jiào huì)】: 가르치다. 교육하다.
　　【整齊(정제, zhěng qí)】: 단속하다. 억제하다.
　　【最下者(최하자, zuì xià zhě)】: 최악의 방법.

7　夫山西饒材、竹、穀、纑、旄、玉石, 山東多魚、鹽、漆、絲、聲色, → 대저 太行山 서쪽 지역은 목재·대나무·닥나무·야생 苧麻·旄牛 꼬리·옥석 등이 풍부하고, 태행산 동쪽 지

革,⁸ 龍門、碣石北多馬、牛、羊、旃、裘、筋、角, 銅、鐵則千里往往
山出棊置。⁹ 此其大較也。皆中國人民所喜好, 謠俗被服飮食奉生送

  역에는 물고기・소금・옻・실・歌妓와 舞姬가 많다.
  【夫(부, fú)】: [발어사] 대저. 무릇.
  【山(산, shān)】: 여기서는「太行山(태행산, tài háng shān)」을 가리킨다. 태행산은 지금의
   山西 高原과 河北 平原 사이에 위치.
  【饒(요, ráo)】: 많다. 풍부하다.
  【材(재, cái)】: 목재.
  【榖(곡, gǔ)】: 楮. 닥나무.
  【纑(로, lú)】: 야생 麻.
  【旄(모, máo)】: 旄牛 꼬리. ※모우는 털이 긴 소인데, 꼬리의 긴 털은 歌舞의 도구나 깃발
   의 장식용으로 쓰인다.
8 江南出柟、梓、薑、桂、金、錫、連、丹沙、犀、瑇瑁、珠璣、齒、革, → (그리고) 강남에는 녹
  나무・가래나무・생강・계수나무・금・주석・납・단사・무소뿔・대모・주옥・상
  아・피혁이 생산되고,
  【江南(강남, jiāng nán)】: 강남. ※「江」은 본문에서 태행산・龍門山・碣石山이 위치한 산
   서성과 섬서성 등 대부분 黃河 일대의 지역을 언급한 것으로 보아「黃河」를 가리키는
   것으로 보이나, 일부 주석서에는「長江」이라 풀이했다.
  【柟(남, nán)】: 녹나무.
  【梓(재, zǐ)】: 가래나무.
  【薑(강, jiāng)】: 생강.
  【桂(계, guì)】: 계수나무.
  【連(련, lián)】: 납.
  【丹沙(단사, dān shā)】: 丹砂. 朱砂.
  【犀(서, xī)】: 무소. ※무소의 뿔은 器具의 재료나 藥材로 쓰인다.
  【瑇瑁(대모, dài mào)】: 대모. 바다거북. ※껍질로 장식품을 만든다.
  【珠璣(주기, zhū jī)】: 珠玉.
  【齒(치, chǐ)】: 이빨. 여기서는「象牙」를 가리킨다.
9 龍門、碣石北多馬、牛、羊、旃、裘、筋、角, 銅、鐵則千里往往山出棊置。→ 龍門山과 碣石
  山 북쪽에는 말・소・양・毛氈・가죽옷・짐승의 힘줄과 뿔이 많이 나며, 구리와 쇠붙이
  는 천 리 사방에 분포되어 왕왕 산에서 산출되는데 마치 바둑돌이 놓인 듯 촘촘히 널려
  있다.
  【龍門(용문, lóng mén)】: [산 이름] 용문산. 지금의 산서성 河津縣과 섬서성 韓城縣 사이
   에 있는 산.
  【碣石(갈석, jié shí)】: [산 이름] 갈석산. 지금의 하북성 樂亭縣 동북쪽에 있는 산.
  【旃(전, zhān)】: 氈. 毛氈. 털로 짠 모직물.
  【裘(구, qiú)】: 가죽옷.

死之具也.¹⁰ 故待農而食之, 虞而出之, 工而成之, 商而通之.¹¹ 此寧有政教發徵期會哉? 人各任其能, 竭其力, 以得所欲.¹² 故物賤之徵貴, 貴之徵賤, 各勸其業, 樂其事, 若水之趣下, 日夜無休時, 不召而自來, 不求而民出之.¹³ 豈非道之所符, 而自然之驗邪?¹⁴

【筋(근, jīn)】: 힘줄.
【棊置(기치, qí zhì)】: 바둑돌이 놓인 것처럼 촘촘히 놓여 있다.

10 此其大較也. 皆中國人民所喜好, 謠俗被服飲食奉生送死之具也. → 이것이 물자 생산의 대략적인 상황이다. 이는 모두가 중국인들이 좋아하는 것들로서, 습속에서 입고 먹고 봉양하고 장례를 치르는 데 필요한 도구들이다.
【大較(대교, dà jiào)】: 대략적인 상황.
【謠俗(요속, yáo sú)】: 풍속. 습속.
【被服(피복, pī fú)】: 옷을 입다. 〖被〗: 披.
【奉生(봉생, fèng shēng)】: 봉양하다.
【送死(송사, sòng sǐ)】: 장사지내다. 장례를 치르다.

11 故待農而食之, 虞而出之, 工而成之, 商而通之. → 그래서 농민이 농사를 지어야 그것을 먹을 수 있고, 虞人이 있어야 그것을 개발하고, 장인이 있어야 그것을 만들고, 상인이 있어야 그것을 유통시킨다.
【待(대, dài)】: 기다리다. 즉「…를 하고 나서. …해야」의 뜻.
【虞(우, yú)】: 虞人. 옛날 山澤을 관장하던 직책.
【出(출, chū)】: 개발하다.
【成(성, chéng)】: 만들어내다.
【通(통, tōng)】: 유통시키다.

12 此寧有政教發徵期會哉? 人各任其能, 竭其力, 以得所欲. → 이것이 어찌 政令으로 백성을 징발하여 기일을 정해 모여서 하는 일이겠는가? 사람마다 각기 자신의 능력에 맡겨, 자신의 힘을 다해, 원하는 바를 얻는 것이다.
【寧(녕, níng)】: 어찌.
【政教(정교, zhèng jiào)】: 政令.
【發徵(발징, fā zhēng)】: 징발하다.
【期會(기회, qī huì)】: 기일을 정해 모이다.
【竭(갈, jié)】: 다하다.

13 故物賤之徵貴, 貴之徵賤, 各勸其業, 樂其事, 若水之趣下, 日夜無休時, 不召而自來, 不求而民出之. → 그래서 물건값이 싸면 비싸질 징조이고, 물건값이 비싸면 싸질 징조이며, 사람들이 각자 자기의 직업에 힘쓰고, 자기의 일을 즐겨하면, 마치 물이 아래를 향해 흘러, 밤낮으로 멈추지 않는 것과 같이, 부르지 않아도 스스로 오고, 요구하지 않아도 백성들이 그것을 생산해낸다.

《周書》曰:「農不出, 則乏其食; 工不出, 則乏其事; 商不出, 則三寶絶; 虞不出, 則財匱少, 財匱少, 而山澤不辟矣。」[15] 此四者, 民所衣食之原也。原大則饒, 原小則鮮。上則富國, 下則富家。[16] 貧富之道, 莫之奪予, 而巧者有餘, 拙者不足。[17] 故太公望封於營丘, 地

【賤(천, jiàn)】: (값이) 싸다.
【徵(징, zhēng)】: 징조를 나타내다. 조짐을 보이다.
【貴(귀, guì)】: 비싸다.
【勸(권, quàn)】: 힘쓰다. 노력하다.
【趣(추, qū)】: 향해 가다. 향하다.
【出(출, chū)】: 생산하다. 만들어내다.

14 豈非道之所符, 而自然之驗邪? → 어찌 이치에 합당하고, 자연스럽게 검증된 바가 아니겠는가?
【道之所符(도지소부, dào zhī suǒ fú)】: 이치에 부합하다. 도리에 부합하다.
【驗(험, yàn)】: 검증하다.

15 《周書》曰:「農不出, 則乏其食; 工不出, 則乏其事; 商不出, 則三寶絶; 虞不出, 則財匱少, 財匱少, 而山澤不辟矣。」→ 《周書》에 이르길: 「농민이 농사를 짓지 않으면, 식량이 부족하게 되고; 장인이 물건을 만들어내지 않으면, 도구가 부족하게 되고; 상인이 장사를 하지 않으면, 三寶가 끊어지게 되고; 虞人이 山澤을 개발하지 않으면, 財源이 부족하게 되고; 재원이 부족하면 산택을 개발할 수 없게 된다.」라고 했다.
【《周書(주서, zhōu shū)》】: 《逸周書》라고도 하며, 이미 실전되어 전하지 않는다.
【不出(불출, bù chū)】: 생산 활동에 나서지 않다. 자기의 본업에 종사하지 않다.
【乏(핍, fá)】: 모자라다. 부족하다.
【事(사, shì)】: 器物. 도구.
【三寶(삼보, sān bǎo)】: 세 가지 보물. 즉, 농민이 생산하는「食糧」과 장인이 생산하는「器物」과 우인이 생산하는「財貨」.
【匱(궤, kuì)】: 모자라다.
【辟(벽, pì)】: 闢. 개발하다.

16 此四者, 民所衣食之原也。原大則饒, 原小則鮮。上則富國, 下則富家。→ 이 네 가지는, 백성들이 입고 먹는 원천이다. 원천이 크면 풍요롭고, 원천이 작으면 궁핍해진다. 위로는 나라를 넉넉하게 하고, 아래로는 집안을 넉넉하게 한다.
【四者(사자, sì zhě)】: 農・工・商・虞에 관한 일.
【原(원, yuán)】: 근원. 원천.
【饒(요, ráo)】: 풍요롭다.
【鮮(선, xiǎn)】: 적다. 궁핍하다.

17 貧富之道, 莫之奪予, 而巧者有餘, 拙者不足。→ 빈부의 이치는, 그것을 빼앗거나 주는

潟鹵, 人民寡。於是太公勸其女功, 極技巧, 通魚鹽, 則人物歸之, 繈至而輻湊。¹⁸ 故齊冠帶衣履天下, 海岱之間, 斂袂而往朝焉。¹⁹ 其

　　법이 없으며, 재능이 있는 사람은 여유가 있고, 우둔한 사람은 부족하다.
　　【莫之奪予(막지탈여, mò zhī duó yǔ)】: [莫奪予之의 도치 형태] 그것을 빼앗거나 주는 사람이 없다. 〖莫〗: 아무도 …하지 않다. …하는 자가 없다. 〖之〗: [대명사] 그것. 즉 「빈부」. 〖奪〗: 탈취하다. 빼앗다. 〖予〗: 주다.
　　【巧(교, qiǎo)】: 민첩하다. 재능이 있다.
　　【拙(졸, zhuō)】: 우둔하다. 서투르다.

18 故太公望封於營丘, 地潟鹵, 人民寡。於是太公勸其女功, 極技巧, 通魚鹽, 則人物歸之, 繈至而輻湊。→ 옛날 姜太公이 營丘에 봉해졌을 때, 땅은 소금기가 배어있고, 주민은 매우 적었다. 그리하여 강태공은 부녀자들의 일을 장려하고, 기교를 힘껏 발휘하도록 하며, 생선과 소금을 유통시켜, 사람과 물자가 (齊나라로) 돌아오게 했는데, 마치 엽전 꾸러미처럼 이어지고 수레의 바퀴살이 바퀴통으로 향하듯 많이 모여들었다.
　　【故(고, gù)】: 從前. 옛날.
　　【太公望(태공망, tài gōng wàng)】: 姜尚. 姜太公. ※그의 선조가 呂나라에 봉하여져 呂尚이라고도 불렀다. 그는 周武王을 보필하여 殷을 멸한 후 營丘에 봉해져, 국호를 齊라 하고 齊나라의 시조가 되었다.
　　【營丘(영구, yíng qiū)】: [지명] 齊나라 땅으로, 지금의 산동성 臨淄縣 서북쪽.
　　【潟鹵(석로, xì lǔ)】: 해변의 소금기가 배어든 땅.
　　【於是(어시, yú shì)】: 이에. 그리하여.
　　【女功(여공, nǚ gōng)】: (방직·자수 등) 부녀자의 일.
　　【極(극, jí)】: 다하다. 힘껏 발휘하다.
　　【通(통, tōng)】: 유통시키다.
　　【人物(인물, rén wù)】: 사람과 물자.
　　【之(지, zhī)】: [대명사] 그곳. 이곳. 즉 「齊나라」.
　　【繈至(강지, qiáng zhì)】: 줄처럼 연달아오다. 〖繈〗: 줄. 끈.
　　【輻湊(복주/폭주, fú còu)】: 수레의 바퀴살이 바퀴통으로 향하듯 많이 모여들다. 〖輻〗: 바퀴살. 〖湊〗: 모이다.

19 故齊冠帶衣履天下, 海岱之間, 斂袂而往朝焉。→ 그래서 齊나라에서 만든 冠帽·띠·의복·신발 등이 천하에 유통되었고, 東海와 泰山 사이의 제후들은, 옷소매를 여미고 와서 배알했다.
　　【冠(관, guān)】: 모자.
　　【帶(대, dài)】: 띠.
　　【衣(의, yī)】: 의복.
　　【履(리, lǚ)】: 신발.
　　【天下(천하, tiān xià)】: [상황어] 천하에 유통되다.
　　【海岱(해대, hǎi dài)】: 東海와 泰山. 〖海〗: 동해. 지금의「渤海」를 가리킨다. 〖岱〗: 泰山.

後, 齊中衰, 管子修之, 設輕重九府, 則桓公以霸, 九合諸侯, 一匡天下。[20] 而管氏亦有三歸, 位在陪臣, 富於列國之君。是以齊富彊至於威宣也。[21] 故曰:「倉廩實而知禮節, 衣食足而知榮辱。」禮生於有而廢於無。[22] 故君子富, 好行其德; 小人富, 以適其力。[23] 淵深而魚生

지금의 산동성에 있는 산으로, 五岳의 하나. 五岳은 東岳인 산동성의 泰山, 西岳인 섬서성의 華山, 南岳인 호남성의 衡山, 北岳인 산서성의 恒山, 中岳인 하남성의 嵩山.
【斂袂(염메, liǎn mèi)】: (경의를 표하는 뜻에서) 옷소매를 여미다.
【朝(조, cháo)】: 배알하다. 알현하다.

[20] 其後, 齊中衰, 管子修之, 設輕重九府, 則桓公以霸, 九合諸侯, 一匡天下。→ 그 후, 齊나라는 한때 쇠락했으나, 管仲이 이를 정비하고, 경제를 조절하는 九府를 설치하여, 齊桓公은 이로 인해 霸業을 이루고, 여러 차례 제후들을 불러 모아, 천하를 바로잡았다.
【中(중, zhōng)】: 한때. 도중에.
【修(수, xiū)】: 정비하다. 정돈하다.
【輕重(경중, qīng zhòng)】: 화폐를 저축하여 물가를 조절하다. 경제를 조절하다.
【九府(구부, jiǔ fǔ)】: 周나라 때 재화를 관장하던 아홉 개의 官府. 즉「大府・王府・內府・外府・泉府・天府・職內・職金・職幣」.
【以(이, yǐ)】: 因. 이로 인해.
【九合(구합, jiǔ hé)】: 여러 차례 불러 모으다.《九》: 아홉이라는 수의 개념이 아니고「여러 차례」라는 뜻이다. ※ 혹자는「九合」을「糾合」이라 풀이하기도 한다.
【一匡天下(일광천하, yī kuāng tiān xià)】: 천하를 바로잡다.《匡》: 바로잡다.

[21] 而管氏亦有三歸, 位在陪臣, 富於列國之君。是以齊富彊至於威宣也。→ 그리고 관중은 또한 三歸를 가지고 있어, 직위는 신하였지만, 列國의 군주보다 부유했다. 이로 인해 제나라는 威王과 宣王에 이르기까지 부강했다.
【三歸(삼귀, sān guī)】: [臺 이름] ※ 臺는 흙이나 돌 따위로 높이 쌓아 올려 사방을 바라볼 수 있게 만든 곳으로, 관중은 자신을 위해 대를 축조했는데, 이는 관중의 권세가 일반 대신들보다 월등했다는 것을 의미한다.
【陪臣(배신, péi chén)】: 신하. ※ 신하가 군주에 대해 자기를 낮추어 부르던 말.
【是以(시이, shì yǐ)】: 그래서. 이로 인해.
【富彊(부강, fù qiáng)】: 부강하다.《彊》: 强.
【威宣(위선, wēi xuān)】: 齊나라의 威王과 宣王.

[22] 故曰:「倉廩實而知禮節, 衣食足而知榮辱。」禮生於有而廢於無。→ 그래서 이르길:「창고가 차야 예절을 알고, 衣食이 풍족해야 영예와 치욕을 안다.」라고 했는데, 예절은 부유한 데서 생겨나고 빈곤한 데서 폐기된다.
※ 管仲의 이 말은《管子・牧民》에 보인다.
【倉廩(창름, cāng lǐn)】: 창고.

之, 山深而獸往之, 人富而仁義附焉。²⁴ 富者得勢益彰, 失勢則客無所之, 以而不樂, 夷狄益甚。²⁵ 諺曰:「千金之子, 不死於市。」此非空言也。²⁶ 故曰:「天下熙熙, 皆爲利來; 天下壤壤, 皆爲利往。」²⁷ 夫千乘之王, 萬家之侯, 百室之君, 尙猶患貧, 而況匹夫編戶之民乎?²⁸

【實(실, shí)】: 차다. 충실하다.

23 故君子富, 好行其德; 小人富, 以適其力。→ 그래서 군자가 부유하면, 덕을 베풀기 좋아하고; 소인이 부유하면, 재력을 적당한 곳에 쓴다.
【好行(호행, hào xíng)】: 실행하기 좋아하다. 베풀기 좋아하다.
【適(적, shì)】: 적당하다.

24 淵深而魚生之, 山深而獸往之, 人富而仁義附焉。→ 못은 깊어야 고기가 생장하고, 산은 깊어야 짐승이 향하며, 사람은 부유해야 仁義가 따라붙는다.
【淵(연, yuān)】: 못.
【獸(수, shòu)】: 짐승.
【往(왕, wǎng)】: 가다. 향하다.
【附(부, fù)】: 따라붙다. 달라붙다.

25 富者得勢益彰, 失勢則客無所之, 以而不樂, 夷狄益甚。→ 부유한 사람은 세력을 얻으면 더욱 드러나게 되고, 세력을 잃으면 손님들도 찾아가는 사람이 없다. 이로 인해 마음이 유쾌하지 못한데, (이러한 일은) 오랑캐 나라에서 더욱 심하다.
【益(익, yì)】: 더욱.
【彰(창, zhāng)】: 드러나다. 뚜렷하다.
【無所之(무소지, wú suǒ zhī)】: 찾아가는 사람이 없다.
【以(이, yǐ)】: 因. 이로 인해.
【夷狄(이적, yí dí)】: 오랑캐.

26 諺曰:「千金之子, 不死於市。」此非空言也。→ 속담에:「천금을 가진 부자의 자식은, 저잣거리에서 처형되지 않는다.」라고 했다. 이는 빈말이 아니다.
※ 부잣집 자식은 비록 죽을죄를 짓는다 해도 돈을 써서 죄를 벗고 처형되는 일이 없다.
【諺(언, yàn)】: 속담. 속어.
【空言(공언, kōng yán)】: 빈말.

27 故曰:「天下熙熙, 皆爲利來; 天下壤壤, 皆爲利往。」→ 그래서 이르길:「천하 사람들이 흥성거리며, 모두 이익을 얻기 위해 몰려오고; 천하 사람들이 어지럽게 얽히고설키며, 이익을 얻기 위해 떠난다.」라고 했다.
【熙熙(희희, xī xī)】: 흥성흥성한 모양.
【壤壤(양양, rǎng rǎng)】: 어지럽게 얽히고설키다.

28 夫千乘之王, 萬家之侯, 百室之君, 尙猶患貧, 而況匹夫編戶之民乎? → 무릇 천 輛의 兵車

> 번역문

화식(貨殖) 인물 전기(傳記) 서문(序文)

　노자(老子)가 말했다 : 「치세(治世)의 극치에 도달하면 이웃 나라들이 서로 바라다보이고 닭 울음소리나 개 짖는 소리가 서로 들릴 정도로 가깝게 있어도, 백성들은 각기 자기들의 밥을 맛있게 먹고, 자기들의 옷을 아름답게 꾸며 입고, 자기들의 습속을 편안하게 여기고, 자기들의 직업에 즐겁게 종사하며 늙어 죽을 때까지 서로 왕래를 하지 않는다.」 만일 반드시 이렇게 하고자 한다면, 근대의 상황으로 볼 때 백성들의 귀와 눈을 막아야 하는데, 이는 거의 실행되지 못할 것이다.

　태사공(太史公)이 말했다 : 「대저 신농씨(神農氏) 이전의 일은 내가 알지 못한다. (그러나)《시경(詩經)》·《상서(尙書)》의 기록으로 말하면, 우(虞)·하(夏) 이래로 사람들의 귀와 눈은 음악과 여색을 마음껏 듣고 보고 즐기려 하고, 입은 맛있는 고기를 양껏 먹으려 하며, 몸은 편안하고 즐겁기를 추구하고, 마음은 권세와 능력의 영예를 자랑하고자 했는데, 백성들의 마음속에 이러한 풍조가 스며들게 한 지 이미 오래되었다. 설사 (노자의) 기묘한 논리를 가지고 집집마다 설득한다 해도 끝내 바꿀 수가 없을 것이다. 그래

를 가진 왕, 만 戶의 封地를 가진 제후, 백 戶의 封邑을 가진 대부도, 여전히 가난을 걱정하는데, 하물며 서민들이야 말해 무엇하겠는가?
【夫(부, fú)】 : [발어사] 무릇. 대저.
【千乘(천승, qiān shèng)】 : 1천 대의 兵車.
【君(군, jūn)】 : 大夫.
【尙猶(상유, shàng yóu)】 : 여전히. 아직도.
【患(환, huàn)】 : 걱정하다. 근심하다.
【況(황, kuàng)】 : 하물며.
【編戶(편호, biān hù)】 : 평민. 호적 명부에 편입된 자.

서 (백성들에 대해) 최선의 방법은 순리대로 내맡기는 것이고, 그다음은 상황에 따라 유리하게 이끄는 것이고, 그다음은 그들을 가르치는 것이고, 그다음은 그들을 단속하는 것이고, 최악의 방법은 그들과 다투는 것이다.」

　대저 태행산(太行山) 서쪽 지역은 목재・대나무・닥나무・야생 저마(苧麻)・모우(旄牛) 꼬리・옥석 등이 풍부하고, 태행산 동쪽 지역에는 물고기・소금・옻・실・가기(歌妓)와 무희(舞姬)가 많다. (그리고) 강남에는 녹나무・가래나무・생강・계수나무・금・주석・납・단사(丹沙)・두소뿔・대모・주옥・상아・피혁이 생산되고, 용문산(龍門山)과 갈석산(碣石山) 북쪽에는 말・소・양・모전(毛氈)・가죽옷・짐승의 힘줄과 뿔이 많이 나며, 구리와 쇠붙이는 천 리 사방에 분포되어 왕왕 산에서 산출되는데, 가치 바둑돌이 놓인 듯 촘촘히 널려있다. 이것이 물자 생산의 대략적인 상황이다. 이는 모두가 중국인들이 좋아하는 것들로서, 습속(習俗)에서 입고 먹고 봉양하고 장례를 치르는 데 필요한 도구들이다. 그래서 농민이 농사를 지어야 그것을 먹을 수 있고, 우인(虞人)이 있어야 그것을 개발하고, 장인이 있어야 그것을 만들고, 상인이 있어야 그것을 유통시킨다. 이것이 어찌 정령(政令)으로 백성을 징발하여 기일을 정해 모여서 하는 일이겠는가? 사람마다 각자 자신의 능력에 맡겨 자신의 힘을 다해 원하는 바를 얻는 것이다. 그래서 물건값이 싸면 비싸질 징조이고, 물건값이 비싸면 싸질 징조이며, 사람들이 각기 자기의 직업에 힘쓰고 자기의 일을 즐겨하면, 마치 물이 아래를 향해 흘러 밤낮으로 멈추지 않는 것과 같이, 부르지 않아도 스스로 오고 요구하지 않아도 백성들이 그것을 생산해낸다. 어찌 이치에 합당하고 자연스럽게 검증된 바가 아니겠는가?

　《주서(周書)》에 이르길 : 「농민이 농사를 짓지 않으면 식량이 부족하게 되고, 장인이 물건을 만들어내지 않으면 도구가 부족하게 되고, 상인이 장사를 하지 않으면 삼보(三寶)가 끊어지게 되고, 우인(虞人)이 산택(山澤)을 개발하지 않으면 재원(財源)이 부족하게 되고, 재원이 부족하면 산택을 개발할 수 없게 된다.」라고 했다. 이 네 가지는 백성들이 입고 먹는 원천이다. 원천이 크면 풍요롭고, 원천이 작으면 궁핍해진다. 위로는 나라를 넉넉하게 하고, 아래로는 집안을 넉넉하게 한다. 빈부의 이치는 그것을 빼앗거나 주는 법이 없으며, 재능이 있는 사람은 여유가 있고 우둔한 사람은 부족하다. 옛날 강태공(姜太公)이 영구(營丘)에 봉해졌을 때, 땅은 소금기가 배어있고 주민은 매우 적었다. 그리하여 강태공은 부녀자들의 일을 장려하고 기교를 힘껏 발휘하도록 하며, 생선과 소금을 유통시켜 사람과 물자가 제(齊)나라로 돌아오게 했는데, 마치 엽전 꾸러미처럼 이어지고 수레의 바큇살이 바퀴통으로 향하듯 많이 모여들었다. 그래서 제나라에서 만든 관모(冠帽)·띠·의복·신발 등이 천하에 유통되었고, 동해(東海)와 태산(泰山) 사이의 제후들은 옷소매를 여미고 와서 배알했다. 그 후, 제나라는 한때 쇠락했으나 관중(管仲)이 이를 정비하고 경제를 조절하는 구부(九府)를 설치하여, 제 환공(齊桓公)은 이로 인해 패업(霸業)을 이루고 여러 차례 제후들을 불러 모아 천하를 바로잡았다. 그리고 관중은 또한 삼귀(三歸)를 가지고 있어, 직위는 신하였지만 열국(列國)의 군주보다 부유했다. 이로 인해 제나라는 위왕(威王)과 선왕(宣王)에 이르기까지 부강했다. 그래서 이르길 :「창고가 차야 예절을 알고, 의식이 풍족해야 영예와 치욕을 안다.」라고 했는데, 예절은 부유한 데서 생겨나고 빈곤한 데서 폐기된다. 그래서 군자가 부유하면 덕을 베풀기 좋아하고, 소인이 부유하면 재력을 적당한 곳에 쓴다. 못은 깊어야 고기가 생장하고, 산은 깊어야 짐승이 향하며, 사람은 부유해야 인의(仁義)가 따라붙는다. 부유한 사람은 세력을 얻으면 더욱 드러나게 되고, 세력을 잃으면 손님들도 찾아가는 사람이 없다. 이로 인해 마음이 유쾌하지 못한데, (이러한 일은) 오랑캐 나라에서 더욱 심하다. 속담에 : 「천금을 가진 부자의 자식은 저잣거리에서 처형되지 않는다.」라고 했다. 이는 빈말이 아니다. 그래서 이르길 : 「천하 사람들이 흥성거리며 모두 이익을 얻기 위해 몰려오고, 천하 사람들이 어지럽게 얽히고설키며 이익을 얻기 위해 떠난다.」라고 했다. 무릇 천 량(輛)의 병거(兵車)를 가진 왕, 만 호(戶)의 봉지(封地)를 가진 제후, 백 호(戶)의 봉읍(封邑)을 가진 대부(大夫)도 여전히 가난을 걱정하는데, 하물며 서민들이야 말해 무엇하겠는가?

해제解題 및 본문 요지 설명

본문은 《사기(史記)·화식열전(貨殖列傳)》 중의 첫 부분으로, 내용은 생산과 교역을 통해 재산을 증식해 나가야 한다는 경제사상을 논술한 것이다. 「화식(貨殖)」이란 화물의 생산과 교역을 가리킨다.

본문은 네 단락으로 나눌 수 있는데, 첫째 단락에서는 노자(老子)의 「소국과민(小國寡民)」 사상이 이미 당대(當代) 사회에 적응할 수 없어 실행이 불가능하다는 것을 지적했고; 둘째 단락에서는 이익을 추구하고 해를 피하려 하는 것이 인간의 본성임을 인정하여, 정책을 수립할 때는 마땅히 인성(人性)에 순응하도록 유의하고, 상황에 따라 유리하게 이끌되 결코 무리하게 간섭하지 말아야 한다는 것을 주장했고; 셋째 단락에서는 천하의 개략적인 자원 분포를 열거한 다음, 농(農)·우(虞)·공(工)·상(商)이 각기 자신의 능력에 따라 힘을 다할 수 있도록 순리에 맡겨둠으로써 백성들로 하여금 자기가 하는 일에 즐거운 마음으로 최선을 다할 수 있도록 해야 한다는 것을 밝혔고; 마지막 단락에서는 농·우·공·상의 네 가지 직업을 「백성들이 입고 먹는 원천」으로 간주하여, 태공(太公)이 제(齊)나라를 다스리면서 「이도(利導)」에 능하여 제후들로 하여금 제나라의 군주를 알현하도록 한 일과, 관중이 실업(實業)을 진흥하고 백성들을 교화하여 위기에 처한 제나라를 정비한 일을 언급한 다음, 말미에 속담을 인용하여 은연중 자신이 가난으로 인해 속죄하지 못하고 궁형(宮刑)을 당한 과거의 아픈 심정을 표출했다.

087 태사공자서(太史公自序)
《史記》

작자

074 오제본기찬(五帝本紀贊) 참조.

원문 및 주석

太史公自序[1]

太史公曰:「先人有言:『自周公卒, 五百歲而有孔子; 孔子卒後, 至於今五百歲。有能紹明世, 正《易傳》, 繼《春秋》, 本《詩》、《書》、《禮》、《樂》之際。意在斯乎? 意在斯乎?』小子何敢讓焉!」[2]

---

1 烏太史公自序 → 태사공(太史公) 자서(自序)
【太史公(태사공, tài shǐ gōng)】: 漢의 史官을 「太史令」이라 했는데, 지위는 비록 낮지만 朝會 시에 항상 황제의 좌우에서 公보다 윗자리에 있었기 때문에 「태사공」이라 불렸다. 여기서는 司馬遷 자신을 가리킨다.
【自序(자서, zì xù)】: 자신의 작품에 자신이 쓴 서문.

2 太史公曰:「先人有言:『自周公卒, 五百歲而有孔子; 孔子卒後, 至於今五百歲。有能紹明

上大夫壺遂曰:「昔孔子何爲而作《春秋》哉?」³

世, 正《易傳》, 繼《春秋》, 本《詩》、《書》、《禮》、《樂》之際。意在斯乎? 意在斯乎?』小子何敢讓焉!」→ 太史公이 말했다 :「선친께서 말씀하시길 :『周公이 돌아가신 뒤로부터, 오백 년이 지나 孔子가 있었고, 공자가 돌아가신 후, 지금까지 오백 년이 되었다. 마땅히 어느 누가 능히 태평성세를 계승하여, 《周易》을 바로 해석하고, 《春秋》를 계승하고, 《詩經》·《書經》·《禮記》·《樂經》의 취지를 근본으로 삼아 저술할 시기가 되었다. (너) 여기에 뜻이 있느냐? 여기에 뜻이 있느냐?』라고 하셨다. 내가 어찌 감히 사양하겠는가?」

【先人(선인, xiān rén)】: 선친. 여기서는 司馬遷의 부친 司馬談을 가리킨다.

【自(자, zì)】: …로부터.

【周公(주공, zhōu gōng)】: 성은 姬, 이름은 旦. 周武王의 동생으로, 武王을 도와 殷의 폭군인 紂를 정벌하고 周의 기반을 확립했다. 周에 봉해져 周公이라 불렀다.

【卒(졸, zú)】: 죽다.

【歲(세, suì)】: 年. 해.

【孔子(공자, kǒng zǐ)】: 이름은 丘, 자는 仲尼. 춘추시대 魯나라 사람으로, 유가의 창시자.

【紹(소, shào)】: 잇다. 계승하다.

【明世(명세, míng shì)】: 태평성세.

【正(정, zhèng)】: 바로잡다. 바로 해석하다.

【《易傳(역전, yì zhuàn)》】: [서명] 儒學 五經의 하나로, 《周易》 또는 《易經》이라 한다. 周나라 사람이 지었다고 전하며, 8괘의 형식을 통해 음양의 변화를 설명한 철학서. 책의 구성이「經」과「傳」두 부분으로 나뉘어져 있어 《易傳》이라고도 부른다.

【《春秋(춘추, chūn qiū)》】: [서명] 춘추시대 魯나라 隱公 원년(B.C.722)부터 哀公 14년(B.C.481)까지의 事跡를 魯나라 사관이 편년체로 기록한 것을, 孔子가 윤리적 관점에서 다시 정리했다고 전한다. 《춘추》는 내용이 매우 간단하게 기록되어 의미를 파악하기가 쉽지 않았기 때문에, 많은 학자들이 이해를 돕고자 그 의미를 해석하고 풀이하는 註釋書인「傳」을 지었는데, 이 가운데 戰國時代 公羊高가 지은 《公羊傳》, 穀梁赤이 지은 《穀梁傳》, 左丘明이 지은 《左氏傳》[약칭으로 《左傳》이라 한다]이「春秋三傳」이라 하여 대표적이며, 그중 《左傳》이 가장 유명하다. 《공양전》과 《곡량전》은 주로 《춘추》의 經文을 해석한 것이고, 《좌전》은 《춘추》에 기록된 史實에 대한 역사적 해석을 중심으로 하고 있다.

【本(본, běn)】: 본받다. 근본으로 삼다.

【《詩(시, shī)》】: [서명] 《詩經》. 중국 최초의 시가 총집. 西周와 춘추시대의 詩歌 305편이 수록되어 있다.

【《書(서, shū)》】: [서명] 《書經》. 《尙書》. 상고시대 帝王의 언론 및 공문서를 기록한 책.

【《禮(예, lǐ)》】: [서명] 《儀禮》. 周代의 禮儀 제도를 기록한 책.

【《樂(악, yuè)》】: [서명] 《樂經》. 漢代에 이미 逸失되었다.

【際(제, jì)】: 때. 시기.

【斯(사, sī)】: [대명사] 이. 여기. 즉「紹明世…本《詩》、《書》、《禮》、《樂》之際」.

【小子(소자, xiǎo zǐ)】: [겸어] 저(나).

太史公曰:「余聞董生曰:『周道衰廢, 孔子爲魯司寇, 諸侯害
之, 大夫雍之。孔子知言之不用道之不行也, 是非二百四十二年之
中, 以爲天下儀表。貶天子, 退諸侯, 討大夫, 以達王事而已矣。』" 子

【讓(양, ràng)】: 사양하다. 양보하다.

3 上大夫壺遂曰:「昔孔子何爲而作《春秋》哉?」→ 上大夫 壺遂가 물었다:「옛날에 孔子는 어째서 《春秋》를 지었습니까?」

【上大夫(상대부, shàng dà fū)】: 관리의 직급. ※ 봉록 2천 섬을 받았다.

【壺遂(호수, hú suì)】: [인명] 일찍이 사마천과 더불어 律曆을 정하는 일에 참여했다. 벼슬이 詹事에 올라 2천 섬의 봉록을 받았으므로 상대부라 불렀다.

【何爲(하위, hé wéi)】: 왜. 어째서.

【哉(재, zāi)】: [의문조사].

4 太史公曰:「余聞董生曰:『周道衰廢, 孔子爲魯司寇, 諸侯害之, 大夫雍之。孔子知言之不用道之不行也, 是非二百四十二年之中, 以爲天下儀表。貶天子, 退諸侯, 討大夫, 以達王事而已矣。』→ 태사공이 대답했다:「나는 董仲舒가:『周나라의 정치가 쇠퇴했을 때, 孔子가 魯나라에서 司寇를 지냈는데, 제후는 공자를 해치려 하고, 대부들은 공자를 방해했다. 공자가 자신의 주장이 쓰이지 못하고 王道가 행하여지지 않음을 알고, 242년간의 제후들의 일에 대해 시비(是非)를 가려, 이로써 천하의 본보기로 삼았다. 다만 (禮를 잃은) 천자를 비판하고, (경거망동하는) 제후를 배척하고, (분수를 모르는) 대부를 성토함으로써, 王道를 설명했을 뿐이다.』라고 한 말을 들었습니다.

【董生(동생, dǒng shēng)】: [인명] 董仲舒. 漢文帝 때의 유학자.

【周道(주도, zhōu dào)】: 周나라의 정치.

【衰廢(쇠폐, shuāi fèi)】: 쇠퇴하다.

【魯(노, lǔ)】: [국명] 지금의 산동성 滋陽縣 동남쪽에서 강소성 沛縣 및 안휘성 泗縣 일대에 있던 周代의 제후국. 姬氏 姓으로, 周公 旦의 아들 伯禽이 최초로 이곳에 봉해졌다.

【司寇(사구, sī kòu)】: [관직] 형벌과 옥사를 맡은 관리.

【之(지, zhī)】: [대명사] 그 사람. 즉「공자」.

【雍(옹, yōng)】: 방해하다. 가로막다.

【言之不用(언지불용, yán zhī bù yòng)】: 주장이 쓰이지 못하다. 주장이 채택되지 못하다.

【道之不行(도지불행, dào zhī bù xíng)】: 왕도가 시행되지 못하다.

【是非(시비, shì fēi)】: [동사 용법] 시시비비를 가리다.

【之中(지중, zhī zhōng)】: …동안의 일.

【以爲(이위, yǐ wéi)】: 以(之)爲. 이로써 …를 삼다.

【儀表(의표, yí biǎo)】: 모범. 본보기. ※ 孔子는 魯隱公 원년부터 哀公 14년까지 12君 242년간의 일을 기술하여《春秋》를 지었다.

【貶(폄, biǎn)】: 비판하다. 깎아내리다.

【退(퇴, tuì)】: 배척하다.

【討(토, tǎo)】: 성토하다.

380 고문관지古文觀止 역주 (2)

曰:『我欲載之空言, 不如見之於行事之深切著明也。』⁵ 夫《春秋》, 上明三王之道, 下辨人事之紀; 別嫌疑, 明是非, 定猶豫; 善善惡惡, 賢賢賤不肖; 存亡國, 繼絕世, 補敝起廢, 王道之大者也。⁶《易》著天

【達(달, dá)】: 표현하다. 설명하다.
【而已(이이, ér yǐ)】: …뿐이다.

5 子曰:『我欲載之空言, 不如見之於行事之深切著明也。』→ 孔子는:『내가 포폄하는 일을 그저 말만 가지고 기록하려 한다면, (이는) 그것을 실제의 사적을 통해 표현하는 것보다 절실하지도 분명하지도 못하다.』라고 했습니다.
※ 이 말은《春秋緯》에 보인다. 이 책은《隋書 · 經籍志》에「梁有《春秋緯》三十卷, 宋均注, 已亡。」이라 했으나,《玉函山房輯佚書》에 그 逸文이 여러 편 전한다.
【欲(욕, yù)】: …하고자 하다. …하려고 하다.
【載(재, zǎi)】: 기록하다. 기재하다.
【之(지, zhī)】: [대명사] 그것. 즉「포폄하는 일」.
【空言(공언, kōng yán)】: 구체적인 실체가 없는 말 그 자체.
【見(견, jiàn)】: 보여주다. 표현하다.
【行事(행사, xíng shì)】: 실제의 사적.
【深切(심절, shēn qiè)】: 절실하다.
【著明(저명, zhù míng)】: 분명하다.

6 夫《春秋》, 上明三王之道, 下辨人事之紀; 別嫌疑, 明是非, 定猶豫; 善善惡惡, 賢賢賤不肖; 存亡國, 繼絕世, 補敝起廢, 王道之大者也。→ 대저《春秋》는, 위로는 三王의 도리를 밝히고, 아래로는 인간의 윤리강령을 분별해 줍니다. 혐의를 변별하고, 시시비비를 밝히고, 주저하는 바를 결정해 주는가 하면, 착한 사람을 칭찬하고, 악한 사람을 미워하며, 어진 사람을 존경하고, 현명치 못한 사람을 천시합니다. 망한 나라를 존립하게 하고, 단절된 系譜를 이어주며, 파괴된 것을 보수해 주고 폐지된 것을 다시 일으키니, (이 모두가) 王道의 중요한 일들입니다.
【夫(부, fú)】: [발어사] 대저. 무릇.
【三王(삼왕, sān wáng)】: 夏 · 商 · 周 三代의 개국 군주.
【辨(변, biàn)】: 분별하다.
【紀(기, jì)】: 윤리강령. 기강.
【別(별, bié)】: 판별하다. 변별하다.
【猶豫(유예, yóu yù)】: 주저하다. 머뭇거리다.
【善善(선선, shàn shàn)】: ※ 앞의 善은「칭찬하다」라는 동사이고, 뒤의 善은「착한 사람」이라는 명사.
【惡惡(오악, wù è)】: ※ 앞의 惡(오)는「미워하다」라는 동사이고, 뒤의「惡(악)」은「악한 사람」이란 명사.
【賢賢(현현, xián xián)】: ※ 앞의 賢은「존경하다」라는 동사이고, 뒤의 賢은「어진 사람」이라는 명사.

地、陰陽、四時、五行, 故長於變;⁷《禮》經紀人倫, 故長於行;⁸《書》記先王之事, 故長於政;⁹《詩》記山川、豀谷、禽獸、草木、牝牡、雌雄, 故長於風;¹⁰《樂》樂所以立, 故長於和;¹¹《春秋》辨是非, 故長於治人。¹² 是故《禮》以節人,《樂》以發和,《書》以道事,《詩》以達意,《易》以道化,《春秋》以道義。¹³ 撥亂世反之正, 莫近於《春秋》。¹⁴《春秋》文

【不肖(불초, bù xiào)】: 현명하지 못한 사람.
【絶世(절세, jué shì)】: 단절된 계보.
【敝(폐, bì)】: [명사 용법] 파괴된 것.
【大者(대자, dà zhě)】: 중요한 일.

7 《易》著天地、陰陽、四時、五行, 故長於變; → 《周易》은 天地・陰陽・四時・五行의 관계를 서술하고 있기 때문에, 그래서 변화의 법칙을 논하는 데 뛰어나고;
【著(저, zhù)】: 서술하다. 설명하다.
【四時(사시, sì shí)】: 春・夏・秋・冬.
【五行(오행, wǔ xíng)】: 木・火・土・金・水. 즉, 우주 만물을 이루는 다섯 가지 원소.
【長於(장어, cháng yú)…】: …에 뛰어나다. …에 능하다. 【於】: [개사] …에.

8 《禮》經紀人倫, 故長於行; →《禮記》는 인간의 윤리를 다루었기 때문에, 그래서 행위규범을 논하는 데 뛰어나고;
【經紀(경기, jīng jì)】: 다루다. 운영하다. 다스리다.
【行(행, xíng)】: 행위규범.

9 《書》記先王之事, 故長於政; → 《書經》은 선왕의 사적을 기술하고 있기 때문에, 그래서 政事를 논하는 데 뛰어나고;
【政(정, zhèng)】: 정치. 정사.

10 《詩》記山川、谿谷、禽獸、草木、牝牡、雌雄, 故長於風; → 《詩經》은 산천・계곡・금수・초목・빈모・자웅 등을 기술하고 있기 때문에, 그래서 각지의 풍속을 논하는 데 뛰어나고;
【牝牡(빈모, pìn mǔ)】: 암컷과 수컷.
【風(풍, fēng)】: 풍속.

11 《樂》樂所以立, 故長於和; → 《樂經》은 즐거움을 주기 위해 세워졌기 때문에, 그래서 화합을 촉진하는 데 뛰어나고;
【和(화, hé)】: 화합. 화목.

12 《春秋》辨是非, 故長於治人。→《春秋》는 是非를 변별하기 때문에, 그래서 사람을 다스리는 데 뛰어납니다.
【辨(변, biàn)】: 변별하다.

13 是故《禮》以節人,《樂》以發和,《書》以道事,《詩》以達意,《易》以道化,《春秋》以道義。→

382 고문관지古文觀止 역주 (2)

成數萬, 其指數千, 萬物之散聚, 皆在《春秋》。¹⁵《春秋》之中, 弒君三十六, 亡國五十二, 諸侯奔走不得保其社稷者不可勝數。¹⁶ 察其所以, 皆失其本已。¹⁷ 故《易》曰:『失之毫釐, 差以千里。』故曰:『臣弒君, 子弒父, 非一旦一夕之故也; 其漸久矣!』¹⁸ 故有國者不可以不

그러므로《禮記》로써 사람의 행동을 절제시키고,《樂經》으로써 화합하는 감정을 일으키게 하고,《書經》으로써 政事를 지도하고,《詩經》으로써 뜻을 전달하고,《周易》으로써 천지 만물의 변화를 설명하고,《春秋》로써 義理를 설명했습니다.
【是故(시고, shì gù)】: 그래서. 그러므로.
【節(절, jié)】: 절제하다.
【發(발, fā)】: 일으키다.
【和(화, hé)】: 화합하다.
【道事(도사, dào shì)】: 政事를 지도하다. 〖道〗: 導. 인도하다. 지도하다. 이끌다.
【道化(도화, dào huà)】: 천지만물의 변화를 설명하다. 〖道〗: 말하다. 설명하다.
【道義(도의, dào yì)】: 義理를 설명하다.

14 撥亂世反之正, 莫近於《春秋》。→ 난세를 바로잡아 바른길로 돌아가게 하는 데 있어서는,《春秋》를 능가하는 것이 없습니다.
【撥(발, bō)】: 바로잡다. 다스리다.
【反(반, fǎn)】: 返. 돌아가다.
【莫近於(막근어, mò jìn yú)…】: …보다 적합한 것이 없다. 즉「…을 능가하는 것이 없다」의 뜻. 〖近〗: 적합하다. 〖於〗: [개사] …보다. …에 비해.

15 《春秋》文成數萬, 其指數千, 萬物之散聚, 皆在《春秋》。→《春秋》는 字數가 수만을 이루고, 그 요지 또한 수천 가지로, 만물의 이합집산의 이치가 모두《春秋》안에 들어있습니다.
【文(문, wén)】: 글자 수.
【指(지, zhǐ)】: 旨. 요지.

16 《春秋》之中, 弒君三十六, 亡國五十二, 諸侯奔走不得保其社稷者不可勝數。→《春秋》에는, 임금을 살해한 사건이 36건에 달하고, 亡國에 관한 일이 52건에 달하며, 제후가 도망쳐서 그 사직을 보존하지 못한 자가 헤아릴 수 없이 많습니다.
【奔走(분주, bēn zǒu)】: 도망치다. 달아나다.
【不得(부득, bù dé)】: …하지 못하다.
【保(보, bǎo)】: 보존하다.
【不可勝數(불가승수, bù kě shèng shǔ)】: 헤아릴 수 없이 많다.

17 察其所以, 皆失其本已。→ 그 까닭을 살펴보면, 모두가 그 근본을 잃었기 때문입니다.
【所以(소이, suǒ yǐ)】: 원인. 까닭.
【本(본, běn)】: 근본. 즉「仁義」를 가리킨다.
【已(이, yǐ)】: [문미 조사].

知《春秋》, 前有讒而弗見, 後有賊而不知。[19] 爲人臣者不可以不知《春秋》, 守經事而不知其宜, 遭變事而不知其權。[20] 爲人君父而不通於《春秋》之義者, 必蒙首惡之名;[21] 爲人臣子而不通於《春秋》之義者, 必陷

---

18 故《易》曰:『失之毫釐, 差以千里。』故曰:『臣弑君, 子弑父, 非一旦一夕之故也; 其漸久矣!』→ 그래서 《周易》에 이르길 :『처음의 작은 실수가, 나중에 천 리의 차이를 벌린다.』라고 했고, 그래서 이르길 :『신하가 임금을 죽이고, 자식이 부모를 죽이는 것은, 一朝一夕에 일어난 변고가 아니고, 점차 오래도록 쌓인 것이다.』라고 한 것입니다.
  ※ 인용한 말 중 앞의 『失之毫釐, 差以千里。』는 《周易》이 아닌 《易緯・通卦驗》에 보이는 말로 「毫釐千里」, 즉 「처음의 작은 실수가 나중에 큰 잘못을 초래한다」라는 뜻이며, 뒤의 『臣弑君, … 其漸久矣!』는 《周易・坤卦・文言》에 보인다.
  【毫釐(호리, háo lí)】: 매우 작은 것.
  【弑(시, shì)】: 죽이다. 시해하다.
  【一旦一夕(일단일석, yī dàn yī xī)】: 일조일석.
  【故(고, gù)】: 일. 사고. 변고.

19 故有國者不可以不知《春秋》, 前有讒而弗見, 後有賊而不知。→ 그래서 군주는 《春秋》를 모르면 안 됩니다. (《춘추》를 모르면) 앞에 참소하는 자가 있어도 보지 못하고, 뒤에 역적이 있어도 알지 못합니다.
  【有國者(유국자, yǒu guó zhě)】: 통치자. 君主.
  【讒(참, chán)】: 참소하는 자.
  【弗(불, fú)】: 不.
  【賊(적, zéi)】: 역적. 반역자.

20 爲人臣者不可以不知《春秋》, 守經事而不知其宜, 遭變事而不知其權。→ 신하된 자 또한 《춘추》를 모르면 안 됩니다. (《춘추》를 모르면) 일상 업무를 처리함에 있어서 그 옳은 방법을 모르고, 사태의 변화를 당했을 때 적절히 대응할 줄 모릅니다.
  【爲人臣者(위인신자, wéi rén chén zhě)】: 신하 노릇을 하는 자. 즉 「신하」.
  【守(수, shǒu)】: 지키다. 즉 「맡아 처리하다」.
  【經事(경사, jīng shì)】: 일상의 업무.
  【宜(의, yí)】: 옳은 방법.
  【遭(조, zāo)】: 만나다. 당하다.
  【變事(변사, biàn shì)】: 사태의 변화. 변고.
  【權(권, quán)】: 임기응변하다. 적절히 대응하다.

21 爲人君父而不通於《春秋》之義者, 必蒙首惡之名; → 임금 또는 부모가 되어 《춘추》의 뜻에 통달하지 못한 사람은, 반드시 가장 나쁜 명성을 얻게 되고;
  【通(통, tōng)】: 정통하다. 통달하다.
  【義(의, yì)】: 뜻. 의미.
  【蒙(몽, méng)】: 받다. 얻다.

篡弑之誅, 死罪之名.²² 其實皆以爲善, 爲之不知其義, 被之空言而不敢辭.²³ 夫不通禮義之旨, 至於君不君, 臣不臣, 父不父, 子不子.²⁴ 夫君不君則犯, 臣不臣則誅, 父不父則無道, 子不子則不孝.²⁵ 此四

【首惡之名(수악지명, shǒu è zhī míng)】: 가장 나쁜 명성. 악명.

22 爲人臣子而不通於《春秋》之義者, 必陷篡弑之誅, 死罪之名. → 신하 또는 자식이 되어 《춘추》의 뜻에 통달하지 못한 사람은, 필경 찬탈과 시해로 인해 주살되는 처지에 빠지며, 죽을죄를 지었다는 오명을 얻게 됩니다.
【臣子(신자, chén zǐ)】: 신하와 자식.
【陷(함, xiàn)】: 빠져들다.
【篡弑(찬시, cuàn shì)】: 찬탈하고 시해하다.
【誅(주, zhū)】: [피동 용법]: 죽임을 당하다. 주살되다.

23 其實皆以爲善, 爲之不知其義, 被之空言而不敢辭. → 실제로 그들은 모두 좋은 일을 한다고 생각하지만, 그 일을 하면서도 그 이치를 모르기 때문에, 그들에게 없는 죄를 덮어 씌워도 감히 거부하지 못합니다.
【以(이, yǐ)】: 以爲. … 라고 생각하다.
【爲善(위선, wéi shàn)】: 좋은 일을 하다. 善行을 하다.
【爲之(위지, wéi zhī)】: 그것을 하다. 즉「좋은 일을 하다」.《之》: [대명사] 그것. 즉「좋은 일, 善行」.
【義(의, yì)】: 이치. 義理.
【被(피, pī)】: 덮어씌우다.
【空言(공언, kōng yán)】: 빈말. ※ 여기서는「엉뚱한 죄명, 없는 죄」를 가리킨다.
【辭(사, cí)】: 변명하다. 거부하다.

24 夫不通禮義之旨, 至於君不君, 臣不臣, 父不父, 子不子. → 무릇 禮義의 취지에 통달하지 못하기 때문에, 임금이 임금답지 못하고, 신하가 신하답지 못하며, 아비가 아비답지 못하고, 자식이 자식답지 못한 지경에 이르게 됩니다.
【夫(부, fú)】: [발어사] 대저. 무릇.
【通(통, tōng)】: 잘 알다. 통달하다.
【旨(지, zhǐ)】: 요지. 취지.
【至於(지어, zhì yú)】: …에 이르다.《於》: [개사] …에.
【君不君(군불군, jūn bù jūn)】: 임금이 임금답지 못하다.
【臣不臣(신불신, chén bù chén)】: 신하가 신하답지 못하다.
【父不父(부불부, fù bù fù)】: 아비가 아비답지 못하다.
【子不子(자부자, zǐ bù zǐ)】: 자식이 자식답지 못하다.

25 夫君不君則犯, 臣不臣則誅, 父不父則無道, 子不子則不孝. → 무릇 임금이 임금답지 못하면, (신하로부터) 침범을 당하고, 신하가 신하답지 못하면, 죽임을 당하며, 아비가 아비답지 못하면 인륜의 도리가 없어지고, 자식이 자식답지 못하면 불효하게 됩니다.

行者, 天下之大過也。²⁶ 以天下之大過予之, 則受而弗敢辭。²⁷ 故《春秋》者, 禮義之大宗也。²⁸ 夫禮禁未然之前, 法施已然之後;²⁹ 法之所爲用者易見, 而禮之所爲禁者難知。」³⁰

壺遂曰:「孔子之時, 上無明君, 下不得任用, 故作《春秋》, 垂空文以斷禮義, 當一王之法。³¹ 今夫子上遇明天子, 下得守職, 萬事

- 【犯(범, fàn)】: [피동 용법] 침범을 당하다.
- 【誅(주, zhū)】: [피동 용법] 죽임을 당하다.
- 【道(도, dào)】: 인륜의 도리.

26 此四行者, 天下之大過也。→ 이 네 가지의 행위는 세상에서 가장 큰 죄악입니다.
- 【此四行者(차사행자, cǐ sì xíng zhě)】: 이 네 가지 행위. 즉「君不君, 臣不臣, 父不父, 子不子」.

27 以天下之大過予之, 則受而弗敢辭。→ 세상에서 가장 큰 죄악으로 덮어씌우건, 받아들일 뿐 감히 물리치지를 못합니다.
- 【予之(여지, yǔ zhī)】: 덮어씌우다. 전가시키다.
- 【弗(불, fú)】: 不.

28 故《春秋》者, 禮義之大宗也。→ 그래서《춘추》는, 예의의 근본입니다.
- 【大宗(대종, dà zōng)】: 근본. 근원.

29 夫禮禁未然之前, 法施已然之後; → 대저 禮는 미연에 방지하는 것이고, 法은 사후에 시행하는 것이며;
- ※ 즉, 禮란 사건이 발생하기 전에 미리 금지시키는 작용을 하는 것이고, 法이란 사건이 발생한 후에 처벌을 시행하는 것이다.
- 【禁(금, jìn)】: 금지하다. 방지하다.
- 【未然之前(미연지전, wèi rán zhī qián)】: 아직 그렇게 되지 않은 때. 즉「일이 발생하기 이전」.
- 【施(시, shī)】: 시행하다. 처리하다.
- 【已然之後(이연지후, yǐ rán zhī hòu)】: 일이 그렇게 된 이후. 즉「일이 발생한 이후」.

30 法之所爲用者易見, 而禮之所爲禁者難知。」→ 법의 작용은 사용하면 쉽게 알 수 있지만, 예의 작용은 금지해도 이해하기 어렵습니다.」
- 【所爲(소위, suǒ wéi)】: 행위. 작용.
- 【易見(이견, yì jiàn)】: 알기 쉽다.
- 【難知(난지, nán zhī)】: 알기 어렵다. 이해하기 어렵다.

31 壺遂曰:「孔子之時, 上無明君, 下不得任用, 故作《春秋》, 垂空文以斷禮義, 當一王之法。
→ 壺遂가 말했다:「孔子의 시대에는, 위로 聖君이 없어, 아래에서 인재가 임용되지 못했습니다. 그래서《춘추》를 지어, 글을 남김으로써 예의를 판단하고, 왕의 法典으로 삼

旣具, 咸各序其宜。夫子所論, 欲以何明?」³²

太史公曰:「唯唯, 否否, 不然! 余聞之先人曰:『伏羲至純厚, 作《易》八卦; 堯、舜之盛,《尚書》載之, 禮樂作焉; 湯、武之隆, 詩人歌之;《春秋》采善貶惡, 推三代之德, 襃周室, 非獨刺譏而已也。』³³

았습니다.
- 【明君(명군, míng jūn)】: 현명한 군주. 聖君.
- 【垂(수, chuí)】: 남기다. 전하다.
- 【空文(공문, kōng wén)】: 글. 문장. ※문장을 구체적인 실체와 상대적인 의미에서 가리킨 말.
- 【斷(단, duàn)】: 단정하다. 판단하다.
- 【當(당, dàng)】: …로 삼다.
- 【法(법, fǎ)】: 법전. 법규.

32 今夫子上遇明天子, 下得守職, 萬事旣具, 咸各序其宜。夫子所論, 欲以何明?」→ 지금 선생은 위로 현명한 임금을 만나, 아래에서 직분을 얻고, 모든 일이 이미 갖추어져, 모두가 각기 알맞게 안배되었습니다. (그런데) 선생이 저술하려는 바는, 무엇을 밝히고자 하는 것입니까?」
- 【夫子(부자, fū zǐ)】: [존칭] 선생. ※司馬遷에 대한 존칭.
- 【明天子(명천자, míng tiān zǐ)】: 현명한 군주. 여기서는「漢武帝」를 가리킨다.
- 【守職(수직, shǒu zhí)】: 직분. 직무. 일자리.
- 【旣具(기구, jì jù)】: 이미 갖추다.
- 【咸(함, xián)】: 모두.
- 【各序其宜(각서기의, gè xù qí yí)】: 각기 알맞게 안배되다. 『序』: 차례. 순서. 『宜』: 알맞다. 적당하다.
- 【所論(소론, suǒ lùn)】: 논하려는 바. 여기에서는「저술」을 뜻한다.
- 【欲(욕, yù)】: …하고자 하다. …하려고 하다.
- 【以(이, yǐ)】: … 을(를).
- 【明(명, míng)】: 밝히다. 설명하다. 천명하다.

33 太史公曰:「唯唯, 否否, 不然! 余聞之先人曰:『伏羲至純厚, 作《易》八卦; 堯、舜之盛,《尚書》載之, 禮樂作焉; 湯、武之隆, 詩人歌之;《春秋》采善貶惡, 推三代之德, 襃周室, 非獨刺譏而已也。』→ 태사공이 말했다:「어 어, 아니 아니요, 그렇지 않습니다! 나는 부친께서:『伏羲氏는 성품이 지극히 순박하고 너그러운 분으로,《周易》의「八卦」를 지었고; 堯・舜의 태평성세는《尚書》에 기록되어 있는데, 禮樂이 이때 만들어졌으며; 湯王과 武王의 융성한 치적은, 시인들이 그것을 노래하여 찬미했다.《春秋》는 선량한 것을 취하고 사악한 것을 배척하여, (夏・商・周) 삼대의 훌륭한 덕을 받들고, 周王朝를 찬양했으니, 오직 풍자만 한 것이 아니다.』라고 하신 말씀을 들었습니다.

漢興以來, 至明天子, 獲符瑞, 建封禪, 改正朔, 易服色, 受命於穆清, 澤流罔極。³⁴ 海外殊俗, 重譯款塞, 請來獻見者, 不可勝道。³⁵ 臣

【唯唯(유유, wéi wéi)】: [대답할 때 나오는 소리] 어 어.
【否否(부부, fǒu fǒu)】: [동의하지 않음을 표시하는 말] 아니 아니요.
【伏羲(복희, fú xī)】: 복희씨. 전설에 나오는 옛 임금.
※《白虎通》에는 복희씨를 神農氏·燧人氏와 합쳐 「三皇」이라 했는데, 신농씨는 인류에게 최초로 농사짓는 법을 가르쳤고, 수인씨는 불을 사용하는 방법을 가르쳤으며, 복희씨는 밭 갈고 고기 잡고 목축하는 방법을 가르쳤다고 한다.
【至(지, zhì)】: 지극히. 매우.
【純厚(순후, chún hòu)】: 순박하고 너그럽다.
【八卦(팔괘, bā guà)】:《주역》의 여덟 가지 괘. 즉「乾(건, qián)·兌(태, duì)·離(이, lí)·震(진, zhèn)·巽(손, xùn)·坎(감, kǎn)·艮(간)·坤(곤, kūn)」.
【盛(성, shèng)】: 태평성세.
【《尚書(상서, shàng shū)》】:《書經》. 六經의 하나.
【載之(재지, zǎi zhī)】: 그것을 기록하다.〖之〗: [대명사] 그것. 즉「요·순의 태평성세」.
【歌之(가지, gē zhī)】: 탕왕·무왕의 융성한 치적을 노래하여 찬미하다.〖歌〗: 노래하여 찬미하다.〖之〗: [대명사] 그것. 즉「탕왕·무왕의 융성한 치적」.
【采(채, cǎi)】: 採. 채택하다. 받아들이다.
【貶(폄, biǎn)】: 배척하다.
【推(추, tuī)】: 받들다.
【襃(포, bāo)】: 칭찬하다. 찬양하다.
【周室(주실, zhōu shì)】: 周王朝.
【獨(독, dú)】: 다만. 오직.
【刺譏(자기, cì jī)】: 풍자하다. 비난하다.
【而已(이이, ér yǐ)】: …뿐.

34 漢興以來, 至明天子, 獲符瑞, 建封禪, 改正朔, 易服色, 受命於穆清, 澤流罔極。→ 漢나라는 개국이래, 지금의 현명한 천자에 이르기까지, 길조를 얻어, 封禪大祭를 거행하고, 曆法을 개정하며, 服飾의 색깔을 바꾸는 등, 하늘에서 명을 받아, 恩德이 그지없이 流布되었습니다.
【興(흥, xīng)】: 흥성하다. ※ 여기서는「開國」을 뜻한다.
【符瑞(부서, fú ruì)】: 길조. 상서로운 징조. ※ 옛사람들은 기이한 사물을 보면 하늘이 길조를 내렸다고 여기고, 인간의 사물과 대응하여 이를「符瑞」라고 했는데, 여기서는 漢武帝 元狩 원년(B.C. 122)에 雍에 가서 白麟을 포획한 것을 가리킨다.
【建(건, jiàn)】: 세우다. 건립하다. 여기서는「지내다. 거행하다」의 뜻.
【封禪(봉선, fēng shàn)】: 옛날에 천자가 泰山에 제단을 쌓고 천지의 공덕에 보답하기 위해 제사를 지내던 의식. ※ 泰山 위에 흙으로 壇을 쌓고 하늘에 제사 지내는 의식을「封」이라 하고, 태산 아래의 작은 산에 제터를 만들고 땅의 공덕에 보답하기 위해 제사

下百官, 力誦聖德, 猶不能宣盡其意。³⁶ 且士賢能而不用, 有國者之
恥; 主上明聖而德不布聞, 有司之過也。³⁷ 且余嘗掌其官, 廢明聖盛

　　지내던 의식을 「禪」이라 했다.
【改正朔(개정삭, gǎi zhēng shuò)】: 정월 초하루의 날짜를 개정하다. 즉 「曆法을 개정하
　　다」의 뜻. 【正朔】: 元旦. 정월 초하루.
　　※ 朝代가 바뀌거나 제왕이 새로 등극하면 元旦을 다른 날로 바꾸는 경우가 있는데, 예
　　를 들어 漢武帝 太初 원년(B.C. 104)에 「太初曆」을 바꿔, 10월을 歲首로 하던 秦나라
　　의 역법을 폐지하고 正月을 歲首로 정했다.
【易服色(역복색, yì fú sè)】: 의복과 기물의 색깔을 바꾸다.
　　※ 秦나라는 黑色을 숭상했으나, 漢武帝는 黃色을 숭상했다.
【穆清(목청, mù qīng)】: 하늘. 본래의 뜻은 「하늘의 맑고 온화한 기운」이나, 여기서는
　　「하늘」을 가리킨다.
【澤(택, zé)】: 은택. 은덕.
【流(류, liú)】: 유포되다. 흘러 퍼지다.
【罔極(망극, wǎng jí)】: 한이 없다. 끝이 없다.

35 海外殊俗, 重譯款塞, 請來獻見者, 不可勝道。→ 나라 밖의 풍속 습관을 달리하는 오랑
　　캐들은, 여러 차례 통역을 보내 변방의 관문을 두드리며, 조공을 바치고 알현하기를 청
　　해온 사람들이, 셀 수 없이 많았습니다.
【殊俗(수속, shū sú)】: 다른 풍속. 즉 「이민족 오랑캐」를 가리킨다.
【重譯(중역, chóng yì)】: (이 사람 저 사람 바꿔가며) 여러 차례 통역을 보내다.
【款(관, kuǎn)】: 두드리다.
【塞(새, sài)】: 변방의 관문.
【獻見(헌견, xiàn jiàn)】: 조공을 바치고 알현하다.
【不可勝道(불가승도, bù kě shèng dào)】: 不知其數. 셀 수 없이 많다.

36 臣下百官, 力誦聖德, 猶不能宣盡其意。→ 모든 관료 신하들은, 聖德을 극력 찬양하지
　　만, 그래도 그 뜻을 다 펴낼 수가 없습니다.
【力誦(역송, lì sòng)】: 극력 찬양하다.
【猶(유, yóu)】: 그래도. 여전히.
【宣盡(선진, xuān jìn)】: 다 펴내다. 모두 표현해 내다.

37 且士賢能而不用, 有國者之恥; 主上明聖而德不布聞, 有司之過也。→ 또한 현명하고 능
　　력 있는 인재들이 임용되지 못한다면, 그것은 임금의 수치요; 군주가 현명하고 성스러
　　운데 그 은덕이 널리 전파되지 않는다면, 그것은 관리들의 잘못입니다.
【且(차, qiě)】: 또한. 그리고.
【恥(치, chǐ)】: 수치. 부끄러움.
【主上(주상, zhǔ shàng)】: 군주.
【布聞(포문, bù wén)】: 퍼지다. 전파되다.

德不載, 滅功臣、世家、賢大夫之業不述, 墮先人所言, 罪莫大焉!³⁸ 余所謂述故事, 整齊其世傳, 非所謂作也。³⁹ 而君比之於《春秋》, 謬矣。」⁴⁰

於是論次其文, 七年, 而太史公遭李陵之禍, 幽於縲絏。⁴¹ 乃喟

【有司(유사, yǒu sī)】: 관리. 옛날의 관리들이 각기 맡은 직책이 있었기 때문에「有司」라 했는데, 여기서는 史官을 가리킨다.

38 且余嘗掌其官, 廢明聖盛德不載, 滅功臣、世家、賢大夫之業不述, 墮先人所言, 罪莫大焉! → 또한 내가 일찍이 太史令이란 관직을 맡았는데, 천자의 성덕을 폐기하여 기록하지 않고, 功臣・世家・어진 대부들의 업적을 없애 기술하지 않아, 선친의 유언을 파기한다면, 이보다 더 큰 죄가 없습니다.
【且(차, qiě)】: 況且. 하물며. 더욱이.
【掌(장, zhǎng)】: 맡다. 담당하다.
【其官(기관, qí guān)】: 그 관직. 즉「太史令」.
【廢(폐, fèi)】: 없애다. 폐기하다.
【明聖(명성, míng shèng)】: 현명하고 성스러움. 즉「천자」를 가리킨다.
【滅(멸, miè)】: 제거하다. 없애버리다.
【世家(세가, shì jiā)】: 명문대가.
【墮(휴, huī)】: 廢. 파기하다.
【先人(선인, xiān rén)】: 선친. 돌아가신 부친.
【所言(소언, suǒ yán)】: 말한 바. 즉「유언」.

39 余所謂述故事, 整齊其世傳, 非所謂作也。 → 내가 말한 바의 故事를 서술한다 함은, 그들의 역대 전기(傳記)를 정리하는 것이지, 이른바 창작이 아닙니다.
【整齊(정제, zhěng qí)】: 정리하다.
【世傳(세전, shì zhuàn)】: 역대의 전기. 대대로 전해 내려오는 史料.
【所謂(소위, suǒ wèi)】: 이른바.
【作(작, zuò)】: 창작.

40 而君比之於《春秋》, 謬矣。」 → 그런데 당신이 그것을《춘추》에 비한다면, 잘못된 것입니다.」
【比之於(비지어, bǐ zhī yú)…】: 그것을 …에 비하다. 〖之〗: [대명사] 그것. 즉「역대 사료를 정리한 것」. 〖於〗: [개사] …에.
【謬(류, miù)】: 잘못. 과오.

41 於是論次其文, 七年, 而太史公遭李陵之禍, 幽於縲絏。 → 그리하여 그 책을 편찬하다가, 7년이 되던 해에, 太史公은「李陵의 禍」를 만나, 감옥에 갇히었다.
【於是(어시, yú shì)】: 이에. 그리하여.

然而歎曰:「是余之罪也夫! 是余之罪也夫! 身毀不用矣!」⁴² 退而深惟曰:「夫《詩》、《書》隱約者, 欲遂其志之思也。⁴³ 昔西伯拘羑里, 演《周易》;⁴⁴ 孔子戹陳、蔡, 作《春秋》;⁴⁵ 屈原放逐, 著《離騷》;⁴⁶ 左丘失

【論次(논차, lùn cì)】: 편찬하다. 정리해 나가다.
【七年(칠년, qī nián)】: 漢武帝 天漢 3년(B.C. 98)을 가리킨다.
【李陵之禍(이릉지화, lǐ líng zhī huò)】: 李陵의 禍.
  ※ 이릉은 漢의 장군 李廣의 손자로, 흉노 정벌에 나섰다가 패하여 항복했는데, 사마천이 이를 변호하다가 武帝의 노여움을 사서 감옥에 갇히고 宮刑을 당했다.
【幽(유, yōu)】: [피동 용법]: 갇히다.
【縲絏(유설/누설, léi xiè)】: 감옥.「縲絏」은 본래「오랏줄, 죄인을 묶는 밧줄」이나, 여기서는 의미가 확대되어「감옥」이란 뜻.

42 乃喟然而歎曰:「是余之罪也夫! 是余之罪也夫! 身毀不用矣!」→ 이에 한숨을 쉬고 탄식하며 말했다:「이 모두가 나의 죄로다! 이 모두가 나의 죄로다! 몸이 망가져 쓸모가 없게 되었도다!」
【乃(내, nǎi)】: 그리하여. 이에.
【喟然(위연, kuì rán)】: 한숨 쉬다.
【是(시, shì)】: [대명사] 이것. 즉「이릉을 변호하다가 당한 일」.
【身毀(신훼, shēn huǐ)】: 몸이 망가지다. ※ 宮刑을 당해 불구가 된 것을 말한다.

43 退而深惟曰:「夫《詩》、《書》隱約者, 欲遂其志之思也。→ (그리고) 물러 나와 깊이 생각하고 말했다:「대저《詩經》·《書經》의 의미가 함축된 것은, 작자 마음속의 생각을 표현하고자 한 것이다.
【深惟(심유, shēn wéi)】: 깊이 생각하다.
【隱約(은약, yǐn yuē)】: 말이 간단하면서 의미가 매우 함축되다.
【欲(욕, yù)】: …하고자 하다. …하려고 하다.
【遂(수, suì)】: 표현하다. 전달하다.
【其志之思(기지지사, qí zhì zhī sī)】: 작자 마음속의 생각.

44 昔西伯拘羑里, 演《周易》; → 예전에 西伯은 羑里에 구금되어 있으면서도,《周易》을 더욱 발전시켰고;
  ※ 주문왕은 伏羲가 그린 八卦를 더 확대하여 六十四卦를 만들었다.
【西伯(서백, xī bó)】: 周文王 姬昌. 周文王이 殷나라 紂王 때 雍州의 州長을 지냈는데, 州長을 伯이라 했고, 雍州가 서쪽에 위치했으므로 西伯이라 했다.
【拘(구, jū)】: [피동 용법] 구금되다. 갇히다.
【羑里(유리, yǒu lǐ)】: [지명] 지금의 하남성 湯陰縣. ※ 周文王은 일찍이 이곳에서 殷나라 紂王에 의해 구금된 적이 있다.
【演(연, yǎn)】: 발전시키다.

明, 厥有《國語》;⁴⁷ 孫子臏腳, 而論《兵法》;⁴⁸ 不韋遷蜀, 世傳《呂覽》;⁴⁹ 韓非囚秦,《說難》、《孤憤》;⁵⁰《詩》三百篇, 大抵賢聖發憤之所爲作

45 孔子戹陳、蔡, 作《春秋》; → 孔子는 陳·蔡에서 곤란을 당하면서도,《春秋》를 지었고;
※이는 楚나라가 사람을 파견하여 공자를 초빙해 갔는데, 陳·蔡의 大夫들이 楚가 공자를 기용할까 두려워 공자를 陳·蔡 사이의 들판에서 둘러싸고 풀어주지를 않아, 양식이 끊어지고 병이 나서 한동안 일어나지 못했던 일이 있었다.
【戹(액, è)】: 厄. 곤란을 당하다.
【陳(진, chén)、蔡(채, cài)】: [국명] 陳나라와 蔡나라.〖陳〗: 지금의 하남성 淮陽 일대에 있던 周代의 제후국.〖蔡〗: 지금의 하남성 上蔡縣 일대에 있던 周代의 제후국.

46 屈原放逐, 著《離騷》; → 屈原은 쫓겨나서도,《離騷》를 지었고;
【屈原(굴원, qū yuán)】: [인명] (B.C. 340-B.C. 278). 전국시대 楚나라 사람으로 이름은 平, 자는 原이며 楚辭의 대가이다.
【放逐(방축, fàng zhú)】: 쫓겨나다.
【《離騷(이소, lí sāo)》】: 굴원이 지은 장편의 서정시.

47 左丘失明, 厥有《國語》; → 左丘明은 失明하고 나서,《國語》를 지었으며;
【左丘(좌구, zuó qiū)】: [인명] 左丘明. 魯나라의 史官.《左傳》과《國語》를 지었다고 전한다.
【失明(실명, shī míng)】: 눈이 멀다.
【厥(궐, jué)】: 비로소. ※[어조사로 해석하는 경우도 있다.

48 孫子臏腳, 而論《兵法》; → 孫子는 다리를 잘렸으면서도,《兵法》을 저술했고;
【孫子(손자, sūn zǐ)】: [인명] 성은 孫, 이름은 臏이며, 전국시대 齊나라 사람이다. 그는 龐涓과 함께 鬼谷子에게 병법을 배웠는데, 후에 魏의 장군이 된 龐涓이 손빈의 능력을 시기하여 몰래 사람을 보내 손빈을 불러들여 그의 다리를 잘라버렸다. 마침 齊나라 사신 淳于髡이 魏에 왔다가 손빈을 싣고 돌아오자, 威王이 그를 軍師로 삼았다. 그 후 魏나라가 韓을 공략하자, 韓이 급히 齊에 알려와 손빈이 齊나라 군사를 魏에 보내 馬陵에서 涓을 죽이고, 여세를 몰아 魏軍을 격파했다.
【臏腳(빈각, bìn jué)】: 다리를 잘리다. ※손자가 다리를 잘리는 화를 당했기 때문에 후세 사람들이 그를 孫臏이라 불렀다.

49 不韋遷蜀, 世傳《呂覽》; → 呂不韋가 西蜀으로 쫓겨나자,《呂氏春秋》가 세상에 전해졌고;
【不韋(불위, bù wéi)】: [인명] 呂不韋. 전국시대 秦始皇의 재상을 지냈으나, 후에 죄를 짓고 쫓겨나 西蜀으로 가던 도중 자살했다.
【遷蜀(천촉, qiān shǔ)】: 蜀으로 좌천되어가다.
【呂覽(여람, lǚ lǎn)】: [서명]《呂氏春秋》. 여불위가 재상을 지낼 당시 문객을 시켜 지은 책.

50 韓非囚秦,《說難》、《孤憤》; → 韓非子는 秦나라에 구금되어서도,《세난》과《고분》을 지었으며;
※韓非子와 李斯는 함께 荀卿에게 배웠는데, 후에 명을 받고 秦에 파견되었다가 이사

也。⁵¹ 此人皆意有所鬱結, 不得通其道也, 故述往事, 思來者。」⁵² 於是卒述陶唐以來, 至于麟止, 自黃帝始。⁵³

의 모함에 빠져 옥사했다.
【囚(수, qiú)】: 구금되다.
【《說難(세난, shuì nán)》,《孤憤(고분, gū fèn)》】:《韓非子》중의 篇名.

51 《詩》三百篇, 大抵賢聖發憤之所爲作也。→《詩經》의 시 삼백 편은, 대체로 현인과 성인들이 발분하여 지은 것이다.
【大抵(대저, dà dǐ)】: 대체로. 대개.
【發憤(발분, fā fèn)】: 발분하다.

52 此人皆意有所鬱結, 不得通其道也, 故述往事, 思來者。」→ 이들은 모두 마음에 막힌 응어리가 있어도, 그 길을 소통시킬 수가 없었기 때문에, 그래서 지난 일을 서술하여, 후세 사람들에게 남기고자 생각한 것이다.」
【鬱結(울결, yù jié)】: 막힌 응어리.
【不得(부득, bù dé)】: 不能. … 할 수 없다.
【通其道(통기도, tōng qí dào)】: 그 길을 소통시키다. 여기서는「자기의 주장을 실현하다」의 뜻.
【來者(내자, lái zhě)】: 후세 사람.

53 於是卒述陶唐以來, 至于麟止, 自黃帝始。→ 그리하여 마침내 唐堯이래 漢武帝가 기린을 포획한 때까지 기술했는데, 黃帝로부터 시작했다.
【卒(졸, zú)】: 마침내.
【陶唐(도당, táo táng)】: 陶唐氏. 즉「堯임금」. ※ 요임금은 먼저 陶에 봉해지고, 후에 唐에 봉해졌다.
【至于(지우, zhì yú)…止(지, zhǐ)】: …에 이르기까지.『于』: [개사] 於. …에.
【麟(린, lín)】: 전설에 나오는 길상의 동물인「麒麟」을 말하는데, 수컷을「麒」라 하고 암컷을「麟」이라 한다. ※ 漢武帝 元狩 元年에 雍지방에서 白麟을 포획했다.
【自(자, zì)…始(시, shǐ)】: …부터 시작하다.
【黃帝(황제, huáng dì)】: 전설에 나오는 상고시대 제왕. 처음으로 곡물 재배를 가르치고 도량형을 정했다고 전한다.

> 번역문

태사공(太史公) 자서(自序)

　　태사공(太史公)이 말했다 : 「선친께서 말씀하시길 : 『주공(周公)이 돌아가신 뒤로부터 오백 년이 지나 공자(孔子)가 있었고, 공자가 돌아가신 후 지금까지 오백 년이 되었다. 마땅히 어느 누가 능히 태평성세를 계승하여 《주역(周易)》을 바로 해석하고, 《춘추(春秋)》를 계승하고, 《시경(詩經)》·《서경(書經)》·《예기(禮記)》·《악경(樂經)》의 취지를 근본으로 삼아 저술할 시기가 되었다. (너) 여기에 뜻이 있느냐? 여기에 뜻이 있느냐?』라고 하셨다. 내가 어찌 감히 사양하겠는가?」

　　상대부(上大夫) 호수(壺遂)가 물었다 : 「옛날에 공자(孔子)는 어째서 《춘추(春秋)》를 지었습니까?」

　　태사공이 대답했다 : 「나는 동중서(董仲舒)가 : 『주(周)나라의 정치가 쇠퇴했을 때, 공자(孔子)가 노(魯)나라에서 사구(司寇)를 지냈는데, 제후는 공자를 해치려 하고 대부들은 공자를 방해했다. 공자가 자신의 주장이 쓰이지 못하고 왕도(王道)가 행하여지지 않음을 알고 242년간의 제후들의 일에 대해 시비(是非)를 가려, 이로써 천하의 본보기로 삼았다. 다만 (예를 잃은) 천자를 비판하고 (경거망동하는) 제후를 배척하고 (분수를 모르는) 대부를 성토함으로써 왕도(王道)를 설명했을 뿐이다.』라고 한 말을 들었습니다. 공자는 : 『내가 포폄(褒貶)하는 일을 그저 말만 가지고 기록하려 한다면, (이는) 그것을 실제의 사적을 통해 표현하는 것보다 절실하지도 분명하지도 못하다.』라고 했습니다. 대저 《춘추(春秋)》는, 위로는 삼왕(三王)의 도리를 밝히고, 아래로는 인간의 윤리강령을 분별해 줍니다. 혐의를 변별하고 시시비비를 밝히고, 주저하는 바를 결정해 주는가 하면, 착한 사람을 칭찬하

고 악한 사람을 미워하며, 어진 사람을 존경하고 현명치 못한 사람을 천시합니다. 망한 나라를 존립하게 하고 단절된 계보(系譜)를 이어주며, 파괴된 것을 보수해 주고 폐지된 것을 다시 일으키니, (이 모두가) 왕도(王道)의 중요한 일들입니다. 《주역》은 천지(天地)·음양(陰陽)·사시(四時)·오행(五行)의 관계를 서술하고 있기 때문에 그래서 변화의 법칙을 논하는데 뛰어나고, 《예기》는 인간의 윤리를 다루었기 때문에 그래서 행위규범을 논하는데 뛰어나고, 《서경》은 선왕의 사적을 기술하고 있기 때문에 그래서 정사(政事)를 논하는데 뛰어나고, 《시경》은 산천·계곡·금수(禽獸)·초목·빈모(牝牡)·자웅(雌雄) 등을 기술하고 있기 때문에 그래서 각지의 풍속을 논하는데 뛰어나고, 《악경》은 즐거움을 주기 위해 세워졌기 때문에 그래서 화합을 촉진하는 데 뛰어나고, 《춘추》는 시비(是非)를 변별하기 때문에, 그래서 사람을 다스리는데 뛰어납니다. 그러므로 《예기》로써 사람의 행동을 절제시키고, 《악경》으로써 화합하는 감정을 일으키게 하고, 《서경》으로써 정사(政事)를 지도하고, 《시경》으로써 뜻을 전달하고, 《주역》으로써 천지만물의 변화를 설명하고, 《춘추》로써 의리(義理)를 설명했습니다. 난세를 바로잡아 바른길로 돌아가게 하는 데 있어서는 《춘추》를 능가하는 것이 없습니다. 《춘추》는 자수(字數)가 수만을 이루고 그 요지 또한 수천 가지로, 만물의 이합집산의 이치가 모두 《춘추》 안에 들어있습니다. 《춘추》에는 임금을 살해한 사건이 36건에 달하고, 망국(亡國)에 관한 일이 52건에 달하며, 제후가 도망쳐서 그 사직을 보존하지 못한 자가 헤아릴 수 없이 많습니다. 그 까닭을 살펴보면 모두가 그 근본을 잃었기 때문입니다. 그래서 《주역》에 이르길 : 『처음의 작은 실수가 나중에 천 리의 차이를 벌린다.』라고 했고, 그래서 이르길 : 『신하가 임금을 죽이고 자식이 부모를 죽이는 것은 일조일석에 일어난 변고가 아니고 점차 오래도록 쌓인 것이다.』라고 한 것입니다. 그래서 군주는《춘추》를 모르면 안 됩니다. (《춘추》를 모르면) 앞에 참소하는 자가 있어도 보지 못하고, 뒤에 역적이 있어도 알지 못합니다. 신하된 자 또한《춘추》를 모르면 안 됩니다. (《춘추》를 모르면) 일상 업무를 처리함에 있어서 그 옳은 방법을 모르고, 사태의 변화를 당했을 때 적절히 대응할 줄을 모릅니다. 임금 또는 부모가 되어《춘추》의 뜻에 통달하지 못한 사람은 반드시 가장 나쁜 명성을 얻게 되고, 신하 또는 자식이 되어《춘추》의 뜻에 통달하지 못한 사람은 필경 찬탈과 시해로 인해 주살되는 처지에 빠지며, 죽을죄를 지었다는 오명을 얻게 됩니다. 실제로 그들은 모두 좋은 일을 한다고 생각하지만, 그 일을 하면서도 그 이치를 모르기 때문에 그들에게 없는 죄를 덮어씌워도 감히 거부하지 못합니다. 무릇 예의(禮義)의 취지에 통달하지 못하기 때문에 임금이 임금답지 못하고, 신하가 신하답지 못하며, 아비가 아비답지 못하고, 자식이 자식답지 못한 지경에 이르게 됩니다. 무릇 임금이 임금답지 못하면 (신하로부터) 침범을 당하고, 신하가 신하답지 못하면 죽임을 당하며, 아비가 아비답지 못하면 인륜의 도리가 없어지고, 자식이 자식답지 못하면 불효하게 됩니다. 이 네 가지의 행위는 세상에서 가장 큰 죄악입니다. 세상에서 가장 큰 죄악으로 덮어씌우면 받아들일 뿐 감히 물리치지를 못합니다. 그래서《춘추》는 예의의 근본입니다. 대저 예(禮)는 미연에 방지하는 것이고, 법(法)은 사후에 시행하는 것이며, 법의 작용은 사용하면 쉽게 알 수 있지만, 예의 작용은 금지해도 이해하기 어렵습니다.」

호수(壺遂)가 말했다 :「공자(孔子)의 시대에는 위로 성군(聖君)이 없어 아래에서 인재가 임용되지 못했습니다. 그래서《춘추》를 지어 글을 남김으로써 예의를 판단하고 왕의 법전(法典)으로 삼았습니다. 지금 선생은 위로 현명한 임금을 만나, 아래에서 직분을 얻고 모든 일이 이미 갖추어져 모두가 각기 알맞게 안배되었습니다. (그런데) 선생이 저술하려는 바는 무엇을 밝히고자 하는 것입니까?」

　태사공이 말했다 :「어 어, 아니 아니요, 그렇지 않습니다! 나는 부친께서 :『복희씨(伏羲氏)는 성품이 지극히 순박하고 너그러운 분으로《주역》의「팔괘(八卦)」를 지었고, 요(堯)·순(舜)의 태평성세는《상서(尙書)》에 기록되어 있는데, 예악(禮樂)이 이때 만들어졌으며, 탕왕(湯王)과 무왕(武王)의 융성한 치적은, 시인들이 그것을 노래하여 찬미했다.《춘추》는 선량한 것을 취하고 사악한 것을 배척하여 하(夏)·상(商)·주(周) 삼대의 훌륭한 덕을 받들고 주왕조(周王朝)를 찬양했으니, 오직 풍자만 한 것이 아니다.』라고 하신 말씀을 들었습니다. 한(漢)나라는 개국이래 지금의 현명한 천자에 이르기까지, 길조(吉兆)를 얻어 봉선대제(封禪大祭)를 거행하고 역법(曆法)을 개정하며 복식(服飾)의 색깔을 바꾸는 등 하늘에서 명을 받아 은덕(恩德)이 그지없이 유포되었습니다. 나라 밖의 풍속 습관을 달리하는 오랑캐들은 여러 차례 통역을 보내 변방의 관문을 두드리며 조공을 바치고 알현하기를 청해온 사람들이 셀 수 없이 많았습니다. 모든 관료 신하들은 성덕(聖德)을 극력 찬양하지만 그래도 그 뜻을 다 펴낼 수가 없습니다. 또한 현명하고 능력 있는 인재들이 임용되지 못한다면 그것은 임금의 수치요, 군주가 현명하고 성스러운데 그 은덕이 널리 전파되지 않는다면 그것은 관리들의 잘못입니다. 또한 내가 일찍이 태사령(太史令)이란 관직을 맡았는데, 천자의 성덕을 폐기하여 기록하지 않고 공신(功臣)·세가(世家)·어진 대부들의 업적을 없애 기술하지 않아 선친의 유언을 파기한다면 이보다 더 큰 죄가 없습니다. 내가 말한 바의 고사(故事)를 서술한다 함은 그들의 역대 전기(傳記)를 정리하는 것이지 이른바 창작이 아닙니다. 그런데 당신이 그것을《춘추》에 비한다면 잘못된 것입니다.」

　그리하여 그 책을 편찬하다가 7년이 되던 해에, 태사공(太史公)은「이릉

(李陵)의 화(禍)」를 만나 감옥에 갇히었다. 이에 한숨을 쉬고 탄식하며 말했다 :「이 모두가 나의 죄로다! 이 모두가 나의 죄로다! 몸이 망가져 쓸모가 없게 되었도다!」(그리고) 물러 나와 깊이 생각하고 말했다 :「대저《시경》·《서경》의 의미가 함축된 것은 작자 마음속의 생각을 표현하고자 한 것이다. 예전에 서백(西伯)은 유리(羑里)에 구금되어 있으면서도《주역》을 더욱 발전시켰고, 공자(孔子)는 진(陳)·채(蔡)에서 곤란을 당하면서도《춘추》를 지었고, 굴원(屈原)은 쫓겨나서도《이소(離騷)》를 지었고, 좌구명(左丘明)은 실명(失明)하고 나서《국어(國語)》를 지었으며, 손자(孫子)는 다리를 잘렸으면서도《병법(兵法)》을 저술했고, 여불위(呂不韋)가 서촉(西蜀)으로 쫓겨나자《여씨춘추(呂氏春秋)》가 세상에 전해졌고, 한비자(韓非子)는 진(秦)나라에 구금되어서도《세난(說難)》과《고분(孤憤)》을 지었으며,《시경》의 시 삼백 편은 대체로 현인과 성인들이 발분하여 지은 것이다. 이들은 모두 마음에 막힌 응어리가 있어도 그 길을 소통시킬 수가 없었기 때문에, 그래서 지난 일을 서술하여 후세 사람들에게 남기고자 생각한 것이다.」그리하여 마침내 당요(唐堯) 이래 한무제(漢武帝)가 기린을 포획한 때까지 기술했는데, 황제(黃帝)로부터 시작했다.

해제解題 및 본문 요지 설명

　본문은《사기(史記)》의 마지막 편으로 사마천이《사기》를 위해 쓴 자서(自序)이다. 자서의 원문은 본래 매우 긴 문장인데, 본문은 그중 일부를 발췌한 것이다.
　본문의 요지는 대체로 사마천 자신이 이 험난한 저술 작업에 종사한 경위를 밝히는 동시에, 역사적 사실(史實)을 가지고 옛 윤리 도덕의 중요성을 강조하면서 사악한 것을 제거하고 예의를 존립시켜 국가·사회·개인 모두가 태평하고 편안한 생활을 누려야 한다는 것을 역설한 것이다.

본문은 대략 4단락으로 나눌 수 있는데, 첫째 단락에서는 「어찌 사양하겠는가?」라는 말로, 부친의 명을 받들어 주공(周公)과 공자(孔子)의 길을 계승하겠다는 굳은 의지를 표명했고; 둘째 단락에서는 호수(壺遂)와의 문답을 빌려 《춘추(春秋)》의 이치를 밝히는 동시에 《사기》가 육경(六經)을 근원으로 하고 있는 《춘추》에 비견되는 거작이라는 것을 부각시켰고; 셋째 단락에서는 지난날의 성현들이 재난을 당하면서도 저술에 힘썼던 일을 열거하고, 자신이 비록 이릉(李陵)의 사건으로 화를 당하면서도 죽지 않고 치욕을 참은 까닭이 바로 태평성세를 계승하여 《춘추》를 이어 짓기 위한 것이었음을 밝혔고; 마지막 단락에서는 《사기》의 기술이 언제부터 시작하여 언제까지로 끝을 맺었다는 시종연대(始終年代)를 밝혔다.

088 보임소경서(報任少卿書)
[西漢] 司馬遷

작자

074 오제본기찬(五帝本紀贊) 참조.

원문 및 주석

報任少卿書[1]

太史公牛馬走司馬遷, 再拜言少卿足下[2]: 曩者辱賜書, 教以

---

1 報任少卿書 → 任少卿께 답하는 글
  【報(보, bào)…書(서, shū)】: …에게(께) 답하는 글.
  【任少卿(임소경, rèn shào qīng)】: [인명] 任安. 少卿은 任安의 자. 임안은 榮陽[지금의 하남성 榮陽縣] 사람으로, 일찍이 郎中·益州刺史를 지냈다. 漢武帝 때 태자 劉據가 군사를 일으켜 자기를 모함한 江沖을 토벌하기 위해, 임안에게 병력을 동원할 것을 명했는데, 임안은 병력을 동원하지 않고 두문불출한 상태에서 관망하는 자세를 보였다. 후에 태자는 패배하여 자살하고, 임안은 이에 연루된 혐의로 인해 처형되었다. 처형을 기다리는 동안 임안이 司馬遷에게 편지를 보내 구원해 주기를 바랐으나, 사마천 역시 宮刑[腐刑]을 받고 출옥 후에 겨우 中書令을 배수 받은 터라 어쩔 도리가 없어, 비분한 마음

慎於接物, 推賢進士爲務.³ 意氣勤勤懇懇, 若望僕不相師, 而用流俗人之言, 僕非敢如此也.⁴ 僕雖罷駑, 亦嘗側聞長者之遺風矣.⁵ 顧

을 안고 답장을 썼다. 본문은 바로 그 서신이다.

2 太史公牛馬走司馬遷, 再拜言少卿足下 : → 소나 말처럼 부림을 당하는 하인 太史公 司馬遷이, 少卿 족하께 재배하고 말씀드립니다 :
　【太史公(태사공, tài shǐ gōng)】 : 漢의 史官을 「太史令」이라 했는데, 지위는 비록 낮지만 朝會 시에 항상 황제의 좌우에서 公보다 윗자리에 있었기 때문에 「태사공」이라 불렀다. 여기서는 司馬遷 자신을 가리킨다.
　【牛馬走(우마주, niú mǎ zǒu)】 : [자신에 대한 겸칭] 소나 말처럼 부림을 당하는 하인. 〖走〗 : 僕. 하인.
　【司馬遷(사마천, sī mǎ qiān)】 : [인명] 074 오제본기찬(五帝本紀贊) '작자' 참조.
　【足下(족하, zú xià)】 : 귀하. ※ 편지에서 사용하는 상대방에 대한 존칭.

3 曩者辱賜書, 教以慎於接物, 推賢進士爲務. → 지난번 황송하게도 서신을 보내주시어, 사람을 사귀는데 신중히 하고, 어진 선비를 천거하는 일을 임무로 삼으라고 가르쳐 주셨습니다.
　【曩者(낭자, nǎng zhě)】 : 이전. 지난번.
　【辱賜(욕사, rǔ cì)…】 : [겸어] 황송하게도 …을 하사해 주시다. 여기서는 「서신을 보내주시다」의 뜻.
　【以(이, yǐ)…爲(위, wéi)…】 : …을 …로 삼다.
　【慎於(신어, shèn yú)…】 : …에 신중을 기하다. 〖於〗 : [개사] …에. …에 대해.
　【接物(접물, jiē wù)】 : 사람을 사귀다. ※ 옛날에는 자기 이외의 사람이나 물건을 모두 「物」이라 했는데, 여기서는 「사람」을 가리킨다.
　【推賢進士(추현진사, tuī xián jìn shì)】 : 어진 사람을 천거하다.
　【爲務(위무, wéi wù)】 : 임무로 삼다. 〖爲〗 : …을(로) 삼다. 〖務〗 : 임무. 업무.

4 意氣勤勤懇懇, 若望僕不相師, 而用流俗人之言, 僕非敢如此也. → 편지에 담긴 뜻이 간절하고 진지하여, 마치 제가 가르침을 따르지 않고, 오히려 세속 사람들의 말을 들었다고 원망하시는 것 같은데, 저는 감히 이렇게 하지 못합니다.
　【意氣(의기, yì qì)】 : 마음의 뜻.
　【勤勤懇懇(근근간간, qín qín kěn kěn)】 : 간절하고 진지한 모양.
　【若(약, ruò)】 : 如. 마치 …한 듯하다.
　【望(망, wàng)】 : 원망하다.
　【僕(복, pú)】 : [자신에 대한 겸칭] 저.
　【不相師(불상사, bù xiāng shī)】 : 가르침을 따르지 않다.
　【用(용, yòng)】 : 채택하다. 받아들이다. 듣다.
　【流俗人(유속인, liú sú rén)】 : 世俗 사람.

5 僕雖罷駑, 亦嘗側聞長者之遺風矣. → 제가 비록 재능은 모자라지만, 또한 일찍이 어른

自以爲身殘處穢, 動而見尤, 欲益反損, 是以獨鬱悒而與誰語?⁶ 諺曰:「誰爲爲之? 孰令聽之?」⁷ 蓋鍾子期死, 伯牙終身不復鼓琴。何則? 士爲知己者用, 女爲說己者容。⁸ 若僕大質已虧缺矣, 雖才懷隨、

들의 遺風을 옆에서나마 들어왔습니다.
【罷駑(피노, pí nú)】: 재능이 모자라다. 〖罷〗: 疲. 지치다. 〖駑〗: 우둔한 말.
【嘗(상, cháng)】: 일찍이.
【側聞(측문, cè wén)】: 옆에서 듣다.
【長者(장자, zhǎng zhě)】: 어른.

6 顧自以爲身殘處穢, 動而見尤, 欲益反損, 是以獨鬱悒而與誰語? → 다만 스스로 몸이 망가져 부끄러운 입장에 처하여, 걸핏하면 질책을 당하고, 또한 도움을 주려 해도 오히려 손해를 끼치게 된다고 생각하니, 이로 인해 혼자서 걱정하고 고민도 하지만 누구와 더불어 말을 하겠습니까?
【顧(고, gù)】: 다만.
【以爲(이위, yǐ wéi)…】: …라 여기다. …라 생각하다.
【身殘處穢(신잔처예, shēn cán chǔ huì)】: 몸이 망가져 부끄러운 입장에 처하다. ※ 이는 사마천이 李陵의 일로 宮刑을 당하고 나서 처한 입장을 말한다.
【動而(동이, dòng ér)】: 걸핏하면.
【見尤(견우, jiàn yóu)】: 질책을 당하다. 〖尤〗: 비난. 질책. ※ 見+동사=피동형.
【欲益反損(욕익반손, yù yì fǎn sǔn)】: 도움을 주고자 하나 오히려 손해를 끼치다. 〖欲〗: …하고자 하다. 〖反〗: 오히려. 반대로.
【是以(시이, shì yǐ)】: 그래서. 이로 인해.
【獨(독, dú)】: 홀로. 혼자서.
【鬱悒(울읍, yù yì)】: 걱정하고 고민하다.
【與誰語(여수어, yǔ shuí yǔ)?】: 누구와 더불어 말을 하겠습니까?

7 諺曰:「誰爲爲之? 孰令聽之?」→ 속담에:「누구를 위해 일하고, 누구로 하여금 듣도록 하겠는가?」라고 한 말이 있습니다.
【誰爲(수위, shuí wèi)】: 爲誰. 누구를 위해.
【孰令(숙령, shú lìng)】: 令孰. 누구로 하여금 …하도록 하다.

8 蓋鍾子期死, 伯牙終身不復鼓琴。何則? 士爲知己者用, 女爲說己者容。→ 鍾子期가 죽자, 伯牙는 종신토록 다시 거문고를 타지 않았습니다. 왜 그랬겠습니까? 선비는 자기를 알아주는 사람을 위해 힘을 쓰고; 여자는 자기를 좋아하는 사람을 위해 꾸밉니다.
※ 鍾子期와 伯牙에 관한 고사는 《呂氏春秋 · 本味》와 《淮南子 · 修務》에 보이고;「士爲知己者用, 女爲說己者容。」은 《戰國策 · 趙策》과 《史記 · 刺客列傳》에 보이다. 다만 《史記 · 刺客列傳》에는「士爲知己者死, 女爲說己者容。」이라 했다.
【蓋(개, gài)】: [어기사] 句의 첫머리에 놓여 어기를 표시한다.
【鍾子期(종자기, zhōng zǐ qí)】: [인명] 춘추시대 楚나라 사람으로, 伯牙가 타는 거문고 소

和, 行若由、夷, 終不可以爲榮, 適足以見笑而自點耳。⁹ 書辭宜答,
會東從上來, 又迫賤事, 相見日淺, 卒卒無須臾之間, 得竭志意。¹⁰

리를 가장 잘 감상할 줄 알았다. 백아가 거문고를 타면서 뜻이 태산에 있으면, 종자기가
:「좋구나! 높기가 마치 태산 같구나!(善哉! 巍巍乎若泰山。)」라 하고; 뜻이 流水에 있으
면 종자기가 :「(좋구나! 세차기가 마치 흐르는 물과 같구나!(善哉! 湯湯乎若流水。)」라
고 했다.
【伯牙(백아, bó yá)】: [인명] 춘추시대 楚나라 사람으로, 거문고를 타는데 능했다. 백아는
    자기가 타는 거문고 소리를 가장 잘 감상할 줄 아는 종자기가 죽자, 세상에 知音이 없는
    것을 한탄하며 거문고를 부수고 현을 자른 후 다시는 거문고를 타지 않았다.
【鼓琴(고금, gǔ qín)】: 거문고를 타다.〖鼓〗: 치다. 두드리다. 타다.
【何則(하즉, hé zé)】 어째서 그러한가?
【知己者(지기자, zhī jǐ zhě)】: 자기를 알아주는 사람.
【用(용, yòng)】: 힘쓰다.
【說己者(역기자, yuè jǐ zhě)】: 자기를 좋아하는 사람.〖說〗: 悅. 기뻐하다. 좋아하다.
【容(용, róng)】: 꾸미다.

9 若僕大質已虧缺矣, 雖才懷隨、和, 行若由、夷, 終不可以爲榮, 適足以見笑而自點耳。→
    저와 같은 사람은 몸이 이미 망가져서, 비록 재주가 隨侯珠와 和氏璧을 품고, 행실이 許
    由‧伯夷와 같다 해도, 끝내 이를 영예로 삼을 수 없을 뿐만 아니라, 마침 남의 웃음거리
    가 되고 자신을 더럽히기에 족할 뿐입니다.
【大質(대질, dà zhì)】: 몸. 신체.
【虧缺(휴결, kuī quē)】: 망가지다.
【隨、和(수화, suí hé)】: 隨侯珠와 和氏璧. 모두가 戰國時代의 가장 귀중한 보물.
【由、夷(유이, yóu yí)】: [인명] 許由와 伯夷. 두 사람 모두 상고시대의 인품이 고결한 隱
    士. ※《史記‧伯夷列傳》참조.
【以爲(이위, yǐ wéi)】: 以(之)爲. 이를 …로 삼다.
【適(적, shì)】: 마침.
【足以(족이, zú yǐ)】: 충분히 …할 수 있다. …하기에 족하다.
【見笑(견소, jiàn xiào)】: 웃음거리가 되다. ※ 見+동사=피동형
【自點(자점, zì diǎn)】: 侮辱을 자초하다. 스스로 더럽히다.

10 書辭宜答, 會東從上來, 又迫賤事, 相見日淺, 卒卒無須臾之間, 得竭志意。→ 보내주신
    서신에 마땅히 답을 드려야 했으나, 마침 황제를 따라 동쪽에서 돌아오자마자, 또 업무
    에 쫓겨, 서로 만날 날이 적었고, 너무 바쁜 나머지 마음을 다 털어놓을 수 있는 잠깐 동
    안의 틈도 없었습니다.
    ※ 사마천은 太始 4년(B.C. 94) 3월에, 漢武帝를 따라 동쪽 泰山을 순시하고 5월에 長安
      으로 돌아왔다.
【書辭(서사, shū cí)】: 서신.
【宜(의, yí)】: 마땅히. 응당.

今少卿抱不測之罪, 涉旬月, 迫季冬, 僕又薄從上雍, 恐卒然不可爲
諱。¹¹ 是僕終已不得舒憤懣以曉左右, 則長逝者魂魄, 私恨無窮, 請
略陳固陋。¹² 闕然久不報, 幸勿爲過。¹³

【會(회, huì)】: 마침.
【上(상, shàng)】: 황제. 여기서는「漢武帝」를 가리킨다.
【迫(박, pò)】: 急. 급하다. (일에) 쫓기다.
【賤事(천사, jiàn shì)】: [겸어] 천한 일.「자신의 업무」를 낮추어 부른 말.
【淺(천, qiǎn)】: 少. 적다.
【卒卒(졸졸, cù cù)】: 猝猝. 매우 바쁜 모양.
【須臾(수유, xū yú)】: 잠깐. 잠시.
【得(득, dé)】: 能. …할 수 있다.
【竭志意(갈지의, jié zhì yì)】: 마음을 다 털어놓다.

11 今少卿抱不測之罪, 涉旬月, 迫季冬, 僕又薄從上雍, 恐卒然不可爲諱。→ 지금 少卿께서
는 생사를 예측할 수 없는 죄를 짓고, 한 달이 지나, 곧 형을 집행하는 12월이 다가오고
있는데, 제가 또 황제를 따라 雍에 가야 할 날이 다가오니, 갑자기 (소경께) 피할 수 없
는 변고가 닥칠까 두렵습니다.
【抱(포, bào)】: 품다. 안다. 여기서는「짓다」의 뜻.
【不測之罪(불측지죄, bù cè zhī zuì)】: 생사를 알 수 없는 죄.
【涉(섭, shè)】: 건너다. 즉「지나다, 경과하다」의 뜻.
【旬月(순월, xún yuè)】: 滿月. 만 한 달.
【迫(박, pò)】: 다가오다. 임박하다.
【季冬(계동, jì dōng)】: 12월. ※漢의 법령에서 12월은 형을 집행하는 시기이다.
【薄(박, bó)】: 임박하다. 다가오다.
【雍(옹, yōng)】: [지명] 지금의 섬서성 鳳翔縣 남쪽. 이곳에는 五帝를 제사 지내는 제단
이 있는데, 漢武帝는 자주 이곳에 와서 제사를 지냈다.
【恐(공, kǒng)】: 두렵다.
【卒然(졸연, cù rán)】: 갑자기.
【不可爲諱(불가위휘, bù kě wéi huì)】: 피할 수 없는 변고. 즉「죽음」을 뜻한다.

12 是僕終已不得舒憤懣以曉左右, 則長逝者魂魄, 私恨無窮, 請略陳固陋。→ 이렇게 되어
제가 끝내 (저의) 분노와 고민을 토로하여 소경께 알려줄 수 없게 되면, 죽은 사람의 혼
백은, 사사로운 원한이 한이 없을 터이니, 그래서 (저의) 고루한 생각을 간략하게나마
진술하고자 청하는 것입니다.
【是(시, shì)】: 이렇게 될 경우.
【終已(종이, zhōng yǐ)】: 끝내. 영원히.
【不得(부득, bù dé)】: 不能. …할 수 없다.
【舒(서, shū)】: 토로하다.

僕聞之：脩身者, 智之符也; 愛施者, 仁之端也; 取與者, 義之表也; 恥辱者, 勇之決也; 立名者, 行之極也。[14] 士有此五者, 然後可以託於世, 而列於君子之林矣。[15] 故禍莫憯於欲利, 悲莫痛於傷心, 行莫醜於辱先, 詬莫大於宮刑。[16] 刑餘之人, 無所比數, 非一世也,

- 【憤懣(분만, fèn mèn)】: 분노와 고민.
- 【曉(효, xiǎo)】: 알리다. 알려주다.
- 【左右(좌우, zuǒ yòu)】: 측근. 주변. 여기서는 「任少卿」을 가리킨다. ※ 옛 습관상 상대방을 직접 호칭하지 않고 상대방 주변의 사람을 들어 말하는 것은 존경의 표시이다.
- 【長逝者(장서자, cháng shì zhě)】: 영원히 떠난 사람. 죽은 사람. 즉 「임소경」을 가리킨다.
- 【固陋(고루, gù lòu)】: [겸어] 고루하다. 즉 「고루한 생각」을 말한다.

13 闕然久不報, 幸勿爲過。→ 오래도록 회답 드리지 못한 것을, 아무쪼록 꾸짖지 말아 주시기 바랍니다.
- 【闕然(궐연, quē rán)】: 오랫동안 격조한 모양.
- 【不報(불보, bù bào)】: 회답하지 못하다.
- 【幸勿(행물, xìng wù)】: 아무쪼록 …하지 말아 주십시오.
- 【爲過(위과, wéi guò)】: 책망하다. 꾸짖다.

14 僕聞之：脩身者, 智之符也; 愛施者, 仁之端也; 取與者, 義之表也; 恥辱者, 勇之決也; 立名者, 行之極也。→ 제가 듣건대: 脩身은, 智의 상징이고; 베풀기를 좋아하는 것은, 仁의 발단이고; 취하고 주는 것을 합당하게 하는 것은, 義의 표현이고; 치욕을 아는 것은, 勇의 결단이고; 이름을 세우는 것은, 行의 극치라고 합니다.
- 【符(부, fú)】: 상징. 증거.
- 【愛施(애시, ài shī)】: 베풀기를 좋아하다.
- 【端(단, duān)】: 발단. 시작.
- 【與(여, yǔ)】: 주다.
- 【行(행, xíng)】: 품행.
- 【極(극, jí)】: 극치. 최고의 목표.

15 士有此五者, 然後可以託於世, 而列於君子之林矣。→ 선비는 이 다섯 가지 덕을 갖추어야, 그런 다음에 세상에 발을 디딜 수 있고, 또한 군자의 반열에 들 수 있습니다.
- 【託於世(탁어세, tuō yú shì)】: 세상에 의탁하다. 세상에 발을 딛다. 【於】: [개사] …에.
- 【列於(열어, liè yú)…】: …의 반열에 들다. …의 대열에 끼다.
- 【林(림, lín)】: 집단. 대열.

16 故禍莫憯於欲利, 悲莫痛於傷心, 行莫醜於辱先, 詬莫大於宮刑。→ 그래서 재앙은 이익을 탐하는 것보다 더 비참한 것이 없고, 슬픔은 마음을 상하게 하는 것보다 더 아픈 것이 없으며, 행위는 조상을 욕되게 하는 것보다 더 추악한 것이 없고, 치욕은 宮刑을 당하는 것보다 더 큰 것이 없습니다.

所從來遠矣。¹⁷ 昔衛靈公與雍渠同載, 孔子適陳; 商鞅因景監見, 趙良寒心; 同子參乘, 袁絲變色。自古而恥之。¹⁸ 夫以中才之人, 事有

【禍(화, huò)】: 재앙.
【憯於(참어, cǎn yú)…】: …보다 비참하다. 〖憯〗: 慘. 비참하다. 참혹하다. 〖於〗: [개사] …보다. …에 비해.
【欲利(욕리, yù lì)】: (개인의) 이익을 탐하다.
【醜(추, chǒu)】: 추악하다.
【辱先(욕선, rǔ xiān)】: 조상을 욕되게 하다.
【詬(구/후, gòu)】: 치욕.
【莫大於(막대어, mò dà yú)…】: …보다 큰 것이 없다. 〖於〗: [개사] …보다. …에 비해.
【宮刑(궁형, gōng xíng)】: 腐刑. 옛날 생식기를 거세하는 형벌.

17 刑餘之人, 無所比數, 非一世也, 所從來遠矣。→ 형벌을 받은 사람이, 보통 사람과 같은 반열에서 비교될 수 없는 것은, 어느 한 시대의 일이 아니라, 그 유래가 이미 오래되었습니다.
【刑餘之人(형여지인, xíng yú zhī rén)】: 형벌을 받은 사람.
【無所比數(무소비수, wú suǒ bǐ shǔ)】: 같은 반열에 놓고 비교할 수 없다. 동일한 입장에서 논할 수가 없다. 〖比〗: 같은 반열에 놓다. 〖數〗: 계산하다. 따지다.
【一世(일세, yī shì)】: 어느 한 시대.

18 昔衛靈公與雍渠同載, 孔子適陳; 商鞅因景監見, 趙良寒心; 同子參乘, 袁絲變色。自古而恥之。→ 옛날 衛나라의 靈公이 환관 雍渠와 함께 수레를 타고 가자, 孔子는 (치욕을 느껴 衛나라를 떠나) 陳나라로 갔고; 商鞅이 환관인 景監에 의탁하여 (秦孝公)을 알현하자, 趙良이 한심하게 여겼으며; 趙談이 (文帝의 수레에) 참승하자, 袁盎의 얼굴빛이 굳어졌습니다. 예로부터 사람들은 환관과 어울리는 것을 부끄럽게 여겼습니다.
※《史記・孔子世家》에 의하면, 위령공이 부인과 함께 수레를 타고 나들이 하던서 환관 雍渠를 수레의 오른쪽에 태우고, 孔子를 뒤에 따라오는 수레에 태우자, 공자가 이를 치욕으로 여겨 衛나라를 떠나 陳나라로 갔고;《史記・商君列傳》에 의하면, 商鞅이 秦나라에 들어와 秦孝公의 총신인 환관 景監의 주선으로 효공의 重臣이 되자, 秦의 賢人 趙良이 환관의 힘을 빌려 벼슬길에 나섰다 하여 이를 한심스럽게 여겼고;《史記・袁盎鼂錯列傳》에 의하면, 漢文帝가 환관 趙談을 參乘으로 삼아 자기의 오른쪽 자리에 태우자, 袁盎이 (이를 불쾌하게 여겨) 얼굴빛을 바꾸었다.
【衛靈公(위령공, wèi líng gōng)】: 衛나라의 군주.
【雍渠(옹거, yōng qú)】: [인명] 환관 이름.
【同載(동재, tóng zài)】: 동승하다. 함께 타다.
【適(적, shì)】: 往. 가다.
【商鞅(상앙, shāng yāng)】: [인명] 성은 公孫, 이름은 鞅. 衛나라 사람으로, 秦孝公을 도와 變法을 시행하여 秦을 강한 나라로 만들어 商에 봉해진 후, 號를 商君이라 하고 商鞅이라 불리었다.

關於宦豎, 莫不傷氣, 而況於慷慨之士乎?[19] 如今朝廷雖乏人, 奈何令刀鋸之餘, 薦天下豪俊哉?[20]

僕賴先人緒業, 得待罪輦轂下, 二十餘年矣.[21] 所以自惟: 上之,

【因(인, yīn)】: 의지하다. 힘입다.
【景監(경감, jǐng jiàn)】: [인명] 秦孝公 寵幸의 환관.
【見(현, xiàn)】: 알현하다. 배알하다. ※여기서는 秦孝公을 알현한 것을 말한다.
【趙良(조량, zhào liáng)】: [인명] 秦나라의 賢人.
【同子(동자, tóng zǐ)】: 이름이 같은 분. 즉「趙談」을 가리킨다.「子」는 존칭. ※사마천은 자기 부친의 이름이「談」이기 때문에 예의상 부친 이름자의 사용을 피하기 위해「同子」를 사용했다.
【參乘(참승, cān shèng)】: 참승(하다). ※옛날 임금의 수레에 동승하여 임금의 오른쪽 자리에 앉아 보필하던 사람, 또는 그 일을 하다.
【袁絲(원사, yuán sī)】: [인명] 성은 袁, 이름은 盎, 자는 絲.
【變色(변색, biàn sè)】: 얼굴빛이 변하다. 표정이 굳어지다.
【之(지, zhī)】: [대명사] 그것. 즉「환관」. 여기서는「환관과 어울리는 것」을 뜻한다.

19 夫以中才之人, 事有關於宦豎, 莫不傷氣, 而況於慷慨之士乎? → 대저 보통 사람들로서도, 일이 환관과 관련되면, 기분이 상하지 않는 사람이 없는데, 하물며 기개 있는 사람이야 말해 무엇하겠습니까?
【夫(부, fú)】: [발어사] 대저. 무릇.
【中才之人(중재지인, zhōng cái zhī rén)】: 중등의 재능을 지닌 사람. 즉「보통 사람」을 가리킨다.
【宦豎(환수, huàn shù)】: 환관. ※판본에 따라서는「豎」를「竪」라 했다.
【莫不(막불, mò bù)…】: …하지 않음이 없다. 모두 …하다.
【況(황, kuàng)】: 하물며. 항차.
【慷慨之士(강개지사, kāng kài zhī shì)】: 기개 있는 사람.

20 如今朝廷雖乏人, 奈何令刀鋸之餘, 薦天下豪俊哉? → 지금 조정에 비록 인재가 모자란다고 하지만, 어찌 宮刑을 받은 사람으로 하여금, 천하의 호걸을 천거하도록 하겠습니까?
【如今(여금, rú jīn)】: 지금.
【乏(핍, fá)】: 모자라다.
【奈何(내하, nài hé)】: 어찌. 어떻게.
【令(령, lìng)】: 使. …로 하여금 …하게 하다.
【刀鋸之餘(도거지여, dāo jù zhī yú)】: 궁형을 받은 사람.『刀鋸』: 칼과 톱. 옛날 형구로 사용하던 물건으로「형벌」을 뜻한다.
【薦(천, jiàn)】: 천거하다. 추천하다.
【豪俊(호준, háo jùn)】: 호걸.

不能納忠效信, 有奇策才力之譽, 自結明主;²² 次之, 又不能拾遺補闕, 招賢進能, 顯巖穴之士;²³ 外之, 又不能備行伍, 攻城野戰, 有斬將搴旗之功;²⁴ 下之, 不能積日累勞, 取尊官厚祿, 以爲宗族交遊光寵。²⁵ 四者無一遂, 苟合取容, 無所短長之效, 可見於此矣。²⁶ 嚮者,

---

21 僕賴先人緒業, 得待罪輦轂下, 二十餘年矣。→ 저는 선친의 유업에 의지하여, 京城에서 관직생활을 한 지, 이십여 년이 되었습니다.
【賴(뢰, lài)】: 의지하다. 기대다. 힘입다.
【緒業(서업, xù yè)】: 남긴 사업. 遺業. ※이는「太史令」을 가리킨다.
【待罪(대죄, dài zuì)】: 죄를 기다리다.「관직생활을 하다」의 뜻. ※관직생활이 죄를 얻어 실직할 것을 두려워한 데서 비롯된 말.
【輦轂下(연곡하, niǎn gǔ xià)】: 천자의 수레 밑. 즉「京師, 京城」을 가리킨다.

22 所以自惟: 上之, 不能納忠效信, 有奇策才力之譽, 自結明主; → 이로 인해 스스로 생각건대: 위로는, 충성과 신의를 다하고, 기발한 책략과 재능의 영예를 갖추어, 자신으로 하여금 현명한 군주와 관계를 맺도록 할 수 없었고;
【所以(소이, suǒ yǐ)】: 因此. 이로 인해.
【惟(유, wéi)】: 생각하다.
【納忠效信(납충효신, nà zhōng xiào xìn)】: 충성과 신의를 다하다.
【奇策才力(기책재력, qí cè cái lì)】: 기발한 책략과 재능.
【結(결, jié)】: 관계를 맺다. 밀접하게 결합하다.
【明主(명주, míng zhǔ)】: 영명한 군주.

23 次之, 又不能拾遺補闕, 招賢進能, 顯巖穴之士; → 그다음에는, 또 군주께서 빠뜨린 것을 거두어 모자란 부분을 보완하고, 賢能한 인재를 천거하여, 은거하고 있는 선비들을 드러나게 하지 못하였으며;
【拾遺補闕(습유보궐, shí yí bǔ quē)】: 빠뜨린 것을 거두어 모자란 부분을 보완하다.
【招賢進能(초현진능, zhāo xián jìn néng)】: 현명하고 능력 있는 인재를 천거하다.
【顯(현, xiǎn)】: 드러나게 하다.
【巖穴之士(암혈지사, yán xué zhī shì)】: 은거하고 있는 선비.

24 外之, 又不能備行伍, 攻城野戰, 有斬將搴旗之功; → 밖으로는, 또 軍門에 들어가, 城을 공격하고, 작전을 벌여, 적장의 목을 베고 적의 깃발을 뽑는 공을 세우지 못하였고;
【備行伍(비항오, bèi háng wǔ)】: 군대에 들어가다.【行伍】: 옛날 군대의 편제는 5명을「伍」라 하고, 5伍를「行」이라 했다.
【斬將搴旗(참장건기, zhǎn jiàng qiān qí)】: 적장의 목을 베고 적기를 뽑다.【斬】: 베다.【搴】: 뽑다.

25 下之, 不能積日累勞, 取尊官厚祿, 以爲宗族交遊光寵。→ 아래로는, 평소에 공로를 쌓아, 높은 관직과 후한 봉록을 받아야 하지만, (그렇지 못해) 종족과 친구들을 영광되게

僕亦常廁下大夫之列, 陪外廷末議, 不以此時引維綱, 盡思慮;²⁷ 今已虧形, 爲掃除之隸, 在闒茸之中, 乃欲仰首伸眉, 論列是非, 不亦輕朝廷、羞當世之士邪?²⁸ 嗟乎! 嗟乎! 如僕尙何言哉! 尙何言哉!²⁹

하지 못했습니다.
【積日累勞(적일루로, jī rì lěi láo)】: 평소에 공로를 쌓다.
【尊官厚祿(존관후록, zūn guān hòu lù)】: 높은 관직과 후한 봉록.
【…以爲(이위, yǐ wéi)…】: …함으로써 …하게 하다.
【交遊(교유, jiāo yóu)】: 친구.
【光寵(광총, guāng chǒng)】: 영광되게 하다.

26 四者無一遂, 苟合取容, 無所短長之效, 可見於此矣。→ 이 네 가지 방면에서 하나도 성취한 것이 없이, 구차하게 남과 영합하여 환심이나 사며, 이렇다 할 성과가 없는 것은, 이로부터 알 수 있습니다.
【遂(수, suì)】: 성취하다.
【苟合取容(구합취용, gǒu hé qǔ róng)】: 구차하게 남과 영합하여 환심을 사다.
【短長(장단, duǎn cháng)】: 크고 작은. 즉「이렇다 할만한」.
【效(효, xiào)】: 성과.

27 嚮者, 僕亦常廁下大夫之列, 陪外廷末議, 不以此時引維綱, 盡思慮; → 전에, 저는 또한 일찍이 下大夫의 반열에 끼어, 外朝의 토론에 참여해 의론을 발표한 적이 있었음에도, 이때 국가의 법령 제도를 정비하는 데 있어서, 사려를 다하지 못했는데;
【嚮者(향자, xiàng zhě)】: 이전에. 과거에.
【常(상, cháng)】: 嘗. 일찍이.
【廁(측, cè)】: 끼다. 참여하다.
【下大夫(하대부, xià dà fū)】: 漢의 직제에서 大夫는 상중하 세 등급으로 나누었는데, 太史令은 지위가 下大夫에 속했다.
【陪(배, péi)】: [겸어] 모시다. 즉「참여하다」의 뜻.
【外廷(외정, wài tíng)】: 外朝. ※漢의 직제에서 大司馬・侍中 등이 정사를 의논하던 곳을「中朝」라 하고, 승상 등이 정사를 의논하던 곳을「外朝」라 하여, 관직을「外朝官」과「中朝官」으로 나누었는데, 太史令은 外朝官에 속했다.
【末議(말의, mò yì)】: [겸어] 보잘것없는 의론.
【引(인, yǐn)】: 정돈하다. 정비하다.
【維綱(유강, wéi gāng)】: 국가의 법령 제도.
【思慮(사려, sī lǜ)】: 여러 가지 일에 대한 깊은 생각.

28 今已虧形, 爲掃除之隸, 在闒茸之中, 乃欲仰首伸眉, 論列是非, 不亦輕朝廷、羞當世之士邪? → 지금 이미 망가진 몸으로, 청소하는 하인이 되어, 비천한 지위에 처해있으면서, 오히려 머리를 들고 눈썹을 치켜세워, 是非를 논하려 한다면, 이 또한 조정을 경시하고 당대의 선비들을 모욕하는 것이 아니겠습니까?

且事本末, 未易明也。³⁰ 僕少負不羈之才, 長無鄕曲之譽, 主上幸以先人之故, 使得奏薄伎, 出入周衛之中。³¹ 僕以爲戴盆何以望天, 故絶賓客之知, 亡室家之業, 日夜思竭其不肖之才力, 務一心營職, 以求親媚於主上, 而事乃有大謬不然者!³²

【虧形(휴형, kuī xíng)】: 몸을 망가뜨리다. 불구의 몸이 되다.
【爲(위, wéi)】: 되다.
【掃除(소제, sǎo chú)】: 청소하다.
【隷(예, lì)】: 노예. 하인. ※여기서는 사마천이 자신을 낮추어 한 말.
【闒茸(탑용, tà róng)】: 비천하다.
【乃(내, nǎi)】: 오히려.
【論列(논렬, lùn liè)】: 논하여 열거하다. 하나하나 논술하다.

29 嗟乎! 嗟乎! 如僕尙何言哉! 尙何言哉! → 아! 아! 저와 같은 사람이 아직도 무슨 할 말이 있겠습니까? 아직도 무슨 할 말이 있겠습니까?
【嗟乎(차호, jiē hū)】: [탄식·감탄] 아!
【如(여, rú)】: …와 같다.
【僕(복, pú)】: [자신에 대한 겸칭] 저.
【尙(상, shàng)】: 아직.

30 且事本末, 未易明也。→ 그리고 일의 본말은, 밝혀내기가 쉽지 않습니다.
【且(차, qiě)】: 그리고. 또한
【未易(미이, wèi yì)】: 쉽지 않다.

31 僕少負不羈之才, 長無鄕曲之譽, 主上幸以先人之故, 使得奏薄伎, 出入周衛之中。→ 저는 어려서 비범한 재능이 없었고, 성장한 후에도 향리 사람들의 칭찬을 받지 못했으나, 주상께서 다행히 선친의 연고로 인해, 저로 하여금 하찮은 재주를 공헌토록 하여, 궁중을 드나들었습니다.
【負(부, fù)】: 스스로 믿다. 자부하다.
【不羈之才(불기지재, bù jī zhī cái)】: 비범한 재능.
【鄕曲之譽(향곡지예, xiāng qū zhī yù)】: 향리 사람들의 칭찬. 《鄕曲》: 향리.
【以(이, yǐ)】: 因. …로 인해.
【先人(선인, xiān rén)】: 선친.
【使得(사득, shǐ dé)】: …하도록 하다.
【奏薄伎(주박기, zòu bó jì)】: [겸어] 하찮은 기능을 공헌하다. 즉 「郞中」으로 임용된 것을 말한다. 《奏》: 공헌하다. 기여하다. 《薄伎》: 하찮은 재주. 보잘것없는 기능.
【周衛(주위, zhōu wèi)】: 방위가 엄밀한 곳. 즉 「궁중, 궁전」.

32 僕以爲戴盆何以望天, 故絶賓客之知, 亡室家之業, 日夜思竭其不肖之才力, 務一心營職, 以求親媚於主上, 而事乃有大謬不然者! → 저는 동시에 두 가지 일을 겸할 수 없다고 생

夫僕與李陵, 俱居門下, 素非能相善也。趣舍異路, 未嘗銜盃酒, 接慇懃之餘懽。然僕觀其爲人, 自守奇士。[33] 事親孝, 與士信, 臨財

각하여, 그래서 손님들과의 왕래를 끊고, 집안의 일도 잊어버린 채, 밤낮으로 저의 불초한 재능을 다하여, 한마음 한뜻으로 직무를 수행하는 데 힘써, 주상으로부터 환심을 얻고자 했지만, 일은 오히려 크게 차질을 빚어 그렇게 되지 못했습니다.

【以爲(이위, yǐ wéi)】: …라 여기다. …라 생각하다.
【戴盆何以望天(대분하이망천, dài pén hé yǐ wàng tiān)】: 동이를 이고 어찌 하늘을 보겠는가? 즉「동시에 두 가지 일을 겸할 수 없다, 한 가지 일에만 전념하다」라는 뜻.
【知(지, zhī)】: 相知. 즉「왕래」를 뜻한다.
【亡(망, wáng)】: 잊어버리다. 포기하다.
【思竭(사갈, sī jié)…】: …을 다하고자 생각하다.
【不肖之才力(불초지재력, bù xiào zhī cái lì)】: 변변치 못한 재능. 불초한 재능.
【務(무, wù)】: 힘쓰다.
【營職(영직, yíng zhí)】: 직무를 수행하다.
【親媚(친미, qīn mèi)】: 환심을 얻다. 칭찬받다.
【乃(내, nǎi)】: 오히려.
【謬(류, miù)】: 어긋나다. 잘못되다. 차질을 빚다.

33 夫僕與李陵, 俱居門下, 素非能相善也。趣舍異路, 未嘗銜盃酒, 接慇懃之餘懽。然僕觀其爲人, 自守奇士。→ 대저 저와 李陵은, 함께 조정에서 일을 했지만, 평소에 서로 친할 수 있는 사이가 아니었습니다. 취향이 서로 달라, 일찍이 함께 술을 마시거나, 정다운 기쁨을 이어간 적도 없습니다. 그러나 제가 그 사람됨을 보건대, 스스로 절조를 지킬 줄 아는 특출한 선비입니다.
【夫(부, fú)】: [발어사] 대저. 무릇.
【李陵(이릉, lǐ líng)】: [인명] 자는 少卿. 隴西 成紀[지금의 감숙성 秦安 북쪽] 사람으로, 漢의 명장인 李廣의 손자. 일찍이 군사를 거느리고 흉노와 싸우다가 화살은 다하고 아군의 지원이 끊어지자 흉노에 투항했다.
【俱居門下(구거문하, jū jū mén xià)】: 함께 宮門 아래에 거처하다. 즉「함께 조정에서 일하다」의 뜻. ※ 이릉은 일찍이 侍中을 지내고, 사마천은 郎中을 지냈기 때문에, 두 사람은 함께 궁문을 출입했었다.
【素(소, sù)】: 평소. 평상시.
【相善(상선, xiāng shàn)】: 서로 친하다.
【趣舍異路(취사이로, qù shě yì lù)】: 들어오고 나가는 길이 서로 다르다. 즉「지향하는 바가 서로 다르다, 취향이 다르다」의 뜻. 〖趣舍〗: 趣捨. 나아가고 물러남. 취하고 버림. 즉「취향」. ※ 이릉은 武將이고 사마천은 문관으로, 서로 취향이 다르다.
【未嘗(미상, wèi)】: …한 적이 없다.
【銜(함, xián)】: 입에 물다. 머금다. 즉「마시다」의 뜻.
【盃(배, bēi)】: 杯. 잔.

廉, 取與義, 分別有讓, 恭儉下人, 常思奮不顧身, 以徇國家之急。³⁴
其素所蓄積也, 僕以爲有國士之風。³⁵ 夫人臣出萬死不顧一生之計,
赴公家之難, 斯已奇矣。³⁶ 今擧事一不當, 而全軀保妻子之臣, 隨而

【接(접, jiē)】: 이어가다.
【慇懃(은근, yīn qín)】: 은근하다. 정답다.
【餘懽(여환, yú huān)】: 기쁨.
【自守(자수, zì shǒu)】: 스스로 지키다. 즉 「스스로 절조를 지키다」의 뜻.
【奇士(기사, qí shì)】: 특출한 선비.

34 事親孝, 與士信, 臨財廉, 取與義, 分別有讓, 恭儉下人, 常思奮不顧身, 以徇國家之急。→ 부모를 섬기는 데 효도하고, 선비와 사귀면서 신용을 지키고, 재물에 임하여 청렴하고, 받고 주는 데 있어서 正義에 부합하고, 사리를 분별하고 겸양할 줄 알고, 아랫사람을 대하는 데 공손하며, 항상 몸을 돌보지 않고 분발하여, 나라의 위급한 상황에 목숨을 바칠 것을 생각하고 있었습니다.
【事親(사친, shì qīn)】: 부모를 섬기다.
【取與(취여, qǔ yǔ)】: 받고 주다. 〖與〗: 주다.
【恭儉(공검, gōng jiǎn)】: 겸손하다. 공손하다.
【常思(상사, cháng sī)…】: 항상 …을 생각하다.
【奮不顧身(분불고신, fèn bù gù shēn)】: 몸을 돌보지 않고 분발하다.
【徇(순, xùn)】: 殉. 목숨을 바치다.
【急(급, jí)】: 위급한 상황.

35 其素所蓄積也, 僕以爲有國士之風。→ 이는 그가 평소에 쌓은 것으로, 저는 그가 國士의 풍모를 지니고 있다고 여겼습니다.
【素(소, sù)】: 평소.
【僕(복, pú)】: [자신에 대한 겸칭] 저.
【以爲(이위, yǐ wéi)】: …라 생각하다. …라 여기다.
【國士(국사, guó shì)】: 국가의 걸출한 인재.
【風(풍, fēng)】: 자질. 풍모.

36 夫人臣出萬死不顧一生之計, 赴公家之難, 斯已奇矣。→ 대저 신하가 되어 만 번을 죽어도 생명을 돌보지 않는다는 생각에서 출발하여, 국가의 재난에 달려나간다면, 이는 이미 범상치 않은 것입니다.
【夫(부, fú)】: [발어사] 무릇. 대저.
【出(출, chū)…之計(지계, zhī jì)】: …의 생각에서 출발하다.
【萬死不顧一生(만사불고일생, wàn sǐ bù gù yī shēng)】: 만 번을 죽어도 생명을 돌보지 않다.
【赴(부, fù)】: 나아가다.
【公家(공가, gōng jiā)】: 국가.

媒孽其短, 僕誠私心痛之。[37] 且李陵提步卒不滿五千, 深踐戎馬之地, 足歷王庭, 垂餌虎口, 橫挑彊胡, 仰億萬之師, 與單于連戰十有餘日, 所殺過當。[38] 虜救死扶傷不給, 旃裘之君長咸震怖, 乃悉徵其

【斯(사, sī)】: 此. 이. 이것.
【奇(기, qí)】: 범상치 않다. 출중하다. 독특하다.

[37] 今擧事一不當, 而全軀保妻子之臣, 隨而媒孽其短, 僕誠私心痛之。→ 지금 일을 처리하다가 조금만 실수해도, 자신과 처자식의 안전만을 생각하는 신하들은, 즉시 그 잘못을 부풀리는데, 저는 실로 마음속으로 그것을 비통하게 생각합니다.
【擧事(거사, jǔ shì)】: 일을 처리하다.
【一不當(일부당, yī bù dàng)】: 까딱 잘못하면. 조금만 실수하면.
【隨而(수이, suí ér)】: 즉시. 바로.
【媒孽(매얼, méi niè)】: [동사 용법] 빚어내다. 즉「잘못을 부풀려 죄를 만들어내다」의 뜻.
※ 판본에 따라서는「孽」을「糵」이라 했다.
【短(단, duǎn)】: 잘못. 과실.
【誠(성, chéng)】: 실로. 정말.
【私心(사심, sī xīn)】: 마음. 마음속.

[38] 且李陵提步卒不滿五千, 深踐戎馬之地, 足歷王庭, 垂餌虎口, 橫挑彊胡, 仰億萬之師, 與單于連戰十有餘日, 所殺過當。→ 또한 李陵은 오천이 안 되는 보병을 거느리고, 오랑캐의 진지로 깊이 들어가, 單于의 거처까지 이르러, 마치 호랑이 입가에 먹이를 늘어뜨리듯 했지만, 막강한 오랑캐를 향해 용감하게 도전하여, 위쪽의 수많은 적군을 향해 쳐 올라가, 선우와 십여 일 동안 계속 전투를 벌인 끝에, 살해한 적군의 수가 아군의 수보다 많았습니다.
【提(제, tí)】: 거느리다.
【步卒(보졸, bù zú)】: 보병.
【深踐(심천, shēn jiàn)】: 깊이 들어가다.
【戎馬之地(융마지지, róng mǎ zhī dì)】: 오랑캐의 진지.
【足歷(족력, zú lì)…】: 족적이 …에 이르다.
【王庭(왕정, wáng tíng)】: 흉노 우두머리의 거처.
【垂餌虎口(수이호구, chuí ěr hǔ kǒu)】: 호랑이 입가에 먹이를 늘어뜨리다.
【橫挑(횡도, héng tiǎo)】: 용감하게 도전하다.
【彊胡(강호, qiáng hú)】: 강한 오랑캐.【彊】: 強. 강하다.
【仰(앙, yǎng)】: 위를 향해 공격하다. ※ 이릉의 군대는 산골짜기에 포위되어 있었고, 흉노의 군사는 위쪽의 높은 곳에서 아래를 내려다보고 있었다.
【億萬(억만, yì wàn)】: 억만. 즉「수많은, 매우 많은」.
【單于(선우, chán yú)】: 漢나라 때 흉노의 우두머리를 부르던 호칭.
【過當(과당, guò dāng)】: 한도를 넘다. 여기서는「아군의 손실을 초월하다, 아군의 수보

左右賢王, 舉引弓之人, 一國共攻而圍之.³⁹ 轉鬪千里, 矢盡道窮, 救兵不至, 士卒死傷如積.⁴⁰ 然陵一呼勞軍, 士無不起, 躬自流涕, 沫血飲泣, 更張空弮, 冒白刃, 北嚮爭死敵者.⁴¹

―――

'다 많다'의 뜻.

39 虜救死扶傷不給, 旃裘之君長咸震怖, 乃悉徵其左右賢王, 舉引弓之人, 一國共攻而圍之. → 적이 사상자를 구제할 겨를이 없자, 흉노의 君長이 모두 놀라, 즉시 左右 賢王의 병사들을 모두 징집하고, 활을 쏠 줄 아는 사람들을 모두 동원하여, 온 나라가 함께 이릉을 포위 공격하였습니다.
【虜(로, lǔ)】: 적. 오랑캐. ※흉노를 낮추어 부른 말.
【救死扶傷(구사부상, jiù sǐ fú shāng)】: 사상자를 구제하다.
【不給(불급, bù jǐ)】: …할 겨를이 없다. 미처 …하지 못하다.
【旃裘(전구, zhān qiú)】: 흉노가 사용하는 毛氈과 가죽옷. 여기서는「흉노」를 가리킨다.
【旃】: 氈.
【君長(군장, jūn zhǎng)】: 군주와 장관.
【咸(함, xián)】: 모두. 다.
【震怖(진포, zhèn bù)】: 놀라다.
【乃(내, nǎi)】: 즉시. 바로.
【悉(실, xī)】: 모두. 다.
【徵(징, zhēng)】: 불러들이다. 징집하다.
【左右賢王(좌우현왕, zuǒ yòu xián wáng)】: 左賢王과 右賢王.
※흉노의 우두머리인 선우 아래의 최고위직으로 각기 1만 명의 기병을 통솔했다.
【擧(거, jǔ)】: 모두 동원하다.
【引弓之人(인궁지인, yǐn gōng zhī rén)】: 활을 쏠 줄 아는 사람.
【一國(일국, yī guó)】: 온 나라. 나라 전체.
【共攻(공공, gòng gōng)】: 함께 공격하다.

40 轉鬪千里, 矢盡道窮, 救兵不至, 士卒死傷如積. → (이릉은) 천 리를 전전하며 싸우다가, 화살은 바닥나고 길이 막힌 상황에서, 구원병이 오지 않아, 죽거나 다친 병사들이 산더미처럼 쌓였습니다.
【轉鬪(전투, zhuǎn dòu)】: 전전하며 싸우다.
【窮(궁, qióng)】: 막히다.
【如積(여적, rú jī)】: 산더미처럼 쌓이다.

41 然陵一呼勞軍, 士無不起, 躬自流涕, 沫血飲泣, 更張空弮, 冒白刃, 北嚮爭死敵者. → 그러나 이릉이 큰소리로 외치며 병사들을 독려하자, 병사들이 모두 일어나, 각자 눈물을 흘리며, 얼굴은 온통 피범벅이 되어 흐르는 눈물을 입으로 삼키면서, 다시 빈 활을 당기고, 시퍼런 적의 칼날을 무릅쓰며, 북쪽을 향해 서로 다투어 적과 죽음을 각오한 전투를 벌였습니다.

陵未沒時, 使有來報, 漢公卿王侯皆奉觴上壽。⁴² 後數日, 陵敗書聞, 主上爲之食不甘味, 聽朝不怡, 大臣憂懼, 不知所出。⁴³ 僕竊不自料其卑賤, 見主上慘愴怛悼, 誠欲效其款款之愚。⁴⁴ 以爲李陵

【一呼(일호, yī hū)】: 큰소리로 외치다.
【勞(로, láo)】: 독려하다.
【無不起(무불기, wú bù qǐ)】: 일어나지 않는 사람이 없다. 즉「모두 일어나다」의 뜻.
【躬自(궁자, gōng zì)】: 각자. 스스로.
【流涕(유체, liú tì)】: 눈물을 흘리다.
【沫血(회혈, huì xuè)】: 얼굴이 온통 피범벅이 되다.
【飮泣(음읍, yǐn qì)】: 눈물을 삼키다.
【更(갱, gèng)】: 다시.
【張(장, zhāng)】: 당기다.
【空弮(공환, kōng quān)】: 빈 활.
【冒(모, mào)】: 무릅쓰다.
【白刃(백인, bái rèn)】:: 시퍼런 칼날.
【北嚮(북향, běi xiàng)】: 북쪽을 향해서.【嚮】: 向.
【死敵(사적, sǐ dí)】: 적과 죽음을 각오한 전투를 벌이다.

42 陵未沒時, 使有來報, 漢公卿王侯皆奉觴上壽。→ 이릉이 아직 함락되지 않았을 때, 사자가 와서 보고하자, 漢나라의 公卿 王侯들은 모두 술잔을 받들어 (천자의) 장수를 축원했습니다.
【沒(몰, mò)】: 함락되다.
【觴(상, shāng)】: 술잔.
【上壽(상수, shàng shòu)】: 長壽를 축원하다.

43 後數日, 陵敗書聞, 主上爲之食不甘味, 聽朝不怡, 大臣憂懼, 不知所出。→ 며칠 후, 이릉이 패했다는 소식이 전해지자, 주상께서는 이로 인해 식사를 해도 맛을 모르고, 조정에 나와 정무를 처리해도 기뻐하지 않아, 대신들이 걱정하고 두려워하며, 어찌할 바를 몰랐습니다.
【敗書聞(패서문, bài shū wén)】: 패전 소식이 들리다. 패전했다는 보고가 전해지다.
【爲之(위지, wèi zhī)】: 이로 인해.
【聽朝(청조, tīng cháo)】: 임금이 조정에 나와 신하들의 보고를 받고 정사를 결정하다. 조정에 나와 정무를 보다.
【怡(이, yí)】: 기쁘다. 즐겁다.
【憂懼(우구, yōu jù)】: 걱정하고 두려워하다.
【出(출, chū)】: 계략을 내다. 방법을 강구해내다.

44 僕竊不自料其卑賤, 見主上慘愴怛悼, 誠欲效其款款之愚。→ 저는 마음속으로 자신이 비천하다는 것을 헤아리지 못하고, 주상께서 너무 슬퍼하시는 것을 보고, 진심으로 저

素與士大夫絕甘分少, 能得人死力, 雖古之名將不能過也.⁴⁵ 身雖陷敗, 彼觀其意, 且欲得其當而報於漢.⁴⁶ 事已無可奈何, 其所摧敗, 功亦足以暴於天下矣.⁴⁷ 僕懷欲陳之而未有路, 適會召問, 卽以此指推言陵之功, 欲以廣主上之意, 塞睚眦之辭.⁴⁸ 未能盡明, 明主不

의 충성스러운 소견을 바치고자 생각했습니다.
【竊(절, qiè)】: 암암리에. 남몰래. 마음속으로
【不自料(부자료, bù zì liào)】: 스스로 헤아리지 못하다.
【慘愴怛悼(참창달도, cǎn chuàng dá dào)】: 매우 슬퍼하다.
【誠(성, chéng)】: 진심으로. 실로. 정말로.
【效(효, xiào)】: 바치다. 공헌하다.
【款款(관관, kuǎn kuǎn)】: 충성스러운 모양.
【愚(우, yú)】: [겸어] 愚見. 자신의 견해를 낮추어 한 말로,「어리석은 소견, 저의 소견」의 뜻.

45 以爲李陵素與士大夫絕甘分少, 能得人死力, 雖古之名將不能過也. → 저는 이릉이 평소에 부하 장령들과 함께 동고동락했기 때문에, 사람들이 그를 위해 사력을 다할 수 있었던 것이며, (이 점은) 비록 옛날의 명장들이라 해도 그를 능가할 수 없다고 여겼습니다.
【以爲(이위, yǐ wéi)】: …라 여기다. …라고 생각하다.
【士大夫(사대부, shì dà fū)】: 여기서는 이릉의「부하 將領들」을 가리킨다.
【絕甘分少(절감분소, jué gān fēn shǎo)】: 맛있는 것을 자기는 먹지 않고 조금밖에 없는 물건이라도 남에게 나누어 주다. 즉「남과 더불어 동고동락하다」의 뜻.
【過(과, guò)】: 능가하다.

46 身雖陷敗, 彼觀其意, 且欲得其當而報於漢. → 그가 몸은 비록 전쟁에 패하여 적의 수중에 떨어졌지만, 그의 진의를 살펴보면, 또한 적당한 기회를 얻어 漢나라에 보답하려 한 것이었습니다.
【陷敗(함패, xiàn bài)】: 전쟁에 패하여 적의 수중에 떨어지다.
【彼觀其意(피관기의, bǐ guān qí yì)】: 觀彼之意. 그의 眞意을 살펴보면.
【且(차, qiě)】: 또한.
【得其當(득기당, dé qí dàng)】: 적당한 기회를 얻다.

47 事已無可奈何, 其所摧敗, 功亦足以暴於天下矣. → 일은 이미 어찌할 도리가 없게 되었지만, 그가 적을 물리친 공로 또한 족히 천하에 드러내 보일 수 있었습니다.
【無可奈何(무가내하, wú kě nài hé)】: 어찌할 도리가 없다.
【摧敗(최패, cuī bài)】: 격파하다. 물리치다.
【暴(폭, bào)】: 드러내 보이다.

48 僕懷欲陳之而未有路, 適會召問, 卽以此指推言陵之功, 欲以廣主上之意, 塞睚眦之辭. → 저는 가슴에 품고 있는 생각을 (황제께) 진술하려 했으나 길이 없다가, 마침 주상께서

曉, 以爲僕沮貳師, 而爲李陵遊說, 遂下於理.⁴⁹ 拳拳之忠, 終不能自列, 因爲誣上, 卒從吏議.⁵⁰ 家貧, 貨賂不足以自贖, 交遊莫救, 左

불러 물으시는 기회를 얻어, 바로 이러한 뜻으로 이릉의 공로를 설명하여, 주상의 마음을 위로하고, (이릉에 대한) 원한의 言辭를 막으려고 생각했습니다.
【懷(회, huái)】: 마음에 품고 있는 생각.
【陳(진, chén)】: 진술하다. 설명하다. 보고하다.
【適(적, shì)】: 마침.
【會(회, huì)】: 逢. 만나다. …할 기회를 얻다.
【召問(소문, zhào wèn)】: (윗사람이 아랫사람을) 불러서 물어보다.
【卽(즉, jí)】: 즉시. 바로.
【指(지, zhǐ)】: 뜻.
【推言(추언, tuī yán)】: 설명하다.
【欲(욕, yù)】: …하고자 하다. …하려고 하다.
【廣(광, guǎng)】: 위로하다.
【塞(색, sè/sāi)】: 막다.
【睚眦(애자, yái zì)】: 화난 눈빛으로 쳐다보다. 즉「원한, 원망」을 뜻한다.

49 未能盡明, 明主不曉, 以爲僕沮貳師, 而爲李陵遊說, 遂下於理. → 제가 완전하게 설명을 하지 못하자, 주상께서는 이해를 못하시고, 제가 貳師將軍 李廣利를 비방하고, 이릉을 위해 변호한다고 여기시어, 마침내 (저를) 廷尉에 넘기셨습니다.
【盡明(진명, jìn míng)】: 완전하게 설명하다.
【明主(명주, míng zhǔ)】: 현명한 군주. ※ 임금에 대한 존칭.
【以爲(이위, yǐ wéi)】: …라 여기다. …라고 생각하다.
【沮(저, jǔ)】: 훼방하다. 비방하다.
【貳師(이사, èr shī)】: 西域의 大宛에 있는 城 이름이자, 漢 李廣利 장군의 號이기도 하다. 여기서는 「貳師將軍 李廣利」를 가리킨다. 李廣利는 漢武帝의 총희 李夫人의 오라버니이다.
【遊說(유세, yóu shuì)】: 변호하다.
【遂(수, suì)】: 마침내. 드디어.
【下於理(하어리, xià yú lǐ)】: 大理에 넘기다. 〖理〗: 大理. 형법을 관장하는 관리. ※ 漢景帝는 형법을 관장하는 관직인 廷尉를 大理로 바꾸었으나 武帝는 이를 다시 廷尉로 바꾸었는데, 여기서는 옛 명칭을 사용했다.

50 拳拳之忠, 終不能自列, 因爲誣上, 卒從吏議. → 저의 충성스러운 마음은, 끝내 스스로 진술하지 못했고, 주상을 속인다고 여기시어, 마침내 옥리의 판결에 따라 저에게 宮刑을 내리셨습니다.
【拳拳(권권, quán quán)】: 충성스러운 모양. 충직한 모양.
【終(종, zhōng)】: 끝내.
【列(열, liè)】: 진술하다.

右親近不爲一言.⁵¹ 身非木石, 獨與法吏爲伍, 深幽囹圄之中, 誰可
告愬者? 此眞少卿所親見, 僕行事豈不然乎?⁵² 李陵旣生降, 隤其
家聲, 而僕又佴之蠶室, 重爲天下觀笑. 悲夫! 悲夫! 事未易一二爲
俗人言也.⁵³

【因爲(인위, yīn wéi)】: 以爲. …라고 여기다. …라고 간주하다.
【誣(무, wū)】: 속이다. 무고하다.
【卒(졸, zú)】: 결국. 마침내.
【吏議(이의, lì yì)】: 옥리의 판결. 법관의 판결. 즉「궁형에 처한 것」을 말한다.

51 家貧, 貨賂不足以自贖, 交遊莫救, 左右親近不爲一言. → (저는) 집안이 가난하여, 재물로 속죄할 수가 없었고, 친구들도 구해주려 하지 않았으며, 주상 신변의 측근들도 저를 위해 말 한마디 하지 않았습니다.
【貨賂(화뢰, huò lù)】: 재물.
【不足以(부족이, bù zú yǐ)】: …할 수가 없다.
【自贖(자속, zì shú)】: 스스로 속죄하다.
  ※ 임금을 속인 죄는 사형에 처해야 마땅하나, 漢의 법률에서는 돈으로 속죄할 수 있는 길을 터두어, 사형을 면하려면 오십만 錢을 내야 했고, 돈이 없으면 宮刑으로 대신할 수 있었다.
【交遊(교유, jiāo yóu)】: 친구.
【左右親近(좌우친근, zuǒ yòu qīn jìn)】: 주상 신변의 측근. 여기서는「武帝의 측근」을 말한다.

52 身非木石, 獨與法吏爲伍, 深幽囹圄之中, 誰可告愬者? 此眞少卿所親見, 僕行事豈不然乎? → 몸이 목석이 아닌데, 홀로 獄吏와 한 동아리가 되어, 깊은 옥중에 갇혀있으니, 누구에게 하소연하겠습니까? 이는 정말 소경께서 직접 보신 바이니, 제가 겪은 일을 어찌 그렇지 않다고 하겠습니까?
【法吏(법리, fǎ lì)】: 옥리. 형리.
【爲伍(위오, wéi wǔ)】: 한 동아리가 되다. 〖伍〗: 한 동아리.
【深幽(심유, shēn yōu)】: 깊고 고요하다.
【囹圄(영어, líng yǔ)】: 감옥.
【告愬(고소, gào sù)】: 하소연하다. 〖愬〗: 訴.
【行事(행사, xíng shì)】: 겪은 일.

53 李陵旣生降, 隤其家聲, 而僕又佴之蠶室, 重爲天下觀笑. 悲夫! 悲夫! 事未易一二爲俗人言也. → 이릉은 살아서 항복한 후, 그 집안의 명성을 망가뜨렸고, 저는 또 궁형을 받는 밀실에 머물면서, 몹시 천하의 웃음거리가 되었습니다. 슬프도다! 슬프도다! 이 일은 일일이 세상 사람들에게 설명하기가 쉽지 않습니다.
【生降(생항, shēng xiáng)】: 살아서 항복하다.

僕之先, 非有剖符丹書之功, 文史、星曆, 近乎卜祝之間, 固主上所戲弄, 倡優所畜, 流俗之所輕也。⁵⁴ 假令僕伏法受誅, 若九牛亡一毛, 與螻蟻何以異?⁵⁵ 而世又不與能死節者比, 特以爲智窮罪極,

【隤(퇴, tuí)】: 무너뜨리다. 망가뜨리다.
【佴(이, èr)】: 두다. 머물다.
【蠶室(잠실, cán shì)】: 잠실. 궁형을 받는 밀실. ※궁형을 받은 사람은 바람을 쐬면 위험하기 때문에 따뜻하고 밀폐된 방에 있어야 하는데, 이러한 구조의 방이 마치 누에를 치는 방과 같다 하여 이렇게 불렀다.
【重(중, zhòng)】: 대단히. 몹시.
【觀笑(관소, guān xiào)】: 웃음거리.
【未易(미이, wèi yì)】: 不易. 쉽지 않다.
【一二(일이, yī èr)】: 一一. 일일이. 하나하나. 낱낱이.
【爲俗人(위속인, wèi sú rén)】: 세상 사람들에게. 〖爲〗: …에게. …를 향해. 〖俗人〗: 보통 사람. 여기서는「세상 사람들」을 가리킨다.

54 僕之先, 非有剖符丹書之功, 文史、星曆, 近乎卜祝之間, 固主上所戲弄, 倡優所畜, 流俗之所輕也。→ 저의 조상들은, 剖符나 丹書를 받을 만한 공을 세우지 못하고, 文獻・歷史・天文・曆法을 관장했는데, 卜官・祝官과 비슷합니다. 이는 본래 임금이 가지고 즐기던 바로, 樂師・俳優처럼 양성되어, 세상 사람들이 경시했던 직업입니다.
【僕之先(복지선, pú zhī xiān)】: 저의 조상. 〖僕〗: [자신에 대한 겸칭] 저. 〖先〗: 선조. 조상.
【剖符(부부, pōu fú)】: 부부. ※하나의 대나무에 글귀를 새긴 후, 공신들을 봉할 때, 이를 두 쪽으로 쪼개어 임금과 신하가 각기 하나씩 가지고 신표로 삼았다.
【丹書(단서, dān shū)】: 鐵券[功臣에게 수여하던 쇠로 만든 상훈 문서]에 朱砂를 사용하여 맹세의 글귀를 적은 것.
※漢나라 초기에 剖符나 丹書를 받은 功臣들은 그 후손들이 죄를 지었을 때, 이를 근거로 사면받을 수 있도록 규정했다.
【文史(문사, wén shǐ)、星曆(성력, xīng lì)】: 문헌・사적과 天文・曆法. ※이는 모두 太史令이 주관하던 일이다.
【卜(복, bǔ)】: 卜官. 점치는 일을 담당하던 관리.
【祝(축, zhù)】: 제사 때 祭禮를 담당하던 관리.
【固(고, gù)】: 본래.
【戲弄(희롱, xì nòng)】: 가지고 즐기다.
【倡優(창우, chāng yōu)】: 가무・연극 등의 기예에 종사하던 사람. 〖倡〗: 가무를 연출하던 사람. 樂師. 〖優〗: 연극을 공연하던 사람. 俳優.
【所畜(소휵, suǒ xù)】: 길러지다. 양성되다.

55 假令僕伏法受誅, 若九牛亡一毛, 與螻蟻何以異? → 가령 제가 사형을 받아 죽임을 당한다 해도, 마치 아홉 마리의 소에서 털 하나를 잃는 것과 같을 터이니, 땅강아지・개미와

不能自免, 卒就死耳。[56] 何也? 素所自樹立使然也。[57] 人固有一死, 或
重於太山, 或輕於鴻毛, 用之所趨異也。[58] 太上不辱先; 其次不辱身;
其次不辱理色; 其次不辱辭令;[59] 其次詘體受辱; 其次易服受辱; 其

　　　무엇이 다르겠습니까?
　【假令(가령, jiǎ lìng)】: 가령. 만일.
　【伏法受誅(복법수주, fú fǎ shòu zhū)】: 법에 따라 사형을 받다.
　【螻蟻(누의, lóu yǐ)】: 땅강아지와 개미. ※지극히 하잘것없음을 비유한 말.

56　而世又不與能死節者比, 特以爲智窮罪極, 不能自免, 卒就死耳。→ 그러나 세상 사람들
　　은 또 (저를) 절개를 지키다가 죽은 사람들과 동등하게 비교하지 않고, 다만 지혜가 다
　　하고 죄가 지극히 무거워, 스스로 죄를 면할 수 없었으므로, 결국 죽임을 당했을 뿐이라
　　고 생각할 것입니다.
　【世(세, shì)】: 세상 사람들. ※판본에 따라서는 「世」를 「世俗」이라 했다.
　【死節(사절, sǐ jié)】: 절개를 지키기 위해 죽다.
　【比(비, bǐ)】: 동등하게 취급하다. ※판본에 따라서는 「比」를 「次」라 했다.
　【特(특, tè)】: 단지. 다만.
　【以爲(이위, yǐ wéi)】: …라 여기다. …라고 생각하다.
　【智窮罪極(지궁죄극, zhì qióng zuì jí)】: 지혜가 다하고 죄가 지극히 무겁다.
　【卒(졸, zú)】: 마침내. 결국.
　【…耳(이, ěr)】: …뿐.

57　何也? 素所自樹立使然也。→ 무엇때문이겠습니까? 평소 스스로 처세한 바가 그렇게 만
　　든 것입니다.
　【素(소, sù)】: 평소.
　【樹立(수립, shù lì)】: 수립하다. 여기서는 「處世하다」의 뜻.
　【使然(사연, shǐ rán)】: 그렇게 만들다. 그렇게 되도록 하다.

58　人固有一死, 或重於太山, 或輕於鴻毛, 用之所趨異也。→ 사람은 본래 한번 죽기 마련이
　　지만, 어떤 사람의 죽음은 태산보다도 무겁고, 어떤 사람의 죽음은 기러기 털보다도 가
　　벼운데, 그것은 죽음의 역할이 지향하는 바가 다르기 때문입니다.
　【固(고, gù)】: 본래. 본디.
　【太山(태산, tài shān)】: [산 이름] 泰山. 지금의 산동성에 있는 산. 중국 五岳의 하나.
　　※오악은 東岳인 산동성의 泰山, 西岳인 섬서성의 華山, 南岳인 호남성의 衡山, 北岳인
　　　산서성의 恒山, 中岳인 하남성의 嵩山.
　【輕於(경어, qīng yú)…】: …보다 가볍다. 〖於〗: [개사] …보다. …에 비해.
　【鴻毛(홍모, hóng máo)】: 기러기 털.
　【用之所趨(용지소추, yòng zhī suǒ qū)】: 죽음의 역할이 지향하는 바. 〖用〗: [명사] (죽음
　　의) 용도. 작용. 역할. 〖趨〗: 지향하다. 어떤 방향으로 나아가다.

59　太上不辱先; 其次不辱身; 其次不辱理色; 其次不辱辭令; → 최상의 죽음은 조상을 욕되

次關木索、被箠楚受辱;⁶⁰ 其次剔毛髮、嬰金鐵受辱; 其次毀肌膚、斷肢體受辱; 最下腐刑極矣。⁶¹ 傳曰:「刑不上大夫。」此言士節不可不勉勵也。⁶² 猛虎在深山, 百獸震恐, 及在檻穽之中, 搖尾而求食, 積威約之漸也。⁶³ 故士有畫地爲牢, 勢不可入; 削木爲吏, 議不可對,

게 하지 않는 것이고; 그다음은 자신을 욕되게 하지 않는 것이고; 그다음은 체면을 욕되게 하지 않는 것이고; 그다음은 말을 욕되게 하지 않는 것이고;
【太上(태상, tài shàng)】: 최고. 최상.
【辱(욕, rǔ)】: 욕보이다. 욕되게 하다.
【先(선, xiān)】: 조상.
【理色(이색, lǐ sè)】: 얼굴. 체면.
【辭令(사령, cí lìng)】: 言辭. 말.

60 其次詘體受辱; 其次易服受辱; 其次關木索、被箠楚受辱; → 그다음은 몸을 굽혀 모욕을 당하는 것이고; 그다음은 죄수의 옷으로 갈아 입어 모욕을 당하는 것이고; 그다음은 형틀을 쓰고 채찍을 맞아 모욕을 당하는 것이고;
【詘體(굴체, qū tǐ)】: 몸을 굽히다.
【易服(역복, yì fú)】: 옷을 갈아 입다. 즉「죄를 지어 죄수의 옷으로 갈아입는 것」을 말한다.
【受辱(수욕, shòu rǔ)】: 모욕을 당하다.
【關木索(관목삭, guān mù suǒ)】: 형틀을 쓰다. 【關】: 차다. 쓰다. 【木索】: 형틀. 형구.
【被箠楚(피추초, bèi chuí chǔ)】: 곤장을 맞다. 【箠楚】: 곤장. 태형.

61 其次剔毛髮、嬰金鐵受辱; 其次毀肌膚、斷肢體受辱; 最下腐刑極矣。 → 그다음은 모발을 잘리고 쇠고랑을 차서 모욕을 당하는 것이고; 그다음은 근육과 피부를 훼손하거나 사지를 잘려 모욕을 당하는 것이며; 최하는 궁형을 당하는 것으로 가장 심한 치욕입니다.
【剔毛髮(척모발, tī máo fà)】: 髡刑. 모발을 자르는 형벌. 【剔】: 鬄. (모발을) 자르다.
【嬰金鐵(영금철, yīng jīn tiě)】: 鉗刑. 목에 쇠사슬을 씌우는 형벌. 【嬰】: 두르다. 쓰다. 【金鐵】: 쇠고랑 또는 쇠사슬 등의 형구.
【毀肌膚(훼기부, huǐ jī fū)】: 근육과 피부를 훼손하다. 몸을 다치다.
【斷肢體(단지체, duàn zhī tǐ)】: 사지를 잘리다. 【肢體】: 사지. 신체.
【腐刑(부형, fǔ xíng)】: 宮刑. 생식기를 거세하는 형벌.

62 傳曰:「刑不上大夫。」此言士節不可不勉勵也。 → 古書에 이르길:「大夫에게는 형벌을 가하지 않는다.」라고 했습니다. 이는 선비의 절조는 격려하지 않으면 안 된다는 것을 말한 것입니다.
※ 인용한 글은《禮記·曲禮上》에 보인다.
【傳(전, zhuàn)】: 古書의 기록.
【不上(불상, bù shàng)】: 加하지 않다.
【勉勵(면려, miǎn lì)】: 격려하다.

定計於鮮也。⁶⁴ 今交手足, 受木索, 暴肌膚, 受榜箠, 幽於圜牆之中。⁶⁵ 當此之時, 見獄吏則頭槍地, 視徒隸則正惕息。何者? 積威約之勢也。⁶⁶ 及以至是, 言不辱者, 所謂強顏耳, 曷足貴乎?⁶⁷ 且西伯, 伯也,

---

63 猛虎在深山, 百獸震恐, 及在檻穽之中, 搖尾而求食, 積威約之漸也。→ 사나운 호랑이가 깊은 산속에 있을 때는, 모든 짐승들이 벌벌 떨며 두려워하지만, 우리나 함정 속에 갇히게 되면, 꼬리를 흔들며 먹을 것을 구하게 되는데, 이는 장기적인 위세가 사나운 호랑이를 억압하여 점차 그렇게 만든 것입니다.
【震恐(진공, zhèn kǒng)】: 벌벌 떨며 두려워하다.
【檻穽(함정, jiàn jǐng)】: 陷穽. 【檻】: 우리. 【穽】: 함정.
【積威(적위, jī wēi)】: 오래 지속된 위세. 장기적인 위압.
【約之漸(약지점, yuē zhī jiàn)】: 사나운 호랑이를 억압하여 점차 그렇게 되다. 【約】: 억압하다. 억누르다. 【之】: [대명사] 그것. 즉「사나운 호랑이」. 【漸】: 점차. 점점. 즉「점차 그렇게 되다」의 뜻.

64 故士有畫地爲牢, 勢不可入; 削木爲吏, 議不可對, 定計於鮮也。→ 그래서 선비는 땅에다 원을 그어 감옥을 만들어도, 절대로 들어가지 않고; 나무를 조각하여 獄吏를 만들어도, 절대로 대질하지 않으며, 수모를 당하기에 앞서 죽기로 마음을 정합니다.
【畫地爲牢(획지위뢰, huà dì wéi láo)】: 땅에 원을 그려 감옥을 만들다. 【畫】: 그리다. 【爲】: 만들다. 【牢】: 감옥.
【勢不可入(세불가입, shì bù kě rù)】: 절대로 들어가지 않다.
【削(삭, xiāo)】: 깎다.
【議不可對(의불가대, yì bù kě duì)】: 결단코 대질하지 않는다.
【定計於鮮(정계어선, dìng jì yú xiān)】: 이전에 이미 마음을 정하다. 즉「수모를 당하기에 앞서 죽기로 마음을 정하다」의 뜻. 【鮮】: 先. 전에. 먼저. 앞서.

65 今交手足, 受木索, 暴肌膚, 受榜箠, 幽於圜牆之中。→ 지금 손발이 묶이고, 형틀을 쓰고, 맨몸을 드러낸 채, 곤장을 맞고, 감옥에 갇혀있습니다.
【交(교, jiāo)】: 묶이다.
【受木索(수목삭, shòu mù suǒ)】: 형틀을 쓰다. 【受】: 쓰다. 【木索】: 형틀. 형구.
【暴(포, pù)】: 드러내다.
【榜箠(방추, bǎng chuí)】: 곤장.
【幽於(유어, yōu yú)…】: …에 갇히다. 【於】: [개사] …에.
【圜牆(원장, huán qiáng)】: 감옥.

66 當此之時, 見獄吏則頭槍地, 視徒隸則正惕息。何者? 積威約之勢也。→ 이때, 옥리를 보면 머리가 땅에 닿도록 절을 하고, 옥졸을 보면 놀라 두려워서 벌벌 떨게 됩니다. 왜 그렇겠습니까? 장기적인 위세가 그를 억압하여 형세가 그렇게 되어버린 것입니다.
【槍(창, qiāng)】: 搶. 닿다. 부딪다.
【徒隸(도예, tú lì)】: 獄卒.

拘於羑里;⁶⁸ 李斯, 相也, 具于五刑;⁶⁹ 淮陰, 王也, 受械於陳;⁷⁰ 彭越、張敖, 南面稱孤, 繫獄抵罪;⁷¹ 絳侯誅諸呂, 權傾五伯, 囚於請室;⁷²

【正惕息(정척식, zhèng tì xī)】: 놀라 두려워서 벌벌 떨다. 〖正〗: 단정하고 엄숙한 모양. 〖惕息〗: 숨도 쉬지 못하고 두려워하는 모양. ※《漢書》에는 「正」을 「心」이라 했다.
【勢(세, shì)】: 형세.

67 及以至是, 言不辱者, 所謂强顏耳, 曷足貴乎? → 이미 이런 지경에 이르렀는데도, 모욕을 당하지 않았다고 말하는 사람은, 이른바 철면피일 뿐이니, 어찌 존귀하다 하겠습니까?
【至是(지시, zhì shì)】: 이 지경에 이르다.
【强顏(강안, qiǎng yán)】: 철면피.
【…耳(이, ěr)】: …뿐.
【曷足(갈족, hé zú)】: 어찌 …하다 하겠는가? 어찌 …할만하다 하겠는가?

68 且西伯, 伯也, 拘於羑里; → 그리고 西伯은, 제후의 首長이었지만, 羑里에 구금되었고;
【且(차, qiě)】: 또한. 그리고.
【西伯(서백, xī bó)】: 周文王 姬昌. ※周文王이 殷나라 紂王 때 雍州의 州長을 지냈는데, 州長을 「伯」이라 했고, 雍州가 서쪽에 위치했으므로 「西伯」이라 했다.
【伯(백, bó)】: 方伯. 제후의 首長.
【拘(구, jū)】: 감금되다. 갇히다.
【羑里(유리, yǒu lǐ)】: [지명] 殷의 紂王이 周文王을 감금했던 곳으로, 지금의 하남성 湯陰縣 경내.

69 李斯, 相也, 具于五刑; → 李斯는, 재상이었지만, 다섯 가지의 형벌을 모두 받았으며;
【李斯(이사, lǐ sī)】: [인명] 楚나라 上蔡[지금의 하남성 上蔡縣] 사람으로, 秦始皇의 丞相이 되었으나 秦二世 때 趙高의 모함으로 살해되었다.
【五刑(오형, wǔ xíng)】: 다섯 가지 형벌. 墨[얼굴에 글자를 새겨놓는 형벌]·劓[코를 베는 형벌]·剕[다리를 자르는 형벌]·宮[생식기를 거세하는 형벌]·大辟[참살하는 형벌].
【具(구, jù)】: 갖추다. 여기서는 「모두 받다」의 뜻.

70 淮陰, 王也, 受械於陳; → 韓信은, 王에 봉해졌으나, 陳에서 형틀을 찼고;
※漢高祖 劉邦이 항우를 격파한 후, 한신은 처음에 齊王에 봉해졌다가, 후에 楚王에 봉해졌는데, 누군가 한신이 모반했다고 밀고하여 漢高祖 劉邦이 陳平의 계략을 써서 雲夢澤을 유람하는 것처럼 가장하여 한신을 陳[지금의 하남성 淮陽縣]으로 불러낸 후, 그를 포박하여 洛陽으로 압송했다. 후에 그를 사면하여 淮陰侯가 되었으나 마지막에는 역시 呂后에게 살해되었다.
【淮陰(회음, huái yīn)】: 漢高祖 劉邦 휘하의 장군 淮陰侯 韓信.
【受械(수계, shòu xiè)】: 형틀을 차다. 【械】: (수갑 족쇄 등의) 형구. 형틀.
【於(어, yú)】: [개사] …에서.
【陳(진, chén)】: [국명] 지금의 하남성 淮陽 일대에 있던 周代의 제후국.

71 彭越、張敖, 南面稱孤, 繫獄抵罪; → 彭越·張敖는, 군주의 신분이었지만, 감옥에 갇혀

魏其, 大將也, 衣赭衣, 關三木;⁷³ 季布爲朱家鉗奴; 灌夫受辱於居室。⁷⁴ 此人皆身至王侯將相, 聲聞鄰國, 及罪至罔加, 不能引決自裁,

벌을 받았습니다.
【彭越(팽월, péng yuè)】: [인명] 漢高祖 劉邦의 功臣으로 梁王에 봉해졌으나, 어떤 사람이 그를 謀反했다 밀고하여 三族이 멸하는 화를 당했다.
【張敖(장오, zhāng áo)】: [인명] 漢高祖 劉邦의 공신인 張耳의 아들이자 유방의 사위로, 장이가 죽은 후 그 뒤를 이어 趙王에 봉해졌으나 謀反을 꾀했다는 모함을 받아 감옥에 갇혔다.
【南面稱孤(남면칭고, nán miàn chēng gū)】: 군주의 신분. 【南面】: 옛날에 군주는 조정에서 북쪽에 앉아 얼굴을 남쪽으로 향하고, 신하는 남쪽에 앉아 얼굴을 북쪽으로 향했다. 【孤】: 왕이 자신을 겸손하게 일컫는 말.
【繫獄抵罪(계옥저죄, xì yù dǐ zuì)】: 옥에 갇혀 벌을 받다. 【繫】: 묶이다. 즉「갇히다」의 뜻. 【抵罪】: 죄를 지어 벌을 받다.

72 絳侯誅諸呂, 權傾五伯, 囚於請室; → 絳侯는 呂后의 친족들을 죽인 후, 그 권세가 春秋五霸를 능가했으나, 請室에 감금되었고;
※ 周勃은 漢高祖 劉邦을 도와 천하를 평정한 후 絳侯로 봉해졌는데, 유방의 부인 呂后가 죽고 나서 呂祿이 반란을 일으키자, 주발과 陳平이 합세하여 이를 평정하였다.
【絳侯(강후, jiàng hóu)】: 劉邦의 功臣 周勃.
【誅(주, zhū)】: 죽이다. 베다.
【諸呂(제려, zhū lǚ)】: 漢高祖 劉邦의 부인인 呂后의 친족에 대한 총칭.
【傾(경, qīng)】: 능가하다.
【五伯(오패, wǔ bà)】: 五霸. 春秋五霸. 즉「齊桓公・晉文公・秦穆公・宋襄公・楚莊王」. 【伯】: 霸.
【囚於(수어, qiú yú)…】: …에 갇히다. 【囚】: 가두다. 갇히다. 【於】: [개사] …에.
【請室(청실, qǐng shì)】: 죄를 지은 사람이 벌을 청하기 위해 기다리는 곳.

73 魏其, 大將也, 衣赭衣, 關三木; → 魏其는, 대장군이었지만, 붉은색 수의를 입고, 목에 나무칼과 수갑과 족쇄를 찼는가 하면;
【魏其(위기, wèi jī)】: 漢文帝 竇后의 조카로 이름은 嬰이며, 景帝 때 七國의 난을 평정하여 魏其侯로 봉해졌다.
【衣赭衣(의자의, yì zhě yī)】: 붉은색 囚衣를 입다. ※앞의「衣」는 동사로「입다」의 뜻이고, 뒤의「衣」는 명사로「옷, 의복」의 뜻.
【關(관, guān)】: (수갑 등을) 차다.
【三木(삼목, sān mù)】: 머리・손・발에 채우는 枷[칼]・桎[족쇄]・梏[수갑] 등의 세 가지 刑具.

74 季布爲朱家鉗奴; 灌夫受辱於居室。→ 季布는 두발을 자르고 목에 굴레를 쓴 후, 朱家의 노예가 되었고; 灌夫는 居室에 갇혀 모욕을 당했습니다.
【季布(계포, jì bù)】: [인명] 楚나라 사람. 項羽 휘하의 장군으로 여러 차례 劉邦을 난처하

在塵埃之中。[75] 古今一體, 安在其不辱也? 由此言之, 勇怯, 勢也; 強弱, 形也。審矣! 何足怪乎?[76] 夫人不能早自裁繩墨之外, 以稍陵遲, 至於鞭箠之間, 乃欲引節, 斯不亦遠乎?[77] 古人所以重施刑於大夫

게 했는데, 항우가 패한 후, 劉邦이 많은 현상금을 걸고 季布를 잡으려 하자, 계포가 급한 나머지 濮陽의 周씨 집에 숨었다. 주씨가 계포의 두발을 자르고 목에 굴레를 씌워 여러 노예들 속에 넣어 魯나라의 유명한 俠客 朱家에게 팔아 화를 면했다.

【爲(위, wéi)】: …가 되다.
【朱家(주가, zhū jiā)】: [인명] 노나라 사람으로, 당시의 유명한 협객.
【鉗奴(겸노, qián nú)】: 두발을 자르고 목에 굴레를 쓴 노예.
【灌夫(관부, guàn fū)】: [인명] 潁陰 사람으로, 자는 仲孺. 漢景帝 때 郎中將과 武帝 때 太僕을 지냈으나, 丞相 田蚡의 미움을 사서 居室에 갇힌 적이 있다.
【居室(거실, jū shì)】: 少府에 속한 官廳으로, 범인을 구금하던 곳. 일명「保宮」이라고도 한다.

75 此人皆身至王侯將相, 聲聞鄰國, 及罪至罔加, 不能引決自裁, 在塵埃之中。→ 이들은 모두 지위가 王侯將相에 이르고, 이웃 나라에까지 명성이 자자했지만, 죄를 지어 法網의 제재를 받기에 이르렀을 때, 자결하여 자신의 잘못을 책임지지 못하고, 감옥에 갇혔습니다.
【身至(신지, shēn zhì)…】: 지위가 …에 이르다.
【及(급, jí)】: …에 이르다.
【罪至罔加(죄지망가, zuì zhì wǎng jiā)】: 죄를 지어 법망의 제재를 받다. 죄를 지어 처벌을 받다.『罔』: 網. 법망.
【引決自裁(인결자재, yǐn jué zì cái)】: 자결하여 자신의 잘못을 책임지다.
【塵埃(진애, chén āi)】: 더러운 곳. 여기서는「감옥」을 가리킨다.

76 古今一體, 安在其不辱也? 由此言之, 勇怯, 勢也; 強弱, 形也。審矣! 何足怪乎? → (이러한 상황은) 예나 지금이나 마찬가지이니, 어찌 모욕을 당하지 않을 수가 있겠습니까? 이로 미루어 말하면, 용감하고 비겁한 것은, 기세에 따라 결정되는 것이고; 강하고 약한 것은 형세에 따라 결정되는 것입니다. 매우 분명한데, 어찌 이상하게 여길 필요가 있겠습니까?
【一體(일체, yī tǐ)】: 한 몸. 즉「같다, 마찬가지이다」의 뜻.
【怯(겁, qiè)】: 비겁하다.
【勢(세, shì)】: 氣勢.
【形(형, xíng)】: 형세.
【審(심, shěn)】: 분명하다. 확실하다.
【何足(하족, hé zú)】: 어찌 …할 필요가 있겠는가? 어찌 …하기에 족한가?
【怪(괴, guài)】: 이상하게 여기다.

77 夫人不能早自裁繩墨之外, 以稍陵遲, 至於鞭箠之間, 乃欲引節, 斯不亦遠乎? → 무릇 사

者, 殆爲此也.⁷⁸ 夫人情莫不貪生惡死, 念父母, 顧妻子.⁷⁹ 至激於義理者不然, 乃有所不得已也.⁸⁰ 今僕不幸, 早失父母, 無兄弟之親,

람이 법의 제재를 받기 전에 일찍 자결하지 못하고, 이로 인해 점점 주저하다가, 곤장을 맞기에 이르러, 비로소 절개를 지키고자 죽으려 한다면, 이는 또한 너무 늦은 것이 아니 겠습니까?
【夫(부, fú)】: [발어사] 무릇. 대저.
【自裁(자재, zì cái)】: 자결하다. 자살하다.
【繩墨之外(승묵지외, shéng mò zhī wài)】: 법률의 제재를 받기 전에. 【繩墨】: 법도. 법률.
【以(이, yǐ)】: 因. 이로 인해.
【稍(초, shāo)】: 점점. 점차.
【陵遲(능지, líng chí)】: 망설이며 결정을 못하다. 주저하다.
【至於(지어, zhì yú)】: …에 이르다.
【鞭箠(편추, biān chuí)】: 채찍. 태형. 곤장.
【乃(내, nǎi)】: 비로소.
【欲(욕, yù)】: …하려 하다. …하고자 하다.
【引節(인절, yǐn jié)】: 절개를 지키다. 여기서는「절개를 지키기 위해 죽다」의 뜻.
【斯(사, sī)】: 此. 이것. 즉「법률의 제재를 받기 전에 일찍 자결하지 못하고, 곤장을 맞기에 이르러 비로소 절개를 지키기 위해 자결하려 하는 것」.
【不亦(불역, bù yì)…乎(호, hū)?】: 또한 …하지 아니한가?
【遠(원, yuǎn)】: 멀다. 즉「늦다」의 뜻.

78 古人所以重施刑於大夫者, 殆爲此也. → 옛사람들이 大夫에게 형벌을 가하는데 신중했던 까닭은, 대체로 이러한 때문이었을 것입니다.
【所以(소이, suǒ yǐ)…】: …한 까닭.
【重(중, zhòng)】: 신중히 하다.
【殆(태, dài)】: 거의. 대체로.
【爲此(위차, wèi cǐ)】: 이 때문.

79 夫人情莫不貪生惡死, 念父母, 顧妻子. → 무릇 사람의 감정은 모두 살기를 원하고 죽기를 싫어하며, 부모를 생각하고, 처자식을 돌보려고 합니다.
【莫不(막불, mò bù)…】: …하지 않음이 없다. 모두 …하다.
【貪生惡死(탐생오사, tān shēng wù sǐ)】: 살기를 원하고 죽기를 싫어하다.
【念(념, niàn)】: 생각하다.
【顧(고, gù)】: 돌보다.

80 至激於義理者不然, 乃有所不得已也. → 그러나 의리에 激動한 사람들로 말하면 그렇지 않은데, 이는 바로 부득이한 사정이 있기 때문입니다.
【至(지, zhì)】: 至於. …에 이르면. …로 말하면.
【激於(격어, jī yú)…】: …에 격동하다. 【於】: [개사] …에.
【乃(내, nǎi)】: 바로 …이다.

426 고문관지古文觀止 역주 (2)

獨身孤立。少卿視僕於妻子何如哉?⁸¹ 且勇者不必死節, 怯夫慕義, 何處不勉焉?⁸² 僕雖怯懦, 欲苟活, 亦頗識去就之分矣, 何至自沈溺縲紲之辱哉!⁸³ 且夫臧獲婢妾, 由能引決, 況僕之不得已乎?⁸⁴ 所以

81 今僕不幸, 早失父母, 無兄弟之親, 獨身孤立。少卿視僕於妻子何如哉? → 지금 저는 불행하게도, 부모님이 일찍 돌아가시고, 형제도 없이, 홀로 외롭게 남아있습니다. 소경께서 보시기에 제가 아내와 자식들에 대해 어떻게 하고 있습니까?
【僕(복, pú)】: [자신에 대한 겸칭] 저.
【早失(조실, zǎo shī)】: 일찍 잃다. 일찍 돌아가시다.
【於(어, yú)】: [개사] …에 대해. …에게.

82 且勇者不必死節, 怯夫慕義, 何處不勉焉? → 그리고 용감한 사람이라 해도 반드시 절개를 위해 죽는 것은 아니며, 나약한 사람이라 해도 節義를 흠모한다면, 어디에선들 분발하지 않겠습니까?
【且(차, qiě)】: 그리고. 또한.
【不必(불필, bù bì)】: 반드시 …하는 것은 아니다.
【死節(사절, sǐ jié)】: 절개를 위해 죽다.
【怯夫(겁부, qiè fū)】: 나약한 사람. 겁 많은 사람.
【慕義(모의, mù yì)】: 節義를 흠모하다.
【勉(면, miǎn)】: 분발하다. 힘쓰다.

83 僕雖怯懦, 欲苟活, 亦頗識去就之分矣, 何至自沈溺縲紲之辱哉! → 제가 비록 겁이 많고 나약하여, 구차하게 살아남고자 하지만, 또한 거취에 대한 분별을 매우 잘 알고 있는데, 어찌 (기꺼이) 스스로 감옥에 갇혀 모욕을 당하는 지경에 이르겠습니까?
【怯懦(겁나, qiè nuò)】: 겁이 많고 나약하다.
【欲(욕, yù)】: …하고자 하다. …하려고 생각하다. …하길 바라다.
【苟活(구활, gǒu huó)】: 구차하게 살아가다.
【頗(파, pō)】: 매우. 꽤.
【識(식, shí)】: 알다. 이해하다.
【去就(거취, qù jiù)】: 거취. 取捨. 여기서는「捨生取義」, 즉「목숨을 버리고 의를 취함」을 말한다.
【沈溺(침닉, chén nì)】: 빠지다. 여기서는「갇히다」의 뜻.
【縲紲(유설/누설, léi xiè)】: 죄인을 묶는 밧줄. 즉「감옥」을 의미한다.

84 且夫臧獲婢妾, 由能引決, 況僕之不得已乎? → 그리고 노비와 婢妾조차도, 자살을 할 수 있는데, 하물며 저는 부득이한 상황에 처하여 더욱더 죽어야 하지 않겠습니까?
【且夫(차부, qiě fú)】: 그리고. 한편. ※문맥을 다른 방향으로 돌릴 때 쓰는 발어사.
【臧獲(장획, zāng huò)】: 옛날 노비에 대한 卑稱.
【婢妾(비첩, bì qiè)】: 비첩. 여자 종으로 첩이 된 사람.
【由(유, yóu)】: 猶. …조차도. …까지도.

隱忍苟活, 幽於糞土之中而不辭者, 恨私心有所不盡, 鄙陋沒世, 而文采不表於後世也。⁸⁵

古者富貴而名摩滅, 不可勝記, 唯倜儻非常之人稱焉。⁸⁶ 蓋文王拘而演《周易》;⁸⁷ 仲尼厄而作《春秋》;⁸⁸ 屈原放逐, 乃賦《離騷》;⁸⁹

【引決(인결, yǐn jué)】: 자결하다. 자살하다.
【況(황, kuàng)】: 하물며.

85 所以隱忍苟活, 幽於糞土之中而不辭者, 恨私心有所不盡, 鄙陋沒世, 而文采不表於後世也。→ (제가) 몰래 굴욕을 참고 구차하게 살며, 더러운 감옥에 갇혀서도 마다하지 않은 까닭은, 저의 마음속에 다하지 못한 일이 있어, 만약 비루하게 세상을 떠날 경우, (저의) 저술이 후세에 전해지지 못할 것을 한스럽게 생각했기 때문입니다.
【所以(소이, suǒ yǐ)…】: …한 까닭.
【隱忍(은인, yǐn rěn)】: 몰래 참다.
【幽於(유어, yōu yú)…】: …에 갇히다. 〖於〗: [개사] …에.
【糞土(분토, fèn tǔ)】: 더러운 흙. 여기서는 「감옥」을 가리킨다.
【不辭(불사, bù cí)】: 사양하지 않다. 마다하지 않다.
【鄙陋(비루, bǐ lòu)】: 비루하다. 속되다. 천하다.
【沒世(몰세, mò shì)】: 죽다. 세상을 떠나다.
【文采(문채, wén cǎi)】: 문장. 저술.
【表於後世(표어후세, biǎo yú hòu shì)】: 후세에 전해지다. 〖表〗: 표시하다. 나타내다. 여기서는 「전하다」의 뜻. 〖於〗: [개사] …에.

86 古者富貴而名摩滅, 不可勝記, 唯倜儻非常之人稱焉。→ 옛날에 부귀했지만 명성이 사라져 전해지지 않는 사람은, 너무 많아서 일일이 다 기록할 수 없고, 오직 탁월한 사람만이 (후세에) 칭송을 받았습니다.
【摩滅(마멸, mó miè)】: 마멸되다. 즉「매몰되다, 사라져 전해지지 않다」의 뜻.
【不可勝記(불가승기, bù kě shèng jì)】: 수가 많아서 일일이 다 기록할 수가 없다.
【唯(유, wéi)】: 오직. 다만.
【倜儻(척당, tì tǎng)】: 탁월하다. 뛰어나다. 비범하다.
【非常(비상, fēi cháng)】: 보통이 아니다. 예사롭지 않다.
【稱(칭, chēng)】: 칭송되다. 칭찬을 받다.

87 蓋文王拘而演《周易》; → 周文王은 구금되어 《周易》을 더욱 발전시켰고;
※ 전하는 바에 의하면, 周文王은 羑里에 구금된 후에, 伏羲가 그린 《周易》 八卦를 더욱 확대 발전시켜 六十四卦를 만들고, 卦辭와 爻辭를 지었다.
【蓋(개, gài)】: [발어사] 구의 첫머리에 놓여 어기를 표시한다.
【文王(문왕, wén wáng)】: 周文王.
【演(연, yǎn)】: 확대 발전시키다.

428 고문관지古文觀止 역주 (2)

左丘失明, 厥有《國語》;⁹⁰ 孫子臏腳, 兵法脩列;⁹¹ 不韋遷蜀, 世傳
《呂覽》;⁹² 韓非囚秦,《說難》、《孤憤》;⁹³《詩》三百篇, 大抵賢聖發憤

88 仲尼厄而作《春秋》; → 孔子는 곤경에 처하여 《春秋》를 지었습니다.
　※ 楚나라가 사람을 파견하여 공자를 초빙해 갔는데, 陳·蔡의 大夫들이 楚가 공자를 기용할까 두려워 공자를 陳·蔡 사이의 들판에서 둘러싸고 풀어주지를 않아, 양식이 끊어지고 병이 나서 한동안 일어나지 못했던 일이 있었으나, 魯나라로 돌아와 《春秋》를 지었다.
　【仲尼(중니, zhòng ní)】: 孔子의 이름은 丘, 자는 仲尼.
　【厄(액, è)】: 곤경에 처하다. 곤란을 당하다.
　【《春秋(춘추, chūn qiū)》】: 春秋시대 魯나라 隱公 원년(B.C. 772)에서 哀公14년 (B.C. 481)까지 12대 242년의 사적을 魯나라 사관이 編年體로 기록한 역사책으로, 孔子가 윤리적 입장에서 수정을 가했다고 전한다. 《춘추》를 해석한 책으로 《左傳》·《穀梁傳》·《公羊傳》등 三傳이 있는데, 그중 《左傳》이 가장 유명하다.

89 屈原放逐, 乃賦《離騷》; → 屈原은 추방을 당하고 나서, 비로소 《離騷》를 지었고;
　【放逐(방축, fàng zhú)】: 쫓겨나다. 추방되다.
　【乃(내, nǎi)】: 비로소.
　【賦(부, fù)】: (시, 부 등을) 짓다.

90 左丘失明, 厥有《國語》; → 左丘明은 실명하고 나서, 비로소 《國語》를 지었으며;
　【左丘(좌구, zuǒ qiū)】: [인명] 左丘明. 春秋시대 魯나라의 史官.
　【厥(궐, jué)】: 비로소.
　【《國語(국어, guó yǔ)》】: 西周 말기 春秋시대 周·魯·齊·晉·鄭·楚·吳·越 여덟 나라의 國別史.

91 孫子臏腳, 兵法脩列; → 孫子는 다리를 잘리고 나서, 兵法을 저술했습니다;
　【孫子(손자, sūn zǐ)】: [인명] 성은 孫, 이름은 臏이며, 전국시대 齊나라 사람이다. 그는 龐涓과 함께 鬼谷子에게 병법을 배웠는데, 후에 魏의 장군이 된 龐涓이 손빈의 능력을 시기하여 몰래 사람을 보내 손빈을 불러들여 그의 다리를 잘라버렸다. 마침 齊나라 사신 淳于髡이 魏에 왔다가 손빈을 싣고 돌아와, 威王이 그를 軍師로 삼았다. 그 후 魏나라가 韓을 공략하자, 韓이 급히 齊에 알려와 손빈이 齊나라 군사를 魏에 보내 馬陵에서 涓을 죽이고, 여세를 몰아 魏軍을 격파했다. 저서로 《孫子兵法》이 있다.
　【臏腳(빈각, bìn jué)】: 다리를 잘리다. ※손자가 다리를 잘리는 화를 당했기 때문에, 후세 사람들이 그를 孫臏이라 불렀다.
　【修列(수열, xiū liè)】: 저술하다. 편찬하다. 정리하다.

92 不韋遷蜀, 世傳《呂覽》; → 呂不韋가 西蜀으로 쫓겨난 뒤, 《呂氏春秋》가 세상에 전해졌고;
　【不韋(불위, bù wéi)】: [인명] 呂不韋. 秦始皇의 재상을 지냈으나, 후에 죄를 짓고 쫓겨나 西蜀으로 가던 도중 자살했다.

之所爲作也。⁹⁴ 此人皆意有鬱結, 不得通其道, 故述往事, 思來者。⁹⁵ 乃如左丘無目, 孫子斷足, 終不可用, 退而論書策, 以舒其憤, 思垂空文以自見。⁹⁶ 僕竊不遜, 近自託於無能之辭, 網羅天下放失舊聞,

【遷蜀(천촉, qiān shǔ)】: 蜀으로 추방되다.
【呂覽(여람, lǚ lǎn)】: [서명]《呂氏春秋》. 여불위가 재상을 지낼 당시 문객을 시켜 지은 책.

93 韓非囚秦,《說難》,《孤憤》; → 한비자는 秦나라에 구금되어서도,《세난》과《고분》을 지었으며;
【韓非(한비, hán fēi)】: 韓나라 公子. ※한비자와 李斯는 함께 荀卿에게 배웠는데, 후에 명을 받고 秦에 파견되었다가 이사의 모함에 빠져 옥사했다.
【囚(수, qiú)】: 가두다. 구금되다.
【《說難》(세난, shuì nán)》·《孤憤(고분, gū fèn)》】:《韓非子》중의 篇名.

94 《詩》三百篇, 大抵賢聖發憤之所爲作也。→《詩經》의 시 삼백 편은, 대체로 성현들이 발분하여 지은 것입니다.
【《詩(시, shī)》】:《詩經》.
※《詩經》은 西周와 春秋시대의 시 305편이 수록되어 있는 중국 최초의 詩歌集으로, 漢代 이전에는《詩》라고 부르다가 漢代에 이르러 儒家들이 經典으로 받들면서《詩經》이라 불렀다.
【大抵(대저, dà dǐ)】: 대체로. 대개.
【發憤(발분, fā fèn)】: 발분하다.

95 此人皆意有鬱結, 不得通其道, 故述往事, 思來者。→ 이들은 모두 가슴에 맺힌 울분이 있어도, 자기의 이상을 실현할 수가 없었기 때문에, 그래서 지난 일을 서술하여, 그 희망을 후세 사람들에게 기탁하고자 생각한 것입니다.
【鬱結(울결, yù jié)】: 울분이 맺히다.
【不得(부득, bù dé)】: 不能. …할 수 없다.
【通其道(통기도, tōng qí dào)】: 그 길을 소통시키다. 즉「자기의 이상을 실현하다」의 뜻.
【思來者(사래자, sī lái zhě)】: 후세 사람을 생각하다. 즉「자기의 바라는 바가 실현되도록 후세 사람들에게 기탁하고자 생각하다」의 뜻.

96 乃如左丘無目, 孫子斷足, 終不可用, 退而論書策, 以舒其憤, 思垂空文以自見。→ 바로 마치 左丘明이 눈이 멀고, 孫子가 다리를 잘린 후, 끝내 중용될 수 없게 되자, 물러나 저술로 이론을 내세워, 자기 마음속의 불만을 토로하고, 문장을 후세에 남겨 자신의 뜻이 드러나기를 바랐던 것과 같습니다.
【乃如(내여, nǎi rú)…】: 바로 마치 …와 같이.
【無目(무목, wú mù)】: 눈이 멀다.
【論書策(논서책, lùn shū cè)】: 저술로써 이론을 내세우다.
【舒(서, shū)】: 토로하다.

略考其行事, 綜其終始, 稽其成敗興壞之紀;⁹⁷ 上計軒轅, 下至于玆, 爲十表, 本紀十二, 書八章, 世家三十, 列傳七十, 凡百三十篇。⁹⁸ 亦

【思(사, sī)】: 생각하다. 즉「희망하다, 바라다」의 뜻.
【垂(수, chuí)】: 남겨 전하다.
【空文(공문, kōng wén)】: 문장. ※아직 구체적으로 공을 세우지 못하고 다만 글로써 남긴 이론이란 의미의 謙語.
【見(현, xiàn)】: 표현하다. 나타내다. 드러내다.

97 僕竊不遜, 近自託於無能之辭, 網羅天下放失舊聞, 略考其行事, 綜其終始, 稽其成敗興壞之紀; → 저는 암암리에 불손하게도, 근자에 스스로 서툰 문필에 의탁하여, 세상에 흩어진 舊聞을 수집한 후, 그 사실을 대략 고증한 다음, 그 始末을 종합하여, 그 성패와 흥망의 이치를 살펴보았습니다.
【竊(절, qiè)】: 몰래. 암암리에.
【不遜(불손, bù xùn)】: 불손하다. 겸손하지 못하다. 주제넘다.
【自託於(자탁어, zì tuō yú)】: 스스로 …에 의탁하다.〖於〗: [개사] …에.
【無能之辭(무능지사, wú néng zhī cí)】: [겸어] 서툰 문장력. 졸렬한 문필.
【網羅(망라, wǎng luó)】: 수집하다. 찾아 모으다.
【放失(방실, fàng shī)】: 흩어지다.
【舊聞(구문, jiù wén)】: (掌故·逸聞·瑣事 등) 과거에 발생했던 일.
【略考(약고, lüè kǎo)】: 대략 고증하다.
【行事(행사, xíng shì)】: 사실.
【綜(종, zōng)】: 종합하다.
【終始(종시, zhōng shǐ)】: 始末. 始終.
【稽(계, jī)】: 고찰하다. 고증하다.
【紀(기, jì)】: 법칙. 이치. 도리.

98 上計軒轅, 下至于玆, 爲十表, 本紀十二, 書八章, 世家三十, 列傳七十, 凡百三十篇。 → 위로는 黃帝로부터 시작하여, 아래로는 지금에 이르기까지, 表 10편, 本紀 12편, 書 8편, 世家 30편, 列傳 70편, 도합 130편을 완성했습니다.
【計(계, jì)】: 계산하다. 여기서는「…로부터 시작하다」의 뜻.
【軒轅(헌원, xuān yuán)】: 黃帝. 전설상의 제왕으로, 軒轅의 언덕에 살았다 하여 軒轅氏라 불렸다.
【玆(자, zī)】: 현재. 지금.
【表(표, biǎo)】: 《史記》가 창안해낸 일종의 史書 서술 방식으로, 역사 사실이나 인물 등을 서식 형태로 나타낸 것을 말한다. 연대를 고증할 수 없는 것은「世表」로 만들고, 연대를 고증할 수 있는 것은「年表」로 만들고, 변화가 극심한 것은「月表」로 만들었다.
【本紀(본기, běn jì)】: 제왕의 사적에 관한 기록.
【書(서, shū)】: 天文·地理와 典章 제도에 관한 기록.
【世家(세가, shì jiā)】: 선진 제후들과 이에 버금가는 인물들의 사적에 관한 기록.

欲以究天人之際, 通古今之變, 成一家之言.⁹⁹ 草創未就, 會遭此禍, 惜其不成, 是以就極刑而無慍色.¹⁰⁰ 僕誠以著此書, 藏諸名山, 傳之其人, 通邑大都, 則僕償前辱之責, 雖萬被戮, 豈有悔哉!¹⁰¹ 然此可爲智者道, 難爲俗人言也.¹⁰²

【列傳(열전, liè zhuàn)】: 역대 명인들의 사적에 관한 傳記.

99 亦欲以究天人之際, 通古今之變, 成一家之言. → 또한 이로써 하늘과 인간의 관계를 탐구하고, 고금의 변화에 통달하여, 일가의 학설을 이루고자 했습니다.
【天人之際(천인지제, tiān rén zhī jì)】: 하늘과 인간의 관계.
【一家之言(일가지언, yī jiā zhī yán)】: 一家言. 독특한 견해·독자적 체계를 갖춘 학술. 즉「하나의 학파 또는 개인의 이론」을 가리킨다.

100 草創未就, 會遭此禍, 惜其不成, 是以就極刑而無慍色. → 초고가 완성되기 전에, 공교롭게도 이러한 재앙을 만났으나, 책이 완성되지 못할 것을 애석하게 여겨, 그래서 잔혹한 형벌을 받으면서도 원망하는 기색을 보이지 않았습니다.
【草創(초창, cǎo chuàng)】: 草稿.
【未就(미취, wèi jiù)】: 완성되지 않다.
【會(회, huì)】: 마침. 공교롭게도.
【禍(화, huò)】: 재난. 재앙. 여기서는「宮刑」을 가리킨다.
【是以(시이, shì yǐ)】: 그래서. 이로 인해.
【慍色(온색, yùn sè)】: 원망하는 기색.

101 僕誠以著此書, 藏諸名山, 傳之其人, 通邑大都, 則僕償前辱之責, 雖萬被戮, 豈有悔哉! → 만일 제가 정말로 이 책을 완성하여, 그것을 名山에 숨겨두었다가, 뜻을 같이하는 사람에게 전하여, 大都·大邑에 널리 전파된다면, 저는 지난번 치욕의 빚을 갚는 것이니, 비록 형벌을 받아 만 번 죽임을 당한들, 어찌 후회하겠습니까!
【誠(성, chéng)】: 실제로. 정말로.
【藏(장, cáng)】: 숨기다. 감추다.
【諸(제, zhū)】: 之於의 합음. ※판본에 따라서는「諸」를「之」라 했다.
【其人(기인, qí rén)】: 의기가 투합하고 신념이 같은 사람.
【通邑大都(통읍대도, tōng yì dà dū)】: 大都. 大邑.【通邑】: 大邑.
【償(상, cháng)】: 갚다. 변상하다.
【前辱之責(전욕지채, qián rǔ zhī zhài)】: 지난번 치욕의 빚. 즉 宮刑을 받을 때 마땅히 자결해야 했으나 모욕을 당하고도 죽지 않고 살아남은 것을 비유한 말.【責】: 債. 빚.
【被戮(피륙, bèi lù)】: 죽임을 당하다.

102 然此可爲智者道, 難爲俗人言也. → 그러나 이는 지혜가 있는 사람에게나 달할 수 있지, 평범한 사람들에게는 말하기 어렵습니다.
【爲(위, wèi)】: …에게. …를 향해.

且負下未易居, 下流多謗議。¹⁰³ 僕以口語遇遭此禍, 重爲鄕里所戮笑, 以汙辱先人, 亦何面目復上父母丘墓乎?¹⁰⁴ 雖累百世, 垢彌甚耳。是以腸一日而九迴, 居則忽忽若有所亡, 出則不知其所往。¹⁰⁵

【道(도, dào)】: 말하다.
【俗人(속인, sú rén)】: 평범한 사람. 보통 사람.

103 且負下未易居, 下流多謗議。→ 그리고 죄를 짊어지고 있는 상황에서는 처세하기가 쉽지 않고, 낮은 지위에 있는 사람들은 비난을 많이 받습니다.
【且(차, qiě)】: 그리고. 또한.
【負下(부하, fù xià)】: 죄를 짊어지고 있는 상황.
【下流(하류, xià liú)】: 지위가 낮은 사람.
【謗議(방의, bàng yì)】: 비난을 받다.

104 僕以口語遇遭此禍, 重爲鄕里所戮笑, 以汙辱先人, 亦何面目復上父母丘墓乎? → 저는 말로 인해 이런 재앙을 만나, 고향 사람들로부터 심하게 멸시와 조소를 당하고, 조상을 욕되게 하였으니, 또한 무슨 면목으로 다시 부모님 묘소를 찾아뵐 수 있겠습니까?
【以(이, yǐ)】: 因. …로 인해. …말미암아.
【遇遭(우조, yù zāo)】: 당하다. 만나다.
【重(중, zhòng)】: 심하게. 매우.
【爲(위, wéi)…所(소, suǒ)…】: [피동형] …을(를) 당하다. …에 의해 …가 되다.
【鄕里(향리, xiāng lǐ)】: 고향. ※ 판본에 따라서는「鄕里」를「鄕黨」이라 했다.
【戮笑(육소, lù xiào)】: 멸시와 嘲笑.
【上(상, shàng)】: 찾아뵈다.
【丘墓(구묘, qiū mù)】: 무덤. 묘.

105 雖累百世, 垢彌甚耳。是以腸一日而九迴, 居則忽忽若有所亡, 出則不知其所往。→ 비록 많은 세월이 흐른다 해도, 치욕만 점점 더 심해질 뿐입니다. 그래서 초조하고 불안한 생각이 하루 종일 머릿속에 맴돌아, 집에 있으면 마치 무엇을 잃은 듯 정신이 얼떨떨하고, 문을 나서면 어디로 가야 할지를 몰랐습니다.
【累百世(누백세, lěi bǎi shì)】: 많은 세월이 흐르다.〖累〗: 쌓이다. 누적되다.〖百世〗: 오랜 세대. 즉 많은 세월.
【垢(구, gòu)】: 수치. 치욕.
【彌(미, mí)】: 점점 더. 더욱.
【…耳(이, ěr)】: …뿐.
【是以(시이, shì yǐ)】: 그래서.
【腸一日而九迴(장일일이구회, cháng yī rì ér jiǔ huí)】: 초조하고 불안한 생각이 하루 종일 머릿속을 맴돌다.〖腸〗: 愁腸. 초조하고 불안한 마음.〖九迴〗: 수없이 맴돌다. ※「九」는 아홉이라는 수의 개념이 아니라 많은 횟수를 의미한다.
【居(거, jū)】: 집에 머물다.

每念斯恥, 汗未嘗不發背沾衣也。身直爲閨閤之臣, 寧得自引於深藏岩穴邪?¹⁰⁶ 故且從俗浮沈, 與時俯仰, 以通其狂惑。¹⁰⁷ 今少卿乃敎以推賢進士, 無乃與僕私心剌謬乎?¹⁰⁸ 今雖欲自雕琢曼辭以自飾,

【忽忽(홀홀, hū hū)】: 정신이 얼떨떨하다.
【若(약, ruò)】: 如. 마치 …같다. …한 듯하다.
【亡(망, wáng)】: 잃다.

106 每念斯恥, 汗未嘗不發背沾衣也。身直爲閨閤之臣, 寧得自引於深藏岩穴邪? → 매번 이 치욕을 떠올릴 때마다, 땀이 등에 흘러 옷을 적시지 않은 적이 없습니다. 오직 환관이나 다름없는 제가, 어찌 스스로 물러나 산속에 숨어 지낼 수 있겠습니까?
【念(념, niàn)】: 생각하다. 떠올리다.
【未嘗不(미상불, wèi cháng bù)…】: …하지 않은 적이 없다.
【發背沾衣(발배첨의, fā bèi zhān yī)】: 등에 흘러 옷을 적시다.
【直(직, zhí)】: 오직. 다만.
【閨閤之臣(규합지신, guī gé zhī chén)】: 환관. 【閨閤】: 궁중의 작은 문. 여기서는 「궁중」을 뜻한다.
【寧得(영득, níng dé)…】: 어찌 …할 수 있는가?
【自引深藏岩穴(자인심장암혈, zì yǐn shēn cáng yán xué)】: 스스로 깊은 산속의 바위 동굴로 이끌다. 즉「스스로 물러나 은거하다」의 뜻. 【自引】: 스스로 이끌다. 【深藏岩穴】: 깊은 산속의 바위 동굴.

107 故且從俗浮沈, 與時俯仰, 以通其狂惑。 → 그래서 잠시 세속을 따라 부침하고, 시류와 더불어 적당히 살아가며, 자신의 극심한 번민을 해소하고 있습니다.
【且(차, qiě)】: 잠시. 그럭저럭.
【從(종, cóng)】: 따르다.
【浮沈(부침, fú chén)】: 부침하다. 적당히 살아가다.
【與時(여시, yǔ shí)】: 시류와 더불어. 【與】: …와. …와 더불어. 【時】: 시류. 시대의 풍조.
【俯仰(부앙, fǔ yǎng)】: 적당히 살아가다.
【通(통, tōng)】: 소통하다. 풀다. 해소하다. 삭히다.
【狂惑(광혹, kuáng huò)】: 극심한 번민.

108 今少卿乃敎以推賢進士, 無乃與僕私心剌謬乎? → 지금 소경께서는 오히려 저에게 유능한 선비를 천거하라고 하셨는데, 어찌 저의 생각과 서로 어긋나지 않겠습니까?
【乃(내, nǎi)】: 오히려.
【敎(교, jiào)】: …로 하여금 …하게 하다.
【推賢進士(추현진사, tuī xián jìn shì)】: 어진 선비를 천거하다.
【無乃(무내, wú nǎi)】: (어찌) …하지 않는가? (어찌)…이 아니겠는가?
【與(여, yǔ)】: …와 (과).
【私心(사심, sī xīn)】: 저의 개인적인 생각.

無益, 於俗不信, 適足取辱耳。[109] 要之, 死日然後是非乃定。書不能悉意, 略陳固陋。謹再拜。[110]

> 번역문

임소경(任少卿)께 답하는 글

소나 말처럼 부림을 당하는 하인 태사공(太史公) 사마천(司馬遷)이 소경(少卿) 족하께 재배하고 말씀드립니다 : 지난번 황송하게도 서신을 보내주시

【剌謬(날류, là miù)】: 서로 위배되다. 서로 어긋나다.

109 今雖欲自雕琢曼辭以自飾, 無益, 於俗不信, 適足取辱耳。 → 지금 설사 제가 아름다운 문사를 꾸며 자신의 결점을 숨기려 한다 해도, 아무런 도움이 되지 않고, 세상에서 믿지도 않으며, 마침 모욕을 당하기에 십상일 뿐입니다.
  【雕琢(조탁, diāo zhuó)】: 조탁하다. (문구를) 꾸미다.
  【曼辭(만사, màn cí)】: 아름다운 언어. [曼]: 美.
  【自飾(자식, zì shì)】: 자신의 결점을 숨기다.
  【適(적, shì)】: 마침.
  【足(족, zú)…】: …하기에 족하다. …하기 십상이다.
  【取辱(취욕, qǔ rǔ)】: 모욕을 당하다.
  【…耳(이, ěr)】: …뿐.

110 要之, 死日然後是非乃定。書不能悉意, 略陳固陋。謹再拜。 → 요컨대, 죽은 후에야 시비가 비로소 가려질 것입니다. 편지로는 저의 뜻을 다 말할 수 없고, 저의 고루한 생각을 대략 말씀드렸습니다. 삼가 재배 올립니다.
  【要之(요지, yào zhī)】: 요컨대. 한마디로 요약하면.
  【乃(내, nǎi)】: 비로소.
  【定(정, dìng)】: 정해지다. 가려지다.
  【悉(실, xī)】: 모두. 전부.
  【略陳(약진, lüè chén)】: 대략 진술하다. 대략 말씀드리다.
  【固陋(고루, gù lòu)】: 고루하다. 식견이 좁다.
  【謹(근, jǐn)】: 삼가.

어, 사람을 사귀는데 신중히 하고 어진 선비를 천거하는 일을 임무로 삼으라고 가르쳐 주셨습니다. 편지에 담긴 뜻이 간절하고 진지하여, 마치 제가 가르침을 따르지 않고 오히려 세속 사람들의 말을 들었다고 원망하시는 것 같은데, 저는 감히 이렇게 하지 못합니다. 제가 비록 재능은 모자라지만 또한 일찍이 어른들의 유풍(遺風)을 옆에서나마 들어왔습니다. 다만 스스로 몸이 망가져 부끄러운 입장에 처하여 걸핏하면 질책을 당하고, 또한 도움을 주려 해도 오히려 손해를 끼치게 된다고 생각하니, 이로 인해 혼자서 걱정하고 고민도 하지만 누구와 더불어 말을 하겠습니까? 속담어 : 「누구를 위해 일하고, 누구로 하여금 듣도록 하겠는가?」라고 한 말이 있습니다. 종자기(鐘子期)가 죽자, 백아(伯牙)는 종신토록 다시 거문고를 타지 않았습니다. 왜 그랬겠습니까? 선비는 자기를 알아주는 사람을 위해 힘을 쓰고, 여자는 자기를 좋아하는 사람을 위해 꾸밉니다. 저와 같은 사람은 몸이 이미 망가져서, 비록 재주가 수후주(隨侯珠)와 화씨벽(和氏璧)을 품고 행실이 허유(許由)・백이(伯夷)와 같다 해도, 끝내 이를 영예로 삼을 수 없을 뿐만 아니라 마침 남의 웃음거리가 되고 자신을 더럽히기에 족할 뿐입니다. 보내주신 서신에 마땅히 답을 드려야 했으나, 마침 황제를 따라 동쪽에서 돌아오자마자 또 업무에 쫓겨 서로 만날 날이 적었고, 너무 바쁜 나머지 마음을 다 털어놓을 수 있는 잠깐 동안의 틈도 없었습니다. 지금 소경(少卿)께서는 생사를 예측할 수 없는 죄를 짓고 한 달이 지나 곧 형을 집행하는 12월이 다가오고 있는데, 제가 또 황제를 따라 옹(雍)에 가야 할 날이 다가오니, 갑자기 (소경께) 피할 수 없는 변고가 닥칠까 두렵습니다. 이렇게 되어 제가 끝내 (저의) 분노와 고민을 토로하여 소경께 알려줄 수 없게 되면, 죽은 사람의 혼백은 사사로운 원한이 한이 없을 터이니, 그래서 (저의) 고루한 생각을 간략하게나마 진술하고자 청하는 것입니다. 오래도록 희답 드리지 못한 것을 아무쪼록 꾸짖지 말아 주시기 바랍니다.

제가 듣건대 : 수신(修身)은 지(智)의 상징이고, 베풀기를 좋아하는 것은 인(仁)의 발단이고, 취하고 주는 것을 합당하게 하는 것은 의(義)의 표현이고, 치욕을 아는 것은 용(勇)의 결단이고, 이름을 세우는 것은 행(行)의 극치라고 합니다. 선비는 이 다섯 가지 덕을 갖추어야, 그런 다음에 세상에 발을 디딜 수 있고, 또한 군자의 반열에 들 수 있습니다. 그래서 재앙은 이익을 탐하는 것보다 더 비참한 것이 없고, 슬픔은 마음을 상하게 하는 것보다 더 아픈 것이 없으며, 행위는 조상을 욕되게 하는 것보다 더 추악한 것이 없고, 치욕은 궁형(宮刑)을 당하는 것보다 더 큰 것이 없습니다. 형벌을 받은 사람이 보통 사람과 같은 반열에서 비교될 수 없는 것은, 어느 한 시대의 일이 아니라 그 유래가 이미 오래되었습니다. 옛날 위(衛)나라의 영공(靈公)이 환관 옹거(雍渠)와 함께 수레를 타고 가자, 공자(孔子)는 (치욕을 느껴 위나라를 떠나) 진(陳)나라로 갔고, 상앙(商鞅)이 환관인 경감(景監)에 의탁하여 진효공(秦孝公)을 알현하자, 조량(趙良)이 한심하게 여겼으며, 조담(趙談)이 문제(文帝)의 수레에 참승하자, 원앙(袁盎)의 얼굴빛이 굳어졌습니다. 예로부터 사람들은 환관과 어울리는 것을 부끄럽게 여겼습니다. 대저 보통 사람들로서도 일이 환관과 관련되면 기분이 상하지 않는 사람이 없는데, 하물며 기개 있는 사람이야 말해 무엇하겠습니까? 지금 조정에 비록 인재가 모자란다고 하지만, 어찌 궁형(宮刑)을 받은 사람으로 하여금 천하의 호걸을 천거하도록 하겠습니까?

저는 선친의 유업에 의지하여 경성(京城)에서 관직생활을 한 지 이십여 년이 되었습니다. 이로 인해 스스로 생각건대 : 위로는 충성과 신의를 다하고 기발한 책략과 재능의 영예를 갖추어 자신으로 하여금 현명한 군주와 관계를 맺도록 할 수 없었고, 그다음에는 또 군주께서 빠뜨린 것을 거두어 모자란 부분을 보완하고 현능(賢能)한 인재를 천거하여 은거하고 있는 선비들을 드러나게 하지 못하였으며, 밖으로는 또 군문(軍門)에 들어가 성(城)을 공격하고 작전을 벌여 적장의 목을 베고 적의 깃발을 뽑는 공을 세우지 못하였고, 아래로는 평소에 공로를 쌓아 높은 관직과 후한 봉록을 받아야 하지만 (그렇지 못해) 종족과 친구들을 영광되게 하지 못했습니다. 이 네 가지 방면에서 하나도 성취한 것이 없이 구차하게 남과 영합하여 환심이나 사며 이렇다 할 성과가 없는 것은, 이로부터 알 수 있습니다. 전에 저는 또한 일찍이 하대부(下大夫)의 반열에 끼어 외조(外朝)의 토론에 참여해 의론을 발표한 적이 있었음에도, 이때 국가의 법령 제도를 정비하는 데 있어서 사려를 다하지 못했는데, 지금 이미 망가진 몸으로 청소하는 하인이 되어 비천한 지위에 처해있으면서, 오히려 머리를 들고 눈썹을 치켜세워 시비(是非)를 논하려 한다면, 이 또한 조정을 경시하고 당대의 선비들을 모욕하는 것이 아니겠습니까? 아! 아! 저와 같은 사람이 아직도 무슨 할 말이 있겠습니까? 아직도 무슨 할 말이 있겠습니까?

그리고 일의 본말은 밝혀내기가 쉽지 않습니다. 저는 어려서 비범한 재능이 없었고 성장한 후에도 향리 사람들의 칭찬을 받지 못했으나, 주상께서 다행히 선친의 연고로 인해 저로 하여금 하찮은 재주를 공헌토록 하여 궁중을 드나들었습니다. 저는 동시에 두 가지 일을 겸할 수 없다고 생각하여, 그래서 손님들과의 왕래를 끊고 집안의 일도 잊어버린 채, 밤낮으로 저의 불초한 재능을 다하여 한마음 한뜻으로 직무를 수행하는 데 힘써 주상으로부터 환심을 얻고자 했지만, 일은 오히려 크게 차질을 빚어 그렇게 되지 못했습니다.

대저 저와 이릉(李陵)은 함께 조정에서 일을 했지만, 평소에 서로 친할 수 있는 사이가 아니었습니다. 취향이 서로 달라 일찍이 함께 술을 마시거나 정다운 기쁨을 이어간 적도 없습니다. 그러나 제가 그 사람됨을 보건대, 스스로 절조를 지킬 줄 아는 특출한 선비입니다. 부모를 섬기는 데 효도하고, 선비와 사귀면서 신용을 지키고, 재물에 임하여 청렴하고 받고 주는 데 있어서 정의(正義)에 부합하고, 사리를 분별하고 겸양할 줄 알고, 아랫사람을 대하는 데 공손하며, 항상 몸을 돌보지 않고 분발하여 나라의 위급한 상황에 목숨을 바칠 것을 생각하고 있었습니다. 이는 그가 평소에 쌓은 것으로, 저는 그가 국사(國士)의 풍모를 지니고 있다고 여겼습니다. 대저 신하가 되어 만 번을 죽어도 생명을 돌보지 않는다는 생각에서 출발하여 국가의 재난에 달려나간다면, 이는 이미 범상치 않은 것입니다. 지금 일을 처리하다가 조금만 실수해도 자신과 처자식의 안전만을 생각하는 신하들은 즉시 그 잘못을 부풀리는데, 저는 실로 마음속으로 그것을 비통하게 생각합니다. 또한 이릉(李陵)은 오천이 안 되는 보병을 거느리고 오랑캐의 진지로 깊이 들어가 선우(單于)의 거처까지 이르러, 마치 호랑이 입가에 먹이를 늘어뜨리듯 했지만, 막강한 오랑캐를 향해 용감하게 도전하여 위쪽의 수많은 적군을 향해 쳐 올라가, 선우와 십여 일 동안 계속 전투를 벌인 끝에 살해한 적군의 수가 아군의 수보다 많았습니다. 적이 사상자를 구제할 겨를이 없자, 흉노의 군장(君長)이 모두 놀라 즉시 좌우(左右) 현왕(賢王)의 병사들을 모두 징집하고 활을 쏠 줄 아는 사람들을 모두 동원하여, 온 나라가 함께 이릉을 포위 공격하였습니다. (이릉은) 천 리를 전전하며 싸우다가 화살은 바닥나고 길이 막힌 상황에서 구원병이 오지 않아, 죽거나 다친 병사들이 산더미처럼 쌓였습니다. 그러나 이릉이 큰소리로 외치며 병사들을 독려하자, 병사들이 모두 일어나 각자 눈물을 늘리며, 얼굴은 온통 피범벅이 되어 흐르는 눈물을 입으로 삼키면서, 다시 빈 활을 당기고 시퍼런 적의 칼날을 무릅쓰며 북쪽을 향해 서로 다투어 적과 죽음을 각오한 전투를 벌였습니다.

　이릉이 아직 함락되지 않았을 때 사자(使者)가 와서 보고하자, 한(漢)나라의 공경(公卿) 왕후(王侯)들은 모두 술잔을 받들어 (천자의) 장수를 축원했습니다. 며칠 후 이릉이 패했다는 소식이 전해지자, 주상께서는 이로 인해 식사를 해도 맛을 모르고, 조정에 나와 정무를 처리해도 기뻐하지 않아 대신들이 걱정하고 두려워하며 어찌할 바를 몰랐습니다. 저는 마음속으로 자신이 비천하다는 것을 헤아리지 못하고, 주상께서 너무 슬퍼하시는 것을 보고 진심으로 저의 충성스러운 소견을 바치고자 생각했습니다. 저는 이릉이 평소에 부하 장령(將領)들과 함께 동고동락했기 때문에, 사람들이 그를 위해 사력을 다할 수 있었던 것이며, (이 점은) 비록 옛날의 명장들이라 해도 그를 능가할 수 없다고 여겼습니다. 그가 몸은 비록 전쟁에 패하여 적의 수중에 떨어졌지만, 그의 진의를 살펴보면 또한 적당한 기회를 얻어 한(漢)나라에 보답하려 한 것이었습니다. 일은 이미 어찌할 도리가 없게 되었지만, 그가 적을 물리친 공로 또한 족히 천하에 드러내 보일 수 있었습니다. 저는 가슴에 품고 있는 생각을 (황제께) 진술하려 했으나 길이 없다가, 마침 주상께서 불러 물으시는 기회를 얻어 바로 이러한 뜻으로 이릉의 공로를 설명하여 주상의 마음을 위로하고 (이릉에 대한) 원한의 언사(言辭)를 막으려고 생각했습니다. 제가 완전하게 설명을 하지 못하자, 주상께서는 이해를 못하시고, 제가 이사장군(貳師將軍) 이광리(李廣利)를 비방하고 이릉을 위해 변호한다고 여기시어, 마침내 (저를) 정위(廷尉)에 넘기셨습니다. 저의 충성스러운 마음은 끝내 스스로 진술하지 못했고, 주상을 속인다고 여기시어 마침내 옥리의 판결에 따라 저에게 궁형(宮刑)을 내리셨습니다. (저는) 집안이 가난하여 재물로 속죄할 수가 없었고 친구들도 구해주려 하지 않았으며, 주상 신변의 측근들도 저를 위해 말 한마디 하지 않았습니다. 몸이 목석이 아닌데, 홀로 옥리(獄吏)와 한 동아리가 되어 깊은 옥중에 갇혀 있으니 누구에게 하소연하겠습니까? 이는 정말 소경께서 직접 보신 바이니, 제가 겪은 일을 어찌 그렇지 않다고 하겠습니까? 이릉은 살아서 항복한 후 그 집안의 명성을 망가뜨렸고, 저는 또 궁형을 받는 밀실에 머물면서 몹시 천하의 웃음거리가 되었습니다. 슬프도다! 슬프도다! 이 일은 일일이 세상 사람들에게 설명하기가 쉽지 않습니다.

저의 조상들은 부부(剖符)나 단서(丹書)를 받을 만한 공을 세우지 못하고, 문헌(文獻)·역사(歷史)·천문(天文)·역법(曆法)을 관장했는데, 복관(卜官)·축관(祝官)과 비슷합니다. 이는 본래 임금이 가지고 즐기던 바로, 악사(樂師)·배우(俳優)처럼 양성되어 세상 사람들이 경시했던 직업입니다. 가령 제가 사형을 받아 죽임을 당한다 해도, 마치 아홉 마리의 소에서 털 하나를 잃는 것과 같을 터이니, 땅강아지·개미와 무엇이 다르겠습니까? 그러나 세상 사람들은 또 (저를) 절개를 지키다가 죽은 사람들과 동등하게 비교하지 않고, 다만 지혜가 다하고 죄가 지극히 무거워 스스로 죄를 면할 수 없었으므로 결국 죽임을 당했을 뿐이라고 생각할 것입니다. 무엇 때문이겠습니까? 평소 스스로 처세한 바가 그렇게 만든 것입니다. 사람은 본래 한번 죽기 마련이지만, 어떤 사람의 죽음은 태산(泰山)보다도 무겁고 어떤 사람의 죽음은 기러기 털보다도 가벼운데, 그것은 죽음의 역할이 지향하는 바가 다르기 때문입니다. 최상의 죽음은 조상을 욕되게 하지 않는 것이고, 그다음은 자신을 욕되게 하지 않는 것이고, 그다음은 체면을 욕되게 하지 않는 것이고, 그다음은 말을 욕되게 하지 않는 것이고, 그다음은 몸을 굽혀 모욕을 당하는 것이고, 그다음은 죄수의 옷으로 갈아입어 모욕을 당하는 것이고, 그다음은 형틀을 쓰고 채찍을 맞아 모욕을 당하는 것이고, 그다음은 모발을 잘리고 쇠고랑을 차서 모욕을 당하는 것이고, 그다음은 근육과 피부를 훼손하거나 사지를 잘려 모욕을 당하는 것이며, 최하는 궁형을 당하는 것으로 가장 심한 치욕입니다. 고서(古書)에 이르길 : 「대부(大夫)에게는 형벌을 가하지 않는다.」라고 했습니다. 이는 선비의 절조는 격려하지 않으면 안 된다는 것을 말한 것입니다. 사나운 호랑이가 깊은 산속에 있을 때는 모든 짐승들이 벌벌 떨며 두려워하지만, 우리나 함정 속에 갇히게 되면 꼬리를 흔들며 먹을 것을 구하게 되는데, 이는 장기적인 위세가 사나운 호랑이를 억압하여 점차 그렇게 만든 것입니다. 그래서 선비는 땅에다 원을 그어 감옥을 만들어도 절대로 들어가지 않고, 나무를 조각하여 옥리(獄吏)를 만들어도 절대로 대질하지 않으며, 수모를 당하기에 앞서 죽기로 마음을 정합니다. 지금 손발이 묶이고 형틀을 쓰고 맨몸을 드러낸 채 곤장을 맞고 감옥에 갇혀있습니다. 이때 옥리를 보면 머리가 땅에 닿도록 절을 하고, 옥졸을 보면 놀라 두려워서 벌벌 떨게 됩니다. 왜 그렇겠습니까? 장기적인 위세가 그를 억압하여 형세가 그렇게 되어버린 것입니다. 이미 이런 지경에 이르렀는데도 모욕을 당하지 않았다고 말하는 사람은, 이른바 철면피일 뿐이니 어찌 존귀하다 하겠습니까? 그리고 서백(西伯)은 제후의 수장(首長)이었지만 유리(羑里)에 구금되었고, 이사(李斯)는 재상이었지만 다섯 가지의 형벌을 모두 받았으며, 한신(韓信)은 왕(王)에 봉해졌으나 진(陳)에서 형틀을 찼고, 팽월(彭越)·장오(張敖)는 군주의 신분이었지만 감옥에 갇혀 벌을 받았습니다. 강후(絳侯)는 여후(呂后)의 친족들을 죽인 후 그 권세가 춘추오패(春秋五覇)를 능가했으나 청실(請室)에 감금되었고, 위기(魏其)는 대장군이었지만 붉은색 수의를 입고 목에 나무칼과 수갑과 족쇄를 찼는가 하면, 계포(季布)는 두발을 자르고 목에 굴레를 쓴 후, 주가(朱家)의 노예가 되었고, 관부(灌夫)는 거실(居室)에 갇혀 모욕을 당했습니다. 이들은 모두 지위가 왕후장상(王侯將相)에 이르고 이웃 나라에까지 명성이 자자했지만,

죄를 지어 법망의 제재를 받기에 이르렀을 때, 자결하여 자신의 잘못을 책임지지 못하고 감옥에 갇혔습니다. (이러한 상황은) 예나 지금이나 마찬가지이니, 어찌 모욕을 당하지 않을 수가 있겠습니까? 이로 미루어 말하면, 용감하고 비겁한 것은 기세에 따라 결정되는 것이고, 강하고 약한 것은 형세에 따라 결정되는 것입니다. 매우 분명한데, 어찌 이상하게 여길 필요가 있겠습니까? 무릇 사람이 법의 제재를 받기 전에 일찍 자결하지 못하고, 이로 인해 점점 주저하다가 곤장을 맞기에 이르러 비로소 절개를 지키고자 죽으려 한다면, 이는 또한 너무 늦은 것이 아니겠습니까? 옛사람들이 대부(大夫)에게 형벌을 가하는데 신중했던 까닭은 대체로 이러한 때문이었을 것입니다. 무릇 사람의 감정은 모두 살기를 원하고 죽기를 싫어하며, 부모를 생각하고 처자식을 돌보려고 합니다. 그러나 의리에 격동(激動)한 사람들로 말하면 그렇지 않은데, 이는 바로 부득이한 사정이 있기 때문입니다. 지금 저는 불행하게도 부모님이 일찍 돌아가시고 형제도 없이 홀로 외롭게 남아있습니다. 소경께서 보시기에 제가 아내와 자식들에 대해 어떻게 하고 있습니까? 그리고 용감한 사람이라 해도 반드시 절개를 위해 죽는 것은 아니며, 나약한 사람이라 해도 절의(節義)를 흠모한다면 어디에선들 분발하지 않겠습니까? 제가 비록 겁이 많고 나약하여 구차하게 살아남고자 하지만, 또한 거취에 대한 분별을 매우 잘 알고 있는데, 어찌 (기꺼이) 스스로 감옥에 갇혀 모욕을 당하는 지경에 이르겠습니까? 그리고 노비와 비첩(婢妾)조차도 자살을 할 수 있는데, 하물며 저는 부득이한 상황에 처하여 더욱더 죽어야 하지 않겠습니까? (제가) 몰래 굴욕을 참고 구차하게 살며 더러운 감옥에 갇혀서도 마다하지 않은 까닭은 저의 마음속에 다하지 못한 일이 있어, 만약 비루하게 세상을 떠날 경우 (저의) 저술이 후세에 전해지지 못할 것을 한스럽게 생각했기 때문입니다.

옛날에 부귀했지만 명성이 사라져 전해지지 않는 사람은 너무 많아서 일일이 다 기록할 수 없고, 오직 탁월한 사람만이 (후세에) 칭송을 받았습니다. 주문왕(周文王)은 구금되어 《주역(周易)》을 더욱 발전시켰고, 공자(孔子)는 곤경에 처하여 《춘추(春秋)》를 지었습니다. 굴원(屈原)은 추방을 당하고 나서 비로소 《이소(離騷)》를 지었고, 좌구명(左丘明)은 실명(失明)하고 나서 비로소 《국어(國語)》를 지었으며, 손자(孫子)는 다리를 잘리고 나서 병법(兵法)을 저술했습니다. 여불위(呂不韋)가 서촉(西蜀)으로 쫓겨난 뒤 《여씨춘추(呂氏春秋)》가 세상에 전해졌고, 한비자(韓非子)는 진(秦)나라에 구금되어서도 《세난(說難)》과 《고분(孤憤)》을 지었으며, 《시경(詩經)》의 시 삼백 편은 대체로 성현들이 발분하여 지은 것입니다. 이들은 모두 가슴에 맺힌 울분이 있어도 자기의 이상을 실현할 수가 없었기 때문에, 그래서 지난 일을 서술하여 그 희망을 후세 사람들에게 기탁하고자 생각한 것입니다. 바로 마치 좌구명이 눈이 멀고 손자가 다리를 잘린 후 끝내 중용될 수 없게 되자, 물러나 저술로 이론을 내세워 자기 마음속의 불만을 토로하고, 문장을 후세에 남겨 자신의 뜻이 드러나기를 바랐던 것과 같습니다. 저는 암암리에 불손하게도, 근자에 스스로 서툰 문필에 의탁하여 세상에 흩어진 구문(舊聞)을 수집한 후, 그 사실을 대략 고증한 다음, 그 시말(始末)을 종합하여 그 성패와 흥망의 이치를 살펴보았습니다. 위로는 황제(黃帝)로부터 시작하여 아래로는 지금에 이르기까지 표(表) 10편, 본기(本紀) 12편, 서(書) 8편, 세가(世家) 30편, 열전(列傳) 70편, 도합 130편을 완성했습니다. 또한 이로써 하늘과 인간의 관계를 탐구하고 고금의 변화에 통달하여 일가의 학설을 이루고자 했습니다. 초고가 완성되기 전에 공교롭게도 이러한 재앙을 만났으나 책이 완성되지 못할 것을 애석하게 여겨, 그래서 잔혹한 형벌을 받으면서도 원망하는 기색을 보이지 않았습니다. 만일 제가 정말로 이

책을 완성하여, 그것을 명산(名山)에 숨겨두었다가 뜻을 같이하는 사람에게 전하여 대도(大都)·대읍(大邑)에 널리 전파된다면, 저는 지난번 치욕의 빚을 갚는 것이니, 비록 형벌을 받아 만 번 죽임을 당한들 어찌 후회하겠습니까! 그러나 이는 지혜가 있는 사람에게나 말할 수 있지, 평범한 사람들에게는 말하기 어렵습니다.

그리고 죄를 짊어지고 있는 상황에서는 처세하기가 쉽지 않고, 낮은 지위에 있는 사람들은 비난을 많이 받습니다. 저는 말로 인해 이런 재앙을 만나 고향 사람들로부터 심하게 멸시와 조소를 당하고 조상을 욕되게 하였으니, 또한 무슨 면목으로 다시 부모님 묘소를 찾아뵐 수 있겠습니까? 비록 많은 세월이 흐른다 해도 치욕만 점점 더 심해질 뿐입니다. 그래서 초조하고 불안한 생각이 하루 종일 머릿속에 맴돌아 집에 있으면 마치 무엇을 잃은 듯 정신이 얼떨떨하고, 문을 나서면 어디로 가야 할지를 몰랐습니다. 매번 이 치욕을 떠올릴 때마다 땀이 등에 흘러 옷을 적시지 않은 적이 없습니다. 오직 환관이나 다름없는 제가 어찌 스스로 물러나 산속에 숨어 지낼 수 있겠습니까? 그래서 잠시 세속을 따라 부침하고 시류와 더불어 적당히 살아가며 자신의 극심한 번민을 해소하고 있습니다. 지금 소경께서는 오히려 저에게 유능한 선비를 천거하라고 하셨는데, 어찌 저의 생각과 서로 어긋나지 않겠습니까? 지금 설사 제가 아름다운 문사를 꾸며 자신의 결점을 숨기려 한다 해도, 아무런 도움이 되지 않고 세상에서 믿지도 않으며, 마침 모욕을 당하기에 십상일 뿐입니다. 요컨대, 죽은 후에야 시비가 비로소 가려질 것입니다. 편지로는 저의 뜻을 다 말할 수 없고, 저의 고루한 생각을 대략 말씀드렸습니다. 삼가 재배 올립니다.

> 해제解題 및 본문 요지 설명

　본문은 《보임안서(報任安書)》라고도 하며 《한서(漢書)·사마천전(司馬遷傳)》과 《소명문선(昭明文選)》에 수록되어 있다.
　임안(任安)은 영양(榮陽)[지금의 하남성 영양현(榮陽縣)] 사람으로, 자가 소경(少卿)이며 일찍이 낭중(郞中)·익주자사(益州刺史) 등을 지냈다. 한무제(漢武帝) 때 태자 유거(劉据)가 자기를 모함한 강충(江沖)을 토벌하고자 임안에게 호응할 것을 명했으나, 임안은 명령을 받고 나서 병력을 발동하지 않고 관망하는 자세를 보였다. 후에 유거가 패하여 자살하고, 임안은 이와 연루되어 허리를 자르는 극형을 선고받았다. 형의 집행을 기다리는 동안 임안은 궁형을 받고 출옥한 후 중서령(中書令)에 임용된 사마천에게 편지를 보내「현명한 선비를 천거」해 주기를 희망하면서, 실제로는 완곡하게 자신을 구해주기를 바랐다. 그러나 사마천은 이릉(李陵)의 일로 궁형(宮刑)을 당하고 난 터라 감히 엄두를 내지 못해 회답을 하지 않고 있다가, 한무제 태시(太始) 4년(B.C. 93) 11월 임안의 형 집행이 다가오자, 사마천이 비로소 이 편지를 썼고, 임안은 사건이 마무리된 뒤에 곧 처형되었다.
　사마천은 편지에서 봉건사회의 어두운 정치 현실을 비난하고, 자신이 이릉의 사건으로 인해 치욕을 당한 전말을 서술하여 가슴속에 쌓인 분노와 고통을 토로하면서, 자신이 굴욕을 참으며 죽지 않고 구차하게 살아남고자 한 까닭은 후세에 부끄럽지 않은 명저(名著) 《사기(史記)》를 완성하겠다는 단호한 결심 때문이었다는 것을 밝히고 있다.
　본문은 일곱 단락으로 나눌 수 있는데, 첫째 단락에서는 편지를 받고도 오랫동안 회답을 하지 못한 이유를 말했고; 둘째 단락에서는 자신이 화를 당한 것에 대해 분개하고「구차하게 남과 영합하여 환심이나 사며, 이렇다

할 성과가 없는 것」을 슬퍼하면서, 사람을 사귀는 데 신중히 하고 어진 사람을 천거하는 일을 임무로 하라고 말한 임안의 당부에 대해 응답했고; 셋째 단락에서는 한마음으로 나라에 보답하고자 하나 일이 바라는 바와 어긋난 것을 말했고; 넷째 단락에서는 이릉의 일로 인해 궁형을 받은 경위를 말했고; 다섯째 단락에서는 남몰래 참고 구차하게 살아가는 고충과 아울러 치욕 중에 궁형이 가장 심한 치욕이라는 것을 말했고; 여섯째 단락에서는 《사기》의 저술을 통해 하늘과 인간의 관계를 탐구하고 고금의 변화에 통달하여 일가(一家)의 학설을 이룸으로써, 궁형을 받고도 죽지 않고 구차하게 살아남았던 치욕에 대한 빚을 갚으려 한다는 뜻을 밝혔고; 마지막 단락에서는 궁형을 받고 나서 살아가는 여생이 죽는 것보다 못하다는 것을 원망하고, 임안의 요청이 자신의 생각과 맞지 않는다는 말로 임안의 부탁을 완곡하게 거절했다.

 역사적으로 이러한 위대한 사학자와 관련된 자료가 많지 않은 상황에서, 이 편지는 사마천의 위인(爲人)과 사상을 이해할 수 있는 중요한 사료로 평가되고 있다.

권6 한문(漢文)

089 고제구현조
090 문제의좌백성조
091 경제영이천석수직조
092 무제구무재이등조
093 과진론상
094 치안책일
095 논귀속소
096 옥중상양왕서
097 상서간렵
098 답소무서
099 상덕완형서
100 보손회종서
101 임치로경감
102 계형자엄돈서
103 전출사표
104 후출사표

089 고제구현조(高帝求賢詔)
[西漢] 漢高祖 劉邦

> 작 자

고제(高帝)는 한고조(漢高祖) 유방(劉邦)으로, 자는 계(季)이며, 패군(沛郡) 풍읍(豊邑)[지금의 강소성 패현(沛縣)] 사람이다. 처음에는 사상(泗上)[지금의 강소성 패현(沛縣) 동쪽]의 정장(亭長)을 지내다가 진(秦)나라 말기에 항우(項羽)와 함께 진나라를 정벌했다. 후에 다시 항우를 멸하고 천하를 통일하여 국호를 한(漢)이라 하고 장안(長安)에 도읍을 정했다. 그는 진나라를 계승하여 중앙집권제를 시행하고 중농억상(中農抑商) 정책으로 농업생산을 권장하며, 사회·문화 발전을 위해 공헌했다. 인재를 등용하는 데 있어서 논공행상을 주장하며 재능에 따라 기용하고 인맥에 의한 기용을 반대했다. 재위 12년 만에 세상을 떠나 시호를 고조(高祖)라 했다.

> 원문 및 주석

高帝求賢詔[1]

　　蓋聞王者莫高於周文, 伯者莫高於齊桓, 皆待賢人而成名。[2] 今天下賢者智能, 豈特古之人乎? 患在人主不交故也, 士奚由進?[3]

---

1 高帝求賢詔 → 漢高祖가 賢人을 구하는 詔書
   【高帝(고제, gāo dì)】: 漢高祖 劉邦. 漢의 건립자로 12년간(B.C. 206-B.C. 195) 재위했다.
   【求賢(구현, qiú xián)】: 현인을 구하다.
   【詔(조, zhào)】: 황제의 명령. 조서.
2 蓋聞王者莫高於周文, 伯者莫高於齊桓, 皆待賢人而成名。→ 제왕으로는 周文王을 능가하는 사람이 없고, 제후의 패자로는 齊桓公보다 빼어난 사람이 없는데, 이들은 모두 현인의 보필에 의존하여 功名을 이루었다고 들었다.
   【蓋(개, gài)】: 대체로.
   ※ 句의 첫머리에 놓여 말한 내용에 대해 확실한 긍정을 피하고 개략적인 상황을 나타낸다. 상황에 따라 번역을 하거나 번역을 생략할 수 있다.
   【高於(고어, gāo yú)…】: …을 능가하다. …보다 훌륭하다. 《於》: [개사] …보다. …에 비해.
   【周文(주문, zhōu wén)】: 周文王. 성은 姬, 이름은 昌. 商나라 紂王 때 제후의 한 사람이었으나, 후에 姜尙의 도움을 받아 주변의 작은 나라들을 병합하여 통치 영역을 확대한 후, 그의 아들 武王이 商을 멸하고 周王朝를 건립하는 데 기초를 닦았다.
   【伯(패, bà)】: 霸. (제후의) 패자. 맹주.
   【齊桓(제환, qí huán)】: 齊桓公. 성은 姜, 이름은 小白이며, 춘추시대 齊나라의 군주. 管仲을 재상으로 기용하여 천하를 바로잡고 제후의 맹주가 되었다. 春秋 五霸[齊桓公·晉文公·秦穆公·宋襄公·楚莊王] 중의 하나.
   【待(대, dài)】: 의지하다. 기대다.
3 今天下賢者智能, 豈特古之人乎? 患在人主不交故也, 士奚由進? → 오늘날 천하의 현인들도 지혜와 능력을 갖추고 있다. 어찌 유독 옛사람만 지혜와 능력을 갖추었다고 하겠는가? 걱정스러운 것은 군주가 그들과 교류하지 않기 때문인데, 이렇게 되면 선비가 어떤 경로를 통해서 기용될 수 있겠는가?
   【智能(지능, zhì néng)】: 지혜와 능력.
   【特(특, tè)】: 유독. 다만.
   【患(환, huàn)】: 우려. 걱정.
   【不交故(불교고, bù jiāo gù)】: 교류하지 않기 때문. 사귀지 않기 때문.
   【奚由(해유, xī yóu)】: 由奚. 從何. 어디로부터. 즉「어떤 경로를 통해서」의 뜻.

今吾以天之靈、賢士大夫, 定有天下, 以爲一家, 欲其長久, 世世奉宗廟亡絶也。⁴ 賢人已與我共平之矣, 而不與吾共安利之, 可乎?⁵ 賢士大夫, 有肯從我游者, 吾能尊顯之。布告天下, 使明知朕意。⁶

御史大夫昌下相國, 相國酇侯下諸侯王, 御史中執法下郡守。⁷

【進(진, jìn)】: 벼슬길에 나아가다. 임용되다. 기용되다.

4 今吾以天之靈、賢士大夫, 定有天下, 以爲一家, 欲其長久, 世世奉宗廟亡絶也。→ 지금 나는 하늘의 신령과 현인 대부들에 힘입어, 천하를 평정하고, 천하를 한집으로 만들어, 오래도록 유지되고, 대대손손 宗廟를 받들어 영원히 단절되지 않도록 하고자 한다.
【以(이, yǐ)】: 依. 의지하다. 힘입다.
【以爲一家(이위일가, yǐ wéi yī jiā)】: 以(之)爲一家. 천하를 한집으로 만들다. 〖之〗: [대명사] 그것. 즉「천하」.
【欲(욕, yù)】: …하고자 하다. …하길 바라다.
【長久(장구, cháng jiǔ)】: 오래도록 유지되다.
【世世(세세, shì shì)】: 대대로. 대대손손.
【亡絶(무절, wú jué)】: 단절되지 않다. 〖亡〗: 無.

5 賢人已與我共平之矣, 而不與吾共安利之, 可乎? → 현인들이 이미 나와 함께 천하를 평정하고도, 나와 더불어 천하를 편안하고 이롭게 하지 않는다면, 되겠는가?
【共(공, gòng)】: 함께.
【安利(안리, ān lì)】: 편안하고 이롭게 하다.

6 賢士大夫, 有肯從我游者, 吾能尊顯之。布告天下, 使明知朕意。→ 현인 대부들 중에 기꺼이 나를 따라 함께 일하고자 하는 사람이 있으면, 나는 그들을 존귀하고 이름이 알려지도록 할 수 있다. 천하에 공포하여, 그들로 하여금 나의 뜻을 분명히 알게 하라.
【肯從(긍종, kěn cóng)…】: 기꺼이 …을 따르다.
【游(유, yóu)】: 함께 일하다.
【尊顯(존현, zūn xiǎn)】: 지위가 높고 이름이 알려지다.
【布告(포고, bù gào)】: 선포하다. 공포하다.
【明知(명지, míng zhī)】: 분명히 알다.
【朕(짐, zhèn)】: 황제 자칭. ※ 秦始皇 때부터 황제가 자신에 대한 호칭으로 사용했다.

7 御史大夫昌下相國, 相國酇侯下諸侯王, 御史中執法下郡守。→ 御史大夫 周昌은 (이를) 相國에게 하달하고, 相國 蕭何는 諸侯王에게 하달하고, 御使中丞은 郡守에게 하달하라.
【御史大夫(어사대부, yù shǐ dà fū)】: 漢나라 중추 기관의 고위직으로, 감찰 업무와 기밀문서를 관장했다.
【昌(창, chāng)】: [인명] 周昌. 漢高祖의 개국 공신.
【下(하, xià)】: 하달하다.
【相國(상국, xiàng guó)】: 승상. 재상.

其有意稱明德者, 必身勸, 爲之駕, 遣詣相國府, 署行義年。[8] 有而弗言, 覺, 免。年老癃病, 勿遣。[9]

【酇侯(찬후, zàn hóu)】: [관작] 蕭何. 漢高祖와 同鄕人으로 高祖를 보필하여 천하를 평정하고 酇侯로 봉해졌다. 【酇】: [지명] 지금의 호북성 光化縣 북쪽.
【諸侯王(제후왕, zhū hóu wáng)】: 漢나라 때 황제의 아들로서, 王에 봉해진 경우「諸侯王」이라 하고, 侯에 봉해진 경우「諸侯」라 했으나, 실제로는 모두「이전의 제후」에 해당한다.
【御史中執法(어사중집법, yù shǐ zhōng zhí fǎ)】: 御使中丞. 御使大夫 바로 아래의 직급.
【郡守(군수, jùn shǒu)】: 郡의 首長.

8 其有意稱明德者, 必身勸, 爲之駕, 遣詣相國府, 署行義年。→ 그 지방에 명성과 덕망을 겸비한 자가 있으면, (군수는) 반드시 친히 방문하여 권장하고, 그를 위해 거마를 준비하여, 相國府로 데려와, 그의 행적·용모·연령 등을 기록하라.
【其(기, qí)】: [대명사] 그곳. 그 지방.
【意稱明德(의칭명덕, yì chèn míng dé)】: 명성과 덕망이 서로 부합하다. 즉「명성과 덕망을 겸비하다」의 뜻. 【意】: 懿. 美名. 아름다운 명성. 【稱】: 합치하다. 서로 부합하다. 【明德】: 美德. 아름다운 덕망.
【身勸(신권, shēn quàn)】: 친히 방문하여 권하다.
【爲之駕(위지가, wèi zhī jià)】: 그를 위해 거마를 준비하다. 【之】: [대명사] 그. 즉「명성과 덕망을 겸비한 자」. 【駕】: [동사 용법] 거마를 준비하다.
【遣詣(견예, qiǎn yì)】: 데려오다. 보내오다.
【署(서, shǔ)】: 기록하다. 기재하다.
【行(행, xíng)】: 이력. 행적. 행위 사실.
【義(의, yì)】: 儀. 용모.
【年(년, nián)】: 연령. 나이.

9 有而弗言, 覺, 免。年老癃病, 勿遣。→ (현능한 자가) 있는데도 보고하지 않으면, 발각될 경우, 파면할 것이다. 연로하거나 병약한 사람은, 보내지 말라.
【弗(불, fú)】: 不.
【覺(각, jué)】: [피동 용법] 발각되다.
【癃病(융병, lóng bìng)】: 쇠약하고 병들다. 병약하다.

번역문

한고조(漢高祖)가 현인(賢人)을 구하는 조서(詔書)

제왕으로는 주문왕(周文王)을 능가하는 사람이 없고 제후의 패자로는 제환공(齊桓公)보다 빼어난 사람이 없는데, 이들은 모두 현인의 보필에 의존하여 공명(功名)을 이루었다고 들었다. 오늘날 천하의 현인들도 지혜와 능력을 갖추고 있다. 어찌 유독 옛사람만 지혜와 능력을 갖추었다고 하겠는가? 걱정스러운 것은 군주가 그들과 교류하지 않기 때문인데, 이렇게 되면 선비가 어떤 경로를 통해서 기용될 수 있겠는가?

지금 나는 하늘의 신령과 현인 대부들에 힘입어 천하를 평정하고 천하를 한집으로 만들어, 오래도록 유지되고 대대손손 종묘(宗廟)를 받들어 영원히 단절되지 않도록 하고자 한다. 현인들이 이미 나와 함께 천하를 평정하고도 나와 더불어 천하를 편안하고 이롭게 하지 않는다면 되겠는가? 현인 대부들 중에 기꺼이 나를 따라 함께 일하고자 하는 사람이 있으면 나는 그들을 존귀하고 이름이 알려지도록 할 수 있다. 천하에 공포하여 그들로 하여금 나의 뜻을 분명히 알게 하라.

어사대부(御史大夫) 주창(周昌)은 (이를) 상국(相國)에게 하달하고, 상국(相國) 소하(蕭何)는 제후왕(諸侯王)에게 하달하고, 어사중승(御使中丞)은 군수(郡守)에게 하달하라. 그 지방에 명성과 덕망을 겸비한 자가 있으면 (군수는) 반드시 친히 방문하여 권장하고, 그를 위해 거마를 준비하여 상국부(相國府)로 데려와 그의 행적(行蹟)·용모·연령 등을 기록하라. (현능한 자가) 있는데도 보고하지 않으면 발각될 경우 파면할 것이다. 연로하거나 병약한 사람은 보내지 말라.

해제解題 및 본문 요지 설명

본문은 《한서(漢書)·고제기(高帝紀)》의 일부분으로, 한고조(漢高祖) 11년(B.C. 196) 인재를 모집하기 위해 반포한 조서(詔書)이다.

본문은 세 단락으로 나눌 수 있는데, 첫째 단락에서는 군주가 인재를 구해야 하는 필요성을 지적했고; 둘째 단락에서는 천하를 평정한 공을 현인들의 몫으로 돌리며, 어진 인재를 갈구하는 자신의 심정을 표명했고; 마지막 단락에서는 각급 관원들이 반드시 실행할 것을 지시했다.

언어가 질박하고 논지가 분명하며 인재를 아끼는 간절한 심정을 드러내고 있다.

090 문제의좌백성조(文帝議佐百姓詔)
[西漢] 漢文帝 劉恆

작 자

한문제(漢文帝) 유항(劉恆:B.C.202-B.C.157)은 고조(高祖) 유방(劉邦)의 아들이다. 처음에 대왕(代王)으로 봉해졌다가 한고조(漢高祖) 유방(劉邦)의 부인 여후(呂后)가 죽고 나서 그의 친족인 여록(呂祿)이 반란을 일으키자, 주발(周勃)과 진평(陳平)이 합세하여 이를 평정하고 유항(劉恒)을 옹립했다. 유항은 성품이 인자하고 공손하며 덕으로 백성을 교화하여 천하가 잘 다스려졌다. 재위 23년(B.C.179-B.C.157) 동안 할거 세력을 약화시키고 농업경제를 발전시키는 한편 흉노의 침범을 막고 서한(西漢) 정권을 강화하는 데 공헌했다. 시호를 문(文)이라 했다.

원문 및 주석

文帝議佐百姓詔[1]

間者數年比不登, 又有水旱疾疫之災, 朕甚憂之。愚而不明, 未

達其咎。²

　　意者朕之政有所失, 而行有過與? 乃天道有不順, 地利或不得, 人事多失和, 鬼神廢不享與? 何以致此?³ 將百官之奉養或費, 無用之事或多與? 何其民食之寡乏也?⁴

1　文帝議佐百姓詔 → 漢文帝가 백성을 도울 방법을 논의하고자 내린 詔書
   【文帝(문제, wén dì)】: 漢文帝 劉恒. ※본문 '작자' 참조.
   【議(의, yì)】: 상의하다. 의논하다.
   【佐(좌, zuǒ)】: 돕다.
   【詔(조, zhào)】: 황제의 명령. 조서.

2　間者數年比不登, 又有水旱疾疫之災, 朕甚憂之。愚而不明, 未達其咎。→ 근래 몇 년 동안 항상 수확이 좋지 않고, 또 수재와 한재 및 질병의 재난이 있어, 짐은 그것을 매우 걱정한다. 우둔하고 밝지 못해, 그 허물이 어디 있는지 잘 알지 못하고 있다.
   【間者(간자, jiàn zhě)】: 근래. 요즈음.
   【比(비, bǐ)】: 항상. 빈번히.
   【不登(부등, bù dēng)】: 곡식이 익지 않다.
   【疾疫(질역, jí yì)】: 질병.
   【朕(짐, zhèn)】: 황제의 자칭. ※秦始皇 때부터 황제가 자신에 대한 호칭으로 사용했다.
   【愚(우, yú)】: 어리석다. 우둔하다. 우매하다.
   【未達(미달, wèi dá)】: 잘 알지 못하다.
   【咎(구, jiù)】: 잘못. 허물.

3　意者朕之政有所失, 而行有過與? 乃天道有不順, 地利或不得, 人事多失和, 鬼神廢不享與? 何以致此? → 혹여 나의 정치에 실책이 있거나, 행동에 잘못이 있는가? 아니면 날씨가 순조롭지 않았거나, 토지의 이점을 혹시 이용하지 못했거나, 인사가 심히 조화를 잃었거나, 귀신을 폐하고 제사를 안 지냈던 것인가? 어찌하여 이러한 지경에 이르게 되었는가?
   【意者(의자, yì zhě)】: 혹여. 혹시.
   【乃(내, nǎi)】: 혹은. 아니면.
   【天道(천도, tiān dào)】: 날씨. 기후.
   【地利(지리, dì lì)】: 토지의 이점.
   【失和(실화, shī hé)】: 조화를 잃다.
   【享(향, xiǎng)】: 제사를 지내다.
   【何以(하이, hé yǐ)】: 어째서.
   【致此(치차, zhì cǐ)】: 이에 이르다.

4　將百官之奉養或費, 無用之事或多與? 何其民食之寡乏也? → 그렇지 않으면 관리들의 봉양에 혹시 너무 낭비했거나, 쓸모없는 일이 혹시 너무 많았는가? 어찌하여 백성들의 먹을거리가 이렇게도 부족한가?

夫度田非益寡, 而計民未加益, 以口量地, 其於古猶有餘, 而食之甚不足者, 其咎安在?⁵ 無乃百姓之從事於末以害農者蕃, 爲酒醪以靡穀者多, 六畜之食焉者眾與?⁶

細大之義, 吾未能得其中, 其與丞相、列侯、吏二千石、博士議之。⁷ 有可以佐百姓者, 率意遠思, 無有所隱。⁸

【將(장, jiāng)】: 그렇지 않으면.
【與(여, yú)】: [어조사] 歟.
【寡乏(과핍, guǎ fá)】: 부족하다. 모자라다.

5 夫度田非益寡, 而計民未加益, 以口量地, 其於古猶有餘, 而食之甚不足者, 其咎安在? → 무릇 전답을 헤아려 보아도 더 줄어들지 않았고, 인구를 헤아려 보아도 더 늘지 않았으며, 인구로써 토지를 계산해 보아도, 옛날에 비해 오히려 여유가 있는데, 식량이 매우 부족한 것은, 그 잘못이 어디에 있는가?
【夫(부, fú)】: [발어사] 대저. 무릇.
【度(탁, duó)】: 헤아리다. 측량하다.
【益寡(익과, yì guǎ)】: 더 줄어들다.
【計(계, jì)】: 헤아리다. 계산하다.
【加益(가익, jiā yì)】: 더 증가하다.
【量(량, liáng)】: 재다. 계산하다.
【於古(어고, yú gǔ)】: 옛날보다. 옛날에 비해. 【於】: [개사] …보다. …에 비해.
【猶(유, yóu)】: 오히려.
【安在(안재, ān zài)】: 어디에 있는가?

6 無乃百姓之從事於末以害農者蕃, 爲酒醪以靡穀者多, 六畜之食焉者眾與? → 혹시 백성들이 상공업에 종사하여 농업에 해를 입히는 사람들이 많거나, 술을 담그는 데 곡식을 많이 낭비했거나, 가축들이 먹는 사료가 많은 것은 아닌가?
【無乃(무내, wú nǎi)…與(여, yú)?】: 혹시 …은 아닌가?
【末(말, mò)】: 말류. 여기서는「商工業」을 가리킨다.
【蕃(번, fān)】: 繁. 많다. 빈번하다.
【酒醪(주료, jiǔ láo)】: 술. 【醪】: 탁주.
【靡(미, mǐ)】: 소모하다. 낭비하다.
【六畜(육축, liù chù)】: 말·소·양·닭·개·돼지 등 여섯 종류의 가축. 여기서는「가축」을 범칭한 것이다.
【食(사, sì)】: 飼. 사료.
【眾(중, zhòng)】: 많다.

7 細大之義, 吾未能得其中, 其與丞相、列侯、吏二千石、博士議之。 → 이 크고 작은 문제들

> 번역문

한문제(漢文帝)가 백성들 도울 방법을 논의하고자 내린 조서(詔書)

　근래 몇 년 동안 항상 수확이 좋지 않고, 또 수재와 한재 및 질병의 재난이 있어 짐은 그것을 매우 걱정한다. 우둔하고 밝지 못해 그 허물이 어디 있는지 잘 알지 못하고 있다.

　혹여 나의 정치에 실책이 있거나 행동에 잘못이 있는가? 아니면 날씨가 순조롭지 않았거나, 토지의 이점(利點)을 혹시 이용하지 못했거나, 인사(人事)가 심히 조화를 잃었거나, 귀신을 폐하고 제사를 안 지냈던 것인가? 어찌하여 이러한 지경에 이르게 되었는가? 그렇지 않으면 관리들의 봉양에 혹시 너무 낭비했거나, 쓸모없는 일이 혹시 너무 많았는가? 어찌하여 백성들의 먹을거리가 이렇게도 부족한가?

　무릇 전답을 헤아려보아도 더 줄어들지 않았고, 인구를 헤아려보아도

은, 내가 합당한 도리를 찾을 수 없어, 그것을 丞相·列侯·郡守·博士들과 의논하고자 한다.
【義(의, yì)】: 문제. 원인.
【中(중, zhòng)】: 적중하다. 즉 「합당한 이치, 타당한 도리」를 말한다.
【其(기, qí)】: [어기사] 희망·명령을 표시.
【列侯(열후, liè hóu)】: 漢나라 때 왕족과 성이 다른 공신들이 侯로 봉해질 경우, 이를 「列侯」라 했다.
【吏二千石(이이천석, lì èr qiān shí/dàn)】: 2천 섬의 봉록을 받는 관리. 여기서는 「郡守」를 가리킨다. ※漢의 제도에서 군수의 봉록이 2천 섬이기 때문에 붙여진 호칭. 『石』: 섬. 석.
【博士(박사, bó shì)】: [관직] 도서 및 문헌을 관장하며 계책을 올리는 일을 담당했던 벼슬.
【議(의, yì)】: 상의하다, 의논하다.

8　有可以佐百姓者, 率意遠思, 無有所隱。→ 백성을 도울 수 있는 방법이 있으면, 성의를 다해 깊이 생각하고, 꺼려 하여 숨기는 바가 없도록 하라.
【率意(솔의, shuài yì)】: 성의를 다하다.
【遠思(원사, yuǎn sī)】: 깊이 생각하다.
【隱(은, yǐn)】: 숨기다. 은폐하다.

더 늘지 않았으며, 인구로써 토지를 계산해 보아도 옛날에 비해 오히려 여유가 있는데, 식량이 매우 부족한 것은 그 잘못이 어디에 있는가? 혹시 백성들이 상공업에 종사하여 농업에 해를 입히는 사람들이 많거나, 술을 담그는데 곡식을 많이 낭비했거나, 가축들이 먹는 사료가 많은 것은 아닌가?

이 크고 작은 문제들은 내가 합당한 도리를 찾을 수 없어, 그것을 승상(丞相)・열후(列侯)・군수(郡守)・박사(博士)들과 의논하고자 한다. 백성을 도울 수 있는 방법이 있으면 성의를 다해 깊이 생각하고, 꺼려 하여 숨기는 바가 없도록 하라.

해제解題 및 본문 요지 설명

서한(西漢) 초기에 사회는 매우 빈곤하고 인구가 감소하여 농업생산의 회복이 매우 완만했으며 해마다 재해가 닥쳐 식량문제가 심각했다.

본문은 《한서(漢書)・문제기(文帝紀)》의 일부분으로, 내용은 한문제(漢文帝)가 신하들로부터 사회의 빈곤문제를 해결할 방법을 찾기 위해 반포한 조령(詔令)이다.

본문은 네 단락으로 나눌 수 있는데, 첫째 단락에서는 민생이 날로 빈곤해지고 수재・한재와 더불어 질병이 창궐하여 심각한 지경에 이르게 된 상황에 대한 황제의 걱정을 말했고; 둘째 단락에서는 조정 관리들의 봉록 등 여러 방면에서 낭비의 요인이 없는지 검토하여 민곤(民困)의 원인을 규명하도록 독려했고; 셋째 단락에서는 재차 백성들의 습속・소비 등 삶을 영위하는 방식으로부터 민곤의 원인을 규명하고자 했고; 마지막 단락에서는 승상(丞相)・열후(列侯)・군수(郡守)・박사(博士) 등과 상의하여 해결 방안을 찾고자 했다.

    짧은 문장 가운데 반복적으로 설문(說問)한 것을 볼 때, 민생문제를 해결하려는 황제의 절박한 심정이 여실히 드러나 있다.

091 경제영이천석수직조(景帝令二千石修職詔)
[西漢] 漢景帝 劉啓

작자

한경제(漢景帝) 유계(劉啓 : B.C.156-B.C.141 재위)는 자가 개(開)이며, 문제(文帝)의 맏아들이다. 즉위 후 검소하고 백성을 사랑하는 성품이 마치 아버지를 닮았다 하여 역사에서는 「문경(文景)의 치(治)」라 일컬었다. 그는 농업생산을 중시하여, 재위 기간 동안 지속적으로 중농억상(重農抑商) 정책을 집행하고 변경의 방비를 위한 건설을 강화하는 한편, 관리들의 기강을 바로잡기 위해 국법을 위반하는 관리들을 매우 엄하게 다스렸다. 시호를 경(景)이라 했다.

원문 및 주석

景帝令二千石修職詔[1]

雕文刻鏤, 傷農事者也; 錦繡纂組, 害女紅者也。[2] 農事傷, 則飢

---

1 景帝令二千石修職詔 → 漢景帝가 郡守에게 직무를 이행하도록 令을 내린 詔書

之本也; 女紅害, 則寒之原也。³ 夫飢寒並至而能亡爲非者, 寡矣。⁴ 朕親耕, 后親桑, 以奉宗廟粢盛祭服, 爲天下先。⁵ 不受獻, 減太官, 省繇賦, 欲天下務農蠶, 素有畜積, 以備災害。⁶ 彊毋攘弱, 衆毋暴寡,

---

【景帝(경제, jǐng dì)】: 漢景帝 劉啓. ※본문 '작자' 참조.
【令(령, lìng)】: 令을 내리다. 명령하다.
【二千石(이천석, èr qiān shí)】: 2천 섬의 봉록. 여기서는 「郡守」를 가리킨다. ※漢의 제도에서 군수의 봉록이 2천 섬이기 때문에 붙여진 호칭. 〖石〗: 섬. 석.
【修職(수직, xiū zhí)】: 직무를 이행하다.
【詔(조, zhào)】: 황제의 명령. 조서.

2 雕文刻鏤, 傷農事者也; 錦繡纂組, 害女紅者也。→ 옥석이나 금속 등의 기물에 무늬를 새기고 조각하는 것은, 농사를 해치는 것이고; 비단을 짜서 수를 놓고 붉은 띠나 인끈을 만드는 것은, 여자의 일을 해치는 것이다.
【雕文刻鏤(조문각루, diāo wén kè lòu)】: 옥석·금속 등의 기물에 문양을 새기다. ※「雕」, 「刻」, 「鏤」는 모두 「새기다, 조각하다」의 뜻이나, 이를 구분하면, 옥에 새기는 것을 「雕」, 나무에 새기는 것을 「刻」, 금속에 새기는 것을 「鏤」라 한다. 〖文〗: 紋. 무늬. 문양.
【錦繡纂組(금수찬조, jǐn xiù zuǎn zǔ)】: 비단을 짜서 수를 놓고 붉은 띠나 인끈을 만들다. 〖纂〗: 붉은색의 띠. 〖組〗: 옥이나 도장을 매는 인끈.
【女紅(여공, nǚ gōng)】: (주로 방직·자수·봉제 등) 여자들의 일. 〖紅〗: 베를 짜다. 일하다.

3 農事傷, 則飢之本也; 女紅害, 則寒之原也。→ 농사가 해를 입는 것은, 굶주림의 근본이고; 여자의 일이 해를 입는 것은, 춥게 지내는 근원이다.

4 夫飢寒並至而能亡爲非者, 寡矣。→ 무릇 굶주림과 추위가 모두 닥친 상황에서 나쁜 짓을 하지 않는 자는, 매우 드물다.
【夫(부, fú)】: [발어사] 무릇. 대저.
【並至(병지, bìng zhì)】: 모두 닥치다. 동시에 닥치다.
【亡(무, wú)】: 無. 不.
【爲非(위비, wéi fēi)】: 나쁜 짓을 하다.
【寡(과, guǎ)】: 적다. 드물다.

5 朕親耕, 后親桑, 以奉宗廟粢盛祭服, 爲天下先。→ 짐이 친히 밭을 갈고, 황후가 친히 양잠을 하여, 宗廟 祭祀에 필요한 곡식과 祭服을 바쳐, 천하의 본보기로 삼는다.
【朕(짐, zhèn)】: 황제의 자칭. ※秦시황 때부터 황제가 자신에 대한 호칭으로 사용했다.
【桑(상, sāng)】: [동사 용법] 뽕나무를 심어 누에를 치다. 양잠을 하다.
【奉(봉, fèng)】: 바치다.
【粢盛(자성, zī chéng)】: 祭器에 담아 제사에 올리는 곡식.
【先(선, xiān)】: 본보기. 모범.

6 不受獻, 減太官, 省繇賦, 欲天下務農蠶, 素有畜積, 以備災害。→ 獻費를 받지 않고, 太官

老者以壽終, 幼孤得遂長。⁷

今歲或不登, 民食頗寡, 其咎安在?⁸ 或詐僞爲吏, 吏以貨賂爲市, 漁奪百姓, 侵牟萬民。⁹ 縣丞, 長吏也, 姦法與盜盜, 甚無謂也。¹⁰

의 수를 줄이고, 賦稅를 경감해 주어, 천하의 백성들이 농잠에 힘씀으로써, 평소에 저축해 두었다가, 재해에 대비토록 하고자 한다.

【獻(헌, xiàn)】: 獻費. 漢나라 때 賦稅의 하나로, 백성들이 人頭稅·戶賦 외에 매년 황제에게 바치는 약간의 돈을「獻費」라 했다.
【太官(태관, tài guān)】: 궁중의 음식을 관장하는 관리.
【省(생, shěng)】: 輕減하다. 덜어주다.
【繇賦(요부, yáo fù)】: 徭. 부역.
【務(무, wù)】: 힘쓰다.
【素(소, sù)】: 평소. 평상시.
【畜積(축적, xù jī)】: 저축하다. 〖畜〗: 蓄.

7 彊毋攘弱, 眾毋暴寡, 老者以壽終, 幼孤得遂長。→ 강한 자가 약한 자를 약탈하지 말고, 다수의 사람들이 소수의 사람들을 억압하지 말며, 노인들은 천수를 다하고, 어린아이와 고아는 자라서 성인이 될 수 있어야 한다.
【彊(강, qiáng)】: 強. 강자. 강한 사람.
【毋(무, wú)】: 勿. …하지 말라. …해서는 안 된다.
【攘(양, rǎng)】: 빼앗다. 약탈하다.
【暴(포, bào)】: 모욕하다. 업신여기다. 억압하다.
【耆(기, qí)】: 노인. ※ 옛날에는 60세를「耆」라 했다.
【遂長(수장, suì zhǎng)】: 성장하다. 자라서 성인이 되다. 〖遂〗: 成.

8 今歲或不登, 民食頗寡, 其咎安在? → 올해의 작황이 또 흉작이라, 백성들의 양식이 매우 부족한데, 그 잘못이 어디에 있는가?
【今(금, jīn)】: 금년. 올해.
【歲(세, suì)】: 수확. 작황.
【或(혹, huò)】: 又. 또.
【不登(부등, bù dēng)】: 농작물이 잘 익지 않다. 여기서는「흉작」을 가리킨다.
【咎(구, jiù)】: 허물. 잘못.
【安在(안재, ān zài)?】: 어디에 있는가?

9 或詐僞爲吏, 吏以貨賂爲市, 漁奪百姓, 侵牟萬民。→ 혹시 부정한 사람이 관리가 되어, 이러한 관리가 뇌물 받는 것을 마치 거래하는 것처럼 위장하여, 백성을 약탈하고 만민을 침식하는지도 모른다.
【或(혹, huò)】: 어쩌면. 혹시 (…인지도 모른다).
【詐僞(사위, zhà wěi)】: 속이다. 기만하다. 여기서는「不正한 사람」을 가리킨다.
【以貨賂爲市(이화뢰위시, yǐ huò lù wéi shì)】: 뇌물을 거래로 삼다. 즉「뇌물 받는 것을 거

其令二千石各脩其職。不事官職耗亂者, 丞相以聞, 請其罪。[11] 布告天下, 使明知朕意。[12]

래하는 것처럼 위장하다」의 뜻. 【市】: 사고팔다. 거래하다.
【漁奪(어탈, yú duó)】: 약탈하다.
【侵牟(침모, qīn móu)】: 침식하다. 잠식하다. 【牟】: 苗根을 먹는 벌레. 여기서는 동사 용법으로 「침식하다」의 뜻.

10 縣丞, 長吏也, 姦法與盜盜, 甚無謂也。 → 縣丞은, 縣의 官吏 중 우두머리인데, 법을 농간하고 도적을 도와 도둑질을 하게 한다면, 이는 매우 가당치 않은 일이다.
【縣丞(현승, xiàn chéng)】: 縣令을 보좌하는 관리.
【長吏(장리, zhǎng lì)】: 縣吏의 首長. 현 관리 중의 수장.
【姦法(간법, jiān fǎ)】: 법을 농간하다. 법을 무시하다.
【與盜盜(여도도, yǔ dào dào)】: 도둑을 도와 도둑질을 하게 하다. 도둑이 도둑질을 하도록 도와주다. 【與】: 助. 돕다. ※앞의【盜】: [명사] 도둑. 뒤의【盜】: [동사] 도둑질하다.
【無謂(무위, wú wèi)】: 부당하다. 가당치 않다.

11 其令二千石各脩其職。不事官職耗亂者, 丞相以聞, 請其罪。 → 지금 군수들에게 자기의 직무를 이행하도록 명한다. 만일 자기의 관직을 감당하지 못하고 관리들의 비행을 밝혀내지 못하는 자가 있으면, 丞相이 이를 짐에게 알리고, 그 죄를 묻도록 하라.
【其(기, qí)】: [어기사]. ※희망·명령 등을 표시.
【二千石(이천석, èr qiān shí/dàn)】: 군수. ※漢의 제도에서 군수의 봉록이 2천 섬이기 때문에 붙여진 호칭.
【脩(수, xiū)】: 이행하다. 수행하다.
【不事官職(불사관직, bù shì guān zhí)】: 자기의 관직을 감당하지 못하다.
【耗亂(모란, mào luàn)】: 혼미하다. 즉 「군수가 縣丞·縣吏 등의 비행을 밝혀내지 못하다」의 뜻. 【耗】: 眊. 밝지 못하다.
【聞(문, wén)】: 알리다. 보고하다.
【請(청, qǐng)】: (죄를) 묻다. 추궁하다.

12 布告天下, 使明知朕意。 → 천하에 공포하여, 모두 짐의 뜻을 알게 하라.
【布告(포고, bù gào)】: 공포하다. 반포하다.

번역문

한경제(漢景帝)가 군수(郡守)에게 직무를 이행하도록
영(令)을 내린 조서(詔書)

　옥석(玉石)이나 금속 등의 기물에 무늬를 새기고 조각하는 것은 농사를 해치는 것이고, 비단을 짜서 수를 놓고 붉은 띠나 인끈을 만드는 것은 여자의 일을 해치는 것이다. 농사가 해를 입는 것은, 굶주림의 근본이고; 여자의 일이 해를 입는 것은, 춥게 지내는 근원이다. 무릇 굶주림과 추위가 모두 닥친 상황에서 나쁜 짓을 하지 않는 자는 매우 드물다. 짐이 친히 밭을 갈고 황후가 친히 양잠을 하여 종묘제사(宗廟祭祀)에 필요한 곡식과 제복(祭服)을 바쳐 천하의 본보기로 삼는다. 헌비(獻費)를 받지 않고 태관(太官)의 수를 줄이고 부세(賦稅)를 경감해 주어, 천하의 백성들이 농잠에 힘씀으로써 평소에 저축해 두었다가 재해에 대비토록 하고자 한다. 강한 자가 약한 자를 약탈하지 말고, 다수의 사람들이 소수의 사람들을 억압하지 말며, 노인들은 천수를 다하고 어린아이와 고아는 자라서 성인이 될 수 있어야 한다.

　올해의 작황이 또 흉작이라 백성들의 양식이 매우 부족한데, 그 잘못이 어디에 있는가? 혹시 부정한 사람이 관리가 되어, 이러한 관리가 뇌물 받는 것을 마치 거래하는 것처럼 위장하여 백성을 약탈하고 만민을 침식하는지도 모른다. 현승(縣丞)은 현(縣)의 관리 중 우두머리인데, 법을 농간하고 도적을 도와 도둑질을 하게 한다면, 이는 매우 가당치 않은 일이다. 지금 군수들에게 자기의 직무를 이행하도록 명한다. 만일 자기의 관직을 감당하지 못하고 관리들의 비행을 밝혀내지 못하는 자가 있으면, 승상(丞相)

이 이를 짐에게 알리고 그 죄를 묻도록 하라. 천하에 공포하여 모두 짐의 뜻을 알게 하라.

해제解題 및 본문 요지 설명

본문은 《한서(漢書)·경제기(景帝紀)》의 일부분으로, 경제(景帝)가 관리정치(官吏政治)를 바로잡기 위해 하달한 조령(詔令)이다.

본문은 두 단락으로 나눌 수 있는데, 첫째 단락에서는 농업과 양잠업이 굶주림을 면하고 추위를 막는 근본이라 여겨, 황제 자신이 솔선수범을 통해 천하 사람들이 이를 본받아 편안하고 부유할 수 있기를 갈망했고; 둘째 단락에서는 관리가 뇌물 받는 것을 마치 거래하는 것처럼 위장하거나, 법을 농간하고 도적을 도와 도둑질하는 것을 민생을 방해하는 해충이라 여겨 관리정치를 바로잡아야 하는 중요성을 강조했다.

092 무제구무재이등조(武帝求茂才異等詔)
[西漢] 漢武帝 劉徹

작자

한무제(漢武帝) 유철(劉徹 : B.C.156-B.C.87)은 중국 역사상 능력 있는 군주로, 유학(儒學)을 숭상하고 학문을 일으키는 한편, 군사적으로 남월(南越)과 동월(東越) 및 서남 지방의 오랑캐를 평정하고 흉노를 몰아내어 서역(西域)과의 통로를 소통시키는 등, 정치·경제·군사·문화 각 방면에서 많은 업적을 남겼다.

원문 및 주석

武帝求茂才異等詔于[1]

蓋有非常之功, 必待非常之人.[2] 故馬或奔踶而致千里, 士或有

---

1 武帝求茂才異等詔 → 漢武帝가 우수한 인재와 재주가 출중한 인물을 구하는 詔書
 【武帝(무제, wǔ dì)】: 漢武帝 劉徹. ※본문 '작자' 참조.
 【茂才(무재, mào cái)】: 수재. ※「秀才」를「茂才」라 한 것은, 後漢 光武帝 劉秀의 이름 중에「秀」자가 있기 때문에, 이를 避諱한 것이다.

―負俗之累而立功名。³ 夫泛駕之馬, 跅弛之士, 亦在御之而已。⁴ 其
令州郡察吏民有茂才異等, 可爲將相及使絶國者。⁵

【異等(이등, yì děng)】: 출중하다. 재주가 뛰어나다. 여기서는「재주가 출중한 인물」을 말한다.
【詔(조, zhào)】: 황제의 명령. 조서.

2 蓋有非常之功, 必待非常之人。→ 대체로 비범한 공을 세우려면, 반드시 비범한 사람을 기다려야 한다.
【蓋(개, gài)】: 대체로.
【待(대, dài)】: 기다리다.
【非常(비상, fēi cháng)】: 비범하다. 범상을 초월하다.

3 故馬或奔踶而致千里, 士或有負俗之累而立功名。→ 그래서 어떤 말은 미친 듯이 날뛰며 사람을 차기도 하지만 능히 천 리를 가고, 어떤 선비는 사회의 비난을 받는 결점이 있지만 능히 공을 세우고 이름을 떨친다.
【奔踶(분제, bēn dì)】: 미친 듯이 날뛰며 사람을 차다.
【負俗(부속, fù sú)】: 사회의 비난을 받다.
【累(루, lěi)】: 결점. 흠.

4 夫泛駕之馬, 跅弛之士, 亦在御之而已。→ 무릇 수레를 뒤엎는 말이나, 방탕하여 법도를 지키지 않는 선비는, 다만 그들을 어떻게 다루느냐에 달려 있을 뿐이다.
【夫(부, fú)】: [발어사] 무릇. 대저.
【泛駕之馬(봉가지마, fěng jià zhī mǎ)】: 수레를 뒤엎는 말. 즉「지켜야 할 도리를 지키지 않는 영웅」을 비유하는 말.【泛】: 覂. 뒤엎다. 뒤집다.【駕】: 수레.
【跅弛(척이, tuò chí)】: 함부로 행동하며 법도를 지키지 않다. 걷잡을 수 없이 방탕하다.
【御(어, yù)】: 다루다. 부리다. 몰다. 제어하다.
【亦(역, yì)…而已(이이, ér yǐ)】: 다만 …일뿐이다.

5 其令州郡察吏民有茂才異等, 可爲將相及使絶國者。→ 州·郡에 명하니 관리와 백성들 가운데 수재와 출중한 사람으로서, 將相이 되거나 멀리 외국에 사절로 나갈 수 있는 사람이 있는지 살펴보도록 하라.
【其(기, qí)】: [어조사] 희망이나 명령을 표시.
【令(령, lìng)】: 명하다. 명령하다.
【州(주, zhōu)】: 지방행정구역. ※漢初의 지방제도는 본래 秦의 제도를 답습하여 郡縣制를 근간으로 했으나, 漢武帝 때 전국을 13개의 감찰구로 나누어, 명칭을「部」라 하고, 조정에서 刺史를 파견하여 각 郡을 감독하는 일을 담당하도록 했다. 그러나 후에「部」가「州」로 바꾸는 동시에 감찰구의 성격으로부터 지방의 행정단위로 변하면서, 郡縣制 역시 州·郡·縣의 三級制로 변모했다.
【察(찰, chá)】: 살피다.
【絶國(절국, jué guó)】: 아주 멀리 떨어져 있는 나라.

> 번역문

한무제(漢武帝)가 우수한 인재와 재주가 출중한 인물을 구하는 조서(詔書)

　대체로 비범한 공을 세우려면 반드시 비범한 사람을 기다려야 한다. 그래서 어떤 말은 미친 듯이 날뛰며 사람을 차기도 하지만 능히 천 리를 가고, 어떤 선비는 사회의 비난을 받는 결점이 있지만 능히 공을 세우고 이름을 떨친다. 무릇 수레를 뒤엎는 말이나 방탕하여 법도를 지키지 않는 선비는, 다만 그들을 어떻게 다루느냐에 달려 있을 뿐이다. 주(州)·군(郡)에 명하니, 관리와 백성들 가운데 수재와 출중한 사람으로서 장상(將相)이 되거나 멀리 외국에 사절로 나갈 수 있는 사람이 있는지 살펴보도록 하라.

> 해제解題 및 본문 요지 설명

　본문은 《한서(漢書)·무제기(武帝紀)》의 일부분으로, 한무제(漢武帝)가 원봉(元封) 5년(B.C. 106)에 지방의 인재를 살펴 천거하도록 주(州)·군(郡)에 하달한 조령(詔令)이다. 무제(武帝)는 서두에 「비범한 공을 세우려면 반드시 비범한 사람을 기다려야 한다.」라는 것을 밝히고, 인재의 선발에 있어서는 「어떤 말은 미친 듯이 날뛰며 사람을 차기도 하지만 능히 천리를 가고, 어떤 선비는 사회의 비난을 받는 결점이 있지만 능히 공을 세우고 이름을 떨친다.」라는 전제하에 오직 재능만을 중시하면서 「다만 그들을 어떻게 다루느냐에 달려있을 뿐이다.」라고 하여 통치자로서의 자신감과 영웅다운 기백을 보여주고 있다.

093 과진론상(過秦論上)
[西漢] 賈誼

작자

　가의(賈誼 : B.C. 200-B.C. 168)는 낙양(洛陽)[지금의 하남성 낙양시(洛陽市)] 사람으로, 서한(西漢)의 정론가(政論家)요 문학가(文學家)이다. 그는 어려서부터 재능이 뛰어나더니 18세에 이미 군(郡)에서 이름을 날려 하남군수(河南郡守) 오공(吳公)이 그를 불러들여 문하로 삼았다. 한문제(漢文帝)가 즉위하면서 오공이 정위(廷尉)에 올랐는데, 이때 오공이 가의를 추천하여 불과 20여 세에 박사가 되었다. 매번 황제의 명령으로 의론을 올릴 때마다 원로 박사들이 의견을 제시하지 못했는데, 젊은 가의가 모두 응대하자 한문제는 그를 일약 태중대부(太中大夫)로 승진시켜 약관의 나이에 한문제의 고문이 되었다. 그러나 가의의 뛰어난 재능과 파격적인 승진은 주발(周勃)·장상여(張相如) 등 중신들의 시기와 질투로 모함을 받아 결국 한문제로부터 소원해지고, 이로 인해 장사왕태부(長沙王太傅)로 폄적되었다. 가의는 울분을 머금고 상수(湘水)를 건너가《조굴원부(弔屈原賦)》를 지었다. 그는 장사(長沙)에서 3년을 보낸 후 한문제 7년(B.C. 173)에 장안(長安)으로 소환되었다. 문제는 그를 불러 오랫동안 이야기를 나누었으나 치국(治國)에 대한 계책은 묻지 않고 다만 귀신에 대해서만 물었다. 얼마 후 문제는 가의를 자기가 매우 사랑하는 아들인 양회왕(梁懷王) 유읍(劉揖)의 태부(太傅)로 임명하였다. 4년째 되던 해에 양회왕이 낙마(落馬)하여 죽자, 가의는 책임을 다하지 못한 죄책감에 빠져 1년여를 울다가 그만 33세의 나이로 세상을 떠났다.

뛰어난 정론가인 가의는 농본주의·인정애민(仁政愛民)·외부 침략 방어 및 변방 오랑캐 무마 등 많은 정치 주장을 제기했다. 이러한 주장은 한문제에 의해 채택되었을 뿐만 아니라 또한 역대 봉건왕조의 정책으로도 널리 활용되었다.

가의의 저술은 현재 《신서(新書)》 10권이 전하는데, 이는 후인들이 모은 것이며 《한서(漢書)·예문지(藝文志)》에 기록된 유가(儒家) 58편의 원서(原書)는 아니다.

원문 및 주석

過秦論上[1]

<u>秦孝公</u>據<u>殽函</u>之固, 擁<u>雍州</u>之地, 君臣固守而窺<u>周</u>室。[2] 有席卷

---

1 過秦論上 → 秦나라의 過誤에 대해 논한 글 [상]
 【過(과, guò)】: 과오. 잘못.
 【秦(진, qín)】[국명] 지금의 섬서성과 감숙성 일대에 있던 周代의 제후국.
  ※ 秦나라는 본래 춘추시대 제후국으로 B.C. 256년 秦王 嬴政이 周나라를 멸한 후, 날로 강성하여 B.C. 221년 전국을 통일하고 秦帝國을 건립했다. 嬴政은 이때부터 자신을 始皇帝라 칭하고 37년간 재위했으나, 그가 죽고 나서 秦二世 胡亥가 즉위한 지 3년 만에 농민 봉기에 의해 무너졌다.

2 秦孝公據殽函之固, 擁雍州之地, 君臣固守而窺周室。→ 秦孝公은 殽山과 函谷關의 견고한 요새를 점거하고, 雍州의 땅을 보유하여, 군신이 굳게 지키며 周나라 왕실을 엿보았다.
 【秦孝公(진효공, qín xiào gōng)】: 秦나라의 군주. 성은 嬴, 이름은 渠梁. 그는 商鞅을 기용하여 법령을 개혁하고 부국강병 정책을 써서 나라가 강성하기 시작했다.
 【據(거, jù)】: 점거하다.

天下, 包擧宇內, 囊括四海之志, 幷呑八荒之心。³ 當是時, 商君佐之,
內立法度, 務耕織, 修守戰之備, 外連橫而鬪諸侯。⁴ 於是秦人拱手

【殽(효, yáo)】: [산 이름] 殽山. 函谷關의 동쪽에 위치. ※「殽山」은「崤山」으로 쓰기도 한다.
【函(함, hán)】: [지명] 函谷關. 하남성 靈寶縣 서남쪽.
【固(고, gù)】: 견고한 요새.
【擁(옹, yōng)】: 보유하다. 점유하다.
【雍州(옹주, yōng zhōu)】: [지명] 옛 九州의 하나. 지금의 섬서성 중부와 북부, 감숙성 대부분, 청해성의 동남부, 寧夏 回族 자치구 일대를 포함한 지방.
【固守(고수, gù shǒu)】: 굳게 지키다.
【窺(규, kuī)】: 엿보다.

3 有席卷天下, 包擧宇內, 囊括四海之志, 幷呑八荒之心。→ (진효공은) 천하를 석권하고, 여러 나라를 완전히 점령하여, 전국을 통괄하려는 의도와, 八方의 먼 땅까지 삼키려는 야심을 가지고 있었다.
【席卷(석권, xí juǎn)】: 석권하다. 완전 장악하다.
【包擧(포거, bāo jǔ)】: 완전히 점령하다.
【宇內(우내, yǔ nèi)】: 여러 나라. 천하.
【囊括(낭괄, náng kuò)】: 통괄하다. 전체를 포괄하다.
【四海(사해, sì hǎi)】: 전국. 천하.
【志(지, zhì)】: 뜻. 의도. ※관본에 따라서는「志」를「意」라 했다.
【幷呑(병탄, bìng tūn)】: 倂呑. 삼키다.
【八荒(팔황, bā huāng)】: 八方[동・서・남・북・동북・동남・서북・서남]의 먼 땅. 즉「온 천하」
※《說苑》:「八荒之內有四海, 四海之內有九州。(팔황 안에 사해가 있고, 사해 안에 구주가 있다.)」

4 當是時, 商君佐之, 內立法度, 務耕織, 修守戰之備, 外連橫而鬪諸侯。→ 이때, 商鞅이 그를 보필하여, 안으로는 법도를 세우고, 농경과 방직에 힘쓰며, 방어와 공격에 필요한 장비를 보수하고, 밖으로는 連橫의 책략을 써서 제후들끼리 서로 다투게 했다.
【商君(상군, shāng jūn)】: 商鞅. 戰國시대 魏나라 사람으로 성은 公孫, 이름은 鞅이다. 秦 孝公을 보필하여 나라를 강성하게 만들었기 때문에 孝公이 그를 商에 봉하고 商君의 호칭을 붙였으므로 商鞅이라 했다.
【佐(좌, zuǒ)】: 보좌하다. 보필하다.
【務(무, wù)】: 힘쓰다. 진력하다.
【修(수, xiū)】: 정비하다. 보수하다.
【守戰(수전, shǒu zhàn)】: 방어와 공격.
【備(비, bèi)】: 장비. 기구.
【連衡(연횡, lián héng)】: 連橫. 【衡】: 橫.
※秦나라의 입장에서「東西를 連結한다」는 말로, 太行山 서쪽에 위치한 秦나라가 太行

而取西河之外。⁵

孝公旣沒, 惠文、武、昭襄, 蒙故業, 因遺策, 南兼漢中, 西擧巴、蜀, 東割膏腴之地, 北收要害之郡。⁶ 諸侯恐懼, 會盟而謀弱秦, 不愛珍器重寶肥美之地, 以致天下之士, 合從締交, 相與爲一。⁷ 當是時,

    山 동쪽에 위치한 六國[燕·韓·魏·齊·楚·趙]의 제후들과 각기 단독으로 연합하면서, 한편으로는 자기 쪽으로 끌어들이고 다른 한편으로는 그들 사이를 이간시켜 각개 격파함으로써 최후에 천하를 석권한다는 책략. 張儀가 주창했다.
    【鬪(투, dòu)】: [사동 용법] 다투게 하다.

5 於是秦人拱手而取西河之外。→ 그리하여 秦나라는 힘을 들이지 않고 黃河 서쪽의 땅을 취했다.
    【於是(어시, yú shì)】: 이에. 그리하여.
    【拱手(공수, gǒng shǒu)】: 가슴 높이에서 두 손을 맞잡고 하는 인사. 즉「조금도 힘을 들이지 않다」의 뜻.
    【西河之外(서하지외, xī hé zhī wài)】: 黃河의 서쪽 지역. 〖西河〗: 중국 서부 지역에서 남북으로 흐르는 黃河를 말하는데, 대체로 지금의 산서성과 섬서성 경계 지역의 黃河를 가리킨다.

6 孝公旣沒, 惠文、武、昭襄, 蒙故業, 因遺策, 南兼漢中, 西擧巴、蜀, 東割膏腴之地, 北收要害之郡。→ 진효공이 죽은 후, 惠文王·武王·昭襄王이, 옛 사업을 이어받아, 선인들이 남긴 정책을 그대로 답습하여, 남으로 (楚의) 漢中을 탈취하고, 서로 巴·蜀 두 나라를 공략하고, 동으로 (韓·魏의) 비옥한 땅을 베어갖고, 북으로 (趙의) 요충인 郡邑을 거두어들였다.
    【旣沒(기몰, jì mò)】: 이미 죽다. 죽은 이후. 〖旣〗: …하고 나서. …이후. 〖沒〗: 歿. 죽다.
    【惠文(혜문, huì wén)】: 惠文王. 孝公의 아들.
    【武(무, wǔ)】: 武王. 혜문왕의 아들.
    【昭襄(소양, zhāo xiāng)】: 昭襄王. 무왕의 이복동생.
    【蒙(몽, méng)】: 이어받다. 계승하다.
    【因(인, yīn)】: 그대로 따르다. 답습하다.
    【策(책, cè)】: 정책. 책략.
    【漢中(한중, hàn zhōng)】: [지명] 楚의 영토. 지금의 섬서성 남쪽과 호북성 서북쪽 지역.
    【擧(거, jǔ)】: 공략하다. 공격하다.
    【巴(파, bā)】: [국명] 지금의 사천성 동쪽.
    【蜀(촉, shǔ)】: [국명] 지금의 사천성 서쪽.
    【割(할, gē)】: 베다. 가르다. 쪼개다.
    【膏腴(고유, gāo yú)】: 기름지다. 비옥하다.
    【要害(요해, yào hài)】: 요충.

齊有孟嘗, 趙有平原, 楚有春申, 魏有信陵.⁸ 此四君者, 皆明智而忠信, 寬厚而愛人, 尊賢重士, 約從離橫, 兼韓·魏·燕·楚·齊·趙·宋·衛·中山之衆.⁹ 於是六國之士, 有甯越·徐尚·蘇秦·杜赫之屬

---

7 諸侯恐懼, 會盟而謀弱秦, 不愛珍器重寶肥美之地, 以致天下之士, 合從締交, 相與爲一。
→ (각국의) 제후들은 겁을 먹고, 동맹을 맺어 秦나라의 힘을 弱化시키고자 꾀하여, 진귀한 기물과 귀중한 보물이며 비옥한 땅을 아끼지 않고, 이로써 천하의 인재들을 초치하여, 合縱 동맹을 체결하고, 서로 더불어 하나로 뭉쳤다.
【恐懼(공구, kǒng jù)】: 겁먹다. 두려워하다.
【會盟(회맹, huì méng)】: 회동하여 동맹을 맺다.
【謀(모, móu)】: 도모하다. 꾀하다.
【弱(약, ruò)】: [사동 용법] …을 약하게 하다.
【不愛(불애, bù ài)】: 아끼지 않다.
【珍器(진기, zhēn qì)】: 진귀한 기물.
【重寶(중보, zhòng bǎo)】: 귀중한 보물.
【肥美(비미, féi měi)】: 비옥하다. ※판본에 따라서는 「美」를 「饒」라 했다.
【致(치, zhì)】: 불러들이다. 초치하다.
【合從(합종, hé zòng)】: 合縱. 六國[燕·韓·魏·齊·楚·趙]의 입장에서「南北으로 연합하다」라는 말로, 즉 太行山 동쪽에 남북으로 걸쳐 있는 六國이 연합하여 함께 秦나라에 대항한다는 책략. 蘇秦이 주창했다.
【締交(체교, dì jiāo)】: 동맹을 체결하다.
【爲一(위일, wéi yī)】: 하나가 되다. 하나로 뭉치다.

8 當是時, 齊有孟嘗, 趙有平原, 楚有春申, 魏有信陵。→ 이때, 齊나라에는 孟嘗君, 趙나라에는 平原君, 楚나라에는 春申君, 魏나라에는 信陵君이 있었다.
【當是時(당시시, dāng shì shí)】: 이때. ※판본에 따라서는「當是時」를「當此之時」라 했다.
【孟嘗(맹상, mèng cháng)】: 孟嘗君. 성은 田, 이름은 文. 田文의 아버지 田嬰은 齊나라의 재상을 지냈으며, 薛에 봉해졌다. 전영이 죽자 전문이 설의 영주가 되었다. 식객 3천 명을 두었으며, 일찍이 韓·魏와 연합하여 秦을 공격한 적이 있다.
【平原(평원, píng yuán)】: 平原君. 성은 趙, 이름은 勝. 趙나라 惠文王의 아우로 식객 수천 명을 거느렸으며, 재상을 세 번 지내고, 東武城에 봉해졌다. 秦이 趙의 도읍인 邯鄲을 포위하자, 평원군이 楚·魏와 연합하여 진을 격퇴했다.
【春申(춘신, chūn shēn)】: 春申君. 성은 黃, 이름은 歇. 20여 년 동안 楚의 재상을 지냈다. 春申에 봉해져 호를 춘신군이라 했으며, 식객 3천 명을 거느렸다. 진시황 6년(3C241)에 楚·韓·趙·魏·衛 등 다섯 나라의 군사를 거느리고 秦을 공격했다가 실패했다.
【信陵(신릉, xìn líng)】: 信陵君. 魏公子 無忌의 호. 식객 3천여 명을 거느렸다. 일찍이 魏의 군사를 이끌고 趙를 도와 秦을 격파하여 趙의 도읍 邯鄲의 포위를 풀었고, 또 魏·燕·趙·韓·楚 등 다섯 나라의 군사를 거느리고 진나라 군사를 函谷關까지 몰아냈다.

爲之謀;¹⁰ 齊明、周最、陳軫、昭滑、樓緩、翟景、蘇厲、樂毅之徒通
其意;¹¹ 吳起、孫臏、帶佗、兒良、王廖、田忌、廉頗、趙奢之倫制其

9 此四君者, 皆明智而忠信, 寬厚而愛人, 尊賢重士, 約從離橫, 兼韓、魏、燕、楚、齊、趙、宋、衛、中山之衆。→ 이 네 사람의 군자는, 모두 총명하고 지혜롭고 충직하고 신의가 있는데다, 너그럽고 후덕하고 사람을 아낄 줄 알았으며, 어질고 재능 있는 사람을 존중했다. 合縱을 약속하고 連橫에서 이탈하였을 뿐만 아니라, 또한 韓·魏·燕·楚·齊·趙·宋·衛·中山의 많은 사람을 끌어모았다.
  【寬厚(관후, kuān hòu)】: 너그럽고 후덕하다.
  【尊賢重士(존현중사, zūn xián zhòng shì)】: 尊重賢士. 어질고 재능 있는 사람을 존중하다.
  【約從(약종, yuē zòng)】: 合縱을 약속하다. 〖從〗: 合縱. 주 7 참조.
  【離橫(이횡, lí héng)】: (秦의) 連橫에서 이탈하다. 〖橫〗: 連橫. 주 4 참조.
  【兼(겸, jiān)】: 결집하다. 끌어모으다.
  【衆(중, zhòng)】: 많은 사람.

10 於是六國之士, 有甯越、徐尙、蘇秦、杜赫之屬爲之謀; → 그리하여 六國의 인재로, 甯越·徐尙·蘇秦·杜赫과 같은 사람들이 있어 그들을 위해 계책을 짜내고;
  【於是(어시, yú shì)】: 이에. 그리하여.
  【六國(육국, liù guó)】: 太行山 동쪽에 남북으로 걸쳐 있는 燕·韓·魏·齊·楚·趙 등 여섯 나라. ※본문 주 4【連衡】및 주 7【合從】참조.
  【甯越(영월, níng yuè)】: [인명] 趙나라 中牟 사람으로, 周의 威公이 그에게 師事했다.
    ※ 판본에 따라서는「甯」을「寧」이라 했다.
  【徐尙(서상, xú shàng)】: [인명] 宋나라 사람.
  【蘇秦(소진, sū qín)】: [인명] 東周 洛陽 사람으로, 鬼谷子에게 師事했다. 周顯王 때「合縱」의 책략으로 六國 유세에 성공하여, 합종의 수장으로 육국의 재상이 되었다.
  【杜赫(두혁, dù hè)】: [인명] 周나라 사람. 천하를 안정시킨다는 책략으로 周의 昭文君에게 유세했다.
  【…之屬(지속, zhī shǔ)】: … 부류. 여기서는「… 등의 사람들」을 말한다. 〖屬〗: 부류. 무리.
  【爲之謀(위지모, wéi zhī móu)】: 그들을 위해 계책을 짜내다. 〖之〗: [대명사] 그들. 즉 四君子. 〖謀〗: 계책을 짜내다.

11 齊明、周最、陳軫、昭滑、樓緩、翟景、蘇厲、樂毅之徒通其意; → 齊明·周最·陳軫·昭滑·樓緩·翟景·蘇厲·樂毅와 같은 사람들은 그들의 의사를 소통시켰으며;
  【齊明(제명, qí míng)】: [인명] 본래 東周의 신하였으나, 후에 秦·楚·韓에서 벼슬을 지냈다.
  【周最(주최, zhōu zuì)】: [인명] 東周 成君의 아들로, 齊에서 벼슬을 지냈다.
  【陳軫(진진, chén zhěn)】: [인명] 楚나라 사람으로, 秦에서 벼슬하는 동안 張儀와 총애를 다투다가, 장의가 재상이 되자, 楚로 달아났다.
  【昭滑(소활, zhāo huá)】: [인명] 楚나라 사람. ※《史記》에는「昭滑」이라 했고,《漢書》에는「召滑」이라 했다.

兵.¹² 嘗以十倍之地, 百萬之眾, 叩關而攻秦.¹³ 秦人開關延敵, 九國之師, 逡巡遁逃而不敢進.¹⁴ 秦無亡矢遺鏃之費, 而天下諸侯已困

【樓緩(누완, lóu huǎn)】: [인명] 魏의 재상을 지내고, 또 秦의 재상을 지냈다.
【翟景(적경, zhái jǐng)】: [인명] 魏나라 재상 翟强.
【蘇厲(소려, sū lì)】: [인명] 蘇秦의 아우. 齊에서 벼슬을 했다.
【樂毅(악의, yuè yì)】: [인명] 魏나라 사람으로 병법에 정통했다.
【…之徒(지도, zhī tú)】: … 무리. 여기서는 「… 등의 사람들」을 말한다.〖徒〗: 두류. 무리.
【通(통, tōng)】: [사동 용법] 통하게 하다. 소통시키다.

12 吳起·孫臏·帶佗·兒良·王廖·田忌·廉頗·趙奢之倫制其兵. → 吳起·孫臏·帶佗·兒良·王廖·田忌·廉頗·趙奢 등의 부류는 그들의 군사를 통솔했다.
【吳起(오기, wú qǐ)】: [인명] 衛나라 사람으로 용병에 능하다. 당초 魏나라 장군이었으나 후에 楚에 들어가 재상이 되었으며, 남쪽으로 百越을 평정하고, 북쪽으로 三晉을 막고, 서쪽으로 秦을 정벌했다.
【孫臏(손빈, sūn bìn)】: [인명] 성은 孫, 이름은 臏이며, 전국시대 齊나라 사람이다. 그는 龐涓과 함께 鬼谷子에게 병법을 배웠는데, 후에 魏의 장군이 된 龐涓이 손빈의 능력을 시기하여 몰래 사람을 보내 손빈을 불러들여 그의 다리를 잘라버렸다. 마침 齊나라 사신 淳于髡이 魏에 왔다가 손빈을 싣고 돌아와, 威王이 그를 軍師로 삼았다. 그 후 魏나라가 韓을 공략하자, 韓이 급히 齊에 알려고 손빈이 齊나라 군사를 魏에 보내 馬陵에서 涓을 죽이고, 여세를 몰아 魏軍을 격파했다. 저서로《孫臏兵法》이 있다.
【帶佗(대타, dài tuó)】: [인명] 楚나라의 장수.
【兒良(예량, ní liáng)】: [인명] 兵家 중의 한 사람.〖兒〗: 倪.
【王廖(왕료, wáng liào)】: [인명] 兵家 중의 한 사람.
【田忌(전기, tián jì)】: [인명] 齊나라의 장수.
【廉頗(염파, lián pō)】: [인명] 趙나라의 장수.
【趙奢(조사, zhào shē)】: [인명] 趙나라의 장수.
【…之倫(지륜, zhī lún)】: … 부류. 여기서는 「… 등의 사람들」을 말한다.〖倫〗: 부류. 무리.
【制(제, zhì)】: 통솔하다. 통제하다.

13 嘗以十倍之地, 百萬之眾, 叩關而攻秦. → (그들은) 일찍이 열 배의 토지와, 백만의 군사로, 函谷關을 치며 秦나라로 공격해 들어갔다.
【眾(중, zhòng)】: 군사. ※판본에 따라서는 「眾」을 「師」라 했다.
【叩(고, kòu)】: 치다. 두들기다.
【關(관, guān)】: [지명] 函谷關. 하남성 靈寶縣 서남쪽.

14 秦人開關延敵, 九國之師, 逡巡遁逃而不敢進. → 진나라 사람들이 함곡관의 문을 열고 적을 유인하자, 아홉 나라의 군사들은, 우물쭈물 달아나며 감히 들어가지 못했다.
【開關(개관, kāi guān)】: 함곡관의 문을 열어놓다.
【延(연, yán)】: 유인하다. 끌어들이다.

矣。¹⁵ 於是從散約解, 爭割地而奉秦。¹⁶ 秦有餘力而制其敝, 追亡逐北, 伏尸百萬, 流血漂鹵;¹⁷ 因利乘便, 宰割天下, 分裂河山, 彊國請服, 弱國入朝。¹⁸ 延及孝文王、莊襄王, 享國日淺, 國家無事。¹⁹

【九國(구국, jiǔ guó)】: 아홉 나라. 즉「韓·魏·燕·趙·齊·楚·宋·魏·中山」.
【逡巡(준순, qūn xún)】: 머뭇거리다. 우물쭈물하다.
【遁逃(둔도, dùn táo)】: 달아나다.

15 秦無亡矢遺鏃之費, 而天下諸侯已困矣。→ 진나라는 화살과 화살촉을 잃는 손실이 전혀 없었으나, 천하의 제후들은 이미 곤경에 처했다.
【亡(망, wáng)】: 잃다.
【矢(시, shǐ)】: 화살.
【遺(유, yí)】: 잃다.
【鏃(촉, zú)】: 화살촉.
【費(비, fèi)】: 손실.
【困(곤, kùn)】: 지치다. 곤란에 처하다.

16 於是從散約解, 爭割地而奉秦。→ 그리하여 合縱이 흩어지고 맹약이 와해되어, 다투어 땅을 잘라 진나라에 바쳤다.
【從(종, zòng)】: 合縱.
【約(약, yuē)】: 맹약. 동맹.
【割(할, gē)】: 베다. 자르다.
【奉(봉, fèng)】: 받들다. 여기서는「바치다」의 뜻. ※판본에 따라서는「奉」을「賂」라 했다.

17 秦有餘力而制其敝, 追亡逐北, 伏尸百萬, 流血漂鹵。→ 진나라가 여세를 몰아 그 지친 제후들을 제압하고, 패주하는 병사들을 추격하니, 엎어진 시체가 백만이요, 피가 흘러 방패가 떠다닐 정도였다.
【制(제, zhì)】: 제압하다. 통제하다.
【敝(폐, bì)】: 피곤하다. 지쳐버리다. 여기서는「지쳐버린 각국의 제후」를 가리킨다.
※판본에 따라서는「敝」를「弊」라 했다.
【追(추, zhuī)】: 쫓다. 추격하다.
【亡(망, wáng)】: 도망하다. 여기서는「패주하는 병사」를 가리킨다.
【逐(축, zhú)】: 쫓다.
【北(배, běi)】: 패배하다. 패주하다. 여기서는「敗走하는 병사」를 가리킨다.
【伏尸(복시, fú shī)】: 땅에 엎어진 시체.
【漂(표, piāo)】: (물에) 뜨다.
【鹵(로, lǔ)】: 방패. ※판본에 따라서는「鹵」를「櫓」라 했다. 櫓는 鹵와 통한다.

18 因利乘便, 宰割天下, 分裂河山, 彊國請服, 弱國入朝。→ (진나라가) 유리한 형세를 틈타, 천하를 분할하고, 강산을 갈라놓자, 강한 나라들은 항복을 받아달라고 청해오고, 약한 나라들은 (제후들이) 들어와 알현했다.

及至秦王, 續六世之餘烈, 振長策而御宇內, 吞二周而亡諸侯, 履至尊而制六合, 執捶拊以鞭笞天下, 威振四海。[20] 南取<u>百越</u>之地,

- 【因利乘便(인리승편, yīn lì chéng biàn)】: 유리한 형세를 틈타다. 〖因〗: 틈타다. 〖乘〗: 이용하다. 틈타다. 〖便〗: 편의. 편리.
- 【宰割(재할, zǎi gē)】: 분할하다.
- 【分裂(분렬, fēn liè)】: 갈라놓다.
- 【彊國(강국, qiáng guó)】: 강한 나라. 〖彊〗: 强. ※판본에 따라서는 「彊」을 「强」이라 했다.
- 【請服(청복, qǐng fú)】: 항복을 받아달라고 청하다.
- 【入朝(입조, rù cháo)】: 조정에 들어와 알현하다. 〖朝〗: 제후가 황제를 알현하는 예절.

19 延及孝文王、莊襄王, 享國日淺, 國家無事。→ 계속 秦 孝文王·莊襄王까지 이어지는 동안, 재위 기간은 짧았으나, 나라에는 별다른 일이 없었다.
- 【延及(연급, yán jí)…】: 계속 …까지 이어지다. ※판본에 따라서는 「延」을 「施」라 했다. 두 글자는 서로 뜻이 통한다.
- 【孝文王(효문왕, xiào wén wáng)】: 秦 昭襄王의 아들로, 재위 3일 만에 죽었다.
- 【莊襄王(장양왕, zhuāng xiāng wáng)】: 秦 孝文王의 아들.
- 【享國日淺(향국일천, xiǎng guó rì qiǎn)】: 재위 기간이 짧다. 〖享國〗: 왕의 재위 기간. 〖淺〗: 짧다. 적다.
- 【無事(무사, wú shì)】: 무사하다. 별다른 일이 없다.

20 及至秦王, 續六世之餘烈, 振長策而御宇內, 吞二周而亡諸侯, 履至尊而制六合, 執捶拊以鞭笞天下, 威振四海。→ 秦始皇에 이르자, 6대에 걸쳐 남긴 업적을 계승하여, 긴 채찍을 휘두르며 천하를 제압하고, 東周와 西周를 삼키고 (六國의) 제후들을 멸망시키더니, 황제의 지위에 올라 천하를 통제하고, 몽둥이와 칼자루를 잡고 천하의 백성들을 매질하며, 그 위엄을 천하에 떨쳤다.
- 【及至(급지, jí zhì)…】: …에 이르다.
- 【秦王(진왕, qín wáng)】: 여기서는 秦始皇(B.C. 246-B.C. 210 재위)을 가리킨다. 「始皇」은 후기의 호칭이며, 전기에는 「秦王」이라 했다. ※판본에 따라서는 「秦王」을 「始皇」이라 했다.
- 【續(속, xù)】: 계승하다.
- 【六世(육세, liù shì)】: 6대. 즉 「咸陽으로 도읍을 옮긴 孝公으로부터 惠文王·武王·昭王·孝文王·莊襄王까지」.
- 【餘烈(여열, yú liè)】: 남긴 업적.
- 【振長策(진장책, zhèn cháng cè)】: 긴 채찍을 휘두르다. 〖振〗: 휘두르다. 〖策〗: 채찍. 즉 「무력」을 뜻한다.
- 【御(어, yù)】: 통치하다. 제어하다. 통제하다. 지배하다. ※판본에 따라서는 「御」를 「馭」라 했다.
- 【吞(탄, tūn)】: 삼키다.
- 【二周(이주, èr zhōu)】: 東周와 西周. ※전국시대의 작은 나라로 西周는 B.C. 256년에,

480 고문관지古文觀止 역주 (2)

以爲桂林、象郡,²¹ 百越之君, 俛首係頸, 委命下吏。²² 乃使蒙恬北築長城而守藩離, 卻匈奴七百餘里;²³ 胡人不敢南下而牧馬, 士不敢彎弓而報怨。²⁴ 於是廢先王之道, 焚百家之言, 以愚黔首;²⁵ 墮名城,

> 東周는 B.C. 249년에 각각 秦에 망했다.
> 【履至尊(이지존, lǚ zhì zūn)】: 황제에 즉위하다. 〚履〛: 밟다. 여기서는「오르다」의 뜻. 〚至尊〛: 황제. 천자의 호칭.
> 【制(제, zhì)】: 통제하다.
> 【六合(육합, liù hé)】: 천지 사방. 즉「천하」.
> 【執(집, zhí)】: 들다. 잡다.
> 【捶拊(추부, chuí fǔ)】: 몽둥이와 칼자루. ※판본에 따라서는「捶拊」를「敲扑(고복)」이라 했다.
> 【鞭笞(편태, biān chī)】: 매질하다. 채찍으로 때리다.
> 【威振(위진, wēi zhèn)…】: 위엄이 …에 떨치다. 〚振〛: 떨치다.
> 【四海(사해, sì hǎi)】: 온 천지. 천하.

21 南取百越之地, 以爲桂林、象郡, → 남쪽으로 百越의 땅을 탈취하여, 桂林郡과 象郡을 두었는데,
　　【百越(백월, bǎi yuè)】: 고대의 越族이 강소성・절강성・복건성・광동성 등지에 살면서 부락마다 각기 이름을 가지고 있었는데, 이를 통칭하여「百越」이라 했다.
　　【桂林(계림, guì lín)】: [지명] 지금의 광서성 북부 지역.
　　【象郡(상군, xiàng jùn)】: [지명] 지금의 광동성 서남쪽과 광서성 남부 및 베트남 등지.

22 百越之君, 俛首係頸, 委命下吏。→ 百越의 군주들은, 머리를 숙이고 목에 줄을 매고 항복해 와서, 목숨을 (진나라의) 하급 관리에 내맡겼다.
　　【俛首(부수, fǔ shǒu)】: 머리를 숙이다. 즉「복종하다」.
　　【係頸(계경, xì jǐng)】: 목에 줄을 매다. 즉「항복하다」의 뜻.
　　【委命(위명, wěi mìng)】: 목숨을 내맡기다.

23 乃使蒙恬北築長城而守藩離, 卻匈奴七百餘里; → 그리하여 (진시황은) 蒙恬을 파견하여 북쪽에 만리장성을 쌓아 변방을 지키고, 匈奴를 칠백여 리 밖으로 퇴각시켰다.
　　【乃(내, nǎi)】: 이에. 그리하여.
　　【使(사, shǐ)】: 파견하다. 보내다.
　　【蒙恬(몽염, méng tián)】: [인명] 秦나라의 장군. 진시황 33년(B.C. 214)에 몽염은 30만 군사로 흉노를 북쪽으로 몰아내고 黃河 이남의 땅을 수복한 후, 서쪽의 臨洮로부터 동쪽의 遼東까지 만여 리의 장성을 축조했다.
　　【藩離(번리, fān lí)】: 울타리. 여기서는「변방 지역」을 가리킨다. ※판본에 따라서는「離」를「籬」라 했다.
　　【卻(각, què)】: [사동 용법] 퇴각시키다. 물러나게 하다.

24 胡人不敢南下而牧馬, 士不敢彎弓而報怨。→ 흉노족 사람들은 감히 남쪽으로 내려와

殺豪俊, 收天下之兵, 聚之咸陽, 銷鋒鏑, 鑄以爲金人十二, 以弱天下之民.²⁶ 然後踐華爲城, 因河爲池, 據億丈之城, 臨不測之谿以爲

말을 방목하지 못했고, 군사들은 감히 활을 당겨 원한을 갚으려 하지 못했다.
【胡人(호인, hú rén)】: 오랑캐. 즉「흉노족 사람들」.
【牧馬(목마, mù mǎ)】: 말을 방목하다. 놓아 먹이다.
【士(사, shì)】: (흉노의) 군사. 병사. ※「六國의 賢士」라고 하는 설도 있다.
【彎弓(만궁, wān gōng)】: 활을 당기다. 즉「군사를 일으키다」의 뜻.
【報怨(보원, bào yuàn)】: 원한을 갚다. 보복하다.

25 於是廢先王之道, 焚百家之言, 以愚黔首; → 그리하여 (진시황은) 先王의 법도를 폐지하고, 諸子百家의 서적을 불살라, 백성을 우매하게 만들었다.
※B.C. 213년 秦始皇은 李斯의 건의를 받아들여 각국의 史書와 詩·書를 불살랐다.
【於是(어시, yú shì)】: 이에. 그리하여.
【先王(선왕, xiān wáng)】: 옛 聖君. 즉「堯·舜·禹·湯·文·武의 여섯 임금」.
【焚(분, fén)】: 태우다. 불사르다. ※판본에 따라서는「焚」을「燔」이라 했다.
【百家(백가, bǎi jiā)】: 제자백가.
【言(언, yán)】: 저작. 저술. 서적.
【愚(우, yú)】: [사동 용법] 어리석게 만들다. 우매하게 하다.
【黔首(검수, qián shǒu)】: 백성. ※《史記·秦始皇本紀》:「更名民曰黔首.(백성을 黔首라고 명칭을 바꾸었다.)」

26 墮名城, 殺豪俊, 收天下之兵, 聚之咸陽, 銷鋒鏑, 鑄以爲金人十二, 以弱天下之民. → 이름난 성지를 부수고, 영웅호걸을 죽이고, 천하의 무기를 거두어, 咸陽에 모아, 칼과 살촉을 녹여, 12인의 동상을 주조하여, 이로써 천하 사람들의 힘을 약화시켰다.
※《史記·秦始皇本紀》:「收天下之兵, 聚之咸陽, 銷以爲鍾鐻, 金人十二, 重各千石, 置廷宮中.(천하의 무기를 거두어, 함양에 모아, 이를 녹여서 종거[악기의 일종]와 12인의 동상을 만들어, 하나의 무게가 천 석이 되는 것을, 궁정 안에 두었다.)」
【墮(휴, huī)】: 부수다. 파괴하다. ※판본에 따라서는「墮」를「隳」라 했다.
【豪俊(호준, háo jùn)】: 영웅호걸. 인재.
【兵(병, bīng)】: 병기. 무기.
【聚之咸陽(취지함양, jù zhī xián yáng)】: 그것들을 함양에 모으다. 【聚】: 모으다. 집중시키다. 【之】: [대명사] 그것들. 즉「天下之兵」. 【咸陽】: [지명] 秦나라의 도읍. 지금의 섬서성 咸陽市 동쪽.
【銷(소, xiāo)】: 녹이다.
【鋒(봉, fēng)】: 칼날. 즉「칼」을 가리킨다.
【鏑(적, dí)】: 鏑. 화살촉. ※판본에 따라서는「鏑」을「鑄鐻」또는「鏑」이라 했다.
【鑄以爲(주이위, zhù yǐ wéi)】: 주조하여 …을 만들다.
【金人(금인, jīn rén)】: 동상. 동으로 만든 사람.
【弱(약, ruò)】: [사동 용법] 약하게 만들다. 약화시키다.

固.²⁷ 良將勁弩, 守要害之處; 信臣精卒, 陳利兵而誰何?²⁸ 天下已定, 秦王之心, 自以爲關中之固, 金城千里, 子孫帝王萬世之業也.²⁹

27 然後踐華爲城, 因河爲池, 據億丈之城, 臨不測之谿以爲固. → 그런 다음에 華山을 의지하여 성곽으로 삼고, 黃河를 의지하여 성호로 삼았는데, 이처럼 억장 높이의 성곽에 의지하고, 깊이를 알 수 없는 강을 가까이함으로써 방비를 견고하게 했다.
【踐華爲城(천화위성, jiàn huá wéi chéng)】: 화산을 의지하여 성곽으로 삼다. 【踐】: 밟다. 여기서는「의지하다, 기대다」의 뜻. 【華】: [산 이름] 五岳의 하나인 西嶽 華山. 지금의 섬서성 華陰縣 남쪽. ※五岳은, 東岳인 산동성의 泰山, 西岳인 섬서성의 華山, 南岳인 호남성의 衡山, 北岳인 산서성의 恒山, 中岳인 하남성의 嵩山. 【爲】: …을 삼다.
【因(인, yīn)】: 의지하다. 기대다.
【河(하, hé)】: 황하.
【池(지, chí)】: 城壕. 垓子. ※판본에 따라서는「池」를「津」이라 했다.
【億丈(억장, yì zhàng)】: 억장 높이.
【谿(계, xī)】: 하천. 강. ※판본에 따라서는「谿」를「淵」이라 했다.
【爲固(위고, wéi gù)】: 견고하게 하다.

28 良將勁弩, 守要害之處; 信臣精卒, 陳利兵而誰何? → 훌륭한 장수와 강력한 활로, 중요한 곳을 지키고; 믿을 만한 신하와 정예의 병사들이, 예리한 무기를 포진해 놓으니 누가 감히 어쩌겠는가?
【良將(양장, liáng jiàng)】: 훌륭한 장수.
【勁弩(경노, jìng nǔ)】: 강력한 활.
【信臣(신신, xìn chén)】: 믿을 만한 신하. 충신.
【精卒(정졸, jīng zú)】: 정병.
【陳(진, chén)】: 배치하다. 포진해 놓다.
【利兵(이병, lì bīng)】: 예리한 무기.
【誰何(수하, shuí hé)?】: 누가 감히 어쩌겠는가?

29 天下已定, 秦王之心, 自以爲關中之固, 金城千里, 子孫帝王萬世之業也. → 천하가 이미 평정되자, 진시황의 마음속에는, 關中의 견고한 형세가, 마치 천 리나 되는 철옹성과 같아, 자손만대에 걸쳐 帝位를 누릴 수 있는 사업기반이라고 스스로 생각했다.
【秦王(진왕, qín wáng)】: 진시황. ※판본에 따라서는「秦王」을「始皇」이라 했다.
【自以爲(자이위, zì yǐ wéi)】: 스스로 …라 생각하다.
【關中(관중, guāng zhōng)】: [지명] 秦나라의 땅으로, 동은 函谷關, 남은 武關, 서는 散關, 북은 蕭關인데, 四關의 중앙에 위치하여 關中이라 했다.
【固(고, gù)】: 견고한 형세.
【金城(금성, jīn chéng)】: 철옹성.
【帝王(제왕, dì wáng)】: [상황어] 제왕 노릇을 하다.
【萬世(만세, wàn shì)】: 萬代.
【業(업, yè)】: 사업기반.

秦王旣沒, 餘威震于殊俗。³⁰ 然而陳涉, 甕牖繩樞之子, 氓隸之人, 而遷徙之徒也;³¹ 才能不及中人, 非有仲尼、墨翟之賢, 陶朱、猗頓之富;³² 躡足行伍之間, 而倔起什伯之中, 率罷散之卒, 將數百之

30 秦王旣沒, 餘威震于殊俗。 → 진시황이 죽은 뒤에도, 남은 위세가 풍속이 다른 오랑캐 지역까지 떨쳤다.
【秦王(진왕, qín wáng)】: 진시황. ※판본에 따라서는「秦王」을「始皇」이라 했다.
【沒(몰, mò)】: 죽다.
【餘威(여위, yú wēi)】: 여세. 남은 위세.
【震(진, zhèn)】: 떨치다. 진동하다.
【殊俗(수속, shū sú)】: 풍속이 다른 이민족. 즉「오랑캐 지역」.

31 然而陳涉, 甕牖繩樞之子, 氓隸之人, 而遷徙之徒也; → 그러나 陳涉은, 깨진 옹기로 창문을 만들고 새끼줄로 문지도리를 묶은 가난한 집안의 자식이요, 농촌의 하층민으로, 군에 징발되어 변방을 지키는 보잘것없는 사람이었다.
【陳涉(진섭, chén shè)】: [인명] 陳勝. 이름은 勝, 자는 涉. 秦나라 陽城[지금의 하남성 登封縣] 사람으로, 어려서 남의 집 머슴살이를 했다. 秦二世 원년(B.C. 209) 7월에 징발되어 漁陽[지금의 하북성 密雲縣]의 변방 수비병으로 가는 도중, 大澤鄕[지금의 안휘성 宿縣 남쪽]에 이르러 폭우로 인해 길이 막혀 제때 입영을 못해 참수를 당할 처지에 놓였다. 이때 동행하던 吳廣과 공모하여 秦에 저항하기로 하고 빈민·노역자 900인을 모은 다음, 秦公子 扶蘇와 楚將 項燕의 이름을 도용하여 反秦을 외치며 스스로를「張楚王」이라 했다.
【甕牖繩樞(옹유승추, wèng yǒu shéng shū)】: 깨진 옹기로 창문을 하고 새끼줄도 문지도리를 묶다. 즉「가난한 집」을 비유한 말. 【甕】: 깨진 옹기. 【牖】: 창문. 【繩】: 새끼줄로 묶다. 【樞】: 문지도리.
【氓隸(맹례, méng lì)】: 농촌의 하층민.
【遷徙之徒(천사지도, qiān xǐ zhī tú)】: 군에 징발되어 변방을 지키는 보잘것없는 사람.

32 才能不及中人, 非有仲尼、墨翟之賢, 陶朱、猗頓之富; → (그는) 재능이 보통 사람에 미치지 못했고, 孔子·墨子의 덕망이나, 陶朱·猗頓의 부유함도 갖추지 못했다.
【不及(불급, bù jí)】: 미치지 못하다.
【中人(중인, zhōng rén)】: 보통 사람.
【仲尼(중니, zhòng ní)】: 孔子의 이름은 丘, 자는 仲尼. 儒家 학파의 창시자.
【墨翟(묵적, mò dí)】: 墨子의 본명. 墨家 학파의 창시자.
【賢(현, xián)】: 才德. 어진 덕망.
【陶朱(도주, táo zhū)】: 춘추시대 越나라 사람 范蠡. ※범려는 越王 句踐을 도와 吳나라를 멸망시킨 후 越을 떠나 陶山[지금의 산동성 肥城縣 서북쪽]으로 가서 장사를 해 큰 부자가 되었는데, 자신을 陶朱公이라 불렀다.
【猗頓(의돈, yī dùn)】: [인명] 춘추시대 魯나라 사람으로, 소금 장사를 하여 10년 만에 王

眾, 轉而攻秦;³³ 斬木爲兵, 揭竿爲旗, 天下雲集響應, 贏糧而景從, 山東豪俊, 遂並起而亡秦族矣。³⁴

且夫天下非小弱也, 雍州之地, 殽函之固, 自若也; 陳涉之位, 非尊於齊、楚、燕、趙、韓、魏、宋、衛、中山之君也;³⁵ 鉏耰棘矜, 非

公에 비할 만큼 家産을 모았다. 猗氏[지금의 산서성 安澤縣 부근]에서 부자가 되었기 때문에「猗頓」이라 했다.

33 躡足行伍之間, 而倔起什伯之中, 率罷散之卒, 將數百之眾, 轉而攻秦; → 군대의 말단 대오에 몸담고 있다가, 하급 지휘자 중에서 갑자기 일어나, 지쳐 흩어진 병사들을 통솔하여, 수백 명을 거느리고, 방향을 돌려 秦나라를 공격했다.
【躡足(섭족, niè zú)】: 발을 들여놓다. 참여하다.
【行伍(항오, háng wǔ)】: 군대의 대오. ※옛 군대의 편제에서 25인을「行」이라 하고, 5인을「伍」라 했다.
【倔起(굴기, jué qǐ)】: 갑자기 일어나다.
【什伯(십백, shí bó)】: 하급 지휘자. ※판본에 따라서는「什伯」을「阡陌」이라 했다.
【率(솔, shuài)】: 이끌다. 거느리다. 통솔하다.
【罷散(피산, pí sàn)】: 지쳐 흩어지다. ※판본에 따라서는「罷散」을「疲弊」라 했다.
【將(장, jiàng)】: 거느리다.

34 斬木爲兵, 揭竿爲旗, 天下雲集響應, 贏糧而景從, 山東豪俊, 遂並起而亡秦族矣。→ 나무를 베어 병기를 만들고, 대나무 장대를 높이 들어 깃발을 삼았는데, 천하의 사람들이 구름처럼 몰려들어 호응하며, 식량을 짊어지고 그림자처럼 (陳涉을) 따르자, 山東 六國의 호걸들이, 마침내 함께 일어나 진나라를 멸망시켰다.
【斬(참, zhǎn)】: 베다. 자르다.
【兵(병, bīng)】: 병기. 무기.
【揭(게, jiē)】: 높이 들다.
【竿(간, gān)】: 대나무 장대.
【響應(향응, xiǎng yìng)】: 호응하다.
【贏(영, yíng)】: 메다. 짊어지다.
【景從(영종, yǐng cóng)】: 그림자처럼 따르다.【景】: 影. 그림자.
【山東(산동, shān dōng)】: 여기서는 殽山 동쪽 여러 나라의 호걸을 가리킨다. ※戰國시대에 여섯 나라를 山東이라 칭했는데, 여섯 나라 모두가 殽山 동쪽에 있었기 때문이다.
【豪俊(호준, háo jùn)】: 호걸. 출중한 인물.
【遂(수, suì)】: 마침내. 드디어.
【亡(망, wáng)】: [사동 용법] 멸망시키다.

35 且夫天下非小弱也, 雍州之地, 殽函之固, 自若也; 陳涉之位, 非尊於齊、楚、燕、趙、韓、魏、宋、衛、中山之君也; → 한편 (진나라의) 천하는 작아지거나 약해지지 않았고, 雍州의 땅과, 殽山・函谷關의 요새는, 여전히 전과 같았으며, 진섭의 지위가, 齊・楚・

銛於鉤戟長鎩也;³⁶ 謫戍之眾, 非抗於九國之師也;³⁷ 深謀遠慮, 行軍用兵之道, 非及曩時之士也。³⁸ 然而成敗異變, 功業相反。³⁹ 試使山東之國, 與陳涉度長絜大, 比權量力, 則不可同年而語矣。⁴⁰ 然秦

燕·趙·韓·魏·宋·衛·中山의 군주보다 존귀하지도 않았다.
【且(차, qiě)】: 그런데. 한편.
【小弱(소약, xiǎo ruò)】: [동사 용법] 작아지거나 약해지다.
【自若(자약, zì ruò)】: 여전히 전과 같다.
【尊於(존어, zūn yú)…】: …보다 존귀하다. 〖於〗: [개사] …보다. …에 비해.

36 鉏櫌棘矜, 非銛於鉤戟長鎩也; → (농민들의 무기인) 호미·대추나무 몽둥이는, (진나라의) 갈고리 창·자루 달린 긴 창보다 날카롭지 못했다.
【鉏櫌(서우, chú yōu)】: 호밋자루. 여기서는「호미」를 가리킨다. ※판본에 따라서는「鉏」를「鋤」라 했고,「櫌」를「耰」라 했다.
【棘矜(극근, jí qín)】: 대추나무 몽둥이.
【銛(섬, xiān)】: 날카롭다. 예리하다. ※판본에 따라서는「銛」을「銛(xiān)」이라 했다.
【鉤戟(구극, gōu jǐ)】: 갈고리 창. ※판본에 따라서는「鉤」를「句(gōu)」라 했다.
【長鎩(장쇄, cháng shài)】: 자루 달린 긴 창.

37 謫戍之眾, 非抗於九國之師也; → 징발되어 변방수비를 맡은 무리들은, 아홉 나라의 군사에 필적하지 못했으며;
【謫戍(적수, zhé shù)】: 징발되어 변방수비를 맡다.
【抗(항, kàng)】: 겨루다. 필적하다. 대항하다.

38 深謀遠慮, 行軍用兵之道, 非及曩時之士也。→ 깊이 생각하고 멀리 내다보는 지혜나, 행군·용병의 방법도, 이전 (六國의) 策士들에 미치지 못했다.
【深謀遠慮(심모원려, shēn móu yuǎn lǜ)】: 깊이 생각하고 멀리 내다보다.
【道(도, dào)】: 방법. 요령.
【非及(비급, fēi jí)】: …에 미치지 못하다. …를 따르지 못하다.
【曩時(낭시, nǎng shí)】: 이전. 종전. 즉「여섯 나라가 연합하여 진에 대항하던 때」.

39 然而成敗異變, 功業相反。→ 그러나 성공과 실패가 전혀 다르고, 공훈과 업적도 서로 반대였다.
【然而(연이, rán ér)】: 그러나.
【異變(이변, yì biàn)】: 전혀 다르다. 크게 다르다.
【功業(공업, gōng yè)】: 공훈과 업적.

40 試使山東之國, 與陳涉度長絜大, 比權量力, 則不可同年而語矣。→ 시험 삼아 만약 山東의 나라들을, 진섭과 더불어 길이나 크기를 견주어 보고, 권세나 역량을 비교해 본다면, (도무지) 같은 반열에 놓고 논할 수가 없다.
【試(시, shì)】: 시험 삼아 …해보다.

以區區之地, 千乘之權, 招八州而朝同列, 百有餘年矣。⁴¹ 然後以六合爲家, 殽函爲宮, 一夫作難而七廟墮, 身死人手, 爲天下笑者, 何也?⁴² 仁義不施, 而攻守之勢異也。⁴³

【使(사, shǐ)】: 만약. 가령.
【度(탁, duó)】: 재다.
【絜(혈, xié)】: 따져보다. 헤아리다. 견주다.
【比權量力(비권량력, bǐ quán liáng lì)】: 권세를 비교하고 역량을 헤아리다. 즉「권력을 비교하다」.
【同年而語(동년이어, tóng nián ér yǔ)】: 같은 반열에 놓고 말하다. 함께 취급하여 논하다.

41 然秦以區區之地, 千乘之權, 招八州而朝同列, 百有餘年矣。→ 그러나 진나라는 (雍州의) 작은 땅과, 千乘之國의 역량을 가지고, 八州의 제후를 불러들여 같은 반열의 제후들로 하여금 알현하게 하기를, 이미 백여 년이 되었다.
【區區之地(구구지지, qū qū zhī dì)】: 작은 땅. 즉「雍州의 땅」을 가리킨다. 〖區區〗: 작은 모양.
【千乘(천승, qiān shèng)】: 周나라의 제도에서 천자는 兵車 만 대를 출동시킬 수 있고, 제후는 천 대를 출동시킬 수 있어 제후를「千乘」이라 했다. ※판본에 따라서는「千乘」을「致萬乘」이라 했다.
【招(초, zhāo)】: 초치하다. 불러들이다.
【八州(팔주, bā zhōu)】: 고대 중국은 천하를 九州로 나누었는데, 八州는 秦의 雍州를 제외한 冀州・兗州・青州・徐州・揚州・荊州・豫州・梁州를 말한다.
【朝(조, cháo)】: [사동 용법] 알현하게 하다. 배알하게 하다.
【同列(동렬, tóng liè)】: 동등한 지위. 같은 반열. 즉「秦과 六國이 동등한 제후」라는 뜻.

42 然後以六合爲家, 殽函爲宮, 一夫作難而七廟墮, 身死人手, 爲天下笑者, 何也? → 그런 다음에 천하를 집으로 삼고, 효산과 함곡관을 궁으로 삼았는데, 한 사람이 난을 일으켜 宗廟社稷이 무너지고, 몸이 남의 손에 죽임을 당하여, 천하의 웃음거리가 되었으니, 어찌된 일인가?
【六合(육합, liù hé)】: 上・下와 東・西・南・北 사방. 즉「천하」.
【一夫(일부, yī fū)】: 한 사람의 필부. 여기서는「진섭」을 가리킨다.
【作難(작난, zuò nàn)】: 봉기하다. 난을 일으키다.
【七廟(칠묘, qī miào)】: 天子는 일곱 宗廟를 가지고 7代 祖上을 모셨는데, 이는 곧「종묘사직・국가」를 의미한다.
【墮(휴, huī)】: 무너지다. 훼손되다. ※판본에 따라서는「墮」를「隳」라 했다.
【身死人手(신사인수, shēn sǐ rén shǒu)】: 남의 손에 죽임을 당하다. ※秦王 子嬰이 項羽에게 살해된 것을 가리킨다.

43 仁義不施, 而攻守之勢異也。→ (이는) 仁義를 베풀지 않고, 공격과 방어의 형세가 달랐기 때문이다.

> 번역문

진(秦)나라의 과오(過誤)에 대해 논한 글 [상]

　진효공(秦孝公)은 효산(殽山)과 함곡관(函谷關)의 견고한 요새를 점거하고 옹주(雍州)의 땅을 보유하여, 군신이 굳게 지키며 주(周)나라 왕실을 엿보았다. (진효공은) 천하를 석권하고 여러 나라를 완전히 점령하여, 전국을 통괄하려는 의도와 팔방(八方)의 먼 땅까지 삼키려는 야심을 가지고 있었다. 이때, 상앙(商鞅)이 그를 보필하여, 안으로는 법도를 세우고 농경과 방직에 힘쓰며 방어와 공격에 필요한 장비를 보수하고, 밖으로는 연횡(連橫)의 책략을 써서 제후들끼리 서로 다투게 했다. 그리하여 진(秦)나라는 힘을 들이지 않고 황하(黃河) 서쪽의 땅을 취했다.

　진효공이 죽은 후, 혜문왕(惠文王)·무왕(武王)·소양왕(昭襄王)이 옛 사업을 이어받아 선인들이 남긴 정책을 그대로 답습하여 남으로 초(楚)나라의 한중(漢中)을 탈취하고, 서로 파(巴)·촉(蜀) 두 나라를 공략하고, 동으로 한(韓)·위(魏)의 비옥한 땅을 베어갖고, 북으로 조(趙)의 요충인 군읍(郡邑)을 거두어들였다. (각국의) 제후들은 겁을 먹고 동맹을 맺어 진(秦)나라의 힘을 약화 시키고자 꾀하여, 진귀한 기물과 귀중한 보물이며 비옥한 땅을 아끼지 않고, 이로써 천하의 인재들을 초치하여 합종(合縱) 동맹을 체결하고 서로 더불어 하나로 뭉쳤다. 이때 제(齊)나라에는 맹상군(孟嘗君), 조(趙)나라에는 평원군(平原君), 초(楚)나라에는 춘신군(春申君), 위(魏)나라에는 신릉군(信陵君)이 있었다. 이 네 사람의 군자는 모두 총명하고 지혜롭고 충

　【施(시, shī)】: 베풀다.
　【攻(공, gōng)】: 공격. 즉 「秦이 六國을 공략하여 탈취한 일」.
　【守(수, shǒu)】: 방어. 즉 「진시황이 六國을 통일한 후 皇權을 지키던 일」.

직하고 신의가 있는 데다 너그럽고 후덕하고 사람을 아낄 줄 알았으며 어질고 재능 있는 사람을 존중했다. 합종(合縱)을 약속하고 연횡(連橫)에서 이탈하였을 뿐만 아니라 또한 한(韓)·위(魏)·연(燕)·초(楚)·제(齊)·조(趙)·송(宋)·위(衛)·중산(中山)의 많은 사람을 끌어모았다. 그리하여 육국(六國)의 인재로, 영월(寧越)·서상(徐尙)·소진(蘇秦)·두혁(杜赫)과 같은 사람들이 있어 그들을 위해 계책을 짜내고, 제명(齊明)·주최(周最)·진진(陳軫)·소활(昭滑)·누완(樓緩)·적경(翟景)·소려(蘇厲)·악의(樂毅)와 같은 사람들은 그들의 의사를 소통시켰으며, 오기(吳起)·손빈(孫臏)·대타(帶佗)·예량(兒良)·왕료(王廖)·전기(田忌)·염파(廉頗)·조사(趙奢) 등의 부류는 그들의 군사를 통솔했다. (그들은) 일찍이 열 배의 토지와 백만의 군사로 함곡관(函谷關)을 치며 진(秦)나라로 공격해 들어갔다. 진나라 사람들이 함곡관의 문을 열고 적을 유인하자, 아홉 나라의 군사들은 우물쭈물 달아나며 감히 들어가지 못했다. 진나라는 화살과 화살촉을 잃는 손실이 전혀 없었으나 천하의 제후들은 이미 곤경에 처했다. 그리하여 합종(合縱)이 흩어지고 맹약이 와해되어, 다투어 땅을 잘라 진나라에 바쳤다. 진나라가 여세를 몰아 그 지친 제후들을 제압하고 패주하는 병사들을 추격하니, 엎어진 시체가 백만이요 피가 흘러 방패가 떠다닐 정도였다. (진나라가) 유리한 형세를 틈타 천하를 분할하고 강산을 갈라놓자, 강한 나라들은 항복을 받아 달라고 청해오고 약한 나라들은 (제후들이) 들어와 알현했다. 계속 진(秦) 효문왕(孝文王)·장양왕(莊襄王)까지 이어지는 동안, 재위 기간은 짧았으나 나라에는 별다른 일이 없었다.

진시황(秦始皇)에 이르자, 6대에 걸쳐 남긴 업적을 계승하여 긴 채찍을 휘두르며 천하를 제압하고, 동주(東周)와 서주(西周)를 삼키고 (육국의) 제후들을 멸망시키더니, 황제의 지위에 올라 천하를 통제하고, 몽둥이와 칼자루를 잡고 천하의 백성들을 매질하며 그 위엄을 천하에 떨쳤다. 남쪽으로 백월(百越)의 땅을 탈취하여 계림군(桂林郡)과 상군(象郡)을 두었는데, 백월(百越)의 군주들은 머리를 숙이고 목에 줄을 매고 항복해 와서 목숨을 (진나라의) 하급 관리에 내맡겼다. 그리하여 (진시황은) 몽염(蒙恬)을 파견하여 북쪽에 만리장성을 쌓아 변방을 지키고, 흉노(匈奴)를 7백여 리 밖으로 퇴각시켰다. 흉노족 사람들은 감히 남쪽으로 내려와 말을 방목하지 못했고, 군사들은 감히 활을 당겨 원한을 갚으려 하지 못했다. 그리하여 (진시황은) 선왕(先王)의 법도를 폐지하고 제자백가(諸子百家)의 서적을 불살라 백성을 우매하게 만들었다. 이름난 성지를 부수고, 영웅호걸을 죽이고, 천하의 무기를 거두어 함양(咸陽)에 모아 칼과 살촉을 녹여 12인의 동상을 주조하여, 이로써 천하 사람들의 힘을 약화시켰다. 그런 다음에 화산(華山)을 의지하여 성곽으로 삼고 황하(黃河)를 의지하여 성호로 삼았는데, 이처럼 억장 높이의 성곽에 의지하고 깊이를 알 수 없는 강을 가까이함으로써 방비를 견고하게 했다. 훌륭한 장수와 강력한 활로 중요한 곳을 지키고, 믿을 만한 신하와 정예의 병사들이 예리한 무기를 포진해 놓으니, 누가 감히 어쩌겠는가? 천하가 이미 평정되자 진시황의 마음속에는 관중(關中)의 견고한 형세가 마치 천 리나 되는 철옹성과 같아, 자손만대에 걸쳐 제위(帝位)를 누릴 수 있는 사업기반이라고 스스로 생각했다.

　　진시황이 죽은 뒤에도 남은 위세가 풍속이 다른 오랑캐 지역까지 떨쳤다. 그러나 진섭(陳涉)은 깨진 옹기로 창문을 만들고 새끼줄로 문지도리를 묶은 가난한 집안의 자식이요 농촌의 하층민으로, 군에 징발되어 변방을 지키는 보잘것없는 사람이었다. (그는) 재능이 보통 사람에 미치지 못했고 공자(孔子)·묵자(墨子)의 덕망이나 도주(陶朱)·의돈(猗頓)의 부유함도 갖추지 못했다. 군대의 말단 대오에 몸담고 있다가 하급 지휘자 중에서 갑자기 일어나, 지쳐 흩어진 병사들을 통솔하여 수백 명을 거느리고 방향을 돌려 진나라를 공격했다. 나무를 베어 병기를 만들고 대나무 장대를 높이 들어 깃발을 삼았는데, 천하의 사람들이 구름처럼 몰려들어 호응하며 식량을 짊어지고 그림자처럼 (진섭을) 따르자, 산동(山東) 육국(六國)의 호걸들이 마침내 함께 일어나 진나라를 멸망시켰다.

한편 (진나라의) 천하는 작아지거나 약해지지 않았고, 옹주(雍州)의 땅과 효산·함곡관의 요새는 여전히 전과 같았으며, 진섭의 지위가 제·초·연·조·한·위·송·위·중산의 군주보다 존귀하지도 않았다. (농민들의 무기인) 호미·대추나무 몽둥이는 (진나라의) 갈고리 창·자루 달린 긴 창보다 날카롭지 못했다. 징발되어 변방 수비를 맡은 무리들은 아홉 나라의 군사에 필적하지 못했으며, 깊이 생각하고 멀리 내다보는 지혜나 행군·용병의 방법도 이전 (육국의) 책사(策士)들에 미치지 못했다. 그러나 성공과 실패가 전혀 다르고 공훈과 업적도 서로 반대였다. 시험 삼아 만약 산동(山東)의 나라들을 진섭과 더불어 길이나 크기를 견주어 보고 권세나 역량을 비교해 본다면, (도무지) 같은 반열에 놓고 논할 수가 없다. 그러나 진나라는 (옹주의) 작은 땅과 천승지국(千乘之國)의 역량을 가지고, 팔주(八州)의 제후를 불러들여 같은 반열의 제후들로 하여금 알현하게 하기를 이미 백여 년이 되었다. 그런 다음에 천하를 집으로 삼고 효산과 함곡관을 궁으로 삼았는데, 한 사람이 난을 일으켜 종묘사직(宗廟社稷)이 무너지고 몸이 남의 손에 죽임을 당하여 천하의 웃음거리가 되었으니 어찌 된 일인가? (이는) 인의(仁義)를 베풀지 않고 공격과 방어의 형세가 달랐기 때문이다.

해제解題 및 본문 요지 설명

《과진론(過秦論)》은 일종의 논설문으로, 본래 가의(賈誼)의 《신서(新書)》 중 가장 먼저 나오는 글이나, 사마천(司馬遷)이 《사기(史記)·진시황본기(秦始皇本紀)》에 수록했다. 「과진(過秦)」이란 진(秦)나라의 잘못을 바르게 평가하여 한(漢)나라의 교훈으로 삼자는 뜻이다. 본래 제목을 《과진(過秦)》이라 하고 「론(論)」자를 붙이지 않았으나 진수(陳壽) 《삼국지(三國志)·오지(吳志)·감택전(闞澤傳)》에 손권(孫權)이 감택(闞澤)에게 「모든 문장 가운데, 어느 것이 가장 좋은가?(書傳篇賦, 何者爲美?)」라고 묻는 말에 감택이 「고진론이 가장 좋습니다.(過秦論最善。)」라고 대답함으로써 이후부터 진(晉)나라 좌사(左思)의 《영사시(詠史詩)》와 양(梁)나라 소통(蕭統)의 《소명문선(昭明文選)》 모두 「과진론(過秦論)」이라 했다. 따라서 본문은 《사기》·《신서》·《소명문선》 등과 여러 주석서를 참고하여 정리하였다.

본문은 다섯 단락으로 나눌 수 있는데, 첫째 단락에서는 진효공(秦孝公)이 강한 국가를 만들기 위해 상앙(商鞅)을 기용하여 부강한 기초를 공고히 한 내용을 기술했고; 둘째 단락에서는 진혜왕(秦惠王)과 무왕(武王)이 더욱 발전시켜 국력이 막강해짐으로써 여러 제후들의 합종(合縱) 계획이 무산되고 오히려 아홉 나라의 제후들이 유명무실해진 상황을 기술했고; 셋째 단락에서는 진시황(秦始皇)이 제후들을 멸하고 천하를 통일하여 자손만대에 걸쳐 제위를 누릴 수 있는 기반을 확립한 일을 기술했고; 넷째 단락에서는 진섭(陳涉)이 난을 일으켜 천하가 호응하고 결국 진나라가 망하는 과정을 기술했고; 마지막 단락에서는 진섭을 아홉 나라의 제후들과 비교할 때, 진섭의 지위나 병력 및 재능 모두가 비교가 안 될 만큼 열악함에도 불구하고 진나라가 진섭에게 망한 것은 진나라가 육국을 공략하여 점령할 때와 육국을 통일하고 나서 국가를 관리하던 때의 형세가 다른 점도 있지만 보다 중요한 것은 인애(仁義)의 정치를 베풀지 못한 진나라의 실정(失政)에 있다는 것을 지적했다.

094 치안책일(治安策一)
[西漢] 賈誼

작자

093 과진론상(過秦論上) 참조.

원문 및 주석

治安策一[1]

　夫樹國固, 必相疑之勢, 下數被其殃, 上數爽其憂, 甚非所以安上而全下也。[2] 今或親弟謀爲東帝, 親兄之子西鄕而擊, 今吳又見告

1　治安策一 → 나라의 치안을 위한 방책 [1]
2　夫樹國固, 必相疑之勢, 下數被其殃, 上數爽其憂, 甚非所以安上而全下也。→ 대저 제후국을 세워 강대해지면, 반드시 (천자와 제후가) 서로 의심하는 형세를 조성하여, 제후는 자주 그 재앙을 받게 되고, 천자는 자주 그 우환을 걱정하게 되니, 실로 천자를 안정시키고 제후를 온전케 하는 일이 아닙니다.
【夫(부, fú)】: [발어사] 대저.
【樹國(수국, shù guó)】: 諸侯의 나라를 세우다.

矣.³ 天子春秋鼎盛, 行義未過, 德澤有加焉, 猶尙如是, 況莫大諸侯,
權力且十此者虖!⁴ 然而天下少安, 何也? 大國之王幼弱未壯, 漢之

- 【固(고, gù)】: 강대하다.
- 【相疑(상의, xiāng yí)】: 서로 의심하다.
- 【下數被其殃(하삭피기앙, xià shuò bèi qí yāng)】: 제후가 자주 이로 인해 재앙을 받다. 즉 「제후가 천자에게 의심을 받으면 토벌을 당하게 된다」는 말. 〖下〗: 아래. 즉 「제후」를 가리킨다. 〖數〗: 자주. 누차. 〖殃〗: 재앙. 화.
- 【上數爽其憂(상삭상기우, shàng shuò shuǎng qí yōu)】: 천자가 자주 그 우환을 우려하다. 즉 「제후가 천자를 의심하면 반드시 모반하게 된다」는 말. 〖上〗: 위. 즉 「천자」를 가리킨다. 〖爽〗: 근심하다. 우려하다. 〖憂〗: 우환.
- 【甚非(심비, shèn fēi)…】: 실로 …이 아니다.
- 【所以(소이, suǒ yǐ)】: 방법.

3 今或親弟謀爲東帝, 親兄之子西鄕而擊, 今吳又見告矣。→ 지금 혹은 (천자의) 친동생이 동쪽 지방에서 왕이 되려고 음모를 꾸미고, 친형의 아들이 서쪽의 조정을 향해 공격을 하고 있는가 하면, 지금 吳王은 또 고발을 당하고 있습니다.

- 【或(혹, huò)】: 혹은. 또는.
- 【親弟(친제, qīn dì)】: 漢文帝의 아우 劉長. 淮南王에 봉해졌으나 후에 모반하려다 발각되어 굶어 죽었다.
- 【東帝(동제, dōng dì)】: 劉長의 봉지는 수도 長安의 동쪽에 위치하였으므로, 유장은 자신을 「동방의 천자」라 칭했다.
- 【親兄之子(친형지자, qīn xiōng zhī zǐ)】: 친형의 아들. 여기서는 漢文帝의 친형인 齊나라 悼惠王의 아들 濟北王 劉興居를 가리킨다. 군사를 일으켜 모반했다가 패하여 죽임을 당했다.
- 【西鄕(서향, xī xiàng)】: 西向. 서쪽을 향하다.
- 【吳(오, wú)】: 吳王 劉濞를 가리킨다. 유비는 고조 劉邦의 형 劉仲의 아들로, 법을 어겨 고발을 당했다.
- 【見告(견고, jiàn gào)】: 고발을 당하다. ※ 見+동사=피동형

4 天子春秋鼎盛, 行義未過, 德澤有加焉, 猶尙如是, 況莫大諸侯, 權力且十此者虖! → 천자께서 연세가 한창이시고, 仁義를 행함에 있어 잘못이 없으며, 덕과 은혜 또한 베풀었음에도, (형세가) 오히려 이러한데, 하물며 가장 강한 제후는, 권력이 이들보다 대략 열 배가 됩니다!

- 【春秋(춘추, chūn qiū)】: 춘추. 나이.
- 【鼎盛(정성, dǐng shèng)】: 왕성하다. 즉 「壯年, 한창의 나이」를 말한다.
- 【德澤(덕택, dé zé)】: 덕행과 은혜.
- 【有(유, yòu)】: 又. 또. 또한.
- 【加(가, jiā)】: 베풀어 주다.
- 【猶尙(유상, yóu shàng)】: 오히려. 아직도.

所置傅相, 方握其事。⁵ 數年之後, 諸侯之王, 大抵皆冠, 血氣方剛, 漢之傅相, 稱病而賜罷, 彼自丞、尉以上, 偏置私人, 如此, 有異淮南、濟北之爲邪?⁶ 此時而欲爲治安, 雖堯、舜不治。⁷ 黃帝曰:「日中

【況(황, kuàng)】: 하물며.
【莫大(막대, mò dà)】: 가장 강력한.
【且(차, qiě)】: 대략. 거의.
【十此(십차, shí cǐ)】: 十倍於此. 이들보다 열 배에 이르다. 〖十〗: [동사 용법] 열 배에 이르다. 〖此〗: [대명사] 이들. 즉「淮南王 劉長과 濟北王 劉興居 및 吳王 劉濞」.
【虖(호, hū)】: [어조사] 乎.

5 然而天下少安, 何也? 大國之王幼弱未壯, 漢之所置傅相, 方握其事。→ 그러나 천하는 어느 정도 안정을 유지하고 있습니다. 왜 그렇겠습니까? 큰 제후국의 왕이 아직 연소하여 성년이 되지 않았으므로, 漢나라가 설치한 太傅와 丞相이, 마침 권력을 장악하고 있기 때문입니다.
【然而(연이, rán ér)】: 그러나.
【少(소, shǎo)】: 다소. 어느 정도.
【傅(부, fù)】: 太傅. 조정이 제후국에 파견한 보좌관.
【相(상, xiàng)】: 丞相. 조정이 제후국에 파견한 최고 행정장관.
【方(방, fāng)】: 마침.
【握(악, wò)】: 장악하다.
【事(사, shì)】: 政事에 관한 권력.

6 數年之後, 諸侯之王, 大抵皆冠, 血氣方剛, 漢之傅相, 稱病而賜罷, 彼自丞、尉以上 偏置私人, 如此, 有異淮南、濟北之爲邪? → 몇 년 후, 제후국 왕이, 대체로 모두 성년이 되어, 혈기가 한창 왕성해지면, 漢나라의 태부와 승상은, 모두 병을 핑계로 관직을 그만두고, 그 丞과 尉 이상의 관직부터, 두루 (왕이) 자기 사람을 배치해 둘 것인데, 이렇게 되면, 淮南王·濟北王의 행위와 다를 바가 있겠습니까?
【大抵(대저, dà dǐ)】: 대체로.
【冠(관, guàn)】: 성년이 되다. ※ 옛날에 남성은 20세에 성년의 예식을 거행하여 성인이 되었음을 알렸다. 천자나 제후는 12세가 되면 성년으로 예우했다.
【方(방, fāng)】: 한창. 바야흐로.
【剛(강, gāng)】: 왕성하다.
【稱病(칭병, chēng bìng)】: 병을 핑계 삼다.
【賜罷(사파, sì bà)】: 그만두다. 물러나다.
【丞(승, chéng)】: 장관의 뜻을 받들어 사무를 처리하는 벼슬.
【尉(위, wèi)】: 兵事 또는 刑獄을 맡은 관리.
【偏置(편치, biàn zhì)】: 두루 배치하다. 〖偏〗: 두루. 널리. 보편적으로.
【私人(사인, sī rén)】: 자기 사람.

必齌, 操刀必割。」⁸ 今令此道順, 而全安甚易。不肯早爲, 已迺墮骨肉之屬而抗頸之, 豈有異秦之季世虖?⁹

夫以天子之位, 乘今之時, 因天之助, 尙憚以危爲安, 以亂爲治,

【淮南(회남, huái nán)】: 淮南王.
【濟北(제북, jǐ běi)】: 濟北王.
【邪(야, yé)】: [의문조사] 耶.

7 此時而欲爲治安, 雖堯、舜不治。 → 이러한 시기에 이르러 잘 다스리고자 한다면, 설사 堯임금 · 舜임금이라도 다스릴 수가 없습니다.
【欲(욕, yù)】: …하고자 하다. …하길 바라다.
【治安(치안, zhì ān)】: 잘 다스리다.
【堯(요, yáo)】: 상고시대 唐의 요임금.
【舜(순, shùn)】: 상고시대 虞의 순임금.

8 黃帝曰:「日中必齌, 操刀必割。」 → 黃帝는 말하길: 「(물건을 말리려면) 햇볕이 가장 성할 때 필히 말려야 하고, (물건을 자르려면) 손에 칼을 잡았을 때 필히 잘라야 한다.」라고 했습니다.
【黃帝(황제, huáng dì)】: 중국 전설 속의 제왕.
【日中(일중, rì zhōng)】: 햇볕이 가장 성할 때.
【齌(위, wèi)】: 햇볕을 쪼이다.
【操(조, cāo)】: 잡다. 들다.

9 今令此道順, 而全安甚易。不肯早爲, 已迺墮骨肉之屬而抗頸之, 豈有異秦之季世虖? → 지금 만약 이러한 이치에 따라 순리대로 행한다면, 지방을 보전하고 조정을 안정시키기가 매우 쉽습니다. (그러나 만약) 서둘러 행하려 들지 않는다면, 이후에는 곧 골육의 관계를 무너뜨리고 그들을 죽일 것이니, 어찌 秦나라 말기와 다를 바가 있겠습니까?
【令(령, lìng)】: 만일. 만약.
【道(도, dào)】: 방법. 이치. 여기서는 「失機해서는 안 된다는 이치」를 말한다.
【全安(전안, quán ān)】: 보전하고 안정시키다. 여기서는 아래[지방]를 보전하고 위[조정]를 안정시키는 것을 가리킨다.
【不肯(불긍, bù kěn)】: …하려 들지 않다.
【早爲(조위, zǎo wéi)】: 조속히 처리하다. 서둘러 행하다.
【已(이, yǐ)】: 이후에. 나중에.
【迺(내, nǎi)】: 乃. 곧. 바로.
【墮(휴, huī)】: 隳. 파괴하다. 무너뜨리다.
【抗頸(항경, kàng jǐng)】: 목을 베다. 죽이다. ※ 판본에 따라서는 「頸」을 「剄」이라 했다.
【季世(계세, jì shì)】: 말기.
【虖(호, hū)】: [어조사] 乎.

假設陛下居齊桓之處, 將不合諸侯而匡天下乎?¹⁰ 臣又以知陛下有所必不能矣。¹¹ 假設天下如曩時, 淮陰侯尙王楚, 黥布王淮南, 彭越王梁, 韓信王韓, 張敖王趙, 貫高爲相, 盧綰王燕, 陳豨在代, 令此六七公者皆亡恙, 當是時而陛下卽天子位, 能自安乎?¹² 臣有以知

---

10 夫以天子之位, 乘今之時, 因天之助, 尙憚以危爲安, 以亂爲治, 假設陛下居齊桓之處, 將不合諸侯而匡天下乎? → 무릇 천자의 지위를 가지고, 지금의 (좋은) 시기를 이용하며, 하늘의 도움에 의존하고 있는데도, 여전히 위험한 것을 안정시키고, 혼란을 바로잡는 일을 꺼려하고 계시는데, 만일 폐하께서 齊桓公의 위치에 처해 있다면, 장차 제후들을 규합하지 않고 천하를 바로잡을 수 있겠습니까?
【夫(부, fú)】: [발어사] 무릇. 대저.
【乘(승, chéng)】: 이용하다. 틈타다.
【因(인, yīn)】: 의지하다.
【尙(상, shàng)】: 아직. 여전히.
【憚(탄, dàn)】: 꺼리다.
【假設(가설, jiǎ shè)】: 만일. 만약.
【齊桓(제환, qí huán)】: 齊나라의 군주 齊桓公. 성은 姜, 이름은 小白이며, 43년간(B.C. 685-B.C. 643) 재위했다. 管仲의 보필을 받아 齊나라를 부강하게 만들고, 周왕실이 쇠잔한 상황에서 중원의 여러 제후들을 규합하여 오랑캐의 침입을 막고 천하를 바로잡았다.
【匡(광, kuāng)】: 바로잡다.

11 臣又知陛下有所必不能矣。→ 저는 또 폐하께서 반드시 그렇게 할 수 없다는 것을 알고 있습니다.

12 假設天下如曩時, 淮陰侯尙王楚, 黥布王淮南, 彭越王梁, 韓信王韓, 張敖王趙, 貫高爲相, 盧綰王燕, 陳豨在代, 令此六七公者皆亡恙, 當是時而陛下卽天子位, 能自安乎? → 만일 천하가 이전과 같이, 淮陰侯 韓信이 아직 楚를 통치하고, 黥布가 淮南을 통치하고, 彭越이 梁을 통치하고, 韓王 韓信이 韓을 통치하고, 張敖가 趙를 통치하고, 貫高가 趙의 재상 자리에 있고, 盧綰이 燕을 통치하고, 陳豨가 代나라에 있으면서, 만일 이들 예닐곱 사람이 모두 건재하다면, 이때 폐하께서 천자의 자리에 즉위하신다 해도, 스스로 편안할 수 있겠습니까?
【曩時(낭시, nǎng shí)】: 그때.
【淮陰侯(회음후, huái yīn hóu)】: 韓信. 漢高祖 劉邦을 도와 천하를 통일하는데 공이 있어 齊王과 楚王으로 봉해졌으나, 후에 회음후로 폄적되었다. 高祖 11년(B.C. 196) 陳豨와 결탁하여 모반했다는 이유로 죽임을 당했다.
【尙(상, shàng)】: 아직.
【王(왕, wáng)】: [동사] 통치하다. 왕으로 재위하다.

陛下之不能也。¹³ 天下殽亂, 高皇帝與諸公併起, 非有仄室之勢以
豫席之也。¹⁴ 諸公幸者, 迺爲中涓, 其次廑得舍人, 材之不逮至遠也。¹⁵

【楚(초, chǔ)】: 漢代의 楚는 지금의 강소성 銅山·徐州 일대.
【黥布(경포, qíng bù)】: [인명] 英布. 秦末漢初의 장수. 項羽의 거병 당시 공을 세워 九江王에 봉해졌으나 漢나라가 강해지자 漢나라에 가까이하여 淮南王으로 봉해졌다. 후에 漢高祖를 모반하다가 처형당했다.
【淮南(회남, huái nán)】: [지명] 지금의 안휘성 淮南·壽縣 일대.
【彭越(팽월, péng yuè)】: [인명] 西漢 초기의 장수. 처음 項羽의 수하에 있다가 漢高祖 劉邦을 좇아 楚를 멸망시키는 데 공을 세워 梁王으로 봉해졌으나, 高祖 11년 모반으로 인해 죽임을 당했다.
【梁(양, liáng)】: [지명] 지금의 하남성 商丘 일대.
【韓信(한신, hán xìn)】: [인명] 漢나라 초기 淮陰候 韓信과 같은 시기 사람. 전국시대 韓 襄王의 후손으로 韓王에 봉해져 韓王信이라 불렸다. 후에 흉노와 결탁하여 반란을 일으켰다가 고조에게 살해되었다.
【張敖(장오, zhāng áo)】: [인명] 趙王 張耳의 아들로, 장이가 죽은 후 趙王이 되었는데, 후에 劉邦에 모반하려다 발각되어 宣平侯로 강등되었다.
【趙(조, zhào)】: [지명] 지금의 하북성 邯鄲 일대.
【貫高(관고, guàn gāo)】: [인명] 趙王 張敖의 재상. 유방에게 모반했다가 발각되어 자살했다.
【盧綰(노관, lú wǎn)】: [인명] 高祖가 起兵하면서부터 장수를 지냈으며, 후에 燕王으로 봉해졌으나, 고조 12년(B.C. 195) 흉노에게 투항했다.
【燕(연, yān)】: [지명] 지금의 북경 일대.
【陳豨(진희, chén xī)】: [인명] 漢初 陽夏侯에 봉해져 趙·代 두 지역의 군대를 통솔했는데, 후에 漢나라에 반기를 들었다가 피살되었다.
【代(대, dài)】: [지명] 지금의 하북성 蔚縣 일대.
【令(령, lìng)】: 만일. 만약.
【亡恙(무양, wú yàng)】: 무병하다. 무사하다. 즉 건재하다. 〖亡〗: 無.
【當(당, dāng)】: 당하다. 직면하다. 처하다.
【卽(즉, jí)】: 즉위하다.

13 臣有以知陛下之不能也。 → 저는 폐하께서 편안하실 수 없다는 것을 아는 근거가 있습니다.
【有以(유이, yǒu yǐ)】: 근거가 있다. 〖以〗: 因. 이유. 근거.

14 天下殽亂, 高皇帝與諸公併起, 非有仄室之勢以豫席之也。 → (秦나라 말기) 천하가 혼란할 때, 高祖께서는 여러 王公들과 동시에 군사를 일으켰는데, 사전에 의지할 만한 친족 세력이 아무도 없었습니다.
【殽亂(효란, yáo luàn)】: 혼란하다. 어지럽다.
【高皇帝(고황제, gāo huáng dì)】: 高祖.

高皇帝以明聖威武, 即天子位, 割膏腴之地, 以王諸公, 多者百餘城, 少者乃三四十縣, 惠至渥也。然其後十年之間, 反者九起。¹⁶ 陛下之與諸公, 非親角材而臣之也, 又非身封王之也, 自高皇帝不能以是一歲爲安, 故臣知陛下之不能也。¹⁷

【仄室(측실, zè shì)】: 첩실 소생의 아들. 여기서는 「친족」을 말한다.
【豫(예, yù)】: 사전에. 미리.
【席(석, xí)】: 의지하다. 기대다.

15 諸公幸者, 迺爲中涓, 其次廑得舍人, 材之不逮至遠也。→ 여러 왕공들 가운데 운이 좋은 사람은, 근근이 中涓이란 관직을 얻고, 그 아래는 다만 舍人이란 관직을 얻었지만, 재능은 (高祖보다) 훨씬 못했습니다.
【迺(내, nǎi)】: 乃. 근근이. 겨우.
【中涓(중연, zhōng juān)】: [관직] 궁중에서 청소를 맡은 내시의 관명.
【廑(근, jǐn)】: 僅. 겨우. 다만.
【舍人(사인, shè rén)】: 시종으로 中涓 아래의 직급.
【不逮(불태/불체, bù dài)】: 不及. 미치지 못하다.
【至遠(지원, zhì yuǎn)】: 매우. 훨씬.

16 高皇帝以明聖威武, 即天子位, 割膏腴之地, 以王諸公, 多者百餘城, 少者乃三四十縣, 惠至渥也。然其後十年之間, 反者九起。→ 高祖께서는 자신의 聖明과 威武에 의존하여 천자에 즉위한 후, 비옥한 땅을 (그들에게) 나누어주고, 그들을 왕으로 봉했는데. 많은 경우 백여 개의 성을 얻고, 적은 경우라도 삼사십 개의 縣을 얻어, 은덕이 매우 도타웠습니다. 그러나 그 후 십 년간, 모반이 아홉 차례나 일어났습니다.
【以明聖威武(이명성위무, yǐ míng shèng wēi wǔ)】: 명성과 위무에 의존하여. 〖以〗: …을 근거로. …에 의존하여. 〖明聖〗: 聖明. 비범하고 총명하다. 〖威武〗: 위세와 무력.
【割(할, gē)】: 나누어주다.
【膏腴(고유, gāo yú)】: 비옥하다.
【王(왕, wáng)】: [동사] 왕으로 봉하다.
【乃(내, nǎi)】: 또한. 그래도.
【惠(덕, dé)】: 德.
【渥(악, wò)】: 후하다. 도탑다.
【九起(구기, jiǔ qǐ)】: 아홉이 일어나다. 즉, 黥布・彭越・韓王信・盧綰・陳豨・韓信・張敖・貫高・藏荼 등 아홉 사람이 모반한 것을 말한다.

17 陛下之與諸公, 非親角材而臣之也, 又非身封王之也, 自高皇帝不能以是一歲爲安, 故臣知陛下之不能也。→ 폐하와 그들의 관계는, 결코 친히 재능을 겨루어 그들을 신하로 삼은 것도 아니고, 또한 (폐하께서) 친히 그들을 왕으로 봉하지도 않았으며, 高祖 때부터 이로 인해 한 해도 편하게 지내지 못했기 때문에, 그래서 저는 폐하께서도 편안하실 수

然尙有可諉者, 曰疏。臣請試言其親者。¹⁸ 假令悼惠王王齊, 元王王楚, 中子王趙, 幽王王淮陽, 共王王梁, 靈王王燕, 厲王王淮南, 六七貴人皆亡恙, 當是時, 陛下卽位, 能爲治虖?¹⁹ 臣又知陛下之不

없다는 것을 알고 있습니다.
【陛下(폐하, bì xià)】: 폐하. 여기서는 (지금의) 황제. 즉 賈誼가 상소를 올린「漢文帝」를 가리킨다.
【角(각, jué)】: 겨루다. 대결하다.
【材(재, cái)】: 재능.
【臣(신, chén)】: [동사] 신하로 삼다.
【身(신, shēn)】: 친히.
【以是(이시, yǐ shì)】: 그래서. 이로 말미암아.

18 然尙有可諉者, 曰疏。臣請試言其親者。→ 그러나 아직 핑계를 댈 수 있는 것이 있다면, (王公들이) 천자와 친족이 아닌 다른 성씨의 소원한 관계라는 것입니다. (이제) 제가 천자와 친족 관계의 사람들에 대해 말씀드리겠습니다.
【諉(위, wěi)】: 핑계. 구실.
【疏(소, shū)】: 소원한 관계. 즉「천자와 친족 관계가 아닌 다른 성씨의 사람들」을 말한다.
【請(청, qǐng)】: [겸어] …할 것을 청하다. 실제로는「…하겠다」라는 뜻을 겸손하게 한 말.
【試言(시언, shì yán)】: 말하고자 하다.
【親者(친자, qīn zhě)】: 친근한 관계. 즉「천자와 친족 관계의 사람들」.

19 假令悼惠王王齊, 元王王楚, 中子王趙, 幽王王淮陽, 共王王梁, 靈王王燕, 厲王王淮南, 六七貴人皆亡恙, 當是時, 陛下卽位, 能爲治虖? → 가령 悼惠王이 齊나라 왕이 되고, 元王이 楚나라 왕이 되고, 中子가 趙나라 왕이 되고, 幽王이 淮陽王이 되고, 共王이 梁나라 왕이 되고, 靈王이 燕나라 왕이 되고, 厲王이 淮南王이 되어, 이 예닐곱 사람이 건재할 경우, 이때, 폐하께서 즉위하시면, 그들을 능히 다스릴 수 있습니까?
【悼惠王(도혜왕, dào huì wáng)】: 高祖의 맏아들 劉肥.
【王齊(왕제, wáng qí)】: 齊王이 되다. 【王】: [동사] 왕이 되다.
【元王(원왕, yuán wáng)】: 漢高祖 劉邦의 동생 劉交.
【王楚(왕초, wáng chǔ)】: 楚王이 되다.
【中子(중자, zhōng zǐ)】: 한고조 유방의 寵姬 戚夫人의 아들 劉如意.
【王趙(왕조, wáng zhào)】: 趙王이 되다.
【幽王(유왕, yōu wáng)】: 趙幽王 劉友. 漢高祖 劉邦의 아들로, 원래 淮陽王이었으나 후에 趙王으로 봉해졌다.
【王淮陽(왕회양, wáng huái yáng)】: 淮陽王이 되다.
【共王(공왕, gōng wáng)】: 趙共王 劉恢. 한고조 유방의 아들로, 원래 梁王이었으나 후에 趙王으로 봉해졌다.
【王梁(왕양, wáng liáng)】: 梁王이 되다.

能也。若此諸王, 雖名爲臣, 實皆有布衣昆弟之心, 慮亡不帝制而天子自爲者。[20] 擅爵人, 赦死罪, 甚者或戴黃屋, 漢法令非行也。[21] 雖行不軌如厲王者, 令之不肯聽, 召之安可致乎? 幸而來至, 法安可得加?[22] 動一親戚, 天下圜視而起, 陛下之臣, 雖有悍如馮敬者, 適啟其口, 匕首已陷其匈矣。[23] 陛下雖賢, 誰與領此? 故疏者必危, 親者

【靈王(영왕, líng wáng)】: 燕靈王 劉建. 한고조 유방의 아들.
【王燕(왕연, wáng yān)】: 燕王이 되다.
【厲王(여왕, lì wáng)】: 淮南國 厲王 劉長. 한고조 유방의 아들.
【王淮南(왕회남, wáng huái nán)】: 淮南王이 되다.
【亡恙(무양, wú yàng)】: 無恙. 탈이 없다. 건재하다. 〖亡〗: 無.

[20] 臣又知陛下之不能也。若此諸王, 雖名爲臣, 實皆有布衣昆弟之心, 慮亡不帝制而天子自爲者。→ 저는 또 폐하께서 다스릴 수 없다는 것을 압니다. 이와 같은 여러 왕들은, 비록 명분은 신하라 하지만, 실제로는 모두가 자기와 천자를 (군신 관계가 아닌) 보통의 형제 관계로 여기는 마음을 가지고, 황제의 제도를 채택하여 자신이 천자가 되려는 생각을 하고 있습니다.
【若此(약차, ruò cǐ)】: 如是. 이와 같다.
【布衣昆弟(포의곤제, bù yī kūn dì)】: 평민 간의 형제 관계. 즉「보통의 형제 관계」. 〖布衣〗: 평민. 〖昆弟〗: 형제.
【慮亡不(여무불, lǜ wú bù)】: 無不想. …라고 생각하지 않음이 없다. …라고 생각하다.

[21] 擅爵人, 赦死罪, 甚者或戴黃屋, 漢法令非行也。→ 멋대로 사람들에게 작위를 주고, 죽을죄도 용서하며, 심지어 어떤 이는 황제 전용의 黃屋車를 타고 다닐 것이니, (그곳에서는) 漢나라의 법령이 시행되지 않을 것입니다.
【擅(천, shàn)】: 멋대로 하다.
【爵(작, jué)】: [동사 용법] 작위를 내리다.
【赦(사, shè)】: 용서하다. 사면하다.
【戴黃屋(대황옥, dài huáng wū)】: 노란 비단의 수레 덮개를 쓰다. 즉「황제가 타는 수레를 타다」의 뜻. 〖黃屋〗: 노란 비단으로 싼 천자의 수레 덮개.

[22] 雖行不軌如厲王者, 令之不肯聽, 召之安可致乎? 幸而來至, 法安可得加? → 설사 시행이 된다 해도 厲王과 같이 법을 어기는 사람은, 명령을 해도 듣지 않을 것이고, 그를 소환한다 해도 어찌 오겠습니까? 다행히 온다 해도, 법을 어떻게 적용할 수 있겠습니까?
【不軌(불궤, bù guǐ)】: 궤도를 벗어나다. 법도를 준수하지 않다.
【不肯(불긍, bù kěn)】: …하려 들지 않다.
【安(안, ān)】: 어찌.
【可得(가득, kě dé)】: 能. …할 수 있다.
【加(가, jiā)】: 적용하다. 집행하다.

必亂, 已然之效也。²⁴ 其異姓負彊而動者, 漢已幸勝之矣, 又不易其所以然。²⁵ 同姓襲是跡而動, 旣有徵矣, 其勢盡又復然。²⁶ 殃釁之變,

23 動一親戚, 天下圜視而起, 陛下之臣, 雖有悍如馮敬者, 適啓其口, 匕首已陷其匈矣。 → (그들의) 친척 하나를 건드리면, 천하의 왕공들은 눈을 부릅뜨고 일어날 것이고, 폐하의 신하 가운데, 비록 馮敬과 같이 용감한 사람이 있다고 해도, 막 입을 열기가 무섭게, 비수가 이미 그의 가슴에 꽂히게 될 것입니다.
 【圜視(원시, yuán shì)】: 눈을 부릅뜨고 노려보다.
 【悍(한, hàn)】: 용감하다.
 【如(여, rú)】: …와 같다.
 【馮敬(풍경, féng jìng)】: [인명] 文帝 때의 어사대부. 淮南王 劉長의 모반을 들추어 그를 사형에 처하도록 건의했으나, 후에 자객에 의해 살해되었다.
 【適(적, shì)】: 막, 방금.
 【啓(계, qǐ)】: 열다.
 【陷(함, xiàn)】: 박히다, 꽂히다.
 【匈(흉, xiōng)】: 胸. 가슴.

24 陛下雖賢, 誰與領此? 故疏者必危, 親者必亂, 已然之效也。 → 폐하께서 비록 현명하시다 해도, 누가 폐하와 더불어 이들을 다스리겠습니까? 그래서 관계가 소원한 異姓의 왕들은 반드시 위험하고, 관계가 가까운 同姓의 왕들은 반드시 나라를 어지럽힌다는 것이, 이미 사실로 증명되었습니다.
 【領(령, lǐng)】: 다스리다, 통치하다.
 【此(차, cǐ)】: [대명사] 이들. 즉「제후왕」.
 【已然(이연, yǐ rán)】: 이미 사실이 되다.
 【效(효, xiào)】: 증명하다.

25 其異姓負彊而動者, 漢已幸勝之矣, 又不易其所以然。 → 강대한 세력을 믿고 난을 일으켰던 異姓의 왕들에 대해서는, 漢나라 조정이 이미 다행히 그들에게 승리를 거두었지만, 그러나 또 반란의 근본 원인을 제거하지 못했습니다.
 【負(부, fù)】: 믿다, 의지하다.
 【彊(강, qiáng)】: 强. 강대하다.
 【幸勝(행승, xìng shèng)】: 다행히 승리하다.
 【之(지, zhī)】: [대명사] 그들. 즉「난을 일으켰던 異姓의 왕들」.
 【易(역, yì)】: 바꾸다. 여기서는「제거하다」의 뜻.
 【所以然(소이연, suǒ yǐ rán)】: 그렇게 된 까닭. 즉「반란의 근본 원인」.

26 同姓襲是跡而動, 旣有徵矣, 其勢盡又復然。 → (그 결과) 同姓의 왕들이 (異姓 왕들의) 이러한 행적을 답습하여 행동하는데, 이미 징후가 보이며, 그 형세는 또 모두 이전과 똑같은 모습입니다.
 【襲(습, xí)】: 답습하다.
 【跡(적, jī)】: 행적.

未知所移, 明帝處之, 尙不能以安, 後世將如之何?²⁷
　　屠牛坦一朝解十二牛, 而芒刃不頓者, 所排擊剝割, 皆眾理解也。²⁸ 至於髖髀之所, 非斤則斧。夫仁義恩厚, 人主之芒刃也; 權勢法制, 人主之斤斧也。²⁹ 今諸侯王皆眾髖髀也, 釋斤斧之用, 而欲嬰

【動(동, dòng)】: 행동하다. 움직이다.
【徵(징, zhēng)】: 징조. 징후.
【盡(진, jìn)】: 모두. 다.
【復然(복연, fù rán)】: 반복되는 모양. 재연되는 모양. 이전과 같은 모양.

27 殃炁之變, 未知所移, 明帝處之, 尙不能以安, 後世將如之何? → 재앙의 변화가, 어디로 옮겨갈지도 모르는 가운데, 영명한 임금께서 이러한 상황에 처하여, 아직도 안정을 도모할 수 없다면, 후세 사람들은 장차 어찌합니까?
【殃炁(앙화, yāng huò)】: 재난. 재앙. 【炁】: 禍의 古字.
【尙(상, shàng)】: 아직도. 여전히.
【如之何(여지하, rú zhī hé)?】: 어찌해야 하는가?

28 屠牛坦一朝解十二牛, 而芒刃不頓者, 所排擊剝割, 皆眾理解也。 → 소 잡는 白丁 坦이라는 사람은, 하루아침에 소를 열두 마리씩 잡습니다. 그러나 칼날이 무디어지지 않는 것은, 소를 잡을 때 밀고 치고 벗기고 자르는 모든 동작이, 다 여러 근육의 결과 관절 부위에서 이루어지기 때문입니다.
【屠牛(도우, tú niú)】: 소를 잡는 사람. 白丁.
【坦(탄, tǎn)】: [인명] 춘추시대 소를 잘 잡기로 유명한 사람 이름.
【芒刃(망인, máng rèn)】: 鋒刃. 칼날.
【頓(돈, dùn)】: 鈍. 무디다.
【排擊剝割(배격박할, pái jī bō gē)】: 밀고 치고 벗기고 자르다. 즉「소를 잡을 때의 모든 동작」을 말한다.
【眾(중, zhòng)】: 여러. 각종. 많은.
【理(리, lǐ)】: 근육의 결.
【解(해, jiě)】: 四肢의 관절. 뼈와 뼈 사이의 틈새.

29 至於髖髀之所, 非斤則斧。夫仁義恩厚, 人主之芒刃也; 權勢法制, 人主之斤斧也。 → 엉덩이뼈 · 넓적다리뼈에 이르러서는 큰 칼이 아니면 도끼를 사용합니다. 대저 仁 · 義 · 恩 · 厚는 바로 임금의 칼날이요, 권력과 법제는 임금의 큰 칼과 도끼입니다.
【髖(관, kuān)】: 엉덩이뼈.
【髀(비, bì)】: 넓적다리뼈.
【非(비, fēi)…則(즉, zé)…】: …이 아니고 …이다.
【夫(부, fú)】: [발어사] 무릇. 대저.
【仁義恩厚(인의은후, rén yì ēn hòu)】: 어짊과 의로움과 은혜와 너그러움.

以芒刃, 臣以爲不缺則折。胡不用之淮南、濟北? 勢不可也。³⁰ 臣竊跡前事, 大抵彊者先反。³¹ 淮陰王楚最彊, 則最先反; 韓信倚胡, 則又反; 貫高因趙資, 則又反; 陳豨兵精, 則又反; 彭越用梁, 則又反; 黥布用淮南, 則又反; 盧綰最弱, 最後反。³² 長沙迺在二萬五千戶耳,

---

【斤(근, jīn)】: 큰 칼.
【斧(부, fǔ)】: 도끼.

30 今諸侯王皆眾髖髀也, 釋斤斧之用, 而欲嬰以芒刃, 臣以爲不缺則折。胡不用之淮南、濟北? 勢不可也。 → 지금의 제후 왕들은 모두 수많은 엉덩이뼈 · 넓적다리뼈와 같아, 큰 칼이나 도끼의 사용을 포기하고, 칼날을 가지고 손을 대고자 한다면, 저는 (칼날이) 손상되지 않으면 부러질 것이라고 생각합니다. 어째서 그것을 淮南王과 濟北王에게 사용하지 않겠습니까? 형세가 허락하지 않기 때문입니다.
【釋(석, shì)】: 놓다. 여기서는「포기하다」의 뜻.
【欲(욕, yù)】: …하고자 하다. …하길 바라다.
【嬰(영, yīng)】: 접촉하다. 손을 대다.
【以爲(이위, yǐ wéi)…】: …라 여기다. …라고 생각하다.
【缺(결, quē)】: 결손. 손상.
【折(절, zhé)】: 부러지다. 꺾어지다.
【胡不用之(호불용지, hú bù yòng zhī)…】: 胡不用之(於)…. 어찌 그것을 …에게 사용하지 않겠는가?【胡】: 왜. 어째서.【之】: [대명사] 그것. 즉「仁義恩厚」.
【不可(불가, bù kě)】: 불가능하다. 허락하지 않다.

31 臣竊跡前事, 大抵彊者先反。→ 제가 암암리에 전에 있었던 일을 추적해 보니, 대체로 강한 자들이 먼저 반기를 들었습니다.
【竊(절, qiè)】: 암암리에. 사사로이. 개인적으로.
【跡(적, jī)】: [동사] 캐다. 밟다. 추적하다.
【大抵(대저, dà dǐ)】: 대체로.
【彊者(강자, qiáng zhě)】: 強者.【彊】: 強.

32 淮陰王楚最彊, 則最先反; 韓信倚胡, 則又反; 貫高因趙資, 則又反; 陳豨兵精, 則又反; 彭越用梁, 則又反; 黥布用淮南, 則又反; 盧綰最弱, 最後反。 → 淮陰侯 韓信이 楚王으로 재위할 때 가장 강성했는데, 가장 먼저 반기를 들었고; 韓王 信은 흉노의 힘을 믿고, 또 반기를 들었으며; 貫高는 趙나라의 재력에 의지하여, 또 반기를 들었고; 陳豨는 정예의 군사로, 또 반기를 들었습니다. 彭越은 梁나라의 세력을 이용하여, 또 반기를 들었고; 黥布는 淮南의 힘을 이용하여, 또 반기를 들었으며; 盧綰은 힘이 가장 약하여, 가장 늦게 반기를 들었습니다.
【彊(강, qiáng)】: 強. 강하다.
【反(반, fǎn)】: 반기를 들다.

功少而最完, 勢疏而最忠, 非獨性異人也, 亦形勢然也。³³ 曩令樊、酈、絳、灌據數十城而王, 今雖以殘, 亡可也; 令信、越之倫, 列爲徹侯而居, 雖至今存, 可也。³⁴ 然則天下之大計可知已。³⁵

【韓信(한신, hán xìn)】: [인명] 여기서는 「韓王 信」을 가리킨다. 漢나라 초기 淮陰侯 韓信과 동시대 사람으로, 본래는 전국시대 韓나라 襄王의 후손인데, 漢高祖 劉邦에게 귀순한 후 유방이 옛 韓나라 지역을 설정하여 信을 韓王으로 세웠기 때문에 「韓王 信」이라 했다.
【倚(의, yǐ)】: 기대다. 의지하다.
【胡(호, hú)】: 오랑캐. 여기서는 「흉노」를 가리킨다.
【因(인, yīn)】: 의지하다. 기대다.
【資(자, zī)】: 財力.

33 長沙迺在二萬五千戶耳, 功少而最完, 勢疏而最忠, 非獨性異人也, 亦形勢然也。→ 長沙王 吳芮는 (봉토의 인구가) 겨우 이만 오천 호에 불과할 뿐이고, 공로가 가장 작았음에도 오히려 가장 완전하게 지위를 보전했고, 관계가 가장 소원했음에도 (漢나라에 대해) 가장 충성했는데, 이는 다만 그의 성품이 보통 제후들과 달랐을 뿐만 아니라, 또한 형세가 부득이 그럴 수밖에 없었기 때문이었습니다.
【長沙(장사, cháng shā)】: 長沙王 吳芮를 가리킨다.
【迺在(내재, nǎi zài)…耳(이, ěr)】: 다만 …에 불과할 뿐이다. 〖迺〗: 乃. 겨우. 다만. 〖耳〗: …뿐.
【最完(최완, zuì wán)】: 가장 온전하다.
【勢疏(세소, shì shū)】: 관계가 소원하다.
【獨(독, dú)】: 다만. 오직.
【異人(이인, yì rén)】: 보통 사람들과 다르다.

34 曩令樊、酈、絳、灌據數十城而王, 今雖以殘, 亡可也; 令信、越之倫, 列爲徹侯而居, 雖至今存, 可也。→ 이전에 만일 樊噲·酈商·周勃·灌嬰 등이 수십 개의 성을 가지고 제왕의 자리에 있었더라면, 지금 설사 세력이 이미 쇠잔했다 해도 역시 안 되는 일이고; 만일 韓信·彭越과 같은 부류들이 다만 徹侯의 반열에 머물렀다면, 설사 지금까지 존재한다 해도 또한 무방할 것입니다.
【曩(낭, nǎng)】: 과거. 이전.
【令(령, lìng)】: 가령. 만일.
【樊(번, fán)】: 樊噲. 漢高祖 때의 武將. 고조를 구출하여, 후에 舞陽候에 봉해졌다.
【酈(역, lì)】: 酈商. 漢나라 초기 曲周侯에 봉해졌다가 후에 右丞相이 되었다.
【絳(강, jiàng)】: 絳侯 周勃. 漢文帝 때의 右丞相.
【灌(관, guàn)】: 穎陰侯 灌嬰. 丞相을 지냈다.
【據(거, jū)】: 점거하다. 차지하다.
【以(이, yǐ)】: 已. 이미. ※판본에 따라서는 「以」를 「已」라 했다.

欲諸王之皆忠附, 則莫若令如長沙王; 欲臣子之勿菹醢, 則莫若令如樊、酈等; 欲天下之治安, 莫若眾建諸侯而少其力。³⁶ 力少則易使以義, 國小則亡邪心。³⁷ 令海內之勢, 如身之使臂, 臂之使指, 莫不制從。³⁸ 諸侯之君, 不敢有異心, 輻湊並進, 而歸命天子。³⁹ 雖在

- 【殘(잔, cán)】: 쇠잔하다.
- 【亡可(무가, wú kě)】: 不可. 〖亡〗: 無.
- 【倫(륜, lún)】: 부류. 동류.
- 【列爲(열위, liè wéi)…】: 다만 …을 지내다.
- 【徹侯(철후, chè hóu)】: [작위] 秦漢 시기 二十級 작위의 최상위 직급.

35 然則天下之大計可知已。→ 그렇다면 천하의 大計는 가히 알만합니다.
- 【然則(연즉, rán zé)】: 그렇다면.
- 【大計(대계, dà jì)】: 큰 계획.
- 【可知(가지, kě zhī)】: 알만하다.
- 【已(이, yǐ)】: [어조사] 矣.

36 欲諸王之皆忠附, 則莫若令如長沙王; 欲臣子之勿菹醢, 則莫若令如樊、酈等; 欲天下之治安, 莫若眾建諸侯而少其力。→ 여러 왕들이 모두 (漢나라에) 충성하기를 바란다면, 그들을 장사왕처럼 하는 것이 가장 좋고; 신하가 살육당하지 않기를 바란다면 번쾌・역상 등과 같이 하는 것이 가장 좋으며; 천하가 안정되게 다스려지기를 바란다면, 제후를 많이 봉해서 그들의 역량을 약화시키는 것이 가장 좋습니다.
- 【欲(욕, yù)】: …하고자 하다. …하려고 생각하다. …하갈 바라다.
- 【忠附(충부, zhōng fù)】: 충성하다.
- 【莫若(막약, mò ruò)】: …만한 것이 없다. …하는 것이 가장 좋다.
- 【令如(영여, lìng rú)】: …하여금 …처럼 되게 하다.
- 【勿菹醢(물저해, wù jū hǎi)】: 살육을 당하지 않다. 〖勿〗: …하지 말다. …하지 않다. 〖菹醢〗: 고대에 행해졌던 형벌의 일종으로, 사람을 잘게 썰어 절이는 것. 여기서는 「살육을 당하다」의 뜻.
- 【眾建(중건, zhòng jiàn)】: 많이 세우다. 많아 만들다.
- 【少(소, shǎo)】: [사동 용법] 약화시키다. 약하게 만들다.

37 力少則易使以義, 國小則亡邪心。→ 힘이 줄어들면 법으로 다스리기가 용이하고, 나라가 작으면 사악한 마음을 품지 않습니다.
- 【使以義(사이의, shǐ yǐ yì)】: 법으로 다스리기 용이하다. 〖使〗: 부리다. 여기서는 「다스리다」의 뜻. 〖以〗: …으로. …을 가지고. 〖義〗: 道義. 여기서는 「법령」을 말한다.
- 【亡(무, wú)】: 無.

38 令海內之勢, 如身之使臂, 臂之使指, 莫不制從。→ 나라 전체의 형세로 하여금, 마치 몸이 팔을 부리듯 하게 하고, 팔이 손가락을 부리듯 하게 한다면, 복종하지 않는 사람이

細民, 且知其安, 故天下咸知陛下之明。⁴⁰ 割地定制, 令齊、趙、楚各爲若干國, 使悼惠王、幽王、元王之子孫, 畢以次各受祖之分地, 地盡而止, 及燕、梁它國皆然。⁴¹ 其分地眾而子孫少者, 建以爲國, 空而置之, 須其子孫生者, 舉使君之。⁴² 諸侯之地, 其削頗入漢者, 爲

없습니다.
【令(령, lìng)】: …하여금 …하게 하다.
【如(여, rú)】: 마치 …하듯 하다.
【使(사, shǐ)】: 부리다.
【臂(비, bì)】: 팔.
【指(지, zhǐ)】: 손가락.
【莫不(막불, mò bù)…】: …하지 않는 사람이 없다.
【制從(제종, zhì cóng)】: 복종하다.

39 諸侯之君, 不敢有異心, 輻湊並進, 而歸命天子。→ 제후국의 왕이, 감히 딴마음을 품지 못하면, 바큇살이 바퀴통을 향해 모여 함께 나아가듯이, 천자의 명을 따를 것입니다.
【異心(이심, yì xīn)】: 딴마음.
【輻湊(폭주, fú còu)】: 바큇살이 바퀴통으로 모여들다. 〖輻〗: 바퀴통. 〖湊〗: 모여들다.
【並進(병진, bìng jìn)】: 함께 나아가다.
【歸命(귀명, guī mìng)】: 명을 따르다. 복종하다.

40 雖在細民, 且知其安, 故天下咸知陛下之明。→ (그러면) 비록 일반 백성들이라도, 또한 편안함을 알게 되고, 그래서 천하 사람들은 모두 폐하의 영명함을 알게 될 것입니다.
【細民(세민, xì mín)】: 일반 백성.
【且(차, qiě)】: 또한.
【咸(함, xián)】: 모두. 다.

41 割地定制, 令齊、趙、楚各爲若干國, 使悼惠王、幽王、元王之子孫, 畢以次各受祖之分地, 地盡而止, 及燕、梁它國皆然。→ 토지를 분할하고 제도를 규정하여, 齊·楚·趙나라로 하여금 각기 작은 몇 나라가 되도록 만들고, 悼惠王·幽王·元王의 자손들로 하여금, 모두가 서열에 따라 선조의 봉지를 돌려받도록 하되, 봉지가 다할 때까지 해야 하며, 燕나라·梁나라와 같은 다른 나라에 이르기까지 모두 그렇게 해야 합니다.
【令(령, lìng)】: …하여금 …하게 하다.
【若幹國(약간국, ruò gān guó)】: 몇 개의 작은 나라.
【畢(필, bì)】: 모두. 다.
【以次(이차, yǐ cì)】: 서열에 따라. 〖以〗: …에 따라. …에 의거하여. 〖次〗: 서열. 차례. 여기서는 「長幼有序의 서열」을 말한다.
【分地(분지, fēn dì)】: 제후왕의 봉지.
【及(급, jí)】: 미치다. 이르다.

508 고문관지古文觀止 역주 (2)

徙其侯國, 及封其子孫也, 所以數償之。⁴³ 一寸之地, 一人之眾, 天子亡所利焉, 誠以定治而已, 故天下咸知陛下之廉。⁴⁴ 地制壹定, 宗室子孫, 莫慮不王, 下無倍畔之心, 上無誅伐之志, 故天下咸知陛下之仁。⁴⁵ 法立而不犯, 令行而不逆, 貫高、利幾之謀不生, 柴奇、開章

42 其分地眾而子孫少者, 建以爲國, 空而置之, 須其子孫生者, 舉使君之。→ 봉토는 많고 자손이 적은 나라는, 먼저 나라를 세우고, 왕의 자리를 비워두었다가, 자손이 태어나기를 기다려, 전부 그들로 하여금 그 나라를 통치하도록 해야 합니다.
【空(공, kōng)】: 비워두다. 여기서는 「군주의 자리를 비워두다」의 뜻.
【須(수, xū)】: 기다리다.
【舉(거, jǔ)】: 전부. 모두.
【使(사, shǐ)】: …로 하여금 …하게 하다.
【君(군, jūn)】: [동사] 통치하다. 다스리다.
【之(지, zhī)】: [대명사] 그것. 즉「새로 건립하여 군주의 자리를 비워두었던 나라」.

43 諸侯之地, 其削頗入漢者, 爲徙其侯國, 及封其子孫也, 所以數償之。→ 제후의 땅이, (죄를 지음으로써) 삭감되어 거의 漢나라에 귀속된 경우, 그 제후국을 다른 곳으로 옮기고, 그 자손을 봉하되, 이전과 대등한 수치로 그들에게 보상해야 합니다.
【削(삭, xuè)】: 삭감하다.
【頗(파, pǒ)】: 거의. 대부분.
【徙(사, xǐ)】: 옮기다. 이전하다.
【以數(이수, yǐ shù)】: 본래의 수치에 따라. 〖以〗: …에 따라. …에 의거하여. 〖數〗: 수량. 수치. 여기서는「토지·인구·가옥 등의 대등한 수치」를 의미한다.
【所(소, suǒ)】: ※ 이 글자는 틀린 글자이거나 잘못 추가된 글자로 해석하기도 한다.

44 一寸之地, 一人之眾, 天子亡所利焉, 誠以定治而已, 故天下咸知陛下之廉。→ 한 치의 땅, 백성 한 사람까지도, 천자께서 이익을 도모하지 않으시면, 확실히 이로 인해 정치를 안정시킬 뿐입니다. 그래서 천하 사람들이 모두 폐하의 청렴함을 알게 될 것입니다.
【眾(중, zhòng)】: 백성.
【亡所利(무소리, wú suǒ lì)】: 이익되는 바가 없다. 즉「이익을 도모하지 않다」의 뜻. 〖亡〗: 無.
【誠(성, chéng)】: 확실히. 진실로.
【而已(이이, ér yǐ)】: …뿐이다.

45 地制壹定, 宗室子孫, 莫慮不王, 下無倍畔之心, 上無誅伐之志, 故天下咸知陛下之仁。→ 토지의 分封 제도가 일단 정해지면, 종실 자손들은, 왕이 되지 못할까 염려하지 않고, 아랫사람은 배반하려는 마음이 없어지며, 윗사람은 죽이거나 정벌하려는 마음이 없어집니다. 그래서 천하 사람들이 폐하의 인자함을 알게 될 것입니다.
【地制(지제, dì zhì)】: 토지의 分封 제도.

之計不萌, 細民鄉善, 大臣致順, 故天下咸知陛下之義。⁴⁶ 臥赤子天下之上而安, 植遺腹, 朝委裘, 而天下不亂。⁴⁷ 當時大治, 後世誦聖, 壹動而五業附, 陛下誰憚而久不爲此?⁴⁸

【壹定(일정, yī dìng)】: 한번 정해지다. 일단 확정되다.
【莫慮(막려, mò lǜ)】: 염려하지 않다.
【王(왕, wáng)】: [동사] 왕이 되다.
【倍畔(배반, bèi pàn)】: 背叛. 배반하다.
【誅(주, zhū)】: 죽이다.
【伐(벌, fá)】: 정벌하다. 공격하다.

46 法立而不犯, 令行而不逆, 貫高、利幾之謀不生, 柴奇、開章之計不萌, 細民鄉善, 大臣致順, 故天下咸知陛下之義。→ 법률이 확립되어 위반하는 사람이 없고, 명령이 시행되어 거역하는 사람이 없게 되면, 貫高・利幾와 같은 자들의 모략이 생겨날 수 없고, 柴奇・開章과 같은 자들의 흉계가 싹트지 않을 것이며, 백성들은 선행을 쫓고, 대신들은 순종하게 됩니다. 그래서 천하 사람들이 모두 폐하의 의로움을 알게 될 것입니다.
【利幾(이기, lì jī)】: [인명] 본래 項羽 휘하의 장군이었으나, 漢에 귀순한 후 穎川侯에 봉해졌는데 후에 모반으로 인해 살해되었다.
【柴奇(시기, chái qí)】: [인명] 淮南王 劉長의 책사.
【開章(개장, kāi zhāng)】: [인명] 淮南王 劉長의 책사.
【萌(맹, méng)】: 싹트다. 발생하다.
【鄉(향, xiàng)】: 向. 쫓다. 따르다.
【致順(치순, zhì shùn)】: 순종하다.

47 臥赤子天下之上而安, 植遺腹, 朝委裘, 而天下不亂。→ (이렇게 되면) 갓난아기를 임금의 자리에 뉘어놓아도 안정이 유지되고, 유복자를 왕으로 옹립하여, 선왕이 남긴 갖옷을 알현하게 해도, 천하는 혼란하지 않을 것입니다.
【臥(와, wò)】: [사동 용법] 뉘어놓다. ※갓난아기는 앉지 못하기 때문에 한 말이다.
【赤子(적자, chì zǐ)】: 신생아. 갓 태어난 아이. ※갓난아이는 옷을 입지 않기 때문에 이렇게 불렀다. 여기서는「어린 황제」를 가리킨다.
【天下之上(천하지상, tiān xià zhī shàng)】: 천하의 상좌. 즉「임금의 자리」.
【植(식, zhí)】: 立. 세우다. 옹립하다.
【遺腹(유복, yí fù)】: 유복자.
【朝(조, cháo)】: 알현하다. 배알하다.
【委裘(위구, wěi qiú)】: 선왕이 남긴 갖옷.【委】: 방치하다. 버리다. 여기서는「던져놓다」의 뜻.【裘】: 갖옷. 모피로 만든 옷.

48 當時大治, 後世誦聖, 壹動而五業附, 陛下誰憚而久不爲此? → 이 시기가 잘 다스려지면, 후세 사람들이 폐하의 성덕을 칭송할 것이며, 일거에 다섯 가지 功業이 이루어질 수 있는데, 폐하께서는 무엇을 꺼려하여 오래도록 이를 실행하지 않으십니까?

天下之勢, 方病大瘇。一脛之大幾如要, 一指之大幾如股, 平居不可屈信, 一二指搐, 身慮亡聊。⁴⁹ 失今不治, 必爲錮疾, 後雖有扁鵲, 不能爲已。⁵⁰ 病非徒瘇也, 又苦跲盭。⁵¹ 元王之子, 帝之從弟也;

- 【誦聖(송성, sòng shèng)】: 성덕을 칭송하다. 성덕을 찬양하다.
- 【壹動(일동, yī dòng)】: 한 번의 조치. 一擧.
- 【五業(오업, wǔ yè)】:「明·廉·仁·義·聖」의 다섯 가지 功業.
- 【附(부, fù)】: 따라붙다. 모이다. 여기서는「성취되다」의 뜻.
- 【誰(수, shuí)】: 무엇.
- 【憚(탄, dàn)】: 꺼려하다. 우려하다.
- 【此(차, cǐ)】: [대명사] 이것. 즉「제후국을 많이 만들어 그 힘을 약화시키는 일」.

49 天下之勢, 方病大瘇。一脛之大幾如要, 一指之大幾如股, 平居不可屈信, 一二指搐, 身慮亡聊。→ (오늘날) 천하의 대세는, 한창 지독한 수중다리를 앓고 있는 것과 같습니다. 정강이 하나의 굵기가 (퉁퉁 부어서) 거의 허리와 같고, 발가락 하나의 크기가 거의 넓적다리와 같아, 평상시 굽히거나 펴지도 못하고, 한두 개 발가락이 경련을 일으키면, 온몸이 몹시 시달리는 것을 걱정합니다.
- 【方(방, fāng)】: 바야흐로. 한창.
- 【病(병, bìng)】: [동사] 앓다.
- 【大(대, dà)】: 심한. 지독한.
- 【瘇(종, zhǒng)】: 수중다리. 다리가 붓는 병.
- 【脛(경, jìng)】: 아랫다리. 정강이.
- 【幾如(기여, jī rú)…】: 거의 …와 같다.〖幾〗: 거의.
- 【要(요, yāo)】: 腰. 허리.
- 【股(고, gǔ)】: 넓적다리.
- 【平居(평거, píng jū)】: 평소. 평상시.
- 【信(신, xìn)】: 伸. 펴다. 펼치다. 내밀다.
- 【搐(축, chù)】: 쥐가 나다. 경련이 일다.
- 【慮(려, lǜ)】: 걱정하다. 우려하다.
- 【亡聊(무료, wú liáo)】: 無聊. 기댈 곳이 없다. 여기서는「몹시 시달리다」의 뜻.〖亡〗: 無.

50 失今不治, 必爲錮疾, 後雖有扁鵲, 不能爲已。→ 기회를 놓쳐 지금 치료하지 않으면, 반드시 고질이 되어, 나중에는 비록 扁鵲과 같은 名醫가 있다 해도, 힘을 쓸 수가 없습니다.
- 【失(실, shī)】: 실기하다. 기회를 놓치다.
- 【錮疾(고질, gù jí)】: 痼疾. 오래되어 고치기 어려운 병.
- 【扁鵲(편작, biǎn què)】: [인명] 춘추시대의 名醫.
- 【不能爲已(불능위이, bù néng wéi jǐ)】: 힘을 쓸 수가 없다.

51 病非徒瘇也, 又苦跲盭。→ 이 병은 다만 다리가 퉁퉁 부을 뿐만 아니라, 또한 발바닥이 뒤틀려 고생하게 됩니다.

今之王者, 從弟之子也。⁵² 惠王之子, 親兄子也; 今之王者, 兄子之子也。⁵³ 親者或亡分地以安天下, 疏者或制大權以偪天子, 臣故曰:「非徒病瘇也, 又苦蹠盭。」⁵⁴ 可痛哭者, 此病是也。⁵⁵

【徒(도, tú)】: 다만.
【瘇(종, zhǒng)】: [동사 용법]: 다리가 붓다.
【苦(고, kǔ)】: 시달리다. 고생하다.
【蹠盭(척려, zhí lì)】: 발바닥이 뒤틀리다. 【蹠】: 발바닥. 【盭】: [戾의 古字] 뒤틀리다.

52 元王之子, 帝之從弟也; 今之王者, 從弟之子也。 → 元王의 아들은, 高祖의 사촌 동생이고; 지금의 왕은, 사촌 동생의 아들입니다.
【帝(제, dì)】: 황제. 여기서는 「漢高祖」를 가리킨다.

53 惠王之子, 親兄子也; 今之王者, 兄子之子也。 → 惠王의 아들은, 폐하 친형의 아들이고; 지금의 왕은 폐하 형의 아들의 아들입니다.
【親兄(친형, qīn xiōng)】: 여기서는 「漢文帝의 친형」을 말한다.
【兄子(형자, xiōng zǐ)】: 형의 아들.

54 親者或亡分地以安天下, 疏者或制大權以偪天子, 臣故曰:「非徒病瘇也, 又苦蹠盭。」→ 가까운 관계에 있는 문제의 자손 가운데 어떤 사람은 봉토를 나누어 받지 못했어도 천하를 안정시키는가 하면, 소원한 관계에 있는 元王과 惠王의 자손 가운데 어떤 사람은 대권을 장악하여 천자를 핍박하기 때문에, 제가 그래서「다만 다리가 퉁퉁 부을 뿐만 아니라, 또한 발바닥이 뒤틀려 고생하게 된다.」라고 말씀드린 것입니다.
【親者(친자, qīn zhě)】: 친근한 사람. 여기서는 「文帝의 자손」을 가리킨다.
【亡(무, wú)】: 無.
【或(혹, huò)】: 어떤 사람.
【疏者(소자, shū zhě)】: 소원한 사람. 여기서는 「元王과 惠王의 자손」을 가리킨다.
【制(제, zhì)】: 장악하다.
【偪(핍, bī)】: 핍박하다.
【臣(신, chén)】: 신하. 저. ※ 신하 또는 백성의 황제에 대한 겸칭.

55 可痛哭者, 此病是也。 → 통곡할 만한 것이, 바로 이러한 병입니다.

> 번역문

나라의 치안(治安)을 위한 방책 [1]

　대저 제후국을 세워 강대해지면 반드시 (천자와 제후가) 서로 의심하는 형세를 조성하여, 제후는 자주 그 재앙을 받게 되고 천자는 자주 그 우환을 걱정하게 되니, 실로 천자를 안정시키고 제후를 온전케 하는 일이 아닙니다. 지금 혹은 (천자의) 친동생이 동쪽 지방에서 왕이 되려고 음모를 꾸미고, 친형의 아들이 서쪽의 조정을 향해 공격을 하고 있는가 하면, 지금 오왕(吳王)은 또 고발을 당하고 있습니다. 천자께서 연세가 한창이시고 인의(仁義)를 행함에 있어 잘못이 없으며, 덕과 은혜 또한 베풀었음에도 (형세가) 오히려 이러한데, 하물며 가장 강한 제후는 권력이 이들보다 대략 열 배가 됩니다! 그러나 천하는 어느 정도 안정을 유지하고 있습니다. 왜 그렇겠습니까? 큰 제후국의 왕이 아직 연소하여 성년이 되지 않았으므로, 한(漢)나라가 설치한 태부(太傅)와 승상(丞相)이 마침 권력을 장악하고 있기 때문입니다. 몇 년 후, 제후국 왕이 대체로 모두 성년이 되어 혈기가 한창 왕성해지면, 한(漢)나라의 태부와 승상은 모두 병을 핑계로 관직을 그만두고, 그 승(丞)과 위(尉) 이상의 관직부터 두루 (왕이) 자기 사람을 배치해 둘 것인데, 이렇게 되면 회남왕(淮南王)·제북왕(濟北王)의 행위와 다를 바가 있겠습니까? 이러한 시기에 이르러 잘 다스리고자 한다면 설사 요(堯)임금·순(舜)임금이라도 다스릴 수가 없습니다. 황제(黃帝)는 말하길 : 「(물건을 말리려면) 햇볕이 가장 성할 때 필히 말려야 하고, (물건을 자르려면) 손에 칼을 잡았을 때 필히 잘라야 한다.」라고 했습니다. 지금 만약 이러한 이치에 따라 순리대로 행한다면, 지방을 보전하고 조정을 안정시키기가 매우 쉽습니다. (그러나 만약) 서둘러 행하려 들지 않는다면 이후에는 곧 골육의 관계를 무너뜨리고 그들을 죽일 것이니, 어찌 진(秦)나라 말기와 다를 바가 있겠습니까?

무릇 천자의 지위를 가지고, 지금의 (좋은) 시기를 이용하며 하늘의 도움에 의존하고 있는데도, 여전히 위험한 것을 안정시키고 혼란을 바로잡는 일을 꺼려하고 계시는데, 만일 폐하께서 제환공(齊桓公)의 위치에 처해 있다면 장차 제후들을 규합하지 않고 천하를 바로잡을 수 있겠습니까? 저는 또 폐하께서 반드시 그렇게 할 수 없다는 것을 알고 있습니다. 만일 천하가 이전과 같이, 회음후(淮陰候) 한신(韓信)이 아직 초(楚)를 통치하고, 경포(黥布)가 회남(淮南)을 통치하고, 팽월(彭越)이 양(梁)을 통치하고, 한왕(韓王) 한신(韓信)이 한(韓)을 통치하고, 장오(張敖)가 조(趙)를 통치하고, 관고(貫高)가 조(趙)의 재상(宰相) 자리에 있고, 노관(盧綰)이 연(燕)을 통치하고, 진희(陳豨)가 대(代)나라에 있으면서, 만일 이 예닐곱 사람이 모두 건재하다면, 이때 폐하께서 천자의 자리에 즉위하신다 해도 스스로 편안할 수 있겠습니까? 저는 폐하께서 편안하실 수 없다는 것을 아는 근거가 있습니다. (진나라 말기) 천하가 혼란할 때, 고조(高祖)께서는 여러 왕공(王公)들과 동시에 군사를 일으켰는데, 사전에 의지할 만한 친족 세력이 아무도 없었습니다. 여러 왕공들 가운데 운이 좋은 사람은 근근이 중연(中涓)이란 관직을 얻고, 그 아래는 다만 사인(舍人)이란 관직을 얻었지만, 재능은 고조(高祖)보다 훨씬 못했습니다. 고조께서는 자신의 성명(聖明)과 위무(威武)에 의존하여 천자에 즉위한 후, 비옥한 땅을 (그들에게) 나누어주고 그들을 왕으로 봉했는데, 많은 경우 백여 개의 성(城)을 얻고, 적은 경우라도 삼사십 개의 현(縣)을 얻어 은덕이 매우 도타웠습니다. 그러나 그 후 십 년간 모반이 아홉 차례나 일어났습니다. 폐하와 그들의 관계는 결코 친히 재능을 겨루어 그들을 신하로 삼은 것도 아니고, 또한 (폐하께서) 친히 그들을 왕으로 봉하지도 않았으며, 고조 때부터 이로 인해 한 해도 편하게 지내지 못했기 때문에, 그래서 저는 폐하께서도 편안하실 수 없다는 것을 알고 있습니다.

그러나 아직 핑계를 댈 수 있는 것이 있다면, (왕공들이) 천자와 친족이 아닌 다를 성씨의 소원한 관계라는 것입니다. (이제) 제가 천자와 친족 관계의 사람들에 대해 말씀드리겠습니다. 가령 도혜왕(悼惠王)이 제(齊)나라 왕이 되고, 원왕(元王)이 초(楚)나라 왕이 되고, 중자(中子)가 조(趙)나라 왕이 되고, 유왕(幽王)이 회양왕(淮陽王)이 되고, 공공(共王)이 양(梁)나라 왕이 되고, 영왕(靈王)이 연(燕)나라 왕이 되고, 여왕(厲王)이 회남왕(淮南王)이 되어 이들 예닐곱 사람이 건재할 경우, 이때 폐하께서 즉위하시면 그들을 능히 다스릴 수 있습니까? 저는 또 폐하께서 다스릴 수 없다는 것을 압니다. 이와 같은 여러 왕들은 비록 명분은 신하라 하지만 실제로는 모두가 자기와 천자를 (군신 관계가 아닌) 보통의 형제 관계로 여기는 마음을 가지고, 황제의 제도를 채택하여 자신이 천자가 되려는 생각을 하고 있습니다. 멋대로 사람들에게 작위를 주고 죽을죄도 용서하며, 심지어 어떤 이는 황제 전용의 황옥거(黃屋車)를 타고 다닐 것이니, (그곳에서는) 한(漢)나라의 법령이 시행되지 않을 것입니다. 설사 시행이 된다 해도 여왕(厲王)과 같이 법을 어기는 사람은 명령을 해도 듣지 않을 것이고, 그를 소환한다 해도 어찌 오겠습니까? 다행히 온다 해도 법을 어떻게 적용할 수 있겠습니까? (그들의) 친척 하나를 건드리면 천하의 왕공들은 눈을 부릅뜨고 일어날 것이고, 폐하의 신하 가운데 비록 풍경(馮敬)과 같이 용감한 사람이 있다고 해도, 막 입을 열기가 무섭게 비수가 이미 그의 가슴에 꽂히게 될 것입니다. 폐하께서 비록 현명하시다 해도 누가 폐하와 더불어 이들을 다스리겠습니까? 그래서 관계가 소원한 이성(異姓)의 왕들은 반드시 위험하고, 관계가 가까운 동성(同姓)의 왕들은 반드시 나라를 어지럽힌다는 것이 이미 사실로 증명되었습니다. 강대한 세력을 믿고 난을 일으켰던 이성(異姓)의 왕들에 대해서는, 한(漢)나라 조정이 이미 다행히 그들에게 승리를 거두었지만, 그러나 또 반란의 근본 원인을 제거하지 못했습니다. (그 결과) 동성의 왕들이 (이성 왕들의) 이러한 행적을 답습하여 행동하는데, 이미 징후가 보이며 그 형세는 또 모두 이전과 똑같은 모습입니다. 재앙의 변화가 어디로 옮겨갈지도 모르는 가운데 영명한 임금께서 이러한 상황에 처하여 아직도 안정을 도모할 수 없다면 후세 사람들은 장차 어찌합니까?

 소 잡는 백정(白丁) 탄(坦)이라는 사람은 하루아침에 소를 열두 마리씩 잡습니다. 칼날이 무디어지지 않는 것은, 소를 잡을 때 밀고 치고 벗기고 자르는 모든 동작이 다 여러 근육의 결과 관절 부위에서 이루어지기 때문입니다. 엉덩이 뼈・넓적다리뼈에 이르러서는 큰 칼이 아니면 도끼를 사용합니다. 대저 인(仁)・의(義)・은(恩)・후(厚)는 바로 임금의 칼날이요, 권력과 법제는 임금의 큰 칼과 도끼입니다. 지금의 제후왕들은 모두 수많은 엉덩이뼈・넓적다리뼈와 같아 큰 칼이나 도끼의 사용을 포기하고 칼날을 가지고 손을 대고자 한다면, 저는 (칼날이) 손상되지 않으면 부러질 것이라고 생각합니다. 어째서 그것을 회남왕(淮南王)과 제북왕(濟北王)에게 사용하지 않겠습니까? 형세가 허락하지 않기 때문입니다. 제가 암암리에 전에 있었던 일을 추적해 보니, 대체로 강한 자들이 먼저 반기를 들었습니다. 회음후(淮陰侯) 한신(韓信)이 초왕(楚王)으로 재위할 때 가장 강성했는데 가장 먼저 반기를 들었고, 한왕(韓王) 신(信)은 흉노의 힘을 믿고 또 반기를 들었으며, 관고(貫高)는 조(趙)나라의 재력에 의지하여 또 반기를 들었고, 진희(陳豨)는 정예의 군사로 또 반기를 들었습니다. 팽월(彭越)은 양(梁)나라의 세력을 이용하여 또 반기를 들었고, 경포(黥布)는 회남(淮南)의 힘을 이용하여 또 반기를 들었으며, 노관(盧綰)은 힘이 가장 약하여 가장 늦게 반기를 들었습니다. 장사왕(長沙王) 오예(吳芮)는 (봉토의 인구가) 겨우 이만 오천 호에 불과할 뿐이고 공로가 가장 작았음에도 오히려 가장 완전하게 지위를 보전했고, 관계가 가장 소원했음에도 한(漢)나라에 대해 가장 충성했는데, 이는 다만 그의 성품이 보통 제후들과 달랐을 뿐만 아니라 또한 형세가 부득이 그럴 수밖에 없었기 때문이었습니다. 이전에 만일 번쾌(樊噲)·역상(酈商)·주발(周勃)·관영(灌嬰) 등이 수십 개의 성을 가지고 제왕의 자리에 있었더라면, 지금 설사 세력이 이미 쇠잔했다 해도 역시 안 되는 일이고, 만일 한신(韓信)·팽월(彭越)과 같은 부류들이 다만 철후(徹侯)의 반열에 머물렀다면, 설사 지금까지 존재한다 해도 또한 무방할 것입니다. 그렇다면 천하의 대계(大計)는 가히 알 만합니다.

여러 왕들이 모두 한(漢)나라에 충성하기를 바란다면, 그들을 장사왕처럼 하는 것이 가장 좋고, 신하가 살육당하지 않기를 바란다면 번쾌·역상 등과 같이 하는 것이 가장 좋으며, 천하가 안정되게 다스려지기를 바란다면 제후를 많이 봉해서 그들의 역량을 약화시키는 것이 가장 좋습니다. 힘이 줄어들면 법으로 다스리기가 용이하고, 나라가 작으면 사악한 마음을 품지 않습니다. 나라 전체의 형세로 하여금 마치 몸이 팔을 부리듯 하게 하고 팔이 손가락을 부리듯 하게 한다면, 복종하지 않는 사람이 없습니다. 제후국의 왕이 감히 딴마음을 품지 못하면 바큇살이 바퀴통을 향해 모여 함께 나아가듯이 천자의 명을 따를 것입니다. (그러면) 비록 일반 백성들이라도 또한 편안함을 알게 되고, 그래서 천하 사람들은 모두 폐하의 영명함을 알게 될 것입니다. 토지를 분할하고 제도를 규정하여 제(齊)·초(楚)·조(趙)나라로 하여금 각기 작은 몇 나라가 되도록 만들고, 도혜왕(悼惠王)·유왕(幽王)·원왕(元王)의 자손들로 하여금 모두가 서열에 따라 선조의 봉지를 돌려받도록 하되, 봉지가 다할 때까지 해야 하며, 연(燕)나라·양(梁)

나라와 같은 다른 나라에 이르기까지 모두 그렇게 해야 합니다. 봉토는 많고 자손이 적은 나라는 먼저 나라를 세우고 왕의 자리를 비워두었다가 자손이 태어나기를 기다려, 전부 그들로 하여금 그 나라를 통치하도록 해야 합니다. 제후의 땅이 (죄를 지음으로써) 삭감되어 거의 한(漢)나라에 귀속된 경우, 그 제후국을 다른 곳으로 옮기고 그 자손을 봉하되, 이전과 대등한 수치로 그들에게 보상해야 합니다. 한 치의 땅, 백성 한 사람까지도, 천자께서 이익을 도모하지 않으시면 확실히 이로 인해 정치를 안정시킬 뿐입니다. 그래서 천하 사람들이 모두 폐하의 청렴함을 알게 될 것입니다. 토지의 분봉(分封) 제도가 일단 정해지면, 종실 자손들은 왕이 되지 못할까 염려하지 않고, 아랫사람은 배반하려는 마음이 없어지며, 윗사람은 죽이거나 정벌하려는 마음이 없어집니다. 그래서 천하 사람들이 폐하의 인자함을 알게 될 것입니다. 법률이 확립되어 위반하는 사람이 없고, 명령이 시행되어 거역하는 사람이 없게 되면, 관고(貫高)·이기(利幾)와 같은 자들의 모략이 생겨날 수 없고, 시기(柴奇)·개장(開章)과 같은 자들의 흉계가 싹트지 않을 것이며, 백성들은 선행을 쫓고 대신들은 순종하게 됩니다. 그래서 천하 사람들이 모두 폐하의 의로움을 알게 될 것입니다. (이렇게 되면) 갓난아기를 임금의 자리에 뉘어놓아도 안정이 유지되고, 유복자를 왕으로 옹립하여 선왕이 남긴 갖옷을 알현하게 해도 천하는 혼란하지 않을 것입니다. 이 시기가 잘 다스려지면 후세 사람들이 폐하의 성덕을 칭송할 것이며, 일거에 다섯 가지 공업이 이루어질 수 있는데, 폐하께서는 무엇을 꺼려하여 오래도록 이를 실행하지 않으십니까?

　(오늘날) 천하의 대세는 한창 지독한 수종다리를 앓고 있는 것과 같습니다. 정강이 하나의 굵기가 (퉁퉁 부어서) 거의 허리와 같고, 발가락 하나의 크기가 거의 넓적다리와 같아 평상시 굽히거나 펴지도 못하고, 한두 개 발

가락이 경련을 일으키면 온몸이 몹시 시달리는 것을 걱정합니다. 기회를 놓쳐 지금 치료하지 않으면 반드시 고질이 되어, 나중에는 비록 편작(扁鵲)과 같은 명의(名醫)가 있다 해도 힘을 쓸 수가 없습니다. 이 병은 다만 다리가 퉁퉁 부을 뿐만 아니라 또한 발바닥이 뒤틀려 고생하게 됩니다. 원왕(元王)의 아들은 고조(高祖)의 사촌 동생이고, 지금의 왕은 사촌 동생의 아들입니다. 혜왕(惠王)의 아들은 폐하 친형의 아들이고, 지금의 왕은 폐하 형의 아들의 아들입니다. 가까운 관계에 있는 문제의 자손 가운데, 어떤 사람은 봉토를 나누어 받지 못했어도 천하를 안정시키는가 하면, 소원한 관계에 있는 원왕(元王)과 혜왕(惠王)의 자손 가운데, 어떤 사람은 대권을 장악하여 천자를 핍박하기 때문에, 제가 그래서「다만 다리가 퉁퉁 부을 뿐만 아니라 또한 발바닥이 뒤틀려 고생하게 된다.」라고 말씀드린 것입니다. 통곡할 만한 것이 바로 이러한 병입니다.

해제解題 및 본문 요지 설명

《치안책일(治安策一)》은 《한서(漢書)·가의전(賈誼傳)》의 일부분으로, 가의가 한문제(漢文帝)의 아들 양회왕(梁懷王)의 태부(太傅)로 임명되었을 때, 한문제가 천자의 자리에 있었지만, 제후들이 자신의 힘을 믿고 조정의 명령을 따르지 않아 황제의 권한이 크게 약화되는 것을 보고, 그러한 폐단을 바로잡아 천자의 권위를 강화하고 국가의 기강을 세우기 위해 한문제에게 올린 글이다.

본문은 여섯 단락으로 나눌 수 있는데, 첫째 단락에서는 제후들이 강하면 반드시 조정을 해치게 되지만, 지금 천하가 그런대로 안정을 유지하고 있는 것은 제후국의 왕들이 아직 어리기 때문이며, 이들이 일단 장성하면 제압이 어려워지기 때문에 하루빨리 대비해야 한다는 것을 말했고; 둘째 단락에서는 고조(高祖)가 영명하고 위엄이 있었음에도 7년 동안 제후의 반란이 아홉 차례나 발생했는데, 현재 문제(文帝)와 제후의 관계는 결코 문제(文帝)가 친히 제후들과 재능을 겨루어 제후들을 복종하도록 만든 것이 아닐 뿐만 아니라, 또한 황제가 친히 그들을 제후로 봉한 것도 아니기 때문에 안정을 유지하기가 더욱 어렵다는 것을 말했고; 셋째 단락에서는 제후들이 친(親)·소(疏)를 불문하고 힘이 강해지면 반란을 일으키기 때문에, 장기적으로 치안이 유지되려면 반드시 법제를 고쳐 반란의 근원을 없애야 한다는 것을 말했고; 넷째 단락에서는 과거의 역사 사실을 살펴볼 때, 강한 제후들이 먼저 반란을 일으키고 약한 제후들이 충성하기 때문에, 이로 미루어 천하의 대계(大計)를 알 수 있다는 것을 말했고; 다섯째 단락에서는 제후국을 많이 만들어 각국의 권력을 분산시키는 것이 장기적 안정을 위한 최상의 책략이라는 것을 말했고; 마지막 단락에서는 병폐가 심각한 상황에서 제때 조치를 취하지 않으면 장차 수습하기가 매우 어려워진다는 것을 강조했다.

095 논귀속소(論貴粟疏)
[西漢] 鼂錯

작자

조착(鼂錯: B.C. 200-B.C. 154)은 서한(西漢) 영천(潁川)[지금의 하남성 우현(禹縣)] 사람으로, 문제(文帝)·경제(景帝) 때의 저명한 정치가이다. 청년 시절 신불해(申不害)와 상앙(商鞅)으로부터 법가학설(法家學說)을 배웠고, 《상서(尚書)》에도 매우 통달했다. 한문제(漢文帝) 때 박사(博士)가 되어 자주 글을 올렸는데, 문제(文帝)가 그의 재능을 아껴 태자가령(太子家令)을 제수했다. 경제(景帝)가 즉위한 후 흉노가 자주 변경을 침범하자, 임금이 현량문학대책(賢良文學對策)을 명했는데, 조착이 우수한 성적으로 합격하여 어사대부(禦史大夫)가 되었다. 그리하여 나라의 정책·법령에 대해 많은 개혁을 단행하였으나, 후에 제후들의 봉지를 삭감하도록 건의한 것이 화근이 되어, 吳·楚 등 7개국이 조착을 주살하도록 요구함으로써 경제(景帝)가 그들의 압력에 굴복하여 결국 그를 참수하고 말았다. 그가 남긴 글로 《수비변새소(守備邊塞疏)》·《모민사새하소(募民徙塞下疏)》 등은 정치의 득실과 백성의 고통을 잘 반영하고 있다.

원문 및 주석

論貴粟疏[1]

聖王在上, 而民不凍飢者, 非能耕而食之, 織而衣之也, 爲開其資財之道也.[2] 故堯、禹有九年之水, 湯有七年之旱, 而國亡捐瘠者, 以畜積多而備先具也.[3] 今海內爲一, 土地人民之眾不避湯、禹, 加

---

1 論貴粟疏 → 곡식을 귀하게 여겨야 함을 논한 上疏文
  【貴(귀, guì)】: 귀하게 여기다.
  【粟(속, sù)】: 곡식. 오곡의 총칭.
  【疏(소, shū)】: 신하가 임금에게 올리는 글. 上疏文. 上奏文.

2 聖王在上, 而民不凍飢者, 非能耕而食之, 織而衣之也, 爲開其資財之道也. → 聖君이 윗자리에 계시어, 백성들이 춥고 배고프지 않은 것은, 군주가 능히 경작을 하여 백성들을 먹여 살리거나, 베를 짜서 백성들에게 옷을 해 입혀서가 아니라, 백성들을 위해 자원을 얻는 방법을 개발해 주기 때문입니다.
  【凍飢(동기, dòng jī)】: 춥고 배고프다.
  【耕(경, gēng)】: 밭을 갈다. 경작하다.
  【食(사, sì)】: [사동 용법] 먹이다.
  【織(직, zhī)】: 방직하다. 짜다.
  【衣(의, yì)】: [사동 용법] 옷을 만들어 입히다.
  【爲(위, wèi)】: 爲〈之〉. … 위해. … 에게. …을 대신하여.
  【資財之道(자재지도, zī cái zhī dào)】: 자원을 얻는 방법. 【道】: 방법.

3 故堯、禹有九年之水, 湯有七年之旱, 而國亡捐瘠者, 以畜積多而備先具也. → 그래서 唐의 堯임금·夏의 禹임금이 9년 동안의 水災를 당하고, 商의 湯王이 7년 동안의 旱災를 당했어도, 나라에 (굶주려) 죽거나 야위어 허약해진 사람이 없었던 것은, 양식을 많이 비축하여 미리 대비를 해놓았기 때문입니다.
  【堯(요, yáo)】: 상고시대 唐의 堯임금.
  【禹(우, yǔ)】: 상고시대 夏의 禹임금.
  【湯(탕, tāng)】: 湯王. 商의 개국 군주.
  【亡(무, wú)】: 無.
  【捐瘠(연척, juān jí)】: 굶주려 죽거나 야위어 허약해진 사람. 【捐】: 내버리다. 즉「굶어죽게 하다」의 뜻.
  【以(이, yǐ)】: 因. … 때문.
  【畜積(축적, xù jī)】: 쌓아두다. 비축하다.

以亡天災數年之水旱, 而畜積未及者, 何也?⁴ 地有遺利, 民有餘力, 生穀之土未盡墾, 山澤之利未盡出也, 遊食之民未盡歸農也。⁵

民貧則姦邪生。貧生於不足, 不足生於不農, 不農則不地著, 不地著則離鄉輕家。⁶ 民如鳥獸, 雖有高城深池, 嚴法重刑, 猶不能禁

【備先具(비선구, bèi xiān jù)】: 미리 대비하다. 사전에 준비해두다.

4 今海內爲一, 土地人民之眾不避湯, 禹, 加以亡天災數年之水旱, 而畜積未及者, 何也? → 지금 천하는 통일되고, 토지와 인구는 商湯·夏禹 시대보다 넓고 많으며, 게다가 천재와 수년 동안 수재·한재가 없었는데도, 양식의 비축이 (商湯·夏禹 시대에) 미치지 못하는 것은, 무엇때문입니까?

【海內(해내, hǎi nèi)】: 국내. 나라. 천하.
【眾(중, zhòng)】: 많다.
【不避(불피, bù bì)…】: …보다 못하지 않다. …에 뒤떨어지지 않다.
【加以(가이, jiā yǐ)】: 게다가. 그 외에.
【亡(무, wú)】: 無.
【水旱(수한, shuǐ hàn)】: 수재와 한재.
【未及(미급, wèi jí)…】: …미치지 못하다. …을 따르지 못하다.

5 地有遺利, 民有餘力, 生穀之土未盡墾, 山澤之利未盡出也, 遊食之民未盡歸農也。 → 토지는 (충분히 활용하지 않아) 이용할 여지가 남아있고, 백성들은 (생산활동에 충분히 힘을 쏟지 않아) 여력이 있으며, 곡식을 생산할 수 있는 땅은 아직 다 개간하지 못하고, 산림과 水利 자원도 아직 다 개발하지 못했는데, 놀고먹는 사람들이 아직 다 귀농하지 않았기 때문입니다.

【遺利(유리, yí lì)】: 이용할 여지. 여기서는「생산을 위해 다 이용하지 않아 땅이 남아도는 것」을 말한다.
【餘力(여력, yú lì)】: 남은 힘. 여기서는「생산을 위해 힘을 다 쏟지 않아 남은 힘」을 말한다.
【生穀(생곡, shēng gǔ)】: 곡식을 생산하다.
【未盡(미진, wèi jìn)】: 아직 다하지 못하다.
【墾(간, kěn)】: 개간하다.
【山澤之利(산택지리, shān zé zhī lì)】: 산림과 水利 자원.

6 民貧則姦邪生。貧生於不足, 不足生於不農, 不農則不地著, 不地著則離鄉輕家。 → 백성이 빈곤해지면 간사한 행위가 발생합니다. 빈곤은 부족한 데서 생겨나고, 부족한 것은 농사를 중시하지 않은 데서 생겨납니다. 농사를 중시하지 않으면 백성들이 정착하지 못하고, 정착하지 못하면 가볍게 자기의 고향을 버리고 떠납니다.

【姦邪(간사, jiān xié)】: 간사하다. 사악하다.
【不農(불농, bù nóng)】: 농사를 중시하지 않다. 농사에 힘쓰지 않다.
【地著(지착, dì zhuó)】: 정착하다.

也.⁷ 夫寒之於衣, 不待輕煖; 飢之於食, 不待甘旨; 飢寒至身, 不顧廉恥.⁸ 人情一日不再食則飢, 終歲不製衣則寒.⁹ 夫腹飢不得食, 膚寒不得衣, 雖慈母不能保其子, 君安能以有其民哉?¹⁰ 明主知其然

---

7 民如鳥獸, 雖有高城深池, 嚴法重刑, 猶不能禁也。→ 백성들은 마치 새나 짐승과 같아서, 설사 높은 성벽과 깊은 해자가 있고, 엄격한 법령과 무거운 형벌이 있다 해도, 여전히 그들을 금할 수 없습니다.
【高城深池(고성심지, gāo chéng shēn chí)】: 높은 성벽과 깊은 垓字.
【猶(유, yóu)】: 여전히.

8 夫寒之於衣, 不待輕煖; 飢之於食, 不待甘旨; 飢寒至身, 不顧廉恥。→ 대저 추울 때는 옷에 대해, 가볍고 따뜻하기를 바라지 않고; 배가 고플 때는 음식에 대해, 맛있고 구미에 맞기를 바라지 않으며, 춥고 배고픔이 닥치면, 염치를 고려하지 않게 됩니다.
【夫(부, fú)】: [발어사] 대저. 무릇.
【於(어, yú)】: [개사] …에 대해.
【待(대, dài)】: 바라다. 기대하다.
【煖(난, nuǎn)】: 따뜻하다. ※판본에 따라서는「煖」을「暖」이라 했다.
【飢(기, jī)】: 배고프다. 굶주리다.
【至身(지신, zhì shēn)】: 닥치다. 엄습해 오다.
【不顧(불고, bù gù)】: 고려하지 않다.

9 人情一日不再食則飢, 終歲不製衣則寒。→ 인간의 본질은 하루에 두 끼를 먹지 않으면 배가 고프고, 일 년 내내 옷을 제조하지 않으면 추운 것입니다.
【人情(인정, rén qíng)】: 인간의 본질.
【再食(재식, zài shí)】: 두 끼를 먹다.
【飢(기, jī)】: 배고프다. 굶주리다.
【終歲(종세, zhōng suì)】: 일 년 내내. 한 해 동안.

10 夫腹飢不得食, 膚寒不得衣, 雖慈母不能保其子, 君安能以有其民哉? → 무릇 배가 고픈데 먹지 못하고, 몸이 추운데 입지 못하면, 비록 자상한 어머니라도 자기 자식을 보호할 수 없는데, 임금이 어찌 자기의 백성을 보유할 수 있겠습니까?
【夫(부, fú)】: [발어사] 대저. 무릇.
【腹飢(복기, fù jī)】: 배가 고프다.
【不得(부득, bù dé)…】: …하지 못하다. …할 수가 없다.
【食(식, shí)】: [동사] 먹다.
【膚寒(부한, fū hán)】: 피부가 차다. 몸이 얼다. 춥다.
【衣(의, yì)】: [동사] (옷을) 입다.
【安(안, ān)】: 어찌.
【能以(능이, néng yǐ)…】: …할 수 있다.

524 고문관지古文觀止 역주 (2)

也, 故務民於農桑, 薄賦斂, 廣畜積, 以實倉廩, 備水旱, 故民可得而有也。[11]

民者, 在上所以牧之, 趨利如水走下, 四方亡擇也。[12] 夫珠玉金銀, 飢不可食, 寒不可衣, 然而眾貴之者, 以上用之故也。[13] 其爲物

11 明主知其然也, 故務民於農桑, 薄賦斂, 廣畜積, 以實倉廩, 備水旱, 故民可得而有也。→ 현명한 군주는 그러한 이치를 알기 때문에, 그래서 백성들로 하여금 농사와 양잠에 힘쓰도록 하고, 부세를 덜어주며, 저축을 늘려, 이로써 창고를 채우고, 수재와 한재에 대비합니다. 그래서 백성을 보유할 수 있는 것입니다.
【其然(기연, qí rán)】: 그러한 이치.
【務(무, wù)】: 힘쓰다.
【農桑(농상, nóng sāng)】: 농사와 양잠.
【薄(박, bó)】: 덜어주다. 감면하다.
【賦斂(부렴, fù liǎn)】: 부세.
【廣(광, guǎng)】: 늘리다.
【實(실, shí)】: 채우다.
【倉廩(창름, cāng lǐn)】: 창고.
【民可得而有(민가득이유, mín kě dé ér yǒu)】: 「可得而有民」의 도치 형태.

12 民者, 在上所以牧之, 趨利如水走下, 四方亡擇也。→ 백성이란, 군주가 어떤 방법으로 다스리느냐에 달려있습니다. 그들이 이익을 좇는 것은 마치 물이 아래로 흘러내려 가는 것과 같이, 동서남북을 가리지 않습니다.
【上(상, shàng)】: 주상. 군주.
【所以(소이, suǒ yǐ)】: 방법.
【牧(목, mù)】: 다스리다. 관리하다.
【之(지, zhī)】: [대명사] 그들. 즉 「백성」.
【趨利(추리, qū lì)】: 이익을 좇다. 이익을 향해 가다.
【四方(사방, sì fāng)】: 동서남북.
【亡(무, wú)】: 無.
【擇(택, zé)】: 선택하다. 가리다.

13 夫珠玉金銀, 飢不可食, 寒不可衣, 然而眾貴之者, 以上用之故也。→ 대저 주옥과 金銀은, 배가 고파도 먹을 수 없고, 추위도 입을 수 없지만, 그러나 많은 사람들이 그것을 귀하게 여기는 것은, 임금이 그것을 사용하기 때문입니다.
【夫(부, fú)】: [발어사] 무릇. 대저.
【然而(연이, rán ér)】: 그러나.
【眾(중, zhòng)】: 많은 사람들.
【貴(귀, guì)】: 귀하게 여기다.
【以(이, yǐ)…之故(지고, zhī gù)】: …때문이다.【以】: 因. …때문.

輕微易藏, 在於把握, 可以周海內而亡飢寒之患。[14] 此令臣輕背其主, 而民易去其鄉, 盜賊有所勸, 亡逃者得輕資也。[15] 粟米布帛, 生於地, 長於時, 聚於力, 非可一日成也。[16] 數石之重, 中人弗勝, 不爲姦邪所利, 一日弗得而飢寒至。是故明君貴五穀而賤金玉。[17]

【上(상, shàng)】: 주상. 임금.

14 其爲物輕微易藏, 在於把握, 可以周海內而亡飢寒之患。→ 이 물건들은 가볍고 작아서 소장하기 쉽고, 소유하고 있으면, 천하를 두루 돌아다닐 수 있고 또한 춥고 배고플 염려도 없습니다.
【輕微(경미, qīng wēi)】: 가볍고 작다.
【把握(파악, bǎ wò)】: 장악하다. 여기서는「소유하다」의 뜻.
【周(주, zhōu)】: 두루 돌아다니다.
【海內(해내, hǎi nèi)】: 전국. 천하.
【患(환, huàn)】: 염려. 걱정.

15 此令臣輕背其主, 而民易去其鄉, 盜賊有所勸, 亡逃者得輕資也。→ 이는 신하로 하여금 자기의 임금을 가볍게 배신하도록 하고, 백성으로 하여금 자기의 고향을 쉽게 떠나게 하며, 도적으로 하여금 유혹을 느끼게 하고, 도망하는 자로 하여금 휴대하기 편한 재물을 얻게 합니다.
【令(령, lìng)】: …로 하여금 …하게 하다.
【輕背(경배, qīng bèi)】: 가볍게 배신하다. 배반하다.
【主(주, zhǔ)】: 임금. 군주.
【易去(이거, yì qù)】: 쉽게 떠나다.
【勸(권, quàn)】: 권장. 유혹.
【輕資(경자, qīng zī)】: 휴대하기 편한 재물.

16 粟米布帛, 生於地, 長於時, 聚於力, 非可一日成也。→ 양식과 의복은, 땅에서 나서, 일정한 시기에 자라고, 많은 사람들의 힘에 의해 수확되는 것으로, 하루에 이룰 수 있는 것이 아닙니다.
【粟米(속미, sù mǐ)】: 조와 쌀. 여기서는「양식, 곡식」을 가리킨다.
【布帛(포백, bù bó)】: 면직물과 견직물. 여기서는「옷, 의복」을 가리킨다.
【長(장, zhǎng)】: 자라다.
【時(시, shí)】: 때. 계절.
【聚(취, jù)】: [피동 용법] 모아지다. 수확되다.

17 數石之重, 中人弗勝, 不爲姦邪所利, 一日弗得而飢寒至。是故明君貴五穀而賤金玉。→ 몇 섬의 무게는, 보통 사람이 감당하지 못해, 나쁜 사람들에게 이용되지도 않지만, 하루라도 그것이 없으면 바로 허기와 추위가 닥쳐옵니다. 그래서 현명한 군주는 오곡을 귀하게 여기고 금과 옥을 천하게 여깁니다.

今農夫五口之家, 其服役者不下二人, 其能耕者不過百畝, 百畝之收不過百石。[18] 春耕, 夏耘, 秋穫, 冬藏, 伐薪樵, 治官府, 給繇役。[19] 春不得避風塵, 夏不得避暑熱, 秋不得避陰雨, 冬不得避寒凍, 四時之間, 亡日休息。[20] 又私自送往迎來, 弔死問疾, 養孤長幼在其

【石(석, shí)】: [단위] 섬. 석. ※現代 漢語에서는 「dàn」으로 발음한다.
【中人(중인, zhōng rén)】: 보통 사람.
【弗勝(불승, fú shèng)】: 감당하지 못하다. 〖弗〗: 不.
【爲(위, wéi)…所(소, suǒ)…】: [피동형] …에 의해 …되다.
【弗得(부득, fú dé)】: 不得. 얻지 못하다. 즉 「없다」의 뜻.
【是故(시고, shì gù)】: 그래서. 이런 이유로.
【貴(귀, guì)】: 귀하게 여기다. 중히 여기다.
【五穀(오곡, wǔ gǔ)】: 벼·기장·조·보리·콩.
【賤(천, jiàn)】: 천하게 여기다.

18 今農夫五口之家, 其服役者不下二人, 其能耕者不過百畝, 百畝之收不過百石。→ 지금 다섯 식구의 농민 가정에서, 그중 노역에 동원되는 자가 적어도 두 사람 이상인데, 그들이 경작할 수 있는 토지는 백 畝에 불과하고, 백 무에서 얻는 수확은 백 섬에 지나지 않습니다.
【服役者(복역자, fú yì zhě)】: (국가나 공공기관의) 노역에 동원되는 자.
【畝(무, mǔ)】: 옛날 토지 면적의 단위로 5평방 尺을 1步라 하고, 240평방 步를 1畝라 했다.
【收(수, shōu)】: 수확.

19 春耕, 夏耘, 秋穫, 冬藏, 伐薪樵, 治官府, 給繇役。→ 봄에 땅을 갈아 파종하여, 여름에 김을 매고, 가을에 수확하여, 겨울에 저장하는데, 이 밖에 땔나무도 해야 하고, 관사도 수리해야 하며, 노역도 제공해야 합니다.
【耘(운, yún)】: 김매다. 잡초를 제거하다.
【穫(확, huò)】: 수확하다.
【伐(벌, fá)】: 베다.
【薪樵(신초, xīn qiáo)】: 땔감. 땔나무.
【治(치, zhì)】: 수리하다. 보수하다.
【官府(관부, guān fǔ)】: 官舍. 관부의 청사.
【給(급, jǐ)】: 제공하다.
【繇役(요역, yáo yì)】: 부역. 노역. ※판본에 따라서는 「繇」를 「徭」라 했다.

20 春不得避風塵, 夏不得避暑熱, 秋不得避陰雨, 冬不得避寒凍, 四時之間, 亡日休息。→ 봄에는 바람과 먼지를 피할 수 없고, 여름에는 혹서를 피할 수 없으며, 가을에는 장마를 피할 수 없고, 겨울에는 혹한을 피할 수 없어, 사계절 내내, 하루도 쉴 날이 없습니다.
【不得(부득, bù dé)】: 不能. 할 수 없다.

中。²¹ 勤苦如此, 尙復被水旱之災, 急政暴賦, 賦斂不時, 朝令而暮
當具。²² 有者, 半賈而賣; 亡者, 取倍稱之息。於是有賣田宅、鬻子孫
以償債者矣。²³ 而商賈大者積貯倍息, 小者坐列販賣, 操其奇贏, 日

【避(피, bí)】: 피하다.
【暑熱(서열, shǔ rè)】: 혹서. 찌는 듯한 더위.
【陰雨(음우, yīn yǔ)】: 장마. 궂은 비.
【寒凍(한동, hán dòng)】: 혹한. 매서운 추위.
【亡(무, wú)】: 無.

21 又私自送往迎來, 弔死問疾, 養孤長幼在其中。→ 또 개인적으로 왕래하는 손님을 접대
하고, 문상과 병문안도 하며, 홀로된 고아를 부양하고 아이를 양육하는데, (이러한 비용
이) 모두 그 안에 포함되어 있습니다.
【私自(사자, sī zì)】: 사사로이. 개인적으로.
【送往迎來(송왕영래, sòng wǎng yíng lái)】: 가는 사람을 배웅하고 오는 사람을 마중하
다. 즉 「손님 접대에 바쁘다」의 뜻.
【弔死問疾(조사문질, diào sǐ wèn jí)】: 문상을 하고 병문안을 하다.
【養孤長幼(양고장유, yǎng gū zhǎng yòu)】: 고아를 부양하고 아이를 양육하다.

22 勤苦如此, 尙復被水旱之災, 急政暴賦, 賦斂不時, 朝令而暮當具。→ 이처럼 부지런히 고
생을 하지만, 그래도 다시 수재나 한재를 당하면, 긴급하게 과중한 세금을 징수하며, 세
금 징수가 시도 때도 없어, 아침에 명령이 떨어지면 저녁에는 당연히 준비해 놓아야 합
니다.
【勤苦(근고, qín, kǔ)】: 부지런히 애쓰다.
【尙(상, shàng)】: 그래도. 아직도.
【復(부, fù)】: 또. 다시.
【政(정, zhèng)】: 徵. 징수하다.
【暴賦(폭부, bào fù)】: 과중한 세금. ※ 원문에는 「暴虐」으로 되어 있으나 王念孫의《讀書
雜志》에 景祐本을 근거로 「虐」을 「賦」로 고쳤다.
【賦斂(부렴, fù liǎn)】: 세금 징수.
【不時(불시, bù shí)】: 일정한 때가 없다. 시도 때도 없다.
【具(구, jù)】: 준비하다. 갖추다.

23 有者, 半賈而賣; 亡者, 取倍稱之息。於是有賣田宅、鬻子孫以償債者矣。→ 양식이 있는
사람은, 반값에 팔고, 양식이 없는 사람은, 두 배의 이자로 빚을 냅니다. 그리하여 전답
과 집을 팔거나 자손을 팔아 빚을 갚는 사람이 있습니다.
【半賈(반가, bàn jià)】: 반값. 【賈】: 價.
【亡(무, wú)】: 無.
【取(취, qǔ)】: 취하다. 여기서는 「빚을 내다」의 뜻.
【倍稱之息(배칭지식, bèi chèng zhī xī)】: 두 배의 이자. 【倍稱】: 하나를 받고 둘을 갚는

遊都市, 乘上之急, 所賣必倍。²⁴ 故其男不耕耘, 女不蠶織, 衣必文采, 食必粱肉, 亡農夫之苦, 有阡陌之得。²⁵ 因其富厚, 交通王侯, 力過吏勢; 以利相傾, 千里遊敖, 冠蓋相望, 乘堅策肥, 履絲曳縞。²⁶ 此

것.【息】: 이자.
【於是(어시, yú shì)】: 이에. 그리하여.
【鬻(육, yù)】: 팔다.
【償債(상채, cháng zhài)】: 빚을 갚다.

24 而商賈大者積貯倍息, 小者坐列販賣, 操其奇贏, 日遊都市, 乘上之急, 所賣必倍。→ 그런데 상인들 가운데 자본이 많은 자는 물건을 쌓아두고 두 배의 이자를 착취하며, 자본이 적은 자는 좌대를 벌려놓고 장사를 하여, 폭리를 거두는데, 하루 종일 도시를 이리저리 돌아다니며, 조정에서 급히 필요할 때를 이용하여, 파는 값을 반드시 두 배로 받습니다.
【商賈(상고, shāng gǔ)】: 상인.
【積貯(저축, jī zhù)】: 쌓아두다.
【倍息(배식, bèi xī)】: 두 배의 이자를 받다.
【坐列(좌열, zuò liè)】: 좌대를 벌려놓다.
【操(조, cāo)】: 잡다. 쥐다. 여기서는「취하다」의 뜻.
【奇贏(기영, jī yíng)】: 높은 이윤. 폭리.
【乘(승, chéng)】: (때. 기회를) 틈타다. 이용하다.
【上(상, shàng)】:「조정・관아 등의 공공 기관」을 가리킨다.

25 故其男不耕耘, 女不蠶織, 衣必文采, 食必粱肉, 亡農夫之苦, 有阡陌之得。→ 그래서 남자들은 밭 갈고 김매는 일을 하지 않고, 여자는 양잠과 방직을 하지 않습니다. (그러면서도) 옷은 반드시 화려한 것을 입고, 음식은 반드시 맛있는 것을 먹으며, 농부가 겪는 고생도 없이, 밭에서 나는 수확을 누리고 있습니다.
【耕耘(경운, gēng yún)】: 밭을 갈고 김을 매다.
【蠶織(잠직, cán zhī)】: 양잠과 방직을 하다.
【文采(문채, wén cǎi)】: 화려하고 아름답다.
【粱肉(양육, liáng ròu)】: 좋은 쌀과 고기. 즉「맛있는 음식」을 가리킨다.
【亡(무, wú)】: 無.
【阡陌之得(천맥지득, qiān mò zhī dé)】: 땅에서 나는 수확.【阡陌】: 논밭 두렁길. 남북으로 난 길을「阡」이라 하고, 동서로 난 길을「陌」이라 한다. 여기서는「논・밭」을 가리킨다.【得】: 수확.

26 因其富厚, 交通王侯, 力過吏勢; 以利相傾, 千里遊敖, 冠蓋相望, 乘堅策肥, 履絲曳縞。→ 그들은 재력에 의지하여, 고관대작들과 왕래하기 때문에, 세력이 일반 관리들을 능가합니다. 그들은 이익을 서로 주거니 받거니 하고, 천 리 먼 곳을 함께 유람하며, 관리 차림으로 빈번하게 왕래하는데, 견고한 수레를 타고 살찐 말을 채찍질하며, 비단 신발에 하얀 비단 도포 자락을 질질 끌고 다닙니다.

商人所以兼並農人, 農人所以流亡者也。²⁷

　　今法律賤商人, 商人已富貴矣; 尊農夫, 農夫已貧賤矣。²⁸ 故俗之所貴, 主之所賤也; 吏之所卑, 法之所尊也。²⁹ 上下相反, 好惡乖迕, 而欲國富法立, 不可得也。³⁰ 方今之務, 莫若使民務農而已矣。³¹

【因(인, yīn)】: 의지하다.
【富厚(부후, fù hòu)】: 재력.
【交通(교통, jiāo tōng)】: 왕래하다. 교제하다.
【王侯(왕후, wáng hóu)】: 귀족. 고관대작.
【力過吏勢(역과이세, lì guò lì shì)】: 힘이 일반 관리들의 세력을 능가하다. 〖過〗: 능가하다. 초월하다.
【以利相傾(이리상경, yǐ lì xiāng qīng)】: 이익을 서로 주고받다.
【遊敖(유오, yóu áo)】: 유람하다. 놀러 다니다. 〖敖〗: 邀.
【冠蓋相望(관개상망, guān gài xiāng wàng)】: 왕래가 끊이지 않다. 〖冠蓋〗: 冠帽와 수레의 차양. 여기서는「상인들의 관리 차림」을 말한다. 〖相望〗: 서로 바라보다. 즉「왕래가 빈번함」을 말한다.
【乘堅策肥(승견책비, chéng jiān cè féi)】: 견고한 수레를 타고 살찐 말을 채찍질하다. 〖堅〗: 견고하다. 여기서는「견고한 수레」를 가리킨다. 〖肥〗: 살찌다. 여기서는「살찐 말」을 가리킨다.
【履絲曳縞(이사예호, lǚ sī yè gǎo)】: 발에는 명주실로 짠 신발을 신고, 몸에는 비단 도포를 늘어뜨리다. 〖履〗: (옷을) 입다. (신발을) 신다. 〖絲〗: 생사. 견사. 〖曳〗: 늘어뜨리다. 드리우다. 끌리다. 〖縞〗: 하얀 絹紗.

27　此商人所以兼並農人, 農人所以流亡者也。→ 이것이 바로 상인들이 농민을 약탈하는 까닭이요, 농민이 유랑하는 까닭입니다.
　　【所以(소이, suǒ yǐ)】: 까닭. 원인.
　　【兼並(겸병, jiān bìng)】: 약탈하다. 겸병하다.
　　【流亡(유망, liú wáng)】: 유랑하다.

28　今法律賤商人, 商人已富貴矣; 尊農夫, 農夫已貧賤矣。→ 현재의 법률은 상인을 천시하지만, 상인은 이미 부귀해졌고, 농부를 존중하지만, 농부는 이미 빈천해졌습니다.

29　故俗之所貴, 主之所賤也; 吏之所卑, 法之所尊也。→ 그래서 사회에서 귀하게 여기는 것은, 군주가 천시하고, 관리들이 비천하게 여기는 것은, 법률이 존중하고 있습니다.
　　【主(주, zhǔ)】: 군주. 주상.
　　【賤(천, jiàn)】: 천시하다.
　　【卑(비, bēi)】: 경시하다. 비천하게 여기다.

30　上下相反, 好惡乖迕, 而欲國富法立, 不可得也。→ 군주와 백성이 서로 반대되고, 좋고 나쁨이 서로 뒤바뀌면, 나라를 부강하게 만들고 법을 확립하려 해도, 불가능합니다.

欲民務農, 在於貴粟, 貴粟之道, 在於使民以粟爲賞罰。³² 今募天下入粟縣官, 得以拜爵, 得以除罪。³³ 如此, 富人有爵, 農民有錢, 粟有所渫。³⁴ 夫能入粟以受爵, 皆有餘者也。³⁵ 取於有餘以供上用, 則貧民之賦可損, 所謂損有餘, 補不足, 令出而民利者也。³⁶ 順於民心,

【好惡(호오, hào wù)】: 좋고 나쁨. 좋아함과 싫어함.
【乖迕(괴오, guāi wǔ)】: 顚倒되다. 뒤바뀌다.
【不可得(불가득, bù kě dé)】: 不可能. 불가능하다.

31 方今之務, 莫若使民務農而已矣。→ 지금의 급선무는, 백성들로 하여금 농사에 힘쓰도록 하는 것뿐이며 이에 비할 만한 것이 없습니다.
【方今(방금, fāng jīn)】: 현재. 지금.
【莫若(막약, mò ruò)】: …에 비할 만한 것이 없다. …처럼 중요한 일이 없다.
【而已(이이, ér yǐ)】: …뿐.

32 欲民務農, 在於貴粟, 貴粟之道, 在於使民以粟爲賞罰。→ 백성들을 농사에 힘쓰도록 하려면, 곡식을 귀하게 여겨야 하고, 곡식을 귀하게 하는 방법은, 백성들로 하여금 곡식을 상벌의 수단으로 삼도록 하는데 달려있습니다.
【欲(욕, yù)】: …하고자 하다. …하길 바라다.
【在於(재어, zài yú)…】: …에 달려 있다. 〖於〗: [개사] …에.
【貴(귀, guì)】: [동사] 귀하게 여기다.
【粟(속, sù)】: 곡식. 오곡의 총칭.

33 今募天下入粟縣官, 得以拜爵, 得以除罪。→ 지금 천하의 백성들에게 조정에 곡식을 바치면, 작위를 제수받을 수 있고, 죄를 면제받을 수 있다고 호소하는 것입니다.
【募(모, mù)】: 널리 구하다. 홍보하다. 호소하다.
【入粟縣官(입속현관, rù sù xiàn guān)】: 조정에 곡식을 바치다. 〖入粟〗: 곡식을 들이다. 즉 「곡식을 바치다」의 뜻. 〖縣官〗: 漢나라 때 官府의 총칭. 여기서는 「조정」을 가리킨다.
【得以(득이, dé yǐ)…】: …할 수 있다.
【拜爵(배작, bài jué)】: 작위를 除授받다.
【除罪(제죄, chú zuì)】: 죄를 면제받다.

34 如此, 富人有爵, 農民有錢, 粟有所渫。→ 이렇게 하면, 부자는 작위를 갖게 되고, 농민은 돈을 갖게 되며, 곡식은 유통이 될 것입니다.
【渫(설, xiè)】: 분산되다. 유통되다. ※ 원래 개인의 수중에 있던 곡식이 국가의 장악하에 들어와 필요한 곳으로 유통될 수 있음을 말한다.

35 夫能入粟以受爵, 皆有餘者也。→ 무릇 능히 곡식을 바치고 작위를 제수받을 수 있는 사람은, 모두가 여유 있는 사람들입니다.
【夫(부, fú)】: [발어사] 무릇. 대저.

36 取於有餘以供上用, 則貧民之賦可損, 所謂損有餘, 補不足, 令出而民利者也。→ 여유 있

所補者三: 一曰主用足, 二曰民賦少, 三曰勸農功。^{37} 今令, 民有車騎馬一匹者, 復卒三人。車騎者, 天下武備也, 故爲復卒。^{38} 神農之教曰:「有石城十仞, 湯池百步, 帶甲百萬, 而亡粟, 弗能守也。」^{39} 以

는 자들로부터 취하여 임금이 사용하도록 제공하면, 가난한 백성들의 부세를 줄일 수 있고, 이른바 여유 있는 곳에서 덜어내어 부족한 곳을 채우는 것이니, 명령이 반포되면 백성들이 이로울 것입니다.
【供上用(공상용, gōng shàng yòng)】: 임금이 사용하도록 제공하다. 〖上〗: 군주. 주상. 임금.
【損(손, sǔn)】: 줄이다. 덜다.
【令出(영출, lìng chū)】: 명령이 반포되다.

37 順於民心, 所補者三: 一曰主用足, 二曰民賦少, 三曰勸農功。→ 이는 민심에 순응할 뿐만 아니라, 또한 세 가지의 장점이 있습니다: 첫째는 임금의 쓰임이 넉넉해지고, 둘째는 백성들의 세금이 줄어들며, 셋째는 농업생산을 권장하는 역할을 합니다.
【所補者(소보자, suǒ bǔ zhě)】: 이점. 장점. 좋은 점.
【主(주, zhǔ)】: 주상. 임금.
【農功(농공, nóng gōng)】: 농업생산.

38 今令, 民有車騎馬一匹者, 復卒三人。車騎者, 天下武備也, 故爲復卒。→ 현재의 법령은, 군마 한 필을 헌납하는 백성에게는, 세 사람 몫의 부역을 면제해 줍니다. 군마는, 나라의 군사 설비이기 때문에, 그래서 부역을 면제해 주는 것입니다.
【車騎馬(거기마, jū jì mǎ)】: 軍馬. 兵車나 기병이 사용하는 말.
【武備(무비, wǔ bèi)】: 군사 설비.
【復卒(복졸, fù zú)】: 병역을 면제하다. 〖復〗: 除. 면제하다. 〖卒〗: 부역. 徭役.

39 神農之教曰:「有石城十仞, 湯池百步, 帶甲百萬, 而亡粟, 弗能守也。」→ 神農氏의 교훈은:「돌로 쌓은 팔십 척 높이의 성과, 끓는 물로 채워진 백 보의 해자와, 갑옷으로 무장한 백만의 군사가 있다 해도, 식량이 없으면, 지킬 수가 없다.」라고 했습니다.
【神農(신농, shén nóng)】: 神農氏. 고대 전설상의 제왕. ※처음으로 쟁기 등 농기구를 사용하여 백성들에게 농사짓는 방법을 가르쳤기 때문에, 그래서「신농씨」라 불렀다고 전한다.
【仞(인, rèn)】: [길이의 단위] 7~8자를 1仞이라 했다.
【湯池(탕지, tāng chí)】: 끓는 垓字.
【步(보, bù)】: [길이의 단위] 5尺을 1보라 하고, 360보를 1裏라 했다.
【帶甲(대갑, dài jiǎ)】: 갑옷으로 무장하다.
【亡(무, wú)】: 無.
【粟(속, sù)】: 곡식. 오곡의 총칭.
【弗能(불능, fú néng)】: 不能. …할 수 없다.

是觀之, 粟者, 王者大用, 政之本務。⁴⁰ 令民入粟受爵, 至五大夫以上, 迺復一人耳, 此其與騎馬之功相去遠矣。⁴¹

爵者, 上之所擅, 出於口而亡窮; 粟者, 民之所種, 生於地而不乏。⁴² 夫得高爵與免罪, 人之所甚欲也。⁴³ 使天下人入粟於邊, 以受爵免罪, 不過三歲, 塞下之粟必多矣。⁴⁴

---

40 以是觀之, 粟者, 王者大用, 政之本務。→ 이를 근거로 보건대, 식량은, 임금의 중요한 용처요, 정치의 기본 업무입니다.
　【以(이, yǐ)】: …을 근거로.
　【大用(대용, dà yòng)】: 중요한 용처.
　【本務(본무, běn wù)】: 기본 업무.

41 令民入粟受爵, 至五大夫以上, 迺復一人耳, 此其與騎馬之功相去遠矣。→ 백성들로 하여금 식량을 바치고 작위를 받아, 五大夫 이상이 되었을 때, 비로소 한 사람만의 부역을 면제해 주면, 이는 군마를 바치는 효과보다 훨씬 낫습니다.
　【令(령, lìng)】: …로 하여금 …하게 하다.
　【五大夫(오대부, wǔ dà fū)】: 작위의 하나. 漢代에는 秦의 제도를 답습하여 「侯」 이하를 20등급으로 나누었는데, 오대부는 아홉 번째의 등급으로 곡식 4천 섬을 바쳐야 봉해졌다.
　【迺(내, nǎi)】: 乃. 비로소.
　【復(복, fù)】: 면제하다.
　【耳(이, ěr)】: …뿐.
　【相去遠(상거원, xiāng qù yuǎn)】: 서로 상당한 차이가 있다. 즉 「훨씬 낫다」의 뜻.

42 爵者, 上之所擅, 出於口而亡窮; 粟者, 民之所種, 生於地而不乏。→ 작위는, 임금의 고유 권한으로, 입에서 나오고 무궁하며; 곡식은, 백성들이 파종하고, 땅에서 생산되어 모자라지 않습니다.
　【上(상, shàng)】: 군주. 주상. 임금.
　【擅(천, shàn)】: 마음대로 하다. 멋대로 하다. 즉 「전권, 고유 권한」을 말한다.
　【亡(무, wú)】: 無.
　【乏(핍, fá)】: 모자라다. 결핍되다.

43 夫得高爵與免罪, 人之所甚欲也。→ 대저 높은 작위를 얻고 죄를 면하는 것은, 사람들이 매우 바라는 바입니다.
　【夫(부, fú)】: [발어사] 대저. 무릇.
　【甚欲(심욕, shèn yù)】: 매우 바라다.

44 使天下人入粟於邊, 以受爵免罪, 不過三歲, 塞下之粟必多矣。→ 천하 사람들로 하여금 변방에 식량을 바치고, 이로써 작위도 받고 죄도 면하게 한다면, 삼 년이 안 가서, 변방

> 번역문

곡식을 귀하게 여겨야 함을 논한 상소문

성군(聖君)이 윗자리에 계시어 백성들이 춥고 배고프지 않은 것은, 군주가 능히 경작을 하여 백성들을 먹여 살리거나 베를 짜서 백성들에게 옷을 해 입혀서가 아니라, 백성들을 위해 자원을 얻는 방법을 개발해 주기 때문입니다. 그래서 당(唐)의 요(堯)임금 · 하(夏)의 우(禹)임금이 9년 동안의 수재(水災)를 당하고 상(商)의 탕왕(湯王)이 7년 동안의 한재(旱災)를 당했어도 나라에 (굶주려) 죽거나 야위어 허약해진 사람이 없었던 것은, 양식을 많이 비축하여 미리 대비를 해놓았기 때문입니다. 지금 천하는 통일돼고, 토지와 인구는 상탕(商湯) · 하우(夏禹) 시대보다 넓고 많으며, 게다가 천재와 수년 동안 수재 · 한재가 없었는데도 양식의 비축이 (상탕 · 하우 시대에) 미치지 못하는 것은 무엇때문입니까? 토지는 (충분히 활용하지 않아) 이용할 여지가 남아있고, 백성들은 (생산활동에 충분히 힘을 쏟지 않아) 여력이 있으며, 곡식을 생산할 수 있는 땅은 아직 다 개간하지 못하고 산림과 수리(水利) 자원도 아직 다 개발하지 못했는데, 놀고먹는 사람들이 아직 다 귀농하지 않았기 때문입니다.

백성이 빈곤해지면 간사한 행위가 발생합니다. 빈곤은 부족한 데서 생겨나고, 부족한 것은 농사를 중시하지 않은 데서 생겨납니다. 농사를 중시하지 않으면 백성들이 정착하지 못하고, 정착하지 못하면 가볍게 자기의

의 식량은 반드시 많아질 것입니다.
【邊(변, biān)】: 국경. 변방.
【三歲(삼세, sān suì)】: 삼 년. 【歲】: 年.
【塞下(새하, sài xià)】: 변방. 국경 지방.

고향을 버리고 떠납니다. 백성들은 마치 새나 짐승과 같아서, 설사 높은 성벽과 깊은 해자가 있고 엄격한 법령과 무거운 형벌이 있다 해도 여전히 그들을 금할 수 없습니다. 대저 추울 때는 옷에 대해 가볍고 따뜻하기를 바라지 않고, 배가 고플 때는 음식에 대해 맛있고 구미에 맞기를 바라지 않으며, 춥고 배고픔이 닥치면 염치를 고려하지 않게 됩니다. 인간의 본질은 하루에 두 끼를 먹지 않으면 배가 고프고, 일 년 내내 옷을 제조하지 않으면 추운 것입니다. 무릇 배가 고픈데 먹지 못하고, 몸이 추운데 입지 못하면, 비록 자상한 어머니라도 자기 자식을 보호할 수 없는데, 임금이 어찌 자기의 백성을 보유할 수 있겠습니까? 현명한 군주는 그러한 이치를 알기 때문에, 그래서 백성들로 하여금 농사와 양잠에 힘쓰도록 하고 부세를 덜어주며 저축을 늘려 이로써 창고를 채우고 수재와 한재에 대비합니다. 그래서 백성을 보유할 수 있는 것입니다.

백성이란 군주가 어떤 방법으로 다스리느냐에 달려있습니다. 그들이 이익을 쫓는 것은 마치 물이 아래로 흘러내려 가는 것과 같이 동서남북을 가리지 않습니다. 대저 주옥과 금은(金銀)은 배가 고파도 먹을 수 없고 추워도 입을 수 없지만, 그러나 많은 사람들이 그것을 귀하게 여기는 것은 임금이 그것을 사용하기 때문입니다. 이 물건들은 가볍고 작아서 소장하기 쉽고, 소유하고 있으면 천하를 두루 돌아다닐 수 있고, 또한 춥고 배고플 염려도 없습니다. 이는 신하로 하여금 자기의 임금을 가볍게 배신하도록 하고, 백성으로 하여금 자기의 고향을 쉽게 떠나게 하며, 도적으로 하여금 유혹을 느끼게 하고, 도망하는 자로 하여금 휴대하기 편한 재물을 얻게 합니다. 양식과 의복은 땅에서 나서 일정한 시기에 자라고 많은 사람들의 힘에 의해 수확되는 것으로, 하루에 이룰 수 있는 것이 아닙니다. 몇 섬의 무게는 보통 사람이 감당하지 못해 나쁜 사람들에게 이용되지도 않지만, 하루라도 그것이 없으면 바로 허기와 추위가 닥쳐옵니다. 그래서 현명한 군주는 오곡을 귀하게 여기고 금과 옥을 천하게 여깁니다.

지금 다섯 식구의 농민 가정에서 그중 노역에 동원되는 자가 적어도 두 사람 이상인데, 그들이 경작할 수 있는 토지는 백 무(畝)에 불과하고, 백 무에서 얻는 수확은 백 섬에 지나지 않습니다. 봄에 땅을 갈아 파종하여 여름에 김을 매고 가을에 수확하여 겨울에 저장하는데, 이 밖에 땔나무도 해야 하고 관사도 수리해야 하며 노역도 제공해야 합니다. 봄에는 바람과 먼지를 피할 수 없고, 여름에는 혹서를 피할 수 없으며, 가을에는 장마를 피할 수 없고, 겨울에는 혹한을 피할 수 없어, 사계절 내내 하루도 쉴 날이 없습니다. 또 개인적으로 왕래하는 손님을 접대하고 문상과 병문안도 하며, 홀로된 고아를 부양하고 아이를 양육하지만 (이러한 비용이) 모두 그 안에 포함되어 있습니다. 이처럼 부지런히 고생을 하는데, 그래도 다시 수재나 한재를 당하면 긴급하게 과중한 세금을 징수하며, 세금 징수가 시도 때도 없어, 아침에 명령이 떨어지면 저녁에는 당연히 준비해 놓아야 합니다. 양식이 있는 사람은 반값에 팔고, 양식이 없는 사람은 두 배의 이자로 빚을 냅니다. 그리하여 전답과 집을 팔거나 자손을 팔아 빚을 갚는 사람이 있습니다. 그런데 상인들 가운데 자본이 많은 자는 물건을 쌓아두고 두 배의 이자를 착취하며, 자본이 적은 자는 좌대를 벌려놓고 장사를 하여 폭리를 거두는데, 하루 종일 도시를 이리저리 돌아다니며 조정에서 급히 필요할 때를 이용하여 파는 값을 반드시 두 배로 받습니다. 그래서 남자들은 밭 갈고 김매는 일을 하지 않고, 여자는 양잠과 방직을 하지 않습니다. (그러면서도) 옷은 반드시 화려한 것을 입고 음식은 반드시 맛있는 것을 먹으며, 농부가 겪는 고생도 없이 밭에서 나는 수확을 누리고 있습니다. 그들은 재력에 의지하여 고관대작들과 왕래하기 때문에 세력이 일반 관리들을 능가합니다. 그들은 이익을 서로 주거니 받거니 하고, 천 리 먼 곳을 함께 유람하며 관리 차림으로 왕래가 빈번한데, 견고한 수레를 타고 살찐 말을 채찍질하며 비단 신발에 하얀 비단 도포 자락을 질질 끌고 다닙니다. 이것이 바로 상인들이 농민을 약탈하는 까닭이요, 농민이 유랑하는 까닭입니다.

현재의 법률은 상인을 천시하지만 상인은 이미 부귀해졌고, 농부를 존중하지만 농부는 이미 빈천해졌습니다. 그래서 사회에서 귀하게 여기는 것은 군주가 천시하고, 관리들이 비천하게 여기는 것은 법률이 존중하고 있습니다. 군주와 백성이 서로 반대되고 좋고 나쁨이 서로 뒤바뀌면, 나라를 부강하게 만들고 법을 확립하려 해도 불가능합니다. 지금의 급선무는 백성들로 하여금 농사에 힘쓰도록 하는 것뿐이며, 이에 비할 만한 것이 없습니다. 백성들을 농사에 힘쓰도록 하려면 곡식을 귀하게 여겨야 하고, 곡식을 귀하게 하는 방법은 백성들로 하여금 곡식을 상벌의 수단으로 삼도록 하는데 달려있습니다. 지금 천하의 백성들에게 조정에 곡식을 바치면 작위를 제수받을 수 있고 죄를 면제받을 수 있다고 호소하는 것입니다. 이렇게 하면 부자는 작위를 갖게 되고, 농민은 돈을 갖게 되며, 곡식은 유통이 될 것입니다. 무릇 능히 곡식을 바치고 작위를 제수받을 수 있는 사람은 모두가 여유 있는 사람들입니다. 여유 있는 자들로부터 취하여 임금이 사용하도록 제공하면 가난한 백성들의 부세를 줄일 수 있고, 이른바 여유 있는 곳에서 덜어내어 부족한 곳을 채우는 것이니, 명령이 반포되면 백성들이 이로울 것입니다. 이는 민심에 순응할 뿐만 아니라 또한 세 가지의 장점이 있습니다 : 첫째는 임금의 쓰임이 넉넉해지고, 둘째는 백성들의 세금이 줄어들며, 셋째는 농업생산을 권장하는 역할을 합니다. 현재의 법령은, 군마(軍馬) 한 필을 헌납하는 백성에게는 세 사람 몫의 부역을 면제해 줍니다. 군마는 나라의 군사 설비이기 때문에, 그래서 부역을 면제해 주는 것입니다.

신농씨(神農氏)의 교훈은 :「돌로 쌓은 팔십 척 높이의 성과 끓는 물로 채워진 백 보(步)의 해자와 갑옷으로 무장한 백만의 군사가 있다 해도 식량이 없으면 지킬 수가 없다.」라고 했습니다. 이를 근거로 보건대, 식량은 임금의 중요한 용처요, 정치의 기본 업무입니다. 백성들로 하여금 식량을 바치고 작위를 받아 오대부(五大夫) 이상이 되었을 때 비로소 한 사람만의 부역을 면제해 주면, 이는 군마를 바치는 효과보다 훨씬 낫습니다.

작위는 임금의 고유 권한으로 입에서 나오고 무궁하며, 곡식은 백성들이 파종하고 땅에서 생산되어 모자라지 않습니다. 대저 높은 작위를 얻고 죄를 면하는 것은 사람들이 매우 바라는 바입니다. 천하 사람들로 하여금 변방에 식량을 바치고 이로써 작위도 받고 죄도 면하게 한다면, 삼 년이 안 가서 변방의 식량은 반드시 많아질 것입니다.

해제解題 및 본문 요지 설명

한(漢)나라 초기의 경제정책은 방임하는 태도를 취함으로써 심각한 빈부 격차를 야기했다. 이로 인해 가의(賈誼)·동중서(董仲舒)와 같은 당시의 유가(儒家) 학자들은 중농억상(重農抑商)을 주장했고, 조착(晁錯)은 성격이나 학술사상이 상앙(商鞅)의 법가(法家)에 가까웠음에도 불구하고 식량을 중시하고 변방을 튼튼히 할 것을 주장했다.

《논귀속소(論貴粟疏)》는 조착(晁錯)이 한문제(漢文帝) 12년(B.C. 168) 식량의 저축과 농업생산을 장려하는 문제에 관해 한문제에게 올린 상소문이다.

본문은 여섯 단락으로 나눌 수 있는데, 첫째 단락에서는 고금(古今)의 대비를 통해 한(漢)나라 초기 사회의 저축 부족 현상과 아울러 충분히 이용을 하지 않아 땅이 남아돌고, 사람들이 농업생산에 온 힘을 쓰지 않아 힘이 남아도는 병폐를 지적하면서 자원의 시급한 개발을 역설했고; 둘째 단락에서는 농업에 힘쓰지 않음으로 인해 저축이 없고, 저축이 없음으로 인해 빈곤해지고, 빈곤으로 인해 간악한 행위가 발생하는 폐단을 지적했고; 셋째 단락에서는 금옥(金玉)과 식량의 실용적 대비를 통해 군주의 취향이 백성들에게 직접적으로 미치는 영향을 강조하면서, 나아가 오곡(五穀)을 귀하게 여기고 금과 옥을 천하게 여기는 것이 현명한 군주가 나라를 다스리는 기본 도리라는 것을 지적했고; 넷째 단락에서는 고생하는 농민과 향락을 즐기는 상인의 사치스러운 생활을 비교함으로써 빈부의 균형을 상실한 사회의 암울한 현실을 폭로했고; 다섯째 단락에서는 이른바 「여유 있는 곳에서 덜어내어 모자란 곳을 채운다.」라는 분배 원칙에 근거하여, 식량을 가지고 상벌(賞罰)에 활용함으로써 일거삼득(一擧三得)의 효과를 거둘 수 있다는 것을 제시했고; 마지막 단락에서는 곡식을 귀하게 여기는 본래의 취지가 「천하 사람들로 하여금 변방에 식량을 바치고, 이로써 작위도 받고 죄도 면하게 함으로써 나라가 강성해지고 백성이 부유해지도록 하는 데 있다.」라는 것으로 결론을 맺었다.

문필이 유창하고 생동적이며 분석이 투철하고 논리가 근엄하여 매우 설득력이 있는 문장으로 평가받고 있다.

096 옥중상양왕서(獄中上梁王書)
[西漢] 鄒陽

작 자

　추양(鄒陽 : 약 B.C. 206-B.C. 129)은 한(漢)나라의 문인으로 임치(臨淄)[지금의 산동성 임치현(臨淄縣)] 사람이다. 경제(景帝) 때 매승(枚乘)·엄기(嚴忌) 등과 더불어 오왕(吳王) 비(濞)의 문하에서 벼슬을 지냈으며, 이들 모두 변론과 문장에 능했다. 추양은 오왕 비가 모반하려는 것을 알고 글을 올려 만류하였으나 듣지 않아, 매승·엄기 등과 함께 오(吳)를 떠나 양효왕(梁孝王)에게 투신했다. 당시 경제(景帝)는 효왕(孝王)을 후계로 삼으려 했는데, 원앙(爰盎)을 비롯한 대신들이 반대하자 효왕이 양승(羊勝)·공손궤(公孫詭) 등과 모의하여 원앙을 죽이려 했다. 추양이 이를 알고 극력 반대하자 공손궤가 이 기회를 틈타 추양을 비방했고, 효왕은 바로 추양을 옥에 가두었다. 이에 추양은 옥중에서 효왕에게 이 글을 올려 측근의 참언을 듣지 말고 여러 사람의 의견을 들어 스스로 판단해야만 충신들이 왕을 위해 봉사할 것임을 역설했다. 효왕은 이 글을 읽고 나서 즉시 명을 내려 추양을 석방하고 그를 상빈(上賓)으로 삼았다. 《사기(史記)》에 그의 열전(列傳)이 있다.

원문 및 주석

獄中上梁王書[1]

　　鄒陽從梁孝王遊。陽爲人有智略, 慷慨不苟合, 介於羊勝、公孫詭之間。[2] 勝等疾陽, 惡之孝王。孝王怒, 下陽吏, 將殺之。陽迺從獄中上書曰:[3]

1　獄中上梁王書 → 옥중에서 梁王께 올리는 글
　【上(상, shàng)…書(서, shū)】: …에게 올리는 글.
　【梁王(양왕, liáng wáng)】: 여기서는「梁나라 孝王」을 가리킨다.
2　鄒陽從梁孝王遊。陽爲人有智略, 慷慨不苟合, 介於羊勝、公孫詭之間。→ 鄒陽은 梁孝王의 手下에서 종사했다. 추양은 사람됨이 지모와 재략이 있고, 성격이 강개하여 구차하게 영합하려 하지 않고, 羊勝과 公孫詭의 중간에 위치해 있었다.
　【從(종, cóng)…遊(유, yóu)】: …을(를) 좇아 노닐다. 여기서는「…의 手下에서 종사하다」의 뜻.
　【梁孝王(양효왕, liáng xiào wáng)】: 劉武. 西漢 文帝의 둘째 아들이자, 景帝의 同母 동생으로, 文帝 12년(B.C. 168년)에 梁王으로 책봉되었다.
　【苟合(구합, gǒu hé)】: 결탁하다. 연합하다.
　【介於(개어, jiè yú)…】: …에 끼이다. …에 위치하다.《於》: [개사] …에.
　【羊勝(양승, yáng shèng)、公孫詭(공손궤, gōng sūn guǐ)】: [인명] 두 사람 모두 양효왕의 문객. 孝王은 羊勝·公孫詭와 공모하여 爰盎 등 여러 사람을 살해하려 했으나 漢景帝가 이 일을 알고 사람을 梁나라에 보내 조사하려 하자, 양승·공손궤가 孝王의 명을 받고 자살했다.
3　勝等疾陽, 惡之孝王。孝王怒, 下陽吏, 將殺之。陽迺從獄中上書曰: → 양승 등은 추양을 미워하여, 효왕에게 그를 헐뜯었다. 효왕이 분노하여 추양을 옥리에게 넘겨, 그를 죽이려 했다. 추양이 이에 옥중에서 (양효왕에게) 글을 올렸다:
　【疾(질, jí)】: 질투하다. 미워하다.
　【惡之(악지, è zhī)】: 그를 헐뜯다.《惡》: 惡言하다. 헐뜯다. 좋지 않게 말하다.《之》: [대명사] 그. 즉「추양」.
　【下(하, xià)】: 넘기다. 인계하다.
　【吏(리, lì)】: 獄事를 관장하는 관리. 옥리.
　【將(장, jiāng)】: (장차) …하려 하다.
　【殺之(살지, shā zhī)】: 그를 죽이다.《之》: [대명사] 그. 즉「추양」.
　【迺(내, nǎi)】: 乃. 그리하여. 이에.

「臣聞『忠無不報, 信不見疑』, 臣常以爲然, 徒虛語耳。⁴ 昔荊軻慕燕丹之義, 白虹貫日, 太子畏之;⁵ 衛先生爲秦畫長平之事, 太白食昴, 昭王疑之。⁶ 夫精誠變天地, 而信不諭兩主, 豈不哀哉!⁷

【從(종, cóng)】: …에서. …로부터.

4 「臣聞『忠無不報, 信不見疑』, 臣常以爲然, 徒虛語耳。 → 「저는 『충성스러운 사람은 보답을 받지 않음이 없고, 성실한 사람은 의심을 받지 않는다.』라고 들어왔습니다. 저도 항상 그렇다고 여겨왔는데, (이는) 다만 헛말일 뿐입니다.

【信(신, xìn)】: 성실하다.
【見疑(견의, jiàn yí)】: 의심을 받다. ※ 見+동사=피동형.
【以爲(이위, yǐ wéi)】: …라고 여기다. …라고 생각하다.
【然(연, rán)】: 그렇다.
【徒(도, tú)】: 다만. 단지.
【耳(이, ěr)】: …뿐이다.

5 昔荊軻慕燕丹之義, 白虹貫日, 太子畏之; → 예전에 荊軻가 燕나라 太子 丹의 의리를 흠모하여, 흰 무지개가 해를 꿰뚫은 현상이 나타났는데도, 태자 단은 (형가를 의심하여) 형가가 일을 행하지 않을까 두려워했고;

【荊軻(형가, jīng kē)】: [인명] 전국시대 말기 衛나라 사람. ※ 燕태자 丹은 한때 秦에 인질로 잡혀 진왕으로부터 멸시를 받자, 탈출하여 연나라로 돌아온 후 형가를 극진히 대우하며 진왕을 죽이도록 부탁하여, 형가가 이를 수락하고 거사를 단행했으나 결국 실패하여 죽임을 당했다. 《史記‧刺客列傳》에 형가에 관한 기록이 있다.
【慕(모, mù)】: 경모하다. 우러르다.
【燕(연, yān)】: [국명] 지금의 하북성 북부와 요녕성 남부에 걸쳐 있던 주대(周代)의 제후국.
【丹(단, dān)】: [인명] 燕나라 태자 이름.
【白虹貫日(백홍관일, bái hóng guàn rì)】: 흰 무지개가 해를 관통하다. ※ 전설에 의하면, 형가의 지극 정성이 하늘을 감동시켜「흰 무지개가 해를 관통」하는 현상이 나타났다고 한다.
【畏之(외지, wèi zhī)】: 그것을 두려워하다. 즉「燕태자 丹이 荊軻가 진왕을 살해하러 가지 않을까 두려워한 것」을 말한다. 형가는 본래 미리 함께 가기로 약속한 동료를 기다렸는데, 이로 인해 시간을 끌게 되자 태자 丹이 형가를 기피하는 것으로 의심하고 이를 두려워했다.

6 衛先生爲秦畫長平之事, 太白食昴, 昭王疑之。 → 衛선생이 秦나라를 위해 '長平의 일'을 도모할 때, 金星이 昴를 삼키는 현상이 출현했으나, 秦昭王은 그것을 의심하고 믿지 않았습니다.
※ 옛사람들은 昴의 별자리는 趙나라의 구역을 상징하여 太白星이 묘 자리를 침범하는 것은, 곧 조나라가 타격받는 것을 예시한다고 여겼다.
【衛先生(위선생, wèi xiān shēng)】: 秦나라 사람.

「今臣盡忠竭誠, 畢議願知, 左右不明, 卒從吏訊, 爲世所疑。⁸ 是使荊軻、衛先生復起, 而燕、秦不寤也。⁹ 願大王孰察之。¹⁰ 昔玉人

【畫(획, huà)】: 도모하다. 획책하다.
【長平之事(장평지사, cháng píng zhī shì)】: 秦의 장수 白起가 趙나라 정벌에 나서 長平[지금의 산서성 高平 서쪽]에서 조나라 군사를 대파하고, 여세를 몰아 조나라를 멸하고자 衛선생을 보내 秦昭王에게 군대를 증파하고 식량을 보내줄 것을 설득했으나, 范雎에 의해 저지당했다. 본문에서 昭王이 의심했다고 한 것은 바로 이 일을 가리킨다.
【太白食昴(태백식묘, tài bái shí mǎo)】: 金星이 昴를 삼키다.《太白》: 金星의 옛 이름.【食】: [동사] 먹다. 삼키다.《昴》: 묘. 별자리 이름. 28수의 하나.
【昭王(소왕, zhāo wáng)】: 秦昭王.
【疑之(의지, yí zhī)】: 그것을 의심하다.《之》: [대명사] 그것. 즉「太白食昴」.

7 夫精誠變天地, 而信不諭兩主, 豈不哀哉! → 대저 지극 정성이 천지를 감동시켜 이변이 일어났는데도, 그러한 믿음이 두 임금을 깨우치지 못했으니, 어찌 애통하지 않겠습니까?
【夫(부, fú)】: [발어사] 대저. 무릇.
【精誠(정성, jīng chéng)】: 지극 정성. ※판본에 따라서는「誠」자가 없다.
【諭(유, yù)】: 깨우치다. 일깨우다.
【兩主(양주, liǎng zhǔ)】: 두 임금. 즉「燕태자 丹과 秦昭王」을 가리킨다.

8「今臣盡忠竭誠, 畢議願知, 左右不明, 卒從吏訊, 爲世所疑。→「지금 저는 충성을 다하여, 의견을 다 말씀드리고 (대왕께서) 이해하여 주시기를 바랐으나, (대왕의) 측근들이 저의 뜻을 이해하지 못해, 끝내 옥리로부터 심문을 받게 하여, (제가) 세상 사람들에게 의심을 받는 것입니다.
【畢議(필의, bì yì)】: 의견을 다 말하다.
【願知(원지, yuàn zhī)】: 이해하여 주기를 바라다.《知》: 알다. 이해하다.
【左右(좌우, zuǒ yòu)】: 임금의 측근.
【卒(졸, zú)】: 결국. 끝내.
【從(종, cóng)】: …로부터. …에게.
【訊(신, xùn)】: 조사받다. 심문받다.
【爲世所疑(위세소의, wèi shì suǒ yí)】: 세상 사람들에게 의심을 받다.《爲…所…》: [피동형] …에 의해 …되다. …에게 …당하다.

9 是使荊軻、衛先生復起, 而燕、秦不寤也。→ 이러한 상황은 형가나 위선생으로 하여금 다시 살아나도록 한다 해도, 燕太子와 秦王은 깨닫지 못할 것입니다.
【是(시, shì)】: 이. 즉「이러한 상황」.
【使(사, shǐ)】: …하게 하다.
【復起(부기, fù qǐ)】: 다시 살아나다.
【燕(연, yān)、秦(진, qín)】: 여기서는「燕 태자 丹과 秦昭王」을 가리킨다.
【寤(오, wù)】: 悟. 깨닫다. 깨우치다.

獻寶, 楚王誅之; 李斯竭忠, 胡亥極刑。[11] 是以箕子陽狂, 接輿避世, 恐遭此患也。[12] 願大王察玉人、李斯之意, 而後楚王、胡亥之聽, 勿使臣爲箕子、接輿所笑。[13] 臣聞比干剖心, 子胥鴟夷, 臣始不信, 迺

10 願大王孰察之。→ 대왕께서 (이를) 깊이 헤아려주시기 바랍니다.
【願(원, yuàn)】: 바라다. 원하다.
【孰察(숙찰, shú chá)】: 깊이 살피다. 깊이 헤아리다. 〖孰〗: 熟. 깊이. 자세히.

11 昔玉人獻寶, 楚王誅之; 李斯竭忠, 胡亥極刑。→ 옛날에 玉人이 寶玉을 바쳤지만, 楚王은 그의 다리를 잘랐고; 李斯가 충성을 다했지만, 胡亥는 그를 극형에 처했습니다.
【玉人(옥인, yù rén)】: 여기서는 춘추시대 楚나라 사람「卞和」를 가리킨다. ※전설에 의하면, 변화는 璞[아직 가공하지 않은 옥석]을 얻어 먼저 楚武王에게 바쳤는데, 무왕이 玉工의 감정을 거쳐 돌이라 하자, 화가 나서 변화의 왼쪽 다리를 잘랐다. 文王이 즉위하자 변화는 또 문왕에게 璞을 바쳤는데, 옥공의 감정을 거쳐 역시 돌이라 하자, 이번에는 오른쪽 다리를 잘랐다. 成王 시대에 이르러 변화는 박을 끌어안고 사흘 밤낮을 울어 피눈물이 흘렀다. 성왕이 옥공을 시켜 가공을 해보니 과연 보옥이었다. 후세 사람들은 이 옥을「和氏璧」혹은「和璧」이라고 불렀다.
【誅(주, zhū)】: 베다. 여기서는「다리를 자른 것」을 말한다.
【李斯(이사, lǐ sī)】: [인명] 전국 말기 楚나라 사람으로, 秦나라에서 재상을 지냈다. 그는 秦始皇이 전국을 통일하는 데 큰 역할을 했다.
【竭(갈, jié)】: 다하다.
【胡亥(호해, hú hài)】: [인명] 秦 2世. 秦始皇의 아들.
【極刑(극형, jí xíng)】: [동사 용법] 극형에 처하다.

12 是以箕子陽狂, 接輿避世, 恐遭此患也。→ 그래서 箕子는 거짓으로 미친 체했고. 接輿는 세상을 피해 은거했는데, 이러한 재앙을 받을까 두려워서였습니다.
【是以(시이, shì yǐ)】: 그래서. 이로 인해.
【箕子(기자, jī zǐ)】: [인명] 殷나라의 충신. 이름은 胥餘. 紂王의 숙부로 주왕이 荒淫無道하자 화를 면하기 위해 미친 체했다.
【陽(양, yáng)】: 佯. 속이다. 거짓으로 …체하다.
【接輿(접여, jiē yú)】: [인명] 춘추시대 楚나라의 隱者.
【恐(공, kǒng)】: 겁내다. 두려워하다.
【遭(조, zāo)】: 만나다. 당하다.
【患(환, huàn)】: 재앙. 환난.

13 願大王察玉人、李斯之意, 而後楚王、胡亥之聽, 勿使臣爲箕子、接輿所笑。→ 원컨대 대왕께서는 옥인과 이사의 뜻을 살피시고, 초왕과 호해처럼 참언을 듣지 마시어, 제가 기자나 접여에게 비웃음을 당하지 않도록 해주시기 바랍니다.
【勿使(물사, wù shǐ)】: …로 하여금 …하지 않도록 하다.
【爲(위, wéi)…所(소, suǒ)…】: [피동형] …에게 …되다. …에게 …당하다.

今知之。¹⁴ 願大王孰察, 少加憐焉!¹⁵ 「語曰:「有白頭如新, 傾蓋如故。」
何則? 知與不知也。¹⁶ 故樊於期逃秦之燕, 藉荊軻首以奉丹事; 王奢
去齊之魏, 臨城自剄以卻齊而存魏。¹⁷ 夫王奢、樊於期非新於齊、秦

【笑(소, xiào)】: 비웃다.

14 臣聞比干剖心, 子胥鴟夷, 臣始不信, 迺今知之。→ 제가 듣건대 比干은 심장이 파헤쳐졌
고, 伍子胥는 가죽 자루에 담겨 강물에 던져졌다고 하는데, 제가 처음에는 믿지 않다가,
마침내 지금 그것을 알게 되었습니다.
【比干(비간, bǐ gān)】: [인명] 殷나라 紂王의 숙부로, 이름은 干. 比지방에 봉해졌으므로
「比干」이라 했다. 주왕의 음란함을 3일 동안 물러나지 않고 諫했다가 주왕이 크게 노
하여 「나는 성인의 심장에 일곱 개의 구멍이 있다고 들었다.」라고 하며, 비간을 죽여
그의 심장을 꺼내 살펴보았다.
【剖心(부심, pōu xīn)】: 심장을 가르다. 〖剖〗: 가르다. 쪼개다.
【子胥(자서, zǐ xū)】: [인명] 伍子胥. 성은 伍, 이름은 員(운, yún), 자는 子胥. 吳나라가 申
지방에 봉하여 申胥라 했다. 楚의 대부 伍奢의 아들로, 그의 아버지와 형이 모두 楚平
王에게 살해되자 吳로 탈출하여 闔閭를 도와 吳王에 오르게 한 후, 楚나라를 정벌하여
父兄의 원한을 갚았다. 그 후 吳越 전쟁에서 越을 멸할 것을 주장하다가 吳王 夫差의
미움을 사서 부차의 명에 따라 자살했는데, 시체를 가죽 자루에 넣어 강물에 띄워버렸
다.
【鴟夷(치이, chī yí)】: 가죽 자루.
【迺(내, nǎi)】: 마침내. 드디어.

15 願大王孰察, 少加憐焉! → 원컨대 대왕께서 깊이 살피시어, 조금이나마 불쌍히 여겨주
시기 바랍니다.
【少加(소가, shǎo jiā)】: 좀 더 …하다.
【憐(련, lián)】: 불쌍히 여기다.
【焉(언, yān)】: [어조사]

16 語曰:『有白頭如新, 傾蓋如故。』何則? 知與不知也。→ 속담에 이르길 :『머리가 하얗
게 되도록 함께 지냈더라도 마치 처음 사귀는 듯한 사람이 있고, 길에서 오다가 만났더
라도 마치 오래 사귄 듯한 사람이 있다.』라고 했습니다. 왜 그렇겠습니까? 이것은 서로
(마음을) 아느냐 알지 못하느냐에 달려있기 때문입니다.
【白頭(백두, bái tóu)】: 백발. 흰머리. 여기서는「백발이 되도록 함께 지낸 것」을 가리킨다.
【如新(여신, rú xīn)】: 마치 새로 사귄 듯하다.
【傾蓋(경개, qīng gài)】: 수레의 덮개를 찌그러뜨리다. 이는 두 대의 수레가 길에서 서로
바짝 붙어가다가 덮개가 찌그러진 경우를 가리키는 것으로, 즉「길에서 오다가 만난
경우」를 의미한다. 〖蓋〗: 수레의 덮개. 마치 우산 모양으로 되어있다.
【如故(여고, rú gù)】: 마치 오래 사귄 듯하다.

17 故樊於期逃秦之燕, 藉荊軻首以奉丹事; 王奢去齊之魏, 臨城自剄以卻齊而存魏。→ 그래

而故於燕、魏也, 所以去二國死兩君者, 行合於志, 慕義無窮也。¹⁸
是以蘇秦不信於天下, 爲燕尾生; 白圭戰亡六城, 爲魏取中山。¹⁹ 何

서 樊於期는 秦나라를 도망쳐 燕나라에 와서, 자기의 머리를 荊軻에게 주어 태자 丹의 거사를 도왔고; 王奢는 齊나라를 떠나 魏나라로 간 후, 성에 올라 스스로 목을 베어 齊나라 군사를 퇴각시키고 魏나라를 보존했습니다.

【樊於期(번오기, fán wū qí)】: [인명] 원래 秦의 장수였으나 참소를 당해 燕으로 도망했다. 진시황은 그의 머리에 큰 현상금을 내걸고, 그의 모든 가족을 죽였다. 燕 태자 丹이 진시황을 시해하기 위해 형가를 보내면서 진시황 앞에 내놓을 마땅한 예물이 없어 고민하고 있을 때, 번오기가 이 말을 전해 듣고 스스로 목숨을 끊어 형가로 하여금 자기의 머리를 진왕에게 바치도록 했다.

※「於」는 인명이나 지명으로 쓰일 경우「오」로 발음한다.

【之(지, zhī)】: 至. 가다. 이르다.

【藉(자, jiè)】: 借. 빌리다. 빌려주다. 여기서는「주다」의 뜻.

【奉(봉, fèng)】: 助. 돕다.

【丹事(단사, dān shì)】: 燕태자 丹이 진시황을 시해하려던 일.

【王奢(왕사, wáng shē)】: [인명] 齊나라의 신하.

※ 왕사가 魏로 망명하자 제나라는 이를 구실로 위나라 정벌에 나섰다. 이에 왕사가 성에 올라 제나라 장수에게「그대가 이곳에 온 것은 나 때문이오. 내가 구차하게 살아남아 위나라에 누를 끼칠 수 없소.」라 하고 스스로 목숨을 끊었다.

【去(거, qù)】: 떠나다.

【臨城(임성, lín chéng)】: 성에 오르다.

【自剄(자경, zì jǐng)】: 자살하다. 자결하다.

【卻(각, què)】: 퇴각시키다.

18 夫王奢、樊於期非新於齊、秦而故於燕、魏也, 所以去二國死兩君者, 行合於志, 慕義無窮也。→ 왕사·번오기가 제나라와 진나라에 대해 교분이 얕거나, 燕·魏 두 나라와 교분이 두터운 것이 아니고, 그들이 (제와 진) 두 나라를 떠나 (연·위) 두 나라 군주를 위해 목숨을 바친 까닭은, 그러한 행위가 자신들의 뜻에 부합하고, 義를 한없이 흠모했기 때문이었습니다.

【新(신, xīn)】: 새롭다. 여기서는「교분이 얕다」의 뜻.

【故(고, gù)】: 오래되다. 여기서는「교분이 두텁다」의 뜻.

【所以(소이, suǒ yǐ)…】: …한 까닭.

【死(사, sǐ)】: 목숨을 바치다.

【慕義(모의, mù yì)】: 義를 흠모하다.

19 是以蘇秦不信於天下, 爲燕尾生; 白圭戰亡六城, 爲魏取中山。→ 그래서 蘇秦은 천하에서 신임을 받지 못했지만, 燕나라가 가장 신임하는 사람이 되었으며; 白圭는 전쟁에서 여섯 성을 빼앗겼지만, (위나라로 도망친 후) 위나라를 위해 中山을 빼앗았습니다.

【是以(시이, shì yǐ)】: 그래서. 그러므로.

則? 誠有以相知也。²⁰ 蘇秦相燕, 人惡之燕王, 燕王按劍而怒, 食以駃騠; 白圭顯於中山, 人惡之於魏文侯, 文侯賜以夜光之璧。²¹ 何則? 兩主二臣剖心析肝相信, 豈移於浮辭哉!²² 故女無美惡, 入宮見妒;

【蘇秦(소진, sū qín)】: [인명] 전국시대의 종횡가.
　※ 일찍이 山東 諸國의 縱約長이 되어 秦과 대항했다. 후에 秦의 連橫策에 의해 合從이 와해되자, 여러 제후들이 그를 신임하지 않았으나, 燕昭王만큼은 시종 그를 신임하여 그로 하여금 齊나라에 들어가 이간 활동을 하도록 했다.
【尾生(미생, wěi shēng)】: [인명] 전설에 의하면, 미생이 한 여자와 다리 밑에서 만나기로 약속하고 기다리던 중, 여자는 오지 않고 때마침 큰 비가 내려 물이 불어났으나, 떠나지 않고 기다리다가 마침내 다리의 기둥을 껴안고 익사했다. 여기서는 「신용을 잘 지켜 신임받는 사람」을 가리킨다.
【白圭(백규, bái guī)】: [인명] 전국시대 中山의 대장.
　※ 임금은 그가 여섯 성을 빼앗겼다는 이유로 그를 죽이려 하자, 백규는 魏로 도망쳐 위 문후의 두터운 예우를 받아 위를 도와 중산을 정복하였다.
【戰亡(전망, zhàn wáng)】: 전쟁에서 잃다. 빼앗기다.

20　何則? 誠有以相知也。→ 왜 그렇겠습니까? 그들은 실로 서로를 잘 알기 때문입니다.
【誠(성, chéng)】: 실로.
【以(이, yǐ)】: 因. …로 인해. …때문에.

21　蘇秦相燕, 人惡之燕王, 燕王按劍而怒, 食以駃騠; 白圭顯於中山, 人惡之於魏文侯, 文侯賜以夜光之璧。→ 蘇秦이 燕나라 재상으로 있을 때, 어떤 사람이 燕王 앞에서 그를 헐뜯자, 연왕이 칼을 어루만지며 화를 내고, 오히려 자기의 준마를 잡아 (소진에게) 접대하였으며; 白圭가 中山을 정벌하고 높은 지위에 올랐을 때, 어떤 사람이 魏文侯 앞에서 백규를 비방하자, 위문후는 오히려 백규에게 夜光璧을 주었습니다.
【相(상, xiàng)】: 재상을 지내다.
【惡之(악지, è zhī)】: 그를 헐뜯다. 〖惡〗: 惡言하다. 헐뜯다. 좋지 않게 말하다. 〖之〗: [대명사] 그, 즉 「소진」.
【按劍(안검, àn jiàn)】: 칼을 어루만지다.
【食(사, sì)】: 먹이다. 여기서는 「접대하다, 베풀다」의 뜻.
【駃騠(결제, jué tí)】: 좋은 말. 준마.
【顯(현, xiǎn)】: 지위가 높다. 영달하다.
【賜(사, cì)】: 주다. 하사하다.
【夜光之璧(야광지벽, yè guāng zhī bì)】: 夜光璧. 밤에 빛나는 귀한 옥.

22　何則? 兩主二臣剖心析肝相信, 豈移於浮辭哉! → 왜 그렇겠습니까? 두 임금과 두 신하가 심장을 쪼개고 간을 갈라 속을 다 드러내 보일 만큼 서로 믿고 있는데, 어찌 근거 없는 말에 동요하겠습니까?
【剖心析肝(부심석간, pōu xīn xī gān)】: 심장을 쪼개고 간을 가르다. 즉 「속을 다 드러내

권6 한문漢文 *547*

士無賢不肖, 入朝見嫉。²³ 昔司馬喜臏腳於宋, 卒相中山; 范雎拉脅折齒於魏, 卒爲應侯。²⁴ 此二人者, 皆信必然之畫, 捐朋黨之私, 挾孤獨之交, 故不能自免於嫉妒之人也。²⁵ 是以申徒狄蹈雍之河, 徐衍負

보일 만큼 지극히 믿음이 두텁다」의 뜻.
【移(이, yí)】: 움직이다. 동요하다.
【浮辭(부사, fú cí)】: 허튼소리. 근거 없는 말.

23 故女無美惡, 入宮見妒; 士無賢不肖, 入朝見嫉。→ 그래서 여자는 예쁘든 밉든 상관없이 입궁하면 시샘을 받고, 선비는 현명하든 현명하지 못하든 관계없이, 입조하면 시기를 받습니다.
【無(무, wú)】: 무관하다. 상관없다.
【美惡(미악, měi è)】: 아름다움과 추함. 〖惡〗: 추하다. 밉다.
【見妒(견투, jiàn dù)】: 질투를 받다. 시샘을 받다. ※見+동사=피동형.
【見嫉(견질, jiàn jí)】: 시기를 받다. ※見+동사=피동형.

24 昔司馬喜臏腳於宋, 卒相中山; 范雎拉脅折齒於魏, 卒爲應侯。→ 예전에 司馬喜는 宋나라에서 다리를 잘리는 형벌을 받았지만, 마침내 中山에서 재상을 지냈고; 范雎는 魏나라에서 늑골이 부러지고 이가 뽑히는 형벌을 받았지만, 마침내 應侯에 봉해졌습니다.
【司馬喜(사마희, sī mǎ xǐ)】: [인명] 戰國시대 사람. 宋나라에서 무릎뼈를 도려내는 형벌을 받았으나, 후에 中山에서 세 차례나 재상을 지냈다.
【臏腳(빈각, bìn jué)】: 옛날 무릎뼈를 도려내는 형벌.
【卒(졸, zú)】: 마침내.
【相(상, xiàng)】: [동사] 재상을 지내다.
【范雎(범저, fàn jū)】: [인명] 전국시대 魏나라 사람. 魏나라의 재상 魏齊는 범저가 魏의 기밀을 齊에 누설했다고 의심하여 지독한 형벌로서 그를 고문하여 늑골이 부러지고 이가 빠졌다. 범저는 秦나라로 달아나 秦 昭襄王에게 遠交近攻정책을 진언하여 재상이 된 후 應侯로 봉해졌다.
【拉(랍, là)】: 부러지다.
【脅(협, xié)】: 늑골. 갈비뼈.
【折(절, zhé)】: 부러지다.

25 此二人者, 皆信必然之畫, 捐朋黨之私, 挾孤獨之交, 故不能自免於嫉妒之人也。→ 이 두 사람은, 모두 계획이 반드시 실현될 수 있다고 믿어, 여러 사람들과 사사로운 정을 버리고, 오직 소수의 교분만 유지하고 있었기 때문에, 그래서 그들 스스로 시기하는 사람들로부터 벗어날 수가 없었습니다.
【必然之畫(필연지획, bì rán zhī huà)】: 필연적인 계획. 반드시 실현될 수 있는 계획.
【捐(연, juān)】: 버리다. 포기하다.
【朋黨之私(붕당지사, péng dǎng zhī sī)】: 여러 사람들과의 교분.
【挾(협, xié)】: 가지다. 지니다. 여기서는「유지하다」의 뜻.

石入海.²⁶ 不容於世, 義不苟取比周於朝, 以移主上之心.²⁷ 故百里奚
乞食於道路, 繆公委之以政; 甯戚飯牛車下, 桓公任之以國.²⁸ 此二

【孤獨之交(고독지교, gū dú zhī jiāo)】: 적은 사람들과의 왕래. 少數의 교분.
【自免(자면, zì miǎn)】: 스스로 벗어나다. 스스로 피하다.
【嫉妬(질투, jí dù)】: 질투하다. 시기하다.

26 是以申徒狄蹈雍之河, 徐衍負石入海。→ 그래서 申徒狄은 雍州의 강물에 뛰어들어 자결했고, 徐衍은 돌을 짊어지고 바다에 뛰어들어 죽었습니다.
【是以(시이, shì yǐ)】: 그래서. 그러므로.
【申徒狄(신도적, shēn tú dí)】: [인명] 殷나라 말기 사람. 전설에 의하면, 왕에게 간언하여 듣지 않자 강물에 뛰어들어 자살했다.
【蹈(도, dǎo)】: 밟다. 여기서는「투신하다, 몸을 던지다」의 뜻.
【雍之河(옹지하, yōng zhī hé)】: 雍州의 강물.
【徐衍(서연, xú yǎn)】: [인명] 周나라 말기 사람. 어지러운 세상에 불만을 품고 바다에 투신하여 죽었다.
【負(부, fù)】: 짊어지다.

27 不容於世, 義不苟取比周於朝, 以移主上之心。→ (그들은) 세상에서 받아들여지지 않았지만, 정의를 견지하며 구차스럽게 조정에서 朋黨의 방법을 취해, 군주의 마음을 돌리려고 하지 않았습니다.
【不苟(불구, bù gǒu)】: 구차스럽게 …하지 않다.
【取(취, qǔ)】: 취하다. 채택하다.
【比周(비주, bǐ zhōu)】: 朋黨하다. 당파를 조성하다.
【移(이, yí)】: 바꾸다. 고치다. 돌리다.
【主上(주상, zhǔ shàng)】: 임금. 군주.

28 故百里奚乞食於道路, 繆公委之以政; 甯戚飯牛車下, 桓公任之以國。→ 그래서 百里亥는 길에서 걸식했지만, 秦穆公이 그에게 정사를 맡기고; 寧戚은 수레 밑에서 소를 먹였지만 齊桓公이 그에게 나라를 맡겼습니다.
【百里奚(백리해, bǎi lǐ hài)】: [인명] 춘추시대 虞나라 사람. 백리해는 秦穆公이 영명한 군주라는 소문을 듣고 투신하러 가던 도중 여비가 없어 길에서 걸식했다. 후에 무공은 그를 재상에 임명했다.
【繆公(목공, mù gōng)】: 秦穆公.
【委(위, wěi)】: 맡기다.
【之(지, zhī)】: [대명사] 그. 즉「백리해」.
【甯戚(영척, níng qī)】: [인명] 춘추시대 衛나라 사람. 齊桓公이 밤중에 쇠뿔을 두드리며 노래하는 영척을 보고, 그를 불러 이야기를 나누다가, 그가 현인이라는 것을 알고 대부로 임명했다.
【飯(반, fàn)】: [동사 용법] 먹이다.

권6 한문漢文 549

人者, 豈素宦於朝, 借譽於左右, 然後二主用之哉?²⁹ 感於心, 合於行, 堅如膠漆, 昆弟不能離, 豈惑於衆口哉?³⁰

「故偏聽生姦, 獨任成亂。³¹ 昔魯聽季孫之說逐孔子, 宋任子冉之計囚墨翟。³² 夫以孔、墨之辯, 不能自免於讒諛, 而二國以危。何

29 此二人者, 豈素宦於朝, 借譽於左右, 然後二主用之哉? → 이 두 사람이, 어찌 평소 조정에서 벼슬을 지내던 중, 주변 사람들의 칭찬에 의탁하고, 그런 다음에 두 임금께서 그들을 기용한 것이겠습니까?
  【豈(기, qǐ)】: 어찌.
  【素(소, sù)】: 평소.
  【宦(환, huàn)】: 관리를 지내다. 벼슬살이 하다.
  【借(차, jiè)】: 의탁하다. 기대다.
  【譽於左右(예어좌우, yù yú zuǒ yòu)】: 주변 사람들로부터 칭찬을 받다. 【譽】: 칭찬하다. 찬양하다. 【於】: [개사] …에게. …로부터.
  【用(용, yòng)】: 기용하다. 임용하다.

30 感於心, 合於行, 堅如膠漆, 昆弟不能離, 豈惑於衆口哉? → (그들은) 마음에서 느끼고, 행동이 합치하여, 아교처럼 견고해지고, 친형제처럼 되어 서로 떨어질 수 없는데, 어찌 여러 사람의 말에 현혹되겠습니까?
  【膠漆(교칠, jiāo qī)】: 아교.
  【昆弟(곤제, kūn dì)】: [상황어] 형제처럼 되다.
  【豈(기, qǐ)】: 어찌.
  【惑於(혹어, huò yú)…】: …에 현혹되다. 【於】: [개사] …에.
  【衆口(중구, zhòng kǒu)】: 여러 사람의 말.

31 故偏聽生姦, 獨任成亂。→ 「그래서 한쪽 말만 들으면 간사한 일이 발생하고, 한 사람만을 신임하면 변란이 일어납니다.
  【偏聽(편청, piān tīng)】: 한쪽 말만 듣다.
  【姦(간, jiān)】: 간사한 일.
  【獨任(독임, dú rèn)】: 한 사람만 신임하다.

32 昔魯聽季孫之說逐孔子, 宋任子冉之計囚墨翟。→ 예전에 魯나라는 季孫氏의 말을 들어 孔子를 축출했고, 宋나라는 子冉의 계책을 신뢰하여 墨子를 가두었습니다.
  【魯(노, lǔ)】: [국명] 지금의 산동성 滋陽縣 동남쪽에서 강소성 沛縣 및 안휘성 泗縣 일대에 있던 周代의 제후국. 姬氏 姓으로, 周公 旦의 아들 伯禽이 최초로 이곳에 봉해졌다.
  【季孫(계손, jì sūn)】: [인명] 季孫氏. 魯나라 대부 季桓子. 이름은 斯.
  【逐(축, zhú)】: 축출하다. 추방하다. 쫓아내다.
  【任(임, rèn)】: 신뢰하다. 신임하다.
  【子冉(자염, zǐ rǎn)】: [인명] 자염. 성은 樂, 이름은 喜. 송나라의 賢臣.

則?『衆口鑠金, 積毁銷骨。』也。³³ 秦用戎人由餘而伯中國, 齊用越人子臧而強威、宣。³⁴ 此二國豈係於俗, 牽於世, 繫奇偏之浮辭哉!³⁵ 公聽並觀, 垂明當世。³⁶ 故意合則胡、越爲兄弟, 由余、子臧是矣; 不合

【囚(수, qiú)】: 가두다. 구금하다.
【墨翟(묵적, mò dí)】: [인명] 墨子. 이름은 翟. 戰國 초기 魯나라 사람으로, 墨家 學派의 창시자.

33 夫以孔、墨之辯, 不能自免於讒諛, 而二國以危。何則?『衆口鑠金, 積毁銷骨。』也。→ 무릇 공자와 묵자의 구변으로써도, 스스로 참언을 피하지 못하고, 두 나라가 위험에 처했습니다. 왜 그렇겠습니까?『군중의 입은 쇠도 녹이고, 비난이 거듭 쌓이면 뼈도 녹아버린다.』라고 하는 이치입니다.
【夫(부, fú)】: [발어사] 대저. 무릇.
【讒諛(참유, chán yú)】: 참언. 비방.
【以(이, yǐ)】: 因. 이로 인해.
【衆口鑠金(중구삭금, zhòng kǒu shuò jīn), 積毁銷骨(적훼소골, jī huǐ xiāo gǔ)】: [성어]「여러 사람의 입은 쇠도 녹이고, 비방이 거듭 쌓이면 뼈도 녹아버린다.」즉「여론의 힘이 그만큼 대단하여, 비난이 거듭되면 사람이 파멸한다.」라는 뜻. ※ 이 말은《史記・張儀列傳》에 보인다.

34 秦用戎人由餘而伯中國, 齊用越人子臧而強威、宣。→ 秦나라는 서쪽 오랑캐 由餘를 기용하여 中原 각국을 제패했고, 齊나라는 越의 子臧을 기용하여 威王과 宣王을 강하게 만들었습니다.
【戎人(융인, róng rén)】: 西戎 사람. 서쪽 오랑캐.
【由餘(유여, yóu yú)】: [인명] 춘추시대 西戎의 관리. 서융이 유여를 秦에 보내 살펴보도록 했는데, 秦穆公이 그의 지모를 알고 그를 포섭하여, 오히려 진을 돕도록 함으로써 서융을 정복하였다.
【伯(패, bà)】: 霸. 제패하다.
【中國(중국, zhōng guó)】: 中原 각국.
【子臧(자장, zǐ zāng)】: [인명] ※ 생애 사적 미상.

35 此二國豈係於俗, 牽於世, 繫奇偏之浮辭哉!→ 이 두 나라 군주가 어찌 세속에 의해 견제를 받거나, 기이한 헛소문에 얽매였습니까?
【二國(이국, èr guó)】: 두 나라. 여기서는「두 나라의 군주」를 가리킨다.
【係(계, xì)】: 연관되다.
【牽(견, qiān)】: 견제 받다.
【繫(계, xì)】: 얽매이다.
【奇偏(기편, qí piān)】: 기이한. 기괴한.
【浮辭(부사, fú cí)】: 뜬소문. 헛소문.

36 公聽並觀, 垂明當世。→ 그들은 공정하게 듣고 자세히 살펴, 당시 세상에 밝은 정치를

則骨肉爲讎敵, 朱、象、管、蔡是矣。³⁷ 今人主誠能用齊、秦之明, 後宋、魯之聽, 則五伯不足侔, 而三王易爲也。³⁸ 是以聖王覺寤, 捐子之之心, 而不說田常之賢, 封比干之後, 修孕婦之墓, 故功業覆於天

드리웠습니다.
【公聽(공청, gōng tīng)】: 공정하게 듣다.
【並觀(병관, bìng guān)】: 다방면으로 자세히 살피다.
【垂(수, chuí)】: 드리우다.
【明(명, míng)】: 밝은 정치.
【當世(당세, dāng shì)】: 당시 세상.

37 故意合則胡、越爲兄弟, 由余、子臧是矣; 不合則骨肉爲讎敵, 朱、象、管、蔡是矣。→ 그래서 뜻이 맞으면 吳나라와 越나라도 형제가 될 수 있으니, 由余와 子臧이 그런 경우요; 뜻이 맞지 않으면 골육지간이라도 원수가 될 수 있으니, 丹朱・象・管叔・蔡叔 사이가 그런 경우입니다.
【胡(호, hú)、越(월, yuè)】: 吳나라와 越나라. 〖胡〗:「吳」를 가리킨다. ※ 판본에 따라서는 「胡」를 「吳」라 했다.
【讎敵(수적, chóu dí)】: 원수. 적.
【朱(주, zhū)】: [인명] 丹朱. 堯임금의 아들. 요는 아들 단주가 현명하지 못하기 때문에 帝位를 舜에게 물려주었다.
【象(상, xiàng)】: [인명] 舜임금 계모 소생의 아우. 象은 아버지와 공모하여 舜을 죽이려 했다.
【管(관, guǎn)、蔡(채, cài)】: 管叔과 蔡叔. 두 사람 모두 周公의 아우이다. 본래 紂王의 아들 武庚을 감시하기 위해 殷의 故土에 봉했는데, 武王이 죽고 成王이 즉위했으나, 성왕의 나이가 어려 周公이 섭정했다. 그러나 管・蔡가 무경과 함께 반란을 책동하자, 주공은 무경과 관숙을 죽이고, 채숙을 유배시켰다.

38 今人主誠能用齊、秦之明, 後宋、魯之聽, 則五伯不足侔, 而三王易爲也。→ 지금 주상께서 성실하게 齊王이나 秦王의 밝은 지혜를 채택하시고, 宋나라・魯나라와 같은 편견을 뒤로하신다면, 五霸는 비할 바가 아니고, 三王처럼 되기도 용이할 것입니다.
【誠(성, chéng)】: 성실하게. 진실로.
【明(명, míng)】: 밝은 지혜.
【後(후, hòu)】: 뒤로하다.
【聽(청, tīng)】: 한쪽만을 듣는 행위. 편견.
【五伯(오패, wǔ bà)】: 五霸. 춘추시대에 제후의 맹주로, 패업을 이룩한 다섯 사람. 즉 「齊桓公・晉文公・秦穆公・宋襄公・楚莊王」. ※ 일설에는 「齊桓公・晉文公・楚莊王・吳闔閭[또는 吳夫差]・越句踐」이라고도 한다.
【不足侔(부족모, bù zú móu)】: 비교가 되지 못하다.
【易爲(이위, yì wéi)】: 하기에 용이하다. 쉽게 하다.

下。³⁹ 何則? 欲善亡厭也。⁴⁰ 夫晉文親其讎, 彊伯諸侯; 齊桓用其仇, 而一匡天下。⁴¹ 何則? 慈仁殷勤, 誠加於心, 不可以虛辭借也。⁴²

「至夫秦用商鞅之法, 東弱韓、魏, 立彊天下, 卒車裂之; 越用

---

39 是以聖王覺寤, 捐子之之心, 而不說田常之賢, 封比干之後, 修孕婦之墓, 故功業覆於天下。
→ 이로 인해 聖君은 깊이 깨달아, 子之와 같은 충심을 멀리하고, 田常과 같은 재능을 좋아하지 않았으며, 比干의 후손을 봉하고, 임산부의 무덤을 보수해 주었습니다. 그래서 공훈과 업적이 천하를 덮었습니다.
【是以(시이, shì yǐ)】: 이로 인해. 그래서.
【聖王(성왕, shèng wáng)】: 聖君.
【覺寤(각오, jué wù)】: 깊이 깨닫다.
【捐(연, juān)】: 버리다. 포기하다. 여기서는「멀리하다」의 뜻.
【子之(자지, zǐ zhī)】: [인명] 전국시대 燕王 噲의 재상. 그는 噲를 속여 신임을 얻게 되자, 噲가 그에게 나라를 물려주었는데 나라가 크게 어지러웠다.
【田常(전상, tián cháng)】: [인명] 陳恒. 춘추시대 齊簡公의 신하. 제간공은 그의 재능을 좋아하여 신임했으나, 그는 오히려 簡公을 죽이고 정권을 탈취하였다.
【修孕婦之墓(수잉부지묘, xiū yùn fù zhī mù)】: 임산부의 무덤을 보수해 주다. ※ 전설에 의하면, 殷의 紂王이 임신한 여자의 배를 갈라 태아를 보았다고 했는데, 武王이 殷을 멸하고 나서 죽은 임산부의 무덤을 보수해 주었다고 한다.
【覆(복, fù)】: 덮다.

40 何則? 欲善亡厭也。→ 왜 그렇겠습니까? 선행을 하고자 하지만 항상 만족하지 않았기 때문입니다.
【欲(욕, yù)】: …하고자 하다. …하기를 바라다.
【亡厭(무염, wú yàn)】: 만족하지 못하다.〖亡〗: 無. ※판본에 따라서는「亡」를「無」라 했다.

41 夫晉文親其讎, 彊伯諸侯; 齊桓用其仇, 而一匡天下。→ 대저 晉文公은 자기의 원수를 가까이하고도, 제후들 가운데 강력한 패자가 되었고, 齊桓公은 지난날의 원수를 기용하고도, 천하를 제패하였습니다.
【夫(부, fú)】: [발어사] 무릇. 대저.
【晉文(진문, jìn wén)】: 晉文公.
【彊伯(강패, qiáng bà)】: 강력한 패자가 되다.〖彊〗: 強. 강하다.

42 何則? 慈仁殷勤, 誠加於心, 不可以虛辭借也。→ 왜 그렇겠습니까? 인자하고 정성스러운 데다, 성의가 마음속에 더해지면, 헛된 거짓말로 대신할 수 없기 때문입니다.
【慈仁(자인, cí rén)】: 인자하다.
【殷勤(은근, yīn qín)】: 정성스럽다.
【虛辭(허사, xū cí)】: 헛된 거짓말.
【借(차, jiè)】: 대체하다. 대신하다.

大夫種之謀, 禽勁吳而伯中國, 遂誅其身.⁴³ 是以孫叔敖三去相而不悔, 於陵子仲辭三公爲人灌園.⁴⁴ 今人主誠能去驕傲之心, 懷可報之意, 披心腹, 見情素, 墮肝膽, 施德厚, 終與之窮達, 無愛於士, 則

43 「至夫秦用商鞅之法, 東弱韓·魏, 立彊天下, 卒車裂之; 越用大夫種之謀, 禽勁吳而伯中國, 遂誅其身。→ 「秦나라로 말하면 商鞅의 법을 채용하여, 동쪽으로 韓나라와 魏나라를 약화시키고, 천하의 강국을 건설했지만, 결국 상앙을 車裂이란 형벌로 처단했으며; 越나라는 대부 文種의 계책을 채택하여, 강대한 吳나라를 제압하고 천하를 제패했지만, 결국 그를 죽였습니다.

【至夫(지부, zhì fú)】: 至於. …로 말하면.
【用(용, yòng)】: 채택하다. 채용하다.
【商鞅(상앙, shāng yāng)】: [인명] 전국시대 중기 法家의 대표적 인물. 일찍이 진효공을 도와 개혁을 단행하여 진을 부강하게 만들었으나, 효종이 죽고 나서 종실의 귀족들은 상앙을 죽였다.
【弱(약, ruò)】: 약화시키다.
【車裂(거열, jū liè)】: 수레로 양쪽에서 사람의 몸을 당겨 찢어 죽이는 가혹한 형벌.
【種(종, zhōng)】: [인명] 文種. 춘추시대 越王 勾踐의 대신. 일찍이 구천을 도와 吳를 멸하는 데 공을 세웠으나 후에 역모죄를 뒤집어쓰고 자살했다.
【禽(금, qín)】: 檎. 사로잡다. 여기서는「제압하다, 물리치다」의 뜻.
【勁(경, jìng)】: 굳세다. 강하다.
【伯(패, bà)】: 霸. 제패하다.
【中國(중국, zhōng guó)】: 전국. 천하.
【誅(주, zhū)】: 베다. 죽이다.

44 是以孫叔敖三去相而不悔, 於陵子仲辭三公爲人灌園。→ 그래서 孫叔敖는 세 번이나 재상 자리를 그만두면서도 후회하지 않았고, 於陵 사람 子仲은 三公의 벼슬을 사양하고 남의 집 채소밭에 물주는 일을 하며 살았습니다.

【是以(시이, shì yǐ)】: 그래서. 이로 인해.
【孫叔敖(손숙오, sūn shū áo)】: [인명] 楚나라 사람. 楚莊王 때 재상에 세 번을 올랐어도 기뻐하지 않았고, 재상에서 세 번을 면직되었어도 후회하지 않았다.
【去(거, qù)】: 해고되다. 면직되다.
【於陵(오릉, wū líng)】: [지명] 전국시대 齊나라 땅, 지금의 산동성 長山.
※「於」는 지명일 경우「오」로 읽는다.
【子仲(자중, zǐ zhòng)】: [인명] 陳仲子. 전설에 의하면, 楚王이 그를 재상에 임명하고 영접하러 사람을 보내자, 처와 함께 도망하여 남의 집 채소밭에 물주는 일을 하며 살았다.
【辭(사, cí)】: 사양하다.
【三公(삼공, sān gōng)】: 周代에는「司馬·司徒·司空」을 가리키고, 西漢 시대에는「丞相·太尉·禦史大夫」를 가리켰다.
【灌(관, guàn)】: 물을 주다.

桀之犬可使吠堯, 跖之客可使刺由。⁴⁵ 何況因萬乘之權, 假聖王之資乎! 然則荊軻湛七族, 要離燔妻子, 豈足爲大王道哉!⁴⁶

---

45 今人主誠能去驕傲之心, 懷可報之意, 披心腹, 見情素, 墮肝膽, 施德厚, 終與之窮達, 無愛於士, 則桀之犬可使吠堯, 跖之客可使刺由。 → 지금 임금께서 진실로 교만한 마음을 버리시고, 보답할 수 있는 마음가짐으로, 가슴을 열어, 진심을 드러내 보이시며, 서로 속마음을 터서 대하고, 덕을 후하게 베풀고, 끝까지 고락을 함께 하며, 선비들에게 인색하지 않으신다면, 桀王의 개로 하여금 堯임금을 향해 짖게 할 수도 있고, 盜跖의 문객으로 하여금 許由를 죽이게 할 수도 있습니다.

【誠(성, chéng)】: 진실로.
【去(거, qù)】: 버리다. 제거하다.
【懷(회, huái)】: 품다. 지니다.
【可報之意(가보지의, kě bào zhī yì)】: 보답할 수 있는 마음.
【披(피, pī)】: 열다.
【心腹(심복, xīn fù)】: 가슴속의 진실한 생각.
【見(현, xiàn)】: 드러내 보이다.
【情素(정소, qíng sù)】: 진심.
【墮肝膽(타간담, duò gān dǎn)】: 서로 속마음을 터놓고 대하다.
【終(종, zhōng)】: 끝까지 함께하다.
【窮達(궁달, qióng dá)】: 곤궁과 영달. 苦樂.
【無愛(무애, wú ài)】: 인색하지 않다.
【桀(걸, jié)】: 夏나라의 마지막 임금.
【可使(가사, kě shǐ)…】: …하게 할 수 있다.
【吠(폐, fèi)】: (개가) 짖다.
【堯(요, yáo)】: 요임금. 상고시대 唐의 군주.
【跖(척, zhí)】: [인명] 盜跖. 옛날의 大盜.
【刺(자, cì)】: 살해하다. 죽이다.
【由(유, yóu)】: [인명] 許由. 堯 임금 때의 선비. ※요임금이 그에게 천하를 물려주려 했으나, 거절하고 箕山으로 들어가 숨었다.

46 何況因萬乘之權, 假聖王之資乎! 然則荊軻湛七族, 要離燔妻子, 豈足爲大王道哉! → 하물며 군주의 권력에 의지하고, 聖王의 지위를 이용한다면 무슨 어려움이 있겠습니까? 그렇다면 荊軻가 七族을 몰살당하고, 要離가 처와 자식을 불태워 죽인 것이, 어찌 대왕께 말씀드릴 만한 가치가 있겠습니까?

【何況(하황, hé kuàng)】: 하물며.
【因(인, yīn)】: 의지하다. 의존하다.
【萬乘(만승, wàn shèng)】: 天子. 제왕. ※周의 제도에서 천자는 兵車 1만 대를 동원할 수 있고, 제후는 1천 대를 동원할 수 있어 유래된 말.
【假(가, jiǎ)】: 빌리다. 이용하다.

「臣聞明月之珠, 夜光之璧, 以闇投人於道, 衆莫不按劍相眄者。⁴⁷ 何則? 無因而至前也。⁴⁸ 蟠木根柢, 輪囷離奇, 而爲萬乘器者, 以左右先爲之容也。⁴⁹ 故無因而至前, 雖出隨珠、和璧, 秖怨結而不見德;

【資(자, zī)】: 지위. 역량.
【然則(연즉, rán zé)】: 그렇다면.
【湛(침, chén)】: 沉. 가라앉다. 잠기다. 여기서는「몰살당하다」의 뜻.
【七族(칠족, qī zú)】: 증조부에서 증손까지의 7대.
【要離(요리, yāo lí)】: [인명] 춘추시대 吳나라 사람. ※ 吳王 闔閭가 요리를 보내 公子 慶忌를 죽이려 했는데, 요리는 경기에게 접근하기 위해 거짓으로 죄를 지은 것처럼 꾸며, 합려로 하여금 자기 오른손을 자르고 처와 자식을 불태워 죽이도록 한 다음, 경기에게로 도주했다. 후에 요리는 경기를 죽이고 나서 자살했다.
【燔(번, fán)】: 타다. 불사르다. 여기서는「태워 죽이다」의 뜻.
【妻子(처자, qī zǐ)】: 처와 자식.
【爲(위, wèi)】: …에게.
【道(도, dào)】: 말하다.

47 「臣聞明月之珠, 夜光之璧, 以闇投人於道, 衆莫不按劍相眄者。→「저는 明月珠와 夜光璧을, 깜깜한 밤중에 길에서 행인에게 던지면, 모두가 칼을 잡고 노려보지 않는 자가 없다고 들었습니다.
【以(이, yǐ)】: [시간·장소 표시] 於. …에.
【闇(암, àn)】: 어둠 속. 밤중.
【衆(중, zhòng)】: 많은 사람. 여기서는「모두」의 뜻.
【莫不(막불, mò bù)】: …하지 않음이 없다. 모두 …하다.
【按劍(안검, àn jiàn)】: 칼을 잡다.
【相眄(상면, xiāng miǎn)】: 노려보다. 흘겨보다.

48 何則? 無因而至前也。→ 왜 그렇겠습니까? 아무런 이유도 없이 불쑥 앞에 닥쳤기 때문입니다.
【因(인, yīn)】: 이유. 까닭.
【至前(지전, zhì qián)】: 앞에 닥치다.

49 蟠木根柢, 輪囷離奇, 而爲萬乘器者, 以左右先爲之容也。→ 蟠木의 뿌리가, 구부러지고 기이하게 생겼지만, 천자의 器物이 될 수 있는 것은, 주변 사람이 먼저 그것을 위해 가공을 했기 때문입니다.
【蟠木(반목, pán mù)】: 구불구불한 나무. 〖蟠〗: 구불구불하다.
【根柢(근저, gēn dǐ)】: 뿌리.
【輪囷(윤균, lún qūn)】: 구부러지다.
【離奇(이기, lí qí)】: 기이하다.
【以(이, yǐ)】: 因. 왜냐하면 … 때문이다.

有人先游, 則枯木朽株樹功而不忘。⁵⁰ 今夫天下布衣窮居之士, 身在貧羸, 雖蒙堯、舜之術, 挾伊、管之辯, 懷龍逢、比干之意, 而素無根柢之容, 雖竭精神, 欲開忠於當世之君, 則人主必襲按劍相眄之迹矣。⁵¹ 是使布衣之士, 不得爲枯木朽株之資也。⁵²

【容(용, róng)】: 가공하다. 꾸미다.

50 故無因而至前, 雖出隨珠、和璧, 秖怨結而不見德; 有人先游, 則枯木朽株樹功而不忘。→ 그래서 아무 까닭 없이 갑자기 앞에 닥치면, 비록 隨侯珠나 和氏璧을 내놓았다 해도, 단지 원한을 살 뿐 감동을 주지 못하고; (만일) 어떤 사람이 미리 宣揚한다면, 비록 마른 나무나 썩은 나무라 해도 공을 세워 오래도록 잊히지 않을 것입니다.
【隨珠(수주, suí zhū)】: 隨侯珠. 수후의 구슬. 〖隨〗: [국명]「隋」라고도 한다. 춘추시대 나라 이름.
※ 隨侯가 상처 입은 뱀을 구해주자, 뱀이 그 보답으로 천하에 뛰어난 구슬을 물어다 주었다.
【和璧(화벽, hé bì)】: 和氏璧. 卞和가 바친 벽옥. 본문 주 11【玉人】참조.
【秖(지, zhī)】: 단지. 오직.
【怨結(원결, yuàn jié)】: 원한을 맺다. 원한을 사다.
【不見德(불견덕, bù jiàn dé)】: 감동을 주지 못하다.
【游(유, yóu)】: 遊. 遊說하다. 宣揚하다. 널리 알리다.
【樹功(수공, shù gōng)】: 공을 세우다.

51 今夫天下布衣窮居之士, 身在貧羸, 雖蒙堯、舜之術, 挾伊、管之辯, 懷龍逢、比干之意, 而素無根柢之容, 雖竭精神, 欲開忠於當世之君, 則人主必襲按劍相眄之迹矣。→ 지금 천하의 평범하고 가난하게 사는 선비들은, 어려운 환경에 처하여, 비록 堯・舜의 治國 방법을 배워 알고, 伊尹과 管仲의 말재간을 지니고, 龍逢과 比干의 뜻을 품고 있다 해도, 평소에 蟠木의 뿌리처럼 잘 가공되지 못했기 때문에, 비록 정력을 다해, 당시의 군주에게 충성하려고 하지만, 군주께서는 (이들을 끌어안지 못하시고) 반드시 칼을 잡고 노려보는 식의 구태의연한 방법을 그대로 답습하고 있습니다.
【夫(부, fú)】: [어조사] 무릇. 대저.
【布衣(포의, bù yī)】: 평민. 서민. 여기서는「평범하게」의 뜻.
【貧羸(빈리, pín léi)】: 어려운 환경.
【蒙(몽, méng)】: 받다. 여기서는「배우다」의 뜻.
【堯舜之術(요순지술, yáo shùn zhī shù)】: 요・순의 治國 방법.
【挾(협, xié)】: 갖다. 지니다.
【伊(이, yī)】: 伊尹. 殷의 재상으로 無道한 太甲을 桐宮으로 내쫓아 악행을 고치게 하고, 湯王을 보필하여 善政을 베풀었다.
【管(관, guǎn)】: 管仲. 춘추시대 齊의 재상으로, 성은 管, 자는 仲, 이름은 夷吾. 齊桓公

「是以聖王制世御俗, 獨化於陶鈞之上, 而不牽乎卑亂之語, 不奪乎眾多之口.⁵³ 故秦皇帝任中庶子蒙嘉之言以信荊軻, 而匕首竊發; 周文王獵涇、渭, 載呂尙歸, 以王天下.⁵⁴ 秦信左右而亡, 周用烏

을 보필하여 제환공으로 하여금 제후의 맹주가 되게 했다.
- 【辯(변, biàn)】: 구변. 말재간.
- 【龍逢(용봉, lóng péng)】: [인명] 關龍逢. 夏나라 桀王의 충신. 걸왕에게 충간했다가 살해당했다.
- 【素(소, sù)】: 평소. 보통 때.
- 【無根柢之容(무근저지용, wú gēn dǐ zhī róng)】: 蟠木의 뿌리처럼 잘 가공되지 못하다.
- 【竭(갈, jié)】: 다하다. ※판본에 따라서는 「竭」을 「極」이라 했다.
- 【欲(욕, yù)】: …하고자 하다.
- 【開忠(개충, kāi zhōng)】: 충심을 열다. 충성하다.
- 【襲(습, xí)】: 답습하다.
- 【按劍相眄(안검상면, àn jiàn xiāng miǎn)】: 칼을 잡고 노려보다.
- 【迹(적, jì)】: 행적. 자취. 여기서는 「구태의연한 방법」을 말한다.

52 是使布衣之士, 不得爲枯木朽株之資也. → 이는 평범한 선비들로 하여금, 마른 나무나 썩은 나무의 자질조차 될 수 없도록 하는 것입니다.
- 【是(시, shì)】: 此. 이. 이것.
- 【使(사, shǐ)】: …하여금 …하게 하다.
- 【不得(부득, bù dé)】: 不能. …할 수가 없다.
- 【資(자, zī)】: 자질.

53 「是以聖王制世御俗, 獨化於陶鈞之上, 而不牽乎卑亂之語, 不奪乎眾多之口. → 그래서 聖君께서 세상을 다스릴 때는, (도공이) 독자적으로 轆轤 위에서 도자기를 만들듯이, 비천한 뜬소문에 끌려다니지 않고, 많은 사람들의 유언비어에도 동요되지 않았습니다.
- 【是以(시이, shì yǐ)】: 그래서. 이로 인해.
- 【制世御俗(제세어속, zhì shì yù sú)】: 세상을 다스리다.
- 【陶鈞(도균, táo jūn)】: 轆轤(녹로). 도자기를 제조할 때 사용하는 회전 원반.
- 【牽乎(견호, qiān hū)】: [피동 용법] …에 끌려다니다. 【乎】: [개사] 於. …에.
- 【卑亂之語(비란지어, bēi luàn zhī yǔ)】: 비천한 뜬소문.
- 【奪乎(탈호, duó hū)…】: [피동 용법] …에 동요되다. 【奪】: 빼앗기다. 여기서는 「동요되다, 흔들리다」의 뜻. 【乎】: [개사] 於. …에.
- 【眾多之口(중대지구, zhòng duō zhī kǒu)】: 여러 사람의 말. 즉 「많은 사람들의 유언비어」.

54 故秦皇帝任中庶子蒙嘉之言以信荊軻, 而匕首竊發; 周文王獵涇、渭, 載呂尙歸, 以王天下. → 그래서 秦始皇은 中庶子 蒙嘉의 말을 듣고 荊軻를 믿었다가, 비수로 암살하려는 사건이 발생했고; 周文王은 涇水와 渭水에 사냥을 나갔다가, 呂尙을 태우고 돌아와, 천하를 다스리게 되었습니다.

558 고문관지古文觀止 역주 (2)

集而王。⁵⁵ 何則? 以其能越攣拘之語, 馳域外之議, 獨觀乎昭曠之道
也。⁵⁶ 今人主沈諂諛之辭, 牽帷廧之制, 使不羈之士與牛驥同皁, 此
鮑焦所以憤於世也。⁵⁷

【秦皇(진황, qín huáng)】: 秦始皇.
【中庶子(중서자, zhōng shù zǐ)】: [관직] 태자에 속한 관직.
【蒙嘉(몽가, méng jiā)】: [인명] 진시황의 총신.
  ※ 형가가 秦에 도착한 후 몽가에게 뇌물을 주어, 몽가의 안내로 진왕 앞에 나아갈 수
    있었다.
【匕首竊發(비수절발, bǐ shǒu qiè fā)】: 비수로 암살하려는 사건이 발생하다.
【獵(렵, liè)】: 사냥하다.
【涇(경, jīng)、渭(위, wèi)】: [강 이름] 경수와 위수. 지금의 섬서성에 있는 강.
【載(재, zài)】: 싣다. 태우다.
【呂尙(여상, lǚ shàng)】: [인명] 姜太公. 조상이 呂에 봉해졌기 때문에 呂尙이라 했다. 여
  상은 渭水에서 낚시를 하다가 周文王을 만났는데, 문왕이 그를 매우 중시했다. 후에
  武王을 도와 商을 멸하고, 周의 개국공신이 되었다.
【王(왕, wáng)】: [동사] 다스리다.

55 秦信左右而亡, 周用烏集而王。→ 진시황은 측근의 말을 믿어 나라가 망했고, 周文王은
  우연히 만난 呂尙을 기용하여 왕이 되었습니다.
【秦(진, qín)】: 여기서는「秦始皇」을 가리킨다.
【周(주, zhōu)】: 여기서는「周文王」을 가리킨다.
【烏集(오집, wū jí)】: 까마귀가 모이다. 우연히 알게 된 경우를 비유하는 말로, 여기서는
  「우연히 呂尙을 만나다」의 뜻.
【王(왕, wáng)】: [동사 용법] 왕이 되다.

56 何則? 以其能越攣拘之語, 馳域外之議, 獨觀乎昭曠之道也。→ 어째서 그렇겠습니까? 周
  文王은 주변의 견제하는 말로부터 벗어나, 조정 밖의 의론을 귀담아들으며, 독자적으
  로 밝고 넓은 도리를 관찰할 수 있었기 때문입니다.
【以(이, yǐ)】: 因. …로 인하여.
【越(월, yuè)】: 벗어나다.
【攣拘之語(연구지어, luán jū zhī yǔ)】: 견제하는 말.
【馳(치, chí)】: 달려가다. 쫓다. 여기서는「귀담아듣다」의 뜻.
【域外之議(역외지의, yù wài zhī yì)】: 조정 밖의 의론.
【昭曠之道(소광지도, zhāo kuàng zhī dào)】: 밝고 넓은 도리.

57 今人主沈諂諛之辭, 牽帷廧之制, 使不羈之士與牛驥同皁, 此鮑焦所以憤於世也。→ 지금
  주상께서는 아첨하는 말에 현혹되고, 妻妾이나 寵臣의 견제를 받아, 뛰어난 선비들로
  하여금 소·말과 함께 마구간에 머물게 하고 있습니다. 이것이 바로 鮑焦가 세상에 대
  해 분개했던 까닭입니다.

「臣聞盛飾入朝者, 不以私汙義; 底厲名號者, 不以利傷行。[58] 故里名勝母, 曾子不入; 邑號朝歌, 墨子回車。[59] 今欲使天下寥廓之士, 籠於威重之權, 脅於位勢之貴, 回面汙行, 以事諂諛之人, 而求親近

【諂諛之辭(첨유지사, chǎn yú zhī cí)】: 아첨하는 말.
【帷牆(유장, wéi qiáng)】: 장막과 담장. 여기서는「처첩·총신」을 가리킨다.
【不羈(불기, bù jī)】: 뛰어나다. 비범하다.
【與(여, yǔ)】: 더불어. 함께.
【牛驥(우기, niú jì)】: 소와 말.
【同皁(동조, tóng zào)】: 함께 마구간에 머물다. 【皁】: 마구간. 여기서는 동사 용법으로「마구간에 머물다」의 뜻.
【鮑焦(포초, bào jiāo)】: [인명] 춘추시대 齊나라 사람. 세상에 대해 분개하여, 벼슬을 거부하고, 차라리 빈곤한 생활을 감내하며 살다가 나무를 끌어안고 죽었다.
【所以(소이, suǒ yǐ)】: 까닭. 원인.
【憤(분, fèn)】: 분개하다.

[58]「臣聞盛飾入朝者, 不以私汙義; 底厲名號者, 不以利傷行。→「저는 단정한 옷차림으로 입조하는 사람은, 사사로운 일로 인해 義를 더럽히지 않고; 명예를 갈고 닦는 사람은, 이익으로 인해 품행을 손상하지 않는다고 들었습니다.
【盛飾(성식, shèng shì)】: 단정한 옷차림. 이는「국사에 충실함」을 가리킨다.
【以(이, yǐ)】: 因. …로 인해. … 때문에.
【汙(오, wū)】: 더럽히다.
【底厲(저려, dǐ lì)】: [동사] 砥礪. 갈다. 연마하다.
【名號(명호, míng hào)】: 명예. 명성.
【傷行(상행, shāng xíng)】: 품행을 손상하다.

[59] 故里名勝母, 曾子不入; 邑號朝歌, 墨子回車。→ 그래서 勝母라고 하는 마을에, 曾子는 들어가지 않았고; 朝歌라는 도읍에 이르자, 墨子는 수레를 돌렸습니다.
【里名勝母(리명승모, lǐ míng shèng mǔ)】: 승모라고 하는 마을. 【里名】: 이름을 …라고 하는 마을.
【曾子(증자, zēng zǐ)】: [인명] 曾參. 춘추시대 魯나라 사람으로, 효심이 지극하여「勝母」라는 마을의 이름이 효도와 부합하지 않는다 하여 그곳에 발을 들여놓지 않았다고 한다. ※勝母:「어머니를 능가하다, 어머니보다 낫다」라는 뜻을 지닌 마을 이름.
【邑號(읍호, yì hào)…】: …라고 부르는 도읍.
【朝歌(조가, zhāo gē)】: [지명] 商나라의 도읍. 지금의 하남성 淇縣.
【墨子(묵자, mò zǐ)】: [인명] 墨翟. 戰國시대 제자백가의 하나인 墨家의 시조. 묵자는 음악을 반대했기 때문에, 朝歌가 자기의 주장과 맞지 않는다 하여, 그곳에 이르자 그만 수레를 돌려 들어가지 않았다고 한다. 묵자가 음악을 반대한 내용은 《墨子·非樂》에 보인다.

於左右, 則士有伏死崛穴巖藪之中耳, 安有盡忠信而趨闕下者哉?」[60]

번역문

옥중에서 양왕(梁王)께 올리는 글

　추양(鄒陽)은 양효왕(梁孝王)의 수하(手下)에서 종사했다. 추양은 사람됨이 지모와 재략이 있고 성격이 강개하여 구차하게 영합하려 하지 않고 양

---

[60] 今欲使天下寥廓之士, 籠於威重之權, 脅於位勢之貴, 回面汙行, 以事諂諛之人, 而求親近於左右, 則士有伏死崛穴巖藪之中耳, 安有盡忠信而趨闕下者哉? → 지금 천하의 고상한 선비들로 하여금, 막강한 권력자에게 농락당하고, 지위와 세력이 있는 귀족들에게 협박을 당해, 태도를 바꾸고, 품행을 더럽혀가며, 아첨하는 사람들을 섬기고, 군주와 친근하도록 하려 한다면, 선비들은 오직 깊은 산속 동굴이나 구석진 곳에서 늙어 죽을 때까지 숨어 지낼 뿐, 어찌 충성과 신의를 다해 조정으로 향하는 자가 있겠습니까?
【寥廓(요확, liáo kuò)】: 도량이 크다. 고상하다. 포부가 원대하다.
【籠於(농어, lóng yú)…】: …에게 농락당하다. 【於】: [개사] …에게.
【威重之權(위중지권, wēi zhòng zhī quán)】: 막강한 권력자.
【脅於(협어, xié yú)…】: …에게 협박당하다. 【於】: [개사] …에게.
【位勢之貴(위세지귀, wèi shì zhī guì)】: 지위와 세력이 있는 귀족.
【回面(회면, huí miàn)】: 얼굴 표정을 바꾸다. 즉「태도를 바꾸다」의 뜻.
【汙行(오행, wū xíng)】: 품행을 더럽히다.
【諂諛(첨유, chǎn yú)】: 아첨하다. 아부하다.
【左右(좌우, zuǒ yòu)】: 군주의 측근. 실제로는「군주」를 가리킨다.
【伏死(복사, fú sǐ)】: 늙어 죽을 때까지 숨어서 살다.
【崛穴(굴혈, kū xué)】: 동굴. 【崛】: 窟.
【巖(암, yán)】: 바위. 여기서는「산속」을 가리킨다.
【藪(수, sǒu)】: 숲이 많은 구석진 곳. 늪지.
【耳(이, ěr)】: …뿐.
【安(안, ān)】: 어찌.
【趨(추, qū)】: 향하다. 향해 가다.
【闕下(궐하, guān xià)】: 궁궐 아래. 궁궐. 여기서는「朝廷」을 가리킨다.

승(羊勝)과 공손궤(公孫詭)의 중간에 위치해 있었다. 양승 등은 추양을 미워하여 효왕에게 그를 헐뜯었다. 효왕이 분노하여 추양을 옥리에게 넘겨 그를 죽이려 했다. 추양이 이에 옥중에서 (양효왕에게) 글을 올렸다 :

「저는『충성스러운 사람은 보답을 받지 않음이 없고, 성실한 사람은 의심을 받지 않는다.』라고 들어왔습니다. 저도 항상 그렇다고 여겨왔는데 (이는) 다만 헛말일 뿐입니다. 예전에 형가(荊軻)가 연(燕)나라 태자 단(丹)의 의리를 흠모하여 흰 무지개가 해를 꿰뚫은 현상이 나타났는데도, 태자 단은 (형가를 의심하여) 형가가 일을 행하지 않을까 두려워했고, 위(衛)선생이 진(秦)나라를 위해 '장평(長平)의 일'을 도모할 때 금성(金星)이 묘(昴)를 삼키는 현상이 출현했으나, 진소왕(秦昭王)은 그것을 의심하고 믿지 않았습니다. 대저 지극정성이 천지를 감동시켜 이변이 일어났는데도, 그러한 믿음이 두 임금을 깨우치지 못했으니 어찌 애통하지 않겠습니까?

지금 저는 충성을 다하여 의견을 다 말씀드리고 (대왕께서) 이해하여 주시기를 바랐으나 (대왕의) 측근들이 저의 뜻을 이해하지 못해 끝내 옥리로부터 심문을 받게 하여 (제가) 세상 사람들에게 의심을 받는 것입니다. 이러한 상황은 형가나 위선생으로 하여금 다시 살아나도록 한다 해도 연태자(燕太子)와 진왕(秦王)은 깨닫지 못할 것입니다. 대왕께서 (이를) 깊이 헤아려주시기 바랍니다. 옛날에 옥인(玉人)이 보옥(寶玉)을 바쳤지만 초왕(楚王)은 그의 다리를 잘랐고, 이사(李斯)가 충성을 다했지만 호해(胡亥)는 그를 극형에 처했습니다. 그래서 기자(箕子)는 거짓으로 미친 체했고, 접여(接輿)는 세상을 피해 은거했는데, 이러한 재앙을 받을까 두려워서였습니다. 원컨대, 대왕께서는 옥인과 이사의 뜻을 살피시고 초왕과 호해처럼 참언을 듣지 마시어, 제가 기자나 접여에게 비웃음을 당하지 않도록 해주시기 바랍니다. 제가 듣건대, 비간(比干)은 심장이 파헤쳐졌고, 오자서(伍子胥)는 가죽 자루에 담겨 강물에 던져졌다고 하는데, 제가 처음에는 믿지 않다가 마침내 지금 그것을 알게 되었습니다. 원컨대, 대왕께서 깊이 살피시어 조금이나마 불쌍히 여겨주시기 바랍니다. 속담에 이르길 :『머리가 하얗게 되도록 함께 지냈더라도 처음 사귀는 듯한 사람이 있고, 길에서 오가다 만났더라도 오래 사귄 듯한 사람이 있다.』라고 했습니다. 왜 그렇겠습니까? 이것은 서로 (마음을) 아느냐 알지 못하느냐에 달려있기 때문입니다. 그래서 번오기(樊於期)는 진(秦)나라를 도망쳐 연(燕)나라에 와서 자기의 머리를 형가(荊軻)에게 주어 태자 단(丹)의 거사를 도왔고, 왕사(王奢)는 제(齊)나라를 떠나 위(魏)나라로 간 후, 성에 올라 스스로 목을 베어 제나라 군사를 퇴각시키고 위나라를 보존했습니다. 왕사・번오기가 제(齊)나라와 진(秦)나라에 대해 교분이 얕거나, 연(燕)・위(魏) 두 나라와 교분이 두터운 것이 아니고, 그들이 (제와 진) 두 나라를 떠나 (연・위) 두 나라 군주를 위해 목숨을 바친 까닭은 그러한 행위가 자신들의 뜻에 부합하고 의를 한없이 흠모했기 때문이었습니다. 그래서 소진(蘇秦)은 천하에서 신임을 받지 못했지만 연(燕)나라가 가장 신임하는 사람이 되었으며, 백규(白圭)는 전쟁에서 여섯 성을 빼앗겼지만 (위나라로 도망친 후) 위나라를 위해 중산(中山)을 빼앗았습니다. 왜 그렇겠습니까? 그들은 실로 서로를 잘 알기 때문입니다. 소진이 연나라 재상으로 있을 때, 어떤 사람이 연왕(燕王) 앞에서 그를 헐뜯자, 연왕이 칼을 어루만지며 화를 내고 오히려 자기의 준마를 잡아 (소진에게) 접대하였으며, 백규가 중산을 정벌하고 높은 지위에 올랐을 때, 어떤 사람이 위문후(魏文侯) 앞에서 백규를 비방하자 위문후는 오히려 백규에게 야광벽(夜光璧)을 주었습니다. 왜 그렇겠습니까? 두 임금과 두 신하가 심장을 쪼개고 간을 갈라 속을 다 드러내 보일 만큼 서로 믿고 있는데, 어찌 근거 없는 말에 동요하겠습니까? 그래서 여자는 예쁘든 밉든 상관없이 입궁하면 시샘을 받고, 선비는 현명하든 현명하지 못하든 관계없이 입조하면 시기를 받습니다. 예전에 사마희(司馬喜)는 송(宋)나라에서 다리를 잘리는 형벌을 받았지만 마침내 중산(中山)에서 재상을 지냈고, 범저(范雎)는 위(魏)나라에서 늑골이 부러지고 이가 뽑히는 형벌을 받았지만 마침내 응후(應侯)로 봉해졌습니다. 이 두 사람은 모두 계획이 반드시 실현될 수 있다고 믿어, 여러 사람들과 사사로운 정을 버리고 오직 소수의 교분만 유지하고 있었기 때문에, 그래서 그들 스스로 시기하는 사람들로부터 벗어날 수가 없었습니다. 그래서 신도적(申徒狄)은 옹주(雍州)의 강물에 뛰어들어 자결했고, 서연(徐衍)은 돌을 짊어지고 바다에 뛰어들어 죽었습니다. (그들은) 세상에서 받아들여지지 않았지만, 정의를 견지하며 구차스럽게 조정에서 붕당(朋黨)의 방법을 취해 군주의 마음을 돌리려고 하지 않았습니다. 그래서 백리해(百里亥)는 길에서 걸식했지만 진목공(秦穆公)이 그에게 정사를 맡기고, 영척(寧戚)은 수레 밑에서 소를 먹였지만 제환공(齊桓公)이 그에게 나라를 맡겼습니다. 이 두 사람이 어찌 평소 조정에서 벼슬을 지내던 중, 주변 사람들의 칭찬에 의탁하고, 그런 다음에 두 임금께서 그들을 기용한 것이겠습니까? (그들은) 마음에서 느끼고 행동이 합치하여 아교처럼 견고해지고 친형제처럼 되어 서로 떨어질 수 없는데, 어찌 여러 사람의 말에 현혹되겠습니까?

「그래서 한쪽 말만 들으면 간사한 일이 발생하고, 한 사람만을 신임하면 변란이 일어납니다. 예전에 노(魯)나라는 계손씨(季孫氏)의 말을 들어 공자(孔子)를 축출했고, 송(宋)나라는 자염(子冉)의 계책을 신뢰하여 묵자(墨子)를 가두었습니다. 무릇 공자와 묵자의 구변으로써도 스스로 참언을 피하지 못하고, 두 나라가 위험에 처했습니다. 왜 그렇겠습니까? 『군중의 입은 쇠도 녹이고 비난이 거듭 쌓이면 뼈도 녹아버린다.』라고 하는 이치입니다.

진(秦)나라는 서쪽 오랑캐 유여(由餘)를 기용하여 중원(中原) 각국을 제패했고, 제(齊)나라는 월(越)의 자장(子臧)을 기용하여 위왕(威王)과 선왕(宣王)을 강하게 만들었습니다. 이 두 나라 군주가 어찌 세속에 의해 견제를 받거나 기이한 헛소문에 얽매였습니까? 그들은 공정하게 듣고 자세히 살펴 당시 세상에 밝은 정치를 드리웠습니다. 그래서 뜻이 맞으면 오(吳)나라와 월(越)나라도 형제가 될 수 있으니 유여와 자장이 그런 경우요, 뜻이 맞지 않으면 골육지간(骨肉之間)이라도 원수가 될 수 있으니, 단주(丹朱)·상(象)·관숙(管叔)·채숙(蔡叔) 사이가 그런 경우입니다. 지금 주상께서 성실하게 제왕(齊王)이나 진왕(秦王)의 밝은 지혜를 채택하시고, 송(宋)나라·노(魯)나라와 같은 편견을 뒤로하신다면, 오패(五覇)는 비할 바가 아니고 삼왕(三王)처럼 되기도 용이할 것입니다. 이로 인해 성군(聖君)은 깊이 깨달아 자지(子之)와 같은 충심을 멀리하고 전상(田常)과 같은 재능을 좋아하지 않았으며, 비간(比干)의 후손을 봉하고 임산부(妊産婦)의 무덤을 보수해 주었습니다. 그래서 공훈과 업적이 천하를 덮었습니다. 왜 그렇겠습니까? 선행을 하고자 하지만 항상 만족하지 않았기 때문입니다. 대저 진문공(晉文公)은 자기의 원수를 가까이하고도 제후들 가운데 강력한 패자가 되었고, 제환공(齊桓公)은 지난날의 원수를 기용하고도 천하를 제패하였습니다. 왜 그렇겠습니까? 인자하고 정성스러운 데다 성의가 마음속에 더해지면 헛된 거짓말로 대신할 수 없기 때문입니다.

「진(秦)나라로 말하면 상앙(商鞅)의 법을 채용하여 동쪽으로 한(韓)나라와 위(魏)나라를 약화시키고 천하의 강국을 건설했지만 결국 상앙을 거열(車裂)이란 형벌로 처단했으며, 월(越)나라는 대부 문종(文種)의 계책을 채택하여 강대한 오(吳)나라를 제압하고 천하를 제패했지만 결국 그를 죽였습니다. 그래서 손숙오(孫叔敖)는 세 번이나 재상 자리를 그만두면서도 후회하지 않앉고, 오릉(於陵) 사람 자중(子仲)은 삼공(三公)의 벼슬을 사양하고 남의 집 채소밭에 물주는 일을 하며 살았습니다. 지금 임금께서 진실로 교만한 마음을 버리시고 보답할 수 있는 마음가짐으로 가슴을 열어 진심을 드러내 보이시며 서로 속마음을 터서 대하고, 덕을 후하게 베풀고 끝까지 고락을 함께 하며 선비들에게 인색하지 않으신다면, 걸왕(桀王)의 개로 하여금 요(堯)임금을 향해 짖게 할 수도 있고, 도척(盜跖)의 문객으로 하여금 허유(許由)를 죽이게 할 수도 있습니다. 하물며 군주의 권력에 의지하고 성왕(聖王)의 지위를 이용한다면 무슨 어려움이 있겠습니까? 그렇다면 형가(荊軻)가 칠족(七族)을 몰살당하고 요리(要離)가 처와 자식을 불태워 죽인 것이 어찌 대왕께 말씀드릴 만한 가치가 있겠습니까?

「저는 명월주(明月珠)와 야광벽(夜光璧)을 깜깜한 밤중에 길에서 행인에게 던지면 모두가 칼을 잡고 노려보지 않는 자가 없다고 들었습니다. 왜 그렇겠습니까? 아무런 이유도 없이 불쑥 앞에 닥쳤기 때문입니다. 반목(蟠木)의 뿌리가 구부러지고 기이하게 생겼지만 천자의 기물(器物)이 될 수 있는 것은, 주변 사람이 먼저 그것을 위해 가공을 했기 때문입니다. 그래서 아무 까닭 없이 갑자기 앞에 닥치면 비록 수후주(隨侯珠)나 화씨벽(和氏璧)을 내놓았다 해도 단지 원한을 살 뿐 감동을 주지 못하고, (만일) 어떤 사람이 미리 선양(宣揚)한다면 비록 마른 나무나 썩은 나무라 해도 공을 세워 오래도록 잊히지 않을 것입니다. 지금 천하의 평범하고 가난하게 사는 선비들은 어려운 환경에 처하여 비록 요(堯)·순(舜)의 치국(治國) 방법을 배워 알고, 이윤(伊尹)과 관중(管仲)의 말재간을 지니고 용봉(龍逢)과 비간(比干)의 뜻을 품고 있다 해도, 평소에 반목(蟠木)의 뿌리처럼 잘 가공되지 못했기 때문에, 비록 정력을 다해 당시의 군주에게 충성하려고 하지만, 군주께서는 (이들을 끌어안지 못하시고) 반드시 칼을 잡고 노려보는 식의 구태의연한 방법을 그대로 답습하고 있습니다. 이는 평범한 선비들로 하여금 마른 나무나 썩은 나무의 자질조차 될 수 없도록 하는 것입니다.

「그래서 성군(聖君)께서 세상을 다스릴 때는 (도공이) 독자적으로 녹로(轆轤) 위에서 도자기를 만들듯이, 비천한 뜬소문에 끌려다니지 않고 많은 사람들의 유언비어에도 동요되지 않았습니다. 그래서 진시황(秦始皇)은 중서자(中庶子) 몽가(蒙嘉)의 말을 듣고 형가(荊軻)를 믿었다가 비수로 암살하려는 사건이 발생했고, 주문왕(周文王)은 경수(涇水)와 위수(渭水)에 사냥을 나갔다가 여상(呂尙)을 태우고 돌아와 천하를 다스리게 되었습니다. 진시황은 측근의 말을 믿어 나라가 망했고, 주문왕은 우연히 만난 여상을 기용하여 왕이 되었습니다. 어째서 그렇겠습니까? 주문왕은 주변의 견제하는 말로부터 벗어나 조정 밖의 의론을 귀담아들으며 독자적으로 밝고 넓은 도리를 관찰할 수 있었기 때문입니다. 지금 주상께서는 아첨하는 말에 현혹되고, 처첩(妻妾)이나 총신(寵臣)의 견제를 받아 뛰어난 선비들로 하여금 소·말과 함께 마구간에 머물게 하고 있습니다. 이것이 바로 포초(鮑焦)가 세상에 대해 분개했던 까닭입니다.

「저는 단정한 옷차림으로 입조(入朝)하는 사람은 사사로운 일로 인해 의(義)를 더럽히지 않고, 명예를 갈고 닦은 사람은 이익으로 인해 품행을 손상하지 않는다고 들었습니다. 그래서 승모(勝母)라고 하는 마을에 증자(曾子)는 들어가지 않았고, 조가(朝歌)라는 도읍에 이르자 묵자(墨子)는 수레를 돌렸습니다. 지금 천하의 고상한 선비들로 하여금 막강한 권력자에게 농락당하고 지위와 세력이 있는 귀족들에게 협박을 당해, 태도를 바꾸고 품행을 더럽혀가며 아첨하는 사람들을 섬기고 군주와 친근하도록 하려 한다면, 선비들은 오직 깊은 산속 동굴이나 구석진 곳에서 늙어 죽을 때까지 숨어 지낼 뿐, 어찌 충성과 신의를 다해 조정으로 향하는 자가 있겠습니까?

해제解題 및 본문 요지 설명

　《옥중상양왕서(獄中上梁王書)》는 추양(鄒陽)이 생명의 위험을 무릅쓰고 왕에게 올린 글로, 왕이 측근의 참언을 듣지 말고 여러 사람의 의견을 들어 스스로 판단할 것을 건의한 것이다.

　본문은 크게 두 부분으로 나눌 수 있는데, 앞부분은 추양이 모함을 받아 옥에 갇힌 경위를 밝힌 것이고; 뒷부분은 추양이 투옥된 후 자신의 결백을 변론한 것이다. 뒷부분은 다시 일곱 단락으로 나눌 수 있는데, 첫째 단락에서는「충성스러운 사람은 보답을 받지 않음이 없고, 성실한 사람은 의심을 받지 않는다.」라는 말로, 여지껏「충(忠)·신(信)」을 군신 상호 간의 대인 원칙으로 여겨왔으나 돌연 태도를 바꾸어「이는 헛말일 뿐」이라며 형가(荊軻)·위선생(衛先生)을 예로 들어 충성심이 의심받는 비애를 말했고; 둘째 단락에서는 임금의 측근들이 잘 알지 못하기 때문에 임금 스스로 잘 살필 것을 청하는 동시에, 또「머리가 하얗게 되도록 함께 지냈더라도 처음 사귀는 듯한 사람이 있고, 길에서 오가다 만났더라도 오래 사귄 듯한 사람이 있다.」라는 속담과 일련의 사실에 대한 자문자답을 통해, 왕래하는 시간의 길고 짧음을 가지고 군신(君臣) 간의 의기투합 여부를 판단하는 기준으로 삼지 말고, 신하가 충성하고 믿음을 주고 어떠한 역할을 하는가를 임금의 혜안을 가지고 자세히 살펴보아야 한다는 것을 암시했고; 셋째 단락에서는 임금이 한쪽 말만을 들어 간사한 일이 발생하고, 한 사람만을 신임하여 변란이 일어나며, 군중의 입이 쇠를 녹이고 비난이 거듭 쌓여 뼈를 녹이는 상황에 이르러, 현명한 사람까지도 스스로 참언을 피할 수 없도록 만든 것을 매우 통탄했고; 넷째 단락에서는 상앙(商鞅)과 문종(文種)이 충성에 대한 보답은커녕 오히려 비난을 당하는 서글픈 사실을 들어, 임금이 교만한 마음을 버리고 보답할 수 있는 겸허한 마음으로 선비들을 대해야 선비들이 사력을 다해 충성할 수 있다는 것을 말했고; 다섯째 단락에서는 다시 명월주(明月珠)와 야광벽(夜光璧), 그리고 기이하게 생긴 반목(蟠木)의 뿌리를 예로 들어 비유하면서, 공정하게 듣고 자세히 살피면 세상에 밝은 정치가 드리워진다는 것을 거듭 제시했고; 여섯째 단락에서는 군주가 소인들의 아첨하는 말에 현혹되지 말고 독자적으로 판단할 수 있는 안목을 지녀야 여러 사람이 떠드는 가운데서도 진상을 변별할 수 있다는 것을 말했고; 마지막 단락에서는 증자(曾子)와 묵자(墨子)를 예로 들어 아첨하는 무리들과 절대로 타협하지 않는 지조 있는 선비의 입장을 거듭 언급하면서, 명예와 절조를 중시하는 관념이야말로 충신들이 희생을 두려워하지 않고 충성을 다해 나라에 보답하는 원동력이라는 것을 강조했다.

    작자는 많은 역사 사실과 통속적이면서도 심각한 비유 및 속담을 열거하여 자신의 논지를 설명했는데, 논증이 설득력이 있고 언사가 간절하여 양효왕(梁孝王)이 글을 읽고 감동을 받아 즉시 추양을 석방하고 그를 상객(上客)으로 대했다.

097 상서간렵(上書諫獵)
[西漢] 司馬相如

작 자

　사마상여(司馬相如 : B.C. 179-B.C. 118)는 서한(西漢)의 저명한 사부(辭賦) 작가로 자는 장경(長卿)이며, 촉군(蜀郡) 성도(成都)[지금의 사천성 성도(成都)] 사람이다. 어려서 「견자(犬子)」라 불렀으나 인상여(藺相如)의 사람됨을 흠모하여 이름을 상여(相如)로 바꾸었다. 한(漢) 경제(景帝) 때 무기상시(武騎常侍)를 지냈고, 무제(武帝) 때는 무제가 상여의 사부(辭賦)를 좋아하여 상여가 무제에게《상림부(上林賦)》를 바쳤는데 무제가 크게 기뻐하여 그를 낭(郞)에 임명했고, 후에 또 중랑장(中郞將)과 효문원령(孝文園令)을 지냈다. 그의 작품으로는 부(賦) 29편 있는데, 그중《상림부(上林賦)》와《자허부(子虛賦)》가 대표적인 작품이다. 그의 작품은 대체로 천자나 제후의 수렵 상황 또는 궁원(宮苑)의 화려한 모습을 묘사하거나 제왕의 권위를 찬양한 것으로, 표현이 과장되고 문사가 화려한 전형적인 궁정문학(宮廷文學)의 범주를 벗어나지 못하고 있으나 문학 형식의 창조와 언어의 운용에 있어서는 나름대로 뛰어난 재능을 보여주고 있다. 현재《사마문원집(司馬文園集)》집본(輯本) 1권이 전한다.

> 원문 및 주석

上書諫獵[1]

　　相如從上至長楊獵, 是時天子方好自擊熊豕, 馳逐埜獸, 相如因上疏諫, 其辭曰 :[2]

　　「臣聞物有同類而殊能者, 故力稱烏獲, 捷言慶忌, 勇期賁、育。[3] 臣之愚竊以爲人誠有之, 獸亦宜然。[4] 今陛下好陵阻險, 射猛獸, 卒

---

1 上書諫獵 → 글을 올려 수렵에 대해 간하다
　【諫(간, jiàn)】: 간하다. 간언하다.
　【獵(렵, liè)】: 사냥(하다). 수렵(하다).

2 相如從上至長楊獵, 是時天子方好自擊熊豕, 馳逐埜獸, 相如因上疏諫, 其辭曰 : → 司馬相如가 황제를 따라 長楊宮으로 사냥을 나갔는데, 이때 천자께서 한창 몸소 곰·멧돼지를 쏘아 공격하고, 야수 몰이를 즐겨하자, 상여가 이로 인해 상소를 올려 간했다 :
　【相如(상여, xiāng rú)】: [인명] 司馬相如. ※본문 '작자' 참조.
　【上(상, shàng)】: 황제. 임금.
　【長楊(장양, cháng yáng)】: [궁궐 이름] 장양궁. 옛터는 지금의 섬서성 周至縣 동남쪽.
　【天子(천자, tiān zǐ)】: 여기서는 漢武帝를 가리킨다.
　【方(방, fāng)】: 한창. 마침.
　【好(호, hào)】: [동사] 좋아하다. 즐겨하다.
　【自擊(자격, zì jī)】: 몸소 공격하다.
　【馳逐(치축, chí zhú)】: 몰다. 추격하다.
　【埜獸(야수, yě shòu)】: 야수. 【埜】: 野. 들.
　【因(인, yīn)】: 이로 인해. 그리하여.

3 「臣聞物有同類而殊能者, 故力稱烏獲, 捷言慶忌, 勇期賁、育。 → 「저는 같은 종류의 물건이라도 서로 다른 능력을 지니고 있기 때문에, 그래서 힘이 세기로는 烏獲을 일컫고, 민첩하기로는 慶忌를 말하며, 용감하기로는 孟賁과 夏育을 손꼽는다고 들었습니다.
　【殊能(수능, shū néng)】: 능력이 다르다.
　【烏獲(오획, wū huò)】: [인명] 전국시대 秦나라 사람으로, 힘이 세기로 이름났다.
　【捷(첩, jié)】: 민첩하다. 재빠르다.
　【慶忌(경기, qìng jì)】: [인명] 춘추시대 吳王 僚의 아들.
　【期(기, qī)】: 기대하다. 여기서는 「손꼽다」의 뜻.
　【賁(분, bēn)、育(육, yù)】: [인명] 孟賁과 夏育. 두 사람 모두 戰國時代에 힘이 세기로 이름난 勇士.

然遇逸材之獸, 駭不存之地, 犯屬車之淸塵, 輿不及還轅, 人不暇施巧; 雖有烏獲、逢蒙之技不能用, 枯木朽株, 盡爲難矣。⁵ 是胡、越起

---

4 臣之愚竊以爲人誠有之, 獸亦宜然。→ 저의 어리석은 생각으로는 사람이 확실히 이러한 점을 지녔다고 한다면, 짐승 역시 당연히 그러리라 여기고 있습니다.
【愚竊(우절, yú qiè)】: [겸어] 어리석은 생각.
【以爲(이위, yǐ wéi)】: …라 여기다. …라고 생각하다.
【誠(성, chéng)】: 확실히. 정말.
【之(지, zhī)】: [대명사] 그것. 그러한 점. 즉「같은 종류의 물건이라도 서로 다른 능력을 지니고 있는 점」.
【宜然(의연, yí rán)】: 당연히 그렇다.

5 今陛下好陵阻險, 射猛獸, 卒然遇逸材之獸, 駭不存之地, 犯屬車之淸塵, 輿不及還轅, 人不暇施巧, 雖有烏獲、逢蒙之技不能用, 枯木朽株, 盡爲難矣。→ 지금 폐하께서는 험준한 곳에 올라, 맹수 사냥하기를 좋아하시는데, (만일) 갑자기 사나운 맹수를 만나, (맹수가) 몸을 피할 수 없는 곳에서 놀란 끝에, 천자를 따르는 수레들이 일으킨 먼지 속으로 달려들어, 수레가 미처 방향을 틀지 못하고, 사람이 기교를 발휘할 겨를이 없게 되면, 비록 烏獲 · 逢蒙와 같은 능력을 지녔다 해도 사용할 수가 없고, 마른나무나 썩은 나무 그루터기조차도, 모두 장애물로 변합니다.
【陛下(폐하, bì xià)】: 신하나 백성이 황제나 황후를 높여 부르던 말.
【好(호, hào)】: [동사] 좋아하다.
【陵(릉, líng)】: 오르다. 올라가다.
【阻險(조험, zǔ xiǎn)】: 험하다. 험준하다.
【卒然(졸연, cù rán)】: 갑자기. 별안간.
【逸材之獸(일재지수, yì cái zhī shòu)】: 매우 사나운 짐승. 〖逸材〗: 재능이 출중하다. 여기서는「매우 사납다」의 뜻.
【駭(해, hài)】: 놀라다.
【不存之地(부존지지, bù cún zhī dì)】: 몸을 피할 수 없는 곳.
【犯(범, fàn)】: 범하다. 여기서는「달려들다」의 뜻.
【屬車之淸塵(속거지청진, shǔ jū zhī qīng chén)】: 천자를 따르는 수레들이 일으킨 먼지. ※ 실제로는 황제를 가리킨다. 〖屬車〗: 천자를 따르는 수레.
【輿(여, yú)】: 수레.
【不及(불급, bù jí)】: 미처 …하지 못하다.
【還轅(선원, xuán yuán)】: 끌채를 돌리다. 즉「방향을 틀다」의 뜻.
【不暇(불하, bù xiá …)】: …할 틈이 없다. …할 겨를이 없다.
【施巧(시교, shī qiǎo)】: 기교를 발휘하다. 기교를 펼치다.
【逢蒙(봉몽, péng méng)】: [인명] 夏나라 때 사람으로 활쏘기에 능했다.
【技(기, jì)】: 기능. 기예. 능력.
【不能(불능, bù néng)】: …할 수 없다. ※ 판본에 따라서는「不能」을「不得」이라 했다.

於轂下, 而羌、夷接軫也, 豈不殆哉?⁶ 雖萬全而無患, 然本非天子之所宜近也。⁷

「且夫清道而後行, 中路而馳, 猶時有銜橜之變。⁸ 況乎涉豐草, 騁丘虛, 前有利獸之樂, 而內無存變之意, 其爲害也不難矣!⁹

【朽株(후주, xiǔ zhū)】: 썩은 나무 그루터기.
【盡(진, jìn)】: 모두. 다.
【爲難(위난, wéi nàn)】: 재난을 조성하다. 장애물로 변하다. 장애가 되다.

6 是胡、越起於轂下, 而羌、夷接軫也, 豈不殆哉? → 이는 胡・越 오랑캐가 폐하의 수레 아래에서 군사를 일으키고, 羌・夷 오랑캐가 수레에 접근한 것과 같으니, 어찌 위태롭지 않겠습니까?
【胡(호, hú)、越(월, yuè)】: 옛날 북방・남방의 오랑캐에 대한 호칭.
【轂(곡, gǔ)】: 수레 바퀴통. 여기서는「수레」를 가리킨다.
【羌(강, qiāng)、夷(이, yí)】: 옛날 서방・동방의 오랑캐에 대한 호칭.
【軫(진, zhěn)】: 수레의 뒤턱나무. 여기서는「수레」를 가리킨다.

7 雖萬全而無患, 然本非天子之所宜近也。→ 비록 매우 안전하여 걱정이 없다 해도, 그러나 본래 천자께서 가까이해서는 안 되는 곳입니다.
【萬全(만전, wàn quán)】: 매우 안전하다. 절대 안전하다.
【宜(의, yí)】: 마땅히. 당연히.

8「且夫清道而後行, 中路而馳, 猶時有銜橜之變。→ 또한 길을 깨끗이 청소한 후 출행하시어, 길 가운데를 달린다 해도, 여전히 때때로 재갈이 벗겨지거나 수레를 고정하는 막대가 빠지는 등의 변고가 있습니다.
【且夫(차부, qiě fú)】: 또한. 그리고.
【清道(청도, qīng dào)】: 길을 청소하다. ※옛날 임금이나 고위 관리들이 외출할 때는 미리 길을 청소하고 행인들을 단속하여 안전을 도모했다.
【而後(이후, ér hòu)】: 이후. 그 후.
【中路(중로, zhōng lù)】: 길 가운데.
【馳(치, chí)】: 달리다.
【銜橜之變(함궐지변, xián jué zhī biàn)】: 말의 재갈이 벗겨지거나 수레를 고정하는 막대가 빠지는 등의 변고.〖銜〗: 재갈.〖橜〗: 수레의 바닥과 위를 고정하는 막대.

9 況乎涉豐草, 騁丘虛, 前有利獸之樂, 而內無存變之意, 其爲害也不難矣! → 하물며 무성한 풀숲을 돌아다니고, 구릉 들판을 달리며, 눈앞에 짐승을 사냥하는 즐거움만 있고, 마음에 변고를 대비하는 생각이 없으니, 실로 화를 당하기가 매우 쉽습니다.
【況乎(황호, kuàng hū)】: 하물며.
【涉(섭, shè)】: 밟고 돌아다니다.
【騁(빙, chěng)】: 달리다.

「夫輕萬乘之重, 不以爲安, 而樂出萬有一危之塗以爲娛, 臣竊爲陛下不取。」¹⁰ 蓋明者遠見於未萌, 而知者避危於無形。¹¹ 夫禍固多藏於隱微, 而發於人之所忽者也。¹² 故鄙諺曰 :『家絫千金, 坐不垂堂。』此言雖小, 可以諭大。¹³ 臣願陛下留意幸察。¹⁴

───────

【丘虛(구허, qiū xū)】: 구릉. 언덕.
【利獸之樂(이수지락, lì shòu zhī lè)】: 짐승을 사냥하여 얻는 즐거움.
【存變(존변, cún biàn)】: 변고를 예방하다. 변고를 대비하다.
【爲害(위해, wéi hài)】: 해를 입다. 화를 당하다.

10 「夫輕萬乘之重, 不以爲安, 而樂出萬有一危之塗以爲娛, 臣竊爲陛下不取。」→ 구릉 천자의 존귀함을 가볍게 보아, 안전을 돌보지 않으시고, 만에 하나라도 위험이 있는 곳에 나아가 즐기는 것을 즐거움으로 여기시는 것에 대해, 저는 개인적으로 폐하께서 해서는 안 된다고 생각합니다.
【輕(경, qīng)】: 가볍게 보다. 경시하다.
【萬乘之重(만승지중, wàn shèng zhī zhòng)】: 천자의 존귀함.【萬乘】: 천자. ※ 周나라의 제도에서 천자는 兵車 만 대를 거느리고, 諸侯는 천 대를 거느린다는 데서 비롯된 말.
【萬有一危之塗(만유일위지도, wàn yǒu yī wēi zhī tú)】: 만에 하나라도 위험이 있는 곳.
【竊(절, qiè)】: 사적으로. 개인적으로.
【不取(불취, bù qǔ)】: 취하지 않다. 즉「하지 말아야 한다, 해서는 안 된다」의 뜻.

11 蓋明者遠見於未萌, 而知者避危於無形。→ 대체로 명석한 사람은 사태가 아직 발생하기 전에 멀리 내다보고, 지혜로운 사람은 징조가 나타나기 전에 미리 위험을 피합니다.
【蓋(개, gài)】: 대체로.
【明者(명자, míng zhě)】: 명석한 사람.
【遠見(원견, yuǎn jiàn)】: 멀리 내다보다.
【未萌(미맹, wèi méng)】: 아직 발생하지 않다.
【知者(지자, zhì zhě)】: 지혜로운 자.【知】: 智. 지혜.
【無形(무형, wú xíng)】: 형태가 없다. 즉「아직 징조가 없다, 징조가 보이지 않다, 조짐이 나타나지 않다」의 뜻.

12 夫禍固多藏於隱微, 而發於人之所忽者也。→ 재앙은 본래 대체로 隱微한 곳에 숨겨져 있다가, 사람들이 소홀할 때 일어납니다.
【禍(화, huò)】: 禍. 재앙.
【固(고, gù)】: 본래.
【隱微(은미, yǐn wēi)】: 은미하다. 겉으로 드러나지 않다.
【忽(홀, hū)】: 소홀하다.

13 故鄙諺曰 :『家絫千金, 坐不垂堂。』此言雖小, 可以諭大。→ 그래서 속담에 이르길 :『집에 천금을 쌓아두면, 처마 밑에 앉지를 않는다.』라고 했습니다. 이는 비록 작은 일을 말

> 번역문

글을 올려 수렵에 대해 간하다

　사마상여(司馬相如)가 황제를 따라 장양궁(長楊宮)으로 사냥을 나갔는데, 이때 천자께서 한창 몸소 곰·멧돼지를 쏘아 공격하고 야수 몰이를 즐겨 하자 상여가 이로 인해 상소를 올려 간했다 :

「저는 같은 종류의 물건이라도 서로 다른 능력을 지니고 있기 때문에, 그래서 힘이 세기로는 오획(烏獲)을 일컫고, 민첩하기로는 경기(慶忌)를 말하며, 용감하기로는 맹분(孟賁)과 하육(夏育)을 손꼽는다고 들었습니다. 저의 어리석은 생각으로는 사람이 확실히 이러한 점을 지녔다고 한다면, 짐승 역시 당연히 그러리라 여기고 있습니다. 지금 폐하께서는 험준한 곳에 올라 맹수 사냥하기를 좋아하시는데, (만일) 갑자기 사나운 맹수를 만나 (맹수가) 몸을 피할 수 없는 곳에서 놀란 끝에, 천자를 따르는 수레들이 일으킨 먼지 속으로 달려들어 수레가 미처 방향을 틀지 못하고, 사람이 기교를 발휘할 겨를이 없게 되면, 비록 오획(烏獲)·봉몽(逢蒙)과 같은 능력을 지녔다 해도 사용할 수가 없고, 마른나무나 썩은 나무 그루터기조차도 모두 장애물로 변합니다. 이는 호(胡)·월(越) 오랑캐가 폐하의 수레 아래에서 군사

　　　한 것이지만, 그러나 이로써 큰 것을 깨달을 수 있습니다.
　　　※ 이 속담은, 집에 천금을 쌓아둔 사람이 처마 밑에 앉아 있다가 혹시 지붕에서 기와가
　　　　 떨어져 다칠 수 있다는 의미에서 「위험한 곳」을 비유한 말이다.
　　　【鄙諺(비언, bǐ yàn)】: 속담.
　　　【絫(류, lěi)】: 쌓다. 쌓아두다.
　　　【坐不垂堂(좌불수당, zuò bù chuí táng)】: 不坐在堂之下. 처마 밑에 앉지 않는다.【垂堂】
　　　　: 처마 가까운 곳. 즉「처마 밑」을 가리킨다.
　　　【諭(유, yù)】: 깨닫다. 이해하다.
14　臣願陛下留意幸察。」→ 저는 폐하께서 유의하여 잘 살피시길 바랍니다.」
　　　【幸察(행찰, xìng chá)】: 명찰하다. 잘 살피다.

를 일으키고, 강(羌)·이(夷) 오랑캐가 수레에 접근한 것과 같으니, 어찌 위태롭지 않겠습니까? 비록 매우 안전하여 걱정이 없다 해도, 그러나 본래 천자께서 가까이해서는 안 되는 곳입니다.

「또한 길을 깨끗이 청소한 후 출행하시어 길 가운데를 달린다 해도, 여전히 때때로 재갈이 벗겨지거나 수레를 고정하는 막대가 빠지는 등의 변고가 있습니다. 하물며 무성한 풀숲을 돌아다니고 구릉 들판을 달리며, 눈앞에 짐승을 사냥하는 즐거움만 있고 마음에 변고를 대비하는 생각이 없으시니, 실로 화를 당하기가 매우 쉽습니다.

「무릇 천자의 존귀함을 가볍게 보아 안전을 돌보지 않으시고, 만에 하나라도 위험이 있는 곳에 나아가 즐기는 것을 즐거움으로 여기시는 것에 대해, 저는 개인적으로 폐하께서 해서는 안 된다고 생각합니다. 대체로 명석한 사람은 사태가 아직 발생하기 전에 멀리 내다보고, 지혜로운 사람은 징조가 나타나기 전에 미리 위험을 피합니다. 재앙은 본래 대체로 은미(隱微)한 곳에 숨겨져 있다가 사람들이 소홀할 때 일어납니다. 그래서 속담에 이르길 : 『집에 천금을 쌓아두면 처마 밑에 앉지를 않는다.』라고 했습니다. 이는 비록 작은 일을 말한 것이지만, 그러나 이로써 큰 것을 깨달을 수 있습니다. 저는 폐하께서 유의하여 잘 살피시길 바랍니다.」

해제解題 및 본문 요지 설명

본문은 《한서(漢書)·사마상여전(司馬相如傳)》의 일부분으로, 내용은 사마상여가 친히 사냥에 나서기를 즐겨하는 한무제(漢武帝)에게 위험한 행위를 삼가도록 권한 상주문(上奏文)이다.

본문은 크게 두 부분으로 나눌 수 있는데, 첫 부분은 사마상여가 글을 올린 배경을 기술한 것이고; 둘째 부분은 간언(諫言)한 내용이다. 둘째 부분은 다시 세 단락으로 나눌 수 있는데, 첫째 단락에서는 옛날의 이름있는 선비를 예로 들어「인간이 이러할 경우라면 짐승도 당연히 그럴 것」이라는 이치를 말하면서, 사나운 짐승이 살기 위해 싸울 때는 매우 위험하기 때문에, 존귀한 지위의 천자 입장에서는 당연히 위험을 피해야 한다는 것을 말했고; 둘째 단락에서는 넓은 길 가운데서 수레를 몰더라도 예기치 못한 문제가 발생하는데, 거친 들판을 달리며 눈앞의 야수를 사냥하는 즐거움만 도모하고 마음속에 변고를 예방하려는 생각이 없는 상황에서는 그 피해를 헤아릴 수도 없을 뿐만 아니라 또한 쉽게 발생한다는 것을 말했고; 마지막 단락에서는「재앙은 본래 은미(隱微)한 곳에 숨겨져 있다가 사람들이 소홀할 때 일어난다.」라는 것을 지적한 후, 일이 발생하기 전에 멀리 내다보고 조짐이 보이기 전에 피할 것을 권고하면서, 위험한 곳에는 아예 접근하지도 말라는 의미의「집에 천금을 쌓아두고 있으면, 처마 밑에 앉지를 않는다.」라는 속담을 인용하여 결론을 맺었다.

098 답소무서(答蘇武書)
[西漢] 李陵

작자

이릉(李陵 : B.C.?-B.C.74)은 서한(西漢) 농서(隴西) 성기(成紀)[지금의 감숙성 진안(秦安) 북쪽] 사람으로 자가 소경(少卿)이며, 그의 조부는 한(漢)나라의 명장(名將)인 이광(李廣)이다. 부친이 일찍 세상을 떠나 유복자로 태어난 후 모친에 의해 양육되었다. 무제(武帝) 때 기도위(騎都尉)를 지내다가 무제(武帝) 천한(天漢) 2년(B.C.99) 이사장군(貳師將軍) 이광리(李廣利)가 흉노 정벌에 나섰을 때, 이릉이 오천의 군사를 이끌고 선봉에 나서 흉노의 주력군인 8만여 기병을 만나 전투와 후퇴를 거듭하다가, 후방의 지원이 끊어지고 힘이 다하여 결국 흉노에게 투항하고 말았다. 흉노왕 선우(單于)는 이릉을 아껴 자기 딸을 그에게 시집보내고 우교왕(右校王)에 봉했다.

이릉은 비록 전공(戰功)을 세우기도 했으나 어쩔 수 없이 투항을 하고, 후에 반전의 기회를 노리고자 했다. 그러나 한무제는 이릉이 투항했다는 말을 전해 듣고 크게 노하여 이릉 일가를 모두 처형했다. 이로 인해 이릉은 한(漢)나라로 돌아갈 마음을 접고 결국 한소제(漢昭帝) 원평(元平) 원년(B.C.74)에 흉노 땅에서 병사했다.

> 원문 및 주석

答蘇武書[1]

　　子卿足下：[2] 勤宣令德, 策名淸時, 榮問休暢, 幸甚! 幸甚![3] 遠託異國, 昔人所悲。[4] 望風懷想, 能不依依?[5] 昔者不遺, 遠辱還答, 慰誨懃懃, 有踰骨肉, 陵雖不敏, 能不慨然?[6]

1　答蘇武書 → 蘇武에게 답하는 글
　【答(답, dá)…書(서, shū)】: …에게 답하는 글.
　【蘇武(소무, sū wǔ)】: [인명] ※본문 '해제해설 및 본문 요지 설명' 참조.

2　子卿足下: → 子卿 족하:
　【子卿(자경, zǐ qīng)】: 蘇武의 字.
　【足下(족하, zú xià)】: 족하. 귀하. ※서찰에서 상대방에 사용하는 敬語.

3　勤宣令德, 策名淸時, 榮問休暢, 幸甚, 幸甚! → 부지런히 미덕을 선양하고, 태평시대에 관직생활을 하며, 명성을 아름답게 드날리니, 실로 다행한 일입니다! 실로 다행한 일입니다!
　【勤宣(근선, qín xuān)】: 부지런히 宣揚하다.
　【令德(영덕, lìng dé)】: 美德.
　【策名(책명, cè míng)】: 옛날 관리의 성명이 등록되어 있는 명부. 여기서는 「관직생활을 하다」의 뜻.
　【淸時(청시, qīng shí)】: 태평시대.
　【榮問(영문, róng wèn)】: 영예로운 이름. 명성.
　【休暢(휴창, xiū chàng)】: 아름답게 드날리다.

4　遠託異國, 昔人所悲。 → 멀리 다른 나라에 몸을 의탁하는 것은, 옛사람들이 슬퍼했던 일입니다.
　【託(탁, tuō)】: 의탁하다. 기탁하다.

5　望風懷想, 能不依依? → (친구를) 멀리서 바라보며 마음속으로 생각하니, 어찌 그립지 않겠습니까?
　【望風(망풍, wàng fēng)】: 명망을 듣고 흠모하다. 어떤 사람을 흠모하여 한번 보기를 갈망하다.
　【懷想(회상, huái xiǎng)】: 마음속으로 생각하다.
　【能不(능불, néng bù)…】: …하지 않을 수 있는가?
　【依依(의의, yī yī)】: 그리워하는 모양.

6　昔者不遺, 遠辱還答, 慰誨懃懃, 有踰骨肉, 陵雖不敏, 能不慨然? → 지난날 (저를) 버리지

自從初降, 以至今日, 身之窮困, 獨坐愁苦。[7] 終日無覩, 但見異類。[8] 韋韝毳幕, 以禦風雨; 羶肉酪漿, 以充飢渴。舉目言笑, 誰與爲歡?[9] 胡地玄冰, 邊土慘裂, 但聞悲風蕭條之聲。[10] 涼秋九月, 塞外草

않고, 멀리서 황송하게도 답장을 보내주시어, 정성을 다해 위로하고 가르쳐 주시는 모습이, 혈육을 능가하니, 제가 비록 불민하다 해도, 어찌 감개하지 않을 수 있겠습니까?
※ 이릉이 전에 소무에게 서신을 보내자 소무가 답신을 보냈는데, 이릉이 이번에 보낸 서신은 소무가 보낸 서신에 대한 재 답신이다.

【遺(유, yí)】 버리다. 포기하다.
【辱(욕, rǔ)】 : [겸어] 황송하게도. 과분하게도.
【還答(환답, huán dá)】 : 답장을 보내다.
【慰誨(위회, wèi huì)】 : 위로하고 가르치다.
【懃懃(근근, qín qín)】 : 성의를 다하는 모양.
【踰(유, yú)】 : 넘다. 초월하다.
【骨肉(골육, gǔ ròu)】 : (부모, 형제자매 등의) 혈육.
【陵(릉, líng)】 : 이릉이「나, 저」라는 의미로, 자신의 이름을 사용한 것.
【慨然(개연, kǎi rán)】 : 감개하다.

7 自從初降, 以至今日, 身之窮困, 獨坐愁苦。→ 처음 적에게 항복한 때로부터, 지금에 이르기까지, 몸이 곤궁한 상황에 처하여, 홀로 앉아 근심하고 괴로워했습니다.
【自從(자종, zì cóng)…】 : …로부터.
【降(항, xiáng)】 : 투항하다. 항복하다.
【以至(이지, yǐ zhì)…】 : …에 이르기까지.
【愁苦(수고, chóu kǔ)】 : 근심하고 괴로워하다.

8 終日無覩, 但見異類。→ 하루 종일 아무것도 보지 못하고, 오직 다른 것들만 보였습니다.
【覩(도, dǔ)】 : 보다. 목격하다.
【但(단, dàn)】 : 다만. 오직.
【異類(이류, yì lèi)】 : 다른 것들. 여기서는「고국과 다른 인물・경관 등」을 가리킨다.

9 韋韝毳幕, 以禦風雨; 羶肉酪漿, 以充飢渴; 舉目言笑, 誰與爲歡? → 가죽 토시와 毛氈으로 만든 장막으로, 비바람을 피하고; 노린내 나는 고기와 乳汁으로, 허기와 갈증을 채우며; 고개를 들어 담소하고자 하지만, 누구와 더불어 즐기겠습니까?
【韋韝(위구, wéi gōu)】 : 가죽 토시. 팔뚝에 끼어 추위를 막던 방한구. 【韋】 : 가죽. 【韝】 : 토시.
【毳幕(취막, cuì mù)】 : 氈帳. 모전으로 만든 장막.
【羶肉(전육, shān ròu)】 : 노린내 나는 고기. 【羶】 : 노린내. ※羶肉은 주로 양고기를 말한다.
【酪漿(낙장, lào jiāng)】 : 유즙. (소・양・말 등) 짐승의 젖.
【誰與(수여, shuí yǔ)】 : [與誰의 도치 형태] 누구와 더불어.
【爲歡(위환, wéi huān)】 : 즐기다.

衰, 夜不能寐, 側耳遠聽, 胡笳互動, 牧馬悲鳴, 吟嘯成群, 邊聲四起。¹¹ 晨坐聽之, 不覺淚下。¹² 嗟乎! 子卿! 陵獨何心, 能不悲哉!¹³

與子別後, 益復無聊。¹⁴ 上念老母, 臨年被戮; 妻子無辜, 並爲鯨鯢; 身負國恩, 爲世所悲。¹⁵ 子歸受榮, 我留受辱, 命也如何!¹⁶ 身

---

10 胡地玄冰, 邊土慘裂, 但聞悲風蕭條之聲。→ 오랑캐 땅에는 얼음이 두껍게 얼고, 변방의 땅은 참담하게 갈라져 있는데, 다만 가을바람의 쓸쓸한 소리만 들릴 뿐입니다.
 【玄冰(현빙, xuán bīng)】: 검은색 얼음. 즉「두꺼운 얼음」. ※ 얼음이 두꺼우면 색이 검게 보인다.
 【慘裂(참렬, cǎn liè)】: 참담하게 갈라지다.
 【悲風(비풍, bēi fēng)】: 가을바람.
 【蕭條(소조, xiāo tiáo)】: 쓸쓸하다. 적막하다.

11 涼秋九月, 塞外草衰, 夜不能寐, 側耳遠聽, 胡笳互動, 牧馬悲鳴, 吟嘯成群, 邊聲四起。→ 싸늘한 가을 9월이 오면, 변방의 풀은 시들어버리고, 밤중에 잠을 이루지 못해, 귀를 기울여 멀리서 나는 소리를 듣노라면, 오랑캐의 갈대 피리 소리 서로 화답하고, 방목하는 말들 슬프게 울부짖는데, 피리 소리와 울부짖는 소리가 한데 무리 지어, 이러한 변방의 소리가 사방에서 울려 퍼집니다.
 【涼秋(량추, liáng qiū)】: 싸늘한 가을.
 【塞外(새외, sài wài)】: 변경. 변방.
 【胡笳(호가, hú jiā)】: 오랑캐들이 갈댓잎을 말아 부는 피리. 오랑캐의 갈대 피리.
 【互動(호동, hù dòng)】: (여기저기서 피리를 불며) 서로 화답하다.
 【牧馬(목마, mù mǎ)】: 방목하는 말.
 【邊聲(변성, biān shēng)】: (갈대 피리 소리·바람 소리·말 울음소리·북 치는 소리 등) 변방 특유의 소리.
 【四起(사기, sì qǐ)】: 사방에서 일다. 사방에서 울려 퍼지다.

12 晨坐聽之, 不覺淚下。→ 아침에 앉아서 그 소리를 들으면, 저도 모르게 눈물이 흐릅니다.
 【不覺(불각, bù jué)】: 자신도 모르게. 저도 모르게.

13 嗟乎! 子卿! 陵獨何心, 能不悲哉! → 아! 子卿이여! 저 혼자 무슨 남다른 마음을 지녔다고, 슬퍼하지 않을 수 있겠습니까?
 【嗟乎(차호, jiē hū)!】: [감탄사] 아!
 【陵(릉, líng)】: 이릉이 자기의 이름을「나, 저」라는 의미로 사용했다.
 【何心(하심, hé xīn)】: 무슨 마음. 남다른 독특한 마음.

14 與子別後, 益復無聊。→ 그대와 헤어진 후, 더욱더 무료함을 느낍니다.
 【子(자, zǐ)】: 너. 그대. 당신.
 【益復(익부, yì fù)】: 더욱더.
 【無聊(무료, wú liáo)】: 무료하다. 마음 기댈 곳이 없어 즐겁지 않다.

出禮義之鄕, 而入無知之俗, 違棄君親之恩, 長爲蠻夷之域, 傷已!¹⁷
令先君之嗣, 更成戎狄之族, 又自悲矣!¹⁸ 功大罪小, 不蒙明察, 孤

15 上念老母, 臨年被戮; 妻子無辜, 並爲鯨鯢; 身負國恩, 爲世所悲。→ 위로 노모를 생각하면, 인생의 말년에 죽임을 당하시고; 처자식은 죄가 없이, 모두 함께 不義로 취급되어 살육을 당했으며; 저 자신은 나라의 은혜를 배반하여, 세상 사람들에게 悲歎을 받았습니다.
【臨年(임년, lín nián)】: 臨老之年. 노년. 인생의 말년.
【被戮(피륙, bèi lù)】: 살육을 당하다.
【並(병, bìng)】: 모두 함께.
【鯨鯢(경예, jīng ní)】: 고래. 수컷을「鯨」, 암컷을「鯢」이라 했는데, 고래는 본래 작은 물고기를 먹고 살기 때문에, 옛사람들은「不義」를 대신하는 말로 사용하였다. 여기서는 피동 용법으로「不義로 취급하여 살해되다」의 뜻.
【負(부, fù)】: 배반하다. 저버리다.
【爲(위, wéi)…所(소, suǒ)…】: [피동형] …에게 …을 당하다.

16 子歸受榮, 我留受辱, 命也如何! → 그대는 귀국하여 영예를 얻었으나, 저는 이곳에 남아 수모를 당하고 있으니, 운명이 어찌 이러합니까?
【榮(영, róng)】: 영예. 영광.
【受辱(수욕, shòu rǔ)】: 수모를 당하다. 【辱】수모. 모욕.

17 身出禮義之鄕, 而入無知之俗, 違棄君親之恩, 長爲蠻夷之域, 傷已! → 예의를 중시하는 고장의 출신이, 무지몽매한 곳에 빠져들어, 임금과 부모의 은혜를 저버리고, 종신토록 오랑캐 지역에 사는 신세가 되어, 마음이 아픕니다!
【禮義之鄕(예의지향, lǐ yì zhī xiāng)】: 예의를 중시하는 고장.
【無知之俗(무지지속, wú zhī zhī sú)】: 무지몽매한 곳.
【違棄(위기, wéi qì)】: 저버리다.
【蠻夷之域(만이지역, mán yí zhī yù)】: 오랑캐 지역.
※ 옛날 중국에서는 동서남북 변방에 사는 이민족을 오랑캐라 불렀다. 동쪽 변방의 이민족을 東夷, 서쪽의 이민족을 西戎, 남쪽 이민족을 南蠻, 북쪽 이민족을 北狄이라 했다.
【已(이, yǐ)】[어조사] 矣.

18 令先君之嗣, 更成戎狄之族, 又自悲矣! → 그리고 선친의 후계자로 하여금, 오랑캐 족속이 되도록 하였으니, 더욱 자신이 슬퍼집니다!
【令(령, lìng)】: …로 하여금 …하게 하다.
【先君(선군, xiān jūn)】: 선친. 돌아가신 부친.
【嗣(사, sì)】: 後嗣. 후계자.
【更成(경성, gèng chéng)】: …으로 변하다. …이 되다.
【戎狄(융적, róng dí)】: 오랑캐.

負陵心區區之意。¹⁹ 每一念至, 忽然忘生。²⁰ 陵不難刺心以自明, 刎頸以見志, 顧國家於我已矣, 殺身無益, 適足增羞, 故每攘臂忍辱, 輒復苟活。²¹ 左右之人, 見陵如此, 以爲不入耳之歡, 來相勸勉。異方之樂, 秖令人悲, 增忉怛耳。²²

---

19 功大罪小, 不蒙明察, 孤負陵心區區之意。→ (저의) 공은 크고 죄는 작은데, (주상의) 현명하신 보살핌을 받지 못하여, (나라에 보답하려는) 저의 조그마한 성의마저 저버렸습니다.
【蒙(몽, méng)】: 받다. 입다.
【孤負(고부, gū fù)】: 辜負. 저버리다.
【區區(구구, qū qū)】: 작다. 보잘것없다.

20 每一念至, 忽然忘生。→ 매번 생각이 여기까지 미치면, 문득 살고 싶은 마음이 없습니다.
【念至(염지, niàn zhì)】: 생각이 여기까지 미치다.
【忽然(홀연, hū rán)】: 돌연히. 갑자기.
【忘生(망생, wàng shēng)】: 살고 싶지 않다. 살고 싶은 마음이 없다.

21 陵不難刺心以自明, 刎頸以見志, 顧國家於我已矣, 殺身無益, 適足增羞, 故每攘臂忍辱, 輒復苟活。→ 제가 심장을 찔러 자결하여 스스로 밝히고, 목을 잘라 자결하여 의지를 보이는 것이 어려운 일은 아니지만, 그러나 나라가 나에 대해 이미 의절해 버렸으니, 죽은들 이로울 것이 없고, 마침 치욕을 더하기에 충분하여, 그래서 매번 팔을 걷어붙이고 굴욕을 참아가며, 항상 또다시 구차하게 살아가고 있습니다.
【刺心(자심, cì xīn)】: 심장을 찔러 자결하다.
【刎頸(문경, wěn jǐng)】: 목을 베어 자결하다.
【見志(견지, jiàn zhì)】: 의지를 보이다. ※「見」을「見(현, xiàn)」으로 보아「드러내다, 나타내다」라고 풀이하기도 한다.
【顧(고, gù)】: 그러나.
【已(이, yǐ)】: 이미 끝내다. 이미 의절하다.
【適足(적족, shì zú)】: 마침 …하기에 충분하다.
【增羞(증수, zēng xiū)】: 치욕을 더하다.
【攘臂(양비, rǎng bì)】: (화가 나서) 팔 소매를 걷어올리다.
【輒(첩, zhé)】: 늘. 항상.
【苟活(구활, gǒu huó)】: 구차하게 살아가다.

22 左右之人, 見陵如此, 以爲不入耳之歡, 來相勸勉。異方之樂, 秖令人悲, 增忉怛耳。→ 주위의 사람들은, 제가 이러는 것을 보고, 귀에 거슬리는 오락거리를 가지고, 찾아와 저를 위로합니다. 그러나 이국의 오락은, 다만 사람을 슬프게 하고, 근심을 더해줄 뿐입니다.
【不入耳(불입이, bù rù ěr)】: 귀에 거슬리다. 들을 재미가 없다.
【勸勉(권면, quàn miǎn)】: 격려하다. 위로하다.

嗟乎! 子卿! 人之相知, 貴相知心。²³ 前書倉卒, 未盡所懷, 故復略而言之:²⁴ 昔先帝授陵步卒五千, 出征絶域, 五將失道, 陵獨遇戰²⁵ 而裹萬里之糧, 帥徒步之師, 出天漢之外, 入彊胡之域, 以五千之眾, 對十萬之軍, 策疲乏之兵, 當新覊之馬。²⁶ 然猶斬將搴旗, 追奔逐北,

【祗(지, zhǐ)】: 다만.
【令(령, lìng)】: …하여금 …하게 하다.
【怛(도달, dāo dá)】: 근심하고 슬퍼하다.
【耳(이, ěr)】: …뿐.

23 嗟乎! 子卿! 人之相知, 貴相知心。→ 아! 子卿이여! 사람이 서로 아는 데 있어서, 고귀한 것은 서로 마음을 아는 것입니다.
【相知心(상지심, xiāng zhī xīn)】: 서로 마음을 알다.

24 前書倉卒, 未盡所懷, 故復略而言之: → 지난번 서신은 창졸간에 써서, 마음에 생각했던 바를 다 언급하지 못했기에, 그래서 다시 대략 그것을 말씀드립니다.
【倉卒(창졸, cāng cù)】: 창졸 간에. 어찌할 겨를 없이.
【未盡(미진, wèi jìn)…】: …을 아직 다하지 못하다.
【之(지, zhǐ)】: [대명사] 그것. 즉「마음에 생각했던 바」.

25 昔先帝授陵步卒五千, 出征絶域, 五將失道, 陵獨遇戰。→ 전에 先帝께서 저에게 보병 오천을 주시어, 먼 지역까지 출정했으나, 다섯 장군이 길을 잘못 들어, 저 혼자 적을 맞아 전투에 임했습니다.
【先帝(선제, xiān dì)】: 先王. 이전의 군주. 여기서는「漢武帝」를 가리킨다. 이 글은 昭帝 때 지어졌으므로 先帝라 칭했다.
【步卒(보졸, bù zú)】: 보병.
【絶域(절역, jué yù)】: 먼 지역.
【五將失道(오장실도, wǔ jiàng shī dào)】: 당시의 다섯 장군들이 李陵과 서로 약속했는데, 오지 못하여「길을 잃었다」라고 표현한 것이다.

26 而裹萬里之糧, 帥徒步之師, 出天漢之外, 入彊胡之域, 以五千之眾, 對十萬之軍, 策疲乏之兵, 當新覊之馬。→ 만 리 길의 양식을 꾸려가지고, 보병을 통솔하여, 漢나라 국경을 떠나, 강대한 오랑캐 지역에 들어가, 오천의 군사로, 십만 대군에 대항하며, 피로에 지친 병사를 채찍질하여, 새로 투입된 (흉노의) 기병을 막았습니다.
【裹(과, guǒ)】: 싸다. 꾸리다.
【帥(솔, shuài)】: 통솔하다.
【徒步之師(도보지사, tú bù zhī shī)】: 보병.
【天漢(천한, tiān hàn)】: 漢武帝의 연호. 여기서는「漢의 통치 지역」을 의미한다.
【彊(강, qiáng)】: 强. 강하다. 강대하다.
【眾(중, zhòng)】: 군사.

滅跡掃塵, 斬其梟帥, 使三軍之士, 視死如歸.²⁷ 陵也不才, 希當大任, 意謂此時, 功難堪矣.²⁸

匈奴旣敗, 擧國興師, 更練精兵, 彊踰十萬, 單于臨陣, 親自合圍.²⁹ 客主之形, 旣不相如, 步馬之勢, 又甚懸絶.³⁰ 疲兵再戰, 一以

【對(대, duì)】: 대항하다. 대적하다.
【策(책, cè)】: 채찍질하다.
【當(당, dāng)】: 막다. 대처하다.
【新羈之馬(신기지마, xīn jī zhī mǎ)】: 새로 투입된 기병. 여기서「馬」는「기병」을 대신한 말.【羈】: 말의 재갈.

27 然猶斬將搴旗, 追奔逐北, 滅跡掃塵, 斬其梟帥, 使三軍之士, 視死如歸. → 그러나 여전히 적장의 머리를 베고 적의 깃발을 빼앗으며, 패주하는 적을 추격하여, 흔적을 없애고 먼지를 쓸어내듯, 적의 勇將을 베어, 우리의 모든 군사들로 하여금, 죽음을 두려워하지 않게 했습니다.
【然(연, rán)】: 그러나.
【猶(유, yóu)】: 여전히.
【斬(참, zhǎn)】: 베다.
【搴(건, qiān)】: 빼앗다.
【奔(분, bēn)】: 달아나다.
【北(배, běi)】: 도망가다. 패주하다.
【梟帥(효수, xiāo shuài)】: 용장. 용맹스런 장수.
【三軍(삼군, sān jūn)】: 군대의 통칭. ※지금의「육·해·공군」과 의미가 다르다.
【視死如歸(시사여귀, shì sǐ rú guī)】: 죽음을 마치 집에 돌아가는 것처럼 여기다. 즉「죽음을 두려워하지 않다」의 뜻.

28 陵也不才, 希當大任, 意謂此時, 功難堪矣. → 제가 능력이 부족하여, 큰 임무를 맡아본 적이 드물지만, 마음속으로 이번에는 공로가 대단했다고 생각했습니다.
【不才(부재, bù cái)】: 무능하다. 재능이 부족하다.
【希(희, xī)】: 稀. 드물다.
【當(당, dāng)】: 맡다. 담당하다.
【意謂(의위, yì wèi)…】: 마음속으로 …라 생각하다.
【難堪(난감, nán kān)】: 비할 수 없이 크다. 대단하다.

29 匈奴旣敗, 擧國興師, 更練精兵, 彊踰十萬, 單于臨陣, 親自合圍. → 흉노는 실패한 후, 거국적으로 군대를 일으켜, 다시 정병을 훈련했는데, 그 수가 십만이 넘었고, 單于가 전투에 임하여 친히 (우리의 군사를) 포위했습니다.
【匈奴(흉노, xióng nú)】: 흉노. 북쪽 오랑캐의 하나.
【更(갱, gèng)】: 다시. 재차.

권6 한문漢文 *585*

當千, 然猶扶乘創痛, 決命爭首.³¹ 死傷積野, 餘不滿百, 而皆扶病, 不任干戈.³² 然陵振臂一呼, 創病皆起, 擧刃指虜, 胡馬奔走. 兵盡矢窮, 人無尺鐵, 猶復徒首奮呼, 爭爲先登.³³ 當此時也, 天地爲陵

【練(련, liàn)】: 훈련하다. ※혹자는「練」을「揀, 고르다, 선택하다」라고 풀이했다.
【彊踰(강유, qiáng yú)】: 넘다. 초과하다.
【單于(선우, chán yú)】: 漢이 흉노의 우두머리를 부르던 호칭.
【臨陣(임진, lín zhèn)】: 전장에 임하다.
【親自(친자, qīn zì)】: 친히. 직접.
【合圍(합위, hé wéi)】: 포위하다.

30 客主之形, 旣不相如, 步馬之勢, 又甚懸絶. → 우리 군대와 흉노군의 형세는, 이미 상대가 되지 않았고, 우리 보병과 흉노 기병의 세력 또한 매우 큰 차이가 났습니다.
【客主(객주, kè zhǔ)】: 빈객과 주인. 여기에서「客」은 외부에서 들어온 이릉의 군대를 가리키고,「主」는 흉노의 군대를 가리킨다.
【不相如(불상여, bù xiāng rú)】: 서로 같지 않다. 즉「서로 상대가 되지 않다」의 뜻.
【步馬(보마, bù mǎ)】: 보병과 기병.「步」는 李陵의 보병 군대를 가리키고,「馬」는 흉노의 騎馬兵을 가리킨다.
【懸絶(현절, xuán jué)】: 동떨어지다. 큰 차이가 나다.

31 疲兵再戰, 一以當千, 然猶扶乘創痛, 決命爭首. → 지친 병사들이 다시 싸움에 임하면서, 한 사람이 천 명을 감당해야 했지만, 그러나 오히려 상처를 부여잡고 고통을 참으며, 사생결단으로 적의 목을 베고자 다투었습니다.
【扶乘創痛(부승창통, fú chéng chuāng tòng)】: 扶創乘痛. 상처를 지닌 채 고통을 참다. 【扶】: 부축하다. 떠받치다. 【乘】: 참다. 인내하다. 【創】: 상처.
【決命(결명, jué mìng)】: 목숨을 걸다. 사생결단하다.
【爭首(쟁수, zhēng shǒu)】: 목을 베려고 다투다.

32 死傷積野, 餘不滿百, 而皆扶病, 不任干戈. → 사상자가 들판에 가득 쌓이고, 살아남은 사람은 백 명도 되지 않았으며, 또한 모두가 병을 앓는 몸으로, 전쟁에 임할 수가 없었습니다.
【扶病(부병, fú bìng)】: 병을 앓다.
【干戈(간과, gān gē)】: 무기. 여기서는「전쟁」을 뜻한다.

33 然陵振臂一呼, 創病皆起, 擧刃指虜, 胡馬奔走. 兵盡矢窮, 人無尺鐵, 猶復徒首奮呼, 爭爲先登. → 그러나 제가 팔을 휘두르며 한 번 소리치자, 부상 당하고 병든 병사들이 모두 일어나, 칼을 들고 오랑캐를 향해 진격하여, 흉노의 기병들이 재빨리 달아났습니다. (우리는) 무기와 화살을 다 써버려, 사람들은 조그만 쇠붙이 하나도 지니지 못했지만, 그래도 또 머리에 투구도 쓰지 않은 채 고함을 지르며, 앞을 다투어 진격했습니다.
【振臂(진벽, zhèn bì)】: 팔을 휘두르다.
【創病(창병, chuāng bìng)】: [명사 용법] 부상 당하고 병든 사람.

震怒, 戰士爲陵飲血,³⁴ 單于謂陵不可復得, 便欲引還, 而賊臣教之, 遂使復戰, 故陵不免耳。³⁵

　昔高皇帝以三十萬衆, 困於平城。³⁶ 當此之時, 猛將如雲, 謀臣

【指虜(지로, zhǐ lǔ)】: 오랑캐를 향해 진격하다.〖指〗: 向. 향하다.
【胡馬(호마, hú mǎ)】: 오랑캐의 기병.
【奔走(분주, bēn zǒu)】: 재빨리 달아나다.
【人(인, rén)】: 사람들. 여기서는「병사들」을 가리킨다.
【尺鐵(척철, chǐ tiě)】: 작은 쇠붙이.
【猶(유, yóu)】: 그래도. 여전히.
【復(부, fù)】: 또. 다시.
【徒首(도수, tú shǒu)】: 빈 머리. 즉「머리에 투구를 쓰지 않은 상태」를 말한다.
【奮呼(분호, fèn hū)】: 고함을 지르다.
【先登(선등, xiān dēng)】: 먼저 오르다. 여기서는「앞을 다투어 진격하다」의 뜻.

34 當此時也, 天地爲陵震怒, 戰士爲陵飲血。 → 이때, 하늘과 땅은 저를 위해 진노했고, 병사들은 저를 위해 피눈물을 삼켰습니다.
【震怒(진노, zhèn nù)】: 진노하다. 몹시 노여워하다.
【飲血(음혈, yǐn xuè)】: 피눈물을 삼키다.

35 單于謂陵不可復得, 便欲引還, 而賊臣教之, 遂使復戰, 故陵不免耳。 → 선우는 저를 다시 사로잡을 수 없다고 생각하여, 바로 군사를 이끌고 돌아가려 했습니다. 그런데 배신자가 그들에게 (우리의 후원군이 없다는 사실을) 가르쳐 주어, 이에 곧 재차 교전을 했고, 그래서 저는 실패를 면할 수가 없었습니다.
【謂(위, wèi)】: 깨닫다. …라고 생각하다.
【便欲(변욕, biàn yù)…】: 바로 …하고자 하다.〖便〗: 바로. 곧.
【引還(인환, yǐn huán)】: 이끌고 돌아가다.
【賊臣(적신, zéi chén)】: 배신자. 역적. 여기서는「管敢」을 가리킨다. 관감은 본래 李陵의 軍侯[행군할 때 적의 동태를 살피는 직위]를 지냈으나, 校尉로부터 모욕을 당하자, 흉노로 달아나 투항하고 李陵의 후원군이 없다는 것을 흉노에게 알려줌으로써 퇴각하려던 선우가 다시 정예부대로 공격해 들어와, 이릉의 군사를 포위하여 전멸시켰다.
【之(지, zhī)】: [대명사] 그들. 즉「흉노」.

36 昔高皇帝以三十萬衆, 困於平城。 → 옛날에 高祖께서는 삼십만 대군을 가지고도, 平城에서 고난을 당하셨습니다.
【高皇帝(고황제, gāo huáng dì)】: 漢高祖 劉邦.
【平城(평성, píng chéng)】: [지명] 지금의 산서성 大同市 동북쪽. ※ 漢高祖 때, 韓信이 漢나라를 배반하고 흉노와 결탁한 사건이 있었다. 그러자 漢高祖 劉邦은 진노하여 親征에 나섰다가 平城에서 흉노에게 겹겹이 포위되었다. 7일이 지난 후에야 포위에서 풀려났고 양측은 전쟁을 멈추었다.

如雨, 然猶七日不食, 僅乃得免。³⁷ 況當陵者, 豈易爲力哉?³⁸ 而執事者云云, 苟怨陵以不死。然陵不死, 罪也。³⁹ 子卿視陵, 豈偸生之士, 而惜死之人哉?⁴⁰ 寧有背君親, 捐妻子, 而反爲利者乎? 然陵不死, 有所爲也。⁴¹ 故欲如前書之言, 報恩於國主耳。⁴² 誠以虛死不如立節,

37 當此之時, 猛將如雲, 謀臣如雨, 然猶七日不食, 僅乃得免。→ 그때, 猛將들이 구름처럼 모여들고, 지모 있는 신하들이 비가 오듯 많았지만, 그러나 여전히 이레 동안 먹지 못하고 나서, 겨우 고난을 면하셨습니다.
  【僅乃(근내, jǐn nǎi)】: 겨우. 간신히.
  【得免(득면, dé miǎn)】: 면할 수 있었다. 여기서는「포로를 면할 수 있었다」는 것을 말한다.

38 況當陵者, 豈易爲力哉? → 하물며 저와 같은 상황을 당해, 어찌 쉽게 힘을 쓸 수 있겠습니까?
  【況(황, kuàng)】: 하물며.
  【當(당, dāng)】: 당하다. 만나다.
  【爲力(위력, wéi lì)】: 힘을 쓰다. 역량을 펼치다.

39 而執事者云云, 苟怨陵以不死。然陵不死, 罪也。→ 그러나 조정 대신들은 이러쿵저러쿵 이야기하며, 제가 죽지 못한 것을 함부로 원망했습니다. 그렇지만, 제가 죽지 못한 것은, 죄입니다.
  【執事者(집사자, zhí shì zhě)】: 왕 주변에서 일을 처리하는 사람. 즉「조정 대신들」.
  【云云(운운, yún yún)】: 이러쿵저러쿵 이야기하다.
  【苟怨(구원, gǒu yuàn)】: 함부로 원망하다.
  【然(연, rán)】: 그렇지만.

40 子卿視陵, 豈偸生之士, 而惜死之人哉? → 子卿께서 저를 볼 때, (제가) 어찌 구차하게 살기를 추구하는 사람이며, 죽음을 애석하게 생각하는 사람입니까?
  【偸生(투생, tōu shēng)】: 구차하게 살기를 추구하다.

41 寧有背君親, 捐妻子, 而反爲利者乎? 然陵不死, 有所爲也。→ 또 어찌 임금과 어버이를 배반하고, 처자식을 버리는 것이, 오히려 이익이 된다고 여기는 사람이 있겠습니까? 그러나 제가 죽지 않은 것은, 할 일이 있었기 때문입니다.
  【寧(녕, nìng)】: 어찌.
  【捐(연, juān)】: 버리다.
  【反(반, fǎn)】: 오히려.

42 故欲如前書之言, 報恩於國主耳。→ 그래서 지난번 서신에 언급한 바와 같이, 임금께 은혜를 갚고자 하는 것뿐이었습니다.
  【於(어, yú)】: [개사] …에게.
  【耳(이, ěr)】: …뿐.

滅名不如報德也。⁴³ 昔范蠡不殉會稽之恥, 曹沫不死三敗之辱, 卒復句踐之讐, 報魯國之羞。⁴⁴ 區區之心, 竊慕此耳。⁴⁵ 何圖志未立而怨已成, 計未從而骨肉受刑? 此陵所以仰天椎心而泣血也。⁴⁶

43 誠以虛死不如立節, 滅名不如報德也。→ (저는) 실로 헛되이 죽는 것은 절조를 세우는 것만 못하고, 목숨을 끊는 것은 은덕에 보답하는 것만 못하다고 생각합니다.
【以(이, yǐ)】: 以爲. …라 여기다. …라고 생각하다.
【立節(입절, lì jié)】: 절조를 세우다.
【滅名(멸명, miè míng)】: 목숨을 끊다.

44 昔范蠡不殉會稽之恥, 曹沫不死三敗之辱, 卒復句踐之讐, 報魯國之羞。→ 옛날 范蠡는 會稽에서 치욕을 당할 때 순직하지 않았고, 曹沫은 (齊나라와 싸워) 세 번을 패하는 수모를 당했으나 죽지 않았는데, (범려는) 끝내 句踐의 원수를 갚고, (조말은) 魯나라의 치욕을 씻었습니다.
【范蠡(범려, fàn lǐ)】: [인명] 춘추시대 越나라 대부.
【殉(순, xùn)】: 순직하다. …에 목숨을 바치다.
【會稽之恥(회계지치, guì jī zhī chǐ)】: 會稽의 치욕. ※춘추시대 越王 句踐이 吳王 夫差와 會稽의 싸움에서 생포되어 굴욕을 당했던 일. 후에 구천은 범려의 계책을 써서 오나라와 강화한 후, 다시 7년 뒤에 끝내 吳나라를 멸망시켰다. 〖會稽〗: 지금의 절강성 紹興 동남쪽에 있는 산 이름.
【曹沫(조말, cáo mò)】: [인명] 춘추시대 魯나라 장수. 齊나라와 세 번 싸워 세 번 패하자, 노나라 蔣公이 두려워 땅을 齊나라에 바치고 화해했다. 그 후 노나라와 제나라가 柯지방에서 맹약을 맺을 때, 조말이 비수로 제나라 桓公을 위협하여 빼앗긴 땅을 되찾았다.
【卒(졸, zú)】: 끝내. 마침내.
【復(복, fù)…之讐(지수, zhī chóu)】: …의 원수를 갚다.
【報(보, bào)…之羞(지수, zhī xiū)】: …의 치욕을 씻다.

45 區區之心, 竊慕此耳。→ 저의 마음은, 남몰래 이러한 행위를 부러워할 뿐입니다.
【區區(구구, qū qū)】: [자신에 대한 겸칭] 저. 소인.
【竊(절, qiè)】: 남몰래. 슬그머니. ※판본에 따라서는「竊」을「切」이라 했다.

46 何圖志未立而怨已成, 計未從而骨肉受刑? 此陵所以仰天椎心而泣血也。→ 어찌 뜻이 이루어지기도 전에 원한이 이미 형성되고, 계획을 실천하기도 전에 혈육이 형벌받기를 꾀하였겠습니까? 이것이 바로 제가 하늘을 보고 가슴을 치며 피눈물을 흘리는 까닭입니다.
【何圖(하도, hé tú)…?】: 어찌 …을 꾀하였겠는가? 〖圖〗: 꾀하다. 도모하다.
【從(종, cóng)】: 실천하다. 실행하다.
【所以(소이, suǒ yǐ)…】: …한 까닭.
【椎心(추심, chuí xīn)】: 가슴을 치다. 〖椎〗: 棰. 槌. 치다. 두드리다.
【泣血(읍혈, qì xuè)】: 피눈물을 흘리다. 슬픔이 극도에 달하다.

足下又云:「漢與功臣不薄。」子爲漢臣, 安得不云爾乎?⁴⁷ 昔蕭、
樊囚繫, 韓、彭葅醢, 鼂錯受戮, 周、魏見辜;⁴⁸ 其餘佐命立功之士,
賈誼、亞夫之徒, 皆信命世之才, 抱將相之具, 而受小人之讒, 並受

---

47 足下又云:「漢與功臣不薄。」子爲漢臣, 安得不云爾乎? → 족하께서는 또 :「漢나라는 공신에게 후하게 대우한다.」라고 말씀하셨습니다. 그대는 한나라 신하인데, 어찌 이러한 사실을 말하지 않을 수 있습니까?
【與(여, yǔ)】: 대하다. 대우하다.
【不薄(불박, bù bó)】: 야박하지 않다. 후하다.
【安得(안득, ān dé)…】: 安能…. 어찌 …할 수 있는가?
【爾(이, ěr)】: [대명사] 그것. 이것. 즉「공신을 후하게 대우한다는 말」.

48 昔蕭、樊囚繫, 韓、彭葅醢, 鼂錯受戮, 周、魏見辜; → 예전에 蕭何와 樊噲는 구금을 당했고, 韓信과 彭越은 장조림이 되었으며, 鼂錯는 참수를 당하고, 周勃과 魏其侯 竇嬰은 죄를 받았습니다.
【蕭(소, xiāo)、樊(번, fán)】: [인명] 蕭何와 樊噲. 【蕭何】: 漢나라 高祖 때 丞相으로, 일찍이 高祖 劉邦에게 上林苑의 공터를 백성들에게 경작하도록 할 것을 건의했다가 고조의 분노를 사서 하옥되었으나, 후에 다른 대신들의 도움으로 겨우 석방되었다. 【樊噲】: 漢高祖 때의 武將으로, 공을 세워 舞陽侯에 봉해지고 좌승상을 지냈다. 그 후 유방이 병들었을 때, 어떤 자가 번쾌와 呂后가 작당하여 유방이 죽은 후에 戚夫人의 가족과 趙王 如意 등을 죽이려 한다는 말을 했다. 이에 유방이 陳平에게 명하여 번쾌를 죽이라고 했으나, 진평이 呂后를 두려워하여 번쾌만을 잡아 長安으로 압송했는데, 후에 여후에 의해 석방되었다.
【囚繫(수집, qiú zhí)】: 갇히다. 구금되다.
【韓(한, hán)、彭(팽, péng)】: [인명] 韓信과 彭越. ※ 이 두 사람은 한나라 高祖 때의 공신으로 모두 제후에 봉해졌으나, 후에 모반죄로 인해 죽임을 당했다.
【葅醢(저해, zū hǎi)】: 옛날에 사람을 잘게 썰어 장조림을 만드는 형벌의 하나.
【鼂錯(조착, cháo cuò)】: [인명] 漢나라 景帝 때 어사대부. 제후국 왕의 세력을 억제하기 위해 封地를 삭감하려다 일곱 나라의 제후들이 들고 일어나는 바람에, 景帝가 조착을 죽였다.
【周(주, zhōu)、魏(위, wèi)】: [인명] 周勃과 竇嬰. 【周勃】: 高祖 때 공을 세워 絳侯에 봉해지고, 文帝 때 우승상을 지냈다. 呂氏一族이 난을 일으키자, 陳平과 함께 呂氏를 평정하고 文帝를 세워 왕조를 안정시켰으나, 후에 모반한다고 참소당하여 옥에 갇혔다가 薄太后의 도움으로 석방되었다. 【竇嬰】: 漢나라 景帝 때 대장군을 지내면서 七國의 난을 평정한 공으로 魏其侯에 봉해졌고, 武帝 초기에 승상에 임명되었다가 얼마 되지 않아 면직되었다. 그 후 적대관계에 있던 승상 田蚡이 두영에게 군주를 비방한다는 누명을 씌워 처형했다.
【見辜(견고, jiàn gū)】: 죄를 받다. 【辜】: 罪. ※ 見+동사=피동형.

禍敗之辱, 卒使懷才受謗, 能不得展。⁴⁹ 彼二子之遐擧, 誰不爲之痛心哉?⁵⁰ 陵先將軍, 功略蓋天地, 義勇冠三軍, 徒失貴臣之意, 到身絶域之表。⁵¹ 此功臣義士所以負戟而長歎者也! 何謂不薄哉?⁵²

49 其餘佐命立功之士, 賈誼・亞夫之徒, 皆信命世之才, 抱將相之具, 而受小人之讒, 並受禍敗之辱, 卒使懷才受謗, 能不得展。→ 그 밖에 천자를 도와 공을 세운 사람들 가운데, 賈誼・周亞夫 같은 이들은, 모두가 실로 세상에서 뛰어난 인재로, 재상과 장군이 될 만한 재능을 지녔는데, 소인배들의 참소를 당하고, 또 재난과 실패의 치욕을 당함으로써, 끝내 재능을 지닌 사람들로 하여금 비방을 받아, 능력을 펼칠 수 없도록 하였습니다.
【佐命(좌명, zuǒ mìng)】: 천자를 보좌하는 사람.
【賈誼(가의, jiǎ yì)】: [인명] 西漢 시대의 문인이자 정치가. 다재다능하여 漢文帝가 公卿으로 삼으려 했으나, 周勃・灌嬰・張相如・馮敬 등이 그를 참소하여 한문제가 그를 멀리하고 등용하지 않아 우울증에 빠져 죽고 말았다. 저서로《治安策》,《新書》,《過秦論》등이 있다.
【亞夫(아부, yà fū)】: [인명] 周亞夫. 周勃의 아들. 漢文帝 때의 명장으로 條侯에 봉해졌다. 景帝 때 吳・楚가 반란을 일으키자, 이를 평정하고 승상이 되었다. 그 후 梁孝王과 사이가 벌어져 양효왕이 항상 그를 헐뜯자 병을 핑계로 재상을 그만두고, 또 아들의 일로 인해 투옥되자 단식하고 죽었다.
【信(신, xìn)】: 확실히. 실로.
【命世(명세, mìng shì)】: 세상에 이름을 날리다. 『命』: 名. 이름.
【抱將相之具(포장상지구, bào jiàng xiàng zhī jù)】: 큰 인물이 될 재능을 지니다. 『抱』: 품다. 지니다. 『將相』: 장군과 재상. 큰 인물. 『具』: 才器. 재능.
【並(병, bìng)】: 아울러. 그리고. 또한.
【禍敗之辱(화패지욕, huò bài zhī rǔ)】: 재난과 실패의 치욕.
【卒(졸, zú)】: 끝내. 결국.
【使(사, shǐ)】: …하여금 …하도록 하다.
【謗(방, bàng)】: 비방하다. 헐뜯다.
【不得(부득, bù dé)】: 不能. …할 수 없다.

50 彼二子之遐擧, 誰不爲之痛心哉? → (賈誼와 周亞夫) 그 두 사람의 죽음에 대해, 어느 누가 그들을 위해 마음 아파하지 않겠습니까?
【二子(이자, èr zǐ)】: 두 사람. 즉「賈誼와 周亞夫」.
【遐擧(하거, xiá jǔ)】: 멀리 떠나다. 여기서는「죽음」을 뜻한다.

51 陵先將軍, 功略蓋天地, 義勇冠三軍, 徒失貴臣之意, 到身絶域之表。→ 저의 祖父 李廣 장군께서는, 공로가 천지를 덮을 듯했고, 의용이 三軍에서 으뜸이었으나, 다만 권세가의 환심을 잃고, 멀리 국경 밖에서 자결하셨습니다.
【先將軍(선장군, xiān jiāng jūn)】: 이릉의 祖父 李廣 장군을 가리킨다.
※ 李廣이 北平太守로 있을 때, 흉노가 그를 두려워하여 수년 동안 침략하지 못했다고

권6 한문漢文 *591*

且足下昔以單車之使, 適萬乘之虜, 遭時不遇, 至於伏劍不顧;
流離辛苦, 幾死朔北之野.⁵³ 丁年奉使, 皓首而歸, 老母終堂, 生妻

한다. 그러나 元狩 4年(B.C. 119) 대장군 衛靑을 따라 흉노로 출정했다가, 길을 잃어
질책을 당하자 스스로 목숨을 끊었다.
【功略(공략, gōng lüè)】: 공로와 才略.
【冠(관, guàn)】: 으뜸가다.
【徒(도, tú)】: 다만.
【貴臣(귀신, guì chén)】: 권세가. 여기서는 衛靑을 가리킨다.
【剄身(경신, jǐng shēn)】: 자살하다. 스스로 목숨을 끊다.
【絶域之表(절역지표, jué yù zhī biǎo)】: 멀리 국경 밖. 【絶域】: 먼 곳. 【表】: 外. ㅂ-겉.

52 此功臣義士所以負戟而長歎者也! 何謂不薄哉? → 이것이 바로 공신과 義士들이 창을 등
에 지고 길게 탄식하는 까닭입니다! 그런데 어찌 후하다고 말할 수 있겠습니까?
【所以(소이, suǒ yǐ)…】: …한 까닭.
【負戟而長歎(부극이장탄, fù jǐ ér cháng tàn)】: 창을 등에 지고 길게 탄식하다. 즉「사기
가 떨어져 의욕을 상실한 모습」을 말한다.

53 且足下昔以單車之使, 適萬乘之虜, 遭時不遇, 至於伏劍不顧; 流離辛苦, 幾死朔北之野.
→ 또한 족하께서는 전에 단신으로 수레를 타고 사신의 신분으로, 강대한 적지에 들어
가, 불리한 때를 만나, 칼을 뽑아 자살할 정도로 목숨을 돌보지 못하는 처지에 이르기도
하고; 이리저리 떠돌며 고생하다가 북쪽의 들판에서 거의 죽을 고비를 넘기기도 하셨
습니다.
【且(차, qiě)】: 또한. 그리고.
【單車之使(단거지사, dān jū zhī shǐ)】: 수행원 없이 단신으로 수레를 타고 가는 사신.
【適(적, shì)】: 往. 가다. 떠나다.
【萬乘(만승, wàn shèng)】: 천자의 신분. ※고대 周나라의 제도에서 천자는 만 대의 兵
車를 보유하고, 제후는 천 대의 兵車를 보유함으로써 유래된 말. 여기서는 강대함을
가리킨다.
【虜(로, lǔ)】: [적에 대한 輕稱] 오랑캐.
【伏劍(복검, fú jiàn)】: 칼에 엎어지다. 자살하다.
※蘇武가 사신으로 흉노에 온 후, 흉노의 丁令王 衛律이 소무에게 항복을 강요했다. 소
무가 절조를 굽히고 삶을 택한다면, 살아난들 무슨 면목으로 귀국할 것인가를 걱정
하며 칼을 뽑아 자신을 찌르자, 衛律이 놀라 소무를 붙잡는 바람에 죽지 못했다.
【不顧(불고, bù gù)】: 돌보지 않다.
【流離(유리, liú lí)】: 이리저리 떠돌다.
【幾(기, jī)】: 거의.
【朔北(삭북, shuò běi)】: 북방. 여기서는「흉노 지역」을 뜻한다. ※蘇武가 위협과 회유에
도 불구하고 항복을 거절하자, 소무를 황량하고 인적이 없는 北海로 보내 소무가 그곳
에서 양을 치며 지냈는데, 양식이 끊겨 거의 아사할 지경이었다.

去帷。⁵⁴ 此天下所希聞, 古今所未有也。⁵⁵ 蠻貊之人, 尙猶嘉子之節, 況爲天下之主乎?⁵⁶ 陵謂足下, 當享茅土之薦, 受千乘之賞。⁵⁷ 聞子之歸, 賜不過二百萬, 位不過典屬國, 無尺土之封, 加子之勤。⁵⁸ 而

54 丁年奉使, 皓首而歸, 老母終堂, 生妻去帷。→ 젊어서 사신으로 갔다가, 백발이 되어 돌아오니, 노모는 돌아가시고, 살아 있던 아내도 개가하였습니다.
  【丁年(정년, dīng nián)】: 壯年. 젊은 시절.
  【奉使(봉사, fèng shǐ)】: 사신으로 나가다.
  【皓首(호수, hào shǒu)】: 백발이 되다.
  【終堂(종당, zhōng táng)】: 죽다. ※ 세속에서 어머니가 살아있으면「在堂」이라 하고, 어머니가 돌아가시면「終堂」이라 했다.
  【去帷(거유, qù wéi)】: 휘장을 없애다. 즉「改嫁하다」의 완곡한 표현.

55 此天下所希聞, 古今所未有也。→ 이는 천하에 드문 일로, 고금을 통해서도 없었던 일입니다.
  【希聞(희문, xī wén)】: 드문 일. 〖希〗: 稀. 드물다.

56 蠻貊之人, 尙猶嘉子之節, 況爲天下之主乎? → 오랑캐 사람들도, 또한 그대의 절개를 치하했는데, 하물며 천자께서는 얼마나 칭찬하셨겠습니까?
  【蠻貊(만맥, mán mò)】: 오랑캐. 여기서는「흉노」를 가리킨다.
  【尙猶(상유, shàng yóu)】: 또한. 여전히.
  【嘉(가, jiā)】: 치하하다. 칭찬하다.
  【況(황, kuàng)】: 하물며.

57 陵謂足下, 當享茅土之薦, 受千乘之賞。→ 저는 족하께서 제후에게 분봉하는 예우를 누려, 千乘에 해당하는 상을 받아야 한다고 생각합니다.
  【謂(위, wèi)】: …라 여기다. …라고 생각하다.
  【當享(당향, dāng xiǎng)】: 마땅히 누리다.
  【茅土(모토, máo tǔ)】: 토지 분봉의 의식. ※ 고대 황제의 祭祀壇은 다섯 가지 색의 흙으로 만들어졌다. 제후에게 分封할 때, 제후가 서있는 방향의 흙을 띠풀로 싸서 분봉 제후에게 주어, 분봉의 상징으로 삼았다.
  【薦(천, jiàn)】: 추천. 천거. 여기서는「은전, 예우」를 뜻한다.
  【千乘之賞(천승지상, qiān shèng zhī shǎng)】: 제후에 해당하는 상. 〖千乘〗: 옛날 周나라의 제도에서 제후는 천 대의 兵車를 보유할 수 있었으므로, 제후국을「千乘之國」이라 했다.

58 聞子之歸, 賜不過二百萬, 位不過典屬國, 無尺土之封, 加子之勤。→ 그대가 귀국하여, 하사받은 것은 겨우 이백만 錢에 불과하고, 직위는 典屬國에 불과했으며, 조그만 땅의 봉지도 없이, 그대의 노고를 격려했다고 들었습니다.
  【典屬國(전속국, diǎn shǔ guó)】: [관직] 야만인을 다스리는 벼슬 이름.
  【加(가, jiā)】: 위로하다. 격려하다.

妨功害能之臣, 盡爲萬戶侯; 親戚貪佞之類, 悉爲廊廟宰。⁵⁹ 子尙如此, 陵復何望哉?⁶⁰

且漢厚誅陵以不死, 薄賞子以守節, 欲使遠聽之臣, 望風馳命, 此實難矣。⁶¹ 所以每顧而不悔者也。⁶² 陵雖孤恩, 漢亦負德。⁶³ 昔人有

【勤(근, qín)】: 노고. 공로.

59 而妨功害能之臣, 盡爲萬戶侯; 親戚貪佞之類, 悉爲廊廟宰。→ 그리고 공적을 방해하고 능력 있는 사람을 해치는 신하들은, 모두 만 호(戶)의 제후가 되고; 황제의 친척들과 아첨하는 무리들은, 모두 조정의 대신이 되었습니다.
【盡(진, jìn)】: 모두. 다.
【貪佞(탐녕, tān nìng)】: 탐욕하고 아첨하다.
【悉(실, xī)】: 모두. 다.
【廊廟宰(낭묘재, láng miào zǎi)】: 조정 대신.

60 子尙如此, 陵復何望哉?→ 그대가 오히려 이러할진대, 제가 또 무엇을 바라겠습니까?
【尙(상, shàng)】: 오히려.
【復(부, fù)】: 또. 다시.

61 且漢厚誅陵以不死, 薄賞子以守節, 欲使遠聽之臣, 望風馳命, 此實難矣。→ 또한 漢王朝는 제가 절개를 지켜 죽지 않은 것을 엄벌에 처하고, 그대가 절개를 지킨 것에 대해 푸대접했는데, 먼 곳에서 이런 소식을 듣는 신하로 하여금, 소문을 듣고 달려가 목숨을 바쳐 일하도록 요구한다면, 이는 실로 어려운 일입니다.
【厚誅(후주, hòu zhū)】: 엄벌하다.
【薄賞(박상, bó shǎng)】: 푸대접하다. 박하게 포상하다.
【欲使(욕사, yù shǐ)…】: …하여금 …하도록 요구하다.
【遠聽之臣(원청지신, yuǎn tīng zhī chén)】: 멀리서 소식을 듣는 신하. 여기서는「이릉 자신」을 말한다.
【望風(망풍, wàng fēng)】: 소문을 듣다.
【馳命(치명, chí mìng)】: 달려가 목숨을 바쳐 일하다.

62 所以每顧而不悔者也。→ 이런 일들이 제가 매번 돌이켜보아도 후회하지 않는 까닭입니다.
【所以(소이, suǒ yǐ)…】: …한 까닭.
【顧(고, gù)】: 돌아보다.

63 陵雖孤恩, 漢亦負德。→ 제가 비록 은혜를 저버렸다고 하지만, 漢王朝 역시 덕을 저버렸습니다.
【孤(고, gū)】: 負. 배반하다. 저버리다.
【負(부, fù)】: 저버리다.

言:「雖忠不烈, 視死如歸。」⁶⁴ 陵誠能安, 而主豈復能眷眷乎?⁶⁵ 男兒生以不成名, 死則葬蠻夷中, 誰復能屈身稽顙, 還向北闕, 使刀筆之吏弄其文墨邪?⁶⁶ 願足下勿復望陵!⁶⁷

嗟乎! 子卿! 夫復何言! 相去萬里, 人絶路殊, 生爲別世之人, 死爲異域之鬼, 長與足下生死辭矣!⁶⁸ 幸謝故人, 勉事聖君。⁶⁹ 足下

---

64 昔人有言:「雖忠不烈, 視死如歸。」→ 옛사람이 말하길:「설사 충신이 장렬한 행동을 하지 않는다 해도, 죽음을 두려워하지는 않는다.」라고 했습니다.

65 陵誠能安, 而主豈復能眷眷乎? → 저는 진실로 마음 편히 절개를 지켜 죽을 수 있지만, 그러나 임금께서는 어찌 또 저를 못 잊어 그리워하시겠습니까?
 【誠(성, chéng)】: 정말. 진실로.
 【能安(능안, néng ān)】: 편안할 수 있다. 즉「마음 편히 절개를 지켜 죽을 수 있다」의 뜻.
 【眷眷(권권, juàn juàn)】: 못 잊어 그리워하는 모양.

66 男兒生以不成名, 死則葬蠻夷中, 誰復能屈身稽顙, 還向北闕, 使刀筆之吏弄其文墨邪? → 남자가 살아서 이름을 내지 못하고, 죽어서 오랑캐 땅에 묻히는 처지인데, 어느 누가 다시 몸을 굽혀 이마가 닿도록 큰절을 하고, 조정으로 돌아가, 옥리로 하여금, (죄과에 대해 이러쿵저러쿵) 그들의 글재주를 부리게 할 수 있겠습니까?
 【稽顙(계상, qǐ sǎng)】: 큰절. ※ 옛날 상을 치를 때 빈객을 맞아 하는 절로, 무릎을 굽히고 이마가 땅에 닿도록 하는 절.
 【北闕(북궐, běi què)】: 궁궐의 북쪽 건물. ※ 신하가 왕을 알현하기 위해 기다리거나, 상소를 올리던 곳. 여기에서는「조정」이라는 뜻으로 쓰였다.
 【刀筆之吏(도필지리, dāo bǐ zhī lì)】: 獄吏.
 【弄其文墨(농기문묵, lòng qí wén mò)】: 그들의 글재주를 부리다.

67 願足下勿復望陵。→ 족하께서는 제가 漢나라로 돌아오기를 다시 기대하지 마시기 바랍니다.
 【願(고, yuàn)】: 원하다. 바라다. 희망하다.
 【勿(물, wù)】: …하지 말라. …해서는 안 된다.
 【復(부, fù)】: 다시. 또.
 【望(망, wàng)】: 기대하다. 즉「한나라로 돌아오기를 기대하다」의 뜻.

68 嗟乎! 子卿! 夫復何言! 相去萬里, 人絶路殊, 生爲別世之人, 死爲異域之鬼, 長與足下生死辭矣! → 아! 子卿이여! 또 무슨 할 말이 있겠습니까? 서로 만 리나 떨어져, 사람의 왕래가 단절되고 길도 달라, 살아서는 다른 세상의 사람이 되고, 죽어서는 이역의 귀신이 될 것이니, 영원히 족하와 생사를 함께하지 못하게 되었습니다!
 【夫(부, fú)】:[발어사] 대저. 무릇.
 【相去(상거, xiāng qù)】: 서로 떨어지다.

胤子無恙, 勿以爲念。努力自愛。時因北風, 復惠德音。李陵頓首。[70]

> 번역문

소무(蘇武)에게 답하는 글

자경(子卿) 족하:

부지런히 미덕을 선양하고 태평시대에 관직생활을 하며 명성을 아름답게 드날리니 실로 다행한 일입니다, 실로 다행한 일입니다. 멀리 다른 나라

【路殊(노수, lù shū)】: 길이 다르다.
【辭(사, cí)】: 하직하다. 이별하다.

69 幸謝故人, 勉事聖君。→ 옛 친구들이 聖君을 섬기는 데 힘쓰는 것을 다행스럽고 감사하게 생각합니다.
【幸謝(행사, xìng xiè)】: 다행스럽고 감사하게 생각하다.
【故人(고인, gù rén)】: 옛 친구. 즉「소무를 비롯하여 이릉과 절친했던 대장군 霍光・左將軍 上官桀과 任立政 등」을 말한다.
【勉(면, miǎn)】: 힘쓰다.
【事(사, shì)】: 섬기다.

70 足下胤子無恙, 勿以爲念。努力自愛。時因北風, 復惠德音。李陵頓首。→ 족하의 아들은 별일 없으니, 걱정하지 마십시오. 自重自愛 하시기 바랍니다. 때때로 북으로 불어오는 바람 편에 의탁하여, 다시 소식 보내주시기 바랍니다. 李陵이 머리 숙여 올립니다.
【胤子(윤자, yìn zǐ)】: 後嗣. 아들.
 ※ 蘇武가 흉노에 있을 때, 부인을 얻어 아들을 낳아 이름을 通國이라 했는데, 소무가 귀국하면서 흉노에 두고 왔으나 후에 漢으로 데려왔다.
【無恙(무양, wú yàng)】: 無病하다. 별 탈이 없다.
【勿以爲念(물이위념, wù yǐ wéi niàn)】: 염려하지 마십시오.
【因(인, yīn)】: …을 틈타. …편을 이용하여.
【惠(혜, huì)】: [피동 용법] 베풀어 주다.
【德音(덕음, dé yīn)】: 답장. 소식.
【頓首(돈수, dùn shǒu)】: [편지 끝에 경의를 표하기 위해 쓰는 말] 머리 숙여 올림.

에 몸을 의탁하는 것은 옛사람들이 슬퍼했던 일입니다. (친구를) 멀리서 바라보며 마음속으로 생각하니 어찌 그립지 않겠습니까? 지난날 (저를) 버리지 않고 멀리서 황송하게도 답장을 보내주시어 정성을 다해 위로하고 가르쳐 주시는 모습이 혈육을 능가하니, 제가 비록 불민하다 해도 어찌 감개하지 않을 수 있겠습니까?

처음 적에게 항복한 때로부터 지금에 이르기까지 몸이 곤궁한 상황에 처하여 홀로 앉아 근심하고 괴로워했습니다. 하루 종일 아무것도 보지 못하고 오직 다른 것들만 보였습니다. 가죽 토시와 모전(毛氈)으로 만든 장막으로 비바람을 피하고, 노린내 나는 고기와 유즙(乳汁)으로 허기와 갈증을 채우며, 고개를 들어 담소하고자 하지만 누구와 더불어 즐기겠습니까? 오랑캐 땅에는 얼음이 두껍게 얼고 변방의 땅은 참담하게 갈라져 있는데, 다만 가을바람의 쓸쓸한 소리만 들릴 뿐입니다. 싸늘한 가을 9월이 오면 변방의 풀은 시들어 버리고, 밤중에 잠을 이루지 못해 귀를 기울여 멀리서 나는 소리를 듣노라면, 오랑캐의 갈대 피리 소리 서로 화답하고 방목하는 말들 슬프게 울부짖는데, 피리 소리와 울부짖는 소리가 한데 무리 지어 이러한 변방의 소리가 사방에서 울려 퍼집니다. 아침에 앉아서 그 소리를 들으면 저도 모르게 눈물이 흐릅니다. 아! 자경이여! 저 혼자 무슨 남다른 마음을 지녔다고 슬퍼하지 않을 수 있겠습니까?

그대와 헤어진 후 더욱더 무료함을 느낍니다. 위로 노모를 생각하면 인생의 말년에 죽임을 당하시고, 처자식은 죄가 없이 모두 함께 불의(不義)로 취급되어 살육을 당했으며, 저 자신은 나라의 은혜를 배반하여 세상 사람들에게 비탄(悲歎)을 받았습니다. 그대는 귀국하여 영예를 얻었으나 저는 이곳에 남아 수모를 당하고 있으니, 운명이 어찌 이러합니까? 예의를 중시하는 고장의 출신이 무지몽매한 곳에 빠져들어 임금과 부모의 은혜를 저버리고 종신토록 오랑캐 지역에 사는 신세가 되어 마음이 아픕니다! 그리고 선친의 후계자로 하여금 오랑캐 족속이 되도록 하였으니 더욱 자신이 슬퍼집니다! (저의) 공은 크고 죄는 작은데, (주상의) 현명하신 보살핌을 받지 못하여 (나라에 보답하려는) 저의 조그마한 성의마저 저버렸습니다. 매번 생각이 여기까지 미치면 문득 살고 싶은 마음이 없습니다. 제가 심장을 찔러 자결하여 스스로 밝히고, 목을 잘라 자결하여 의지를 보이는 것이 어려운 일은 아니지만, 그러나 나라가 나에 대해 이미 의절해 버렸으니 죽은들 이로울 것이 없고 마침 치욕을 더하기에 충분하여, 그래서 매번 팔을 걷어붙이고 굴욕을 참아가며 항상 또다시 구차하게 살아가고 있습니다. 주위의 사람들은 제가 이러는 것을 보고 귀에 거슬리는 오락거리를 가지고 찾아와 저를 위로합니다. 그러나 이국의 오락은 다만 사람을 슬프게 하고 근심을 더해줄 뿐입니다.

　아! 자경이여! 사람이 서로 아는 데 있어서, 고귀한 것은 서로 마음을 아는 것입니다. 지난번 서신은 창졸간에 써서 마음에 생각했던 바를 다 언급하지 못했기에, 그래서 다시 대략 그것을 말씀드립니다. 전에 선제(先帝)께서 저에게 보병 오천을 주시어 먼 지역까지 출정했으나, 다섯 장군이 길을 잘못 들어 저 혼자 적을 맞아 전투에 임했습니다. 만 리 길의 양식을 꾸려 가지고 보병을 통솔하여, 한(漢)나라 국경을 떠나 강대한 오랑캐 지역에 들어가 오천의 군사로 십만 대군에 대항하며, 피로에 지친 병사를 채찍질하여 새로 투입된 (흉노의) 기병을 막았습니다. 그러나 여전히 적장의 머리를 베고 적의 깃발을 빼앗으며 패주하는 적을 추격하여 흔적을 없애고 먼지를 쓸어내듯, 적의 용장(勇將)을 베어 우리의 모든 군사들로 하여금 죽음을 두려워하지 않게 했습니다. 제가 능력이 부족하여 큰 임무를 맡아본 적이 드물지만, 마음속으로 이번에는 공로가 대단했다고 생각했습니다.

흉노는 실패한 후 거국적으로 군대를 일으켜 다시 정병을 훈련했는데, 그 수가 십만이 넘었고, 선우(單于)가 전투에 임하여 친히 (우리의 군사를) 포위했습니다. 우리 군대와 흉노군의 형세는 이미 상대가 되지 않았고, 우리 보병과 흉노 기병의 세력 또한 매우 큰 차이가 났습니다. 지친 병사들이 다시 싸움에 임하면서 한 사람이 천 명을 감당해야 했지만, 그러나 오히려 상처를 부여잡고 고통을 참으며 사생결단으로 적의 목을 베고자 다투었습니다. 사상자가 들판에 가득 쌓이고 살아남은 사람은 백 명도 되지 않았으며, 또한 모두가 병을 앓는 몸으로 전쟁에 임할 수가 없었습니다. 그러나 제가 팔을 휘두르며 한 번 소리치자, 부상 당하고 병든 병사들이 모두 일어나 칼을 들고 오랑캐를 향해 진격하여 흉노의 기병들이 재빨리 달아났습니다. (우리는) 무기와 화살을 다 써버려서 사람들은 조그만 쇠붙이 하나도 지니지 못했지만, 그래도 또 머리에 투구도 쓰지 않은 채 고함을 지르며 앞을 다투어 진격했습니다. 이때, 하늘과 땅은 저를 위해 진노했고 병사들은 저를 위해 피눈물을 삼켰습니다. 선우는 저를 다시 사로잡을 수 없다고 생각하여 바로 군사를 이끌고 돌아가려 했습니다. 그런데 배신자가 그들에게 (우리의 후원군이 없다는 사실을) 가르쳐 주어 이에 곧 재차 교전을 했고, 그래서 저는 실패를 면할 수가 없었습니다.

옛날에 고조(高祖)께서는 삼십만 대군을 가지고도 평성(平城)에서 고난을 당하셨습니다. 그때 맹장(猛將)들이 구름처럼 모여들고 지모 있는 신하들이 비가 오듯 많았지만, 그러나 여전히 이레 동안 먹지 못하고 나서 겨우 고난을 면하셨습니다. 하물며 저와 같은 상황을 당해 어찌 쉽게 힘을 쓸 수 있겠습니까? 그러나 조정 대신들은 이러쿵저러쿵 이야기하며 제가 죽지 못한 것을 함부로 원망했습니다. 그렇지만 제가 죽지 못한 것은 죄입니다. 자경께서 저를 볼 때, (제가) 어찌 구차하게 살기를 추구하는 사람이며, 죽음을 애석하게 생각하는 사람입니까? 또 어찌 임금과 어버이를 배반하고 처자식을 버리는 것이 오히려 이익이 된다고 여기는 사람이 있겠습니까? 그러나 제가 죽지 않은 것은 할 일이 있었기 때문입니다. 그래서 지난번 서신에 언급한 바와 같이, 임금께 은혜를 갚고자 하는 것뿐이었습니다. (저는) 실로 헛되이 죽는 것은 절조를 세우는 것만 못하고, 목숨을 끊는 것은 은덕에 보답하는 것만 못하다고 생각합니다. 옛날 범려(范蠡)는 회계(會稽)에서 치욕을 당할 때 순직하지 않았고, 조말(曹沫)은 제(齊)나라와 싸워 세 번을 패하는 수모를 당했으나 죽지 않았는데, (범려는) 끝내 구천(句踐)의 원수를 갚고, (조말은) 노(魯)나라의 치욕을 씻었습니다. 저의 마음은 남몰래 이러한 행위를 부러워할 뿐입니다. 어찌 뜻이 이루어지기도 전에 원한이 이미 형성되고, 계획을 실천하기도 전에 혈육이 형벌받기를 꾀하였겠습니까? 이것이 바로 제가 하늘을 보고 가슴을 치며 피눈물을 흘리는 까닭입니다.

족하께서는 또 : 「한(漢)나라는 공신에게 후하게 대우한다.」라고 말씀하셨습니다. 그대는 한나라 신하인데, 어찌 이러한 사실을 말하지 않을 수 있습니까? 예전에 소하(蕭何)와 번쾌(樊噲)는 구금을 당했고, 한신(韓信)과 팽월(彭越)은 장조림이 되었으며, 조착(晁錯)은 참수를 당하고, 주발(周勃)과 위기후(魏其侯) 두영(竇嬰)은 죄를 받았습니다. 그 밖에 천자를 도와 공을 세운 사람들 가운데 가의(賈誼)・주아부(周亞夫) 같은 이들은 모두가 실로 세상에서 뛰어난 인재들로, 재상과 장군이 될 만한 재능을 지녔는데, 소인배들의 참소를 당하고 또 재난과 실패의 치욕을 당함으로써, 끝내 재능을 지닌 사람들로 하여금 비방을 받아 능력을 펼칠 수 없도록 하였습니다. (가의와 주아부) 그 두 사람의 죽음에 대해 어느 누가 그들을 위해 마음 아파하지 않겠습니까? 저의 조부(祖父) 이광(李廣) 장군께서는 공로가 천지를 덮을

듯했고 의용이 삼군(三軍)에서 으뜸이었으나, 다만 권세가의 환심을 잃고 멀리 국경 밖에서 자결하셨습니다. 이것이 바로 공신과 의사(義士)들이 창을 등에 지고 길게 탄식하는 까닭입니다! 그런데 어찌 후하다고 말할 수 있겠습니까?

또한 족하께서는 전에 단신으로 수레를 타고 사신의 신분으로 강대한 적지에 들어가, 불리한 때를 만나 칼을 뽑아 자살할 정도로 목숨을 돌보지 못하는 처지에 이르기도 하고, 이리저리 떠돌며 고생하다가 북쪽의 들판에서 거의 죽을 고비를 넘기기도 하셨습니다. 젊어서 사신으로 갔다가 백발이 되어 돌아오니, 노모는 돌아가시고 살아 있던 아내도 개가하였습니다. 이는 천하에 드문 일로 고금을 통해서도 없었던 일입니다. 오랑캐 사람들도 또한 그대의 절개를 치하했는데, 하물며 천자께서는 얼마나 칭찬하셨겠습니까? 저는 족하께서 제후에게 분봉하는 예우를 누려 천승(千乘)에 해당하는 상을 받아야 한다고 생각합니다. 그대가 귀국하여 하사받은 것은 겨우 이백만 전(錢)에 불과하고 직위는 전속국(典屬國)에 불과했으며, 조그만 땅의 봉지도 없이 그대의 노고를 격려했다고 들었습니다. 그리고 공적을 방해하고 능력 있는 사람을 해치는 신하들은 모두 만 호(戶)의 제후가 되고, 황제의 친척들과 아첨하는 무리들은 모두 조정의 대신이 되었습니다. 그대가 오히려 이러할진대, 제가 또 무엇을 바라겠습니까?

또한 한왕조(漢王朝)는 제가 절개를 지켜 죽지 않은 것을 엄벌에 처하고 그대가 절개를 지킨 것에 대해 푸대접했는데, 먼 곳에서 이런 소식을 듣는 신하로 하여금 소문을 듣고 달려가 목숨을 바쳐 일하도록 요구한다면, 이는 실로 어려운 일입니다. 이런 일들이 제가 매번 돌이켜보아도 후회하지 않는 까닭입니다. 제가 비록 은혜를 저버렸다고 하지만 한왕조(漢王朝) 역시 덕을 저버렸습니다. 옛사람이 말하길 :「설사 충신이 장렬한 행동을 하지 않는다 해도 죽음을 두려워하지는 않는다.」라고 했습니다. 저는 진실로 마음 편히 절개를 지켜 죽을 수 있지만, 그러나 임금께서는 어찌 또 저를 못 잊어 그리워하시겠습니까? 남자가 살아서 이름을 내지 못하고 죽어서 오랑캐 땅에 묻히는 처지인데, 어느 누가 다시 몸을 굽혀 이마가 닿도록 큰 절을 하고 조정으로 돌아가 옥리(獄吏)로 하여금 (죄과에 대해 이러쿵저러쿵) 그들의 글재주를 부리게 할 수 있겠습니까? 족하께서는 제가 한(漢)나라로 돌아오기를 다시 기대하지 마시기 바랍니다.

아! 자경이여! 또 무슨 할 말이 있겠습니까? 서로 만 리나 떨어져 사람의 왕래가 단절되고 길도 달라, 살아서는 다른 세상의 사람이 되고 죽어서는 이역의 귀신이 될 것이니 영원히 족하와 생사를 함께하지 못하게 되었습니다! 옛 친구들이 성군(聖君)을 섬기는 데 힘쓰는 것을 다행스럽고 감사하게 생각합니다. 족하의 아들은 별일 없으니 걱정하지 마십시오. 자중자애(自重自愛)하시기 바랍니다. 때때로 북으로 불어오는 바람 편에 의탁하여 다시 소식 보내주시기 바랍니다. 이릉(李陵)이 머리 숙여 올립니다.

해제解題 및 본문 요지 설명

소무(蘇武 : B.C. ?~B.C. 60)는 서한(西漢) 두릉(杜陵)[지금의 섬서성 서안(西安) 동남쪽] 사람으로, 한무제(漢武帝) 때 낭(郞)을 지냈는데 무제(武帝) 천한(天漢) 원년(B.C. 100) 사신으로 흉노에 갔다가 그곳에 억류되었다. 흉노의 귀족들은 그를 위협하기도 하고 갖은 재물로 유혹하기도 했으나 단호히 거절하며 지조를 지켰다. 한편 소무가 사신으로 나간 이듬해에 이광리(李廣利) 장군 휘하의 선봉장으로 흉노 정벌에 나섰던 이릉은 중과부적으로 포로가 되어 항복하고 흉노에서 살게 되었다. 이렇게 하여 이릉과 소무는 흉노 땅에서 자주 만날 수 있었다. 소무는 19년 동안 억류되어 북해(北海)[지금의 러시아 국경 바이칼 호수] 부근의 흉노 땅에서 양을 치며 지내다가 한 소제(漢昭帝) 시원(始元) 6년(B.C. 81) 흉노와의 화친을 계기로 석방되어 본국으로 돌아왔다. 소제(昭帝)는 그의 절개를 가상히 여겨 그를 전속국(典屬國)으로 임명했다.

본문은 소무가 흉노로부터 귀국하여 관직에 오른 뒤 흉노에 남아있는 이릉에게 편지를 보내 고국으로 돌아오도록 권한 데 대해 이릉이 소무에게 답한 것이다.

본문은 모두 여덟 단락으로 나눌 수 있는데, 첫째 단락에서는 흉노의 풍속·민정(民情)·인물 등이 한(漢)나라와 달라 나그네의 마음을 상하게 하는 서글픔을 말했고; 둘째 단락에서는 나라와 임금, 어머니와 아내, 그리고 친구들을 그리워하며 자신이 겪고 있는 비통함을 말했고; 셋째 단락에서는 자신이 소수의 병력을 거느리고 흉노의 대군과 싸워 세운 공을 말했고; 넷째 단락에서는 참혹하고 격렬했던 전투 상황과 아울러 부득이 항복해야 했던 불가항력의 상황을 말했고; 다섯째 단락에서는 포로가 되어 즉시 나라를 위해 목숨을 바치지 못한 까닭이 훗날 나라에 보답할 더 좋은 때를 기다리기 위한 것이었으나 조정의 양해를 얻지 못한 자신의 안타까운 심정을 말했고; 여섯째 단락에서는 공신들에 대한 조정의 야박한 예우를 꾸짖었고; 일곱째 단락에서는 소무의 공로에 비해 보상이 적어 자신으로 하여금 귀국에 대한 미련을 접도록 했다는 것을 말했고; 마지막 단락에서는 다시 귀국하여 굴욕을 당하지 않겠다는 의지를 말했다.

이 글의 작자에 대해 유지기(劉知幾)·소식(蘇軾) 등을 비롯하여 후인의 위작으로 보는 견해가 있으나, 작자의 진위 여부를 떠나 본문의 내용만을 가지고 본다면 한마디 한마디의 표현이 매우 간곡하고 진지하여 독자들을 감동케 한다.

099 상덕완형서(尙德緩刑書)
[西漢] 路溫舒

작자

노온서(路溫舒 : 생졸연대 미상)는 한(漢) 거록(鉅鹿)[지금의 하북성 평향현(平鄕縣)] 사람으로, 자가 장군(長君)이다. 어려서 집안이 가난하여 양(羊)치기로 생계를 꾸려갔다. 독서에 열중하여 항상 부들을 엮어 글씨를 익혔다. 성장해서는 율령(律令)을 배우고 또 《춘추(春秋)》를 읽어 지식을 쌓았다. 한소제(漢昭帝) 때 정위사(廷尉史)를 지내고, 선제(宣帝) 때 임회태수(臨淮太守)를 지냈다.

원문 및 주석

尙德緩刑書[1]

昭帝崩, 昌邑王賀廢, 宣帝初卽位, 溫舒上書, 言宜尙德緩刑。

---

1 尙德緩刑書 → 德을 숭상하고 형벌을 완화하도록 올리는 글
　【尙(상, shàng)】: 숭상하다.

其辭曰 :²

「臣聞齊有無知之禍, 而桓公以興; 晉有驪姬之難, 而文公用伯。³

【緩(완, huǎn)】: 완화하다. 느슨하게 하다.

2 昭帝崩, 昌邑王賀廢, 宣帝初卽位, 溫舒上書, 言宜尙德緩刑。其辭曰: → 漢昭帝가 죽고, 昌邑王 劉賀가 폐위된 후, 宣帝가 막 즉위하자, 路溫舒가 글을 올려, 마땅히 덕을 숭상하고 형벌을 완화해야 한다는 것을 말했다. 그 내용은 다음과 같다 :
【昭帝(소제, zhāo dì)】: 漢나라의 군주. 漢武帝의 아들로, 이름은 弗陵이며, 13년간(B.C. 86-B.C. 74) 재위했다.
【崩(붕, bēng)】: 붕어하다. ※天子가 죽는 것을 말한다.
【昌邑王賀(창읍왕하, chāng yì wáng hè)】: [인명] 劉賀. 漢武帝의 손자. 漢昭帝가 죽은 후, 후계자가 없어 昌邑王 劉賀가 즉위했다. 그러나 얼마 되지 않아 음란한 행위로 인해 폐위되었다.
【宣帝(선제, xuān dì)】: 漢宣帝 劉詢. 漢武帝의 증손으로, 昭帝 때 庶人이 되었다가 劉賀가 폐위되어 쫓겨난 후 劉詢이 즉위했다.
【初(초, chū)】: 이제 막. 방금.
【宜(의, yí)】: 마땅히. 당연히.
【尙德緩刑(상덕완형, shàng dé huǎn xíng)】: 덕을 숭상하고 형벌을 완화하다.

3 「臣聞齊有無知之禍, 而桓公以興; 晉有驪姬之難, 而文公用伯。→「제가 들건대 齊나라는 公孫無知의 환난이 있었으나, 桓公은 오히려 이로 인해 흥했고; 晉나라는 驪姬의 재난이 있었으나, 文公은 오히려 이로 인해 맹주가 되었다고 합니다.
【臣(신, chén)】: [신하나 백성이 왕에 대해 자신을 낮추어 부르는 말] 신. 저.
【無知之禍(무지지화, wú zhī zhī huò)】: 公孫無知의 환난. 【無知】: [인명] 춘추시더 제나라의 공자 公孫無知.
※齊襄公이 공손무지에게 살해되고, 공손무지 또한 齊의 대부 雍廩에게 살해되어 齊나라는 일대 혼란에 빠졌으나, 襄公의 억압을 받아 국외로 달아났던 양공의 아ㅇ우 小白이 돌아와 齊桓公으로 즉위했다.
【桓公(환공, huán gōng)】: 齊桓公. 이름은 小白. 춘추시대 五霸의 하나. 소백은 齊襄公의 아우로, 양공의 억압을 받아 국외로 달아났으나, 공손무지가 양공을 살해하자, 돌아와 즉위한 후, 管仲을 재상으로 임명하여 관중의 도움을 받아 마침내 제후의 맹주가 되었다.
【以(이, yǐ)】: 以(之). 이로 인해.
【驪姬之難(여희지난, lí jī zhī nàn)】: 춘추시대 晉獻公이 驪姬의 참언을 믿어, 세자· 申生을 죽이고 공자 重耳·夷吾를 축출한 후 여희의 아들 奚齊·卓子를 옹립했는데, 獻公이 죽자 여희의 두 아들 모두 里克에게 살해되고, 夷吾를 옹립하니 이가 바로 惠公이다. 그 후 혜공이 죽고 아들 圉가 즉위하여 懷公이 되었는데, 秦이 重耳를 도와 중이가 懷公을 죽이고 즉위하니, 이가 晉文公이다. 문공은 나라를 일으켜 마침내 천하를 제패하고 제후의 맹주가 되었다.

近世趙王不終, 諸呂作難, 而孝文爲太宗.⁴ 繇是觀之, 禍亂之作, 將以開聖人也.⁵ 故桓、文扶微興壞, 尊文、武之業, 澤加百姓, 功潤諸侯, 雖不及三王, 天下歸仁焉.⁶ 文帝永思至德, 以承天心, 崇仁義,

【文公(문공, wén gōng)】: 晉文公. 이름은 重耳. 晉나라의 군주. 春秋五霸의 하나. ※춘추오패는 춘추시대에 제후의 맹주로, 패업을 이룩한 다섯 사람. 즉 「齊桓公·晉文公·秦穆公·宋襄公·楚莊王」.
【用(용, yòng)】: 因. 이로 인해.
【伯(패, bà)】: 覇. 제패하다. 맹주가 되다.

4 近世趙王不終, 諸呂作難, 而孝文爲太宗. → 근자에 趙王은 천수를 다하지 못했지만, 呂氏 일족이 일으킨 변란은, 오히려 文帝로 하여금 太宗이 되게 하였습니다.
【趙王(조왕, zhào wáng)】: 劉如意. 漢高祖의 아들로, 그의 어머니는 戚夫人이다. 高祖 劉邦이 죽은 후 유여의는 呂后에게 독살되었다.
【不終(부종, bù zhōng)】: 천수를 누리지 못하다. 천명을 다하지 못하다.
【諸呂(제려, zhū lǚ)】: 呂씨 一家.
※漢惠帝 劉盈이 죽자, 태후 呂雉가 전권을 장악하고 그의 조카 呂台·呂産·呂祿과 呂台의 아들을 王으로 봉하고, 여씨 가족 중 많은 사람들이 列侯에 봉해졌다.
【孝文(효문, xiào wén)】: 漢文帝 劉恒. 원래 왕이 아니고 王의 대행일 뿐이었으나, 呂后 일가의 세력이 소멸된 후 陳平·周勃 등의 대신들이 유항을 황제로 옹립했다.
【太宗(태종, tài zōng)】: 漢文帝 劉恒의 廟號.

5 繇是觀之, 禍亂之作, 將以開聖人也. → 이로부터 볼 때, 변란의 발생은, 장차 이를 이용하여 聖君의 길을 개척할 수 있을 것입니다.
【繇(유, yóu)】: 由. …로부터. …에서.
【作(작, zuò)】: 일어나다. 발생하다.
【以(이, yǐ)】: 以〈之〉. 이로써. 이를 이용하여.

6 故桓、文扶微興壞, 尊文、武之業, 澤加百姓, 功潤諸侯, 雖不及三王, 天下歸仁焉. → 그래서 齊桓公과 晉文公은 쇠약한 국세를 일으키고, 쇠망한 나라를 부흥시켜, 文王·武王의 업적을 받들고, 혜택을 백성들에게 베풀며, 공이 제후들에게 미치게 함으로써, 비록 三王에는 미치지 못했지만, 천하가 모두 그들에게로 귀의했습니다.
【桓(환, huán)、文(문, wén)】: 齊桓公과 晉文公. 두 사람 모두 春秋五霸의 하나.
【文(문, wén)、武(무, wǔ)】: 周文王과 周武王.
【澤(택, zé)】: 혜택.
【加(가, jiā)】: 베풀다.
【潤(윤, rùn)】: 젓다. 적시다. 여기서는 「(혜택이) 미치다」의 뜻.
【不及(불급, bù jí)…】: …을(를) 따르지 못하다. …에 미치지 못하다.
【三王(삼왕, sān wáng)】: 夏禹·商湯·周文王 또는 武王.
【歸仁(귀인, guī rén)】: 歸依하다. 귀순하다.

省刑罰, 通關梁, 一遠近;⁷ 敬賢如大賓, 愛民如赤子; 內恕情之所安, 而施之於海內, 是以囹圄空虛, 天下太平。⁸ 夫繼變化之後, 必有異舊之恩, 此賢聖所以昭天命也。⁹ 往者昭帝卽世而無嗣, 大臣憂戚,

---

7 文帝永思至德, 以承天心, 崇仁義, 省刑罰, 通關梁, 一遠近; → 漢文帝께서는 깊은 사려와 최고의 덕망을 지님으로써, 하늘의 뜻을 이어받아, 仁義를 숭상하고, 형벌을 가볍게 하며, 要路와 교량을 막힘없이 잘 통하게 하고, 먼 곳에 사는 백성과 가까운 곳에 사는 백성을 똑같이 대하셨습니다.
【永思至德(영사지덕, yǒng sī zhì dé)】: 깊은 사려와 최고의 덕망.
【承(승, chéng)】: 이어받다.
【天心(천심, tiān xīn)】: 하늘의 뜻.
【省(생, shěng)】: 輕減하다. 가볍게 하다. 덜다. 줄이다.
【關(관, guān)】: 要路. 반드시 지나가야 하는 중요한 길목.
【一(일, yī)】: [동사 용법] 하나로 여기다. 똑같이 대하다.
【遠近(원근, yuǎ jìn)】: 먼 곳과 가까운 곳. 여기서는「먼 곳에 사는 백성과 가까운 곳에 사는 백성」을 가리킨다.

8 敬賢如大賓, 愛民如赤子; 內恕情之所安, 而施之於海內, 是以囹圄空虛, 天下太平。→ 賢人을 공경하길 마치 귀빈을 대하듯 하고, 백성을 사랑하길 마치 갓난아기를 보살피듯 하시며; 자신이 마음속으로 편안하다고 느낄 때, 비로소 그것을 천하의 모든 백성들에게 베푸셨습니다. 이로 인해 감옥은 텅텅 비고, 천하는 태평하였습니다.
【大賓(대빈, dà bīn)】: 귀빈. 중요한 손님.
【赤子(적자, chì zǐ)】: 갓난아기.
【內恕(내서, nèi shù)…】: 마음속으로 …라 느끼다.
【情之所安(정지소안, qíng zhī suǒ ān)】: 편안한 감정.
【施之於海內(시지어해내, shī zhī yú hǎi nèi)】: 그것을 모든 백성들에게 베풀다. 【施】: 베풀다. 【於】: [개사] …에게. 【之】: [대명사] 그것. 즉「마음속으로 편안하다고 느낀 바」. 【海內】: 국내. 천하. 여기서는「천하의 모든 백성」을 가리킨다.
【是以(시이, shì yǐ)】: 그래서. 이로 말미암아.
【囹圄(영어, líng yǔ)】: 감옥.
【空虛(공허, kōng xū)】: 텅 비다.

9 夫繼變化之後, 必有異舊之恩, 此賢聖所以昭天命也。 → 무릇 변란을 거친 후에는, 반드시 과거와 다른 은전을 베푸셨는데, 이는 바로 성현께서 天命을 밝히셨던 방법입니다.
【夫(부, fú)】: [발어사] 대저. 무릇.
【繼(계, jì)】: 잇다. 계승하다. 여기서는「거치다」의 뜻.
【異舊(이구, yì jiù)】: 과거와 다른.
【所以(소이, suǒ yǐ)】: 以之. 이로써. 이러한 방법으로.
【昭(소, zhāo)】: 밝히다.

焦心合謀, 皆以昌邑尊親, 援而立之。¹⁰ 然天不授命, 淫亂其心, 遂以自亡。深察禍變之故, 迺皇天之所以開至聖也。¹¹ 故大將軍受命武帝, 股肱漢國, 披肝膽, 決大計, 黜亡義, 立有德, 輔天而行, 然後宗廟以安, 天下咸寧。¹² 臣聞《春秋》正卽位, 大一統而愼始也。¹³ 陛

---

10 往者昭帝卽世而無嗣, 大臣憂戚, 焦心合謀, 皆以昌邑尊親, 援而立之。→ 지난날 昭帝께서 돌아가시고 후사가 없어, 대신들이 걱정하고, 마음을 졸이며 함께 상의한 결과, 모두가 昌邑을 존귀하고 혈통이 가깝다 여김으로써, 그를 맞아들여 황제로 옹립했습니다.
  【往者(왕자, wǎng zhě)】: 지난날. 과거.
  【卽世(즉세, jí shì)】: 죽다. 세상을 떠나다.
  【無嗣(무사, wú sì)】: 後嗣가 없다. 대를 이을 자식이 없다.
  【憂戚(우척, yōu qī)】: 걱정하다. 근심하다.
  【焦心(초심, jiāo xīn)】: 초조해 하다. 마음을 졸이다.
  【合謀(합모, hé móu)】: 함께 상의하다.
  【以(이, yǐ)】: 以爲. …라 여기다. …라고 생각하다.
  【尊親(존친, zūn qīn)】: 존귀하고 혈통이 가깝다.
  【援(원, yuán)】: 끌다. 당기다. 여기서는 「영입하다, 맞아들이다」의 뜻.
  【之(지, zhī)】: [대명사] 그. 즉「昌邑」.

11 然天不授命, 淫亂其心, 遂以自亡。深察禍變之故, 迺皇天之所以開至聖也。→ 그러나 하늘이 그에게 제왕의 사명을 내려주지 않고, 그의 마음을 음란하게 하여, 결국 이로 인해 스스로 멸망하고 말았습니다. 변란의 원인을 깊이 살펴보면, 바로 하늘이 이로써 聖君에게 길을 열어준 것입니다.
  【授命(수명, shòu mìng)】: 명을 내리다.
  【淫亂(음란, yín luàn)】: [사동 용법] 음란하게 하다.
  【遂(수, suì)】: 마침내. 결국.
  【以(이, yǐ)】: 因(之). 이로 인해. 이로 말미암아.
  【深察(심찰, shēn chá)】: 깊이 살피다.
  【迺(내, nǎi)】: 乃. 바로 …이다.
  【所以(소이, suǒ yǐ)】: 이로써. 이렇게 하여.
  【至聖(지성, zhì shèng)】: 聖君.

12 故大將軍受命武帝, 股肱漢國, 披肝膽, 決大計, 黜亡義, 立有德, 輔天而行, 然後宗廟以安, 天下咸寧。→ 그래서 대장군 霍光이 武帝의 유명을 받고, 漢나라를 도와, 충성을 다해, 큰 계획을 결단하여, 의롭지 못한 군주를 축출하고, 덕망이 있는 군주를 옹립한 후, 하늘의 뜻에 따라 행하니, 그 후 왕실이 이로 인해 안정되고, 천하가 모두 편안해졌습니다.
  【大將軍(대장군, dà jiāng jūn)】: 여기서는 「霍光」을 가리킨다. 漢武帝가 임종할 때 곽광을 大司馬大將軍에 임명하여 어린 황제를 보필하도록 했다. 그리하여 일체의 군사와

下初登至尊, 與天合符, 宜改前世之失, 正始受命之統, 滌煩文, 除民疾, 存亡繼絶, 以應天意。¹⁴

「臣聞秦有十失, 其一尙存, 治獄之吏是也。¹⁵ 秦之時, 羞文學,

정치에 관한 일은 곽광에 의해 결정되었으며, 昭帝가 죽고 나서 昌邑王 劉賀의 옹립과 폐위 또한 모두 곽광이 주관한 일이다.
【股肱(고굉, gǔ gōng)】: 보필하다. 보좌하다. 돕다.
【披肝膽(피간담, pī gān dǎn)】: 간과 쓸개를 열어 보이다. 즉 「충성을 다하다」의 뜻.
【黜亡義(출무의, chù wú yì)】: 의롭지 못한 군주를 축출하다. 〖黜〗: 축출하다. 내쫓다. 〖亡義〗: 의롭지 못하다. 여기서는 「의롭지 못한 군주」를 가리킨다. 〖亡〗: 無.
【立有德(입유덕, lì yǒu dé)】: 덕망이 있는 군주를 옹립하다. 〖立〗: 옹립하다. 〖有德〗: 덕이 있다. 여기서는 「덕망이 있는 군주」를 가리킨다.
【輔(보, fǔ)】: 돕다. 보필하다. 여기서는 「뜻에 따르다」의 뜻.
【宗廟(종묘, zōng miào)】: 제왕 또는 제후가 조상을 제사하던 곳. 여기서는 「왕실」을 가리킨다.
【咸(함, xián)】: 모두. 다.

13 臣聞《春秋》正卽位, 大一統而愼始也。→ 제가 듣건대《春秋》에는 군주가 즉위할 때 반드시 정도를 지켜야 한다고 했습니다. 이는 통일을 중시하고 시작을 신중히 하는 것입니다.
【大(대, dà)】: 중시하다.
【一統(일통, yī tǒng)】: 통일하다.
【愼始(신시, shèn shǐ)】: 시작을 신중히 하다.

14 陛下初登至尊, 與天合符, 宜改前世之失, 正始受命之統, 滌煩文, 除民疾, 存亡繼絶, 以應天意。→ 폐하께서 이제 지존의 자리에 오르신 것은, 하늘의 뜻과 부합하니, 마땅히 前代의 잘못을 고쳐, 방금 명받은 大統을 바로잡고, 번잡한 법령을 제거하여, 백성들의 질고를 풀어주시며, 없어진 것을 되살리고 단절된 것을 다시 이어감으로써, 하늘의 뜻에 순응하셔야 합니다.
【初(초, chū)】: 이제. 방금.
【合符(합부, hé fú)】: 부합하다.
【宜(의, yí)】: 마땅히.
【正(정, zhèng)】: 바로잡다.
【始(시, shǐ)】: 이제. 방금.
【統(통, tǒng)】: 大統. 국가의 紀綱.
【滌(척, dí)】: 제거하다. 없애다.
【煩文(번문, fán wén)】: 번잡한 법령.
【民疾(민질, mín jí)】: 백성의 질고.
【存亡繼絶(존망계절, cún wáng jì jué)】: 없어진 것을 되살리고 단절된 것을 다시 이어가다.

好武勇, 賤仁義之士, 貴治獄之吏;¹⁶ 正言者謂之誹謗, 遏過者謂之妖言。¹⁷ 故盛服先生不用於世, 忠良切言皆鬱於胸; 譽諛之聲日滿於耳, 虛美熏心, 實禍蔽塞。¹⁸ 此乃秦之所以亡天下也。¹⁹ 方今天下,

15 「臣聞秦有十失, 其一尙存, 治獄之吏是也。→「저는 秦나라에 열 가지 실책이 있는데, 그 중 하나가 아직도 존재하고 있으며, 옥사를 다스리는 관리가 바로 그것이라고 들었습니다.
【失(실, shī)】: 실책. 과오.
【治獄(치옥, zhì yù)】: 獄事를 관리하다.
【是也(시야, shì yě)】: 바로 그것이다.

16 秦之時, 羞文學, 好武勇, 賤仁義之士, 貴治獄之吏; → 秦나라 때는, 학문을 부끄럽게 여기고, 武勇을 좋아했으며, 어질고 의로운 선비를 천시하고 옥사를 다스리는 관리를 존귀하게 여겼습니다.
【羞(수, xiū)】: 부끄러워하다. 부끄럽게 여기다.
【文學(문학, wén xué)】: 학문.

17 正言者謂之誹謗, 遏過者謂之妖言。→ 그리하여 바른말 하는 것을 비방이라 하고, 잘못을 막으려고 충간하는 말을 요언이라 했습니다.
【謂(위, wèi)】: …라 하다. …라 이르다.
【遏過者(알과자, è guò zhě)】: 잘못을 막으려고 충간하는 말.

18 故盛服先生不用於世, 忠良切言皆鬱於胸; 譽諛之聲日滿於耳, 虛美熏心, 實禍蔽塞。→ 그래서 儒學者는 당시 사회에서 중용되지 못하고, 충성스럽고 간절한 말은 모두 가슴 속에 맺혀있었으며; 아첨을 칭찬하는 소리가 날마다 귀에 가득하고, 거짓 칭찬이 (임금의) 마음을 어지럽혀, 실제의 재난이 가려졌습니다.
【盛服先生(성복선생, shèng fú xiān shēng)】: 옷을 성대하게 차려입은 사람. 즉「儒學者」를 비유한 말.
【世(세, shì)】: 세상. 즉「당시 사회」.
【鬱(울, yù)】: 맺히다. 엉키다. 쌓이다.
【譽(예, yù)】: 칭찬하다. 찬양하다.
【諛(유, yú)】: 아첨하다. 아부하다.
【虛美(허미, xū měi)】: 거짓 칭찬.
【熏心(훈심, xūn xīn)】: 마음을 어지럽게 하다.
【蔽塞(폐새, bì sè)】: 가려지다. 덮어 가리다.

19 此乃秦之所以亡天下也。→ 이것이 바로 진나라가 천하를 잃은 원인입니다.
【乃(내, nǎi)】: 바로 …이다.
【所以(소이, suǒ yǐ)】: 원인. 까닭.
【亡(망, wáng)】: 잃다.

賴陛下恩厚, 亡金革之危, 飢寒之患, 父子夫妻, 勠力安家。[20] 然太平未洽者, 獄亂之也。[21] 夫獄者, 天下之大命也, 死者不可復生, 㔉者不可復屬。[22]《書》曰:『與其殺不辜, 寧失不經。』今治獄吏則不然, 上下相敺, 以刻爲明, 深者獲公名, 平者多後患。[23] 故治獄之吏, 皆欲

20 方今天下, 賴陛下恩厚, 亡金革之危, 飢寒之患, 父子夫妻, 勠力安家。→ 지금 천하는, 폐하의 은덕에 의지하여, 전쟁의 위험이나 춥고 배고픈 걱정이 없이, 온 가족이 힘을 모아 집안을 편안하게 꾸려가고 있습니다.
【方今(방금, fāng jīn)】: 지금. 현재.
【賴(뢰, lài)】: 의지하다.
【恩厚(은후, ēn hòu)】: 은혜. 은덕.
【亡(무, wú)】: 無. 없다.
【金革(금혁, jīn gé)】: 전쟁.
【勠力(육력, lù lì)】: 협력하다. 힘을 모으다.

21 然太平未洽者, 獄亂之也。→ 그러나 태평성세가 아직 흡족하지 못한 것은, 옥사를 다스리는 일이 이를 어지럽히기 때문입니다.
【未洽(미흡, wèi qià)】: 미흡하다. 흡족하지 못하다.
【獄(옥, yù)】: 감옥. 형옥. 여기서는 「옥사를 다스리는 일」을 가리킨다.
【亂(란, luàn)】: [사동 용법] 어지럽히다.
【之(지, zhī)】: [대명사] 이. 그. 즉「태평성세」.

22 夫獄者, 天下之大命也, 死者不可復生, 㔉者不可復屬。→ 무릇 刑獄은, 천하의 중대한 일로서, 죽은 것은 다시 살릴 수가 없고, 잘린 것은 다시 이을 수가 없습니다.
【夫(부, fú)】: [발어사] 무릇. 대저.
【大命(대명, dà mìng)】: 중대한 일.
【屬(촉, zhǔ)】: 잇다. 연결하다.
【㔉(절, jué)】: 絶의 古字.

23《書》曰:『與其殺不辜, 寧失不經。』今治獄吏則不然, 上下相敺, 以刻爲明, 深者獲公名, 平者多後患。→《尙書》에 이르길:「무고한 사람을 죽이기보다는, 차라리 법에 어긋나는 실수를 범했다.」라고 했는데, 지금 옥사를 다스리는 관리들은 그렇지 않고, 위아래가 서로 뒤질세라, 가혹한 것을 똑바로 살핀 것으로 여김으로써, 모진 사람이 공정하다는 명성을 얻고, 공평한 사람은 오히려 후환이 많습니다.
※ 인용한 말은《尙書·虞書·大禹謨》에 보인다.
【《書(서, shū)》】:《尙書》또는《書經》라고도 하며 五經 중의 하나. 堯·舜 시대로부터 夏·殷·周 三代에 걸쳐 어떤 일에 대한 임금 또는 제후들의 공식 발언을 후대의 사관들이 기록한 중국 最古의 역사책이다.
【與其(여기, yǔ qí)…, 寧(녕, níng)…】: …하는 것보다 차라리 …하는 것이 낫다.

人死。非憎人也, 自安之道, 在人之死。²⁴ 是以死人之血流離於市, 被刑之徒比肩而立, 大辟之計, 歲以萬數, 此仁聖之所以傷也。²⁵ 太平之未洽, 凡以此也。²⁶

「夫人情安則樂生, 痛則思死。箠楚之下, 何求而不得?²⁷ 故囚

【不辜(불고, bù gū)】: 무고하다. 죄를 짓지 않다.
【失(실, shī)】: 실수를 범하다. 잘못을 저지르다.
【不經(불경, bù jīng)】: 법에 어긋나다. 법에 의하지 않다.
【相敺(상구, xiāng qū)】: 서로 뒤질세라 앞을 다투다. 〖敺〗: 驅. 몰다.
【以刻爲明(이각위명, yǐ kè wéi míng)】: 가혹한 것을 똑바로 살핀 것으로 여기다. 〖以…爲…〗: …을 …으로 여기다. 〖刻〗: 각박하다. 가혹하다. 모질다. 〖明〗: 똑똑히 살피다.
【深者(심자, shēn zhě)】: 심한 사람. 모진 사람.
【公名(공명, gōng míng)】: 공정하다는 명성.
【平者(평자, píng zhě)】: 공평한 사람. 공정한 사람.

24 故治獄之吏, 皆欲人死。非憎人也, 自安之道, 在人之死。→ 그래서 옥사를 다스리는 관리들은, 모두 사람을 죽음으로 몰아가고자 합니다. (이는) 사람을 증오해서가 아니라, 자신의 안전을 도모하기 위한 방법이, 사람을 죽음의 길로 모는 데 있기 때문입니다.
【欲(욕, yù)】: …하고자 하다. …하려고 하다.
【憎(증, zēng)】: 증오하다. 미워하다.
【道(도, dào)】: 길. 방법.

25 是以死人之血流離於市, 被刑之徒比肩而立, 大辟之計, 歲以萬數, 此仁聖之所以傷也。→ 그래서 죽은 사람의 피가 저자에 흥건히 흐르고, 형벌을 받는 사람들이 어깨를 나란히 하고 한 사람 한 사람씩 서있는데, 사형을 받는 사람의 수가, 매년 만 명을 헤아립니다. 이것이 어진 성인께서 마음 아파하는 까닭입니다.
【是以(시이, shì yǐ)】: 그래서. 이로 말미암아.
【流離(유리, liú lí)】: 흥건히 흐르다.
【比肩而立(비견이립, bǐ jiān ér lì)】: 어깨를 나란히 하고 서다. 한 사람씩 연이어 서다.
【大辟(대벽, dà pì)】: 사형.
【計(계, jì)】: 合計. 총계. 즉「수, 수치」를 말한다.
【歲(세, suì)】: 年. 한 해. 매년.
【數(수, shǔ)】: 세다. 헤아리다.
【仁聖(인성, rén shèng)】: 어진 성인.
【所以(소이, suǒ yǐ)】: 원인. 까닭.

26 太平之未洽, 凡以此也。→ 태평성세가 미흡한 것은, 모두 이로 말미암은 것입니다.
【凡(범, fáng)】: 모두. 다.
【以(이, yǐ)】: 因. …로 인하여. …로 말미암아. …때문.

人不勝痛, 則飾辭以視之; 吏治者利其然, 則指道以明之; 上奏畏卻, 則鍛練而周內之。²⁸ 蓋奏當之成, 雖咎繇聽之, 猶以爲死有餘辜。何則? 成練者眾, 文致之罪明也。²⁹ 是以獄吏專爲深刻, 殘賊而亡極,

27 「夫人情安則樂生, 痛則思死。棰楚之下, 何求而不得?」→「대저 사람의 마음은 편안하면 삶을 즐거워하고, 고통스러우면 죽음을 생각합니다. 매로 다스리는데, 무슨 자백인들 받아내지 못하겠습니까?
  【夫(부, fú)】: [발어사] 대저. 무릇.
  【人情(인정, rén qíng)】: 사람의 마음. 사람의 감정.
  【棰楚(추초, chuí chǔ)】: 매. 회초리. 여기서는 동사 용법으로「매질하다, 매로 다스리다」의 뜻.
  【何求而不得(하구이부득, hé qiú ér bù dé)】: 구해서 얻지 못하는 게 무엇이 있겠는가? 즉「무슨 자백인들 받아내지 못하겠는가?」의 뜻.

28 故囚人不勝痛, 則飾辭以視之; 吏治者利其然, 則指道以明之; 上奏畏卻, 則鍛練而周內之。→ 그래서 죄를 지은 사람이 고통을 이기지 못할 때는, 거짓으로 자백을 하게 되고; 옥리들은 그러한 거짓 자백을 이용해서, 법령을 끌어다가 그 죄를 증명하며; 윗사람에게 보고할 때는 기각될까 두려워서, 문구를 날조하여 두루 법망에 걸려들도록 만듭니다.
  【囚人(수인, qiú rén)】: 죄인.
  【不勝(불승, bù shèng)】: 견디지 못하다. 이겨내지 못하다.
  【飾辭(식사, shì cí)】: 말을 꾸미다. 여기서는「거짓 자백을 하다」의 뜻.
  【視(시, shì)】: 示. 보이다.
  【吏治者(이치자, lì zhì zhě)】: 獄吏.
  【利(리, lì)】: 이용하다.
  【其然(기연, qí rán)】: 그러한 것. 즉「거짓 자백」.
  【指道(지도, zhǐ dào)】: 법령을 인용하다. 법령을 끌어대다.
  【上奏(상주, shàng zòu)】: 윗사람에게 보고하다.
  【卻(각, què)】: 기각되다. 각하되다.
  【鍛練(단련, duàn liàn)】: 금속을 제련하다. 여기서는「날조하다, 없는 사실을 꾸며대다」의 뜻.
  【周內(주납, zhōu nà)】: 두루 법망에 빠져들도록 만들다. 두루 법을 적용할 수 있도록 만들다. 《內》: 納. 빠져들다.

29 蓋奏當之成, 雖咎繇聽之, 猶以爲死有餘辜。何則? 成練者眾, 文致之罪明也。→ 대체로 판결을 上奏하고 나면, (사건 처리가 완벽하여) 설사 皐陶가 심리를 한다 해도, 여전히 사후에 여죄가 있다고 여길 정도입니다. 왜 그렇겠습니까? 날조한 범죄 이유가 매우 많고, 법조문을 가지고 농간을 부려 꾸며놓은 죄가 명백하기 때문입니다.
  【蓋(개, gài)】: 대체로.
  【奏當(주당, zòu dāng)】: 판결을 上奏하다.

媮爲一切, 不顧國患, 此世之大賊也.³⁰ 故俗語曰:『畫地爲獄, 議不入; 刻木爲吏, 期不對.』此皆疾吏之風, 悲痛之辭也.³¹ 故天下之患, 莫深於獄; 敗法亂正, 離親塞道, 莫甚乎治獄之吏, 此所謂一尚存者也.³²

【咎繇(고요, gāo yáo)】: [인명] 皐陶(고요, gāo yáo). ※虞나라 舜임금의 신하로 형법을 관장하는 벼슬을 지냈는데, 소송 사건을 듣고 판단하는 데 능했다고 한다.
【猶(유, yóu)】: 여전히. 아직도.
【以爲(이위, yǐ wéi)】: …라 여기다. …라고 생각하다.
【餘辜(여고, yú gū)】: 餘罪.
【成練者(성련자, chéng liàn zhě)】: 날조한 범죄 이유.
【文致之罪(문치지죄, wén zhì zhī zuì)】: 법조문을 가지고 농간을 부려 꾸며놓은 죄.

30 是以獄吏專爲深刻, 殘賊而亡極, 媮爲一切, 不顧國患, 此世之大賊也. → 그래서 옥리는 오로지 가혹한 일만 하고, 무고한 사람을 잔인하게 해치며 멈출 줄을 모릅니다. 모든 일을 그럭저럭 되는대로 하며, 나라의 환난을 고려하지 않으니, 이야말로 세상의 크나큰 재해입니다.
【是以(시이, shì yǐ)】: 그래서. 이로 인해.
【專爲(전위, zhuān wéi)…】: 오로지 …만 하다.
【深刻(심각, shēn kè)】: 준엄하고 모질다. 가혹하다.
【殘賊(잔적, cán zé)】: 해치다. 살해하다.
【亡極(무극, wú jí)】: 끝이 없다. 멈출 줄 모르다. 〖亡〗: 無.
【媮爲一切(투위일절, tōu wéi yī qiè)】: 모든 일을 그럭저럭 되는대로 하다. 〖媮〗: 그럭저럭 되는대로 하다. 아무렇게나 하다.
【不顧(불고, bù gù)】: 고려하지 않다.
【大賊(대적, dà zéi)】: 큰 재해.

31 故俗語曰:『畫地爲獄, 議不入; 刻木爲吏, 期不對.』此皆疾吏之風, 悲痛之辭也. → 그래서 속담에 이르길:『땅에다 금을 그어 감옥을 만들어도, 들어가려 하지 않고; 나무를 깎아 獄吏를 만들어 놓아도, 절대로 그와 대질하려 하지 않는다.』라고 했는데, 이는 모두 옥리를 증오하는 풍조요, 비통한 언사입니다.
【畫地爲獄(획지위옥, huà dì wéi yù)】: 땅에 금을 그어 감옥을 만들다. 〖畫〗: 劃. 긋다. 〖爲〗: 만들다.
【議不入(의불입, yì bù rù)】: 들어가려 하지 않다. 〖議〗: 고려하다.
【期不對(기부대, qī bù duì)】: 절대로 대질하려 하지 않다. 〖期〗: 반드시. 절대로. 〖對〗: 대질하다.
【疾(질, jí)】: 증오하다. 미워하다.

32 故天下之患, 莫深於獄; 敗法亂正, 離親塞道, 莫甚乎治獄之吏, 此所謂一尚存者也. → 그

「臣聞烏鳶之卵不毀, 而後鳳凰集; 誹謗之罪不誅, 而後良言進.³³ 故古人有言：『山藪藏疾, 川澤納汙, 瑾瑜匿惡, 國君含詬.』³⁴ 唯陛下除誹謗, 以招切言; 開天下之口, 廣箴諫之路, 埽亡秦之失, 尊文、武之德, 省法制, 寬刑罰, 以廢治獄,³⁵ 則太平之風可興於世. 永履

래서 천하의 우환은, 감옥보다 깊은 곳이 없고; 법을 파괴하고 정도를 어지럽히며, 친근한 사이를 이간시키고 도의를 가로막기로는, 獄事를 다스리는 관리보다 심한 사람이 없습니다. 이것이 이른바 아직까지 존재하는 과오 중의 하나입니다.
【莫深於(막심어, mò shēn yú)…】: …보다 심한 것이 없다. 【於】: [개사] …보다. …에 비해.
【敗法(패법, bài fǎ)】: 법을 파괴하다.
【離(리, lí)】: [사동 용법] 이간시키다.
【塞道(새도, sè dào)】: 道義를 막다.
【一尙存者(일상존자, yī shàng cún zhě)】: 아직까지 존재하는 과오 중의 하나.

33 「臣聞烏鳶之卵不毀, 而後鳳凰集; 誹謗之罪不誅, 而後良言進.」→ 저는 까마귀·솔개의 알이 훼손되지 않아야, 후에 봉황이 모여들고; 비방하는 죄를 범해도 처형하지 않아야, 후에 좋은 의견이 들어온다고 들었습니다.
【鳶(연, yuān)】: 솔개.
【誅(주, zhū)】: 죽이다. 처형하다.

34 故古人有言：『山藪藏疾, 川澤納汙, 瑾瑜匿惡, 國君含詬.』→ 그래서 옛사람이 말하길：『산과 늪은 해로운 것을 소장하고, 강과 못은 더러운 것을 받아들이며, 아름다운 옥에는 티가 있고, 임금은 치욕을 참고 견딘다.』라고 했습니다.
※古人의 이 말은《左傳·宣公十五年》에 보인다. 이 말은 높은 산과 큰 하천도 해독과 오물을 피할 수 없고, 귀한 옥석도 반점이 있을 수 있어, 완전무결한 일이란 있을 수 없기 때문에, 군주 또한 치욕을 포용해야 한다는 뜻이다.
【古人(고인, gǔ rén)】: 여기서는「춘추시대 晉나라의 대부 伯宗」을 가리킨다.
【藪(수, sǒu)】: 늪.
【疾(질, jí)】: (해충이나 뱀 등) 해로운 것들.
【納汙(나오, nà wū)】: 더러운 것을 받아들이다.
【瑾瑜(근유, jǐn yú)】: 아름다운 옥.
【匿(닉, nì)】: 은닉하다. 감추다.
【惡(악, è)】: 반점. 얼룩. 티.
【含(함, hán)】: 참고 견디다.
【詬(구/후, gòu)】: 치욕. 모욕.

35 唯陛下除誹謗, 以招切言; 開天下之口, 廣箴諫之路, 埽亡秦之失, 尊文、武之德, 省法制, 寬刑罰, 以廢治獄, → 폐하께서는 비방의 죄를 폐기하시어, 간절한 충언을 구하시고, 천하 사람들의 입을 열어, 간언할 수 있는 길을 넓히시며, 멸망한 秦나라의 가혹한 정치를

和樂, 與天亡極, 天下幸甚.」上善其言.³⁶

번역문

덕(德)을 숭상하고 형벌을 완화하도록 올리는 글

한소제(漢昭帝)가 죽고 창읍왕(昌邑王) 유하(劉賀)가 폐위된 후 선제(宣帝)가 막 즉위하자, 노온서(路溫舒)가 글을 올려, 마땅히 덕을 숭상하고 형벌을 완화해야 한다는 것을 말했다. 그 내용은 다음과 같다 :

「제가 듣건대, 제(齊)나라는 공손무지(公孫無知)의 환난이 있었으나 환공(桓公)은 오히려 이로 인해 흥했고, 진(晉)나라는 여희(驪姬)의 재난이 있었으나

제거하고, 文王・武王의 덕을 존중하고, 법제를 간소화하고, 형벌을 관대하게 하여 옥사를 다스리는 관리를 폐지하시기 바랍니다.
【唯(유, wéi)】: 願. …하기 바라다.
【切言(절언, qiè yán)】: 간절한 충언.
【箴諫(잠간, zhēn jiàn)】: 간언하다.
【埽(소, sào)】: 掃. 쓸다. 제거하다.
【文(문, wén)、武(무, wǔ)】: 周의 文王과 武王.
【省(생, shěng)】: 줄이다. 간소화하다.
【寬(관, kuān)】: 관대하게 하다. 너그럽게 하다.
【治獄(치옥, zhì yù)】: 옥사를 다스리는 관리.

36 則太平之風可興於世, 永履和樂, 與天亡極, 天下幸甚.」上善其言. → 그러면 태평의 풍조가 사회에서 흥성하여, 영원히 평화와 즐거움을 누리고, 하늘과 같이 무한하여, 천하 사람들이 매우 행복할 것입니다.」宣帝는 路溫舒의 말을 훌륭하다고 여겼다.
【永履(영리, yǒng lǚ)】: 영원히 누리다.
【亡極(무극, wú jí)】: 무한하다. 끝이 없다. 〖亡〗: 無.
【上(상, shàng)】: 군주. 임금. 여기서는 「宣帝」를 가리킨다.
【善(선, shàn)】: 훌륭하다고 여기다.
【其(기, qí)】: [대명사] 그. 즉 「路溫舒」.

문공(文公)은 오히려 이로 인해 맹주가 되었다고 합니다. 근자에 조왕(趙王)은 천수를 다하지 못했지만, 여씨(呂氏) 일족이 일으킨 변란은 오히려 문제(文帝)로 하여금 태종(太宗)이 되게 하였습니다. 이로부터 볼 때, 변란의 발생은 장차 이를 이용하여 성군(聖君)의 길을 개척할 수 있을 것입니다. 그래서 제환공(齊桓公)과 진문공(晉文公)은 쇠약한 국세를 일으키고 쇠망한 나라를 부흥시켜, 문왕(文王)·무왕(武王)의 업적을 받들고 혜택을 백성들에게 베풀며 공이 제후들에게 미치게 함으로써, 비록 삼왕(三王)에는 미치지 못했지만 천하가 모두 그들에게로 귀의했습니다. 한문제(漢文帝)께서는 깊은 사려와 최고의 덕망을 지님으로써, 하늘의 뜻을 이어받아 인의(仁義)를 숭상하고 형벌을 가볍게 하며, 요로(要路)와 교량을 막힘없이 잘 통하게 하고, 먼 곳에 사는 백성과 가까운 곳에 사는 백성을 똑같이 대하셨습니다. 현인(賢人)을 공경하길 마치 귀빈을 대하듯 하고, 백성을 사랑하길 마치 갓난아기를 보살피듯 하시며, 자신이 마음속으로 편안하다고 느낄 때 비로소 그것을 천하의 모든 백성들에게 베푸셨습니다. 이로 인해 감옥은 텅텅 비고 천하는 태평하였습니다. 무릇 변란을 거친 후에는 반드시 과거와 다른 은전을 베푸셨는데, 이는 바로 성현께서 천명(天命)을 밝히셨던 방법입니다. 지난날 소제(昭帝)께서 돌아가시고 후사가 없어 대신들이 걱정하고 마음을 졸이며 함께 상의한 결과, 모두가 창읍(昌邑)을 존귀하고 혈통이 가깝다 여김으로써 그를 맞아들여 황제로 옹립했습니다. 그러나 하늘이 그에게 제왕의 사명을 내려주지 않고 그의 마음을 음란하게 하여, 결국 이로 인해 스스로 멸망하고 말았습니다. 변란의 원인을 깊이 살펴보면 바로 하늘이 이로써 성군(聖君)에게 길을 열어준 것입니다. 그래서 대장군 곽광(霍光)이 무제(武帝)의 유명을 받고 한(漢)나라를 도와 충성을 다해 큰 계획을 결단하여, 의롭지 못한 군주를 축출하고 덕망이 있는 군주를 옹립한 후 하늘의 뜻에 따라 행하니, 그 후 왕실이 이로 인해 안정되고 천하가 모두 편안해졌습니다. 제가 듣건대,《춘추(春秋)》에는 군주가 즉위할 때 반드시 정도를 지켜야 한다고 했습니다. 이는 통일을 중시하고 시작을 신중히 하는 것입니다. 폐하께서 이제 지존의 자리에 오르신 것은 하늘의 뜻과 부합하니, 마땅히 전대(前代)의 잘못을 고쳐 방금 명받은 대통(大統)을 바로잡고 번잡한 법령을 제거하여 백성들의 질고를 풀어주시며, 없어진 것을 되살리고 단절된 것을 다시 이어감으로써 하늘의 뜻에 순응하셔야 합니다.

「저는 진(秦)나라에 열 가지 실책이 있는데, 그중 하나가 아직도 존재하고 있으며, 옥사를 다스리는 관리가 바로 그것이라고 들었습니다. 진나라 때는 학문을 부끄럽게 여기고 무용(武勇)을 좋아했으며, 어질고 의로운 선비를 천시하고 옥사를 다스리는 관리를 존귀하게 여겼습니다. 그리하여 바른말 하는 것을 비방이라 하고, 잘못을 막으려고 충간하는 말을 요언(妖言)이라 했습니다. 그래서 유학자(儒學者)는 당시 사회에서 중용되지 못하고 충성스럽고 간절한 말은 모두 가슴속에 맺혀있었으며, 아첨을 칭찬하는 소리가 날마다 귀에 가득하고 거짓 칭찬이 (임금의) 마음을 어지럽혀 실제의 재난이 가려졌습니다. 이것이 바로 진나라가 천하를 잃은 원인입니다. 지금 천하는 폐하의 은덕에 의지하여 전쟁의 위험이나 춥고 배고픈 걱정이 없이 온 가족이 힘을 모아 집안을 편안하게 꾸려가고 있습니다. 그러나 태평성세가 아직 흡족하지 못한 것은 옥사를 다스리는 일이 이를 어지럽히기 때문입니다. 무릇 형옥(刑獄)은 천하의 중대한 일로서, 죽은 것은 다시 살릴 수가 없고 잘린 것은 다시 이을 수가 없습니다.《상서(尙書)》에 이르길 :「무고한 사람을 죽이기보다는 차라리 법에 어긋나는 실수를 범했다.」라고 했는데, 지금 옥사를 다스리는 관리들은 그렇지 않고, 위아래가 서로 뒤질세라 가혹한 것을 똑바로 살핀 것으로 여김으로써, 모진 사람이 공정하다는 명성을 얻고 공평한 사람은 오히려 후환이 많습니다. 그래서 옥사를 다스리는 관리들은 모두 사람을 죽음으로 몰아가려고 합니다. (이는) 사람을 증오해서가 아니라 자신의 안전을 도모하기 위한 방법이 사람을 죽음의 길로 모는 데 있기 때문입니다. 그래서 죽은 사람의 피가 저자에 흥건히 흐르고, 형벌을 받는 사람들이 어깨를 나란히 하고 한 사람 한 사람씩 서있는데, 사형을 받는 사람의 수가 매년 만 명을 헤아립니다. 이것이 어진 성인께서 마음 아파하는 까닭입니다. 태평성세가 미흡한 것은 모두 이로 말미암은 것입니다.

「대저 사람의 마음은 편안하면 삶을 즐거워하고 고통스러우면 죽음을 생각합니다. 매로 다스리는데, 무슨 자백인들 받아내지 못하겠습니까? 그래서 죄를 지은 사람이 고통을 이기지 못할 때는 거짓으로 자백을 하게 되고, 옥리들은 그러한 거짓 자백을 이용해서 법령을 끌어다가 그 죄를 증명하며, 윗사람에게 보고할 때는 기각될까 두려워서 문구를 날조하여 두루 법망에 걸려들도록 만듭니다. 대체로 판결을 상주(上奏)하고 나면 (사건 처리가 완벽하여) 설사 고요(皐陶)가 심리를 한다 해도 여전히 사후에 여죄가 있다고 여길 정도입니다. 왜 그렇겠습니까? 날조한 범죄 이유가 매우 많고 법조문을 가지고 농간을 부려 꾸며놓은 죄가 명백하기 때문입니다. 그래서 옥리는 오로지 가혹한 일만 하고, 무고한 사람을 잔인하게 해치며 멈출 줄을 모릅니다. 모든 일을 그럭저럭 되는대로 하며 나라의 환난을 고려하지 않으니, 이야말로 세상의 크나큰 재해입니다. 그래서 속담에 이르길 : 『땅에다 금을 그어 감옥을 만들어도 들어가려 하지 않고, 나무를 깎아 옥리(獄吏)를 만들어 놓아도 절대로 그와 대질하려 하지 않는다.』라고 했는데, 이는 모두 옥리를 증오하는 풍조요 비통한 언사입니다. 그래서 천하의 우환은 감옥보다 깊은 곳이 없고, 법을 파괴하고 정도를 어지럽히며 친근한 사이를 이간시키고 도의를 가로막기로는 옥사(獄事)를 다스리는 관리보다 심한 사람이 없습니다. 이것이 이른바 아직까지 존재하는 과오 중의 하나입니다.

저는 까마귀·솔개의 알이 훼손되지 않아야 후에 봉황이 모여들고, 비방하는 죄를 범해도 처형하지 않아야 후에 좋은 의견이 들어온다고 들었습니다. 그래서 옛사람이 말하길 :『산과 늪은 해로운 것을 소장하고, 강과 못은 더러운 것을 받아들이며, 아름다운 옥에는 티가 있고, 임금은 치욕을 참고 견딘다.』라고 했습니다. 폐하께서는 비방의 죄를 폐기하시어 간절한 충언을 구하시고, 천하 사람들의 입을 열어 간언할 수 있는 길을 넓히시며, 멸망한 진(秦)나라의 가혹한 정치를 제거하고, 문왕(文王)·무왕(武王)의 덕을 존중하고, 법제를 간소화하고 형벌을 관대하게 하여 옥사를 다스리는 관리를 폐지하시기 바랍니다. 그러면 태평의 풍조가 사회에서 흥성하여 영원히 평화와 즐거움을 누리고 하늘과 같이 무한하여 천하 사람들이 매우 행복할 것입니다.」선제(宣帝)는 노온서(路溫舒)의 말을 훌륭하다고 여겼다.

해제解題 및 본문 요지 설명

본문은 《한서(漢書)·노온서전(路溫舒傳)》의 일부분으로, 내용은 한선제(漢宣帝) 유순(劉詢)이 즉위 한 후, 임회태수(臨淮太守) 노온서(路溫舒)가 덕치(德治)를 숭상하고 형률(刑律)을 간소화하여 무제(武帝) 이후 자행된 혹리(酷吏)의 가혹한 사건 처리 풍조를 개선하도록 황제에게 올린 상주문(上奏文)이다.

본문은 세 단락으로 나눌 수 있는데, 첫째 단락에서는 먼저 역사의 사실을 원용하여 제환공(齊桓公)과 진문공(晉文公)의 공업(功業)으로부터 한문제

(漢文帝)가 인의(仁義)를 숭상하고 형벌을 완화하는 동시에 현인을 존경하고 백성을 사랑하여 천하가 잘 다스려졌다는 것을 언급하고, 다시 창읍왕(昌邑王)이 음란하여 스스로 멸망한 경위를 들어 한선제(漢宣帝)가 마땅히 선현들을 본받아 덕치를 추진하고 하늘의 뜻과 민심에 순응해야 한다는 것을 천명했고; 둘째 단락에서는 진(秦)나라가 멸망한 원인 중의 하나가 옥사를 다스리는 관리들의 가혹한 행위로, 그 폐습을 지금까지도 답습하여 관리들이 함부로 죄명을 날조하여 무고한 사람을 죽임으로써 백성들의 원한과 분노를 자아내고 있어, 이것이 바로 나라가 직면한 최대의 재앙이라는 것을 지적했고; 마지막 단락에서는 민간의 속담과 옛사람의 말을 인용한 후, 선제(宣帝)에게 덕치를 숭상하고 형벌을 완화하며 비방의 죄를 폐지하여 백성들의 언로를 넓힘으로써 오래도록 태평세월을 누릴 수 있도록 해야 한다는 것을 직언으로 간했다.

100 보손회종서(報孫會宗書)
[西漢] 楊惲

작자

　양운(楊惲:?-B.C.54)은 자가 자유(子幼)이며, 한(漢) 화음(華陰)[지금의 섬서성 화음현(華陰縣)] 사람으로, 소제(昭帝) 때 승상을 지낸 양창(楊敞)의 아들이자 사마천(司馬遷)의 외손자이다. 그는 선제(宣帝) 초기에 낭(郞)을 지냈는데, 평소 재능이 있고 호걸·유생(儒生)들과 사귀기를 좋아하여 조정에서 매우 명망이 있었다. 선제(宣帝) 지절(地節) 4년(B.C.66)에 곽광(霍光) 후손들의 모반을 고발한 공으로 평통후(平通侯)에 봉해지고, 곧이어 중랑장(中郞將)으로 승진했다가, 선제(宣帝) 신작(神爵) 초년에 또 광록훈(光祿勳)으로 승진했다. 양운은 사람됨이 청렴결백하고 공정하였으나, 다만 남의 사생활에 관해 들추어내기를 좋아하여 동료들로부터 원한을 많이 샀다. 선제(宣帝) 오봉(五鳳) 2년(B.C.56) 황제의 측근 신하인 태복(太僕) 대장락(戴長樂)이 양운의 평소 언행이 공손하지 못하다고 고발하여 평민으로 강등되었다. 후에 일식(日蝕)이 나타나자, 어떤 사람이 이를 두고 양운이 교만하고 사치스런 행동을 뉘우치지 않음으로 인한 소치라고 고하여, 선제(宣帝)가 양운을 잡아들여 하옥했다. 그리고 얼마 후 손회종(孫會宗)에게 보낸 양운의 편지를 찾아내 대역죄로 몰아 선제 오봉 4년(B.C.54)에 그를 요참형(腰斬刑)에 처하고, 처자는 주천군

(酒泉郡)[지금의 감숙성 경내]으로 유배하였으며, 손회종을 포함하여 양운과 가까운 관리들을 모두 파직했다.

> 원문 및 주석

報孫會宗書[1]

惲旣失爵位家居, 治産業, 起室宅, 以財自娛.[2] 歲餘, 其友人安定太守西河孫會宗, 知略士也, 與惲書諫戒之.[3] 爲言大臣廢退, 當闔門惶懼, 爲可憐之意, 不當治産業, 通賓客, 有稱譽.[4] 惲, 宰相子,

---

1 報孫會宗書 → 孫會宗에게 답하는 글
 【報(보, bào)…書(서, shū)】: …께(에게) 답하는 글.
 【孫會宗(손회종, sūn huì zōng)】: [인명] 西河 사람으로 楊惲의 친구이며, 당시 安定太守를 지냈다.

2 惲旣失爵位家居, 治産業, 起室宅, 以財自娛. → 楊惲은 작위를 잃은 후 집에 거주하며, 산업을 경영하고, 집도 짓고, 재물로써 스스로 즐기며 지냈다.
 【惲(운, yùn)】: 楊惲.
 【旣失(기실, jì shī)…】: …을(를) 잃은 후. 【旣】: …하고 나서. …이후.
 【治(치, zhì)】: 다스리다. 즉 「경영하다」의 뜻.
 【起(기, qǐ)】: (건물을) 세우다. 짓다.
 【自娛(자오, zì yú)】: 스스로 즐기다.

3 歲餘, 其友人安定太守西河孫會宗, 知略士也, 與惲書諫戒之. → 일 년이 지나, 그의 친구인 安定郡 太守 西河 사람 孫會宗은, 지략이 뛰어난 선비였는데, 楊惲에게 편지를 보내 삼가도록 충고했다.
 【安定(안정, ān dìng)】: [郡 이름] 소재지는 高平[지금의 寧夏 回族자치구 固原市].
 【西河(서하, xī hé)】: [郡 이름] 소재지는 平定[지금의 內蒙古 동쪽 勝縣 경계 지역].
 【知略(지략, zhì lüè)】: 智略. 【知】: 智. ※「知略」을 「지식과 책략」이라 풀이하기도 한다.
 【與(여, yǔ)】: 주다. 보내다.
 【諫戒(간계, jiàn jiè)】: 삼가도록 충고하다.

少顯朝廷, 一朝晻昧, 語言見廢, 內懷不服, 報會宗書曰 :⁵

「惲材朽行穢, 文質無所厎, 幸賴先人餘業, 得備宿衛。⁶ 遭遇時

4 爲言大臣廢退, 當闔門惶懼, 爲可憐之意, 不當治産業, 通賓客, 有稱譽。→ 그는 양운에게 대신의 자리에서 물러난 뒤에는, 마땅히 문을 걸어 잠그고 두려워하는 마음으로, 가련한 모습을 보여야지, 산업을 경영하고, 빈객과 내왕하면서, 남의 칭찬을 받는 일이 있어서는 안 된다고 충고했다.
【爲言(위언, wèi yán)…】 : …에게 말하다. 충고하다.
【廢退(폐퇴, fèi tuì)】 : 물러나다.
【闔門(합문, hé mén)】 : 문을 걸어 잠그다. 〖闔〗: 閉.
【惶懼(황구, huáng jù)】 : 두려워하다.
【不當(부당, bù dāng)】 : …해서는 안 된다.
【治(치, zhì)】 : 다스리다. 관리하다. 경영하다.
【通(통, tōng)】 : 내왕하다. 사귀다.
【稱譽(칭예, chēng yù)】 : 칭찬하다.

5 惲, 宰相子, 少顯朝廷, 一朝晻昧, 語言見廢, 內懷不服, 報會宗書曰 : → 양운은, 재상의 아들로, 젊었을 때 조정에서 매우 이름을 떨쳤으나, 한순간 어리석게도, 말을 조심하지 않아 파직을 당하고, 속으로 불복하는 마음을 품고 있다가, 손회종에게 답하는 글에서 다음과 같이 말했다 :
【顯(현, xiǎn)】 : 지위가 높다. 명성을 떨치다.
【一朝(일조, yī zhāo)】 : 한순간. 일시적으로.
【晻昧(암매, ǎn mèi)】 : 어리석다. 우매하다. 사리에 어둡다.
【見廢(견폐, jiàn fèi)】 : 파직을 당하다. ※ 見+동사=피동형
【不服(불복, bù fú)】 : 불복하다. 복종하지 않다.

6 「惲材朽行穢, 文質無所厎, 幸賴先人餘業, 得備宿衛。→ 「저 양운은 재능이 부족하고 행위도 비열하여, 글과 인품 모두 성취한 바가 없으나, 요행히 선친께서 남기신 功業에 힘입어, 侍衛 자리의 수나 채우고 있었습니다.
【材(재, cái)】 : 才. 재능.
【朽(후, xiǔ)】 : 초라하다. 보잘것없다.
【穢(예, huì)】 : 지저분하다. 비열하다.
【文質(문질, wén zhì)】 : 문장과 인품.
【無所厎(무소지, wú suǒ zhǐ)】 : 성취한 바가 없다. 〖厎〗: 至. 도달하다. 성취하다.
【幸(행, xìng)】 : 요행히. 다행히.
【賴(뢰, lài)】 : 의지하다. 힘입다.
【先人(선인, xiān rén)】 : ① 조상. 선조. ② 부친. 선친. 여기서는 「돌아가신 부친」을 가리킨다.
【餘業(여업, yú yè)】 : 유업. 남긴 功業.
【備(비, bèi)】 : [겸어] 備位. 자리를 채우다. 즉 「무능하여 벼슬아치 자리 수나 채우다」의 뜻.

變, 以獲爵位, 終非其任, 卒與禍會.[7] 足下哀其愚蒙, 賜書教督以所不及, 殷勤甚厚;[8] 然竊恨足下不深惟其終始, 而猥隨俗之毀譽也.[9] 言鄙陋之愚心, 若逆指而文過; 默而息乎, 恐違孔氏『各言爾志』之義.[10] 故敢略陳其愚, 唯君子察焉.[11]

【宿衛(숙위, sù wèi)】: 궁중에서 숙직을 하며 경호를 맡은 관직. 즉「侍衛」.

7 遭遇時變, 以獲爵位, 終非其任, 卒與禍會. → 霍氏가 모반한 사변을 만나, 작위를 얻기는 했지만, 결국 제가 감당할 일이 아니라, 끝내 재난과 맞닥뜨리게 되었습니다.
【遭遇(조우, zāo yù)】: 만나다.
【時變(시변, shí biàn)】: 시국 변란. 여기서는「霍光子의 아들 禹와 조카 山·雲 등이 모반한 사건」을 가리킨다.
【終(종, zhōng)】: 결국. 최후.
【任(임, rèn)】: 맡다. 감당하다.
【卒(졸, zú)】: 끝내. 마침내.
【會(회, huì)】: 맞닥뜨리다. 만나다.

8 足下哀其愚蒙, 賜書教督以所不及, 殷勤甚厚; → 족하께서 저의 어리석음을 불쌍히 여겨, 편지를 보내 저의 미흡한 바를 가르치고 바로잡아주시니, 인정이 매우 간절하고 도탑습니다.
【足下(족하, zú xià)】: 귀하. ※ 친구에 대한 존칭으로, 주로 편지에 많이 쓴다.
【哀(애, āi)】: 불쌍히 여기다.
【愚蒙(우몽, yú méng)】: 우매하다. 어리석다.
【教督(교독, jiào dū)】: 가르치고 독려하다.
【所不及(소불급, suǒ bù jí)】: 미치지 못한바. 미흡한바.
【殷勤(은근, yīn qín)】: 인정이 간절하다. 정이 깊다.

9 然竊恨足下不深惟其終始, 而猥隨俗之毀譽也. → 그러나 저는 족하께서 그 자초지종을 깊이 이해하지 못하고, 경솔하게 (저에 대한) 세속의 비난에 따르는 것을 한스럽게 생각하고 있습니다.
【然(연, rán)】: 그러나.
【竊(절, qiè)】: [겸어] 저.
【恨(한, hèn)】: 원망하다. 유감으로 여기다. 한스럽게 생각하다.
【惟(유, wéi)】: 생각하다. 이해하다.
【猥(외, wěi)】: 경솔히. 멋대로. 함부로.
【隨(수, suí)】: 좇다. 따르다.
【毀譽(훼예, huǐ yù)】: 비난과 칭찬. 여기서는「비방, 비난」의 뜻이 강하다.

10 言鄙陋之愚心, 若逆指而文過; 默而息乎, 恐違孔氏『各言爾志』之義. → 비루한 저의 심정을 말하자니, 마치 (당신의 아름다운) 뜻을 거역하면서 (저 자신의) 잘못을 덮어 감추

「惲家方隆盛時, 乘朱輪者十人, 位在列卿, 爵爲通侯, 總領從官, 與聞政事。¹² 曾不能以此時有所建明, 以宣德化; 又不能與群僚

려는 듯하고; 묵묵히 말을 안 하고 가만히 있자니, 孔子께서『各言爾志』라 하신 뜻을 거스를까 두렵습니다.
- 【鄙陋(비루, bǐ lòu)】: 비루하다.
- 【愚心(우심, yú xīn)】: [겸어] 저의 심정.
- 【若(약, ruò)】: 마치 …같다.
- 【逆指(역지, nì zhǐ)】: 뜻을 거역하다. 〖指〗: 旨. 뜻.
- 【文過(문과, wén guò)】: 文過飾非. 잘못을 덮어 감추다.
- 【息(식, xī)】: 쉬다. 가만히 있다. 잠자코 있다.
- 【恐(공, kǒng)】: 두렵다.
- 【違(위, wéi)】: 위반하다. 거스르다.
- 【孔氏(공씨, kǒng shì)】: 여기서는「孔子」를 가리킨다.
- 【各言爾志(각언이지, gè yán ěr zhì)】: 각자 자신의 뜻을 말하다. 〖爾〗: 너. 즉「자신」.
  ※《論語·公冶長》:「顏淵季路侍。子曰:『盍各言爾志。』」(顏淵과 子路가 스승을 모시고 한자리에 있는데, 공자께서 말씀하셨다:『어째서 각자 너희의 뜻을 말하지 않느냐?』)」

11 故敢略陳其愚, 唯君子察焉。→ 그래서 감히 저의 어리석은 생각을 간략히 진술하니, 당신께서 살펴주시기 바랍니다.
- 【略陳(약진, lüè chén)】: 간략히 진술하다.
- 【愚(우, yú)】: 어리석다. 여기서는「어리석은 생각」을 말한다.
- 【唯(유, wéi)】: 願. 바라다. 희망하다.
- 【君子(군자, jūn zǐ)】: 인격이 고상한 사람. 여기서는「그대, 당신」의 뜻.

12「惲家方隆盛時, 乘朱輪者十人, 位在列卿, 爵爲通侯, 總領從官, 與聞政事。→「저의 집안이 한창 흥성할 때는, 朱輪車를 타는 사람이 열이나 되었고, 저의 지위는 卿의 반열에 있었으며, 작위는 通侯에 봉해져, 侍從官들을 통할하고, 정사에 참여하였습니다.
- 【惲(운, yùn)】: 양운이「나, 저」라는 의미로, 자기 이름을 사용한 것.
- 【方(방, fāng)】: 한창. 바야흐로.
- 【隆盛(융성, lóng shèng)】: 흥성하다.
- 【乘(승, chéng)】: 타다.
- 【朱輪(주륜, zhū lún)】: 붉은색 칠을 한 수레바퀴. 즉「귀족이 타는 수레 朱輪車」를 말한다. ※漢代에는 公卿列侯 및 봉록 2천 섬 이상인 관리들은 주륜거를 탈 수 있었다.
- 【列卿(열경, liè qīng)】: 漢代에는 太常·光祿勳·衛尉·太僕·廷尉·大鴻臚·宗正·大司農·少府 등의 九卿이 있었는데, 양운은 光祿勳을 지냈다.
- 【通侯(통후, tōng hóu)】:「列侯」또는「徹侯」라고도 한다. 漢代에는 劉氏 성의 자손은「諸侯」에 봉하고, 다른 성씨의 공신들은「通侯」에 봉했는데 爵位만 있고 封地는 없었다. 본래「徹侯」라 하던 것을 武帝의 이름이「徹」이기 때문에 이를 피해 통후라 했다가 후

同心幷力, 陪輔朝廷之遺忘, 已負竊位素餐之責久矣。[13] 懷祿貪勢, 不能自退, 遭遇變故, 橫被口語, 身幽北闕, 妻子滿獄。[14] 當此之時, 自以夷滅不足以塞責, 豈意得全首領, 復奉先人之丘墓乎?[15]

  에 다시 列侯로 고쳤다.
  【總領(총령, zǒng lǐng)】: 통할하다. 모두 거느리다.
  【從官(종관, cóng guān)】: 황제의 侍從官. 양운은 光祿勳에 임명되어 모든 시종관을 관할하고, 아울러 신하들을 감찰 탄핵하는 임무를 맡았다.
  【與聞政事(여문정사, yù wén zhèng shì)】: 政事에 참여하다. 〖與聞〗: …에 참여하다.

13 曾不能以此時有所建明, 以宣德化; 又不能與群僚同心幷力, 陪輔朝廷之遺忘, 已負竊位素餐之責久矣。→ 일찍이 이때 건의하고 자신의 의사를 표명하여, 황제의 덕화를 선양하지 못하고; 또 여러 동료들과 합심 협력하여 조정이 미처 살피지 못한 일을 보필하지 못했습니다. (이로 인해) 이미 오래전에 자리를 훔쳐 하는 일 없이 그저 봉록만 타먹은 데 대한 견책을 받았습니다.
  【建明(건명, jiàn míng)】: 건의하고 자신의 의사를 표명하다.
  【宣(선, xuān)】: 선양하다.
  【德化(덕화, dé huà)】: 덕으로 감화시키다.
  【同心幷力(동심병력, tóng xīn bìng lì)】: 합심 협력하다.
  【陪(배, péi)】: 助. 돕다.
  【輔(보, fǔ)】: 보필하다. 보좌하다.
  【遺忘(유망, yí wàng)】: 미처 살피지 못한 일. 미처 챙기지 못한 부분.
  【負(부, fù)】: 받다. 당하다.
  【竊位素餐(절위소찬, qiè wèi sù cān)】: (벼슬아치가) 자리를 훔쳐 차지하고 하는 일 없이 봉록만 타 먹다. 〖素餐〗: 空食하다. 하는 일 없이 거저먹다.
  【責(책, zé)】: 견책. 책망.

14 懷祿貪勢, 不能自退, 遭遇變故, 橫被口語, 身幽北闕, 妻子滿獄。→ 봉록을 생각하고 권세를 탐하여, 스스로 물러나지 못하고 있다가, 변고를 만나고, 부당하게 무함을 당해, 몸은 北闕에 갇히고, 아내와 자식은 감옥에 갇혔습니다.
  【橫被(횡피, héng bèi)…】: 부당하게 …을 당하다.
  【口語(구어, kǒu yǔ)】: 무함하는 말. ※ 여기서는「황제의 측근 신하인 太僕 戴長樂이 양운의 평소 언행이 不敬하다고 고발한 것」을 가리킨다.
  【幽(유, yōu)】: 갇히다. 구금되다.
  【北闕(북궐, běi què)】: 옛날 궁전 북문의 문루. ※ 신하가 이곳에서 상소를 올렸으며, 죄를 지은 신하들도 이곳에 구금되어 처벌을 기다렸다.
  【滿(만, mǎn)】: 가득 채우다. 즉「갇히다」의 뜻.

15 當此之時, 自以夷滅不足以塞責, 豈意得全首領, 復奉先人之丘墓乎? → 이때, 저 자신은 멸족을 당해도 죗값을 다 치를 수 없다고 여겼습니다. 어찌 목숨을 보전하여, 다시 조상

「伏惟聖主之恩, 不可勝量。君子游道, 樂以忘憂; 小人全軀, 說以忘罪。」¹⁶ 竊自私念, 過已大矣, 行已虧矣, 長爲農夫以沒世矣!¹⁷ 是故身率妻子, 戮力耕桑, 灌園治產, 以給公上。不意當復用此爲譏議也。¹⁸ 夫人情所不能止者, 聖人弗禁。故君父至尊親, 送其終也, 有

의 묘소를 받들 수 있다고 예상할 수 있었겠습니까?
【以(이, yǐ)】: 以爲. …라 여기다. …라 생각하다.
【夷滅(이멸, yí miè)】: 멸족하다. 종족을 멸하다. 〖夷〗: 滅. 멸하다.
【塞責(색책, sè zé)】: 죗값을 치르다. 죄에 상응하는 벌을 받다.
【意(의, yì)】: 예상하다. 짐작하다.
【得(득, dé)】: 能. 할 수 있다.
【全(전, quán)】: 보전하다.
【首領(수령, shǒu lǐng)】: 머리와 목. 즉「목숨」.
【丘墓(구묘, qiū mù)】: 묘소.

16 「伏惟聖主之恩, 不可勝量。君子游道, 樂以忘憂; 小人全軀, 說以忘罪。→「엎드려 생각건대 聖君의 은혜는, 이루 헤아릴 수가 없습니다. 군자는 道義에서 노닐며, 즐거워서 근심을 잊고; 소인은 목숨을 보전하니, 기뻐서 죄과를 잊어버립니다.
【伏惟(복유, fú wéi)】: [겸어] 엎드려 생각하다.
【聖主(성주, shèng zhǔ)】: 聖君. 어질고 덕이 뛰어난 임금.
【勝量(승량, shèng liáng)】: 능히 헤아리다.
【游道(유도, yóu dào)】: 道義에서 노닐다.
【全軀(전구, quán qū)】: 목숨을 보전하다.
【說(열, yuè)】: 悅. 기뻐하다.

17 竊自私念, 過已大矣, 行已虧矣, 長爲農夫以沒世矣! → 저는 속으로 죄가 이미 너무 크고, 품행도 이미 손상되어, 영원히 농부가 되어 생을 마쳐야겠다고 생각했습니다.
【竊(절, qiè)】: [자신을 낮추어 하는 말] 저.
【自私(자사, zì sī)】: 속으로. 은밀히. 몰래.
【念(념, niàn)】: 생각하다.
【虧(휴, kuī)】: 손상되다. 일그러지다.
【長(장, cháng)】: 영원히. 오래도록.
【沒世(몰세, mò shì)】: 죽다. 생을 마치다.

18 是故身率妻子, 戮力耕桑, 灌園治產, 以給公上。不意當復用此爲譏議也。→ 그래서 자신이 처자를 거느리고, 힘을 합쳐 밭을 갈고 뽕나무를 심고, 田園에 물을 대고 산업을 경영하여, 관가에 세금을 바쳤습니다. 당연히 또 이로 인해 비웃음과 비난을 받으리라고는 전혀 예상하지 못했습니다.
【是故(시고, shì gù)】: 그래서.

時而旣。臣之得罪已三年矣!¹⁹ 田家作苦, 歲時伏臘, 亨羊炰羔, 斗酒自勞。²⁰ 家本秦也, 能爲秦聲; 婦, 趙女也, 雅善鼓瑟; 奴婢歌者數人。²¹ 酒後耳熱, 仰天拊缶, 而呼烏烏。²² 其詩曰:『田彼南山, 蕪穢

【率(솔, shuài)】: 거느리다.
【戮力(육력, lù lì)】: 협력하다. 힘을 합치다.
【耕桑(경상, gēng sāng)】: 밭을 갈고 뽕나무를 심다. 농사를 짓고 양잠을 하다.
【灌園(관원, guàn yuán)】: 전원에 물을 대다.
【給(급, jǐ)】: 납부하다. 내다.
【公上(공상, gōng shàng)】: 관청. 관가.
【不意(불의, bù yì)】: 예상하지 못하다.
【復(부, fù)】: 또. 다시.
【用此(용차, yòng cǐ)】: 因此. 이로 인해.
【爲譏議(위기의, wéi jī yì)】: 비웃음과 비난을 받다. 【譏議】: 비웃음과 비난.

19 夫人情所不能止者, 聖人弗禁。故君父至尊親, 送其終也, 有時而旣。臣之得罪已三年矣!
→ 대저 사람의 감정이 억지할 수 없는 것은, 성인도 막지 않았습니다. 그래서 임금과 어버이는 가장 존귀하고 가장 가깝지만, 그 임종을 지키는 것도, 끝나는 때가 있습니다. 제가 죄를 지은 것도 이미 삼 년이 되었습니다.
【夫(부, fú)】: [발어사] 무릇. 대저.
【弗(불, fú)】: 不.
【送(송, sòng)…終(종, zhōng)】: …의 임종을 지키다. …의 장례를 치르다.
【有時而旣(유시이기, yǒu shí ér jì)】: 언젠가는 끝이 나다. 때가 되면 끝나다. 끝나는 때가 있다. 【旣】: 盡. 다하다. 끝나다.
※ 옛날에는 임금이 죽어 신하가 三年喪을 치르고 나면 服喪의 제한을 받지 않았다. 따라서 이는「신하가 쫓겨난 후 그 죄가 끝나는 때가 있다.」라는 것을 비유한 말이다.

20 田家作苦, 歲時伏臘, 亨羊炰羔, 斗酒自勞。→ 농가의 일은 매우 힘이 들어, 歲時伏臘이 되면, 큰 양을 삶고 새끼 양을 구워, 말술을 마시며 스스로 위로했습니다.
【田家(전가, tián jiā)】: 농가.
【作苦(작고, zuò kǔ)】: 고생을 하다. 힘들게 일하다.
【歲時伏臘(세시복랍, suì shí fú là)】: 세시복랍. 즉 설과 三伏과 臘日. 【伏】: 복날. 즉 여름철의 三伏. 夏至 다음의 세 번째 庚日을 初伏, 네 번째 庚日을 中伏, 立秋 다음의 첫 번째 庚日을 終伏이라 했다. 【臘】: 납일. 冬至 다음의 세 번째 戌日에 여러 신에게 제사를 지냈다.
【亨(팽, pēng)】: [烹의 古字] 삶다.
【炰(포, páo)】: 굽다.
【羔(고, gāo)】: 새끼 양.
【自勞(자로, zì láo)】: 스스로 위로하다.

不治。種一頃豆, 落而爲萁。人生行樂耳, 須富貴何時?』²³ 是日也, 拂衣而喜, 奮袖低卬, 頓足起舞。誠淫荒無度, 不知其不可也。²⁴

21 家本秦也, 能爲秦聲; 婦, 趙女也, 雅善鼓瑟; 奴婢歌者數人。→ 저의 집안은 본래 秦나라 사람이어서, 진나라의 노래를 부를 줄 알고; 아내는 趙나라 여자, 거문고를 잘 타며, 노비 중에도 노래를 부를 줄 아는 자가 여러 명이 있습니다.
【秦聲(진성, qín shēng)】: 진나라 노래.
【雅善(아선, yǎ shàn)】: 매우 능하다.
【鼓(고, gǔ)】: 타다.
【瑟(슬, sè)】: 거문고와 비슷한 현악기.

22 酒後耳熱, 仰天拊缶, 而呼烏烏。→ 술을 마신 후 귀가 달아오르면, 하늘을 향해 고개를 들고 장군을 두드리며, 우~우~하고 노래를 불렀습니다.
【耳熱(이열, ěr rè)】: 귀가 달아오르다.
【仰天(앙천, yǎng tiān)】: 하늘을 우러르다.
【拊(부, fǔ)】: 치다. 두드리다.
【缶(부, fǒu)】: 장군. 물이나 술·간장 등의 액체를 담아 옮길 때에 쓰는 그릇.
※ 秦나라 사람들은 연회 때 이것을 두드리며 노래의 장단을 맞추었다.
【烏烏(오오, wū wū)】: [의성어] 우~우~하고 부르짖는 소리.

23 其詩曰:『田彼南山, 蕪穢不治。種一頃豆, 落而爲萁。人生行樂耳, 須富貴何時?』→ 노래 가사는 이렇습니다 :『저 남산에 밭을 갈아놓고, 잡초가 무성하도록 돌보지 않네. 백 畝의 땅에 콩을 심어, 열매는 떨어지고 줄기만 남아 있네. 인생은 즐겨야 할 뿐인데, 언제까지 부귀를 기다려야 하나?』
【田(전, tián)】: [동사 용법] 밭을 갈다.
【蕪穢(무예, wú huì)】: 잡초가 무성하다. 몹시 황폐하다.
【不治(불치, bù zhì)】: 다스리지 않다. 관리하지 않다.
【頃(경, qǐng)】: 100畝. 사방 6尺을「1步」, 100步를「1畝」라 한다.
【萁(기, jī)】: 콩 줄기.
【須(수, xū)】: 기다리다.

24 是日也, 拂衣而喜, 奮袖低卬, 頓足起舞。誠淫荒無度, 不知其不可也。→ 이러한 날이면, 즐거운 마음으로 옷을 털고 일어나, 소매를 들어 아래위로 흔들고, 발을 구르며 춤을 추었습니다. 실로 너무 즐거워서, 이렇게 하면 안 된다는 것조차 몰랐습니다.
【拂(불, fú)】: (먼지 등을) 털다. 털어내다.
【奮(분, fèn)】: 擧. 들다.
【袖(수, xiù)】: 옷의 소매. ※ 판본에 따라서는「袖」를「袖」라 했다.
【低卬(저앙, dī áng)】: 아래위.
【頓足(돈족, dùn zú)】: 발을 구르다.
【起舞(기무, qǐ wǔ)】: (기뻐서) 덩실덩실 춤을 추다.

「惲幸有餘祿, 方糴賤販貴, 逐什一之利。²⁵ 此賈豎之事, 汙辱之處, 惲親行之。下流之人, 眾毀所歸, 不寒而栗。²⁶ 雖雅知惲者, 猶隨風而靡, 尚何稱譽之有?²⁷ 董生不云乎:『明明求仁義, 常恐不能化民者, 卿大夫意也; 明明求財利, 常恐困乏者, 庶人之事也。』²⁸ 故

【淫荒無度(음황무도, yín huāng wú dù)】: 방탕함이 도를 넘다. 여기서는「즐거움이 도를 넘다, 너무 즐겁다」의 뜻.

25 「惲幸有餘祿, 方糴賤販貴, 逐什一之利. →「저는 다행히 남겨둔 봉록이 있었기에, 비로소 싸게 사서 비싸게 팔아, 1할의 이윤을 추구할 수 있었습니다.
【惲(운, yùn)】: 양운이「나, 저」라는 의미로, 자기 이름을 사용한 것.
【餘祿(여록, yú lù)】: 남은 봉록.
【方(방, fāng)】: 비로소.
【糴賤販貴(적천판귀, dí jiàn fàn guì)】: 싸게 사서 비싸게 팔다. 쌀 때 사서 비쌀 때 팔다.
【逐(축, zhú)】: 추구하다.
【什一之利(십일지리, shí yī zhī lì)】: 열에 하나의 이윤. 즉「1할의 이윤」.

26 此賈豎之事, 汙辱之處, 惲親行之。下流之人, 眾毀所歸, 不寒而栗. → 이는 장사치들이 하는 일로, 더럽고 욕된 곳인데, 제가 친히 그런 일을 했습니다. 지위가 비천한 사람은, 본래 많은 사람들이 헐뜯는 대상이 되어, 춥지 않아도 벌벌 떨립니다.
【賈豎(고수, gǔ shù)】: [상인에 대한 낮춤말] 장사치. 【豎】: ① 젊은 하인. ② 환관. 내시.
【汙辱(오욕, wū rù)】: 더럽다.
【眾毀所歸(중훼소귀, zhòng huǐ suǒ guī)】: 많은 사람들의 헐뜯는 대상이 되다. 같은 사람들의 비방의 목표가 되다.
【栗(율, lì)】: 慄. 벌벌 떨다. 오싹하다.

27 雖雅知惲者, 猶隨風而靡, 尚何稱譽之有? → 비록 저를 잘 아는 사람들조차, 자기의 주견 없이 남이 하는 대로 따라 비난하는데, 아직도 무슨 칭찬할 것이 남아있겠습니까?
【雅知(아지, yǎ zhī)】: 잘 알다.
【惲(운, yùn)】: 양운이「나, 저」라는 의미로, 자기 이름을 사용한 것.
【猶(유, yóu)…】: …조차. …까지도.
【隨風而靡(수풍이미, suí fēng ér mǐ)】: 바람 부는 대로 기울어지다. 즉「자기의 주견 없이 남이 하는 대로 따라 하다」의 비유.
【尚(상, shàng)】: 아직. 또한.

28 董生不云乎:『明明求仁義, 常恐不能化民者, 卿大夫意也; 明明求財利, 常恐困乏者, 庶人之事也。』→ 董仲舒가 말하길:『부지런히 仁義를 추구하면서도, 항상 백성들을 교화하지 못할까 두려워하는 것이, 卿·大夫의 뜻이요; 부지런히 재물을 추구하면서도, 항상 빈곤을 두려워하는 것이, 서민의 일이다.』라고 하지 않았습니까?
※ 인용한 구절은 董仲舒의《對賢良策》三에서 나온 말로, 문구가 원문과 약간 다르다.

道不同, 不相爲謀。今子尙安得以卿大夫之制而責僕哉?²⁹

「夫西河魏土, 文侯所興, 有段干木、田子方之遺風, 漂然皆有節槪, 知去就之分。³⁰ 頃者, 足下離舊土, 臨安定。安定山谷之間, 昆

【董生(동생, dǒng shēng)】: 董仲舒. 漢나라 景帝 때의 대유학자.
【明明(명명, míng míng)】: 부지런히 일하다.
【常恐(상공, cháng kǒng)】: 항상 두려워하다.
【化民(화민, huà mín)】: 백성을 교화하다.
【卿(경, qīng)】: 옛날 고위 관리로 大夫 위의 서열.
【困乏(곤핍, kùn fá)】: 궁핍하다. 빈곤하다.

29 故道不同, 不相爲謀。今子尙安得以卿大夫之制而責僕哉? → 그래서 지향하는 바가 다르면, 서로 도모하지 않습니다. 지금 그대는 어찌 아직도 경·대부의 법도를 가지고 저에게 요구할 수 있습니까?
 ※子曰:「道不同, 不相爲謀。」《論語·衛靈公》)
【道(도, dào)】: 길. 지향하는 바.
【謀(모, móu)】: 꾀하다. 도모하다.
【子(자, zǐ)】: 너. 그대. 당신.
【尙(상, shàng)】: 아직.
【安得(안득, ān dé)】: 어찌 …할 수 있는가?
【制(제, zhì)】: 법도. 준칙.
【責(책, zé)】: (일정한 기준에 도달하도록) 요구하다.
【僕(복, pú)】: [자신에 대한 겸칭] 저.

30 「夫西河魏土, 文侯所興, 有段干木、田子方之遺風, 漂然皆有節槪, 知去就之分。→ 「西河는 본래 魏나라의 땅이요, 魏文侯가 일어난 곳으로, 段干木·田子方의 유풍이 남아있어, 사람들은 고상하고 모두 지조가 있으며, 거취의 분별을 알고 있습니다.
【夫(부, fú)】: [발어사] 무릇. 대저.
【西河魏土(서하위토, xī hé wèi tǔ)】: 서하는 위나라의 땅. ※서하는 지금의 섬서성 大荔縣 일대로, 黃河의 서쪽에 있다 하여 붙여진 이름이며, 戰國時代에는 魏나라에 속해 있었다.
【文侯(문후, wén hóu)】: 魏文侯. 이름은 斯. 50년간(B.C. 445-B.C. 396) 재위했으며, 당시에는 어진 임금으로 불리었다.
【段干木(단간목, duàn gān mù)】: [인명] 晉나라 사람. 전국시대의 현인으로 魏文侯의 스승.
【田子方(전자방, tián zǐ fāng)】: [인명] 魏나라 사람. 전국시대의 현인으로 魏文侯의 스승.
【漂然(표연, piāo rán)】: 고상한 모양.
【節槪(절개, jié gài)】: 절조. 지조.
【去就(거취, qù jiù)】: 거취. 진퇴. 물러나고 나아감.

戎舊壤, 子弟貪鄙, 豈習俗之移人哉?³¹ 於今迺睹子之志矣。方當盛漢之隆, 願勉旃, 毋多談。」³²

번역문

손회종(孫會宗)에게 답하는 글

양운(楊惲)은 작위를 잃은 후 집에 거주하며 산업을 경영하고 집도 짓고 재물로써 스스로 즐기며 지냈다. 일 년이 지나, 그의 친구인 안정군(安定郡)

---

31 頃者, 足下離舊土, 臨安定。安定山谷之間, 昆戎舊壤, 子弟貪鄙, 豈習俗之移人哉? → 이제 막, 족하께서는 고향 西河를 떠나, 安定에 오셨습니다. 안정의 산골짝은 본래 西戎의 옛 지역으로, 그들의 자제들은 모두 탐욕스럽고 비열합니다. 이 어찌 습속이 사람을 변하게 한 것이 아니겠습니까?
【頃者(경자, qǐng zhě)】: 조금 전에. 이제 막.
【舊土(구토, jiù tǔ)】: 고향.
【臨(임, lín)】: 오다. 도착하다.
【昆戎(곤융, kūn róng)】: 西戎.
【舊壤(구양, jiù rǎng)】: 옛 땅.
【鄙(비, bǐ)】: 비열하다. 비루하다. 비천하다.
【移(이, yí)】: 바꾸다. 변하게 하다.

32 於今迺睹子之志矣。方當盛漢之隆, 願勉旃, 毋多談。」→ 이제야 비로소 그대의 뜻을 알았습니다. 바야흐로 漢나라가 흥성하고 있는 시기에, 일에 힘쓰시고 여러 말씀 하지 마시기 바랍니다.
【於今(어금, yú jīn)】: 이제야. 지금에 이르러.
【迺(내, nǎi)】: 乃. 비로소.
【方(방, fāng)】: 한창. 바야흐로.
【當(당, dāng)】: …시기에. …때에.
【願(원, yuàn)】: 바라다. 희망하다.
【旃(전, zhān)】: [어기사] 之焉의 합음.
【毋(무, wú)】: 勿. …하지 말라. …해서는 안 된다.

태수(太守) 서하(西河) 사람 손회종(孫會宗)은 지략이 뛰어난 선비였는데, 양운에게 편지를 보내 삼가도록 충고했다. 그는 양운에게 대신의 자리에서 물러난 뒤에는 마땅히 문을 걸어 잠그고 두려워하는 마음으로 가련한 모습을 보여야지, 산업을 경영하고 빈객과 내왕하면서 남의 칭찬을 받는 일이 있어서는 안 된다고 충고했다. 양운은 재상의 아들로 젊었을 때 조정에서 매우 이름을 떨쳤으나, 한순간 어리석게도 말을 조심하지 않아 파직을 당하고, 속으로 불복하는 마음을 품고 있다가 손회종에게 답하는 글에서 다음과 같이 말했다 :

「저 양운은 재능이 부족하고 행위도 비열하여 글과 인품 모두 성취한 바가 없으나, 요행히 선친께서 남기신 공업(功業)에 힘입어 시위(侍衛) 자리의 수나 채우고 있었습니다. 곽씨(霍氏)가 모반한 사변을 만나 작위를 얻기는 했지만, 결국 제가 감당할 일이 아니라 끝내 재난과 맞닥뜨리게 되었습니다. 족하께서 저의 어리석음을 불쌍히 여겨 편지를 보내, 저의 미흡한 바를 가르치고 바로잡아주시니 인정이 매우 간절하고 도탑습니다. 그러나 저는 족하께서 그 자초지종을 깊이 이해하지 못하고 경솔하게 (저에 대한) 세속의 비난에 따르는 것을 한스럽게 생각하고 있습니다. 비루한 저의 심정을 말하자니, 마치 (당신의 아름다운) 뜻을 거역하면서 (저 자신의) 잘못을 덮어 감추려는 듯하고, 묵묵히 말을 안 하고 가만히 있자니 공자(孔子)께서 「각언이지(各言爾志)」라 하신 뜻을 거스를까 두렵습니다. 그래서 감히 저의 어리석은 생각을 간략히 진술하니 당신께서 살펴주시기 바랍니다.

「저의 집안이 한창 흥성할 때는 주륜거(朱輪車)를 타는 사람이 열이나 되었고, 저의 지위는 경(卿)의 반열에 있었으며, 작위는 통후(通侯)에 봉해져 시종관(侍從官)들을 통할하고 정사(政事)에 참여하였습니다. 일찍이 이때 건의하고 자신의 의사를 표명하여 황제의 덕화(德化)를 선양하지 못하고,

또 여러 동료들과 합심 협력하여 조정이 미처 살피지 못한 일을 보필하지 못했습니다. 이미 오래전에 자리를 훔쳐, 하는 일 없이 그저 봉록만 타먹은 데 대한 견책을 받았습니다. 봉록을 생각하고 권세를 탐하여 스스로 물러나지 못하고 있다가, 변고를 만나고 부당하게 무함을 당해 몸은 북궐(北闕)에 갇히고 아내와 자식은 감옥에 갇혔습니다. 이때, 저 자신은 멸족을 당해도 죗값을 다 치를 수 없다고 여겼습니다. 어찌 목숨을 보전하여 다시 조상의 묘소를 받들 수 있다고 예상할 수 있었겠습니까?

「엎드려 생각건대, 성군(聖君)의 은혜는 이루 헤아릴 수가 없습니다. 군자는 도의(道義)에서 노닐며 즐거워서 근심을 잊고, 소인은 목숨을 보전하니 기뻐서 죄과를 잊어버립니다. 저는 스스로 죄가 이미 너무 크고 품행도 이미 손상되어, 영원히 농부가 되어 생을 마쳐야겠다고 생각했습니다. 그래서 자신이 처자를 거느리고 힘을 합쳐 밭을 갈고 뽕나무를 심고, 전원(田園)에 물을 대고 산업을 경영하여 관가에 세금을 바쳤습니다. 당연히 또 이로 인해 비웃음과 비난을 받으리라고는 전혀 예상하지 못했습니다. 대저 사람의 감정이 억지할 수 없는 것은 성인도 막지 않았습니다. 그래서 임금과 어버이는 가장 존귀하고 가장 가깝지만, 그 임종을 지키는 것도 끝나는 때가 있습니다. 제가 죄를 지은 것도 이미 삼 년이 되었습니다. 농가의 일은 매우 힘이 들어 세시복랍(歲時伏臘)이 되면 큰 양을 삶고 새끼 양을 구워 말술을 마시며 스스로 위로했습니다. 저의 집안은 본래 진(秦)나라 사람이어서 진나라의 노래를 부를 줄 알고, 아내는 조(趙)나라 여자라 거문고를 잘 타며, 노비 중에도 노래를 부를 줄 아는 자가 여러 명이 있습니다. 술을 마신 후 귀가 달아오르면 하늘을 향해 고개를 들고 장군을 두드리며 우~우~하고 노래를 불렀습니다. 노래 가사는 이렇습니다 :『저 남산에 밭을 갈아놓고 잡초가 무성하도록 돌보지 않네. 백 무(畝)의 땅에 콩을 심어 열

매는 떨어지고 줄기만 남아 있네. 인생은 즐겨야 할 뿐인데 언제까지 부귀를 기다려야 하나?』 이러한 날이면 즐거운 마음으로 옷을 털고 일어나 소매를 들어 아래위로 흔들고 발을 구르며 춤을 추었습니다. 실로 너무 즐거워서 이렇게 하면 안 된다는 것조차 몰랐습니다.

「저는 다행히 남겨둔 봉록이 있었기에 비로소 싸게 사서 비싸게 팔아 1할의 이윤을 추구할 수 있었습니다. 이는 장사치들이 하는 일로 더럽고 욕된 곳인데, 제가 친히 그런 일을 했습니다. 지위가 비천한 사람은 본래 많은 사람들이 헐뜯는 대상이 되어 춥지 않아도 벌벌 떨립니다. 비록 저를 잘 아는 사람들조차 자기의 주견 없이 남이 하는 대로 따라 비난하는데, 아직도 무슨 칭찬할 것이 남아있겠습니까? 동중서(董仲舒)가 말하길 :『부지런히 인의(仁義)를 추구하면서도 항상 백성들을 교화하지 못할까 두려워하는 것이 경(卿)·대부(大夫)의 뜻이요; 부지런히 재물을 추구하면서도 항상 빈곤을 두려워하는 것이 서민의 일이다.』라고 하지 않았습니까? 그래서 지향하는 바가 다르면 서로 도모하지 않습니다. 지금 그대는 어찌 아직도 경(卿)·대부(大夫)의 법도를 가지고 저에게 요구할 수 있습니까?

「서하(西河)는 본래 위(魏)나라의 땅이요 위문후(魏文侯)가 일어난 곳으로, 단간목(段干木)·전자방(田子方)의 유풍이 남아 있어, 사람들은 고상하고 모두 지조가 있으며 거취의 분별을 알고 있습니다. 이제 막 족하께서는 고향 서하(西河)를 떠나 안정(安定)에 오셨습니다. 안정의 산골짝은 본래 서융(西戎)의 옛 지역으로, 그들의 자제들은 모두 탐욕스럽고 비열합니다. 이 어찌 습속이 사람을 변하게 한 것이 아니겠습니까? 이제야 비로소 그대의 뜻을 알았습니다. 바야흐로 한(漢)나라가 흥성하고 있는 시기에, 일에 힘쓰시고 여러 말씀하지 마시기 바랍니다.」

해제解題 및 본문 요지 설명

　본문은 《한서(漢書)·양창전(楊敞傳)》의 일부분이다. 양운(楊惲)은 승상 양창(楊敞)의 아들이자 사마천(司馬遷)의 외손자로 어려서부터 득지(得志)하여 젊은 사람의 기질을 벗지 못한 데다 성격이 모질고 남의 시비에 관해 논하기를 좋아하여, 남의 은밀한 사생활을 들추어냄으로써 많은 사람들로부터 원한을 샀다. 후에 대장락(戴長樂)의 고발로 인해 평민 신분으로 전락했으나 여전히 뉘우칠 줄 모르고 평소 자신의 방식대로 일관했다. 그리하여 그의 친구 손회종(孫會宗)이 편지를 보내 권고하자, 양운은 이를 트집 잡아 화를 내며 손회종에게 《보손회종서(報孫會宗書)》라는 답신을 보냈다.

　본문은 두 부문으로 나눌 수 있는데, 첫 부분은 양운이 고발을 당해 평민의 신분으로 강등된 후, 근신할 줄 모르고 재물을 가지고 스스로 즐기며 지내던 중, 그의 친구 손회종이 편지를 보내 삼가도록 권한 것이고; 둘째 부분은 양운이 손회종에게 보낸 답신이다.

　답신은 다시 다섯 단락으로 나눌 수 있는데, 첫째 단락에서는 폄적당한 경위와 답신을 보낸 이유를 말했고; 둘째 단락에서는 세가(家世)의 융성을 과시하며 중상모략을 당한 불평을 토로했고; 셋째 단락에서는 스스로 지은 죄가 너무 크고 품위도 손상되어 영원히 농부로 생을 마칠 생각으로 열심히 산업을 경영하여 세금을 바쳤는데, 생각지도 않게 또 비난을 받고 있다는 불만을 말했고; 넷째 단락에서는 자신이 이미 평민으로 강등되어 친구 손회종과 가는 길이 달라졌기 때문에 서로 간섭할 필요가 없음에도 비방이 멈추지 않는 것에 대한 불만을 말했고; 마지막 단락에서는 오히려 손회종을 세속에 영합한다고 비난하며 손회종과 결별하겠다는 뜻을 표했다.

101 임치로경감(臨淄勞耿弇)
[東漢] 光武帝

작자

광무제(光武帝) 유수(劉秀 : B.C.6-A.D.57)는 자가 문숙(文叔)이며, 한고조(漢高祖) 유방(劉邦)의 9대손이다. 신망(新莽)[왕망(王莽)이 한을 찬탈하여 세운 나라로, 국호를 신(新)이라 했다] 말기에 대규모의 농민 봉기가 일어나자, 유수(劉秀) 형제는 이 기회를 틈타 군사를 일으켜 녹림기의군(綠林起義軍)에 가입하고, 신망을 멸한 후 스스로 황제에 올라 낙양(洛陽)에 도읍을 정하고 동한(東漢)의 개국 군주로서 33년간(A.D.25-57) 재위했다.

원문 및 주석

臨淄勞耿弇[1]

車駕至臨淄, 自勞軍, 群臣大會.[2]

---

1 臨淄勞耿弇 → 臨淄에 가서 耿弇을 위로하다

帝謂弇曰：「昔韓信破歷下以開基, 今將軍攻祝阿以發迹, 此皆齊之西界, 功足相方。³ 而韓信襲擊已降, 將軍獨拔勍敵, 其功乃難於信也。⁴

「又田橫亨酈生, 及田橫降, 高帝詔衛尉, 不聽爲仇。⁵ 張步前亦

【臨淄(임치, lín zī)】: [縣이름] 지금의 산동성 臨淄縣.
【勞(로, láo)】: 위로하다.
【耿弇(경감, gěng yǎn)】: [인명] 자는 伯昭. 東漢 茂陵[지금의 섬서성 興平縣 동북쪽] 사람으로 光武帝를 쫓아 군대를 일으켜 齊지방을 점령한 후, 建威大將軍을 제수받고 好畤侯에 봉해졌다.

2 車駕至臨淄, 自勞軍, 羣臣大會。 → (광무제의) 수레가 臨淄에 도착하여, 친히 군대를 위로하는데, 많은 신하들이 성대하게 모였다.
【車駕(거가, jū jià)】: 수레. 여기서는「광무제가 탄 수레」를 가리킨다.
【大會(대회, dà huì)】: 성대하게 모이다.

3 帝謂弇曰：「昔韓信破歷下以開基, 今將軍攻祝阿以發迹, 此皆齊之西界, 功足相方。 → 광무제가 경감에게 말했다：「예전에 韓信은 歷下를 공략하여 (漢나라의) 기반을 닦았고, 지금 장군은 祝阿를 공격하여 이름을 떨쳤는데, 이들 지역은 모두 齊나라의 서쪽 경계로, 공로가 족히 서로 비견될 만합니다.
【帝(제, dì)】: 임금. 여기서는「光武帝」를 가리킨다.
【韓信(한신, hán xìn)】: [인명] 淮陰侯 韓信(B.C. ?-B.C. 196). 漢나라 초기의 명장으로, 漢高祖 3년(B.C. 204) 군사를 이끌고 黃河를 건너 歷下를 습격하고 臨淄를 점령했다.
【歷下(역하, lì xià)】: [지명] 지금의 산동성 濟南市 동쪽.
【開基(개기, kāi jī)】: 기반을 닦다. 토대를 마련하다.
【祝阿(축아, zhù ē)】: [縣이름] 지금의 산동성 歷城 서남쪽.
【發迹(발적, fā jì)】: 현달하다. 공을 세워 이름을 날리다. 출세하다.
【齊(제, qí)】: [국명] 지금의 산동성 북부와 하북성 남부에 걸쳐 있던 周代의 제후국.
【相方(상방, xiāng fāng)】: 서로 비견되다.

4 而韓信襲擊已降, 將軍獨拔勍敵, 其功乃難於信也。 → 그러나 한신은 이미 항복한 적을 습격했고, 장군은 홀로 강한 적을 제압했으니, 그 공을 세우기란 오히려 한신보다 더욱 어려운 일입니다.
【拔(발, bá)】: 점령하다. 정복하다. 탈취하다.
【勍敵(경적, qíng dí)】: 강력한 적.
【乃(내, nǎi)】: 오히려.
【難於(난어, nán yú…)】: …보다 어렵다. 【於】: [개사] …보다. …에 비해.

5 「又田橫亨酈生, 及田橫降, 高帝詔衛尉, 不聽爲仇。 → 「그리고 田橫은 酈食其를 삶아 죽였는데, 전횡이 (漢나라에) 투항하자, 漢高帝는 衛尉에게 명을 내려 자기 마음대로 복수

殺伏隆, 若步來歸命, 吾當詔大司徒釋其怨, 又事尤相類也。」⁶

「將軍前在南陽, 建此大策, 常以爲落落難合, 有志者事竟成也。」⁷

하지 못하게 했습니다.
【田橫(전횡, tián héng)】: [인명] 秦나라 사람. ※《史記·田儋列傳》의 기록에 의하면, 전횡은 본래 齊王 田씨의 일족이었는데, 韓信이 齊王을 격파하여 齊가 망하자, 전횡이 스스로 齊王의 자리에 올랐다. 후에 漢이 項羽를 멸하자, 전횡은 휘하 500여 명을 이끌고 바다로 들어가 섬에 살았는데, 漢高祖가 사람을 보내 그를 회유했으나 끝내 漢의 신하가 될 것을 거부하고 자살했다.
【亨(팽, pēng)】: [烹의 古字] 삶다.
【酈生(역생, lì shēng)】: 酈食其(역이기, lì yì jī). ※《史記·酈生陸賈列傳》의 기록에 의하면, 역이기는 漢나라 高陽[지금의 하남성 杞縣 서쪽] 사람으로, 沛公[劉邦. 후의 漢高祖. 유방이 沛縣에서 군사를 일으켰으므로 붙여진 호칭]이 고양에 이르렀을 때, 역이기가 패공에게 계책을 제시하여 패공으로 하여금 陳留를 점령하게 하고, 또 齊王에게 유세하여 漢에 저항하지 않도록 제왕을 속인 다음, 방심한 틈을 타서 漢의 장수 韓信이 齊를 공격해 들어오도록 했다. 이에 齊王은 역이기에게 속은 것을 알고 그를 삶아 죽이고 달아났다.
【高帝(고제, gāo dì)】: 漢高祖 劉邦.
【詔(조, zhào)】: [동사 용법] 명을 내리다.
【衛尉(위위, wèi wèi)】: [관직명] 西漢 때 궁문 경비를 관장하던 직책. 여기서는 이 직책을 맡았던 酈食其의 동생「酈商」을 가리킨다.
【聽爲仇(청위구, tīng wéi chóu)】: 자기 마음대로 복수하다.

6 張步前亦殺伏隆, 若步來歸命, 吾當詔大司徒釋其怨, 又事尤相類也。→ 張步도 이전에 역시 伏隆을 살해했는데, 만일 장보가 귀순해 왔다면, 나도 당연히 大司徒에게 명을 내려 원한을 풀도록 했을 것이니, 이 또한 일들이 매우 비슷합니다.
【張步(장보, zhāng bù)】: [인명] 瑯琊[지금의 산동성 諸城縣] 사람으로, 자는 文公. 西漢 말 齊나라의 비교적 큰 군벌 중 하나. 光武帝가 伏隆을 파견하여 張步에게 東萊太守를 제수했다. 梁王 劉永이 이 소식을 듣고 재빨리 장보를 齊王으로 삼았다. 장보가 양왕의 제의를 수락한 후, 복륭에게 잔류하기를 권유하나 복륭이 불응하자 그를 살해했다. 후에 장보는 耿弇이 齊를 격파하자 이에 투항했다.
【伏隆(복륭, fú lóng)】: [인명] 자는 伯文. 광무제 때 光祿大夫를 지냈다. ※張步 참조.
【若(약, ruò)】: 만일. 만약.
【歸命(귀명, guī mìng)】: 귀순하다.
【大司徒(대사도, dà sī tú)】: [관직명] 漢나라 초기 승상에 상당하는 지위. 여기서는 복륭의 부친「伏湛」을 가리킨다.
【釋(석, shì)】: 풀다.
【尤(우, yóu)】: 매우. 더욱.
【相類(상류, xiāng lèi)】: 비슷하다. 유사하다.

> 번역문

임치(臨淄)에 가서 경감(耿弇)을 위로하다

(광무제의) 수레가 임치(臨淄)에 도착하여 친히 군대를 위로하는데 많은 신하들이 성대하게 모였다. 광무제가 경감에게 말했다 :

「예전에 한신(韓信)은 역하(歷下)를 공략하여 한(漢)나라의 기반을 닦았고, 지금 장군은 축아(祝阿)를 공격하여 이름을 떨쳤는데, 이들 지역은 모두 제(齊)나라의 서쪽 경계로 공로가 족히 서로 비견될 만합니다. 그러나 한신은 이미 항복한 적을 습격했고 장군은 홀로 강한 적을 제압했으니, 그 공을 세우기란 오히려 한신보다 더욱 어려운 일입니다.

「그리고 전횡(田橫)은 역이기(酈食其)를 삶아 죽였는데, 전횡이 한(漢)나라에 투항하자 한고제(漢高帝)는 위위(衛尉)에게 명을 내려 자기 마음대로 복수하지 못하게 했습니다. 장보(張步)도 이전에 역시 복륭(伏隆)을 살해했는데, 만일 장보가 귀순해 왔다면 나도 당연히 대사도(大司徒)에게 명을 내려 원한을 풀도록 했을 것이니, 이 또한 일들이 매우 비슷합니다.

「장군이 전에 남양(南陽)에서 이 방대한 책략을 세우자, 나는 항상 뜻이 너무 커서 실현되기 어렵다고 여겨왔습니다. 그런데 뜻이 있으면 일은 결

---

7 「將軍前在南陽, 建此大策, 常以爲落落難合, 有志者事竟成也。」 → 「장군이 전에 南陽에서, 이 방대한 책략을 세우자, 나는 항상 뜻이 너무 커서 실현되기 어렵다고 여겨왔습니다. 그런데 뜻이 있으면 일은 결국 이루어지는군요.」
【南陽(남양, nán yáng)】: [지명] 지금의 하남성 南陽縣.
【大策(대책, dà cè)】: 耿弇이 광무제에게 올린 군사 책략으로, 즉「齊나라를 점령하고, 張步 등을 평정하는 일」을 가리킨다.
【以爲(이위, yǐ wéi)】: …라 여기다. …라고 생각하다.
【落落難合(낙락난합, luò luò nán hé)】: 정밀하지 못하여 실현될 가망이 없다.
【竟(경, jìng)】: 결국. 마침내.

국 이루어지는군요.」

해제解題 및 본문 요지 설명

　본문은 《후한서(後漢書)·경감전(耿弇傳)》의 일부분이다. 《후한서》 120권은 동한(東漢) 광무제(光武帝)로부터 헌제(獻帝)까지 약 200년 동안의 역사를 기록한 것이다. 120권 중 본기(本紀) 10권·열전(列傳) 80권은 남조송(南朝宋) 범엽(范曄)이 지었고, 지(志) 30권은 진(晉) 사마표(司馬彪)가 지었다.

　광무제 유수는 농민 봉기의 힘을 빌려 신망(新莽)을 전복시키고 동한을 건립한 후, 정권을 강화하기 위해 자주 전쟁을 일으켰다. A.D. 29년 겨울, 광무제는 건위장군(建威將軍) 경감(耿弇)에게 청주(靑州)에 할거하는 대군벌 장보(張步)를 토벌하도록 명했는데, 작전이 성공하여 축아(祝阿)·거리(巨里)·임치(臨淄) 등의 성을 차례로 점령하면서 신속하게 대승을 거두었다. 이에 광무제는 친히 임치까지 가서 군대를 위로했는데, 본문은 바로 경감의 공을 치하한 그의 담화를 기록한 것이다.

　본문은 세 단락으로 나눌 수 있는데, 첫째 단락에서는 제(齊)지방을 중심으로 경감을 한초(漢初)의 명장 한신(韓信)과 비교하여 더욱 어려운 공을 세웠다고 칭찬했고; 둘째 단락에서는 장보(張步)를 전횡(田橫)과 비교한 후, 자신을 한고조(漢高祖)에 비유했고; 마지막 단락에서는 「뜻이 있으면 일은 결국 이루어진다(有志者事竟成).」라는 말로 경감의 확고한 의지와 불굴의 정신을 극찬했다.

102 계형자엄돈서(誡兄子嚴敦書)
[東漢] 馬援

작자

마원(馬援: B.C.14-A.D.49)은 동한(東漢)의 명장(名將)으로, 부풍(扶風) 무릉(茂陵)[지금의 섬서성 흥평현(興平縣) 동북쪽] 사람이며 자가 문연(文淵)이다. 왕망(王莽)의 신(新) 말년에 신성태수(新城太守)를 지내다가 후에 동한(東漢) 광무제(光武帝)를 보좌하여 외효(隗囂)를 격파하고, 또 명을 받아 선령강(先零羌)에 출정하여 농우(隴右)를 숙청했으며, 교지(交趾)를 평정한 후 동주(銅柱)를 세워 공적을 표시하고 돌아와 위세가 남쪽 변방에 크게 떨쳤다. 이로 인해 복파장군(伏波將軍)을 배수 받고 신식후(新息侯)에 봉해졌다. 마원은 일찍이 : 「대장부가 뜻을 세우면, 궁한 환경에서 더욱 굳세지고, 늙어서 더욱 건장해야 한다.(大丈夫爲志, 窮當益堅, 老當益壯。)」「사나이는 마땅히 변방의 들판에서 죽어, 말가죽으로 시체를 싸 가지고 장사를 지내야 하거늘, 어찌 침상에 누워 아녀자의 손안에 있을 수 있겠는가?(男兒要當死於邊野, 以馬革裹尸還葬, 何能臥牀上在兒女子手中邪?)」라고 했는데, 과연 후에 오계(五溪) 지방의 오랑캐가 반란을 일으키자, 62세의 나이로 자청하여 군사를 끌고 나가 그들을 정벌했다. 후에 역병에 걸려 군중(軍中)에서 죽었다.

원문 및 주석

誡兄子嚴敦書[1]

援兄子嚴、敦, 並喜譏議, 而通輕俠客。[2] 援前在交趾, 還書誡之曰 :[3]

「吾欲汝曹聞人過失, 如聞父母之名, 耳可得聞, 口不可得言也。[4] 好論議人長短, 妄是非正法, 此吾所大惡也, 寧死不願聞子孫有此

---

1 誡兄子嚴敦書 → 조카 嚴과 敦을 훈계하는 글
　【誡(계, jiè)…書(서, shū)】: …을(를) 훈계하는 글. 〖誡〗: 훈계하다.
　【兄子(형자, xióng zǐ)】: 형의 아들. 즉 「조카」.
　【嚴(엄, yán)、敦(돈, dūn)】: [인명] 嚴・敦. 두 사람 모두 마원의 조카.

2 援兄子嚴、敦, 並喜譏議, 而通輕俠客。 → 馬援의 조카 嚴과 敦은, 모두 남을 비난하길 좋아하고, 또한 경박한 자들과 잘 어울렸다.
　【援(원, yuán)】: [인명] 馬援. ※본문 '작자' 참조.
　【並(병, bìng)】: 모두. 함께.
　【譏議(기의, jī yì)】: 비난하다. 비방하다.
　【通(통, tōng)】: 어울리다. 교제하다. 왕래하다.
　【輕俠客(경협객, qīng xiá kè)】: 행실이 경박한 사람. ※이를 「경박한 협객」이라 풀이한 경우도 있다.

3 援前在交趾, 還書誡之曰 : → 마원은 전에 交趾에 있을 때, 편지를 보내 그들을 훈계하여 말했다 :
　【交趾(교지, jiāo zhǐ)】: [지명] 漢나라에 두었던 郡으로, 지금의 安南 북부의 東京州. 光武帝 建武 연간에, 마원을 伏波將軍으로 삼아 交趾를 공격하여 평정했다.
　【還書(환서, huán shū)】: 서신을 보내다.
　【之(지, zhī)】: [대명사] 그들. 즉「마원의 조카 嚴과 敦」.

4 「吾欲汝曹聞人過失, 如聞父母之名, 耳可得聞, 口不可得言也。→「나는 너희들이 남의 허물을 들으면, 마치 부모의 이름을 들은 듯이, 귀로는 들을 수 있어도, 입으로는 말할 수 없길 바란다.
　【欲(욕, yù)】: …하길 바라다.
　【汝曹(여조, rǔ cáo)】: 너희들. 〖曹〗: 輩. 무리. …들.
　【過失(과실, guò shī)】: 허물. 과실.
　【可得(가득, kě dé)】: 能. …할 수 있다.

行也.⁵ 汝曹知吾惡之甚矣, 所以復言者, 施衿結褵, 申父母之戒, 欲使汝曹不忘之耳.⁶

「龍伯高敦厚周愼, 口無擇言, 謙約節儉, 廉公有威.⁷ 吾愛之重

---

5 好論議人長短, 妄是非正法, 此吾所大惡也, 寧死不願聞子孫有此行也。→ 남의 강단점에 대해 이러쿵저러쿵 이야기하기를 좋아하거나, 함부로 政治 法令에 대해 시시비비를 따지는 것은, 내가 가장 싫어하는 바로, 차라리 죽을지언정 자손들이 이러한 행동을 했다고 말 듣는 것을 원치 않는다.
【好(호, hào)】: [동사] 좋아하다.
【論議(논의, lùn yì)】: 의론하다. 이러쿵저러쿵 이야기하다. ※판본에 따라서는「論議」를「議論」이라 했다.
【長短(장단, cháng duǎn)】: 장점과 단점.
【妄(망, wàng)】: 함부로. 멋대로.
【是非(시비, shì fēi)】: [동사] 시시비비를 따지다. 여기서는「비난하다」의 뜻.
【正法(정법, zhèng fǎ)】: 政令.【正】: 政.
【惡(오, wù)】: 싫어하다. 미워하다.
【寧(녕, níng)】: 차라리.

6 汝曹知吾惡之甚矣, 所以復言者, 施衿結褵, 申父母之戒, 欲使汝曹不忘之耳。→ 너희들이 내가 이를 매우 싫어한다는 것을 알고 있는데, 다시 말하는 까닭은, 부모가 딸을 시집보낼 때 노리개를 채워주고 띠를 매어주며, 부모의 훈계를 거듭 당부하듯이, 너희들로 하여금 그것을 잊지 않게 하려는 것뿐이다.
【所以(소이, suǒ yǐ)…】: …한 까닭.
【復言(부언, fù yán)】: 다시 말하다.
【施衿結褵(시금결리, shī jīn jié lí)】: 옛날에 부모가 딸을 시집보낼 때, 친히 딸에게 장식을 달아주고 佩巾을 매어주며 시집에서 지켜야 할 각종 주의사항을 일러주는 일.【施】: 매어주다.【衿】: 옷에 매는 장식 띠.【褵】: 佩巾. ※판본에 따라서는「褵」를「縭」라 했다.
【申(신, shēn)】: 거듭 당부하다. 되풀이하여 설명하다.
【戒(계, jiè)】: 훈계하는 말.
【欲(욕, yù)】: …하고자 하다. …하려 하다.
【使(사, shǐ)】: …로 하여금 …하게 하다.
【耳(이, ěr)】: …뿐.

7 「龍伯高敦厚周愼, 口無擇言, 謙約節儉, 廉公有威。→「龍伯高는 순박하고 돈독하고 주도하고 신중하여, 입에 흠잡힐 말이 없고, 겸손하고 절검하고, 청렴하고 공정하여 위엄이 있다.
【龍伯高(용백고, lóng bó gāo)】: [인명] 성은 龍, 이름은 述. 漢나라 京兆[지금의 섬서성 西安] 사람으로, 光武帝 때 山都[지금의 호북성 襄陽 서북쪽]의 長을 지내다가 후에 零陵[지금의 호남성 零陵]의 태수가 되었다.

之, 願汝曹效之。⁸ 杜季良豪俠好義, 憂人之憂, 樂人之樂, 淸濁無所失, 父喪致客, 數郡畢至。⁹ 吾愛之重之, 不願汝曹效也。¹⁰ 效伯高不得, 猶爲謹敕之士, 所謂『刻鵠不成, 尙類鶩』者也。¹¹ 效季良不得,

---

【敦厚(돈후, dūn hòu)】: 순박하고 돈독하다.
【周愼(주신, zhōu shèn)】: 주도하고 신중하다.
【擇言(택언, zé yán)】: 골라낼 말. 여기서는 「흠잡힐 말, 허튼소리」를 가리킨다.
【謙約(겸약, qiān yuē)】: 겸손하다.
【節儉(절검, jié jiǎn)】: 절검하다. 절약하고 검소하다.
【廉公(염공, lián gōng)】: 청렴하고 공정하다.

8 吾愛之重之, 願汝曹效之。→ 나는 그를 아끼고 중히 여겨, 너희들이 그를 본받길 바란다.
【效(효, xiào)】: 본받다. 배우다.
【之(지, zhī)】: [대명사] 그. 즉 「용백고」.

9 杜季良豪俠好義, 憂人之憂, 樂人之樂, 淸濁無所失, 父喪致客, 數郡畢至。→ 杜季良은 호방하고 義를 중시하며, 남이 걱정하는 것을 걱정하고, 남이 즐거워하는 것을 즐거워하며, 좋은 사람이든 나쁜 사람이든 배척하지 않는다. 그가 부친상을 당하여 손님을 초대하자, 여러 郡의 사람들이 모두 문상을 왔다.
【杜季良(두계량, dù jì liáng)】: [인명] 성은 杜, 이름은 保, 자는 季良. ※ 京兆 사람으로 광무제 때 越騎司馬를 지냈으나, 어떤 사람이 글을 올려 그의 행위가 경박하여 대중을 현혹시킨다고 송사를 벌려 관직에서 물러났다.
【豪俠(호협, háo xiá)】: 호방하다. 용감하고 신의를 중시하다.
【好義(호의, hào yì)】: 의를 좋아하다.
【憂人之憂(우인지우, yōu rén zhī yōu)】: 남이 걱정하는 것을 걱정하다. 앞의 〖憂〗: [동사] 걱정하다. 근심하다. 뒤의 〖憂〗: [명사] 걱정. 걱정하는 것.
【樂人之樂(낙인지락, lè rén zhī lè)】: 남이 즐거워하는 것을 즐거워하다. 앞의 〖樂〗: [동사] 즐거워하다. 뒤의 〖樂〗: [명사] 즐거움. 남이 즐거워하는 것.
【淸濁(청탁, qīng zhuó)】: 청탁. 여기서는 「사람들의 귀천 또는 선악」을 말한다.
【失(실, shī)】: 버리다. 배척하다.
【致客(치객, zhì kè)】: 손님을 초대하다.
【畢(필, bì)】: 모두. 다.

10 吾愛之重之, 不願汝曹效也。→ 나는 그를 아끼고 존중하지만, 너희들이 그를 본받길 바라지 않는다.

11 效伯高不得, 猶爲謹敕之士, 所謂『刻鵠不成, 尙類鶩』者也。→ 용백고를 본받으려다 이루지 못하면, 그래도 신중하고 엄숙한 선비는 되는 것이니, 이른바『고니를 새기려다 이루지 못하면, 그래도 오리는 닮는다.』라는 말이다.
【猶(유, yóu)】: 그래도.
【爲(위, wéi)】: …이 되다.

陷爲天下輕薄子, 所謂『畫虎不成, 反類狗』者也。¹² 訖今<u>季良</u>尙未可知, 郡將下車輒切齒, 州郡以爲言, 吾常爲寒心, 是以不願子孫效也。」¹³

【謹敕之士(근칙지사, jǐn chì zhī shì)】: (자신의 언행을 단속할 수 있는) 신중하고 엄정한 선비.
【鵠(혹, hú)】: 고니. 백조.
【尙(상, shàng)】: 그래도. 또한.
【類(류, lèi)】: 닮다. 비슷하다.
【鶩(목, wù)】: 오리.

12 效季良不得, 陷爲天下輕薄子, 所謂『畫虎不成, 反類狗』者也。→ 두계량을 본받으려다 이루지 못하면, 잘못 빠져서 천하의 경박한 子弟가 되는 것이니, 이른바『호랑이를 그리려다 이루지 못하면, 오히려 개를 닮는다.』라는 말이다.
【陷爲(함위, xiàn wéi)】: 잘못 빠져서 …이 되다.
【輕薄子(경박자, qīng bó zǐ)】: 경박한 子弟.
【反(반, fǎn)】: 오히려. 반대로.

13 訖今季良尙未可知, 郡將下車輒切齒, 州郡以爲言, 吾常爲寒心, 是以不願子孫效也。」→ 지금에 이르기까지 두계량에 대해서는 아직 알 수 없는데, 郡守가 새로 부임해 올 때마다 번번히 (그에 대해) 이를 갈고 통탄하여, 州郡의 관리들이 그것을 이야깃거리로 삼기 때문에, 나는 항상 그것을 한심스럽게 여겨, 그래서 자손들이 그를 본받는 것을 바라지 않는다.」
【訖今(흘금, qì jīn)】: 지금까지. 【訖】: …에 이르기까지.
【尙未(상미, shàng wèi)】: 아직 …하지 못하다.
【郡將(군장, jùn jiàng)】: 군수. ※ 漢나라 때는 군수가 文武를 겸했기 때문에 이렇게 불렀다.
【下車(하거, xià jū)】: 수레에서 내리다. 즉「새로 부임해 오다」의 뜻.
【輒(첩, zhé)】: 번번히.
【切齒(절치, qiè chǐ)】: 이를 갈다.
【州郡(주군, zhōu jùn)】: 여기서는「州郡의 관리」를 말한다.
【以爲(이위, yǐ wéi)…】: 以(之)爲…. 이로써 …을(를) 삼다.
【言(언, yán)】: 이야깃거리.

번역문

조카 엄(嚴)과 돈(敦)을 훈계하는 글

 마원(馬援)의 조카 엄(嚴)과 돈(敦)은 모두 남을 비난하길 좋아하고 또한 경박한 자들과 잘 어울렸다. 마원은 전에 교지(交趾)에 있을 때 편지를 보내 그들을 훈계하여 말했다 :
「나는 너희들이 남의 허물을 들으면, 마치 부모의 이름을 들은 듯이 귀로는 들을 수 있어도 입으로는 말할 수 없길 바란다. 남의 장단점에 대해 이러쿵저러쿵 이야기하기를 좋아하거나 함부로 정치법령(政治法令)에 대해 시시비비를 따지는 것은 내가 가장 싫어하는 바로, 차라리 죽을지언정 자손들이 이러한 행동을 했다고 말 듣는 것을 원치 않는다. 너희들이 내가 이를 매우 싫어한다는 것을 알고 있는데 다시 말하는 까닭은, 부모가 딸을 시집보낼 때 노리개를 채워주고 띠를 매어주며 부모의 훈계를 거듭 당부하듯이, 너희들로 하여금 그것을 잊지 않게 하려는 것뿐이다.
「용백고(龍伯高)는 순박하고 돈독하고 주도하고 신중하여 입에 흠잡힐 말이 없고, 겸손하고 절검(節儉)하고 청렴하고 공정하여 위엄이 있다. 나는 그를 아끼고 중히 여겨 너희들이 그를 본받길 바란다. 두계량(杜季良)은 호방하고 의(義)를 중시하며 남이 걱정하는 것을 걱정하고, 남이 즐거워하는 것을 즐거워하며, 좋은 사람이든 나쁜 사람이든 배척하지 않는다. 그가 부친상을 당하여 손님을 초대하자 여러 군(郡)의 사람들이 모두 문상을 왔다. 나는 그를 아끼고 존중하지만 너희들이 그를 본받길 바라지 않는다. 용백고를 본받으려다 이루지 못하면, 그래도 신중하고 엄숙한 선비는 되는 것이니, 이른바 『고니를 새기려다 이루지 못하면 그래도 오리는 닮는다.』라는 말이다. 두계량을 본받으려다 이루지 못하면 잘못 빠져서 천하의 경박한 자제(子弟)가 되는 것이니, 이른바 『호랑이를 그리려다 이루지 못하면 오히려 개를 닮는다.』라는 말이다. 지금에 이르기까지 두계량에 대해서는 아직 알 수 없는데, 군수(郡守)가 새로 부임해 올 때마다 번번히 (그에 대해) 이를 갈고 통탄하여 주군(州郡)의 관리들이 그것을 이야깃거리로 삼기 때문에, 나는 항상 그것을 한심스럽게 여겨, 그래서 자손들이 그를 본받는 것을 바라지 않는다.」

해제解題 및 본문 요지 설명

  본문은 《후한서(後漢書)·마원전(馬援傳)》의 일부분으로, 마원(馬援)이 엄(嚴)과 돈(敦) 두 조카에게 보낸 편지이다. 제목에는 「서(書)」라 했지만 실은 일종의 가훈(家訓)이라 할 수 있다.

  본문은 두 단락으로 나눌 수 있는데, 첫째 단락에서는 마원이 두 조카가 남을 비난하기 좋아하고 행실이 경박한 자들과 교제하는 것을 처세의 크나큰 결점으로 여겨 가장 싫어한다는 것을 지적하면서 편지를 쓰게 된 이유를 말했고; 둘째 단락에서는 조카들에게 용백고(龍伯高)의 순박하고 돈독하고 주도하고 신중한 인품을 배우도록 훈계하는 한편, 두계량(杜季良)의 호방하고 신의를 중시하는 점에 대해서는 좋아하고 아끼지만, 그러나 조정이나 주군(州郡)의 증오를 유발하는 그의 행위는 사대부가 자신과 가문을 보전하는 처신이 아니기 때문에 이를 본받지 말라고 강조했다.

103 전출사표(前出師表)
[三國] 諸葛亮

작자

　제갈량(諸葛亮 : 181-234)은 삼국시대(三國時代) 촉한(蜀漢)의 걸출한 정치가요 전략가로, 자는 공명(孔明)이며 낭야(琅琊) 양도(陽都)[지금의 산동성 제성현(諸城縣)] 사람이다. 어려서 숙부 제갈현(諸葛玄)을 따라 형주(荊州)에 왔다가, 숙부가 죽은 후 양양(襄陽) 서쪽 20리 떨어진 융중(隆中)에서 밭을 갈며 치국안민(治國安民)의 구상에 몰두했다. 건안(建安) 12년(207), 유비(劉備)는 사마휘(司馬徽)·서서(徐庶)의 추천으로 제갈량을 세 번이나 찾아가 국사를 논하면서 깊은 감명을 받았다. 그 후 유비의 삼고초려(三顧草廬)에 감동되어 유비를 따라나선 제갈량은 이때 나이가 겨우 27세였다. 제갈량은 유비에게 손권(孫權)과 연합할 것을 제의하여, 적벽(赤壁)에서 조조(曹操)를 대파하고 형주(荊州)를 얻어 근거지로 삼은 다음, 다시 익주(益州)로 쳐들어가 한중(漢中)을 점령했다. 유비가 촉한(蜀漢)의 황제에 오른 후, 제갈량은 승상(丞相)이 되어 천하삼분책(天下三分策)을 고수하며 불세출의 지장으로 천하를 종횡무진했다. 그러다가 촉한(蜀漢) 소열제(昭烈帝) 장무(章武) 3년(223) 4월, 유비가 병이 들어 죽자, 제갈량은 아들을 부탁한 유비의 유언을 받들어 후주(後主) 유선(劉禪)을 극진히 보필하면서 촉한의 실질적인 일인자가 되었다. 촉한은 당시오(吳)나라 정벌에 실패한 후, 또 남만(南蠻)이 반란을 일으켜 형세가 매우 위급한 상황에 처해있었다. 제갈량은 군사를 정비하고 농업을 장려하며 법령을 정비하여 상벌을 분명히 하는 등 혼신의 힘을 쏟아 나라를 다스림으로써 얼마 후 다시 안정을 회복할 수 있었다. 그리하여 촉한(蜀漢) 후주(後主) 건흥(建興) 3년(225)에 군사를 이끌고 나가 남만(南蠻)을 평정한 후, 건흥 5년(227)부터 12년까지 여섯 차례에 걸쳐 조위(曹魏)의 정벌에 나서 중원(中原)을 빼앗기도 했으나, 보급이 충분한 위(魏)가 수비에 치중함으로써 대승을 거두지 못하고, 결국 건흥 12년(234) 8월 군중(軍中)에서 병사하고 말았다.

현재 그의 글을 모아 문집으로 펴낸 《제갈공명집(諸葛孔明集)》이 있다.

원문 및 주석

前出師表¹

臣亮言：先帝創業未半, 而中道崩殂.² 今天下三分, 益州罷弊,

---

1 前出師表 → 전에 올린 出師表
　【出師表(출사표, chū shī biǎo)】: 출병을 위해 임금께 올리는 글. 【出師】: 출병(하다). 【表】
　: 신하가 황제에게 올리는 일종의 上奏文.
　※《文心雕龍·章表》에 :「戰國시대 七國에 이르러서도 옛날의 방식이 변하지 않았다. 일에 관해 군주께 말한 것을 모두 上書라 했다. 秦나라 초기에 제도를 정하고『書』를『奏』라고 바꾸었다. 漢代에 禮儀가 정해져 四品이 있게 되었는데, 첫째는『章』, 둘째는『奏』, 셋째는『表』, 넷째는『議』라 했다.『章』으로 謝恩을 표하고,『奏』로 죄악을 고발하고,『表』로 사정을 진술하고,『議』로 이의를 제기했다.(降及七國, 未變古式, 言事於主, 皆稱上書. 秦初定制, 改書曰奏. 漢定禮儀, 則有四品 : 一曰章, 二曰奏, 三曰表, 四曰議. 章以謝恩, 奏以按劾, 表以陳情, 議以執異.)」라고 했다.

2 臣亮言 : 先帝創業未半, 而中道崩殂. → 신하 諸葛亮이 말씀드립니다 : 先帝께서 創業이

此誠危急存亡之秋也。³ 然侍衛之臣不懈於內, 忠志之士忘身於外者, 蓋追先帝之殊遇, 欲報之於陛下也。⁴ 誠宜開張聖聽, 以光先帝

아직 절반을 이루기도 전에, 중도에서 붕어하셨습니다.
【臣(신, chén)】: 저. 신하. ※백성이나 신하가 군주에 대해 자신을 낮춘 말.
【先帝(선제, xiān dì)】: 돌아가신 황제. 여기서는 「蜀漢 昭烈帝 劉備」를 가리킨다.
　※ 劉備는 東漢 말 涿郡[지금의 하북성 涿縣] 사람으로, 자는 玄德이며, 漢景帝의 아들인 中山靖王의 후손이다. 曹丕가 漢을 찬탈하자, 蜀漢을 세워 황제에 즉위한 후 3년간 (221-223) 재위하고 63세의 나이로 세상을 떠났다. 시호를 昭烈이라 했으며, 역사에서는 「先主」라 불렀다.
【創業(창업, chuàng yè)】: 창업. 즉 「漢나라를 부흥하기 위한 대업」.
【未半(미반, wèi bàn)】: 아직 절반을 이루지 못하다. ※이는 유비가 A.D. 221년 蜀漢을 세우고 나서 3년 만에 세상을 떠난 반면, 그가 이룩해 보려던 통일의 대업은 아직 요원한 상태였으므로 이를 비유해서 한 말이다.
【中道(중도, zhōng dào)】: 도중. 중도.
【崩殂(붕조, bēng cú)】: 붕어하다. ※황제의 죽음을 가리키는 말로《禮記·曲禮下》에「天子死曰崩, 諸侯死曰薨, 大夫死曰卒, 士曰不祿, 庶人曰死.(천자의 죽음을 「붕」이라 하고, 제후의 죽음을 「훙」이라 하고, 대부의 죽음을 「졸」이라 하고, 사인의 죽음을 「불록」이라 하고, 서민의 죽음을 「사」라 한다.)」라고 했다.

3 今天下三分, 益州罷弊, 此誠危急存亡之秋也。→ 지금 천하는 三分되고, 益州는 곤궁에 빠져 있으니, 이는 그야말로 나라의 存亡이 걸린 위급한 시기입니다.
【三分(삼분, sān fēn)】: 魏·蜀·吳 세 나라로 분할된 형세.
【益州(익주, yì zhōu)】: [州 이름] 後漢은 그 당시 12개 州가 있었는데, 益州는 지금의 사천성 일대로, 곧 蜀漢을 가리킨다.
【罷弊(피폐, pí bì)】: 곤궁에 빠지다.
【誠(성, chéng)】: 실로. 그야말로.
【秋(추, qiū)】: 때. 중요한 시점.

4 然侍衛之臣不懈於內, 忠志之士忘身於外者, 蓋追先帝之殊遇, 欲報之於陛下也。→ 그러나 황제를 곁에서 모시며 보위하는 신하들이 조정에서 맡은 바 직무에 충실하고, 충성스런 장병들이 전장에서 생명을 돌보지 않고 분투하는 것은, 선제께서 그들에게 베푸신 각별한 禮遇를 추념하여, 이를 폐하께 보답하려는 것입니다.
【侍衛之臣(시위지신, shì wèi zhī chén)】: 곁에서 모시며 보위하는 신하. 〖侍衛〗: 곁에서 모시며 보위하다.
【不懈於內(불해어내, bù xiè yú nèi)】: 안에서 나태하지 않다. 즉「조정에서 맡은 바 직무에 충실하다」의 뜻. 〖懈〗: 게으르다. 태만하다. 나태하다. 〖於〗: [개사] …에서. 〖內〗: 안. 즉「朝廷」.
【忠志之士(충지지사, zhōng zhì zhī shì)】: 충성스런 장병.
【忘身於外(망신어외, wàng shēn yú wài)】: 밖에서 몸을 돌보지 않다. 즉「戰場에서 생명

遺德, 恢宏志士之氣;⁵ 不宜妄自菲薄, 引喻失義, 以塞忠諫之路也。⁶
宮中府中, 俱爲一體, 陟罰臧否, 不宜異同。⁷ 若有作姦犯科及

을 돌보지 않고 분투하다」의 뜻.〖忘身〗: 몸을 돌보지 않다.〖於〗: [개사] …에서.〖外〗: 밖. 즉「戰場」.
【蓋(개, gài)】: [어조사] ※ 句의 첫머리에 놓여 앞에서 말한 바에 대한 이유를 표시한다.
【追(추, zhuī)】: 추념하다.
【殊遇(수우, shū yù)】: 각별한 예우.
【欲(욕, yù)】: …하고자 하다. …하려고 하다.
【報之於陛下(보지어폐하, bào zhī yú bì xià)】: 그것을 폐하께 보답하다.〖報〗: 보답하다.〖之〗: [대명사] 이것. 즉「선제께서 그들에게 베푸신 각별한 예우」.〖於〗: [개사] …에게(께).〖陛下〗: 신하의 제왕에 대한 존칭. 여기서는「劉備의 아들 劉禪」을 가리킨다.

5 誠宜開張聖聽, 以光先帝遺德, 恢宏志士之氣; → 실로 마땅히 견문을 크게 넓히시어, 선제의 덕을 빛내시고, 志士들의 사기를 북돋우셔야 하며;
【誠(성, chéng)】: 실로. 정말로.
【宜(의, yí)】: 마땅히.
【開張(개장, kāi zhāng)】: 넓히다. 확대하다.
【聖聽(성청, shèng tīng)】: 황제의 견문. 즉「황제가 널리 여러 사람의 의견을 청취하는 것」.
【光(광, guāng)】: [동사] 빛내다.
【恢宏(회굉, huī hóng)】: 북돋우다.
【志士(지사, zhì shì)】: 나라를 위해 몸 바쳐 일하려는 포부를 지닌 사람.

6 不宜妄自菲薄, 引喻失義, 以塞忠諫之路也。→ 함부로 자신을 가볍게 보거나, 사리에 맞지 않는 일을 끌어다 비유함으로써, 충간할 수 있는 길을 막아서는 안 됩니다.
【妄(망, wàng)】: 함부로. 마음대로.
【菲薄(비박, fěi bó)】: 무시하다. 가볍게 보다. 업신여기다.
【引喻(인유, yǐn yù)】: 끌어다 비유하다.
【失義(실의, shī yì)】: 사리에 맞지 않다. 옳지 못하다.
【塞(색, sāi)】: 막다. 저지하다.
【忠諫(충간, zhōng jiàn)】: 충심으로 간언하다.

7 宮中府中, 俱爲一體, 陟罰臧否, 不宜異同。→ 궁중과 丞相府는 모두 한 몸이니, 선행을 상주고 악행을 벌함에 있어서, 서로 달라서는 안 됩니다.
【宮中(궁중, gōng zhōng)】: 황제가 거처하는 황궁.
【府中(부중, fǔ zhōng)】: 승상이 집무하는 丞相府.
【俱(구, jù)】: 다. 모두.
【陟罰臧否(척벌장부, zhì fá zāng pǐ)】: 선행을 상주고 악행을 벌하다.〖陟〗: 발탁하여 상을 주다.〖罰〗: 벌하다.〖臧〗: 선행.〖否〗: 악행.

爲忠善者, 宜付有司論其刑賞, 以昭陛下平明之治;⁸ 不宜偏私, 使內外異法也。⁹

　　侍中、侍郎郭攸之、費禕、董允等, 此皆良實, 志慮忠純, 是以先帝簡拔以遺陛下。¹⁰ 愚以爲宮中之事, 事無大小, 悉以咨之, 然後

【不宜(불의, bù yí)】: …해서는 안 되다.
【異同(이동, yì tóng)】: 다르다. 같지 않다. ※「異同」은 본래「같고 다름」의 뜻이지만, 여기서는 偏義複合詞로 다만「異」쪽의 뜻을 나타낸다.

8 若有作姦犯科及爲忠善者, 宜付有司論其刑賞, 以昭陛下平明之治。→ 만약 간악한 일을 저지르고 법령을 위반하는 자나 충성과 선행을 하는 자가 있으면, 마땅히 전담 부서로 넘겨 그 형벌과 포상을 따져, 폐하의 공정하고 밝은 정치를 보여주셔야 합니다.
【作姦(작간, zuò jiān)】: 간악한 일을 저지르다.
【犯科(범과, fàn kē)】: 법령을 위반하다. 【科】: 법령의 조문.
【付(부, fù)】: 넘기다. 보내다. 회부하다.
【有司(유사, yǒu sī)】: 전담 관청. 전담 부서.
【論(론, lùn)】: 따지다. 논하다.
【刑(형, xíng)】: 벌하다.
【昭(소, zhāo)】: 보여주다. 밝히다.
【平明之治(평명지치, píng míng zhī zhì)】: 공평하고 투명한 정치.

9 不宜偏私, 使內外異法也。→ 사사로운 감정에 치우쳐, 궁중과 朝廷으로 하여금 법을 다르게 해서는 안 됩니다.
【偏(편, piān)】: 치우치다.
【使(사, shǐ)】: …하게 하다.
【內(내, nèi)】: 안. 즉「궁중」.
【外(외, wài)】: 바깥. 즉「승상부, 조정」.
【異(이, yì)】: [동사] 다르게 적용하다. 달리하다.

10 侍中、侍郎郭攸之、費禕、董允等, 此皆良實, 志慮忠純, 是以先帝簡拔以遺陛下。→ 侍中 郭攸之와 費禕, 侍郎 董允 등, 이들은 모두 선량하고 성실하며, 지조와 사상이 충성스럽고 순수합니다. 그래서 선제께서 발탁하시어 폐하께 남겨주셨습니다.
【侍中(시중, shì zhōng)】: [관직] 황제의 고급 侍從.
【侍郎(시랑, shì láng)】: [관직] 黃門侍郎. ※ 황제의 조칙 전달 업무를 맡은 관리.
【郭攸之(곽유지, guō yōu zhī)】: [인명] 南陽[지금의 하남성 南陽縣] 사람으로, 도량과 식견이 뛰어났으며 黃門侍郎을 거쳐 侍中에 올랐다.
【費禕(비의, fèi ī)】: [인명] 江夏鄩[지금의 하남성 羅山縣 서남쪽] 사람으로, 자는 文偉. 後主 劉禪 시기에 黃門侍郎을 거쳐 시중에 올랐다.
【董允(동윤, dǒng yǔn)】: [인명] 南郡[지금의 호북성 江陵縣] 사람으로, 자는 休昭이며,

施行, 必能裨補闕漏, 有所廣益;[11] 將軍向寵, 性行淑均, 曉暢軍事, 試用於昔日, 先帝稱之曰「能」, 是以眾議舉寵爲督。[12] 愚以爲營中

  後主때 黃門侍郎이 되었다. ※일설에는 枝江 사람이라고도 한다.
  【良實(양실, liáng shí)】: 선량하고 성실하다.
  【志慮(지려, zhì lǜ)】: 지조와 사상.
  【忠純(충순, zhōng chún)】: 충성스럽고 순수하다.
  【是以(시이, shì yǐ)】: 그래서. 이로 말미암아.
  【簡拔(간발, jiǎn bá)】: 고르다. 선발하다.
  【遺(유, yí)】: 주다. 남겨주다.

11 愚以爲宮中之事, 事無大小, 悉以咨之, 然後施行, 必能裨補闕漏, 有所廣益; → 저는 궁중의 일은 크거나 작거나, 모두 그들에게 물으시고, 그런 다음에 시행하시면, 반드시 부족하고 빠진 것을 보완하는 데 도움을 주어, 널리 이로움이 있을 것이라 생각합니다.
  【愚(우, yú)】: [겸칭] 저.
  【以爲(이위, yǐ wéi)】: …라 여기다. …라고 생각하다.
  【悉以咨之(실이자지, xī yǐ zī zhī)】: 모두 그들에게 묻다. 〖悉〗: 모두. 〖咨〗: 묻다. 〖之〗: [대명사] 그들.
  【裨補闕漏(비보궐루, bì bǔ quē lòu)】: 부족하고 빠진 것을 보완하는 데 도움을 주다. 〖裨〗: 도움이 되다. 도움을 주다. 〖補〗: 보완하다. 채우다. 〖闕〗: 缺. 모자라다. 부족하다. 〖漏〗: 누락. 빠진 것.

12 將軍向寵, 性行淑均, 曉暢軍事, 試用於昔日, 先帝稱之曰「能」, 是以眾議舉寵爲督。→ 장군 向寵은, 성품이 착하고 일을 처리함이 공정하며, 군사에 정통하여, 이전에 시험 삼아 기용한 적이 있는데, 선제께서 그를 칭찬하여「유능하다」고 말씀하셨습니다. 그래서 여럿이 상의한 끝에 상총을 천거하여 도독으로 삼았습니다.
  【向寵(상총, xiàng chǒng)】: [인명] 襄陽 宜城[지금의 호북성 宜城縣] 사람으로, 자는 巨違. 劉備 때 牙門將에 임명되어 猇亭의 전투에서 그가 인솔한 군대가 손실을 당하지 않아 유비로부터 칭찬을 받았다. 劉禪이 즉위한 후 都亭侯에 봉해졌다가, 후에 中部督이 되어 近衛部隊를 통솔했다. ※「向」은 성씨일 경우「샹」으로 읽는다.
  【行(행, xíng)】: 일의 처리.
  【淑(숙, shū)】: 착하다.
  【均(균, jūn)】: 공정하다.
  【曉暢(효창, xiǎo chàng)】: 정통하다.
  【試用(시용, shì yòng)】: 시험 삼아 기용하다.
  【昔日(석일, xī rì)】: 이전. 과거.
  【稱(칭, chēng)】: 칭찬하다.
  【是以(시이, shì yǐ)】: 그래서. 이로 인해.
  【眾議(중의, zhòng yì)】: 여럿이 상의하다.
  【舉(거, jǔ)】: 천거하다. 추천하다.

之事, 悉以咨之, 必能使行陣和睦, 優劣得所。¹³ 親賢臣, 遠小人, 此先漢所以興隆也;¹⁴ 親小人, 遠賢臣, 此後漢所以傾頹也。¹⁵ 先帝在時, 每與臣論此事, 未嘗不歎息痛恨於桓、靈也。¹⁶ 侍中、尚書、長史、參軍, 此悉貞良死節之臣也。¹⁷ 願陛下親之信之, 則漢室之隆,

【督(독, dū)】: 都督.

13 愚以爲營中之事, 悉以咨之, 必能使行陣和睦, 優劣得所。→ 저는 陣中의 일은 모두 상총과 상의하시면, 반드시 군대를 화목하게 하고, 능력이 뛰어난 사람이나 모자란 사람 할 것 없이 적당한 자리를 얻게 될 것이라 생각합니다.
【營中(영중, yíng zhōng)】: 진영. 병영.
【之(지, zhī)】: [대명사] 그. 즉「상총」.
【行陣(항진, háng zhèn)】: 行伍(항오). 군대의 진영. 즉「군대」를 말한다. 〖行〗: 옛날 군대에서 25인을「行」이라 하고, 최소 단위인 5인을「伍」라 했다. 〖陣〗: 행렬. 陣營.
【優劣(우열, yōu liè)】: 능력이 뛰어난 사람과 모자란 사람.
【得所(득소, dé suǒ)】: 적당한 자리를 얻다.

14 親賢臣, 遠小人, 此先漢所以興隆也; → 현명한 신하를 가까이하고, 소인배를 멀리한 것, 이것이 바로 前漢이 흥성한 까닭이며;
【親(친, qīn)】: 가까이하다.
【遠(원, yuǎn)】: 멀리하다.
【先漢(선한, xiān hàn)】: 前漢. 西漢.
【所以(소이, suǒ yǐ)】: 원인. 까닭.

15 親小人, 遠賢臣, 此後漢所以傾頹也。→ 소인배를 가까이하고, 어진 신하를 멀리한 것, 이것이 바로 後漢이 쇠망한 까닭입니다.
【後漢(후한, hòu hàn)】: 東漢.
【傾頹(경퇴, qīng tuí)】: 기울어 무너지다. 쇠망하다.

16 先帝在時, 每與臣論此事, 未嘗不歎息痛恨於桓、靈也。→ 선제께서 살아계실 때, 매번 저와 이 일을 논하시게 되면, 桓帝와 靈帝에 대해 탄식하시며 마음 아파하지 않은 적이 없었습니다.
【未嘗(미상, wèi cháng)…】: …한 적이 없다.
【痛恨(통한, tòng hèn)】: 몹시 마음 아파하다. 매우 한스럽게 생각하다.
【桓(환, huán)、靈(령, líng)】: 東漢 말의 두 임금인 桓帝와 靈帝. ※이들 두 임금은 환관과 외척의 말을 믿다가 정치가 부패하여 민생이 도탄에 빠지고 도적배가 날뛰며 나라가 크게 혼란했다.

17 侍中、尚書、長史、參軍, 此悉貞良死節之臣也。→ 侍中‧尚書‧長史‧參軍, 이들은 모두 지조가 굳고 믿을 만하며 목숨을 바칠 수 있는 충신들입니다.
【侍中(시중, shì zhōng)】: [관직] 당시 郭攸之가 담당했다.

可計日而待也。¹⁸

臣本布衣, 躬耕於南陽, 苟全性命於亂世, 不求聞達於諸侯。¹⁹
先帝不以臣卑鄙, 猥自枉屈, 三顧臣於草廬之中, 諮臣以當世之事。²⁰

【尚書(상서, shàng shū)】: [관직] 황제의 政務를 보좌하는 직책. 당시 陳震이 담당했다.
【長史(장사, zhǎng shǐ)】: [관직] 승상을 보좌하는 직책. 당시 張裔가 담당했다.
【參軍(참군, cān jūn)】: [관직] 임금·재상 또는 장군의 막료. 당시 蔣琬이 담당했다.
【貞良(정량, zhēn liáng)】: 지조가 굳고 믿을 만하다.
【死節(사절, sǐ jié)】: 목숨을 바칠 수 있는 지조.

18 願陛下親之信之, 則漢室之隆, 可計日而待也。→ 원컨대 폐하께서는 그들을 가까이하고 그들을 믿으십시오. 그러면 漢나라의 흥성은 머지않을 것입니다.
【之(지, zhī)】: [대명사] 그들. 즉「侍中·尚書·長史·參軍」.
【隆(륭, lóng)】: 융성. 부흥.
【可(가, kě)】: …할 것이다.
【計日而待(계일이대, jì rì ér dài)】: 날짜를 계산하며 기다리다. 즉「멀지 않다」의 뜻.

19 臣本布衣, 躬耕於南陽, 苟全性命於亂世, 不求聞達於諸侯。→ 저는 본래 평민으로, 몸소 南陽에서 밭을 갈고, 난세에서 구차하게 목숨을 보전하며, 제후들에게 이름이 알려져 영달하기를 추구하지 않았습니다.
【布衣(포의, bù yī)】: 평민. 서민. ※옛날에 평민은 나이가 많은 사람을 제외하고 모두 麻布로 지은 의복을 입었다. 그래서 후에「布衣」는 곧「평민」을 일컫는 대명사가 되었다.
【躬(궁, gōng)】: 몸소. 친히.
【耕(경, gēng)】: 밭을 갈다.
【南陽(남양, nán yáng)】: [지명] 지금의 호북성 襄陽 일대.
【苟全(구전, gǒu quán)】: 구차하게 보전하다.
【性命(성명, xìng mìng)】: 생명. 목숨.
【聞達於諸侯(문달어제후, wén dá yú zhū hóu)】: 제후들에게 이름이 알려져 영달하다. 【聞】: 이름이 알려지다. 【達】: 榮達하다. 입신출세하다. 【於】: [개사] …에게.

20 先帝不以臣卑鄙, 猥自枉屈, 三顧臣於草廬之中, 諮臣以當世之事。→ 선제께서는 저를 비천하다 여기지 않으시고, 자신을 욕되게 신분을 낮추시어, 초가로 저를 세 번이나 찾아오시어, 저에게 당시 세상의 일을 물으셨습니다.
【卑鄙(비비, bēi bǐ)】: 비천하다.
【猥自枉屈(외자왕굴, wěi zì wǎng qū)】: 자신을 욕되게 신분을 낮추다. 【猥】: 辱. 욕되다. 【枉屈】: 굽히다. 신분을 낮추다.
【顧(고, gù)】: 방문하다. 찾아오다.
【草廬(초려, cǎo lú)】: 초가집. ※자기의 집을 낮추어 부르는 말.
【諮(자, zī)】: 묻다. 자문을 구하다.

由是感激, 遂許先帝以驅馳。²¹ 後值傾覆, 受任於敗軍之際, 奉命於危難之間, 爾來二十有一年矣!²² 先帝知臣謹慎, 故臨崩寄臣以大事也。²³ 受命以來, 夙夜憂勤, 恐託付不效, 以傷先帝之明。²⁴ 故五月

21 由是感激, 遂許先帝以驅馳。→ 이로 말미암아 감격하여, 마침내 선제께 신명을 바쳐 일할 것을 허락하였습니다.
【由是(유시, yóu shì)】: 이로 인하여. 이로 말미암아.
【遂(수, suì)】: 마침내. 결국.
【許(허, xǔ)】: 허락하다. 응낙하다.
【驅馳(구치, qū chí)】: 목숨을 바쳐 일하다. 온 힘을 쏟다.

22 後值傾覆, 受任於敗軍之際, 奉命於危難之間, 爾來二十有一年矣! → 그 후 나라가 기우는 상황에 처했는데, 군대가 패전한 시점에 임무를 부여받고, 위급한 가운데 명을 받들어, 지금까지 21년이 되었습니다.
【後值傾覆(후치경복, hòu zhí qīng fù)】: 후에 나라가 기우는 상황에 처하다.
※ 建安 13년(208) 當陽의 長坂坡에서 曹操에게 패전하여 나라가 기우는 어려움에 처하자, 제갈량이 吳의 구원을 청하라는 유비의 명을 받고 사신으로 가서, 손권과 연합하여 조조에게 대항했던 일을 말한다.【值】: 처하다. 놓이다.【傾覆】: 기울다.
【敗軍之際(패군지제, bài jūn zhī jì)】: 군대가 패전한 시점.【際】: 때. 시기. 시점.
【危難(위난, wēi nàn)】: 위태롭다. 위급하다.
【間(간, jiān)】: 상황. 순간.
【爾來(이래, ěr lái)】: 그때부터 지금까지.
【二十有一年(이십유일년, èr shí yòu yī nián)】: 20년하고도 1년. 즉 劉備가 諸葛亮에게 三顧草廬한 建安 12년(207)부터 제갈량이 출사표를 내고 북벌에 나선 建興 5년(227)까지의 21년을 말한다.【有】: 又. 또. …하고도. …과(와).

23 先帝知臣謹慎, 故臨崩寄臣以大事也。→ 선제께서는 저의 신중함을 아셨기 때문에, 그래서 임종 시에 저에게 큰일을 맡기셨습니다.
※ 유비는 章武 3년(223) 오나라 정벌에 실패한 후, 그해 4월 병이 들어 白帝城[지금의 사천성 奉節 동쪽]에서 임종했는데, 임종하기 전 제갈량에게 :「그대의 재능은 曹조보다 열 배는 월등하여 반드시 나라를 안정시킬 수 있으니, 끝까지 대업을 이룩해 주오.」라 하고, 또 아들 劉禪에게 :「너는 승상과 더불어 종사하되, 승상 섬기기를 어버이처럼 하라.」고 당부했다.
【謹慎(근신, jǐn shèn)】: 신중하다. 조심하다.
【臨崩(임붕, lín bēng)】: 붕어할 때. 임종 시에.
【寄臣以大事(기신이대사, jì chén yǐ dà shì)】: 저에게 큰일을 맡기시다.【寄】: 맡기다. 기탁하다.【以】: …을.【大事】: 나라를 안정시키고 어린 劉禪 황제를 보필하는 일.

24 受命以來, 夙夜憂勤, 恐託付不效, 以傷先帝之明。→ 명을 받은 이래, 밤낮으로 걱정하고 부지런히 일하며, (선제께서 저에게) 부탁하신 일을 이루지 못함으로써, 사람을 보

渡瀘, 深入不毛。²⁵ 今南方已定, 兵甲已足, 當獎率三軍, 北定中原。²⁶ 庶竭駑鈍, 攘除姦凶, 興復漢室, 還於舊都。²⁷ 此臣所以報先帝而忠

　　는 선제의 밝으신 슬기를 훼손할까 두려워했습니다.
　　【夙夜(숙야, sù yè)】: 이른 아침부터 저녁 늦게까지. 밤낮.
　　【憂勤(우근, yōu qín)】: 걱정하고 부지런히 일하다.
　　【恐(공, kǒng)】: 두려워하다.
　　【託付(탁부, tuō fù)】: 부탁한 일. 즉「유비가 임종 시에 제갈량에게 남긴 遺志」.
　　【不效(불효, bù xiào)】: 이루지 못하다. 실현하지 못하다.
　　【明(명, míng)】: 知人之明. 즉「사람을 알아보는 밝은 슬기」.
25 故五月渡瀘, 深入不毛。→ 그래서 (무더운) 五月에 瀘水를 건너, (南蠻을 토벌하기 위해) 깊숙이 불모지에 들어갔습니다.
　　※ 蜀漢 後主 建興3년(325)에, 益州郡의 土豪들과 西南의 소수민족들이 반란을 일으키자, 제갈량이 군사를 이끌고 정벌에 나서 평정하여 후방을 안정시켰다.
　　【瀘(로, lú)】: [강 이름] 瀘水. ※ 金沙江이 흘러 지나가는 운남성 북부 麗江縣 북쪽의 일단으로, 일명 雅礱江이라고도 한다.
　　【不毛(불모, bù máo)】: 불모지. 오곡이 자라나지 못하는 척박한 땅. 여기서는「南蠻 지역」을 가리킨다.
26 今南方已定, 兵甲已足, 當獎率三軍, 北定中原。→ 지금 남방은 이미 평정되고, 군비도 이미 충분하니, 마땅히 三軍을 독려하여 이끌고, 북으로 향해 중원을 평정해야 합니다.
　　【定(정, dìng)】: 평정되다. 안정되다.
　　【兵甲(병갑, bīng jiǎ)】: 군사와 장비. 군비.【兵】: 군사.【甲】: 갑옷. 즉「장비」.
　　【當(당, dāng)】: 마땅히.
　　【獎率(장솔, jiǎng shuài)】: 독려하여 통솔하다.
　　【三軍(삼군, sān jūn)】: 군대의 통칭.
　　【中原(중원, zhōng yuán)】: 대략「黃河 중류 지대」로, 당시 曹操가 점령하고 있던 지역.
27 庶竭駑鈍, 攘除姦凶, 興復漢室, 還於舊都。→ (저로 하여금) 미약한 재능을 다하여, 간사하고 흉악한 자를 제거하고, 漢나라를 다시 일으켜, 옛 도읍으로 돌아갈 수 있게 해주시기 바랍니다.
　　【庶(서, shù)】: 바라다. 희망하다.
　　【竭(갈, jié)】: 다하다.
　　【駑鈍(노둔, nú dùn)】: 열등한 말과 예리하지 못한 칼. 즉「미약한 재능, 보잘것없는 재능」을 이르는 말.【駑】: 열등한 말(馬).【鈍】: 예리하지 못한 칼날.
　　【攘除(양제, rǎng chú)】: 제거하다. 없애다.
　　【姦凶(간흉, jiān xiōng)】: 간사하고 흉악한 자.
　　【舊都(구도, jiù dū)】: 옛 도읍. ※ 西漢의 도읍이 본래 長安이었으나, 東漢의 光武帝 때 洛陽으로 옮겼다.

陛下之職分也。²⁸ 至於斟酌損益, 進盡忠言, 則攸之、禕、允之任也。²⁹ 願陛下託臣以討賊興復之效, 不效則治臣之罪, 以告先帝之靈。³⁰ 若無興德之言, 則責攸之、禕、允等之慢, 以彰其咎。³¹ 陛下亦宜自課, 以諮諏善道, 察納雅言, 深追先帝遺詔。³² 臣不勝受恩感激。³³ 今當

28 此臣所以報先帝而忠陛下之職分也。→ 이는 제가 선제께 보답하고 폐하께 충성하는 직분인 까닭입니다.
【所以(소이, suǒ yǐ)】: 까닭. 이유.
【報(보, bào)】: 보답하다.

29 至於斟酌損益, 進盡忠言, 則攸之、禕、允之任也。→ 득실을 헤아리고, 충언을 빠짐없이 올리는 일은, 곽유지·비의·동윤의 책임입니다.
【至於(지어, zhì yú)…】: …로 말하면. …로 말할 것 같으면.
【斟酌(짐작, zhēn zhuó)】: 헤아리다. 짐작하다.
【損益(손익, sǔn yì)】: 손익. 득실.
【進盡(진진, jìn jìn)】: 빠짐없이 올리다.

30 願陛下託臣以討賊興復之效, 不效則治臣之罪, 以告先帝之靈。→ 원컨대 폐하께서 저에게 역적을 토벌하여 (漢나라를) 부흥시키는 임무를 맡기시고, 성과가 없으면 저의 죄를 다스려, 선제의 영전에 고하시기 바랍니다.
【願(원, yuàn)】: 원하다. 바라다. 희망하다.
【討(토, tǎo)】: 토벌하다.
【賊(적, zéi)】: 도적. 역적. 즉「曹魏」.
【興復之效(흥부지효, xīng fù zhī xiào)】: (漢을) 부흥시키는 임무. 【效】: 임무.
【不效(불효, bù xiào)】: 성공하지 못하다. 성과가 없다.

31 若無興德之言, 則責攸之、禕、允等之慢, 以彰其咎。→ 만일 (폐하의) 덕행을 증진하는 충언이 없으면, 곽유지·비의·동윤 등의 태만함을 꾸짖어, 그들의 잘못을 밝히십시오.
【若(약, ruò)】: 만일. 만약.
【興德之言(흥덕지언, xīng dé zhī yán)】: 덕행을 증진시키는 좋은 말.
【慢(만, màn)】: 태만하다. 소홀하다.
【彰(창, zhāng)】: 밝히다. 들추어내다.
【咎(구, jiù)】: 과오. 잘못.

32 陛下亦宜自課, 以諮諏善道, 察納雅言, 深追先帝遺詔。→ 폐하께서도 또한 마땅히 스스로 성찰하시어, 나라를 다스리기 위한 좋은 방법을 물으시고, 좋은 의견을 살펴 받아들이시며, 선제께서 남기신 유훈을 깊이 생각하셔야 합니다.
【自課(자과, zì kè)】: 스스로 성찰하다. ※판본에 따라서는「課」를「謀」라 했다.
【諮諏(자추, zī zōu)】: 묻다. 문의하다.
【善道(선도, shàn dào)】: 나라를 다스리기 위한 좋은 방법.

遠離, 臨表涕泣, 不知所云。³⁴

번역문

전에 올린 출사표(出師表)

　신하 제갈량(諸葛亮)이 말씀드립니다 : 선제(先帝)께서 창업(創業)이 아직 절반을 이루기도 전에 중도에서 붕어하셨습니다. 지금 천하는 삼분(三分)되고 익주(益州)는 곤궁에 빠져 있으니, 이는 그야말로 나라의 존망이 걸린 위급한 시기입니다. 그러나 황제를 곁에서 모시며 보위하는 신하들이 조정에서 맡은 바 직무에 충실하고, 충성스런 장병들이 전장에서 생명을 돌

　　【察納(찰납, chá nà)】: 살펴 받아들이다.
　　【雅言(아언, yǎ yán)】: 바른말. 좋은 의견.
　　【深追(심추, shēn zhuī)】: 깊이 추념하다.
　　【遺詔(유조, yí zhào)】: 유훈.
　　※ 劉備가 임종할 때 아들 劉禪에게 :「선행은 작다하여 아니하지 말고, 악행은 작아도 하지 말며, 오직 어질고 덕이 있어야 사람을 복종시킬 수 있다.《漢書》·《禮記》를 열심히 읽고, 틈틈이 諸子書와《六韜》·《商君書》를 읽으면 사람의 지혜를 증진시킬 수 있을 것이다.(勿以善小而不爲, 勿以惡小而爲之. 惟賢惟德, 可以服人. 可讀漢書、禮記, 暇觀諸子及六韜、商君書益人意智.)」라고 했다.

33　臣不勝受恩感激。→ 그러면 저는 (폐하의) 은혜를 받은 것에 대해 감격을 금할 수 없을 것입니다.
　　【不勝(불승, bù shèng)】: 감당하기 어렵다. 금할 수 없다.

34　今當遠離, 臨表涕泣, 不知所云。→ 이제 멀리 떠남에 즈음하여, 表를 대하니 눈물이 흘러, 무슨 말을 했는지 모르겠습니다.
　　【當(당, dāng)】: …에 즈음하여.
　　【臨(림, lín)】: 대하다. 마주하다.
　　【涕泣(체읍, tì qì)】: 눈물이 흘러내리다. ※ 판본에 따라서는「泣」을「零」이라 했다.
　　【所云(소운, suǒ yún)】: 말한 바.

보지 않고 분투하는 것은, 선제께서 그들에게 베푸신 각별한 예우(禮遇)를 추념하여 이를 폐하께 보답하려는 것입니다. 실로 마땅히 견문을 크게 넓히시어 선제의 덕을 빛내시고, 지사(志士)들의 사기를 북돋우셔야 하며, 함부로 자신을 가볍게 보거나 사리에 맞지 않는 일을 끌어다 비유함으로써 충간할 수 있는 길을 막아서는 안 됩니다.

궁중과 승상부(丞相府)는 모두 한 몸이니 선행을 상주고 악행을 벌함에 있어서 서로 달라서는 안 됩니다. 만약 간악한 일을 저지르고 법령을 위반하는 자나 충성과 선행을 하는 자가 있으면, 마땅히 전담 부서로 넘겨 그 형벌과 포상을 따져 폐하의 공정하고 밝은 정치를 보여주셔야 합니다. 사사로운 감정에 치우쳐 궁중과 조정으로 하여금 법을 다르게 해서는 안 됩니다.

시중(侍中) 곽유지(郭攸之)와 비의(費禕), 시랑(侍郞) 동윤(董允) 등, 이들은 모두 선량하고 성실하며 지조와 사상이 충성스럽고 순수합니다. 그래서 선제께서 발탁하시어 폐하께 남겨주셨습니다. 저는 궁중의 일은 크거나 작거나 모두 그들에게 물으시고, 그런 다음에 시행하시면 반드시 부족하고 빠진 것을 보완하는 데 도움을 주어 널리 이로움이 있을 것이라 생각합니다. 장군 상총(向寵)은 성품이 착하고 일을 처리함이 공정하며 군사에 정통하여, 이전에 시험 삼아 기용한 적이 있는데, 선제께서 그를 칭찬하여 「유능하다」고 말씀하셨습니다. 그래서 여럿이 상의한 끝에 상총을 천거하여 도독으로 삼았습니다. 저는 진중(陣中)의 일은 모두 상총과 상의하시면 반드시 군대를 화목하게 하고 능력이 뛰어난 사람이나 모자란 사람 할 것 없이 적당한 자리를 얻게 될 것이라 생각합니다. 현명한 신하를 가까이하고 소인배를 멀리한 것, 이것이 바로 전한(前漢)이 흥성한 까닭이며, 소인배를 가까이하고 어진 신하를 멀리한 것, 이것이 바로 후한(後漢)이 쇠망한 까닭입니다. 선제께서 살아계실 때, 매번 저와 이 일을 논하시게 되면 환제(桓帝)와 영제(靈帝)에 대해 탄식하시며 마음 아파하지 않은 적이 없었습니다. 시중(侍中)・상서(尙書)・장사(長史)・참군(參軍), 이들은 모두 지조가 굳고 믿을 만하며 목숨을 바칠 수 있는 충신들입니다. 원컨대, 폐하께서는 그들을 가까이하고 그들을 믿으십시오. 그러면 한(漢)나라의 흥성은 머지않을 것입니다.

 저는 본래 평민으로 몸소 남양(南陽)에서 밭을 갈고 난세(亂世)에서 구차하게 목숨을 보전하며 제후들에게 이름이 알려져 영달하기를 추구하지 않았습니다. 선제께서는 저를 비천하다 여기지 않으시고 자신을 욕되게 신분을 낮추시어, 초가로 저를 세 번이나 찾아오시어 저에게 당시 세상의 일을 물으셨습니다. 이로 말미암아 감격하여 마침내 선제께 신명을 받쳐 일할 것을 허락하였습니다. 그 후 나라가 기우는 상황에 처했는데, 군대가 패전한 시점에 임무를 부여받고 위급한 가운데 명을 받들어 지금까지 21년이 되었습니다. 선제께서는 저의 신중함을 아셨기 때문에, 그래서 임종 시에 저에게 큰일을 맡기셨습니다. 명을 받은 이래 밤낮으로 걱정하고 부지런히 일하며 (선제께서 저에게) 부탁하신 일을 이루지 못함으로써, 사람을 보는 선제의 밝으신 슬기를 훼손할까 두려워했습니다. 그래서 (무더운) 오월(五月)에 노수(瀘水)를 건너 (남만을 토벌하기 위해) 깊숙이 불모지에 들어갔습니다. 지금 남방은 이미 평정되고 군비도 이미 충분하니, 마땅히 삼군(三軍)을 독려하여 이끌고 북으로 향해 중원을 평정해야 합니다. (저로 하여금) 미약한 재능을 다하여 간사하고 흉악한 자를 제거하고 한(漢)나라를 다시 일으켜 옛 도읍으로 돌아갈 수 있게 해주시기 바랍니다. 이는 제가 선제께 보답하고 폐하께 충성하는 직분인 까닭입니다. 득실을 헤아리고 충언을 빠짐없이 올리는 일은 곽유지・비의・동윤의 책임입니다. 원컨대,

폐하께서 저에게 역적을 토벌하여 (한나라를) 부흥시키는 임무를 맡기시고, 성과가 없으면 저의 죄를 다스려 선제의 영전에 고하시기 바랍니다. 만일 (폐하의) 덕행을 증진하는 충언이 없으면 곽유지·비의·동윤 등의 태만함을 꾸짖어 그들의 잘못을 밝히십시오. 폐하께서도 또한 마땅히 스스로 성찰하시어, 나라를 다스리기 위한 좋은 방법을 물으시고 좋은 의견을 살펴 받아들이시며, 선제께서 남기신 유훈을 깊이 생각하셔야 합니다. 그러면 저는 (폐하의) 은혜를 받은 것에 대해 감격을 금할 수 없을 것입니다. 이제 멀리 떠남에 즈음하여 표(表)를 대하니 눈물이 흘러 무슨 말을 했는지 모르겠습니다.

해제解題 및 본문 요지 설명

「표(表)」는 옛날에 신하가 임금에게 올리는 일종의 문체이다. 《출사표》는 최초로 《삼국지(三國志)·촉지(蜀志)·제갈량전(諸葛亮傳)》에 보이는데, 제갈량이 중원(中原)을 통일하라는 유비(劉備)의 유지를 실현하기 위해 후주(後主) 건흥(建興) 5년(227) 조위(曹魏) 정벌에 나서면서 후주에게 올린 글이다. 본래 이 글에는 제목이 없이 다만 「임발상소(臨發上疏 : 출정에 임하여 상소하다)」라고 했을 뿐인데, 후인들이 내용을 근거로 제목을 붙인 것이다.

당시 촉(蜀)나라는 맹장 관우(關羽)와 장비(張飛)가 불시에 죽음을 당하고 중요한 근거지가 적에 함락되자, 유비로 하여금 일대 타격과 더불어 분노를 금할 수 없게 했다. 이때 유비는 공명의 만류에도 불구하고 동정(東征)에 나섰다가 대패하고 돌아와 병들어 눕게 되자, 소열제(昭烈帝) 장무(章武) 3년(223) 4월 임종 전에 제갈량과 아들 유선(劉禪)을 불러 이렇게 말했다.

「그대의 재능은 조비(曹丕)보다 열 배는 월등하여 반드시 나라를 안정시킬 수 있으니, 끝내 대업을 이룩해 주오.(君才十倍曹丕, 必能安國, 終建大業。)」

　「너는 승상과 더불어 종사하되, 승상 섬기기를 어버이처럼 하라.(汝與丞相從事, 事之如父。)」

　그러나 공명은 죽기를 각오하고 후주(後主)를 섬길 것을 맹세했다. 유비가 죽고 나서 태자가 17세의 나이로 즉위했는데, 그의 지능은 보통 이하였다. 그래서 공명은 유비가 임종 시에 남긴 비통한 당부를 생각하며 우선을 위해 더욱 분골쇄신할 것을 맹세했다. 그러나 유비가 죽은 후 촉나라의 운명은 날로 쇠약해져 그야말로 존망의 기로에 놓여있었다. 이와 같이 위급한 시기에 처해 자신의 능력을 최대한 발휘하여 난국을 타개하고, 또 나라를 위해 한 몸을 바치겠다는 것이 공명의 진실한 심정이었다. 그래서 공명은 우선 동쪽으로 오(吳)나라와 화친하는 동시에 남쪽 변방 지역에 대한 평정에 나서 성공을 거두고, 그 이듬해 일 년 동안 군비를 강화하는 데 온 힘을 기울였다. 그 결과, 이듬해인 후주(後主) 건흥(建興) 5년(227)에 마침내 5만의 군사로 친히 조위(曹魏) 정벌에 나서기로 결심했다.

　출정에 앞서 공명은 유비 생전의 자신에 대한 절실한 신임과 간곡한 부탁을 다시 한번 생각하며 유선(劉禪) 황제에게 표문(表文)을 바치니, 이것이 바로 《출사표》이다.

　본문은 네 단락으로 나눌 수 있는데, 첫째 단락에서는 후주(後主)가 충언(忠言)에 귀를 기울여 덕망을 더욱 증진시키고 스스로를 가벼이 보지 말며, 잘못된 사례들을 끌어다 비유함으로써 정직한 신하들이 충언할 수 있는 길을 막지 말라는 것을 지적했고; 둘째 단락에서는 상벌을 공정하고 분명히 하여 법의 집행에 있어서 궁중이나 승상부가 치우침이 없이 하나의 통일된 원칙이 있어야 함을 강조했고; 셋째 단락에서는 전한(前漢)이 흥성한 이유와 후한(後漢)이 패망한 근거를 들어, 후주(後主)가 어진 신하를 가까이 하고 소인을 멀리할 것을 요구함과 아울러 충성스러운 신하들의 말에 귀를 기울여야 한다는 의견을 제시했고; 마지막 단락에서는 역적들을 소멸하고 한(漢)나라를 부흥시키고자 하는 자신의 염원을 피력했다.

전체적으로 보아 이 글은 유비의 은혜에 대해 감사하는 제갈량의 진실한 마음과 국가에 대한 충성심, 후주에 대한 소망 등이 모두 폐부로부터 흘러나와 읽는 사람으로 하여금 감동을 금치 못하게 한다. 그래서 사람들은 「공명(孔明)의《출사표》를 읽고 눈물을 흘리지 않는 사람은 충신이 아니오, 이밀(李密)의《진정표(陳情表)》를 읽고 눈물을 흘리지 않는 사람은 효자가 아니다.」라고 했다.

본래 제갈공명이 입신(立身)한 바는 정치가인 동시에 전략가로, 결코 문학가는 아니었다. 그러나 그의《출사표》만은 위진남북조(魏晉南北朝)의 산문 중 대표작일 뿐만 아니라 중국 역대 문장 가운데서도 걸출한 문장으로 꼽히고 있다. 다만 한 가지 의문시되는 것은 본래 공명이 북벌에 나설 때 올린 표(表)는 바로 본문이었으나, 후에 또 하나의《출사표》가 나와 2종의《출사표》가 유행하게 되었다. 그래서 후세 사람들이 앞의 것을《전출사표(前出師表)》, 뒤의 것을《후출사표(後出師表)》라 불렀다.

104 후출사표(後出師表)
[三國] 諸葛亮

작 자

103 전출사표(前出師表) 참조.

원문 및 주석

後出師表[1]

先帝慮漢賊不兩立, 王業不偏安, 故託臣以討賊也.[2] 以先帝之

---

1 後出師表 → 후에 올린 出師表
【出師表(출사표, chū shī biǎo)】: 출병을 위해 임금께 올리는 글. 【出師】: 출병(하다). 【表】: 신하가 황제에게 올리는 일종의 上奏文.
※《文心雕龍·章表》에 :「戰國시대 七國에 이르러서도 옛날의 방식이 변하지 않았다. 일에 관해 군주께 말한 것을 모두 上書라 했다. 秦나라 초기에 제도를 정하고『書』를『奏』라고 바꾸었다. 漢代에 禮儀가 정해져 四品이 있게 되었는데, 첫째는『章』, 둘째는『奏』, 셋째는『表』, 넷째는『議』라 했다.『章』으로 謝恩을 표하고,『奏』로 죄악을 고발하고,『表』로 사정을 진술하고,『議』로 이의를 제기했다.(降及七國, 未變古式, 言事於主, 皆稱上書. 秦初定制, 改書曰奏. 漢定禮儀, 則有四品 : 一曰章, 二曰奏, 三曰表, 四曰

明, 量臣之才, 故知臣伐賊, 才弱敵彊也.³ 然不伐賊, 王業亦亡, 惟坐而待亡, 孰與伐之? 是故託臣而弗疑也.⁴

臣受命之日, 寢不安席, 食不甘味.⁵ 思惟北征, 宜先入南, 故五

議。章以謝恩, 奏以按劾, 表以陳情, 議以執異。)」라고 했다.

2 先帝慮漢賊不兩立, 王業不偏安, 故託臣以討賊也。→ 先帝께서는 漢나라와 魏나라는 양립할 수 없으며, 王業을 蜀지방에 안주할 수 없다고 생각하셨습니다. 그래서 저에게 曹魏를 토벌하는 일을 맡기셨습니다.
【先帝(선제, xiān dì)】: 돌아가신 군주. 여기서는 「劉備」를 가리킨다.
【慮(려, lǜ)】: 생각하다.
【賊(적, zéi)】: 도적. 여기서는 「魏」를 가리킨다.
【王業(왕업, wáng yè)】: 나라를 다스리는 일. 여기서는 「漢을 부흥시키고 중국을 통일하는 대업」을 말한다.
【偏安(편안, piān ān)】: 한 지방에 안주하다. 여기서는 「蜀漢의 益州에 안주하는 것」을 말한다.
【臣(신, chén)】: [백성이나 신하가 임금에 대해 자신을 호칭하는 말] 신. 저.
【以(이, yǐ)…】: …을.
【討賊(토적, tǎo zéi)】: 도적을 토벌하다. 여기서는 「曹魏를 토벌하는 일」을 말한다.

3 以先帝之明, 量臣之才, 故知臣伐賊, 才弱敵彊也。→ 선제의 밝으신 안목으로, 저의 재능을 헤아려보시고, 본래 제가 魏를 정벌하는 데 있어서, (저의) 재능이 약하고 魏가 강하다는 것을 아셨습니다.
【故(고, gù)】: 固. 본래. 원래.
【賊(적, zéi)】: 도적. 여기서는 「魏」를 가리킨다.
【敵(적, dí)】: 적. 여기서는 「魏」를 가리킨다.
【彊(강, qiáng)】: 强. 강하다.

4 然不伐賊, 王業亦亡, 惟坐而待亡, 孰與伐之? 是故託臣而弗疑也。→ 그러나 魏를 정벌하지 않으면, 왕업 역시 멸망하게 될 것이니, 오직 앉아서 멸망하기를 기다리는 것이, 어찌 魏를 정벌하는 것만 하겠습니까? 그래서 저에게 당부하시며 의심을 하지 않으셨습니다.
【惟(유, wéi)】: 다만. 오직.
【孰與(숙여, shú yǔ)…】: 어찌 …와 같겠는가? 어찌 …만 하겠는가?
【之(지, zhī)】: [대명사] 그것. 즉 「敵, 曹魏」.
【是故(시고, shì gù)】: 그래서. 이로 인해.
【弗(불, fú)】: 不.

5 臣受命之日, 寢不安席, 食不甘味。→ 저는 명을 받은 날부터, 잠을 자도 잠자리가 편안하지 않고, 밥을 먹어도 단맛을 느끼지 못했습니다.
【寢(침, qǐn)】: 취침하다. 잠자다.
【安席(안석, ān xí)】: 잠자리가 편안하다.

月渡瀘, 深入不毛, 幷日而食。⁶ 臣非不自惜也, 顧王業不得偏全於蜀都, 故冒危難, 以奉先帝之遺意, 而議者謂爲非計。⁷ 今賊適疲於西, 又務於東。兵法乘勞, 此進趨之時也。謹陳其事如左 :⁸

【食(식, shí)】: [동사] 식사하다. 먹다.
【甘味(감미, gān wèi)】: 단맛을 느끼다.

6 思惟北征, 宜先入南, 故五月渡瀘, 深入不毛, 幷日而食。→ 북벌을 생각하면, 마땅히 먼저 남쪽으로 쳐들어가야 했기 때문에, 그래서 五月에 瀘水를 건너, 황량한 불모지로 깊이 들어갔고, 하루치의 양식을 이틀에 나누어 먹었습니다.
【思惟(사유, sī wéi)】: 생각하다.
【北征(북정, běi zhēng)】: 북벌에 나서다. 여기서는「曹魏의 정벌」을 말한다.
【不毛(불모, bù máo)】: 불모지. 황량한 미개척지.
【幷日而食(병일이식, bìng rì ér shí)】: 하루치의 양식을 이틀에 나누어 먹다.

7 臣非不自惜也, 顧王業不得偏全於蜀都, 故冒危難, 以奉先帝之遺意, 而議者謂爲非計。→ 제가 자신을 아끼지 않는 것은 아니지만, 그러나 왕업이 蜀의 도읍 益州에서만 안주할 수 없기 때문에, 그래서 위험을 무릅쓰고, 선제의 유지를 받든 것입니다. 그러나 논자들은 (이를) 좋지 않은 계책이라고 여겼습니다.
【自惜(자석, zì xí)】: 자신을 아끼다.
【顧(고, gù)】: 但. 다만. 그러나.
【不得(부득, bù dé)】: 不能. …할 수 없다.
【偏全於(편전어, piān quán yú)…】: …에 안주하다. 【於】: [개사] …에.
【蜀都(촉도, shǔ dū)】: 蜀의 도읍. 즉「益州」.
【冒(모, mào)】: 무릅쓰다.
【危難(위난, wéi nàn)】: 위험과 재난.
【遺意(유의, yí yì)】: 유지. 유언.
【議者(의자, yì zhě)】: 論者. 이러쿵저러쿵 이야기하는 사람.
【謂(위, wèi)】: …라 여기다. …라고 생각하다.
【非計(비계, fēi jì)】: 안 좋은 계책.

8 今賊適疲於西, 又務於東。兵法乘勞, 此進趨之時也。謹陳其事如左 : → 지금 魏는 마침 서쪽 변방에서 (우리의 공격으로 인해) 지쳐있고, 또 동쪽에서 (전쟁에) 힘을 쏟고 있습니다. 병법에서 적의 피로한 상황을 이용하는 것으로 말하면, 이는 진격의 시기입니다. 삼가 그 일을 설명하면 다음과 같습니다 :
【適(적, shì)】: 마침.
【疲於西(피어서, pí yú xī)】: 서쪽에서 지치다. 【疲】: 지치다. 피로하다. 【於】: [개사] …에서.
※ 建興 6년(228)에 제갈량은 魏의 서쪽 변방인 祁山[지금의 甘肅省 禮縣 동쪽]을 공략했는데, 이때 魏에 속해 있던 南安·天水·安定 三郡[지금의 감숙성 동쪽 일대]이 魏에 반기를 들고 蜀에 호응함으로써 나라를 진동시켰다.

高帝明竝日月, 謀臣淵深; 然涉險被創, 危然後安。⁹ 今陛下未及高帝, 謀臣不如良、平, 而欲以長策取勝, 坐定天下。此臣之未解一也。¹⁰ 劉繇、王朗, 各據州郡, 論安言計, 動引聖人, 群疑滿腹, 眾難塞胸;¹¹ 今歲不戰, 明年不征, 使孫策坐大, 遂幷江東。此臣之未

【務於東(무어동, wù yú dōng)】: 동쪽에서 힘을 쏟다.
  ※建興 6년(228) 가을에, 吳의 장수 陸孫이 石亭[지금의 安徽省 潛山 동북쪽]에서 魏의 장수 曹休를 대파했다.
【乘勞(승로, chéng láo)】: 지친 틈을 타다. 피로한 상황을 이용하다.
【進趨(진추, jìn qū)】: 진격하다. 공격하다.
【如左(여좌, rú zuǒ)】: 좌측과 같다. 즉「다음과 같다」의 뜻. ※문장의 행간을 우측에서 좌측으로 써나갔기 때문에 한 말.

9 高帝明竝日月, 謀臣淵深, 然涉險被創, 危然後安。→ 漢高祖의 명석하심은 해와 달에 비할 수 있고, 중신들의 지식은 해박했지만, 그러나 재난을 겪고 부상을 당하며, 많은 위험을 경험하고 나서야 비로소 안정을 찾았습니다.
【高帝(고제, gāo dì)】: 漢高祖 劉邦.
【竝(병, bìng)】: [동사] 나란히 하다. 즉「…에 비할 수 있다」의 뜻.
【謀臣(모신, móu chén)】: 나라의 일을 의논하는 重臣.
【淵深(연심, yuān shēn)】: 해박하다. 잘 알다.
【涉險(섭험, shè xiǎn)】: 위험을 겪다.
【被創(피창, pī chuāng)】: 부상을 당하다.

10 今陛下未及高帝, 謀臣不如良、平, 而欲以長策取勝, 坐定天下。此臣之未解一也。→ 지금 폐하께서는 高祖에 미치지 못하시고, 중신들은 張良・陳平보다 못한데, 오히려 장기적인 책략으로써 승리를 거두고, 편히 앉아서 천하를 평정하려 하고 있습니다. 이것이 제가 이해하지 못하는 첫 번째 의혹입니다.
【未及(미급, wèi jí)…】: …에 미치지 못하다.
【良(량, liáng)、平(평, píng)】: 張良과 陳平. 두 사람 모두 漢高祖 劉邦의 중신.
【長策(장책, cháng cè)】: 장기적인 책략.

11 劉繇、王朗, 各據州郡, 論安言計, 動引聖人, 群疑滿腹, 眾難塞胸; → 劉繇와 王朗은, 각기 州郡을 점거하고 있었는데, 安危를 논하고 계략을 말하면서, 걸핏하면 성인을 인용했지만, 그러나 여러 사람들의 뱃속은 의심으로 가득 차고, 여러 사람들의 가슴속은 난제로 충만했으며;
【劉繇(유요, liú yóu)】: [인명] 東漢 말 揚州[지금의 安徽省 合肥] 刺史를 지냈다.
【王朗(왕랑, wáng lǎng)】: [인명] 東漢 말 會稽郡[지금의 절강성 紹興] 태수를 지냈다.
【動(동, dòng)】: 걸핏하면. 툭하면.
【滿腹(만복, mǎn fù)】: 뱃속에 가득하다.

解二也。¹² 曹操智計, 殊絶於人, 其用兵也, 髣髴孫、吳, 然困於南陽, 險於烏巢, 危於祁連, 偪於黎陽, 幾敗北山, 殆死潼關, 然後僞定一時爾。¹³ 況臣才弱, 而欲以不危而定之。此臣之未解三也。¹⁴ 曹操五

【塞胸(색흉, sè xiōng)】: 가슴에 충만하다.

12 今歲不戰, 明年不征, 使孫策坐大, 遂幷江東。此臣之未解二也。→ 금년에도 전쟁을 벌이지 않고, 명년에도 정벌에 나서지 않아, 孫策으로 하여금 앉아서 세력을 키워, 마침내 江東을 합병하게 만들었습니다. 이것이 제가 이해하지 못하는 두 번째 의혹입니다.
【今歲(금세, jīn suì)】: 금년. 올해.
【孫策(손책, sūn cè)】: [인명] 손책. 吳나라 孫權의 형이며, 자는 伯符.
【坐大(좌대, zuò dà)】: 앉아서 세력을 키우다. 아무것도 하지 않고 손쉽게 강해지다.
【遂(수, suì)】: 마침내.
【幷(병, bìng)】: 병탐하다. 합병하다.
【江東(강동, jiāng dōng)】: 長江의 중류와 하류 및 강남 지역.

13 曹操智計, 殊絶於人, 其用兵也, 髣髴孫、吳, 然困於南陽, 險於烏巢, 危於祁連, 偪於黎陽, 幾敗北山, 殆死潼關, 然後僞定一時爾。→ 曹操의 지략은, 다른 사람들에 비해 대우 뛰어나고, 그 용병술은, 孫子・吳起와 흡사했습니다. 그러나 南陽에서 곤경에 처하고, 烏巢에서 위험에 빠지고, 祁連에서 위태로웠는가 하면, 黎陽에서 핍박을 당하고, 北山에서 거의 패배를 당해, 潼關에서 거의 죽을 고비를 맞고 나서, 그런 다음에 잠시 안정을 찾았을 뿐입니다.
【智計(지계, zhì jì)】: 지모. 지략.
【殊絶(수절, shū jué)】: 훨씬 뛰어나다.
【髣髴(방불, fǎng fú)】: 흡사하다.
【孫(손, sūn)、吳(오, wú)】: 孫武와 吳起. 전국시대의 저명한 군사 전략가.
【困於南陽(곤어남양, kùn yú nán yáng)】: 남양에서 곤경에 처하다. ※建安 2년(197) 조조는 宛城에서 張綉와의 전쟁에서 패하고, 날아오는 화살에 맞아 부상을 당했는가 하면, 맏아들 曹昂이 전사했다. 《南陽》: [지명] 東漢의 郡이름. 지금의 하남성 南陽市.
【險於烏巢(험어오소, xiǎn yú wū cháo)】: 烏巢에서 위험에 빠지다. 《於》: [개사] …에서. ※建安 5년(200) 조조와 袁紹가 官渡[지금의 하남성 中牟 동북쪽]에서 대치하고 있을 때, 원소는 烏巢에 대량의 군량미를 운반하여 쌓아 놓은 반면, 조조는 군량미가 겨우 1개월 치에 불과하여 형세가 위급하게 되자, 許都[지금의 하남성 許昌]로 철군하려던 중 許攸의 계책으로 烏巢를 야습하여, 관도에서 원소를 대파하고 겨우 안정을 찾았다.
【危於祁連(위어기련, wēi yú qí lián)】: 祁連에서 위태로운 상황에 처하다. ※조조는 西域 정벌에 나섰다가 기련에서 위태로운 상황에 빠졌었다.
【偪於黎陽(핍어여양, bī yú lí yáng)】: 여량에서 핍박을 당하다. ※漢獻帝 建安 7년(202) 袁紹가 병사하고 그의 아들 袁譚・袁尚이 黎陽[지금의 하남성 浚縣 동쪽에 주둔했는데, 그 이듬해 조조가 이들을 공격했으나, 원담과 원상은 오히려 조조 군대의 흑방에

攻昌霸不下, 四越巢湖不成; 任用李服, 而李服圖之; 委任夏侯, 而夏侯敗亡。¹⁵ 先帝每稱操爲能, 猶有此失, 況臣駑下, 何能必勝? 此

핍박을 가했다.
【幾敗北山(기패북산, jī bài běi shān)】: 북산에서 거의 패배를 당하다. ※建安 24년(219) 조조의 장수 夏侯淵이 유비에게 살해되자, 조조는 長安으로부터 陽平[지금의 섬서성 勉縣 서쪽]의 北山에 이르렀다. 유비가 험준한 요새에 의지하여 몇 달을 버티면서 조조의 군사 중에 도망하는 자들이 속출하자, 조조는 군사를 이끌고 長安으로 철수했다. 〖幾〗: 거의.
【殆死潼關(태사동관, dài sǐ tóng guān)】: 建安 16년(211) 조조가 潼關으로 馬超·韓遂의 토벌에 나서 마침 강을 건너려고 할 때, 마초의 군사 1만여 명이 조조에게 달려들어 조조가 급한 나머지 배 안으로 들어갔는데, 이때 화살이 비 오듯이 날아와 거의 죽을 뻔했다. 〖殆〗: 거의.
【僞(위, wěi)】: 괴뢰. 즉 「魏」를 가리킨다. ※제갈량은 蜀을 정통으로 여겼기 때문에 曹操의 魏를 「僞」라 지칭했다.
【爾(이, ěr)】: [어조사] 耳. …뿐.

14 況臣才弱, 而欲以不危而定之。此臣之未解三也。→ 하물며 저의 재능이 미약한데도, 오히려 위험을 무릅쓰지 않고 천하를 평정하려 하고 있습니다. 이것이 제가 이해하지 못하는 세 번째 의혹입니다.
【不危(불위, bù wēi)】: 위험을 무릅쓰지 않다. 위난을 겪지 않다.
【定之(정지, dìng zhī)】: 천하를 평정하다. 〖之〗: [대명사] 그것. 즉 「천하」.

15 曹操五攻昌霸不下, 四越巢湖不成; 任用李服, 而李服圖之; 委任夏侯, 而夏侯敗亡。→ 曹操는 다섯 차례에 걸쳐 昌霸를 공략했으나 점령하지 못했고, 네 번이나 (손권 진영의) 巢湖를 넘으려 했으나 성공하지 못했으며; 李服을 기용했으나, 오히려 이복이 그를 죽이려 시도했고; 夏侯淵에게 (漢中의 수비를) 위임했으나, 오히려 하후연은 패망하고 말았습니다.
※建安 5년(200) 東海의 昌霸가 조조를 배반하고 유비에게 귀순하자, 조조가 여러 차례 공격했으나 점령하지 못했다. 그 후 조조가 于禁과 夏侯淵에게 명하여 창패를 공격, 창패는 결국 우금에게 살해되었다.
【昌霸(창패, chāng bà)】: [인명] 昌豨.
【攻(공, gōng)…不下(불하, bù xià)】: …을 공략하여 점령하지 못하다.
【越(월, yuè)】: 넘다. 건너다.
【巢湖(소호, cháo hú)】: [지명] 魏와 吳의 접경에 위치.
【李服(이복, lǐ fú)】: [인명].
※漢獻帝 建安 4년(199) 董承이 밀조를 받아 장군 吳子蘭·王服·劉備 등과 더불어 조조를 살해하려 했으나, 그 이듬해 모략이 누설되어 동승과 왕복이 잡혀 죽었다. 李服이 누구인지 알 수 없으나, 王服의 잘못으로 보는 견해가 많다.
【圖(도, tú)】: (살해하려고) 시도하다.

臣之未解四也.¹⁶ 自臣到漢中, 中間朞年耳, 然喪趙雲、陽羣、馬玉、閻芝、丁立、白壽、劉郃、鄧銅等, 及曲長、屯將七十餘人, 突將無前, 賨叟、青羌散騎、武騎一千餘人.¹⁷ 此皆數十年之內所糾合四方之精銳, 非一州之所有.¹⁸ 若復數年, 則損三分之二也, 當何以圖敵? 此臣之未解五也.¹⁹ 今民窮兵疲, 而事不可息.²⁰ 事不可息, 則住與

- 【夏侯(하후, xià hóu)】: [인명] 夏侯淵. 曹操를 위해 漢中을 수비하다가 漢獻帝 建安 24년 (A.D. 219) 定軍山[지금의 섬서성 勉縣 동남쪽]에서 蜀將 黃忠에게 살해되었다.

16 先帝每稱操爲能, 猶有此失, 況臣駑下, 何能必勝? 此臣之未解四也. → 선제께서 매번 조조가 유능하다고 칭찬하셨는데도, 여전히 이러한 실패가 있었거늘, 하물며 저는 능력이 부족한데, 어찌 반드시 승리를 거둘 수 있겠습니까? 이것이 제가 이해하지 못하는 네 번째 의혹입니다.
- 【稱(칭, chēng)】: 칭찬하다.
- 【猶(유, yóu)】: 여전히. 그래도.
- 【駑下(노하, nú xià)】: 능력이 부족하다. 【駑】: 우둔한 말. 열등한 말.

17 自臣到漢中, 中間朞年耳, 然喪趙雲、陽羣、馬玉、閻芝、丁立、白壽、劉郃、鄧銅等, 及曲長、屯將七十餘人, 突將無前, 賨叟、青羌散騎、武騎一千餘人. → 제가 漢中에 오고 나서부터, 그간 겨우 일 년이 지났을 뿐이지만, 그러나 (그 사이에) 趙雲・陽羣・馬玉・閻芝・丁立・白壽・劉郃・鄧銅 등과, 曲長・屯將 70여 명, 그리고 선봉에 나섰던 장병들과, 賨叟・青羌 등 소수민족의 散騎・武騎 천여 명의 목숨을 잃었습니다.
- 【朞年(기년, jī nián)】: 1년.
- 【耳(이, ěr)】: …일 뿐.
- 【趙雲(조운, zhào yún)】: [인명] 蜀漢의 장수.
- 【陽羣(양군, yáng qún)】: [인명] 蜀漢의 장수.
- 【馬玉(마옥, mǎ yù)、閻芝(염지, yán zhī)、丁立(정립, dīng lì)、白壽(백수, bái shòu)、劉郃(유합, liú gé)、鄧銅(등동, dèng tóng)】: [인명] ※ 이들에 관해서는 고증된 바가 없다.
- 【曲長(곡장, qū zhǎng)、屯將(둔장, tún jiàng)】: 曲과 屯은 옛날 군대의 편성 단위이며, 곡장・둔장은 직함이다.
- 【突將無前(돌장무전, tú jiàng wú qián)】: 선봉에 나선 장병.
- 【賨叟(종수, cóng sǒu)、青羌(청강, qīng qiāng)】: 賨叟族, 青羌族 등 西南지방의 소수민족. 여기서는「蜀漢의 군대에 속해 있던 소수민족의 장수」를 가리킨다.
- 【散騎(산기, sǎn jì)、武騎(무기, wǔ jì)】: 산기・무기 모두「騎兵」을 가리킨다.

18 此皆數十年之內所糾合四方之精銳, 非一州之所有. → 이들은 모두 수십 년 동안 사방에서 규합한 정예의 군사들이며, 어느 한 州에서 보유하고 있던 바가 아닙니다.
- 【糾合(규합, jiū hé)】: 모으다. 규합하다.

行, 勞費正等, 而不及早圖之, 欲以一州之地, 與賊持久。此臣之未解六也。[21]

夫難平者, 事也。昔先帝敗軍於楚, 當此時, 曹操拊手, 謂天下以定。[22] 然後先帝東連吳、越, 西取巴、蜀, 舉兵北征, 夏侯授首。此

19 若復數年, 則損三分之二也, 當何以圖敵? 此臣之未解五也。→ 만일 다시 수년이 지난다면, 3분의 2 이상의 손실을 가져올 것이니, 마땅히 어떻게 적에게 대응하겠습니까? 이것이 제가 이해하지 못하는 다섯 번째 의혹입니다.
【若(약, ruò)】: 만일. 만약.
【復(부, fù)】: 또. 다시.
【圖(도, tú)】: 대응하다. 대처하다.

20 今民窮兵疲, 而事不可息。→ 지금 백성들은 굶주리고 병사들은 지쳐있습니다. 그러나 적을 토벌하기 위한 전쟁은 멈출 수가 없습니다.
【疲(피, pí)】: 지치다. 피로하다.
【事(사, shì)】: 일. 여기서는「적을 토벌하는 일」, 즉「전쟁」을 말한다.
【息(식, xī)】: 쉬다. 멈추다.

21 事不可息, 則住與行, 勞費正等, 而不及早圖之, 欲以一州之地, 與賊持久。此臣之未解六也。→ 전쟁을 멈출 수 없다면, 방어와 공격은, 노력과 비용이 똑같습니다. 그런데 조속히 그것을 꾀하지 않고, 일개 지방의 땅을 가지고, 적과 지구전을 펼치려 하고 있습니다. 이것이 제가 이해하지 못하는 여섯 번째 의혹입니다.
【事(사, shì)】: 일. 여기서는「전쟁」을 가리킨다.
【住與行(주여행, zhù yǔ xíng)】: 머무는 것과 나아가는 것. 여기서는「방어와 공격」을 비유한 말.
【勞費(노비, láo fèi)】: 노고와 비용.
【正等(정등, zhèng děng)】: 똑같다. 마찬가지이다.
【及早(급조, jí zǎo)】: 조속히. 보다 빨리.

22 夫難平者, 事也。昔先帝敗軍於楚, 當此時, 曹操拊手, 謂天下以定。→ 대저 추측하기 어려운 것이, 전쟁에 관한 일입니다. 오래전 선제께서 楚 지역에서 패전하자, 이때, 조조는 손뼉을 치며, 천하가 이미 평정되었다고 여겼습니다.
【夫(부, fú)】: [발어사] 대저. 무릇.
【難平(난평, nán píng)】: 예측하기 어렵다. 추측하기 어렵다.
【事(사, shì)】: 일. 즉「전쟁에 관한 일」.
【先帝(선제, xiān dì)】: 돌아가신 임금. 여기서는「劉備」를 가리킨다.
【敗軍於楚(패군어초, bài jūn yú chǔ)】: 楚 지방에서 패전하다. 〖楚〗: [지명] 옛 楚나라 지역인 當陽[지금의 호북성 경내]. ※建安 13년(208) 유비는 當陽 長坂에서 패전했다.
【拊手(부수, fǔ shǒu)】: 손뼉을 치다.

操之失計而漢事將成也。²³ 然後吳更違盟, 關羽毀敗, 秭歸蹉跌, 曹丕稱帝。²⁴ 凡事如是, 難可逆見。臣鞠躬盡力, 死而後已。²⁵ 至於成敗

【謂(위, wèi)…】: …라 여기다. …라고 생각하다.
【以(이, yǐ)】: 已. 이미. ※ 판본에 따라서는「以」를「已」라 했다.

23 然後先帝東連吳、越, 西取巴、蜀, 舉兵北征, 夏侯授首。此操之失計而漢事將成也。 → 연후에 선제께서는 동쪽으로 吳·越과 연합하고, 서쪽으로 巴·蜀을 점령하였으며, 군사를 일으켜 북벌에 나서, 하후연의 목을 거두었습니다. 이는 조조의 계책이 실패하고 漢을 부흥하는 일이 장차 성공을 거두려는 것이었습니다.
【東連吳、越(동련오월, dōng lián wú yuè)】: 동쪽으로 吳·越과 연합하다. 〖吳、越〗: 손권의 吳는 옛날의 吳·越 지역을 포함하고 있다.
※ 建安 13년(208), 유비는 江東의 吳와 연합하여 조조를 격파했다.
【西取巴、蜀(서취파촉, xī qǔ bā shǔ)】: 서쪽으로 巴·蜀을 점령하다. 〖巴〗: [국명] 고대의 巴나라. 지금의 사천성 동쪽과 호북성 서쪽 일대. 〖蜀〗: [국명] 고대의 蜀나라. 지금의 사천성 서쪽.
※ 建安 16년(211) 유비는 군사를 이끌고 파·촉으로 들어가 建安 19년(214) 성도를 포위하자, 益州牧 劉璋이 투항하여 유비는 마침내 익주를 점거하였다.
【舉兵北征(거병북정, jǔ bīng běi zhēng)】: 군사를 일으켜 북벌에 나서다.
【夏侯授首(하후수수, xià hóu shòu shǒu)】: 夏侯淵의 목을 거두다. 〖夏侯〗: 夏侯淵. 〖授首〗: 목을 거두다.
【漢事將成(한사장성, hàn shì jiāng chéng)】: 漢을 부흥하는 일이 장차 성공을 거두다.

24 然後吳更違盟, 關羽毀敗, 秭歸蹉跌, 曹丕稱帝。 → 그런 다음 吳가 다시 맹약을 위반했고, 關羽는 패하여 피살되었으며, 선제께서는 秭歸에서 좌절을 당하셨고, 曹丕는 황제에 즉위하였습니다.
【違盟(위맹, wéi méng)】: 맹약을 위반하다.
【關羽毀敗(관우훼패, guān yǔ huǐ bài)】: 關羽가 패하여 살해되다. 〖關羽〗: [인명] 蜀漢의 명장.
※ 建安 24년(219), 吳의 손권은 荊州를 점령하고 나서, 장수를 파견하여 關羽와 그의 아들 關平을 죽였다.
【秭歸蹉跌(자귀차질, zǐ guī cuō diē)】: 秭歸에서 좌절을 당하다. 〖蹉跌〗: 실족하여 넘어지다. 즉「실패하다. 좌절하다」의 뜻.
※ 유비는 손권이 관우를 죽인 일로 인해 군사를 일으켜 吳의 정벌에 나섰으나, 章武 2년(222) 秭歸[지금의 호북성 경내]에서 吳軍에게 패했다.
【曹丕稱帝(조비칭제, cáo pī chēng dì)】: 조비가 황제에 즉위하다. 〖曹丕〗: [인명] 조조의 아들. ※ 漢獻帝 延康 원년(220) 조조가 죽자, 그의 아들 조비가 漢獻帝를 폐위시키고 스스로 황제에 즉위하여 魏文帝라 했다.

25 凡事如是, 難可逆見。臣鞠躬盡力, 死而後已。 → 모든 일이 이와 같으니, 예측할 수가 없습니다. 저는 나라를 위해 힘을 다하고, 죽은 후에야 그만둘 것입니다.

利鈍, 非臣之明所能逆覩也。²⁶

> 번역문

후에 올린 출사표(出師表)

　선제(先帝)께서는 한(漢)나라와 위(魏)나라는 양립할 수 없으며 왕업(王業)을 촉(蜀)지방에 안주할 수 없다고 생각하셨습니다. 그래서 저에게 조위(曹魏)를 토벌하는 일을 맡기셨습니다. 선제의 밝으신 안목으로 저의 재능을 헤아려보시고, 본래 제가 위(魏)를 정벌하는 데 있어서 (저의) 재능이 약하고 위(魏)가 강하다는 것을 아셨습니다. 그러나 위(魏)를 정벌하지 않으면 왕업 역시 멸망하게 될 것이니, 오직 앉아서 멸망하기를 기다리는 것이 어찌 위(魏)를 정벌하는 것만 하겠습니까? 그래서 저에게 당부하시며 의심을 하지 않으셨습니다.

　【難可(난가, nán kě)…】: …할 수가 없다.
　【逆見(역견, nì jiàn)】: 예견하다. 예측하다. 예상하다. ※ 판본에 따라서는 「逆見」을 「逆料」라 했다.
　【鞠躬盡力(국궁진력, jú gōng jìn lì)】: 나라를 위해 힘을 다하다. ※ 판본에 따라서는 「盡力」을 「盡瘁」라 했다.
　【死而後已(사이후이, sǐ ér hòu yǐ)】: 죽은 후에야 그만두다. 【已】: 멈추다. 그치다. 그만두다.
26　至於成敗利鈍, 非臣之明所能逆覩也。→ 성공과 실패 · 유리와 불리에 관해서는, 저의 식견으로 예측할 수 있는 바가 아닙니다.
　【至於(지어, zhì yú)…】: …로 말하면. …로 말할 것 같으면. …에 관해서는.
　【利鈍(이둔, lì dùn)】: 길흉. 유리와 불리.
　【明(명, míng)】: 안목. 식견.
　【逆覩(역도, nì dǔ)】: 예측하다. 예상하다.

저는 명을 받은 날부터 잠을 자도 잠자리가 편안하지 않고, 밥을 먹어도 단맛을 느끼지 못했습니다. 북벌을 생각하면 마땅히 먼저 남쪽으로 쳐들어가야 했기 때문에, 그래서 5월에 노수(瀘水)를 건너 황량한 불모지로 깊이 들어갔고, 하루치의 양식을 이틀에 나누어 먹었습니다. 제가 자신을 아끼지 않는 것은 아니지만, 그러나 왕업이 촉(蜀)의 도읍 익주(益州)에서만 안주할 수 없기 때문에, 그래서 위험을 무릅쓰고 선제의 유지를 받든 것입니다. 그러나 논자들은 (이를) 좋지 않은 계책이라고 여겼습니다. 지금 위(魏)는 마침 서쪽 변방에서 (우리의 공격으로 인해) 지쳐있고, 또 동쪽에서 (전쟁에) 힘을 쏟고 있습니다. 병법에서 적의 피로한 상황을 이용하는 것으로 말하면, 이는 진격의 시기입니다. 삼가 그 일을 설명하면 다음과 같습니다 :

한고조(漢高祖)의 명석하심은 해와 달에 비할 수 있고 중신들의 지식은 해박했지만, 그러나 재난을 겪고 부상을 당하며 많은 위험을 경험하고 나서야 비로소 안정을 찾았습니다. 지금 폐하께서는 고조(高祖)에 미치지 못하시고 중신들은 장량(張良)·진평(陳平)보다 못한데, 오히려 장기적인 책략으로써 승리를 거두고 편히 앉아서 천하를 평정하려 하고 있습니다. 이것이 제가 이해하지 못하는 첫 번째 의혹입니다. 유요(劉繇)와 왕랑(王朗)은 각기 주군(州郡)을 점거하고 있었는데, 안위(安危)를 논하고 계략을 말하면서 걸핏하면 성인을 인용했지만, 그러나 여러 사람들의 뱃속은 의심으로 가득 차고, 여러 사람들의 가슴속은 난제로 충만했으며, 금년에도 전쟁을 벌이지 않고 명년에도 정벌에 나서지 않아, 손책(孫策)으로 하여금 앉아서 세력을 키워 마침내 강동(江東)을 합병하게 만들었습니다. 이것이 제가 이해하지 못하는 두 번째 의혹입니다. 조조(曹操)의 지략은 다른 사람들에 비해 매우 뛰어나고 그 용병술은 손자(孫子)·오기(吳起)와 흡사했습니다. 그러나 남양(南陽)에서 곤경에 처하고, 오소(烏巢)에서 위험에 빠지고, 기련(祁

連)에서 위태로웠는가 하면, 여양(黎陽)에서 핍박을 당하고, 북산(北山)에서 거의 패배를 당해 동관(潼關)에서 거의 죽을 고비를 맞고 나서, 그런 다음에 잠시 안정을 찾았을 뿐입니다. 하물며 저의 재능이 미약한데도 오히려 위험을 무릅쓰지 않고 천하를 평정하려 하고 있습니다. 이것이 제가 이해하지 못하는 세 번째 의혹입니다. 조조(曹操)는 다섯 차례에 걸쳐 창패(昌霸)를 공략했으나 점령하지 못했고, 네 번이나 (손권 진영의) 소호(巢湖)를 넘으려 했으나 성공하지 못했으며, 이복(李服)을 기용했으나 오히려 이복이 그를 죽이려 시도했고, 하후연(夏侯淵)에게 한중(漢中)의 수비를 위임했으나 오히려 하후연은 패망하고 말았습니다. 선제께서 매번 조조가 유능하다고 칭찬하셨는데도 여전히 이러한 실패가 있었거늘, 하물며 저는 능력이 부족한데 어찌 반드시 승리를 거둘 수 있겠습니까? 이것이 제가 이해하지 못하는 네 번째 의혹입니다. 제가 한중(漢中)에 오고 나서부터 그간 겨우 일 년이 지났을 뿐이지만, 그러나 (그 사이에) 조운(趙雲)·양군(陽羣)·마옥(馬玉)·염지(閻芝)·정립(丁立)·백수(白壽)·유합(劉郃)·등동(鄧銅) 등과 곡장(曲長)·둔장(屯將) 70여 명, 그리고 선봉에 나섰던 장병들과 종수(賨叟)·청강(青羌) 등 소수민족의 산기(散騎)·무기(武騎) 천여 명의 목숨을 잃었습니다. 이들은 모두 수십 년 동안 사방에서 규합한 정예의 군사들이며, 어느 한 주(州)에서 보유하고 있던 바가 아닙니다. 만일 다시 수년이 지난다면 3분의 2 이상의 손실을 가져올 것이니, 마땅히 어떻게 적에게 대응하겠습니까? 이것이 제가 이해하지 못하는 다섯 번째 의혹입니다. 지금 백성들은 굶주리고 병사들은 지쳐있습니다. 그러나 적을 토벌하기 위한 전쟁은 멈출 수가 없습니다. 전쟁을 멈출 수 없다면, 방어와 공격은 노력과 비용이 똑같습니다. 그런데 조속히 그것을 꾀하지 않고 일개 지방의 땅을 가지고 적과 지구전을 펼치려 하고 있습니다. 이것이 제가 이해하지 못하는 여섯 번째 의혹입니다.
　대저 예측하기 어려운 것이 전쟁에 관한 일입니다. 오래전 선제께서 초(楚) 지역에서 패전하자, 이때 조조는 손뼉을 치며 천하가 이미 평정되었다고 여겼습니다. 연후에 선제께서는 동쪽으로 오(吳)·월(越)과 연합하고, 서쪽으로 파(巴)·촉(蜀)을 점령하였으며, 군사를 일으켜 북벌에 나서 하후연의 목을 거두었습니다. 이는 조조의 계책이 실패하고 한(漢)을 부흥하는 일이 장차 성공을 거두려는 것이었습니다. 그런 다음에 오(吳)가 다시 맹약을 위반했고 관우(關羽)는 패하여 피살되었으며, 선제께서는 자귀(秭歸)에서 좌절을 당하셨고, 조비(曹조)는 황제에 즉위하였습니다. 모든 일이 이와 같으니 예측할 수가 없습니다. 저는 나라를 위해 힘을 다하고, 죽은 후에야 그만둘 것입니다. 성공과 실패·유리와 불리에 관해서는 저의 식견으로 예측할 수 있는 바가 아닙니다.

해제解題 및 본문 요지 설명

　본문의 내용은 한(漢)과 위(魏)는 양립할 수 없고, 왕업(王業)을 이루려면 익주(益州)에 안주할 수 없으며, 위(魏)를 반드시 정벌해야 하는 상황에서 무엇을 고려하거나 주저할 필요가 없다는 것을 서술한 것이다.
　촉한(蜀漢) 후주(後主) 건흥(建興) 6년(228) 11월, 제갈량은 오(吳)나라가 조휴(曹休)를 격파함으로써 위군(魏軍)이 동쪽으로 물러나 관중(關中)이 텅 비었다는 소식을 듣고, 이 기회를 이용하여 위(魏)를 공격하려고 생각했으나, 여러 신료들이 의심을 품고 의견이 분분하자 특별히 상소를 올려 출병의 타당함을 역설했다.

본문은 네 단락으로 나눌 수 있는데, 첫째 단락에서는 위(魏)를 정벌해야 하기 때문에 선제(先帝) 유비(劉備)가 이 책임을 자신에게 맡기고 의심하지 않았다는 것을 말했고; 둘째 단락에서는 선제의 명을 받은 후 막중한 임무에 대한 무거운 심정과 아울러 적의 공백을 틈타 재차 북벌을 단행하기 위한 구상을 말했고; 셋째 단락에서는 이해하지 못하는 여섯 가지 의혹을 제기하면서 후주(後主)의 각성을 요구했고; 마지막 단락에서는 모든 일은 예측할 수 없기 때문에 성패를 따지지 말고 마땅히 할 일은 실행할 뿐이라는 것을 말했다.

《후출사표》는 《삼국지(三國志)·제갈량전(諸葛亮傳)》에 보이지 않고 다만 배송지(裴松之)의 주(注)에 보이는데, 배송지는 이에 대해 「이 표(表)는 제갈량전집(諸葛亮全集)에 없고, 장엄(張儼)의 묵기(默記)에서 나왔다.(此表爲亮集所無, 出張儼默記。)」라고 했다. 그리고 내용 가운데 「상조운(喪趙雲)」이라 한 말이 있는데, 학자들의 고증에 의하면, 조운이 죽은 연대는 후주 건흥 7년(227)이고 제갈량이 표를 올린 것은 건흥 6년(226)으로, 오류가 분명하기 때문에, 이를 근거로 《후출사표》를 위작으로 보고 있으나 누구의 위작인지는 아직까지 정론이 없다.

《고문관지》 편명 색인 (가나다순)

편명	편명 번호	페이지(쪽)
가의론(賈誼論)	182	4권-458
간원제명기(諫院題名記)	159	4권-192
간축객서(諫逐客書)	071	2권-189
간태종십사소(諫太宗十思疏)	111	3권-87
개지추불언록(介之推不言祿)	015	1권-128
건숙곡사(蹇叔哭師)	018	1권-150
걸교정육지주의진어차자(乞校正陸贄奏議進御劄子)	191	5권-105
경강논노일(敬姜論勞逸)	041	1권-370
경제영이천석수직조(景帝令二千石修職詔)	091	2권-462
계량간추초사(季梁諫追楚師)	007	1권-71
계찰관주악(季札觀周樂)	028	1권-235
계형자엄돈서(誡兄子嚴敦書)	102	2권-644
고무담서서구기(鈷鉧潭西小丘記)	151	4권-118
고제구현조(高帝求賢詔)	089	2권-450
고조공신후연표(高祖功臣侯年表)	077	2권-248
골계열전(滑稽列傳)	085	2권-351
공자세가찬(孔子世家贊)	078	2권-258
공자중이대진객(公子重耳對秦客)	054	1권-468
과진론상(過秦論上)	093	2권-472

편 명	편명 번호	페이지(쪽)
관안열전(管晏列傳)	081	2권-284
관중론(管仲論)	175	4권-364
구지불굴우진(駒支不屈于晉)	024	1권-206
굴원열전(屈原列傳)	082	2권-304
궁지기간가도(宮之奇諫假道)	010	1권-95
귀거래사(歸去來辭)	107	3권-42
기구양사인서(寄歐陽舍人書)	199	5권-195
기자비(箕子碑)	145	4권-44
기해청면숙향(祁奚請免叔向)	025	1권-215
난정집서(蘭亭集序)	106	3권-33
노공공택언(魯共公擇言)	067	2권-152
노중련의불제진(魯仲連義不帝秦)	066	2권-127
논귀속소(論貴粟疏)	095	2권-521
누실명(陋室銘)	117	3권-175
능허대기(凌虛臺記)	186	5권-41
답소무서(答蘇武書)	098	2권-578
당저불욕사명(唐雎不辱使命)	069	2권-162
당저세신릉군(唐雎說信陵君)	068	2권-158
대루원기(待漏院記)	154	4권-147
대초왕문(對楚王問)	073	2권-217
도화원기(桃花源記)	108	3권-53
독맹상군전(讀孟嘗君傳)	201	5권-221
동엽봉제변(桐葉封弟辨)	144	4권-36
동학일수별자고(同學一首別子固)	202	5권-227
두궤양치(杜蕢揚觶)	055	1권-474
등왕각서(滕王閣序)	113	3권-114
매감자언(賣柑者言)	208	5권-287
매성유시집서(梅聖兪詩集序)	165	4권-256
무제구무재이등조(武帝求茂才異等詔)	092	2권-468

편명	편명 번호	페이지(쪽)
문제의좌백성조(文帝議佐百姓詔)	090	2권-456
박복수의(駁復讎議)	143	4권-20
방산자전(方山子傳)	195	5권-152
방학정기(放鶴亭記)	188	5권-62
백이열전(伯夷列傳)	080	2권-268
범저세진왕(范雎說秦王)	059	2권-54
범증론(范增論)	179	4권-419
변간론(辨姦論)	176	4권-378
보손회종서(報孫會宗書)	100	2권-623
보유일장서(報劉一丈書)	216	5권-402
보임소경서(報任少卿書)	088	2권-400
복거(卜居)	072	2권-208
북산이문(北山移文)	110	3권-67
붕당론(朋黨論)	162	4권-223
사마계주논복(司馬季主論卜)	207	5권-279
사마착논벌촉(司馬錯論伐蜀)	058	2권-44
사설(師說)	124	3권-246
삼괴당명(三槐堂銘)	194	5권-139
상강천표(瀧岡阡表)	174	4권-342
상덕완형서(尙德緩刑書)	099	2권-605
상매직강서(上梅直講書)	184	5권-20
상사기(象祠記)	213	5권-357
상서간렵(上書諫獵)	097	2권-570
상주주금당기(相州晝錦堂記)	169	4권-293
상추밀한태위서(上樞密韓太尉書)	197	5권-173
서낙양명원기후(書洛陽名園記後)	156	4권-169
서문장전(徐文長傳)	221	5권-457
석비연시집서(釋祕演詩集序)	164	4권-245
석작간총주우(石碏諫寵州吁)	003	1권-39

편 명	편명 번호	페이지(쪽)
석종산기(石鐘山記)	189	5권-73
선자지진필망(單子知陳必亡)	038	1권-336
소공간여왕지방(召公諫厲王止謗)	036	1권-320
소석성산기(小石城山記)	152	4권-127
소진이연횡세진(蘇秦以連橫說秦)	057	2권-20
송동소남서(送董邵南序)	136	3권-394
송맹동야서(送孟東野序)	134	3권-369
송석처사서(送石處士序)	138	3권-407
송양소윤서(送楊少尹序)	137	3권-399
송양치서(送楊寘序)	166	4권-267
송온처사부하양군서(送溫處士赴河陽軍序)	139	3권-418
송이원귀반곡서(送李愿歸盤谷序)	135	3권-383
송인급초인평(宋人及楚人平)	047	1권-420
송천태진정학서(送天台陳庭學序)	205	5권-254
숙향하빈(叔向賀貧)	042	1권-381
시인피견문공(寺人披見文公)	014	1권-121
신릉군구조론(信陵君救趙論)	215	5권-384
신서간허월성(申胥諫許越成)	045	1권-407
심려론(深慮論)	209	5권-295
심술(心術)	177	4권-389
아방궁부(阿房宮賦)	118	3권-180
악양루기(岳陽樓記)	158	4권-182
악의보연왕서(樂毅報燕王書)	070	2권-170
안자불사군난(晏子不死君難)	027	1권-230
안촉세제왕(顏斶說齊王)	061	2권-74
양왕불허청수(襄王不許請隧)	037	1권-327
엄선생사당기(嚴先生祠堂記)	157	4권-175
여상절진(呂相絶秦)	023	1권-190
여우양양서(與于襄陽書)	131	3권-344

편 명	편명 번호	페이지(쪽)
여진급사서(與陳給事書)	132	3권-354
여한형주서(與韓荊州書)	114	3권-141
열강루기(閱江樓記)	206	5권-265
영주위사군신당기(永州韋使君新堂記)	150	4권-107
예려문(瘞旅文)	214	5권-369
예양론(豫讓論)	210	5권-307
오대사영관전서(五代史伶官傳序)	167	4권-275
오대사환자전론(五代史宦者傳論)	168	4권-285
오류선생전(五柳先生傳)	109	3권-62
오산도기(吳山圖記)	217	5권-415
오인묘비기(五人墓碑記)	222	5권-474
오자사찰내빙(吳子使札來聘)	048	1권-429
오자왕승복전(圬者王承福傳)	126	3권-276
오제본기찬(五帝本紀贊)	074	2권-226
오허월성(吳許越成)	034	1권-295
옥중상양왕서(獄中上梁王書)	096	2권-540
왕손만대초자(王孫滿對楚子)	020	1권-167
왕손어논초보(王孫圉論楚寶)	043	1권-389
외척세가서(外戚世家序)	079	2권-262
우계시서(愚溪詩序)	149	4권-96
우사진사멸하양(虞師晉師滅夏陽)	050	1권-443
원도(原道)	119	3권-194
원주학기(袁州學記)	161	4권-211
원훼(原毀)	120	3권-219
위서경업토무조격(爲徐敬業討武曌檄)	112	3권-100
유자지언사부자(有子之言似夫子)	053	1권-461
유자후묘지명(柳子厚墓誌銘)	142	3권-457
유포선산기(遊褒禪山記)	203	5권-234
유협열전서(游俠列傳序)	084	2권-335

편명	편명 번호	페이지(쪽)
유후론(留侯論)	181	4권-444
육국론(六國論)	196	5권-161
음이생대진백(陰飴甥對秦伯)	012	1권-107
응과목시여인서(應科目時與人書)	133	3권-362
의전기(義田記)	160	4권-198
이혁단고광군(里革斷罟匡君)	040	1권-364
인상여완벽귀조론(藺相如完璧歸趙論)	220	5권-447
임치로경감(臨淄勞耿弇)	101	2권-639
자산각초역녀이병(子產卻楚逆女以兵)	031	1권-267
자산고범선자경폐(子產告范宣子輕幣)	026	1권-224
자산괴진관원(子產壞晉館垣)	029	1권-246
자산논윤하위읍(子產論尹何爲邑)	030	1권-259
자산논정관맹(子產論政寬猛)	033	1권-288
자어논전(子魚論戰)	013	1권-113
자혁대영왕(子革對靈王)	032	1권-275
잡설사(雜說四)	123	3권-240
잡설일(雜說一)	122	3권-236
장신논행신(莊辛論幸臣)	064	2권-104
장애백간납고정(臧哀伯諫納郜鼎)	006	1권-62
장익주화상기(張益州畫像記)	178	4권-402
장희백간관어(臧僖伯諫觀魚)	004	1권-46
재인전(梓人傳)	148	4권-76
쟁신론(爭臣論)	128	3권-300
전금논사원거(展禽論祀爰居)	039	1권-352
전적벽부(前赤壁賦)	192	5권-117
전출사표(前出師表)	103	2권-651
전희호사(展喜犒師)	016	1권-135
정백극단우언(鄭伯克段于鄢)	001	1권-20
정백극단우언(鄭伯克段于鄢)	049	1권-438

편명	편명 번호	페이지 (쪽)
정자가고조선자(鄭子家告趙宣子)	019	1권-158
정장공계칙수신(鄭莊公戒飭守臣)	005	1권-52
제계영행성어오(諸稽郢行成於吳)	044	1권-397
제국좌불욕명(齊國佐不辱命)	021	1권-173
제석만경문(祭石曼卿文)	173	4권-334
제십이랑문(祭十二郞文)	140	3권-428
제악어문(祭鱷魚文)	141	3권-447
제환공벌초맹굴완(齊桓公伐楚盟屈完)	009	1권-37
제환하배수조(齊桓下拜受胙)	011	1권-103
조고전장문(弔古戰場文)	116	3권-160
조귀논전(曹劌論戰)	008	1권-81
조위후문제사(趙威后問齊使)	063	2권-98
조주한문공묘비(潮州韓文公廟碑)	190	5권-85
조착론(鼂錯論)	183	4권-473
존경각기(尊經閣記)	212	5권-339
종수곽탁타전(種樹郭橐駝傳)	147	4권-65
종수론(縱囚論)	163	4권-236
주정교질(周鄭交質)	002	1권-33
증여안이생서(贈黎安二生序)	200	5권-212
증자역책(曾子易簀)	052	1권-456
진정표(陳情表)	105	3권-20
진초지제월표(秦楚之際月表)	076	2권-240
진학해(進學解)	125	3권-257
진헌공살세자신생(晉獻公殺世子申生)	051	1권-451
진헌문자성실(晉獻文子成室)	056	1권-480
창랑정기(滄浪亭記)	218	5권-425
채공간정견융(祭公諫征犬戎)	035	1권-306
청하선생문집서(青霞先生文集序)	219	5권-433
초귀진지앵(楚歸晉知罃)	022	1권-182

편명	편명 번호	페이지(쪽)
초연대기(超然臺記)	187	5권-50
촉룡세조태후(觸龍說趙太后)	065	2권-115
촉지무퇴진사(燭之武退秦師)	017	1권-141
추기풍제왕납간(鄒忌諷齊王納諫)	060	2권-67
추성부(秋聲賦)	172	4권-324
춘야연도리원서(春夜宴桃李園序)	115	3권-155
춘왕정월(春王正月)	046	1권-414
취옹정기(醉翁亭記)	171	4권-315
치안책일(治安策一)	094	2권-494
친정편(親政篇)	211	5권-320
태사공자서(太史公自序)	087	2권-378
태주해릉현주부허군묘지명(泰州海陵縣主簿許君墓誌銘)	204	5권-244
포사자설(捕蛇者說)	146	4권-54
풍락정기(豐樂亭記)	170	4권-304
풍훤객맹상군(馮諼客孟嘗君)	062	2권-81
하진사왕삼원실화서(賀進士王參元失火書)	153	4권-134
항우본기찬(項羽本紀贊)	075	2권-234
형상충후지지론(刑賞忠厚之至論)	180	4권-432
혹리열전서(酷吏列傳序)	083	2권-329
화식열전서(貨殖列傳序)	086	2권-364
황강죽루기(黃岡竹樓記)	155	4권-160
황주쾌재정기(黃州快哉亭記)	198	5권-184
획린해(獲麟解)	121	3권-231
후십구일부상재상서(後十九日復上宰相書)	129	3권-321
후입구일부상재상서(後廿九日復上宰相書)	130	3권-331
후적벽부(後赤壁賦)	193	5권-130
후출사표(後出師表)	104	2권-668
휘변(諱辯)	127	3권-289
희우정기(喜雨亭記)	185	5권-32

[개정증보판]
고문관지古文觀止 역주 (2)

초판 인쇄 2025년 10월 20일
초판 발행 2025년 10월 29일

역　　주　최봉원
발 행 자　김동구
디 자 인　이명숙·양철민
발 행 처　명문당(1923. 10. 1 창립)
주　　소　서울시 종로구 윤보선길 61(안국동)
　　　　　국민은행 006-01-0483-171
전　　화　02)733-3039, 734-4798, 733-4748(영)
팩　　스　02)734-9209
Homepage　www.myungmundang.net
E-mail　　mmdbook1@hanmail.net

등　　록　1977. 11. 19. 제1~148호
ISBN 979-11-94314-51-6 (04820)
ISBN 979-11-94314-49-3 (세트)

42,000원

* 낙장 및 파본은 교환해 드립니다.
* 불허복제